TEORIA DA CONFIANÇA
E
RESPONSABILIDADE CIVIL

MANUEL ANTÓNIO DE CASTRO PORTUGAL CARNEIRO DA FRADA

TEORIA DA CONFIANÇA
E
RESPONSABILIDADE CIVIL

*Dissertação de Doutoramento em
Ciências Jurídicas pela Faculdade de
Direito da Universidade de Lisboa*

REIMPRESSÃO DA EDIÇÃO DE FEVEREIRO/2004

TEORIA DA CONFIANÇA E RESPONSABILIDADE CIVIL

AUTOR
Manuel António de Castro Portugal Carneiro da Frada

EDITOR
EDIÇÕES ALMEDINA, S.A.
Rua Fernandes Tomás, n.ᵒˢ 76, 78 e 80
3000-167 Coimbra
Tel.: 239 851 904 · Fax: 239 851 901
www.almedina.net · editora@almedina.net

DESIGN DE CAPA
FBA.

EDITOR
EDIÇÕES ALMEDINA, S.A.

IMPRESSÃO E ACABAMENTO

Novembro, 2015
DEPÓSITO LEGAL
195289/03

Os dados e as opiniões inseridos na presente publicação são da exclusiva responsabilidade do(s) seu(s) autor(es).

Toda a reprodução desta obra, por fotocópia ou outro qualquer processo, sem prévia autorização escrita do Editor, é ilícita e passível de procedimento judicial contra o infrator.

À Maria João

À Maria do Rosário
À Maria do Carmo
Ao Manuel Maria

Agradecimento:

— À minha Família, aos meus Mestres, aos meus Amigos
— Ao Professor Doutor José de Oliveira Ascensão
— Ao Professor Doutor António Menezes Cordeiro
— Ao Professor Doutor Claus-Wilhelm Canaris
— À Faculdade de Direito da Universidade de Lisboa
— À Universidade Católica Portuguesa
— À Fundação Calouste Gulbenkian

Em memória:

— Do Professor Doutor João Baptista Machado

Porto, Lisboa, Maio de 2001

Lux pura est in essentia,
speciosa in decentia,
laetificativa sua presentia.

AMBROSIUS, SÉC. IV

PLANO DA OBRA

PLANO DA OBRA

INTRODUÇÃO
O Problema e as suas Coordenadas

CAPÍTULO I
Erupções do Pensamento da Confiança na Responsabilidade Civil: Uma Sinopse

CAPÍTULO II
A Confiança perante Concepções Alternativas de Responsabilidade por Violação de Deveres de Agir

CAPÍTULO III
Elementos para Uma Reconstrução Crítica da Doutrina da Confiança na Responsabilidade Civil

§ 1.º Pressupostos Gerais da Autonomia Dogmática do Pensamento da Confiança

§ 2.º A Depuração da Responsabilidade pela Confiança da Infracção de Deveres de Comportamento

§ 3.º Regra da Conduta de Boa Fé e Responsabilidade pela Confiança

§ 4.º Reordenações Dogmáticas como Corolário da Destrinça entre Responsabilidade por Violação da Regra da Boa Fé e Protecção da Confiança

CAPÍTULO IV
Recorte e Fundamento da Responsabilidade pela Confiança

§ 1.º O Modelo da Responsabilidade pela Confiança

§ 2.º Função da Responsabilidade pela Confiança e sua Relação com a Tutela "Positiva" das Expectativas

§ 3.º O Problema da Delimitação e o Quadrante Dogmático da Responsabilidade pela Confiança

§ 4.º Responsabilidade pela Confiança, Autovinculação e Acordo de Facto

§ 5.º Responsabilidade pela Confiança, Direito Positivo e Positividade do Direito

EPÍLOGO
Por Uma Teoria "Pura" da Responsabilidade pela Confiança

INTRODUÇÃO

O PROBLEMA E AS SUAS COORDENADAS

SUMÁRIO: 1 — Prolegómenos sobre a confiança e o Direito. 2 — A responsabilidade pela confiança enquanto tema da dogmática jurídica; o rumo da investigação. 3 — O ressarcimento dos danos no quadro geral da tutela das expectativas: protecção "negativa" *vs.* protecção "positiva" da confiança. 4 — Recorte do âmbito da protecção indemnizatória da confiança; a tutela da aparência. 5 (*cont.*) — A protecção positiva da confiança "por imperativo ético-jurídico" (CANARIS). 6 — Doutrina da confiança e negócio jurídico. 7 — Doutrina da confiança e responsabilidade civil; o sentido geral da crítica à teoria da confiança. 8 — Conclusão; a tutela indemnizatória das expectativas no contexto dos requisitos das teorias jurídicas.

1. Prolegómenos sobre a confiança e o Direito

A confiança não é, em Direito, um tema fácil. As dificuldades que ele coloca transcendem em muito a necessidade de delimitação do seu âmbito, já de si problemática. Não existe nenhuma definição legal de confiança a que possa socorrer-se e escasseiam referências normativas explícitas a propósito. O seu conceito apresenta-se fortemente indeterminado pela pluralidade ou vaguidade de empregos comuns que alberga, tornando difícil traçar com ele as fronteiras de uma investigação jurídica. Tanto mais que transporta uma certa ambiguidade de princípio por se poder referir, tanto à causa, como aos efeitos de uma regulação jurídica. É a falta de consciência desta realidade que está na raiz de uma certa evanescência da confiança no discurso jurídico e se apresenta — antecipe-se — responsável pelas dificuldades de que se não logrou ainda hoje desembaraçar-se a reflexão dogmática a seu respeito.

São vários e de gradação diversa os comportamentos dos sujeitos retratáveis como atitudes de confiança. Tanto se pode dizer que confia aquele que crê firmemente numa certa realidade, como quem espera com uma convicção mais moderada, como ainda o que chega a adoptar um determinado comportamento apesar de uma contingência que não domina, decidido a assumir o correspondente risco na expectativa de que ele não se concretize. Confiança e desconfiança são susceptíveis de se combinar segundo intensidades diferentes de caso para caso. O que, a não querer cair-se no desproporcionado exagero de contestar sumariamente a reserva de papel da confiança no mundo do Direito, aponta pelo menos, desde logo, para a necessidade de flexibilidade e diferenciação no tratamento jurídico da confiança. Assumindo e aceitando as inerentes dificuldades dogmático-metodológicas. No preenchimento da noção de confiança não se trata simplesmente, portanto, de cumprir a necessidade comum da circunscrição e caracterização bastante de um objecto de discussão e análise. Nesse plano não haverá provavelmente diferença — ao menos qualitativa — relativamente a outros temas da reflexão jurídica que versam também noções indeterminadas.

O problema da confiança apresenta-se todavia, em Direito, ainda mais delicado. Por um lado, é intuitiva uma profunda assimilação da confiança com a própria realidade jurídica, visível sobretudo nas formas de relacionamento mais simples e nos microssistemas sociais mais elementares: a confiança recíproca dos sujeitos impregna de tal forma certas actuações que a desconfiança se apresenta, no mínimo, suspeita, e a quebra de expectativas tende a ser valorada como violação ou ruptura do direito próprio destas relações humanas. Por outro lado, sobretudo nas sociedades altamente diferenciadas e complexas do tipo das da actualidade, impõe-se, afinal, uma discriminação entre o Direito e a confiança: o primeiro intervém para assegurar níveis de interacção social precisamente aí onde o processo de coordenação interindividual das condutas humanas através da confiança se torna, por dificuldade ou ineficiência, impraticável. Pode até afirmar-se que, quanto maior for, por via da referida complexidade e diferenciação, a despersonalização e o anonimato na vida social, mais aguda se torna a acuidade da substituição do processo informal de coordenação dos comportamentos através da confiança pela institucionalização de regras jurídicas "formais" [1].

---

[1] De facto, vive-se um tempo de elevada formalização jurídica com a concomitante tendência para a racionalização, tecnicização e profissionalização do Direito:

Mas a crescente evolução da sociedade no sentido desta juridificação não elimina a confiança. A normativização e a inerente "rigidificação" das expectativas não logra expulsá-la nem a torna despicienda. Ela continua a exercer uma presença básica e imprescindível na vida social, pois de outro modo não se encetaria relacionamento humano algum[2]. Aliás, comprova-se que a aludida tendência para a juridificação vai de par com a progressiva falta de transparência e complexificação das sociedades modernas; o que, considerando o carácter insuficiente e a precariedade relativa das medidas de controlo e de segurança instituídas (ou, em qualquer caso, a respectiva sensação), exige redobrados "níveis de confiança" da parte dos sujeitos e obriga a uma sua tutela particularmente eficaz para conseguir um funcionamento aceitável do sistema social no seu conjunto.

Na verdade, cabe a qualquer ordem jurídica a missão indeclinável de garantir a confiança dos sujeitos, porque ela constitui um pressuposto fundamental de qualquer coexistência ou cooperação pacíficas, isto é, da paz jurídica[3]. O desempenho desta tarefa pelas regras jurídicas repercute-se depois, em movimento de sentido inverso, no próprio sentido da confiança, permitindo-lhe convolar-se do plano das relações interpessoais para o da eficácia das próprias normas que sedimentam e institucionalizam juridicamente os mecanismos de interacção e coordenação sociais[4].

---

destaque-se em especial a penetrante e actual análise de MAX WEBER, *Rechstssoziologie*, 2.ª edição (hrsg. von Winckelmann), Neuwied 1967, *v.g.*, 330, e *passim*.

[2] Na plástica consideração geral de LUHMANN, «sem uma qualquer confiança [o Homem] não deixaria de manhã a sua cama. Um medo indefinido, um horror paralisante assaltá-lo-iam. Nem sequer poderia formular uma desconfiança definida e torná-la base de disposições defensivas; porque isso implicaria que ele confiasse noutros sentidos. Tudo seria possível. Ninguém aguenta uma confrontação imediata deste género com a elevada complexidade do mundo». Cfr. *Vertrauen/Ein Mechanismus der Reduktion sozialer Komplexität*, 2.ª edição, Stuttgart 1973, 1.

[3] Cfr. KARL LARENZ, *Richtiges Recht/Grundzüge einer Rechtsethik*, München 1979, 80.

[4] Importa todavia ter a consciência de que a crescente juridificação é um processo que apresenta múltiplos inconvenientes, e tem até uma eficácia em vários sentidos limitada relativamente aos objectivos que se prosseguem (ganhando corpo,

Temos retratada aqui aquela ambiguidade que dissemos atingir a confiança enquanto objecto da reflexão jurídica. É que se pode afir-

---

entre outras, propostas de solução como as da desregulação ou do controlo de regulação); por todos, cfr. TEUBNER, *Juridificação. Noções, características, limites, soluções* (trad. portuguesa de José Engrácia Antunes e Paula Freitas), RDE XIV (1988), 48 ss, 64 ss, e *passim*. Uma das manifestações deste aspecto da tão apregoada "crise do Direito" é a procura de alternativas, não apenas aos sistemas estaduais de resolução de conflitos, mas ao próprio Direito como forma de resolução desses conflitos (*vide*, por exemplo, KLAUS F. RÖHL, *Rechtssoziologie/Ein Lehrbruch*, Köln, Berlin, Bonn, München 1987, 509 ss, 520 ss).

Aliás, a "inundação de normas" (*Gesetzesflut*) que constitui com frequência uma verdadeira "poluição legal" (sinal iniludível dos nossos tempos) deixa muitas vezes sem objecto definido a confiança dos sujeitos no Direito, pois traz como consequência inelutável o desconhecimento das normas jurídicas por parte do cidadão (e, inclusivamente, do jurista, por vezes mesmo especializado). A tradicional máxima "error iuris non excusat", segundo a qual "a ignorância ou má interpretação da lei não justifica a falta do seu cumprimento nem isenta as pessoas das sanções nela estabelecidas" (cfr. art. 6.º do Código Civil), pode assim revestir-se de uma insuportável dureza em múltiplas situações. Sem atingir o seu núcleo essencial, importa dar-lhe uma interpretação flexível, temperada por critérios de razoabilidade e adequação. No direito civil, há que discriminar e reconhecer a possibilidade de relevância do erro de direito no quadro dos fundamentos da invalidade negocial, pois é muito distinta a falsa representação da realidade jurídica que inviabiliza um resultado colocado na livre disposição dos sujeitos, segundo o princípio da autonomia privada, da questão da obrigatoriedade das leis, mesmo para quem as desconheça (*vide* CASTANHEIRA NEVES, *Questão-de-facto — Questão-de-Direito ou o problema metodológico da juridicidade (Ensaio de uma reposição crítica) I — A crise*, Coimbra 1967, 31 n. 15). Esta última releva, no direito civil, paradigmaticamente no campo delitual, onde estão em jogo regras proibitivas ou impositivas de conduta, campo de uma heteronomia que é justificada pela básica teleologia da responsabilidade aquiliana (sobre a qual pode ver-se o nosso *Contrato e Deveres de Protecção*, Coimbra 1994, 118 ss, e *passim*). Ora, no sector delitual é viável, dada a necessidade da mediação do princípio da culpa para estabelecer a responsabilidade, proceder a uma ponderação concreta das circunstâncias do caso e apreciar o desconhecimento da norma jurídica pela diligência exigível ao bom pai de família (cfr. art. 487.º n.º 2; devem evitar-se aqui, naturalmente, exigências desproporcionadas, sob pena de desfigurar o próprio critério legal. Transformar-se-ia o "bom pai de família" da lei num personagem caricaturalmente estranho e raro pela meticulosidade ou escrúpulo que se lhe impusesse nas indagações acerca das normas do direito positivo, por

mar com igual legitimidade, tanto que o Direito "segue" a confiança
— protegendo-a ou institucionalizando, de acordo com a sua fisio-

exemplo, a exigir-lhe na prática a assinatura e o estudo assíduo e aturado do Diário da República).
 As características do fenómeno contemporâneo da "hiper-regulação" revelam que a confiança das pessoas deslocou inevitavelmente as suas referências: de ter por objecto essencialmente certas normas jurídicas básicas, conhecidas por todos e de validade indiscutida, centra-se agora na justeza e adequação da regulação jurídica no seu conjunto, nas virtualidades do Direito para assegurar uma composição justa dos interesses em litígio e na eficácia das instituições que o aplicam. A confiança torna-se neste aspecto mais difusa e de algum modo mais frágil, com o risco agravado, agora, de a frustração das expectativas favorecer uma descrença no próprio Direito e no seu sentido.
 No entanto, esta consequência que a hiper-regulação traz consigo sofre uma certa atenuação no direito civil. Tal prende-se com as características das normas jurídico-civis, mais protegidas em face deste fenómeno. Este tem-se manifestado sobretudo na expansão de um direito de cariz organizatório ou meramente regulatório, essencialmente subordinado ao finalismo político-intervencionista do Estado e à simples lógica de uma ordenação económico-social eficiente; como tal, num direito marcado pela contingência e transitoriedade dos seus objectivos. A validade das normas que o compõem assenta fundamentalmente no critério formal da identificação das instâncias competentes para as dimanar, de acordo com o processo para esse efeito previsto e no respeito de regras hierarquicamente superiores. A este sector pertence grande parte das normas do direito administrativo, bem como das suas mais modernas subdisciplinas, como o direito público económico ou o do urbanismo, o direito (público) da segurança social ou o direito escolar. É claro que, dada a acentuada contingência dessas regras, mais fácil se torna atribuir razão à sarcástica sentença de von KIRCHMANN, de que três palavras do legislador bastam para que bibliotecas inteiras de doutrina se tornem numa inutilidade (cfr. *Die Wertlosigkeit der Jurisprudenz als Wissenschaft*, Berlin 1848, reedição de Herrmann Klenner, Freiburg, Berlin 1990, 24-25). É aqui muito mais limitada a viabilidade de uma verdadeira ciência do Direito, pelo menos no sentido de que está restringida a possibilidade de uma interrogante acerca de um fundamento material de validade *especificamente jurídica* das normas deste direito organizatório. *Vide* neste contexto CASTANHEIRA NEVES, *Metodologia Jurídica/Problemas fundamentais*, Coimbra 1993, 60 ss contra uma perspectiva global do Direito como instrumento de "social engineering"; com muito interesse ainda a este propósito, do mesmo autor, *A redução política do pensamento metodológico-jurídico (Breves notas críticas sobre o seu sentido)*, sep. dos Estudos em Homenagem ao Prof. Doutor Afonso

nomia específica, situações típicas de confiança que lhe são pré-dadas pela realidade social —, como que é esta que segue e se alicerça no Direito. Semelhante "duplicidade" não pode deixar de comunicar

Rodrigues Queiró, Coimbra 1993; ainda BAPTISTA MACHADO, *Introdução ao Direito e ao Discurso Legitimador*, Coimbra 1983, 304-307.

Diferentemente se passa com o direito comum (ao qual pertence o direito privado, mas em que é de incluir ainda o direito penal e, no direito público, nomeadamente, a estruturação básica da relação dos cidadãos com o Estado e os demais entes públicos; mais restrita — e com propósitos diversos — é a noção na contraposição com o direito institucional, traçada em OLIVEIRA ASCENSÃO, *O Direito/Introdução e Teoria Geral (Uma perspectiva luso-brasileira)*, 11.ª edição, Coimbra 2001, 327-328). O direito comum não visa a prossecução de nenhum escopo específico e transitório, destinando-se antes a estabelecer uma ordem adequada entre as pessoas que permita a cada uma delas prosseguir os seus próprios fins. Esta sua orientação geral — o facto de não se encontrar instrumentalizado a certos interesses concretos e volúveis — assegura-lhe uma muito maior perenidade e consistência. Os parâmetros a que deve obediência, por isso que são mais constantes, mereceram ser veiculados por uma tradição forte e milenária. Por conseguinte, apresenta-se muito mais duradoiro e incontingente, e, pelo seu enraizamento cultural e racionalidade apurados, rebelde até, em larga medida, ao arbítrio do legislador. A estes aspectos se liga a *função garantística* que acaba por assumir. E efectivamente pode dizer-se que a confiança no Direito e no acatamento das suas normas visa muito particularmente as regras do direito comum na acepção acabada de expor.

É pois pertinente e útil estabelecer uma destrinça entre tais regras e as respeitantes ao direito meramente "regulatório", de simples ordenação social, no sentido de uma distinção entre normas e regras técnicas (ao que parece proposta por LÉON HUSSON, *Synthèse des Travaux*, in Le Droit, les Sciences Humaines et la Philosophie, Paris 1973, 377 e 395: cfr. BAPTISTA MACHADO, *Introdução ao Direito* cit., 306 n. 2),). Desde logo, de acordo com o que se dizia, em sede de "teoria de legislação", na discussão em torno de uma "deslegalização" ou de uma "racionalização e autocontrolo da actividade legislativa" como formas de obviar à "poluição legal". Mas a aludida diferenciação é também particularmente sensível na teoria do Direito, repercutindo-se na solução do problema da "validade jurídica". É certo que as normas e princípios do direito comum não têm todas idêntica posição perante aquela questão. Todavia, não deve deixar de reconhecer-se genericamente o seu elevado grau de implicação com o sentido e a validade material do Direito.

O direito privado, por exemplo, abrange, através dos seus institutos e princípios básicos, a maior parte das elementares e fundamentais formas do comportamento dos sujeitos e do seu relacionamento entre si. O crescimento humano, no seio de uma família ou amparado por "substitutos" como a tutela, o casamento, a actividade económica (mediante a aquisição, disposição e protecção de bens, a prevenção, a repara-

fluidez, insegurança e uma certa falta de sedimentação dos modelos de decisão com base na confiança. Evidencia-se deste modo a necessidade de uma opção fundamental na construção da respectiva dogmática se se a quiser autónoma e própria.Vamos por agora deixar este ponto, tão fulcral como não atendido, de remissa.

ção de danos e a correcção de deslocações patrimoniais), a associação com outros ou a devolução sucessória são domínios onde a vida humana se encontra totalmente imersa de um modo básico e primário. Por isso, os princípios de direito privado têm, do ponto de vista material, uma importância que não pode ser subestimada. A sua proeminência não depende do posicionamento das regras que os plasmam na hierarquia das fontes normativas, nem da sua protecção ou reconhecimento políticos na constituição formal, mas essencialmente da virtualidade que possuem de fundamentação de normas ou desses princípios inferiores.

Não pode, portanto, confundir-se os institutos e os princípios mais importantes do direito privado (integrante do direito comum) com qualquer regra indiferenciada de natureza organizatória ou regulamentar, dimanada de uma instância competente de acordo com um determinado processo (que, neste tipo de perspectiva, vai implícita uma superação do positivismo jurídico, é justamente apontado por FRANZ BYDLINSKI, *Fundamentale Rechtsgrundsätze*, Wien, NewYork 1988, 40 ss). Por isso ainda, não pode estar minimamente certa aquela visão do direito privado — e a consideração aplica-se de modo mais alargado ao direito comum — que o parifica acriticamente a todo o restante direito legislado (entestando num mesmo plano com outras províncias deste) e o vê como simples produto de uma vontade estadual que o poderia modificar e restringir no seu âmbito de validade a bel-prazer, contando que não fossem violadas limitações constitucionais. Compreende-se por outro lado que se reserve para o direito comum, pelo carácter duradoiro que apresenta, a sua subtracção à contingência e a sua própria razão de validade, a designação do verdadeiro e autêntico "direito dos juristas" (cfr. também BAPTISTA MACHADO, *ibidem*). Igualmente por isso, a sanção para o não acatamento das normas do direito comum merece justificação diferente da que se desencadeia por inobservância das regras de direito regulatório. Aqui avulta simplesmente a necessidade de conferir eficácia a uma disposição em atenção à competência da entidade que a estabeleceu e aos objectivos económico-sociais que ela se propôs através da regra; ali, reage-se à violação de uma norma cujas raízes de validade são tipicamente "não-instrumentais" e penetram bem mais fundo, no estrato das condições e estatuto fundamentais da coexistência humana e social. Tudo conflui para que também a confiança dos sujeitos em relação a estes dois tipos de agregados de normas, o direito comum e o direito regulatório ou organizatório, se apresente diversa e com sentido diferente.

A presente investigação centra-se no direito civil e, como tal, reclama-se de direito comum.

A confiança emerge portanto numa relação multifacetada e, se se quiser, paradoxal até, com o Direito. Consoante o prisma da observação, como que chega a assimilar-se — já o dissemos — ao próprio Direito e a interpenetrar-se com ele, mas pode também contrapor-se-lhe enquanto realidade distinta dele, capaz de o tomar por sua referência ou, até, de surgir como seu fim e, mesmo, como seu objecto. Encontra-se seguramente na génese de muitas normas jurídicas[5]; quando estas promovem a função de estabilização de expectativas mediante o acolhimento de estruturas de confiança já existentes e vigentes na ordem social. Outras vezes, é às regras que compõem o tecido normativo que se reporta. Outras, ainda, é ela própria seleccionada como situação produtora de consequências específicas. Não admira, pois, a desorientação, e até, perplexidade, que o tema da confiança provoca ao jurista logo a uma perfunctória análise.

2. A responsabilidade pela confiança enquanto tema da dogmática jurídica; o rumo da investigação

Propomo-nos uma investigação jurídica sobre a confiança. Mesmo enquanto realidade do mundo do Direito, a confiança pode no entanto ser perspectivada, de diferentes modos, por disciplinas não jurídicas. Assim, ao corresponder a um fenómeno psíquico, ela constitui objecto natural da psicologia[6]. A confiança interessa por outro

---

[5] Cfr., a propósito, VON CRAUSHAAR, *Der Einfluss des Vertrauens auf die Privatrechtsbildung*, München 1969, que isola a confiança como elemento (entre outros) determinador do Direito (e que procura, através da indagação da respectiva estrutura e características, obter critérios de valoração para a apreciação jurídica de situações de confiança e a interpretação das normas que lhes dizem respeito: *op. cit.*, 7-8, e *passim*).

[6] Segundo MARGIT E. OSWALD, *Vertrauen — Eine Analyse aus psychologischer Sicht*, in Recht und Verhalten/Verhaltensgrundlagen des Rechts-zum Beispiel Vertrauen (hrsg. Hagen Hof, Hans Kummer, etc.), Baden-Baden 1994, 111, a confiança não constituiu porém até hoje senão um tema de investigação marginal para a psicologia, o que se deveria à aversão que os psicólogos experimentariam diante de tão

lado também, e de sobremaneira, à sociologia jurídica, que a encara como factor primordial da ordem social, simultaneamente causa e efeito de fenómenos jurídicos aí observáveis[7]. Estes não constituem todavia o nosso ângulo de observação.

Também não é ainda em rigor a nossa a perspectiva que adopta a filosofia do Direito, muito embora a Jurisprudência, em boa medida, se lhe reconduza. Claro que a reflexão jusfilosófica inclui a confiança no seu objecto material, pois ela evoca as polaridades últimas do Direito, os seus fins e as suas tensões[8]. O divisar na confiança um dos elementos simples da experiência da vida a que se deixa reconduzir, a par de outros, a formação do Direito[9] só sublinha a sua relevância nesta sede.

---

vaga noção. Em todo o caso, a protecção da confiança representa um tópico carregado de sugestividade e força persuasiva no próprio plano emotivo. Corresponderá até ao *sentimento jurídico* dominante que a confiança deve ser protegida contra atitudes que a frustrem. O sentimento jurídico interfere obviamente no processo da obtenção do Direito e apresenta uma ligação com o conhecimento do jurídico (cfr. o apontamento de ARTHUR KAUFMANN, *Rechtsphilosophie*, 2.ª edição, München 1997, 63, e ainda MICHAEL BICHLER, *Rechtsgefühl, System und Wertung*, 1979, assim como KARL LARENZ, *Metodologia da Ciência do Direito*, 5.ª edição, Berlin, Heidelberg 1983 [tradução portuguesa de José Lamego], 72 ss e 144 ss). Constituindo em geral as representações e convicções dos sujeitos um importante padrão de aferição do Direito e um critério, embora imperfeito, da validade jurídica, importa evidentemente racionalizá-los; até como forma de evitar os perigos que a eles se coligam. (Para aspectos metódico-demonstrativos da investigação sobre as sensações e idealizações da justiça e do sistema jurídico, cfr. ERHARD BLANKENBURG, *Empirisch messbare Dimensionen von Rechtsgefühl, Rechtsbewusstsein und Vertrauen im Recht*, in Recht und Verhalten cit., 83 ss.)

[7] Esta precisamente a perspectiva de LUHMANN na citada obra sobre a confiança.

[8] Cfr. a propósito, por exemplo, CASTANHEIRA NEVES, *Curso de introdução ao estudo do Direito*, Coimbra 1971/1972 (polic.), 188 ss; K. LARENZ, *Richtiges Recht* cit., 33 s; HEINRICH HENKEL, *Einführung in die Rechtsphilosophie*, 2.ª edição, München 1977, 167 ss, 355 ss, e esp. 437 ss; HANS KELSEN, *Teoria Pura do Direito*, 6.ª edição (trad. port. de João Baptista Machado), Coimbra 1984, por exemplo, 65 ss; A. KAUFMANN, *Rechtsphilosophie* cit., 196 ss. A confiança relaciona-se com a segurança, mas também com a justiça ou a adequação do Direito.

[9] Na versão de MÜLLER-ERZBACH, *Das Erfassen des Rechts aus den Elementen des Zusammenlebens (veranschaulicht am Gesellschaftsrecht)*, AcP 154 (1955), 307 ss, a par da necessidade e do interesse, do poder e da consciência de responsabilidade.

De resto, constituindo a relação entre a Ética e o Direito um dos capítulos óbvios da filosofia do Direito, também sob essa perspectiva a confiança lhe não escapa. Poderá opinar-se não ser fácil responder à questão de saber se, no plano ético, é, em geral, razoável, acertado ou devido confiar[10]. Mas já se aceitará, com bem menor dificuldade, a reprovabilidade ética do defraudar injustificado de uma atitude de confiança que se suscitou. A ordem jurídica não poderá deste modo eximir-se de proteger a confiança, sob pena de não corresponder às suas exigências mais profundas. E sublinha-se de facto a natureza simultaneamente ética e jurídica do princípio da tutela da confiança[11].

Todas as aludidas perspectivas contribuem a seu modo para uma integrada compreensão da confiança no âmbito do Direito. Interessa-nos no entanto predominantemente outra, a que é própria da dogmática jurídica. Objectivo deste estudo é com efeito proceder a um reexame crítico-dogmático da doutrina da confiança. Concretamente numa das suas áreas que se pode dizer em "crise manifesta", a saber, naquele domínio em que se justifica com a frustração de expectativas o desencadear de pretensões indemnizatórias. Assim, a presente investigação versa, essencialmente, um tema de responsabilidade civil.

Cresceram na verdade recentemente de tom as objecções à fundamentação na confiança do surgimento da obrigação de indemnizar. Sustenta-se hoje com frequência que se trata de uma explicação deficiente ou incompleta, não imposta por qualquer necessidade, séria e consistente, de construção jurídica. O panorama da discussão apre-

---

[10] É assim que LUHMANN, *Vertrauen* cit., 94 ss., considera cepticamente não ter a Ética logrado responder de modo concludente a se a confiança é uma atitude dotada de valor ético. Afirmativamente porém, ligando, em tom positivo, a atitude humana do confiar à coragem moral e à força interior, à rectidão e à sinceridade de vida, NICOLAI HARTMANN, *Ethik*, 2.ª edição, Berlin, Leipzig 1935, 426-429.

[11] Haverá ocasião de retornar a este ponto. Para já, cfr., por exemplo, CLAUS--WILHELM CANARIS, *Die Vertrauenshaftung im deutschen Privatrecht*, München 1971 (reimpr. Nendeln 1981), 3, referindo que o princípio da confiança pertence ao número dos princípios mais fundamentais de qualquer ordem jurídica, como componente que é da ideia de Direito entendida em sentido material; *vide* também LARENZ, *Richtiges Recht* cit., 80 ss, e HANS WALTER DETTE, *Venire contra factum proprium nulli conceditur/Zur Konkretisierung eines Rechtssprichwortes*, Berlin 1985, 45.

senta-se, no conjunto, caracterizado por uma acentuada discrepância quanto às efectivas virtualidades de uma dogmática que faz da confiança a sua ideia motora. Há quem a sustente com energia, mas outros põem-na frontalmente em causa em benefício de outras concepções. Urge clarificar um dissídio que toca alicerces fundos do sistema jurídico-civil. Elegendo-o como seu precípuo escopo, o presente estudo assume-se portanto como uma «investigação de direito civil fundamental» [12].

Nem sempre todavia, importa advertir, discorreremos "por dentro" de um sistema jurídico específico, levando tão-só em conta os elementos de um determinado direito vigente — normalmente, como é óbvio, o português, que temos em mente — e o que dele importa concluir. Há asserções jurídicas que são de carácter "transistemático" e, nesse sentido agora, "metadogmático" [13]. A presente investigação permitirá designadamente surpreender certas formas estruturantes da dogmática da confiança, categorias de algum modo originárias, independentes de uma adequação aos dados de uma particular ordem jurídica positiva ou de recepção por ela, sinal de que atingiu o limiar da teoria do Direito. Em todo o caso, mesmo aí a nossa perspectiva reivindica-se ainda de uma reflexão "jurídica" sobre uma realidade também jurídica [14]. E, se os problemas de conceitualização e construção são, porventura, destacados, não é certamente porque

---

[12] A expressão surge na literatura jurídica alemã como *juristische Grundlagenforschung* (constituindo os contributos para este tipo de investigação *Beiträge zur juristischen Grundlagendiskussion*). Ela é útil pois o seu conteúdo contrapõe-se ao das investigações sectoriais, que visam institutos e figuras jurídicas limitados ou parcelares, e que ficam por isso mais longe da "medula" do sistema.

[13] Não está assim em causa, quanto a esta última noção, nenhuma reflexão sobre a dogmática e o pensamento dogmático em geral (*vide*, já de seguida, o texto).

[14] Por aqui passa a distinção da dogmática e da teoria do Direito em relação à filosofia, uma vez que se procura uma resposta de juristas a um problema de juristas. *Vide*, a propósito, A. KAUFMANN, *Rechtsphilosophie* cit., 12-13, referindo-se à aspiração do jurista de, ao promover teoria do Direito, se emancipar da filosofia e de comandar ele próprio a resolução de problemas filosóficos do Direito, fazendo uma espécie de "filosofia de juristas." Quanto à atitude geral do jurista perante o Direito, «à máscara que ele quer afivelar-se no palco da tragédia», com considerações e corolários aplicáveis à posição que elegemos, cfr. CASTANHEIRA NEVES, *Introdução ao Direito* cit., 3 ss.

se esqueceu que o compromisso essencial do Direito — e do jurista — é com a justiça das soluções para concretas situações da vida. É sempre esta última que a racionalidade jurídica contribui a formular e, assim, a entender e realizar.

A dogmática visa principalmente a interpretação das normas do direito vigente e a operacionalização dos princípios jurídicos respectivos. Procede para isso à sua análise sistemática e à construção de noções e quadros explicativos, e elabora as respectivas propostas de aplicação aos casos concretos da vida. O corpo conceptual-doutrinal específico em que se cristaliza, frequentemente identificado com a Ciência Jurídica ou a Jurisprudência em sentido estrito[15], preenche uma série de funções que, conquanto interligadas, se deixam descrever separadamente.

Desde logo, a *função de estabilização*, pois permite uma certa fixação de soluções e, deste modo, um efeito multiplicador de esquemas de decisão. Consegue-se dessa forma uma redução do risco de respostas não coincidentes para hipóteses semelhantes, conferindo realização ao princípio da igualdade de tratamento que é imposição da Justiça. A maior previsibilidade das decisões representa um óbvio corolário da uniformização e agregação das decisões através da dogmática. Há depois uma *função de simplificação*, na medida em que, no âmbito do discurso jurídico, a dogmática possibilita reduzir as alternativas de decisão, evitando processos argumentativos longos e de acentuada, senão inabarcável, complexidade. Ela torna disponíveis, no *iter* da decisão, asserções que não precisam, em princípio, de ser por sua vez questionadas e exaustivamente reexaminadas. Pode identifi-

---

[15] Cfr., por exemplo, LARENZ, *Metodologia* cit., 1 e 221, e FRANZ BYDLINSKI, *Juristische Methodenlehre und Rechtsbegriff*, 2.ª edição, New York, Wien 1991, 8. Deve em todo o caso consignar-se ainda à Ciência Jurídica a teoria do Direito enquanto repositório de asserções e categorias gerais ou estruturantes da juridicidade, situadas acima do nível das dogmáticas vinculadas a um concreto sistema de direito positivo e por elas, em maior ou menor medida, reproduzidas. A observação tem em vista o facto de que, nos seus elementos essenciais, a responsabilidade pela confiança pertence à teoria do Direito. É pois numa acepção compreensiva desta realidade que nos referimos à dogmática e à Ciência Jurídica e por estas definimos o objecto formal do presente estudo.

car-se também uma *função técnico-construtiva*, pela qual se discrimina, classifica, conceptualiza, enuncia, confronta e sistematiza todo o "material normativo", pondo em evidência os princípios que subjazem às diversas regulamentações legais, o seu jogo recíproco, as lacunas existentes. A concretização e diferenciação dos critérios jurídicos de decisão contribui relevantemente para a melhor compreensão do direito vigente e uma maior facilidade da sua aprendizagem e calculabilidade. Existe ainda uma *função de controlo* da consistência das diversas decisões jurídicas, já que os modelos de solução dos casos concretos proporcionados pela dogmática, na medida em que espelham a articulação íntima das normas e princípios do direito vigente, se impõem de algum modo ao julgador, como uma instância de racionalidade que este acaba por ter de respeitar se quiser manter-se fiel ao próprio sistema jurídico. À sua luz é pois possível ajuizar da compatibilidade de uma decisão jurídica com esse sistema. Finalmente, há que salientar uma *função heurística e de progresso*. Por meio da dogmática, o "material jurídico" é reflectido e, ao sê-lo, distanciado do imediatismo da sua manifestação primária e colocado num contexto mais geral. Tal permite a libertação de "sinergias do pensamento"; tornam-se possíveis novas interpretações e ponderações mais profundas, o que enriquece os conhecimentos iniciais de que se partira e viabiliza a formulação de modelos de decisão para situações de facto inicialmente não contempladas [16].

---

[16] Até, eventualmente, (ainda) não verificadas na realidade. Acerca da dogmática jurídica e das suas funções, pode ver-se a excelente condensação de BAPTISTA MACHADO, *Introdução* cit., 359 ss; da vasta literatura sobre o tema ainda, por exemplo, FERNANDO JOSÉ BRONZE, *A Metodonomologia entre a Semelhança e a Diferença (Reflexão problematizante dos pólos da radical matriz analógica do discurso jurídico)*, Coimbra 1994, 523 ss, n. 1181, ROBERT ALEXY (aqui tomado especialmente em conta), *Theorie der juristischen Argumentation/Die Theorie des rationalen Diskurses als Theorie der juristischen Begründung*, 2.ª edição, Frankfurt a. M. 1991, esp. 307 ss, e 326 ss, LARENZ, *Metodologia* cit., 265 ss, KOCH/RÜSSMANN, *Juristische Begründungslehre*, München 1982, 184 ss, 373 ss, F. BYDLINSKI, *Juristische Methodenlehre* cit., 8 ss, JOSEF ESSER, *Möglichkeiten und Grenzen des dogmatischen Denkens im modernen Zivilrecht*, AcP 172 (1972), 97 ss, e *Dogmatik zwischen Theorie und Praxis*, FS für Ludwig Raiser zum 70. Geburtstag, Tübingen 1974, 517 ss, e CANARIS, *Funktion, Struktur und Falsifikation juristischer Theorien*, JZ 1993, 377 ss.

Resulta pois meridianamente claro como a dogmática serve o objectivo de responder ao *quid iuris*, ou seja, ao problema de saber o que é concretamente «de direito» (em determinada situação e no âmbito de uma certa ordem jurídica), de que modo portanto ela contribui para saber quais as exigências e os comportamentos dos sujeitos que correspondem ou são prescritos pelo Direito. Em palavras certeiras de Esser, a dogmática é a via pela qual questões de justiça se tornam juridicamente operacionais [17].

A reflexão crítica que nos propomos levar a cabo sobre a confiança enquanto fonte ou base de pretensões indemnizatórias implica no fundo averiguar aí o desempenho das funções de uma dogmática da tutela de expectativas. No nosso ponto de mira estarão especialmente as funções técnico-construtiva, de controlo e heurística atrás mencionadas. São elas as que predominantemente são colocadas em exame pelo actual vendaval de oposição que se abate sobre a doutrina da confiança. Aliás, compreende-se que assim seja. Os objectivos da estabilização de soluções e da simplificação dos processos argumentativos de decisão correspondem ambos a desideratos marcadamente formais, pois apresentam um grau de independência relativa face ao teor concreto das proposições dogmáticas que estejam em consideração. O desempenho melhor ou pior destas últimas depende especialmente do modo como as outras funções são atingidas; nesse sentido, estão subordinadas àquelas. São especialmente as virtualidades construtivas, de controlo e heurística que permitem distinguir uma boa de uma má dogmática.

Examinar-se-á portanto o pensamento da confiança tendo como cenário as aludidas funções gerais de qualquer dogmática. Há assim igualmente um pressuposto metodológico que desde já se assume — não apenas implicitamente pela finalidade do presente estudo, mas de forma expressa — no sentido de que a dogmática jurídica constitui um modo eficaz, racional e racionalmente controlável do conhecimento e progresso do "jurídico", que, como tal, não é de relevo secundário e, muito menos, dispensável [18].

---

[17] J. Esser, *Möglichkeiten und Grenzen des dogmatischen Denkens* cit., 113.
[18] Para uma vigorosa defesa do pensamento dogmático, pode confrontar-se

A experiência jurídica contemporânea é extremamente rica no que respeita a manifestações susceptíveis de serem interpretadas como afloramentos de uma responsabilidade pela confiança. Deste modo, a introdução no debate em torno da dogmática da protecção indemnizatória da confiança pode ser desencadeada com base em múltiplos pontos de partida. O que, mais do que uma facilidade, representa um factor de exigência acrescida do nosso tema. Ao invés do que se verifica em outros domínios do direito civil, nomeadamente no âmbito de institutos tradicionais seus — e por controversas que no pormenor se apresentem algumas das suas soluções —, existe aqui uma falta de sedimentação dogmática que concorre com uma acentuada "transversalidade" da responsabilidade pela confiança ao longo de todo o tecido jurídico-civil. Essa enorme amplitude reflecte-se necessariamente numa dificuldade particular da sua reconstrução dogmático-crítica, que há-de por força situar-se num elevado nível de abstracção e generalidade, mas que não pode, nem por isso, perder de vista a necessidade de uma operacionalização concreta.

Não vai contudo proceder-se propriamente a uma inventariação e estudo exaustivos dos (eventuais) vestígios dessa responsabilidade no direito civil português vigente, ainda que uma tarefa desse género se encontre hoje bastante facilitada entre nós[19]. Apresentar-se-á antes uma amostragem de problemas e situações através dos quais se deixa

---

EDUARD PICKER, *Richterrecht oder Rechtsdogmatik — Alternativen der Rechtsgewinnung?*, JZ 1988, 1 ss.

[19] Graças particularmente à análise pormenorizada de MENEZES CORDEIRO dos principais institutos e disposições em que a boa fé se manifesta (considerando que subjacente à boa fé se encontra precisamente o princípio da tutela da confiança, ao lado do princípio que chamou da primazia da materialidade subjacente): cfr. *Da Boa Fé no Direito Civil*, I e II, Coimbra 1984, *passim*. Deste modo, teríamos facilitado o acesso a potenciais manifestações da confiança indagando a boa fé. (A citada monografia de MENEZES CORDEIRO constitui referência indispensável na presente matéria, cujos traços essenciais procurou fixar, e como tal será considerada. Outro autor incontornável é, entre nós, BAPTISTA MACHADO, nos seus penetrantes estudos *Tutela da confiança e venire contra factum proprium*, e *A cláusula do razoável*, recolhidos postumamente em Obra Dispersa, I, Braga 1991, 345 ss, e 457 ss, respectivamente, após publicação inicial nas páginas da *Revista de Legislação e de Jurisprudência*.)

documentar e valorar com especial nitidez a natureza e intensidade do ataque à dogmática da confiança. À sua luz se poderão também avaliar o mérito e o alcance das soluções alternativas à confiança, intuindo por outro lado os enunciados por que passa a reconstrução desse pensamento. Buscaram-se situações e problemas nesse sentido paradigmáticos.

Eles correspondem no geral também a áreas jurídicas de pouca densidade normativa. Representam em boa medida domínios com relevância jurídica relativamente recente, que não obtiveram (ainda) respostas legislativas pormenorizadas e perante os quais, mesmo quando possa recorrer a conceitos indeterminados e cláusulas gerais, o intérprete-aplicador sente a insegurança da ausência de uma dogmática firme e de soluções estabilizadas. É especialmente aqui que a utilização de princípios de carácter geral, como o da protecção das expectativas, se transforma em procedimento metodológico absolutamente essencial na procura e justificação de soluções. E não é também o facto de a tutela da confiança se encontrar hoje, segundo uma difundida corrente doutrinária, subjacente à boa fé que, até considerando o aprofundamento por esta recebido [20], torna despicienda, como haverá oportunidade de comprovar, a reflexão sobre o papel e alcance de uma dogmática da confiança nesses problemas ou situações.

Não se procederá contudo a uma análise detalhada do tratamento jurídico que estes últimos merecem considerando os elementos de direito positivo disponíveis. Eles serão tomados tão-só como matéria-prima da doutrina da confiança e enquanto seu campo de experimentação, nomeadamente perante as alternativas que se lhe apresentam. Mesmo a atenção à jurisprudência, por muito importante que se afigure especialmente no contexto das áreas do sistema jurídico que são de formação recente, se encontra subordinada à intenção de índole dogmático-construtiva que nos orienta. Uma preocupação esta, por outro lado, que não deixa de ser fundamentalmente prática, pois todo o Direito tende a ser vigente. É compromisso essencial de uma boa dogmática o de "informar" um "direito vivo", mol-

---

[20] Realce para a investigação de MENEZES CORDEIRO já referida, onde podem encontrar-se numerosos elementos.

dando-o à luz das exigências da racionalidade jurídica. Muito embora não haja oportunidade de perseguir, desenvolver e diferenciar pormenorizadamente, na sua vastidão, os corolários da concepção da responsabilidade pela confiança que se perfilará nos diversos sectores da sua potencial aplicação. Lançam-se em todo o caso as bases do programa de operacionalização completa dessa concepção nas diferentes áreas onde a doutrina da confiança é capaz de frutificar.

O mais das vezes, os problemas e as situações paradigmáticas que se referirão revestem-se entretanto de inegável transcendência prática. A necessidade de uma adequada resolução de certos conflitos que se suscitam hoje nos tribunais estimularam também desenvolvimentos relativamente recentes do direito da responsabilidade em espaços jurídicos afins ao nosso, ainda que amiúde pouco sedimentados. Mesmo se porventura não (tão) versados na ciência jurídica nacional, nem por isso a sua apreciação deixa aí de ter igual cabimento. Desde logo por os elementos do direito positivo português se não apresentarem de tal modo díspares que deixem de a tornar pertinente também entre nós. Mas, para além disso, comprova-se que, por sobre as especificidades que cada ordenamento, atentas as suas particularidades, pode imprimir no papel do pensamento da protecção das expectativas, bem como no género de alternativas que sejam de ponderar a seu respeito, a doutrina da confiança é, num juízo global, bastante homogénea considerando os diversos sistemas jurídicos. Lidamos com um tema "transnacional" que manifesta a regularidade da interpretação do "justo", mais acentuada em sociedades de características próximas, e, deste modo, uma certa não contingência do pensamento jurídico. Persuadimo-nos de que ele demonstra bem quanto os problemas jurídicos se colocam muitas vezes em termos substancialmente idênticos perante ordens jurídicas diversas, que o leque das soluções possíveis para esses problemas é limitado, e que os princípios fundamentais de Direito são em larga medida independentes dos sistemas jurídicos nacionais[21].

---

[21] É de criticar assim, neste aspecto, a difundida tese da relatividade das verdades jurídicas (na medida em que reportadas a ordens jurídicas concretas), tantas vezes lamentada pelos juristas e que bebe o seu tom céptico, com denunciadora frequência, em vários positivismos. *Vide* a propósito também CANARIS, *Theorienrezep-*

No entanto, a presente investigação situa-se dentro de coordenadas definidas da história do pensamento da confiança. O processo de dogmatização da confiança parece ser em si relativamente recente [22]. O que se pode estranhar se se tiver em conta a existência de uma série de normas e institutos, clássicos no Direito, que se apresentam relacionados com situações de confiança; pense-se, por exemplo, entre outros, na usucapião a favor do possuidor de boa fé, na venda de bens alheios ou no casamento putativo [23]. É aliás seguramente de presumir que, desde tempos imemoriais, a confiança e a necessidade da sua tutela tenham sido argumentos recorrentes na decisão dos litígios. O que ocorre porém é que eles não foram, senão perto já da época actual, objecto precípuo de reflexão e estruturação [24]. Uma perspec-

---

tion und Theorienstruktur, in Wege zum japanischen Recht/FS für Zentaro Kitagawa, Berlin 1992, 92-93, que recorda a troça de PASCAL: "Trois degrés d'élévation du pôle reversent toute la jurisprudence. (...) Plaisante justice qu'une rivière borne! Vérité au delà des Pyrénées; erreur au delà" (asserção que todavia esquece o facto de a historicidade ou a natureza cultural do Direito significar que no seguimento de *uma mesma e fundamental preocupação de justiça* se podem empreender diversos caminhos e que, neste aspecto, aquilo que é válido no plano da experiência interpessoal em relação aos objectivos e valores gerais da existência se deixa afirmar também na dimensão colectiva dos povos e das nações). Há pois uma patente estreiteza de vistas quando o jurista sente como "provincianismo" da sua actividade a necessidade de referir as suas afirmações a um certo ordenamento jurídico concreto.

[22] Cfr. MENEZES CORDEIRO, *Da Boa Fé* cit., II, 1234 ss: a tomada de consciência do fenómeno da protecção da confiança e, por conseguinte, "a possibilidade de o fazer intervir activamente na busca de soluções novas e melhores e de aumentar a sua incidência no próprio pré-entendimento dos problemas — seria propiciada, apenas, nos fins do século passado [dezanove], através dos estudos de EUGEN HUBER sobre a *Gewere*".

No espaço jurídico luso, a tematização dogmática da confiança não esperou menos (devendo-se especialmente, como se apontou, a MENEZES CORDEIRO e a BAPTISTA MACHADO).

[23] *Vide* de novo, considerando a conexão entre a protecção da boa fé subjectiva e a confiança, com indicações, MENEZES CORDEIRO, *Da Boa Fé* cit., I, 454, 497 ss e 505 ss, II, 1244 ss, e *passim*.

[24] O que interessa a esta investigação é precisamente a confiança como realidade *a se* da dogmática jurídica. Há assim que distinguir entre uma argumentação conduzida de forma "tópica" e um discurso apoiado em proposições e princípios

tiva diacrónica parece, assim, confortar de algum modo a ideia de uma diferenciação e autonomização progressiva da confiança no seio do "jurídico". Nesse movimento se inserem em todo o caso as conclusões essenciais deste estudo.

Claro que pode perguntar-se se, constituindo missão originária do Direito a juridificação de situações de confiança[25], existirá mesmo espaço para a afirmação de uma dogmática da confiança autónoma e específica; ou, quando menos, se não terá esta de ficar na realidade relegada para um papel subsidiário e, eventualmente, transitório, operante apenas caso não ocorra uma institucionalização jurídica por via distinta da confiança, ou enquanto ela se não der. A questão é vital. Preocupar-nos-emos pois em dar-lhe uma resposta clara, definindo as condições imprescindíveis de uma dogmática da confiança.

A reflexão sobre o direito vigente não cura habitualmente de indagar se ele resulta da juridificação de estruturas de confiança, assim como se alheia igualmente da criação de confiança que ele próprio provoca. A elaboração dogmática da confiança experimentou em todo o caso na Alemanha um especial desenvolvimento. Atingiu aí o seu mais alto cume pela pena de CANARIS, que ficou a marcar um virar de página na sua história[26]; as resistências de diversos sectores da

---

jurídicos estruturados, integrantes do sistema jurídico. O problema fundamental da tópica é precisamente o de não proporcionar senão "propostas de solução" desarticuladas, incapaz que é de indicar um critério que, de entre pontos de vista vários, ainda que plausíveis e convincentes, sirva para escolher qual o que deve ser atendido ou prevalecer em termos jurídicos, de modo a satisfazer as exigências de uma racionalidade sistemática e o imperativo da sujeição à lei e ao Direito.

[25] Há, como se observou, uma interligação entre Direito e confiança. Assim, dir-se-á também que as manifestações ou provas de confiança surgem normalmente num quadro de diminuição de riscos (do relacionamento humano) proporcionado pelo Direito. Cfr. LUHMANN, *Vertrauen* cit., 37.

[26] Ligada à teoria da aparência, a confiança foi tematizada, com maior ou menor ênfase ou clareza, já no início do século vinte, por autores germânicos como H. MEYER ou M. WELLSPACHER, e depois por P. OERTMANN ou H. STOLL; cfr., respectivamente, *Das Publizitätsprinzip im Deutschen Bürgerlichen Recht*, München 1909, *Das Vertrauen auf äussere Tatbestände im bürgerlichen Recht*, Wien 1906, *Grundsätzliches zur Lehre vom Rechtsschein*, ZHR 95 (1930), 443 ss, *Haftung aus Bescheinigung*, AcP

doutrina germânica dos nossos dias à doutrina da confiança têm em apreciável medida esta elaboração por referência, o que apenas con-

135 (1932), 89 ss. Mais tarde apareceram obras tratando-a em extensão, na sua importância para o direito privado em geral ou em outros sectores da ordem jurídica: vide, v.g., H. EICHLER, *Die Rechtslehre vom Vertrauen,* Tübingen 1950, VON CRAUSHAAR, *Der Einfluss des Vertrauens auf die Privatrechtsbildung,* cit., e K.-H. LENZ, *Das Vertrauensschutz — Prinzip/Zugleich eine notwendige Besinnung auf die Grundlagen unserer Rechtsordnung,* Berlin 1968. Decisivos na história da dogmática da confiança apresentam-se ainda KURT BALLERSTEDT, *Zur Haftung für culpa in contrahendo bei Geschäftsabschluss durch Stellvertreter,* AcP 151 (1950/1951), 501 ss, e HELMUT COING, in *Staudinger Kommentar,* 11.ª edição, Berlin 1957 ss, I. Band, n. 76 da introdução à regulamentação do negócio — §§ 104 ss —, ns. 3 ss, prévias aos §§ 116 ss, ns. 9-10 ao § 122, n. 145 da introdução ao regime do contrato — §§ 145 ss —, *inter alia.* Dentro da sua diversidade, todas estas incursões no domínio da confiança — e poderiam ser citados outros contributos — constituíram, por assim dizer, o prelúdio para a obra-síntese de CANARIS, *Die Vertrauenshaftung im deutschen Privatrecht,* já referida.

A importância desta última resulta, não apenas da extraordinária fecundidade crítica e heurística do pensamento do seu autor, ligada por certo a um singular poder de construção teorético-sistemática, mas, desde logo, do método empregue e da fidelidade que a ele manteve. Imediatamente no início da sua «*Vertrauenshaftung*» adverte CANARIS que, dado o quase ilimitado campo de manobra de que o legislador dispõe na concretização do princípio da confiança, qualquer trabalho sobre a confiança corre à partida o perigo de não contribuir para a dogmática jurídica se não se apoiar rigorosamente no direito vigente. Por isso, rejeita uma perspectivação filosófica ou sociológica do pensamento da confiança: os respectivos resultados seriam muito duvidosos do ponto de vista da sua correspondência com a ordem jurídico-positiva. Haveria, isso sim, que proceder a uma análise rigorosa dos diversos *Tatbestände* em que o pensamento da confiança se manifestasse no direito positivo e, a partir deles, ensaiar depois a construção de uma parte geral: um procedimento indutivo que parte das valorações do direito vigente e não de quaisquer reflexões apriorísticas sobre a matéria. É precisamente este ancorar do pensamento nos dados do direito vigente — tanto do direito legislado, como do direito consuetudinário e, ainda, do direito manifestado pela actividade judicativa dos tribunais — que dá força às suas conclusões sobre a confiança; esta torna-se aqui uma realidade jurídica autónoma, e autonomamente comprovável, no plano dogmático. Tudo concorre para justificar que tomemos a elaboração de CANARIS como ponto principal de referência da doutrina actual da confiança. É certo que na «*Vertrauenshaftung*» a tutela indemnizatória da confiança objecto desta monografia se apresenta pouco menos que aflorada e claramente secundarizada com respeito a outras formas de protecção da confiança, mas tal não o prejudica.

firma a sua importância. Deste modo se justifica o privilegiar do contacto com as construções jurídicas surgidas além-Reno. Não deve esquecer-se, contudo, que a confiança está longe de ser ignorada em outras culturas jurídicas. Ela representa também designadamente um tema de destaque no universo anglo-saxónico[27]. Esta realidade confirma o carácter fundamental de que a protecção da confiança se reveste no Direito, independentemente da singularidade e variabilidade dos direitos positivos[28].

[27] Sobretudo desde o escrito precursor de LON FULLER e WILLLIAM PERDUE, *The reliance interest in contract damages*, Yale L. J. 46 (1936), 52 ss, 373 ss. Outras indicações *infra*, nomeadamente a propósito do *promissory estoppel* e do § 90 do Restatement Second of Contracts norte-americano.

[28] Nas demais culturas jurídicas europeias, a confiança não chegou a receber o aprofundamento que conheceu na Alemanha. Como justificações para esta diversidade cabe ponderar diferenças no campo do direito positivo (mais aberto à confiança naquele país) ou no plano metodológico da interpretação-aplicação do direito, a implicarem um relevo diferente do tema. O ponto ultrapassa contudo o que é pedido pela presente investigação; cfr. de todo o modo as razões que MENEZES CORDEIRO apresenta para que a boa fé (na sua concepção insistentemente vinculada à confiança) ocupe um lugar muito mais proeminente na ciência jurídica germânica do que no espaço francês ou italiano em *Da Boa Fé* cit., I, 262 ss, 287 ss e 395 ss.

A história de cada espaço jurídico é também diversa e, nessa medida, igualmente susceptível de ser invocada como razão justificativa da envergadura distinta da doutrina da confiança. Mas não deve sobrevalorizar-se este aspecto. Importa evidentemente reconhecer um papel relevante à tradição no domínio do pensamento jurídico, já que este, para nos exprimirmos com CASTANHEIRA NEVES (*Questão-de--facto* cit., 918. n. 93), realiza o papel da autoconsciência reflexiva da experiência jurídica, sendo também que através daquela o Direito faz igualmente o seu aparecimento na realidade humana. É pois manifesta a ligação entre tradição e Direito. Pensamos até que as soluções e as formas habituais em que se apresenta o pensamento jurídico não carecem de ser propositadamente refundamentadas no quadro do discurso jurídico, sempre que não sejam postas em causa no processo argumentativo. Este marcante relevo da tradição apoia-se no que pode chamar-se o *princípio da inércia*. Tal princípio enuncia que uma ideia que tenha sido precedentemente aceite não deve rechaçar-se sem um motivo suficiente. Ele contém, afinal, uma *regra de distribuição do ónus da argumentação*: o recurso a uma *praxis* já implantada não requer, *per se*, nenhuma justificação; é o seu afastamento ou a mudança que exige, em princípio, legitimação. Deste modo, ele apresenta-se como "fundamento da

Ainda assim, a nossa perspectiva não é, em rigor, comparativa. Não procura em si estabelecer um confronto de soluções. Extraem-se

estabilidade da nossa vida intelectual e social": assim CHAIM PERELMAN, *Betrachtungen über die praktische Vernunft*, Zeitschrift für philosophische Forschung, XX (1966), 219, explicitando este princípio. Ele não colide obviamente com o progresso na ciência, pois limita-se a prevenir — e neste ponto meritoriamente — contra o abandono irreflectido de modos de pensamento consagrados, não sujeito ao crivo do motivo e do exame verdadeiramente crítico. E radica na ineliminável historicidade do ser humano. (A historicidade do Direito é porém frequentemente invocada em sentido oposto, como pretexto para a relativização e o corte com a "memória", por vezes de modo a torná-lo instrumento dúctil para vontades de transformação pelo poder; lamentando que a lembrança do homem moderno já não chegue sequer aos avós, J. HRUSCHKA, *Zum favor traditionis bei der Anwendung von Gesetzen*, FS Larenz, München 1973, 196.)

Não deve contudo — dissemos — enfatizar-se o peso da tradição como forma de justificação de diferenças no campo da ciência jurídica entre as diversas culturas. Na medida em que se identifique uma mesma questão-de-direito a elas comum, a possibilidade de duas soluções não coincidentes representaria um ataque frontal à controlabilidade racional das decisões jurídicas e à unidade do "justo" (existindo naturalmente uma semelhança no ambiente sociocultural das comunidades jurídicas envolvidas, já que a historicidade do direito pode condicionar as concepções de justiça e moldar a sua específica configuração, salvando-as assim do princípio da não contradição). O que significa dizer-se também que o espaço de diálogo da ciência jurídica não é (hoje) claramente confinado aos limites de uma determinada ordem jurídica (recorde-se só a famosa "aldeia global" construída pelos modernos meios de comunicação), mas se estende, para além dela, às culturas inseridas no mesmo marco civilizacional.

Importa aliás atender a que, rigorosamente, não há intermutabilidade ou perfeita fungibilidade entre as asserções da dogmática jurídica, o que significa que não é no limite curial dar-se prevalência a uma delas em razão da tradição específica a que se encontra vinculada. Isso vale, quer para afirmações isoladas, quer tratando-se, como na doutrina da confiança, de uma teoria jurídica enquanto conjunto de enunciados gerais ligados entre si segundo um critério de ordem e unidade (*vide* ainda *infra*, com indicações). A teoria cumpre uma função explicativa, na medida em que ordena e esclarece mais adequadamente uma determinada matéria jurídica. Mas realiza igualmente uma função heurística, pois que, como já se apontou a propósito da dogmática em geral, ao permitir penetrar com maior profundidade na compreensão de uma matéria jurídica e nas suas conexões mais gerais, contribui para o seu esclarecimento e introduz infalivelmente interpretações novas dessa matéria, facultando nessa medida aplicações até ali não pensadas, desapercebidas ou,

apenas, na medida do possível, as consequências da natureza do tema, que permite e torna útil o alargamento do foro da discussão jurídica além do espaço português. A consideração da experiência jurídica alheia pode, neste aspecto, auxiliar a ciência jurídica nacional na busca dos melhores caminhos e preveni-la de atalhos que acabam por se revelar bem mais árduos do que prometiam. Nem por isso, contudo,

---

então, aceites sem suficiente racionalização. Essa função traduz-se portanto num *apport* que a teoria dá aos próprios conhecimentos iniciais de que partira, promovendo novas conclusões e ponderações ali não contidas. (Por isso também, é totalmente falsa a ideia de que uma asserção pode estar certa "como" ou "em teoria" mas não ter relevância prática alguma; veementemente contra ela, CANARIS: cfr. *Funktion* cit., esp. 390-391.) Ora, precisamente esta função torna bem patente a não equivalência das construções jurídicas e, assim, a impossibilidade de decidir entre elas por razões de tradição. É que, mesmo que duas delas se pudessem igualar no plano da explicação de certas realidades jurídicas, elas cumpririam sempre de modo não coincidente a função heurística. Seria pois possível estabelecer uma preferência entre elas de acordo com as suas virtualidades heurísticas.

Justifica-se assim o conhecimento de teorias jurídicas desenvolvidas em outros espaços jurídicos; e até, quando for o caso, a recepção das que aí florescem. Uma recepção, para ser lograda, requer evidentemente a verificação de alguns requisitos. Se, por exemplo, há uma similitude entre as ordens jurídicas envolvidas e os contornos dos problemas a resolver forem, no fundamental, idênticos, aumentam as probabilidades do seu êxito. Mas ela tem também condições para operar quando, no país que procede a essa recepção, não haja qualquer regulamentação — ou regulamentação significativa — para o problema em jogo, podendo até muito bem acontecer que seja precisamente a nova construção a alavanca que permite descobrir — e depois resolver — uma questão jurídica até então aí negligenciada. Outras vezes, a recepção, por falta desses pressupostos, não poderá ocorrer senão em relação a uma parte das asserções em que se condensa a teoria. Em si, as asserções da dogmática jurídica constituem um bem imaterial, traduzidas em enunciados linguísticos, que podem ser livremente apropriadas. Importante é que se apresentem internamente consistentes e sirvam de facto para resolver adequadamente os problemas jurídicos aos quais fazem referência. Especialmente sobre a problemática da recepção de teorias, cfr. CANARIS, *Theorienrezeption* cit., onde, *inter alia* se critica com inteira razão a ideia de que a comparação de direitos permitiria (e postularia até) uma "limpeza" ou "depuração" das soluções jurídicas apresentadas pelos diversos ordenamentos das "crostas" e "anquilosamentos" da dogmática, de modo a apresentarem-se apenas no aspecto funcional da satisfação das necessidades humanas (*op. cit.*, 83 ss), pois a dogmática constitui uma importante instância mediadora do "jurídico".

se deixará de levar em primeira linha de conta a doutrina lusa. A presente investigação permanece deste modo, geneticamente, uma investigação cuja raiz e horizonte é essencialmente o direito português. Está fora de causa a importação de uma problemática provinda de outros espaços jurídicos e a mera aplicação ao direito nacional de concepções que florescem longe de nós. Nada disso colide com a dinâmica de universalização do conhecimento que habita no seu núcleo um "transcendental" do Direito como a protecção da confiança.

Explicitada a perspectiva da presente investigação, convém agora desenhar nos seus traços gerais o *iter* que se vai percorrer. O objectivo de considerar criticamente, no âmbito da tutela indemnizatória das expectativas, as virtualidades efectivas de uma dogmática da responsabilidade assente na confiança, confrontá-la com as suas alternativas e ensaiar conclusões para uma reformulação crítica da doutrina da confiança, convida, antes de mais, a situar devidamente o espaço daquela tutela indemnizatória no quadro mais geral da protecção da confiança; justificando ao mesmo tempo esta delimitação à luz da finalidade que nos orienta. Pode suceder que, perante o desenrolar da investigação e as conclusões que se forem perfilando, seja oportuno corrigir e matizar essa circunscrição inicial do *thema disputatum*. Há todavia sempre que ter uma perspectiva de abordagem, ainda que a espiral hermenêutica por que discorre o progresso do conhecimento venha a sugerir depois afinamentos e a consentir alargamentos.

Considerar-se-ão a seguir, em breve sinopse, algumas áreas onde irrompem com especial notoriedade o pensamento da responsabilidade da confiança e as objecções que lhe são movidas. Mais do que a exposição exaustiva das respectivas consequências nesses domínios, urgirá isolar os pontos nevrálgicos da querela e das alternativas a ponderar na sua dilucidação, de modo a vislumbrar pressupostos e corolários essenciais de uma dogmática da confiança e a sopesar devidamente o alcance e as limitações das construções que se lhe contrapõem.

A parte subsequente da investigação debruçar-se-á sobre as principais orientações que reprovam a doutrina da confiança como fonte da obrigação de indemnizar. Ela conterá também uma "crítica da crítica", quer tendo presentes as condições e o conteúdo dessas orientações, quer em função dos seus resultados e aplicações no confronto com aquela doutrina. Das suas conclusões, das principais linhas argumentativas desveladas ao longo desse percurso, se partirá então para ensaiar uma "reconstrução" da responsabilidade pela confiança; revendo o papel efectivo que uma dogmática da protecção das expectativas pode desempenhar e apurando os seus contornos. Este o fim precípuo deste estudo, inspirador permanente do nosso discurso. A ele corresponde por isso o âmago da investigação, que concluirá com a respectiva fundamentação no âmbito do direito vigente, testando a sua compatibilidade com a ordem jurídica portuguesa.

3. O ressarcimento dos danos no quadro geral da tutela das expectativas: protecção "negativa" *vs.* protecção "positiva" da confiança

Para esclarecer o lugar e o papel dogmáticos da responsabilidade pela confiança há que situá-la no âmbito mais vasto da tutela jurídica das expectativas. A defesa da confiança está longe de se esgotar na atribuição de um direito ao ressarcimento de danos, operando, na realidade, de diferentes modos [29].

Ela consente uma destrinça fundamental, segundo as consequências a que pode dar lugar. Nalguns casos, a ordem jurídica preserva ou realiza a posição do confiante, por exemplo atribuindo à situação de confiança ocorrida os efeitos jurídicos equivalentes ao objecto da representação, como se ele tivesse realmente ocorrido. Há aqui uma tutela muito enérgica do sujeito, que é colocado na situação correspondente à confirmação das expectativas que teve. São dela exemplos a protecção registal ou a inoponibilidade de certos vícios do negócio, como a simulação, a terceiros.

---

[29] *Vide* apenas as inúmeras manifestações de tutela da confiança apresentadas por MENEZES CORDEIRO no nosso sistema jurídico a propósito da boa fé subjectiva ou da boa fé em sentido objectivo (*Da Boa Fé* cit., por exemplo, I, 443 ss, 477 ss, 490 ss, e *passim*). Cfr. também CANARIS e o seu ciclópico trabalho de análise das múltiplas situações de confiança dispersas por diversos quadrantes do direito privado alemão, muitas vezes distantes entre si, e coroado depois com a construção de um sistema de protecção das expectativas (*Die Vertrauenshaftung* cit., 9 ss, 491 ss).

Mas a intervenção da ordem jurídica pode visar antes ressarcir o sujeito do dano ocasionado pela frustração das expectativas que acalentou, concedendo-lhe portanto (apenas) uma pretensão dirigida à reparação do prejuízo que ele não teria sofrido se não tivesse confiado. Como exemplo considere-se a indemnização reconhecida àquele que viu defraudada pela outra parte a sua convicção de celebração de um contrato, iniciado o seu processo de negociação ou formação. Aliás, a doutrina comum vai mais longe: insere o caso na *culpa in contrahendo* e vê nesta última, globalmente, um afloramento paradigmático da tutela (ressarcitória) das expectativas. Estes passos não merecem todavia aplauso. O ponto fica agora de remissa.

Obtém-se em todo o caso uma clarificadora distinção entre o que pode designar-se uma protecção *positiva* e uma protecção *negativa* da confiança [30]. Se a primeira se preocupa em assegurar ao sujeito "positivamente" a sua expectativa, esta última "nega" ao confiante o direito a ser colocado nessa situação, reconhecendo-lhe em vez disso um direito indemnizatório (contra outrem). No âmbito da protecção negativa das expectativas, a expressão "responsabilidade pela confiança" não significa deste modo, meramente, que alguém é chamado a suportar as consequências jurídicas da confiança alheia. Aquela locução tem também um conteúdo mais restrito: assinala o surgimento de um dever jurídico preciso, o de ressarcir um prejuízo. Usá-la-emos predominantemente nesta acepção específica, pois com ela se identifica com apreciável precisão o presente objecto de investigação.

De notar que a intervenção da ordem jurídica em defesa da confiança pode bem consistir na adstrição de alguém a corresponder à situação de confiança de outrem, conformando a sua conduta por forma a realizar ou não defraudar as expectativas alheias. Um dever desse género ordena-se, atenta a sua finalidade, na responsabilidade positiva pela confiança.

A destrinça entre a responsabilidade positiva e negativa pela confiança não se decalca com exactidão sobre a conhecida distinção da responsabilidade civil entre interesse contratual positivo e interesse contratual negativo. No primeiro, a indemnização visa situar o sujeito

---

[30] Cfr. CANARIS, *Die Vertrauenshaftung* cit., 5, que terá cunhado as expressões.

na posição que lhe assistiria se a obrigação (contratual) tivesse sido cumprida; no segundo, está em causa a reparação do dano que não teria sido sofrido se não se tivesse contratado (constituindo a obrigação, mais tarde inadimplida). Ora, o escopo da protecção positiva da confiança — colocar o sujeito na situação correspondente à confiança que teve — pode ser alcançado por outros meios que não através da imposição de um sucedâneo indemnizatório dessa situação; desde logo, por exemplo, pela cominação de um dever de conduta dirigido à satisfação "em espécie" das expectativas alheias. A tutela positiva da confiança não pode por conseguinte ser reduzida ao simples ressarcimento do interesse positivo do sujeito no cumprimento deste dever. Já a responsabilidade negativa pela confiança se molda sobre o interesse contratual negativo, pois pretende-se precisamente reparar o prejuízo que não ocorreria se o lesado *não* tivesse adoptado determinada conduta (aqui, se ele não tivesse confiado, ali, se ele não tivesse contratado). O tipo de dano e a similitude funcional da indemnização sugerem uma fundamentação jurídica comum.

A discriminação entre as duas formas apontadas de tutelar expectativas não representa um simples exercício conceptual-apriorístico, de mais do que duvidosa utilidade. Na realidade, ela tem relevância material, pois exprime uma diversidade na ponderação de valores e, assim, distintas "obediências" e condicionantes. Considere-se a confiança de alguém em relação à produção de certos efeitos jurídicos na sequência de um acto por ele praticado. Uma protecção positiva das expectativas, atribuindo à crença do sujeito as consequências de uma situação jurídica real, satisfá-lo de modo enérgico e pleno, mas carece de se harmonizar com os pressupostos de que depende ordinariamente a produção dos efeitos jurídicos próprios daquela situação. Ela não pode subverter a sua exigência, pelo que, como princípio, esses pressupostos carecem de ser respeitados. *Mutatis mutandis*, tratando-se de impor deveres de "realizar" ou "observar", em espécie ou por equivalente indemnizatório, essa representação.

O aludido perigo de subversão de um regime jurídico desvanece-se, pelo contrário, considerando a tutela negativa da confiança. Mantenhamo-nos no mesmo tipo de exemplo. A falta de requisitos de que depende certo efeito jurídico provoca a sua não produção.

A crença contrária do sujeito não altera nem colide com essa regra. Ao sujeito reconhece-se-lhe tão-só direito ao ressarcimento dos prejuízos decorrentes de ter acreditado.

Suponhamos agora que alguém convence outrem de um certa realidade em si exterior ao Direito (recomendando por exemplo a idoneidade profissional de um terceiro ou a aptidão de certa coisa para satisfazer certo tipo de necessidade, aconselhando a um sujeito a sua aquisição). É difícil ver aí justificação para conferir ao *deceptus* uma indemnização destinada a colocá-lo na posição correspondente às suas expectativas, pois estas jamais se confirmariam no plano fáctico. A protecção negativa da confiança perfila-se pelo contrário como consequência apropriada, imune que está a esse óbice.

Contudo, a contestação que sofre o pensamento da confiança dirige-se especialmente à sua aptidão de fundamentação deste dever de indemnizar; face, nomeadamente, a orientações mais conformes com os termos por que tradicionalmente discorre a dogmática da responsabilidade civil. Claro que as diferenças entre a tutela positiva e negativa da confiança não prejudicam a óbvia ligação entre ambas. Por isso, o reconhecimento da idoneidade da doutrina da confiança naquele domínio projecta-se igualmente por todo o campo da tutela positiva da confiança, contribuindo para a sua própria sedimentação dogmática.

4. Recorte do âmbito da protecção indemnizatória da confiança; a tutela da aparência

De todo o modo, escapa por regra ao nosso âmbito temático directo a área constituída pelo que pode designar-se da *responsabilidade pela aparência jurídica*[31]. Dotada de uma certa unidade dentro do universo da protecção da confiança, esta não opera através da imposição

---

[31] Do alemão *Rechtsscheinhaftung*: cfr. em especial CANARIS, *Die Vertrauenshaftung* cit., 9-273, analisando variadas hipóteses de tutela da aparência, e 526 ss, em síntese.

de uma obrigação de indemnizar, pois coloca antes o confiante na posição jurídica correspondente às expectativas que alimentou; a ordem jurídica confere a alguém uma posição que "em si" não existia, devido à ocorrência de uma situação que, segundo o seu figurino fenomenológico "exterior", conduzia à respectiva atribuição. A tutela da aparência "anula" deste modo a diferença entre o que parece e aquilo que tem existência efectiva como realidade jurídica. Na sua base encontra-se uma situação de aparência. Esta corresponde a um *Tatbestand* de confiança especialmente intenso, pela enérgica tutela de expectativas que a ordem jurídica a ele associa [32]. Deste modo, seguindo a destrinça precedentemente delineada, a protecção da aparência inte-

---

Note-se que, embora a protecção da aparência se reporte, frequentemente, a declarações (mas não necessariamente, pois se abrange também a confiança em realidades artificiais como os registos), não há, ainda então, identidade com a responsabilidade pela emissão de uma declaração. Aqui gera-se uma pretensão meramente indemnizatória, ao passo que a tutela da aparência radica na existência de uma "parecença objectiva" de certa situação que tem por consequência (veja-se já de seguida o texto) uma igualação jurídica entre a aparência e a realidade por determinação do legislador.

Embora pouco desenvolvido, o tema da aparência não é de modo algum desconhecido na doutrina portuguesa, sobretudo após o estudo de PESSOA JORGE, *A protecção jurídica da aparência no direito civil português* (dact.), Lisboa 1951-1952. Além disso, a aparência constitui um elemento-chave tradicional na discussão dos títulos de crédito (*vide* com extensas referências, nomeadamente, PAULO M. SENDIN, *Letra de Câmbio/L.U. de Genebra*, I e II, Coimbra s/data, *passim*). Cfr. também, mais recentemente, RITA AMARAL CABRAL, *A teoria da aparência e a relação jurídica cambiária*, ROA 44 (1984), 627 ss. Algumas das manifestações susceptíveis de enquadramento na responsabilidade pela aparência foram entretanto consideradas em MENEZES CORDEIRO, *Da Boa Fé* cit., I, 443 ss, 477 ss, e *passim*. O autor não lhe atribui contudo autonomia dogmática. Negando-lhe natureza excepcional, prefere dissolvê-la, sem traduzir a sua singularidade, na responsabilidade geral pela confiança. Só interessaria considerar a aparência que tenha repercussões humanas, sendo que, por outro lado, a existência de uma aparência não é essencial para a existência de representações merecedoras da protecção do Direito (cfr. *op. cit.*, II, 1234 ss): duas precisões que subscrevemos, embora não nos pareçam suficientes para que se abdique de reconhecer a especificidade da tutela da aparência no contexto geral da protecção da confiança (*vide* ainda *infra*).

[32] O critério é portanto jurídico: a aparência social não é decisiva.

gra-se na custódia positiva da confiança[33]. No seu âmbito versam-se figuras como a procuração aparente, o casamento putativo, a protecção de terceiros em face da simulação, o preenchimento abusivo de declarações em branco, sociedades aparentes, a publicidade registal, a preclusão de meios de defesa em títulos de crédito, etc.

A tutela da aparência inspira-se na necessidade de servir a segurança do tráfico jurídico: uma preocupação que se sente com particular intensidade em certos sectores tradicionalmente objecto do direito mercantil, mas a que também importa não ser insensível para além do campo estrito deste[34]. As situações de relevância da aparência desempenham justamente a função de *catalisadoras* do aludido tráfico. Daí que, como característica típica da tutela da aparência, surja uma intensa *formalização* da protecção conferida pelo Direito, uma acentuada *cristalização* da sua intervenção em *casos-tipo especificamente recortados*. Não é viável atribuir genericamente efeitos a expectativas como se elas correspondessem a realidades com o pretexto de se reportarem a situações indiciadoras dessas mesmas realidades[35]. Apenas algumas podem ser seleccionadas[36]. Se ao Direito assiste a capaci-

---

[33] O facto de a lei considerar eficaz a *facti-species* a que faltava algum requisito de eficácia em homenagem à necessidade de protecção da confiança é naturalmente susceptível de desencadear também a responsabilidade de quem provoca a tutela da aparência perante o titular da situação jurídica atingida (*v.g.*, pela prática de um ilícito-culposo, contratual ou aquiliano). Aí não está porém em causa a tutela da aparência propriamente dita, que é dela autónoma. Por isso, o risco da insolvência do obrigado a indemnizar onera o titular efectivo da situação jurídica, que o não pode alijar para o beneficiário daquela protecção.

[34] Cfr., a propósito, por exemplo, FERRER CORREIA, *Lições de direito comercial*, I (polic., com a colaboração de Manuel Henrique Mesquita e António A. Caeiro), Coimbra 1973, 36-37, apontando que as actividades não reguladas pelo direito comercial também reclamam a protecção da boa fé, a estabilidade dos negócios ou a segurança e firmeza das transacções.

[35] A ordem jurídica portuguesa apresenta indícios restritivos no que concerne à relevância da aparência ao recusar genericamente a regra "posse vale título" ou a eficácia liberatória do pagamento feito a credor aparente.

[36] Mesmo assim, com especiais cautelas no âmbito do direito civil, por confronto com o direito comercial, para não lhe conferir uma injustificada rigidez.

dade de criar *ex nihilo* tais catalisadores (*vide*, paradigmaticamente, o registo), não deixará naturalmente de atender àquelas que mais objectiva e fortemente fiáveis se apresentem logo no plano social. De todo o modo, é de concluir que o âmbito da tutela da aparência se apresenta necessariamente circunscrito. Tal não significa que fique inviabilizada uma protecção da confiança para além do que consentem os apertados requisitos daquela tutela, desde que verificados os pressupostos de que depende, fora daquele seu âmbito, esta mesma protecção; nomeadamente, quando o *Tatbestand* de confiança não é dotado daquela "objectividade" que caracteriza a tutela da aparência e se liga antes, por exemplo, a factores de uma relação interpessoal desprovidos de tipicidade jurídica.

O regime da aparência realiza privilegiadamente o princípio da segurança do tráfico jurídico. Devem reconhecer-se a este último algumas notas especificadoras em relação ao da tutela da confiança[37]. É característica sua uma maior *objectivação* (ou *dessubjectivização*) dos pressupostos da intervenção do Direito, designadamente no que toca ao relevo dos diversos estados e circunstâncias pessoais dos sujeitos envolvidos. Nele se exprime a tendência para transcender as particularidades dos casos concretos em direcção a *ponderações mais gerais* ligadas às condições de funcionamento e às exigências do comércio jurí-

---

(Como se exprimiu Pessoa Jorge, *A protecção* cit., 104, defendendo a natureza não geral da tutela da aparência, o direito civil deve permanecer mais espiritualista, não se repercutindo nele com igual intensidade o apelo a uma protecção tão enérgica, que aí redundaria com frequência em desproporcionado sacrifício da justiça. Pela excepcionalidade da protecção da aparência também Rita A. Cabral, *A teoria da aparência* cit., 637-638.)

[37] Menezes Cordeiro aponta genericamente para que a tutela da confiança "equivale, no fundo, a premiar a circulação dos bens, em detrimento da sua conservação estática" e que "a este nível, algo estranho à justiça do caso concreto, as vantagens conferidas ao confiante prendem-se a vectores genéricos ligados ao dinamismo económico, que não podem ter-se por excepcionais" (*Da Boa Fé* cit., II, 1247). No sentido, que preferimos, da singularização da defesa do tráfico jurídico no contexto da protecção da confiança, *vide* entretanto já de seguida o texto, e cfr. também Detlef Leenen, *Die Funktionsbedingungen von Verkehrssysteme in der Dogmatik des Privatrechts*, in Rechtsdogmatik und praktische Vernunft/Symposium zum 80. Geburtstag von Franz Wieacker, Göttingen 1990, 125-126.

dico no seu todo. A segurança, e consequente facilidade, do tráfico convocam *de modo global* estabilidade e "normalização" (sem prejuízo da possibilidade de prossecução de objectivos de *ordem pública económica* ou *social*), mais do que a resolução em termos equitativos de conflitos intersubjectivos localizados. Adequa-se-lhes particularmente a solução "forte" do estabelecimento de uma protecção *positiva* das expectativas nele geradas. Diferentemente, o princípio da confiança, permeável que é a ponderações específicas à luz da situação concreta, movimenta-se perfeitamente bem no quadro de uma relação de confiança pessoal e individualizada. Esta singularização do princípio da tutela do tráfico jurídico que se detecta no âmbito da protecção da aparência coaduna--se com uma simplificação de requisitos por confronto com o que se exige ordinariamente na tutela da confiança [38]. Neste sentido, nem toda a protecção das expectativas se traduz numa tutela do tráfico jurídico.

Consumaria todavia uma ruptura entre ambas afirmar que nem toda a protecção do tráfico seria, por sua vez, uma tutela da confiança. Mas esta última asserção não parece, diga-se em abono da verdade, de subscrever, porque onde não houvesse quaisquer representações dos sujeitos e, assim, expectativas a acautelar, não se veria que função poderia desempenhar a preocupação com o tráfico jurídico [39].

Dado o tipo de consequências a que se liga a tutela da aparência — ao colocar ela o sujeito na posição que lhe assistiria se o facto apa-

---

[38] As "dessubjectivização" e "normalização" típicas da tutela da aparência correspondem caracteristicamente a uma desvalorização do investimento de confiança, assim como a um acentuar da intervenção do princípio do risco no que toca à imputação de consequências jurídicas ao sujeito; o direito cartular permite exemplificá-lo (cfr. especialmente CANARIS, *Die Vertrauenshaftung* cit., *v.g.*, sintetizando, 526-527).

[39] A susceptibilidade de reconduzir em último termo a fundamentação ou o escopo derradeiro do princípio da segurança do tráfico jurídico à tutela da confiança não prejudica a ocorrência de distintos modos técnicos de operar, por vezes decisivos. Assim, perante regimes ditados pela preocupação de gerar níveis globais de segurança em certos sectores da vida dos negócios, a inexistência de confiança pode determinar (teleologicamente) a cessação de uma protecção amiúde moldada sobre uma situação de confiança presumida. Diversamente, fora deste âmbito, a tutela da confiança requererá em princípio a demonstração positiva de uma concreta convicção do sujeito, sem a qual não actua.

rente fosse real, reconhecendo-lhe uma eficácia jurídica equivalente, facilmente se intui que é para ela vital apurar o alcance dos efeitos negociais (*rectius*, dos dos actos jurídicos) [40]. Se essa tutela só pode afir-

[40] Como exemplo aponte-se a discussão em torno da procuração *tolerada* (ou *consentida*) e da procuração *aparente*. A primeira tem lugar quando o representado tem conhecimento e condescende com o comportamento de quem se arroga poderes de representação; tal atitude pode ser interpretada pela contraparte no negócio como implicando a efectiva concessão de uma procuração. Ora, se alguém consente que outrem actue enquanto seu representante, de tal maneira que terceiros possam inferir daí a existência de uma procuração, compreende-se que então ele não possa opor-se a ser tratado pela ordem jurídica da forma correspondente à atribuição efectiva dessa procuração. Pretende-se nestes casos proteger a confiança do terceiro que contratou com o representante, imputando os efeitos do acto ao representado. Qual porém a rigorosa redução dogmática da produção destes efeitos? Digladiam-se além-Reno uma explicação *negocial*, que interpreta a conduta do representado como comportamento de atribuição *tácita* ou *concludente* de uma procuração para o acto, e uma justificação *não negocial*, que resolve o problema pela tutela da *aparência* (cfr. sobre o tema, CANARIS, *Die Vertrauenshaftung* cit., 39 ss, 48 ss; WERNER FLUME, *Allgemeiner Teil des bürgerlichen Rechts, Zweiter Band, Das Rechtsgeschäft*, 4.ª edição, Berlin, Heidelberg, etc. 1992 [doravante citado *Das Rechtsgeschäft*], 828 ss; K. LARENZ, *Allgemeiner Teil des deutschen Bürgerlichen Rechts*, 7.ª edição, München 1989, 638 ss; LARENZ/WOLF, *Allgemeiner Teil des deutschen bürgerlichen Rechts*, 8.ª edição, München 1997, 927 ss; DIETER MEDICUS, *Allgemeiner Teil des BGB*, 7.ª edição, Heidelberg 1997, ns. 969 ss; HEINZ HÜBNER, *Allgemeiner Teil des Bürgerlichen Gesetzbuches*, 2.ª edição, Berlin, NewYork 1996, 531-532). O melindre da procuração tolerada face à procuração tácita prende-se com o facto de as suas consequências se conexionarem à primeira vista com uma pura inacção do representado no que toca à atribuição de poderes representativos. Na verdade, a procuração *tácita* envolve uma declaração negocial efectiva, embora apenas deduzida de factos que com toda a probabilidade a revelam (art. 217 do Código Civil). Na sua génese são susceptíveis de se encontrar uma multiplicidade de comportamentos, com relevo para o conferir de uma posição a alguém no seio de uma organização empresarial que envolva tipicamente poderes representativos. (Deste modo explicámos já os poderes que assistem aos directores de filiais ou departamentos de empresas, aos gerentes bancários, etc.: vide OLIVEIRA ASCENSÃO/CARNEIRO DA FRADA, *Contrato celebrado por agente de pessoa colectiva. Representação, responsabilidade e enriquecimento sem causa*, RDE XVI-XIX [1990-93], 46 ss.)

Diferente da procuração tácita e da procuração consentida é a procuração *aparente*. Na primeira (e, para alguns, também na segunda) está-se perante uma verdadeira declaração negocial. Envolvendo ela uma conduta do sujeito *endereçada à cons-*

mar-se com autonomia para além dos quadros da dogmática negocial, por outro lado não a pode subverter, minando as suas exigências. O pro-

tituição de poderes representativos, pressupõe, em consonância, uma *consciência da declaração* por parte do representado. Ocorre porém por vezes que uma adequada protecção de terceiros que contratam com representantes requer que o negócio que celebram produza efeitos em relação aos representados *prescindindo da própria (verificação da) existência de uma efectiva e consciente atribuição de poderes representativos* por parte destes, ainda que tácita. Pense-se, desde logo, nas situações em que alguém, não sabendo embora que outrem actua como seu representante, *devia* ter esse conhecimento, em nome da boa fé e do cuidado exigível no tráfico jurídico, por forma a evitar o engano de terceiros. Mas considerem-se também hipóteses em que, independentemente da culpa do representado na conduta do representante, parece legítimo imputarem-se-lhe os efeitos do negócio em nome de uma ideia de *risco*. Em ambos os casos depara-se-nos uma situação de aparência de procuração, para além ou com independência da sua causação consciente por alguém. Apesar de, agora, o nexo de imputação da situação criada (a aparência da legitimidade representativa do *falsus procurator*) ao representado ser mais ténue, uma vez que se prescinde da consciência deste e, com ela, de uma declaração negocial de atribuição de poderes representativos, aceita-se, pelo menos no âmbito das relações comerciais, que o representado pode ficar vinculado pelos actos do procurador. A justificação dessa posição requer naturalmente o reconhecimento da insuficiência ou precariedade de outros meios de protecção, nomeadamente indemnizatórios, pois ela envolve de facto um entorse ao princípio de que a ninguém podem ser impostos efeitos negociais independentemente ou contra a sua vontade (nesse sentido, aliás, o art. 268 n.° 1).

A denominada *procuração aparente* responde particularmente à necessidade prática de lançar sobre o detentor de uma empresa comercial o *risco da organização interna da empresa e da observância efectiva da divisão interna de poderes e funções por parte das pessoas e unidades de competência de acordo com as suas instruções* (vide o último estudo citado, 56 ss). Na verdade, a distribuição de poderes e funções no seio de uma empresa de estrutura complexa não é, muito frequentemente, *transparente* para os terceiros que contratam com ela. Não seria justo que por essa circunstância eles fossem surpreendidos com uma ineficácia do negócio derivada de uma falta de poderes de quem contratou em nome da empresa. Por outro lado, a opção por uma tutela de tipo indemnizatório não satisfaria, em muitas situações, as exigências de adequada tutela dos terceiros e entorpeceria gravemente a celeridade e a segurança do tráfico jurídico. Compreende-se, nesta medida, que se entenda dever o titular da empresa ficar vinculado à imagem externa (perante terceiros) que a empresa dá de si própria, e isto, abstraindo até da consciência que tenha dessa imagem.

A negligência do representado poderia justificar imputar-lhe os efeitos do negócio, mas vai-se mais longe, convocando o *princípio do risco* — o *risco da empresa*,

pósito de dilucidar o efectivo alcance e cabimento de uma dogmática da confiança como fonte de responsabilidade civil não reclama con-

o *risco de organização* — para o onerar. Afinal, é o representado quem tira o (maior) benefício das vantagens da reunião de esforços e da organização da empresa, é ele aquele que introduz esse risco, é ainda ele quem o pode ordinariamente *controlar* e eventualmente *absorver* nas melhores circunstâncias (como critérios da distribuição do risco deve com efeito atender-se à *dominabilidade e capacidade de absorção do risco*). Em todo o caso, avulta a necessidade de harmonização com os princípios do negócio jurídico, pois a falta de consciência da declaração, ainda que censurável, não é sucedâneo suficiente da declaração negocial; *a fortiori*, também o risco não gera efeitos negociais, mas apenas responsabilidade (considere-se o obstáculo que a norma juscivil do art. 246 representa entre nós; para a avaliação desta especificidade no confronto com o sistema germânico, cfr. RAÚL GUICHARD ALVES, *O instituto da «procuração aparente»* — *Algumas reflexões à luz do direito alemão*, in Juris et de Jure/Nos vinte anos da Faculdade de Direito da Universidade Católica Portuguesa--Porto, Porto 1998, 231-232, que rejeita a seguir a figura na ordem jurídico-civil pátria; *vide* ainda a nota seguinte). A esta luz se compreende igualmente a circunscrição da procuração aparente ao direito comercial advogada na Alemanha (cfr. autores e obras acima citados). Refira-se em todo o caso que, estando meramente em causa a protecção de interesses individuais dos sujeitos, a tutela da aparência está, no seu âmbito legítimo, naturalmente submetida à sua disponibilidade, podendo eles renunciar-lhe: "Invito beneficium non datur" (pode ver-se aqui, HOLGER ALT-MEPPEN, *Disponibilität des Rechtsscheins/Struktur und Wirkungen des Redlichkeitsschutzes im Privatrecht*, Köln 1993, 125 ss).

O âmbito da representação aparente, como em geral a tutela da aparência, conexiona-se pois patentemente com os limites do negócio jurídico e pressupõe, por conseguinte, o estabelecimento de um critério para este. Estão-lhe próximas outras questões relativas a *Tatbestände* a que a ordem jurídica reconhece valor declarativo. Entre outras, por exemplo, a discussão germânica em torno do § 362 do HGB, preceito nos termos do qual, se a um comerciante cuja actividade envolve a gestão de negócios de outras pessoas chega uma proposta de curadoria desses negócios da parte de alguém com quem mantém já uma ligação, ele fica obrigado a responder de imediato, sob pena de o seu silêncio valer como aceitação, o mesmo valendo para o caso de o comerciante se ter antes oferecido para o efeito. Trata-se de justificar o valor do silêncio nas relações comerciais. Se esse regime não requer a consciência da declaração, ultrapassa-se o domínio legítimo do negócio jurídico. Dir-se-á que é então a aparência que constitui o fundamento do regime estabelecido. Mas a opinião não é pacífica, pois pode pretender-se que não é determinante o ter-se suscitado a impressão de uma aceitação, dispensando-se antes a declaração de aceitação — e dando-se o contrato por concluído — por razões de favoreci-

tudo que nos detenhamos nesses meandros. Embora haja conexões com a tutela indemnizatória da confiança. O facto de as situações de protecção da aparência dependerem, em princípio, ao contrário desta, de previsões legais específicas que manifestam uma vontade explícita do legislador — a traduzir uma relativa fixação dos *Tatbestände* envolvidos — não prejudica que a sua própria linha de fronteira em relação aos outros sectores da tutela da confiança, sobretudo "positiva" como a que a seguir consideraremos, se apresente por vezes esbatida[41].

mento do tráfico jurídico, não em razão de uma aparência criada (cfr. KARSTEN SCHMIDT, *Handelsrecht*, 5.ª edição, Köln, Berlin, Bonn, München 1999, 553: ao falar do não cumprimento do ónus de esclarecimento célere da não vinculação por parte do comerciante, fica no entanto devedor da explicação de como da violação de uma adstrição deste tipo decorre uma vinculação a realizar positivamente o interesse da outra parte no contrato em causa, sob pena de responsabilidade; compreensivelmente pela tese da aparência, CANARIS, *Handelsrecht*, 23.ª edição, München 2000, 441). Diferente é a situação do art. 234 do Código Comercial, ao impor ao comerciante um ónus de comunicação à outra parte quando não quiser aceitar um mandato comercial: a única consequência prevista para o não cumprimento desse ónus é a sujeição do comerciante à indemnização por perdas e danos, pelo que a valoração do seu silêncio como aceitação apenas poderia proceder justificada em sólidos argumentos de analogia e de integração sistemática. (Cfr. ainda, neste contexto, entre nós, P. MOTA PINTO, *Declaração Tácita e Comportamento Concludente no Negócio Jurídico*, Coimbra 1995, abordando, *inter alia*, o problema do valor declarativo do silêncio, das declarações presumidas e das declarações fictas [717 ss, e *passim*]. Da extensa literatura estrangeira, veja-se, por exemplo, CANARIS, *Das Schweigen im Rechtsverkehr als Verpflichtungsgrund*, FS für Walter Wilburg zum 70. Geburtstag, Graz 1975, 77 ss; ainda, PETER HANAU, *Objektive Elemente im Tatbestand der Willenserklärung*, AcP 165 [1965], 220 ss, e MARIO SEGNI, *Autonomia Privata e Valutazione Legale Tipica*, Padova 1972.)

[41] A procuração aparente precedentemente referida, nascida no espaço jurídico germânico precisamente por força de um desenvolvimento judicial do direito para além da lei, permite também ilustrá-lo. A sua inclusão na tutela da aparência não é indiscutida. A favor, por exemplo, CANARIS, *Die Vertrauenshaftung* cit., 48 ss. Já FRANK PETERS, *Zur Geltungsgrundlage der Anscheinsvollmacht,* AcP 179 (1979), 214 ss, perfilha orientação diversa, procurando resolver a respectiva problemática mediante a construção de um dever de celebrar ou ratificar o contrato, similar aos de outras situações de vinculação à celebração do contrato, como forma de evitar situações atentatórias dos bons costumes.

No direito português falta uma disposição que responda com generalidade ao problema a que a procuração aparente visa dar solução, o que potencia divisões na doutrina. MENEZES CORDEIRO, v.g., considerando embora o rigor da regra contida no art. 268 do Código Civil, segundo a qual o negócio celebrado sem poderes não produz efeitos em relação ao representado, sustenta a possibilidade de alargar a excepção prevista no art. 266 a casos de falta de procuração, de harmonia com a elasticidade reconhecida à tutela de terceiros de boa fé (*Da Boa Fé* cit., II, 1245 n. 147). Já HEINRICH HÖRSTER, *A Parte Geral do Código Civil Português*, Coimbra 1992, 484 n. 36, esgrime contra o reconhecimento da procuração aparente no nosso direito civil o princípio da tipicidade dos negócios jurídicos unilaterais obrigacionais previsto no art. 457 do Código Civil. Efectivamente, o reconhecimento da procuração aparente no âmbito juscivil é extremamente problemático. Incontornável é, entre nós, o carácter inequívoco com que o art. 246 recusa qualquer eficácia a uma declaração negocial no caso de o sujeito não ter a consciência de fazer uma declaração. (Aliás, a tutela de terceiros consagrada no art. 266 intervém numa situação em que o representado mantém um *Tatbestand* de aparência potencialmente enganadora para terceiros após ter havido uma *efectiva* atribuição de poderes; em princípio, terá *conhecimento* da situação, ou, pelo menos, mais facilmente poderá levá-la em conta, pelo que o preceito referido não facilita a ligação da procuração aparente com um princípio puro de risco.) Por outro lado, a fundamentação, na procuração aparente, da eficácia do negócio pela violação de um dever de cuidado ou diligência por parte do representado — a quem caberia a permanente vigilância dos seus colaboradores para evitar que actuassem como representantes — contraria também a sanção prevista para a culpa na falta de consciência da declaração. Como preceitua o art. 246, esta consiste apenas numa obrigação de indemnizar, não criando portanto deveres primários de prestação.

As dificuldades apontadas sugerem a ponderação do instituto do *abuso do direito* — que não pertence à responsabilidade pela aparência — para proteger os terceiros: o representado não poderia prevalecer-se da ineficácia relativa dos actos praticados pelo procurador aparente quando essa invocação se traduzisse da parte dele num abuso do direito, tendo em conta o disposto no art. 334 do Código Civil (cfr. BAPTISTA MACHADO, *Tutela da confiança* cit., 389-391, embora com reservas; desenvolvendo precisamente esta via, P. MOTA PINTO, *Aparência de poderes de representação e tutela de terceiros/Reflexão a propósito do art. 23 do Decreto-Lei n.° 178/86, de 3 de Julho*, BFDUC LXIX [1993], 634 ss; sufraga-a OLIVEIRA ASCENSÃO no quadro do direito português actual, que considera proibir a extensão da tutela da representação aparente fora dos casos explicitamente previstos; cfr. *Direito Civil/Teoria Geral*, II (*Acções e factos jurídicos*), Coimbra 1999, 240-241). Onde o representado *conhecia* a conduta do representante, mas não reagiu, vindo mais tarde a querer prevalecer-se da ineficácia do negócio, poderá haver, dir-se-á então, um inadmissível *venire contra factum proprium*. Em contrapartida, já se afigura menos líquido que esta construção abranja situações de simples *desconhecimento negligente* seu. Ela torna-se especialmente problemática se a imputação ao representado dos efeitos do negócio celebrado por procurador aparente se fizer apenas na base de uma ideia de "risco de organização" ou "risco de empresa". É que, quanto a este último aspecto, é difícil transformar o abuso do direito num instituto de distribuição do risco de actividades, segundo o mote *"ubi commoda, ibi incommoda"* (assim, P. MOTA PINTO, *Aparência* cit., 638, e pensamos que com razão: para não fazer do *venire* um arrimo discursivo puramente formal, há que recorrer às valorações que lhe subjazem; ora, se aceitarmos que o seu sentido normativo específico é o de conferir relevância jurídica às expectativas de continuidade e coerência de conduta induzidas por alguém, então impõe-se cepticismo a que desse modo se abarquem simples situações de risco de empresa ou de organização; note-se a propósito que mesmo quem, como OLIVEIRA ASCENSÃO, prefira uma solução de tipo indemnizatório, terá de superar, a querer abranger este último género de situações, a exigência da culpa como pressuposto ordinariamente reclamado para o efeito).

Apesar destas limitações do *venire*, apenas esboçadas, parece que se justifica tutelar terceiros de boa fé, não apenas havendo *desconhecimento culposo* do representado, mas também quando se lhe não pode apontar *nenhuma censura* na celebração do negócio entre o procurador aparente e terceiro, na medida em que a sua vinculação pelos actos do *falsus procurator* seja de entender como *risco próprio da actividade que exerce, atentas as circunstâncias que a rodeiam*. Responde-se então de modo mais pleno à complexidade e falta de transparência das organizações e empresas modernas já mencionadas. O caminho da protecção não pode ser o da imputação negocial, pois falta ao representado a consciência da declaração. Por outro lado, há que evitar cair em *ficções de culpa* do representado. Na verdade, o apertar das malhas da desconformidade da conduta através do estabelecimento de múltiplos e minuciosos deveres de comportamento a cargo do representado — deveres de organização, de vigilância, de instrução — permite compensar a dificuldade de um juízo de reprovabilidade, mas é evidente o simulacro que este procedimento encerra quando a censura se dirige a condutas que, tidas embora como devidas, são na prática impossíveis de observar. Que, assim, com o reconhecimento de uma imputação pelo risco da actividade se poderá pretender ter-se transcendido o campo do *venire* é ponto que, como vimos, importa ponderar. Contudo, o que se perde com a emancipação do nosso problema em relação ao *venire* e ao abuso do direito — um arrimo seguro no direito positivo para justificar a protecção de quem contrata com o representante aparente — ganha-se na possibilidade de uma compreensão *integrada* de todo o problema da representação aparente nas suas diferentes manifestações.

Em todo o caso, o recurso ao *venire* distingue-se em aspectos consideráveis de uma protecção da aparência em sentido próprio. O objecto da imputação ao representado é diferente e existe uma diversidade de requisitos do lado do terceiro que contrata com o *falsus procurator*. No que concerne ao primeiro aspecto, parece que no *venire* relevam essencialmente as *expectativas na continuidade* (futura) de uma conduta; preside-lhe o *princípio da coerência e estabilidade do comportamento* enquanto factor de confiança (cfr. ainda *infra*, esp. sob o n.º 33). Na procuração aparente, pelo contrário, como na tutela da aparência em geral, a confiança refere-se primariamente a um *Tatbestand* que, *segundo o seu conteúdo próprio*, aponta para *a verificação de uma determinada situação*, elemento da realidade presente (no caso, para a existência de poderes de representação). Protege-se por conseguinte a credibilidade intrínseca do *indício de um facto*, o que se distingue bem da apreciação de um comportamento do sujeito do ponto de vista da coerência ou estabilidade que lhe subjaz. Liga-se a este aspecto a tendência do *venire* para uma justiça *individualizadora*, conforme com a coloração *ético-jurídica* que *a constância e a fiabilidade* impõem nas relações interpessoais. Em contraponto, a tutela da aparência prende-se antes ao sentido *objectivo* de um certo *Tatbestand*, apresentando consequentemente uma orientação mais *generalizante*.

Por outro lado, a protecção da aparência permite acoplar a esse *Tatbestand* os efeitos próprios do facto a que se reporta a aparência, como se ele se tivesse verificado, contentando-se com o *indício* dessa verificação. É o que torna a tutela da aparência tão enérgica na defesa da segurança do tráfico jurídico. Já o *venire*, pensando-o nós como figura geral de protecção da confiança, implicará em princípio a demonstração de um investimento de confiança (é de questionar que a mera celebração de um negócio com o *falsus procurator* chegue para o ter por verificado). Acresce que, na *nossa* concepção (*vide infra*, esp. n.º 61), a *preclusão* do exercício de uma posição jurídica por *venire* dar-se-á apenas em casos em que uma tutela indemnizatória, atento o tipo de investimento realizado (a sua importância ou a impossibilidade de restituir o que foi prestado pelo terceiro), se revele insuficiente. Daqui decorre que, ao invés de um reconhecimento directo de efeitos a situações de procuração aparente como se tais procurações tivessem existido, a tutela de terceiros através do *venire* não é aqui automática, tudo dependendo da ocorrência de outros requisitos. Nem será automática se, como preferimos, a problemática da procuração aparente se aproximar antes de uma protecção da confiança em declarações (aparentes), em vez de do *venire*, pois os requisitos de uma salvaguarda "em espécie" da confiança (aqui, na atribuição de poderes, correspondente, no fundo, a dar por celebrado contra o representado o negócio entre o terceiro e o representante sem poderes) devem ser harmónicos em ambas as hipóteses.

Há pois boas razões para sustentar a autonomia da procuração aparente em relação ao *venire* (e, por via dele, ao abuso, como, de resto, conforme se viu, com respeito à protecção comum da confiança em declarações). Eles podem entrecruzar--se que nem por isso os seus pressupostos e âmbito deixam de se manter distintos. Por isso, pode muito bem ocorrer que, não obstante não chegue a existir aparência *stricto sensu* de certa ocorrência, o *venire* seja de aplicar (já o defendemos numa situação paradigmática, ainda que especificamente conexionada com a "ratificação" aparente: cfr. o Acórdão da Relação do Porto de 18 de Novembro de 1993, O Direito, 126 [1994], 677 ss, com anotação de MENEZES CORDEIRO e *nossa* sob o título *Da inadmissibilidade da recusa de ratificação por* venire contra factum proprium).

Note-se por outro lado que a recondução da procuração aparente ao abuso do direito não permite com facilidade que, internamente, isto é, do ponto de vista do próprio princípio justificador, se explique o seu não reconhecimento nas relações juscivis (onde se depara com os obstáculos acima referidos) e a sua admissão tão-só no direito comercial, como é proposto na doutrina germânica. É certo que os princípios jurídicos não têm por que se manifestar com igual intensidade em todos os sectores do ordenamento; eles não valem sem excepções ou restrições, e só no jogo de articulação com as demais normas e princípios desvelam plenamente o seu alcance. Há todavia uma distinção entre admitir determinada excepção ou desvio a um princípio e aceitar que as limitações de que ele aparentemente padece num concreto âmbito relevam afinal, pela sua generalidade e justificação material intrínseca, de um princípio constitutivo distinto (que pode, aliás, por sua vez, sofrer restrições). Em termos práticos, não é indiferente explicar que a protecção de terceiros que contratam com um *falsus procurator* pela via da imputação do negócio ao representado não se aplica, apesar do princípio, (via de regra) em direito civil, ou sustentar que essa protecção se dá em direito comercial por força de princípios gerais diversos (eventualmente, nalgum caso, extensíveis ao direito civil). O ónus da argumentação distribui-se de forma diversa, o que pode conduzir portanto a resultados também diferentes; veja-se o que ocorreria em situações de *non liquet*.

De facto, no direito comercial, de si mais aberto às necessidades de protecção da confiança e da segurança do tráfico, parece franquear-se também mais espaço para a aceitação da procuração aparente do que no direito civil. Uma cobertura juspositiva da máxima importância constitui hoje, no direito português, o art. 23 n.º 1 do Decreto-Lei n.º 178/86, de 3 de Julho, que reconhece *expressis verbis* a representação aparente no domínio do contrato de agência para tutelar adequadamente a confiança do terceiro de boa fé na legitimidade do agente (sobre este preceito, cfr. em especial PINTO MONTEIRO, por exemplo, *Contrato de Agência/Anteprojecto*, sep. BMJ 360, Lisboa 1987, 28-29 e 67; pode ver-se também HELENA BRITO, *A Repre-*

sentação nos Negócios Jurídicos Internacionais, Coimbra 1999, 133 ss, e, ainda, CARLOS L. BARATA, *Sobre o Contrato de Agência*, Coimbra 1991, 55-56, além de, desenvolvidamente, P. MOTA PINTO, *Aparência* cit., *passim*). O rigor com que o direito civil trata o problema da falta de consciência da declaração é por ele quebrado com fundamento em razões que fatalmente atingem casos semelhantes, pelo que a aplicação por analogia desta disposição se tem de ponderar seriamente. (Refira-se, a propósito, que também a valoração daquela regra segundo a qual a culpa do declarante na falta de consciência da declaração só gera uma obrigação de indemnizar o declaratário deixa de ser seguida; o art. 22 n.º 2 daquele diploma, com efeito, considera o negócio celebrado pelo agente sem poderes de representação ratificado pelo principal, isto é, eficaz, se este não manifestar ao terceiro de boa fé a sua oposição ao negócio no prazo de cinco dias a contar do conhecimento da sua celebração e do seu conteúdo essencial. Como é óbvio, a protecção conferida por esta disposição, se pode resolver casos susceptíveis de, noutras circunstâncias, encontrarem solução pela procuração aparente, não a transforma de modo algum num instituto dispensável; pense-se, por exemplo, que pode mediar um período de tempo considerável entre a celebração do negócio pelo agente e o conhecimento do principal e que durante ele o terceiro tenha efectuado um avultado investimento de confiança que não deva agora ser posto em causa.)

Cremos igualmente que a invocação da regra do art. 457 do Código Civil, segundo a qual a promessa unilateral de uma prestação só obriga nos casos previstos na lei, não obsta em termos concludentes a uma maior extensão da procuração aparente no direito comercial. Não tanto, diga-se, pela diversidade técnica existente entre a sujeição a uma vinculação por via da atribuição (unilateral) de poderes de representação e um negócio unilateral constitutivo de obrigações, uma vez que se deixam certamente apurar valorações comuns a ambos os casos. Mais importante é avaliar o impacto do controverso "princípio do contrato" em matéria de fontes de obrigações (tido até por alguns como anacronismo injustificado; cfr. sobre o tema, por exemplo, VAZ SERRA, *Fontes das obrigações. O contrato e o negócio jurídico unilateral como fontes de obrigações*, BMJ 77 [1958], 127 ss). O argumento *a minore ad maius* que daquele princípio porventura se quisesse extrair, no sentido de que se a lei protege o indivíduo contra si próprio, não o autorizando a contrair obrigações de modo unilateral excepto quando ela o permitisse, também não consentiria que ele ficasse vinculado numa situação, como a da procuração aparente, em que não há qualquer exercício do poder de autodeterminação, não pode ser transposto acriticamente para o âmbito mercantil. Efectivamente, aqui tem sido defendido que o problema da eficácia da promessa unilateral de uma prestação se põe em termos diferentes dos do direito civil. No domínio do tráfico profissional, pelo menos nos casos em que essa promessa constitui uma manifestação natural da liberdade de empresa, a questão já não seria a da admissibilidade ou não de um compromisso unilateralmente assumido, mas sim a de saber, como refere EVARISTO MENDES (especificamente a propósito da liberdade de criação de títulos de crédito atípicos), "em que *condições* se deve considerar que estamos perante um válido compromisso dessa natureza". Importa pois transitar da liberdade negocial do "reduto individual" para o âmbito do exercício profissional de uma actividade económica (cfr. *Documento particular de dívida endossável. Sua natureza jurídica. Títulos de crédito atípicos. Transmissão. Direitos do portador endossado/Comentário ao acórdão do Tribunal da Relação de Coimbra de 25 de Fevereiro de 1992*, RDES XXXV [1993], 303; *vide* também, do autor, *Garantias bancárias. Natureza*, RDES XXXVII [1995], 454 ss).

Não existirá assim obstáculo que radicalmente se oponha ao alargamento da previsão da procuração aparente em sede de contrato de agência em direcção a outras situações semelhantes, pelo menos no âmbito do direito comercial. Esse alargamento terá, por suposto, de ser prudente: ele deve obediência a pressupostos e cânones metodológicos, no respeito do quadro das valorações paralelas ou análogas, por forma a respeitar os postulados da coerência do sistema. De facto, a *ratio* da disposição relativa ao contrato de agência não assenta tanto em especificidades deste tipo contratual quanto num pensamento de ordem mais geral, susceptível de aplicação mais vasta. Por isso, aquela disposição parece possibilitar mais do que uma mera *analogia legis*, que é uma simples analogia *particular*, pela qual se infere de uma regulamentação particular uma *outra* regulamentação *particular*. Dela pode retirar-se um critério jurídico mais amplo por um procedimento de tipo *indutivo* (a que não convirá entretanto a designação de *analogia juris*, desde logo porque esta implica a obtenção do critério jurídico a partir de *várias* disposições, ao passo que neste caso a base pode ser constituída apenas por uma). Reconhecer-lhe a importância de *princípio jurídico geral* requer, num procedimento deste género, um particular esforço de justificação e comprovação. Aqui como noutras hipóteses, é designadamente necessário comprovar em que medida ele se apresenta portador de uma justificação material que lança as suas raízes na própria ideia de Direito ou na "natureza das coisas", de que forma foi acolhido pelo direito positivo, especialmente se foi sacrificado ou não no confronto com outros princípios para apurar o grau de importância que se lhe deva reconhecer no quadro do direito vigente, se há disposições legais que obstam à sua afirmação como princípio jurídico geral, etc.

Tudo isto, evidentemente, no âmbito de um desenvolvimento *praeter legem* do Direito. Este pressupõe a existência de uma lacuna no ordenamento, a colmatar. A descoberta da incompletude é, assim, indispensável para a aceitação da procuração aparente como figura de alcance mais vasto. Trata-se de um procedimento complexo, susceptível em geral de implicar ponderações que incidem, tanto sobre disposições ou valorações avulsas da lei, como acerca das orientações essenciais do direito positivo e, para além destas ainda, sobre critérios que se apresentam já como suprapositivos, embora não extrajurídicos. No caso da procuração aparente, a existência de uma previsão legal que a consagra numa situação particular permite que, através do *princípio da igualdade*, se justifique de modo particularmente nítido a aceitação de uma lacuna nas situações que, por força desse mesmo princípio, devam ser resolvidas de modo não divergente ou similar.

Pensamos que, na força expansiva que lhe subjaz, este princípio da igualdade acaba por conferir uma força apreciável à protecção da aparência, que assim vê reforçada a sua posição para, no que toca à tutela de terceiros, disputar terreno à doutrina comum da protecção da confiança (de que diverge, como vimos, em alguns aspectos de importância sensível). Aquela doutrina comum, quer na vertente indemnizatória, quer quando permite a preservação em espécie da posição do confiante, proporcionava já sem dúvida — como possibilita hoje — níveis satisfatórios de tutela, além de se harmonizar melhor com as regras do direito comum relativas à representação. O art. 23 cit. constitui hoje, em todo o caso, um dado incontornável. (OLIVEIRA ASCENSÃO brande — *ibidem*, 241 — contra a generalização da procuração aparente, o argumento da natureza excepcional da norma em causa. Mas importa cuidar que não se dê por sabido aquilo que importa indagar: o que urge é perguntar se a ordem jurídica portuguesa fecha efectivamente o espaço à lacuna, ou a qualquer lacuna. Não o cremos, pois não existem razões para confinar a *ratio* do art. 23 ao contrato de agência. Se assim for, a submissão ao art. 11 pode redundar em conformismo com uma concepção que reduz o Direito ao império e à manipulação do legislador, numa atitude que o art. 11, em rigor, nos não parece reclamar.)

Observe-se, para concluir, que uma extensão da protecção de terceiros a partir do art. 23 n.º 1 do diploma referido deve considerar os dois requisitos de que essa disposição faz depender aquela protecção. Por um lado, requer-se a presença de razões *ponderosas* que justifiquem a confiança do terceiro. Por outro, exige-se "que o principal tenha igualmente *contribuído* para fundar a confiança de terceiro". Tal significa que não é o *risco em si inerente* à relação de agência, com a respectiva diferenciação de funções e o perigo indistinto de que o agente actue como *falsus procurator*, que chega para justificar a tutela de terceiros através da procuração aparente. Afigura-se necessária uma razão *suplementar e qualificada* em relação a esse risco. Não cremos que seja necessário admitir que a "contribuição" do principal na criação da confiança do terceiro requeira uma conduta *apertis verbis* censurável; é comportável pela letra do preceito que apenas lhe seja *imputável* a criação de uma situação de *risco acrescido* de surgirem situações enganosas para terceiros. De qualquer forma, o preceito aponta para que a representação aparente não se baste com um risco indiferenciado de empresa e de actividade.

Em todo o caso, a maior dificuldade que a disposição citada apresenta à admissibilidade de um princípio de risco (qualificado) na base da representação aparente não deve ser sobrevalorizada. Tenha-se em conta, na verdade, que o agente é visto como um colaborador *autónomo* da empresa (*vide* PINTO MONTEIRO, *Contrato de Agência/Anteprojecto* cit., 11-12 e 46) e não enquanto *membro* da empresa. Assim sendo, compreende-se que o sujeito deva suportar com maior facilidade efeitos através da procuração aparente quando estejam em causa condutas de elementos da *própria empresa*. A opção do legislador em sede de contrato de agência não é, do ponto de vista da coerência racional, condicionadora de uma (mais ampla) admissão de uma imputação pelo risco nos casos em que o *falsus procurator* pertence à própria organização. (Há portanto que transcender os meros contratos de "cooperação auxiliar" de que fala HELENA BRITO, *A Representação* cit., 139: o que vale onde existe ainda autonomia empresarial entre representado e *falsus procurator* terá de vigorar, por maioria de razão, se o representante não dispunha dessa independência. O próprio art. 259 do Código Comercial dá aparentemente cobertura a essa interpretação. Estabelece-se ali a legitimidade dos caixeiros para receber nas lojas o produto das vendas que fazem e esse regime deverá aplicar-se ainda que o comerciante concentre noutras pessoas a competência para receber esse produto, agindo sem culpa se as suas instruções não foram acatadas. Como sustentámos em OLIVEIRA ASCENSÃO/CARNEIRO DA FRADA, *Contrato celebrado por agente de pessoa colectiva* cit., 59, existe aqui também um afloramento de procuração aparente que, diga-se agora, dispensa por completo a necessidade de uma negligência do representado e pode operar simplesmente com base no risco.)

Convém que o futuro clarifique todo o problema. Um esforço de aplicação ou concepção congruente do sistema jurídico português terá de optar entre um de dois caminhos: ou pelo da extensão da procuração aparente — esbatendo a importância dos cânones mais comuns de tutela das expectativas (à partida mais exigentes) —, ou pelo sacrifício da norma do art. 23 do diploma citado, recentrando--se a atenção nas formas ordinárias da protecção da confiança, as únicas que permaneceriam então possíveis (mais do que no *venire*, na protecção da confiança em declarações, *rectius*, na sua emissão). A evolução é incerta. De qualquer modo, a possibilidade de recurso, já hoje, a esta última solução, esvazia em boa medida a premência de uma apreciação do âmbito a reconhecer ao tipo de solução consignada na citada disposição, necessidade que é assim com frequência ditada por preocupações de rigor e racionalidade na construção do sistema, pois muitas vezes não há que responder a motivos pragmáticos de carência de tutela.

5. (*cont.*) A protecção positiva da confiança "por imperativo ético-jurídico" (CANARIS)

A protecção da aparência não esgota o que, de acordo com a precedente fixação terminológica, se pode apelidar de responsabilidade positiva pela confiança. Para além das respectivas manifestações, necessariamente sempre relativamente limitadas e tendencialmente manifestadoras de um *ius strictum*, há ainda espaço para o que pode designar-se uma tutela das expectativas *por necessidade ético-jurídica*[42].

Distingue-se da procuração aparente a *ratificação aparente*, daquela, no entanto, próxima. Também esta permite a imputação de efeitos ao representado por virtude da aparência e segundo critérios análogos. A figura, já aceite por VAZ SERRA (cfr. *Anotação ao acórdão do Supremo Tribunal de Justiça de 19 de Junho de 1979*, RLJ 112 [1979/1980], 374) foi recentemente considerada no já citado Acórdão da Relação do Porto, lavrado em 18 de Novembro de 1993, a vários títulos importante. Ele ilustra paradigmaticamente que, onde uma situação de aparência se não possa *stricto sensu* afirmar, nem por isso fica prejudicada a intervenção do *venire*, dada a diversidade de requisitos. Faltava aí a verosimilhança de uma ratificação por ausência da forma legalmente exigida para o acto. Mas, se a ratificação aparente não podia pois representar uma *ratio decidendi* válida, não ficou impedida a relevância da confiança em que a ineficácia de um contrato em relação a uma das partes (celebrado sem poderes de representação por quem nele outorgou em nome dela) *nunca viria a ser invocada por ela perante a outra*. E que, assim, se tivesse considerado que essa invocação consubstanciava uma conduta abusiva por contraditória (cfr. ainda, em comentário à referida decisão, MENEZES CORDEIRO/CARNEIRO DA FRADA, *Da inadmissibilidade da recusa de ratificação por* venire contra factum proprium cit., 700 ss).

[42] Não coincidente, embora com aspectos de contacto, é, entre nós, a linha seguida por MENEZES CORDEIRO, *Da Boa Fé* cit., II, 1247-1248. O autor opta por uma construção formalmente unitária da protecção da confiança. À destrinça entre a tutela da aparência e a que agora nos referimos (e que — sustentamos — exprime especificidades materiais) prefere antes uma distinção de tipo técnico-operativo entre os casos em que a confiança é objecto de previsões específicas e aqueles em que a sua defesa se obtém a partir de institutos gerais, informados por conceitos indeterminados; os primeiros apareceriam conexionados com as disposições que utilizam a boa fé subjectiva, ao passo que os segundos derivariam de aplicações da boa fé objectiva (cfr. *Da Boa Fé* cit., II, 1243-1244 e n. 145). A diferença destas perspectivas alcança-se bem se se atender a que uma disposição específica que envolva a boa fé nem por isso pertence necessariamente ao domínio da tutela da aparência;

A expressão, cunhada por CANARIS *(Vertrauenshaftung kraft rechtsethischer Notwendigkeit)*, revela como *quid* distintivo a intervenção directa e imediata, na justificação da tutela, do princípio da confiança enquanto princípio ético-jurídico fundamental, vinculado às condições essenciais de uma justa composição dos interesses e posições dos sujeitos. A ordem jurídica não pode deixar de conferir relevância às expectativas mesmo para além daqueloutras situações a que corresponde um regime, preciso e objectivo, susceptível de acautelar e promover o tráfico jurídico[43].

---

seja entre nós o art. 275 n.º 2 (que dá a condição por verificada ou não verificada consoante ela tenha sido impedida ou provocada contra as regras da boa fé) ou o art. 475 (na parte em que nega a restituição do que foi prestado quando o sujeito impediu contra a boa fé o efeito previsto com a prestação que realizou). E também as previsões que utilizam a boa fé subjectiva não requerem necessariamente a referência a uma situação de aparência (exemplos, entre outros, no campo da posse de boa fé não titulada).

[43] No espaço alemão, a extensão do pensamento da *bona fides* no sentido de uma ampla protecção positiva da confiança superadora dos quadros da tutela da aparência deve-se particularmente a CANARIS, *Die Vertrauenshaftung* cit., 266 ss, e 528 ss, que se debruçou sobre algumas das suas mais relevantes *facti-species*. Vide também sobre este ponto as penetrantes considerações de BAPTISTA MACHADO, *Tutela da confiança* cit., 345 ss, 376, 380 ss, e *passim*, que atribui à tutela da confiança uma função "tão radicalmente originária como o princípio da autonomia privada".

Crítico contudo em relação à configuração de uma tutela decorrente de "necessidade ético-jurídica", MENEZES CORDEIRO, *Da Boa Fé* cit., II, 1244, n. 145, pois a expressão não levaria em conta a natureza jurídica da boa fé, concluindo daí pela conveniência da sua rejeição. A posição convida a um esclarecimento. A protecção da confiança por imperativo ético-jurídico que aceitamos não se quer efectivamente imbricada com uma perspectiva *meta*jurídica (nomeadamente de tipo moral). O qualificativo "ético-jurídico" significa que este tipo de responsabilidade pela confiança se situa para além das formas que as regras do *ius strictum* permitem, assumindo uma intencionalidade mais profunda e material, a tocar de facto os fundamentos e implicações últimas da juridicidade. Trata-se portanto de uma protecção que se pode dizer imposta por indeclináveis exigências da convivência humana e da sua ordenação pelo Direito, requerida por um princípio jurídico (ou ético-jurídico) fundamental que transcende, pela sua própria natureza, as decisões e a oportunidade de positivação por parte do legislador. No domínio da protecção das expectativas a ética é sem dúvida uma realidade particularmente próxima, dada

Manifestam este tipo de protecção da confiança o *venire contra factum proprium*, a *suppressio* e a *surrectio*, certas situações de inalegabilidade de vícios de forma ou de outros vícios do negócio jurídico, hipóteses em que a errada interpretação de um negócio jurídico gerou expectativas, vindo uma das partes a querer prevalecer-se mais tarde do seu autêntico sentido, casos em que quem confiou na realização voluntária de uma prestação em si não imposta juridicamente vem a ser surpreendido pela recusa do seu cumprimento, etc.[44]. Olhando ao direito positivo português, está especialmente em causa o quadrante do abuso do direito como instrumento de protecção da

a compenetração daquelas com virtudes pessoais como a veracidade e a fiabilidade. Mas isso não afasta que estejamos perante uma realidade especificamente jurídica. Deverá é não esquecer-se a inaceitabilidade da separação radical entre Direito e Moral, levada a cabo por vários positivismos e "normativismos" (contra a denominada *positivistische Trennungsthese* e afirmando vigorosamente a pertença dos princípios ético-jurídicos ao mundo do Direito, *vide* F. BYDLINSKI, *Fundamentale Rechtsgrundsätze* cit., 128 ss, e *passim*, e *Juristische Methodenlehre* cit., 277 ss, e *passim*; por uma perspectivação integrada do Direito e da Ética, *vide* pertinentemente, entre nós, MÁRIO BIGOTTE CHORÃO, *Introdução ao Direito, I (O conceito de Direito)*, Coimbra, 2000, *v.g.*, 195 ss. Cfr., ainda, *inter alia*, ROBERT ALEXY, *Begriff und Geltung des Rechts*, München 1992, 39 ss; A. KAUFMANN, *Rechtsphilosophie* cit., 214 ss; GÜNTHER ELLSCHEID, *Das Naturrechtsproblem. Eine systematische Orientierung*, in A. KAUFMANN/W. HASSEMER [hrsg.], *Einführung in Rechtsphilosophie und Rechtstheorie der Gegenwart*, 6.ª edição, Heidelberg 1994, 179 ss). Deste sector da responsabilidade pela confiança pode predicar-se no fundo que "o jurista entra em contacto mais directo com os grandes princípios do Direito que são, ao mesmo tempo, grandes princípios éticos. A filosofia do Direito e a Ética filosófica encontram aí uma zona de convergência" (BAPTISTA MACHADO, *Introdução ao Direito* cit., 62).

[44] Os termos *suppressio* e *surrectio* foram propostos, entre nós, por MENEZES CORDEIRO para, no quadro de uma extensa análise de diversos tipos de "exercício inadmissível de posições jurídicas", exprimir os germânicos "Verwirkung" e "Erwirkung" (*Da Boa Fé* cit., II, 719 ss, 797 e 817), correntes na doutrina alemã da confiança (por todos, CANARIS, *Die Vertrauenshaftung* cit., 3, 269 e *passim*). De considerar é em todo o caso a locução "neutralização do direito", já com certo uso na jurisprudência, para designar a "Verwirkung" (cfr., por exemplo, o Acórdão do Supremo Tribunal de Justiça de 3 de Maio de 1990 [BMJ 397, 1990, 454 ss]): a expressão escapa a algumas objecções de que padecem certas alternativas e é também menos comprometida que *suppressio* ao não apontar, ao invés desta última, para uma *extinção* do direito, apresentando-se compatível com uma simples *paralisação do seu exercício*.

confiança.Vai porém mais longe quem aceita um dever geral de corresponder à confiança por força da boa fé [45]. Considerá-lo-emos mais tarde.

Em todo o caso, o facto de na génese deste tipo de protecção da confiança se encontrarem exigências indeclináveis postas por um princípio jurídico fundamental comunica-lhe um carácter aberto. É impossível proceder à circunscrição definitiva das situações abrangidas pela tutela jurídica, assim como não se apresenta viável organizar de modo rígido os elementos de que esta depende. Com razão se preconiza, quanto a esta modalidade da responsabilidade pela confiança, um sistema móvel [46], capaz de possibilitar uma concretização-aplicação flexível em função do caso. É-lhe no fundo inerente a tendência para uma *justiça individualizadora* — que a associação ao pensamento da *bona fides* naturalmente corrobora —, a contrastar com a justiça de cariz mais generalizador da protecção da aparência.

Temos no entanto de contestar a forma de traçar a fronteira desta tutela das expectativas por imperativo ético-jurídico. Não se percebe concretamente por que razão ela conduz invariavelmente a colocar o confiante na situação correspondente às expectativas que teve e não há-de ser também susceptível de operar através da atribuição ao *deceptus* de uma pretensão meramente indemnizatória. Uma restrição deste género teria sempre de se poder justificar devidamente à luz do critério individualizador adoptado. De facto, não se vislumbra facil-

---

[45] O ponto prende-se com a interpretação e papel dogmáticos do dever de boa fé nas negociações e formação do contrato, bem como na fase do respectivo cumprimento (cfr. art. 227 n.º 1 e 762 n.º 2); *vide* ainda *infra*.

[46] Cfr. CANARIS, *Die Vertrauenshaftung* cit., 529-530 (a propósito das cláusulas gerais de "boa fé objectiva", orientação análoga em MENEZES CORDEIRO, *Da Boa Fé* cit., II, 1249). O sistema móvel foi por vez primeira apresentado numa lição de sapiência de WALTER WILBURG (*Entwicklung eines beweglichen Systems im bürgerlichen Recht*, Graz 1950); sobre ele, *vide* representativamente CANARIS, *Pensamento Sistemático e Conceito de Sistema na Ciência do Direito* (trad. port. de Menezes Cordeiro), Lisboa 1989, 127 ss, bem como, considerando agora especificamente a sua aplicabilidade ao sistema de tutela da confiança, *Bewegliches System und Vertrauensschutz im rechtsgeschäftlichen Verkehr*, in Das Bewegliche System im geltenden und zukünftigen Recht (hrsg. F. Bydlinski, etc.),Wien, NewYork 1987, 103 ss.

mente que uma protecção indemnizatória das expectativas não possa ser imposta também como exigência inarredável do princípio ético-jurídico da protecção da confiança. Pensamos por isso que importa atribuir a este tipo de tutela da confiança um âmbito mais vasto [47]; redefinindo em conformidade o jogo recíproco da protecção positiva e negativa das expectativas. Uma fundamentação comum destas formas de tutela da confiança conduz, desta sorte, a que o presente estudo se repercuta igualmente no entendimento da protecção positiva "por necessidade ético-jurídica".

O perfil que assim se desenha para a tutela indemnizatória da confiança corresponde portanto a um tipo de protecção das expectativas que, conquanto demarcável com certa nitidez da tutela da aparência, é susceptível de compartilhar com formas "positivas" de atendibilidade das expectativas a raiz no princípio ético-jurídico de protecção da confiança. Restará então esclarecer a diversidade do tipo de consequência envolvida.

No seu conjunto, o panorama em que se desdobra a tutela da confiança mostra entretanto que ela se desenvolve de diferentes

---

[47] A responsabilidade por imperativo ético-jurídico não é assim de limitar a uma forma de tutela positiva da confiança (pese embora seja de reconhecer a especificidade desta última): *vide* ainda *infra*. Em sentido um tanto diferente, se bem vemos, CANARIS, *Die Vertrauenshaftung* cit., 528 ss, para quem este tipo de protecção da confiança se conexiona afinal, não apenas com a associação da tutela da confiança ao pensamento geral da *bona fides* começado por afirmar, mas ainda também, ao que parece, com a conveniência de uma tutela positiva à luz desse mesmo pensamento. No domínio da protecção negativa da confiança, o autor não reconhece de facto relevo dogmático autónomo e central à necessidade ético-jurídica, que todavia cremos poder perfeitamente inspirá-la. Prefere ordenar as respectivas situações segundo o tipo de comportamento que constitui a base da confiança e os objectivos prosseguidos com a sua tutela, individualizando uma *responsabilidade por declarações* e uma "*Anvertrauenshaftung*". Parte deste modo de critérios ordenadores distintos cujas virtualidades não são exploradas até ao fim. É no entanto possível e útil diferenciar-se também no plano dogmático, em paralelo com o que sucede na protecção positiva pela confiança, entre uma tutela indemnizatória alicerçada em comportamentos objectivamente indutores de confiança, imposta por necessidades de segurança ou funcionalidade do tráfico jurídico (a aproximar da protecção da aparência), e uma protecção (negativa) de características individualizadoras, por imperativo "ético-jurídico".

modos e por áreas distintas. Os problemas ligados à admissibilidade e contornos das formas de que ela se reveste variam naturalmente em função de cada uma delas. Tal não obsta a uma construção unificada dessa tutela, necessariamente a um nível de abstracção superior. Mais do que uma mera hipótese teórica, descortinam-se efectivamente estruturas comuns e regularidades de soluções [48].

6. Doutrina da confiança e negócio jurídico

Desviando agora o olhar da textura "interna" da tutela das expectativas para a respectiva frente "externa", facilmente se percebe que há domínios dogmáticos com que ela entesta e perante os quais se tem de afirmar se quiser sobreviver enquanto doutrina jurídica autónoma. Um deles é representado pela teoria do negócio. O problema atinge desde logo a protecção positiva da confiança, que, num efeito similar aos negócios jurídicos, modifica as posições substantivas iniciais dos sujeitos [49]. Em homenagem às expectativas, podem designadamente fundar-se, entre outros tipos de eficácia, como através de negócios obrigacionais, autênticas pretensões de cumprimento de deveres (e não meras consequências ressarcitórias): pense-se na procuração aparente. E, tal como no negócio, a tutela da confiança liga-se frequentemente a situações de índole declarativa. Mas também a "responsabilidade" pela confiança se confronta com os limites do negócio. Onde os efeitos de uma conduta logrem ainda explicar-se como decorrência de um acto de autonomia privada, a protecção indemni-

---

[48] Por cima de algumas discrepâncias, remete-se de novo (no âmbito da boa fé) para MENEZES CORDEIRO, *Da Boa Fé* cit., I, 407 ss, 527 ss, II, 661 ss, 1234 ss, e, na Alemanha, para CANARIS, *Die Vertrauenshaftung* cit., 9 ss, 273 ss, 491 ss. As ilações gerais que se recolhem do "particular" têm por sua vez uma eficácia multiplicadora e permitem, como é próprio das generalizações, em movimento de sentido inverso, complementações e esclarecimentos daquilo que se apresenta à primeira vista como meramente singular.

[49] A este plano, que se pode designar de primário, se contrapõe o secundário, indemnizatório, próprio da protecção negativa da confiança; *vide*, a propósito, o nosso *Contrato e Deveres de Protecção* cit., 120.

zatória das expectativas não é susceptível de desempenhar papel algum: tudo se reconduz à violação de uma adstrição negocial.

Se o sistema da protecção da confiança se confundisse com o negócio, tal implicaria a perda da sua independência dogmática[50]. Os ataques persistentes à vontade humana enquanto critério e limite do negócio jurídico, e a procura alternativa de alicerçar uma eficácia jurídico-negocial na confiança, hoje em voga, franqueiam no fundo portas a tentações hegemónicas do negócio de absorver a doutrina da confiança. A determinação e delimitação do âmbito desta última representa portanto uma tarefa dogmática imprescindível. O problema desenvolve-se no plano concreto das várias aplicações do pensamento da protecção das expectativas, como decorrência de uma articulação de carácter geral entre ele e o negócio. Não pode desligar-se do fundamento de validade deste último.

Pode afirmar-se que o princípio da protecção das expectativas se ergue com autonomia e especificidade aí onde os efeitos jurídicos de uma conduta já não possam ser atribuídos ao exercício da liberdade de autodeterminação da pessoa mediante a conformação de consequências jurídicas. Aqui começa o campo legítimo do pensamento da confiança. Conquanto este faça também a sua aparição no domínio do negócio, não é, ainda então, nele que radica o respectivo fundamento. Com efeito, se fosse de dizer que a confiança constituía a *causa* da eficácia negocial, teria de concluir-se que, onde essa confiança se não gerasse por qualquer razão, aquela eficácia também não se daria. A consequência é inadmissível e não pode aceitar-se, pois bem se sabe que o negócio produz os seus efeitos mesmo que os sujeitos entre os quais ele se estabelece mantenham entre si uma atitude de acesa desconfiança. Autonomia privada negocial e protecção da confiança são aqui realidades em antinomia. Está deste modo prejudicada a possibilidade de ancorar a teoria do negócio no pensamento da protecção

---

[50] Em tese, poderia naturalmente ponderar-se a alternativa de dissolver o negócio na teoria da confiança (mais ampla). Esse seria de resto um passo, senão inaudito, pelo menos especialmente "subversivo", por isso que se sacrificariam na ara da confiança quadros jurídicos pacíficos e sedimentados. *Vide* no entanto a sequência.

das expectativas; não é viável colocá-lo sob a égide da confiança como instituto mais vasto que o abranja conjuntamente com outras realidades[51].

---

[51] Dando conta e apreciando várias tentativas de alicerçar, em maior ou menor medida, a eficácia negocial na confiança, cfr. recentemente entre nós FERREIRA DE ALMEIDA, *Texto e Enunciado na Teoria do Negócio Jurídico*, Coimbra 1992, I, 54 ss, que salienta o facto de que "a ideia e o valor da confiança andam ligados à teoria do negócio jurídico quase desde o início das suas primitivas formulações". Algumas dessas concepções, embora repartam entre a confiança e a autonomia da vontade o fundamento do negócio, porfiam por uma integração destes dois aspectos: *vide*, por exemplo, ERNST A. KRAMER, *Grundfragen der vertraglichen Einigung*, München, Salzburg 1972, 151 ("[...] a função do contrato só pode ser compreendida numa relação dialéctica entre conformação autónoma, perspectivada de modo individual-voluntarístico, e auto-responsabilidade comunicativa no tráfico jurídico"); cfr. também HANS-MARTIN PAWLOWSKI, *Rechtsgeschäftliche Folgen nichtiger Willenserklärungen*, Göttingen 1966, 232 ss, alicerçando o negócio numa vontade *razoável, jurídica*, que integraria, quer a vontade real, psicológica, quer a imputada normativamente ao sujeito. Fazem-se também por vezes intervir outros elementos além destes; de destacar aqui a teoria *combinatória* de F. BYDLINSKI, que elege como "fundamento objectivo do negócio obrigacional" o jogo recíproco de vários princípios ordenadores, a saber, o da autodeterminação, o da segurança do tráfico, o da equivalência das prestações e o da força ética da fidelidade ao contrato (cfr. *Privatautonomie und objektive Grundlagen des verpflichtenden Rechtsgeschäfts*, Wien 1967, esp. 122 ss, 173 ss; *vide* ainda *Erklärungsbewusstsein und Rechtsgeschäft*, JZ 1975, 1 ss). Há por fim quem queira substituir integralmente o princípio da vontade como fundamento do negócio (cfr. REINHARDT HEPTING, *Erklärungswille, Vertrauensschutz und rechtsgeschäfliche Bindung*, FS der rechtswissenschaftlichen Fakultät zur 600-Jahr-Feier der Universität zu Köln, Köln, Berlin, Bonn, München 1988, 209 ss, afirmando que a vinculação negocial é *decidida* pela ordem jurídica e que fundamento dessa vinculação é a *confiança*, na declaração, do seu destinatário; uma panorâmica do papel da confiança na doutrina germânica do negócio jurídico oferece-a também o mesmo autor em *Ehevereinbahrungen/Die autonome Ausgestaltung der ehelichen Lebensgemeinschaft im Verhältnis zu Eherecht, Rechtsgeschäftslehre und Schuldrecht*, München 1984, 280 ss).

O tema da razão de validade do negócio, igualmente situado no campo de tensão entre teorias da vontade e teorias da declaração, não pode ser aqui desenvolvido. Deve contudo subscrever-se a ligação do negócio ao poder conformador da vontade (assim já o nosso *Contrato e Deveres de Protecção* cit., 63 ss, recusando nesse contexto a doutrina das relações contratuais de facto, pois a "objectivação" do cri-

O negócio jurídico não está também em condição de, sem contradições, absorver a problemática da protecção da confiança. A tutela

tério do negócio que ela representa implica, na realidade, uma cisão na teoria do contrato entre aqueles que são genuínos negócios jurídicos, reconduzíveis à vontade das partes, e outros comportamentos que, não apresentando essa característica, produzem todavia também efeitos contratuais, como negócios "de facto"; cfr. aqui também, em tom crítico, por exemplo THEO MAYER-MALY, *Studien zum Vertrag I*, FS für H. K. Nipperdey, I, München und Berlin 1965, 516, e *Studien zum Vertrag II*, FS für Walter Wilburg, Graz 1965, 141). Para a teoria da confiança importa muito extrair as devidas consequências desta conexão do negócio com a autonomia privada, destrinçando claramente o que é resultado da autodeterminação de efeitos daaquilo que deriva já de valorações do direito objectivo. Na nossa ordem jurídica merece destaque o art. 246, que conduz a considerar a consciência da declaração um inultrapassável limite do negócio.

Mais generoso na circunscrição do terreno do negócio é L. CARVALHO FERNANDES, *A Conversão dos Negócios Jurídicos Civis,* Lisboa 1993, *v.g.*, 89 ss, que se contenta com a consciência da juridicidade do comportamento por parte do sujeito. E também P. MOTA PINTO, *Declaração Tácita* cit., 434-435: apontando embora a necessidade de a declaração negocial apresentar, do ponto de vista subjectivo, como elemento mínimo, a voluntariedade de um comportamento, admite bastar a consciência de aparência de uma declaração negocial ao cobrir com o manto do negócio a reserva mental. Resolve a relação de tensão entre a autonomia privada e a tutela da confiança e segurança do tráfico tornando suficiente para o negócio a simples "possibilidade de conformação" de efeitos. A ideia da explicação "causalista" dos efeitos do negócio através de uma vontade constitutiva — concretamente conformadora — que está no núcleo da autonomia privada é pois, numa orientação discutível, deliberadamente sacrificada na sua pureza às sobreditas exigências da confiança e da tutela do tráfico. (Mesmo a necessidade de interpretação e respeito de um dado regime legal não prejudica, quanto a nós, uma concepção do negócio marcada por critérios de fundamentação material-valorativos, ainda que pré- ou supralegais: há juízos sobre os quais nenhum legislador pode exercer coacção.) Mas o autor não deixa de salientar que entre nós não vigora de modo algum um princípio geral de responsabilidade pelo "risco da confiança" do declaratário. (Digno de realce é, na recente doutrina germânica, o esforço de coerente entendimento do regime do negócio a partir do princípio da autonomia privada empreendido por REINHARDT SINGER, sobretudo em *Selbstbestimmung und Verkehrsschutz im Recht der Willenserklärungen*, München 1995, que exerce uma crítica profunda às soluções de compromisso da "teoria combinatória" do negócio e de diversos "dualismos", assim como ao critério da mera possibilidade de conformação para descrever o negócio preferido entre nós por P. MOTA PINTO; *vide* também a recensão deste último àquela

de expectativas desencadeadas por simples asserções sobre factos não jurídicos, pela perspectivação por outrem da emissão de declarações

obra em BFDUC LXXII [1996], 459 ss; do primeiro autor ainda *Geltungsgrund und Rechtsfolgen der fehlerhaften Willenserklärung,* JZ 1989, 1030 ss.)

Pelo "tempero" da autonomia privada com o princípio da tutela da confiança, princípios de "complementação interpenetrada", e salientando a sua intervenção diferenciada em vários aspectos do regime do negócio jurídico, MENEZES CORDEIRO, *Teoria geral do direito civil,* 2.ª edição, Lisboa 1989/90, II, 189-190 e 218-220, bem como *Tratado de Direito Civil Português,* I/1 *(Parte geral),* 2.ª edição, Coimbra 2000, 547-548 e 572-573; mas não pode de modo algum concordar-se com a identidade de regimes aí afirmada, pois ela, além de evidentemente fatal para a teoria da confiança, tornaria incompreensível a distinção entre os sobreditos princípios. Esta é aliás pertinentemente aceite pelo autor. Só que, ao invés, por exemplo, da orientação de CANARIS (cfr., por exemplo, *Die Vertrauenshaftung* cit., 427-428), não se serve dela para — como pela nossa parte preferimos — firmar um conceito de negócio essencialmente assente na consciência e na vontade, pois traça com demasiada largueza a fronteira do negócio, contentando-se com a existência de uma declaração em termos de normalidade social. Ainda que se demonstrasse a ausência de consciência ou vontade do sujeito, não sendo ela patente, haveria eficácia negocial: veja-se elucidativamente a interpretação do art. 236 n.º 1, o regime propugnado para a falta de consciência da declaração, as declarações não sérias ou a reserva mental, numa linha constante que — diga-se — conduz também, se bem se observar, à substituição da inexistência pela nulidade como categoria da ineficácia (assim, efectivamente, o autor citado, sublinhando embora outros argumentos; *vide,* quanto aos aspectos indicados, *Tratado* cit., I/1, 553 ss, 581 ss, 649 ss; claramente ainda, 577--578: não temos no entanto por nada líquida a pretensão de substituir a exigência da consciência da declaração presente no art. 246 pela de uma imputação baseada na aparência dessa consciência, e muito menos que tal corresponda a uma mera interpretação "restritiva" do preceito).

As manifestações (de vontade) interessam ao Direito por serem expressão da autodeterminação do sujeito. Enfatiza-o também OLIVEIRA ASCENSÃO, *Direito Civil/Teoria Geral,* II, cit., esp. 206 ss; difícil nos parece em todo o caso conciliar a perspectiva — que também é a nossa — de que é essencial ao negócio a vontade do agente de se vincular juridicamente (não bastando por conseguinte a simples consciência de uma vinculação) com, por exemplo, a aceitação como negociais de efeitos não correspondentes à vontade dos sujeitos ou com a relevância negocial da reserva mental ou da simulação por razões de aparência (cfr. *ibidem,* 73, 82, 102, 210). Na recente literatura alemã, pode ver-se sobre o tema ainda JAN SCHAPP, *Grundfragen der Rechtsgeschäftslehre,* Tübingen 1986, esp. 8 ss; GÜNTHER JAHR, *Geltung des Gewollten und Geltung des Nicht-Gewollten,* JuS 1989, 249 ss; NIKOLAUS

negociais futuras ou, ainda, por declarações "não definitivas", a protecção dos contraentes ou de terceiros em face da invalidade do negó-

BREHMER, *Wille und Erklärung/Zu Geltungsgrund, Tatbestand und Zurechnung der Willenserklärung*, Baden-Baden 1992; ULRICH EISENHARDT, *Zum subjektiven Tatbestand der Willenserklärung/Aktuelle Probleme der Rechtsgeschäftslehre*, JZ 1986, 875 ss; CANARIS, anot. sent. BGH de 7.6.1984, NJW 1984, 2281 ss.

Seja como for, o pensamento da confiança não é susceptível de constituir o fundamento decisivo do negócio jurídico. Segundo FERREIRA DE ALMEIDA, ele só poderia ser convocado no âmbito dos negócios obrigacionais, já que, nos outros, "o momento decisivo da eficácia coincide com o momento da sua perfeição e deixa de existir qualquer expectativa quanto ao comportamento futuro do declarante, cujo comportamento se esgota na própria declaração". "Por outro lado, se a confiança fosse fundamento único da vinculação negocial, o acto não seria eficaz, se uma tal confiança se não gerasse em concreto [...]" (*Texto e Enunciado* cit., I, 61-62). Nessa medida, depois de rejeitadas as teorias que a combinam com outros elementos para fornecer o critério do negócio, mas após afastar também as concepções voluntaristas do negócio, o autor propõe-se ensaiar uma teoria jurídico-negocial nova e *unitária*. Inspirado na noção de *performatividade* que, introduzida por J. L. AUSTIN na reflexão sobre a linguagem, tem vindo a ser progressivamente aproveitada pelos juristas (cfr., entre nós, M. TEIXEIRA DE SOUSA, *Sobre a linguagem performativa da teoria pura do direito*, ROA 46 [1986], 433 ss), qualifica o negócio como *acto performativo*, isto é, enquanto "acto de linguagem que tem efeitos [jurídicos] conformes ao seu significado". A noção de performatividade "permite — diz — ultrapassar dicotomias e oposições radicais entre o acto como ser e a eficácia como dever-ser; unifica a génese, a mudança e o resultado, propondo uma explicação para as suas relações mútuas, tem a pretensão de abranger todo o universo negocial..." (*Texto e Enunciado* cit., I, 235-236). Podemos concluir que se eliminaria assim o problema do "pendular" do negócio entre autonomia privada e tutela da confiança.

Esta pretensão de uma concepção de negócio baseada na performatividade tem também incidência na delimitação da teoria da confiança. Consideremo-la brevemente. FERREIRA DE ALMEIDA define o negócio jurídico como "acto de direito privado que tem efeitos jurídicos conformes ao seu significado, criando, modificando substancialmente ou extinguindo por meio imprevisto [quererá certamente dizer-se pelo meio nele previsto] situações jurídicas das quais pelo menos um dos seus agentes é titular. Numa formulação sintética, dir-se-á que [ele] é o acto de direito privado dotado de performatividade, reflexibilidade e auto-suficiência estrutural" (*Texto e Enunciado* cit., I, 258). O aproveitamento proposto de modernas correntes da filosofia da linguagem para a compreensão do negócio não nos parece resolver todavia em termos inteiramente satisfatórios o problema do seu critério e fundamento e, assim, permitir extrair conclusões seguras quanto à determinação do

cio ou em casos de falta de consciência da declaração negocial, por exemplo, não se integram na teoria do negócio e têm de ser resolvi-

respectivo espaço em relação à teoria da confiança. Por muito impressiva que seja a descrição do negócio como acto performativo, ela coloca-se, em si mesma, no plano da análise da linguagem, sem a transcender. Ora, o que importa é saber de que forma e porque é que a performatividade da linguagem *se converte* numa performatividade *"jurídica"*. A teoria performativa insiste em que um acto pode criar uma obrigação simplesmente porque é um acto performativo, como ocorre, *v.g.*, quando alguém faz uma promessa. Vista desta perspectiva, ela tem um valor explicativo limitado. A dificuldade está em justificar como é que se pode criar uma obrigação jurídica simplesmente com dizer que se promete.

É indiscutível que a linguagem não é meramente simbólica: "ela corporiza as próprias ideias, viabilizando-as, condicionando-as ou detendo-as na fonte — o próprio espírito humano — [...]. Tocar na linguagem é tocar nas ideias" (segundo a feliz expressão de MENEZES CORDEIRO, *Ciência do direito e metodologia jurídica nos finais do século XX*, sep. ROA 48 [1989], 28). Perante o relevo substantivo da linguagem, importa todavia indagar do *fundamento* dessa *substantivização jurídica*. Não nos limitamos aqui a perguntar, com ARTHUR KAUFMANN (*Über Sprachlichkeit und Begrifflichkeit des Rechts*, in *Über Gerechtigkeit/Dreissig Kapitel praxisorientierter Rechtsphilosophie*, Köln, Berlin, Bonn, München 1993, 171), "wie konstituiert Sprache Recht?", vamos mais longe: *wieso konstituiert Sprache Recht?* É que nos parece que a eficácia performativa de determinados enunciados só se transforma numa eficácia especificamente jurídica quando assumida por aquela intencionalidade normativo-
-material própria do Direito que é *autonomamente fundamentante e constituinte do próprio Direito* (reiterando essa autonomia, conquanto num outro contexto, vide CASTANHEIRA NEVES, *A redução política do pensamento metodológico-jurídico* cit., 40 ss; crítico também em relação à sobredita concepção, OLIVEIRA ASCENSÃO, *Direito Civil/Teoria Geral*, II, cit., 100, afirmando que a performatividade conduz, por abranger mensagens as mais diversas, ao rompimento do laço do negócio com a autonomia privada).

Opina todavia precisamente FERREIRA DE ALMEIDA que "o problema do *fundamento da eficácia* do negócio jurídico encontra igualmente resposta na sua qualificação como acto performativo. Os efeitos jurídico-negociais são gerados por conformidade com o significado do acto, de acordo com as *regras constitutivas* que forem aplicáveis" (*Texto e Enunciado* cit., I, 239-240). Na teoria dos enunciados performativos aponta-se nomeadamente para a necessidade da existência de uma "convenção" que atribua a certas palavras um determinado efeito, também convencional; e que os intervenientes, as circunstâncias e o processo comunicativo se revelem igualmente apropriados, segundo essa "convenção", para produzir tal efeito. Estas *condições* da eficácia performativa, as suas *regras constitutivas*, vislumbra-as o autor por

das pela doutrina da confiança. Há que destrinçar devidamente entre aqueles efeitos que decorrem da autodeterminação dos sujeitos e do

exemplo na existência de poderes funcionais — justificando, *v.g.*, a eficácia do comando de um superior hierárquico —, na vigência de uma tradição ou na de outras regras de convivência social: elas apelariam no fundo a normas pertencentes a vários sistemas normativos, como a moral, a cortesia ou o direito. Considerando a teoria do negócio, constituí-las-iam as *regras sociais sobre a prática dos negócios reconhecidas pela ordem jurídica*. O fundamento do negócio decorreria efectivamente da aplicabilidade destas regras (*op. cit.*, I, 122-123, 240-241).

Semelhante explicação do negócio parece querer combinar uma pronunciada matriz sociológica com um critério de reconhecimento pela ordem jurídica. Quanto a este último requisito, fica a séria suspeita de saber se sustentar que as condições da performatividade são estabelecidas pela ordem jurídica representa efectivamente algo mais do que remeter (sem adiantar), é certo que com a linguagem diferente da performatividade, para a imorredoira controvérsia acerca do fundamento do negócio. Já relativamente ao elemento sociológico da noção proposta, ele expõe-se às críticas que podem fazer-se aos *positivismos* ou *empirismos sociológicos* (vide, extensamente, CASTANHEIRA NEVES, *Introdução ao Direito* cit., 276 ss). Esta interpretação das regras constitutivas do negócio levanta uma objecção essencial: aceitar a existência de uma regra a partir de uma prática comum significa *transitar* do *facto* da verificação dessa prática para um *juízo* de que *deve* haver um comportamento conforme com ela. Da aceitação da regra deduz-se a sua existência e, desta, a validade. É precisamente este *trânsito do ser para o dever-ser* que torna extremamente frágil este tipo de explicação. E não é a menção da necessidade de reconhecimento, por parte da ordem jurídica, dessas regras sociais determinadoras do negócio que permite resolver em termos adequados — pelo menos, assim o pensamos — o problema do fundamento do negócio. Certo que, deste modo, se introduz já um critério de específica validade *jurídica* na discussão, mas torna-se, então, necessário esclarecer *que validade é essa* e *como se conjuga ela com as regras sociais*, no ponto de partida tidas por constituintes do campo dos negócios.

Há, depois, a comprovação da operacionalidade dogmática efectiva da teoria proposta e das suas vantagens ou desvantagens comparativas no tratamento da distinção entre negócio e outros actos jurídicos, dos vícios do negócio, etc. Ela representa um teste decisivo acerca da efectiva consistência das regras sociais constituintes dos negócios para explicar as soluções jurídicas concretas, desfazendo uma acentuada impressão de equivocidade e insuficiência. E também sobre o relevo que, no plano dogmático, possui, para esta teoria, o recurso à ordem jurídica como factor explicativo; superando aqui a dificuldade de um entendimento puramente formal-normativista que se diria praticamente imposto em virtude de a ordem jurídica jogar nesta concepção em contraponto com as regras sociais, essas sim, segundo ela e ao que parece, determinantes, em primeira linha e em termos materialmente abertos, do universo negocial.

exercício da sua autonomia privada, e as consequências que se lhes impõem (heteronomamente) por força de valorações do direito objectivo — nesse sentido, *ex lege* (emprestando a esta expressão um alcance vasto) — de modo a acautelar as expectativas alheias [52].

O reconhecimento da autonomia da responsabilidade pela confiança com respeito à teoria do negócio não deve levar contudo à precipitada conclusão de não existirem ligações entre ambas [53]. O exercício da autonomia privada por alguém implica sem dúvida igualmente riscos para os outros. Mesmo aceitando-se que dentro do domínio do negócio é relevante também um "princípio de responsabilidade" — a autonomia privada ligada à auto-responsabilidade do sujeito [54] —, a tutela da confiança permite *colmatar* lacunas de protecção que a teoria do negócio tem de deixar em aberto por não lograr ainda assim abranger o espaço correspondente; nesse sentido, *complementa-a*. Não é que, com isso, ela deva ser perspectivada tão-só como *subsidiária* e *instrumental* em relação ao negócio. O negócio representa,

---

Os obstáculos que se patenteiam a esta importante tentativa de refrescar entre nós a teoria do negócio levam-nos a concluir com cepticismo acerca da possibilidade de mediante ela se alcançar uma mais exacta compreensão da relação entre a teoria da confiança e o negócio. Fundamental para o problema que nos ocupa, CANARIS, *Bewegliches System* cit., 115-116, bem como já *Die Vertrauenshaftung* cit., 411 ss, 428 ss, procurando *inter alia* demonstrar como claudicam as tentativas de substituir a protecção não indemnizatória da confiança por interpretações negociais (a linha característica do pensamento de FLUME; vide *Das Rechtsgeschäft* cit., *v.g.*, 119-120, 825 ss, 832 ss), bem como a pretensão de construir uma teoria do negócio de tal modo abrangente que a responsabilidade pela confiança nela pudesse ser (ao menos em larga medida) integrada (cfr. nomeadamente a já referida doutrina combinatória do negócio de F. BYDLINSKI, *Privatautonomie* cit., 122 ss, e, em síntese conclusiva, 173 ss). Na doutrina portuguesa, destaque-se sobretudo BAPTISTA MACHADO, *Tutela da confiança* cit., 373-374, e *passim*, e *A cláusula do razoável* cit., 520 ss, e *passim*.

[52] Cfr. *v.g.* também, preocupando-se com a desmesurada extensão das concepções negociais no domínio da tutela da aparência em estudo do que designa de "consequências contratuais sem contrato", MICHAEL LITTERER, *Vertragsfolgen ohne Vertrag*, Berlin 1979, 13 ss, e 153-154.

[53] Cfr. CANARIS, *Die Vertrauenshaftung* cit., 439 ss.

[54] Aludimos especialmente à concepção de FLUME, *Das Rechtsgeschäft* cit., esp. 59 ss.

por muito relevante que seja, apenas uma forma, entre outras, do vasto campo da interacção humana, globalmente sujeita à responsabilidade pela confiança[55].

7. Doutrina da confiança e responsabilidade civil; o sentido geral da crítica à teoria da confiança

Outra frente decisiva da doutrina da confiança é constituída pelas categorias e estruturas tradicionais do direito da responsabilidade civil. Está especificamente em causa o pensamento de que a frustração da confiança de outrem é susceptível de conduzir à obrigação de indemnizar. Sob a capa de uma formulação simples, escondem-se nele sérias dificuldades. Desde logo a do risco de desmesurabilidade, pois é notório o carácter francamente aberto e potencialmente muito extenso que ele comunica à protecção "negativa" da confiança. Ao mesmo tempo, reinam profundas incertezas quanto ao regime próprio dessa responsabilidade e sua articulação com as modalidades usuais da imputação de danos.

Ao contrário dos casos de protecção da aparência, não há aqui nenhuma delimitação rigorosa dos *Tatbestände* que a desencadeiam nem das respectivas consequências. Nem essa falta é de algum modo

---

[55] A função complementadora da tutela proporcionada pelo negócio por parte da doutrina da confiança é reconhecida por CANARIS no âmbito da *participação no tráfico negocial* (cfr. *Die Vertrauenshaftung* cit., 440 ss). Ainda que se apresente acertada à intuição a referência do relevo da confiança ao tráfico negocial — noção, de resto, extremamente escorregadia (cfr., a propósito, o nosso *Contrato e Deveres de Protecção* cit., 274 ss) —, pode questionar-se se deve restringir-se em termos absolutos a tutela da confiança ao domínio balizado pela celebração actual ou futura de negócios entre os sujeitos envolvidos. São na verdade pensáveis situações em que essa celebração não é usual ou exigível, sem que, só por isso, as expectativas do sujeito deixem de merecer consideração: assim ocorrerá, mesmo que residualmente, em certas relações de cortesia (ou, inclusivamente, em determinados acordos de cavalheiros). Tomamos pois aquela asserção como indicativa. As excepções que sofra revelam em todo o caso o carácter independente e originário da protecção da confiança em relação ao negócio.

suprida ou atenuada, *v.g.*, pelos requisitos, sempre comparativamente apertados ou sedimentados, provenientes da conexão de outras hipóteses de tutela positiva da confiança com o abuso do direito. A confirmá-lo, assiste-se — ainda o veremos[56] — a uma desordenada expansão do reconhecimento da frustração da confiança como fonte de pretensões indemnizatórias em diversas áreas, impelida por imperativos vários.

Na doutrina germânica, reclama-se uma protecção indemnizatória da confiança para cobrir duas grandes áreas. Por um lado a dos casos em que alguém deve responder pelos danos causados por uma declaração sua viciada ou inexacta, ou então pela respectiva omissão, como ocorre paradigmaticamente no âmbito da *culpa in contrahendo* e em situações dela próximas, de responsabilidade por informações incorrectas. A elas corresponderia uma *responsabilidade por declarações* (*Erklärungshaftung*).

Por outro lado, a protecção indemnizatória da confiança teria por função tutelar posições jurídicas contra ataques ou ingerências lesivas (*Eingriffsschutz*) na pessoa ou no património alheio, conduzindo à reparação dos danos daí resultantes. Não estaria agora em causa proteger alguém na sua confiança em quaisquer declarações ou, mais genericamente até, em quaisquer factos externos destinados à captação da confiança. Todavia, também aqui o pensamento da confiança seria decisivo, porque este tipo de responsabilidade radicaria precisamente no facto de o lesado *expor* os seus bens, no âmbito do tráfico negocial, à intromissão da outra parte e, nesse sentido, lhos *confiar* (a atitude de *"anvertrauen"* da *"Anvertrauenshaftung"*). Esta apresentar-se-ia onerada, nessa medida, com deveres de protecção não subsumíveis à responsabilidade por declarações e responderia pelos danos causados pela sua violação[57]. Com esta última modalidade se prendeu especialmente monografia *nossa* anterior, que, apreciando as virtuali-

---

[56] Cfr. exemplificativamente as situações abordadas *infra*, no Capítulo I.
[57] Para esta distinção, *vide* especialmente CANARIS, *Die Vertrauenshaftung* cit., 532 ss, e 539 ss, em orientação seguida no fundamental por uma plêiade extensa de autores.

dades do pensamento da confiança, lhe exprimiu já insuficiências e dirigiu críticas [58]. O presente estudo centra-se por isso nas demais espécies em que tem florescido esse pensamento.

A bem ver, a confiança é um facto omnipresente na vida social. A sua *ubiquidade* conduz deste modo forçosamente à necessidade de destrinçar entre as situações susceptíveis de gerar responsabilidade e aquelas que não a desencadeiam. Que o pensamento geral da protecção das expectativas esteja em condições de dar resposta a esta questão é ponto que se tem de contestar. O apelo à "confiança digna de protecção jurídica" ou a invocação da "tutela de legítimas expectativas" [59] afigura-se, em si, descolorido e vazio. Persistir aqui em que o fundamento da protecção permanece ainda a confiança é aceitar que a confiança releva quando é de tutelar. O raciocínio aparenta então circularidade, pois corre-se o risco de misturar o plano fáctico com o normativo, a confiança existente com a confiança a proteger, a causa e o efeito da protecção jurídica [60].

Qualquer restrição ou complementação do pensamento envolve pois o perigo de atingir profundamente a idoneidade dogmática da doutrina da confiança. O recurso a critérios suplementares na definição das situações de responsabilidade relevantes faz imediatamente recear a objecção de que é nestes que, na realidade, hão-de perscrutar-se os fundamentos decisivos da responsabilidade; e que, afinal, a

---

[58] Cfr. *Contrato e Deveres de Protecção* cit., 250 ss, 269 ss, e *passim*.

[59] Usando estas formulações, por exemplo, VON CRAUSHAAR, *Der Einfluss des Vertrauens* cit., 18 ss, e MICHAEL BOHRER, *Die Haftung des Dispositionsgaranten*, München 1978, 305; na substância também WOLFGANG THIELE, *Leistungsstörung und Schutzpflichtverhältnis/Zur Einordnung der Schutzpflichtverletzungen in das Haftungssystem des Zivilrechts*, JZ 1967, 652.

[60] Na versão de VON BAR, *Vertrauenshaftung ohne Vertrauen — Zur Prospekthaftung bei der Publikums-KG in der Rechtsprechung des BGH*, ZGR 1983, 500, a aporia é a seguinte: "é lícito confiar porque existe um fundamento para a pretensão, esta nasce porém quando se confia."

No entanto, adiante-se desde já, este tipo de obstáculo — no qual se comprazem tão amiúde os críticos da confiança — é meramente fictício, resultado de uma insuficiente discriminação entre fundamento e condições de relevância.

confiança não é protegida em si mesma de modo autónomo, mas quando muito ligada apenas a outros argumentos.

Assim se explica também que, no pensamento contemporâneo, a referência singela à confiança como fundamento de consequências indemnizatórias surja com frequência substituída pela noção de *relação de confiança* (*Vertrauensbeziehung, fiduciary relationship*), com a qual se pretende isolar, de entre as diversas situações de expectativas, aquelas a que há que reconhecer relevância para efeito de responsabilidade. Orientações deste género prestam ainda, pelo menos formalmente, tributo ao pensamento da confiança. Porque, dando um passo mais afoito de descrença a respeito da função efectiva da confiança no desencadear da responsabilidade, pode mesmo chegar a suprimir-se radicalmente a própria referência à tutela das expectativas, falando-se, de um modo "neutral", numa responsabilidade derivada da existência de *ligações ou relações especiais* (*Sonderverbindung, special relationship*) geradoras, isso sim, de particulares deveres de conduta (não especificamente conexionados com a confiança), capazes de conduzir à responsabilidade quando violados[61]. Em todo o caso, estes desenvolvimentos denunciam a compreensível tentativa de dar da confiança uma concepção *normativa, objectivada*. Não interessaria tanto saber se, em termos individuais-psicológicos, o sujeito acreditou de facto em determinada situação, quanto averiguar se a posição em que se encontrava justificava que pudesse confiar nessa situação. O *confiar subjectivo* convola-se pois na questão de saber quando e até onde *poder confiar*. Nos factores que o decidem, não já na confiança, estaria o nódulo da responsabilidade.

Para este entendimento contribui sem dúvida a *dificuldade de prova* de um estado de espírito, concreto e efectivo, da pessoa. Aliás, a realidade psicológica da confiança parece irremediavelmente derrotada havendo o confiante ou o fautor da confiança de ser uma pessoa jurídica[62]. Mas a força de uma concepção "normativa" da confiança pode também comprovar-se na *ambiguidade* da experiência dos sujei-

---

[61] Desenvolvimentos, *infra*, por exemplo sob os n.os 16, 39, 44, 64 e 65.

[62] O argumento impressiona, sem dúvida (cfr., por exemplo, VON BAR, *Vertrauenshaftung ohne Vertrauen* cit., 500), mas não é decisivo. Na responsabilidade pela

tos. Com efeito, nesta misturam-se por vezes confiança e desconfiança: as atitudes de confiança dão-se com frequência precisamente em situações de conflitualidade ou, pelo menos, de não coincidência de interesses entre os indivíduos. Mas pode por outro lado dizer-se que é nesses cenários propícios ao receio da frustração das expectativas e à desconfiança que a tutela das convicções mais urge.

Estas razões sugerem a construção da responsabilidade pela confiança em torno sobretudo da *expectativa de cumprimento de determinados deveres de comportamento* a que os sujeitos se haveriam de ater no seu relacionamento, pois os demais deveriam poder contar com a sua observância. Daqui a perguntar se não será mais correcto alicerçar a obrigação de indemnizar, antes que no pensamento da confiança, na própria violação das posições dos sujeitos asseguradas por esses deveres como situação "objectiva" de responsabilidade, vai uma pequena distância. Sendo consequentemente de questionar se tais ditames, em vez de instrumentos de protecção da confiança, não serão simples deveres de protecção "directa" dos interesses que realmente se albergam "por detrás" de uma situação de expectativa.

Este modo de perspectivar o problema da confiança traria aliás a enorme vantagem de evitar também discriminações infundadas em prejuízo daquele que, ao actuar, descreu intimamente de outrem. Se se veio a confirmar a sua desconfiança e sofreu danos em virtude de uma atitude de outrem seria razoável excluí-lo de protecção? Dir-se-ia que não, sob pena de com isso se favorecer a inconsciência e a leviandade sobre a experiência ou a prudência. De resto, essa concepção facultaria uma interpretação não ficciosa das já referidas *relações de confiança* que servem por vezes de refúgio da justificação da responsabilidade pela frustração de expectativas. Mais honesto e límpido no plano metodológico da fundamentação das soluções seria pois substituir a confiança por critérios dogmáticos que atendam às características objectivas da situação interpessoal e às condutas que nela impõe a ordem jurídica.

---

confiança como noutras formas de responsabilidade podem imputar-se os efeitos de condutas e estados de espírito humanos à pessoa colectiva.

Deste modo, a confiança deixa de integrar o *Tatbestand* da responsabilidade e, com ele, o seu *fundamento*, o que atinge a autonomia dogmática da doutrina da confiança. Esta construção da obrigação de indemnizar sobre factores objectivos, independentes das representações dos sujeitos, lança a responsabilidade pela frustração de expectativas sobretudo para a órbita da *responsabilidade por factos ilícitos*, uma vez que em responsabilidade civil o princípio é o de que a obrigação de indemnizar pressupõe a infracção de uma regra de conduta[63]. Não importa para o efeito que esses deveres decorram do contrato ou do negócio jurídico, que tenham sido imperativamente fixados na lei ou se alicercem, em qualquer caso, em determinações do direito objectivo.

A verdade é que esta concepção obriga a colocar frontalmente a questão da relação entre a responsabilidade pela confiança e as modalidades tradicionais da responsabilidade civil. Está em causa a sua *autonomia* e capacidade *diferenciadora* com respeito a essas formas; especialmente, averiguar em que medida as pretensões indemnizatórias por frustração da confiança não estarão na realidade coligadas simplesmente a uma inobservância comum de normas de comportamento, geradora, consoante os casos, de uma responsabilidade delitual ou obrigacional (sem que a confiança desempenhe então qualquer papel efectivo na justificação da obrigação de ressarcir os prejuízos).

A doutrina da confiança procurou todavia firmar, mesmo neste quadro, a sua independência. Aqueles que mais se têm batido por ela

---

[63] No campo da responsabilidade civil aquiliana, a necessidade da conduta ilícito-culposa do sujeito que é descrita no art. 483 n.º 1 acaba por resultar sublinhada pelo n.º 2 desse preceito. Também a cláusula geral de responsabilidade obrigacional constante do art. 798 elege o não cumprimento culposo em pressuposto da obrigação de indemnizar. Compreende-se que assim seja, pois se a actuação do sujeito se conformou com os ditames da ordem jurídica não se vê razão para que, salvo razões especiais, tenha de ressarcir danos alheios. É certo que a evolução do Direito regista um número cada vez maior de excepções a esta orientação e que é um lugar-comum afirmar a conveniência da sua complementação com outras valorações, designadamente com o princípio do risco. Nem por isso contudo a infracção a um dever de conduta deixa de constituir o princípio fundamental da responsabilidade, o que se traduz na necessidade de *justificação* dos desvios ou restrições que se lhe assinalem.

reivindicam-lhe um espaço próprio no confronto com as duas grandes modalidades "clássicas" da responsabilidade civil — a contratual e a aquiliana —, considerando-a um *tertium genus*, uma "pista autónoma" de responsabilidade. A afirmação de uma conexão entre a confiança e o reconhecimento do que pode apelidar-se a *relação unitária de protecção* (*einheitliches Schutzpflichtverhältnis*) contribuiu para enraizar este entendimento.

Tal relação constitui uma *relação obrigacional legal* (no sentido de produto de uma valoração do ordenamento jurídico), *sem deveres primários de prestação*. Ela unifica certas adstrições de conduta que, não se destinando à satisfação ou cabal realização de um "interesse de prestação" da outra parte na relação, visam apenas a protecção dela, dos seus bens e dos seus interesses. Independente da vontade negocial e, portanto, do contrato celebrado entre as partes, os deveres que a compõem podem subsistir em face da respectiva invalidade ou ineficácia originária ou subsequente. Surge já no período das negociações e da formação do contrato (*in contrahendo*) e, olhando agora ao seu âmbito subjectivo, pode *beneficiar terceiros* ou *impor-se*, até, a *terceiros*, não se restringindo por conseguinte, apenas às partes nas negociações ou no contrato.

A relação de protecção assegura desde logo, dada a influência do modelo da responsabilidade contratual no seu regime que acompanhou o seu reconhecimento, uma defesa mais vigorosa de bens e direitos já tutelados delitualmente contra intromissões ou ingerências danosas. Noutras situações todavia, essa tutela ultrapassa claramente o nível da protecção delitual; pelo apertar da malha das condutas exigíveis e, sobretudo, devido ao alargamento da ressarcibilidade dos danos patrimoniais puros[64]. Abrangem-se por exemplo a indemnizabilidade

---

[64] Desenvolvidamente sobre a relação unitária de protecção, pese embora apontando grandes limitações à teoria da confiança, já o nosso *Contrato e Deveres de Protecção* cit., 92 ss, 183 ss, 217-218, e *passim*. A categoria terá sido divulgada pela primeira vez no espaço jurídico luso por C. MOTA PINTO, que a conexionou com o respeito das expectativas alheias (cfr. *Cessão da Posição Contratual*, reimpr., Coimbra 1982, 349-350, e *passim*), e é feita frutificar em contextos diversos, como por exemplo no âmbito da responsabilidade por informações (cfr. SINDE MONTEIRO, *Responsabilidade por Conselhos, Recomendações ou Informações*, Coimbra 1989, especialmente 514 ss);

de danos decorrentes de disposições inúteis em face de um contrato nulo, ineficaz ou que não chegou a celebrar-se, certas hipóteses de responsabilidade por prospecto, de responsabilidade (autónoma) dos representantes, auxiliares e peritos na fase da formação do contrato, de responsabilidade (não contratual) por informações, designadamente de consultores fiscais, advogados, revisores de contas ou de entidades bancárias, de responsabilidade do produtor por interesses meramente económicos ou da entidade patronal por atestados de serviço incorrectos em face de terceiros, etc. Pisa-se deste modo, entre outros, o vasto campo disputado pela *culpa in contrahendo*, pelo *cumprimento defeituoso do contrato* ou pelo *contrato com eficácia de protecção para terceiros*.

Pois bem: a relação unitária de protecção de que falamos teria, segundo uma difundida perspectiva germânica, o seu fundamento justamente no *pensamento da confiança*, encontrando-se a sua base juspositiva no "parágrafo-rei" do BGB (o § 242, consagrador da regra de conduta segundo a boa fé). A violação dos deveres que a constituem não geraria nenhuma *responsabilidade contratual*, uma vez que não atingiria qualquer direito a uma prestação estabelecida por contrato, mas também não consubstanciaria uma forma de responsabilidade delitual. O seu regime aproveitaria em todo o caso de certas vantagens proporcionadas pela responsabilidade contratual[65].

Com este recorte, a relação de protecção proporciona um modelo de enquadramento de uma vasta série de modernas manifestações da responsabilidade civil na tutela *negativa* das expectativas. Mas as objecções à doutrina da confiança obrigam efectivamente a questionar a pertinência da diferenciação de uma ordem de protecção deste tipo no

---

entre várias adesões, recebeu a de MENEZES CORDEIRO, abandonando a sua anterior posição de recusa da autonomia dogmática dos deveres de protecção, coerentemente baseada numa pretensa indistinção entre responsabilidade obrigacional e delitual, também ela agora rejeitada; cfr. *Tratado* cit., I/1, 408, e, antes, *v.g.*, *Da Boa Fé* cit., I, 636 ss, e *Teoria geral* cit., I, 722.

[65] Deve-se especialmente a HEINRICH STOLL a clara autonomização e conceitualização dos deveres de protecção no âmbito da relação obrigacional, possibilitando-se assim a sua diferenciação das adstrições destinadas à cabal e correcta rea-

seio da responsabilidade civil. O problema atinge particularmente a responsabilidade aquiliana, uma vez que parece irrecusável que o âmbito

lização dos interesses de prestação. É também nele notória a penetração do pensamento da tutela das expectativas: "Através da relação obrigacional constitui-se entre as partes uma relação especial que é considerada pelo nosso direito como uma relação recíproca de confiança. A relação especial abre para ambas as partes a possibilidade de interferência nas pessoas e coisas da outra parte; a consequência da vinculação à boa fé é o *dever de se abster de qualquer intromissão danosa*. Esta vinculação *tem necessariamente uma finalidade negativa: ela deve poupar a contraparte de prejuízos que podem ocorrer através e por via da relação especial*. Ela serve portanto, não o interesse de prestação, mas o *interesse de protecção do credor*. Falamos de deveres de protecção" (cfr. *Abschied von der Lehre von der positiven Vertragsverletzung*, AcP 136 [1932], 288-289; tradução *nossa*; ver também já HUGO KRESS, *Lehrbuch des Allgemeinen Schuldrechts*, München 1929, 5, quanto à distinção entre o direito à prestação e o "direito à protecção" [*Schutzanspruch*]).

Foi na sequência destas posições que cresceu a aludida teoria da relação unitária de protecção. Representando esta última uma categoria acentuadamente formal e de recorte estrutural, apresenta-se apta a enquadrar uma série de realidades jurídicas, a mais importante das quais se pode considerar a relação pré-contratual. (Cfr., por todos, LARENZ, *Lehrbuch des Schuldrechts*, I, 14.ª edição, München 1987, 106 ss. O primeiro a afirmar explicitamente este último aspecto terá sido BALLERSTEDT no seu estudo *Zur Haftung für culpa in contrahendo bei Geschäftsabschluss durch Stellvertreter* cit., 505; conhecida ficou também a formulação do BGH segundo a qual, "a responsabilidade por culpa na formação do contrato é uma decorrente de uma relação obrigacional legal, constituída em complemento do direito escrito, que nasce com o iniciar das negociações e obriga a um comportamento segundo a diligência usual do tráfico perante o parceiro negocial": cfr. BGHZ 6, 330, 333, tradução *nossa*).

O desenvolvimento da construção da relação unitária de protecção, a sua conexão com a confiança e a reivindicação da autonomia da responsabilidade pela confiança no universo da responsabilidade civil devem-se entretanto de modo especial a CANARIS; cfr. *Geschäfts — und Verschuldensfähigkeit bei Haftung aus "Culpa in contrahendo", Gefährdung und Aufopferung*, NJW 1964, 1987 ss; *Ansprüche weger "positiver Vertragsverletzung" und "Schutzwirkung für Dritte" bei nichtigen Verträgen*, JZ 1965, 475 ss; *Haftung Dritter aus positiver Forderungsverletzung*, VersR 1965, 114 ss; *Die Produzentenhaftpflicht in dogmatischer und rechtspolitischer Sicht*, JZ 1968, 494 ss; mais recentemente, vide *Schutzgesetze — Verkehrspflichten — Schutzpflichten*, FS für Karl Larenz zum 80.Geburtstag, München 1983, esp. 85 ss.

O inegável sucesso que a doutrina da confiança conhece entre os autores germânicos, apesar das diferenças que os separam, encontra-se significativamente vin-

do negócio e da responsabilidade contratual está longe de abranger muitas das situações para as quais, como nas acima descritas, se reclama uma tutela das expectativas. A integração do pensamento da confiança na dogmática "clássica" da responsabilidade, nomeadamente no direito delitual, é aliás tanto mais de ponderar quanto se podem com facilidade detectar situações de confiança do lesado nas hipóteses "tradicionais" desta forma de responsabilidade. De facto, o acto danoso e a lesão são frequentemente produzidos porque o lesado confiou na adopção, por outrem, da conduta que lhe era exigida e acabou por sofrer prejuízos. Se nem por isso a confiança surge como factor de responsabilidade, pergunta-se o que é que então distinguirá e legitimará uma responsabilidade especial por frustração de expectativas.

Para além destes obstáculos gerais à construção de uma específica responsabilidade pela confiança, é ainda incontornável o problema da sua *fundamentação jurídico-positiva*. O legislador pátrio parece desconhecê-la. Nenhuma das disposições do Código Civil prevê explicitamente, com carácter de generalidade, uma tal responsabilidade[66]. Diga-se de passagem que o mesmo ocorre aparentemente em outras ordens

---

culada à força da concepção que descrevemos. Cfr., entre vários e independentemente de acentos diversos, W. THIELE, *Leistungsstörung und Schutzpflichtverhältnis* cit., 649 ss; ULRICH MÜLLER, *Die Haftung des Stellvertreters bei culpa in contrahendo und positiver Forderungsverletzung*, NJW 1969, 2169 ss; EIKE SCHMIDT, *Nachwort*, in *Culpa in contrahendo* (Rudolf von Jhering) / *Die positiven Vertragsverletzungen* (Hermann Staub), reimpr., Bad Homburg, Berlin, Zürich 1969, 131 ss; VON LACKUM, *Verschmelzung und Neuordnung von "culpa in contrahendo" und "positiver Vertragsverletzung"/Zugleich ein Beitrag zur Lehre vom einheitlichen Schutzpflichtverhältnis*, Bonn 1970; RUDOLF NIRK, *Die Vertrauenshaftung Dritter bei Vertragsdurchführung?*, FS für Fritz Hauss, Karlsruhe 1978, 267 ss; MICHAEL BOHRER, *Die Haftung des Dispositionsgaranten* cit.; LARENZ, *Schuldrecht* cit., I, 43 ss, 621 ss, e *passim*; MARINA FROST, *"Vorvertragliche" und "Vertragliche Schutzpflichten"*, Berlin 1981; STEPHAN BREIDENBACH, *Die Voraussetzungen von Informationspflichten beim Vertragsschluss*, München 1989; MICHAEL JUNKER, *Die Vertretung im Vertrauen im Schadensrecht/Ein Beitrag zum Problem des Drittschadensersatzes*, München 1991.

[66] Ao menos *apertis verbis*. Claramente restrito é o âmbito do art. 81 n.º 2 do Código Civil, que consagra, no caso de revogação da limitação voluntária (legal) ao exercício de direitos de personalidade, a indemnização dos prejuízos causados às legítimas expectativas da outra parte.

jurídicas, e até considerando o sistema jurídico que viu florir com maior intensidade o pensamento da confiança, o de além-Reno. Sobre a responsabilidade pela confiança recai pois a suspeita de se conduzir "à margem da lei" e, por isso, conquanto porventura louvável no plano teórico, sem base suficiente no direito positivo. Descobrem-se no Código, é certo, uma plêiade de disposições, algumas inclusivamente de âmbito muito vasto, que utilizam a noção de boa fé, e sustenta-se do mesmo passo que um dos vectores que esta alberga do ponto de vista jurídico é justamente o da protecção da confiança[67]. Permanece contudo que a confiança não é *qua tale* mencionada enquanto fundamento geral de pretensões indemnizatórias[68]. Interessa portanto comprovar se uma tal recondução do conteúdo normativo da boa fé à confiança se justifica e se as características do nosso sistema consentem na verdade a construção de uma responsabilidade pela frustração da confiança. Pode de resto conceder-se que o pensamento da protecção da confiança é susceptível de constituir uma importante *ratio legis* de regulações particulares da lei, mas recusá-lo enquanto princípio jurídico *autonomamente actuante*. Ele apenas interviria por conseguinte através das normas que efectivamente o acolhem e no seu âmbito, não sendo susceptível de aplicação imediata a um caso singular[69].

---

[67] Cfr. especialmente, como se disse, MENEZES CORDEIRO, *Tratado* cit., I/1, 234 ss, 238; *Da Boa Fé* cit., II, 1234 ss.

[68] Tal como nota M. BOHRER, *Die Haftung des Dispositionsgaranten* cit., XV (prefácio), para o direito germânico, pode dizer-se que falta entre nós o *Tatbestand* da responsabilidade negativa pela confiança. A situação de "desamparo legal" em que se encontra essa responsabilidade na generalidade dos sistemas é no entanto relativa para a tese de que a boa fé veicula precisamente a protecção da confiança. Codificações mais recentes que o BGB, como a portuguesa e a italiana, prevêem já algumas importantes expressões da boa fé; designadamente no âmbito da formação do contrato (*culpa in contrahendo*, instituto que se encontra na génese histórica desta responsabilidade e que é, na Alemanha, de surgimento jurisprudencial) e no da respectiva execução. Por muito amplas que elas se apresentem, está-se porém sempre perante referências fragmentárias e dispersas, ao considerar a potencialidade de expansão do pensamento da confiança. Não havendo nenhuma consagração legal desse pensamento em toda a sua extensão, importa sempre questioná-lo.

[69] Nesta linha se movimenta FERREIRA DE ALMEIDA, *Texto e Enunciado* cit., I, 49-50, e II, 1005. Orientação similar surge em RAINER LOGES, *Die Begründung neuer*

Particularmente notório é também que na base do direito da responsabilidade civil português se encontra uma concepção que se limita a distinguir entre a aquiliana e a que deriva do não cumprimento de obrigações; para além dessa *summa divisio*, partilhada aliás por outros direitos [70], não foi prefigurada pelo legislador, com carácter de generalidade, nenhuma responsabilidade intercalada entre o contrato e o delito por força do princípio da confiança. A admissibilidade de uma complementação tão extensa do direito da responsabilidade como aquela que é efectivamente propugnada pela teoria da confiança carece portanto de atento exame. Devendo perguntar-se se os resultados a que esta chega, supondo agora o seu acerto material, não poderiam atingir-se sem uma tão onerosa reconstrução do sistema da responsabilidade civil no seu conjunto.

É claro que estas objecções à doutrina da confiança incidem somente sobre o problema da sua compatibilização com o sistema jurídico vigente. Não afrontam directamente as soluções que através dela se alcançam nem a põem em causa do ponto de vista da sua racionalidade intrínseca. Tais críticas não podem pois valer como definitivas. Se o pensamento jurídico deve atender aos elementos do direito positivo e se há-de querer mover, tanto quanto possível, em conformidade com ele, nem por isso pode olvidar-se que o sistema jurídico-positivo não constitui um todo acabado e concluso, definitivamente cristalizado num conjunto de proposições imutáveis e completamente insensível a modificações ou reelaborações. O seu carácter aberto implica tanto uma possibilidade de revisão por impulso dos problemas que lhe são postos ou em função de alterações dos valores fundamentais que lhe estão subjacentes, como a não definitividade do edifício científico que a ele corresponde. Desta forma, a eventual

---

Erklärungspflichten und der Gedanke des Vertrauensschutzes, Berlin 1991, 70-71, que se louva na distinção entre *Vertrauensprinzip* e *Vertrauensgrundsatz* proposta por LARENZ: a protecção da confiança, embora pudesse inspirar regulamentações particulares da lei, não teria possibilidade de determinar com independência a resolução de casos singulares.

[70] Cfr., para desenvolvimentos, o nosso *Contrato e Deveres de Protecção* cit., 13 ss, e 122 ss.

incongruência de uma doutrina jurídica com uma determinada ordem jurídica não faz dela automaticamente uma doutrina de rejeitar. Embora num determinado momento estranha, se se quiser, àquela ordem, ela pode revelar-se perfeitamente persuasiva, tanto nos resultados que proporciona, como na explicação que para eles apresenta. Uma teoria consistente segundo estes prismas desafia seguramente o sistema jurídico-positivo e mobilizará naturalmente os recursos metodológicos da ciência jurídica no sentido da aceitação dos seus resultados através da respectiva adaptação ou modificação.

Este procedimento nada tem de excepcional e é, no fundo, perfeitamente corrente no desenvolvimento do Direito para além da lei. Por isso, um juízo derradeiro acerca da conformidade da responsabilidade pela confiança com o direito civil vigente tem por força de proceder à verificação das virtualidades respectivas na resolução dos problemas jurídicos por ela eleitos. Confrontando-a evidentemente com as suas alternativas. De contrário, correr-se-ia o risco de, precipitadamente, deixar sem adequada resposta questões materiais em nome da salvaguarda da pureza formal do sistema, afinal ilusória. Poderia esta manter-se e o sistema não ter sabido cumprir satisfatoriamente a intencionalidade de justiça que lhe subjaz em termos profundos; um resultado dificilmente justificável, tanto à luz de uma correcta interpretação das relações entre a ordem positivada e as exigências implicadas pelo Direito, como considerando as consequências que essa posição envolve no plano metodológico, especialmente no que toca ao desenvolvimento *praeter legem* da ordem jurídica.

8. Conclusão; a tutela indemnizatória das expectativas no contexto dos requisitos das teorias jurídicas

As reservas à doutrina da confiança que acabámos de percorrer atingem sem dúvida, nuclearmente, a sua idoneidade. Não são sectoriais e episódicas, como poderia presumir-se tendo em conta, quer a amplitude de sentido que é inerente a essa doutrina, quer a diversificada e extensa fecundidade que, como se noticiou, se lhe quer também atribuir na actualidade. Nem exprimem a condição normal de qualquer construção jurídica, sujeita por natureza a aperfeiçoamentos. Corresponde à dinâmica do pensamento jurídico a procura incessante de uma crescente racionalização e controlabilidade das soluções jurídicas e, nessa medida, que se porfie na elaboração de modelos de decisão[71] susceptíveis de reduzir progressivamente as alternativas de reso-

---

[71] O modelo de decisão resulta da resposta que a ciência jurídica dá a situações que reclamam uma solução jurídica, conjugando um conjunto de argumentos susceptíveis de proporcionar uma solução. Guarda, naturalmente, uma estreita conexão com os princípios e normas disponíveis no sistema, embora não se confunda com eles. Apresenta-os devidamente coordenados segundo o seu peso e força específicos num certo género de situação (cfr. especialmente MENEZES CORDEIRO, *Tendências actuais da interpretação da lei: do juiz-autómato aos modelos de decisão jurídicos*, Tribuna da Justiça 12 [1985], 1 ss). O modelo de decisão situa-se, no que toca à sua generalidade e abstracção, a um nível *intermédio* entre uma fundamentação casuística e a mera articulação de princípios e normas em institutos jurídicos. Estes últimos apresentam-se ainda demasiado desligados da riqueza das realidades fácticas que carecem de uma solução jurídica, embora imprimam já orientações relativamente definidas aos modelos de decisão.

Uma das implicações metodológicas dos modelos de decisão é a ordenação dos casos segundo critérios tipificadores (e, por isso também, diferenciadores). Mas a tipificação não é, ainda, esse modelo. Ao agrupamento segundo características comuns tem de fazer-se corresponder uma estrutura decisória, sem esquecer aqui, todavia, que ele é já função da aplicação de critérios normativos (jurídicos *hoc sensu*) e, portanto, fruto de uma certa compreensão dos pontos de vista juridicamente relevantes para a decisão e da sua ordenação (fundamental, quanto a este ponto, CASTANHEIRA NEVES, *Questão-de-facto / Questão-de-direito* cit., *passim*).

O modelo de decisão, ao apresentar um esquema de solução para determinado tipo de situações alicerçado numa combinação de normas e princípios, escapa à crítica que não podem deixar de merecer os simples agrupamentos de casos enquanto procedimento metodológico *suficiente* de *concretização de cláusulas gerais*. Não raro olvida-se, com efeito, de estabelecer a necessária correspondência desses agrupamentos com o conteúdo jurídico da respectiva cláusula, o que conduz inelutavelmente a um *deficit* de fundamentação e reconduçã das espécies a essa cláusula e, com ela, ao sistema. Pode ir-se mais longe: rigorosamente, o agrupamento é uma técnica que, em si mesma, não fornece qualquer via de precisão do conteúdo das cláusulas gerais, mas se apresenta antes como seu resultado. Não é portanto susceptível de constituir por si a base para novas concretizações e aplicações da cláusula geral. Nessa medida, a mera subsunção pelo intérprete-aplicador de uma deter-

lução possíveis. Assim, não é de estranhar, por exemplo, que os paradigmas de fundamentação surjam cada vez mais concretizados e pró-

---

minada situação de facto sujeita à sua apreciação a um grupo de casos já reconhecido pela jurisprudência dos tribunais afigura-se um procedimento decisório metodologicamente incorrecto. A falta de recondução aos princípios e normas do sistema alberga aqui um especial perigo de se ultrapassarem os limites que devem ser reconhecidos à função jurisdicional no confronto com a legislativa e de se cair num *positivismo de matriz jurisprudencial* que representaria, também, uma contrariedade com respeito à teoria das fontes de direito. Todos estes inconvenientes — com os quais não se quer, note-se, negar utilidade nem pertinência à técnica do agrupamento no âmbito do processo de realização do direito — não se dão, contudo, com respeito aos modelos de decisão. (Sobre a "Fallgruppenbildung" e os seus problemas metodológicos, pode ver-se RALPH WEBER, *Einige Gedanken zur Konkretisierung von Generalklauseln durch Fallgrupen*, AcP 192 [1992], 516 ss, que sublinha como função primordial da cláusula geral a resposta do sistema jurídico a questões atípicas, realizando uma justiça individualizadora, assim como a crítica de AXEL BEATER, *Generalklauseln und Fallgrupen*, AcP 194 [1994], 82 ss, salientando a limitação de tal perspectiva e a importância daquelas cláusulas no desenvolvimento do Direito, bem como na sua adaptação às modificações de circunstâncias, a que se seguiu ainda réplica do primeiro em AcP 194 [1994], 90 ss.)

De toda a maneira, o modelo de decisão não se confina à solução para um certo problema de direito. Mas não se confunde igualmente com as aplicações intencionadas de uma determinada teoria jurídica. Uma teoria jurídica elege certos sectores da realidade jurídica por referência aos quais se formula e através dos quais, aliás, também se esclarece. Ela proporciona, nessa medida, *fundamentações paradigmáticas* para *situações paradigmáticas*. A teoria obriga, portanto, ao agrupamento dos casos e, consequentemente, ao estabelecimento de analogias entre eles. O *tertium comparationis* necessário há-de entender-se à luz da própria teoria e traduz a *similitude da questão--de-direito* a que ela visa dar resposta. Deste modo, as aplicações intencionadas de uma teoria jurídica são determinadas pelo problema de direito que a teoria pretende esclarecer (cfr. a lição proferida por CANARIS perante a Faculdade de Direito da Universidade de Lisboa em 1990, e posteriormente desenvolvida e publicada sob o título *Funktion, Struktur und Falsifikation juristischer Theorien*, cit., esp. 379-380; do autor, ainda, *Theorienrezeption und Theorienstruktur* cit., *passim*; vejam-se também estes estudos quanto aos aspectos da temática das teorias jurídicas implicados na sequência do texto). Daqui decorre que não há confusão possível entre elas e os modelos de decisão, pese embora a sua proximidade e a existência, até, de zonas de sobreposição. Enquanto as fundamentações paradigmáticas de certas situações-tipo são estabelecidas por referência ao problema e à teoria, os segundos não conhecem essas

ximos das características que as situações apresentam na realidade da vida, e que possa esbater-se deste modo a consciência da operacionalidade efectiva de asserções fundamentantes genéricas como as que se amparam na confiança, em favor de algumas das suas aplicações ou de valorações mais "situacionadas" perante configurações e contextos típicos das questões a resolver pelo Direito. No debate em torno da confiança há no entanto mais do que isso.

Em si, a doutrina da confiança não se limita apenas a formular um *princípio jurídico*, como tal, a precisar, na sua aplicação, de ser hierarquizado, complementado, combinado e harmonizado com outros princípios ou normas, e susceptível de ser concretizado através de subprincípios e valores singulares providos de conteúdo material próprio [72].

---

limitações e podem operar em situações mais complexas. Oferecem uma estrutura decisória susceptível de convocar várias teorias, compatibilizando-as ou harmonizando-as com vista à resolução dos vários problemas jurídicos envolvidos. O modelo decisório pressupõe assim uma tipificação dos litígios jurídicos, mas sem que isso signifique que o critério ordenador se oriente apenas por problemas jurídicos homogéneos à luz de uma teoria. Ele situa-se mais perto da riqueza e complexidade dos casos concretos. É na regularidade da respectiva manifestação no plano da realidade que reside especialmente a sua força e justificação como recurso metodológico específico.

[72] Os princípios jurídicos correspondem a "máximas" que, pelo seu elevado nível de generalidade, poucas vezes são utilizáveis directa e auto-suficientemente para fundamentar uma decisão. Apesar das condições e premissas adicionais que a sua operacionalidade concreta reclama (e que resultam da necessidade de ponderar a expansibilidade ou pretensão de optimização que lhes inere com outras regras, valores ou princípios), eles evidenciam contudo uma valoração e imprimem uma direcção reguladora; podem pois, como se referiu, especificar-se em subprincípios e valores singulares, e dar corpo a normas imediatamente aplicáveis aos casos singulares. Há, sem dúvida, uma multiplicidade de princípios. De entre eles são especialmente importantes os que se justificam pelo intrínseco conteúdo material de justiça de que são portadores e que, por isso, não radicam em razões de mera oportunidade nem derivam a sua existência do reconhecimento do legislador. São os que, por esses motivos, se podem considerar manifestações ou especificações da ideia de Direito e, como tal, princípios ético-jurídicos ou princípios jurídicos fundamentais. A importância que deve reconhecer-se a estes últimos patenteia-a a afirmação de DWORKIN: "jurisprudential issues are at their core issues of moral principles, not legal fact or strategy" (*Taking Rights Seriously*, Cambridge, Massachusetts

Ela alcandora-se a verdadeira *teoria jurídica*, organizada em torno daquele princípio. Envolve um conjunto articulado de enunciados através dos quais se persegue uma ordenação dogmática de certas soluções jurídicas, se procura explicitar o conteúdo de justiça material que lhes é subjacente e se proporciona um enquadramento de solução para outras situações, nisto se materializando a sua dimensão heurística. Também nesta veste a teoria da confiança não propicia o mais das vezes, por si só, as soluções de casos concretos. Como qualquer outra, é susceptível de requerer complementação ou especificação através de normas, assim como se subordina à necessidade de compatibilização com princípios e valores diversos ou, até, teorias alheias. As proposições que a compõem não têm por que valer sem excepção alguma. O que se torna necessário (mas também suficiente) é que essas excepções sejam devidamente justificadas e que tal justificação se não apresente como inconciliável com as premissas da própria teoria. O *teste da consistência* requer que a teoria logre preservar o seu valor mesmo perante as restrições que tem de admitir.

Ora, as críticas à confiança não se circunscrevem, como se viu, a aspectos parcelares. Neste ponto, obviamente que eventuais insuficiências aclaratórias são tanto mais pesadas quanto mais elevado é o grau de generalidade das asserções a que se referem e mais vasto o seu

---

1977/1978, 7). Sobre o tema, cfr., por exemplo, ROBERT ALEXY, *Zum Begriff des Rechtsprinzips*, in Argumentation und Hermeneutik in der Jurisprudenz (hrsg. W. Krawietz e outros), Rechtstheorie, Bhf. 1, Berlin 1979, 59 ss; J. ESSER, *Grundsatz und Norm in der richterlichen Fortbildung des Privatrechts*, 4.ª edição, Tübingen 1990; F. BYDLINSKI, *Fundamentale Rechtsgrundsätze* cit.; LARENZ, *Richtiges Recht* cit., 23 ss, e *Metodologia* cit., 511 e *passim*; CANARIS, *Pensamento Sistemático* cit., 76 e ss, 88 e ss, e *passim*; CASTANHEIRA NEVES, por exemplo, *Introdução ao Direito* cit., 130 ss, e 331 ss; MENEZES CORDEIRO, *Princípios gerais de direito*, in Enciclopédia Pólis, 4, 1986; F. BRONZE, *A Metodonomologia* cit., 498 ss e ns.; DWORKIN, naturalmente, *v.g.*, *Taking Rights* cit., 22 ss, e *passim*; em diálogo crítico com a orientação do norte-americano de procurar nos princípios jurídicos o arrimo para proceder a uma "reconstrução" do direito vigente por forma a satisfazer ao mesmo tempo a segurança jurídica e a pretensão de "legitimidade" do Direito, cfr. também JÜRGEN HABERMAS, *Faktizität und Geltung/Beiträge zur Diskurstheorie des Rechts und des demokratischen Rechtsstaats*, Frankfurt a. M. 1993, 248 ss, e 258 ss; *vide* ainda a síntese de LUÍS MENEZES LEITÃO, *O Enriquecimento sem Causa no Direito Civil*, Lisboa 1996, 27 ss, n. 1.

campo potencial de aplicação. Torna-se então particularmente notório o *deficit* de compreensão auto-suficiente da teoria, e insuportável a "rebeldia" das restrições e ressalvas que ela seja em consequência forçada a admitir.

Também não está em causa um debate em torno do afinamento das proposições da doutrina da confiança ou de uma mais adequada compreensão e integração das suas limitações. Sem dúvida, as teorias estão sujeitas a modificações. Elas inserem-se no processo evolutivo do desenvolvimento do próprio Direito, iluminam-no criticamente, e contribuem para um mais perfeito conhecimento do seu conteúdo e sentido. Interessante do ponto de vista de uma *metateoria* que se debruce sobre a *estrutura da evolução do pensamento jurídico e das suas formas*, é observar que semelhantes modificações se apresentam normalmente de forma gradual[73]. Pelo menos num primeiro momento, traduzem-se no

---

[73] Neste ponto da estrutura da evolução do pensamento jurídico aflora o problema da *viabilidade e do sentido do progresso em Direito*. A noção de progresso é extremamente complexa, tanto segundo a reflexão filosófica geral, metafísica e gnoseológica, como no campo mais restrito da própria epistemologia. Por outro lado, a carga valorativa de que o pensamento de progresso é portador (a opor-se à conotação negativa do conservadorismo) terá um sentido diferente consoante no mundo exterior da economia, da tecnologia e das movimentações socio-ideológicas ou, antes, no plano da teoria das ciências. Neste último o progresso tenderá a identificar-se com a dinâmica do acerto e racionalidade do conhecimento, o que faz com que uma pugna entre progresso e conservadorismo seja aqui particularmente deslocada. A afirmação vale para a ciência e as teorias jurídicas.

No mundo do Direito descortinam-se processos contínuos de evolução, por vezes quase imperceptíveis. Mas há também formas sincopadas, "revolucionárias" de transformação, não raro associadas às "descobertas jurídicas" e ao impacto que elas produzem. A ponderação do desenvolvimento do pensamento jurídico em espaços de tempo prolongados manifesta entretanto modos *pendulares*, *cíclicos*, de evolução, a fazer lembrar a bela imagem de DUHEM (embora a propósito das teorias físicas, cit. em HUSSON, *Les Transformations de la Responsabilité*, Paris 1947, 227), de que esta última se processa como a ascensão regular da maré que se esconde atrás do *écroulement* das ondas na praia. Na realidade, o Direito sofre, tanto um desenrolar de teorias jurídicas segundo uma lógica que se poderá chamar *interna* ou endógena, como uma alteração exógena, por via da *influência dos factores exteriores* que o solicitam e a que tem de dar resposta. A problemática da evolução e do progresso no Direito apresenta-se também com acentos diferentes consoante se apreciem as soluções

aprofundamento e concretização das respectivas implicações em contextos mais particularizados ou na introdução de pequenas "reparações" ou correcções reveladas necessárias [74]. Só quando essas alterações se tornam tão significativas que desfiguram já o conteúdo essencial da teoria se criam as condições para a *substituição de paradigmas explicativos* [75].

É bem diverso o panorama que a discussão actual da teoria da confiança oferece. Ela é *in totu* posta em causa enquanto teoria jurídica válida. Pugna-se precisamente pelo abandono e troca do para-

----

jurídicas na sua materialidade ou, apenas, a sua racionalização teórico-dogmática. De todo o modo, a simples exposição da ordem jurídica às pressões do mundo exterior não torna legítima e, nesse sentido, conforme com o "progresso", qualquer adaptação ou modificação das suas normas, pois não se dispensa nestes casos um controlo valorativo dessa adaptação ou modificação segundo um critério de justiça. (Sobre alguns aspectos desta ampla temática pode ver-se WERNER KRAWIETZ, *Zur Struktur von Entwicklung und Fortschritt in der Rechtstheorie*, Rth Beiheft 3 [1981], 333 ss, e HARM PETER WESTERMANN, *Der Fortschrittsgedanke im Privatrecht*, NJW 1997, 1 ss.)

[74] Neste sentido também a opinião de W. KRAWIETZ, *Theoriensubstitution in der Jurisprudenz*, in Das Naturrechtsdenken heute und morgen/Gedächtnisschrift für René Marcic (hrsg. Dorothea Mayer-Maly und Peter M. Simons), Berlin 1983, 359. São na realidade comparativamente pouco frequentes as rupturas com um *status quo ante*. A evolução procura orientar-se primordialmente por parâmetros já conhecidos, não pondo directamente em causa certas referências-quadro, cuja manutenção é necessária ainda como elemento da inteligibilidade das novas propostas e elo da continuidade do conhecimento.

[75] Existe pois a possibilidade de modificação e, até, de substituição de uma teoria jurídica. A elaboração de modelos capazes de *compreender integradamente* essa realidade apresenta-se, nessa medida, como importante acometimento da teoria do Direito (*metadogmática*).

Não devem entretanto retirar-se conclusões apressadas no sentido do carácter meramente técnico-operatório e, assim, contingente, das teorias jurídicas (dogmáticas). Certamente que os dados de direito positivo vigente as influenciam e condicionam, mas impõe-se conceder que as teorias exprimem não raro valorações que guardam uma estreita relação com princípios jurídicos fundamentais, cujo alcance, sentido e limites desvelam. Deste modo, elas participam da "indisponibilidade" que caiba materialmente a essas mesmas valorações e princípios e que radica, no fundo, na indisponibilidade que, especialmente com o superar do positivismo voluntarista, importa reconhecer ao próprio Direito.

digma explicativo que ela proporciona. No fundo, recusa-se-lhe, em grau e medidas diferentes, *utilidade* (um cabal desempenho das suas funções explicativa e heurística), *consistência e aceitação dos resultados a que conduz*, qualidades imprescindíveis a qualquer teoria. A sobrevivência da teoria da confiança depende assim da demonstração destes *essentialia*.

O problema atinge sobretudo a protecção *negativa* das expectativas. Persuadimo-nos de que existem razões específicas para tal. Elas prendem-se com as dificuldades de harmonização com a teoria da confiança de uma concepção da responsabilidade que, segundo uma difundidíssima *communis opinio*, se encontra coligada à violação de deveres de conduta pelos sujeitos, nomeadamente daqueles que lhes são impostos em nome da boa fé. A seu tempo demonstraremos a necessidade de rejeição deste arquétipo.

Em todo o caso, a tutela *positiva* das expectativas tende a escapar a esta incidência crítica. No campo da protecção da aparência, quando a ordem jurídica trata uma situação na realidade não verificada como se ela se tivesse produzido, não o faz a título de ressarcimento em espécie do prejuízo resultante de, por detrás de uma determinada parecença, se ocultar uma outra situação, desfavorável para alguém. A tutela da aparência não pode com efeito ser globalmente interpretada como decorrente da violação de um dever de não provocar um dano desse tipo[76]. A posição daquele contra quem actua a protecção corresponderá portanto — nesta medida — a um *ónus* e não à infracção de um ditame de comportamento para com o respectivo beneficiário; nada obsta a que a ordem jurídica confira directamente à situação aparente os efeitos que por ela são indiciados, sem dependência da infracção censurável de uma adstrição no sentido de a não criar ou de a impedir. Certamente todavia que a ordem jurídica pode impor (também) um dever desse tipo. Essa prescrição representa um estí-

---

[76] Assim, cingindo-nos ao domínio juscivil, a inoponibilidade da simulação a terceiro de boa fé não é por exemplo estabelecida enquanto modo de ressarcimento de um prejuízo decorrente da violação de um dever de comportamento, tal como a validade da declaração feita sob reserva mental também não é determinada como forma de indemnizar em espécie o declaratário que a desconhecia pelo dano causado.

mulo para a adopção de comportamentos que evitem pretextos enganosos para outrem. A respectiva tutela rompe porém com o perfil de uma "pura" protecção da aparência.

Fora deste campo, a tutela positiva das expectativas recorre — lembre-se — a figuras consagradas, como o *venire*, reconduzidas pacificamente ao abuso do direito. O facto tem-lhe evitado, até certo ponto, a exposição a críticas. Mas também neste sector o recorte da protecção da confiança merece ser trazido à lupa da análise. É o abuso do direito que está em causa, sobretudo na sua articulação com aquilo que constitui uma simples infracção de deveres.

CAPÍTULO I

ERUPÇÕES DO PENSAMENTO DA CONFIANÇA NA RESPONSABILIDADE CIVIL: UMA SINOPSE

SUMÁRIO: 9 – A *culpa in contrahendo*. 10 – O alargamento do âmbito subjectivo da culpa pré-contratual. 11 – (*cont.*) A responsabilidade de consultores, peritos e outros participantes no processo de formação do contrato por *culpa in contrahendo*. 12 – A responsabilidade por informações, modalidade geral da responsabilidade por declarações. 13 – A responsabilidade por prospecto. 14 – A responsabilidade por mensagens publicitárias. 15 – O abuso do direito: remissão; indicação da sequência.

9. A *culpa in contrahendo*

Não é por acaso que a tutela indemnizatória da confiança se encontra particularmente ligada, no pensamento dos autores, à *culpa in contrahendo*. O processo de formação de um contrato co-envolve um mínimo de confiança recíproca. Ao mesmo tempo, tem de romper-se com uma construção dualista da responsabilidade que, a par do ilícito aquiliano, concebe essencialmente o contrato como "pórtico" ou "limiar" do dever de indemnizar[77]. As normas de conduta delituais

---

[77] Importância residual teriam as obrigações *ex lege* — sempre contadas — e as provenientes de negócios unilaterais, subordinados ao princípio da tipicidade. Para uma descrição desse modelo, cfr. o nosso *Contrato e Deveres de Protecção* cit., 1 ss, 123 ss.

Quanto à compreensão dogmática da *culpa in contrahendo* que preferimos, no sentido da superação daquele arquétipo pela admissão de uma zona de responsabilidade não delitual nem obrigacional, já *ibidem*, esp. 257-258, e ainda o nosso *Uma «Terceira Via» no Direito da Responsabilidade Civil?/O problema da imputação dos danos causados a terceiros por auditores de sociedades*, Coimbra 1997, esp. 95 ss. A posição não é todavia indiscutida: diversamente, por exemplo, MENEZES CORDEIRO, *Tratado* cit., I/1, 346, reivindicando natureza obrigacional para essa responsabilidade (nesse sentido, já *Da Boa Fé* cit., I, 585, numa observação matizada então por uma negação de alcance dogmático e dispositivo à distinção entre a responsabilidade civil obriga-

asseguram paradigmaticamente a tutela dos sujeitos e dos seus bens contra agressões perpetradas por terceiros "anónimos" ou "fungíveis", pelo que não se adaptam às necessidades de juridificação dos preliminares e da formação do contrato, que envolvem uma interacção dos sujeitos. Por outro lado, estes não se encontram (ainda) — *ex definitione* — vinculados por qualquer dever contratual. Postulando deste modo a *culpa in contrahendo* uma responsabilidade específica com respeito ao universo aquiliano e contratual, a teoria da confiança poderia colmatar o espaço deixado a descoberto entre os pólos do contrato e do delito.

A ideia de que condutas adoptadas na fase pré-negocial são susceptíveis de desencadear responsabilidade encontra-se sedimentada. Desde a "descoberta" da *culpa in contrahendo* por VON JHERING[78], o novel instituto venceu caminho. É acolhido hoje pelo direito civil português, que lhe consagra uma ampla cláusula geral sob o art. 227 n.º 1 do Código Civil. Mas persiste o debate em torno dos seus termos e fundamentos.

Vergou-se a relutância inicial em relação a uma responsabilidade que parecia afrontar *in radice* a autonomia privada e a liberdade contratual, pois estas reclamam, para cada um, a decisão livre de escolher e prosseguir os seus interesses do modo que lhe aprouver. Não se erodiu todavia a "condição" da *culpa in contrahendo*, que continua portanto a situar-se num campo de tensão entre esses princípios e outras exigências, o que conduz à necessidade de um equilíbrio nem sem-

---

cional e extra-obrigacional [cfr. *ibidem*, n. 193] e que transparece também na neutralidade de *Saneamento financeiro: os deveres de viabilização das empresas e a autonomia privada*, in *Banca, Bolsa e Crédito* [*Estudos de Direito Comercial e de Direito da Economia*], I, Coimbra 1990, 99 e n. 74); diferente é também a orientação de ALMEIDA COSTA, *Responsabilidade civil pela ruptura das negociações preparatórias de um contrato* (reimpr.), Coimbra 1994, 89 ss, favorável a um enquadramento delitual. Perspectiva da *culpa in contrahendo* análoga à que perfilhámos sufraga hoje também L. MENEZES LEITÃO no seu *Direito das Obrigações*, I, Coimbra 2000, 317-318.

[78] Ela foi apresentada no seu estudo *Culpa in contrahendo oder Schadenersatz bei nichtigen oder nicht zur Perfektion gelangten Verträgen*, publicado em JhJb 4 (1861), 1 ss (com reimpressão por EIKE SCHMIDT, Bad Homburg v.d.H., Berlin, Zürich 1969, já cit.). Sobre a evolução da *culpa in contrahendo*, vide, por exemplo, M. BOHRER, *Die Haftung des Dispositionsgaranten* cit., 97 ss.

pre fácil de traçar. Para a doutrina da confiança, trata-se de dar relevo às expectativas de quem negoceia e se dispõe a entrar numa relação contratual com outrem[79]. Já visões mais exegéticas, preocupadas com

---

[79] Vendo na *culpa in contrahendo* uma manifestação da tutela indemnizatória das expectativas, entre os autores germânicos, nomeadamente CANARIS, *Die Vertrauenshaftung* cit., 532 ss. Esta concepção encontra-se de modo particular coligada à aceitação, na responsabilidade pré-negocial, de uma relação obrigacional sem deveres primários de prestação, inspirada precisamente na confiança: cfr., por exemplo, CANARIS, *Ansprüche* cit., 476. *Vide* também, embora com variedade de acentos, *v.g.*, BALLERSTEDT, *Zur Haftung für culpa in contrahendo* cit., 503 ss, e LARENZ, *Lehrbuch des Schuldrechts* cit., I, 104 ss.

Note-se todavia que a conexão da *culpa in contrahendo* com a confiança não encontra eco no escrito de VON JHERING, aparecendo com nitidez apenas mais tarde, especialmente na sequência do cit. estudo de BALLERSTEDT e, antes dele, pelo menos através de DÖLLE, *Aussergesetzliche Schuldpflichten*, ZStaaW 103 (1943), 67 ss, e HILDEBRANDT, *Erklärungshaftung/Ein Beitrag zum System des bürgerlichen Rechts*, Berlin und Leipzig 1931.

Na actual doutrina portuguesa cabe a MENEZES CORDEIRO a posição mais explícita no sentido da recondução da *culpa in contrahendo* à tutela da confiança, embora sem deixar de alertar para outros vectores que nela relevam (cfr. *Da Boa Fé* cit., I, esp. 555 ss, e *Teoria geral* cit., I, 707 ss; por último, *Tratado* cit., I/1, 399 e 408). Outros autores têm vindo a adoptar entendimentos análogos. Assim, segundo ALMEIDA COSTA, *Direito das Obrigações*, 8.ª edição, Coimbra 2000, 267, "através da responsabilidade pré-contratual tutela-se directamente a fundada confiança de cada uma das partes em que a outra conduza as negociações segundo a boa fé" (justapondo-lhe de resto ainda a promoção da segurança e da facilidade do comércio jurídico), referindo por sua vez FERREIRA DE ALMEIDA, *Texto e Enunciado* cit., II, 1006: "na confiança radica, no essencial, a responsabilidade pré-contratual."

A perspectiva aflorava já em RUY DE ALBUQUERQUE (que de resto autonomiza também com pertinência a responsabilidade pré-contratual em relação à responsabilidade delitual): cfr. *Da culpa in contrahendo no direito luso-brasileiro*, Lisboa 1961 (dact.), 68 e 71, *inter alia*. Na sua afirmação, releve-se C. MOTA PINTO, aplicando, entre nós, a categoria da relação obrigacional sem deveres primários de prestação ao período pré-contratual, e referenciando-os à necessidade de considerar a confiança da outra parte: cfr. *A responsabilidade pré-negocial pela não conclusão dos contratos*, BFDUC (supl. XIV), Coimbra 1966, 152-153 e *passim*, e *Cessão* cit., 350, e n.1 (para o autor estes deveres teriam de resto o carácter de obrigações em sentido técnico, o que não pode sufragar-se: cfr. o nosso *Contrato e Deveres de Protecção* cit., 101-102 n. 197, e *Uma «Terceira» Via* cit., 95-96 e n. 76).

uma "justificação prática" da responsabilidade, enveredam antes por desvendar e explicitar o conteúdo dos ditames da boa fé e dos concretos deveres a que, por via deles, a conduta das partes se encontra subordinada nos termos da lei [80]. E chega-se com naturalidade a uma muito usual agregação de tópicos e argumentos: a pretensão por culpa na formação do contrato justificar-se-ia pela especial confiança daquele que, com o fim das negociações, entra na esfera de influência de outrem, e nos deveres de comportamento que daí e dos ditames da boa fé decorrem para a outra parte [81]. Importa no entanto examinar a compatibilidade destes elementos de fundamentação da responsabilidade. Apenas desse modo se pode apurar se cabe algum mérito ao pensamento da confiança em sede de *culpa in contrahendo* ou se a sua invocação se deve, pelo contrário, a simples rotina de reforço argumentativo, senão mesmo a uma deficiente perspectivação dogmática.

O reconhecimento — incontornável — dos deveres pré-contratuais aponta entretanto para a configuração da relação pré-contratual como *relação obrigacional sem deveres primários de prestação*. Nesse período, as partes não assumiram ainda obrigações uma para com a outra, dado que tais vinculações aparecerão apenas a título eventual, com a celebração do contrato. Elas encontram-se porém adstritas a um comportamento diligente, correcto e leal uma para com a outra, sob pena de terem de ressarcir os danos causados, por força de uma valoração directa de *direito objectivo*, sendo que, por outro lado, esse comportamento se não pode reconduzir às exigências próprias da responsabilidade delitual [82]. Importa no entanto averiguar se a referida

---

[80] O teor do n.º 1 do art. 227 convida naturalmente a este tipo de abordagem. Também na Alemanha, o amparo da *culpa in contrahendo* na regra da boa fé do § 242 explica esta tendência.

[81] Assim uma conhecida *ratio decidendi* do Supremo Tribunal Federal germânico: *vide* BGHZ 60, 221, 223-224, e também, literalmente idêntico, BGHZ 71, 386, 393; cfr., ainda, BGH NJW 1977, 376, e NJW 1981, 1036. O eclectismo desta fórmula verifica-se também na doutrina; para referências, *vide* a penúltima nota.

[82] Pode ver-se, quanto à concepção que sufragamos, *Contrato e Deveres de Protecção* cit., 92 ss, 257 ss, e *passim*, dando conta (a propósito dos deveres de protecção) do *iter* susceptível de conduzir ao apuramento da relação obrigacional sem deveres

relação obrigacional sem deveres primários de prestação se funda efectivamente, em último termo, como pretende uma prestigiada corrente, na confiança e na necessidade da sua protecção.

A feição de cláusula geral de que se reveste a culpa na formação dos contratos deixa largamente indefinidos os critérios normativos em que esta se resolve e sem contornos claros os casos a que se aplica[83]. De resto, a intensa e diversificada floração de situações que têm sido reconduzidas à *culpa in contrahendo* e o seu progressivo alargamento são disso consequência. Esta amplitude torna também mais complexa a adequada ordenação das situações relevantes, bem como a individualização de pontos de vista unitários na compreensão da responsabilidade pré-contratual e do seu regime, o que potencia o risco de vagas e incontroladas aplicações de equidade.

É essencial a concretização da *culpa in contrahendo*. Um dos procedimentos mais ensaiados consiste no *agrupamento* dos casos típicos segundo a *espécie dos deveres* que a entrada em negociações traz consigo. Ele conduz a uma caracterização pormenorizada dos comportamentos exigíveis e, na medida em que traduza a conformação do instituto pela jurisprudência, reflecte o direito "vivo", tal como ele se manifesta realmente no plano das decisões concretas (afinal, a *law in action*), evitando o perigo metodológico das concretizações meramente conceptuais[84]. A catalogação do extenso leque das condutas

---

primários de prestação, nomeadamente considerando a evolução da doutrina germânica, e respondendo a algumas questões de enquadramento dogmático.

[83] *Vide* também a cláusula geral do art. 1337 do *Codice Civile*, nos termos da qual "as partes, no decurso das negociações e na formação do contrato, devem comportar-se segundo a boa fé". Essa característica acentua-se compreensivelmente em sistemas em que a *culpa in contrahendo* é de origem consuetudinária, como na Alemanha.

[84] Nalguns casos, as decisões jurisprudenciais não têm a sustentá-las nenhum corpo de decisões prévias nem uma elaboração doutrinária anterior suficiente em que se possam amparar, o que foi já pretexto para reconhecer um "verdadeiro arbítrio" do julgador — balizado embora por certos parâmetros — no que toca à aplicação da boa fé em geral e, por conseguinte, ao estabelecimento dos deveres *in contrahendo*; não seria possível indicar a sua extensão com precisão, mesmo utilizando todos os recursos que a ciência jurídica disponibiliza (cfr. MENEZES CORDEIRO, *Da Boa Fé* cit., II, 1191). Pensamos todavia que, ainda então, uma conduta arbitrária da

jurisprudência careceria, em rigor, de qualquer legitimidade; ela contrariaria o *carácter vinculado* da decisão judicial e seria incompatível com a própria admissão da sujeição das partes, no período pré-negocial, a ditames de conduta (a significar que a sua *conduta não é inteiramente livre*). Semelhante posição não pode pois ser subscrita.

É claro que a índole da aplicação-concretização de directrizes normativas que revestem a forma de cláusulas gerais põe radicalmente em questão um modelo subsuntivo de realização do Direito. Se a crítica a este arquétipo é hoje um lugar-comum, subsistem sequelas desse entendimento (por exemplo, na própria estruturação do processo civil, *v. g.* com a cisão entre o julgamento da matéria de facto e a decisão jurídica da causa, operando uma destrinça entre questão-de-facto e questão-de-direito que se situa na lógica do pensamento subsuntivo e num equivocado entendimento, pelo menos, do que usualmente se chama o silogismo judiciário, embora haja de reconhecer-se que a necessidade de uma formalização processual mínima pode conflituar com as exigências de um modelo metódico *puro* de realização do direito; mas a questão apresenta-se hoje praticamente superada dado o recorte da acção do juiz na fase do pré-saneador e as funções da audiência preliminar que se retiram dos actuais arts. 508 e 508-A do Código de Processo Civil). Pode, no entanto, considerando a dinâmica da *law in action*, perguntar-se audazmente onde é que, tendo precisamente em vista o problema da concretização das cláusulas gerais, se situa o *verdadeiro Direito;* se nos enunciados normativos, se, como, entre nós, parece ser sustentado com generalidade por MENEZES CORDEIRO (*Tratado* cit., I/1, 288), "apenas no caso concreto decidido". Nenhuma das duas posições se afigura de aceitar no seu radicalismo. A primeira ignora que o processo de realização concreta do Direito envolve uma especificação ou determinação do sentido das proposições normativas — e com especial intensidade se se trata de cláusulas gerais —, o que significa que ele introduz nelas um *plus* juridicamente relevante (cfr., representativamente, CASTANHEIRA NEVES, por exemplo em *Metodologia Jurídica* cit., 185). Assim se compreende a pertinência de um procedimento que, procurando a dilucidação do sentido de uma determinada norma, indague as aplicações que essa norma conheceu.

Mas a outra tese, querendo ver *somente* nas decisões jurídicas a característica da juridicidade, ultrapassa afinal em muito o (imprescindível) reconhecimento do carácter constitutivo da decisão, na medida em que o enfatiza de tal modo que parece, senão cortar, enfraquecer pelo menos demasiadamente a sua relação com a norma aplicanda. Na realidade, ela evidencia também uma atitude de cepticismo em relação às virtualidades da dogmática jurídica enquanto via que permite a realização controlada do Direito a partir de um conjunto de normas e valores pré-dados. Como colmatar então a falta de racionalidade que um *approach* decisionístico ao

Direito implica, conhecidas que são as insuficiências de concepções voluntaristas e intuicionistas da actividade do juiz? Aliás, uma hipostasiação da pré-compreensão para justificar a aludida tese — de um, no fundo, *positivismo jurisprudencial* — esqueceria que a própria doutrina da espiral hermenêutica possibilita a correcção e comprovação dos enunciados jurídicos em ordem a uma mais objectiva interpretação das exigências do Direito. Neste aspecto, essa orientação postularia taxar-se de ilusória a experiência da dialéctica argumentativa na busca da solução de Direito, que o jurista, no entanto, comprova. Além de que este positivismo deixaria sem resposta a questão da legitimidade da autoridade decisória (e a articulação das competências desta com o poder legislativo).

Uma das construções mais relevantes no contexto da afirmação de que o Direito se manifesta tão-só nas decisões jurídicas é a teoria da "norma do caso" (*Fallnormentheorie*) desenvolvida por FIKENTSCHER. Concebe-se o processo de realização do Direito como de progressiva aproximação entre a regra do direito positivo e o caso decidendo, processo esse que culminaria com o isolar de uma norma decisória perfeitamente correspondente à configuração do caso e não carecente de qualquer especificação ou determinação suplementar para, dando pleno cumprimento às especificidades da situação concreta com relevância material, identificar a sua solução. Atingir-se-ia o *ponto de viragem hermenêutico* com o encontrar da norma do caso pois a aproximação entre a norma e o caso — um processo hermenêutico — chegaria aqui ao seu epílogo. Conclui FIKENTSCHER que o direito *objectivo* seria constituído pelo conjunto das normas do caso. Estas é que permitiriam decidir as questões jurídicas reais. As normas gerais e abstractas, que, segundo concepções usuais, constituiriam o sistema jurídico positivo, representariam simples *apoios de ratificação* (*Bestätigungshilfen*), relevantes para o achar das normas do caso. Não consubstanciariam direito vigente mas apenas *fontes do direito vigente*, o qual seria assim somente constituído pelas normas do caso (cfr. *Methoden des Rechts*, IV, Tübingen 1977, esp. 217 ss). Ora, não pode aceitar-se esta posição, que redundaria, afinal, num positivismo jurisprudencial porventura não menos perigoso do que o legalista, enfermando de vícios e insuficiências em boa medida similares. Haveria, designadamente, extrema dificuldade em equacionar nos termos devidos o problema da decisão judicial *errónea* (violadora de normas ou princípios jurídicos), que não se poderia então considerar como *desconforme* com o direito positivo vigente mas apenas, quando muito, enquanto resultado de um processo metodológico de obtenção do direito inadequadamente conduzido. (O problema das sentenças desconformes com o Direito tem conexões com o da violação de normas constitucionais por sentença transitada em julgado. Sobre este último destaque-se, entre nós, PAULO OTERO, *Ensaio sobre o Caso Julgado Inconstitucional*, Lisboa 1993, que considera dever distinguir-

-se entre o problema da justificação da eficácia do caso julgado violador do direito ordinário — esta fundamentar-se-ia ainda nos valores da segurança, estabilidade e certeza subjacentes ao princípio constitucional do Estado de Direito — e a questão posta pela sentença violadora da vontade constituinte, porque aqui não seria possível encontrar um fundamento constitucional para dele retirar a validade ou a força do caso julgado. De qualquer modo, reconhecido e sublinhado o relevo jurídico-constitucional da questão da sentença desconforme com o Direito, cremos que é no campo da teoria do Direito que se logrará uma *radical compreensão* do problema, prevenindo deste modo qualquer tentação de discutível privilégio de um positivismo constitucional. Àquele campo pertence o problema — pré- ou supraconstitucional — da articulação e conjugação recíprocas de elementos componentes da própria ideia de Direito, reclamadas pela resolução da tensão entre a segurança ou as exigências de funcionalidade e a própria justiça.)

Retornando ao pensamento que vê nas decisões jurídicas a substância do *verdadeiro* Direito, importa ainda ter presente que ele restringiria largamente a possibilidade de uma *crítica intrajurídica* das decisões judiciais, pois esta só poderia ter por referente outras decisões. Até o pensamento reconstrutivo e sistematizador que sobre elas incidisse — em vã tentativa de superar um empirismo jurisprudencial, decerto criticável (cfr., de modo exemplar, precisamente no contexto da compreensão da boa fé, MENEZES CORDEIRO, *Da Boa Fé* cit., II, 1117 ss) — mais não forneceria, em estrita lógica, senão uma descrição da normatividade constituída pelas próprias sentenças, sem se apresentar como portador autónomo da intencionalidade e do relevo normativo específico que é mister reconhecer-lhe. Na questão do valor jurídico a atribuir às decisões jurisprudenciais há assim que evitar a solução que para ele dariam os *realismos* jurídicos ao apreciarem a juridicidade exclusivamente por um critério de facticidade empírica e reconhecer a força jurídico-normativa específica das normas e princípios que integram o sistema jurídico. Diríamos que o direito vigente assume, pelo menos até certo ponto, a dialéctica entre validade e eficácia, que não consente uma redução a uma intenção normativa ideal, mas que não se esgota também numa mera facticidade (cfr. em especial CASTANHEIRA NEVES, *Fontes do Direito*, Enciclopédia Pólis, 2, Verbo, 1984, 1574-1575, para quem o Direito sintetiza, afinal, a normatividade e a realidade, constituindo, assim, um "dever-ser que é"; apenas sublinharíamos que essa síntese não anula derradeiramente a tensão entre os seus termos, cujo equilíbrio é portanto precário e carece de ser constantemente reconstruído, o que só é possível, por sua vez, a partir da permanente função crítica e heurística da dimensão de validade no Direito). A posição pois que sugerimos será sem dúvida, se quisermos parafrasear PICKER (*Richterrecht oder Rechtsdogmatik* cit., 74-75), menos "espectacular"; mas é também

envolvidas pode seguir, ora uma orientação acentuada ou predominantemente descritiva que atende, por exemplo, à fisionomia do comportamento imposto [85], ora — o que deve, a nosso ver, preferir-se — conferir relevo ao *elemento teleológico* e considerar então a *função* que ele desempenha [86]; distinguindo, *v.g.*, os deveres de protecção a cargo das partes, visando a defesa de bens seus, como a integridade física e o património uma da outra, que podem ser afectados na fase pré-con-

---

uma que, resistindo à fatuidade do "fogo-de-artifício" de algumas doutrinas de pendor decisionista, intuicionista ou realista, preserva a consideração de que "é a dogmática que representa o método mais acertado de realização do Direito [*Rechtsgewinnungsmethode*] numa sociedade cujos membros não estejam simplesmente dispostos a acreditar, antes queiram ser persuadidos".

[85] Cfr., a propósito, a tripartição de deveres *in contrahendo* proposta e divulgada entre nós por MENEZES CORDEIRO, distinguindo entre os de protecção, os de informação e os de lealdade com base numa análise jurisprudencial (*Da Boa Fé* cit., I, 546 ss; *v.g.*, ainda *Teoria geral* cit., I, 700 ss, ou *Tratado* cit., I/1, 396 ss). Adopta-a igualmente MENEZES LEITÃO, *Direito das Obrigações* cit., I, 315-316. Uma tipologia descritiva mais diferenciada apresenta P. ROMANO MARTINEZ, *Cumprimento Defeituoso (em especial na compra e venda e na empreitada)*, Coimbra 1994, *v.g.*, 64, 65, 253, dissecando deveres de colaboração, de conselho, de cuidado, de protecção e de segurança.

[86] É a consideração da função que, em última análise, pode implicar ponderações e consequências de regime diferenciadas (assim já o nosso *Contrato e Deveres de Protecção* cit., 40-42, sublinhando este aspecto na individualização dos deveres de protecção). Ela permite uma mais adequada ordenação dogmática. Os deveres de informação, por exemplo, tão relevantes *in contrahendo*, tanto podem consubstanciar deveres de protecção (dirigidos à preservação da integridade patrimonial ou pessoal das partes), como orientar-se para a garantia de um processo de formação consciente e esclarecido da vontade negocial. Não devem por conseguinte ser justapostos aos deveres de protecção como propende a orientação dominante entre nós (referências na nota anterior).

Analogamente, os deveres de protecção são susceptíveis de constituir deveres de lealdade, quando implicados na exigência de um comportamento fiel, honesto, próprio de "pessoa de bem". A possibilidade de qualificação de deveres de protecção como de lealdade tem importância: não apenas no plano da legitimação formal desses deveres perante o direito positivo ao abrigo da regra da conduta de boa fé (dada a indisfarçável conotação ético-jurídica desta última), como para justificar o direito de pôr termo a uma relação (por exemplo, contratual) ocorrida uma violação de deveres de protecção (explicável precisamente na medida em que tal possa representar uma quebra da confiança dos contraentes entre si — na respectiva leal-

tratual, daqueloutros que se reportam imediatamente ao processo negociatório e à formação do contrato intencionado [87], dando corpo aos valores por que estes hão-de pautar-se.

É claro que o simples indagar do conteúdo dos comportamentos exigíveis não permite uma adequada compreensão dogmática da *culpa in contrahendo*. Essencial para o efeito é o apuramento dos objectivos que esta autêntica "programação de comportamentos devidos", obra e missão muito particular da jurisprudência (*richterliche Pflichtenprogrammierung* [88]), persegue. A tipificação das situações de responsabi-

---

dade — que torna inexigível a sua perduração). São perspectivas que a mera tripartição de deveres já aludida não é naturalmente capaz de captar.

[87] *Vide*, para uma distinção deste género, MEDICUS, *Verschulden bei Vertragsverhandlungen*, in Gutachten und Vorschläge zur Überarbeitung des Schuldrechts (herausgegeben vom Bundesminister der Justiz), Band I, Köln 1981, 487-488.

[88] Tomamos a expressão de ESSER/SCHMIDT, *Schuldrecht/Allgemeiner Teil*, I/1, 8.ª edição, Heidelberg 1995, 79, para aludir ao papel conformador da jurisprudência na *concretização* de princípios ou de normas formuladas de modo genérico, como ocorre paradigmaticamente na *culpa in contrahendo*. É claro que essas concretizações têm um efeito voltado para o futuro, na medida em que exprimem o que é julgado ser de Direito num determinado horizonte histórico, embora não possam ser vistas como *normas* em sentido próprio. A vinculação ao precedente representa, conforme se sabe, uma característica dos direitos anglo-saxónicos. Mas nem por isso deve recusar-se importância ao papel que, nos direitos continentais, assumem as correntes jurisprudenciais (de uma perspectiva comparativa mais ampla, *vide* esp. F. J. BRONZE, *"Continentalização" do direito inglês ou "insularização" do direito continental?*, BFDUC, supl. XXII [1975], 187 ss). Estas constituem, na verdade, ali como aqui, um factor de *estabilização, previsibilidade* e *continuidade* da vida jurídica do máximo relevo, contribuindo para a realização da *certeza jurídica*. O seu respeito realiza também o *postulado da igualdade* contido na ideia de Direito.

Há divergências, no entanto, quanto à força vinculativa que efectivamente lhes assiste. Certamente, não está em causa atribuir-se às decisões da jurisprudência a força de uma norma legal ou consuetudinária (ainda que possam vir a criar um costume), ou interpretá-las como contendo "a verdadeira norma jurídica" face à qual aquela norma não representasse mais do que um simples "programa normativo"; tal não estaria em consonância com o princípio da separação de poderes constitucionalmente consagrado, nem traduziria o facto de que o abandono de um precedente ou de uma corrente jurisprudencial não pode ser valorado como "derrogação de direito". Mas não se lhes deve também reconhecer o valor de puro facto socioló-

lidade pré-contratual deverá assim orientar-se pela *identidade do problema jurídico* a resolver.

gico, interessante porventura por permitir de igual modo uma prognose das decisões, ou um elemento eficaz no processo psicológico da decisão jurídica. O tema não tem agora de ser desenvolvido (sobre ele, cfr. CASTANHEIRA NEVES, *Fontes do direito/Contributo para a revisão do seu problema*, in Digesta, vol. 2.°, Coimbra 1995, esp. 28 ss, 85 ss; F. BRONZE, *A Metodonomologia* cit., 576 ss; na literatura estrangeira, vide, inter alia, R. ALEXY, *Theorie der juristischen Argumentation* cit., 334 ss; LARENZ, *Metodologia* cit., esp. 520 ss; F. BYDLINSKI, *Juristische Methodenlehre* cit., 501 ss). Sublinhe-se apenas que as concretizações a que o direito judicial procede de cláusulas e princípios gerais transcendem o âmbito do caso concreto a resolver porque contêm a afirmação, ao menos implícita, de que essas concretizações são a resposta do direito vigente (universalizada ou susceptível de universalização) para casos desse tipo; o que significa que qualquer situação vindoura semelhante deverá ser, segundo a pretensão deste entendimento, resolvida de acordo com idêntico critério. A decisão judicial, sobretudo aquela que se situa em áreas de pouca densidade normativa, desvela um paradigma de resolução que se constitui em modelo para futuras resoluções de casos análogos. Um tribunal não pode estabelecer um critério aquando do julgamento de certo caso e, logo a seguir e sem justificação, afastar-se dele. É todavia controverso o reconhecimento ao precedente da função metodológica de, esgotados os argumentos convocados para uma situação de decisão sem se ter dissipado a dúvida entre diversas alternativas de solução, proporcionar, nessas situações de *non liquet*, o critério de decisão, atribuindo-se-lhe deste modo uma eficácia vinculativa *subsidiária*. Hipóteses destas, admitindo que possam afirmar-se, serão, dir-se-á, extremamente raras, já que a compreensão do Direito enquanto instância *racional e controlável racionalmente* de resolução de conflitos colide fatalmente com essa possibilidade (ao menos idealmente).

É oportuno recordar o convencimento de DWORKIN de que para um caso só pode haver uma *única solução acertada*, mesmo tratando-se de um *hard case* (cfr. *A Matter of Principle*, Cambridge, Massachusetts, London 1985, parte II). Sustenta o autor uma *"right-answer thesis"*, nos termos da qual para determinada questão jurídica não são susceptíveis de configurar-se *várias* soluções acertadas ou igualmente defensáveis. O domínio da espessa e complexa teia de argumentos que entretecem o direito vigente em toda a sua extensão e a consideração dos *general principles of law* possibilitariam o encontrar da (única) solução certa. (Do mesmo passo, este procedimento conduz à superação de um entendimento positivista do Direito enquanto sistema de "regras" validamente dimanadas ou produzidas: quando não fosse possível encontrar nesse sistema uma regra que, em termos inequívocos, se aplicasse a um caso decidendo, a decisão do juiz, desamparada da regra, não poderia deixar de surgir, para aquela concepção positivista, senão como arbitrária; o decisionismo apresenta-

-se então inevitável. Não assim se no Direito se reconhecer uma ordem de princípios; princípios que deverão portanto, naturalmente, ser distinguidos das regras.) Mas pode suspeitar-se, com boas razões, que as capacidades exigíveis a um juiz para o desempenho da tarefa de resolução dos *hard cases* nos moldes da proposta de DWORKIN, qual obreiro de uma *reconstrução* do Direito que no-lo oferecesse desvendando em plenitude a articulação *racional* dos seus princípios, só encontrariam paralelo na força física sobre-humana de um "hércules"; o que levou aliás HART a apelidar o autor norte-americano de "nobre sonhador" (*apud* KAUFMANN, *Rechtsphilosophie* cit., 51; cfr. também a apreciação de HABERMAS, *Faktizität und Geltung* cit., 248 ss, e 258 ss).

Mais comedido é também CANARIS, *Richtigkeit und Eigenwertung in der richterlichen Rechtsfindung*, in Grazer Universitätsreden 50, Graz 1993, 23 ss. O autor adopta um ponto de vista inquestionavelmente louvável pela hábil conciliação que procura de uma perspectiva pragmática e realista com o respeito da racionalidade e cientificidade do Direito. A *right answer thesis* não aparece discutida em termos de verdade jurídica à qual se pudessem reconduzir conteúdos com um determinado "*status* ontológico", mas apenas como *ideia regulativa* no sentido kantiano de representação que orienta *com sentido* o pensar e agir. Colocado deste modo o problema, já não se torna necessário defender o superior e absoluto acerto de uma decisão jurídica em relação a *todas* as alternativas pensáveis, mas, mais modestamente, apenas perante as hipóteses de solução jurídica do litígio *efectivamente tidas como possíveis*. O "horizonte do acerto" reduz-se portanto. Pensamos que uma concepção deste tipo — de justificação relativa, se quisermos — não deve orientar-se meramente pelas interpretações jurídicas das partes no litígio (ou no processo), pois isso não se conciliaria com a liberdade do juiz na determinação da solução jurídica do pleito em relação às alegações das partes e com a obrigatoriedade de procurar a decisão "de Direito" mesmo para além das alternativas explicitamente por elas formuladas. Na realidade, um simples modelo de repartição do ónus da argumentação *entre os sujeitos* em conflito para resolver casos de "empate" de elementos de decisão não é condição suficiente do acerto exigível. Parece antes impor-se a necessidade de alargar a pretensão de correcção da decisão para além do entendimento e das concepções jurídicas das partes atendendo às características da intervenção do juiz (sem prejuízo de que o juiz se encontra vinculado ao pedido formulado pelas partes e ao seu conteúdo, o que à partida circunscreve o litígio jurídico e reduz as opções de decisão legítimas). Também este se não deve deter na comparação entre as diversas soluções que num primeiro momento lhe ocorram; há-de antes *procurar activamente* aquela que, pelo menos, melhor perspectiva de acerto possui face ao sistema jurídico. Assim, a distribuição do ónus da argumentação pelas partes como forma de dirimir um conflito entre várias soluções jurídicas possíveis terá de respeitar este perfil da missão do juiz. Apenas pode pois surgir *ex post* com respeito à indagação que este leva a cabo. Será, nestes termos, tão-só uma forma de resolução de litígios de última instância, correspondente em todo o caso à dialéctica da discussão acerca da justiça que se realiza no processo (e que se pode considerar, como bem aponta o autor germânico acima referido, realizar uma "lei originária" do dirimir dos conflitos por um processo; cfr. *op. ult. cit.*, 31).

No nosso contexto importa no entanto alertar especialmente para que a existência de precedentes pode impor, designadamente no caso de correntes jurisprudenciais sedimentadas, um *ónus de argumentação* a quem deles se pretenda afastar, de acordo com o princípio "perelmaniano" da *inércia* (já referido), do qual decorre que uma alteração dessas correntes carece de ser justificada. Pode ir-se até um pouco mais longe: se se tiver em conta que a utilização de (apenas) *um precedente* no processo de busca de uma decisão jurídica assegura já a estabilidade e representa uma contribuição para a segurança e previsibilidade da aplicação do Direito, então, *invocado* esse precedente, produz-se entre as partes em litígio uma *inversão do ónus da argumentação* quando as normas e princípios do direito positivo vigente, não permitindo uma conclusão unívoca sobre o sentido da decisão, deixam em aberto várias possibilidades. O precedente serve, na verdade, para preencher um espaço onde coexistem várias alternativas, garantindo que esse preenchimento não se dê de modo flutuante ou mesmo contraditório e incompatível, e realizando do mesmo passo, nesse âmbito, o princípio da igualdade de tratamento postulado pela justiça. Assim, ao recair por princípio a carga da argumentação (em paralelo com o que aliás ocorre no domínio do ónus da alegação e prova dos factos) sobre aquele que deduz a pretensão jurídica discutida, o precedente funciona como regra de decisão subsidiária que impõe àquele que dele se queira afastar o encargo da demonstração de que existem razões que justificam um desvio. Esta visão da força jurídica do precedente permite explicar o processo de paulatina sedimentação e concretização do programa normativo contido nas cláusulas gerais por obra da jurisprudência, bem como uma certa vinculatividade que desprendem as correntes jurisprudenciais solidificadas, pois elas não deveriam ser interrompidas e modificadas senão intercedendo motivos de certo peso. (Por suposto, a concepção descrita ultrapassa em vários aspectos os mecanismos legais de uniformização da jurisprudência instituídos entre nós com a abolição do regime dos assentos decorrente do art. 2.º do Código Civil: confronte-se, por exemplo, a extensa análise de ISABEL ALEXANDRE, *Problemas recentes da uniformização da jurisprudência em processo civil*, ROA 60 [2000], 103 ss.)

De qualquer modo, não devem confundir-se o que parecem ser também as exigências do que pode chamar-se o *discurso prático geral* — um discurso indiferenciado de fundamentação de proposições ou enunciados normativos — com as condições do *discurso jurídico*, que bem podem não coincidir com aquelas. Com efeito, o discurso prático geral não se revela por si só apto à obtenção de soluções suficientemente seguras ou previsíveis, quando não mesmo adequadas e justas. Por isso se tem afirmado a necessidade de um discurso jurídico, que limite ou oriente, com as suas formas, regras e institucionalizações próprias, o campo do discursivamente possível em geral. Um exemplo nítido recolhe-se do processo judicial: acolhendo embora várias exigências do discurso prático (recorde-se só o princípio do contraditório que, tirando partido da *dialéctica* ou da *polémica* entre as partes, espera que, além de outros objectivos, "da discussão nasça a luz" e, ainda, o dever de fundamentação das sentenças judiciais, a dar cumprimento à necessidade de *persuadir* ou *convencer*), impõe-lhe também restrições (por exemplo, limitações ao número de articulados; lembre-se o princípio da legalidade das formas processuais segundo o qual os termos do processo são fixados por lei e estão subtraídos ao critério do juiz, não podendo pois ser adaptados prudencialmente senão em termos limitados às circunstâncias do caso concreto; veja-se ainda o caso julgado ou as limitações à recorribilidade das decisões, com o inerente cercear das possibilidades de prosseguir uma discussão). Também as regras do direito probatório se podem aproximar, com proveito, das exigências do discurso. Elas mostram estruturas do discurso argumentativo empregue no Direito, mas agora *comprovativo de asserções de facto,* bem como critérios de aceitação de *afirmações de experiência* ou *demonstração empírica existencial*. Interessante é, ainda, a análise da repartição do *onus probandi* à luz da hierarquização e escalonamento *por planos* das normas de direito substantivo. Também aqui é pertinente uma interpretação do direito positivo que eleja como horizonte a teoria do discurso, pois ao reclamar-se o apuramento do que ali é o regime-padrão e daquilo que deve ser visto como excepção, faz-se corresponder aos enunciados normativos, à sua formulação e à articulação entre eles uma distribuição do encargo de argumentação (cfr. em geral sobre esta *teoria do escalonamento das normas,* ANTUNES VARELA, *Manual de Processo Civil*, 2.ª edição, Coimbra 1985, 454 ss, e ROSENBERG/SCHWAB/GOTTWALD, *Zivilprozessrecht,* 15.ª edição, München 1993, 671; com pormenor, entretanto, entre nós, PEDRO MÚRIAS, *Por uma Distribuição Fundamentada do Ónus da Prova,* Lisboa 2000, 43 ss). A despeito, portanto, das especificidades do discurso jurídico, pode sem dúvida afirmar-se que ele apresenta uma clara conexão com as regras do discurso prático geral (para um equacionamento desta relação, *vide* ALEXY, *Theorie der juristischen Argumentation* cit., 349 ss, 426 ss, e, criticamente em relação a ele, por exemplo, A. KAUFMANN, *Rechtsphilosophie* cit., 92 e 279 ss, e J. HABERMAS, *Faktizität und Geltung* cit., 283 ss; fazendo frutificar a ideia do discurso, do procedimento e do consenso em direcção a uma "reconstrução" pragmá-

Quanto a este aspecto, é de reconhecer à *culpa in contrahendo* uma multiplicidade de desempenhos. Eles vão desde a controversa protecção das pessoas e património das partes envolvidas contra ingerências danosas mútuas [89] até finalidades mais pacíficas do instituto, como a de possibilitar uma adequada circulação da informação entre os sujeitos com vista a uma contratação mais consciente ou segura; respondem igualmente, desde à necessidade de ordenar adequadamente os riscos patrimoniais específicos que a actividade negociatória implica, designadamente perante a possibilidade de um fracasso do processo negocial, até à conveniência da tutela da parte mais fraca, prevenindo e sancionando um *iter* negocial potencialmente gerador de desequilíbrios ou injustiças contratuais.

HANS STOLL, por exemplo, agrupa e discute as seguintes situações básicas e funções da *culpa in contrahendo*[90]: lembrando a origem histórica do instituto, começa por indicar as hipóteses em que a responsabilidade decorre da frustração culposa de expectativas contratuais no caso de "frustração" do contrato (por exemplo, afectado por uma nulidade); aponta depois uma responsabilidade por força de uma ligação de confiança, uma responsabilidade pela violação culposa de um dever de comportamento e uma responsabilidade pela destruição culposa de expectativas contratuais tendo havido celebração de um acordo válido; a finalizar, considera uma responsabilidade pela deficiente consideração dos interesses da outra parte através do contrato celebrado. MEDICUS, por seu turno, no âmbito da preparação da reforma do direito das obrigações germânico do início da transacta década de oitenta, isolou, além de casos de deveres destinados à protecção de bens jurídicos

---

tico-transcendental da teoria do reconhecimento a respeito da fundamentação da validade jurídica, em glosa a drama de Ésquilo, e numa posição que implicitamente sublinha certas especificidades do discurso jurídico em relação ao que se poderia chamar discurso prático geral, CANARIS, *Konsens und Verfahren als Grundelemente der Rechtsordnung — Gedanken vor dem Hintergrund der "Eumeniden" des "Aischylos"*, JuS 1996, 573 ss).

[89] Pode ver-se a respeito o nosso *Contrato e Deveres de Protecção* cit., 157 n. 325, e *passim*.

[90] Cfr. *Tatbestände und Funktionen der Haftung für culpa in contrahendo*, FS für Ernst von Caemmerer zum 70. Geburtstag, Tübingen 1978, 435 ss.

alheios ao contrato, situações de interrupção das negociações, de celebração de um contrato ineficaz e de protecção contra contratos indesejados[91]. Já ESSER/SCHMIDT relevam na *culpa in contrahendo*, entre outras, uma função de distribuição do encargo de disposições patrimoniais inúteis ou desfavoráveis no processo de contratação, designadamente se ele não chega a bom termo, do mesmo modo que a correcção de "equívocos" ou "enganos" (*Missverständnisse*) surgidos na contratação, como os originados pela falta de forma do contrato, por um dissenso, ou pela falta de disponibilização de informação que afecta as expectativas de um dos contraentes relativamente ao contrato[92].

Esta fragmentação da *culpa in contrahendo* coloca evidentes problemas de redução dogmática. Elucidativo nesta perspectiva é, a título de exemplo, o panorama oferecido por FARNSWORTH. Tendo por referência um espaço normativo — o norte-americano — que não conhece este instituto, aquele autor lança naturalmente mão de outros instrumentos jurídicos disponíveis. Como base de uma *precontractual liability* que atenue o clássico princípio da *freedom of negotiation* indica, sucessivamente, o enriquecimento injusto, a *misrepresentation*, uma "promessa específica" que uma das partes faça à outra em ordem a interessá-la nas negociações e uma "obrigação genérica" de negociação correcta (*fair dealing*)[93]. A convocação desta panóplia de institutos confirma a existência, na responsabilidade pré-contratual, de uma encruzilhada dogmática. O autor estado-unidense está em muito boas condições de a apreciar porque liberto da força centrípeta de um conceito agregador uniforme e de uma doutrina que, pelo menos à superfície, parece unitária.

Mesmo não sendo de contestar que promessas, asserções e, também, comportamentos "não comunicacionais" adoptados na fase pré-

---

[91] *Verschulden bei Vertragsverhandlungen* cit., 488 ss; *vide*, mais recentemente, também *Ansprüche auf das Erfüllungsinteresse aus Verschulden bei Vertragsverhandlungen?*, FS für Hermann Lange, Stuttgart, Berlin, Köln 1992, 540-542.

[92] Cfr. *Schuldrecht/Allgemeiner Teil* cit., I/2, 7.ª edição, Heidelberg 1993, 134 ss.

[93] Cfr. o relatório nacional dos Estados Unidos elaborado pelo autor e recolhido em *Formation of Contracts and Precontractual Liability*, publ. pela International Chamber of Commerce 1990, 15 ss. *Vide* também FARNSWORTH, *Precontractual liability and preliminary agreements: fair dealing and failed negotiations*, 87 Col. L. Rev. (1987) 217 ss.

-contratual são susceptíveis de levar o Direito a impor uma responsabilidade, pode bem perguntar-se se os deveres de cuidado (*duties of care*) a cargo dos sujeitos nesse período não se deverão reconduzir afinal aos princípios do direito delitual (*tort law*), consubstanciando uma simples aplicação do mandamento geral da abstenção de causar lesões a outrem no particular contexto das negociações e da formação do contrato, com independência das convicções que a tal respeito os sujeitos acalentem. De facto, há inclusivamente quem, do lado de cá da Mancha, apelide a *culpa in contrahendo* de "filha ilegítima" do princípio da culpa do direito delitual[94]. Uma opinião que reflecte a orientação de a devolver aos domínios das clássicas responsabilidades contratual e, sobretudo, aquiliana, dispensando uma autónoma invocação da confiança. Embora se reconheça igualmente que precisamente a posição intermédia que a *culpa* tendeu igualmente a assumir entre contrato e delito contribuiu para conferir a este instituto um apreciável "potencial" de enquadramento de novas tarefas cometidas ao Direito[95].

Tudo justifica o reexame da ampla recondução da responsabilidade pré-contratual à tutela da confiança. Tanto do ponto de vista do papel efectivo que a esta caiba caiba naquela responsabilidade, como no plano sistemático da sua inserção no seio das modalidades da responsabilidade civil.

10. O alargamento do âmbito subjectivo da culpa pré-contratual

O peso do pensamento da confiança no contexto da *culpa in contrahendo* intensificou-se com os sucessivos desenvolvimentos que esta veio a experimentar. A relação pré-contratual, inicialmente vista como

---

[94] JOHANNES KÖNDGEN, *Selbstbindung ohne Vertrag/Zur Haftung aus geschäfsbezogenem Handeln*, Tübingen 1981, 84.

[95] Cfr. a síntese de NORBERT HORN, *Culpa in contrahendo*, JuS 1995, 377 ss, esp. 386-387. As virtualidades de intervenção "moderna" da culpa pré-contratual podem ser aferidas, por exemplo, no que respeita à defesa dos investidores em empresas perante os riscos derivados de auditorias negligentes (cfr. o nosso *Uma «Terceira Via»* cit., 95 ss).

ligação entre as partes contratantes, estendeu-se de modo a abranger outros sujeitos envolvidos por alguma forma na teia das negociações e/ou próximos de alguma das partes. É assim que, sobretudo na Alemanha, se reconhecem hoje a certos terceiros os benefícios e as vantagens decorrentes da relação pré-contratual, e igualmente se a aproveita para conseguir a responsabilização de outros sujeitos conexionados também com a negociação e formação do contrato perante as partes, mesmo na ausência de convenção alguma a ligá-los a estas.

Desta forma, a *culpa in contrahendo* viu enormemente alargado o seu raio de acção. Intervindo em situações várias de pluralidade de sujeitos, procura oferecer resposta à crescente interdependência e à multifacetada cooperação que caracterizam muitas das contratações modernas. Reside aqui uma razão de fundo para o especial relevo de que este instituto se reveste para a teoria da protecção indemnizatória da confiança. Ao transcender-se um estádio em que a relação pré--negocial se entendia confinada apenas às partes contratantes obtém--se um meio de responsabilização capaz de actuar perante modos de formação de contratos mais complexos devido à intervenção de vários sujeitos. As possibilidades que, por essa via, ele abre adequam-se precisamente à configuração de muitos dos processos de contratação dos nossos dias, reforçando a imagem da sua utilidade na paleta de instrumentos à disposição do jurista. Está especialmente em causa a extensão do leque dos sujeitos susceptíveis de serem responsabilizados[96].

---

[96] Como que nos antípodas da responsabilidade de terceiros por *culpa in contrahendo* a seguir desenvolvida, situa-se a já aludida protecção de que certos terceiros além das partes na negociação podem beneficiar através deste instituto, igualmente uma manifestação do alargamento do seu âmbito subjectivo. Na origem desta construção, desenvolvida na Alemanha, terá estado a necessidade de alcançar uma tutela satisfatória da integridade física, da saúde e da propriedade de certos terceiros, próximos a uma das partes nas negociações, através da extensão a esses terceiros dos deveres de protecção que integram a relação pré-contratual. Tome-se por situação paradigmática o conhecido caso, decidido pela jurisprudência germânica, da criança que, ao acompanhar a mãe que fazia compras num supermercado, sofreu danos por ter escorregado numa folha de hortaliça caída no solo, ou situações congéneres ocorridas noutros espaços jurídicos. O recurso à culpa na formação dos contratos procura aqui responder, efectivamente, a exigências de segurança pessoal

O reconhecimento de uma responsabilidade autónoma do representante por violação de deveres *in contrahendo*, ligada ao nome de BALLERSTEDT [97], foi decisiva. Ela constituiu o primeiro elo de uma evolução que conduziu à sujeição a responsabilidade daqueles que — numa formulação ampla — contribuíram ou a quem foi imputável a criação de um *Tatbestand* de confiança e determinaram de forma relevante o comportamento da outra parte nas negociações [98]. Um entendimento deste tipo da responsabilidade pré-contratual de terceiros

e patrimonial das pessoas. Tal representa todavia (também) uma finalidade precípua do direito delitual. Por isso, a discussão da protecção de terceiros pela *culpa in contrahendo* apresenta-se neste tipo de situações dominada pela preocupação de justificar ou rebater esta sua aplicação particular num domínio que, à partida, lhe é disputado pela responsabilidade aquiliana (cfr., por exemplo, K. KREUZER, anot. à sentença do BGH de 28/1/76, JZ 1976, 778-781; A. POULIADIS, *Culpa in contrahendo und Schutz Dritter*, Berlin 1982, *v.g.*, 30 ss, 92 ss, e resumo p. 247; CANARIS, *Schutzgesetze* cit., 88 ss; *vide* ainda L. DIERS, *Ersatzansprüche Dritter bei culpa in contrahendo*, Münster 1962, *passim* e síntese p. 113). Na dogmática destas hipóteses, a confiança só pode desempenhar um papel modesto, conforme procurámos demonstrar em *Contrato e Deveres de Protecção* cit., esp. 249 ss, e 268 ss. O que não exaure todavia em termos gerais as virtualidades desse pensamento para tutelar terceiros co-envolvidos num processo de negociação e formação de um contrato.

[97] Cfr. o seu estudo *Zur Haftung für culpa in contrahendo bei Geschäftsabschluss durch Stellvertreter* cit., no qual se distingue entre a relação de negociações e a relação contratual desencadeadora de deveres de prestar, quer quanto ao *Tatbestand*, quer no que diz respeito ao fundamento. A relação de negociações radicaria justamente numa "Gewährung in Anspruch genommenen Vertrauens", desde então fórmula corrente da teoria da confiança, que representaria uma forma alternativa à constituição de obrigações através de declarações negociais, mas que estaria já, pela sua natureza, em condições de proporcionar o enquadramento da situação do representante para efeitos de responsabilidade (*op. cit.*, 507 ss).

Aceitando a responsabilidade do representante por *culpa in contrahendo*, e acerca dos respectivos termos, pode ver-se entre nós OLIVEIRA ASCENSÃO/CARNEIRO DA FRADA, *Contrato celebrado por agente de pessoa colectiva* cit., 67 ss; cfr. ainda, nomeadamente, P. MOTA PINTO, *Aparência* cit., 639-640 n. 100, e RAÚL GUICHARD ALVES, *Notas sobre a falta e limites do poder de representação*, RDES XXXVII (1995), 22 ss, assim como o nosso *Uma «Terceira Via»* cit., 98 ss. (Em especial sobre a articulação deste tipo de responsabilidade do representante sem poderes com a ideia de protecção da confiança, *vide infra*, sob o n.° 56, em nota.)

[98] Cfr. elucidativamente a formulação de BGHZ 56, 82, 84-85.

ultrapassa a constrição ínsita na referência à posição de representante, na verdade presa ao formalismo da atribuição de poderes representativos. Com efeito, foi-se progressivamente reconhecendo que aquela posição era na realidade irrelevante do prisma da responsabilidade, atento o fundamento para ela invocado. A *culpa in contrahendo* pôde assim emergir, de modo desimpedido, como instituto de responsabilização (autónoma) de variados terceiros, desde o *procurador de facto* ao *administrador* ou *curador de negócios*. A hoje enraizada designação de *"Sachwalterhaftung"* pretende justamente exprimir a responsabilidade daqueles sujeitos que, ao abrigo do seu poder de direcção dos bens e interesses de outrem, conformam autonomamente o processo de formação do negócio sem se destinarem a ser partes nele e com independência da posição de representantes que possam ter em relação a elas.

São duas as linhas de argumentação principalmente utilizadas na jurisprudência e doutrina de além-Reno. Salienta-se por um lado a responsabilidade daquele que, introduzido nas negociações por uma das partes, influenciou de modo determinante a conclusão do contrato ao *concitar a confiança* da outra. Por outro, sublinha-se de igual modo a responsabilidade coligada à existência de uma relação de proximidade entre o *terceiro* (a responsabilizar) e o negócio em discussão e formação, em termos de se poder dizer estar este também *economicamente interessado* na conclusão do contrato ou, através dele, *procurar a obtenção de um proveito* próprio[99].

---

[99] *Vide* sent. BGH ZIP 1988, 505, 506. Cfr. ainda, *v.g.*, LARENZ, *Lehrbuch des Schuldrechts* cit, I, 114-115; H. HÜBNER, *Allgemeiner Teil* cit., 455-456; FLUME, *Das Rechtsgeschäft* cit., 796-797, assim como, com pormenor, ANNETTE WIEGAND, *Die "Sachwalterhaftung" als richterliche Rechtsfortbildung*, Berlin 1991.

A ligação da doutrina da confiança com a responsabilidade *in contrahendo* do terceiro aflora com frequência na doutrina germânica (*vide*, por exemplo, os primeiros auts. e locs. referidos), embora não seja pacífica (críticos, *v.g.*, os dois últimos). Em todo o caso, na esteira de BALLERSTEDT, ela é hoje particularmente sublinhada por CANARIS; cfr. *Schutzgesetze* cit., 93-94. Outro defensor da teoria da confiança é WERNER LORENZ, colocando a questão da ressarcibilidade dos danos patrimoniais puros advenientes de falsas informações (a que pertence boa parte das nossas hipóteses) na órbita da *culpa in contrahendo*, por referência à qual poderia ser resol-

Como se vê, a obrigação de indemnizar aparece construída na base da *confiança* que a conduta do terceiro é susceptível de gerar na contraparte nas negociações. Ao lado deste critério surge também o do *interesse económico próprio* do terceiro. A articulação de ambos é, entretanto, logo à primeira vista, obscura, dada a sua heterogeneidade aparente. Ora se afirma a independência do primeiro em relação ao último e em relação de alternatividade com ele, ora se o invoca a seu lado e em ligação com ele [100]. Mas esta dualidade pressagia indisfarçavelmente a dificuldade de uma redução dogmática unitária desta área de responsabilidade.

É viável e útil proceder desde já a uma certa clarificação. Entre as várias aplicações da responsabilidade de terceiros por *culpa in contrahendo*, podem isolar-se em primeiro lugar as constelações em que a obrigação de indemnizar atinge *aquele que é titular de um interesse próprio no contrato alheio ou, até, o titular essencial do interesse nesse contrato*, mas que, por razões estranhas ao conteúdo desse mesmo contrato, se não encontra investido na posição de contraente formal. Perfazem estas condições, *v.g.*, os casos em que, para evitar duplas transmissões de bens e a respectiva oneração fiscal, a "compra para revenda" é substituída por uma representação ou por um contrato de intermediação. Responsabilizar o intermediário ou o representante do vendedor por *culpa in contrahendo* permite até certo ponto ultrapassar o formalismo das posições assumidas na formação do contrato e penetrar na verdadeira titularidade dos interesses em jogo no contrato, tirando desta os corolários apropriados para efeito de responsabilidade [101]. Trata-se, no

---

vida (*Das Problem der Haftung für primäre Vermögensschäden bei der Erteilung einer unrichtigen Auskunft*, FS für Karl Larenz zum 70. Geburtstag, München 1973, 618).

[100] Cfr., para indicações, MICHAEL BOHRER, *Die Haftung des Dispositionsgaranten* cit., 51 ss.

[101] Supõe-se naturalmente a ausência de simulação (por supressão fictícia de pessoas), que é requisito da invocabilidade de uma responsabilidade pré-contratual de terceiros (para a distinção entre a simulação relativa subjectiva e a representação, com utilidade para o apuramento dos pressupostos das situações em apreciação, cfr. H. HÖRSTER, *A Parte Geral* cit., 540 ss). Como ilustração do tipo de hipóteses consideradas sirva o exemplo (inspirado na decisão do "Reichsgericht" de RGZ 120, 249) de determinado sujeito que, tendo acertado com outrem a aquisição de um

essencial, de atender ao desiderato de coligar efeitos jurídicos, não já às posições dos intervenientes tal como elas resultam das declarações

terreno que pretendia revender, entrou em negociações com um interessado na respectiva compra. O contrato veio a ser celebrado directamente entre o primitivo dono e o comprador, embora as negociações tenham sido conduzidas por ele, dado ser essencialmente ele o titular do interesse envolvido. Tal pode sujeitá-o naturalmente a uma responsabilidade *in contrahendo*.

Interessante sob este aspecto é, na Alemanha, a jurisprudência relativa à venda de carros usados, um sector onde é frequente, designadamente para evitar uma tributação de imposto sobre o valor acrescentado, que os comerciantes de automóveis usados não apareçam formalmente na cadeia das transmissões e os contratos se celebrem directamente entre o titular inicial e o adquirente-utilizador do veículo. Vem-se ampliando aqui a responsabilidade do comerciante perante o comprador — face às declarações negociais emitidas, um mero representante ou curador de negócios do vendedor —, em conformidade com o plano substancial da ponderação e titularidade dos interesses, sendo fácil adivinhar o relevo da *culpa in contrahendo* neste sector (quanto a esta jurisprudência, cfr., por exemplo, KÖNDGEN, *Selbstbindung ohne Vertrag* cit., 408 ss). De facto, o comerciante intermediário chega a assumir, neste tipo de situações, o papel e os riscos característicos do autêntico contraente (assim, por exemplo, se é dele o risco de não conseguir efectuar a transacção pelo preço acordado com o titular do veículo e se, concomitantemente, encaixa também um lucro próprio quando logra realizar aquela venda por um montante superior àquele). Na medida em que a álea económica típica do contrato de compra e venda é encabeçada por ele, justifica-se a aproximação do regime e termos da sua responsabilidade ao que lhe seria aplicável se ele assumisse a posição de vendedor. A culpa pré-contratual contribui para alicerçar essa responsabilidade (uma genuína responsabilidade contratual é privativa da verdadeira parte e requer, portanto, que ele seja tido como verdadeiro sujeito do contrato).

Uma outra área onde a responsabilidade do terceiro enquanto titular essencial do interesse no contrato tem vindo a ser discutida na jurisprudência germânica é a da responsabilidade do sócio único ou dominante nas sociedades de responsabilidade limitada que conduz as negociações relativas a um contrato em que se destina a ser parte a própria sociedade. Apesar de o contrato ter vindo a ser celebrado com a sociedade, admite-se a responsabilidade pessoal do sócio (ainda que por vezes o poder de vinculação da sociedade não lhe pertença sequer formalmente), o que se torna importante no caso de insuficiência do património social para satisfazer as dívidas da sociedade (cfr. ANNETTE WIEGAND, *Die "Sachwalterhaftung"* cit., 204 ss). O tema evoca a "desconsideração" da personalidade colectiva que permite "penetrar" nessa personalidade e, em certas circunstâncias, não atender à separação entre a pessoa jurídica e os sujeitos que por detrás dela actuam (em geral sobre esta, pode

negociais emitidas, mas ao papel que os sujeitos envolvidos efectivamente desempenham na economia do contrato celebrado.

A *culpa in contrahendo* não chega a pôr em causa a posição dos sujeitos que decorre da relação contratual estabelecida. A responsabilidade de terceiros respeita a relatividade das convenções (apurada na base da titularidade formal das posições jurídicas, de acordo com as declarações negociais emitidas). É independente e lateral à relação dos sujeitos do contrato entre eles. Vai mais longe — dentro da preocupação de combater o desajustamento entre a realidade económica e a jurídica adequando-as uma à outra — reconhecer efeitos *próprios das relações (contratuais) de prestação* entre o terceiro e a contraparte, por forma a abrir a esta os meios contratuais de acção que lhe caberiam se o "invólucro" das declarações negociais correspondesse, de facto, ao papel que o terceiro desempenha (considerada a configuração dos interesses e dos riscos assumidos por ele no confronto com essa outra parte).

Uma elementar exigência de limpidez metodológico-dogmática impele no entanto a abandonar a construção da *culpa in contrahendo* aí onde ela esconde simplesmente a preocupação de obter os resultados de uma genuína responsabilidade contratual do terceiro [102]. Não é que

---

confrontar-se entre nós, OLIVEIRA ASCENSÃO, *Direito comercial*, IV (*Sociedades comerciais, Parte geral*), Lisboa 2000, 74 ss, MENEZES CORDEIRO, *O Levantamento da Personalidade Colectiva/no direito civil e comercial*, Coimbra 2000, e já *Do levantamento da personalidade colectiva*, Direito e Justiça, IV [1989-1990], 147 ss, e *Da Boa Fé* cit., II, 1232-1233, JOSÉ A. ENGRÁCIA ANTUNES, *Os Grupos de Sociedades*, Coimbra 1993, 125 ns. 264, 667 e 1293, e PEDRO CORDEIRO, *A desconsideração da personalidade jurídica das sociedades comerciais*, Lisboa 1987, dact., assim como no estudo com o mesmo título in Novas Perspectivas do Direito Comercial, Lisboa 1988, 289 ss). Mas a aceitação de uma responsabilidade pessoal do sócio por *culpa in contrahendo*, se é uma possibilidade que merece ser relevada, não deve naturalmente subverter as regras jurídicas que permitem a limitação da responsabilidade individual no exercício da actividade comercial (de resto, quer em matéria societária, quer de igual modo no que respeita ao estabelecimento individual de responsabilidade limitada reconhecido no direito português). No seu raio legítimo de acção, ela torna dispensável o meio específico da "desconsideração", pois corresponde à simples aplicação de um instituto civil geral.

[102] Uma certa possibilidade de convolar problemas de incumprimento e outras contingências que podem afectar o desenvolvimento do contrato para a sede pré-

seja de negar a necessidade de superar a dessintonia entre a realidade jurídica e económica por vezes subjacente à contratação, e que nisso

-negocial deve-se à abertura e flexibilidade da *culpa in contrahendo*. Estas características permitem um criterioso estabelecimento de deveres, designadamente de informação ou conselho, a cargo das partes. Através deles podem atingir-se resultados nalguns aspectos similares aos de uma apropriada distribuição do risco de perturbações do programa obrigacional e da responsabilidade das partes pelo não cumprimento do contrato. Neste sentido existe alguma intermutabilidade funcional entre os quadrantes dogmáticos assinalados. Considere-se, para o ilustrar, que houve omissão de esclarecimentos ou disponibilização de falsas informações no âmbito das negociações com respeito às prestações a que se reportava o contrato em preparação. Tanto se pode considerar imperfeito o cumprimento do contrato ocorrido, porque a prestação efectuada não permitiu ao credor a realização do interesse e das expectativas que nela depositou (e que se têm por contratualmente asseguradas), como encarar-se o prejuízo do credor enquanto consequência de um comportamento incorrecto durante as negociações susceptível de uma responsabilidade *in contrahendo*.

Em todo o caso, os institutos são diferentes, quer no *Tatbestand* de responsabilidade, quer no campo das consequências próprias de um e de outro. (No exemplo referido, o prejuízo indemnizável não é desde logo rigorosamente o mesmo, pelo que, até neste caso, não se afiguraria certa uma orientação que deliberadamente miscigenasse incumprimento e culpa pré-contratual; em sentido diverso, porém, P. ROMANO MARTINEZ, *Cumprimento Defeituoso* cit., 57 ss.) Urge por isso esclarecer as linhas de fronteira entre o incumprimento e a *culpa in contrahendo*; apresentando, ainda, formas de resolver os problemas de concurso de pretensões que efectivamente se ponham (cfr., por exemplo, ULRICH HUBER, *Leistungsstörungen*, in Gutachten und Vorschläge cit., I, 742 ss; o tema ganhou especial acuidade no que diz respeito à relação entre a *culpa in contrahendo* e a responsabilidade por defeitos da coisa ou do direito na compra e venda: *vide, inter alia*, LARENZ, *Lehrbuch des Schuldrechts*, II/1 *(Besonderer Teil)*, 13.ª edição, München 1986, 75-76; VOLKER EMMERICH, *Verschulden bei Vertragsverhandlungen, positive Vertragsverletzung und Sachmängelhaftung beim Kauf*, FS für Joachim Gernhuber, Tübingen 1993, 267 ss; JOACHIM GERNHUBER, *Das Schuldverhältnis/Begründung und Änderung, Pflichten und Strukturen, Drittwirkungen*, Tübingen 1989, 198 ss; HEIDE SCHAUMBURG, *Sachmängelgewährleistung und vorvertragliches Verschulden. § 463 und culpa in contrahendo*, Hanstein, Köln, Bonn 1974; entre nós, além de P. ROMANO MARTINEZ, *op. e loc. cit.*, SINDE MONTEIRO, *Responsabilidade por Conselhos* cit., 382-383, n. 138; considerando o problema no campo da venda de bens alheios, M. CARNEIRO DA FRADA, *Perturbações típicas do contrato de compra e venda*, in Direito das Obrigações/Contratos em Especial [coord. de Menezes Cordeiro], Lisboa 1991, 61-63; especificamente sobre a relação da *culpa in contrahendo* com a garantia edilícia no sector da venda de empresas, H. J. WILLEMSEN,

vai mesmo um desafio importante à ciência jurídica contemporânea. Problemático é no entanto aceitar e justificar que a titularidade do interesse económico prosseguido através de um contrato celebrado por outrem legitime por si a sujeição de alguém a um estatuto de deveres perante a outra parte no negócio como se ela própria fosse parte nesse mesmo contrato e estivesse vinculada por essa via aos direitos e deveres dele emergentes [103]. Seja como for, a sujeição do

---

Zum Verhältnis von Sachmängelhaftung und culpa in contrahendo beim Unternehmenskauf, AcP 182 [1982], 515 ss; CANARIS, *Leistungsstörungen beim Unternehmenskauf*, ZGR 1982, 403 e 415 ss; HANS-JOACHIM HIDDEMANN, *Leistungsstörungen beim Unternehmenskauf aus der Sicht der Rechtsprechung*, ZGR 1982, 447 ss; entre nós, referindo a *culpa in contrahendo* como modo de tutelar o adquirente de uma empresa, FERRER CORREIA/ALMENO DE SÁ, *Oferta pública de venda de acções e compra e venda de empresas* [Parecer], CJ XVIII [1993], 4, 31; CALVÃO DA SILVA, *Compra e venda de empresas* [Parecer], CJ XVIII [1993], 2, 16). A doutrina é especialmente sensível às similitudes dogmáticas entre a *culpa in contrahendo* e as hipóteses de violação de deveres laterais de conduta após a celebração do contrato (comummente incluídas num conceito lato de cumprimento defeituoso), ao ponto de se chegar a propugnar uma unificação categorial de deveres de comportamento pré-negociais e posteriores à celebração do contrato numa relação obrigacional sem deveres primários de prestação, susceptível de fundar uma modalidade específica de perturbação do programa obrigacional (pode ver-se, com indicações, o nosso *Contrato e Deveres de Protecção* cit., 103 ss, 109 ss, e n. 216, e *passim*).

[103] Há afloramentos, ainda que esparsos ou circunscritos, desta preocupação. No regime do mandato sem representação, por exemplo, procurou adaptar-se o estatuto jurídico do mandante à sua situação de titular do interesse no negócio celebrado pelo mandatário, mas não ao limite de conferir ao terceiro com quem o mandatário contratou direitos contra o mandante (cfr. o art. 1182). Por outro lado, não devem subestimar-se figuras da dogmática clássica como, v.g., a simulação (relativa) de pessoas acima aflorada, com a possibilidade de o negócio valer entre os verdadeiros sujeitos contratuais. Já no campo do contrato a favor de terceiro, a oneração do sujeito com deveres contratuais perante quem não é parte na convenção radica num acto de autonomia privada seu, como tal plenamente legitimador.

Em todo o caso, importa notar que o art. 406 n.º 2 do Código Civil é muito claro ao estabelecer que o contrato só produz efeitos em relação a terceiros nos casos e termos especialmente previstos na lei. Tal representa um obstáculo de monta a uma iniciativa jurisprudencial *praeter legem* no sentido de uma responsabilidade contratual de terceiros (enquanto autênticos terceiros; a substituição da noção formal de parte ao abrigo das declarações negociais emitidas por uma concepção

terceiro à *culpa in contrahendo* auxilia a colmatar o *deficit* de protecção do lesado susceptível de ocorrer em virtude de os seus meios de tutela se dirigirem apenas, em princípio, contra quem é parte formal no contrato. A teia de deveres pré-contratuais facilita e orienta as acções dos sujeitos: reflectindo a imbricação económica dos seus interesses, permite favorecer a sua realização harmónica e integrada. Mas a *culpa in contrahendo* não é quadro dogmático próprio de uma responsabilidade por frustração de interesses de cumprimento. Não dá nesse sentido lugar a uma "responsabilidade contratual sem contrato".

Em todo o caso, a relação com a temática da confiança apresenta-se questionável. Ainda que não se peça à responsabilidade pré-contratual de terceiros que extravase os seus legítimos domínios e limites. De facto, pode bem pretender-se — e com acerto, como se confirmará — que esta responsabilidade releva, tal como em geral a *culpa in contrahendo*, da infracção de certas exigências objectivas de comportamento correcto e adequado que, independentemente das convicções que se formem a esse respeito, impendem sobre quem determina autonomamente o processo da formação negocial; e seja também qual for a melhor ordenação sistemática desses ditames no seio da responsabilidade civil. O critério do interesse económico próprio de terceiro no contrato a celebrar mais não é — convencemo-nos — senão um *indício* da possibilidade da aludida determinação, que pode ir ou não de par com a existência de específicas situações de confiança. Aquele proveito pessoal nem sempre existe, de resto (nem mesmo se apenas indirecto ou reflexo), sem que por isso fique afectada a susceptibilidade de condicionar o *iter* da formação contratual. A outra linha de desenvolvimento da responsabilidade de terceiros por *culpa in contrahendo* acima referida proporciona disso exemplos paradigmáticos.

"substancial" de sujeito do negócio por forma a escapar a essa dificuldade, deslocando as situações relevantes para o âmbito do n.º 1 do citado preceito, tem naturalmente severas contra-indicações do ponto de vista da segurança e certeza jurídicas). Deste modo, não parece também que esse resultado possa ser alcançado a coberto de cláusulas gerais e de conceitos indeterminados (por exemplo, através da boa fé). Parece pois ser de rejeitar uma responsabilidade do terceiro, *ex vi* da *culpa in contrahendo*, por "interesses positivos de prestação", sob pena de se subverter a *ratio* do princípio da relatividade das convenções.

11. (*cont.*) A responsabilidade de consultores, peritos e outros participantes no processo de formação do contrato por *culpa in contrahendo*

É notório que o desempenho de terceiros *simples auxiliares ou participantes no processo de formação do contrato*, mesmo não assumindo a posição de representantes, pode ser extremamente relevante no respectivo desenvolvimento. Sobretudo quando o terceiro colabora, ao lado de uma das partes, no *iter* negocial, exercendo uma *actividade profissional* aí incidente (*v.g.*, como advogado, perito fiscal ou conselheiro financeiro, avaliador ou técnico experimentado). A própria decisão de contratar da outra parte e os seus termos dependem muitas vezes das representações e expectativas que ele suscita. Pode pois colocar-se legitimamente o problema da sua responsabilidade também perante ela, apesar da inexistência de qualquer contrato a ligá-los. A *culpa in contrahendo*, pela sua flexibilidade, proporciona aqui um enquadramento.

Importa contudo sublinhar que as obrigações do terceiro se constituem, via de regra, apenas perante quem assegurou negocialmente os seus serviços e desse modo o introduziu no processo de formação contratual. Em princípio, é apenas este o destinatário da sua actividade. A responsabilidade do terceiro não pode servir para desonerar pura e simplesmente a contraparte do risco de contratar ou dos cuidados e da diligência que lhe cabe a ela de procurar por si mesma o assessoramento adequado para a formação esclarecida da sua própria vontade de contratar. Não deve perder-se de vista a conflitualidade de interesses entre as partes no negócio em formação. Estes factores depõem compreensivelmente no sentido da circunscrição desta responsabilidade do terceiro. Mas não a excluem de modo absoluto.

Em todo o caso, as hipóteses consideradas manifestam de modo muito plástico as dificuldades gerais da teoria da confiança no âmbito da culpa pré-contratual[104]. Tal como no seu âmbito "clássico", pode

---

[104] No *nosso* estudo *Uma «Terceira Via» no Direito da Responsabilidade Civil?* cit., especialmente 98 ss, pronunciámo-nos a favor de uma responsabilidade *in contrahendo* do terceiro (enquanto quadro sistemático possível da obrigação de indemnizar dos auditores de sociedades perante terceiros adquirentes de posições sociais ou empresas),

questionar-se se e em que medida é na realidade a criação e a defraudação de confiança que fundamenta a responsabilidade ou, antes, a adopção de um comportamento desconforme com certas exigências objectivas de comportamento (de lealdade, de correcção, etc.) que o Direito impõe a quem participa no processo de formação de um contrato alheio. Mas qual então, exactamente, o fundamento da responsabilidade? Na doutrina, a especificação e enfatização dos vários tipos de adstrições de conduta não se assume porém com frequência como alternativa ao pensamento da confiança, amiúde concomitantemente invocado, e o mais das vezes sem discriminação suficiente ao lado de outros valores gerais. Tudo sugere a necessidade de uma atenta tematização da relação entre a confiança e os deveres de comportamento para justificar a obrigação de indemnizar.

Considerem-se, ilustrativamente, alguns dos possíveis enquadramentos dogmáticos da responsabilidade destes terceiros. Um que desde logo merece ser referido é aquele que recorre à analogia com o preceituado em sede de *responsabilidade dos mediadores*. Uma fundamentação deste tipo dá naturalmente realização ao postulado de correcção metodológica que consiste no aproveitamento das disposições normativas eventualmente disponíveis no sistema jurídico antes de assumir a necessidade de um desenvolvimento do Direito num cenário de vazio normativo (respeitando, entre nós, o art. 10.º n.º 3). Os mediadores estão por lei adstritos à adopção de certos comportamentos sob pena de indemnizarem os danos causados. Por vezes, os seus deveres encontram-se estabelecidos, não apenas no interesse daquele que contratou os seus serviços, como também no da contraparte no contrato que eles hão-de promover. Tais deveres seriam passíveis de extensão, por analogia, a outros intervenientes no processo de formação do contrato.

Uma apreciação liminar logo revela contudo as insuficiências desta orientação. Não apenas porque o procedimento analógico tem indiscutivelmente os seus limites; sobretudo pela razão de que a invocação do regime legal da responsabilidade dos mediadores não dá a

---

mas sem aprofundar o tema da relação entre o fundamento da responsabilidade e a confiança, ali apenas aflorado.

chave da compreensão dogmática da imputação de danos propugnada[105]. Ela representa, em si, uma mera via de preenchimento de

[105] A consideração do tratamento que o direito positivo concede à responsabilidade dos mediadores contribui em todo o caso para o entendimento da responsabilidade dos terceiros que intervêm no processo das negociações. O mediador põe em contacto possíveis contraentes, e *promove as negociações entre eles, embora não venha a assumir o papel de parte no contrato*, que é celebrado directamente entre os interessados. Compensando a falta de transparência do mercado muitas vezes existente, cabe-lhe aproximar entre si o segmento da oferta e da procura dos bens e serviços, e intervir activamente no seu processo de ajustamento. A vida moderna tem conhecido um notável incremento desta actividade, indiscutivelmente ligada ao fenómeno da crescente especialização da intervenção económica dos sujeitos e da complexidade crescente do mercado daí resultante.

Uma característica típica da actividade do mediador vislumbra-se na sua, ao menos relativa, *imparcialidade* ou *neutralidade* no confronto entre os interesses dos potenciais contratantes, já que é através da *autonomia* do mediador que melhor se consegue o ajuste das vontades necessário para a celebração do negócio. Não constituirá óbice a esta caracterização o facto de o mediador se apresentar contratualmente vinculado apenas a uma das partes (aqui, tal como o "Sachwalter") no sentido de conseguir interessado para certo negócio e de facultar ou promover a contratação (cfr., por exemplo, M. JANUÁRIO GOMES, *Apontamentos sobre o contrato de agência*, Tribuna da Justiça, 3, 1990, 19; HELENA BRITO, *O contrato de agência*, in Novas Perspectivas do Direito Comercial, Coimbra 1988, 123-124). Em todo o caso, não será de exigir, sobretudo na ausência de uma tipificação ou regime legal que o reclame, que o mediador que se encontra contratualmente ligado apenas a uma das partes haja de considerar de modo *estritamente igual* o interesse de ambos os sujeitos interessados no negócio (perante o direito germânico, LARENZ, *Lehrbuch des Schuldrechts* cit., II/1, 400, inclina-se para conferir a nota da imparcialidade ao mediador comercial, negando-a à mediação civil; cfr. ainda ESSER/WEYERS, *Schuldrecht/Besonderer Teil*, II/1, 8.ª edição, Heidelberg 1998, 327, considerando que o mediador comercial não está fiduciariamente vinculado a uma das partes, mas é mediador imparcial entre duas partes; também PESSOA JORGE, *O Mandato sem Representação*, Lisboa 1961, 232-233, distingue uma mediação *stricto sensu* como actividade de mediação desenvolvida de forma imparcial). Mas não restarão dúvidas de que mesmo assim o onerarão deveres de comportamento perante aquele dos sujeitos com o qual não tem relação contratual, que fluem da natureza da actividade que exerce. O mediador há-de sempre desenvolver a sua actividade de forma *correcta* e essa probidade de comportamento é-lhe exigida também em atenção ao interessado no negócio com o qual ele não tem obrigações contratuais; apesar até também da oposição de interesses dos sujeitos do negócio que promove. Temos aqui um signi-

lacunas, quando o que importa agora é conhecer o fundamento em que se alicerça a responsabilidade de terceiros. Em todo o caso, a con-

ficativo ponto de contacto com a posição do "Sachwalter". Tal como ocorre no caso de mediação negocial, a responsabilidade pessoal deste requer uma intervenção autónoma no processo que conduz à celebração do contrato, neste aspecto sem acessoriedade com respeito à do contraente ao lado do qual intervém.

Entre nós a aplicação analógica do regime da responsabilidade do mediador aos demais casos que se pretendem abranger numa responsabilidade de terceiros por *culpa in contrahendo* depara-se logo com o obstáculo de não haver regulamentação legislativa *genérica* da primeira. A analogia passa neste aspecto primeiro por um alargamento do regime com que o nosso legislador proveu algumas actividades específicas de mediação no sentido do apuramento de vectores de responsabilidade comuns às várias formas de mediação. Realce-se, em todo o caso, que o direito pátrio contempla situações de responsabilidade do mediador perante terceiros.

Assim, o Decreto-Lei n.º 77/99, de 16 de Março, por exemplo, que disciplina actualmente alguns aspectos da actividade de mediação imobiliária, impõe às empresas de mediação condutas no interesse, não apenas de quem as incumbiu da actividade, mas também do outro interessado no contrato que se vincularam a promover, sob pena de indemnização dos danos (cfr., designadamente, o art. 18 n.º 1 do citado diploma — onde por exemplo se alude à obrigação de propor com exactidão e clareza os negócios de que forem encarregados, procedendo de modo a não induzir em erro os interessados — e, ainda, o art. 23, que todavia não qualifica a responsabilidade envolvida perante a outra parte). Já no relevante sector da intermediação financeira, estipula hoje o art. 304 n.º 2 do Código dos Valores Mobiliários (aprovado pelo Decreto-Lei n.º 486/99, de 13 de Novembro) que nas relações com *todos* os intervenientes no mercado, devem os intermediários observar os ditames da boa fé, de acordo com elevados padrões de diligência, lealdade e transparência, prevendo-se no art. 314 a sua responsabilidade perante os danos causados a quaisquer pessoas em consequência da violação de deveres legais ou regulamentares. (Este preceito não alude especificamente à responsabilidade perante a contraparte no negócio de que foram incumbidos, o que corresponde certamente à especificidade de as transacções de valores mobiliários em bolsa ocorrerem num mercado de procedimentos altamente formalizados, na base de um paradigma de anonimato e/ou fungibilidade entre os mediadores e aquela contraparte; ao passo que nos casos típicos da responsabilidade de terceiros *in contrahendo* a conduta do terceiro singulariza-o, desencadeando a actuação da contraparte. Mas nada depõe contra esta última possibilidade de indemnização por danos, logo fortemente sugerida pela convocação dos ditames da boa fé, muito embora o n.º 1 do art. 304 pareça apenas relevar como fundamento dos deveres para com tais sujeitos meras razões gerais de eficiência do mercado, o que é pouco para esta via e mais consentâneo, antes, com uma respon-

sideração do regime da responsabilidade dos mediadores permite descortinar "falhas" no direito da imputação de danos que ultrapassam o seu estrito âmbito [106].

sabilidade genérica de recorte aquiliano. Tal não obsta, contudo, a uma indemnização por *culpa in contrahendo,* alicerçada, como diz a lei, na violação dos ditames de boa fé.

Para concluir este apontamento, refira-se ainda o regime da responsabilidade dos mediadores de seguros, consignado no Decreto-Lei n.º 388/91, de 10 de Outubro. Pode relevar-se o art. 8, a), obrigando o mediador a deveres de informação no interesse do (futuro) segurado durante a fase pré-contratual, independentemente de vínculo contratual com este, o art. 8, h), que contempla um dever de protecção em relação a terceiro, e o art. 9, estabelecendo a responsabilidade do mediador perante "o tomador de seguro, os segurados, as pessoas seguras, os beneficiários e as seguradoras". Interessante é também obrigação, constante do art. 8, b), de o mediador prestar assistência ao contrato de seguro *após* a sua conclusão, o que, na ausência de relação contratual entre ele e o segurado, abre portas a uma responsabilidade do terceiro para além de pôr condutas situadas no período pré-negocial; quer aqui, quer no aludido art. 8, h), a própria lei não distingue e, de facto, seria um artifício limitar a responsabilidade do terceiro ao período pré-negocial (como resultaria todavia da construção dessa responsabilidade nos quadros da *culpa in contrahendo; vide infra* o texto).

Diante de um panorama legislativo deste género, aliás com tradição entre nós, compreende-se que o aproveitamento das disposições relativas à mediação para, por analogia, fundamentar a vasta área de responsabilidade do terceiro intercalado nas negociações ponha problemas delicados. Não pode desde logo dar-se por adquirido que a responsabilidade do mediador seja sempre de entender como pré-contratual. Por outro lado, não se devem ignorar as especificidades dos vários tipos de mediação que a lei contempla, nem as diferenças entre eles e outros desempenhos assumidos pelo terceiro durante a formação do contrato (por exemplo, como advogado, avaliador, conselheiro fiscal ou financeiro, etc.; recorde-se apenas que a actividade destes tenderá a ser menos imparcial que a daqueles), a reclamarem a necessidade de ponderação do fundamento dogmático desta responsabilidade (MARCUS LUTTER, por exemplo, *Zur Haftung des Emissionsgehilfen im grauen Kapitalmarkt,* FS Bärmann, München 1975, 613 e 614-615, n. 23, sustenta que a responsabilidade do mediador perante a contraparte no negócio mediado se baseia no facto de o contrato ao abrigo do qual intervém ser de interpretar como contrato com eficácia de protecção para terceiros, o que, no entanto, não se vê como conciliar com a contraditoriedade de interesses entre as partes nesse negócio; defendendo já com vigor a recondução da responsabilidade do mediador à confiança, CANARIS, *Schutzgesetze* cit., 92).

[106] A construção metodicamente correcta da responsabilidade do terceiro por *culpa in contrahendo* convida, considerando a perspectiva de aproveitamento das dis-

Há portanto que passar a outras orientações justificadoras da responsabilidade de terceiros no âmbito da formação de um contrato.

posições relativas à responsabilidade dos mediadores, a posicionar a analogia perante o desenvolvimento do Direito. Na metodologia jurídica salienta-se que a lacuna da lei (como ausência de uma norma no sistema que indique a solução da questão *sub judice*) constitui um pressuposto da constituição *praeter legem* do Direito (cfr. BYDLINSKI, *Juristische Methodenlehre* cit., 472; CANARIS, *Die Feststellung von Lücken im Gesetz/Eine methodologische Untersuchung über Voraussetzungen und Grenzen der richterlichen Rechtsfortbildung praeter legem*, 2.ª edição, Berlin 1983, 17-18; tónica diversa em LARENZ, *Metodologia* cit., 445-446). Todavia, este desenvolvimento do Direito não se faz apenas por um procedimento analógico, pois também os princípios e as valorações gerais do sistema podem assumir um papel relevante, quer na "descoberta" da lacuna, quer no processo do seu preenchimento (cfr., especialmente, CANARIS, *Die Feststellung von Lücken* cit., 93 ss, 160 ss). Parece, por outro lado, de distinguir entre um desenvolvimento do Direito que se situa num plano ainda *imanente à lei*, limitando-se a *completá-la* de acordo com a sua teleologia, e um desenvolvimento do Direito *superador* da lei, embora *intra ius*, dentro da ordem jurídica global e dos princípios que lhe constituem o fundamento (distinguindo também, LARENZ, *Metodologia* cit., 447 ss, 502 ss). Esta diferenciação tem relevo, tanto no tipo de operações implicadas na construção dos casos de responsabilidade de terceiros em apreço, como também no plano da fundamentação constitucional da tarefa dos tribunais nesse desenvolvimento do Direito (quanto a este último aspecto, é conhecida a fórmula da Lei Fundamental alemã que, ao vincular a administração da justiça à «lei e ao Direito», exprime que a lei e o Direito não são opostos, cabendo ao Direito um sentido e um desempenho suplementares em relação àquela; o texto constitucional português aponta, aliás, em direcção análoga: é atribuída aos tribunais, pelo art. 202 da Constituição, competência para administrar a justiça, e apenas depois se estabelece, e de modo autónomo, no art. 203, a sua sujeição à lei).

Importa concomitantemente destrinçar a *analogia legis* da *analogia iuris*. A primeira envolve a transposição de uma regra aplicável na situação prevista pela norma a uma outra situação considerada semelhante a ela. Pode falar-se de uma analogia "particular" precisamente porque se aplica uma norma particular a uma outra situação particular: há um trânsito do específico para o específico, nisso se esgotando o procedimento analógico. A *analogia legis* coloca-se ainda portanto no plano *imanente à lei*, uma vez que trata apenas de desenvolver, de harmonia com o princípio da igualdade, a *ratio legis* da norma aplicada (claro que o estabelecimento do *tertium comparationis* implica uma generalização, mas essa generalização permanece funcionalizada ao procedimento analógico de que concretamente se trata, não chegando o seu conteúdo normativo material a surgir com autonomia para efeito de aplica-

Na sua diversidade, elas manifestam as dificuldades de afirmação do pensamento da confiança; quer por relação com a construção de uma

ção a um número indeterminado de situações). Diferentemente no caso da *analogia iuris*. Aqui retira-se de um conjunto de disposições legais um pensamento fundamentador comum que reclama depois aplicação para um grupo amplo de situações. Neste sentido, esta analogia é *geral*. Alguns (por exemplo, CANARIS, *Die Feststellung von Lücken* cit., 98) objectam que a inclusão deste procedimento no domínio da analogia não é adequada, na medida em que esbate o essencial da particularidade metodológica que ele implica. Esse procedimento revelaria na realidade uma *indução*, pela qual se concluiria do particular para o geral. De facto, não há dúvida que pela dita analogia geral se acede a um conteúdo normativo situado a um *nível diferente* daquele que respeita às regras das quais foi extraído esse conteúdo. Esse conteúdo, de carácter geral, é depois erigido em *critério* autónomo de resolução de casos não regulados. Cria-se, no fundo, uma nova proposição normativa que vai enriquecer o sistema, em vez de, como ocorre na analogia particular, se estender simplesmente uma regra já existente a um caso não contemplado, mantendo todos os outros elementos que compõem o respectivo *Tatbestand*. Há-de convir-se, portanto, que a *analogia iuris* guarda estreita relação com o desenvolvimento do Direito que opera através do recurso a valorações e princípios gerais. Mas não deve ser identificada pura e simplesmente com este último, já que as valorações e os princípios jurídicos gerais podem retirar-se, não apenas de regulações dispersas pelos vários sectores do direito positivo, mas também — considere-se, por exemplo, LARENZ, *Metodologia* cit., 506 ss — da *ideia de Direito* ou da própria *natureza das coisas*. De qualquer modo, se a constituição *praeter legem* do Direito se situa, nestes últimos casos, claramente num plano superador da própria lei (apesar dos apoios normativos que o próprio sistema positivo possa oferecer), a *analogia iuris*, pela sua dependência das várias regulações particulares de que retira um denominador normativo comum, coloca-se afinal na zona fronteiriça do desenvolvimento imanente à lei em relação àquele que a suplanta (manifestando, de resto, quão problemática é a própria demarcação entre os dois domínios).

Saber, de entre as duas, qual a via metodológica que em princípio se deveria percorrer para fundar a responsabilidade de terceiro de que se trata no texto requer, evidentemente, uma ponderação dogmática do problema da responsabilidade de terceiros nas suas diferentes manifestações, bem como uma análise cuidadosa das diversas normas que, no nosso sistema, se lhe referem, com destaque para as relativas às várias espécies de mediação. Sem prejuízo dessa necessidade, pode adiantar--se que a simples *analogia particular* não é suficiente para resolver aquele problema. Não só há diferenças essenciais entre os casos de mediação regulados e alguns outros de responsabilidade de terceiro — para dar um exemplo, a ponderação dos interes-

responsabilidade baseada na violação de "objectivos" deveres de comportamento, quer ainda no que toca à aceitação da especificidade de

ses da contraparte que se exige do mediador logo pela sua função não é exigível em todas as situações de responsabilidade de terceiro —, como as hipóteses pela última abarcadas são tão vastas e *indeterminadas* que não se vê como haveriam de ser resolvidas por simples analogias particulares, sem (ser viável) o estabelecimento de um princípio geral aplicável a elas. Apreciação similar mereceria a tentativa de fundar a responsabilidade de terceiro explorando a via da *analogia iuris* a partir das disposições fragmentárias que se referem à responsabilidade dos mediadores. Através dela só se conseguiria de modo imediato, quando muito, aceder a princípios gerais da responsabilidade dos mediadores. A extensão desses princípios aos casos em que o terceiro intervém numa posição de neutralidade comparável, além de não esgotar todo o espectro de situações possíveis, só pode fazer-se "escavando ainda mais fundo" na responsabilidade dos mediadores em busca de um fundamento de responsabilidade partilhável com as demais hipóteses. A área da responsabilidade de terceiros que se considera é pois, como se disse, demasiado vasta e complexa para ser resolvida por mera analogia com os regimes da responsabilidade na mediação. Estes representarão apenas *modelos regulativos* utilizáveis na constituição do Direito situada num plano *superador* da lei. Embora deva dizer-se que essa constituição há-de esforçar-se por respeitar e esgotar todas as possibilidades que a analogia oferece (aliás, as próprias operações nela implicadas podem muito bem conduzir a uma *reinterpretação* — mais adequada e esclarecida — da própria *ratio* da aplicação analógica).

A apontada via metodológica do desenvolvimento do Direito num plano superador da lei em direcção a uma responsabilidade de terceiros que actuam no processo de formação do contrato não é na sua natureza posta radicalmente em causa pela existência de uma cláusula geral susceptível de abranger essa responsabilidade e de constituir, por isso, um arrimo juspositivo para ela. É verdade que (como se dirá) o art. 227 n.º 1 do Código Civil pode ainda, no plano literal, abranger estas situações, porventura *in extremis*. Contudo, o que se torna decisivo é saber se a cláusula geral ali contida deve de facto ser desenvolvida, aproveitando a sua indeterminação, num sentido que ultrapassa os casos paradigmáticos que a ela se acolhem, em direcção a uma nova aplicação, até aí desconhecida (a responsabilidade de terceiros). A "desenvolução" de cláusulas gerais, o seu preenchimento, são, do ponto de vista metodológico, muito similares ao processo estrito de colmatação de lacunas, pois nelas se estendem igualmente determinadas valorações a hipóteses que não correspondem ao núcleo típico (originário) de aplicações dessa cláusula.

Interessa, por isso, considerar ainda a forma como opera o desenvolvimento do Direito para além do plano da lei (apetece dizer, do nível das disposições de *ius strictum*). A doutrina frisa, como se disse, que um desenvolvimento do Direito se pauta pela existência de uma lacuna, o que obriga, por isso, à sua *determinação exacta*.

uma responsabilidade pela frustração de expectativas no âmbito das modalidades da responsabilidade civil.

Assim, não pode arredar-se em absoluto a hipótese de, ao menos em certos casos, ter sido realmente celebrado, ainda que tacitamente, um *contrato* entre o terceiro interveniente nas negociações ao lado de um dos sujeitos e a contraparte nessas mesmas negociações que ficou lesada (tendo por objecto, *v.g.*, uma determinada informação a prestar pelo mediador ou por um perito ou consultor autónomo [107]). Aqui, o

---

Ocorre que, na medida em que se identifique o *domínio jurídico lacunoso* (onde é de esperar a regulação para o problema em causa), aponta-se simultaneamente, com maior ou menor precisão, no *sentido da solução* almejada, pelo menos excluindo certas alternativas. Determinar o âmbito e a extensão da lacuna é também entrever as normas ou princípios do sistema que hão-de constituir-se em *guias* do enquadramento jurídico para o problema em aberto. Por aqui se vê o carácter decisivo da determinação do campo da lacuna. Ela requer uma *reconstrução crítica das várias áreas dogmáticas susceptíveis de serem convocadas* e uma *encenação das relações entre elas* (quanto a este último aspecto, é bem diferente, por exemplo, admitir-se uma responsabilidade por excepção a um princípio de sinal contrário ou antes como afirmação de um princípio autónomo). Ao reclamar-se, portanto, uma *reconstituição do tecido normativo* das áreas jurídicas implicadas, fica de igual modo clara a importância substantiva-material que as *teorias jurídicas* — entre elas a da confiança — assumem na constituição *praeter legem* do Direito. Só no final de um processo deste género é possível também concluir sobre se, à amplidão do problema demarcado no texto como de responsabilidade dos terceiros participantes na formação do contrato pode corresponder um único desenvolvimento do Direito; ou se, pelo contrário, são de considerar vários, havendo então que apurar os termos da influência recíproca que esses desenvolvimentos podem ter entre si. Percorrer todo este caminho, procurando a redução dogmática específica do problema em jogo, não constitui objecto do presente estudo. As referências que ficam orientam-se antes pela intenção de testar as virtualidades do pensamento da confiança neste campo.

[107] O contrato de informação (pelo qual o terceiro fica a dever à contraparte nas negociações uma informação) só permite naturalmente resolver hipóteses em que a responsabilidade de terceiros se conexiona com a prestação de uma informação incorrecta ou com a não prestação de uma informação devida. Conquanto paradigmáticas, sobretudo em coligação com o exercício de uma actividade profissional (cfr., a propósito, SINDE MONTEIRO, *Responsabilidade por Conselhos* cit., 55; REINER SCHULZE, *Grundprobleme der Dritthaftung bei Verletzung von Auskunfts- und Beratungspflichten in der neueren Rechtsprechung*, JuS 1983, 81-82; HARALD HERRMANN, *Die Sachwalterhaftung vermögensorgender Berufe/Zu den berufssoziologischen und wirt-*

problema da responsabilidade de terceiros na fase preliminar de um contrato recebe uma solução negocial.

schaftsrechtlichen Grundlagen der culpa in contrahendo, JZ 1983, 422 ss), estas situações estão no entanto longe de esgotar todos os casos de responsabilidade possíveis; pense-se, por exemplo, no caso de alguém que intervém no processo de negociação de uma compra e venda de um terreno, suscitando a confiança do comprador em como envidará todos os esforços e removerá os obstáculos de natureza administrativa para que seja concedida uma licença de urbanização, mas depois nada faz, vindo o interessado comprador a perder uma oportunidade alternativa para esse negócio, com prejuízo. (O problema da responsabilidade por informações é, por outro lado, no seu conjunto, mais vasto, visto que abrange situações muito diversas das de "Sachwalterhaftung"; merece também autonomização *infra*.)

Na construção de um negócio de informação levantam-se em todo o caso dificuldades também paradigmáticas da tese contratual da responsabilidade. O mais das vezes não há declarações expressas das partes susceptíveis de instituir um contrato desse tipo. Concebê-lo requer, portanto, apurar em que circunstâncias é que da conduta das partes se há-de poder retirar, por concludência, uma declaração negocial. Frequentemente os dados de facto resumir-se-ão essencialmente a que determinada informação foi prestada pelo terceiro, a solicitação ou não da contraparte, tendo vindo essa informação a influenciar o desenrolar das negociações ou o seu resultado. O que suscita um conjunto de interrogações. Pode, por exemplo, interpretar-se tal conduta do terceiro como cumprimento de um contrato a que simultaneamente ela dá corpo? Constituição e execução do contrato não se deixariam distinguir. E de que modo se destrinça, nestes casos, a prestação "livre" de uma informação da prestação contratual de informação? Qual o relevo que para esta construção apresenta a ausência de solicitação da informação todavia dada, a gratuitidade da informação prestada, a existência ou não de contacto pessoal entre o dador e o destinatário da informação, etc.? Por que forma se aplicam aqui os critérios "clássicos" do negócio, designadamente o da vontade de produzir efeitos jurídicos, e como se compatibilizam com eles os indícios a que é forçoso recorrer? De que modo valorar, por exemplo, para efeito de vinculação negocial, o conhecimento por parte do terceiro a quem é pedida a informação da importância de que ela se reveste para quem a solicitou? Ou o facto de a prestação da informação pertencer ao conteúdo de uma actividade profissional ou ser disponibilizada por quem tem um especial conhecimento da matéria ou se apresenta como tal? Que influência têm o especial empenhamento pessoal do dador da informação através da promessa de certificação da sua exactidão ou de uma garantia da sua correcção, e a circunstância de o dador da informação se apresentar muitas vezes contratualmente vinculado perante a contraparte, titular de um interesse divergente daquele que recebeu essa informação? A resposta a estas interrogações obriga, bem se vê, a uma

Admite-se por outro lado que (quando menos) a solução possa estar na *eficácia protectora para terceiros* do contrato que liga aquele sujeito a uma das partes (e ao abrigo do qual ele interveio nas negociações): esse contrato vinculá-lo-ia à adopção de um certo comportamento também em face da contraparte nas negociações, de modo a preservá-la de danos [108] (embora sem fundar nenhum dever de pres-

---

digressão funda pela teoria do negócio jurídico, cujos alicerces atinge (cfr., por exemplo, FRITZ JOST, *Vertraglose Auskunfts- und Beratungshaftung*, Baden-Baden 1991, 44 ss, 80 ss, e *passim*; A.WIEGAND, *Die "Sachwalterhaftung"* cit., 76 ss; entre nós, *vide* também as considerações de SINDE MONTEIRO, *Responsabilidade por Conselhos* cit., 460 ss). Fora de causa está, por suposto, figurar-se tão-só a existência de um contrato de informação com o fim de se aceder à almejada responsabilidade dos terceiros. Afirmar apenas que uma justa ponderação da situação de interesses reclama uma responsabilidade contratual do dador da informação poderá apontar, quando muito, para que o Direito seja adaptado — porventura *praeter legem* — às necessidades do tráfico jurídico, mas não legitima de modo algum distorções na dogmática do negócio.

[108] Considere-se a situação decidida pelos tribunais alemães de um perito em construções que foi encarregado pelo vendedor de emitir um parecer acerca de um imóvel, tendo-lhe sido dado a conhecer que esse parecer se destinava ao respectivo processo de venda. A informação que veio a ser prestada não fez qualquer referência a defeitos importantes no telhado, que passaram inadvertidos ao perito. Colocou-se então o problema da responsabilidade deste perante o comprador, que acabou por efectuar a aquisição de uma casa afectada afinal com sérias deficiências. O tribunal admitiu que o contrato entre o perito e o vendedor desenvolvia uma *eficácia protectora para terceiros* e, nessa base, decidiu pela responsabilidade do perito perante o comprador (cfr. sent. BGH de 10.11.94, que mereceu o comentário de MEDICUS, JZ 1995, 308 ss, e de CANARIS, *Schutzwirkungen zugunsten Dritter bei "Gegenläufigkeit" der Interessen*, JZ 1995, 441 ss; deste último, cfr. ainda *Die Haftung des Sachverständigen zwischen Schtuzwirkungen für Dritte und Dritthaftung aus culpa in contrahendo*, JZ 1998, 603 ss).

O cerne do contrato com eficácia de protecção para terceiros está no reconhecimento de que determinados negócios podem conferir uma certa tutela a quem não é neles parte; através da atribuição a esses terceiros de um direito indemnizatório, não em virtude do incumprimento de um dever de prestar — pois este existe apenas, salvo excepções como a do contrato a favor de terceiro, entre as partes —, mas pelo não acatamento de outros deveres que integram a relação obrigacional no seu todo. É fácil intuir que esta construção postula o carácter *complexo* da relação obrigacional e a distinção, nesta, entre os deveres de prestar e outros comportamentos exigíveis na pendência contratual, mas independentes do vínculo de prestação. Tal destrinça permite evitar o escolho da ruptura do princípio da relatividade do contrato. O domínio deste princípio fica restringido ao âmbito da relação de prestação. Não tem que vigorar quanto à "relação de protecção", que poderá abranger terceiros.

A justificação dogmática deste instituto tarda, o que se reflecte evidentemente na segurança da sua aplicação ao tipo de casos agora em apreço. Considerando as várias propostas de ordenação dogmática que têm sido defendidas (cfr., por exemplo, KLAUS-WILHELM KÜMMETH, *Die dogmatische Begründung des Rechtsinstituts des Vertrags mit Schutzwirkung zugunsten Dritter*, Würzburg 1976, 22 ss, e *passim*; WILHELM SCHÜTZ, *Schadensersatzansprüche aus Verträge mit Schutzwirkung für Dritte*, Heilbronn 1974, 63 ss; JÜRGEN SONNENSCHEIN, *Der Vertrag mit Schutzwirkung für Dritte — und immer neue Fragen*, JA 1979, 225 ss, esp. 226-227; GERHARD RIES, *Grundprobleme der Drittschadensliquidation und des Vertrags mit Schutzwirkung für Dritte*, JA 1982, 453 ss, esp. 456 ss; FRANZ BYDLINSKI, *Vertragliche Sorgfaltspflichten zugunsten Dritter*, JBl 1960, 359 ss; H.-J. KEITEL, *Rechtsgrundlage und systematische Stellung des Vertrags mit Schutzwirkung für Dritte*, Frankfurt a. M. 1988), podem identificar-se duas orientações essenciais. Uma delas enquadra o contrato com eficácia de protecção para terceiros (ainda) dentro da *fenomenologia negocial*, procurando nas declarações negociais das partes e na sua adequada interpretação um fundamento para essa eficácia protectora. Nesta linha se insere a sua perspectivação como tipo contratual mais "fraco" em relação ao contrato a favor de terceiro (não se estabelecendo nele deveres de prestar exigíveis por terceiro, considera-se contudo o devedor contratualmente vinculado a um certo comportamento destinado a proteger interesses de terceiro).

É claro que a recondução do contrato com eficácia de protecção para terceiros à autonomia privada negocial implica a necessidade de estipulações contratuais que prevejam a eficácia protectora do negócio, o que coloca dificuldades por tais estipulações só por excepção ocorrerem. A interpretação razoável das declarações das partes, atentas as circunstâncias e os interesses, desenvolve-se já, no fundo, na direcção da *integração* do contrato. A integração requer uma lacuna e esta é realmente susceptível de se manifestar. Com frequência, o escopo do contrato celebrado compreende (também), com maior ou menor correspondência nas representações das partes, um benefício a ser recolhido por terceiro; a sua consecução pode implicar a preservação do terceiro de certos danos causáveis pelo devedor. A lacuna conexiona-se sem dúvida com as condições necessárias para a realização do interesse de prestação tal como ele resulta das estipulações contratuais, mas o seu critério estende-se mais amplamente àquilo que constitui a "lógica" ou o "sentido" do acordo celebrado. Em todo o caso, embora o preenchimento da lacuna possa, nestes casos, ligar-se ainda à vontade presumível das partes — sindicada todavia pela boa fé (cfr. o art. 239) — e, nessa medida, achar-se ainda também estreitamente ligada ao universo da autonomia privada, ele é já um procedimento que se situa *a caminho* da relevância de pontos de vista *não necessariamente reconduzíveis à vontade das partes*, como o da razoabilidade ou justeza do quadro normativo que convém a um determinado negócio, ponderada a situação "objectiva" de interesses dos sujeitos no momento da conclusão do contrato. Por isso a justificação para sustentar que a integração se posiciona numa zona cinzenta entre o contrato e o direito objectivo, entre autonomia privada e disciplina heterónoma de uma relação (cfr. o nosso *Contrato e Deveres de Protecção*, 73 ss); por isso ainda se compreende uma certa ambiguidade da doutrina, que, ao indicar a integração como fundamento do contrato com eficácia de protecção para terceiros, vacila entre a ordenação à vontade das partes e o recurso a uma ponderação objectiva de interesses (assim, SINDE MONTEIRO, *Responsabilidade por Conselhos* cit., 520 ss, considera que a integração abre espaço para um aperfeiçoamento do direito por via judicial, chegando a admitir — no que não deixaríamos de criticar uma miscigenação de planos e uma descaracterização da integração — que o art. 239 fornece "uma boa base para a construção de uma eficácia em relação a terceiros centrada numa consideração objectiva dos interesses, sem que seja indispensável verificar se, em concreto, existe lacuna"; elucidativa é também a oscilação do pensamento de LARENZ, significativa pelo contributo por ele prestado à afirmação do contrato com eficácia de protecção para terceiros: tendo-se acolhido, durante muito tempo, à interpretação complementadora para justificar essa protecção, acabou por reconhecer mais tarde a inexistência de lacuna contratual, sedeando-o num desenvolvimento jurisprudencial do direito ao abrigo da boa fé [*Lehrbuch des Schuldrechts* cit., I, 226-227]; por seu turno, C. MOTA PINTO, *Cessão* cit., 419 ss, não refere a integração em que se baseara para a fundamentação dos simples deveres laterais [*op. cit.*, 339, 343], mas convoca, em simultâneo, duas raízes na realidade distintas, a razoabilidade e o contrato a favor de terceiro).

As dificuldades de posicionamento da integração do negócio num cenário de diferenciação entre as valorações do direito objectivo e a vontade das partes constituem o prelúdio de outro tipo de explicações para o contrato com eficácia de protecção para terceiros, explicações essas que buscam arrimo em factores diversos da autodeterminação das partes. A eficácia protectora de terceiros é tida agora como originada, não já por uma complementação (aliás, por definição, casuística) da vontade das partes, mas por um desenvolvimento *praeter legem* do direito objectivo, através da formulação de critérios (susceptíveis de generalização em termos normativos) que reflectem "puras" considerações de justiça e razoabilidade, ainda que, não raro, dissimuladas sob o nome de integração (importante para este entendimento

J. GERNHUBER, *Drittwirkungen im Schuldverhältnis kraft Leistungsnähe*, FS für Nikisch, Tübingen 1958, 249 ss). Um dos pontos de vista mais em voga neste tipo de orientação dogmática é o que reconduz o contrato com eficácia de protecção para terceiros à responsabilidade pela confiança (assim, CANARIS, *Ansprüche* cit., 477 ss, na medida em que a relação unitária de protecção que alicerça na confiança poderia abranger outros sujeitos além dos da relação de prestação; a sua crítica não pode desligar-se da justificação global a dar aos deveres de protecção e da articulação destes com a tutela das expectativas; *vide* já a propósito o nosso *Contrato e Deveres de Protecção* cit., 43 ss, e 103, 251 ss).

De facto, é importante diferenciar bem, em ordem a uma adequada redução dogmática do contrato com eficácia de protecção para terceiros, os casos susceptíveis ainda de explicação no quadro da teoria do negócio daqueles que repousam em valorações independentes da vontade das partes. Por muito difícil que possa ser traçar uma linha clara de fronteira entre os dois planos. Assim, é insustentável do ponto de vista sistemático a pretensão de, num mesmo plano, recorrer à integração do negócio e advogar simultaneamente que o contrato com eficácia de protecção para terceiros corresponde a um desenvolvimento jurisprudencial do Direito. São, por outro lado, igualmente evidentes os reflexos práticos da aludida distinção. Por exemplo, estando-se dentro do universo negocial, tem cabimento a aplicação dos preceitos que regulam a vida do contrato, desde a sua formação até à sua execução. Já se o fundamento da eficácia protectora de terceiros se situa noutro horizonte serão as regras aí vigentes (por exemplo, as relativas à confiança) as convocadas. Nestes últimos casos a expressão "contrato com eficácia de protecção para terceiros" é mesmo equívoca e, mais do que isso, inadequada do ponto de vista terminológico. O seu uso corrente esconde realidades dogmáticas distintas que não devem ser confundidas. MENEZES CORDEIRO, *Da Boa Fé* cit., I, 623-625, consciente desta diversidade, viu na boa fé uma explicação provisória do instituto.

Há portanto que escavar mais fundo os alicerces dogmáticos do contrato com eficácia de protecção para terceiros. Pensamos que tal conduz inevitavelmente à dispersão das várias *facti-species* por quadrantes distintos e deita a perder uma — pretensa e amiúde pressuposta — unidade sistemática entre elas. Considerando as grandes orientações precedentemente delineadas, são de destrinçar as hipóteses em que a eficácia protectora para terceiros resulta tão-só da extensão a sujeitos alheios ao contrato daqueles deveres de comportamento que, não sendo deveres de prestar, se incluem na relação obrigacional complexa, das situações em que se atribuem a um terceiro pretensões indemnizatórias em virtude de um incumprimento ou cumprimento imperfeito de um *dever de prestar*. Importa autonomizar a extensão a terceiros daquelas vinculações que visam tão-só a protecção do *status quo* patrimonial dos sujeitos daqueloutras cujo acatamento lhes proporciona ou assegura vantagens que ultrapassam o simples interesse da preservação patrimonial (e que, nesse sentido, se poderá dizer dirigem-se à satisfação de interesses "positivos" de terceiros). O que não é de estranhar, já que na relação contratual se descortinam também deveres de conduta que, não sendo deveres de prestar, se destinam a favorecer a realização da prestação ou a consecução das finalidades com ela prosseguidas pelo credor.

Quanto às adstrições primeiro assinaladas, dir-se-á que ao menos uma parte significativa delas não difere substancialmente das que proporcionam uma tutela delitual dos bens jurídicos; assim ocorreria quando está em causa a mera protecção dos interesses de terceiros contra *ingerências* na sua esfera patrimonial, de modo a preservá-los de danos. Contudo, os deveres susceptíveis de onerarem o devedor para com terceiros podem transcender o âmbito da protecção aquiliana. Por exemplo, ao reclamarem dele condutas que o direito delitual não imporia para evitar prejuízos no *status quo* patrimonial alheio. Além disso, porque desencadeiam um regime de responsabilidade em diversos aspectos mais rigoroso do que o delitual comum (cfr. o nosso *Contrato e Deveres de Protecção* cit., respectivamente 184-185, 279-280 e n. 611, e 264 ss). Ainda assim, esses deveres apresentam uma certa independência do contrato celebrado. Não dizem respeito à específica ordenação de interesses instituída negocialmente entre as partes e podem, por isso, subsistir em caso de ineficácia daquela. A emancipação destas hipóteses do universo contratual permite uma depuração da figura do contrato com eficácia de protecção para terceiros de casos de responsabilidade que não dependem da autonomia negocial.

Em boa verdade, uma redução dogmática capaz da eficácia protectora para terceiros entrecruza-se, em toda a extensão, com a justificação que cabe às várias espécies de deveres laterais incluídos na relação obrigacional complexa. É por isso também que essa eficácia cobre um espectro dogmático heterogéneo, entre os confins do delito e o limiar do contrato, de harmonia com o leque sistemático por que se distribuem os diferentes tipos dessas adstrições (quanto ao diagnóstico no sector específico dos deveres de protecção, com aplicação a este problema, cfr. o *nosso* estudo cit., esp. 258 ss).

Claro que a dita "eficácia protectora de terceiros" não se esgota na extensão a sujeitos além das partes de deveres de protecção (destinados à salvaguarda da intangibilidade patrimonial), o que é relevante para o devido enquadramento das situações de prejuízo de um terceiro ocorrido um não cumprimento de um *dever de prestar*. Frequentemente, as partes têm em vista, ao contratarem, (também) interesses de terceiros que a prestação há-de satisfazer: seja, *v.g.*, o caso do contrato de arrendamento que alguém celebra para habitação da família ou o contrato dos pais com o médico para prestação de serviços de saúde ao filho doente. A ligação entre a prestação e o terceiro é por vezes tão estreita que aquela se chega a determinar pelo interesse do terceiro e a ter mesmo de ser efectuada directamente a este. A ideia de, então, ultrapassar a rigidez das posições jurídicas contratuais, e conceder a quem não é parte no acordo uma pretensão indemnizatória verificado um não cumprimento da prestação, vem de encontro à necessidade de tutelar eficientemente a posição do titular efectivo do interesse protegido pelo contrato (alguns desenvolvimentos *infra*, na nota seguinte, *in fine*); uma necessidade que se faz sentir especialmente quando o terceiro não dispõe de pretensões próprias contra o credor da prestação.

Nesta veste, a eficácia de protecção para terceiros constitui de certo modo uma inversão da directriz que preside ao *instituto da liquidação do dano de terceiro*, que é a de permitir a um sujeito obter o ressarcimento de um prejuízo com que não foi atingido, tendo-o sofrido um terceiro (sobre este instituto pode confrontar-se, por exemplo, HORST HAGEN, *Die Drittschadensliquidation im Wandel der Rechtsdogmatik/Ein Beitrag zur Koordinierung von Rechtsfortbildungen*, Frankfurt a. M. 1971; FRANK PETERS, *Zum Problem der Drittschadensliquidation*, AcP 180 [1980], 329 ss; ULRICH STEDING, *Die Drittschadensliquidation*, JuS 1983, 29 ss; entre nós, cfr. esp. as referências de CALVÃO DA SILVA, *A Responsabilidade Civil do Produtor*, Coimbra 1990, 310 ss; por último, cfr. ainda JÖRG NEUNER, *Der Schutz und die Haftung Dritter nach vertraglichen Grundsätzen*, JZ 1999, 126 ss, com a novel proposta de admissão de um "contrato com liquidação de dano a favor de terceiro" para abranger aquelas situações em que o prejuízo decorrente do incumprimento de deveres contratuais apenas se pode dar à partida na pessoa do terceiro, e reservando a liquidação do dano de terceiro para os casos de deslocação fortuita do dano para outrem). No contrato com eficácia de protecção para terceiros atribui-se a um sujeito que não é parte no contrato uma pretensão que ele em princípio não teria para ressarcir um prejuízo que sofreu. Na liquidação do dano de terceiro, confere-se a quem, à luz do contrato, possuía um direito indemnizatório por não cumprimento a possibilidade da reparação de um dano que se produziu na esfera de um terceiro. De comum trata-se de corrigir uma *dissociação* entre interesse (e dano) e meio jurídico de tutela (se se quiser, uma não coincidência entre a eficácia social do contrato e a eficácia jurídica da relação de prestar instituída). No primeiro caso, há interesse, mas existe *deficit* de meio jurídico, no segundo, há meio jurídico, mas falta interesse. (Parece também que do recorte diverso da liquidação do dano de terceiro e do contrato com eficácia de protecção para terceiros decorre uma certa relação de prioridade entre eles. Só quando ao prejudicado, ainda que terceiro em relação ao contrato, não possa conceder-se uma pretensão indemnizatória faz sentido permitir a quem é parte no contrato a reparação de um prejuízo que não sofreu pessoalmente; se o terceiro tiver meios de tutela que possa fazer valer por ele próprio nenhuma razão se descortina para a liquidação do dano de terceiro.)

Pelo que vai dito, a fundamentação dogmática da eficácia protectora de terceiros perante o incumprimento de um dever de prestar gravita efectivamente na órbita da autonomia negocial e do sentido do contrato celebrado entre as partes, na linha de uma adaptação da responsabilidade à configuração real dos interesses que com ele se queriam prosseguir. Também o problema da extensão a terceiros de deveres de comportamento de orientação positiva — que não se esgotem pois na simples defesa da integridade patrimonial dos sujeitos — se deve aproximar, apesar da sua especificidade, destas hipóteses. Está igualmente em jogo uma responsabilidade dependente do contrato atendendo aos objectivos que ele se destina a promover.

Retorne-se agora à questão da viabilidade de, pelo contrato com eficácia de protecção para terceiros, se resolverem as hipóteses de responsabilidade de terceiros *in contrahendo*. Tendo presentes as coordenadas dogmáticas daquela figura, precedentemente esboçadas, a pertinência da sua invocação varia consoante o tipo de eficácia que seja concretamente convocada. Mesmo sem examinar a casuística possível, podem em todo o caso sublinhar-se algumas exigências e dificuldades desta construção. Uma delas traduz-se na necessidade de identificação ou circunscrição dos terceiros protegidos. A jurisprudência germânica tem lançado mão de pontos de vista como o da proximidade de terceiros com respeito à prestação devida ao credor, o do interesse especial do credor em proteger os terceiros contra os riscos ligados à prestação, designadamente quando ele próprio é responsável por esses mesmos terceiros (familiares, etc.), bem como o da previsibilidade ou cognoscibilidade, por parte do devedor, dessas circunstâncias, este essencial para que o devedor possa assumir e controlar a extensão da responsabilidade em causa (obviando ao seu desmesurado crescimento; de facto, além da necessidade de tutela do terceiro, é necessário ponderar a razoabilidade da responsabilidade do prisma do devedor). A fórmula, durante muito tempo empregue, de que o credor tinha de ser responsável pelo bem-estar de terceiros, havendo de lhe caber um dever de assistência ou de cuidado pessoal para com estes (a conhecida *Wohl- und Weheformel*), foi-se revelando demasiado estreita, face às pressões para o seu alargamento. Na superação dele, é notória a influência de uma decisão do BGH, o *"Lastschriftverfahrensurteil"*, BGHZ 69, 82 ss, que reconheceu a eficácia protectora para terceiros numa situação de pagamentos bancários e que é susceptível de se resumir deste modo: um credor obtinha a satisfação dos créditos derivados de uma relação permanente de negócios que mantinha com o devedor, apresentando ordens de pagamento ao seu banco; este satisfazia-lhe o seu valor na condição de o obter também do banco do devedor, para cujo efeito enviava essas ordens de pagamento ao banco do devedor. Ora, o banco do devedor cessou os seus pagamentos por falta de cobertura da conta do devedor, sem ter informado disso o banco do credor. O credor continuou durante algum tempo a efectuar fornecimentos ao devedor, mas não pôde já cobrar os créditos respectivos por o devedor ter aberto falência pouco tempo depois. O tribunal considerou que ao banco do devedor cabia um dever de comunicação da falta de pagamento da ordem de cobrança ao banco do credor e que ao credor assistia uma pretensão indemnizatória contra o banco do devedor, invocando o contrato com eficácia protectora de terceiros. A decisão aplica esta figura a situações de negócios bancários correntes e, até, massificados, transcendendo assim um estreito (e implantado) critério assente na *natureza pessoal* da relação entre credor e terceiro (embora seja óbvio que o dever de comunicação do banco do devedor se destinava à partida à salvaguarda dos interesses de um sujeito determinado, o cliente, e não, aliás, do seu banco, tal não implica a admissão de uma relação "pessoal" entre estes). A decisão é substancialmente correcta. O banco do credor dos pagamentos não sofreu prejuízo com a conduta culposa do banco do devedor. Havendo contudo um interesse de terceiro que o dever de informação a cargo deste último banco visava proteger, não faria sentido ilibá-lo de responsabilidade com esse pretexto e, com isso, chegar a uma irrelevância prática da imposição do dever. O contrato com eficácia de protecção para terceiros é chamado a preencher aqui uma função — que inspira também a liquidação de danos de terceiro e revela deste modo uma proximidade entre os dois institutos — de obviar à criação de áreas de irresponsabilidade e de *deficits* de protecção de interesses patrimoniais decorrentes da divisão de tarefas em processos económicos complexos (para uma consideração análoga no domínio dos deveres de protecção em geral, *vide* o nosso *Contrato e Deveres de Protecção* cit., 278-279; sobre o contrato com eficácia de protecção para terceiros e a liquidação de danos de terceiro na área dos pagamentos bancários, ainda WALTER HADDING, *Drittschadensliquidation und "Schutzwirkungen für Dritte" im bargeldlosen Zahlungsverkehr*, FS für Winfried Werner, Berlin, New York 1984, 165 ss, pendendo para resoluções baseadas na liquidação de dano de terceiro).

O contrato com eficácia de protecção para terceiros exige proximidade entre credor e terceiro. Mas é difícil reconduzir a uma fórmula simples e unitária a circunscrição adequada dos terceiros abrangidos, atenta a extrema variedade de situações a que esta figura tem procurado corresponder. Ao mesmo tempo há-de evitar-se a tendência para um desordenado e casuístico crescimento da responsabilidade, ao arrepio ou com desconsideração das características e valorações subjacentes a cada uma das constelações típicas desta figura. Reflectindo a ordenação dogmática acima esboçada das hipóteses que se lhe acolhem, reitere-se que é criterioso diferenciar consoante esteja em causa a mera violação de deveres laterais de conduta ou surja envolvido o próprio desrespeito de deveres de prestar por parte do devedor, assim como distinguir entre o mero interesse do terceiro na preservação da sua integridade física ou patrimonial e o interesse de terceiro que concerne à própria prestação devida.

Considerando o primeiro destes interesses, a perigosidade da prestação para o terceiro avulta para estabelecer a necessária proximidade deste em relação ao contrato alheio; já tratando-se do interesse de terceiro na prestação do devedor, sobreleva a medida em que o benefício da prestação se dirige ou é orientado pelas partes ao terceiro (*vide*, numa orientação coincidente, DIETER MARTINY, *Pflichtenorientierter Drittschutz beim Vertrag mit Schutzwirkung für Dritte — Eingrenzung uferloser Haftung*, JZ 1996, 25).
   De qualquer modo, sejam quais forem as situações de eficácia de protecção para terceiros concretamente em causa, no que respeita à relação que ocorre entre credor e terceiro (pessoal ou não) sempre se requererá que eles se situem no "mesmo campo", do "mesmo lado". As hipóteses de responsabilidade na contratação que se versam no texto manifestam contudo, via de regra, quanto a este aspecto, uma fisionomia bem diferente (o que foi justamente pretexto de pertinentes discordâncias com a sentença do tribunal germânico indicada no início da presente nota; cfr. anotações dos *auts*. e *locs* aí cits.). Credor e terceiro surgem normalmente com *interesses contrapostos*, sendo o ganho de um a perda do outro. Nestas circunstâncias, torna-se logo suspeito admitir uma protecção de terceiros, quer por interpretação ou integração do negócio, quer na base de considerações de razoabilidade puramente objectivas (contra porém, insensível a este ponto, MENEZES LEITÃO, *Actividades de intermediação e responsabilidade dos intermediários financeiros*, in Direito dos Valores Mobiliários, II, Coimbra 2000, 141 n. 15). Atente-se no problema da extensão dos meios de defesa a fazer valer pelo devedor. Aquele que foi introduzido no processo das negociações por uma das partes pode ter excepções a fazer valer contra ela (no exemplo acima dado, o filho do vendedor tinha ocultado dolosamente ao perito o estado do telhado, tolhendo assim a responsabilidade deste perante o alienante). Essas *excepções*, na coerência do pensamento de que a eficácia de protecção para terceiros radica efectivamente num contrato, deveriam ser *oponíveis ao terceiro* parceiro nas negociações. Mas esta consequência *não se apresenta sempre consentânea com uma adequada protecção de terceiros*. É certo que nos casos de eficácia protectora de terceiros alguns admitem (cfr., por exemplo, ESSER/SCHMIDT, *Schuldrecht/Allgemeiner Teil*, I/2, 8.ª edição, Heidelberg 2000, 273, quanto a nós — cfr. *Contrato e Deveres de Protecção* cit., 114 n. 224 —, pelo menos para parte das hipóteses com boas razões) que o terceiro adquire um direito indemnizatório situado a salvo das limitações que sofra a posição do credor, precisamente pela independência ou auto-suficiência de fundamento do seu direito em relação ao do credor. A justeza desta perspectiva varia, no entanto, com o tipo de hipóteses que estão em jogo e com o fundamento que em cada caso caiba à eficácia protectora. Quando terceiros intervêm nas relações de negociação por contrato com uma das partes

contrariaria o mais das vezes, tanto a vontade presumível das partes nesse contrato, como a razoabilidade, admitir que eles se teriam querido ou devessem despojar, no confronto com o outro sujeito das negociações, dos meios de defesa que lhes assistiriam contra a parte no seu próprio contrato. A contraditoriedade dos interesses das partes *in contrahendo*, a vinculação contratual apenas a uma delas e a intervenção no exercício de uma actividade que é, via de regra, profissional e — logo — economicamente interessada (com a inerente preocupação de minimização dos riscos de responsabilidade que se situa na respectiva "lógica") a isso conduzem. Claro que este obstáculo pode ultrapassar-se considerando que o fundamento da responsabilidade do terceiro é a confiança que ele concitou na contraparte das negociações. Essa confiança impedi-lo-ia de invocar contra ela os meios de defesa que lhe advêm da relação com o sujeito ao qual se encontra contratualmente vinculado. Só que então, fixada na confiança a raiz da sua responsabilidade, não se vê que sentido possa ter convocar um *contrato* (com eficácia de protecção para terceiros) para a justificar.

Mais razoável nestes casos será, por isso, a construção que reconduz a obrigação de indemnizar do terceiro ao quadrante de uma responsabilidade *in contrahendo*. Ela evita a dificuldade colocada pela oposição de interesses. No âmbito da teoria da confiança (da *culpa in contrahendo*), o que passa a ser decisivo é agora a confiança que uma das partes nas negociações depositou no terceiro ligado à outra parte e a respectiva imputabilidade a esse terceiro (veja-se também, a propósito da responsabilidade de advogados por opiniões jurídicas perante terceiros, JOHANNES ADOLFF, *Die zivilrechtliche Verantwortlichkeit deutscher Anwälte bei der Abgabe von Third Party Legal Opinions*, München 1997, 136-137). Por outro lado, o problema das excepções resolve-se com muito maior facilidade: o confiante não pode ser confrontado com os meios de defesa que caibam ao terceiro, por força da sua relação contratual, perante a contraparte. A sua pretensão é "originária", não derivada de um contrato alheio; tem um fundamento distinto do negocial e não está, por isso, dependente daquela relação contratual. O que não ocorreria em rigor na lógica da construção do contrato com eficácia de protecção para terceiros (orientação diversa de ANNA ZIEGLTRUM, *Der Vertrag mit Schtuzwirkung für Dritte/Vom "Fürsorgeverhältnis" zu "gegenläufigen" Interessen*, Frankfurt a. M., Bern, New York, Paris 1992, 219-220, a qual, considerando que a contraposição de interesses não obsta a um contrato com eficácia de protecção para terceiros, admite que se a prestação se apresentar destinada a terceiro, não pode o devedor invocar excepções da sua relação com o credor). Mas importa averiguar, de harmonia com o objectivo que nos norteia, se, apesar destas vantagens, a confiança tem, também aqui, virtualidades explicativas adequadas. Está em causa o papel que ela possa legitimamente reivindicar em geral na *culpa in contrahendo*, face às alternativas de racionalização deste instituto.

tar perante ela, pois então deparar-se-ia um genuíno *contrato a favor de terceiro*, o que, embora evidentemente de equacionar, seria todavia, muito frequentemente, uma pura ficção [109]).

[109] Como é sabido, o contrato a favor de terceiro funda para esse terceiro um verdadeiro direito subjectivo. A perspectivação do acordo que une aquele que foi introduzido no processo de formação do negócio a um dos contraentes como negócio desse tipo (a favor do outro parceiro negocial) não pode ser olvidada, embora seja manifestamente insuficiente para resolver globalmente a presente temática. Há um obstáculo de ordem geral a esta construção que se traduz na situação típica de *oposição* em que se encontram aqueles entre quem decorrem as negociações. Ora, o contrato a favor de terceiro requer por natureza uma vontade de atribuição de um benefício por parte do promissário (vantagem essa traduzida, no campo dos contratos obrigacionais, pela prestação a cargo do promitente). Contudo, apesar das dificuldades de conceber e caracterizar a relação de valuta nos casos de contrariedade de interesses, não pode excluir-se liminarmente a figura do contrato a favor de terceiro, pois o contrato pode ter tido efectivamente em vista conferir ou proporcionar (também) um benefício ao terceiro durante o processo negocial.

Apurar se, num contrato, as partes quiseram atribuir a outrem o direito a uma prestação depende da indagação do conteúdo da sua vontade (cfr., por todos, DIOGO LEITE DE CAMPOS, *Contrato a Favor de Terceiro*, Coimbra 1991 [reimpr.], 51--52). Todavia, na ausência, como é de regra nas hipóteses em consideração, de declarações expressas, têm de valorar-se indícios, o que, até certo ponto, convola a identificação do contrato a favor de terceiro para um plano de *razoabilidade*. Trata-se agora de presumir um contrato a favor de terceiro se este se revelar adaptado à constelação de interesses em presença (sendo que as expectativas do terceiro deverão ser levadas em conta), e de dar então por indiciariamente demonstrada a vontade de celebração deste tipo de negócio. (Para uma análise do critério das expectativas do terceiro enquanto fundamento de um direito à prestação, mas também como base de uma responsabilidade pela confiança, pondo em relevo quão ténue pode surgir a linha divisória entre ambos os quadrantes dogmáticos, M. METZGER/M. PHILLIPS, *Promissory estoppel and third parties*, Sw. L. J. 42 [1989], 945 ss.) Mas serão raras as hipóteses em que, sem ficção, o contrato a favor de terceiro é de admitir. Além da contraposição de interesses acima referida, note-se que esse contrato implica um acréscimo de risco de responsabilidade para aquele que nele figuraria como promitente (o perito, o consultor, o auditor), dada a sua responsabilidade simultânea perante promissário e terceiro; o que contraria, na ausência de indícios claros, a presunção de uma vontade desse sujeito de reconhecer também à contraparte nas negociações um direito próprio e autónomo à prestação a que se vinculou.

Uma outra dificuldade se depara a esta construção. Com efeito, o que está tipicamente em causa nos casos de responsabilidade de terceiro no âmbito das

Convoca-se ainda a ideia da *responsabilidade profissional:* se a intervenção do terceiro se deu no quadro de uma actividade profissional, ele

negociações é o mero *ressarcimento dos danos* que a sua conduta ocasionou à contraparte, isto é, uma *pretensão indemnizatória* contra esse terceiro. Ora, o contrato a favor de terceiro implica a atribuição ao terceiro de um *direito ao cumprimento* (cfr. art. 444 n.º 1). Nesse sentido, ultrapassa, como solução dogmática, o problema que visa resolver. Poderá insistir-se em que, estando a atribuição de um direito ao cumprimento sujeita, no contrato a favor de terceiro, ao princípio dispositivo, nada obsta a que as partes confinem voluntariamente o terceiro a uma simples pretensão de indemnização. Não se elimina porém o perigo da ficção (à luz das razões precedentemente invocadas, tendo em conta a ausência habitual de estipulação nesse sentido). De resto, a cisão entre o *plano dos deveres primários de prestação* — que ligariam apenas as partes celebrantes — e o dos *deveres secundários substitutivos* — a que pertence o dever de indemnização por não cumprimento ou cumprimento deficiente dos deveres de prestação e que se estabeleceriam a favor do terceiro — implicaria um desmembramento (subjectivo) da relação contratual que desfiguraria os traços essenciais do tipo "contrato a favor de terceiro", construído pela lei na base da unidade entre esses dois planos. Ter-se-ia deixado o terreno seguro dessa figura contratual (pisando-se já o campo da mera eficácia de protecção para terceiros de um determinado contrato).

Dois exemplos permitem ilustrar estes aspectos. No primeiro (inspirado na jurisprudência alemã; cfr. sent. BGH de 25.4.74, WM 74, 685-687), o cliente de um banco pretende saber se pode efectuar a outro sujeito um fornecimento de mercadorias a crédito, sem garantias, e pede a esse seu banco uma informação sobre a solvabilidade deste. O banco solicita, por sua vez, essa informação ao banco do potencial comprador das mercadorias, o que faz de tal modo que se torna claro que essa informação se destina a possibilitar uma decisão de contratar, não dele, mas de um seu cliente. Posteriormente à prestação da informação, o contrato é concluído, mas em breve o comprador das mercadorias vê-se impossibilitado de solver os compromissos que assumira. Verificou-se que à data da prestação da informação por parte do banco do comprador já este havia ultrapassado significativamente o tecto da linha de crédito que aquele lhe havia concedido e tinham surgido dificuldades que indiciavam problemas de solvabilidade. Numa situação como a descrita, a construção de um contrato a favor de terceiro implicaria que o banco do comprador tivesse querido vincular-se perante o fornecedor das mercadorias à prestação da informação, o que não é razoável admitir-se na falta de outras circunstâncias; a informação foi prestada ao outro banco e não houve contacto entre quem prestou a informação e aquele cuja decisão de contratar estava em causa (independentemente até da questão da possibilidade — que se exigiria também — de divisar na concreta conduta desse banco uma verdadeira declaração de *vinculação negocial* à prestação da informação ao fornecedor). Se, portanto, ao beneficiário da informação não assiste nenhuma pretensão de cumprimento da obrigação de informar, como é que, sem romper o quadro de um autêntico contrato a favor de terceiro, se lhe poderia reconhecer uma pretensão indemnizatória por falta ou deficiência de informação? Mas avance-se por sobre o problema da cisão entre deveres primários de prestação e deveres secundários de reparação de danos, com quebra inaceitável do nexo funcional que une os segundos aos primeiros, e pergunte-se ainda: de que modo se poderia extrair do comportamento das partes uma *convenção negocial* no sentido da aludida cisão e da celebração, assim, de um "contrato a favor de terceiro no plano da prestação secundária da reparação dos prejuízos"? Os indícios a que se poderia recorrer não deporiam antes no sentido precisamente de uma solução dogmática que não fizesse violência sobre o *negócio* a favor de terceiro, inspirada antes em valorações objectivas e desligadas da vontade dos sujeitos? Tudo conflui para ilustrar o carácter muito limitado de que se reveste a construção do contrato a favor de terceiro na presente sede.

Outro exemplo contribui igualmente para avaliar as possibilidades reais desta figura. Embora a uma primeira vista sem conexão com a *culpa in contrahendo*, nele revela-se todavia a questão da responsabilidade de um sujeito por falta da colaboração necessária para a celebração de um negócio em que não é parte, permitindo avaliar as alternativas à responsabilidade pré-contratual de terceiros que se trata de ponderar. Tornou-se emblemático pela agitação que em torno dele se gerou, tanto na doutrina germânica como também na anglo-saxónica — na Inglaterra deu-se uma ocorrência similar —, devido ao *nó* de perspectivações dogmáticas que nele se concentram. O caso, decidido por sentença do BGH de 6.7.65 e constituído em autêntico "leading case" da jurisprudência tudesca, é o seguinte: um advogado foi contratado por certo sujeito para redigir um testamento, no qual uma filha ficaria instituída como única herdeira, tendo o respectivo conteúdo sido acertado na presença dos três. O testador queria dispor através de instrumento lavrado pelo notário, pelo que o advogado ficou de proporcioná-lo, o que não fez, apesar de várias vezes instado para o efeito. Entretanto, o estado de saúde do testador piorou e ele acabou por falecer sem testamento. A filha teve então de repartir a herança com outra herdeira, de acordo com as regras sucessórias aplicáveis à situação. Perguntava-se, então, se o advogado poderia ser responsabilizado por esse dano, atendendo a que a sua conduta havia violado culposamente deveres que lhe incumbiam (cfr. JZ 1966, 143 ss, com anotação de WERNER LORENZ; sobre este tipo de problema, do mesmo autor, ainda, *Anwaltshaftung wegen Untätigkeit bei der Errichtung letztwilliger Verfügungen/Eine rechtsvergleichende Betrachtung des deutschen und englischen Rechts*, JZ 1995, 317 ss; vide também GERHARD KEGEL, *Die lachenden Doppelerben: Erbfolge beim Versagen von Urkundspersonen*, FS für Werner Flume, I, 1978, 545 ss). Como ponto de partida, aceita-se de um modo geral que o dano sofrido pela beneficiária intencionada do testamento deve ser reparado, assistindo pois a esta mais do que uma mera *spes successionis* desprovida de tutela jurídica (crítico é, no entanto, HANS-JOACHIM MUSIELAK, *A inserção de terceiros no domínio de protecção contratual*, in Contratos: Actualidade e Evolução/Actas do Congresso Internacional organizado pelo Centro Regional do Porto da Universidade Católica Portuguesa de 28 a 30 de Novembro de 1991, Porto 1997, 295, considerando que a filha tinha um mero interesse na prestação contratual, que poderia não ver até satisfeito se, tendo o advogado cumprido o acordo com o *de cujus*, este mudasse de opinião, o que significaria que a lesão da filha foi apenas uma consequência mediata da conduta do advogado). A ideia, plasticamente glosada por KEGEL, de que atribuir àquela um direito indemnizatório equivaleria a uma duplicação das forças da herança — ficando pois "os herdeiros a rir", segundo o expressivo título do seu cit. estudo — não é tecnicamente exacta porque o valor patrimonial a satisfazer pelo advogado relapso não integra a herança e se apresenta autónomo em relação a ela. É verdade que os sucessores legais obtiveram o direito à herança por mero acaso, no fundo em consequência da conduta do advogado, mas as regras do direito sucessório não o impedem e a isso conduzem até. Por outro lado, a alternativa de não conceder a indemnização à filha afigurar-se-ia intolerável, já que tal significaria que o advogado tinha podido infringir os seus deveres profissionais impunemente, sem qualquer espécie de sanção para o seu comportamento. Importa pois de facto evitar um vazio de responsabilidade.

    A título preliminar, observe-se que o direito delitual não oferece aqui solução. Há, desde logo, o obstáculo representado pela natureza do dano sofrido pela filha que o *de cujus* queria instituir como herdeira. Trata-se de um prejuízo primariamente patrimonial, o qual, não implicando a violação de um direito subjectivo absoluto dela, não é, em princípio delitualmente ressarcível (cfr. sobre a *nossa* posição, por exemplo, *Uma «Terceira» Via* cit., 36 ss, mas *vide* também *infra*, sob os n.ºs 18 e 19). Recorrer às normas que constituem o estatuto dos advogados (sempre que existam) e interpretá-las como disposições de protecção (no sentido, agora, do art. 483 n.° 1, 2.ª alternativa) não é ordinariamente possível. Mesmo havendo nesse estatuto regras de responsabilização dos advogados, é crucial justificar que elas se destinam a proteger terceiros contra este tipo de comportamentos negligentes. Mas mais do que isso. Pode dizer-se que o dano da *frustração da aquisição de um valor patrimonial* se mede por uma posição jurídica que ainda não assistia ao lesado e que apenas surgiria através do cumprimento da prestação do advogado. Indemnizá-lo não significaria apenas conceder uma protecção de um certo *status quo* patrimonial contra ingerências provindas de terceiro, como é próprio do direito da responsabilidade aquiliana. Seria, além disso, extremamente difícil construir um dever de cuidado *delitual* a ligar o advogado ao terceiro beneficiário do seu desempenho profissional num caso como o descrito. A adstrição a conexioná-los teria de ser construída como *especial*, originada numa relação *particular* entre ambos, e isso contrastaria com o carácter genérico que os deveres delituais apresentam (sobre este último ponto, *vide* o nosso *Contrato e Deveres de Protecção* cit., 246, n. 508).

Não se encontrando uma porta de saída pelo direito delitual, percorram-se agora os trilhos do direito dos contratos. Aqui há que lidar com excepções à *privity of contract*, designadamente com o contrato a favor de terceiro, e com o contrato com eficácia de protecção para terceiros. O primeiro requer a vontade negocial de atribuição, ao terceiro, de uma pretensão dirigida ao cumprimento da prestação do advogado e contra ele dirigida. Merece ser equacionado. Com efeito, tendo o *de cujus* comunicado ao advogado a sua vontade de disposição em favor da filha, é verosímil admitir que o contrato com aquele tenha sido celebrado de forma a conferir a esta um direito próprio à prestação daquele (é plausível a situação de *pluralidade de credores* da prestação do advogado, *de cujus* e filha, o que representa uma complexidade subjectiva activa numa obrigação indivisível). Mas deparam-se aqui problemas delicados de fronteira do universo negocial. Não está apenas em jogo saber até onde vai o domínio legítimo coberto pelas declarações de vontade dos contraentes. Via de regra, estes não predispuseram expressamente sobre os direitos do terceiro em caso de incumprimento do devedor. O campo das declarações tácitas extrema-se por vezes com muito pouca nitidez do da integração negocial: vontade real (por concludência) e vontade hipotética, teoricamente diferenciáveis, reconstroem-se pelo intérprete--aplicador com base em indícios amiúde muito próximos. Em todo o caso, a afirmação de que, ordinariamente, a pretensão indemnizatória dos terceiros se funda numa integração do negócio requer a clarificação do critério da lacuna contratual. Deve todavia perguntar-se se a ausência de estipulação de uma cláusula a favor de terceiro não representará uma "falha", antes que do contrato, do próprio *direito objectivo*, ao não dispor este de uma regulamentação capaz de, satisfatoriamente, responder às consequências que um incumprimento provoca na esfera de terceiros. Disse-se já que a lacuna contratual manifesta uma deficiência aferida pelo "sentido" e "condições de realização" das estipulações das partes. Ela representa uma falha da convenção que prejudica a possibilidade de satisfação do interesse na prestação através do cumprimento. Seria, nessa medida, um contra-senso não aceitar a existência de lacuna quanto à atribuição de um direito à prestação a terceiro, mas admiti-la com o fito reservado de conferir a este uma pretensão ressarcitória por ofensa de um interesse correspondente.

Persuadimo-nos entretanto de que a simples preocupação de conferir a um terceiro o ressarcimento de um prejuízo derivado de um incumprimento não justifica, por si mesma, a aceitação de uma falta de acabamento do negócio. Deve convir-se, com efeito, que as normas de direito objectivo que disciplinam as *perturbações do programa obrigacional* não vêm fechar propriamente lacunas contratuais. Caso contrário estranhar-se-ia o carácter imperativo do art. 809. Essas regras são sobretudo expressão do reconhecimento do contrato pela ordem jurídica e da necessidade de o tutelar eficazmente. Daí o sem-sentido de reconduzir os pressupostos e as consequências dessas perturbações ao acordo negocial (ainda que devidamente integrado); a falta de previsão das partes a seu respeito não torna o contrato incompleto, inidóneo em face dos objectivos que ele prossegue (*vide* também o nosso *Contrato e Deveres de Protecção* cit., esp. 83, n. 161). Daqui decorre que a ausência de estipulação de uma pretensão indemnizatória nos presentes casos apenas pode revelar uma *lacuna de tutela* dos interesses ao nível da *própria lei*. Deste modo, procurar na vontade das partes (embora integrada) a fonte do dever de indemnizar é indagar uma solução no plano errado. Ela seria aliás em certo sentido excessiva, porque importa o campo da determinação primária das posições dos sujeitos através do negócio quando o que está em causa é simplesmente a tutela do negócio e dos interesses por ele atingidos através da ordem jurídica. Por isso o contrato a favor de terceiro não pode constituir-se em fundamento-regra de atribuição de uma pretensão de ressarcimento de danos ao terceiro neste tipo de situações (descontadas ficam as hipóteses de efectiva atribuição ao terceiro de um direito à prestação na sequência de uma autêntica ordenação de posições entre os interessados envolvidos).

Motivos similares levam a que não seja igualmente adequado o recurso ao contrato com eficácia de protecção para terceiros, na medida em que *se continue a querer extrair do acordo* uma mera pretensão de ressarcimento dos danos. Embora sem reconhecer agora que ao terceiro caiba um direito à prestação exercitável em face do devedor, fundar-se-ia ainda na convenção das partes, designadamente por integração da vontade manifestada, a solução de uma questão que diz essencialmente respeito ao regime e às consequências de um incumprimento que atinge interesses de terceiros. A via da integração, não serve em caso algum para "corrigir o legislador" no que toca às suas opções neste último plano (cfr. também J. GERNHUBER, *Gläubiger, Schuldner und Dritte/Eine Kritik der Lehre von den "Verträgen mit Schutzwirkung für Dritte" und der Rechtsprechung zum "Haftungsausschluss mit Wirkung für Dritte"*, JZ 1962, 555).

Pelo que antecede, deve privilegiar-se a perspectiva de que a pretensão indemnizatória do terceiro prejudicado por um não cumprimento radica numa *valoração do direito objectivo* que reage às especificidades da constelação de interesses subjacente ao contrato. Que o contrato e a sua interpretação ou integração sejam relevantes para a determinação de consequências de responsabilidade perante terceiros é diferente de admitir que a normatividade intrínseca de que são portadores constitui a fonte directa e imediata dessa responsabilidade. A eficácia de protecção para terceiros do contrato corresponderá, portanto, não a uma expressão da *lex privata* que o contrato instituiu, mas a um juízo de relevância que a ordem jurídica formula em face dele. Nesta dimensão, o contrato assume-se como mero facto jurídico. Este um ponto a não olvidar a propósito do contrato com eficácia de protecção para terceiros.

As valorações da ordem jurídica tanto podem incidir sobre o plano da relação contratual individualizada e concreta, como operar a um nível geral, perante um determinado tipo de situações jurídicas e as características que lhe são próprias. As primeiras veicula-as já a consideração geral de que, por via do contrato, podem nascer para o devedor *deveres laterais de cuidado* para com o terceiro, que, quando inadimplidos, implicam a sua responsabilidade. Estes deveres não vêm propriamente preencher uma lacuna das declarações negociais, não sendo, como tal, fruto de um procedimento integrativo ou complementador da vontade das partes. Decorrem antes das exigências do direito objectivo, embora a vontade das partes conformadora do programa obrigacional seja relevante, e imprescindível até, para o juízo acerca da sua existência, extensão e configuração concretas (nessa linha advogámos em *Contrato e Deveres de Protecção* cit., 69 ss, e *passim*, uma "descontratualização" dos deveres de protecção, com considerações adaptáveis a outros deveres laterais de conduta). A sua invocação para fundar o juízo de responsabilidade requer a ponderação atenta das circunstâncias concretas no âmbito das quais esses deveres se pretendem afirmar. Assim, importa, *v.g.*, averiguar se a prestação se destina, segundo o contrato, a ser (pelo menos em parte) aproveitada pelo terceiro para satisfação de um seu interesse ou se, através da sua fixação, as partes prosseguiram reconhecidamente um interesse desse terceiro.

Em todo o caso, não pode sem mais convolar-se um problema de responsabilidade por um dano derivado do incumprimento de um dever de prestar perante outrem numa questão de violação de simples deveres laterais para com terceiros. Sob pena de uma muito suspeita e intolerável mistura dos dois tipos de adstrições. (Uma liquidação do dano de terceiro fundada no direito objectivo ou na vontade das partes — note-se — evitá-la-iam, mas conhecem outras dificuldades: abstraia--se agora delas.) Cremos que o caminho mais promissor para explicar a responsabilidade pelo dano sofrido por terceiro com o incumprimento (ao que nos apercebemos, de resto, praticamente por desbravar) está na aceitação de que pode em certos casos impender sobre o devedor a adstrição de *evitar* ou *acautelar* o prejuízo que terceiro possa sofrer *em consequência do seu inadimplemento*. Um dever de cuidado, pois, cuja observância permita pelo menos o terceiro precaver-se do prejuízo que sofre-

deveria adoptar os modos de proceder nela exigíveis, mesmo perante quem ele se não encontre contratualmente ligado, sob pena de indemnizar os danos causados [110]. Uma responsabilidade deste género erguer-

ria com a não realização do *status ad quem* em que ficaria colocado através da realização da prestação. Não se trata pois de indemnizar *summo rigore* o interesse de cumprimento, de conferir positivamente o valor da prestação a esse terceiro — não há dever de prestar para com terceiro — mas de ressarcir este da não prevenção atempada de um prejuízo que ele reflexamente suporta em virtude do incumprimento. No caso do testamento, importaria pois ver em que medida incumbiria ao advogado um dever de diligência perante a filha no sentido de a poupar ao dano derivado da realização da prestação (ao *de cujus*), nomeadamente advertindo-a da sua indisponibilidade para a realizar (em tempo próximo), por forma a permitir a esta inclusivamente a contratação atempada de outro advogado. Claro que um dever deste tipo, se não se destina propriamente à realização de um *status ad quem*, requer que entre devedor e terceiro exista uma relação capaz de o suportar. Uma ligação especial, no fundo, que ampare esse dever, nomeadamente sob a égide da boa fé. A proximidade deste com respeito à prestação, a direccionação mesmo da prestação à realização do interesse de terceiro, ou uma relação especial entre credor e terceiro, constituem certamente pontos de vista relevantes na construção da responsabilidade.

O conferir de uma pretensão indemnizatória a terceiros pode naturalmente alicerçar-se de modo mais imediato numa valoração do direito objectivo que, transcendendo as relações contratuais *uti singuli*, opere para um conjunto indeterminado de situações. Ela preenche nestes casos uma lacuna verificada no plano do próprio direito positivo, referindo-se então ao nível regulativo geral das normas que o compõem (recorde-se que o art. 10 n.° 3 remete para o estabelecimento de uma norma *ad hoc* pelo intérprete-aplicador, onde a analogia com regulamentações de casos semelhantes não seja suficiente para preencher a lacuna). Em todo o caso, a colmatação directa das regras que constituem o sistema (de modo a suprimir *deficits* de responsabilidade decorrentes de o dano do incumprimento atingir quem não é parte no contrato e quem, assim, não pode derivar dele qualquer posição contra o devedor) não deveria, também aqui, conduzir a uma "autêntica" responsabilidade por incumprimento perante terceiros, pois esta ofenderia princípios estruturais da ordem jurídica. Importante pode ser aqui — como avançámos — o desenvolvimento da doutrina geral dos meros deveres de conduta, concretamente na sua função de precaver terceiros do prejuízo que sofreriam em consequência do inadimplemento de uma relação de prestar a que são e se mantêm alheios.

[110] Para elementos, cfr., por exemplo, KLAUS HOPT, *Nichtvertragliche Haftung ausserhalb von Schadens- und Bereicherungsausgleich / Zur Theorie und Dogmatik des Berufrechts und der Berufshaftung*, AcP 183 (1983), esp. 705 ss, no que toca hipóteses do género das que o texto considera, assim como HERIBERT HIRTE, *Berufshaftung / Ein Beitrag zur*

-se-ia para além das disposições do direito positivo que regulam especificamente certas actividades, abrindo-se desta forma como via de resolução geral do problema da responsabilidade de terceiros na fase pré-contratual, pelo menos quando estes actuassem profissionalmente.

Para concluir esta *tournée* pelas principais vias que têm sido ensaiadas, advoga-se finalmente (por vezes, aliás, concomitantemente com o argumento dos ditames da conduta profissional), que o adequado enquadramento destas constelações de responsabilidade seria de procurar em sede *delitual*, aperfeiçoando eventualmente o sistema da responsabilidade aquiliana no sentido de uma protecção adequada de interesses meramente patrimoniais [111] (o que teria, além do mais, a vantagem de abranger também aqueles casos em que a conduta do terceiro surge desligada do exercício de uma actividade profissional, mas em que importe igualmente firmar a sua responsabilidade).

Facilmente se comprova que este mosaico diversificado reflecte as dificuldades de afirmação da teoria da confiança, evidenciando ao mesmo tempo algumas linhas seguidas modernamente na sua supera-

---

Entwicklung eines einheitlichen Haftungsmodell für Dienstleistungen, München 1996, esp. 386 ss. Voltar-se-á ainda com certo detalhe à responsabilidade profissional.

[111] Com efeito, uma significativa corrente de pensamento vem propugnando, na Alemanha, a admissão e o reconhecimento de deveres do tráfico (delituais) para defesa do património alheio (*Verkehrspflichten zum Schutz fremden Vermögens*). Apreciar-se-á mais tarde esta orientação. De qualquer modo, ao entender o património de forma ampla, abrangente dos interesses patrimoniais não cristalizados em direitos subjectivos absolutos, ela reivindica igualmente a resolução das hipóteses discutidas, nomeadamente sob o influxo da teoria da confiança, como de responsabilidade pré-contratual de terceiros (cfr., por exemplo, HANS-JOACHIM MERTENS, in *Münchener Kommentar*, 3.ª edição, München 1992 ss, Bd. 5, ns. 466 ss ao § 823; KONRAD HUBER, *Verkehrspflichten zum Schutz fremden Vermögens*, FS für von Caemmerer, Tübingen 1978, 359 ss; VON BAR, *Verkehrspflichten/Richterliche Gefahrsteuerungsgebote im deutschen Deliktsrecht*, Köln, Berlin, Bonn, München 1980, 233 ss; GERT BRÜGGEMEIER, *Gesellschaftliche Schadensverteilung und Deliktsrecht*, AcP 182 [1982], 423-424; HEINZ-DIETER ASSMANN, *Prospekthaftung/als Haftung für die Verletzung kapitalmarktbezogener Informationspflichten nach deutschem und US-amerikanischem Recht*, Köln, Berlin, Bonn, München 1985, especialmente 258 ss; por último, R. LOGES, *Die Begründung neuer Erklärungspflichten* cit., 176 ss, e 190-191).

ção. A sua apreciação é imprescindível nesta investigação, mas ficará por agora de remissa.

Aos reptos assim lançados à doutrina da confiança soma-se a dificuldade de as hipóteses agora em consideração exorbitarem claramente do âmbito tradicional da *culpa in contrahendo* a ela associada. Isso torna-as especialmente interessantes para a consequente fixação da sua exacta articulação com este instituto. Saber se a *culpa in contrahendo* se deixa interpretar de modo a abranger casos de responsabilidade de terceiro depende naturalmente do fundamento de responsabilidade que lhe é subjacente.

O *Tatbestand* clássico da responsabilidade pré-negocial considera apenas os sujeitos que encetaram negociações com vista à celebração, entre eles, de um contrato. Esta matriz torna certamente delicada a construção de uma responsabilidade *in contrahendo* de terceiro. Mas não a deita irremediavelmente a perder. Ponto é que se admita que esta não tem por que se determinar pelo papel que caiba ao responsável no futuro negócio. No direito civil português, a cláusula geral referente à *culpa in contrahendo* (art. 227 n.° 1) comporta algum espaço hermenêutico para o reconhecimento de uma eficácia do instituto em direcção a terceiros [112]. Em qualquer caso, adiante-se que o modo como o legislador plasmou a norma que acolheu a *culpa in contrahendo* nunca tolheria a admissibilidade da responsabilidade de terceiros na ausência da demonstração positiva de que agira de caso pensado na escolha de uma formulação que excluísse este desenvolvimento do instituto. A culpa pré-negocial realiza e concretiza princípios fundamentais da ordem jurídica. Sobre as suas exigências se moldam depois os concretos deveres impostos aos sujeitos (em nome da boa fé). Não se vê por isso como pretender que o autor da lei tivesse querido, com a formulação que escolheu, cercear o campo de aplicação desses princípios. Destarte, mesmo considerando-se haver alguma estreiteza no seu modo de expressão e julgando-se não ser possível, ainda que por interpretação extensiva, abranger no âmbito do art. 227 n.° 1 os casos

---

[112] Onde, como no direito germânico, a culpa na formação dos contratos vigore enquanto direito consuetudinário, não existe naturalmente nenhum obstáculo ao alargamento do instituto em virtude do teor de uma norma legal.

de responsabilidade de terceiro, está seguramente aberta a porta a um desenvolvimento do Direito, para além da letra daquele preceito, de forma congruente com as exigências desses princípios.

Afirmar que o terceiro não é parte na relação de negociações arrisca-se, sob este ângulo, a ser uma pura solução conceptual, que dá por demonstrado precisamente aquilo que havia de se fundamentar[113]. De facto, a relação de negociações pode antes ser construída como aquela que se estabelece entre os que intervêm *com autonomia* no processo de formação do contrato, mesmo que não sejam portadores dos interesses que esse contrato visa regular ou acautelar. Esta autonomia é normalmente um atributo das partes no futuro contrato, por serem elas as titulares dos interesses em jogo e por a elas pertencer, consequentemente, o respectivo poder de direcção e disposição. Elas são, deste modo, os sujeitos principais das negociações e quem, em princípio, as conduzem. Contudo, também terceiros, em razão, por exemplo, da sua especialização técnica ou preparação profissional, são susceptíveis de se encontrar numa posição de liberdade ou autoridade que lhes permite determinar ou influenciar com independência, por vezes de modo decisivo, o desenvolvimento do processo negocial. Esse poder de influência ou determinação consentirá considerá-los, na medida e no âmbito da independência do seu desempenho, *sujeitos autónomos da relação de negociações*[114]. A teoria da confiança tenderá

---

[113] R. AMARAL CABRAL, *Anotação ao acórdão arbitral de 31 de Março de 1993*, ROA 55 (1995), 206, considera com efeito que a relação de negociações só vincula os futuros contraentes. Em sentido diferente, aceitando a aplicação do art. 227 n.º 1 para uma responsabilização de terceiros, directamente ou por analogia, FERREIRA DE ALMEIDA, *Texto e Enunciado* cit., II, 1007-1008.

Na realidade, o conceito de negociar contido no art. 227 n.º 1 é indeterminado, o que se repercute evidentemente na noção de relação de negociações. Ambos devem ser teleologicamente entendidos, à luz, portanto, do fundamento da culpa pré-contratual. Não constituem assim obstáculo de princípio a essa responsabilidade de terceiros (cfr. de seguida o texto; nesse sentido também já o nosso *Uma «Terceira Via»* cit., 98 ss).

[114] Supomos que a responsabilidade por *culpa in contrahendo* desses sujeitos depende, portanto, de um espaço de actuação própria, não estritamente subordinada e, nesse sentido, livre. O que se conjuga com a ideia de que a sujeição aos deveres

naturalmente a relevar a sua qualidade de criadores e destinatários potenciais de confiança, havendo que tutelar as expectativas neles depositadas. Mas, independentemente do mérito desta interpretação, existe espaço para argumentações de cariz mais "objectivo". Assim, pode bem dizer-se que aquele poder carece de ser compensado pela vinculação dos que dele usufruem a um conjunto de deveres no processo negocial em que estão envolvidos em nome de uma razoável e adequada salvaguarda dos interesses daqueles que facticamente estão expostos ao seu exercício.

Numa ou noutra versão, justifica-se uma responsabilidade pré--contratual *própria*[115] perante a contraparte. A escolha entre elas depende

---

pré-contratuais requer uma atitude voluntária do sujeito, que assim não se vê envolvido numa relação pré-contratual sem a isso ter de dar a sua aquiescência (aflorámos a questão em geral, para os deveres de protecção — não delituais —, no nosso *Contrato e Deveres de Protecção* cit., 170-174, 181-182, e 265 ss, e ns.). Por isso, este instituto não servirá em princípio para base de responsabilidade daqueles que, sem previsão de nenhuma concreta relação contratual a estabelecer, se limitam a prestar o seu concurso para o cumprimento de uma adstrição imposta por lei a outrem (como ordinariamente os revisores oficiais de contas em relação à satisfação do dever geral de certificação das contas pelas sociedades). Em relação a esses, há portanto motivos para considerar preferível — ao menos em tese — um enquadramento delitual da sua responsabilidade perante terceiros.

[115] Nessa linha já o nosso *Uma «Terceira Via»* cit., esp. 98 ss, a propósito da imputação de danos a auditores de sociedades e a outros profissionais especializados como conselheiros financeiros ou fiscais, e contabilistas. O requisito da autonomia que referimos no texto conduz realmente ao carácter *próprio*, "originário", da responsabilidade destes sujeitos (o que sugere logo a necessidade de uma reformulação conceptual-categorial pois essa responsabilidade não é então de autênticos "terceiros"). Diversa se afigura neste aspecto a concepção de MENEZES CORDEIRO em *Da Boa Fé* cit., I, 585, para quem "a *culpa in contrahendo* pode efectivar-se, nos termos dos artigos 483 n.° 1 e 490, contra o terceiro que colabore nas violações que a integram". Deixe-se de lado a afirmação na parte que faz do art. 483 n.° 1 uma espécie de *supernorma* de responsabilidade, nivelando em termos dogmáticos a *culpa in contrahendo* pela responsabilidade delitual (cfr. *loc. cit.*, n. 193), tese que não corresponde hoje ao pensamento do autor (vide *Da Responsabilidade Civil dos Administradores das Sociedades Comerciais*, Lisboa 1996, 444 n. 205). De todo o modo, configura-se a atitude do terceiro que desencadeia a responsabilidade como de *colaboração num ilícito pré-contratual alheio*, o perpetrado por uma das partes no futuro contrato. Não

naturalmente de uma atenta consideração do fundamento da *culpa in contrahendo*. É ele que tem a palavra definitiva na correcta identifica-

se considera pois a possibilidade de construção de uma responsabilidade *autónoma* deste (*ex vi* da *culpa in contrahendo*) perante a contraparte.

O problema da *participação* de terceiros na violação de deveres pré-contratuais coloca, na verdade, uma questão fundamental, que é a de saber se é admissível uma responsabilidade *derivada* de terceiros por *culpa in contrahendo*. Pode com efeito objectar-se à construção acima referida que, levando em conta a justificação material da *culpa in contrahendo*, se têm de verificar na conduta do terceiro certas notas que, quando se verificam, conduzem *inelutavelmente* a uma responsabilidade própria e originária deste, sendo nessa medida um contra-senso admitir uma responsabilidade por *culpa in contrahendo* de terceiros por mera *participação* num ilícito pré-contratual que tem um *autor diferente*. A responsabilidade por *culpa in contrahendo* será no fundo tão-só uma responsabilidade de *autores* e não uma responsabilidade de *meros participantes* (*vide* para esta construção CANARIS, *Täterschaft und Teilnahme bei culpa in contrahendo,* in Freiheit und Zwang, FS zum 60. Geburtstag von Hans Giger, Bern 1989, *v.g.*, 100-101). Exemplifiquemo-lo: considerando-se fundamento da *culpa in contrahendo* a defraudação de uma confiança que se tenha suscitado pessoalmente na outra parte (analogamente também MENEZES CORDEIRO, por exemplo, *Da Boa Fé* cit., I, 583-584), então não faz sentido responsabilizar aquele que apenas tenha colaborado para o depositar da confiança *em outrem*; mas se o terceiro acabou também por suscitar confiança em si mesmo, nenhuma razão haverá para o considerar mero participante num ilícito alheio e não responsável pessoalmente pela confiança que convocou para ele próprio. Estando a responsabilidade pré-contratual ligada à verificação de certos pressupostos, só pode ser responsável a esse título aquele em quem se verificam realmente esses pressupostos, e não outro. Um sujeito diverso é também susceptível de ser chamado a indemnizar, mas com um fundamento *diferente*.

Abstraia-se agora do pensamento da protecção da confiança, tão caro aos autores citados. Tomando por acertado, numa tónica mais "objectiva" (como preferimos: *vide* já de seguida o texto), que a responsabilidade por *culpa in contrahendo* é desencadeada pela violação de determinados deveres específicos que incumbem a um sujeito durante o *iter* negocial e que não relevam da necessidade de tutelar convicções alheias em si, pode dizer-se então que, das duas, uma: ou os pressupostos de que depende a oneração do sujeito com esse dever específico não existem e a sua responsabilidade não existe também, ou eles verificam-se e essa responsabilidade afirma-se. A especificidade — a que pertence incindivelmente o carácter pessoal — dos deveres *in contrahendo* dispensa no fundo a doutrina da comparticipação. (De observar que esta construção da responsabilidade do terceiro como própria — que preferimos — tem a enorme vantagem de não a tornar dependente dos requisitos

ção da relação pré-negocial, pois a essa luz se deve averiguar a sua função e estabelecer desse modo com precisão as respectivas caracte-

---

subjectivos da participação, pois estes obrigariam em princípio a deixar de fora da responsabilidade os casos em que o terceiro "contribuiu" com mera negligência; se a responsabilidade do terceiro for construída como *derivada*, não autónoma, ela não ultrapassa os requisitos da relação principal da responsabilidade nem sobrevive à sua falta.)

As considerações antecedentes não prejudicam em absoluto a configuração de uma responsabilidade do *terceiro* por participação num ilícito pré-contratual alheio, mas há bons motivos para aceitar que essa responsabilidade seja então de natureza delitual (e não pré-negocial, como se pode deduzir da acima citada afirmação do autor português). A dogmática da comparticipação parece talhada precisamente para o âmbito aquiliano (por contraste, há obstáculos à sua frutificação no âmbito da responsabilidade obrigacional ou da que decorre da violação de deveres específicos). Mas a construção aquiliana depara-se com algumas dificuldades. Na verdade, a conduta ilícita que desencadeia a responsabilidade delitual está, nesse domínio, basicamente identificada com a violação de um direito (absoluto) de outrem ou de uma disposição legal destinada a defender interesses alheios (cfr. art. 483 n.° 1). Ora, nem a posição activa das partes *in contrahendo* (com respeito aos respectivos deveres) se configura como direito subjectivo delas (que haja de ser respeitado por terceiros), nem o art. 227 n.° 1 se deixa interpretar enquanto disposição de protecção que obrigue terceiros. Se, quanto a este último aspecto, o art. 227 n.° 1 não pode constituir nos termos vistos base legal suficiente de uma responsabilidade de quem não apresenta as notas específicas de um responsável *in contrahendo*, isso significa igualmente que o seu *âmbito de protecção* não visa a tutela dos contraentes contra aquele modo específico de causação de danos por um terceiro agora considerado (participação num ilícito pré-contratual alheio). Tem além disso de recordar-se a não indemnizabilidade de princípio dos danos primariamente patrimoniais (prejuízos que ocorrem tipicamente na responsabilidade pré-contratual) em sede delitual. A via do abuso do direito para, residualmente, fazer face a actuações lesivas especialmente graves por parte de terceiros (adiante referenciada) é também demasiado estreita para resolver todas as situações de participação num ilícito pré-contratual alheio, e apenas intervém em hipóteses específicas. Só, portanto, reinterpretando o direito delitual de modo a ver nele um corpo de normas destinado a proporcionar uma tutela "externa" de *todas* as posições jurídicas concedidas aos sujeitos, independentemente da sua natureza, se poderá alicerçar nele a responsabilidade de terceiros no conjunto de casos aqui relevantes. No problema joga-se a função do direito delitual enquanto definidor do regime de imputação do dano a quem não é o autor do facto primariamente desencadeador da responsabilidade; concreta-

rísticas e possibilidades de extensão. Antecipe-se aqui que, ao arrepio de uma orientação muito estendida, existem boas razões para desmembrar a culpa pré-negocial do pensamento da protecção das expectativas: vê-lo-emos ainda. Tal não prejudica todavia por si — como se conclui do que antecede — a possibilidade de uma responsabilidade pré-contratual de quem não se destina a ser parte no contrato.

12. A responsabilidade por informações, modalidade geral da responsabilidade por declarações

A precedente incursão pela área da *culpa in contrahendo* como espaço de responsabilidade reivindicado pela doutrina da confiança demonstra que as *declarações* produzidas pelos sujeitos (partes na negociação, peritos, advogados, consultores, etc.) constituem um campo de eleição desta doutrina. De facto, se uma asserção descreve falsamente determinada realidade pode originar danos em quem a toma como elemento de decisão. A admissão de uma *responsabilidade por declarações alicerçada na confiança* apresenta-se, neste ponto, muito plausível, pois uma declaração intenciona normalmente, segundo o seu sentido intrínseco, que o seu destinatário dela tome conhecimento e a leve em conta[116]. Nessa medida, pode dizer-se que ao agir comunicativo

---

mente, a sua missão de tutela do sistema de normas que disciplinam a autonomia privada, pois a *culpa in contrahendo* está de facto ligada a este âmbito dogmático (subsídios para uma reflexão em JÜRGEN SCHMIDT, *Schutz der Vertragsfreiheit durch Deliktsrecht?*, FS für Rudolf Lukes zum 65. Geburtstag, Köln, Berlin, Bonn, München 1989, 793 ss). Sem prejuízo de uma certa similitude estrutural da responsabilidade do participante no ilícito pré-contratual com o conhecido tema da tutela externa (e delitual) do crédito, está aqui em jogo uma realidade diferente, a da protecção de sistemas definidores dos parâmetros a que está sujeita a interacção dos sujeitos no exercício da autonomia privada.

[116] Há declarações que produzem por si um efeito de Direito, sem que a confiança alheia interfira na sua eficácia. É o que acontece com as declarações negociais. Mas qualquer declaração, mesmo negocial, apresenta uma dimensão comunicativa e, nesse sentido, dirigida igualmente à apreensão alheia, o que a habilita a ser instrumento de confiança. As próprias declarações não sérias podem sê-lo, apesar de

do sujeito *inere o propósito de gerar a confiança de outrem* quanto ao seu conteúdo. Sem essa dimensão, esse agir não faria sentido por contraditório, nem seria pensável uma interacção de pessoas baseada numa asserção. A declaração constitui deste modo um *Tatbestand de confiança por natureza*. Aqui radica o especial interesse para a teoria da confiança da responsabilidade por informações, espécie paradigmática de uma responsabilidade por declarações [117].

A *culpa in contrahendo*, mesmo levando em conta o seu progressivo alargamento, designadamente no plano dos sujeitos susceptíveis de serem responsabilizados com base nela, não se identifica com o campo reclamado hoje para a responsabilidade por informações. Ultrapassa-o, na medida em que os comportamentos para ela relevantes se não esgotam na emissão de informações ou, em geral, de declarações; um relance do olhar sobre os vários tipos de deveres *in contrahendo* confirma-o concludentemente. Mas, por outro lado, a culpa pré-contra-

---

o seu autor não desejar que elas produzam expectativas (e por isso ele se sujeita a responsabilidade, caso elas tenham sido feitas em circunstâncias que induzam o destinatário a aceitar a sua seriedade).

[117] Advirta-se porém que na responsabilidade por informações se usa normalmente incluir aquela que é derivada de uma simples omissão. Neste último caso não tem todavia cabimento — sustentamos — a individualização de uma *facti-species* de confiança (*vide* ainda *infra*, especialmente sob o n.° 53).

Declaração e informação não são, em todo o caso, conceitos idênticos. Na linguagem comum, a informação refere-se a um *facto*, traduzindo-se portanto numa declaração de ciência. Ao passo que no primeiro termo se abrangem declarações de "validade", desencadeadoras de um *dever-ser jurídico*, como acontece com as declarações negociais. Pode pois dizer-se que a responsabilidade por declarações é mais vasta que a responsabilidade por informações. (Quanto aos conselhos e recomendações, a exortação à conduta neles presente, de modo mais ou menos intenso, revela que não está em causa a simples transmissão do conhecimento de um facto. Apela-se explicitamente a um dever-ser, por suposto de uma ordem não jurídica — há uma proposta de conduta, como refere SINDE MONTEIRO, *Responsabilidade por Conselhos* cit., 15 —, o que os distingue claramente das declarações negociais. Mas esta dimensão aproxima também o conselho e a recomendação da informação. São três condutas comunicativas susceptíveis de induzir outros a adoptar certo comportamento, embora apenas nos dois primeiros casos essa dimensão seja explicitamente assumida pelo seu autor.)

tual aparenta ser também demasiado exígua para abarcar todo o universo de uma possível responsabilidade por informações.

Nem todas as informações que levam o seu destinatário, por exemplo, a uma decisão patrimonial ruinosa ou prejudicial, constituem ou se inserem num processo de formação de um contrato no qual intervém o seu autor. Muitas vezes, a informação disponibilizada destina-se a influenciar a conclusão de um contrato que se apresenta meramente hipotético ou que apenas se projecta para um tempo ainda vindouro. É o que ocorre tipicamente com as *certificações* solicitadas por um trabalhador à sua entidade patronal e que pretende utilizar em futura candidatura a outra ocupação; ou quando um perito elabora um relatório acerca da situação económica ou financeira de uma empresa susceptível de alicerçar um pedido eventual de concessão de crédito a ser apresentado por esta. Nestes últimos casos, é frequente não chegar a haver qualquer espécie de contacto entre o prestador da informação e o terceiro a quem ela é apresentada e que sofre as consequências prejudiciais da sua incorrecção ou incompletude. Por vezes, o dador da informação desconhece até o preciso destino da sua informação ou, em qualquer caso, a identidade concreta daquele a quem ela é dirigida. Em todas estas situações se revelam, em maior ou menor medida, as dificuldades da *culpa in contrahendo*, ainda que considerando a sua extensibilidade a terceiros. É patente que a relação pré-contratual tem limites e que, ultrapassados estes, apenas um desenvolvimento congruente dos princípios por que aquela se pauta pode fundamentar a obrigação de indemnizar: um aspecto que contribuiu para emancipar o espaço de discussão da responsabilidade por informações.

O âmbito desta responsabilidade é, como logo se intui, muito amplo, e as suas fronteiras são evanescentes. Será de duvidar que essa responsabilidade represente, nas suas diversas manifestações ou no seu conjunto, um problema jurídico autónomo, devendo perguntar-se, pelo contrário, se não corresponderá apenas, como tudo indica, à aplicação de princípios e regras mais gerais de responsabilidade civil a um *quid facti* particular e específico. A imprecisão dos seus limites coloca no entanto sempre problemas delicados de construção sistemática, nomeadamente de articulação com os vários institutos jurídicos. Em qualquer caso, na medida em que esta responsabilidade faça presa numa *declaração*, existe — antecipemo-lo desde já — um ponto idóneo de conexão dogmática com a responsabilidade pela confiança, mais geral [118].

A acuidade da responsabilidade por informações na civilística recente resulta de ela abranger situações não enquadráveis com facilidade dentro dos canais mais tradicionais da responsabilidade; entre outras, *v.g.*, na área sensível da responsabilidade dos auditores de sociedades perante terceiros adquirentes de empresas ou de participações sociais [119]. Não se está, por outro lado, no âmbito daquelas infor-

---

[118] Cremos que, mais do que um problema jurídico específico, a responsabilidade por informações representa uma área de incidência de normas e princípios gerais. Um instituto jurídico autónomo, ao envolver uma unidade de sentido das normas e princípios que nele se articulam, pressuporia também uma singularização com respeito ao "entrelaçado", já existente e mais vasto, de normas e princípios dentro do sistema. Ora, grande parte dos casos de responsabilidade relevantes deixam-se reconduzir comodamente a formas consagradas de responsabilidade civil, designadamente à *culpa in contrahendo*, à responsabilidade contratual e à responsabilidade aquiliana (*vide* especialmente SINDE MONTEIRO, *Responsabilidade por Conselhos* cit., 355 ss, 457 ss; nos dois primeiros casos, graças especialmente à intensa floração de deveres ao abrigo da regra de conduta segundo a boa fé, como referiu também recentemente o Acórdão do Supremo Tribunal de Justiça de 17 de Junho de 1998, CJ (STJ) VI (1998), 2, 116 ss). Mesmo as hipóteses "críticas", que tendem a escapar a estes domínios sedimentados de responsabilidade, concitam categorias dogmáticas amplas que ultrapassam o domínio estrito da informação como *quid* de facto desencadeador de responsabilidade.

Nesta linha, antecipe-se a possibilidade de coligar à informação uma responsabilidade pela confiança (mais tarde se desenvolverão os contornos e argumentos da nossa concepção). Esta última abrange outras declarações, pelo que, sob este ângulo, a indemnização por informações representa um campo particular da responsabilidade por declarações. De fora, nesta ordenação, ficam as hipóteses de simples omissão de uma informação: embora incluídas o mais das vezes no âmbito temático geral da responsabilidade por informações, elas são para nós insusceptíveis de dogmatização enquanto genuína responsabilidade pela confiança.

[119] Pode ver-se o nosso *Uma «Terceira Via» no Direito da Responsabilidade Civil?* cit., que procura justamente esclarecer os limites dogmáticos da responsabilidade contratual e delitual dos auditores e aponta para a necessidade de superação dessa *summa divisio* no direito da responsabilidade. Mantêm-se as considerações aí desenvolvidas,

mações de mera cortesia ou obsequiosidade desprovidas de qualquer relevância. Quer a recognoscibilidade para o informante de que a informação se destina a proporcionar ao seu destinatário base para uma decisão com reflexos patrimoniais, quer o facto de ela se inscrever muitas vezes no exercício da sua actividade profissional ou comercial, em cuja idoneidade de desempenho o seu utilizador confia, contribuem, por exemplo, para conferir razoabilidade à responsabilidade. A dúvida é como fundamentá-la.

Importa naturalmente explorar de modo conveniente as possibilidades oferecidas pelos cânones mais usuais da responsabilidade e encaminhar, até onde se afigure possível, as hipóteses relevantes para o universo, desde logo, da responsabilidade contratual e da responsabilidade aquiliana. Há, contudo, situações que escapam a estes domínios. Se a primeira só abarca os casos em que a informação é contratualmente devida, é conhecida a estreiteza com que a segunda permite o ressarcimento dos danos patrimoniais puros, ao não resultarem estes da violação de direitos subjectivos absolutos, e sabido que tais danos são precisamente os que ocorrem tipicamente nos casos de responsabilidade por informações. Por outro lado, também a *culpa in contrahendo* tem os seus limites, apesar dos contínuos alargamentos que sofreu.

Perante as hipóteses de responsabilidade por informações que escapam às formas mais vulgarizadas de responsabilidade têm sido ensaiadas várias vias. Assim, propôs-se entre nós a exploração apropriada das possibilidades oferecidas pelo *abuso do direito* e o recurso à novel categoria das *relações obrigacionais sem deveres primários de prestação*, concretamente nas figurações do *contrato com eficácia de protecção para terceiros* e da *ligação permanente de negócios*[120]. Tal não dispensa con-

---

pois as disposições sobre responsabilidade dos auditores do novel Código dos Valores Mobiliários, representando embora um avanço técnico-legislativo apreciável, não dispensam a necessidade de uma ordenação dogmática da matéria; desta continua a depender a amplitude e o regime dessa responsabilidade, que se encontra apenas parcelarmente previsto nesse diploma (o art. 10, n.º 1, *v.g.*, estabelece tão só a solidariedade em caso de pluralidade de responsáveis, deixando ao direito comum o essencial da determinação dos termos e condições da responsabilidade dos auditores).

[120] Cfr. SINDE MONTEIRO, *Responsabilidade por Conselhos* cit., 508 ss. Tomando

tudo de que se procure rasgar com amplitude o horizonte dogmático, em busca de um *fundamento material de responsabilidade idóneo*, e de questionar, deste modo, a fundo, a teoria das fontes das obrigações, particularmente da de indemnizar.

Na realidade, a construção de uma situação de responsabilidade por abuso conhece limitações que confinam a sua prestabilidade a um âmbito relativamente circunscrito de hipóteses; desde logo àquelas em que esteja efectivamente em causa o exercício inadmissível de um direito subjectivo ou de uma outra posição jurídica equiparável [121].

como ponto de partida o preceito que, no Código Civil, se refere em geral à responsabilidade por informações (o art. 485) e analisando com detalhe o direito comparado, aponta a necessidade de situar a responsabilidade por informações no concerto dos princípios gerais tradicionais do direito das obrigações; particularmente perante o direito delitual português, atenta, desde logo, a inserção sistemática do art. 485. Chega neste ponto à conclusão de que a localização escolhida para esse preceito não é a mais apropriada, relevando que o direito delitual não permite, em princípio, a ressarcibilidade de danos patrimoniais puros como os tipicamente em causa na responsabilidade por informações. Dadas as limitações da responsabilidade aquiliana (e comprovado igualmente o relativo alcance da responsabilidade contratual e pré-contratual), o autor pondera algumas vias para resolver os "casos problemáticos" da responsabilidade por informações; optando por aquelas que, na senda de um aperfeiçoamento *praeter legem* do direito, lhe parecem suficientemente seguras para proporcionar resultados satisfatórios no plano de uma adequada tutela dos sujeitos, sem, por outro lado, implicarem opções prematuras por propostas de solução mais amplas, mas ainda não suficientemente sedimentadas: o aproveitamento do abuso do direito e do (recente) conceito dogmático das *relações obrigacionais sem deveres primários de prestação*, nomeadamente nas suas manifestações da "ligação corrente de negócios" e do "contrato com eficácia de protecção para terceiros" (*op. cit.*, 475, 514 ss, e *passim*).

A pesquisa dos fundamentos materiais da responsabilidade sugerida torna-se entretanto já aqui um inevitável imperativo, pois se ultrapassa a instrumentação clássica solidificada (da *culpa in contrahendo*, da responsabilidade obrigacional e da delitual ou, ainda, as disposições avulsas do direito vigente), que não chega de facto para resolver adequadamente todas as hipóteses da responsabilidade por informações (*vide* já de seguida o texto).

[121] A ideia da utilização do abuso do direito foi todavia formulada em termos mais amplos. Ela arranca da ausência notória, no nosso sistema de imputação delitual de danos, de uma norma de responsabilidade que estabeleça com carácter de generalidade a obrigação de indemnizar aí onde não se apresenta violado nenhum direito subjectivo de outrem nem qualquer disposição de protecção, as duas situa-

Por outro lado, se é certo que o conceito da relação obrigacional sem deveres primários de prestação adquiriu já foros de cidadania na

ções básicas da responsabilidade aquiliana (cfr. art. 483 n.° 1). Seria possível, não obstante, aproveitar o conteúdo delitual que se retira da proscrição do abuso pelo art. 334. Tirando-se partido da formulação deste preceito ao não exigir ele uma actuação dolosa por parte do exercente, poderia alcançar-se uma responsabilidade por informações em caso de culpa grave ou negligência grosseira, mesmo aí onde as aludidas situações básicas de responsabilidade civil delitual não chegassem (cfr. SINDE MONTEIRO, *Responsabilidade por Conselhos* cit., 545 ss). O abuso do direito representaria no fundo um sucedâneo de uma norma como a do § 826 do BGB, que impõe a obrigação de ressarcimento dos prejuízos em caso de causação dolosa de danos com ofensa dos bons costumes e que não se encontra formulada entre nós. Ultrapassa-se em todo o caso aqui a simples eficácia preclusiva do exercício inadmissível de uma posição jurídica.

Esta orientação depara-se contudo com alguns obstáculos. Sinteticamente: sindicar a conduta do autor de uma informação com auxílio do abuso do direito para firmar a sua responsabilidade apenas é à partida possível se a prestação dessa informação corresponder efectivamente ao exercício abusivo de uma posição jurídica específica do sujeito; já não se afigura viável quando a conduta responsabilizante do sujeito traduz um simples desrespeito dos limites erguidos à liberdade genérica do seu agir. Por outro lado, para nós a sujeição a responsabilidade (delitual) daquele que, sem incorrer nas duas previsões básicas de responsabilidade do art. 483 n.° 1, causa prejuízos a outrem impor-se-á apenas em situações *qualificadas*, quando tiver sido desrespeitado aquele *mínimo ético-jurídico* reclamável de todos os membros da comunidade jurídica (a responsabilidade representa então uma exigência indeclinável de justiça, devendo compreensivelmente afirmar-se, por isso, mesmo quando o acto lesivo não representa o exercício de uma posição jurídica específica e, antes, um mero exercício da liberdade natural de agir do sujeito). Ficam pois infalivelmente de fora algumas hipóteses de responsabilidade por informações (*vide* ainda o nosso *Uma «Terceira» Via* cit., 48 ss, 61 ss).

A nossa perspectiva envolve uma determinada concepção acerca do posicionamento relativo das regras de responsabilidade civil e do abuso do direito. Como pano de fundo importa ter presente que nem a responsabilidade se resume à *facti--species* dos actos abusivos, nem o abuso se esgota numa eficácia responsabilizante. Bem diversamente: o nosso sistema jurídico-positivo limita-se a entender o abuso como forma ilegítima do exercício de um direito, nada mencionando quanto às suas consequências de responsabilidade, consequências que, assim, têm de ser firmadas ou desenvolvidas "de dentro" ou "a partir" do plano das normas de responsabilidade. Por outras palavras: o carácter ilegítimo do abuso proclamado no art. 334 significa evidentemente a antijuridicidade de um exercício do direito daquele tipo.

civilística contemporânea, e parece mesmo particularmente apto a enquadrar casos de responsabilidade situados, como muitos dos pre-

Ele apresenta-se proscrito tendo em conta a citada disposição. Logo porém que se transcenda a eficácia preclusiva ou impeditiva que é directamente a desta norma, colocando-nos no plano da responsabilidade, há que operar por integração e complementação das regras sobre responsabilidade civil.

Isto posto, deve notar-se que os casos de responsabilidade por informações não derivam necessariamente do exercício de um direito, antes decorrem com frequência simplesmente de uma actuação do sujeito que informa usando (de modo inadmissível) a sua mera *liberdade natural de agir*. O abuso do direito, mesmo quando transcendida a sua dependência com respeito ao direito subjectivo em sentido rigoroso e estendido o seu âmbito a outras posições jurídicas activas como poderes, faculdades ou excepções, requer no entanto a existência de uma situação jurídica (co)determinada por normas permissivas. Ele representa, na verdade, um desfasamento de comportamentos em si conformes com normas jurídicas em relação ao que é reclamado pelo sistema jurídico no seu "todo de sentido", impondo-se, portanto, por necessidade de integração sistemática (cfr., a propósito, MENEZES CORDEIRO, *Da Boa Fé* cit., II, 879 ss, e 898 ss, e também CASTANHEIRA NEVES, *Questão--de-facto* cit., 513 ss). Deste modo, tem um raio de intervenção limitado. Não se nega que, além da inibição do exercício de uma posição jurídica que dele resulta, ele possa implicar responsabilidade e represente um facto ilícito ao lado das outras formas de ilicitude previstas no art. 483 n.º 1. O que se põe em causa é que comportamentos ocasionadores de um dano que relevam, no fundo, tão-só do exercício (reprovável) de uma liberdade natural do agir, sejam susceptíveis de ser sindicados, para efeito de responsabilidade, pelo abuso do direito (cfr. também HEINRICH HÖRSTER, *A Parte Geral* cit., 287-288, frisando que "limitações à liberdade geral de agir são essencialmente diferentes dos limites existentes no exercício de um direito já constituído que se faz valer").

Ora, na responsabilidade por informações não se depara um comportamento consentâneo com as regras jurídicas singulares que constituem o sistema, embora desajustado em relação às suas imposições de fundo. A conduta do autor da informação *não é tida propriamente como formalmente conforme* com os dados normativos singulares de modo a que a ilicitude da sua conduta só venha a afirmar-se em consequência de uma necessidade de integração sistemática. Esse comportamento (a prestação de uma informação incorrecta ou a omissão de uma informação) é considerado *ab origine* contrário ao Direito e, como tal, causa de responsabilidade. Afirmar uma responsabilidade delitual por informações para além dos arts. 483 e seguintes é, na realidade, *interpretar logo o mesmo plano básico de distribuição e circunscrição das áreas de liberdade e de risco* para que estes preceitos de responsabilidade remetem. Aceitar que a esfera das condutas consentidas está de facto comprimida para lá

sentes, numa zona nebulosa intercalada entre o universo do direito dos contratos e o delito, a verdade é que ele é essencialmente *formal*,

dos limites que se retiram dessas regras não é o mesmo que admitir estar em jogo uma correcção *secundária ou ulterior* desse plano em nome de *exigências que o transcendem*, como é típico do abuso.

    O abuso pressupõe elementarmente uma posição, reconhecida, de que se abuse. Mas não se diga que nos casos de responsabilidade por informações essa posição existe necessariamente e corresponde, quando menos, a uma permissão genérica de conduta. A liberdade de actuação dos sujeitos não está dependente, no direito civil, de permissões, por isso que é a *regra*, pelo que as proibições não são restrições ulteriores ou de grau diferente a uma autorização ou reconhecimento específico previamente dados, mas *limitações que definem logo o âmbito originário dessa liberdade*. Assim, quando se veda ou delimita simplesmente uma mera liberdade genérica de agir, não há abuso do direito. Recorrer então a ele não é na realidade "corrigir" a atribuição de posições jurídicas existentes, lançando mão de um critério de "segundo grau", de harmonia — repete-se — com as imposições do sistema no seu conjunto, como é característico do abuso, mas na realidade complementar as regras básicas e gerais de responsabilidade civil, preenchendo uma lacuna que se verifica já no plano dessas mesmas regras e por elas se afere. (Pontos de contacto com ORLANDO DE CARVALHO, *Teoria geral do direito civil (Sumários)*, Coimbra 1981, polic., 30, que distingue o genuíno campo do abuso daquilo que chama "violação de lei", incluindo aí a dos princípios inequívocos do sistema e das cláusulas gerais que a ele pertencem, e considera que típico do abuso de direito é "a desconformidade entre a imagem estruturalmente correcta (ou corrigida) do direito subjectivo e a missão que a este funcionalmente se assinou".)

    Admitimos pois uma *lacuna de regulação* na responsabilidade aquiliana pátria (está em causa, não a falta de exequibilidade de uma regra por carência de uma disposição que a complete ao nível da sua previsão ou da estatuição — este o domínio da lacuna normativa, segundo a lição de LARENZ, *Metodologia* cit., 450 —, mas uma deficiência traduzida na falta de um preceito em sector do sistema onde, olhando ao respectivo sentido, ele devia aparecer). O espaço da lacuna situa-se para nós na área da *responsabilidade pela ofensa ao mínimo ético-jurídico*, na medida em que esta ultrapassa os casos em que essa ofensa se traduz (tecnicamente) num abuso do direito (suplantando ainda as demais situações de responsabilidade previstas na lei, nomeadamente no art. 483 n.° 1). Assim, se pode dizer-se que o abuso não manifesta propriamente uma lacuna — por isso que aquilo de que nele se trata é reconhecer, no processo de aplicação das normas jurídicas, a dimensão global do sistema jurídico e das orientações fundamentais que dele fazem parte, bem como a respectiva vocação de aplicação integral —, já quanto à eficácia responsabilizadora, mais ampla, da violação do mínimo ético-jurídico detecta-se, logo ao nível das normas de responsabilidade, uma falha contrária ao plano que elas constituem como sector específico do ordenamento. Uma eventual convicção do legislador histórico no sentido da falta de lacuna não seria aliás por si só decisiva, pois não poderia sobrepor-se a uma adequada interpretação das relações entre o sistema delitual e o abuso do direito.

Em sentido diferente, afirmando a inexistência de lacuna pela extensão que confere ao abuso, SINDE MONTEIRO, *Responsabilidade por Conselhos* cit., 546-547. Diz o autor (*ibidem*, n. 325) que "a noção de 'direito' do art. 334 tem de ser entendida no seu mais lato sentido, abrangendo a liberdade geral de agir —, visto não termos outra norma a que recorrer para cunhar com a mácula da ilicitude comportamentos (acções ou omissões) que não se integrem no exercício de um direito subjectivo *stricto sensu*". Supomos que a consequência não é forçosa, porque é também possível desentranhar para o sistema vigente, sem auxílio do abuso do direito, uma proibição de condutas de sentido análogo à do § 826 do BGB (contrárias aos bons costumes), destinada a assegurar o *mínimo ético-jurídico* no relacionamento entre os membros da comunidade jurídica, o que, desse modo, permite preservar o instituto do abuso de uma intervenção fora do quadro dogmático acima referido. Esta discrepância de índole teórico-construtiva do campo de aplicação do pensamento do abuso do direito e do seu âmbito projecta-se no nível metodológico da interpretação-aplicação do Direito. Enquanto a solução de SINDE MONTEIRO opera com auxílio de uma norma positivada do sistema jurídico — o art. 334 —, aquela que preferimos implica uma integração através do reconhecimento de uma norma não escrita, dirigida a salvaguardar o mínimo ético-jurídico exigível aos membros da comunidade jurídica como imposição do próprio conceito de Direito (*vide*, acerca da fundamentação de uma ordem normativa extralegal com precedência em relação às normas positivadas, por exemplo, F. BYDLINSKI, *Fundamentale Rechtsgrundsätze* cit., 23 ss, 51 ss, e RALF DREIER, *Der Begriff des Rechts*, NJW 1986, 890 ss).

Não se sobreavalie, porém, esta diferença do ponto de vista da praticabilidade das soluções ou da segurança jurídica: a formulação do mínimo ético-jurídico não andará longe do comportamento, afinal também ele indeterminado, proscrito genericamente pelo art. 334, ao referir-se este preceito — *vide* ainda *infra*, sob o n.º 70 — à manifesta inobservância dos limites impostos pelos bons costumes. Por outro lado, o mínimo ético-jurídico constitui-se em conteúdo de operacionalidade dogmática imediata da tradicional máxima do *neminem laedere*, como núcleo irredutível (e irrenunciável) da dimensão de justiça que lhe é inerente. Pode pois ser explicitado com relativa facilidade. A formulação negativa daquele mínimo facilita-o: de facto, não se trata de ponderar aquilo que é positivamente conforme com a ordem jurídica e as suas exigências, mas tão-só de apurar o que já não é indubitavelmente compatível com o mínimo ético-jurídico exigível, sob pena de responsabilidade.

A concepção do abuso do direito que expusemos e o tipo de construção da solução do problema de responsabilidade por informações que dela decorre podem explorar-se noutras áreas. Sirva de exemplo o tema controverso da "desconsideração" da personalidade jurídica. (A tendência para a recondução da problemática ao abuso do direito da invocação da personalidade colectiva encontra-se representada entre nós: cfr. MENEZES CORDEIRO, *Da Responsabilidade Civil dos Administradores* cit., 327, 334 e n. 264, e *O levantamento* cit., 123, considerando mesmo que todos os casos de levantamento da personalidade jurídica traduzem situações de abuso; *vide* ainda J. COUTINHO DE ABREU, *Da Empresarialidade/As empresas e o Direito*, Coimbra 1999 [reimpr.], 205 ss; PEDRO CORDEIRO, *A desconsideração* cit., in Novas Perspectivas, 308, 311, e *passim*; já para OLIVEIRA ASCENSÃO, *Direito comercial*, IV *(Sociedades comerciais, Parte geral)* cit., 74 ss, a desconsideração "tem de encontrar o seu lugar através de uma acomodação de muitos institutos conhecidos" — entre os quais o abuso — que todavia não absorvem toda a problemática correspondente; daí a autonomia e a subsidiariedade da desconsideração, depois precisada em torno da ideia geral da desfuncionalização dos institutos jurídicos.) Ora, uma das necessidades que mais prementemente ditou a desconsideração consiste precisamente em fazer responder o sócio — "homem oculto" — por condutas por que, em princípio, ele não seria responsável devido à existência da pessoa colectiva e ao princípio da separação entre aquela e os respectivos membros; em certos casos de subcapitalização, por exemplo, o sócio responderia pelas dívidas contraídas pela sociedade.

Qual porém o fundamento desta responsabilidade? O recurso a um abuso do *direito de invocar a personalidade colectiva* — como é aventado pela orientação acabada de referir —, afigura-se claramente insuficiente, pois a responsabilidade do sócio não pode seguramente derivar *apenas* desse facto. O que corresponde ao carácter abusivo dessa invocação é imediatamente a sua inibição, mas daí não se segue qualquer obrigação de indemnizar. Nem se vê bem como poderia surgir, pois aquela invocação não é em si a causa do prejuízo cuja reparação (fundamentalmente) se pede. Na perspectiva da dinâmica processual, interessa prescrutar o fundamento da acção de responsabilidade, não sendo bastante reconhecer a pertinência da excepção do abuso da invocação da personalidade jurídica pelo réu (correctamente pois J. PINTO FURTADO, *Curso de Direito das Sociedades*, 3.ª edição, Coimbra 2000, 255, quando refere tratar-se na desconsideração de imputar directamente certo facto ao seu autor material em vez de à sociedade, ou de responsabilizá-lo pessoalmente por esse facto, embora o autor se movimente também nos quadros do abuso). Dir-se-á todavia que existe pelo menos o abuso do direito de intervir e participar na vida económica através da "mediação" da pessoa colectiva. A afirmação de um dever de não abusar da pessoa colectiva nada adianta em si para a justificação da responsabilidade, além de poder discutir-se a sua autonomia relativamente ao argumento anterior. Há sempre que transcender a eficácia inibitória do abuso. Em todo o caso, quer nestas hipóteses, quer ainda na criação premeditada de uma pessoa jurídica com o fim de fugir a responsabilidade, não há abuso de uma situação jurídica permissiva e, menos ainda, de um verdadeiro direito subjectivo. Condutas deste tipo ofendem quando muito as fronteiras que a ordem jurídica traça à sua liberdade de actuar no mundo económico (através de sociedades ou outras pessoas colectivas). É a sua violação que conduz a responsabilidade. Mas pode não estar em causa a infracção de normas proibitivas, e antes impositivas, assim como a de vinculações emergentes do estatuto de sócio ou de titular de órgão social. (Na falta de positivação, tais normas são "construídas" pelo intérprete-aplicador, fruto da indagação da intenção e das valorações da ordem jurídica na sua globalidade: o ponto de vista da necessidade de respeito da função da pessoa colectiva — a que apela OLIVEIRA ASCENSÃO, *ibidem*, 86 ss —, conquanto a nosso ver não exclusivo, pode ser determinante.)

Nesta linha, o problema, por exemplo, da desconsideração por descapitalização da sociedade deverá ser resolvido antes através de uma ponderação adequada dos deveres e restrições que a ordem jurídica e as suas valorações estabelecem à actividade dos sujeitos por meio de uma pessoa colectiva ou aos seus órgãos. Assim, a proibição de descapitalização não deriva de um mero controlo correctivo-sindicante do exercício de certas posições pela via do abuso, mas da observância, em toda a sua plenitude, da intenção reguladora da ordem jurídica no seu conjunto. Apresenta-se portanto fulcral a actividade interpretativo-integrativa de apuramento das respectivas exigências.

A tentativa de abordar a temática da desconsideração através do abuso esquece-se por vezes deste ponto. Reitere-se que importa ultrapassar a eficácia meramente *preclusiva* da conduta inadmissível, pois não se trata apenas de impedir os sócios de terem um comportamento ilegítimo. Torna-se necessário *fundamentar* a sua responsabilidade própria perante os credores sociais e, por conseguinte, determinar aquelas regras de conduta cujo respeito se impõe aos próprios sócios, ou seja, *fixar os seus deveres*. O mero apelo ao abuso de pouco auxilia aqui. Em qualquer circunstância, é sempre de reclamar destes o respeito do mínimo ético-jurídico em geral exigível. O levantamento doloso de fundos sociais que deixem a sociedade inaceitavelmente descapitalizada em prejuízo dos credores representará justamente uma clara situação de infracção destes ditames (como de resto a criação intencional de uma sociedade originariamente subcapitalizada), na nossa concepção, necessariamente relevante do ponto de vista delitual. (O critério da conduta dolosa em prejuízo de outrem é em si diferente do do simples desrespeito da função da pessoa colectiva, embora com este se intercepte em boa medida.)

Mas há que alargar a responsabilidade para além destes casos extremos de causação consciente e intencional de prejuízos (a coberto da pessoa colectiva). É aqui que a doutrina do abuso mais dificuldades apresenta, pois a fundamentação da responsabilidade torna-se muito mais complexa. Poderia considerar-se que a descapitalização de uma sociedade representa a violação de um dever do sócio ou do titular do órgão perante a própria sociedade, em cujo âmbito de protecção se situaria o próprio credor, assim legitimado a um pedido indemnizatório directo ao infractor. Mas esta construção, análoga à do contrato com eficácia de protecção para terceiros, expõe-se a algumas críticas. Desde logo à de uma certa hipostasiação da sociedade na posição que lhe assiste contra o sócio, esbatendo-se nela concomitantemente o carácter instrumental da forma societária em relação à prossecução dos interesses daquele. E também a eficácia protectora dos credores que não são destinatários directos do dever infringido precisa de justificação. (Estas objecções são naturalmente evitadas numa solução de recorte delitual que aceite deveres no tráfico a impender sobre os sócios ou os titulares dos órgãos por forma a não prejudicar terceiros.)

Não devem todavia sobrevalorizar-se os aludidos obstáculos. Afinal, podem perfeitamente conceber-se adstrições imediatas dos que determinaram a descapitalização da sociedade perante aqueles que concretamente se relacionaram com essa sociedade e se apresentam como credores dela ou face aos sujeitos que, cognoscivelmente, entrarão em contacto com a sociedade e se tornarão também dela credores: deveres específicos, nomeadamente de protecção, alicerçáveis na regra de conduta da boa fé na medida em que suponham a possibilidade de afirmação de uma ligação especial entre os sócios ou titulares de órgãos e esses credores; disso dependerão portanto. Fora de tais casos, designadamente perante credores futuros desconhecidos, parece que apenas uma construção delitual permite de facto explicar a responsabilidade directa perante os credores. Note-se de qualquer modo que importa distinguir os deveres de lealdade dos sócios que determinaram a subcapitalização dos deveres de lealdade dos administradores cientes da subcapitalização perante aqueles com quem contratam; ainda que actuem em nome da sociedade e os requisitos da sua responsabilidade pessoal e directa devam repercutir esse facto. (De ponderar no entanto é se a natureza particular da sociedade comercial como pessoa colectiva autónoma dos sócios e instrumento dos seus interesses não deverá levar a privilegiar apenas uma responsabilidade subsidiária, em lugar de directa, dos sócios em caso de insuficiência do património social, assim se explicando a tese de um dever tão-só perante a sociedade, de que apenas decorre *reflexamente* uma protecção de terceiros: cfr., a propósito, KARSTEN SCHMIDT, *Gesellschaftsrecht*, 3.ª edição, Köln, Berlin, Bonn, München 1997, 250-251.)

De qualquer modo, cremos que a responsabilidade pessoal dos titulares de órgãos perante terceiros — e o mesmo valerá essencialmente para a dos sócios — depende em princípio da viabilidade de afirmar um fundamento de imputação pessoal do prejuízo a tais sujeitos, ultrapassando o âmbito dos deveres próprios da pessoa colectiva, pelos quais apenas esta responde (a questão da responsabilidade "interna" dos administradores e de outros titulares de órgãos perante a sociedade e o conjunto dos sócios coloca-se compreensivelmente de modo diferente; com muito interesse, mas essencialmente deste ângulo, *vide* JOÃO SOARES DA SILVA, *Responsabilidade civil dos administradores: os deveres gerais e a corporate governance*, ROA 57 [1997], 605 ss, e os tópicos e elementos que aponta para a concretização do dever de diligência dos administradores). As adstrições que atingem individualmente esses titulares podem pertencer, como se deduz do que dissemos, a vários quadrantes dogmáticos, não necessariamente delituais (pense-se naqueles deveres *supra* referidos que disciplinam ligações especiais entre sujeitos). No campo aquiliano, a vinculação de todos ao mínimo ético-jurídico indeclinavelmente exigível conduz a uma responsabilidade directa do membro do órgão que o desrespeita face a terceiros; está aqui abrangida a conduta intencional ou dolosamente danosa do administrador. Fora desses casos extremos, a sua responsabilidade afirma-se naturalmente existindo disposições de protecção que sobre ele incidam especificamente, o que se tem de apurar por interpretação. Mais problemática se torna a responsabilidade no quadro geral da 1.ª alternativa do art. 483 n.° 1. Pelo menos se estiverem em causa agressões imediatas a direitos subjectivos alheios, parece no entanto que o titular do órgão é responsável, pois infringe então indiscutivelmente um dever geral de respeito de direitos alheios que por natureza o abrange (como aos demais sujeitos). Já no campo das omissões e das ofensas mediatas que conduzem ao dano, há que ponderar com mais cuidado a afirmação de concretos deveres a impenderem pessoalmente sobre esses titulares. Na actuação dos membros dos órgãos sociais *qua tale*, no âmbito, portanto, da actividade social, só circunstâncias qualificadas parecem justificar a sua responsabilidade individual; caso contrário, apenas responde a pessoa colectiva. A noção-chave é aqui a dos *deveres no tráfico*, conexos ou não com o desempenho da sociedade. Importa considerar os critérios genericamente atendíveis para o seu surgimento e averiguar em que medida estes consentem a fixação de adstrições a vincular não já a sociedade, mas os próprios administradores; sem esquecer todavia a restritividade com que a protecção aquiliana contempla à partida os interesses puramente patrimoniais.

Este, embora em simples esboço, o quadro dogmático global de estruturação que sugerimos para a responsabilidade civil delitual dos administradores. O tema foi recentemente analisado à luz das disposições do Código das Sociedades Comerciais aplicáveis por MENEZES CORDEIRO em *Da Responsabilidade Civil dos Administradores* cit., em síntese, esp. 493-496, com resultados que se deixam coordenar no essencial com as precedentes propostas de enquadramento geral. Ao contrário do autor, não cremos contudo que as regras estatutárias consubstanciem disposições de protecção para efeito do art. 483 n.º 1; assim como temos para nós que os interesses primariamente patrimoniais tipicamente envolvidos nas situações de responsabilidade dos administradores reclamam uma justificação da tutela delitual que ultrapassa a mera invocação do art. 483 n.º 1: não sendo por esta acolhidos com generalidade, aqueles apenas podem à partida ser considerados quando estiver em causa a ofensa do mínimo ético-jurídico exigível. No que concerne à diligência devida pelos administradores — na leitura que sugerimos, o domínio específico dos deveres no tráfico — é efectivamente um princípio de correcção metodológica fixá-la em conformidade com os preceitos concretos que existam. Insista-se em todo o caso que tais deveres são para nós dogmaticamente independentes dos que impendem sobre a pessoa colectiva; equívoca, sob este ponto de vista, a afirmação de que na imputação delitual comum aos administradores, "tudo passa pela sociedade, pessoa autónoma". Por último: de modo algum equipararíamos necessariamente os deveres dos administradores que a lei, em várias disposições, discrimina, a obrigações em sentido técnico, sujeitando aqueles, em caso de violação, a uma responsabilidade obrigacional. Se, nalguns casos, tal conclusão se afigura de subscrever, outras vezes tais deveres podem considerar-se especificações legais de uma tutela de recorte aquiliano e positivações de deveres no tráfico delituais. Por outro lado, há deveres específicos que impendem sobre os administradores que relevam de uma ligação especial entre eles e outros sujeitos — susceptíveis de se amparar na regra da conduta de boa fé —, sobretudo de protecção, que não se enquadram para nós na dicotomia entre contrato e delito, representando antes um *tertium genus*.

Observe-se, para finalizar, que a aceitação, como fizemos, da existência de normas jurídicas a imputar directamente aos sócios determinados prejuízos pela sua conduta torna em rigor perfeitamente dispensável o recurso à desconsideração enquanto noção técnica. No exemplo acima posto, para atingir os sócios, forçando à sua responsabilidade, não é necessário "levantar o véu" da pessoa colectiva, pelo que a desconsideração é meramente *aparente*. Assim, por exemplo, no Acórdão da Relação de Évora de 21 de Maio de 1998, CJ XXIII (1998), 3, 258 ss, responsabilizaram-se os gerentes de uma sociedade que a descapitalizaram perante os credores desta, ao abrigo do art. 78 n.º 1 do Código das Sociedades Comerciais e do art. 483 n.º 1 do Código Civil: tida embora como situação de "levantamento" da pessoa colectiva e de abuso do direito, não chegou na realidade a desconsiderar-se essa

reflectindo uma mera *caracterização estrutural* de certo tipo de relações jurídicas. Não aponta o fundamento da responsabilidade e não dispensa, por conseguinte, a sua indagação [122].

---

pessoa. Estava em causa uma responsabilidade aquiliana pela causação dolosa de um dano patrimonial puro a terceiros.

[122] A invocação da categoria das relações obrigacionais sem deveres primários de prestação — por si ou indicando algumas das suas manifestações como o contrato com eficácia de protecção para terceiros e a ligação corrente de negócios — não é quanto a nós, assim, suficiente para resolver as situações "críticas" de responsabilidade por informações. Não se trata (apenas) de saber até que ponto essa noção permite absorver, em toda a sua extensão, o problema posto. É que a relação obrigacional sem deveres primários de prestação corresponde, na realidade, a um conceito dogmático--jurídico que *não se afigura detentor de qualquer sentido materialmente (auto)fundamentador* e se apresenta antes meramente descritivo e classificatório (ainda que reportado a uma realidade normativa). O que significa que ele não pode constituir o último elo de um discurso de justificação da responsabilidade: remete necessariamente para além de si.

Não se podem ignorar as implicações de que qualquer conceito jurídico é, em maior ou menor grau, portador, no plano dos pressupostos e consequências jurídicas que veicula. Ele não é, nesse sentido, "isento". Assim, as relações obrigacionais sem deveres primários de prestação derivam do reconhecimento de uma responsabilidade não delitual aí onde também não há deveres de prestar ou estes foram invalidamente constituídos; a violação dos deveres que constituem essa relação, ainda que de espécie diferente, poderia contudo dar lugar a uma pretensão de ressarcimento de danos (com maior detalhe, o nosso *Contrato e Deveres de Protecção* cit., esp. 92 ss). Mas ao guardar, assim, uma estreita dependência com respeito a soluções de problemas jurídicos determinados, para que proporciona um arrimo construtivo de inegável valia, não desvenda autonomamente, no seu formalismo, a valoração fundamentadora dessas soluções (para o que importa indagar as normas e princípios que compõem o sistema jurídico; eventualmente considerando o seu aperfeiçoamento de forma metodologicamente correcta). Nessa medida respeita bastante ao sistema jurídico externo, aquele que — recorde-se PHILLIP HECK, *Begriffsbildung und Interessenjurisprudenz*, Tübingen 1932, 139 ss — constitui o modo de exposição, aprendizagem e transmissão das soluções de direito.

A falta de clareza da aludida valoração está igualmente na base da equivocidade que afecta manifestações que se lhe apontam, como o contrato com eficácia de protecção para terceiros. Este deambula — já o vimos — entre o quadro da autonomia privada e dos efeitos da vontade negocial, por um lado, e o âmbito das valorações objectivas por parte do ordenamento, incidentes sobre um *quid* de facto, por outro, o que constitui seguramente um estorvo para uma percepção límpida do

Pelas razões já acima indicadas, a teoria da confiança apresenta-se neste contexto especialmente idónea para a compreensão da responsabilidade por informações, permitindo fugir às restrições que traz consigo a escolha dilemática entre um enquadramento delitual e contratual. Apesar disso, o carácter difuso da confiança e o seu consequente *deficit* de operacionalidade no processo de aplicação do Direito (a sugerir não ser ela o verdadeiro elemento decisório da responsabilidade), assim como a indesmentível tendência para uma tipificação e despessoalização da confiança, abriram aqui espaço, tal como noutros sectores, para outras orientações, nomeadamente para a construção de uma responsabilidade alicerçada (tão-só) numa situação objectiva de violação de deveres de conduta[123].

---

fundamento da responsabilidade por informações. (Retome-se ainda um outro ponto acima mencionado com generalidade: a frequente contraposição dos interesses entre aquele a quem se destina a informação e o terceiro que vem a sofrer o dano resultante da sua omissão ou inexactidão não consente ao contrato com eficácia de protecção para terceiros grande campo de aplicação, pois ele só deverá ser considerado quando aquela oposição não exista. Não basta, para este efeito, que o prestador da informação saiba que o respectivo destino é influenciar a decisão de outrem que não o seu parceiro contratual: não é razoável "deduzir-se" só por isso no sentido de uma protecção contratual desse terceiro; em sentido diferente, SINDE MONTEIRO, *Responsabilidade por Conselhos* cit., 525. Bem mais adaptada às exigências da eficácia protectora de terceiros é a afirmação da necessidade de que o autor do relatório, peritagem ou parecer apareça numa posição independente; cfr. *op. cit.*, 525, n. 246. Com efeito, a "autonomia" do informante perante o seu credor faz esbater a nota da conflitualidade dos interesses entre este e o terceiro, abrindo assim espaço para uma responsabilização directa do devedor perante terceiro. E contribuindo para tornar aceitável que ao devedor não seja consentido opor ao terceiro excepções derivadas das suas relações com o credor. Que a construção de um contrato com eficácia de protecção para terceiros tenha nestes casos algum papel a desempenhar pode, no entanto, contestar-se. *Vide supra* o cotejo com a construção alternativa da responsabilidade *in contrahendo* de terceiros; cfr. ainda o nosso *Uma «Terceira» Via* cit., 98 ss.)

[123] Assim, em tom marcadamente crítico em relação à doutrina da confiança ("cripto-solução"), SINDE MONTEIRO, *Responsabilidade por Conselhos* cit., 505 ss, preferindo uma solução baseada na violação de deveres de comportamento (abuso do direito e relação obrigacional sem deveres primários de prestação) totalmente desligada do pensamento da confiança. Também MENEZES CORDEIRO não releva em

Existe, no entanto, uma clara dificuldade de conceber uma origem negocial para esses deveres. A celebração de um *contrato* relativo à *informação* requer, estruturalmente, uma proposta e uma aceitação. É certo que se poderia interpretar a solicitação da informação como proposta e a respectiva prestação enquanto aquiescência a ela. Sendo a informação emitida sem prévia solicitação, poderia a sua disponibilização ser perspectivada como proposta e o seu aproveitamento pelo destinatário enquanto aceitação [124]. Uma "leitura" deste género da relação entre autor e receptor da informação é, todavia, insuficiente porque não evita a questão essencial da presença das notas características da vinculação negocial; quer do lado do prestador da informação, quer considerando o ângulo do seu destinatário. A verificação de um negócio, a vontade de efeitos jurídico-negociais, é muitas vezes mais do que problemática e, por isso, é igualmente acentuado o risco de o contrato, embora sem representar necessariamente uma ficção, constituir com frequência uma autêntica pseudofundamentação. Tópicos como a recognoscibilidade da importância da informação para o destinatário, a pertença da matéria da informação à área da actividade profissional do informante, a sua disponibilização no exercício dessa actividade ou o interesse do informante na decisão que o destinatário da informação venha a tomar com base nela, não evitam nem substituem o problema da verificação do fundamento de uma

---

Direito Bancário/Relatório, Coimbra 1997, 109 ss, *apertis verbis* a protecção da confiança enquanto fundamento autónomo de uma responsabilidade por informações, preferindo em idêntico sentido centrar a sua análise nos deveres que têm as informações por objecto, que distribui pelo âmbito da culpa pré-contratual, pelo da execução das obrigações e pelo direito delitual enquanto deveres do tráfego (considera ainda os deveres legais específicos de informar; a questão dos limites destas manifestações tradicionais da responsabilidade, tão cara a SINDE MONTEIRO, não é tematizada, o que é todavia coerente com a extensão que o autor confere à responsabilidade obrigacional, poupando-o da admissão de formas intermédias de imputação de danos, intercaladas entre aquela e a responsabilidade delitual).

Favorável à confiança, em todo o caso, CANARIS, *Die Vertrauenshaftung* cit., 539, e *Schutzgesetze* cit., 93; *vide* também nesta linha, LORENZ, *Das Problem der Haftung* cit., 618-619, e RUDOLF NIRK, *Die Vertrauenshaftung Dritter* cit., 281-282.

[124] O art. 234 poderia auxiliar.

imputação negocial de efeitos jurídicos, uma vez que este não se confunde com aqueles critérios [125].

[125] O problema põe-se particularmente quando a informação é isolada, não representando um acto integrado no cumprimento de uma obrigação mais ampla (pois então importaria atender a esta). A interpretação da sua disponibilização como proposta ou como aceitação implica a presença de consciência e vontade de efeitos jurídico-negociais por parte dos sujeitos. O carácter gratuito de muitas informações, pelas quais se não estabelece portanto qualquer contraprestação, convive todavia mal com esses elementos. Mesmo reconhecendo-se que a gratuitidade não obsta por si a que a informação se enquadre numa estratégia "económica" do seu autor, só por excepção será lícito divisar no comportamento deste a assunção de um compromisso negocial que é normalmente contrário aos seus interesses. Disso deve aliás ser consciente o destinatário da informação, que não há-de portanto deduzir levianamente uma vontade de vinculação negocial. O conhecimento por parte do informante da importância da informação para o seu destinatário em nada altera esta realidade (mais aberto, embora de igual modo prudente em relação à admissão de um contrato de informação, parece ser SINDE MONTEIRO, *Responsabilidade por Conselhos* cit., 470). Contra a tese contratual (e, *a fortiori*, negocial) da prestação de uma informação depõe, via de regra, o frequente conflito entre os interesses do prestador da informação e os do seu destinatário. A convenção de uma contraprestação não directamente conexionada com a informação não tolhe necessariamente a presunção de falta de vontade de celebração de um negócio jurídico do lado do autor da informação.

Em todo o caso, mesmo um critério que meça objectivamente a vontade negocial pela impressão do declaratário normal, colocado na situação concreta do real destinatário, não impede uma impugnação da declaração por falta de consciência acerca da vinculatividade negocial do comportamento (cfr. o art. 246 n.° 1). A (eventual) responsabilidade do declarante (prevista no citado preceito para o caso de culpa dele) não deriva de uma vinculação negocial.

Também a consideração conjugada das directrizes contidas no art. 485 e o respectivo sentido regra/excepção não facilitam a tese do contrato (e do negócio). O princípio geral da irrelevância das informações para efeito de responsabilidade proclamado no n.° 1 do citado preceito leva a que a mera prestação de uma informação não possa significar por si a conclusão de um contrato; na dúvida ele não existe, seguindo a valoração da lei. A sua celebração não pode assim presumir-se e carece de ser positivamente provada por quem dela se queira prevalecer.

Em toda a discussão em torno da prestação de uma informação como declaração contratual perpassa no fundo a espinhosa questão do critério do negócio. Particularmente, a pertinência da distinção tradicional entre declaração negocial e declaração de ciência; a primeira como declaração de "validade jurídica", cujo con-

A exploração da via do *negócio unilateral* pela consideração de que o informante garantiria, ao informar, ter tido (preteritamente, pois) um comportamento diligente na averiguação da base ou da consistência da informação, ou então, tomando-o por vinculado a uma promessa (unilateral) de responder pelos danos advenientes do carácter incorrecto da informação que presta, suscita dificuldades análogas ligadas à fixação do critério do negócio e à comprovação dos seus requisitos no plano da realidade. Considerar existente uma vontade de vinculação (negocial) do informante com algum dos conteúdos apontados é, o mais das vezes, pura fantasia. Repare-se também que a informação não pode consubstanciar directamente uma promessa de prestação que faça dela própria o seu objecto; quando muito, traduz a realização de uma promessa já feita. Além disso, o negócio unilateral transporta consigo o problema da compatibilização com o princípio do contrato reconhecido pelo art. 457 do Código Civil [126].

As dificuldades da construção negocial, aliadas à consciência de que os deveres do informante, em vez de reconduzíveis a uma decisão autonómica dele, surgem em muitos casos como expressão de uma heteronomia a que ele está sujeito, explicam a crescente perspectivação da sua responsabilidade como delitual; interpretando-se ou reconstruindo-se esta última por forma a abranger o ressarcimento dos interesses primariamente patrimoniais que são tipicamente afectados por informações inexactas. Um tal procedimento está exposto a

---

teúdo se não esgota numa comunicação e envolve uma adstrição a um comportamento futuro ou se dirige, em qualquer caso, à produção de um determinado efeito jurídico, a segunda enquanto declaração que se limita a retratar determinados factos ou, quando muito, a opinar sobre eles (como refere J. LEBRE DE FREITAS, *A Confissão no Direito Probatório*, Lisboa 1991, 160, a qualificação incide sobre "o objectivo conteúdo do acto"; quanto à alusão a que a declaração de ciência envolve, não apenas uma declaração sobre a realidade, expressão de uma "linguagem objectal", mas também uma declaração de verdade a respeito dessa asserção e expressão de uma "metalinguagem", o que pensamos é que essa metalinguagem não pertence ao universo jurídico-negocial).

[126] Cfr. também SINDE MONTEIRO, *Responsabilidade por Conselhos* cit., 494. Na ordem jurídica alemã, considerando igualmente o § 305 do BGB um obstáculo à tese do negócio unilateral, LARENZ, *Lehrbuch des Schuldrechts* cit., II/1, 433.

objecções de peso, substanciais e metodológicas, desde logo *de iure constituto*. Mais tarde comprová-lo-emos.

De qualquer modo, ao contrário do que amiúde se pressupõe, é discutível que por essa via se logre uma maior precisão das situações de responsabilidade por comparação com a teoria da confiança. Os deveres delituais carecem também de ser justificados. A responsabilidade aquiliana não é consequência automática da possibilidade de imputar um dano a um comportamento do sujeito, podendo implicar, no caso de simples negligência, um processo complexo de ponderação dessa conduta de acordo com vários critérios, por forma a apurar a razoabilidade da responsabilidade. Nem sempre os adeptos de soluções delituais consideram devidamente que essa responsabilidade tem necessariamente recortes e limites. Pode porém dizer-se, isso sim, que a concepção delitual envolve uma "objectivização" da responsabilidade, pois ancora-a na violação de regras de agir. Liberta das representações do lesado em que a doutrina da confiança se apoia, ela evita um conjunto de objecções contra esta desferidas pelos seus detractores.

Tendência análoga se manifesta igualmente na tentativa de proceder à fundamentação da responsabilidade do informante, em alternativa à confiança, através da construção de uma responsabilidade profissional. Nesta coligam-se tipicamente deveres de conduta ao exercício autónomo de uma profissão, considerando-se que eles se destinam também à tutela de terceiros susceptíveis de serem afectados por esse exercício, independentemente de manterem uma relação contratual com o sujeito [127]. A responsabilidade profissional serve, não raro, para concretizar a construção de deveres de conduta delituais, pois que se recorre ao exercício da profissão como critério material do seu estabelecimento. Mas ela tem também sido invocada à margem de uma inclusão na responsabilidade delitual, como fonte autónoma de uma obrigação de indemnizar, não (necessariamente) delitual ou contratual, decorrente *tout court* da *específica posição do profissional no tráfico jurídico*.

Numa apreciação de conjunto, verifica-se que as concepções que disputam a área da responsabilidade por informações à teoria da con-

---

[127] Algumas indicações já *supra*, sob o n.º 12, em nota (*vide* também ainda *infra*, sob o n.º 24).

fiança não diferem substancialmente das que se deparavam já na interpretação da *culpa in contrahendo*, sobretudo em conexão com o problema do alargamento deste instituto a terceiros. Por sobre tratar-se de um corolário natural da intersecção dos *quid* de facto envolvidos, perfilam-se no fundo modelos estáveis de construção da responsabilidade que teremos de apreciar e cotejar com a doutrina da confiança.

13. A responsabilidade por prospecto

As coordenadas dogmáticas em que se movimenta a responsabilidade por informações reproduzem-se, com maiores ou menores variações, na área específica da *responsabilidade por prospecto*. Trazida recentemente à ribalta da discussão jurídica, esta representa especialmente uma resposta às necessidades de tutela dos investidores em valores mobiliários num cenário de notável incremento de capitais em busca de aplicação nas economias mais desenvolvidas, tendo em conta a enorme diversificação da oferta de formas e produtos de investimento. Os prospectos constituem muitas vezes um elemento decisivo no processo de captação desses capitais, ao prestarem aos potenciais aplicadores informações com vista a ajuizarem de um investimento. Uma incorrecção do seu conteúdo informativo pode implicar graves prejuízos. Sente-se a conveniência de permitir aos investidores prejudicados, que confiaram no teor do prospecto, o ressarcimento dos danos que sofreram dos próprios responsáveis pelo prospecto, ainda que diversos das entidades promotoras do investimento, que nem sempre estariam em condições de reparar esses prejuízos[128]. A responsabilidade por prospecto desempenha assim um

---

[128] Considere-se, por exemplo que, se uma entidade alienante de um valor mobiliário pode ser responsabilizada pela menos-valia deste em relação ao que decorre do prospecto informativo com base na relação contratual (ou pré-contratual) que estabelece com o investidor, será frequente, tratando-se da emitente dos títulos, não estar em condições de poder ressarcir os danos sofridos pelo investidor em virtude da situação financeira em que ela própria se encontra. Não sendo essa entidade a emitente, poderia, por outro lado, eximir-se com relativa facilidade de responsabi-

relevante papel em ordem ao reforço da segurança, clareza, funcionalidade e fiabilidade do mercado de capitais.

A experiência alemã é paradigmática pelo significado que assume na sua elaboração. Ao lado de uma responsabilidade alicerçada em disposições específicas de tutela dos investidores em valores mobiliários, e completando essas disposições no domínio do chamado "mercado cinzento de capitais" (*grauer Kapitalmarkt*), que abrange o mercado dos títulos não cotados na bolsa, a prática dos tribunais consagrou uma autêntica responsabilidade por prospecto de direito comum, ao ponto de se falar de uma *dupla pista* (*Zweispurigkeit*) por onde tal responsabilidade discorre [129]. Este desenvolvimento encontra-se marcado pelo debate em torno do alcance efectivo dos quadros do direito delitual perante a tese de que eles não abarcam, na medida do necessário, a reparação dos prejuízos puramente patrimoniais que ocorrem tipicamente nestas constelações. Por outro lado, ultrapassa-se

---

lidade (demonstrando por exemplo a falta de culpa no desconhecimento da verdadeira valia do valor mobiliário transmitido).

Não se deduza porém que o objectivo da responsabilidade por prospecto se esgota em assegurar o investidor contra a falta de solvabilidade ou a exclusão da responsabilidade contratual (ou pré-contratual) da outra parte na relação de aquisição do valor mobiliário. Outras preocupações aconselham a responsabilidade por prospecto (*vide* já de seguida o texto).

[129] De entre a vasta bibliografia existente, cfr., com numerosas indicações doutrinárias e jurisprudenciais, HEINZ DIETER ASSMANN, *Prospekthaftung* cit.; ainda *Prospekthaftung als unerlaubter Haftungsdurchgriff?/Zur Problematik des Anlegerschutzes durch richterliche Rechtsfortbildung*, in Richterliche Rechtsfortbildung (FS der juristischen Fakultät zur 600-Jahr Feier der Ruprecht-Karls-Universität Heidelberg), Heidelberg 1986, 299 ss, focando em especial a responsabilidade por prospecto à luz dos pressupostos e condições do desenvolvimento do Direito para além da lei; também do autor, mais resumidamente, *Prospekthaftung/Haftung gegenüber dem Anleger*, in Neue Entwicklungen im Bankhaftungsrecht (hrsg. Johannes Köndgen), Köln 1987, 55 ss; HORST ROLLER, *Die Prospekthaftung im englischen und deutschen Recht*, Berlin 1991; JOHANNES KÖNDGEN, *Zur Theorie der Prospekthaftung*, AG 1983, 85 ss; CHRISTIAN BRAWENZ, *Die Prospekthaftung nach allgemeinem Zivilrecht*, Wien 1991. Entre nós, *vide* sobretudo SINDE MONTEIRO, *Responsabilidade por Conselhos* cit., 97 ss; saliente-se, ainda, com desenvolvimento, CARLOS COSTA PINA, *Dever de Informação e Responsabilidade por Prospecto no Mercado Primário de Valores Mobiliários*, Coimbra 1999.

largamente a mera responsabilidade contratual da outra parte no negócio de investimento. No panorama das soluções alvitradas, enraizou-se além-Reno a concepção de que a responsabilidade por prospecto representa um prolongamento do *pensamento fundamental da confiança*, tal como ele foi desenvolvido para os casos basilares da culpa na formação do contrato, em direcção a uma área não prevista pelo legislador como carecente de regulamentação, muito embora efectivamente dela necessitada [130]. Depara-se-nos pois um exemplo notório da influência da culpa na formação dos contratos na formação de novos *Tatbestände* de responsabilidade, articulados com a teoria da confiança.

O legislador português foi sensível à necessidade de dotar a responsabilidade por prospecto de um conjunto de regras, ciente da importância que este meio específico de comunicação desempenha na vida dos mercados de valores mobiliários. Uma informação adequada dos actores que neles intervêm é crucial, não só para a formação das decisões individuais, como tendo em vista o correcto funcionamento global desses mercados. É assim compreensível que o novel Código dos Valores Mobiliários insista, na peugada aliás da anterior legislação, na licitude, veracidade, actualidade, clareza, completude e objectividade de toda a informação, seja ela espontaneamente prestada ou decorra antes de um imperativo legal, e qualquer que seja o meio utilizado [131]. Nessa linha, muito embora não se tenha preocupado em estabelecer um quadro global da indemnização por informações [132], dispõe todavia de uma regulamentação básica da respon-

---

[130] Sobretudo na jurisprudência; cfr. BGHZ 79, 337, 341, cuja formulação seguimos; *vide* também BGHZ 83, 222, 223-224.

[131] Cfr. os arts. 7 e seguintes do Código dos Valores Mobiliários aprovado pelo Decreto-Lei n.º 486/99, de 13 de Novembro, que substituiu o anterior Código do Mercado de Valores Mobiliários, aprovado pelo Decreto-Lei n.º 142-A/91, de 10 de Abril (regiam neste os arts. 97 e seguintes).

[132] A única disposição sobre responsabilidade entre aquelas que respeitam à informação em geral versa apenas o problema sensível da responsabilidade dos auditores por informações constantes dos seus relatórios e pareceres: cfr. o art. 10. Trata-se de um preceito incolor que não altera os pressupostos da obrigação de responder tal como são estabelecidos nas normas gerais ou especiais existentes, não dispen-

sabilidade por prospecto (cfr. os arts. 149 e seguintes), objecto também de várias remissões ou adaptações [133], cujo relevo se acentua com a extensão da obrigatoriedade de a informação ser veiculada nesses mercados através de prospecto.

Prevê-se em geral a responsabilidade pelo conteúdo do prospecto de um vasto leque de sujeitos: oferente e emitente de valores mobiliários, membros dos respectivos órgãos de administração e fiscalização, revisores oficiais de contas, promotores de sociedade, intermediários financeiros e mesmo, amplamente, aqueles que, com o seu consentimento, foram nomeados no prospecto como tendo preparado ou verificado qualquer informação, previsão ou estudo nele contido [134]. Possibilita-se naturalmente a reparação dos danos puramente económicos (aqui a regra); e não se exige a existência de uma relação contratual entre lesado e responsável e, mesmo, o conhecimento prévio entre eles. A escolha dos potenciais responsáveis entre aqueles que detêm o poder de dirigir ou de influenciar a condução das sociedades a que se referem os valores mobiliários ou que estão nomeados no prospecto como tendo participado na sua elaboração revela também que a responsabilidade por prospecto representa um instrumento de *"disregard of corporateness"* pelo qual se matiza a rigidez do princípio da separação entre a pessoa colectiva e aqueles que actuam através dela; em vez (ou ao lado) da responsabilidade daquele com quem foi celebrado o negócio de investimento (normalmente uma sociedade), impõe-se o dever de indemnizar a "actores reais" no cenário económico: dirigentes sociais e sujeitos que aceitam assumir individual e abertamente a credibilidade do prospecto.

---

sando uma interpretação à luz do direito comum (ensaiada no nosso *Uma «Terceira Via»* cit., 42 ss, e *passim*, a propósito dos arts. 102 n.° 1 e 107 n.° 1 do Código anterior, com considerações todavia extensíveis aos actuais dados legislativos).

[133] Podem confrontar-se os arts. 166 e 243. No art. 251, a responsabilidade por prospecto constitui-se mesmo em modelo da responsabilidade por informações prevista.

[134] A responsabilidade depende em princípio de culpa, aliás aferida aqui por padrões elevados de diligência profissional (cfr. o n.° 2 do art. 149). Consagram-se todavia casos de responsabilidade objectiva (cfr. o art. 150), realizando um pensamento de risco de empresa ou de canalização dos custos da responsabilidade.

A existência de cobertura normativa específica para a responsabilidade por prospecto não tira acuidade à redução dogmática dessa responsabilidade nem exime de uma aferição das suas soluções à luz dos princípios civis comuns. Está em causa uma indeclinável exigência do pensamento jurídico: é missão sua a indagação dos fundamentos materiais da imputação de danos e a elaboração, sobre eles, de uma teoria da responsabilidade por prospecto. O interrogar da sua relação com os distintos complexos normativos da responsabilidade civil de direito comum representa aliás seguramente uma tarefa praticamente relevante, imprescindível para o preenchimento de lacunas das disposições específicas que se lhe referem e para avaliar dos termos de um (eventual) concurso de normas ou de fundamentos para as pretensões indemnizatórias [135]. Está-se longe de uma pura atitude académica de "art pour l'art".

---

[135] Apenas a ordenação dogmática das disposições específicas sobre responsabilidade por prospecto à luz dos princípios da comum responsabilidade torna portanto possível a compreensão plena da regulamentação legal, como só a congruência interna de um sector do ordenamento em torno de certos princípios basilares previne eficazmente contra perturbações decorrentes dos reflexos de uma alteração numa área convizinha. Tudo é essencial para a fiel realização da autêntica intenção normativa de que o sistema jurídico é portador.

Claro que o desenho da relação entre a responsabilidade por prospecto objecto de regulação específica e a responsabilidade civil comum é inegavelmente complexo, o que contribui para explicar a prudente abstenção do legislador em relação a uma tomada de posição mais explícita nesta matéria (subsídios em todo o caso para o respectivo entendimento proporcionados por C. COSTA PINA, *Dever de Informação* cit., 150 ss, 163 ss, úteis apesar de em vista do direito anterior). Definida essa relação, torna-se possível convocar os domínios adequados do direito comum para o preenchimento de lacunas e apurar os termos do concurso com os respectivos complexos regulativos aplicáveis. O problema não é privativo da responsabilidade por prospecto e coloca-se analogamente, por exemplo, no âmbito da responsabilidade do produtor. (Como se estabelece no art. 13 do Decreto-Lei n.º 383/89, de 6 de Novembro, as normas desse diploma não afastam a responsabilidade decorrente de outras disposições legais. Sobre a interpretação deste preceito, cfr. CALVÃO DA SILVA, *Responsabilidade Civil do Produtor* cit., 462 ss, pronunciando-se irrestritamente pela possibilidade de o lesado, não apenas optar, como também combinar as vantagens relativas de cada uma das vias da responsabilidade que se lhe abrem. Mas há, na realidade, que proceder com critério: na relação da responsabilidade por pros-

Note-se que não é de modo algum adquirido que a responsabilidade por prospecto positivada revista natureza delitual. Será de esperar, sem dúvida, que num domínio de imperatividade em razão da funcionalidade do mercado, muitas das regras relativas aos prospectos revestirão pelo menos a natureza de disposições de protecção para efeito do art. 483 n.° 1, 2.ª alternativa, do Código Civil. Mas apenas uma análise atenta poderá descortinar o verdadeiro fundamento de responsabilidade envolvido. De resto, a confirmar a necessidade de uma adequada investigação da natureza da responsabilidade por prospecto, pode dizer-se que, apesar da abrangência com que a responsabilidade por prospecto se encontra regulada entre nós, não parece ser de excluir *in limine* o desenvolvimento de uma responsabilidade por prospecto de direito comum capaz de alcançar situações que escapem ao âmbito daquela regulamentação.

A aparente encruzilhada dogmática da responsabilidade por prospecto repete em apreciável medida termos comuns a outras situações reivindicadas pela tutela da confiança e já consideradas. Há sempre que contar com a responsabilidade negocial. Sobretudo se, porventura com alguma audácia, se interpretar o conteúdo dos prospectos no sentido de características ou qualidades de um produto

---

pecto — como aliás na do produtor — com o direito comum, importa não sacrificar a unidade e coerência internas dos complexos regulativos em que essas vantagens comparativas se integram. Fora deles tais vantagens podem muito bem perder a sua referência de sentido, o que seria inaceitável. Indefensável parece-nos em todo o caso a concepção de algum modo sugerida em P. ROMANO MARTINEZ, *Direito das Obrigações (Parte especial), Contratos (Compra e venda, locação, empreitada)*, Coimbra 2000, 137, segundo a qual a responsabilidade do produtor configuraria uma "nova" responsabilidade, ao lado da delitual ou contratual comum: na realidade, as normas específicas que disciplinam esta responsabilidade pretendem instituir uma regulamentação substantivo-material apropriada para um sector particular carecente de regulamentação especial, enquanto as responsabilidades delitual e contratual correspondem a categorias vastas que, conquanto longe de serem valorativamente neutras, são susceptíveis de preenchimento por um número indeterminado e diversificadíssimo de situações, entrecruzando-se com a primeira. Responsabilidade do produtor, por um lado, e responsabilidade delitual ou contratual, por outro, não estão pois num mesmo plano, não repartem a realidade segundo o mesmo tipo de critério, e, por isso, não podem ser postas em confronto como géneros diferentes.)

financeiro prometidas por declaração jurídico-negocial [136]. De todo o modo, o teor do prospecto é naturalmente susceptível de *integrar o negócio de investimento*, o que, ocorrendo, conduz à responsabilidade contratual da contraparte do investidor. Mas são também iniludíveis as dificuldades desta perspectiva: a relação de responsabilidade depende de requisitos apertados, pois pressupõe um contacto prévio de natureza negocial entre lesante e lesado. A sua restritividade logo sugere uma concepção delitual; nomeadamente se vencido, com auxílio de uma decisão do legislador, o escolho da restrita ressarcibilidade de danos puramente patrimoniais. Efectivamente, a responsabilidade por prospecto é passível de ser construída como resultante da violação de deveres no tráfico destinados a repartir responsabilidades por informação no âmbito do mercado de capitais [137].

---

[136] KÖNDGEN, *Zur Theorie der Prospekthaftung* cit., 90 ss, embora considere que os prospectos não corporizam necessariamente uma proposta contratual, pretende que o conteúdo respectivo manifesta uma promessa autovinculativa de qualidades (do produto financeiro). Classificando-a como declaração negocial, arrasta a problemática da responsabilidade por prospecto para a órbita do negócio. Essa responsabilidade atingiria o autor do prospecto, independentemente da sua entrada numa relação contratual com o adquirente do produto. (Ultrapassa-se pois a mera susceptibilidade de integração do conteúdo do prospecto, emitido por quem quer que seja, na declaração negocial daquele que estabeleceu efectivamente uma relação contratual com o investidor, evidentemente de aceitar.) Toda esta construção se baseia na assunção de que há "papéis" com relevo social e económico que, ao serem desempenhados, desencadeiam expectativas junto dos outros sujeitos, independentemente de os respectivos comportamentos esperados serem fixados em contratos singulares, e que são base suficiente de uma autovinculação. Rejeitá-lo seria não atribuir à realidade descrita a tradução jurídica que ela merece (sobre a concepção de fundo aqui presente, ainda *infra*, sob os n.ᵒˢ 65-66). Uma linha próxima, a propósito embora das mensagens publicitárias, é explorada entre nós por FERREIRA DE ALMEIDA, *Texto e Enunciado* cit., II, 900 ss, salientando a pertinência das construções negociais na publicidade e procurando desmistificar algumas objecções a essa tese.

[137] Cfr., em especial, ASSMANN, *Prospekthaftung* cit., designadamente 252 ss; *vide* ainda, a favor da orientação delitual ROLLER, *Die Prospekthaftung* cit., 161 ss, 244-245 (ambos os autores com indicações do direito anglo-saxónico, respectivamente americano e inglês, que apontam para a idêntica orientação aí também seguida). Como representantes da tendência delitual (e cepticamente em relação à teoria da confiança de seguida referida) podem ainda nomear-se LOGES, *Die Begrün-*

Mas pode também equacionar-se a construção da responsabilidade por prospecto elegendo para paradigma a *culpa in contrahendo* [138], intercalada de algum modo entre as duas modalidades de responsabilidade referidas. O que logo sugere a ponderação do pensamento da confiança, dominante na fundamentação do instituto [139]. Em seu favor

---

dung neuer Erklärungspflichten cit., esp. 192-193, e von BAR, *Vertrauenshaftung ohne Vertrauen* cit., 499 ss, 504 ss.

[138] A responsabilidade por prospecto coloca com especial acuidade a questão da estreiteza da *culpa in contrahendo* (e da relação pré-contratual), pois ela incide também sobre sujeitos cujo papel autónomo na condução ou determinação de um concreto processo de formação do contrato (justificativo de especiais *deveres in contrahendo*) parece difícil de aceitar. A impossibilidade de subsumir neste instituto, inequivocamente e sem resto, essa responsabilidade não tolhe todavia a sua importância no desenvolvimento e compreensão das soluções jurídicas requeridas. *Vide* ainda *infra*, neste número.

[139] Cfr. na doutrina alemã, sem prejuízo de diferenças de posição, nomeadamente HELMUT COING, *Haftung aus Prospektwerbung für Kapitalanlagen in der neueren Rechtsprechung des Bundesgerichtshofes*, WM 1980, 206, 211, 212, e CANARIS, *Schutzgesetze* cit., 93, e *Bankvertragsrecht*, 2.ª edição, Berlin, NewYork 1981, ns. 2277 e 2292, numa orientação perfilhada igualmente pela jurisprudência que, operando a partir da culpa na formação dos contratos, estende o pensamento da confiança de modo a alicerçar uma responsabilidade civil comum por prospecto que preenche áreas vazias de regulação legislativa.

Em Portugal, um litígio resolvido pelo Acórdão do Tribunal Arbitral de 31 de Março de 1993 (ROA, 55 [1995], 87 ss), revelou certa inclinação da doutrina no sentido da *culpa in contrahendo* (muito embora a circunstância de a *facti-species* em causa se apresentar como facilmente reconduzível às disposições que regulavam então a informação na bolsa e o prospecto contribuísse para que o problema, delineado no texto, da relação entre aquelas disposições e os princípios gerais da responsabilidade civil não tivesse sido tematizado, via de regra, de uma forma explícita e global nos comentários a ela produzidos). Assim, tomando posições genéricas favoráveis ao concurso dessas normas com a *culpa in contrahendo*, por exemplo, FERRER CORREIA e ALMENO DE SÁ, *Oferta pública de venda de acções e compra e venda de empresa* cit., 30-31, e CALVÃO DA SILVA, *Compra e venda de empresas* cit., 15-16; considerando que a hipótese *sub judice* cabia de pleno no conceito e no regime da culpa pré-contratual, I. GALVÃO TELLES, *Culpa na formação do contrato*, O Direito 125 (1993), 336 e 348, e MARCELO REBELO DE SOUSA, *Responsabilidade pré-contratual — Vertentes privatística e publicística*, O Direito 125 (1993), 399 ss, e 404-405; sustentando por sua vez que a solução daquele litígio através dos preceitos da compra e venda era susceptível

depõe logo o facto de os prospectos se destinarem, pela sua própria natureza, a comunicar conteúdos que influenciarão o comportamento alheio, constituindo nesse sentido *Tatbestände* de confiança. De qualquer modo, o recurso à confiança apresenta-se, neste domínio, especialmente problemático, dada a forte tendência para a sua tipicização e despersonalização num domínio do tráfico negocial que postula elevados níveis de segurança. Nesse sentido, a averiguação empírica das concretas representações do investidor frustrado, das suas expectativas relativamente ao tipo de investimento publicitado pelo prospecto, perde importância face às exigências de uma conduta "objectivamente justa" na verdade impostas aos responsáveis pelo prospecto e à consideração "objectiva" dos interesses que elas visam acautelar. Certamente que, deslocando-se o cerne da responsabilidade por prospecto em direcção a uma violação de deveres de comportamento por parte dos sujeitos, pode esperar-se legitimamente que tais sujeitos conformem o seu comportamento com esses deveres. Dir-se--á então todavia que não é essa confiança que desencadeia a respon-

---

de ser "sindicada" pela responsabilidade por prospecto ou, "em geral", pela *culpa in contrahendo*, MENEZES CORDEIRO, *Anotação ao acórdão do Tribunal Arbitral de 31 de Março de 1993*, ROA 55 (1995), 189. Já o acórdão do Tribunal Arbitral cit., 101 ss, aludiu, lado a lado, à responsabilidade por prospecto e aos princípios da tutela da confiança e da boa fé como fundamentos da responsabilidade (cfr., págs. 112-113, a opinião de ALMEIDA COSTA de que o disposto no art. 161 do antigo Código do Mercado de Valores Mobiliários constituía um afloramento do regime geral da culpa na formação dos contratos). Em sentido divergente com respeito à possibilidade de identificação da responsabilidade por prospecto com a *culpa in contrahendo*, vide R. AMARAL CABRAL, *Anotação* cit., 200 ss. Optando por um enquadramento delitual da responsabilidade legal por prospecto, vendo na infracção às normas que a disciplinam a segundo situação de responsabilidade do art. 483 n.º 1, M. HENRIQUE MESQUITA, *Oferta pública de venda de acções e violação de deveres de informar (Comentário a uma operação de privatização)*, sep. RLJ, Coimbra 1996, 117. (Sobre o tema em geral ainda, equacionando a responsabilidade por prospecto, a par do regime da compra e venda de empresa, como forma de tutelar o interesse dos adquirentes das acções a ela respeitantes, F. PESSOA JORGE, *Erro de avaliação na venda de empresa privatizada*, O Direito 125 [1993], 375; por último, ANTUNES VARELA, *Anotação ao acórdão do Tribunal Arbitral de 31 de Março de 1993*, RLJ 126 [1993/1994], 160 ss, aliás pertinentemente crítico em relação à miscigenação dos vários fundamentos de responsabilidade [pág. 318 e resp. notas].)

sabilidade, mas o desrespeito daquelas adstrições. Assim se compreende aliás que a responsabilidade seja compatível com uma desconfiança do investidor em relação aos autores individuais do prospecto.

Apesar da força desta concepção da responsabilidade por prospecto, não deve passar despercebido que a nossa lei ligou nalguns casos a responsabilidade por prospecto à efectiva figuração da identidade do sujeito, potencial responsável, no prospecto; como que sugerindo que a obrigação de indemnizar pode perfeitamente depender, não apenas de uma actuação realmente apta a produzir um prejuízo, sem que releve a predeterminação da identidade do seu autor perante essa idoneidade objectiva, mas da frustração da fiabilidade conferida a uma pessoa determinada [140]. Requerer que o responsável se dê a conhecer é uma condição natural do ponto de vista da doutrina da confiança, uma vez que esta opera com expectativas concretas, referíveis a um sujeito especificado, mas que se apresenta completamente espúrio no quadro de uma responsabilidade por violação de deveres de comportamento, *maxime* delituais, pois aí a conduta do infractor é impessoal e a sua identidade fungível para efeito do juízo de responsabilidade. A responsabilidade delitual reveste-se de um carácter essencialmente *nivelador;* as valorações em que assenta são de carácter geral e não consente diferenciações em função da identidade do responsável *qua tale* [141].

Embora esta orientação do direito pátrio no que respeita à responsabilidade por prospecto seja no fundo favorável à teoria da con-

---

[140] Cfr. sobretudo o n.º 1 h) do art. 149 do actual Código dos Valores Mobiliários (note-se em todo o caso a obrigatoriedade de informação no prospecto acerca de outros responsáveis, imposta pelo art. 136); no domínio do anterior destacava-se o n.º 1 d), e) e f) e o n.º 7 do art. 160.

[141] Para esta concepção da responsabilidade delitual, *vide* já o nosso *Contrato e Deveres de Protecção* cit., esp. 246 n. 508. Importa sublinhar que as considerações precedentes apenas colhem nos casos em que a lei exija a identificação dos sujeitos no prospecto como requisito da sua responsabilidade. A regulamentação da responsabilidade por prospecto não obedece provavelmente, em todas as hipóteses consideradas pelo legislador, ao mesmo pensamento, não consentindo, por conseguinte, uma redução dogmática unitária perfeitamente harmónica (já o direito anterior merecia aliás semelhante diagnóstico: cfr. AMADEU FERREIRA, *Direito dos valores mobiliários*, polic., Lisboa 1997, 411).

fiança, não é fácil concebê-la no quadro da *culpa in contrahendo* que a opinião mais corrente — e que, aliás, criticaremos — liga àquela doutrina. Mesmo que se tracem generosamente os confins da responsabilidade pré-contratual, abrindo as portas à responsabilidade de sujeitos com quem os investidores não chegam a entrar em qualquer relação contratual, a responsabilidade por prospecto parece ainda rompê-los. Com efeito, a afirmação de especiais deveres na formação do contrato requer a existência de uma *relação específica* entre sujeitos; nos termos do art. 227 n.º 1, uma relação de negociações [142]. A caracterização e o âmbito, objectivo ou subjectivo, da referida relação específica merecem ser discutidos e variam seguramente em função do fundamento admitido para a *culpa in contrahendo*. Contudo, mesmo baixando-se a sua fasquia, ela não abrange numerosas situações de responsabilidade por prospecto.

Os investidores, por exemplo, potenciais lesados através do prospecto, são muitas vezes, senão na maior parte dos casos, perfeitamente indeterminados ou desconhecidos dos sujeitos susceptíveis de responsabilidade. Ora, como qualquer relação, a pré-negocial exige pelo menos a identificabilidade ou determinabilidade dos respectivos sujeitos (anterior por referência à ocorrência da lesão). Ela não se confunde com a relação de responsabilidade surgida *ex post*, com a

---

[142] Analogamente, R. AMARAL CABRAL, *Anotação* cit., 206, segundo a qual, entretanto, os vínculos que integram a relação de negociações se limitam às futuras partes no negócio. (*Vide* aqui ainda AMADEU FERREIRA, *Direito dos valores mobiliários* cit., 411-412, juntando ademais contra a tese da *culpa in contrahendo* o argumento de que esta se cingiria ao campo das informações sobre o objecto do negócio, não se estendendo a toda a situação patrimonial e financeira, assim como às perspectivas da entidade emitente. Compreende-se a razão: não só o conteúdo obrigatório do prospecto é bastante vasto, como, por outro lado, a extensão dos deveres de esclarecimento pré-contratuais tem por referência, com certeza, o conteúdo do negócio em vista. Mas não vemos motivos para que eles não sejam igualmente susceptíveis de abranger certas circunstâncias *stricto sensu* extranegociais embora com impacto directo nas utilidades ou no fim do negócio para a outra parte ou, em todo o caso, e mais amplamente, referentes a elementos importantes para uma formação livre e esclarecida da decisão de contratar alheia; repare-se que a opacidade dessas circunstâncias para ela contrasta tipicamente com uma informação privilegiada da outra sobre as mesmas.)

adopção da conduta responsabilizadora e a verificação de um prejuízo na esfera de alguém. Como não se contenta com a mera susceptibilidade de alguém vir a responder, dada a sua influência ou conexão com um prospecto, pelos danos sofridos por outrem. Se uma relação pré-negocial apenas se poderia constituir após (ou com) a publicitação do prospecto junto de terceiros, ela deixaria sempre desprovidos de enquadramento os deveres que incidem sobre os sujeitos previamente à constituição dessa relação, nomeadamente aquando da elaboração do prospecto. A responsabilidade por prospecto beneficia aliás quem quer que seja o titular do valor mobiliário, mesmo aquele que o adquiriu posteriormente do primeiro [143]. Por outro lado, não impende necessariamente apenas sobre quem se encontra nomeado no prospecto, mas estende-se a outros sujeitos que (co)determinaram efectivamente a circulação do prospecto [144]. Não é pois essencial à responsabilidade qualquer *contacto pessoal* entre lesado e responsável. A conexão dos sujeitos que o prospecto veicula não permite por si afirmar uma relação.

À estreiteza das malhas da *culpa in contrahendo* para a compreensão global da responsabilidade por prospecto [145] procura responder a

---

[143] A solução passa despercebida nos arts. 149 e seguintes do Código dos Valores Mobiliários, mas não deveria oferecer dúvidas do ponto de vista da razoabilidade.

[144] A falta de cumprimento do disposto no art. 136, a) do Código dos Valores Mobiliários, nos termos do qual devem nele indicar-se as pessoas que sejam responsáveis pelo seu conteúdo, não prejudica obviamente a responsabilidade.

[145] O diagnóstico está também traçado em outros espaços jurídicos. Sobre o problema, quanto à Itália, cfr. G. ALPA, *Circolazione di valori mobiliari e responsabilità civile degli intermediari*, Corriere giuridico 1987, 1201, e G. CATTANEO, em recensão a FERRARINI, *La responsabilità da prospetto*, Quadrimestre 1986, 433; por uma solução baseada na *culpa in contrahendo*, no entanto, GUIDO FERRARINI, *La Responsabilità da Prospetto/Informazione societaria e tutela degli investitori*, Milano 1986, e *Investment banking, prospetti falsi e culpa in contrahendo*, Giurisprudenza commerciale 1988, 585 ss; já CARLO CASTRONOVO, *La nuova Responsabilità Civile/Regola e metafora*, Milano 1991, 50 ss, prefere construir a responsabilidade por prospecto com auxílio da responsabilidade dos mediadores, evitando importunar o modelo da responsabilidade pré-contratual. No que respeita à Alemanha, a oposição à *culpa in contrahendo* provém especialmente dos adeptos das orientações delituais; *vide* exemplificativamente ASSMANN, *Prospekthaftung* cit., esp. 241 ss.

orientação delitual de relevar singelamente a desconformidade da conduta do sujeito em relação aos deveres no tráfico que a ordem jurídica lhe impõe. Não fica em todo o caso prejudicada *in radice* a intervenção da culpa na formação dos contratos onde ela possa efectivamente concorrer para justificar uma responsabilidade. De resto, as suas insuficiências apenas prejudicam a teoria da confiança para quem considere encontrar-se esta aprisionada no domínio daquela. Na realidade, embora se nos afigure inarredável a susceptibilidade de construir a responsabilidade por prospecto sobre o pensamento da confiança[146], não há dúvida que neste sector se empurram para grande amplitude as suas fronteiras.

14. A responsabilidade por mensagens publicitárias

Numa relação de proximidade com a responsabilidade por prospecto encontra-se a responsabilidade civil por mensagens publicitárias, tida para alguns, controvertidamente, como género amplo de que a primeira seria espécie[147]. Justificam-se, de qualquer modo, diferenças no tratamento jurídico a dar ao fenómeno comum da publicidade e ao prospecto de valores mobiliários. Ali há uma função especialmente vincada de aliciamento ou sugestionamento do público para efectuar a aquisição de um determinado produto, o que se dirá apontar para uma maior condescendência do Direito na fixação do limiar de responsabilidade, sob a influência ainda do *caveat emptor* tradicional, e permite traçar mais por largo o domínio do *dolus bonus* publicitário. Ao passo que no prospecto releva sobretudo um conteúdo "meramente informativo". A tolerância social para com defraudações de representações dos investidores no sensível mercado de capitais é aparentemente bastante menor, exigindo-se um especial cuidado na correcção ou completude da informação nele contida por forma a

---

[146] Cfr. ainda *infra*, esp. sob o n.º 55.

[147] A favor da inclusão do prospecto na categoria da mensagem publicitária, KÖNDGEN, *Zur Theorie der Prospekthaftung* cit., 88, 89; contra, ASSMANN, *Prospekthaftung* cit., 221.

preservar o seu bom funcionamento [148]. A responsabilidade tenderá pois a ser agora mais rigorosa [149].

Todavia, apesar da maior "indulgência" que parecem merecer as mensagens publicitárias como fonte possível de responsabilidade, também já lá vai o tempo em que a publicidade não era considerada susceptível de desencadear consequências indemnizatórias para ressarcir expectativas logradas de consumidores. Abandona-se progressivamente o princípio do risco do comprador (seja a expressiva máxima germânica "Augen auf, Kauf ist Kauf") no sentido da responsabilização do autor da publicidade e da regra contrária do *caveat venditor* [150]. Afigura-se neste ponto profícua a distinção entre a dimensão informativa da publicidade (acerca das qualidades dos produtos) e a sua função persuasiva de incentivo à contratação: embora interligadas, a primeira conduzirá via de regra com maior facilidade a responsabilidade.

---

[148] Pelo menos nalguma medida; com justificação ou sem ela representa outra questão.

[149] A especial sensibilidade do mercado de valores mobiliários explica a obrigatoriedade, em largo número de situações, da informação através de prospectos e a sua sujeição a uma apertada disciplina, imperativamente fixada na lei. Já a actividade publicitária tem índole *facultativa*. Só na medida em que seja empreendida adquire relevância jurídica e se sujeita à regulamentação legal existente. Há, portanto, uma diferença entre os casos de prospecto obrigatório e os de publicidade. Na publicidade, a responsabilidade emerge da emissão, que é *livre*, de uma declaração no comércio jurídico. Ao passo que, no caso de prospecto obrigatório, existe um *dever legal de informação através de prospecto* (cujo cumprimento deficiente desencadeia a responsabilidade). Aqui traça-se *ab initio* uma limitação da esfera de liberdade de quem quer que seja (estabelecendo condições suas, através das normas imperativas que impõem uma declaração por meio de um prospecto em certas situações); ao passo que, no caso da publicidade, a limitação é relativa apenas a *um modo de exercício de uma faculdade* — a liberdade de actuação no mercado — que é reconhecida, atingindo tão-só aqueles que decidiram fazer dela uso através da publicitação dos seus produtos.

[150] Paradigmático desta evolução é o percurso de FERREIRA DE ALMEIDA: se na década de sessenta última — certamente numa época de escasso desenvolvimento ainda do fenómeno publicitário — afirmava em geral a irrelevância jurídico-civil dos conhecimentos obtidos pela respectiva técnica (*Publicidade e Teoria dos Registos*, Lisboa 1966, 48), sustenta hoje, não apenas uma *tutela ressarcitória, extra-obrigacional*, contra mensagens publicitárias, mas uma ampla *eficácia jurídico-negocial* dos enunciados

Sintoma e reflexo desta evolução constitui a aprovação, entre nós, do designado Código da Publicidade que, a par de uma regulamentação pormenorizada dos requisitos, limites e exigências a que deve obedecer a publicidade, estabelece a responsabilidade dos anunciantes pelos danos causados a outros em virtude da difusão de mensagens publicitárias ilícitas, nos termos do direito comum[151]. Trata-se de uma remissão genérica que, por isso que prescinde da indicação do enquadramento desta responsabilidade face às doutrinas gerais da responsabilidade civil, se limita a devolver ao intérprete-aplicador a tarefa de desentranhá-la do respectivo acervo. O legislador, se não se descomprometeu completamente, não quis protagonizar também nenhuma dinamização da responsabilidade por mensagens publicitárias, preferindo acreditar na eficácia dos princípios e normas comuns para alcançar as soluções mais apropriadas e justas.

Certamente que a protecção dos sujeitos perante a publicidade desconforme com a verdade não se esgota na possibilidade de obter, em certos termos, a reparação dos danos sofridos. No entanto, é notória a insuficiência do recurso a instrumentos tradicionais do direito civil como a anulabilidade do negócio por erro — simples ou qualificado pelo dolo — ou por usura, a nulidade proveniente da celebração de negócios contra disposições legais de carácter imperativo, a ordem pública ou os bons costumes ou, mesmo, a protecção contra cláusulas abusivas. Afinal, nenhum deles se apresenta originariamente talhado para responder à especificidade do problema das mensagens publicitárias; esperar deles quadros adequados e suficientes de solução seria acalentar demais. Qualquer um dos sobreditos institutos apenas

---

publicitários, colocando-se na vanguarda do combate pela protecção do consumidor-destinatário dessas mensagens (cfr. *Texto e Enunciado* cit., II, 896 ss).

[151] Cfr. art. 30 n.º 1 do Decreto-Lei n.º 330/90, de 23 de Outubro. A pressão no sentido de uma responsabilização por mensagens publicitárias sente-se nomeadamente como forma de tutela do consumidor, destinatário dessas mensagens. (As regras da publicidade têm porém um âmbito mais vasto, conexionando-se nomeadamente com o direito da concorrência desleal: *vide* com desenvolvimento OLIVEIRA ASCENSÃO, *Concorrência desleal*, Lisboa 1994, 168 ss, abordando os termos da sua relação.)

permite a restituição, ao consumidor insatisfeito [152], das importâncias por ele despendidas com a aquisição do bem publicitado, contra a respectiva devolução, e mesmo essa possibilidade depende da verificação de exigentes pressupostos [153]. O próprio direito de desvinculação *ad*

---

[152] Claro que a tutela dos sujeitos perante a publicidade não se esgota na chamada protecção do consumidor, como esta vai mais além do que aquela. Apesar disso, é ineludível um largo — e tipicamente acentuado — espaço de intersecção. Importante, por isso, o diagnóstico da problemática da defesa do consumidor no quadro do direito civil actual (*vide* aqui, nomeadamente, PINTO MONTEIRO, *Do direito do consumo ao código do consumo*, in Estudos de Direito do Consumidor [dir. de Pinto Monteiro], n.º 1, Coimbra 1999, 201 ss, apontando linhas de rumo para o seu desenvolvimento).

[153] O regime tradicional da falta e dos vícios da declaração, da vontade ou do conteúdo do negócio representa uma malha demasiado "grossa" para proporcionar uma tutela adequada do adquirente sugestionado pela publicidade. Mantém-se com certeza apto para intervir em casos especialmente graves da respectiva patologia, mas não capta plenamente as pequenas e subtis manipulações provocadas pela publicidade no processo de contratação. A anulabilidade fundada em erro sobre as qualidades, por exemplo, depende do reconhecimento ou recognoscibilidade, para o vendedor do bem publicitado, do carácter determinante do conteúdo da mensagem publicitária no processo de formação da vontade do comprador (cfr. art. 247 *ex vi* do art. 251), o que é muitas vezes difícil de afirmar e, em qualquer caso, de provar; sobretudo se o alienante do produto não é o anunciante. A irrelevância de princípio do erro nos motivos também não auxilia o comprador, atendendo a que a excepção do reconhecimento, por acordo, da sua essencialidade e o caso particular do erro sobre a base do negócio raramente se verificam. O dolo, por seu turno, obriga à qualificação de certos estratagemas ou procedimentos da publicidade como situações de *dolus malus*, uma caracterização muitas vezes tão delicada em face da indeterminação da norma legal do art. 253 n.ºs 1 e 2 que, ao levantar logo no seu âmago questões do cerne da actividade publicitária, do seu sentido e dos seus limites, pode constituir um obstáculo excessivamente pesado à praticabilidade de uma adequada tutela do consumidor. Além, de novo, das dificuldades da prova de um erro por parte do comprador. Sobretudo, o dolo requer uma intencionalidade (ou predisposição) de produzir um engano, não abrangendo por isso a *publicidade enganosa meramente negligente* (e bem se sabe como o engenho publicitário pode aproveitar desta esbatida fronteira). Também a incapacidade acidental ou a coacção moral pressupõem estados de espírito que só com modificação das suas características típicas, aligeirando os seus requisitos específicos enquanto vícios da vontade, poderiam abranger o constrangimento ou a influenciação da vontade por virtude

da publicidade. Problemático é também o reconhecimento destes meios de tutela quando a publicidade foi feita por um terceiro que quedou à margem do contrato celebrado com o consumidor. O panorama não é pois muito animador, pelo menos sem se proceder a uma adaptação destes institutos ao fim específico da tutela perante mensagens publicitárias e à facilitação da prova dos seus requisitos, *maxime* pelo estabelecimento adequado de um conjunto de presunções.

Maiores esperanças dá, nalguns aspectos, o negócio usurário. O seu *Tatbestand* abrangente e o facto de, ocorrida uma situação de usura, ser possível proceder-se a uma adaptação do contrato usurário segundo juízos de equidade (fugindo aqui ao rigor do dilema do "tudo ou nada" entre a invalidação do negócio, total ou parcial, e a sua manutenção), apresentam-se à partida como vantagens. De todo o modo, esta figura conduz a resultados modestos ou, em qualquer caso, pouco seguros. Com efeito, a indeterminação da *facti-species* normativa convoca, para o próprio processo de aplicação do Direito, toda a problemática das declarações publicitárias e do seu tratamento jurídico adequado, obrigando também a uma tomada de posição quanto a alternativas possíveis ou preferíveis de tutela. É verdade que, segundo a redacção dada ao art. 282 do Código Civil pelo Decreto-Lei n.º 262/83, de 16 de Junho, deixou de se requerer *apertis verbis* uma promessa ou concessão de benefícios *manifestamente* excessivos ou injustificados. Mas, embora essa alteração potencie o campo de aplicação do instituto, permitindo aparentemente fazer dele um instrumento de controlo sensível também a injustiças contratuais mais leves causadas pela publicidade, ela parece precipitar o instituto do negócio usurário numa crise de identidade pelo esfumar dos seus contornos em face da tradição da figura e ignorando as experiências contrárias de ordenamentos estrangeiros. Além de que levanta delicados problemas de integração sistemática; por exemplo, perante o teor dos arts. 334 e 812 do Código Civil, onde, respectivamente, se requer uma contrariedade manifesta do comportamento com a boa fé, os bons costumes ou o fim social ou económico do direito, ou se combate uma pena convencional excessiva (cfr. também PEDRO EIRÓ, *Do Negócio Usurário*, Coimbra 1990, 62-63). Essas dificuldades reclamam provavelmente, sob pena de contradição valorativa, uma interpretação restritiva da actual redacção do art. 282, mantendo de pé a exigência de que os benefícios prometidos ou concedidos pelo negócio sejam de facto manifestamente excessivos e repondo--se de alguma forma, deste modo, por integração sistemática, o teor inicial do preceito. Nem estes obstáculos são susceptíveis de remediar-se por uma jurisprudência dinâmica de aplicação do instituto, aqui ausente. De todo o modo não se afasta o constrangimento de sempre se ter de comprovar uma desproporção "objectiva" entre o bem publicitado que é adquirido e a contraprestação que por ele foi acordada (o que é obviamente difícil mas também não protege *in radice* o adquirente

nutum que, dentro de um prazo côngruo, é hoje largamente reconhecido ao consumidor [154] situa-se ainda na linha de uma tutela de tipo

---

defraudado nas suas expectativas), bem como os obstáculos da construção de uma usura provocada por terceiro.

Por outro lado, a celebração de negócios jurídicos tendo por base uma publicidade enganosa ou lesiva dos consumidores não torna *ipso facto* esses negócios nulos em virtude do seu conteúdo, e não é igualmente suficiente para a cominação dessa invalidade a prossecução, pela entidade publicitante, de um fim — a celebração de negócios relativos ao bem publicitado — através de meios que merecem a reprovação da ordem jurídica. Tal vale mesmo para aqueles casos em que a publicidade enganosa se traduz num acto de *concorrência desleal* (restritivamente quanto à aceitação de uma nulidade, OLIVEIRA ASCENSÃO, *Concorrência desleal* cit., 345-347). É também evidente que não poderá classificar-se a conduta da entidade publicitante como contrária aos bons costumes ou à ordem pública senão em casos qualificados; um comportamento desse tipo apenas em casos contados se reflectiria na validade do negócio (determinando, *v.g.*, a nulidade do seu conteúdo). A aplicação das sobreditas noções colocaria aliás também, pela sua indeterminação, as suas dificuldades. (Para um percurso através dos vários institutos de direito comum susceptíveis de serem convocados como protecção perante o fenómeno publicitário, cfr. PEREIRA COELHO, *La publicité et le consommateur/Rapport général*, in Travaux de la Association Henri Capitant, XXXII, Paris 1983, esp. 20 ss, e CALVÃO DA SILVA, *La publicité et le consommateur/Rapport portugais*, *ibidem*, 196 ss.)

Numa perspectiva geral, pode afirmar-se que o direito civil comum apresenta várias vias de enquadramento do problema da tutela perante a publicidade. Este mosaico de possibilidades não traduz porém, necessariamente, uma vantagem. Além da manifesta insatisfatoriedade dos resultados que muitas delas permitem *per se*, há o problema, extremamente complicado por vezes, do tipo de relação que intercede entre cada um dos vários institutos convocados e os demais (complementaridade, consumpção, subsidiariedade), questão essa que se agrava se se entra em linha de conta com outros de criação mais recente, como a culpa na formação dos contratos ou o cumprimento defeituoso. Teoricamente estimulante como banco de ensaio de figuras juscivis de renome e das relações entre elas, a tutela perante a publicidade requer todavia modos de efectivação *simples e coerentes* para ser praticável e útil. O que não deixa de constituir um objectivo para uma elaboração juscivil do problema, pois que ao direito civil cabe por missão o essencial dessa tarefa.

[154] A concessão de um autêntico "direito ao arrependimento", independente da necessidade de invocação de qualquer fundamento, justifica-se também como modo de salvaguardar o consentimento contratual contra perturbações ocasionadas pela publicidade. Está-lhe subjacente a superação de uma perspectiva meramente formal da liberdade contratual. Reconhece-se os limites da construção da tutela do

repristinatório que não repara, via de regra, integralmente os prejuízos sofridos pelos adquirentes dos bens incorrectamente publicitados.

sujeito em torno de uma adequada informação — de facto a protecção da autonomia contratual do sujeito não depende apenas do seu esclarecimento, mas de um certo grau de distanciamento em relação a outros factores, designadamente emotivos —, e opta-se por um modelo "compensatório" que procura introduzir os mecanismos de correcção necessários a salvaguardar uma real e esclarecida possibilidade de utilização dessa liberdade. Pode considerar-se com efeito que a força material do princípio *pacta sunt servanda* é no fundo proporcional à efectividade da liberdade de decisão autonómica do sujeito. Deste modo, uma perturbação dessa liberdade atinge também a justificação da vinculatividade do contrato (embora, por outro lado, esta não possa ficar totalmente dependente da verificação de qualquer perturbação da autonomia material da vontade, que não precisa de ser absolutamente livre ou omnisciente, sob pena de com isso se negar qualquer estabilidade e segurança aos compromissos e efeitos que ela assume ou produz). A aludida ponderação auxilia a legitimar a possibilidade de desvinculação unilateral, pelo menos até certo ponto. Na verdade, dentro da panóplia de meios ao dispor da ordem jurídica para defender a materialidade da liberdade contratual podem distinguir-se entre aqueles que visam a *defesa individual* dessa liberdade *quando ela se mostra concretamente atingida* (regime dos vícios da vontade, por exemplo) e os que representam *formas de tutela de cariz abstracto, tipicizador*, que prescindem da comprovação de uma turbação individualizada dessa liberdade e actuam com base em *pressupostos despersonalizados* (assim, as exigências de capacidade negocial, de forma para certos negócios, etc.).

A liberdade de desvinculação de que falamos pertence a este último tipo de protecção, como modo de controlo *ex post* da liberdade negocial colocada à disposição do sujeito, em situações tidas pelo legislador por tipicamente capazes de provocar distorções na liberdade contratual. A protecção dessa liberdade, constituindo embora a *ratio* da concessão do direito de desvinculação, *não depende* aqui, como se apontou, *da prova de uma sua perturbação efectivamente ocorrida*, ao contrário do que aconteceria se se quisessem fazer valer os meios clássicos da tutela da vontade e da declaração como o erro ou a coacção. Estamos pois por isso diante de um modo particularmente enérgico e radical de resolver o problema dessas perturbações (cfr., na actualidade, por exemplo, o n.° 7 do art. 9.° da Lei n.° 24/96, de 31 de Julho, defendendo os consumidores perante certas formas de contratação, os arts. 16 e 19 do Decreto-Lei n.° 275/93, de 5 de Agosto, para as aquisições ou os contratos-promessa de aquisição de direitos reais de habitação periódica, ou o art. 8 do Decreto--Lei n.° 359/91, de 21 de Setembro, relativo aos contratos de crédito ao consumo). De facto, muitas vezes o dano sofrido pelo destinatário da publicidade é constituído precisamente pela *celebração do contrato relativo ao bem publicitado* que, assim, pela des-

Daí a compreensível necessidade de construção de uma responsabilidade civil por mensagens publicitárias. Nesta tarefa, de novo se

vinculação do contrato, é eficaz e celeremente removido. Claro que o recorte generalizador desta tutela conduz inevitavelmente à possibilidade de um *excesso* de protecção na *situação concreta*. Trata-se de um preço a pagar em ordem à efectividade da protecção da liberdade por parte da ordem jurídica, que mostra por isso mesmo a necessidade de confinar este tipo de protecção aos casos em que realmente exista um *perigo típico especial de turbação da liberdade contratual*. Não pode, por conseguinte, ser estendido indiscriminadamente. Fora do domínio das situações previstas depara-se-nos em princípio a fasquia elevada do regime geral dos vícios do consentimento.

Com o fim de colmatar *deficits* de protecção daí resultantes, sufraga hoje alguma doutrina a possibilidade de, ocorrendo *culpa in contrahendo* por informações erradas ou incompletas, se proceder à destruição do contrato por via indemnizatória. Se o dano consistiu na própria celebração do contrato, o ressarcimento do prejuízo, ao visar colocar o lesado na situação que existiria se não fosse a lesão e no respeito do princípio do primado da restauração natural, conduziria a uma "remoção" do contrato (cfr. a favor da *Vertragsaufhebung*, por exemplo, MEDICUS, *Die Lösung vom unerwünschten Schuldvertrag*, JuS 1988, 6 ss, e, desenvolvidamente, STEPHAN LORENZ, *Der Schutz vor dem unerwünschten Vertrag/Eine Untersuchung von Möglichkeiten und Grenzen der Abschlusskontrolle im geltenden Recht*, München 1997, esp. 387 ss; entre nós, SINDE MONTEIRO, *Responsabilidade por Conselhos* cit., 376 ss, com indicações).

Esta tese levanta dificuldades gerais de harmonização com o regime dos vícios da vontade e da declaração, que não pode arriscar-se a subverter: pela via da indemnização pré-contratual é possível alcançar um resultado similar ao proporcionado pela anulação do contrato. No entanto, importa observar que a perturbação da liberdade contratual susceptível de conduzir à destruição do negócio pela via indemnizatória se dá, nos casos presentes, em resultado da violação culposa de um dever de comportamento pré-contratual por parte de outrem. Neste aspecto, a *culpa in contrahendo* não altera directamente o limiar de relevância dos vícios da vontade e da declaração ocorridos *sem interferências externas* e pelos quais não há, pois, um responsável (além, eventualmente, do declarante, como "culpado contra si próprio"). Ela apenas concorre com aquelas hipóteses em que a lei conferiu relevância ao facto de alguém ter perturbado o exercício da liberdade contratual. O Código prevê-o exemplarmente a propósito do dolo e da coacção, situações em que todavia exige uma intencionalidade de interferir no processo normal de decisão autonómica do sujeito (como requisito da possibilidade de anulação). O espaço da interferência *meramente negligente* nesse processo está, em contrapartida, a descoberto (fale-se, se se quiser, de um "dogma do dolo" que importa superar; cfr. HANS CHRISTOPH GRIGOLEIT, *Vorvertragliche Informationshaftung/Vorsatzdogma, Rechtsfol-*

apresenta a consabida dificuldade da estreiteza do direito delitual quanto à ressarcibilidade dos prejuízos decorrentes da simples ofensa

gen, Schranken, München 1997, 16 ss, e *passim*, a propósito, concretamente, das perturbações da liberdade de contratar derivadas da falta de uma informação correcta). Ora, existem boas razões para abranger esse espaço através da *culpa in contrahendo*. Enquanto se compreende com facilidade que, por razões de protecção do tráfico jurídico, devam permanecer contadas as hipóteses de relevância da falta ou dos vícios da vontade que decorrem de factores apenas ligados ao sujeito atingido, não se justificará que as perturbações da liberdade contratual não sejam tidas em conta quando causadas ilícita e censuravelmente por aquele que a sua relevância vai atingir. De todo o modo, a admissão da remoção do contrato com base na responsabilidade por *culpa in contrahendo* para tutelar o adquirente de um bem em face dos conteúdos promocionais só pode operar inequivocamente se a outra parte no contrato for (também) efectivamente responsável pela publicidade enganadora, o que não tem por que acontecer. Em caso diverso, depara-se de novo a questão da admissibilidade de uma responsabilidade de terceiros por culpa pré-contratual, aqui com imagináveis problemas de delimitação e concretização.

Uma concepção delitual daquela remoção resolveria estas dificuldades. Entendendo-se então ser (também) missão da responsabilidade aquiliana a protecção do consentimento no tráfico jurídico; a combinação do princípio da integralidade da indemnização com o primado da restauração natural conduziria à destruição do contrato, quando a sua celebração constituísse um dano sofrido pelo *deceptus* em face da mensagem publicitária, independentemente de qualquer relação com o anunciante, autor da perturbação do seu consentimento. Mas deparam-se escolhos a esta orientação (*vide* já de seguida o texto).

Note-se a propósito que a construção delitual de um amplo direito de desvinculação dos contratos induzidos pela publicidade colidiria com o requisito da verificação de um *dano patrimonial efectivo;* uma objecção que afasta de resto a recondução a qualquer outra forma de responsabilidade, e assim, a pré-contratual. A mera persuasão ilícita à celebração de um contrato é delitualmente inócua enquanto não se revelar prejudicial, isto é, enquanto não se verificar um desequilíbrio entre o valor da prestação e o da contraprestação em prejuízo do adquirente influenciado pela publicidade. Afigura-se muito discutível que baste para o efeito, contra o que parece ser a opinião de KÖNDGEN, *Selbstbindung* cit., 306, n. 110 (ao aderir a uma fórmula subjectivista de R. SCHUHMACHER, *Vertragsaufhebung wegen fahrlässiger Irreführung unerfahrener Vertragspartner*, München 1979, 117-118), que o adquirente do bem publicitado tenha visto as suas expectativas frustradas relativamente às qualidades ou à utilizabilidade desse bem: o direito delitual está votado à mera protecção do *status quo* patrimonial, *não intervindo para assegurar quaisquer expectativas ligadas à*

de interesses patrimoniais puros[155]. Depois, a intervenção do direito delitual para defender um exercício livre e esclarecido da liberdade contratual, susceptível de ser afectado pela publicidade enganadora, depara-se com o obstáculo de que essa liberdade não representa um direito subjectivo, escapando por isso *apertis verbis* ao n.º 1 do art. 483, 1.ª parte. Por outro lado, deve considerar-se fora de causa interpretar toda e qualquer exigência da disciplina legal da publicidade como disposição de protecção (cuja violação consubstancia a segunda situação-base de responsabilidade aquiliana prevista no art. 483 n.º 1)[156]. Certamente que na ausência de disposições deste tipo há sempre a hipótese de uma tutela delitual por ofensa das imposições do "míni-

---

aquisição de bens. Nesse sentido se dirá também que não lhe compete igualmente *reagir à sua frustração*: uma razão para conceber o direito de desvinculação como instrumento de protecção da liberdade contratual, a flanquear, do ponto de vista sistemático, a *culpa in contrahendo*.

[155] Contra, afirmando em geral que uma tal limitação não existe no direito português, FERREIRA DE ALMEIDA, *Texto e Enunciado* cit., II, 899 n. 66 (no que respeita à *nossa* posição, cfr., por último, *Uma «Terceira» Via* cit., 36 ss; a ela se voltará ainda). Falta uma norma que, como a do corpo do art. 149 n.º 1 do Código dos Valores Mobiliários quanto à responsabilidade por prospecto, facilite a construção de uma responsabilidade desse tipo no âmbito das mensagens publicitárias; inconcludente em si quanto ao aspecto que nos ocupa apresenta-se o art. 30 do Código da Publicidade, aprovado pelo Dec.-Lei n.º 330/90, de 23 de Outubro (o desequilíbrio das prestações de um contrato, pelo menos do ponto de vista do *deceptus* pela mensagem publicitária, representa naturalmente uma lesão de um interesse primariamente patrimonial).

[156] Não pode consubstanciar uma norma de protecção a mera afirmação genérica de que a lei assegura a protecção dos sujeitos contra mensagens publicitárias enganosas (*vide* o art. 30 n.º 1 do Decreto-Lei n.º 330/90, de 23 de Outubro, já citado). E afirmar indiscriminadamente que as diversas normas do regime legal da publicidade (considerem-se, por exemplo, pela sua importância, os vários princípios proclamados nos arts. 6 e seguintes do referido diploma) constituiriam disposições de protecção que, quando violadas, dariam lugar a responsabilidade não atenderia às várias finalidades dessas normas e poderia subverter completamente a *ratio* do estabelecimento e articulação recíproca dos vários *Tatbestände* básicos de responsabilidade delitual. Apenas uma ponderação cuidada de cada uma delas dentro do sistema da responsabilidade civil no seu conjunto permite estabelecer esse carácter.

mo ético-jurídico", perante perturbações particularmente graves da liberdade contratual[157]. Todavia, estas malhas da rede delitual deixam escapar muitas situações, especialmente no campo da negligência nas promoções publicitárias enganosas.

A cobertura dos prejuízos tipicamente decorrentes de mensagens promocionais não parece aliás pertencer funcionalmente ao direito delitual. Quer as despesas realizadas pelo adquirente e destinadas ao aproveitamento do bem tendo em conta as características publicitadas, mas que se vieram afinal a revelar inúteis, quer a frustração do valor de troca ou aquisição por ele atribuído a esse bem, ou seja, o desequilíbrio das prestações contratuais não perspectivado pelo comprador[158], revelam que a responsabilidade por mensagens publicitárias

---

[157] Exigências que, na inspiração do § 826 do BGB, implicam a demonstração de uma causação dolosa de danos contra os bons costumes.

[158] Podem distinguir-se duas situações. Por um lado, aquelas em que há uma diferença entre o valor objectivo de prestação e contraprestação, caso em que se produziu uma menos-valia ou diminuição efectiva no património do comprador. Por outro, as hipóteses em que o desequilíbrio resulta de uma simples avaliação subjectiva do comprador, que atribuiu à coisa características que ela não possuía na realidade, representando nessa base uma relação de paridade na "troca" que posteriormente se verifica não ter sido alcançada. Neste caso, se o bem foi comprado, apesar de tudo, pelo seu valor usual de mercado, não pode falar-se numa diminuição real do património do adquirente (supondo — em rigor — que aquele valor usual é também o justo, mas a avaliação da justeza do preço no mercado é evidentemente complexa e, em qualquer caso, muito insegura); embora não tenha adquirido um bem com as qualidades que ambicionava, o negócio não é objectivamente desvalioso. (O ressarcimento destes prejuízos carece naturalmente de ser articulado com a alternativa do direito à desvinculação do contrato indesejado, onde exista.)

Na tutela contra mensagens publicitárias importa todavia transcender a aludida concepção estritamente objectivizada do dano patrimonial, pois há que proteger o destinatário da publicidade no que respeita às expectativas por esta engendradas que conduzem o sujeito à decisão de contratar; pelo menos é a isso que conduz a concepção dessa protecção como dirigida à defesa do exercício livre e esclarecido da liberdade negocial. A opção por adquirir um produto visa a satisfação de uma necessidade ou desejo particular. Fora do quadro de tal satisfação o negócio de aquisição não seria normalmente celebrado, pelo que não interessa ao adquirente-consumidor a adequação objectiva do preço pago pelo bem ao seu valor (cfr. também MICHAEL LEHMANN, *Vertragsanbahnung durch Werbung / Eine juristische*

está longe de se ordenar primordialmente à reparação de uma lesão por interferência num estático *status quo* patrimonial do comprador do bem publicitado, como é característico do direito delitual[159].

und ökonomische Analyse der bürgerlich-rechtlichen Haftung für Werbeangaben gegenüber dem Letztverbraucher, München 1981, 283).

Em todo o caso, a perda traduzida na frustração das expectativas relativamente aos préstimos do bem publicitados apenas poderá *per se* merecer reparação na medida em que se possa afirmar um direito do adquirente à realização dessas expectativas. O que é estranho às soluções delituais: elas não são sucedâneo para a realização de expectativas contratuais, nem está nelas em causa a protecção do valor de aquisição de um bem com determinadas qualidades, um *status ad quem*. (Analogamente, de resto, se deve discorrer quanto a este último ponto no que respeita à *culpa in contrahendo*. Esta não assegura directamente a realização de expectativas acerca do bem adquirido. Apenas vigia o processo de formação do contrato, estando nesse sentido — no que se distingue das tarefas paradigmáticas da responsabilidade aquiliana — ao serviço da interacção negocial e se ordene, por isso, funcionalmente pelo direito dos negócios e dos contratos. Permite proteger o sujeito contra disposições inúteis em vista de um contrato com determinados préstimos, onde elas se apresentam como consequência da violação de um dever *in contrahendo*. Mas não abrange a indemnização da frustração do valor de troca [subjectivo] entre as suas expectativas acerca das qualidades ou utilidades do bem e a contraprestação acordada. Este tipo de prejuízo — que escapa também, como se disse, ao direito delitual —, revela o papel incontornável que cabe ao direito de desvinculação do adquirente na tutela contra mensagens publicitárias. Já a interpretação dos enunciados promocionais como declarações negociais conduz naturalmente à indemnização pelo valor das qualidades publicitadas.)

[159] Mesmo dentro de uma concepção da indemnização dirigida apenas a corrigir a desproporção objectiva entre os préstimos reais do bem e o valor de aquisição se deveria dizer que não se trataria, ainda então, de cobrir um *puro* interesse de *conservação* patrimonial contra agressões exteriores. A actividade publicitária destina-se por natureza a influenciar a celebração de contratos, pelo que a responsabilidade que dela flui diz mais respeito à *dinâmica* da actuação dos sujeitos do que à preservação da integridade do seu património (desenvolvidamente sobre a *nossa* concepção das atribuições da responsabilidade aquiliana, *vide* ainda *infra*, sob os n.ᵒˢ 21 e seguintes).

De todo o modo, importa salientar que no campo da responsabilidade do produtor, onde cabem naturalmente, em si, responsabilidades por enunciados promocionais, se assistiu ao triunfo da responsabilidade delitual. Fizeram aí corrente as opiniões que, ponderando o recurso generalizado à publicidade por parte dos pro-

Estas razões militam a favor da construção da responsabilidade por mensagens publicitárias enquanto desenvolvimento do direito dos dutores e o papel que no moderno processo de colocação e venda dos bens lhe cabe, construíram com base nela o fundamento para uma responsabilização do produtor destinada primordialmente a tutelar eficazmente os consumidores perante *a falta de segurança e perigosidade* dos produtos postos em circulação. A publicidade constituiria um veículo especialmente idóneo ao estabelecimento de uma *relação de confiança* entre produtor e consumidor, o que abriria a este a indemnização, contra aquele, dos danos de integridade, na pessoa ou património, que viesse a sofrer por defraudação da confiança (cfr., por exemplo, W. LORENZ, *Warenabsatz und Vertrauensschutz*, in Karlsruher Forum 1963, VersR (Beiheft), esp. 14 ss; U. DIEDERICHSEN, *Die Haftung des Warenherstellers*, München, Berlin 1967, *inter alia* 363; CANARIS, *Die Produzentenhaftpflicht* cit., 500 ss). A recondução, por esta via, do problema da protecção da intangibilidade física ou patrimonial do consumidor contra lesões provocadas por produtos à doutrina da confiança permitiria evitar certos traços do regime do direito delitual, tidos por menos adequados. Com efeito, o moldar nesses pontos a disciplina da responsabilidade pela confiança sobre a da responsabilidade contratual abre ao adquirente, designadamente, o benefício da inversão do ónus da prova da culpa contra o produtor — que passaria a presumir-se —, conseguindo-se, ainda, uma maior amplitude da responsabilização deste por actos de terceiros (este último um aspecto especialmente sensível num espaço, como o germânico, que não conhece, no sector da responsabilidade aquiliana, nenhuma responsabilidade objectiva do comitente por actos do comissário e em que a responsabilidade por facto de outrem é construída, segundo o § 831 do BGB, na base de uma presunção ilidível de censurabilidade da sua conduta).

São todavia sérias as críticas de que a confiança é passível enquanto fundamento de uma responsabilidade pela violação da integridade pessoal ou patrimonial (cfr. o nosso *Contrato e Deveres de Protecção* cit., esp. 109 ss, e 249 ss). Aqui reside seguramente um dos factores mais relevantes que explicam a evolução da responsabilidade do produtor no sentido de um modelo delitual de tutela, de resto (con)firmada pela directiva comunitária entretanto surgida e pelas transposições nas diferentes ordens jurídicas nacionais que esta recebeu. Semelhante orientação não prejudica, entretanto, o relevo juscivil das mensagens publicitárias, mesmo quando dimanadas do produtor. O facto de, por exemplo, o Decreto-Lei n.º 383/89, de 6 de Novembro, se restringir, no que diz respeito aos danos ressarcíveis, à morte, à lesão pessoal e àqueles que ocorrem em *coisa diversa do produto defeituoso*, não preclude patentemente a colocação do problema do ressarcimento de prejuízos relacionados com a falta de aptidão ou utilizabilidade do produto e com a ausência de qualidades que frustram as expectativas do comprador em face da publicidade que o produto mereceu. Depara-se-nos aqui, ainda, uma vertente da responsabilidade do

contratos, inspirada em figuras paracontratuais ou quase-contratuais de responsabilidade. Está em causa a reparação de prejuízos que decorrem da *indução à celebração de um contrato* pela criação de expectativas sobre características ou qualidades de um produto, contrato que se vem *ex post* a confirmar *indesejado,* ao verificar-se não ter esse bem as qualidades ou características apregoadas. A *culpa in contrahendo* dá um relevante mote para o ressarcimento destes danos, instituto paradigmático que é da protecção do exercício esclarecido e livre da autonomia privada. Afinal, a publicidade visa em último termo a celebração de contratos, deixando-se perspectivar, deste modo, como sua actividade preparatória. Nas sociedades industriais modernas, ela preenche de algum modo certas funções de uma negociação concreta entre as partes, hoje necessariamente dispensada no tráfico jurídico de massa. A admissão de uma responsabilidade pré-contratual de quem não chega a ser formalmente parte no contrato celebrado volta a ser relevante para este entendimento. E a dificuldade de conceber uma relação de negociações com base no contacto publicitário não tolherá por si a possibilidade de um desenvolvimento congruente dos princípios dessa responsabilidade para além do seu âmbito consensualmente admitido.

Tudo passa naturalmente pelo aprofundamento dogmático da *culpa in contrahendo.* O que, segundo os quadros da doutrina comum, significa campo para a penetração do pensamento da confiança [160]. De

---

produtor em sentido global e integrado (que contrasta, nessa medida, com a perspectiva — habitual, embora particular — que a cinge, no essencial, ao, aliás especialmente agudo, problema da perigosidade dos produtos, e que vemos fundamentalmente assumida em CALVÃO DA SILVA, *Responsabilidade Civil do Produtor* cit., *passim*). Esta vertente convoca uma tutela que se não pode enquadrar já de forma aproblemática no recorte da protecção delitual, como se apontou.

[160] M. LEHMANN, que se distinguiu na defesa da *culpa in contrahendo* enquanto instrumento juscivil decisivo para a responsabilização pelas actividades publicitárias inseridas no processo de "encaminhamento" para o contrato, procurou ultrapassar algumas justificações daquele instituto com apreciável carreira, como a tese da *confiança* ou o pensamento de uma responsabilidade mais gravosa que a delitual em consequência do contacto negocial, uma forma específica e particularmente intensa do contacto social; considerando que elas confluem na preocupação de *minimização dos custos de transacção,* já que prosseguem a conformação, no sentido da *optimização*

facto, emitir enunciados promocionais representa inquestionavelmente produzir uma declaração orientada para determinar outros à

económica, de um tráfico negocial célere e fluente. Por detrás de pretensas linhas de raciocínio puramente jurídicas esconder-se-iam motivos económicos fundamentais, muitas vezes intuitivamente tidos em conta pelos juristas, mas raramente consciencializados e racionalizados. A sua argumentação, notoriamente influenciada pelos contributos da "análise económica do direito" e pela preocupação desta de imputar os danos ao "cheapest cost avoider", introduz uma distinção essencial entre o *interesse de transacção* e o *interesse de integridade*, entre a protecção do *status ad quem* e a tutela do *status quo;* a primeira correspondendo à função económica do direito dos contratos (e dos quase-contratos) e a segunda à do direito delitual. É argutamente observado que, do ponto de vista da economia da empresa, qualquer comprador paga, com o preço despendido, todos os custos suportados pela empresa *em vista do contacto e da celebração do negócio* com os consumidores dos bens produzidos. Ora, a contribuição, suplementar com respeito ao custo do bem em si, para as actividades de distribuição e colocação do produto junto dos seus destinatários (a que o autor chama *Deckungsbeitrag*) geraria uma relação económica especial da empresa com o adquirente, mais densa do que o contacto existente, no plano delitual, entre lesado e lesante, tipicamente anónimos. A juridificação desta relação económica far-se-ia através da *culpa in contrahendo*, pois diria respeito à preparação e formação do contrato e respectivos dispêndios (*Vertragsanbahnung* cit., 308 ss, e *passim*).

Esta tese representa um esforço significativo para reconduzir a responsabilidade por mensagens publicitárias à *culpa in contrahendo*, na órbita do universo dos contratos. O seu ponto mais contestável reside no excesso de virtualidades que vislumbra na "análise económica do direito". O problema geral da relevância jurídica de uma perspectiva deste tipo é seguramente complexo. Ele concretiza-se aqui na questão de saber se a afirmada relação económica especial entre a empresa e o adquirente é, *qua tale*, passível de uma efectiva tradução jurídica; designadamente por forma a amparar, por si só, uma intervenção da *culpa in contrahendo*. Vantajosa na medida em que permite "saltar" por cima de constrições postas pelo princípio da relatividade dos contratos — o que é importante nos casos em que o autor da publicidade se distingue do vendedor dos bens, tipicamente um intermediário na cadeia de colocação do produto junto do adquirente final —, aquela relação não é, enquanto relação meramente económica, juridicamente operativa *per se*. Esse *deficit* de relevância carece de ser preenchido por valorações especificamente jurídicas. Assim, mantendo-se o anunciante publicitário alheio ao contrato, não se afigura que aquela relação económica permita prescindir de conhecidos argumentos em favor de uma responsabilidade de terceiros por *culpa in contrahendo* como o interesse económico próprio, a determinação do processo de contratação e o surgimento de uma relação pessoal de especial confiança, acima referidos.

celebração de um contrato, promovendo a convicção dos sujeitos acerca das qualidades e vantagens do objecto publicitado. Em todo o caso, está por demonstrar que a responsabilidade pela confiança se encontra aprisionada pelas limitações decorrentes do *Tatbestand* (legal) da *culpa in contrahendo* que se ligam à exigência de uma relação de negociações. Muito em especial se ela for, como nos parece, de emancipar em relação a este instituto, pois pode então desempenhar um papel dogmaticamente autónomo na construção da responsabilidade. Vê-lo-emos mais tarde [161].

A margem da teoria da confiança estreitece, em todo o caso, perante a proposta de reconhecimento de uma eficácia jurídico-

---

Conforme já se afirmou, o texto do art. 227 consente uma interpretação no sentido de que a relação de negociação pode ter por sujeito alguém distinto daquele que, mais tarde, vem a celebrar o contrato. Mas a dificuldade está na construção dessa relação. Percebe-se o sério perigo de ter de se supor ser a conduta publicitária a origem ou causa de uma relação a que, por sua vez, se pede que fundamente a responsabilidade a essa conduta coligada, o que é um evidente contra-senso. Por outro lado, os destinatários da publicidade não são, na esmagadora maioria das vezes, conhecidos do anunciante nem por ele determináveis com exactidão *ex ante*. E não parece ser o facto de o anunciante se dar habitualmente a conhecer e se deixar por vezes identificar, com relativa facilidade, pelos destinatários da publicidade que evita o carácter de uma como que relação "global" ou *ad incertas personae*, todavia inconciliável com as características exigíveis da autêntica relação de negociações pressuposta pela *culpa in contrahendo*, tal como ela se encontra aparentemente plasmada na lei portuguesa. Deste modo, a culpa pré-contratual não poderá proporcionar senão um paradigma de responsabilidade por referência ao qual as respectivas regras se hão-de achar.

[161] O teor exacto dos interesses considerados no campo da publicidade através da culpa na formação dos contratos depende da sua caracterização dogmática. Entendendo-se (é o que de facto propugnamos) que este instituto possibilita apenas a sindicância do comportamento do anunciante segundo um critério de *correcção e probidade do seu comportamento*, a protecção não alcança naturalmente as expectativas específicas relativas à qualidade e características dos bens publicitados *em si mesmas consideradas*. Essas expectativas só seriam tuteladas na medida em que um comportamento publicitário idóneo devesse conduzir à sua realização. Semelhante obrigação não existe porém, uma vez que na publicidade a honestidade e lisura exigíveis do anunciante apenas lhe impõem que não crie falsas expectativas, não que promova "positivamente" a sua verificação. Nada disso colide com a admissão de

-negocial às mensagens publicitárias; quer removendo os obstáculos à aceitação da incorporação dessas mensagens nas declarações negociais que constituem os contratos singulares sobre os bens publicitados, quer interpretando-as como autênticas declarações negociais de afirmação ou garantia de qualidades. Trata-se de uma perspectiva ideal do ponto de vista dos adquirentes, pois eles passam a contar, amplamente, não apenas com um sucedâneo indemnizatório das próprias qualidades apregoadas para os bens publicitados, mas também, pelo menos em certos casos, com outros meios de que o ordenamento jurídico dispõe para assegurar o cumprimento das obrigações ou para reagir a situações de não cumprimento (nomeadamente, a protecção do comprador perante perturbações do programa contratual da compra e venda). Uma tutela *negocial* do *status ad quem* intencionado pelo adquirente ultrapassa em muito a defesa da integridade do seu património contra lesões por via da actividade publicitária e a protecção do sujeito contra decisões de contratar prejudiciais [162]. O que não representa, naturalmente, só por si, um argumento válido para estender este tipo de perspectiva para além daquilo que ela é, sem ficções, susceptível de explicar [163].

---

uma autêntica responsabilidade pela confiança: uma tutela que não visa no entanto proporcionar um sucedâneo indemnizatório para a frustração das expectativas acalentadas pela publicidade, pois esta implicaria a admissão da vinculação do autor da publicidade ao conteúdo das declarações, o espaço por princípio privativo da promessa negocial (sobre a função de mera protecção do investimento que cabe à responsabilidade pela confiança, *vide* em especial o n.º 59).

[162] Na realidade, aquele que se limita a violar, ilícita e censuravelmente, deveres destinados a prevenir danos no destinatário da publicidade (sejam eles aquilianos ou "paracontratuais", para usar de novo a expressão) incorre numa responsabilidade não negocial. Pagar por uma conduta incorrecta e danosa é diferente, sem dúvida, de "respeitar a palavra dada" e de ressarcir os danos decorrentes do respectivo desrespeito (em sentido análogo, FERREIRA DE ALMEIDA, *Texto e Enunciado* cit., II, 900).

[163] A atribuição de relevância negocial à publicidade envolve três questões fundamentais. Em primeiro lugar, importa saber em que medida os enunciados promocionais podem integrar o conteúdo da declaração negocial quando o anunciante seja a contraparte no contrato de aquisição do bem publicitado. Normalmente a declaração negocial não insere explicitamente as mensagens publicitárias referentes às

Como uma consideração atenta das demais constelações de responsabilidade disputadas pela teoria da confiança renovadamente su-

qualidades ou características do produto (*Qualitätswerbung*) no negócio, conferindo--lhes desse modo inequívoca relevância negocial. O enunciado publicitário é naturalmente susceptível de significar uma proposta contratual e de valer como tal sempre que revista a *definitividade e a determinabilidade de conteúdo* que é requerida para que de proposta se possa falar (uma proposta feita na modalidade de oferta ao público, na medida em que dirigida *ad incertas personas*). Mesmo que, devidamente interpretada, a declaração promocional não passe de um simples convite a contratar, ela pode constituir contudo uma referência incorporada no conteúdo das propostas emitidas pelos seus destinatários (que ao anunciante caberá depois aceitar ou não).

Decisivo para a mensagem publicitária consubstanciar uma proposta é que ela revele uma autêntica vontade de declaração negocial. Sem dúvida que aquela envolve, ordinariamente, uma intenção genérica de concluir contratos. A questão está em saber se essa intenção se apresenta suficiente para preencher aquele requisito (da declaração negocial). É razoável que quem enaltece as características de um produto com o fim de, através da sua aquisição, alcançar benefícios, fique de algum modo vinculado pela sua conduta; e que não possa, por isso, invocar a irrelevância da publicidade enquanto fonte potencial de responsabilidade. Mas tal não depõe automaticamente pela natureza negocial dessa publicidade, porquanto a tutela do sujeito pode efectivar-se, como vimos, por outras vias além do recurso à teoria do negócio. A exigência da vontade negocial como *plus* distintivo da declaração negocial não cria pois, por si e sem mais, lacunas de protecção. De todo o modo, uma interpretação negocial da publicidade requer que o conteúdo promocional seja suficientemente determinado, e também integrado, expressa ou tacitamente, no conteúdo do contrato celebrado com o adquirente. (Quanto ao modo e requisitos dessa integração, cfr., desenvolvidamente, FERREIRA DE ALMEIDA, *Texto e Enunciado* cit., II, 914 ss, aliás sem os conexionar explicitamente com a presença de uma vontade negocial efectiva e actual dos sujeitos, na linha da sua discordância em relação a uma interpretação voluntarista do negócio jurídico; esses mesmos modos ou requisitos podem todavia configurar-se, na nossa concepção, como indícios da vontade negocial. Numa grande maioria de casos, haverá certamente coincidência de conclusões.)

Um outro plano — mais delicado — do problema da relevância negocial dos enunciados publicitários corresponde às situações em que o anunciante é estranho ao contrato de venda do bem publicitado, distinguindo-se do vendedor. Importa saber se e como imputar negocialmente essa mensagem a este último. Ao lado da sempre possível menção expressa, por diversas formas, aos ditames publicitários alheios na descrição ou identificação das qualidades e características que o bem objecto da venda há-de possuir, pode perfeitamente ocorrer uma referência indi-

gere, esta última acaba portanto, também no plano da ressarcibilidade dos danos produzidos por mensagens publicitárias, por ter de se

recta, tácita, para essas qualidades e características. Elas integrarão então normalmente o dever-ser contratual. Mas há situações de difícil juízo. A simples menção a uma marca por parte do vendedor chega por exemplo para convocar tacitamente para o contrato um conteúdo promocional a ela associado? Requere-se aqui tomar em consideração o horizonte e a forma de compreensão dos destinatários da publicidade-adquirentes dos bens, que se deverão tomar em princípio como cognoscíveis e imputáveis ao vendedor. Quando à marca se ligam, de modo intenso e comum, representações específicas e singularizadas acerca das características de um produto em virtude da promoção publicitária, essas representações, do ponto de vista dos adquirentes do bem, conformarão com probabilidade o dever-ser contratual. Uma eventual reserva mental do vendedor não o prejudica.

A inclusão do conteúdo de mensagens publicitárias alheias no contrato entre vendedor e adquirente não significa necessariamente a responsabilização daquele. Com frequência, enquanto simples *intermediário*, não lhe é exigível o confronto das características do produto com as qualidades que lhe são atribuídas, sendo-lhe pois desculpável a ignorância de uma eventual desconformidade, o que pode eximi-lo da obrigação de indemnizar o comprador (cfr. o art. 915 do Código Civil). Porém, mesmo nessas circunstâncias, parece razoável sujeitá-lo à redibição do contrato (cfr. nesse sentido o art. 913). Ainda que sem culpa na conduta, deve arcar com esse risco, pois a publicidade feita ao bem vendido, embora alheia, acabou por o beneficiar, induzindo à venda do produto.

Uma ulterior questão suscitada pela perspectiva da relevância negocial da publicidade traduz-se em saber se as mensagens promocionais do produtor relativas às características ou qualidades de um bem têm natureza negocial no confronto com os consumidores que não entram com ele numa relação contratual directa; se, por conseguinte, o adquirente do bem pode deduzir pretensões negociais imediatamente contra o produtor-anunciante. É óbvio o grau intenso de tutela que assim se lhe conferiria. As pretensões do adquirente perante o vendedor-intermediário não anunciante naufragam actualmente com frequência contra a sua falta de culpa, mesmo quando se considere que as mensagens publicitárias integraram o conteúdo negocial (assim aliás, além das pretensões indemnizatórias a que se aludiu, também as dirigidas à reparação ou substituição da coisa: cfr. os arts. 914 e 915). Ora, reconhecendo-se a vinculação negocial do anunciante-produtor ao conteúdo publicitário perante o adquirente do bem, abre-se a este o caminho para o ressarcimento do prejuízo consistente na frustração das *expectativas relativas às características e qualidades publicitadas* do bem, pois essas expectativas terão sido então *negocialmente asseguradas*. (Colmata-se, deste modo, em grau máximo, a lacuna de protecção deixada pela orientação da temática e da regulamentação da responsabilidade do produtor para a protecção exclusiva contra danos que atinjam a integridade da pessoa e do património do consumidor dos bens, responsabilidade essa concebida essencialmente, como já se referiu, segundo um modelo delitual.)

A relevância negocial directa da publicidade do produtor perante o consumidor é susceptível de ser alcançada por diversas construções, algumas delas especialmente versadas pela doutrina no quadro da "dita" responsabilidade do produtor; sobretudo antes da sedimentação da concepção delitual que aí acabou por se impor. Essa orientação, visando — reitera-se — a protecção da integridade das pessoas e do seu património (um *status quo*), nem por isso torna despiciendo o aproveitamento das construções elaboradas para alcançar uma protecção negocial do destinatário da publicidade. A consciência deste ponto acaba por dar hoje um renovado interesse a tais construções, cujo campo de aplicação ou utilidade dogmática não se poderia ter de modo nenhum exaurido pela simples verificação da "colagem" ao delito da responsabilidade do produtor (cfr., por todos, com amplas referências, UGO RUFFOLO, *La Tutela Individuale e Collettiva del Consumatore* I, *Profili di tutela individuale*, Milano 1986, 250 ss). Um primeiro grupo de propostas é constituído por aquelas que vêm no contrato entre o produtor e o adquirente imediato do seu produto um contrato a favor de terceiro — o consumidor final — ou um contrato com eficácia de protecção para terceiros, ou então que propugnam a aceitação de uma cessão (tácita) das garantias prestadas pelo produtor ao adquirente inicial dos bens através dos negócios celebrados entre este e os subsequentes compradores desses mesmos bens. Em comum há o facto de a eficácia negocial dos enunciados publicitários perante o consumidor do produto se fundar na *relação contratual (originária ou primeira) em que interveio o produtor anunciante*. Elas apresentam diversas insuficiências explicativas ou de regime (*vide* igualmente CALVÃO DA SILVA, *Responsabilidade Civil do Produtor* cit., esp. 285 ss, embora na aludida perspectiva que tende a confinar a responsabilidade do produtor à segurança dos consumidores e seus patrimónios, mas com algumas considerações adaptáveis ao presente contexto; relevando todavia a vertente da protecção do adquirente dos bens perante o produtor que agora nos ocupa e crítico, de igual forma, em relação àquelas figuras, FERREIRA DE ALMEIDA, *Texto e Enunciado* cit., II, 970 ss).

Auguram-se mais promissoras as teses que constroem uma eficácia negocial "imediata" entre o produtor e o adquirente-consumidor dos bens por virtude de enunciados publicitários. A ideia de um contrato de garantia experimenta, por certo, dificuldades notórias, essencialmente ligadas à necessidade de explicitar um processo de formação de um autêntico consenso contratual entre os sujeitos. Este inconveniente evita-se, contudo, na tese do negócio unilateral. Em muitos casos de enunciação de qualidades e características de produtos através de mensagens publicitárias pode com efeito divisar-se uma garantia negocial unilateral prestada pelo produtor-anunciante, referida às qualidades do produto e dirigida aos adquirentes desses bens, como *promessa pública de (garantia de) qualidade* (vide em especial FERREIRA DE ALMEIDA, *Texto e Enunciado* cit., II, 1008 ss).

A forma como a mensagem publicitária é compreendida ou interpretada pelos seus destinatários — enquanto declaração negocial de garantia ou não — e a possibilidade de imputar razoavelmente esse sentido ao produtor constituem certamente elementos de ponderação importantes. Pode obtemperar-se contudo que os resultados permitidos por esta perspectiva são modestos, não obstante a sua aceitabilidade no plano dos princípios, na medida em que não evitam a delicada, mas, na prática, relevantíssima tarefa, da qualificação e prova dos requisitos da eficácia negocial *in concreto*. Todavia, a tentativa de compensação desta dificuldade pela facilitação dos requisitos do próprio negócio jurídico acaba por deslocar o fulcro da argumentação para a não menos espinhosa questão do critério do negócio e, designadamente, do papel que a vontade desempenha na imputação negocial. (FERREIRA DE ALMEIDA utiliza justamente o problema das mensagens publicitárias como banco de ensaio de uma concepção do negócio que exclui a vontade. Mas, como já acima dissemos, o seu apelo às *regras constitutivas* do negócio que determinariam a performatividade de um enunciado e, com ela, afinal, o carácter negocial, é bem mais nebuloso, também do ponto de vista da praticabilidade e controlabilidade das soluções, que o criticado papel da vontade. Um procedimento casuístico ou tipológico de afirmação de um conteúdo negocial das declarações publicitárias não seria nunca suficiente para o evitar.)

É claro que o espaço das construções negociais da responsabilidade publicitária encontra-se umbilicalmente ligado ao cerne da teoria do negócio. Uma orientação restritiva do critério do negócio potencia naturalmente o relevo de outras soluções dogmáticas. Destaque-se aqui o pensamento da confiança. Delimitando-se do campo negocial, ele permite colmatar lacunas de protecção aí onde o negócio não chegue. Longe de estar confinado à tutela contra a simples perigosidade dos bens para o consumidor e o seu património, encontra-se funcionalmente apto a proteger as expectativas relativas às qualidades e características do produto, relevantes na decisão de compra.

Em todo o caso, a tendência da legislação moderna parece ser a de evitar, tanto quanto possível, esta delicada problemática. Assim, a Directiva 1999/44/CE do Parlamento Europeu e do Conselho de 25 de Maio de 1999, sobre certos aspectos da venda de bens de consumo e das garantias a ela relativas, concentra-se na noção de não conformidade da coisa com o contrato sem tomar partido inequívoco na matéria; a tutela que assegura ao comprador desencadeia-se com a ausên-

bater em duas frentes: na da fronteira com a eficácia jurídico-negocial [164] e na da demarcação com respeito à responsabilidade aquiliana.

---

cia na coisa de qualidades e utilidades apregoadas na publicidade sem dependência da adopção de uma concepção negocial (cfr. o seu art. 2). Essa protecção é porém apenas prevista face ao vendedor. Por isso, se perante este a tutela do adquirente (melhor, certos níveis dela) deixa de requerer averiguações, às vezes complicadas, quanto a saber se as características publicitadas integraram o consenso negocial ou incorporaram o dever-ser contratual, para efeito de responsabilização do produtor continua a revestir-se de grande interesse a procura de um enquadramento dogmático susceptível de a alicerçar (mantendo-se portanto aguda a escolha entre uma interpretação das suas declarações publicitárias como negociais e, nomeadamente, a doutrina da confiança).

[164] Distinguir quando se desencadeia uma responsabilidade pela confiança produzida por mensagens publicitárias ou uma responsabilidade negocial pode ser concretamente difícil, como decorre do que já se afirmou. Demonstra-o ainda, *v.g.*, a natureza obscura e imprecisa das *warranties* do direito norte-americano; tanto quando são *"express"*, como se se consideram simplesmente *"implied"*. A sua ordenação dogmática corre, na linguagem do jurista continental, em paralelo com a distinção entre comprometimentos negociais e responsabilidade por asserções de facto; implica o esclarecimento do papel efectivo da intenção de produção de efeitos jurídicos na caracterização do negócio, e liga-se à discussão da possibilidade e modo de conceber que descrições ou referências sobre características e qualidades da coisa incorporem o conteúdo do negócio.

A *express warranty* representa como que uma "promessa" ou "garantia" incluída nos termos orais ou escritos de um contrato de compra e venda em relação a determinadas características de um produto. Ela pode derivar de promessas ou afirmações concernentes a esse bem, da sua descrição ou do modelo ou exemplo que constituiu a base do acordo. Mas a *warranty* pode também configurar-se enquanto simplesmente *"implied (of merchantability or fitness for particular purpose)"*, sendo então interpretada por muitos no sentido de não negocial, resultado de uma valoração de direito objectivo ("a promise arising by operation of law"). O seu conteúdo é o de que o bem que é alienado tem a utilizabilidade própria do género em que se integra quando o vendedor negoceia em bens daquele género; ou de que esse bem é idóneo para o fim particular que o seu destinatário lhe pretende dar, quando, neste último caso, o comprador confie na escolha do bem pelo vendedor com vista à obtenção desse fim e seja exigível do vendedor que conheça esse fim (cfr. §§ 2--313, 2-314 e 2-315 do *Uniform Commercial Code*; vide ainda, por exemplo, ROBERT E. SCOTT/DOUGLAS L. LESLIE, *Contract Law and Theory*, Charlottesville, Virginia 1988, 569 ss, e também *Black's Law Dictionary*, 6.ª edição, St. Paul, Minn. 1990, *v. Warranty*).

Para além disso, demonstra-se igualmente que a confiança disputa um espaço no limiar das realidades jurídicas, perante comportamentos desprovidos de relevo para o Direito. Efectivamente, a publicidade é ainda hoje tida em grande parte — e, pelo menos até certo ponto, justificadamente — por mera "conversa de vendedor" (*sales talk, puff-*

As *warranties*, que os *civil lawyers* propenderiam, em princípio, a catalogar no universo do direito dos contratos (como não ver nelas, diga-se de passagem, um paralelo da garantia edilícia com todas as suas obscuridades?), desempenham um significativo papel na responsabilidade do produtor, manifestando todavia aí uma diluição das suas "características contratuais". Assim, assiste-se à superação da *privity*, o nexo de "relatividade" entre vendedor e comprador. As *warranties* beneficiam, como refere o § 2-318 do *Uniform Commercial Code*, terceiros (na medida em que seja razoável contar que possam ser afectados pelos bens, sofrendo pessoalmente danos); aceita-se pois a sua aplicabilidade nas relações directas entre produtor e consumidor, apesar de não contratualmente ligados. Por outro lado, tem-se prescindido da necessidade da existência de uma promessa do seu autor e da correspondente intenção — um requisito que aproximaria a *warranty*, afinal, da vontade de auto-vinculação negocial —, considerando-se suficiente a razoabilidade de uma consciência segundo a qual a outra parte confia na existência de certas qualidades do bem, o que logo sugere a responsabilidade pela confiança. O reconhecimento da insusceptibilidade da verificação da intenção do autor da *warranty*, a aberta ou encapotada dispensa dessa vontade, e o facto de consumidor e produtor poderem permancer anónimos entre si constituem marcos do (aliás errático) percurso que as *warranties* empreenderam dos confins do direito dos contratos para a proximidade do direito do delito (na sugestiva expressão de WILLIAM L. PROSSER, *The fall of the citadel (strict liability to the consumer)*, Minn. L. R. 1966, 800, a *warranty* apresenta-se como "*a freak hybrid born of the illicit intercourse of tort and contract*"). A evolução, nos Estados Unidos, da responsabilidade do produtor em direcção a uma *strict liability in tort* não tolheu entretanto o papel da *warranty*, que ao que parece se mantém num quadro complexo de descoordenação entre os meios de responsabilização do produtor constantes do *Second Restatement of Torts* e do *Uniform Commercial Code*. De especial interesse para a responsabilidade por mensagens publicitárias é o facto de as *warranties* serem solicitadas para a cobertura dos danos patrimoniais puros. Nesta função requere-se todavia, em princípio, a *privity of contract;* o que acaba por configurar uma apreciável estreiteza das *warranties*, justificando, por outro lado, a importância da *misrepresentation* para a responsabilização por mensagens publicitárias além-Atlântico (cfr. PROSSER/KEETON, *On Torts*, St. Paul, Minnesota, 5.ª edição, 1984, 681, 693-694, e 756 ss; *vide* também W. LORENZ, *Einige rechtsvergleichende Bemerkungen zum gegenwärtigen Stand der Produkthaftpflicht im deutschen Recht*, RabelsZ 34 [1970], 42 ss). Sobre esta temática, cfr. ainda o n.º 60 *in fine*.

ing), à qual os destinatários-consumidores não devem conferir crédito e antes dar-lhe o "devido desconto"[165]. A teoria da confiança pode com efeito desempenhar um relevante papel no processo de (paulatina) jurisdicização dos comportamentos, face a modificações (graduais) da sensibilidade acerca da relevância jurídica dos comportamentos na comunidade jurídica; sobretudo diante de "discretas" deslocações da fronteira entre o Direito e o não Direito, a que ainda não reagiu abertamente a estrutura normativa do sistema jurídico.

Mas a responsabilidade pela confiança experimenta também as habituais objecções que lhe são dirigidas. É inegavelmente difícil a demonstração concreta das representações acalentadas pelo sujeito e do nexo causal entre a mensagem e a decisão de celebrar o negócio referente ao produto publicitado, tendo em conta o carácter impessoal e massificado de que se reveste ainda hoje a maior parte das técnicas de *marketing*. A operacionalidade da tutela contra enunciados publicitários carece sempre de ser coadjuvada por juízos tipificadores. O grau máximo da "objectivação" da responsabilidade dá-se quando se a resuma à infracção de deveres das entidades promotoras da publicidade com respeito ao respectivo conteúdo e sua circulação. Mas atinge-se desse modo o papel da confiança como fundamento autónomo de responsabilidade, pois é então da violação desses deveres, e não da frustração das expectativas, que arranca a pretensão de ressarcimento dos danos.

---

[165] Em toda a publicidade vai ínsito um exagero susceptível de entrar no socialmente não inadequado, e que é reflectido no campo de incidência do *dolus bonus* salvaguardado no art. 253 n.º 2 do Código Civil. Uma disciplina da responsabilidade por mensagens promocionais não pode ignorá-lo. Esta responsabilidade deve polarizar-se particularmente em torno do conteúdo informativo concreto acerca da qualidade dos bens que transmita e dos instrumentos específicos de persuasão à contratação que são utilizados. Apontando a necessidade de certos requisitos para que a publicidade dê lugar a responsabilidade, FERREIRA DE ALMEIDA, *Texto e Enunciado* cit., II, 914 ss, exigindo, *inter alia*, que os seus enunciados, para adquirirem relevância negocial, têm de ter um *sentido útil* ou seja, hão-de ser suficientemente determinados e concretos para poderem significar uma "inovação", um *quid distinto*, com respeito ao que o autor exprime como resultante do "regime supletivo" aplicável ao negócio em causa.

15. O abuso do direito: remissão; indicação da sequência

Uma parte significativa das hipóteses de responsabilidade com que ilustrámos o vasto campo de aplicação disputado pela teoria da confiança prende-se com asserções produzidas pelos sujeitos. Toda a área da responsabilidade por informações, por prospecto e por mensagens publicitárias o demonstra eloquentemente. Aliás, a própria *culpa in contrahendo* é, em larga medida, uma responsabilidade conexionada com a emissão de declarações.

De todo o modo, as expectativas de outrem podem igualmente referir-se a uma *conduta não comunicativa*[166] de um sujeito. Assim, na responsabilidade pré-contratual, individualizam-se e endereçam-se também frequentemente à protecção da confiança deveres vários de comportamento (como os de lealdade) que não têm (primariamente) declarações por objecto. Abstraindo dela, a protecção da confiança em comportamentos não comunicativos do sujeito tem vindo a ser encarada pela doutrina essencialmente pelo prisma do abuso do direito, como o comprovam, nomeadamente, o *venire* e a *Verwirkung*[167].

Parece verificar-se uma certa sedimentação da perspectiva que liga estas formas de exercício inadmissível de posições jurídicas à teoria da confiança. Apesar de tentativas de a destronar, designadamente substituindo-a por uma interpretação negocial da conduta do titular da posição jurídica não exercida por um certo lapso de tempo ou em contraditoriedade com atitudes anteriormente tomadas por ele[168]. O facto, todavia, de na protecção da confiança através do abuso a

---

[166] Expressa ou tácita.

[167] Na doutrina portuguesa, embora sem relevar esta distinção entre a confiança na conduta e a confiança nas declarações (*infra* se aludirá à importância estruturante de tal diferenciação na elaboração juscientífica da responsabilidade pela confiança), confira-se especialmente MENEZES CORDEIRO, *Da Boa Fé* cit., II, 752 ss, e 812 ss, e 898 ss (com abundantes indicações do pensamento germânico que relaciona os vários tipos de actos abusivos com a confiança); fundamental ainda BAPTISTA MACHADO, *Tutela da confiança* cit., 384 ss, 421 ss, e *passim* (com particular incidência sobre as duas figuras de condutas abusivas mencionadas).

[168] Exemplarmente J. WIELING, *Venire contra factum proprium und Verschulden gegen sich selbst*, AcP 176 (1976), 334 ss, construindo o *venire* na base da *renúncia*

doutrina sublinhar de modo exclusivo a paralisação, ou mesmo extinção, da posição jurídica ilegitimamente exercida [169], explicará que o abuso tenha conseguido furtar-se em grande medida ao coro da crítica que tem fustigado a responsabilidade pela confiança em situações conexas com a emissão de declarações, e que tende a "objectivá-la" no sentido de uma pura responsabilidade por violação de deveres, nomeadamente delituais.

A questão coloca-se, todavia. Será abordada mais tarde, ao explorarmos no contexto do abuso a hipótese de autonomizar a teoria da confiança em relação a um modelo de responsabilidade por desrespeito de ditames de comportamento. Persuadimo-nos de que, assim como as várias aplicações paradigmaticamente intencionadas pela doutrina da confiança manifestam, por sobre as suas especificidades, identidades problemáticas essenciais, também é possível desenhar-se uma comum estruturação dogmática de resposta.

Como cenário que preside à generalidade das concepções que, de modo intencional ou não, desalojam a confiança, em maior ou menor medida, da actual dogmática da responsabilidade civil apresenta-se, sinteticamente falando, a opção por um modelo de responsabilidade alicerçado na construção de deveres de comportamento, mais ou menos emancipados das representações e expectativas dos sujeitos. Esta situação determina o quadro da reflexão subsequente. O objectivo que trazemos da dilucidação da articulação da teoria da confiança com a responsabilidade civil conduz, em especial, ao esclarecimento das relações entre o pensamento da confiança e a obrigação de indemnizar por violação de regras de agir: um resultado por

---

(negócio jurídico unilateral) a uma posição jurídica. Trata-se contudo de uma concepção que escamoteia o essencial da figura (cfr. ainda *infra*, esp. sob o n.° 33).

[169] *Vide*, exemplificativamente, os auts. da penúltima nota. Na doutrina estrangeira que consultámos a posição não é, aliás, diversa. Reconhece-se, por certo, que o abuso pode ter consequências indemnizatórias, e constituir designadamente uma *facti-species* de responsabilidade aquiliana (cfr. paradigmaticamente entre nós, ANTUNES VARELA, *Das Obrigações em Geral*, I, 10.ª edição, Coimbra 2000, 544 ss), mas as especificações vão no sentido da coligação dessa consequência à violação do mínimo ético-jurídico consubstanciado nos bons costumes (*vide* em especial SINDE MONTEIRO, *Responsabilidade por Conselhos* cit., 545 ss).

outro lado perfeitamente compreensível atendendo à dependência da responsabilidade, por via de princípio, da ilicitude e censurabilidade de uma conduta.

Procurar-se-á alcançar este objectivo em duas fases distintas. Em primeiro lugar, há que reflectir sobre algumas concepções de fundo que eliminam a confiança enquanto facto gerador de uma responsabilidade específica; ou porque a excluem absolutamente da fundamentação da obrigação de indemnizar, ou porque a dissolvem em quadros comuns, gerais, da responsabilidade. Naturalmente, com a preocupação de separar o trigo do joio. A perspectiva deste modo adquirida permitirá situar devidamente a reconstrução crítica da relação entre a teoria da confiança e a responsabilidade a que se procederá e que constitui a nossa segunda etapa: firmaremos então as traves-mestras de uma reabilitação do pensamento da confiança, versando os aspectos dogmáticos essenciais da protecção indemnizatória das expectativas.

CAPÍTULO II

A CONFIANÇA PERANTE CONCEPÇÕES ALTERNATIVAS DE RESPONSABILIDADE POR VIOLAÇÃO DEVERES DE AGIR

SUMÁRIO: 16 — A supressão da confiança e a homogeneização da responsabilidade por infracção de deveres de comportamento no sistema de PICKER. 17 — A "delitualização" da confiança; em especial, a proposta de VON BAR. 18 — O problema da ressarcibilidade aquiliana dos interesses primariamente patrimoniais. 19 — (*cont.*) Os deveres no tráfico para a protecção do património. 20 — Dogmática delitual e protecção da confiança. 21 — (*cont.*) Paradigma funcional do direito delitual e responsabilidade pela confiança. 22 — O perfil sistemático da imputação aquiliana de danos face ao direito positivo; ilações para um regime da responsabilidade pela confiança. 23 — O paradigma delitual perante outras questões de responsabilidade; orientações, por confronto, para uma disciplina da protecção da confiança; conclusão. 24 — A responsabilidade profissional. 25 — Protecção da confiança como responsabilidade por violação de deveres *ex negotii* ou *ex contractu?* Apreciação final e indicação do *iter.*

16. A supressão da confiança e a homogeneização da responsabilidade por infracção de deveres de comportamento no sistema de PICKER

A oposição actual ao pensamento da confiança tende a acentuar que a instrumentação dogmática das modalidades tradicionais da responsabilidade civil — quer a contratual, quer, sobretudo, a delitual — torna despicienda a admissão de uma responsabilidade específica pela frustração das expectativas. A crítica porventura mais contundente proveio em tempos recentes da poderosa pena de PICKER. A sua concepção caracteriza-se, a par de uma muito vigorosa "desconstrução" do pensamento da confiança enquanto fonte de consequências indemnizatórias, pela assunção da fundamental homogeneidade de toda a responsabilidade civil em torno da violação de deveres de comportamento e da sua completa independência daquele pensamento[170]. Não enfileira todavia de modo algum com aqueles que negam pertinência às necessidades de complementação do sistema da responsabilidade civil invocadas pelos defensores da confiança, ligadas — trata-se do seu primordial ângulo de análise — à restritividade com que o direito delitual permitiria a ressarcibilidade dos chamados danos patrimoniais puros[171]. Pelo contrário, contrapõe até com grande ênfase a sua construção à tendência mais comum dos detractores da confiança de subsumir a respectiva problemática aos quadros do direito delitual comum. Aqui reside uma notória marca distintiva do seu pensamento.

PICKER orienta as suas reflexões em particular para a compreensão do tipo e regime da responsabilidade por lesões patrimoniais sofridas no âmbito das negociações para a conclusão de um contrato ou durante a respectiva execução; tendo por cenário a dicussão da reforma do direito das obrigações lançada além-Reno no início da passada década de oitenta[172]. O seu percurso arranca de uma considera-

---

[170] Cfr. do autor *Positive Forderungsverletzung und culpa in contrahendo/Zur Problematik der Haftungen «zwischen» Vertrag und Delikt*, AcP 183 (1983), 369 ss, e *Vertragliche und deliktische Schadenshaftung/Überlegungen zu einer Neustrukturierung der Haftungssysteme*, JZ 1987, 1041 ss.

[171] É precisamente esse — acentue-se — o género de prejuízos normalmente coligados à defraudação das expectativas, pois esta traz tipicamente como consequência a inutilidade de disposições patrimoniais.

[172] Concluindo contra a pretensão reformadora de reconduzir ao direito delitual (devidamente adaptado) situações de responsabilidade até então acantonadas especialmente na *culpa in contrahendo* ou no cumprimento defeituoso do contrato e fundamentadas em larga escala na confiança. (Procedemos já a uma apreciação do pensamento de PICKER em *Contrato e Deveres de Protecção* cit., 223 ss, tendo embora aí particularmente em vista o plano dos deveres de preservação da pessoa e património na fase pré-contratual ou durante a execução do contrato. Este pensamento envolve todavia uma perspectivação ampla do problema da teoria da confiança no seio da responsabilidade: é esta a óptica que agora especificamente nos interessa. Evitar-se-ão reiterações desnecessárias, mas a inevitabilidade de sobreposições decorre de a doutrina da confiança reivindicar habitualmente — ainda que de modo censurável, como procurou já então demonstrar-se e ainda se desenvolverá num plano de maior generalidade — os deveres de protecção; sobretudo em

ção já evocada: a de que a distinção entre responsabilidade delitual e obrigacional se manifesta nas condições da ressarcibilidade dos danos primariamente patrimoniais [173]. As situações de responsabilidade delitual só em casos muito especiais seriam susceptíveis de os contemplar, ao passo que, pelo contrário, a responsabilidade obrigacional é mesmo, essencialmente, uma responsabilidade por prejuízos daquela natureza. Esta limitação do direito aquiliano teria provocado um crescente "vício" de "contratualizar" hipóteses de imputação de danos a fim de as submeter a um regime mais favorável [174]. Mas essa "importunação" da responsabilidade contratual teria tido como consequência perversa a dissolução das fronteiras das duas modalidades tradicionais da responsabilidade civil, originando situações de dúbia configuração sediadas entre os pólos tradicionais de imputação de danos, o contrato e o delito.

A proposta que PICKER avança para clarificar o sistema de responsabilidade assenta na restauração de um critério límpido de distinção entre o dever de prestar e o dever de indemnizar, distinção essa que teria de passar, não só pelo efectivo respeito do âmbito efectivo do acto de autonomia privada negocial, mas também pela sua contraposição a todos os deveres de indemnizar, pois estes teriam invariavelmente origem numa imposição heterónoma (legal) do ordena-

---

consequência da sua conformação por CANARIS, especificando uma «*Anvertrauenshaftung*»: cfr. a *nossa* ob. cit., 249 ss.)

[173] Um dos contributos mais relevantes de PICKER está precisamente na demonstração da impraticabilidade de um sistema delitual que confira de plano relevância aos interesses meramente patrimoniais e no esforço de racionalização das limitações à ressarcibilidade delitual dos danos puramente económicos (acabando por sufragar a circunscrição das situações de responsabilidade que decorre do BGB). A sua postura básica é compartilhada pela doutrina portuguesa que rema contra a falta de relevo que o problema dos danos puramente patrimoniais tem merecido (cfr. especialmente SINDE MONTEIRO, *Responsabilidade por Conselhos* cit., 193 ss, e 503-504; ainda, M. CARNEIRO DA FRADA, *Contrato e Deveres de Protecção* cit., 174 ss, e *Uma «Terceira Via»* cit., 36 ss). Adiante se referirá com mais pormenor a justificação desta concepção (cfr. n.os 18 e 19).

[174] O autor fala expressivamente de uma «*Vertragssüchtigkeit*» (cfr. *Vertragliche und deliktische Schadenshaftung* cit., 1042).

mento jurídico[175]. Ela implica, se bem se reparar, excluir desde logo quaisquer explicações negociais da responsabilidade. Mas PICKER pretende ir mais longe. Após ter submetido a uma viva lupa analítica diversas formas de fundamentação de uma responsabilidade "intercalar", localizada entre o contrato e o delito, acaba por considerar não haver outra alternativa senão celebrar a despedida de todas as formas de responsabilidade não enquadráveis linearmente na dicotomia contrato/delito ou então partir em busca de um novo fundamento capaz de justificar (como é reclamado para certas constelações) uma responsabilidade mais rigorosa e alargada, designadamente no que respeita à ofensa de interesses patrimoniais puros.

É neste quadro que se pronuncia energicamente pela rejeição da teoria da confiança. Os argumentos são impressivos, quase se diria demolidores: a imprecisão e a ubiquidade do pensamento da confiança, o que provocaria a não especificidade da responsabilidade e a impossibilidade de lhe descrever os contornos com a necessária nitidez; o facto de a tutela da confiança não representar senão uma função geral da ordem jurídica; a mistura entre o "fáctico" e o "normativo", ao balançar-se esse pensamento, continuamente, entre situações de efectiva confiança e casos de "poder confiar" (ou, melhor se dirá, de "dever poder confiar")[176].

Persuadido da inutilidade da busca de especiais factores de "intensificação" do dever de responder em relação ao nível delitual geral em que a maioria da doutrina se foi perdendo sem resultados convincentes, prefere mudar de rumo e assentar alicerces na necessidade de dar pleno cumprimento ao postulado básico do *neminem laedere*. Este reclamaria a reparação dos danos ilicitamente causados, sem qualquer limitação em função da natureza do prejuízo; o que corresponderia a uma exigência elementar de justiça e a um ditame da razão. Deste ponto de vista, a ressarcibilidade dos (vários) danos patrimoniais não careceria, na realidade, de qualquer justificação suplementar específica. De facto, a questão, por certo central na responsabilidade civil, da determinação da ilicitude, recebe, nesta concepção,

---

[175] Cfr. *Positive Forderungsverletzung* cit., 393 ss.
[176] Cfr. *Positive Forderungsverletzung* cit., esp. 418 ss.

uma resposta automática, de plano: considera-se contrário ao Direito todo o comportamento que não surja como de consentir (*erlaubbar*), quer pela perigosidade abstracta que implica para um determinado bem a proteger, quer pela concreta ameaça que signifique para esse bem [177].

PICKER sublinha todavia que a plena igualação dos tipos de danos na teoria da responsabilidade civil que deste modo se consegue — conformada esta como decorrência de um mesmo e único postulado central de justiça — não poderia ser realizada integralmente no âmbito delitual. Ela acabaria por conduzir aí a um desmesurado crescimento (do risco) da responsabilidade. A falta de aparência social que é inerente aos interesses patrimoniais puros obrigaria em especial a uma restrição da sua indemnizabilidade no terreno aquiliano. Ao invés, sempre que entre lesado e lesante subsistisse uma *ligação especial* (*Sonderverbindung*) deixariam de valer as objecções a uma plena realização da sobredita exigência da reparação completa dos danos. A função que, no direito delitual, é desempenhada pela selecção das posições delitualmente protegidas seria, bem vistas as coisas, desnecessária no domínio da relação especial porque, verificando-se esta, o seu carácter isolado e individualizado obstaria logo à desmesurada extensão do risco da responsabilidade. A ligação especial concretizaria imediatamente a pessoa do potencial lesado perante o virtual causador do prejuízo e individualizaria do mesmo passo aquelas posições que, nessa relação, devem ser respeitadas (na lógica desta concepção, indistintamente, todas as que assistem ao sujeito da relação, sem qualquer restrição de natureza).

Assim sendo, aceitando-se que toda a responsabilidade é heterónoma, imposta aos sujeitos, o sistema de responsabilidade deveria simplesmente destrinçar, segundo PICKER, entre a que intervém no plano dos *contactos anónimos e ocasionais dos sujeitos entre si* (*delito*) e aquela que se realiza no âmbito de *relações especiais e individualizadas*. Tarefa principal a que o pensamento jurídico haveria de deitar mão seria, consequentemente, a da determinação daquelas relações que preenchem

---

[177] Cfr. *Positive Forderungsverletzung* cit., 464.

as notas da ligação especial, pois é no seio desta que se dá afinal plena realização ao postulado da reparação dos danos ilicitamente provocados por outrem. Uma missão que urgiria especialmente se transposto o terreno onde essas relações inequivocamente se aceitam, como ocorre na preparação e formação de um contrato ou no âmbito da sua execução[178].

Se bem se reparar, esta concepção modifica o sentido habitual por que discorre o pensamento da confiança. Enquanto, via de regra, se assiste neste à preocupação de defender uma responsabilidade mais rigorosa do que a proporcionada pelo direito delitual, invertem-se agora completamente os termos do problema ao afirmar-se justificada uma plena ressarcibilidade dos danos ao abrigo do *neminem laedere* e erigindo-se antes como necessidade indeclinável do sistema jurídico a recondução da responsabilidade a limites razoáveis e praticáveis *fora do âmbito das relações especiais*. O problema da fundamentação da responsabilidade é tratado e resolvido unitariamente, tornando-se a solução propugnada necessariamente aplicável aos próprios casos tidos por duvidosos e incertos na discussão jurídica contemporânea.

O conceito de ligação especial desempenha no sistema de PICKER um papel até certo ponto equiparável ao da confiança no que respeita à justificação do ressarcimento dos danos. Com a diferença de que, onde a teoria da confiança procura fazê-lo de modo positivo, fundamentando a responsabilidade em termos valorativo-substanciais, a ligação especial encontra-se desprovida de qualquer coloração material, cingida que está ao papel técnico-operatório de recortar negativamente o espaço do dever de responder. São todavia estas características atribuídas à ligação especial que deitam a perder uma concepção tão esbelta e indiscutivelmente sagaz como a presente.

A questão central que se deve colocar é se o modelo de PICKER faz inteira justiça às especificidades das situações em que tem sido visto, por um sector significativo da doutrina, um problema de responsabilidade pela confiança. Se, por conseguinte, pode subscrever-se a ideia--motriz em torno da qual ele gira de que é possível — e mesmo imprescindível, dadas as dificuldades insuperáveis que a teoria da confiança

---

[178] Cfr. *Positive Forderungsverletzung* cit., 489 ss.

experimentaria — proceder à substituição da imputação do dano com auxílio da confiança por um sistema de responsabilidade baseado na violação de normas de conduta. Com efeito, embora seja muito de salientar que — e aqui contra uma opinião difundidíssima — onde esteja em causa a violação de um dever de conduta, a confiança do sujeito na respectiva observância se encontra desprovida *qua tale* de relevância jurídica, a realidade é que a asserção de que as expectativas de um sujeito não poderiam constituir a base de uma valoração específica, conducente à imputação do dano, distinta da simples infracção a regras de comportamento se apresenta indiscutivelmente exagerada.

Uma consumpção deste tipo é insustentável na sua radicalidade. Ela esquece que as condutas humanas, independentemente de se adequarem ou não àquilo que a ordem jurídica delas exige, podem gerar expectativas. E que essas expectativas são susceptíveis de uma ponderação *a se*, autónoma em relação a uma simples averiguação da conformidade daquelas com tais exigências. Demonstram-no com particular evidência as constelações em que o comportamento daquele que frustra expectativas alheias nada tem de ilícito, embora nem por isso deixe de desencadear danos e, eventualmente, de gerar responsabilidade. Um instrutivo exemplo disso mesmo é, como aliás ainda se pontualizará com mais pormenor, a ruptura de negociações. PICKER procurou contornar a dificuldade, considerando que semelhantes situações derivavam do reconhecimento, para o sujeito, de um *direito privilegiado de acção* conferido pelo Direito, pois a este competiria o estabelecimento de zonas de liberdade do sujeito, isentas de responsabilidade, no âmbito da interacção negocial ou pré-negocial[179]. Elas não colidiriam com o princípio geral de que uma conduta em si mesma causadora de prejuízos seria já de si ilícita, por isso que constituiriam simples excepções a esse princípio. Não indicou contudo em parte alguma critério para destrinçar, de entre essas hipóteses, aquelas que sujeitam a responsabilidade. Por outras palavras, a diferenciação entre aquilo que, na sua concepção, se diria ser o proibido e o que é permitido em virtude de uma ponderação específica da ordem jurídica fica completamente por iluminar.

---

[179] Cfr. *Vertragliche und deliktische Schadenshaftung* cit., esp. 1050-1051.

Contudo, mesmo admitindo que, *v.g.*, a responsabilidade pelo rompimento das negociações fosse de reconduzir à violação de deveres de comportamento destinados a evitar prejuízos, a realidade é que a redução ao *neminem laedere* de certas figuras ligadas à teoria da confiança conduziria, coerentemente desenvolvida, ao seu sacrifício completo. O *venire*, por exemplo, dissolver-se-ia enquanto instituto jurídico autónomo [180]. Aliás, se tudo se resume na responsabilidade a uma uniforme sancionação de condutas ilícitas, geradoras de danos, fecham-se também as portas a uma imputação objectiva do dano, correndo-se o risco de uma inaceitável limitação do dever de responder [181]. A confiança, que aspirava a fundamento da responsabilidade, acaba por ficar relegada a *puro elo causal no processo fáctico do surgir dos prejuízos*. Assim, nos casos de responsabilidade por informações sobre que paradigmaticamente se debruça PICKER, a crença do receptor da informação no seu conteúdo representa uma simples *condição* do dano, equiparável a qualquer outra, sendo o fundamento da obrigação de indemnizar a violação do ditame de evitar prejuízos mediante informações incompletas ou erróneas [182]. Não é senão coerente a desvalorização da análise do modo de produção e da natureza primariamente patrimonial do prejuízo na construção da responsabilidade.

A fortiori, esta construção monolítica da responsabilidade como reparação de prejuízos imposta a um sujeito em consequência de uma sua actuação ilícita omite a diferenciação entre a responsabilidade pela confiança e a responsabilidade delitual por aquela não implicar propriamente uma ingerência ou ataque, provindos do exterior, em/a posições do sujeito; e não releva igualmente a sua distinção da res-

---

[180] Temos no entanto para nós que o *venire* é na realidade independente em relação à infracção de deveres, aí incluídos os decorrentes da boa fé, outro ponto que colide com opiniões muito generalizadas (*vide infra*, esp. sob o n.º 33).

[181] Para tornear o obstáculo seria necessário interpretar a imputação dos danos de acordo com uma causalidade, senão moldada sobre a *condictio sine qua non*, pelo menos de tipo naturalístico ou probabilístico, cega então, por exemplo, a valorações diferenciadas no que respeita aos vários tipos de perigo susceptíveis de justificar uma responsabilidade a título de risco.

[182] Cfr. a propósito *Vertragliche und deliktische Schadenshaftung* cit., 1046, e *Positive Forderungsverletzung* cit., 427-428.

ponsabilidade obrigacional, ao não visar ela o ressarcimento do prejuízo de um credor insatisfeito. O modelo mostra-se completamente insensível à ideia de uma responsabilidade decorrente de "falhas" ou perturbações da interacção dos sujeitos e da coordenação de condutas veiculada pela confiança, esquecendo que a confiança tem (para além do negócio) um papel insubstituível nessa interacção ou coordenação [183]. Deve contudo reconhecer-se que o apelo à confiança é despiciendo quando está essencialmente em causa a adstrição dos sujeitos à adopção de um certo comportamento por forma a evitar danos. A confiança tenderá então a ser uma expectativa de que outros conformem a sua conduta àquilo que a ordem jurídica deles reclama. Não tem virtualidades fundamentadoras próprias, até mesmo no âmbito de uma ligação especial.

Por suposto, nem quanto a este último ponto é de seguir na íntegra a pretensão de uniformização de todas as situações de violação de regras de comportamento em que PICKER tão convictamente insiste. Ela olvida completamente que esses deveres de agir que entretecem a ligação especial se não deixam deduzir automaticamente do postulado do *neminem laedere*. Este não passa de uma ideia regulativa esquemática, insusceptível de tradução normativa directa sem a mediação de complexas operações de avaliação de bens jurídicos e liberdades. A definição da ilicitude da conduta é assim, em boa medida, uma incumbência do legislador. Ela envolve aliás, no próprio plano da "pré-positividade", complicadas ponderações. Na sua determinação podem pois interferir múltiplas circunstâncias, bem como características do tipo de relação entre lesado e lesante. Do mesmo modo, os demais pressupostos e requisitos da obrigação de indemnizar (como, *v.g.*, a culpa ou as condições da responsabilidade por actos de terceiros) consentem, e reclamam, particularizações em função da espécie de situação em jogo. Não se vê por conseguinte como sufragar a ideia de que, no âmbito das relações especiais, vigoraria sem limitações nem modificações de género algum uma plena ressarcibilidade de todo e qualquer dano. Não é portanto possível relegar a ligação especial a

---

[183] Quanto a este entendimento, pode ver-se ainda *infra*, nomeadamente o n.º 51.

mero esquema técnico-instrumental de limitação do número dos potenciais credores e, deste modo, do risco de responsabilidade.

De resto, PICKER não logrou aqui, de modo algum, uma inteira coerência de pensamento. Com efeito, ao estabelecer como programa da ciência jurídica o recorte das situações de ligação especial, espaço onde vigoraria a plena ressarcibilidade dos danos, não resistiu, no fim de contas, a apresentar como característica dessa ligação "uma consciente e intencionada destinação ao outro parceiro da relação", a excluir vínculos de mera obsequiosidade, a indicar que a responsabilidade, no seio da relação especial, não devia deixar de ser construída com atenção ao pensamento da autodeterminação dos sujeitos em relação aos riscos que assumem[184]. Por muito certeiras que sejam estas preocupações, elas denotam insofismavelmente que as ligações especiais são sensíveis a ponderações também especiais, que ultrapassam já o que é pedido pela mera função técnica de manter a responsabilidade em limites aceitáveis[185]. São incongruências que demonstram como é afinal vã a tentativa de uma plena homogeneização

---

[184] Cfr. em especial *Forderungsverletzung* cit., 489 ss; ainda, *Vertragliche und deliktische Schadenshaftung* cit., 1058.

[185] Deste tipo de objecção não consegue ainda desenvencilhar-se o mais recente desenvolvimento de PICKER no sentido de que o regime da responsabilidade se deve adequar às modalidades da cooperação humana que levam à cisão entre o credor formal da prestação e o seu destinatário real; de modo a que, quando em consequência de relações individualizáveis entre sujeitos, seja possível determinar *ex ante*, de um modo abstracto e geral, o círculo dos potenciais credores da indemnização, haja lugar a uma integral reparação dos danos, sem exclusão dos danos primariamente patrimoniais. Apesar de considerar que aqueles relacionamentos (dados, por exemplo, pela relação fáctica entre o autor da prestação e quem dela tira aproveitamento) apenas realizam uma *condição* da responsabilidade (e não o seu fundamento), não se exime de acentuar que aquilo que determina a responsabilidade é a auto-escolhida forma de conformação da cooperação com outrem (cfr. *Gutachterhaftung/Ausservertragliche Einstandspflichten als innergesetzliche Rechtsfortbildung*, FS für Dieter Medicus, Köln, Berlin, Bonn, München 1999, 445-446). O que mata o sistema de PICKER não é, em si, a última afirmação, mas antes o formalismo descarnado e alérgico a ponderações e diferenciações valorativas que nele perpassa, afinal o preço a pagar por tão simples e perspicaz construção.

dos sistemas de responsabilidade no que toca aos seus pressupostos e funções[186].

Deve contudo reconhecer-se que a ligação especial traduz um elemento essencial na construção do sistema da responsabilidade civil. É perfeitamente pertinente a destrinça entre a responsabilidade do plano geral da coexistência social, por um lado, e aquela que vigora no seio de relações particulares, por outro[187]. Claro que nos situamos então ainda a um nível eminentemente abstracto que não dispensa a busca, na relação especial, dos fundamentos materiais da obrigação de indemnizar. Que a confiança haja de desempenhar esse papel não é todavia nenhuma imposição necessária da relevância jurídica da ligação especial. Mesmo nas relações ditas de *confiança (fiduciary relationships, Vertrauensbeziehungen)* ela pode perfeitamente limitar-se a moldar, como factor pré-positivo, os ditames de conduta específicos (e frequentemente mais intensos) que então se impõem às partes; determinado o comportamento requerido, afinadas as exigências do agir, o seu relevo desaparecerá, se aquilo que realmente conta é apenas a adequação do comportamento a essas exigências que a ordem jurídica coloca. Mas importa dizer desde já que esta "neutralização" da confiança às mãos dos deveres de conduta no seio de ligações especiais não exclui que possam nelas surgir situações de autêntica responsabilidade pela confiança. Essas hipóteses são no entanto independentes de uma responsabilidade por violação desses deveres. Vê-lo-emos ainda.

Inversamente — e de novo ao contrário do que parece pretender PICKER ao propugnar a substituição integral da responsabilidade pela confiança por uma que vigore no âmbito de ligações especiais —, é muito de contestar que aquela responsabilidade tenha por pressuposto necessário uma relação especial de modo a permitir que essa

---

[186] Vã tem pois também de ser a pretensão de construir a responsabilidade civil segundo uma concepção monista rigorosa, como aquela que campeou recentemente entre os autores portugueses (nomeadamente, recusando pertinência dogmática aos deveres de protecção, embora, bem ao contrário de PICKER, respirando "pandelitualismo"); para referências, cfr. *Uma «Terceira Via»* cit., 20 n. 4.

[187] Vide já o nosso *Contrato e Deveres de protecção* cit., 203, e 232 ss.

pretendida substituição não deixe lacunas de protecção em aberto. O autor não dá, é certo, um conceito definitivo de ligação especial, tendo até endossado a tarefa da sua definição à ciência do Direito. Contudo, mesmo sem aceitar agora o encargo [188], pode perfeitamente questionar-se que todas as hipóteses de responsabilidade reivindicadas pela doutrina da confiança impliquem na realidade relações especiais. Designadamente no domínio da responsabilidade por prospecto e nas mensagens publicitárias, o carácter o mais das vezes anónimo dos destinatários respectivos e, por outro lado, o desconhecimento, por parte destes, dos seus autores, conduzem a olhar com fundada reserva a invocação de uma ligação especial. Mas importa também questionar de modo mais amplo e profundo: se for uma declaração que origina o aparecimento de uma relação entre o autor e o destinatário, pondo--os pela primeira vez em contacto, como é que a relação especial pode constituir, em estrito rigor, um fundamento da responsabilidade conexa com declarações, uma vez que é necessariamente *posterior* à concreta declaração emitida? [189] A menos que relação especial valha como simples arrimo construtivo de ponderações materiais conducentes à responsabilidade. Semelhantes bengalas não condizem porém com a elegância e discrição do Direito.

Importa pois concluir que o sistema de PICKER, se contribui sem dúvida para depurar a responsabilidade civil de criptofundamenta-

---

[188] E sem precisar de o fazer. A construção de um conceito de ligação especial que constitua o suporte *material geral* (e não apenas formal) de *todas as valorações relevantes em sede de responsabilidade* para *qualquer* concreta ligação especial antevê-se contudo árdua e difícil (*vide* o que escrevemos a propósito da concepção de ligação especial de JÜRGEN SCHMIDT em *Contrato e Deveres de Protecção* cit., 238 ss).

[189] Tenham-se especialmente presentes os casos em que a prestação da declaração que está na base do prejuízo é da *iniciativa* do seu autor. Também nas hipóteses em que alguém emite, a solicitação de outrem, um certificado de habilitações possuídas por este último, destinado a ser entregue por ele a terceiros (*v.g.*, para a obtenção de um novo emprego), embora esta finalidade seja (normalmente) conhecida pelo seu autor, ele não conhece com frequência aqueles a quem ele vai ser apresentado nem o momento em que essa apresentação acaba por ocorrer. Neste género de situações — que temos por susceptíveis de conduzir a responsabilidade — parece existir uma manifesta impropriedade do requisito da ligação especial.

ções na base da confiança, não se afigura globalmente de aceitar na radicalidade da sua pretensão de suprimir o seu papel dogmático e no fechar da possibilidade mesma da admissão de responsabilidades diferenciadas em relação ao contrato e ao delito.

17. A "delitualização" da confiança; em especial, a proposta de VON BAR

Uma outra perspectiva se tem firmado que compartilha com a infrutífera tentativa de PICKER de expulsar a confiança da teoria da responsabilidade civil a opinião de que nas situações de tutela indemnizatória das expectativas se descortina essencialmente uma responsabilidade por violação de deveres de comportamento: aquela que a dilui na tutela aquiliana geral.

Por certo, há relevantes diferenças entre ambas que logo se podem sublinhar. Enquanto a tese daquele professor de Tubinga assenta na fundamental homogeneidade substancial-valorativa de toda a responsabilidade, esta move-se dentro da dualidade tradicional do direito da responsabilidade, reconhecendo a especificidade recíproca da delitual e da obrigacional. Por outro lado, o pugnar pela recondução da problemática da tutela da confiança aos mecanismos da imputação delitual, não apenas evita a delicadeza de uma complementação das modalidades contratual e delitual da responsabilidade através da admissão (em larga medida ao menos, *praeter legem*) de um *tertium genus* na responsabilidade, como poupa a necessidade da diferenciação da responsabilidade segundo o plano da coexistência social geral e outro próprio das ligações especiais em que insistia a precedente concepção. Ainda: se aquela se opõe vigorosamente à indemnizabilidade aquiliana dos danos patrimoniais puros tipicamente em causa na responsabilidade pela confiança, sustentando que as constelações ditas de responsabilidade pela confiança não são delitualmente relevantes e apenas geram responsabilidade no âmbito de ligações especiais, a concepção delitual desvaloriza por força o argumento. As discrepâncias são também evidentes e pronunciadas.

Provêm muito especialmente da tendência delitual as objecções a uma autónoma responsabilidade pela frustração de expectativas. O que não é de estranhar, pois ela encontra-se bastante imunizada contra argumentos como o da ubiquidade das expectativas, o da mistura indevida entre o confiar de facto e o poder confiar, ou o da ficção de confiança a que várias constelações de responsabilidade sempre obrigariam, quer, nomeadamente, pela impessoalidade das relações entre sujeitos, quer pela independência da tutela em relação à comprovação efectiva de uma situação de confiança. Tudo isso deriva no fundo de nesta orientação o eixo da reflexão se fixar na consideração de normas impositivas e proibitivas de conduta que pendem indiferenciadamente sobre quaisquer sujeitos com o fim de evitar danos.

Nem sempre contudo se teve a coragem de celebrar radicalmente a despedida da confiança enquanto elemento de relevo na construção do juízo de responsabilidade. É representativa a posição de VON BAR. Propôs o autor, no âmbito dos trabalhos de reforma do sistema germânico das obrigações iniciados na transacta década de oitenta, uma complementação do direito delitual visando a responsabilização daqueles sujeitos que, através de informações incorrectas ou conselhos inadequados que prestaram, provocaram danos patrimoniais aos respectivos destinatários por usufruírem de uma posição de especial *confiança* em virtude da sua actividade profissional, tomada legitimamente em conta por esses destinatários [190].

Como antecedente próximo dessa sugestão situa-se um amplo estudo da sua autoria sobre os "deveres delituais no tráfico" (*deliktische Verkehrspflichten*) [191], aos quais VON BAR tende a reconduzir uma multiplicidade de exigências de comportamento, amiúde considera-

---

[190] A formulação segue de perto o teor proposto para um novo § 828 do BGB: vide VON BAR, *Deliktsrecht*, in Gutachten und Vorschläge zur Überarbeitung des Schuldrechts, Band II, Köln 1981, 1761-1762. Mas o projecto de lei de modernização do direito das obrigações alemão, na versão de 4 de Agosto de 2000 (*Diskussionsentwurf eines Schuldrechtsmodernisierungsgesetzes*, www.bmj.de/ggv/ggv_i.htm) não contempla qualquer modificação nesse sentido, já aliás deixada cair no relatório final da comissão para o desenvolvimento do direito das obrigações de 1992 (cfr. *Abschlussbericht der Kommission zur Überarbeitung des Schuldrechts*, Köln 1992).

[191] Cfr. *Verkehrspflichten/Richterliche Gefahrsteuerungsgebote im deutschen Deliktsrecht*, já citado, a cuja temática tem regressado; por exemplo, em *Entwicklungen und Entwicklungstendenzen im Recht der Verkehrs(sicherungs)pflichten*, JuS 1988, 169 ss.

das manifestação de uma (específica) responsabilidade pela confiança. Com o argumento de que, não se tratando de deveres imediatamente orientados para uma prestação (*leistungsbezogene Pflichten*), importaria proceder de modo "honesto" do ponto de vista sistemático e remetê--los para o direito delitual enquanto complexo regulativo da responsabilidade desligada do não cumprimento de obrigações. Haveria na realidade de evitar-se uma situação de "desobediência" às valorações e ao regime acoplados à fixação, pelo legislador, do âmbito do direito delitual, através da admissão de uma responsabilidade pela confiança sujeita a regras específicas. Tanto mais que o direito delitual germânico seria passível de uma "regeneração" no sentido de proporcionar a tutela adequada para as situações que tendem a ser ilegitimamente resolvidas pela admissão de uma autónoma responsabilidade pela confiança [192]. Em causa, sobretudo, a ressarcibilidade delitual dos danos primariamente patrimoniais.

Não se deduza porém deste depoimento no sentido da preservação, *de lege lata*, da tradicional dualidade do direito da responsabilidade (repartido entre o contrato e delito), que o pensamento da confiança não tem relevo na concepção de VON BAR. Este assinala-lhe com efeito o papel de *critério conformador básico dos deveres no tráfico delituais*. O originar de um *Tatbestand* de confiança conduziria à responsabilidade daquele que controlasse a fonte de perigo "propriamente dita" ou induzisse a displicência dos demais relativamente às cautelas que de outro modo tomariam com vista a evitarem danos; os deveres no tráfico surgiriam aí onde o tráfico confia ou deva confiar na ausência de um perigo especial [193].

O instrumento central da proposta de VON BAR é constituído pelos *deveres (de segurança) no tráfico*, numa orientação que, com acentos diversos, é também compartilhada por outros autores que tendem a dissolver a problemática da tutela indemnizatória da confiança na responsabilidade delitual [194]. Tais deveres implicam para o sujeito a

---

[192] *Vide Verkehrspflichten* cit., esp. 221 ss; cfr. também *Vertragliche Schadensersatzpflichten ohne Vertrag?*, JuS 1982, esp. 637 e 643.
[193] Cfr. *Verkehrspflichten* cit., 117.
[194] Cfr., entre outros, na Alemanha, KONRAD HUBER, *Verkehrspflichten zum*

necessidade de evitar uma situação de perigo ou de actuar sobre uma fonte de risco por forma a impedir a lesão de posições jurídicas alheias. Dogmaticamente, preenchem a dupla função de estabelecer os termos da responsabilidade por *omissões* e por ofensas apenas *mediatamente* causadas aos bens delitualmente protegidos. No direito germânico, como aliás no português, existe, mesmo na ausência de uma consagração legal geral, uma base bastante sólida para a fundamentação jurídico-positiva destes deveres, o que cria particulares condições de legitimidade para o co-respectivo alargamento do direito delitual[195]. E, embora subsistam discrepâncias fundas da doutrina no que

---

Schutz fremden Vermögens cit., 359 ss; H.-J. MERTENS, in *Münchener Kommentar* cit., ns. 467 ss ao § 823 (do autor já *Deliktsrecht und Sonderprivatrecht — Zur Rechtsfortbildung des deliktischen Schutzes von Vermögensinteressen*, AcP 178 [1978], 227 ss, bem como *Verkehrspflichten und Deliktsrecht/Gedanken zu einer Dogmatik der Verkehrspflichtverletzung*, VersR 1980, 397 ss); ASSMANN, *Prospekthaftung* cit., 252 ss; BRÜGGEMEIER, *Gesellschaftliche Schadensverteilung und Deliktsrecht* cit., 418 ss, e *Vertrag/Quasi-Vertrag/Sonderdelikt/Delikt — Ansätze zu einer Neustrukturierung des zivilen Haftungsrechts*, AG 1982, esp. 277-278.

[195] Sobre esta problemática, além dos autores da nota anterior, também LARENZ/CANARIS, *Lehrbuch des Schuldrechts*, II/2, 13.ª edição, München 1994, 399 ss, e DIETER MEDICUS, *Schuldrecht II (Besonderer Teil)*, 10.ª edição, München 2000, 368 ss; no campo das obras gerais de direito das obrigações, referências ainda, *v.g.*, em PETER SCHLECHTRIEM, *Schuldrecht/Besonderer Teil*, 5.ª edição, Tübingen 1998, *v.g.*, 349-350, e 385 ss.

No espaço jurídico português, a doutrina dos deveres no tráfico é também hoje reconhecida (cfr., por exemplo, ANTUNES VARELA, *Anotação ao ac. STJ de 26/3/1980*, RLJ 114 (1981/1982), 40 ss, e, desenvolvidamente, SINDE MONTEIRO, *Responsabilidade por Conselhos* cit., esp. 300 ss, com indicações; *vide* também MENEZES CORDEIRO, *Da Boa Fé* cit., II, 831 ss); subscrevemo-la em *Contrato e Deveres de Protecção* cit., 163 ss.

Apesar dos foros de cidadania de que gozam os deveres no tráfico, não estarão ainda completamente aprofundados os termos da sua conformidade com a lei positiva portuguesa. O problema diz sobretudo respeito à relevância jurídica da omissão e prende-se especialmente (abstraia-se das hipóteses de uma vinculação negocial a actuar) com a exigência, no art. 486, de um dever de agir *imposto por lei* para que a responsabilidade se afirme. É com efeito evidente a estreiteza do preceito que resultaria do estabelecimento de uma mera remissão para disposições específicas de conduta (o que explica a tendência para a estender aos "princípios gerais

toca à ordenação sistemática dos deveres no tráfico na teoria da responsabilidade aquiliana, é unânime a sua recondução a esta modalidade de responsabilidade [196].

Apreciando. Se bem se reparar, a plausibilidade da invocação dos deveres no tráfico para resolver a problemática da responsabilidade

---

consagrados e subjacentes à lei civil": assim, P. NUNES DE CARVALHO, *Omissão e Dever de Agir em Direito Civil*, Coimbra 1999, 216, depois de referenciar várias posições da doutrina, nacional e estrangeira; criticável é contudo o seu apelo a uma solução com base no abuso do direito pois, como já se referiu, este instituto não constitui a sede dogmática apropriada da restrição geral da liberdade de agir dos sujeitos decorrente da necessidade de preservar outrem de danos). A completa dilucidação da relevância da omissão conexiona-se com as condições metodológicas da legitimidade do reconhecimento judicial de deveres no tráfico. Por outro lado, importa reconhecer que a relevância da pura omissão tenderá a ser, por princípio, menor do que a das ofensas mediatas a bens jurídicos. É certamente difícil a distinção entre ambas e pode mesmo questionar-se a razoabilidade da opção de fazer corresponder a uma delas uma sede normativa própria (nesse sentido, LARENZ/CANARIS, *Lehrbuch des Schuldrechts* cit., 405). Em todo o caso, cremos depreender-se do art. 486 uma tendência restritiva quanto à relevância delitual da omissão (o que já considerámos acertado do ponto de vista da comparação com a sua eficácia responsabilizante no campo contratual: cfr. o nosso *Contrato e Deveres de Protecção* cit., esp. 170 ss; a relevância jurídica da omissão implica sempre a fundamentação de um dever de agir *a se*, ao passo que a eficácia responsabilizante da lesão mediata de bens jurídicos delitualmente protegidos tende a concentrar-se na questão menos complexa da concretização da diligência requerida para obviar a um perigo já imputável a um sujeito).

[196] Na doutrina portuguesa desapareceu a excepção, quanto ao reconhecimento da natureza aquiliana destes deveres, que constituía a posição de MENEZES CORDEIRO, *loc. ult. cit.*, de considerar os deveres do tráfico verdadeiras obrigações (criticamente SINDE MONTEIRO, *Responsabilidade por Conselhos* cit., 318 n. 509; a favor da orientação comum também já o nosso *Contrato e Deveres de Protecção* cit., 246 n. 508 e 202 n. 425): cfr. hoje, daquele autor, *Da Responsabilidade Civil dos Administradores* cit., 487.

As discrepâncias no seio da dogmática aquiliana a que o texto alude ligam-se à questão de saber a qual dos *Tatbestände* básicos da responsabilidade delitual hão--de reconduzir-se os deveres no tráfico, se à violação de um direito alheio, se à infracção de uma disposição de protecção, ou se não deverão antes construir-se com autonomia relativamente a elas (com referências, optando pela sua ordenação ao art. 483 n.º 1, 1.ª alternativa, o nosso *Contrato e Deveres de Protecção* cit., 164; *vide* também ainda a propósito de algumas considerações no n.º seguinte).

pela confiança prende-se com o facto de se poder afirmar que uma conduta geradora de confiança só mediatamente produz o dano, no sentido de que as lesões sofridas pelo confiante implicam necessariamente, de modo mais próximo e directo, actuações por ele próprio levadas a cabo com base na confiança (por exemplo, celebrando certo contrato desfavorável). Deste modo, dir-se-á que a atitude causadora de expectativas *apenas* é, isso sim, susceptível de representar uma *fonte de perigo* (a cuja ocasionação se acopla então a obrigação de indemnizar). Só sai prejudicado quem confie na hora das suas decisões. Aquela atitude não representa *per se* nenhum ataque directo a um bem patrimonial alheio objecto de protecção delitual.

Mas a sorte desta construção tem como pressuposto fundamental que os danos patrimoniais puros tipicamente produzidos pela frustração de expectativas sejam susceptíveis entre nós de relevância delitual, como advoga, para o direito germânico, VON BAR [197] e, em geral, os defensores de uma solução delitual do problema da responsabilidade pela confiança aceitam. Averigue-se portanto. Depois se considerarão outros aspectos que revelam a inadequação do perfil sistemático do direito delitual à tutela indemnizatória das expectativas.

18. O problema da ressarcibilidade aquiliana dos interesses primariamente patrimoniais

O direito português transmite — neste ponto à semelhança do que acontece além-Reno — uma imagem restritiva quanto à ressarcibilidade delitual de *danos pura ou primariamente patrimoniais* (*primärer Vermögensschaden*, *pure economic loss*, *financial loss*), isto é, de prejuízos que não resultam da ofensa de posições jurídicas absolutamente protegidas[198]. De facto, o art. 483 n.º 1 do Código Civil, a norma cen-

---

[197] Cfr. *Verkehrspflichten* cit., 204 ss.

[198] A especificidade delitual dos interesses patrimoniais puros não tem sido relevada entre os autores nacionais, que adoptam frequentemente (ao menos de forma implícita) a ideia de que a característica de cláusula geral do art. 483 n.º 1 permite indistintamente uma pretensão de ressarcimento de qualquer dano. Essen-

tral da responsabilidade aquiliana, é explícito ao requerer como pressuposto de responsabilidade — descontada agora a situação, por natureza particular, do desrespeito de uma (específica) disposição de protecção —, que a perda patrimonial sofrida pelo sujeito tenha sido consequência da *violação de um direito subjectivo* que lhe assistia. Estão em causa direitos absolutos; ocorrendo a lesão de posições creditícias segue-se o regime da responsabilidade obrigacional dos arts. 798 e seguintes [199].

A referida orientação é também confirmada pela regra geral da irrelevância das informações, conselhos e recomendações para efeito de responsabilidade que se encontra consignada no art. 485 n.º 1, bem como pelos requisitos apertados da sua relevância como factos desencadeadores da obrigação de indemnizar segundo o n.º 2 desse preceito, uma vez que os danos daí provenientes são o mais das vezes

---

cial para a superação deste entendimento, SINDE MONTEIRO, *Responsabilidade por Conselhos* cit., esp. 187 ss (abordando a noção de dano puramente patrimonial), e 193 ss; posição basicamente análoga defendemos desde *Contrato e Deveres de Protecção* cit., esp. 174 ss (referências sobre esta problemática nesses locais; acrescente-se-lhes H. KOZIOL, *Rechtswidrigkeit, bewegliches System und Rechtsangleichung*, JBl 1998, 619 ss, ou, numa posição aberta à consideração delitual dos danos puramente económicos, E. K. BANAKAS, *Tender is the night: Economic loss-the issues*, in Civil Liability for Pure Economic Loss [ed. por E. K. Banakas], London, The Hague, Boston 1996, 1 ss).

[199] Vide, na doutrina portuguesa mais recente, SINDE MONTEIRO, *Responsabilidade por Conselhos* cit., 182. Em *Contrato e Deveres de Protecção* cit., 162 n. 333, perfilhámos também esta orientação que tem por si, não só o argumento histórico, mas de igual modo a razoabilidade da negação de uma equiparação dos direitos de crédito aos direitos absolutos para efeito de responsabilidade delitual (sendo pois de rejeitar uma "eficácia externa" das obrigações similar à dos direitos absolutos). Quanto a este último ponto, que não pode agora ser desenvolvido, cfr., a seguir, o texto; ainda, CANARIS, *Der Schutz obligatorischer Forderungen nach § 823 I BGB*, FS für Erich Steffen, Berlin, New York 1995, 85 ss, e MEDICUS, *Die Forderung als "sonstiges Recht" nach § 823 Abs. I BGB?*, ibidem, 333 ss.

Observe-se em todo o caso que, independentemente de considerações de racionalidade, também na Alemanha o elemento histórico tem grande relevância na interpretação do § 823 I. Embora aí se enumerem algumas posições absolutas para efeito de protecção delitual, esse elenco é aberto e *literalmente* não confinado a direitos dessa natureza, consentindo a letra da lei a extensão a direitos de *outra* espécie (*sonstiges Recht*).

puramente patrimoniais[200]. Daqui resulta uma clara desvantagem daqueles interesses patrimoniais que se não corporizam em direitos subjectivos absolutos no terreno delitual; apenas para estes últimos se provê uma tutela aquiliana abrangente.

Trata-se de um desfavor que se repercute na problemática da tutela indemnizatória das expectativas, pois a lesão ocorre aqui tipicamente por via de decisões patrimoniais afinal inúteis ou prejudiciais para aquele que confia. Não existe todavia seguramente qualquer *direito subjectivo* a não tomar decisões com essas características, oponível *erga omnes* pelo sujeito. A ninguém assiste um direito à conservação, ao aumento ou à não diminuição do património, como ninguém tem o direito de não realizar despesas ruinosas ou inoperantes, ou, em geral, de não sofrer menos-valias no seu acervo de bens em consequência de decisões que tome, agindo ou deixando de agir (*v. g.*, celebrando ou deixando de celebrar certos negócios). Aqui radica a incapacidade do direito delitual de responder de forma global ao problema da ressarcibilidade dos danos provenientes da frustração da confiança alheia.

Não parece que este recorte da responsabilidade aquiliana traduza uma pura contingência histórica[201], agora consciencializada como tal, logo que a linguagem do dinheiro e dos interesses económicos se assenhoreou da vida social, polarizando a atenção em todas as circunstâncias que com esses interesses podem interferir[202]. Afi-

---

[200] Deve ter-se em conta que das várias situações de responsabilidade configuradas nessa disposição apenas algumas se ordenam no direito delitual (cfr. também o nosso *Uma «Terceira Via»* cit., esp. 65 ss).

[201] Os trabalhos preparatórios do actual art. 483 n.º 1 do Código Civil, se bem que não tivessem dado desenvolvido destaque ao problema da ressarcibilidade aquiliana dos interesses puramente patrimoniais, pretenderam dar concretas indicações ao intérprete acerca dos comportamentos susceptíveis de desencadear a obrigação. Considerando a enorme massa de situações abstractamente susceptível de ocasionar prejuízos, a fórmula proposta foi pois, e quis de modo ciente ser, suficientemente delimitadora. Cfr. VAZ SERRA, *Requisitos da responsabilidade civil*, BMJ 92, (1960) 64 ss. Esta orientação carece de ser respeitada.

[202] Com resultados, de resto, contraditórios: ora criando nos potenciais lesados apetência para a protecção desses interesses, ora suscitando, agora do ponto de vista dos virtuais lesantes, uma pretensão de irresponsabilidade para preservar os níveis de liberdade e autonomia de que vinham auferindo.

gura-se haver de facto razões que emprestam um efectivo fundamento material à orientação legislativa que *apertis verbis* transparece de desfavor da tutela delitual dos bens pura ou primariamente patrimoniais, por comparação, nomeadamente, com o regime de que gozam os direitos de personalidade ou os direitos subjectivos incidentes sobre coisas, *maxime* o de propriedade.

Elas não colhem certamente de modo uniforme para todas as situações pensáveis. Requerem-se neste aspecto considerações tipificadoras que articulem as várias hipóteses-base com as específicas ponderações que merecem[203]. E importa que tais indagações permaneçam sempre atentas às possibilidades oferecidas pelos instrumentos comuns da doutrina da imputação de danos[204]. Mas persuadimo-nos de que, mesmo considerando as virtualidades destes últimos, a *natureza* dos interesses atingidos permite sustentar valorações próprias[205], sendo susceptível nessa medida de representar um elemento dogmaticamente operativo na construção da responsabilidade.

---

[203] A temática dos danos puramente económicos alberga assim uma realidade multifacetada, pelo que as considerações seguintes são de entender como afirmações de carácter genérico. *Vide* ainda *infra*, sob o n.° 56.

[204] Por exemplo, quanto ao argumento adiante citado, do perigo de excesso de responsabilidade, há naturalmente que ponderar os requisitos gerais da causalidade, assim como as doutrinas da concausalidade.

Mas também no âmbito das doutrinas correntes há que descortinar as especificidades dos danos puramente patrimoniais. Assim, por exemplo, não pode deixar de se notar que todos os exemplos que serviram longamente a um autor de referência como ANTUNES VARELA para excluir a protecção contra danos reflexamente sofridos por terceiros envolvem interesses puramente patrimoniais: cfr. *Das Obrigações em Geral* cit., I, *v.g.*, 5.ª edição, 581 ss (a última edição, págs. 620 ss, identifica já esta específica natureza dos prejuízos infligidos). Existem sem dúvida casos em que pacificamente se aceita que certos danos puramente patrimoniais sofridos por terceiros em consequência de determinadas condutas ilícitas merecem ressarcimento: mas pode valorar-se como significativo que tenha sido a lei a prevê-lo expressamente: cfr. o art. 495. Tal é coerente com a posição de princípio em desfavor da ressarcibilidade desse tipo de prejuízos inscrita no art. 483 n.° 1.

[205] É o que subjaz à técnica da lei. Mas em rigor não releva tanto a caracterização "ontológica" do interesse, quanto o reflexo que essa sua especificidade pode comunicar às características da acção danosa ou a outros elementos de que depende

De facto, a protecção indiscriminada do *status quo* patrimonial dos sujeitos constituiria um forte entrave à dinâmica da actuação dos sujeitos na vida económica e cercearia apreciavelmente a circulação da riqueza[206]. Ela não se compatibilizaria com o risco das actividades no mercado, num cenário de concorrência: a autodeterminação e iniciativa dos sujeitos não são postas *per se* em causa a pretexto de que do seu exercício podem decorrer perdas ou prejuízos para outros, encontrando-se em larga medida socialmente aceite que, pelo menos neste âmbito, o proveito de alguém se obtenha à custa alheia[207]. Aliás, mesmo fora do estrito contexto da concorrência, o facto de a intervenção dos sujeitos se dar num espaço público e de livre acesso dos demais incrementa as possibilidades dos outros, não sendo neste aspecto facilmente justificável que quem aproveita (ou quer aproveitar) de condutas de outrem, sem contrapartidas ou na ausência do res-

---

ordinariamente a responsabilidade, obrigando a um desvio em relação ao que se dirá constituir o regime-regra da responsabilidade.

[206] SINDE MONTEIRO desvaloriza aparentemente este ponto de vista; cfr. *Responsabilidade por Conselhos* cit., 197 e 504.

Claro que se pode concordar que o respeito pela autodeterminação económica dos sujeitos cessa aí onde ela provoca prejuízos aos demais. Só que semelhante ponto de vista é demasiado vago para permitir extrair conclusões em benefício da indemnizabilidade dos interesses puramente patrimoniais (como imprestável é recorrer para esse fim ao regime da colisão de direitos: a aplicação do art. 335 requer previamente a identificação precisa das posições jurídicas conflituantes e a ponderação exacta dos seus limites e dos deveres que as circunscrevem, tarefas neste domínio delicadas e complexas; ora, o que cremos é que existem motivos para um desfavor, por via de princípio, dos danos puramente económicos relativamente a outros tipos de danos: *vide* também já de seguida).

[207] Não é no entanto despiciendo saber se a ética económica não será hoje, neste aspecto, demasiado laxa. De facto, aceitando-se que a responsabilidade civil é, nuclearmente, "moral", a perda da viabilidade de uma ancoragem ética — pelo esbatimento da respectiva consciência social — repercute-se naturalmente na possibilidade de a justificar. Eventuais imputações de danos totalmente à margem deste referencial deslocam a responsabilidade civil em direcção a um sistema de compensação de danos puramente objectivo, sujeito a considerações de mero utilitarismo e eficiência económica. Nessa medida, os danos puramente patrimoniais representam um campo de eleição da «análise económica do Direito», tanto mais proveitosa quanto menor for o aludido enraizamento ético.

pectivo consentimento, venha deduzir depois pretensões de ressarcimento de danos contra aquele que as levou a cabo[208]; constituindo essas condutas muitas vezes prestações oferecidas ao abrigo de um contrato, uma ampla extensão da obrigação de indemnizar em benefício de terceiros (mediante a relevância delitual da conduta do respectivo autor) poderia de resto subverter a "lógica" desse mesmo contrato, a sua relatividade, e as "condições" de responsabilidade que dela fluem. Um cenário de interdependências variadas, como quer que se configure, não constitui pretexto que permita alijar para outros o risco da própria participação; o que é claro se se permite ao sujeito realizar sozinho as vantagens que dela advenham[209].

Há uma auto-responsabilidade que não pode ser abalada a pretexto de que os prejuízos derivados das próprias opções se encontram por qualquer forma causalmente ligados a condutas de outrem, ainda que negligentes, que constituíram a base da decisão. A convicção, que de boa vontade se partilhará, de que o direito delitual não pode permitir indiscriminadamente tais ressarcimentos tem a nosso ver uma

---

[208] O argumento é especialmente sensível no sector das prestações de serviço (auditorias, pareceres técnicos, etc.) que ficam ao dispor de um público mais alargado e não apenas de quem directamente as encomendou, consabidamente uma área candente da reflexão em torno dos danos puramente económicos. (Pode ver-se, por exemplo, o nosso Uma «Terceira Via» cit., passim: aí se alude em tópico geral a que quem invoca e pretende realizar vantagens de um amplo reconhecimento no mercado não pode excluir liminarmente a responsabilidade perante quem não é seu parceiro contratual directo, mas é igualmente de sublinhar que o aproveitamento do saber e competência profissional tem ordinariamente um preço. O balanço destes pontos de vista exclui certamente soluções radicais de tudo ou nada, abrindo espaço a argumentos de natureza jurídico-dogmática que, simultaneamente, fundem e delimitem a responsabilidade. Foi o que fizemos com a defesa, em certos termos, da extensibilidade da culpa in contrahendo a terceiros.)

[209] Se, por exemplo, uma decisão económica de certo sujeito se vem a revelar prejudicial, o facto de na sua base se poder individualizar uma conduta alheia não autoriza a transferir ipso facto a perda sofrida para outrem. Muito menos quando um ou vários outros contribuíram para pôr outras circunstâncias que concorreram de algum modo para o dano. Se as interdependências foram múltiplas, mais remota é em justiça a hipótese de fazer responder um sujeito pela totalidade das perdas sofridas.

raiz funda que importa desde já trazer à superfície, tanto mais que a não vemos devidamente ressaltada: é ela a de que a causalidade naturalística típica do direito delitual não capta fácil, adequada ou plenamente o processo de formação daqueles danos que o sujeito sofre em consequência das decisões que ele próprio toma (e que são, via de regra, puramente patrimoniais). Recuperaremos mais tarde este fio de pensamento[210]. Então se perceberá com maior clareza a razão do êxito neste campo da teoria da confiança.

Verifica-se em todo o caso que o melindre da protecção delitual dos danos puramente económicos resulta precisamente da necessidade de encontrar um equilíbrio entre liberdade e risco que nem sempre é fácil de traçar. Percebe-se que tal compromisso deve ser diferente consoante se esteja ou não em espaço económico aberto (*lato sensu*, no mercado) e que ele poderá variar também em função do perfil dos sujeitos; discriminando por exemplo em favor dos consumidores[211] ou beneficiando aqueles que, quanto a certas decisões, se encontram facticamente dependentes da prestação de serviços ou informações de outrem. Vê-se assim que, mais do que com a textura "exterior" do interesse afectado, a questão da indemnizabilidade dos danos

---

[210] Cfr. especialmente o n.º 55, quando contrapusermos a causalidade própria da teoria da confiança àquela que impera na responsabilidade por violação de deveres de agir (onde se inclui naturalmente a delitual).

[211] À semelhança do que ocorre, por exemplo, quanto aos danos pessoais ou na propriedade, no âmbito da responsabilidade do produtor definida pelo Decreto-Lei n.º 383/89, de 6 de Novembro (são indemnizáveis os danos provocados por produto defeituoso que o lesado tenha destinado ao uso ou consumo privado; e são--no independentemente de qualquer relação entre o produtor e esse lesado, pois a responsabilidade coliga-se unicamente ao pôr em circulação o produto defeituoso; exemplo é particularmente significativo pelo recorte delitual que este tipo de responsabilidade apresenta entre nós). Veja-se também a especial protecção do consumidor contra danos primariamente patrimoniais susceptíveis de serem infligidos através da utilização de cláusulas contratuais gerais (cfr. aqui os arts. 20 e seguintes do Decreto-Lei n.º 446/85, de 25 de Outubro).

Aliás, a protecção do consumidor é hoje em larga medida, considerando os vários instrumentos jurídicos através da qual ela se efectiva, uma protecção contra danos puramente económicos.

patrimoniais puros tem na realidade a ver com ponderações mais fundas e globais que incidem sobre a construção, admissibilidade e expansibilidade de certas situações de responsabilidade e imputação de danos. Especialmente latente neles é em todo o caso o perigo de surgimento de *espirais de responsabilidade*, intoleráveis numa sociedade assente na liberdade de actuação dos sujeitos ao onerarem excessivamente essa liberdade[212]. Concomitantemente, a circunscrição de princípio dos interesses delitualmente protegidos aos direitos subjectivos reflecte que nem todos os bens "económicos" ao dispor dos sujeitos lhes podem ser atribuídos, excluindo terceiros; muitas vezes tais bens têm aliás um grau de concretização extremamente reduzido ou traduzem-se em simples *chances*, oportunidades ou *know-how*[213], efémeras e insusceptíveis de *apropriação individual*. Por outro lado, falta aos interesses puramente patrimoniais aquela nota de *evidência* ou de *aparên-*

---

[212] Para PEDRO MÚRIAS, *A responsabilidade por actos de auxiliares e o entendimento dualista da responsabilidade civil*, RFDUL XXXVII (1996), 183 n. 69, o problema da limitação da responsabilidade pode ser adequadamente resolvido através da consideração do fim da norma, pois este permitiria seleccionar aqueles danos que caem no seu âmbito de protecção daqueles que não são por ela ressarcíveis. Uma posição da qual parte para negar a especificidade delitual dos danos patrimoniais puros.

Naturalmente que não pode enjeitar-se a possibilidade de, pela interpretação da norma violada, se delimitarem os danos ressarcíveis. A verdade porém é que, ressalvada a hipótese da infracção de uma disposição de protecção específica, o estabelecimento do fim da norma desrespeitada no quadro de uma cláusula geral como a da 1.ª alternativa do art. 483 n.º 1 (violação do direito de outrem), a não querer perder-se em valorações puramente casuísticas, se tem de fazer segundo critérios genéricos (ainda que teleologicamente permeáveis; não é o escopo da norma, mas o do sistema de responsabilidade que então realmente interessará). A prestabilidade da sugestão que consideramos é pois mais virtual do que efectiva. Basicamente, ela apenas pode prometer êxito no campo das disposições de protecção (e mesmo aí, só quando se encontrem disponíveis elementos específicos que permitam concluir com segurança no sentido desse fim). Além de que se ignora deliberadamente o teor do art. 483 n.º 1, 1.ª parte.

[213] Há todavia acepções do "saber-fazer" compatíveis com a apropriação individual; sobre vários sentidos dessa noção, relacionando-os com a protecção por um direito industrial privativo, cfr. OLIVEIRA ASCENSÃO, *Direito comercial*, II (*Direito industrial*), Lisboa 1988, 289 ss.

cia social necessária à delimitação *visível*, para cada sujeito da comunidade jurídica, da esfera alheia cujo respeito se lhe impõe [214].

No fundo, a responsabilidade aquiliana representa (antes de mais) um corolário do carácter *exclusivo* de certos direitos ou posições jurídicas, pelo que onde estes não existam (não devam, por qualquer razão, atribuir-se ou reconhecer-se) a tutela aquiliana não intervém automaticamente, implicando sempre ponderações cuidadosas.

O regime delitual específico dos danos primariamente patrimoniais deve ser situado também perante o plano mais geral do reconhecimento de que não é viável atribuir uma pretensão indemnizatória em todas as situações em que um prejuízo se mostra por algum modo imputável a uma conduta voluntária do sujeito. A observação atinge particularmente a ressarcibilidade no domínio das actuações negligentes. Requere-se o estabelecimento de um compromisso entre as necessidades de protecção de posições dos sujeitos e a preservação de áreas de liberdade isentas do risco de responsabilidade. Compete

---

[214] Os *Tatbestände* de responsabilidade desempenham justamente uma função de "sinalização" dos bens jurídicos objecto de protecção e das condutas pedidas pelo seu respeito por parte dos sujeitos. Por isso, verificada uma situação de responsabilidade, não há em princípio que distinguir segundo a natureza dos danos subsequentes para efeito de indemnização. A falta de evidência social dos danos primariamente patrimoniais é irrelevante, posto que a situação de responsabilidade delitual indicava já ao sujeito aquilo que ele devia fazer ou evitar (assim, tipicamente, em muitas hipóteses de lucros cessantes). Diferentemente, não há responsabilidade delitual por danos ocasionados em interesses que não são visíveis a terceiros quando não existe nenhuma situação de responsabilidade que funcione como "pórtico" de relevância desses interesses. É esse o sentido exacto da afirmação de que os danos primariamente patrimoniais não são indemnizáveis via de regra no direito delitual.

Note-se que os bens que apresentam ou participam de uma natureza corpórea têm de si uma aparência que traça aos olhos de todos aquilo que devem respeitar, o que representa, do ponto de vista técnico, uma facilidade da protecção delitual contra danos físicos em coisas (sua deterioração ou destruição) ou contra a violação da integridade física das pessoas. Já no campo das disposições de protecção, o problema da aparência do bem protegido não se coloca do mesmo modo (*rectius*, é resolvido pelo estabelecimento e publicitação da norma). Quanto à causação premeditada de danos, a intenção do agente tende compreensivelmente a tornar irrelevantes as ponderações de responsabilidade com base na possibilidade de o agente prefigurar os bens jurídicos atingidos.

precisamente ao direito delitual a função de seleccionar aquelas situações que geram responsabilidade de entre as múltiplas ocorrências danosas susceptíveis de se verificar[215].

O direito comparado ensina que, por vezes, é a jurisprudência, coadjuvada pela doutrina, que tem desempenhado esta tarefa de selecção. Sobretudo quando numa ordem jurídica vigora um regime de *atipicidade das situações de responsabilidade* pela presença de cláusulas gerais de responsabilidade delitual com conteúdo abrangente e limites indeterminados. Cabe então ao juiz, a partir de uma ponderação *casuística* dos interesses em presença, determinar *autonomamente* as posições a salvaguardar e as normas de conduta que operacionalizam a protecção delitual, por forma a compor equilibradamente as necessidades de tutela dos sujeitos com a salvaguarda da liberdade de agir[216]. Noutros sistemas, contudo, a circunscrição das posições objecto de protecção delitual foi levada a cabo pelo legislador, que traçou abstractamente a fronteira do delitualmente relevante e retirou, nessa medida, tal função à jurisprudência. O juiz deverá então fundamentar a responsabilidade segundo os critérios objectivos (heteronomamente) prefixados na lei. Uma opção que leva vantagem indiscutível do ponto de vista da segurança e previsibilidade das soluções, assim como no assegurar de um tratamento igual entre sujeitos.

---

[215] Cfr. elucidativamente VON CAEMMERER, *Wandlungen des Deliktsrechts*, FS 100. DJT Karlsruhe 1960, 65 ss; pode ver-se também o nosso *Contrato e Deveres de Protecção* cit., 129 ss.

No domínio da responsabilidade contratual, a tarefa de destrinçar os espaços de liberdade de agir e as áreas correlativas (de risco) de responsabilidade não se põe do mesmo modo, porque essa diferenciação foi estabelecida autónoma e livremente pelas partes aquando da fixação do programa contratual.

[216] Cfr. HANS STOLL, *Richterliche Fortbildung und gesetzliche Überarbeitung des Schuldrechts*, Heidelberg 1984, 30. Tenha-se paradigmaticamente presente o carácter indeterminado do art. 2043 do *Codice Civile*: «Qualquer facto doloso ou culposo que causa a outrem um dano injusto obriga aquele que praticou o facto a ressarcir o dano», ou do art. 1382 do *Code Civil*: «Qualquer facto do homem que causa um dano a outrem obriga aquele por culpa de quem ele se deu a repará-lo» (também em França e na Itália se assiste aliás hoje um tratamento delitual específico dos danos primariamente patrimoniais). Para alguns desenvolvimentos, pode ver-se igualmente o nosso *Contrato e Deveres de Protecção* cit., 133 ss.

Nestes últimos sistemas se enquadra o direito português, pois a lei forneceu uma indicação genérica ao intérprete-aplicador no que toca à delimitação do campo da responsabilidade em relação àqueles comportamentos que, embora passíveis de provocar prejuízos, são afinal tolerados ou sancionados pela ordem jurídica [217]; estabelecendo como *situações básicas de responsabilidade delitual* [218] a *violação de direitos de outrem* e a *infracção de uma disposição legal destinada a proteger interesses alheios* (cfr. a "pequena cláusula geral" do art. 483 n.º 1).

O desabono que daqui decorre, como já se observou, para a indemnizabilidade delitual dos interesses patrimoniais puros [219] não tem todavia por que vigorar ilimitadamente na ordem jurídica. Se ele era especialmente compreensível numa época, ainda próxima, que tinha na propriedade o bem patrimonial por excelência e caracterizada, consequentemente, por uma forte *reificação* do património, essa justificação decresce à medida que os valores patrimoniais se imaterializam e volatilizam. Face ao rumo que a dimensão económica das sociedades modernas tomou, há-de até convir-se na necessidade de

---

[217] Neste sentido, ANTUNES VARELA, *Das Obrigações em Geral*, I, cit., 532-533. Rejeitando inequivocamente a técnica da "grande cláusula geral" própria de sistemas como o francês e o italiano, cfr., nos trabalhos preparatórios, VAZ SERRA, *Requisitos da responsabilidade civil* cit., 64 ss.

[218] SINDE MONTEIRO, *Responsabilidade por Conselhos* cit., 175 ss, prefere proceder à delimitação da ressarcibilidade delitual das condutas que originam danos através da *ilicitude* e não, como o texto sugere, da óptica das situações de responsabilidade. Para uma distinção entre a ilicitude e a situação de responsabilidade, cfr. o nosso *Contrato e Deveres de Protecção* cit., 136-137, n. 273. Em favor da orientação seguida pode sempre aduzir-se a circunstância de a lei civil referir, no art. 483 n.º 1, a ilicitude como qualificativo da violação de direitos subjectivos.

[219] Recorde-se que as disposições de protecção são por natureza específicas.
A orientação do sistema germânico é essencialmente similar, graças a uma técnica de delimitação das situações de responsabilidade delitual na prática semelhante à portuguesa: *vide supra,* n. 201, e ainda o nosso *Contrato e Deveres de Protecção* cit., 175 n. 363 (há uma notória correspondência entre o § 823 I e II do BGB e o art. 483 n.º 1, distinguindo-se todavia a ordem jurídica alemã por dispor ainda de uma cláusula de responsabilidade por causação dolosa de danos contra os bons costumes no § 826 do BGB); justificando a solução legislativa, *v.g.*, PICKER, *Positive Forderungsverletzung* cit., 470 ss, e *passim*, bem como CANARIS, *Schutzgesetze* cit., 36 ss.

conferir protecção a um número cada vez mais elevado de interesses patrimoniais puros. É inclusivamente de prever um aumento da pressão das necessidades de tutela de tais interesses sobre a directriz contida no art. 483 n.º 1, 1.ª parte, no sentido da introdução crescente, nela, de desvios. Nem por isso o seu acerto básico fica todavia posto em causa; pelo menos enquanto se mantiverem os mesmos "paradigmas" de liberdade, independência de actuação dos sujeitos e auto-responsabilidade [220].

Disse-se que nada obsta em si a que os interesses patrimoniais puros possam merecer, por decisão do legislador, tutela delitual. De facto, as *disposições de protecção* não carecem de se confinar à defesa das posições que já usufruem de defesa delitual por força do art. 483 n.º 1, 1.ª alternativa, podendo através delas tutelar-se interesses primariamente patrimoniais [221]. Mas nenhuma tem no ordenamento jurídico português o alcance de proporcionar uma ressarcibilidade geral de danos "meramente económicos" [222]. De todo o modo, há que reco-

---

[220] É muito de questionar que os interesses puramente patrimoniais possam ou devam alguma vez merecer uma tutela tão enérgica como aquela de que dispõe a propriedade. Há uma tónica marcadamente instrumental e mediata de muitos desses interesses em relação à satisfação das necessidades humanas. Na base da imprescindibilidade da protecção da propriedade, diversamente, encontra-se a corporeidade do próprio homem cujas necessidades essenciais carecem de satisfação através do aproveitamento directo de bens materiais. De todo o modo, é inegável a importância que hoje assumem os interesses meramente patrimoniais como reflexo do que poderá considerar-se uma "metamorfose do património" e uma "nova roupagem da riqueza" nos nossos dias; *vide* instrutivamente sobre aquilo que é também designado por "nova propriedade", MARIA JOÃO VAZ TOMÉ, *O Direito à Pensão de Reforma enquanto Bem Comum do Casal*, Coimbra 1997, 145 ss.

[221] A disposição de protecção tanto pode estabelecer e individualizar directamente certos interesses puramente patrimoniais para lhes atribuir protecção, ainda que sem proscrever comportamentos concretos susceptíveis de os atingir, como, indirectamente, consagrar uma tutela delitual pela imposição de condutas cuja observância visa precisamente a protecção desses interesses. Em ambos os casos, procede-se à extensão do catálogo dos bens delitualmente protegidos, embora com técnicas diferentes. Qualquer uma delas cabe ainda na noção de "disposição legal destinada a proteger interesses alheios".

[222] O que não é senão compreensível, pois de outro modo a colisão com o disposto no art. 483 n.º 1, 1.ª parte, seria evidente. A tutela de bens primariamente patrimoniais só pode pois — querendo ser conforme com o sistema — incidir

nhecer a indemnizabilidade de danos patrimoniais puros quando nesse sentido deponham exigências indeclináveis de protecção do mínimo ético-jurídico exigível. Para além, pois, daquilo que resulta das duas alternativas do n.º 1 do art. 483. É certo que falta ao direito delitual português uma norma que acolha positivamente esta situação de responsabilidade[223]. Importa todavia admitir uma complementação das disposições da responsabilidade aquiliana se nesse sentido depuserem imperativos irrenunciáveis de justiça, face aos quais nenhuma ordem jurídica possa permanecer indiferente. Como decorre do seu fundamento, este desenvolvimento não discrimina à partida segundo a natureza dos bens atingidos, abrangendo, por conseguinte, os interesses patrimoniais puros. Mas ele é necessariamente muito limitado, em coerência com a estreiteza dos seus pressupostos. Está fora de causa aceitar que qualquer lesão negligente daqueles interesses os preencha. Se assim fosse, esvaziar-se-ia a orientação que decorre do art. 483 n.º 1 quanto à sua indemnizabilidade.

O sistema delitual português continua assim — apesar da válvula de segurança com que a tutela do mínimo ético-jurídico o dota — a

---

sobre interesses patrimoniais puros específicos. O que não quer dizer que não possa apresentar-se por vezes com bastante amplitude. Assim, por exemplo, no domínio da responsabilidade civil por actos de concorrência desleal (cfr. aqui designadamente ADELAIDE MENEZES LEITÃO, *Estudo de Direito Privado sobre a Cláusula Geral de Concorrência Desleal*, Coimbra 2000, 153 ss, vendo na norma que a proíbe uma disposição de protecção que possibilita o ressarcimento de danos puramente patrimoniais).

[223] Neste ponto, ao contrário do que ocorre na ordem jurídica alemã, que dispõe, como se disse, de uma cláusula delitual no § 826 do BGB cujo alcance é o de permitir o ressarcimento dos prejuízos causados quando o agente actuou com dolo, ofendendo os bons costumes. Cfr. também *Uma «Terceira Via»* cit., 48 ss, e *supra*, sob o n.º 12, em nota, onde nos pronunciámos contra a possibilidade de colmatar adequadamente o *deficit* gritante de protecção do mínimo ético-jurídico que resulta das normas dos arts. 483 ss do Código Civil através do recurso directo ao abuso do direito, afirmando também que o art. 334 não constitui em si uma norma de responsabilidade civil, pelo que a sua eficácia responsabilizante tem de derivar do reconhecimento, nesse plano, de uma regra que lhe confira consequências indemnizatórias (diferenças portanto em relação a SINDE MONTEIRO, *Responsabilidade por Conselhos* cit., 535 ss, e 545 ss, embora dentro da mesma preocupação de preencher vazios de protecção no sistema delitual português; no sentido da orientação que temos por preferível, entretanto, ADELAIDE M. LEITÃO, *Estudo* cit., 152).

imprimir uma tónica restritiva no que toca ao ressarcimento dos danos patrimoniais puros. As directrizes de direito positivo constituem naturalmente critérios decisórios vinculativos para o intérprete--aplicador. Não são susceptíveis de superação ou afastamento por qualquer expediente metodológico a que acriticamente se recorra.

19. (cont.) Os deveres no tráfico para a protecção do património

O panorama limitativo da ressarcibilidade dos prejuízos primariamente patrimoniais precedentemente exposto tende compreensivelmente a não ser compartilhado pela corrente que pugna pela integração da tutela indemnizatória das expectativas no direito delitual. Merece que se destaque a tentativa de demonstrar a conformidade com o sistema da responsabilidade aquiliana vigente de uma *ampla* admissão de *deveres no tráfico para a protecção de interesses patrimoniais alheios:* eles resolveriam as hipóteses relevantes e tornariam, por conseguinte, despicienda uma autónoma responsabilidade pela confiança [224].

Essa proposta não é, contudo, convincente. A aceitação de deveres no tráfico visando a protecção de posições *não compreendidas no âmbito das normas delituais existentes* — concretamente de interesses patrimoniais puros — desproveria de alcance o carácter circunscrito de situações merecedoras de tutela delitual que, no nosso ordenamento, se extrai do art. 483 n.º 1. Ignoraria pois os argumentos que suportam, do ponto de vista material, essa orientação (aqui, especificamente, a da não indemnizabilidade genérica dos danos patrimoniais puros). A lei vigente representa deste modo um obstáculo ao desenvolvimento *praeter legem* do Direito no sentido da admissão de deveres no tráfico que *aumentem o círculo dos bens delitualmente protegidos* [225].

---

[224] A isso acresce a pretensão, por parte de vários autores germânicos, de estender tanto quanto possível o campo da responsabilidade prevista no § 826 do BGB (ofensas dolosas contra os bons costumes) no sentido da relevância da mera negligência (ainda que qualificada), dado que, à luz dessa norma, não há que destrinçar segundo as posições ou interesses atingidos pela lesão, o que permite contemplar os danos puramente patrimoniais. Assumindo explicitamente essa orientação *de lege ferenda*, VON BAR, *Deliktsrecht* cit., 1722 e 1761.

[225] Cfr. nesse sentido os nossos *Contrato e Deveres de Protecção* cit., 176, n. 364, e

Os deveres no tráfico não são independentes das normas delituais existentes. A sua *livre* criação pela jurisprudência para a protecção de interesses puramente patrimoniais inverteria por completo o direito delitual em vigor, pois substituiria as previsões básicas de responsabilidade constantes da lei por uma *cláusula geral de responsabilidade por ofensas negligentes ao património* (a interesses patrimoniais). Ela significaria uma "estatuição autónoma de torto delitual sem base legal"[226]. No lugar do critério legislativo surgiria a decisão judicial, arrastando o inerente problema da sua legitimidade. Aliás, a função do juiz cinge-se à resolução de litígios concretos; dificilmente lhe proporciona, por conseguinte, as condições para uma valoração e conformação abstracta de normas de conduta que repartam com carácter de generalidade as zonas de liberdade e de responsabilidade[227].

Uma «Terceira Via» cit., 79 ss. Contra a orientação em referência já especialmente SINDE MONTEIRO, *Responsabilidade por Conselhos* cit., 486 ss. Na Alemanha, *vide* também, entre outras, as opiniões de CANARIS, *Schutzgesetze* cit., 81 ss, HEINZ-GEORG SCHWITANSKY, *Deliktsrecht, Unternehmensschutz und Arbeitskampfrecht*, Berlin 1986, 277 ss, PICKER, *Vertragliche und deliktische Schadenshaftung* cit., 1047, e JOST, *Vertragslose Auskunfts- und Beratungshaftung* cit., 187 ss.

[226] A expressão é de HANS STOLL, *Richterliche Fortbildung* cit., 43. Por aqui se vê o alcance prático da ordenação construtiva dos deveres no tráfico na teoria da responsabilidade delitual; não é pois meramente teórico referi-los ao art. 483 n.º 1 (como pensamos), ou a uma cláusula honorária ou doutrinária dele independente, como também parece advogar-se entre nós (*vide* ainda *infra*, neste n.º).

[227] A reserva que vai expressa em relação à conformação de normas de conduta genéricas de natureza delitual por livre iniciativa dos tribunais dirige-se contra a admissão de uma função de modelação social por parte da jurisprudência ou a reivindicação para ela de um papel social "interventor" neste terreno (e que parece ser a tendência de BRÜGGEMEIER: o seu diagnóstico é o de que o direito delitual se transformou num instrumento de condução social com vista à "internalização" dos danos e à sua prevenção, adscrevendo-lhe o autor uma finalidade autónoma de regulação social, permeável a uma "politização" do direito privado, onde se divisam elementos de regulação indirecta e administração "semiautonómica" dos interesses num quadro de deslegalização; cfr. especialmente *Judizielle Schutzpolitik de lege lata — Zur Restrukturierung des BGB-Deliktsrechts*, JZ 1986, 969 ss). Uma coisa é admitir que os juízos de responsabilidade acabam por reflectir e acompanhar as condições e compreensões vigentes ao tempo da sua emissão, outra, bem distinta, aceitar para a jurisprudência um poder conformador *tel quel* da realidade social.

As razões que militam contra uma "livre" formulação de deveres no tráfico para a defesa de interesses patrimoniais puros retrocedem, é certo, onde a própria lei reconheceu esses interesses e os dotou de tutela. Deste modo, apenas sectorialmente onde a protecção delitual desses interesses se encontre estabelecida por específicas disposições de protecção, há espaço para a formulação legítima de deveres no tráfico com essa finalidade. Para além destes limites, os obstáculos subsistem [228].

Note-se que não pode subscrever-se como via de solução do problema da ressarcibilidade delitual dos interesses primariamente patrimoniais a tese, avançada por alguns autores, da parificação dos deveres no tráfico às disposições de protecção; argumentando que esses deveres se encontrariam admitidos já na prática jurisprudencial e/ou que eles preenchem precisamente a função ou as características dessas normas [229]. A aceitação de que a doutrina dos deveres do tráfico para a protecção de interesses patrimoniais puros constitui, pela sua aplicação, efectivo direito vigente pressupõe uma apreciação naturalmente muito delicada, tanto fáctica, como teorético-metodológica. Em qualquer caso, um juízo desse tipo só poderia fazer sentido num espaço jurídico que conhecesse uma consolidada aplicação daqueles deveres. É pois seguramente deslocado perante a realidade portuguesa [230].

---

[228] A ressarcibilidade delitual dos prejuízos causados com ofensa do mínimo ético-jurídico é — recorde-se — muito exigente nos seus pressupostos, e não abrange, em princípio, violações negligentes de interesses patrimoniais.

[229] Cfr. VON BAR, *Verkehrspflichten* cit., esp. 233 ss; antes já K. HUBER, *Verkehrspflichten* cit., 359 ss; vide ainda, num sentido concordante, ASSMANN, *Prospekthaftung* cit., 260 ss.

[230] Aliás, na construção que consideramos espreita o risco do paradoxo. Se, por um lado, se abrigam os deveres tendentes à defesa de interesses patrimoniais puros nas disposições de protecção — resolvendo-se assim a questão da legitimidade das decisões judiciais que os consagrem perante a contrariedade com aqueloutras directrizes do direito delitual que excluem uma ampla defesa do património —, não chega a explicar-se com que base esses deveres haviam de ter sido *precedentemente* aceites de forma a que, consolidada e reconhecida essa aceitação, eles preenchessem *agora* os requisitos das leis de protecção. (Um rematado contra-senso seria naturalmente admitir uma disposição *legal* de protecção vigente por costume!) De que modo poderia pois um tribunal decidir um litígio dando por estabelecido, pela pri-

Por outro lado, a tese da equiparação dos deveres no tráfico às disposições de protecção esquece que aqueles têm uma natureza distinta da das normas legais que constituem essas disposições. Um argumento sistemático de interpretação afasta concludentemente a possibilidade de considerar os deveres no tráfico regras jurídicas (ainda que não escritas, mas vigentes por força de consagração jurisprudencial consuetudinária): a noção de lei constante do art. 1.º, n.º 2, 1.ª parte do Código Civil exclui "normas jurisprudenciais". Por isso, os deveres no tráfico não preenchem as condições requeridas para as disposições de protecção [231].

meira vez, um dever delitual de defesa do património, se o fundamento de responsabilidade fosse precisamente o da consagração jurisprudencial desses deveres? Não estamos, infelizmente para esta concepção, no mundo imaginário do barão de Münchhausen, que conseguiu libertar-se do pântano em que caíra servindo-se dos próprios cabelos como de corda salvadora. O obstáculo é decisivo em ordens jurídicas que — como a portuguesa — não conhecem jurisprudência no sentido da admissão e reconhecimento destes deveres de defesa do património. Mas faz-se também sentir no espaço germânico, pois a jurisprudência porfia aí igualmente em construções alternativas para este problema, como reconhece explicitamente VON BAR (*Deliktsrecht* cit., 1721). Pressente-se por isso que para dar à equiparação entre deveres no tráfico e disposições de protecção a força da positividade haja necessidade de uma intervenção legislativa (pela qual, aliás, o próprio VON BAR se bateu).

[231] Apesar pois de da actividade judicial consolidada se poderem inclusivamente vir a decantar normas costumeiras e não obstante, então, essas normas serem susceptíveis de preencher funcionalmente o papel de disposições de protecção, ainda assim não parece poder confundir-se um costume com uma lei de protecção no sentido empregue pelo art. 483 n.º 1, atenta a noção constante do art. 1 n.º 2, 1.ª parte do Código: "Consideram-se leis todas as disposições genéricas provindas dos órgãos estaduais competentes."

Esta conclusão não se retira com a mesma nitidez para o direito germânico, na medida em que, considerando-se o teor do art. 2.º do *Einführungsgesetz* ao BGB — "lei no sentido do Código Civil [...] é qualquer norma jurídica" —, as normas de direito (consuetudinário) não escrito podem preencher o conceito de disposições de protecção. O que contribui para explicar a perduração na Alemanha da orientação que afastamos *de lege lata* para o direito português. Quanto ao preenchimento do conceito de "disposição legal" constante do art. 483 n.º 1, 2.ª alternativa, cfr. entre nós SINDE MONTEIRO, *Responsabilidade por Conselhos* cit., 246 ss.

Pensamos todavia que nada impede o legislador português de estabelecer dis-

No fundo, a orientação de sedear dogmaticamente os deveres no tráfico na segunda alternativa do art. 483 n.º 1 do Código Civil pro-

posições de protecção que incorporem o conteúdo normativo de regras que não se traduzem em leis. Mas há que ter cautelas. Vejamo-lo com um exemplo. Pressupõe-se, no fundo, a possibilidade de o legislador elevar complexos normativos não legais ao estatuto de disposições de protecção quando se afirma, a propósito do art. 78 n.º 1 do Código das Sociedades Comerciais (cfr. MENEZES CORDEIRO, *Da Responsabilidade Civil dos Administradores* cit., 494-495), que a inobservância de disposições estatutárias destinadas à tutela dos credores faz os administradores das sociedades delitualmente responsáveis perante os credores sociais por violação de uma disposição de protecção. Mas temos outra interpretação.

Está desde logo fora de causa considerarem-se as regras estatutárias (não legais) disposições de protecção *por natureza*, a pretexto de que da sua observância podem decorrer benefícios, por qualquer modo que seja (ainda que de forma apenas reflexa), para os credores. Mesmo todavia que nessas regras se encontre inscrita como fim a protecção dos terceiros, credores da sociedade — o que apenas por excepção acontecerá —, isso não implica *ipso facto*, automaticamente, uma disposição de protecção. Basta atentar em que essas regras não são leis em nenhum sentido possível do termo. Mas também não há razões para considerar que o legislador tenha pretendido atribuir, através do art. 78 n.º 1 referido, àquelas regras estatutárias, quaisquer que elas fossem e com carácter de generalidade, a categoria de disposições de protecção. Uma indiscriminada "transformação em branco" de normas estatutárias em disposições de protecção por via dessa norma do direito das sociedades seria excessiva e encontraria dificuldades sérias do ponto de vista sistemático, já que deveria coerentemente estender-se a outras regulamentações dimanadas de sujeitos de direito privado.

Para nós, o quadrante dogmático da responsabilidade pela infracção a essas regras estatutárias é, antes de mais, o dos *contratos com eficácia de protecção para terceiros*. Nestes, alguém alheio ao contrato deriva uma protecção de um contrato em que não é parte; recorde-se que os estatutos contêm regras de base convencional (MENEZES CORDEIRO, *loc. cit.*, fecha-se esta hipótese ao considerar que os credores apenas podem derivar direitos de disposições contratuais se estas constituírem um contrato a favor de terceiro). O art. 78 contém pois, no que toca a este ponto, uma norma simplesmente *enunciadora* de uma via de responsabilidade sempre aberta nos termos gerais (em sentido divergente, *aut.* e *loc. cit.*, tomando este tipo de interpretação como contrário à "presunção de acerto de que goza o legislador"). Dado o efeito responsabilizante dos próprios estatutos enquanto portadores de uma eficácia protectora de terceiros por via de princípios gerais, torna-se para nós mister justificar a necessidade ou conveniência do respectivo reforço pelo reconhecimento a esses estatutos do carácter de disposição de protecção.

cura desacoplá-los da *facti-species* delitual da primeira parte desse preceito e das peias que ela ergue ao seu "livre" desenvolvimento. Na realidade, esta concepção transforma a violação de disposições de protecção na *previsão central* de todo o direito delitual, com proeminência sobre as demais e desvinculada delas. Ficariam abrangidas as omissões e as ofensas mediatas a posições jurídicas. À primeira situação de responsabilidade do art. 483 n.° 1 restaria apenas a função (secundária) de norma especial restrita aos ataques imediatos a posições absolutas.

Tal interpretação conduziria na prática ao reconhecimento *de lege lata* de *uma ampla cláusula geral delitual*, invertendo por completo — insista-se — a "lógica" de articulação recíproca das previsões delituais básicas que o código português "recebeu" do direito germânico[232]. Ficaria ferida de morte a opção do legislador pelo não ressarcimento indiscriminado de danos patrimoniais e a preocupação de indicar ao intérprete-aplicador, através de "pequenas" cláusulas gerais de responsabilidade, as situações básicas de responsabilidade delitual.

Acertado será, por conseguinte, considerar que a segunda modalidade de responsabilidade elencada pelo art. 483 n.° 1, não obstante unificar em cláusula geral um número indeterminado e aberto de preceitos cujo desrespeito gera responsabilidade, não pode subverter o equilíbrio global do sistema de protecção delitual. Por vezes, as disposições de protecção traduzem-se na *explicitação* ou *concretização* de uma tutela aquiliana já admitida em virtude de outros preceitos. Podem até representar uma tipificação legal de concretos deveres no tráfico, já reconhecidos em ordem à defesa de posições delitualmente protegidas. Em ambos os casos se facilita ao lesado a reparação do dano, poupando-o à necessidade de fundamentar a sua pretensão à luz de critérios mais gerais. Noutras ocasiões, essas disposições vão porém mais além, *reforçando o âmbito de protecção* dessas mesmas posições[233].

---

[232] Cfr., acerca dessa "lógica", particularmente LARENZ/CANARIS, *Lehrbuch des Schuldrechts* cit., esp. 354 ss, e 403 ss; sobre o tema *vide* também, centrando-se naturalmente sobretudo no direito português, SINDE MONTEIRO, *Responsabilidade por Conselhos* cit., *passim* (nomeadamente 245 ss, quanto à função sistemática da violação das disposições de protecção no direito delitual).

[233] As disposições de protecção podem exigir na verdade formas de conduta que ultrapassam bem o que seria exigível por força da diligência normalmente reque-

Especialmente delicada é todavia a função dogmática de *atribuição de tutela aquiliana a posições que dela não beneficiariam em princípio* e a de reconhecimento de relevância delitual a normas que não visavam directamente o estabelecimento de responsabilidade. Pois a admissibilidade de uma pretensão de ressarcimento de danos fundamentada na violação de uma disposição de protecção não pode — reitera-se — subverter o equilíbrio e as valorações básicas do sistema de tutela delitual no seu conjunto, aí incluída a que aponta para a não indemnizabilidade de princípio dos danos patrimoniais puros. Só se evita uma ruptura sistemática na medida em que as disposições de protecção se ativerem aos limites impostos pela harmonia do jogo concertado das várias previsões delituais[234].

---

rida com vista à defesa das posições delitualmente protegidas; assim nos casos de delito de perigo abstracto, em que há já uma "pré-protecção" do bem jurídico a preservar pela disposição de protecção (cfr. SINDE MONTEIRO, *Responsabilidade por Conselhos* cit., 237 ss).

[234] Saber se uma determinada norma constitui uma disposição de protecção para efeito do art. 483 n.º 1 envolve pois uma valoração jurídica que exige uma interpretação sistemática respeitadora das orientações globais da responsabilidade delitual (cfr. LARENZ/CANARIS, *Lehrbuch des Schuldrechts*, II/2, cit., 436 ss; na doutrina portuguesa, *vide* especialmente SINDE MONTEIRO, *Responsabilidade por Conselhos* cit., 247 ss; com razão, portanto, OLIVEIRA ASCENSÃO, *Concorrência desleal* cit., 315 ss, ao afirmar que a caracterização como disposição de protecção depende da *ratio* da sua orientação para a protecção de interesses alheios, concretamente de nela se compreender a tutela indemnizatória e não uma simples tutela reflexa).

A aludida valoração é evidentemente desnecessária se a norma prevê directamente a responsabilidade para o caso da sua violação; na realidade, a responsabilidade desencadeia-se então autonomamente com respeito à verificação da segunda situação de responsabilidade prevista no art. 483 n.º 1, apenas por força da norma que a prevê, não havendo necessidade nem se afigurando até pertinente a convocação desse preceito para fundamentar a responsabilidade. (Diferente é em todo o caso a técnica, hoje seguida pelo Código da Propriedade Industrial no seu art. 257, de reconhecer à propriedade industrial as garantias estabelecidas por lei para a propriedade em geral. A relevância delitual das infracções contra a propriedade industrial advém aqui de uma *equiparação de regulamentações* com a propriedade resultante de remissão para o regime global da tutela delitual da propriedade, que inclui a primeira e a segunda situação de responsabilidade do art. 483.)

Fora destes casos, a comprovação da qualidade de disposição de protecção de determinada norma deve responder à questão de saber se o reconhecimento de

Pode pois rematar-se reconhecendo que o êxito da tentativa de aceder à tutela de interesses patrimoniais puros através da equiparação dos deveres no tráfico às disposições de protecção se encontra comprometido, na pretensão de assim os fazer escapar às malhas da interpretação sistemática do direito delitual na sua globalidade. Na realidade, não se vislumbram motivos para que a ordenação sistemática dos deveres no tráfico não haja de fazer-se ainda basicamente por referência à primeira das situações de responsabilidade do art. 483 n.º 1, como concretização da violação negligente das posições jurídicas aí referidas [235]. Este lugar dos deveres no tráfico no sistema da responsabilidade aquiliana representa um obstáculo à admissibilidade da criação *praeter legem* de novas posições delitualmente protegidas por seu intermédio.

---

uma pretensão individual de ressarcimento de danos é justificável considerando o sistema de responsabilidade civil delitual no seu conjunto. Para evitar contradições valorativas, o reconhecimento da natureza de disposições de protecção não deverá esquecer que o sistema delitual português não protege em princípio interesses puramente patrimoniais. Importa, em geral, proceder a uma *diferenciação segundo o bem protegido pela norma:* quanto mais esta se possa interpretar como concretização ou complemento da protecção dos bens jurídicos segundo a primeira alternativa do art. 483 n.º 1 (ou, eventualmente, enquanto determinação do mínimo ético-jurídico exigível aos membros da comunidade jurídica como situação de responsabilidade delitual que deve, nos termos afirmados, reputar-se vigorar também no direito português), mais plausível é a natureza de disposição de protecção. Deste modo se evitam dificuldades sistemáticas no direito da responsabilidade civil delitual.

Contudo, mesmo reconhecendo o condicionalismo da ressarcibilidade de danos primariamente patrimoniais através de disposições de protecção, não é de retirar apressadamente a conclusão de que todas as normas que possibilitam efectivamente esse ressarcimento representam disposições de protecção para efeito do art. 483 n.º 1 do Código Civil. Tal conclusão só poderá firmar-se posto que se tenha identificado a problemática de responsabilidade envolvida como delitual. Por isso, a qualificação de disposição (delitual) de protecção requer, em derradeira análise, critérios sistemáticos gerais quanto à articulação entre si dos diferentes complexos de normas de responsabilidade. A questão não se fica, obviamente, por um relevo construtivo, porque, consoante a norma em causa se inclua ou não no universo aquiliano, assim também as regras aplicáveis globalmente aos aspectos não directamente regulados por ela.

[235] Podem (complementarmente) admitir-se deveres no tráfico para defesa de posições jurídicas delitualmente protegidas não contempladas no art. 483 n.º 1, 1.ª

Essa criação consideraria a função limitadora de responsabilidade (*haftungsbegrenzende Funktion*) que se deve reconhecer à enumeração e

alternativa. Tal não infirma a tese da sua inclusão essencial naquela situação de responsabilidade.
 Precisamente porque não respeita as previsões delituais básicas deve rejeitar-se aquela orientação que considera a violação dos deveres no tráfico uma *terceira forma* de responsabilidade delitual, autónoma da violação de direitos e de disposições de protecção (MERTENS, *Deliktsrecht und Sonderprivatrecht* cit., 251, falou de um «§ 823 III não escrito», matizando esta afirmação mais tarde no sentido de uma oposição entre uma «concepção judicial do § 823 I» e uma «legislativa»; *Verkehrspflichten* cit., 398 ss; nessa linha, MENEZES CORDEIRO, *Direito Bancário/Relatório* cit., 135, e *Manual de Direito Bancário*, 2.ª edição, Coimbra 2001, 364, reconduzindo os deveres no tráfico a uma cláusula geral *doutrinária* ou *honorária* de responsabilidade); uma concepção que se não exime também à crítica da falta de balizas para a criação dos deveres no tráfico decorrente da sua emancipação em relação às previsões de responsabilidade legalmente previstas.
 Em certo sentido mais radical é a perspectiva de BRÜGGEMEIER. Sublinhando que o direito aquiliano actual é mais abrangente do que aquele que resulta das suas previsões básicas, o que seria de endossar aos deveres no tráfico como instrumentos de repartição do risco do dano (*Gesellschaftliche Schadensverteilung* cit., 449, e *passim*), considera hoje esses deveres como *o princípio fundamental da responsabilidade delitual* (*Judizielle Schutzpolitik de lege lata* cit., 974); não se colocaria razoavelmente a questão da localização sistemática desses deveres, uma vez que — diz — eles estão presentes em qualquer uma das situações de responsabilidade: quer no âmbito da violação de direitos, quer no das disposições de protecção como *Tatbestände* da *transformação de regras jurídicas não delituais* em deveres de comportamento delituais, quer ainda, finalmente, no campo do § 826 (causação dolosa de danos contra os bons costumes) e da sua função de *transformação* em normas delituais de *regras extrajurídicas pela referência à moral social*. Se o seu diagnóstico da omnipresença dos deveres no tráfico se pode sem dúvida aceitar, já a concepção por que pugna do direito delitual como instrumento de uma "política de protecção" pela via judiciária (*judizielle Schutzpolitik*) suscita reservas. Por muito realista que pareça, ao menos em vários domínios, o cometimento ao juiz da tarefa de determinação da relevância delitual do comportamento, tal não se compatibiliza basicamente com o modelo da fixação legislativa das situações de responsabilidade adoptado tanto em Portugal como na Alemanha.
 Aliás, uma intervenção "política" do juiz merece, como já se apontou, uma análise crítica do ponto de vista da conformidade funcional desse desempenho e da sua legitimidade no confronto com as atribuições do poder legislativo. Os tribunais

fixação das situações-base de responsabilidade pelo legislador, pois exauri-las-ia de conteúdo; parecendo configurar-se assim, como um (inadmissível) desenvolvimento *contra legem* do Direito [236].

---

exercem a sua actividade de acordo com o seu quadro institucional próprio. As suas decisões reportam-se a conflitos concretos e não ultrapassam esse horizonte. Em todo o caso, uma consistente orientação jurídica na decisão judicial requer sempre a mediação do pensamento jurídico, mesmo que para decantar de julgados precedentes os princípios, proporcionando a esses arestos uma generalização. Esperar da actividade judicial em si mesma essa orientação é pedir-lhe de mais. Nenhuma decisão judicial se autolegitima, posto que, de acordo com a pretensão de validade que lhe é inerente, é sempre uma decisão *secundum ius*, o que significa que remete invariavelmente para um fundamento distinto da autoridade dos próprios tribunais. Tudo conflui para a rejeição da doutrina da "livre" criação judicial de deveres no tráfico de protecção do património alheio.

[236] As eventuais possibilidades e condições metodológicas de superação do quadro actual do direito delitual positivo não podem ser aqui pormenorizadas (com utilidade a esse propósito, considerando as "transformações" assinaladas ao direito delitual germânico e investigando as bases possíveis para a sua "reestruturação", cfr. MICHAEL BÖRGERS, *Von den "Wandlungen" zur "Restrukturierung" des Deliktsrechts?*, Berlin 1992, onde se alerta justificadamente, *inter alia*, para que entre a técnica legislativa da enumeração das situações delitualmente relevantes e aquela que aponta um *princípio geral* de ressarcimento de danos não há "meio-termo" possível [de onde não podem deixar de decorrer limitações à actividade judicial de livre criação de posições delitualmente protegidas]). Será em todo o caso de convir em que as restrições existentes *de lege lata* à indemnizabilidade de danos puramente patrimoniais não consentiriam ser ignoradas senão sob pressupostos muito estritos (em LARENZ/ /CANARIS, *Lehrbuch des Schuldrechts* cit., II/2, 405, a consagração dos deveres no tráfico para a protecção do património é equiparada a uma "destruição", "revolucionária", do direito delitual vigente). Mas não pode dizer-se que, no que toca à ressarcibilidade de interesses patrimoniais puros em sede delitual, haja em rigor uma proibição *legal* de desenvolvimento judicial do Direito (*gesetzlicher Rechtsfortbildungsverbot*). A feição neste aspecto limitativa do direito delitual vigente resulta apenas indirectamente do carácter circunscrito das situações de responsabilidade (em relação aos *pure economic losses*) e do jogo sistemático das várias disposições de responsabilidade delitual entre si; não decorre de uma norma que expressamente a determine. De qualquer forma, não se precludiria, de modo absoluto, a possibilidade, em situações-limite, de decisões *contra legem* (cfr., para as suas condições e fundamentação, por exemplo, JÖRG NEUNER, *Die Rechtsfindung contra legem*, München 1992, *passim*). Critérios como o da proibição da decisão arbitrária, o reconheci-

20. Dogmática delitual e protecção da confiança

Mas existem outros obstáculos à recondução da responsabilidade pela confiança aos deveres de prevenção do perigo delituais. Eles cifram-se numa inadequação teórica e prática dos instrumentos dogmáticos da tutela aquiliana para a apreender na sua especificidade, e apresentam-se no fundo como corolários da função geral da protecção aquiliana, por sobre a sua modelação concreta nos vários direitos positivos, no quadro global da responsabilidade civil [237].

O primeiro aspecto a salientar é que uma recondução da responsabilidade pela confiança *in totu* aos deveres no tráfico tem de assumir frontalmente que essa responsabilidade é necessariamente derivada de um facto ilícito-culposo. O que não pode aceitar-se. Não se trata apenas de que certas figuras enraizadas da tutela da confiança desapareceriam fatalmente se fossem reconduzidas a infracções de deveres de comportamento [238]. O problema é que casos em que importa reconhecer ao agente a faculdade de adoptar uma determinada conduta lesiva da confiança, cominando-lhe todavia em certos termos uma obrigação de indemnizar — como a desistência das negociações ape-

---

mento da historicidade das orientações legislativas e o princípio da vinculação judicial a uma decisão justa, relevantes já no domínio da criação de Direito *praeter legem*, concorrem também para legitimar a derrogação de normas. A questão teria especial acuidade se o sistema jurídico *se visse obrigado* a desenvolver soluções para os danos patrimoniais puros em sede delitual. Mas não cremos que assim seja. O perfil e outras consequências da perspectiva aquiliana não se revelam inteiramente adequadas à problemática da tutela indemnizatória da confiança.

[237] Os críticos da orientação delitual quedam-se geralmente pelo apontar da inviabilidade de uma tutela delitual dos interesses patrimoniais puros (exemplar é a concepção de PICKER, atrás referenciada), sem atenderem a que o recorte do direito delitual se não coaduna facilmente com as exigências da tutela da confiança.

[238] Assim, paradigmaticamente, o *venire*. A simples contraditoriedade da conduta com as exigências da ordem jurídica não chega de modo algum para o caracterizar. Apelando todavia ao *venire* numa situação de pura e simples violação de um dever de prevenção do perigo (na de alguém manter uma fonte de perigo e aceitar, do mesmo passo, que outrem se exponha ao risco respectivo), VON BAR, *Verkehrspflichten* cit., 87.

sar de ter criado positivamente uma convicção de que elas continuariam ou de que o negócio seria concluído —, ou hipóteses em que o sujeito deve responder pela frustração da confiança muito embora se não lhe possa pessoalmente censurar uma qualquer atitude (pretérita ou actual) — por exemplo, porque a frustração da confiança lhe deva ser imputada como *risco* da sua actividade [239] — escapariam sem dúvida à responsabilidade. A tese delitual limita pois acentuadamente o nível de protecção que uma responsabilidade pela confiança dogmaticamente autónoma permite alcançar [240].

[239] *Vide*, por exemplo, a propósito da responsabilidade pela aparência de poderes representativos (procuração aparente), OLIVEIRA ASCENSÃO/CARNEIRO DA FRADA, *Contrato celebrado por agente de pessoa colectiva* cit., 56 ss, 62 ss. Que a tutela do sujeito não depende (necessariamente) da violação de normas de comportamento por outrem demonstram-no — lembre-se igualmente — hipóteses muito diversas do campo da aparência, por exemplo, registal.

[240] De resto, a concepção aquiliana reduz também o âmbito e a eficácia da protecção da confiança para quem a conceba enquanto responsabilidade autónoma decorrente da violação de deveres de conduta não delituais, como faz — aliás criticavelmente, como veremos — a doutrina maioritária da confiança, aplicando-lhe o regime mais favorável da responsabilidade contratual. Está sobretudo em causa o ónus da prova da culpa e a responsabilidade por facto de outrem, mais benéficos para o lesado (*vide*, desenvolvidamente, o nosso *Contrato e Deveres de Protecção* cit., 188 ss, 203 ss, a propósito dos deveres de preservação da integridade no contrato, mas com conclusões válidas, *mutatis mutandis*, para esta interpretação da protecção da confiança; não serão pois retomados estes pontos).

Em todo o caso, importa reconhecer que, nalguns aspectos, uma "formulação delitual" da tutela da confiança propiciaria uma defesa mais abrangente do confiante (o que todavia, por suposto, está longe de significar que ela fosse materialmente fundamentada). Assim, na responsabilidade aquiliana requere-se apenas, no que concerne aos pressupostos da imputabilidade da conduta ao agente, que o sujeito tenha a capacidade de entender e de querer (cfr. o art. 488). A responsabilidade obrigacional é neste ponto mais exigente. Concretamente, no que respeita às obrigações assumidas por negócio jurídico vigora a regra da incapacidade de quem não tenha perfeitos os dezoito anos; a imputabilidade afere-se, genericamente, na responsabilidade obrigacional, pela capacidade exigida para a "entrada" na situação obrigacional que é pressuposto e de que emerge, em última análise, a responsabilidade. (Existem no entanto razões ponderosas para fazer depender a responsabilidade pela confiança dos pressupostos de imputação vigentes no domínio da responsabilidade obrigacional. Tudo depende do modo como aquela seja concebida. Aceitando-se

É certo que VON BAR constrói dogmaticamente os deveres no tráfico na direcção de uma responsabilidade pelo risco, preocupando--se em salientar o esbatimento da separação entre estes domínios e depondo em favor da evolução do direito delitual no sentido de um *sistema móvel*, "balançante" entre a culpa e o simples perigo [241]. De facto, estes deveres, por isso que permitem um afinamento cada vez mais intenso das exigências de conduta pelo apertar das malhas da ilicitude, podem conduzir também a uma erosão do princípio da culpa e, com isso, ordenar-se numa escala de crescente proximidade da responsabilidade pelo risco [242]. Contudo, se, no limite, se depara um simulacro de culpa quando esta é referida a condutas tidas como devidas mas na prática impossíveis de observar, o abandono da necessidade *efectiva* da censurabilidade da conduta traduziria, embora aveludado, um autêntico golpe de estado no direito positivo vigente — no português, mas também aliás no tudesco —, assente na técnica da enumeração das situações de responsabilidade pelo risco e na *regra* da responsabilidade por factos ilícito-culposos [243].

---

que ela decorre de uma "falha" na coordenação de condutas, o sujeito deverá ter a capacidade para assumir as correspondentes relações. Ora, constituindo o contrato um paradigma da coordenação das condutas, a imputabilidade medir-se-á naturalmente pelos requisitos reclamados para a celebração dos contratos. Ao invés, se se considerar que na responsabilidade pela confiança existe uma situação inespecífica de lesão de um bem ou interesse jurídico de outrem, equiparável a tantas outras intromissões ou interferências danosas na esfera jurídica alheia relevantes em sede delitual, a imputabilidade deve medir-se pela bitola delitual.)

[241] Cfr. *Verkehrspflichten* cit., 103 ss, 280, e muito especialmente *Zur Bedeutung des Beweglichen Systems für die Dogmatik der Verkehrspflichten*, in Das Bewegliche System im geltenden und künftigen Recht (hrsg. Franz Bydlinski e outros), Wien 1986, 72-74.

[242] Faculta-se na realidade uma "redução da distância da culpa" em relação à ilicitude da conduta. Mas a ilicitude é também um requisito de responsabilidade que não faz sentido no domínio da responsabilidade pelo risco. Aqui relevam antes argumentos como o da *causação*, da *controlabilidade* e do *benefício do risco* (recorde-se o *ubi commoda, ibi incommoda*). Diferenciando situações que se compreendem na evolução recente da responsabilidade pelo risco, cfr. E. DEUTSCH, *Das neue System der Gefährdungshaftungen: Gefährdungshaftung, erweiterte Gefährdungshaftung und Kausal-Vermutungshaftung*, NJW 1992, 73 ss.

[243] Deste modo, a descrita pretensão de VON BAR a favor de um direito deli-

Vigiemos pois as fronteiras da responsabilidade por infracção ilícito-culposa de deveres de agir que demarcam também os deveres no

tual *móvel* entre os pólos do perigo e a culpa mais não representa do que um desejo no plano do direito a constituir, dada a "ruína" que isso importaria — como reconhece (*loc. ult. cit.*, 74) — para o princípio da culpa. O sistema de responsabilidade civil vigente não o consente; a sua descrita "mobilidade" detém-se sempre ineluctavelmente na fronteira da culpa. (Relativamente às restrições que o princípio da enumeração impõe à responsabilidade pelo risco, pode questionar-se com pertinência que esse princípio vede uma responsabilidade objectiva mais alargada no âmbito de contratos e outros relacionamentos particulares do tráfico negocial quanto às ofensas à integridade física e patrimonial dos sujeitos envolvidos; uma posição de abertura é propiciada pela destrinça entre uma ordem geral de responsabilidade por ofensas de integridade e ordens especiais vigorando no seio de relações particulares: cfr., a propósito, o nosso *Contrato e Deveres de Protecção* cit., 165-166, 188 ss, e 274 ss.)

Uma apagamento da fronteira entre a responsabilidade subjectiva e pelo risco detecta-se entretanto também em MENEZES CORDEIRO, *Da Responsabilidade Civil dos Administradores* cit., 484: afirmando pretender a lei dissuadir acidentes ou ocorrências danosas que dão lugar a indemnizações baseadas no risco, conclui que "as previsões objectivas [de responsabilidade] equivalem a prescrições indirectas de conduta" e introduz a noção de "ilicitude imperfeita" para o exprimir. Ora, deve sem dúvida reconhecer-se que os bens jurídicos protegidos pelas imputações a título de risco dos arts. 499 e seguintes são em geral os tutelados por normas de comportamento cuja infracção sujeita a responsabilidade nos termos dos arts. 483 e seguintes, normas essas aliás que podem chegar a colocar à conduta níveis muito elevados de exigência. Há-de convir-se igualmente que a instituição de uma previsão da responsabilidade pelo risco pode andar de par com a cominação de deveres de conduta destinados a evitar lesões alheias ou perigos específicos que a elas podem conduzir. Infringidos esses deveres, haverá lugar a uma imputação do dano pela criação de um risco proibido; a responsabilidade daí resultante é seguramente ainda uma responsabilidade subjectiva. Deverá do mesmo modo admitir-se uma diferença entre a imputação pelo risco e uma imputação subjectiva presumida.

Mas, segundo pensamos, esta concepção nos termos da qual a imputação pelo risco traduz, no limite, apenas "uma simplificação extrema nos pressupostos da imputação", pressupostos em todo o caso não abandonados — por isso se falando de uma ilicitude imperfeita — encobre, numa certa ambiguidade, o essencial. Na verdade, a imputação pelo risco não pressupõe, nem sequer em sentido impróprio ou ficto, qualquer violação de uma norma de conduta para se efectivar. Note-se que as hipóteses tradicionais de responsabilidade pelo risco consideradas nos arts. 499 e

tráfico. A verdade todavia é que uma conduta idónea para gerar a confiança alheia não constitui necessariamente uma fonte de perigo a que se possa conexionar um dever desse género. A prestação, por exemplo, de uma informação somente significará um *risco* quando for incorrecta ou incompleta. Ora, se a produção de confiança não é susceptível de, por si só, ser concebida como ilícita, parece que decisivo na tese da recondução da responsabilidade pela confiança à violação de deveres no

---

seguintes decorrem de situações de risco permitido. Não há nem seria razoável que houvesse uma norma proibitiva da criação das situações de perigo aí previstas; caso contrário, teria de admitir-se uma acção tendente a eliminar a fonte do risco, o que conduziria a resultados fatalmente desajustados com a realidade. Também por isso, o demandado com base no risco não pode alegar não ter cometido qualquer ilicitude com respeito à produção do dano para se eximir à responsabilidade; e se o demonstrar, de nada lhe serve. Em muitos casos, aliás, não é viável identificar uma concreta conduta do responsável que se possa dizer ter sido a causa do dano, pelo que não há sequer possibilidade de estabelecer uma conexão entre o prejuízo e o desrespeito de uma norma de comportamento; pense-se no ataque cardíaco sofrido pelo condutor de um veículo. A dificuldade de conceber como é que a violação "imperfeita" de uma norma pode constituir um fundamento da responsabilidade por um facto ilícito decorre do facto de que se não houver *propriamente* (nem interessar a) infracção da norma isso significa que se tem de procurar *outro* fundamento para explicar o *porquê* da responsabilidade; o problema não é de formulação conceptual, mas de *referentes axiológico-jurídicos*. São esses referentes que se sacrificam quando se interpreta globalmente a responsabilidade pelo risco como fundamentada numa desconformidade objectiva (ainda que simplificada) entre uma conduta e aquilo que a ordem jurídica reclama do sujeito. No lugar da culpa de que se prescinde no art. 483 n.º 2 importa pois colocar um autónomo e distinto critério de responsabilidade (em relação à referida desconformidade). Não que — insista-se — uma previsão da responsabilidade pelo risco não possa ser estabelecida a par de deveres especiais destinados a prevenir perigos, e que na base do dano não possa estar uma conduta proibida. Há é que salientar que, em si, a responsabilidade pelo risco se configura como independente de um juízo de ilicitude sobre a conduta do responsável e irredutível a este. Se a preocupação da ordem jurídica fosse tão-só a de evitar que determinado risco de dano surgisse, bastaria que determinasse os correspondentes deveres; eventualmente, agravando mesmo os termos da responsabilidade (ou, indirectamente, facilitando a demonstração dos respectivos pressupostos): *v. g.*, através da inversão da presunção de culpa e/ou da limitação das causas de desculpação susceptíveis de serem invocadas. Não é isso que ocorre: aí a responsabilidade seria, ainda então, subjectiva.

tráfico é tão-só o desrespeito do dever de não ocasionar uma situação potencialmente geradoura de danos, aqui a confiança injustificada de outrem. Na situação figurada, a responsabilidade derivará portanto do facto de incumbir ao informante uma atitude diligente na certificação da informação e de a não disponibilizar fora dessas condições. Ela tende pois a conexionar-se, não tanto a um *Tatbestand de confiança* (susceptível de imputação a um sujeito), mas ao comportamento que o originou, *valorado enquanto conduta susceptível de provocar um prejuízo*.

Pode assim dizer-se que, na responsabilidade ligada a uma conduta declarativa, a concepção que apreciamos conduz no fundo como que a uma *pré-conexão da responsabilidade* em relação àquilo que constituirá o esquema dogmático típico da responsabilidade pela confiança, naturalmente assente no surgimento de uma situação de confiança, e na imputação a alguém do seu surgimento e da sua frustração. Considerando todo o processo causal conducente à produção do dano, esta *antecipação* do elemento decisivo de acoplação da responsabilidade, se é coerente com o paradigma do direito delitual como ordem de defesa contra danos provocados do exterior, por condutas, intromissões ou ingerências de outrem na esfera do atingido, representa uma desvalorização ou anulação do *Tatbestand de confiança* a *mero elemento causal inespecífico* da sequência que conduz ao prejuízo. O "modelo delitual" *encurta* pois de algum modo a distância entre a conduta lesiva e o dano, relegando as representações do sujeito a elos indistintos da cadeia causal da produção do dano e negando-lhes qualquer relevo próprio na fundamentação da responsabilidade.

Diversamente, a doutrina da confiança arranca da verificação de uma situação susceptível de concitar a crença do sujeito e vê precisamente na confiança do sujeito um modo específico e dogmaticamente autónomo de ligação entre a conduta daquele a quem o dano é imputado e esse mesmo dano, susceptível de definir uma responsabilidade própria. Longe de representar apenas um elemento da causalidade da produção do dano, a confiança constitui-se (simultânea mas) primordialmente em *fundamento da responsabilidade*.

A perspectiva típica do direito delitual condiciona de igual modo a interpretação da responsabilidade de quem suscita a confiança de outrem num determinado comportamento futuro, vindo depois a adoptar um comportamento diferente, causando prejuízos. Tenha-se presente o *venire* ou a *Verwirkung*. Reconduzir nestes a responsabilidade a uma conduta lesiva de posições alheias *tout court* significa excluir relevância dogmática *própria* à conduta anterior da qual o confiante inferiu uma conduta futura. Comportamento primeiro e posterior do responsável sintetizam-se numa *única actuação ilícito-culposa homogénea*. Dá-se agora uma como que *pós-conexão* da responsabilidade em relação ao modo de operar típico da doutrina da confiança, por isso que o fundamento da responsabilidade é visto sem consideração *autónoma* da atitude anterior do lesante (que concitou a confiança). E também agora a confiança é relegada a mero facto que contribuiu para o surgimento do dano. Só que aqui, por força da "pós-conexão" referida, ela não chegaria em rigor a representar um elo causal sucedâneo entre a conduta posterior que consuma o prejuízo e a ocorrência desse prejuízo, uma vez que se situa num momento *anterior* ao desencadear desse comportamento.

No essencial, a dificuldade com que tropeça um modelo delitual da construção da responsabilidade pela frustração de expectativas radica na inevitável desvalorização dogmática do papel da confiança a que ele conduz. Toda a "falha" ocorrida na coordenação de condutas que opera através da confiança é reduzida a um problema de distribuição do risco de um dano, equiparável a muitos outros. Derrubam-se as diferenças entre estes, reunindo-se-os sob a abóbada comum da mera inadequação da conduta do sujeito ao que a ordem jurídica dele exige. Mas se assim é, se tudo se reconduz à infracção de regras de comportamento, fica a dúvida de qual seja efectivamente o papel da confiança na responsabilidade delitual.

Para VON BAR, como se sabe, a confiança desempenha simplesmente o papel de critério da constituição (*Entstehungsgrund*) dos deveres no tráfico [244]. Mas esgota-se nessa função: moldados (por seu

---

[244] "A frustração de expectativas dignas de tutela é um dos critérios centrais para o surgimento de deveres no tráfico, para a determinação do sujeito vinculado, e para a espécie e âmbito do dever", assinala em *Verkehrspflichten* cit., 117.

Outros autores compartilham a perspectiva de que o pensamento da confiança intervém na conformação das normas do direito delitual. Assim, afirma-se que no domínio dos deveres no tráfico decorrentes da assunção de uma tarefa por

intermédio) esses deveres, ela é na realidade dispensada na justificação da responsabilidade. O próprio autor o acaba por denunciar no seu

parte de um sujeito estaria em regra envolvido um concitar da confiança alheia, assim como o concomitante depositar da confiança em outrem; e pode concordar--se que tal acontece à evidência nos casos, por exemplo, do alpinista mais experiente que recebe dos demais a direcção de uma expedição de montanha, da *baby-sitter* a quem é entregue uma criança ou do condutor de um veículo em que alguém se deixa transportar. (Cfr. LARENZ/CANARIS, *Lehrbuch des Schuldrechts* cit., II/2, 410; CANARIS advertia já, nomeadamente em *Schutzgesetze* cit., 105-106, que a confiança irrompe em vários âmbitos do ordenamento, embora apareça depois em alguns depurada da miscigenação com outros princípios e como critério característico e determinante da responsabilidade. Este último seria o domínio da responsabilidade pela confiança; *vide* ainda *Die Vertrauenshaftung* cit., 2.) É contudo muito de questionar a pretensão de absorver estas situações na responsabilidade delitual, uma vez que os deveres agora considerados não se exaurem em simples expressões do *neminem laedere* delitual, representando indiscutíveis exigências de conduta próprias de formas de relacionamento e contacto social específicas (nesse sentido já o nosso *Contrato e Deveres de Protecção* cit., esp. 172-174, n. 360, e 268 ss). Está em causa evidentemente uma concepção de fundo do âmbito e funções da responsabilidade aquiliana (*vide* os n.ºs seguintes).

De todos os modos, importa examinar bem se, nos casos da assunção voluntária de uma tarefa, é mesmo a confiança que cria o dever; pois muito embora a adstrição de comportamento não surja em regra se aquele que beneficiaria com essa tarefa não quiser acreditar no seu correcto desempenho por outrem, há bons motivos para supor que a vinculação decorre antes, em rigor, da mera "entrada fáctica" numa situação que pode importar para outrem um risco de dano. A confiança não será afinal sequer um factor constitutivo directo do dever delitual, mas apenas um entre outros elementos que conduziram à situação da qual ele emerge. Como quer que seja, constituído esse dever, a responsabilidade decorrente da sua infracção não está dependente de que o seu beneficiário tenha mantido uma expectativa relativamente a esse desempenho. Outros critérios de responsabilidade podem com efeito aplicar-se, acoplados à situação fáctica entretanto produzida pelo início da execução da tarefa. Assim, aquele que a empreendeu não poderá mais tarde abandoná-la inopinadamente quando a sua execução importava para outrem um risco especial de dano no caso de interrupção; ou então se, em virtude da iniciativa a que lançou mãos, deu origem e controla um factor de perigo, terá agora de adoptar as providências para evitar potenciais danos. Considerando estes critérios (dos quais, digamo--lo de passagem, apenas o último poderá ser genuinamente delitual, pois o outro tem evidente ligação com o dever de prosseguir a gestão de negócios), é legítimo

modo de expressão quando refere que a produção de confiança leva à responsabilidade daquele que controla a "fonte de perigo propriamente dita"[245]; sugerindo pois que nexo de imputação do prejuízo é o domínio daquilo que importa um risco de dano e que, por conseguinte, o fundamento da constituição em responsabilidade se não confunde em rigor com a confiança.

Nada nesta construção depõe todavia contra o facto indesmentível de que a protecção ou promoção da confiança corresponde a uma *finalidade* precípua da tutela aquiliana; pelo contrário: afirma-se que a responsabilidade deriva de que se *confie* ou *se deva poder confiar* na ausência de perigo[246]. O que importa questionar é que o entendimento da protecção da confiança (indistinta ou simultaneamente) como causa (de surgimento) e função dos deveres no tráfico seja suficiente para que se lhe reconheçam virtualidades dogmáticas próprias.

---

duvidar de que a confiança constitua a verdadeira fonte dos deveres a cargo do alpinista, da *baby-sitter*, etc., pois a responsabilidade desencadeia-se independentemente das representações dos sujeitos. Estas representam em rigor aqui uma mera expectativa na conformidade do comportamento alheio com as normas jurídicas. São, nesse sentido, irrelevantes para o juízo de imputação dos danos.

Numa perspectiva comparada interessa levar em conta a construção da responsabilidade decorrente de um *undertaking* nos direitos anglo-saxónicos, pese embora a ambiguidade do conceito, que ora fundamenta uma responsabilidade pela prática de um facto ilícito, ora uma responsabilidade por um comportamento do sujeito de tipo declarativo; cfr. KÖNDGEN, *Selbstbindung* cit., 55-56, e 91. Segundo KIT BARKER, *Unreliable assumptions in the modern law of negligence*, LQR 1993, 463, a ideia é a de que os deveres de comportamento susceptíveis de conduzir à responsabilidade por negligência aparecem coligados frequentemente a uma "assunção de responsabilidade" ou de um "papel", à "aceitação de uma relação" ou à "voluntária prestação de um serviço"; quanto ao papel reservado à confiança, conclui o autor justificadamente que "a confiança, como quer que seja modelada, aparenta ter um reduzido papel útil na fundamentação de um dever de cuidado na moderna lei da negligência" (*loc. cit.*, 479; de notar que alguns dos tipos de hipóteses estudadas ultrapassam as precedentemente consideradas).

[245] VON BAR, *ibidem*.
[246] Cfr. *Verkehrspflichten* cit., 117-118. "Deveres no tráfico — afirma — constituem-se [...] aí onde o tráfico jurídico confia ou pode confiar na ausência de um perigo especial, quer se o perigo provém de uma coisa ou de uma pessoa e qualquer que tenha sido a forma de surgimento desse perigo."

Pois ele exprime no fundo uma natureza comum das normas jurídicas, às quais cabe, em apreciável medida, a institucionalização jurídica de representações socialmente vigentes[247]. Ainda se regressará a este ponto essencial.

A irrelevância da confiança para fundar um juízo de responsabilidade onde estão em jogo meras expectativas de conformidade da conduta com normas jurídicas, mesmo das que procuram responder a representações sociais generalizadas, não deve no entanto fazer olvidar que ela constitui uma forma de coordenação das condutas entre os sujeitos. Depositar expectativas é uma forma de superar o efeito dissuasor que o mundo das contingências exerce sobre decisões e comportamentos. Ao possibilitar e justificar a acção aí onde a imponderabilidade reina, a confiança é naturalmente de modo especial relevante quando o Direito não assegura ao sujeito um interesse que ele pretendia ver salvaguardado. Por aqui se vê que a responsabilidade por "falhas" na coordenação do agir não é susceptível de ser comprimida nos quadros do direito delitual. Modelado basicamente por forma a proporcionar a tutela de posições e interesses reconhecidos pela ordem jurídica aos sujeitos contra interferências danosas provindas de terceiros, este não absorve o universo da interacção dos sujeitos.

21. (cont.) Paradigma funcional do direito delitual e responsabilidade pela confiança

A afirmada impropriedade de uma "interpretação delitual" da problemática da responsabilidade pela confiança leva implícita uma concepção global do âmbito e funções do direito da responsabilidade aquiliana. Vamos enunciá-la por forma a perspectivar e fundamentar devidamente a nossa asserção. Trata-se de uma tarefa de evidente deli-

---

[247] Salientando a interpenetração entre a função de orientação de comportamentos e a de garantia de expectativas sociais, N. LUHMANN, *Die Funktion des Rechts: Erwartungssicherung oder Verhaltenssteuerung?*, in *Ausdifferenzierung des Rechts*, Frankfurt a. M. 1981, 74.

cadeza e dificuldade[248]. O facto de o direito delitual ser produto de uma longa evolução histórica e se apresentar sensível a variáveis espaciotemporais de ordem jurídica para ordem jurídica[249] não tolhe todavia a legitimidade de uma tentativa de compreensão do modelo aquiliano da responsabilidade. É possível comprovar que a contraposição dessa responsabilidade à obrigacional e, com ela, um certo recorte da tutela aquiliana dos interesses, se elevam por sobre as diver-

---

[248] A reflexão em torno do direito delitual, do seu âmbito e das suas funções, é muito vasta e rica, mas desenvolvê-la exorbitaria dos limites deste estudo (alguma da extensa bibliografia sobre o tema consta das notas subsequentes; acrescente-se apenas, para uma perspectivação jusfilosófica do direito aquiliano, tomando em especial consideração o panorama jurídico anglo-saxónico dos nossos dias, v.g., IZHAK ENGLARD, *The Philosophy of Tort Law*, Aldershot, Brookfield USA, Hong Kong, Singapore, Sydney 1993). Contentar-nos-emos por isso com o necessário para firmar adequadamente o quadrante dogmático da responsabilidade pela confiança em relação ao direito delitual.

[249] Um retrato dos traços mais marcantes da formação e desenvolvimento do direito delitual pode confrontar-se hoje em MENEZES CORDEIRO, *Da Responsabilidade Civil dos Administradores* cit., 399 ss. Dessa evolução realce-se desde já a vetustez e continuidade da destrinça entre o que actualmente se designa por responsabilidade obrigacional e aquiliana, apontando para uma não contingência histórica dessa distinção. Como a sua nunca desaparecida relacionação demonstra, ambas essas modalidades são todavia também permeáveis a uma teorização global do fenómeno da responsabilidade, embora a um nível de abstracção necessariamente mais elevado. Trata-se de dois aspectos aos quais as concepções da responsabilidade, tanto obrigacional como delitual, que sustentamos desde *Contrato e Deveres de Protecção* (aí especialmente pág. 48 ss, e n. 91) se mantêm fiéis.

Deste modo, o problema da distinção entre responsabilidade aquiliana e obrigacional assume, até certo ponto pelo menos, carácter relativo, dependendo da perspectiva que se adopte; há pois que pôr em guarda contra discussões estéreis e discrepâncias aparentes. Mas claro que um esforço analítico de rigor se depara com diferenças; o que faz, por outro lado, descobrir também a complementaridade daquelas ordens de responsabilidade.

Sintetize-se agora, figurativamente. Responsabilidade obrigacional e aquiliana são como peras e maçãs: diferentes, mas similares (não vale a pena declarar guerra a quem pense que são antes similares, embora diferentes, mas lamentar tão-só quem não lhes distingue o sabor). E ainda: responsabilidade delitual e obrigacional são como queijo e bolachas, complementam-se (quanto à origem deste tipo de expressões, FRANCESCO D. BUSNELLI/SALVATORE PATTI, *Danno e Responsabilità Civile*, Torino 1997, 225 n. 30).

sas vicissitudes das normas delituais, sincrónicas e diacrónicas, reflectindo necessidades práticas e dogmáticas não contingentes. De resto, se não é dispensável a atenção aos elementos do direito positivo vigente, a elaboração de um arquétipo que corresponda às exigências de racionalidade do direito delitual não pode estar dependente do lastro histórico que porventura o acompanhe[250].

Apesar de a compreensão e integração sistemáticas da protecção indemnizatória da confiança no direito da responsabilidade civil não ter logrado ainda sedimentação, quer considerando a realidade portuguesa, quer atendendo às experiências estrangeiras, a pertinência da consideração do paradigma delitual da responsabilidade decorre da persistente aproximação dessa responsabilidade ao direito aquiliano no pensamento dos autores. E compreensivelmente, uma vez que a fronteira da tutela da confiança com a responsabilidade por incumprimento de obrigações parece relativamente mais fácil de traçar: aquela ocorre tipicamente em situações em que não é viável falar-se propriamente do não cumprimento de uma qualquer *obrigação*[251].

---

[250] J. ESSER por exemplo, reconhecendo embora que todas as formas do pensamento jurídico exibem um estigma histórico que não deixa os conceitos totalmente livres para uma elaboração racional e dogmática, considera também justificadamente que o pensamento construtivo exige um mínimo de despreocupação pela história, afirmando que "se a doutrina tem que mudar as formas tradicionais de protecção jurídica fazendo delas um sistema de instituições adaptado à época, deve estar autorizada a encher as figuras antiquadas com um novo conteúdo de ordenação e pôr os conceitos jurídicos, para lá da sua circunstância histórica, ao serviço de um princípio vivente" (*Grundsatz und Norm* cit., 326).

[251] Mesmo aqueles que admitem com carácter geral a existência de um dever de corresponder à confiança criada — o que, aliás, criticaremos — não poderão confundir esse dever com a *obrigação em sentido técnico*. Esta traduz-se num vínculo pelo qual alguém está adstrito para com outrem à realização de uma *prestação* (cfr. a noção do art. 397). Os deveres de comportamento não são assim de tomar por sinónimo dos deveres de prestar. Cfr., para uma distinção, J. GERNHUBER, *Das Schuldverhältnis* cit., 16, apontando que os deveres de prestar se dirigem finalisticamente a proporcionar um aumento patrimonial alheio (*Mehrung fremden Vermögens*). Pese embora o acerto da linha adoptada pelo autor, logo se vê que este pensamento carece de uma mais adequada formulação, atendendo a que a prestação não carece de ter um valor económico. Ela é, independentemente da sua natureza, um bem.

Abordar o problema da localização sistemática da responsabilidade pela confiança em relação ao direito delitual através da determinação apriorística do conceito de delito representa uma estratégia inconveniente. Não sem alguma razão se disse já que uma definição de delito, atendendo à sua dificuldade, não passaria, rigorosamente, de uma abreviação daquilo que o utilizador do conceito deseja[252]. Por

---

Assim, aquilo que serve para destrinçar a obrigação relativamente aos simples deveres de conduta é que aquela, ao contrário destes, significa *a atribuição de um bem jurídico novo ao credor, suplementar* com respeito aos bens jurídicos que faziam já parte da sua esfera e independente deles. (Sobre a noção de responsabilidade obrigacional, pode ver-se também já o nosso *Contrato e Deveres de Protecção* cit., *v.g.*, 86 ss, 124 ss; mais abrangente é a formulação de MENEZES CORDEIRO, *Da Responsabilidade Civil* cit., 488.)

[252] Cfr. PROSSER/KEETON, *On Torts* cit., 4. A elaboração prévia de um conceito de delito conduz logicamente à qualificação de hipóteses discutidas quanto à sua natureza delitual (sejam as situações de responsabilidade pela confiança), correndo-se o risco de uma *petição de princípio*.

Na sua aparente simplicidade, a ideia do delito como violação voluntária de normas jurídicas (MENEZES CORDEIRO, *Direito das Obrigações*, II, Lisboa 1988 [reimpr.], 301) ou, mais restritivamente, enquanto facto ilícito-'culposo', depara-se logo com a dificuldade de explicar a exclusão das situações de não cumprimento das obrigações do seu âmbito (a menos que se aceite coerentemente a existência de delitos contratuais ou obrigacionais — como o autor referido, *op. cit.*, II, 353, de harmonia com a defesa da superação da tradicional distinção entre responsabilidade delitual e obrigacional que então propugnava —, mas pagando o preço de atribuir ao conceito uma amplitude que ele não tem na linguagem jurídica habitual; afirmada a destrinça entre aquelas duas ordens de responsabilidade, a dificuldade aludida ressurge). Como quer que seja de definir, parece que o delito exprime um desvalor específico de certa conduta. Nesse sentido aponta o sentido etimológico da palavra (e dos seus equivalentes, o "tort" e o "wrong" do espaço anglo-saxónico, ou o "Unrecht" germânico). A violação de normas não tem toda a mesma relevância, havendo uma distância entre o desrespeito de uma regra penal, a infracção de um ditame de conduta imposto pela boa fé ou a desconformidade da conduta com um preceito de carácter organizacional ou procedimental. Nem toda a infracção de regras gera, por outro lado, deveres de responder (assim, nem todas representam disposições de protecção para efeito do art. 483 n.º 1, 2.ª alternativa), sendo por isso demasiadamente ampla a noção corrente de delito como facto voluntário contrário à lei. (Debatendo várias noções de delito e discutindo o problema da possibilidade de uma construção unitária do respectivo conceito, tendo em vista as situa-

forma a evitar-se uma inversão metodológica torna-se mais seguro descrever as notas típicas do delito atendendo às *características do regime* que lhe está associado e às *funções* que este exprime [253].

ções de responsabilidade pelo risco, cfr., por exemplo, JOHANNES HAGER, in *Staudinger Kommentar* cit., 13.ª edição, Berlin 1993 ss, ns. 25 ss, prévias ao § 823, aliás deixando cair a referência à «essência» do delito que vinha do comentário precedente: cfr. KARL SCHÄFER, in *Staudinger Kommentar* cit., 12.ª edição, Berlin 1980 ss, n. 2, prévia ao § 823.)

Existe também a possibilidade de empregar o termo num sentido vasto, abrangendo quer uma acepção (restrita) de delito como conduta ilícito-culposa portadora de um desvalor específico e susceptível de produzir um prejuízo em outrem, quer a responsabilidade pelo risco vigente entre "estranhos" (*unbeteiligte*), que protege as esferas dos sujeitos de interferências provindas de circunstâncias de "terceiros", e independente, portanto, de uma relação prévia especial entre lesado e lesante (um critério que transluz de algum modo já em WALTER WILBURG, *Elemente des Schadensrechts*, Marburg a.d. Lahn 1941, 157); a alternativa do termo "responsabilidade extraobrigacional" apresenta a deficiência de sugerir que há apenas *uma* responsabilidade extra-obrigacional, quando a realidade é que, para além da delitual ou (aquiliana) com o sentido amplo referido, há ainda espaço para *vários tipos de responsabilidades intermédias*. A pertinência desta compreensão abrangente da "responsabilidade delitual" deriva da susceptibilidade da sua destrinça e contraposição relativamente à responsabilidade que vigora entre sujeitos inseridos em relações especiais e no contexto da interacção e coordenação de condutas (que — ver-se-á — tanto pode radicar também, por sua vez, numa infracção de normas, como em ponderações "objectivas", independentes de qualquer conduta ilícito-culposa do sujeito): cfr. nessa linha já o nosso *Contrato e Deveres de Protecção* cit., 202-204 e ns. respectivas.

[253] Propendemos assim para uma diferenciação das diversas ordens de responsabilidade segundo a teleologia que lhes é própria (em *Contrato e Deveres de Protecção* cit., 117 ss, ensaiáramos igualmente essa perspectiva). O regime espelhará a *ratio*, pelo que a sua consideração permite conclusões sobre esta. Está pois para nós fora de causa estabelecer uma individualização da responsabilidade delitual essencialmente com base numa simples descrição de especificidades da regulamentação legal. O critério da função liga-se evidentemente a uma diferenciação segundo os interesses atingidos pelo evento danoso (ainda que a lesão de um mesmo tipo de bem jurídico seja susceptível de dar lugar a responsabilidades distintas, como se demonstra pela existência de uma responsabilidade contratual por ofensa de posições absolutas, do mesmo modo que pela responsabilidade delitual conexa com a frustração de um crédito). Esse critério é seguramente mais promissor do que uma pretensão de caracterização do direito delitual segundo a *fonte* de onde promana o

O recorte desse regime e dessas funções por oposição residual aos da responsabilidade obrigacional — o que não é obrigacional é delitual — constitui, a bem ver, mesmo que frequente, uma forma de os encarar patentemente insatisfatória. Sendo feita por exclusão, a descrição do campo delitual é meramente negativa e não chega para identificar a teleologia do regime respectivo. Acresce que, ao proceder-se a uma bipartição do universo da responsabilidade, preclude-se imediatamente a possibilidade de uma resposta positiva à questão da admissibilidade de modalidades de responsabilidade não enquadráveis tanto na obrigacional como na delitual, e, assim, quanto à aceitação de *vias intermédias* de responsabilização, de algum modo intercaladas entre aquelas; como precisamente se tem ponderado também na discussão da confiança[254]. Uma *summa divisio* da responsabilidade que diferencie apenas entre a delitual e a obrigacional não corresponde na realidade a nenhum postulado cuja aceitação se imponha[255]. De qualquer modo, aquela perspectiva proporciona desde logo um elemento útil: expulsando da responsabilidade delitual a tutela das expectativas referentes à prestação, fixa o âmbito *máximo* que ao direito delitual *pode* caber. Que este o preencha de facto, depende da função que se lhe assinale.

---

dever de indemnizar, porquanto tanto na responsabilidade delitual, como na contratual, aquele dever tem origem na lei, no direito objectivo (embora na responsabilidade contratual haja um acto de autonomia privada que actua como pressuposto e fim último da tutela dispensada; pode ver-se o nosso *Contrato e Deveres de Protecção* cit., 83-84, n. 161, e 95 n. 185). Por sua vez, uma individualização do direito delitual apenas segundo o *carácter relativo ou absoluto da posição jurídica atingida* representa uma determinação estrutural-formal da responsabilidade que não pode significar senão um corolário da *ratio* da regulamentação legal, cabendo a esta iluminá-lo.

[254] Reivindicando a irredutibilidade da tutela das expectativas ao delito e ao contrato, sobretudo CANARIS, por exemplo em *Schutzgesetze* cit., esp. 102 ss.

[255] *Vide* também *infra*, esp. o n.º 64, com indicações sobre o estado da doutrina portuguesa. Para algumas considerações sobre a *ratio* da polarização do direito das obrigações em torno do contrato e do delito, bem como acerca de certa tendência contemporânea para a sua superação, cfr. já também o nosso *Contrato e Deveres de Protecção* cit., 13 ss, 264 ss, e *passim*: vincando a necessidade de uma distinção entre a responsabilidade delitual e obrigacional, subscrevemos também a necessidade de superação de uma visão puramente dicotómica da responsabilidade.

É indiscutível que a tutela aquiliana não intervém para tutelar posições jurídicas atribuídas previamente ao lesado por um vínculo creditício entre ele e o lesante, em razão dessa atribuição [256]. Por isso que se trata de regular o ressarcimento dos danos nesse sentido exteriores ao âmbito da relação obrigacional, ao direito delitual importa especificamente a definição de critérios ou limites gerais da liberdade de acção e de responsabilidade fora do contexto da interacção humana. Torna-se-lhe para tal essencial a individualização das posições dos sujeitos a proteger [257]. Este esforço não se põe do mesmo modo na responsabilidade obrigacional pela simples razão de que, aí, a posição a tutelar se apresenta predeterminada graças à existência da obrigação.

---

[256] Sobre este e outros aspectos da caracterização aqui levada a cabo do direito delitual e das suas funções, cfr. também o nosso *Contrato e Deveres de Protecção* cit., 123 ss. PEREIRA COELHO desenvolve, de forma muito límpida e impressiva, em *O Nexo de Causalidade na Responsabilidade Civil*, BFDUC, Supl. IX (1951), 98 ss, uma perspectiva próxima que então nos passou inadvertida, mas que agora fazemos gostosamente questão de assinalar.

[257] A identificação directa das posições protegidas e o estabelecimento de imposições ou proibições de condutas aos sujeitos por forma a preservar bens alheios acabam por se equivaler. Mas a dificuldade de prover na lei a uma completa e concreta descrição desses comportamentos constitui uma razão prática para que a técnica da formulação delitual privilegie a individualização das posições jurídicas tuteladas (assim também o nosso ordenamento, apontando como *Tatbestand* geral primordial de responsabilidade aquiliana a violação de direitos de outrem; pelo contrário, a infracção de disposições de protecção prevista na segunda alternativa do art. 483 n.º 1 liga-se *ex definitione* à existência de normas particulares de conduta; normas que, como sabemos, podem também conferir *in genere* tutela delitual a posições que não gozem de protecção por força da primeira situação prevista no citado preceito, mas que se traduzirão mais frequentemente em regras específicas de agir em determinadas circunstâncias para defesa de certas posições já merecedoras de tutela delitual à luz daquela situação); rigorosamente pois, de forma diversa, MENEZES CORDEIRO, *Da Responsabilidade Civil dos Administradores* cit., 488, ao fazer coincidir a imputação obrigacional com a violação de normas específicas. (Aí se refere também que os deveres genéricos de conduta "apenas caso a caso poderão ser configurados". Tal aponta para a necessidade, como procedimento, de identificar as situações jurídicas: são sempre estas que em último termo importa salvaguardar, pelo que essa individualização acaba por representar um natural *prius* de sentido em relação à determinação das proibições e prescrições de conduta que permitem assegurá-las.

Uma vez que, caracteristicamente, o direito delitual representa uma ordem de responsabilidade que abstrai dos contextos relacionais concretos entre lesado e lesante, ele mantém uma vinculação específica à realização do pensamento da *justiça distributiva*. Com efeito, se esta reclama uma adequada repartição dos bens entre os distintos membros da comunidade jurídica, ela requer de igual sorte a complementação dessa partilha por um sistema de normas que sancione, mediante a obrigação de ressarcimento dos danos, aqueles sujeitos que privam os outros dos bens que previamente lhes haviam sido reconhecidos. A responsabilidade permite justamente *corrigir* os efeitos da conduta daqueles que franqueiam, com prejuízo dos outros, os limites do seu *status* básico assinalados pelo pensamento distributivo [258].

Assim como o inêxito da interacção humana foi, através dos tempos, essencialmente tematizado no contexto da responsabilidade contratual, o paradigma situacional que subjaz tradicionalmente à dogmática delitual é o do *anonimato* recíproco entre lesado e lesante [259].

De qualquer modo importa esclarecer, a propósito da citada afirmação, que, para nós, embora não seja viável prever esgotantemente, de modo prévio, todas as formas de conduta proscritas ou impostas, a individualização das posições protegidas no art. 483 n.º 1, 1.ª alternativa, contém já uma proibição de princípio de adoptar condutas que directa e proximamente as lesem, pelo que o espaço próprio da aludida configuração "casuística" das adstrições delituais de conduta se confina ao campo das omissões e das ofensas mediatas nessas posições, o âmbito dos deveres no tráfico.)

[258] Na expressão de ANDREAS QUENTIN, *Kausalität und deliktische Haftungsbegründung*, Berlin 1994, 109 n. 26, o pensamento distributivo constitui a célula originária do direito delitual. Discutível, em todo o caso, seria a pretensão de endereçar todo o direito delitual à realização deste tipo de justiça: *vide* JULES COLEMAN, *Risks and Wrongs*, Cambridge University Press, New York, Victoria, 1992, 350 ss, afirmando a independência da justiça delitual («correctiva») em relação à distributiva, o que permitiria que ela se mantivesse "atractiva para nós como ideal moral".

[259] Escreveu plasticamente PEREIRA COELHO (*O Nexo de Causalidade* cit., 102) a propósito precisamente da responsabilidade aquiliana: "O homem dos direitos absolutos — o homem proprietário, o homem com direito à vida — é o mais individualista dos homens. É o isolado da ilha deserta mesmo que viva na 5.ª Avenida. Porque é o homem que diz para os outros: — 'não se metam comigo'."

Consideram-se os indivíduos isoladamente — como se diz vulgarmente, enquanto "simples terceiros" —, e concentra-se, por isso e concomitantemente, a atenção na sua relação imediata com determinados bens ou interesses, a reclamar tutela. Ao protegê-los, o direito delitual identifica as condutas alheias com que os sujeitos, indiscriminadamente, devem poder contar (dando nesse aspecto corpo a *standards* do comportamento genericamente exigível) [260]. Daí que a res-

---

[260] Está em causa, como é evidente, a responsabilidade aquiliana em sentido estrito, isto é, a que decorre da violação de *regulae agendi* (e não a sua acepção mais ampla, acima referida, que a identifica com uma ordem geral de responsabilidade entre sujeitos não ligados entre si por nenhum vínculo prévio particular, seja ela subjectiva ou objectiva). As disposições delituais têm pois como objecto, nesse sentido rigoroso, o comportamento humano, sendo a conduta voluntária (lesiva) uma condição indispensável para a imputação delitual.

Considerando esta característica da responsabilidade delitual, dir-se-ia que a questão da capacidade de ilícito delitual das pessoas colectivas parece à primeira vista dever ser decidida, por princípio, negativamente. Tal estaria em harmonia com a finalidade (consentida) da respectiva criação, atento o princípio da especialidade, nos termos do qual a capacidade da pessoa colectiva se cinge ao que é necessário ou conveniente à prossecução dos respectivos fins; o ilícito exorbita, por definição, deste âmbito de actuação reconhecido no mundo jurídico (tenha-se presente que não existe no Código Civil nenhuma disposição que estabeleça *apertis verbis* uma imputação directa e geral de *todos e quaisquer actos* praticados pelos órgãos da pessoa colectiva a essa mesma pessoa colectiva). Claro que o problema da responsabilidade contratual da pessoa colectiva, ou mais latamente ainda, o problema da responsabilidade por actos compreendidos no quadro da capacidade de participação no tráfico jurídico que a essa pessoa se atribui (pense-se na responsabilidade pré-contratual) se coloca evidentemente em termos muito diferentes: a capacidade de ilícito da pessoa por actuações no âmbito do tráfico jurídico é uma evidência e decorre da respectiva capacidade jurídica. (A diversidade que se descortina com respeito ao domínio da responsabilidade aquiliana por factos ilícitos de pessoas colectivas somar-se-á, nesta ordem de ideias, a outras características de diferenciação desta em relação à responsabilidade contratual.)

Note-se que semelhante construção não obsta, evidentemente, à responsabilidade da pessoa colectiva por actos delituais dos seus órgãos, agentes, representantes ou mandatários. Só que tal responsabilidade é então, nesta linha, de conceber como *objectiva*. O *risco de empresa*, designadamente, contribuirá para a afirmação dessa responsabilidade. Deste modo, bem se compreenderá que o legislador português, ao estabelecer no art. 165 a responsabilidade da pessoa colectiva, tenha remetido para

ponsabilidade aquiliana seja conformada fundamentalmente como ordem de defesa dos sujeitos e da sua esfera de bens e interesses con-

os termos em que os comitentes respondem pelos actos dos comissários; negando, portanto, uma imputação *directa* do ilícito à pessoa colectiva (a responsabilidade decorrente da actuação dos órgãos só está abrangida pelo preceito desde que a representação aí referida se estenda à "representação orgânica", como implicitamente se advoga por exemplo, em C. MOTA PINTO, *Teoria Geral do Direito Civil*, 3.ª edição, Coimbra 1989 [reimpr.], 321, e H. HÖRSTER, *A Parte Geral* cit., 394-395); convocando o risco de empresa para a interpretação do art. 500, mas alertando também as suas limitações para explicar o preceito, cfr. o nosso *Contrato e Deveres de Protecção* cit., 205 ss, e *A responsabilidade objectiva por facto de outrem face à distinção entre responsabilidade obrigacional e aquiliana*, Direito e Justiça XII [1998], 2, 304 ss). Contudo, esta orientação pressupõe que as notas da imputação delitual se possam predicar integralmente de uma conduta dos órgãos, agentes, mandatários, etc. da pessoa colectiva; seriam estes, na realidade, os autores do facto ilícito por que depois a pessoa colectiva iria responder a título objectivo. Ela preocupa-se em preservar o mais longe possível a ideia das normas delituais como regras de comportamento. (Sem — por outro lado — obstar ao reconhecimento de uma importante função de canalização de custos e distribuição de riscos na responsabilidade aquiliana tomada no sentido amplo de ordem de responsabilidade dos sujeitos na indiferenciada coexistência social.)

Se esta perspectiva se poderá justificar especialmente em relação àqueles delitos que nada têm que ver com a actividade que a pessoa colectiva está chamada a desenvolver, portanto com respeito àquelas condutas cujo nexo com essa actividade foi meramente de ocasião (embora possam ainda porventura fundamentar uma oneração da pessoa colectiva com o correspondente risco), convém todavia não olvidar a existência de razões para uma imputação directa de delitos à pessoa colectiva. Nomeadamente derivadas do facto de a responsabilidade do comitente constituir uma forma de "imputação em segundo grau", que pressupõe verificados na pessoa do comissário os pressupostos da responsabilidade, o que pode implicar severas restrições à imputação do dano à pessoa colectiva. Na verdade, a responsabilidade delitual directa desta impõe-se especialmente quando o facto desencadeador de responsabilidade *só* possa ser cometido pela pessoa colectiva enquanto tal (e não pelos titulares dos seus órgãos); quando a destinatária do comando "de comportamento" contido na norma delitual é a *própria* pessoa colectiva, a situação escapa sempre *ex definitione* às malhas da responsabilidade da pessoa colectiva como comitente.

Ora, a possibilidade de a pessoa colectiva ser destinatária de regras de conduta delituais decorre de que a sua capacidade de acção é uma construção que pertence ao mundo do Direito (e que fora dele não tem aliás sempre por que fazer sentido).

tra intromissões ou ataques externos e, nesse sentido, enquanto sistema de protecção do *status quo* desses sujeitos, independentemente de qualquer relação entre eles. Ela representa desta sorte uma *ordem de*

Essa capacidade é conformável dentro de certos limites pelo legislador, correlativamente à possibilidade que este tem para determinar delitos susceptíveis de serem praticados pelas pessoas colectivas. Fê-lo em vários domínios. Deste modo, por exemplo, a proibição da concorrência desleal dirige-se em primeira linha aos concorrentes, não às pessoas que integram os seus órgãos ou que são seus agentes ou mandatários. (As pessoas colectivas são ainda numerosas vezes destinatárias directas de ilícitos de mera ordenação social, por exemplo, nada obstando a que semelhante orientação não possa vingar em sede de responsabilidade civil.) Mas a justificabilidade da possibilidade de perpetração de tais delitos por pessoas colectivas estende-se apenas, naturalmente, àqueles que se encontram conexionados com a sua actividade.

Ponto de partida diverso da linha que vem sendo considerada é aquele segundo o qual a responsabilidade das pessoas colectivas pelos actos das pessoas que são os suportes dos seus órgãos decorre inelutavelmente da relação de *organicidade;* cingindo-se portanto o art. 165, na realidade, à responsabilidade por actos de pessoas que não são titulares dos respectivos órgãos (como sustenta entre nós OLIVEIRA ASCENSÃO, *Direito Civil/Teoria Geral*, I (*Introdução; As pessoas; Os bens*), 2.ª edição, Coimbra 2000, 274 ss). Uma concepção deste género tenderá a atribuir por regra à pessoa colectiva uma capacidade *geral* de ilícito delitual, sem restringir essa capacidade aos actos funcionalmente conexos com a sua actividade, restrição essa que todavia cremos ser de sufragar, em princípio e à partida. No limite, a diversidade de orientação poderia redundar numa diferente distribuição do ónus da demonstração da conexão do acto ilícito com a actividade da pessoa colectiva. Em todo o caso, esta orientação terá de explicar também a responsabilidade pessoal dos titulares dos órgãos pelos delitos da pessoa colectiva. A aceitação de um "desdobramento" das normas de conduta delituais — em normas que têm como destinatária a pessoa colectiva e em regras de agir dos titulares dos seus órgãos — leva naturalmente a que a construção da responsabilidade na base da organicidade será, em boa medida ao menos, substituível pelo critério da responsabilidade do comitente. Como quer que seja, a palavra do legislador no modo de conformação dos termos da responsabilidade civil das pessoas colectivas é sempre de atender. O ordenamento jurídico português não se apresenta a este respeito claro, pois a consagração de uma responsabilidade do tipo da do comitente no art. 165 não tolhe em absoluto a tese da imputação directa de delitos às pessoas colectivas. O problema ficou pois em aberto, como também permaneceu por resolver a questão da identificação do princípio geral na matéria, malgrado o número de desvios que esse princípio possa conhecer. Não cabe todavia aqui desenvolver esta problemática.

garantia geral: assegura a cada um a intangibilidade de uma esfera mínima de vida cujo respeito se impõe aos demais. Ao mesmo tempo *proporciona condições elementares* para a autónoma e livre realização de um projecto pessoal de vida por parte dos indivíduos, designadamente capaz de realizar a sua "humanidade" pelo entrar em relação com os outros. O direito delitual surge pois claramente comprometido com o princípio da liberdade dos sujeitos que se encontra na base do direito privado, segundo o qual importa conferir a cada um o maior espaço possível à capacidade de agir. O carácter indiferenciado da protecção concedida — que se justifica pela *igualdade* dos cidadãos perante o sistema jurídico —, aliado ao "carácter estático" do paradigma isolacionista contribuem para conferir ao direito delitual a característica de *ordem geral de coexistência social*.

Pelos traços apresentados, o sistema da responsabilidade aquiliana apresenta um carácter *autónomo* e *desfuncionalizado*, no sentido de que não intervém para tutelar ou promover a institucionalização de quaisquer relacionamentos humanos pré-dados. Os deveres em que se desenvolve, mesmo quando concretizados em face das circunstâncias de facto e onde seja inclusivamente possível precisar aquele que concretamente beneficiará do seu acatamento, não visam a protecção de um sujeito determinado, definido por razões alheias à da simples titularidade de um bem ou interesse protegido em si mesmo. A identidade do beneficiário é irrelevante, porque se não trata precisamente de proteger um bem jurídico enquanto atribuído a um sujeito *na relação concreta* com aquele que se apresenta onerado com o dever. Por isso, as adstrições delituais apresentam-se como genéricas, na estrutura e no fundamento[261]. O ponto é particularmente claro numa ordem jurídica como a portuguesa, que evidencia a preocupação de referenciar abstractamente as situações de responsabilidade aquiliana, numa clara vinculação à ideia de paridade de tratamento dos sujeitos neste âmbito.

---

[261] Cfr. igualmente *Contrato e Deveres de Protecção* cit., 124-125, e 246 n. 508. Destrinçando analogamente entre deveres genéricos, desligados de relações, e específicos no confronto da responsabilidade delitual e obrigacional, MENEZES CORDEIRO, *Da Responsabilidade Civil dos Administradores* cit., 488.

Semelhante caracterização do direito delitual coaduna-se bem com o reconhecimento, ao respectivo complexo de normas, de uma missão específica no sentido da salvaguarda de pressupostos essenciais da paz jurídica [262]. Essas regras englobam sem dúvida um corpo de regulamentação social elementar, um estatuto básico das condições de vida em coexistência na comunidade jurídica que, observado, possibilita também interacções entre sujeitos, relações humanas particulares [263]. Entre os bens protegidos pelo direito delitual encontramos na

---

[262] Assim já o nosso *Contrato e Deveres de Protecção* cit., 127-128. Naturalmente que esta concepção, se bem que não propriamente neutra do ponto de vista jusfilosófico, é passível de ser colorida de acordo com várias concepções que nesse terreno se defrontam. Não é difícil considerar por exemplo que as normas do direito delitual serão objecto preferencial do contrato social de J. RAWLS (os direitos e deveres fundamentais vigentes na sociedade teriam o seu alicerce num acordo entre os indivíduos — enquanto ente de razão —, colocados numa posição originária e cobertos com o "véu de ignorância" acerca das vantagens e desvantagens que esse acordo lhes poderia concretamente proporcionar em função da sua concreta situação na sociedade e das qualidades que possuem; vide *Uma Teoria da Justiça*, tradução do original *A Theory of Justice*, Lisboa 1993, 108 ss, e *passim*).

[263] Também PEREIRA COELHO distingue o plano do "homem que vive" do do "homem que convive", isto é, daquele "que se mete com os outros". Este nível da "cooperação" coincide para o autor *grosso modo* com a responsabilidade obrigacional (mais precisamente, com a contratual) e representa um *plus*, como diz, da responsabilidade negocial relativamente à aquiliana: cfr. *O Nexo de Causalidade* cit., 103 e 106; em sentido similar, o nosso *Contrato e Deveres de Protecção* cit., *inter alia*, 124 e 126 ss. Há apenas que alertar para o facto de o contrato estar longe de esgotar as formas de cooperação e coordenação do agir entre os sujeitos, como a doutrina da confiança põe de manifesto. Todavia, a responsabilidade contratual pode ser considerada como paradigma da responsabilidade por falhas nessas interacções.

Salienta por sua vez HABERMAS (*Faktizität und Geltung* cit., 481-482) que a liberdade positiva da pessoa moral (*sittliche Person*) se realiza na execução consciente de uma história de vida individual, e se manifesta naqueles núcleos privados onde se entrecruza a história de vida de quantos partilham um universo existencial no âmbito de tradições comuns e no plano de simples interacções entre eles. As liberdades clássicas do direito privado como os direitos de personalidade, a autonomia contratual, o direito de propriedade e outros direitos subjectivos, ou o direito privado de associação defendem justamente aquela dimensão ética da pessoa que se contém na noção de pessoa jurídica e que aponta para o sentido também ético do exercício da liberdade jurídica. Temos pois que a liberdade jurídica assegura e pro-

verdade valores *sine qua non* da ordem social global. Como corresponde a um plano de regulação abstracta e genérica, com fungibili-

---

move as condições da liberdade em sentido ético. Esta escapa sem dúvida a uma regulamentação pelo Direito, mas ao direito delitual cabe um importante papel na defesa da possibilidade mesma dessa liberdade.

M. GOMES DA SILVA, um opositor da distinção entre responsabilidade delitual e obrigacional, censurou justificadamente certos preconceitos liberais e individualistas que exacerbam a importância das regras delituais, esbatendo simultaneamente o relevo que o respeito do cumprimento das obrigações possui em ordem à paz e harmonia sociais (cfr. *O Dever de Prestar e o Dever de Indemnizar*, Lisboa 1944, 299-300, ao apreciar uma concepção de CARADONNA). Semelhante crítica não depõe — pensamos — contra a concepção descrita no texto. A destrinça entre uma ordem social global e o plano das relações particulares entre pessoas tem na verdade pertinência em qualquer estádio das sociedades humanas. Posto que se reconheça a individualidade e a autonomia dos sujeitos, não pode deixar de se aceitar um princípio de recíproca consideração e respeito na base da ordem social global de que todos beneficiam e cujo acatamento a todos se impõe, independentemente de qualquer relação precedentemente instaurada entre lesado e autor do dano. Esse princípio protege desde logo cada um nas suas condições de existência e numa esfera de interesses própria, criando o "ambiente" indispensável para o adequado desenvolvimento da interacção dos sujeitos.

Não se objecte que certos relacionamentos entre sujeitos configuram elementos constitutivos essenciais da pessoa e da sua identidade. A preservação, o fomento e o equilíbrio dessas relações são obviamente indeclináveis exigências da natureza humana, da dimensão social e afectiva primária que ela possui. Ocupa-se delas em especial o direito da família, uma vez que esses vínculos começam por ser tipicamente de natureza familiar. O reconhecimento deste âmbito — por natureza relacional — e a necessidade de prover à sua garantia não obstam porém à afirmação de que a defesa de uma ordem social global passa pela protecção *erga omnes* das condições de existência e de uma esfera de interesses própria, tomando o indivíduo na sua autonomia pessoal. Não é possível assegurar uma coexistência social pacífica prescindindo desse ângulo de protecção, na pretensão de o poder substituir integralmente pela exclusiva consideração das relações em que os sujeitos se envolvem e pelo empenho em as acautelar. Pois não é viável reduzir a pessoa à amálgama de relações que ela estabelece ou em que se insere.

Estamos no entanto longe de concluir que, do ponto de vista ético-jurídico, seja necessariamente mais grave a violação de uma norma delitual do que a de uma obrigação. Mesmo cingindo-nos ao campo do direito patrimonial, o desrespeito do vínculo creditício pode por vezes ser bem mais censurável (e até, socialmente perturbador) do que a prática de um delito. Mas o inverso ocorre também, e com bas-

dade de sujeitos, sem dúvida valores fundamentais e bens imprescindíveis. Daí sobretudo o carácter heterónomo das suas imposições e

tante frequência. (Por isso há que discordar da opinião que MENEZES CORDEIRO avança em *Da Responsabilidade Civil dos Administradores* cit., 489, de que existe justificação, do ponto de vista ético-jurídico, para uma "imputação reforçada" na responsabilidade obrigacional, com o argumento de que nesta a pessoa viola uma norma que especialmente a adstringia ao respeito de certo bem; como se, portanto, os créditos "valessem" mais do que os direitos delitualmente protegidos. Mesmo a ponderação, no fundo puramente técnico-formal, que aduz, segundo a qual a violação da obrigação atinge a norma que é suporte da atribuição do crédito pelo Direito, ao passo que o delito interferiria apenas com o aproveitamento de uma posição jurídica atribuída por outras normas, pode ser apreciada de modo contrário: afirmando-se que as situações delitualmente tuteladas, precisamente porque, em ordem à sua importância substancial, são defendidas *erga omnes*, realizam exigências abstractamente superiores na escala valorativa.) Temos assim para nós que são em boa medida inseguros os resultados de uma ordenação teleológico-valorativa da responsabilidade aquiliana e obrigacional em função do relevo dos escopos que se prosseguem. E que uma ordenação desse tipo estará condenada a frequente infirmação se desligada da ponderação concreta dos bens susceptíveis de serem atingidos, não podendo ser eficazmente substituída por quaisquer considerações de carácter estrutural-normativo.

Desta forma, a destrinça entre o plano de certas exigências básicas a que o direito delitual pretende corresponder e o da tutela das relações humanas particulares a que o texto alude (e que vimos defendendo desde *Contrato e Deveres de Protecção* cit., *v.g.*, 202-204 e ns.) deve entender-se essencialmente como imposição de um modelo teórico de reconstrução das várias modalidades de responsabilidade, nomeadamente contratual e delitual, que pretende responder a certas características por elas normalmente apresentadas e que não tem a pretensão de um escalonamento (absoluto) entre elas em função dos valores que prosseguem. Consequentemente, o reconhecimento de um regime em diversos aspectos mais severo da responsabilidade obrigacional em relação à delitual há-de ser visto como fruto de especificidades dessa responsabilidade em princípio desligadas de uma hierarquização daquele género. (Esta posição não obsta — diga-se desde já para prevenir equívocos acerca do que sustentamos — a que certas atitudes que relevam "malícia" ou "insídia" possam ser porventura qualificadas como delitos, mesmo que consubstanciem um incumprimento de obrigações; por forma a permitirem certas consequências de regime próprias do direito delitual, como *punitive damages*, ou um regime mais severo de restituição dos ganhos obtidos com a infracção do que o permitiria o regime-regra do enriquecimento por intervenção. Aceitá-lo é assumir sem dúvida que *certos* delitos são especialmente condenáveis do ponto de vista ético, jus-

proibições, assim como a natureza de *jus cogens* imposto pelo Estado que lhes é inerente [264].

A possibilidade de divisar um conjunto de elementos característicos na responsabilidade aquiliana convence-nos que se está longe de a poder considerar como "o direito comum da responsabilidade civil", de feição residual e subsidiariamente aplicável onde não existam complexos normativos especiais de imputação dos danos [265]. Tal é incompatível com o reconhecimento de um perfil específico do direito delitual. O que significa que o universo da responsabilidade civil se não tem por que esgotar na divisão entre responsabilidade aquiliana e obrigacional, e que se encontra aberto o caminho para a

---

tificando uma reacção da ordem jurídica que não tem em princípio lugar havendo simples violação de uma obrigação. E que para nós constitui indiscutível apanágio do direito delitual a garantia do irredutível mínimo ético-jurídico, valorativamente proeminente. Mas não parece ser de inferir daí que o direito delitual prevalece do ponto de vista ético-jurídico, por princípio, sobre a responsabilidade contratual, atendendo às várias formas por que esta é susceptível de se manifestar. O que sim pode dizer-se — e o texto já de seguida aponta — é que, tal como pertence ao plano indiferenciado de regulação em que se coloca o direito delitual, que não atende às circunstâncias *pessoais* de cada um, os valores e bens que ele procura realizar e defender tenderão a integrar aqueles que, numa apreciação abstracta e geral, se configuram como essenciais e elementares para cada sujeito.)

[264] Apontando já nesse sentido, SAVIGNY, *System des heutigen römischen Rechts*, Berlin 1849, VIII, 278. Isso não obsta a que essas normas possam ser, em determinadas circunstâncias, afastadas por vontade dos sujeitos (algumas considerações sobre essa problemática, *infra*, sob o n.º 23). Em todo o caso, como se deduz da formulação empregue, estas regras não têm (ou tiveram) necessariamente que ser impostas pelo Estado. O nível delitual das regras de responsabilidade, o paradigma aquiliano que fica esboçado, supera sem dúvida a (eventual) historicidade de qualquer forma organizatória da sociedade global.

[265] O que se reflecte por força na perspectivação do problema do concurso de responsabilidades e na sua solução. Cfr. em particular, rejeitando a tese da especialidade, M. TEIXEIRA DE SOUSA, *O Concurso de Títulos de Aquisição da Prestação/Estudo sobre a dogmática da pretensão e do concurso de pretensões*, Coimbra 1988, 141 ss, 333, e 337; *vide* também ALMEIDA COSTA, *Direito das Obrigações* cit., 492 ss, repudiando além disso pertinentemente a formulação de pretensões "híbridas", e MENEZES CORDEIRO, *Da Responsabilidade Civil dos Administradores* cit., 491-492, que previne justificadamente contra soluções conceitualistas do concurso de responsabilidades.

aceitação de modalidades de responsabilidade não enquadráveis linearmente naquela dicotomia[266]. A responsabilidade pela confiança — antecipe-se desde já — é uma delas; aliás, não a única.

À luz da configuração da responsabilidade aquiliana exposta, a desvalorização do pensamento da confiança no terreno delitual é perfeitamente compreensível. O campo da interacção humana e das suas vicissitudes, por excelência aquele onde se geram situações de confiança, conflitua com o paradigma funcional do direito delitual[267]. Se este visa a preservação de determinadas posições jurídicas independentemente de qualquer situação de relação entre lesado e lesante, não admira que o seu universo dogmático-conceptual se prenda essencialmente com a questão da ilicitude de lesões ou ataques a posições jurídicas e com a culpa, mais do que com expectativas frustradas dos sujeitos. E que seja para ele crucial do ponto de vista técnico a identificação, não de representações, mas das posições a proteger contra interferências ou ingerências "provindas do exterior" na esfera do

---

[266] Nesse sentido, já o nosso *Uma «Terceira Via»* cit., 85 ss, e antes, *Contrato e Deveres de Protecção* cit., *v.g.*, 24 ss, 258 ss, a propósito da ordenação dogmática dos deveres de preservação da pessoa e seus bens ou interesses: vide ainda *infra*, esp. sob o n.º 64.

[267] A afirmação vale para os direitos da *civil law*, mas é também pertinente para as ordens jurídicas da *common law*. Mesmo considerando a extensão que os autores anglo-saxónicos reclamam tradicionalmente para os *torts* e levando em conta a imprecisão dos seus contornos, derivada justamente da sua função de colmatar brechas de protecção de interesses que não tenham enquadramento no direito dos contratos, persiste a sensação de que se lida frequentemente com situações de fronteira do sistema delitual ou situadas numa zona de disputa entre o direito delitual e contratual (*vide*, por exemplo, B.S. MARKESINIS, *An expanding tort law — The price of a rigid contract law*, LQR 1987, 354 ss; o autor aborda o problema da perspectiva da indemnizabilidade dos danos patrimoniais puros — que, segundo afirma, desafia uma rígida categorização entre "contract" e "tort" e esbate as suas linhas divisórias — reconhecendo vantagens à aproximação de algumas das pretensões ressarcitórias em causa da "contract law" estado-unidense e, sobretudo, britânica; cfr., por exemplo, *op. cit.*, 373-374, 376-377, 395-397; sintomático é igualmente o diagnóstico de P. S. ATIYAH, *Essays on Contract*, Oxford 1986 [reimpr. 1995], 379, segundo o qual, nas últimas décadas, se tornou óbvio que os grandes desenvolvimentos do direito delitual, não apenas na Inglaterra, mas noutros locais, estão nalguma medida relacionados com o direito dos contratos).

sujeito lesado (e, nessa medida, "estranhas"). Onde, como acontece no campo das disposições de protecção, o legislador se serve, para efeito da responsabilização delitual por danos, da normativização de comportamentos operada por regras oriundas de outras latitudes do sistema, imputa ainda o prejuízo causado aos titulares dos interesses por estas protegidos como consequência da infracção dessas regras, independentemente da consideração das convicções ou idealizações dos sujeitos. *Mutatis mutandis*, no campo da responsabilidade por (estrita) necessidade ético-jurídica.

Pode pois inferir-se que os quadros operatórios da responsabilidade aquiliana, mais do que captar na sua especificidade própria a falha de uma coordenação de condutas entre sujeitos através da confiança, tendem a reflectir puras lesões de um bem ou interesse protegido pelo Direito através de uma conduta idónea a produzi-las. A importunação da confiança apresenta-se, por este prisma, de algum modo deslocada, ou mesmo espúria, pois rompe-se com o arquétipo isolacionista do lesado em relação ao autor do prejuízo que inspira o universo delitual. Um aspecto que haverá inelutavelmente de ter tradução no regime de responsabilidade.

22. O perfil sistemático da imputação aquiliana de danos face ao direito positivo; ilações para um regime da responsabilidade pela confiança

O esboço do direito delitual que traçámos não corresponde propriamente a uma definição (indicando as notas que integrariam, necessária e suficientemente, o respectivo conceito), mas antes a um *modelo* (se se quiser, a um *tipo*) que reflecte a efígie característica da realidade do delito pela indicação de alguns traços que caracteristicamente a acompanham[268]. Esse modelo justifica-se perante

---

[268] A aproximação proposta ao direito da responsabilidade aquiliana sublinhou, do ponto de vista metodológico, a consideração do escopo do respectivo corpo de normas. O percurso integral que a ela conduz (o círculo, ou melhor, a espiral hermenêutica completa) obtém-se progressivamente a partir das normas do direito

algumas soluções conhecidas do direito delitual. Ilumina a sua compreensão e contribui igualmente para a sua integração num todo coe-

delitual positivo, já que o "modelo" de delito releva do sentido das suas disposições, ao mesmo tempo que as esclarece e compreende. O respectivo resultado representa, como se disse, não tanto uma definição quanto uma *descrição* do delito. Os traços do direito delitual não se entendem pois como notas rígidas e fixas de um conceito, que o tornam apto a uma subsunção automática. A relativa imprecisão das funções do direito aquiliano, a graduabilidade com que são susceptíveis de ser prosseguidas, a abertura e a elasticidade que o acompanham não parecem possibilitar senão uma imagem global da realidade do delito. Neste sentido, há vantagem em considerar o delito essencialmente como um facto jurídico que corresponde a um *tipo*. O tipo representa precisamente um recurso do pensamento jusmetodológico mais flexível do que o conceito. As notas que o caracterizam não carecem de estar todas presentes — podem manifestar-se até com grau ou intensidade diversa — para que as consequências jurídicas que lhe estão coligadas se desencadeiem. Ponto é que esteja globalmente preservada a imagem do tipo. A unidade do tipo é dada pelas valorações subjacentes às consequências jurídicas que implica. Há assim uma clara ligação do tipo com o pensamento valorativo e com a interpretação teleológica das normas jurídicas (o que serviu já para alertar que, com vista a alguns efeitos pelo menos, a pretensão da admissão de tipos ao lado de conceitos jurídicos é desnecessária, argumentando-se precisamente que a interpretação teleológica seria suficiente para manusear adequadamente os conceitos empregues pela lei; cfr., no que toca à apreciação do real contributo que a doutrina do tipo representa para a metodologia jurídica, desenvolvidamente, F. BYDLINSKI, *Juristische Methodenlehre* cit., 543 ss; o conceito e discussão do tipo são bem conhecidos da civilística portuguesa; anote-se, nomeadamente, OLIVEIRA ASCENSÃO, *A Tipicidade dos Direitos Reais*, Lisboa 1968, por exemplo, 21, 36, e *passim*, e ORLANDO DE CARVALHO, *Critério e Estrutura do Estabelecimento Comercial*, I (*O problema da empresa como objecto de negócios*), Coimbra 1967, 834 ss; *vide* também, mais recentemente, testando-o no sensível campo da teoria dos contratos, P. PAIS DE VASCONCELOS, *Contratos Atípicos*, Coimbra 1995, 21 ss, e *passim*, bem como R. PINTO DUARTE, *Tipicidade e Atipicidade dos Contratos*, Coimbra 2000, 30 ss, e *passim*).

Concretizando, pode dizer-se que o delito não corresponde apenas a um *tipo de frequência*, no sentido de que engloba uma série de características que se verificam, segundo uma ponderação geral, nos diversos delitos que a experiência (jurídica) regista. Aproveitando a linguagem de LARENZ (*Metodologia* cit., 567 ss), depara-se-nos um *tipo configurativo normativo* na medida em que formado sob pontos de vista normativos e referido a determinados conteúdos de regulação; e, ao mesmo tempo, um *tipo jurídico-estrutural* pela importância do seu valor cognoscitivo, uma vez que através dele é possível estabelecer relevantes conexões jurídicas de sentido e compreender um conjunto de regulações.

O tipo apresenta conexões com a ideia da mobilidade do sistema, testada e desenvolvida na ciência jurídica por WALTER WILBURG, justamente também a propósito do direito do ressarcimento de danos (cfr. *Elemente des Schadensrechts* cit., 26 ss). O autor procurou demonstrar que o juízo de responsabilidade não se deixa construir a partir de um único princípio, tendo depurado um conjunto de critérios de imputação de danos, de cuja articulação decorre a responsabilidade. Como "elementos" do direito do ressarcimento dos danos seria de isolar em primeiro lugar o ataque ou o pôr em perigo um bem jurídico alheio, depois a recondução dos danos a circunstâncias da esfera do responsável, o reconhecimento de uma "deficiência" (*Mangel*) dessa esfera (consistente por exemplo na censurabilidade da vontade do sujeito, numa falta de consciência dele, num defeito de coisas da sua esfera ou na culpa de auxiliares), e a ponderação da situação patrimonial dos intervenientes e das possibilidades de repercussão ou alocação dos riscos de danos. Do lado do lesado, haveria especialmente que entrar em conta com a sua conculpabilidade ou com a voluntária exposição ao risco. O juízo de responsabilidade resultaria de uma ponderação desses elementos segundo a sua presença e peso específicos na situação, não sendo porém possível determinar a cada um deles um papel fixo em todas as situações.

Ora, a "mobilidade" do tipo resulta precisamente de os seus elementos poderem variar de intensidade de caso para caso sem que a ordenação ao tipo saia prejudicada. Ao contrário porém de WILBURG, não nos interessa aprofundar a conexão das diversas regras e princípios que dão em geral lugar a uma obrigação de ressarcimento de danos, mas antes indagar o sentido do delito como referente de um género de regulação específica de responsabilidade, contraposto a outros. Pode dizer-se que, quer a doutrina do tipo, quer a do sistema móvel representam pensamentos metodológicos que recorrem a uma pluralidade de critérios, de número e intensidade variáveis. Contudo, o sistema móvel lida sobretudo com concatenações de normas, que procura explicar independentemente de os respectivos conteúdos terem sido ordenados a certas noções, enquanto a doutrina do tipo intervém como forma de permitir a recondução de certas espécies a determinadas *noções;* esta afadiga-se em superar as dificuldades de uma certa forma de conceptologia e, antes do que vinculada à directa explicitação de conteúdos normativos, parece mais comprometida com uma intenção imediatamente cognitiva ou transmissiva de uma dada realidade jurídica. A destrinça pode ser difícil, o que não é senão um corolário da implicação recíproca destas realidades. Contudo, a questão da natureza, delitual ou não, da responsabilidade pela confiança prende-se primordialmente com

rente[269]. Considerem-se brevemente algumas delas. Não sem aproveitar o ensejo para procurar vislumbrar, aqui e além, as coordenadas do regime em que, por contraste, se deverá movimentar uma responsabilidade pela confiança.

O direito delitual, evidenciando o cumprimento da irrenunciável missão assinalada ao Direito de assegurar certas bases mínimas da coexistência pacífica, provê naturalmente de tutela a personalidade humana[270]. A defesa delitual da propriedade e de outros direitos sobre

---

esta última vertente. Não se nega que as normas que compõem o direito delitual se articulam entre si (ao menos em larga medida) nos moldes de um sistema móvel. A mobilidade do sistema parece até uma ideia particularmente auspiciosa para captar a realidade da responsabilidade aquiliana atenta a pluralidade de funções que a esta última estão modernamente assinaladas (recordem-se apenas, ao lado da função compensatória ou reparatória, principalíssima, a função preventiva, a de canalização ou socialização de riscos, ou a de ordenação ou orientação social) e a dificuldade de estabelecer entre elas uma hierarquização rígida. Sem dúvida também que a concepção do direito delitual enquanto sistema (em larga medida) móvel se reflecte na respectiva caracterização, não consentindo um desenho rígido ou uma delimitação rigorosa do seu âmbito, por aqui se vendo como conceito normativo e norma se não podem separar. Contudo, perguntar se a responsabilidade pela confiança é delitual representa em si colocar um problema de qualificação, e esta exige um conceito ao abrigo do qual se ordena uma certa realidade (cfr. ISABEL MAGALHÃES COLLAÇO, Da Qualificação em Direito Internacional Privado, Lisboa 1964, 215).

[269] Embora na doutrina se refiram com frequência as singularidades de regime da responsabilidade delitual, designadamente no confronto com a obrigacional, elas não são o mais das vezes conexionadas com o paradigma delitual e as suas valorações. As considerações seguintes compreendem-se pois igualmente como contributo para a superação de um simples método descritivo na análise dessas especificidades. Subsídios nesse sentido aliás já também no nosso Contrato e Deveres de Protecção cit., 118 ss, 188 ss, e passim.

[270] Indiscutível (aceite-se ou não um direito "geral" de personalidade; cfr. OLIVEIRA ASCENSÃO, Direito Civil/Teoria Geral, I, cit., 83 ss, 95 ss, e, por exemplo, R. CAPELO DE SOUSA, O Direito Geral de Personalidade, Coimbra 1995, 455 ss, e passim). Vide os arts. 70 e seguintes, bem como o art. 483 do Código Civil.

A dignitas humana constitui um imperativo absoluto de protecção por parte do Direito e, neste, missão particular do direito da responsabilidade aquiliana. Ela suplanta, embora englobe, a simples exigência de tutela da integridade física. É mesmo de dizer que onde estejam em causa valores atinentes à pessoa, à família, à

bens corpóreos reflecte, por seu turno, a imprescindibilidade desses bens para a satisfação directa das necessidades essenciais e de condições relevantes da realização pessoal dos sujeitos enquanto participantes de uma natureza corpórea; por esta via assegura uma ordem de atribuição dos bens pelo Direito que é socialmente estruturante [271].

---

saúde e ao bom nome, as normas de responsabilidade civil devem ser mais enérgicas do que noutras situações (nesse sentido muito justamente MENEZES CORDEIRO, *Da Responsabilidade Civil dos Administradores* cit., 482). Tal não significa que todos os bens de natureza ideal ou espiritual ligados à pessoa — diversíssimos — possam ou devam ser protegidos (e então da mesma maneira), mesmo que tanto ou mais importantes para a realização da sua humanidade do que bens de outra natureza. Põe-se especialmente em relação a eles o problema, quer da sua apropriabilidade singular, quer de uma adequada circunscrição e individualização, requisitos essenciais para que uma tutela jurídica possa operar.

A defesa da integridade física, principalíssima, embora não realize um valor absoluto, encontra-se provida de uma tutela singular. Está também em causa o suporte do aproveitamento de todos os outros bens. Assim por exemplo, prevê o art. 495 n.os 1 e 2 a indemnizabilidade das despesas feitas por terceiros para socorrer ou salvar o lesado, numa orientação que se não encontra prevista para a protecção de bens patrimoniais, embora delitualmente protegidos, e que se justifica tendo em conta a específica importância do bem jurídico a tutelar no confronto com aqueloutros. Uma protecção peculiar das condições materiais da existência humana deduz-se também da atribuição de pretensões indemnizatórias àqueles que se viram privados de alimentos em virtude da lesão corporal ou morte do sujeito que os prestava nos termos do art. 495 n.° 3, especialmente justificada se foi atingida a base mínima de subsistência. A tutela dos sujeitos que são reflexamente atingidos pela acção danosa manifesta naturalmente também a atenção do Código em relação à inserção e às vinculações sociais do lesado, por aqui se revelando ter ele também sabido evitar (pelo menos) alguns reducionismos próprios do ideário liberal-individualista.

[271] Focou-se já a progressiva imaterialização da riqueza e dos modos de satisfação das necessidades das pessoas. A afirmação do texto põe contudo de manifesto que essa imaterialização não é de molde a fazer esquecer o papel único que está reservado à propriedade de bens físicos na vida humana e nas condições da sua existência e realização. Essa importância — que não desaparecerá, por muito que seja comprimida, porque essa imaterialização nunca poderá ser absoluta — documenta-se facilmente do ponto de vista antropológico-cultural.

Ligada ao carácter estruturante da ordem de atribuição dos bens corpóreos encontra-se, a bem ver, a manutenção do regime da sujeição a forma legal dos

Já as limitações com que, nos diversos sistemas, se depara, com maior ou menor latitude, a indemnizabilidade dos danos patrimoniais

negócios sobre imóveis. Esta cristaliza (pelo menos em parte) a experiência do peso — e, em muitos casos, infungibilidade — desses negócios (pessoal ou colectivamente avaliado) que as modalidades mais modernas da riqueza vão erodindo, mas não corroeram completamente. A lei seguiu todavia um critério abstracto, no sentido de que as tradicionais razões da publicidade, reflexão e prova para ela apresentadas se encontram totalmente desligadas do relevo concretamente em causa nesses negócios. Assim, não é o valor que decide da forma (sublinha-o igualmente MENEZES CORDEIRO, *Tratado* cit., I/1, 377-379, pondo a descoberto as deficiências dos habituais e muitas vezes estereotipados motivos para a exigência da forma nos negócios, mas indo inclusivamente ao ponto de concluir que as razões justificativas da forma "não podem ser entendidas em *termos efectivos e racionais*", representando puros resquícios históricos, o que no entanto, à luz do precedentemente exposto, nos parece bastante exagerado).

Se a especificidade da propriedade (de bens corpóreos) a torna em objecto evidente da tutela delitual, essa protecção estende-se todavia também a determinados interesses patrimoniais relativos a bens incorpóreos cujas formas de atribuição aos sujeitos patenteiam uma certa analogia estrutural com aquela. As propriedades intelectual e industrial correspondem a direitos subjectivos absolutos. Através delas se realiza uma atribuição de bens aos sujeitos e se lhes confere o exclusivo do seu aproveitamento, afastando os outros, não titulares.

Em todo o caso, é muito discutível que ao menos todos esses bens se imponham à protecção jurídica delitual com a mesma intensidade que a propriedade. Se a tutela de alguns deles se aceita de bom grado como corolário do reconhecimento da pessoa e da defesa das suas realizações — valores a que o direito delitual não pode evidentemente ficar indiferente, de acordo com a concepção que sufragamos —, a protecção de outros depende igualmente de ponderações de eficiência e oportunidade na construção do modelo económico da sociedade. (Assim, a propósito do direito de autor, afirma-se que "cabem ao criador intelectual faculdades de defesa da personalidade, enquanto essa personalidade se exprime pelo acto de criação"; mas a lei, ainda que se funde em razões pessoais, pretende em primeira linha criar um regime relativo a uma obra e não tutelar um bem de personalidade: cfr. OLIVEIRA ASCENSÃO, *Direito de Autor e Direitos Conexos*, Coimbra 1992, 659. Quanto à propriedade industrial, o conhecido facto de implicar uma restrição do campo da concorrência — também hoje enfatizada —, logo manifesta certa vinculação a uma particular forma de organização da actividade económica; negando a estes direitos o "manto ideológico do direito de propriedade", o aut. cit., *Direito comercial*, II *(Direito industrial)*, cit., 409.)

puros guardam, como se viu, uma estreita ligação com a defesa e promoção da *liberdade de actuação e auto-responsabilidade dos sujeitos*, um valor ético-jurídico fundamental. Diversamente, se as lesões em interesses puramente patrimoniais se dão em virtude da frustração, por alguém, de uma específica confiança a que induziu outrem, elas têm merecido mais alargada consideração. Esses danos produzem-se porém já no contexto de uma interacção concreta livremente empreendida pelos sujeitos no exercício daquela liberdade de agir que o sistema da responsabilidade aquiliana lhes assegura de um modo genérico.

Por sua vez, o nível mínimo que os requisitos da imputabilidade aquiliana da acção danosa ao agente patenteiam salienta o carácter fundamental-universal dos bens jurídicos objecto de protecção delitual e, com ele, o desvalor específico do ilícito aquiliano; do mesmo modo que se encontra enfeudada ao paradigma isolacionista da responsabilidade aquiliana, manifestando concomitantemente a ausência, nesse corpo de normas, da preocupação de tutela das interacções humanas empreendidas voluntariamente pelos sujeitos, tradicionalmente relegada para a responsabilidade contratual. Aquela imputabilidade, de facto, requer apenas a capacidade de entender ou de querer do sujeito [272]. Tal é coerente com a preocupação de defesa de um círculo elementar de interesses, cuja importância é susceptível de ser apreendida, pelo seu carácter básico, logo com o despontar da razão e da simples capacidade de controlar o agir. Trata-se de notas que não se podem predicar de forma igual dos sistemas, por vezes complexos, de interacção humana e dos seus valores. Por isso se justifica vigorarem nestes últimos requisitos especiais e mais apertados de imputabilidade, respondendo à necessidade de que o participante, como actor interveniente nesses sistemas, disponha da capacidade de compreensão do seu sentido e de se adaptar às suas exigências [273]. É o que acon-

---

[272] No nosso direito, cfr. o art. 488.

[273] Cfr. BAPTISTA MACHADO, *Tutela da confiança* cit., 354-356, que escreve lapidarmente ir uma larga diferença entre a capacidade de entender e querer que é a capacidade de "desobedecer" e a "capacidade de se autovincular mediante uma conduta comunicativa" (e demarcando-se da simples fundamentação de cariz for-

tece paradigmaticamente no que toca à responsabilidade por não--cumprimento de obrigações negociais. A imputabilidade de condutas causadoras de prejuízos depende neste sector da capacidade de assumir negocialmente obrigações, para que o direito vigente estabelece regras divergentes das da imputabilidade delitual; regras que se estenderão teleologicamente à responsabilidade por *culpa in contrahendo* e à própria responsabilidade pela confiança, aceitando-se que a imputação deriva aqui do mesmo modo da susceptibilidade de intervir num jogo de coordenação de condutas de que o negócio obrigacional constitui precisamente paradigma.

A capacidade de responder por intromissões ofensivas em certas posições jurídicas alheias é, assim, diferente da capacidade de se conduzir autonomamente na vida de relação e, coerentemente, da capacidade de responder por "falhas" aqui verificadas [274]. Num caso está

---

mal-legal que CANARIS apresenta para que a responsabilização por *culpa in contrahendo* siga as normas contratuais, exigindo do sujeito capacidade negocial; *vide*, deste último, *Geschäfts- und Verschuldensfähigkeit* cit., esp. 1988). Excluindo, nesta linha, a responsabilidade pré-contratual do incapaz (a pretexto de que "uma conduta situada no domínio da incapacidade não pode gerar para o destinatário uma confiança que, violada, responsabilizaria o agente"), *vide* ainda, na recente literatura, HENRIQUE S. ANTUNES, *Responsabilidade Civil dos Obrigados à Vigilância de Pessoa naturalmente Incapaz*, Lisboa 2000, 225-227. Contra, porém, MENEZES LEITÃO, *Direito das Obrigações*, I, cit., 318, ao afirmar que não se deverá aplicar à responsabilidade por *culpa in contrahendo* a exigência de capacidade negocial, no que encontramos todavia uma patente inconsistência valorativa.

[274] Para GOMES DA SILVA, um dos mais perspicazes defensores da essencial uniformidade de toda a responsabilidade civil, "esta opinião [acerca da diferença de capacidade exigível na responsabilidade delitual e contratual] confunde a obrigação derivada do contrato com a responsabilidade resultante do inadimplemento. Se um incapaz celebra um contrato, enquanto este não for anulado, ele é inteiramente responsável pela falta de cumprimento; se o contrato é anulado, o incapaz torna-se irresponsável, mas não pelo facto de não ter capacidade, senão apenas porque deixou de existir a obrigação. Na verdade, a capacidade não é exigida para a responsabilidade, mas para o contrato; o problema acha-se, portanto, viciado na própria base"; (*O Dever de Prestar* cit., 305). Não se vê porém em que é que estas observações poderão infirmar a asserção de que a capacidade de responder pelo não cumprimento de obrigações contratuais está coligada com a capacidade de assumir nego-

essencialmente em causa a acção enquanto conduta naturalística determinável pelo homem; noutro, o comportamento humano apresenta-se portador de um sentido que transcende esse plano, inserido na dinâmica da interacção e coordenação de condutas entre sujeitos.

Quanto à regra da solidariedade na responsabilidade aquiliana, ela é susceptível de ser interpretada como forma de alcançar uma tutela mais efectiva de bens jurídicos cuja protecção se afigura especialmente sensível, pois, reforçando a eficácia preventiva das normas de responsabilidade civil, facilita a exigência da indemnização, ao mesmo tempo que protege o lesado contra o risco de insolvência de algum dos co-obrigados [275]. Trata-se de uma teleologia que não poderá

---

cialmente obrigações. Com a devida vénia, a deficiência do pensamento agora referido reside em desacoplar totalmente a capacidade de constituir obrigações da de responder pelo seu incumprimento, desvalorizando completamente o nexo teleológico que une o dever de indemnizar ao dever de prestar precedentemente instituído e colocando, no seu lugar, uma mera precedência formal da obrigação em relação à responsabilidade.

[275] Conjugado com o que preceitua o art. 490 — a responsabilidade de autores, instigadores e auxiliares do acto ilícito pelos danos causados —, o art. 497 facilita a reparação dos danos sofridos pelo lesado em situações em que seria difícil, ou mesmo impossível, determinar a medida concreta com que cada um dos responsáveis contribuiu para a produção dos danos, eximindo o lesado da respectiva prova. (Só quando não seja possível proceder à imputação individual do dano à luz das demais regras da responsabilidade civil, se desvenda plenamente — como referem para o direito germânico, por exemplo, LARENZ/CANARIS, Lehrbuch des Schuldrechts cit., 564 —, o significado do art. 490.) Ora, não seria justo repercutir no prejudicado a dificuldade ou impossibilidade daquela averiguação em caso de perpetração conjunta do acto ilícito. A espécie de culpa que o art. 490 parece pressupor nos intervenientes justifica-o também. A atitude dos vários responsáveis aí considerados apresenta em princípio as características do dolo, pois sem a sua aquiescência ao acto ilícito não seria pensável uma comparticipação nele. (Em harmonia com esta concepção, sustentava GOMES DA SILVA, no domínio do Código de Seabra, que a solidariedade existia apenas na responsabilidade conexa com a criminal; cfr. Dever de Prestar cit., 307. Pelo contrário, é menos facilmente explicável que, não se encontrando definidos os termos precisos da cooperação de cada um dos sujeitos para a produção do facto danoso, a simples negligência dê lugar a uma responsabilidade solidária; se não houve qualquer concertação prévia dos vários sujeitos, a responsabilidade solidária correria o risco de ser neste aspecto fortuita do ponto do vista de

transplantar-se sem uma atenta ponderação para o domínio da interacção e da coordenação de condutas; sobretudo se a responsabilidade

algum dos agentes, o que representaria então uma violência. Nestes casos, a responsabilidade de cada um deveria medir-se efectivamente, ao menos por princípio, em termos autónomos e individuais, de acordo com a forma e medida com que cada um contribuiu efectivamente para a produção dos danos, imputando-se pois o dano segundo as regras gerais dos art. 483 e seguintes.)

A *ratio* da solidariedade precedentemente exposta, se razoável no que concerne à comparticipação na prática de um facto ilícito, não colhe naturalmente em caso de pluralidade de responsáveis pelo risco (cfr. art. 507). Não procede por definição agora a finalidade de, em benefício do lesado, onerar aqueles que *intencionam* produzir um facto ilícito conjuntamente (coerentemente, por isso, CHRISTINA EBERL-BORGES, *§ 830 und die Gefährdungshaftung*, AcP 196 [1996], 498-500, rejeita, no direito germânico, a aplicabilidade do § 830 I, 1.ª parte — correspondente ao nosso art. 497 — à responsabilidade pelo risco). A lei portuguesa parece antes nortear-se aqui pela vontade de proporcionar uma tutela efectiva dos bens jurídicos, abrindo ao lesado a possibilidade da sua reparação integral à custa de qualquer um dos responsáveis. Ora, perante esta opção no âmbito da responsabilidade pelo risco deverá admitir-se, por argumento de maioria de razão, que a particular gravidade da conduta dos sujeitos que se exige havendo comparticipação na prática de um facto ilícito pode ser dispensada, para efeito de solidariedade. A integração sistemática, dissipando dúvidas, parece forçar assim as portas a uma responsabilidade solidária por actos meramente negligentes, mesmo não se verificando em rigor uma situação de comparticipação; dando ao art. 497 vida autónoma como norma de imputação delitual dos danos para além do âmbito coberto pelo art. 490. Tal consubstancia um assinalável reforço da posição do lesado contra violações negligentes dos bens jurídicos objecto de protecção delitual. O que deve ser realçado porque se perfila aqui uma diferença muito significativa entre a ordem aquiliana e a da responsabilidade obrigacional.

Na realidade, a transposição do regime da solidariedade dos responsáveis para o âmbito obrigacional depara-se logo com o obstáculo de a infracção de um dever de prestar, dada a natureza relativa deste, não ser em si verdadeiramente possível por terceiros. A tanto se opõe, no domínio dos contratos obrigacionais, o art. 406 n.º 2, que não consente o estabelecimento de um nexo de ilicitude (directamente consistente na violação do dever de prestar) entre o dano sofrido pelo credor e o comportamento de outrem que não o devedor. Com isso não se deveria negar *in limine* a viabilidade de responsabilizar terceiros por uma conduta dolosa de comparticipação na violação do dever de prestar alheio; pelo menos em certas circunstâncias. A ponderação, aqui, de uma responsabilidade solidária ao modo do art. 497 não é

por danos não decorrer da infracção às regras de comportamento a que aquela interacção está sujeita[276], ou então se apresentar como simples sucedâneo ou equivalente (indemnizatório) de atribuições de

---

contudo susceptível de ser desligada da qualificação (que cremos ser delitual, e não obrigacional) da responsabilidade de terceiro. Na realidade, é de admitir em determinadas situações uma protecção aquiliana contra interferências no crédito; nomeadamente se a actuação danosa representa — imagine-se a conduta dolosa — uma violação do mínimo ético-jurídico exigível, dada a relevância delitual que lhe reconhecemos.

[276] Para nós, como ainda veremos, a responsabilidade pela violação das exigências de correcção e lisura, tradicionalmente expressas pela regra da conduta de boa fé, é de autonomizar relativamente à responsabilidade pela confiança, que não decorre na realidade da infracção de regras de comportamento. Ora, a justificabilidade da responsabilidade solidária declina claramente se a obrigação de indemnizar não deriva da violação de deveres (aí incluídos os específicos, não delituais, que regem as relações particulares entre sujeitos).

Em todo o caso, não parece de arredar imediatamente a solidariedade em caso de pluralidade de responsáveis por um dano que resulte da infracção das normas não delituais que disciplinam as relações particulares entre sujeitos. Há designadamente que ponderar a sua finalidade, averiguar se o fundamento de responsabilidade se comunica do mesmo modo aos vários sujeitos e se eles agiram concertadamente. A solidariedade reforça indiscutivelmente a eficácia daquelas regras e, com elas, o quadro das condições e os marcos de conduta a que hão-de submeter-se os sujeitos no relacionamento que mantêm entre si. Daí o fundamento, *v.g.*, da solidariedade instituída no art. 467 no que toca à responsabilidade por violação dos deveres decorrentes da gestão de negócios (mesmo que não constituam obrigações em sentido técnico). A solidarização dos gestores, não obstante até a repartição de tarefas entre eles, parece decorrer da preocupação de dissuadir intervenções "fáceis" na esfera jurídica alheia, a coberto do seu carácter concertado, que podem revelar-se desastrosas para o titular. Há pois uma preocupação de garantia do *dominus*; cfr. também L. MENEZES LEITÃO, *A Responsabilidade do Gestor perante o Dono do Negócio no Direito Civil Português*, Lisboa 1991, 297-299. Assim, a defesa da solidariedade no âmbito da *culpa in contrahendo* representará igualmente uma opção em favor dos valores a que a conduta pré-contratual deve obediência e proporciona melhores condições de segurança do tráfico jurídico-negocial. (Deste modo — diga-se de passagem —, se o regime da solidariedade pode chegar a sufragar-se no caso de responsabilidade pela violação de deveres específicos que não constituem obrigações, importa prevenir também contra a qualificação precipitada de uma responsabilidade como delitual a pretexto da solidariedade que a informa.)

bens efectuadas entre si pelos sujeitos. À partida, o respeito pela individualidade e autonomia pessoais depõe a favor da incomunicabilidade das situações jurídicas dos vários sujeitos que estão na origem do prejuízo. Essa consideração conduziu precisamente, no campo das obrigações contratuais ou negociais, ao estabelecimento (supletivo) da divisão do esforço da realização da prestação pelos vários vinculados e à regra da parciariedade em sede de responsabilidade [277].

A especificidade da tutela delitual dos bens jurídicos prolonga-se ainda considerando a responsabilidade que recai sobre o inimputável por motivo de equidade (cfr. art. 489). Parece que neste ressarcimento de danos avultam razões de *iustitia distributiva* [278]. Do mesmo passo que se assegura uma eficaz protecção dos bens jurídicos de que o lesado é

---

[277] A responsabilidade solidária por incumprimento das obrigações contratuais ou negociais representa tão-só o prolongamento da solidariedade no plano dos deveres primários de prestação, principais ou acessórios, na medida em que o dever de indemnizar se confine ao valor destes deveres (cfr., a propósito, o art. 520). A solidariedade requer, quando não imposta por lei, uma manifestação de vontade dos sujeitos. Na ausência de indícios claros que a evidenciem, cada qual é responsável apenas pelas prestações que individualmente assume. Afastando-se como regra a comunicabilidade do vínculo obrigacional, sublinha-se pois no fundo a autonomia (negocial) dos sujeitos. Aqui se baseia o regime da parciariedade (cfr. o nosso art. 513). Ele confere independência ao vínculo de cada devedor (que pode, assim, dispor livremente do seu direito, e se encontra abrigado de vicissitudes sofridas pelos demais devedores).

As justificações que ficam apontadas para a parciariedade não colhem do mesmo modo no domínio da responsabilidade por obrigações *ex lege*, onde o interesse da lei na satisfação do credor pode sobrelevar. Assim, dispõe, *v.g.*, o *Codice Civile* no seu art. 1104 a responsabilidade solidária do cessionário da quota de um consorte, com o cedente, quanto às despesas necessárias à conservação e ao gozo da coisa comum. A oneração do cessionário não pode ser vista aqui, manifestamente, como consequência negocial da sua aquisição. Sobre essa solução do direito italiano, criticando-a por não ser a mais razoável do ponto de vista dos interesses do alienante e do adquirente, mas sem deixar de reconhecer que ela proporciona uma forte tutela dos demais consortes, cfr. M. HENRIQUE MESQUITA, *Obrigações Reais e Ónus Reais*, Coimbra 1990, 326 ss.

[278] Em todo o caso, a situação situar-se-á na fronteira entre essa forma de justiça e a comutativa. Pode discutir-se se a responsabilidade por força do art. 489 pressupõe, por parte do inimputável, uma acção que preenche um *Tatbestand* delitual

titular, adscreve-se o prejuízo a quem apresenta melhores condições para o suportar[279]. Não se encontra paralelo no âmbito da responsa-

e/ou que é objectivamente ilícita (quanto ao debate em torno do paralelo § 829 BGB, cfr. ESSER/WEYERS, *Schuldrecht/Besonderer Teil*, II/2, 8.ª edição, Heidelberg 2000, 148-149, e 175 ss, MEDICUS, *Schuldrecht II* cit., 375 ss, e E. DEUTSCH, *Allgemeines Haftungsrecht*, 5.ª edição, Köln, Berlin, Bonn, München 1996, 305 ss). Contudo, é difícil sustentar que determinadas situações abrangidas ainda pelo teor literal desta disposição apresentem uma base mínima para a individualização de uma acção ilícita (seja o caso do condutor que causa um acidente por ter desmaiado ao volante). Com isso, ao menos nestas hipóteses, este género de responsabilidade parece aproximar-se da *responsabilidade pelo risco* (contra contudo, ANTUNES VARELA, *Das Obrigações em Geral*, I, cit., 565, entre outros com o argumento de que o inimputável não responderia por danos provenientes de força maior ou caso fortuito, como é característico da responsabilidade pelo risco; mas a razão, embora impressione, não será decisiva, pois trata-se de uma indemnização por motivo de equidade, sendo que o próprio art. 489 n.º 1 prevê uma indemnização tão-só parcial dos prejuízos). A incapacidade de entender ou de querer (de que decorre a inimputabilidade delitual) encerraria no fundo uma especial fonte de perigo para os outros sujeitos. Por outro lado, o escopo da responsabilidade do inimputável, dirigida à repartição adequada de um dano fortuito considerando os aspectos concretos da situação de lesado e lesante (aí incluída a respectiva situação patrimonial) cumpre aparentemente um fim distributivo, típico da responsabilidade pelo risco (assim, LARENZ/CANARIS, *Lehrbuch des Schuldrechts*, II/2, cit., 653). Esta orientação equivale a introduzir uma responsabilidade pelo risco do *estado* ou de *circunstâncias* pessoais (da sua incapacidade de entender ou querer), diferente neste aspecto das previsões de responsabilidade dos arts. 499 e seguintes, que se reportam a riscos de coisas ou de actividades. Em todo o caso, não deve perder-se de vista que a imputação do dano ao inimputável se fundamenta, como o próprio preceito do art. 489 se encarrega de sublinhar, num "motivo de equidade", o que representa uma diferença relativamente à responsabilidade dos arts. 499 e seguintes, que segue regras de *ius strictum* (desenvolvidamente sobre o preceito e a sua tradição histórico-comparativa, HENRIQUE S. ANTUNES, *Responsabilidade Civil dos Obrigados à Vigilância* cit., 291 ss).

[279] A lei refere-se à equidade, o que é incompatível com a atenção exclusiva a critérios de racionalidade económica global. De todo o modo, a preocupação de canalização dos prejuízos para quem os possa suportar mais eficientemente é uma das ideias motrizes do direito delitual (para o campo da responsabilidade do comitente, sustentámo-lo em *Contrato e Deveres de Protecção* cit., 207). Filia-se nesta ordem de considerações o designado *deep-pocket method* (cfr. ANDREAS QUENTIN, *Kausalität* cit., 112), através do qual se conduz o dano *in totu* para aquele sujeito que o pode despistar sem perda da própria eficiência económica.

bilidade negocial. Os requisitos especiais de imputabilidade resultantes das regras sobre capacidade negocial visam proteger, antes que o tráfico jurídico, o próprio incapaz; deste modo, a anulação do negócio celebrado por um incapaz não é susceptível de ser sustada com fundamento na protecção do destinatário da sua declaração negocial; ainda que porventura seja ele quem, concretamente, está em melhores condições de absorver o prejuízo[280].

A defesa do incapaz no mundo negocial que daqui resulta pode estender-se, numa ponderação teleológica, ao âmbito daquelas regras que, conquanto não negociais, disciplinam em todo o caso a interacção negocial dos sujeitos e repartem a responsabilidade pelos prejuízos decorrentes da frustração da coordenação de condutas entre eles[281]. Dir-se-á assim que, no campo destes relacionamentos, cada qual suporta em princípio o risco de atribuir relevância à conduta do inimputável na planificação da sua própria vida e nas respectivas tomadas de decisão, não podendo por isso liquidar prejuízos se a sua confiança saiu frustrada.

É em todo o caso diversa a valoração quando a lesão se dá no domínio aquiliano. O carácter imperioso que aqui se reconhece poder revestir o ressarcimento do prejuízo, mesmo em caso de inimputabilidade do autor da lesão, sublinha de algum modo a importância basilar da protecção delitual e a dignidade dos bens jurídicos que ela abrange. O dano produz-se aqui tipicamente em consequência de um ataque exterior a uma posição jurídica, sem consideração de qualquer interacção dos indivíduos; e não é razoável pretender-se que o lesado deva assumir, como quando aceita participar no tráfico nego-

---

[280] Sanciona-se todavia o dolo do menor (cfr. o art. 126). Sobre a interpretação deste preceito, não unânime, vide por exemplo H. HÖRSTER, A Parte Geral cit., 330 ss, e CARVALHO FERNANDES, Teoria Geral do Direito Civil, I (Introdução, pressupostos da relação jurídica), 3.ª edição, Lisboa 2001, 320 ss.

[281] Dificilmente se poderia achar coerência valorativa entre a não aplicação à responsabilidade contratual da indemnização de equidade do art. 489 e a defesa, ao invés, desta mesma indemnização no âmbito das regras que disciplinam a interacção negocial dos sujeitos (como a da boa fé no âmbito pré-contratual ou durante a execução do contrato), embora não fundadas no consenso das partes e decorrentes de ponderações de direito objectivo.

cial, as consequências dos requisitos mais restritos da imputabilidade da ocorrência danosa que vigoram neste âmbito.

Também o regime de distribuição do *onus probandi* próprio do direito delitual reflecte o recorte característico da responsabilidade aquiliana. Tributando homenagem ao paradigma isolacionista típico do direito delitual e à sua função de linha estática de defesa de certas posições do sujeito, o princípio é o de que não é reconhecida uma pretensão indemnizatória contra alguém sem que o interessado demonstre com segurança os respectivos pressupostos. O risco dessa verificação recai portanto sobre quem queira "arrancar" determinado sujeito ao seu "estado de quietude" mediante a imposição de uma obrigação de ressarcimento de danos. Reflecte-o a regra segundo a qual cabe por princípio ao lesado a prova da culpa do autor da lesão (cfr. art. 487 n.º 1).

De modo diverso se o sujeito abandonou *motu proprio* a "situação de solidão", empenhando-se e comprometendo-se no amplo cenário das relações e iniciativas intersubjectivas: falhas ocorridas neste plano podem justificar com maior facilidade uma inversão do ónus da prova e, desta forma, um desvio à referida necessidade de demonstração de todos os factos constitutivos do *"anspruchserzeugendes Tatbestand"*. Sobretudo reconhecendo-se que a presunção de culpa por vezes *apertis verbis* estabelecida é susceptível de envolver a presunção da existência de uma conduta ilícita do sujeito e da sua causalidade com respeito à ofensa de uma situação jurídica protegida, ocasionando prejuízos ao seu titular. Este agravamento das condições da responsabilidade — em direcção a uma quase-responsabilidade pelo risco — que vigora no mundo dos contratos e da responsabilidade por não cumprimento das obrigações [282], pode estender-se, segundo ponderações teleológicas, ao domínio contíguo da responsabilidade

---

[282] Remeta-se para o nosso *Contrato e Deveres de Protecção* cit., 190 ss (com observações conclusivas a págs. 202-203), onde se salienta a amplitude que a presunção de culpa reveste no domínio da responsabilidade obrigacional ao encerrar uma presunção de uma conduta ilícita e a sua causalidade em relação à falta de cumprimento.

O tema do *onus probandi* da culpa manifesta indiscutivelmente uma importante diferença entre a responsabilidade obrigacional e aquiliana. Ele não se cinge à censurabilidade da conduta, como por vezes se afirma ou pressupõe. Quanto a esta, no domínio delitual, embora possa bastar que o lesado demonstre que o autor do dano era capaz de conhecer o comportamento devido e de prever os prejuízos que poderiam advir da sua não observância (cfr. SÁ E MELLO, *Critérios de apreciação da culpa na responsabilidade civil/Breve anotação ao regime do Código*, ROA 49 [1989], 540 ss, que daí retira entretanto a viabilidade de fugir a uma "tentadora dualidade de critérios de prova"), não há presunção genérica como na obrigacional, bastando portanto em princípio que o autor da conduta apresente contraprova para alijar a responsabilidade. Mas o âmbito da presunção de culpa no campo obrigacional ultrapassa em muito — reitere-se — este aspecto (contra, MENEZES LEITÃO, *A Responsabilidade do Gestor* cit., 292 ss).

Para a sua racionalização propôs recentemente MENEZES CORDEIRO uma sugestiva consideração histórico-comparativa: a responsabilidade delitual teria sido construída na base de uma dicotomia entre culpa e ilicitude, documentável na tradição germânica, ao passo que a responsabilidade civil obrigacional acolheria no fundo o sistema francês da *faute*, noção de certo modo unificadora daqueles dois pressupostos (cfr. *Da Responsabilidade Civil dos Administradores* cit., esp. 464 ss). Pensamos de facto que é muito amplo o conceito de culpa presente nos arts. 798 e 799 n.º 1, referentes à responsabilidade obrigacional, quando confrontada com o sentido que a culpa assume no art. 483 do Código Civil.

Em todo o caso, não deverá traduzir-se a "falta de cumprimento" a que aludem os dois primeiros preceitos citados por ilicitude, pois não parece de acolher a tese de RAAPE da identificação pura e simples da ausência de cumprimento da prestação com a conduta violadora de uma obrigação (cfr., reportando-se especialmente à lição de LARENZ, o nosso *Contrato e Deveres de Protecção* cit., 192 e n. 394). Cremos que a falta de cumprimento é antes uma situação básica de responsabilidade, aliás, *rectius*, a situação básica de responsabilidade obrigacional que, verificada, *indicia* um comportamento ilícito-culposo. Confirmando o relevo que possui na construção da responsabilidade em geral (cfr. também já a *nossa* obra citada, 136-137 n. 273), a destrinça entre situação de responsabilidade e ilicitude tem fundamento positivo, quer considerando o teor do art. 483, quer o do art. 798 (e o do art. 799 n.º 1, aqui, na nossa interpretação da noção de culpa como abrangente da ilicitude e distinta da falta de cumprimento ou do cumprimento defeituoso; uma interpretação que procura extrair da lei o melhor sentido, que se compagina com o preceito antecedente e a não identificação, nele, de situação de responsabilidade e ilicitude, e que evita uma lacuna de previsão quanto à distribuição do ónus da prova da ilicitude em matéria de não cumprimento). O Código não foi aliás uniforme na terminologia utilizada para caracterizar o comportamento que sujeita o devedor a responsabilidade. Ora emprega o termo "culpa" — que toma aliás em sentidos não coincidentes nos arts. 798 e 799 n.º 1, por um lado, e no art. 799 n.º 2, por outro —, ora prefere antes a referência a uma "causa imputável ao devedor" nos arts. 801 n.º 1, 803 n.º 1 e 804 n.º 2; o que transplanta para o coração da responsabilidade obrigacional portuguesa uma falta de uniformidade conceptual que não deixa de ser perturbadora. Detectando-se nos preceitos relativos ao não cumprimento uma miscigenação entre culpa e ilicitude, como é também característico da *faute* francesa, essa dualidade de conceitos evoca afinal também a ambiguidade e imprecisão indeléveis da noção de *faute* (mas afirmando, pelo contrário, que a referência à *faute* é intuitiva e dispensaria mesmo a indicação de normas jurídicas violadas, MENEZES CORDEIRO, *Da boa fé nos finais do séc. XX*, ROA 56 [1996], 898). Por isso, sem prejuízo da similitude que, no plano do direito comparado, se pode estabelecer entre a respectiva doutrina e a construção de certas normas de responsabilidade no direito civil português, está para nós fora de causa uma importação (acrítica) da respectiva dogmática. Designadamente, enquanto se não demonstrar a inutilidade ou inconveniência da distinção entre a ilicitude e a culpa como noções analíticas operacionais, úteis na própria responsabilidade civil obrigacional, pois espreita o perigo de um retrocesso científico.

O alcance que deve ser atribuído à presunção de culpa no contexto da diferenciação de responsabilidades foi entretanto desvalorizado por OLIVEIRA ASCENSÃO, para quem nada de diverso haveria no art. 799 n.º 1 do que um corolário das regras gerais de distribuição do ónus da prova: por força do art. 342, caberia ao autor demonstrar os factos constitutivos da obrigação e do não cumprimento, ao réu a prova dos factos extintivos ou impeditivos da obrigação (cfr. *Arguição do currículo apresentado pelo Doutor António Menezes Cordeiro nas provas para obtenção do título de professor agregado*, RFDUL XXXIX [2], 1998, 825). Não discutiremos em pormenor a possibilidade de recondução dos princípios de distribuição do ónus da prova na responsabilidade por não cumprimento às regras gerais, pois interessa-nos essencialmente sublinhar a inversão do ónus da prova a cargo do devedor inadimplente (abrangente, como se frisou, quer da culpa em sentido estrito, quer da própria ilicitude) *por contraposição com o regime da responsabilidade aquiliana*. Em todo o caso, a norma do art. 799 n.º 1 permanece fundamental pelo esclarecimento que presta. Recorde-se que na responsabilidade obrigacional, o que deve ser considerado facto constitutivo e facto impeditivo da obrigação de indemnizar depende do modo de conceber a articulação entre dever de prestar e dever de indemnizar, uma questão suficientemente complexa e demasiado importante no plano prático para que o legislador deixasse o intérprete-aplicador a braços com a necessidade de desentranhar sozinho uma solução a partir de simples critérios gerais de distribuição do *onus probandi*. Mais a mais, perante uma norma como a do art. 342 n.° 3, que levaria a que, em caso de dúvida, se tivesse de considerar ter o credor de demonstrar a ilicitude e a culpa do devedor, precisamente o resultado inverso ao que se reputa adequado (e plasmado na lei, devidamente interpretada). Naturalmente que quem construa a obrigação de indemnizar como basicamente consubstanciada pelo próprio e originário dever de prestar, embora modificado, não carece de autonomizar para efeitos substantivos e, logo, probatórios, a ilicitude do incumprimento: tudo decorre do dever de prestar e está ainda compreendido no seu âmbito. Mas há fortes razões para não conceber deste modo a responsabilidade do devedor. Pense-se só em que a obrigação de indemnizar se não tem por que cingir à reparação do dano consistente na ausência da prestação devida em si mesma; e em que não é curial partir-se do princípio de que para o devedor é o mesmo comprometer-se a prestar e vincular-se a indemnizar, justificando-se pois um controlo atento da ordem jurídica sobre a passagem do dever de prestar para o de reparar os danos, com o consequente relevar material dos seus pressupostos e condições; *vide* ainda o nosso *Contrato e Deveres de Protecção* cit., 94 ss, esp. n. 185. Quanto mais autonomamente se conceber o dever de indemnizar do de prestar, mais imperiosa se torna uma norma como a do art. 799 n.° 1 — e com o sentido amplo que lhe reconhecemos —, a fim de corrigir o que decorreria nesse caso das regras gerais de distribuição da carga da prova.

    Retornando agora à posição que por último apreciamos: ela considera que o art. 342 do Código Civil ilibaria o credor da prova da ilicitude, mas não da culpa *stricto sensu* — daí o interesse e a novidade do art. 799. Aqui parece ser implicitamente tributária de uma orientação intermédia na sobredita questão da articulação do dever de prestar com o de indemnizar. Mas estão longe de se ler bem os seus contornos. O dever de indemnizar como manifestação do de prestar explicará que se dispense o credor da prova da ilicitude. Porquê porém um regime de princípio diverso para a culpa e que sentido teria ele? Qual então a razão de o próprio legislador consagrar depois a seu respeito a solução que vigora para a ilicitude? (De passagem: OLIVEIRA ASCENSÃO critica a MENEZES CORDEIRO que a presunção do art. 799 abranja a causalidade: *ibidem*, 826. Tem razão no que toca à relação entre o incumprimento e o dano concreto sofrido pelo credor. Como escrevêramos em *Contrato e Deveres de Protecção*, cit., 193, essa causalidade deve ser demonstrada por este último. Aí alertámos porém igualmente para que, além da causalidade que "preenche" a responsabilidade — a *haftungsausfüllende Kausalität* da terminologia germânica —, a imputação de danos por não cumprimento requer desde logo que o próprio não cumprimento tenha sido provocado por uma conduta faltosa do

por violação das regras de direito objectivo que disciplinam a interacção dos sujeitos [283].

---

devedor. Esta causalidade é a que derradeiramente *funda* a responsabilidade — é *haftungsbegründend* — e está abrangida na presunção do art. 799 n.º 1. Configurando-se a prestação a cargo do devedor como resultado e demonstrando-se a sua não verificação, a prova da causalidade em relação a ela de um facto imputável ao devedor não está na realidade a cargo do credor.)

Para finalizar, anote-se que não poderia nunca concordar-se em que o art. 799 n.º 1, com a amplitude que lhe reconhecemos, decorra de regras gerais de argumentação. Bem vistas as coisas, semelhante entendimento partiria implicitamente do princípio radical de que o discurso jurídico não é senão uma aplicação sectorial do discurso prático geral. Nega-se deste modo patentemente a sua autonomia e especificidade; esquece-se a importância jurídico-substantiva específica da distribuição do *onus probandi*, a sua vinculação à institucionalização e defesa de estruturas de acção e valores que elas corporizam. Este reducionismo não pode aceitar-se. Não se vê como recusar a função que as normas jurídicas têm precisamente enquanto objectivação, valoração, formalização e simplificação das exigências do discurso argumentativo geral; em ordem à redução drástica das incertezas e ambiguidades por este manifestas, mas também no sentido de joeirar segundo critérios de autêntica validade jurídica as suas exigências. Repare-se, retornando ao pomo da discórdia, que não se descortina facilmente, mantendo-nos no quadro dos meros ditames gerais da argumentação — e procurando abstrair consequentemente de qualquer ponderação intencionalmente jurídica —, porque é que não haveria de caber (em regra) ao lesado, para fazer valer uma responsabilidade obrigacional alheia, a demonstração de todas as circunstâncias de que depende essa responsabilidade, como a ilicitude e a censurabilidade de conduta de outrem. A distribuição do *onus probandi* representa assim uma função específica do Direito e deve ser apreciada segundo os seus critérios.

[283] Pelo menos tratando-se de deveres de resultado (cfr. *Contrato e Deveres de Protecção* cit., 194 ss). Naturalmente que, autonomizando-se a responsabilidade pela confiança da violação de ditames de comportamento (mesmo daqueles que incidem sobre o relacionamento dos sujeitos), a questão do *onus probandi* se tem de colocar por referência a requisitos diferentes do da "culpa" (incidindo antes sobre os pressupostos da imputação do dano de confiança): a inversão do ónus da prova exprimirá então uma defesa enérgica das expectativas dos sujeitos, justificável em certas situações.

A jurisprudência reconhece a presunção de culpa no domínio do não cumprimento dos deveres contratuais de prestar ou dos deveres laterais de conduta; mesmo quando a cinge *apertis verbis* à simples censurabilidade da conduta, ultrapassa com frequência esse âmbito. Assim o Acórdão do Supremo Tribunal de Justiça

Os traços do regime da responsabilidade por facto de terceiro na responsabilidade aquiliana — menos gravoso do que aquele que vigora na responsabilidade obrigacional — explicam-se igualmente pelo paradigma delitual da responsabilidade: aqui, cada um é tido como autónomo e independente perante a autonomia e a independência dos demais e, por isso, apenas responde em princípio por si e pelos seus actos. No campo das interacções humanas, nomeadamente de cariz obrigacional, é inevitável no entanto a oneração dos intervenientes com o *risco* da conduta de pessoas que agregam a si para satisfazer os seus compromissos e objectivos; *mutatis mutandis* se pode discorrer quanto à responsabilidade pela confiança. Ao passo que no âmbito delitual, face a uma ordenação de condutas que atente essencialmente na necessidade de proteger bens jurídicos fora daquele contexto e que se imponha indiferenciadamente a um conjunto indeterminado de sujeitos, essa responsabilidade é de traçar de forma mais limitada. Primordialmente, como modo de compensar riscos específicos de organizações, ou, pelo menos, concertações de pessoas, em relação a esses bens jurídicos; e promovendo uma razoável canalização ou absorção dos danos, capaz de superar os limites de uma simples estruturação da responsabilidade em torno da relação lesado-lesante e de reflectir adequadamente a ligação entre quem atinge os bens jurídicos e aquele a quem a sua conduta se encontra subordinada, se encontra na sua origem e dela visou retirar ordinariamente proveito [284].

---

de 22 de Abril de 1997, CJ (STJ) V (1997), 2, 70 ss: tendo perecido num incêndio algodão que se encontrava armazenado, o dono das instalações foi responsabilizado, *inter alia*, por não ter provado ter tomado precauções como a instalação de alarmes ou outros meios de detecção de incêndios, o equipamento com extintores e a vigilância específica (atente-se no implícito reconhecimento de que há deveres de protecção susceptíveis de impender sobre os sujeitos, cuja violação se presume se o resultado contratual não é atingido: pode consultar-se de novo o nosso *Contrato e Deveres de Protecção* cit., 190 ss; elucidativo da importância de que estes deveres se podem revestir ainda o Acórdão da Relação de Lisboa de 26 de Outubro de 2000, CJ XXV [2000], 5, 132 ss, onde se condenou um hospital pelos danos provocados a um doente que nele escorregara por haver cera acumulada, apesar de não se ter demonstrado a razão e origem desse facto).

[284] Desenvolvimentos no nosso *Contrato e Deveres de Protecção* cit., 203 ss, designadamente no que toca à interpretação dos arts. 500 e 800 do Código Civil e aos

23. O paradigma delitual perante outras questões de responsabilidade; orientações, por confronto, para uma disciplina da protecção da confiança; conclusão

Um modelo de responsabilidade delitual não é apenas resultado de um conjunto de particularidades do respectivo regime. Em demons-

---

requisitos que num e noutro caso decorrem para a responsabilidade por facto de terceiro, aspectos que aprofundámos mais recentemente em *A responsabilidade objectiva por facto de outrem* cit., 297 ss.

A destrinça entre o regime delitual e obrigacional de imputação de um facto de terceiro tem sido admitida, com maiores ou menores justificações, na doutrina portuguesa; entre outros, especialmente por J. RIBEIRO DE FARIA, *Direito das Obrigações*, II, Coimbra 1990, 411 ss, e também por C. MOTA PINTO, *Cessão* cit., 410-411, A. PINTO MONTEIRO, *Cláusulas Limitativas e de Exclusão da Responsabilidade Civil*, Coimbra 1985, 428, M. TEIXEIRA DE SOUSA, *O Concurso de Títulos* cit., 316, e, recentemente, MENEZES CORDEIRO em *Da Responsabilidade Civil dos Administradores* cit., 487 e n. 61. De assinalar ainda o estudo de PEDRO MÚRIAS, *A responsabilidade por actos de auxiliares* cit., 171 ss, que todavia se pronuncia pela inexistência de diferenças de regime entre a responsabilidade obrigacional/contratual e a responsabilidade delitual no plano dos deveres de responder por actos de auxiliares, tomando uma "posição monista radical" quanto a este ponto da responsabilidade civil. (Sem prejuízo do interesse de algumas linhas de reflexão aí sugeridas, é preferível a posição que sustentámos a propósito da responsabilidade do art. 500 e do art. 800. Duas brevíssimas obervações relativamente à tese de que a responsabilidade *ex vi* do art. 500 abrangeria também a responsabilidade contratual, assim como, inversamente, a responsabilidade prevista no art. 800 poderia ocorrer no domínio delitual. Quanto ao primeiro ponto, a extensão da responsabilidade do comitente à responsabilidade contratual corrói nos seus fundamentos o princípio da relatividade do contrato consignado no art. 406 n.º 2: o exemplo da pág. 191 do referido estudo confirma eloquentemente esse perigo e ignora, por outro lado, o regime específico do mandato sem representação; a destrinça, aqui, entre dever de prestar e dever de indemnizar representaria um puro formalismo. Por este tipo de razões se tem de discordar também — refira-se no percurso — de P. ROMANO MARTINEZ, *O Contrato de Empreitada*, Coimbra 1994, 128, e, de novo, *Direito das Obrigações (Parte especial)* cit., 386-388, ao admitir que o subempreiteiro pode demandar o dono da obra como *comitente*, exigindo o pagamento da remuneração acordada com o empreiteiro. Quanto ao segundo aspecto acima mencionado, não devem confundir-se os deveres no tráfico delituais e os deveres de prestar ou outros deveres específicos [apenas] entre sujeitos determinados, o que prejudica a possibilidade de aplicação do art. 800 neste último âmbito; cfr., a propósito, o nosso *Contrato e Deveres de Protecção* cit., 246 n. 508.)

tração clara das consequências jurídicas que uma caracterização global do direito delitual implica, esse modelo projecta-se igualmente em aspectos de disciplina não univocamente determinados perante as normas disponíveis; influindo mesmo em áreas do sistema tradicionalmente menos relevadas[285]. Considerem-se alguns deles.

A uniformidade do padrão aferidor da culpa no terreno aquiliano e obrigacional — o critério legal do bom pai de família (arts. 487 n.º 2 e 799 n.º 2) — esconde a diversidade de sentido que a censurabilidade da conduta assume num e noutro domínio e, deste modo, os distintos elementos operativos a que há que lançar mão em cada caso para o seu estabelecimento. No âmbito delitual está envolvido um juízo tendencialmente generalizável, harmónico com a natureza geral das normas de conduta delituais e o seu objectivo de defesa de uma ordem básica, indiferenciada, de convivência. Já no campo dos contratos e, globalmente, no das interacções humanas, essa censurabilidade, por isso que deve obedecer àquilo que é postulado pelas suas relações, consente ponderações específicas, reclamadas pelo tipo de ligação particular ocorrida[286]. *Mutatis mutandis*, no que concerne à ilicitude[287].

---

[285] Será verdadeira a afirmação de GOMES DA SILVA segundo a qual a caracterização do direito delitual deu lugar a uma das mais intrincadas discussões que ocuparam o espírito dos juristas, mas é também de rejeitar categoricamente que essa discussão seja "vã" (cfr. *O Dever de Prestar* cit., 297).

[286] Afirmar que o conteúdo da diligência devida pode variar em função das circunstâncias concretas em que se encontram os sujeitos susceptíveis de responsabilidade delitual não é o mesmo que atribuir ao relacionamento que possa existir entre lesado e lesante, às suas condições e exigências, uma eficácia fundamentadora (própria, directa) do conteúdo dessa diligência (cfr., a propósito, no contexto da distinção entre deveres de protecção e deveres de prevenção do perigo, o nosso *Contrato e Deveres de Protecção* cit., 246 n. 508). Note-se, em todo o caso, que a questão da interpretação da censurabilidade não tem relevo imediato dentro da concepção que defenderemos da protecção da confiança como independente de culpa.

A propósito da diversidade de escopo do padrão legal do bom pai de família no âmbito da responsabilidade delitual e obrigacional, observe-se que na culpa por inadimplemento das obrigações preponderam considerações relativas à diligência exigível do devedor e à sua aptidão para o que é postulado pela realização da prestação. A funcionalização do critério do "bom pai de família" ao cumprimento

A Confiança perante Concepções Alternativas de Responsabilidade 309

Também saber se a *redução da indemnização em caso de mera culpa do lesante* (art. 494) se restringe à responsabilidade aquiliana requer, na falta de uma indicação inequívoca do sistema positivo português, uma ponderação à luz das características do direito delitual[288]. No campo aquiliano, essa redução merece também ser encarada perante a preocupação de traçar em geral um equilíbrio razoável entre a defesa de certas posições jurídicas do sujeito e uma ordem tanto quanto possível de liberdade e isenta de responsabilidade[289]. O resultado da apli-

---

torna-se clara perante o regime da impossibilidade subjectiva superveniente da prestação, que pode conduzir à exoneração do devedor (cfr. o art. 791). Quando no estabelecimento da obrigação tenham relevado circunstâncias, perícias ou talentos específicos do devedor, o critério da diligência reclamável deve reflectir esses factores. Ao passo que no direito delitual vigora, como se disse, uma orientação niveladora. (A questão tem por exemplo importância na apreciação da conduta do sujeito cuja diligência é habitualmente superior à que é exigível do "bom pai de família". Essa característica do sujeito não deve implicar para ele, no campo delitual, qualquer discriminação penalizadora em relação ao modo de avaliar a conduta de outro sujeito, menos diligente do que ele, porque está aí em causa um estatuto de regras iguais para todos. Contudo, ela pode ser perfeitamente relevante no terreno contratual; *vide* também PEREIRA COELHO, *O nexo de causalidade* cit., 153 ss.)

[287] Deste modo já o nosso *Contrato e Deveres de Protecção* cit., *v.g.*, 177-178, e 183 ss, rejeitando por isso também a assimilação dos deveres de protecção aos deveres no tráfico delituais; aparentemente em sentido diverso, MENEZES CORDEIRO, *Direito Bancário/Relatório* cit., 128.

[288] O argumento da localização sistemática do art. 494 no âmbito dos preceitos relativos à responsabilidade aquiliana não é, na realidade, só por si decisivo.

[289] Em todo o caso há que ter em conta a heterogeneidade das situações susceptíveis de conduzir à aplicação do art. 494 (cfr. neste contexto J. C. BRANDÃO PROENÇA, *A Conduta do Lesado como Pressuposto e Critério de Imputação do Dano Extracontratual*, Coimbra 1997, 163, dando conta, em nota, do conjunto de doutrinas que disputam a área do art. 494).

A possibilidade de redução da indemnização tem sido abundantemente discutida além-Reno perante a falta de uma previsão que explicitamente a consinta. Pela sua aceitação, justificando-a como decorrência do princípio constitucional da proporcionalidade e dos direitos fundamentais, CANARIS, *Verstösse gegen das verfassungsrechtliche Übermassverbot im Recht der Geschäftsfähigkeit und im Schadensersatzrecht*, JZ 1987, 993 ss (estudo que mereceu tomadas de posição críticas de THILO RAMM, *Drittwirkung und Übermassverbot/Eine Erwiderung auf den Aufsatz von Canaris in JZ*

cação estrita das normas delituais é por vezes susceptível de afectar seriamente esse compromisso. A cláusula (legal) de redução da indemnização representa neste aspecto um *correctivo* da ordem aquiliana, uma válvula de flexibilidade que actua no plano do *quantum* indemnizatório e que permite superar a rigidez de um sistema de "tudo ou nada", inaceitável em determinados casos.

A obrigação de indemnização a cargo do lesado pode designadamente ser ruinosa para ele e afectar, em termos intoleravelmente dramáticos do ponto de vista humano, as condições económicas da sua existência, sobretudo pela ocorrência de danos catastróficos [290]. Por outro lado, quanto menos intenso for o nexo de imputação entre um dano e uma conduta plenamente livre e esclarecida do sujeito e

---

1987, S. 933 ff., JZ 1988, 489 ss, e de EBERHARD WIESER, *Verstösst § 105 BGB gegen das verfassungsrechtliche Übermassverbot?/Eine Stellungnahme zu der These von Claus-Wilhelm Canaris in JZ 1987, S. 993 ss*, JZ 1988, 493 ss, a que se seguiu uma réplica do próprio CANARIS, *Zur Problematik von Privatrecht und verfassungsrechtlichem Übermassverbot/Ein Schlusswort zu den vorstehend abgedruckten Erwiderungen von Ramm und Wieser*, JZ 1988, 494 ss; vide ainda GERHARD HOHLOCH, *Allgemeines Schadensrecht*, in Gutachten und Vorschläge cit., I, 459 ss, que propôs a introdução da "cláusula de redução por equidade" no âmbito dos trabalhos de reforma do direito das obrigações alemão, solução que o actual projecto de lei de modernização do direito das obrigações, na versão de 4 de Abril de 2000, não incorpora aliás explicitamente).

[290] As regras que, no direito português, determinam a impenhorabilidade de determinados bens (cfr., por exemplo, os arts. 822 f) e g), e o art. 824 do Código de Processo Civil) procuram salvaguardar o limiar mínimo económico-existencial do devedor. No âmbito desta teleologia, aplicam-se qualquer que seja a natureza ou a origem da responsabilidade. A necessidade (e operatividade) da *reductio* para além delas, embora tendencialmente residual, não deveria em todo o caso excluir-se liminarmente. Se, em virtude da extensão dos danos pelos quais o sujeito é responsável, ele for lançado por um período desproporcionadamente longo na penúria ou sem poder satisfazer adequadamente necessidades imperiosas de saúde, por exemplo, a redução permitirá corrigir esse resultado indesejável. A questão é substantiva, mesmo que as referidas normas de impenhorabilidade apareçam *travestidas* de processuais. CANARIS, *Verstösse* cit., 1001 ss, chama directamente à colação a garantia constitucional dos direitos fundamentais. Mas o direito português dispõe do aludido art. 494, cujo sentido pode obviamente ser preenchido com paralelas exigências constitucionalmente consagradas.

quanto menos relevante for, para o lesado, a indemnização, mais espreita o perigo de uma desproporção da obrigação de ressarcir os danos. Note-se que o direito delitual impõe a obrigação de indemnizar desde que alguém tenha incorrido ilícita e censuravelmente numa situação de responsabilidade aquiliana, independentemente de ter podido aperceber-se integralmente das consequências da sua acção e da amplitude do dano que com ela provocava. A previsibilidade constitui um requisito que, em direito delitual, apenas interessa, basicamente, à culpa e, com esta, à realização do *Tatbestand* de responsabilidade; não tem por que se verificar em relação aos danos produzidos como consequência da verificação desse *Tatbestand* para que a obrigação de ressarcir se afirme [291].

---

[291] Já se disse que a fixação pelo legislador português das situações de responsabilidade não implica nenhuma limitação da indemnização segundo o género ou da natureza dos danos decorrentes da verificação dessas situações (que podem, assim, ser puramente patrimoniais). Acrescente-se agora que este sistema também não restringe o ressarcimento em função do montante atingido pelos prejuízos, que não têm por que ser de antemão discerníveis na sua globalidade. Assim, todos os danos patrimoniais decorrentes da verificação do *Tatbestand* de responsabilidade são em princípio de indemnizar. É certo que, dependendo a responsabilidade de culpa do lesante, a previsibilidade integra a *facti-species* que desencadeia a obrigação de indemnizar, porquanto sem ela não há negligência. Estamos no entanto perante aquela causalidade que alicerça o juízo de responsabilidade (a «haftungsbegründende Kausalität» germânica a que acima se aludiu já; desta se tratava quando, no caso decidido pelo Acórdão do Supremo Tribunal de Justiça de 15 de Abril de 1993, CJ [STJ] I [1993], 2, 59 ss, se referiu o argumento apresentado por um inquilino segundo o qual dar de arrendamento uma casa clandestina situada debaixo de um poste de alta tensão constituía um sério perigo em termos de fazer responder os senhorios pelo acidente pessoal grave por ele sofrido ao reparar no telhado da casa uma antena de televisão: note-se que esta identificação do facto responsabilizante corresponde a uma pretensão delitual, e não derivada da violação de qualquer dever de protecção ligado ao contrato celebrado). Quanto aos prejuízos que se originam com e a partir do facto constitutivo da responsabilidade, a previsibilidade não se torna necessária (neste sentido também ANTUNES VARELA, *Das Obrigações em Geral*, I, cit., 895-896, e já MANUEL DE ANDRADE, *Teoria Geral das Obrigações*, 2.ª edição, Coimbra 1963, 363, no âmbito do inadimplemento das obrigações). É o domínio da «haftungsausfüllende Kausalität», também já mencionada, que apenas interessa ao preenchimento e fixação concretos do objecto da obrigação de indemnizar (na Ale-

Ora, nem a doutrina da causalidade adequada, nem o apelo à teoria do fim da norma[292] resolvem *in radice* o problema da falta de previsibilidade dos danos e a necessidade de conter a indemnização dentro de parâmetros aceitáveis. A primeira estabelece a adequação entre facto gerador de responsabilidade e dano de um ponto de vista geral e abstracto[293]; esta pode perfeitamente existir, ainda que o agente não pudesse razoavelmente contar com ela. Por sua vez, a ponderação do fim da norma, quando não se reduz efectivamente a uma fórmula em branco, de escasso ou nulo valor heurístico, não se prende também directamente com a influência da previsibilidade na responsabilidade, mas antes com a identificação do âmbito objectivo de tutela da norma infringida pelo sujeito[294]. Nenhuma delas pode

---

manha pode ver-se também, por exemplo, HERMANN LANGE, *Schadensersatz*, in Handbuch des Schuldrechts, 2.ª edição, Tübingen 1990, 9). Em geral acerca da necessidade de equilibrar a culpa e o *quantum respondeatur*, discutindo soluções perante o direito anterior, PEREIRA COELHO, *Culpa do lesante e extensão da reparação*, RDES VI (1950), 68 ss.

[292] Uma apreciação dos dois entendimentos da causalidade é confrontável em MENEZES CORDEIRO, *Da Responsabilidade Civil dos Administradores* cit., 532 ss; focando em especial a teoria do fim da norma no âmbito das disposições de protecção, destaque-se também, desenvolvidamente, SINDE MONTEIRO, *Responsabilidade por Conselhos* cit., 269 ss.

[293] Cfr., a propósito, ANTUNES VARELA, *Das Obrigações em Geral*, I, cit., 891 ss. Informa por seu turno LARENZ, *Lehrbuch des Schuldrechts* cit., I, 436, que a fórmula para que tende o BGH é a do "observador ideal". Não se pode no entanto tratar de, seguindo uma prognose objectiva deste género, para mais estabelecida depois de se ter constatado o prejuízo e desvendado a sequência causal, pretender que para um sujeito omnisciente o processo real que conduziu ao dano é sempre previsível. Se se aferir a adequação, mais limitadamente, pelas regras da experiência de vida dos sujeitos, não se evita no entanto, ainda assim, a responsabilidade por um dano não de todo improvável, mas em que o processo causal que a ele conduziu foi, no caso concreto, pouco vulgar.

[294] Neste aspecto, é efectivamente susceptível de contribuir para uma circunscrição da obrigação de ressarcimento. A teoria do fim da norma, ao convocar uma interpretação teleológica da regra de responsabilidade, determina que o sujeito só é responsável se o prejuízo resultar de um risco que a norma violada pretendia precisamente evitar que se corresse. Contudo, as virtualidades desta doutrina — que tem aliás concitado uma plêiade de adesões (cfr., *v.g.*, MENEZES CORDEIRO, *Da Res-*

igualmente solucionar equilibradamente o problema da inadequação concreta da indemnização que possa (ainda que residualmente) persistir apesar da previsibilidade dos danos para o agente [295].

O direito delitual procura evitar comportamentos capazes de lesar esferas jurídicas alheias. Às situações de responsabilidade cabe neste aspecto uma função de "aviso" com respeito às consequências patrimoniais danosas que a sua verificação é susceptível de desenca-

---

ponsabilidade Civil dos Administradores cit., 532 ss, com indicações da doutrina nacional e estrangeira; ainda, MENEZES LEITÃO, Direito das Obrigações cit., 306) — são, em boa medida, muito mais aparentes do que reais.

Considere-se a previsão delitual central do art. 483 n.º 1, 1.ª alternativa. Uma vez que as posições aí previstas gozam à partida de uma tutela delitual genérica, ampla, no nosso ordenamento, uma argumentação dirigida nestes casos a identificar o fim da norma violada apresenta-se metodologicamente infrutífera, pela vastidão da protecção conferida. Esta sanciona à partida todos os ataques directos e imediatos a essas posições. Ultrapassando-se este campo, no sector, portanto, das omissões ou pela causação mediata de ofensas a essas posições jurídicas, o que importa é descortinar a própria "norma concreta" violada: procurar nestas condições o seu fim converte-se facilmente em discurso circular. Por isso, pelo menos no campo dos deveres do tráfico não positivados na lei ou por outra forma juridicamente sedimentados e que ao juiz cabe declarar, a doutrina do escopo da norma não adianta também o que poderia à primeira vista supor-se (mutatis mutandis, acrescente-se, no sector dos deveres não delituais de conduta, por exemplo, de protecção). Certamente que no juízo de responsabilidade, o intérprete-aplicador deve proceder de harmonia com o sistema das demais normas, e considerar os escopos gerais da responsabilidade civil no seu conjunto. Nesse sentido, o problema da causalidade deve ser resolvido segundo ponderações jurídicas (hoc sensu normativas). Mas isso é diferente de uma orientação pelo fim da norma (pressupõe-se, singular) violada. Para nós, onde a sua consideração se apresenta promissora é, sobretudo, no domínio das disposições de protecção (cfr., quanto a este último ponto, também MERTENS, in Soergel Kommentar, 12.ª edição, Stuttgart 1987 ss, n. 123 prévia ao § 249; vide ainda LARENZ, Lehrbuch des Schuldrechts cit., I, 443 ss).

[295] A necessidade, consoante as concepções ou as possibilidades, de um nexo de causalidade adequada (normativamente orientado) ou de que os danos a indemnizar se inscrevam no fim de protecção da norma constituem ainda elementos constitutivos do juízo de uma imputação delitual concreta. A redução da indemnização representa, por seu turno, uma moderação da indemnização resultante já desse juízo.

dear. A lei quer impedi-las e por isso determina que aquelas situações devem ser evitadas por todos, em termos tais que quem nelas incorre deverá ressarcir os danos advenientes sem que possa escusar-se com a falta de previsibilidade daqueles efeitos. O confinar da previsibilidade às situações de responsabilidade (em vez de a referenciar ao prejuízo) conduz precisamente a uma mais eficaz protecção das posições dos sujeitos em sede delitual. A redução do *quantum* indemnizatório representa um *contrapeso* a esta orientação. Ela constitui, no fundo, uma forma geral de *corrigir* hipóteses marginais de resultados *indesejáveis* do jogo das normas aquilianas. Uma justa repartição dos riscos de vivência em sociedade pode conduzir a uma compressão da função (plenamente) reparatória da responsabilidade, sobretudo quando se mostra satisfeita a finalidade preventiva da responsabilidade aquiliana [296].

Pelo exposto, a redução da indemnização fora do domínio delitual requer cuidadosas valorações. Assim, na responsabilidade obrigacional, tratando-se de ressarcir o prejuízo correspondente à falta de (devido) cumprimento da prestação em si mesma, a admissão dessa redução frustraria a atribuição ao lesado de um sucedâneo indemnizatório integral para a prestação inadimplida [297]. O sistema jurídico dispõe já de instâncias "prévias", embora normalmente indirectas, de prevenção de desproporções do *quantum* indemnizatório, ao sindicar a forma de constituição das obrigações (nomeadamente a negocial) e,

---

[296] O art. 494, ao permitir a graduação da indemnização em função do grau de culpabilidade do agente, revela a sensibilidade do direito delitual à finalidade preventiva da responsabilidade.

[297] No sentido da inadmissibilidade da redução da indemnização na responsabilidade contratual, ANTUNES VARELA, *Das Obrigações em Geral*, II, 7.ª edição, Coimbra 1999, 106.

Parece em todo o caso conveniente destrinçar a indemnização dos danos que consistem na falta de cumprimento propriamente dita da responsabilidade por danos subsequentes a esse não cumprimento, pois o argumento da necessidade de não frustrar o direito à prestação do lesado cinge-se naturalmente à primeira daquelas situações (*vide* de seguida o texto). Pelo contrário, alicerçando-se a limitação da indemnização na necessidade de protecção de certos direitos fundamentais do responsável, tal deverá valer obviamente para todas as áreas da responsabilidade civil.

muito embora dentro de certas balizas, o respectivo conteúdo [298]. Ora, se a obrigação se constituiu validamente, não é coerente inutilizar o direito correspondente impondo uma limitação à indemnização devida pelo seu não cumprimento.

Claro que esta justificação desvenda logo que a não redutibilidade da indemnização fora do campo aquiliano também tem limites. Comece por atender-se ao que se passa quando está em causa um direito à indemnização contratualmente fixado: a lei mesma consagra aí um *poder judicial de moderação* da indemnização (cfr. art. 812) em nome de certas exigências de proporcionalidade e adequação impostas pela justiça [299]. No entanto, à luz do argumento acima referido,

---

[298] Modos de controlo especialmente apurados quando a fonte da obrigação é a autonomia privada negocial; *v.g.*, a sindicância da formação do contrato destinada a assegurar o adequado esclarecimento e uma efectiva voluntariedade das partes quanto às obrigações assumidas, ou a proibição dos negócios usurários, entre outras restrições ao conteúdo dos contratos. Quanto àquelas obrigações que decorrem da lei (ou, em todo o caso, de um juízo segundo o direito objectivo), a regularidade da sua constituição encontra-se já assegurada implicitamente pelo legislador (ou por esse juízo). Em ambos os casos, pode dizer-se que o controlo da ordem jurídica se situa a um nível "primário", porque incide logo na fase da constituição das posições (obrigações) cuja violação desencadeará a responsabilidade. Não se dá pois no plano (secundário) da tutela dessas posições.

[299] Um confronto entre o art. 494 e o *direito de moderação judicial* previsto por lei para a fixação ou modelação negocial do direito de indemnização, designadamente no que toca à possibilidade de redução da cláusula penal manifestamente excessiva (art. 812) não deve naturalmente ignorar a fundamental diversidade dogmático-sistemática de ambas as disposições. Num caso, está em jogo a correcção de uma ordem geral de responsabilidade heteronomamente fixada por lei através da qual se protegem as posições jurídicas dos sujeitos (como tal "secundária" em relação à respectiva atribuição, de que o Direito também se desinteressa), no outro o controlo da liberdade contratual dos sujeitos no que concerne à fixação autonómica da tutela (privada), tendo em vista uma composição equilibrada dos seus interesses.

A doutrina tem aproximado com oportunidade a redução da cláusula penal e o princípio da boa fé. Assim, propõe PINTO MONTEIRO, *Cláusula Penal e Indemnização*, Coimbra 1990, 731 ss, uma redução dogmática do art. 812 ao dever de agir de boa fé e à proibição do abuso do direito (sobre a ideia da proporcionalidade no abuso, aqui particularmente em foco, cfr. especialmente MENEZES CORDEIRO, *Da*

compreende-se que a redução da indemnização opere essencialmente quando o montante previsto na cláusula penal ultrapassa o valor do benefício que o devedor assegura ao credor; fundamentalmente no âmbito, pois, da cláusula penal punitiva [300].

O problema da redução do montante indemnizatório subsiste porém no domínio dos danos que se não identifiquem com a falta ou a deficiência da prestação em si consideradas [301]. Deve contudo ter-se presente que é desde logo possível alcançar um equilíbrio dos prejuízos a ressarcir através de uma correcta identificação e formulação dos

---

Boa Fé cit., II, 853 ss). Apesar disso, cremos ser importante destrinçar entre estas várias realidades, pois elas não consentem uma completa assimilação (desenvolvidamente ainda *infra*, por exemplo, sob o n.º 71). Assim, a redução da cláusula penal coloca-se desde logo no plano da sindicância do conteúdo dos contratos e não apenas do exercício das posições jurídicas que deles emergem (como ocorreria no abuso), o que torna por exemplo possível uma redução (prévia) da cláusula por iniciativa do devedor independentemente da verificação de uma situação de inadimplemento. Por outro lado, não é também inteiramente fungível o recurso ao abuso do direito e à regra da conduta de boa fé do art. 762 n.º 2. Baste por agora a consideração de que, segundo o art. 334, a função precludente do exercício de posições jurídicas (*Schrankenfunktion*) que a boa fé desempenha (no quadro do abuso do direito) tem requisitos mais apertados — exige-se que os seus limites tenham sido *manifestamente* excedidos — por confronto com a regra da conduta de boa fé prevista no art. 762 n.º 2. O que, e aqui contra a tese da assimilação afinal tão amiúde propugnada entre os autores, corresponderá mesmo, segundo julgamos, a uma fina intuição jurídica neste campo. Para intervir directamente a corrigir o conteúdo das prestações autonomamente convencionadas pelas partes (no caso, para cercear a indemnização estipulada por cláusula penal), a ordem jurídica retrai-se em princípio mais — a cláusula penal tem de ser manifestamente excessiva — do que se se trata de sancionar simples comportamentos das partes no quadro da relação entre elas estabelecida (pelo menos na falta de circunstâncias qualificativas especiais, presentes, por exemplo, no domínio das cláusulas contratuais gerais). Mais facilmente intervém como bitola de comportamento ou enquanto fonte de deveres laterais de conduta do que paralisando, eliminando ou modificando direitos (e deveres de prestar) convencionados.

[300] Para o conceito e regime desta figura, essencial entre nós, PINTO MONTEIRO, *Cláusula Penal* cit., 328 ss, 601 ss, e *passim*.

[301] Esta destrinça é relevante para vários efeitos e subjaz até, como já se referiu, a certas soluções *de lege lata*: cfr. o art. 520.

deveres laterais de conduta a que, ademais de aos deveres de prestar, as partes se encontram vinculadas. Não é excessivo insistir na sensibilidade e ductilidade da sua fixação pelo intérprete-aplicador com vista a uma adequada repartição do risco contratual[302]. Uma função típica desses deveres é evitar a produção de prejuízos em situações contratuais. Eles tenderão a afirmar-se dentro do limiar da previsibilidade para um parceiro contratual atento. Apesar de tudo, também no que respeita aos deveres laterais de conduta se deve distinguir no rigor dos princípios entre a verificação de uma situação de responsabilidade — a sua violação — e os danos que dela decorrem. Pelo que também no respectivo domínio se justifica admitir (mesmo que marginalmente) a redutibilidade da indemnização[303].

O problema põe-se de resto com especial acuidade no que concerne aos prejuízos *subsequentes* ao inadimplemento dos deveres de prestar, convencionais ou decorrentes da lei (e que se não traduzem pois na "pura" falta do cumprimento da obrigação). Assim, o não cumprimento contratual desencadeia muitas vezes a perda de uma oportunidade patrimonial e — "oportunidade gera oportunidade" — esta perda torna-se capaz de se repercutir, em efeito "bola de neve", muito longinquamente. É no entanto questionável que o devedor inadimplente deva correr um ilimitado risco de responsabilidade.

---

[302] Cfr. já, quanto aos deveres de protecção, o nosso *Contrato e Deveres de Protecção* cit., 194. A flexibilidade dos deveres laterais de conduta leva a que, no seu âmbito próprio, possam ser consideradas a "proximidade" objectiva dos danos relativamente à conduta e/ou a sua previsibilidade. (Uma excepção constituiriam porém deveres de protecção de perigo abstracto — e o mesmo valerá para os deveres no tráfico com essas características.)

[303] Aberto a essa solução também o nosso *Contrato e Deveres de Protecção* cit., 218-219 (orientação diversa perfilha, especificamente quanto à responsabilidade por violação de adstrições in *contrahendo*, ANA PRATA, *Notas sobre a Responsabilidade Pré--Contratual*, Lisboa 1991, 213-214). Dado que esses deveres decorrem directamente de valorações do direito objectivo e não são fruto da autonomia privada, não vale contra-argumentar com a necessidade de não permitir excepções à responsabilidade das partes em relação aos danos advenientes da falta de observância dos compromissos que negocialmente assumiram para dissuadir com severidade desrespeitos à *lex privata* que os sujeitos livremente se deram.

A solução da questão implica naturalmente a determinação do âmbito de protecção conferido pela obrigação. Por um lado, pode advogar-se um princípio de integralidade da reparação daqueles prejuízos com o argumento de que, sendo todos eles afinal decorrentes de um inadimplemento, a limitação da responsabilidade do devedor em relação a certo tipo de danos, excluindo outros, seria susceptível de corroer a lealdade contratual; para não falar na possibilidade que o devedor sempre teria de limitar *a forfait* a sua responsabilidade diante de um risco desconhecido de danos [304]. Não parece no entanto de prescindir de um suficiente nexo causal, pelo menos para delimitar negativamente a obrigação de reparação. Nessa preocupação de circunscrever os prejuízos sofridos pelo credor e que o devedor há-de ressarcir se insere o acentuar do pensamento da causalidade adequada ou o fim do dever de prestar [305]. Mais além, existe entretanto uma significativa tendência que intercede no sentido da limitação da responsabilidade aos danos concretamente previsíveis pelo devedor [306].

---

[304] Neste sentido Haimo Schack, *Der Schutzzweck als Mittel der Haftungsbegrenzung im Vertragsrecht*, JZ 1986, 313. A eficácia preventiva do princípio *pacta sunt servanda* sairá naturalmente muito reforçada se se veda ao contraente a invocação em seu favor da anormalidade ou da imprevisibilidade das consequências económicas de um eventual inadimplemento seu.

[305] Cfr. Larenz, *Lehrbuch des Schuldrechts* cit., I, 441-443, e Mertens, in *Soergel Kommentar* cit., n. 149 prévia ao § 249.

A discussão em torno deste ponto não é ociosa perante a exigência de nexo de causalidade que o legislador português assinala no art. 563 do Código Civil, dada a amplitude e as imperfeições da fórmula por ele utilizada (focadas por exemplo, por Maria Ângela Bento Soares/Rui Manuel Moura Ramos, *Contratos Internacionais (Compra e venda, cláusulas penais, arbitragem)*, Coimbra 1986, 201-202, n. 270, onde podem confrontar-se várias indicações).

[306] Esta foi a proposta de Ulrich Huber, *Leistungsstörungen*, in Gutachten und Vorschläge cit., I, 726 ss, para a reforma do direito germânico das obrigações (aliás não retida *apertis verbis* no projecto de lei de modernização do direito das obrigações, versão de 4 de Abril de 2000), na sequência de autores vários como Rabel e von Caemmerer, e acolhendo, com carácter de generalidade, soluções já adoptadas, designadamente, pela Convenção de Viena, relativa à compra e venda de mercadorias. A referida Convenção estabelece no seu art. 74 que os danos a ressarcir não podem ser superiores aos que o lesante previu ou devia ter previsto no momento

A justificar esta última sensibilidade estará sem dúvida a crescente interdependência dos sujeitos, decorrente da divisão e especialização de tarefas que constituem traços característicos da organização económico-social dos nossos dias, pois ela agrava indiscutivelmente o risco de

da celebração do contrato, considerando os factos que ele conhecia ou, em todo o caso, devia ter conhecido como consequências possíveis do seu inadimplemento; cfr. M. ÂNGELA B. SOARES/R. MOURA RAMOS, *Contratos Internacionais* cit., 200 (aproximando aliás este regime da teoria da causalidade adequada, o que não nos parece líquido, pelo menos atendendo-se a que o critério da previsibilidade tem de arrancar do horizonte do sujeito, ao passo que o da adequação parece apelar antes de tudo a um juízo de normalidade de cariz objectivo, não condicionado por aquele horizonte; há pois diferenças que decorrem do universo dos conceitos empregues, considerados na sua pureza, embora as formulações concretas do nexo causal possam porventura mitigá-las e reduzi-las a aspectos pouco menos que residuais). Entre nós, tende a admitir a relevância da probabilidade do dano à luz daquelas circunstâncias que o devedor *efectivamente* conheceu, ao menos naqueles contratos nos quais se deve apreciar em concreto a culpa do devedor inadimplente, PEREIRA COELHO, *O Nexo de Causalidade* cit., 220-221.

A orientação que limita a indemnização aos danos previsíveis parece acolher o favor dos sistemas anglo-saxónicos, onde o *leading case Hadley vs. Baxendale* decidido em 1854 estabeleceu dois princípios ainda hoje seguidos: o de que são de ressarcir os danos que se possam considerar, em termos de razoabilidade, sobrevindos de acordo com a ordem natural das coisas da quebra do contrato e, em segundo lugar, o de que são de reparar os danos que devem ser razoavelmente tidos como considerados pelas partes ao tempo da celebração do contrato; em ambos os casos importa que os danos sejam o provável resultado da quebra do contrato (cfr. J. BEATSON, *Anson's Law of Contract*, 27.ª edição, Oxford, New York 1998, 568 ss, e FARNSWORTH, *On Contracts*, 3.ª edição, Gaitersburgh, New York 1998, III, 252 ss). O primeiro desses critérios corresponde ao estabelecimento de um nexo causal objectivo entre facto e dano, o segundo utiliza uma previsibilidade, referida ao sujeito, mas entendida de forma *objectiva*, sendo de notar que esta se mede ao tempo da celebração do contrato e não da falta de cumprimento. Ele mergulhará as suas raízes na concepção da *common law* segundo a qual o contrato implica uma garantia do devedor de responder perante o credor pelas consequências de um eventual inadimplemento, pois não é curial que o devedor assuma uma garantia por prejuízos não prognosticáveis (assim, considerando o devedor «homo oeconomicus» que transforma a fidelidade e a quebra do contrato em objecto de cálculo racional, ULRICH HUBER, *Leistungsstörungen*, II, in Handbuch des Schuldrechts, Tübingen 1999, 267).

danos desproporcionados ou imprevisíveis para o devedor em consequência do seu inadimplemento. Parece em todo o caso que um entendimento funcional do plano indemnizatório com respeito à relação de prestar instituída entre as partes (como sua "ordem substitutiva ou complementar"[307]) não deverá permitir que se rompa o equilíbrio desta última. Importa que a responsabilidade se adapte minimamente à distribuição de custos e benefícios na relação de prestar, não podendo servir de pretexto para o credor alijar sobre o devedor riscos da sua própria actividade. Deste modo, não seria sempre justo impor a este, *v.g.*, os danos derivados de uma peculiar forma de organização da empresa do credor, sobretudo se ele não podia prever a particular exposição do credor a certos prejuízos, adveniente dessa situação; ou, por exemplo, se os danos forem grosseiramente desproporcionados considerando a pouca gravidade do seu inadimplemento e a inadvertência da sua conduta, e/ou atendendo à magreza dos proveitos que ele, numa relação contratual, retiraria por sua vez do cumprimento da outra parte. Pode legitimamente duvidar-se de que uma obrigação de reparação integral dos danos, ainda que os mais remotos, seja sempre valorativamente compatível com o carácter voluntário da assunção da obrigação pelo devedor. Por isso haverá de compreender-se que, considerando demasiado largo o crivo da causalidade adequada, se reclame a previsibilidade dos danos derivados do incumprimento contratual para o devedor, assim como de reconhecer-se pelo menos uma ponta de acerto no pensamento que busca a fundamentação da respectiva ressarcibilidade numa tácita assunção de riscos pelo devedor[308]. As dificuldades que se podem apontar a semelhantes orientações apenas ajudam a perfilar a conveniência da admissibilidade de uma redução da

---

[307] Cfr., para o sentido destas noções, *Contrato e Deveres de Protecção* cit., 37-38.

[308] A nossa posição escolhe portanto ponderações teleológico-valorativas, único caminho prenunciador de acerto nesta matéria (nessa linha também as preocupações de MELVIN A. EISENBERG, *The principle of* Hadley vs. Baxendale, Cal. L. Rev 80 [1992], 563 ss). Relativamente à doutrina da aceitação de riscos, são naturalmente de apontar as deficiências de uma explicação negocialista da responsabilidade; *vide*, a propósito desta, *Contrato e Deveres de Protecção* cit., 83-85, n. 161, e 93 ss, e ns. respectivas.

indemnização também no domínio da responsabilidade decorrente da violação de uma obrigação [309].

Não vai discutir-se até ao fim se a questão da limitação da indemnização segue um regime (ou corresponde a uma dogmática) essencialmente diferente no domínio da responsabilidade delitual e obrigacional, apesar de não se poder ignorar a diversidade de sentido que esse problema apresenta quando posto perante as duas ordens de responsabilidade. A consideração de que à responsabilidade delitual cabe a defesa da intangibilidade de certos interesses contra ataques provindos do exterior, definindo um estatuto básico de coexistência entre sujeitos, que a todos se aplica sem discriminação e que é condição da paz jurídica geral, deporá no sentido da irrelevância da previsibilidade dos danos (cingindo-se, por conseguinte, apenas, como se apontou, à verificação da situação de responsabilidade) para efeito da limitação da indemnização. Daí que uma correcção excepcional da desproporção da obrigação de ressarcimento dos danos assuma uma especial acuidade no campo aquiliano. Ela funciona aí como contrapeso de um sistema global de protecção de posições jurídicas que não deve atender, por princípio geral, à desfavorabilidade das consequências da responsabilidade para o lesante, mas que pode admitir excepcionalmente aquela correcção desde que tal não sacrifique o essencial da tutela delitual instituída.

Já se a responsabilidade decorre de um relacionamento específico entre sujeitos (*maxime*, obrigacional), deve ficar aberta a possibilidade de ponderar valorativa e teleologicamente a sua natureza e circunstâncias de modo a fazer obedecer a medida da responsabilidade a uma distribuição equilibrada dos riscos desse relacionamento [310].

---

[309] Aqui, essencialmente no campo dos danos subsequentes, como se considerou. Sendo porém que, de acordo também com o já referido, a redução da indemnização por respeito a certos direitos fundamentais se alarga indistintamente, de acordo com o seu fundamento, a todas as modalidades não aquilianas de responsabilidade.

[310] Assim se compreende que o § 254 II do BGB considere haver lugar a uma limitação da indemnização se o lesado omitiu ao lesante a informação de que havia o perigo da ocorrência de um dano invulgarmente elevado que o lesado desconhecia ou não devia conhecer. Trata-se de uma solução que, no nosso direito, o art. 570 comporta.

O equacionar de uma moderação da indemnização pela frustração da confiança deve atender ao tipo de considerações precedentes, sem naturalmente olvidar a especificidade desta responsabilidade. Não se está aí no campo aquiliano, mas, por outro lado, a confiança não confere nenhuma atribuição de posições jurídicas susceptível de sair defraudada pela limitação do *quantum* indemnizatório. Desligar a tutela das expectativas da violação de deveres, que adiante se justificará, depõe no sentido da aceitação da redutibilidade da indemnização. Esta pode funcionar como válvula de flexibilidade e instrumento de adaptação da responsabilidade às características concretas da interacção dos sujeitos com base na confiança, reforçando as condições de realização de uma justiça individualizadora; uma redutibilidade tanto mais de reconhecer quanto se aligeirarem as exigências da imputação da confiança e, com ela, se facilitar a reparação dos danos decorrentes da confiança depositada [311].

Permeável a uma concepção da responsabilidade delitual é também a questão da admissibilidade das cláusulas de exclusão e limitação desta responsabilidade, a que a doutrina parece hoje responder maioritariamente de modo afirmativo [312]. São certamente irrelevantes para a sua dilucidação as dificuldades que, no plano fáctico das suas condições e da sua utilidade, podem pôr essas cláusulas [313], como se deve aceitar

---

[311] E com efeito: recolhe-se também essa lição do direito comparado. O § 90 do Restatement (Second) of Contracts norte-americano prevê a limitação da indemnização devida em sede de *promissory estoppel* (instituto que preenche no direito estado-unidense funções similares a algumas que, nos sistemas da *civil law*, a protecção da confiança visa alcançar).

[312] Vide PINTO MONTEIRO, *Cláusulas Limitativas* cit., 406 ss, com indicações. Nesse sentido já, no domínio do código anterior, GOMES DA SILVA, *O Dever de Prestar* cit., 324-326, opondo-se a uma diferenciação das responsabilidades nesta base. Opinião distinta era a de GUILHERME MOREIRA, tendo as convenções de irresponsabilidade como inválidas no campo da responsabilidade aquiliana (*Instituições do Direito Civil português (Parte geral)*, I, Coimbra 1907, 604; cfr. ainda, *Instituições* cit., II, *(Das obrigações)*, 2.ª edição, Coimbra 1925 [reimpr.], 112 ss.).

[313] Dificuldades derivadas essencialmente, tanto do carácter muitas vezes indeterminado dos potenciais lesados por uma conduta ilícita, como dos danos que ela pode provocar, mas que não excluem a conveniência de que essas cláusulas se podem revestir, sobretudo no domínio das relações de vizinhança ou em outras

igualmente que uma convenção de irresponsabilidade ou de limitação do *quantum* indemnizatório devido não altera só por si a natureza da responsabilidade, transformando-a de delitual em contratual [314].

Contudo, a liberdade de as partes fixarem previamente a disciplina do não cumprimento das obrigações que livremente constituíram e modelaram no seu conteúdo tem um alcance bem diferente da de afastarem normas de responsabilidade delitual. Aquela disciplina encontra-se essencialmente dirigida à protecção de vínculos obrigacionais em que os sujeitos voluntariamente se comprometeram (nomeadamente, celebrando o contrato); estas normas são, por sua vez, impostas aos sujeitos como forma de garantir e defender bens jurídicos alheios contra danos que possam provocar. A disponibilidade da tutela indemnizatória rege-se, concomitantemente, por princípios diferentes [315]. No primeiro caso, reflectirá necessariamente a disponibilidade de princípio da relação a proteger; pelo que a restrição à liberdade de exclusão ou limitação da indemnização devida terá essencialmente a ver com a necessidade de salvaguardar o sentido e a coerência da assunção de um compromisso contratual. No domínio aquiliano, a questão da admissibilidade da exclusão ou limitação da responsabilidade prende-se inelutavelmente com as condições da disponibilidade de um ilícito heteronomamente definido (pelo legislador), pelo que só nas fronteiras dessa disponibilidade, que se adivinham logo mais estreitas, é possível [316].

---

situações em que haja, por motivos fácticos, uma outra relação de proximidade entre lesado e lesante que aumente, em termos de probabilidade, a possibilidade de vir a desencadear-se entre eles uma responsabilidade. Cfr., a propósito, PINTO MONTEIRO, *Cláusulas Limitativas* cit., 391 ss.

[314] *Vide*, de novo, PINTO MONTEIRO, *Cláusulas Limitativas* cit., 395 ss.

[315] Esses princípios projectam-se em rigor, não apenas na disponibilidade directa da eficácia *stricto sensu* indemnizatória dos actos dos sujeitos, mas na própria disponibilidade das regras de imputação dos danos no seu conjunto, isto é, daquelas que definem os termos e os pressupostos da responsabilidade e qualificam o acto que a desencadeia.

[316] Compreende-se que a lei coloque requisitos mais apertados para a validade de cláusulas de irresponsabilidade por ofensas a interesses delitualmente protegidos, coerentemente com as valorações heterónomas das suas normas. E que não seja tão

Perante o exposto logo se pressente que a exclusão ou limitação da responsabilidade pela confiança depende da sua exacta configura-

exigente no campo contratual, em que a determinação do ilícito contratual é, em princípio, por contraste, inteiramente livre, no sentido de consequência da liberdade das partes na fixação do programa obrigacional. A ordem pública ou os bons costumes constituem limites gerais à disponibilidade do ilícito (veja-se o art. 340 relativo ao consentimento do lesado, que todavia esquece a ordem pública, cerceando aquele consentimento apenas em caso de ofensa a uma proibição legal e aos bons costumes). Esses limites têm porém um alcance bem diferente no domínio contratual e delitual. A natureza dos interesses em jogo reflecte-se na disponibilidade privada da tutela jurídica. É de ter por exemplo sérias dúvidas de que o consentimento do lesado que afasta a ressarcibilidade delitual dos danos, não apenas pessoais, mas inclusivamente patrimoniais, possa ser arbitrário ou objectivamente injustificado. A pura arbitrariedade ou falta objectiva de justificação para esse consentimento dificilmente se sustentarão face às exigências da ordem pública ou dos bons costumes. Nesta linha será de exigir para a exclusão ou limitação da responsabilidade delitual uma especial fundamentação: os sujeitos não se podem apropriar da responsabilidade (ou do critério da responsabilidade) aquiliana, sob pena de manipulação e subversão do carácter fundamentalmente imperativo do direito delitual.

Ponderação diferente merece a exclusão ou limitação do ressarcimento dos danos decorrentes do contrato, porquanto a assunção de obrigações contratuais está por definição dependente do arbítrio do sujeito. O problema da admissibilidade da renúncia antecipada à indemnização tem aqui outros contornos, que se prendem designadamente com a necessidade de não desfigurar o sentido da obrigação assumida e com a coerência com respeito à assunção de uma obrigação (por isso não deverá estender-se de plano o art. 809 ao campo da responsabilidade delitual, como propõe MENEZES CORDEIRO, *Direito das Obrigações* cit., I, 425; contra também PINTO MONTEIRO, *Cláusulas Limitativas* cit., 406).

Nas considerações expostas transluz sempre a avaliação do tipo de preocupações que determinam a responsabilidade delitual, embora seja de conceder que a ordem jurídica não está sempre interessada com igual intensidade na reparabilidade aquiliana de todo o género de ofensas. A disponibilidade da tutela delitual não pode desligar-se da do bem protegido. Por isso, compreende-se que ela seja de haver por princípio como *ilícita* enquanto não se demonstrar um consentimento (justificado) do lesado na agressão ao bem jurídico protegido que modifique a natureza do acto lesivo, retirando-lhe a ilicitude (em sentido diverso, parificando excessivamente a limitação ou exclusão da responsabilidade no sector delitual e contratual, PINTO MONTEIRO, *Cláusulas Limitativas* cit., 408-409; também P. ROMANO MARTINEZ, *Cumprimento Defeituoso* cit., 505-506). O critério para que propendemos — ao exi-

ção dogmática. A sua aproximação aos deveres *ex delicto* (como realidade "quase-delitual") condiciona-as mais do que a sua ordenação numa fenomenologia "quase-contratual".

A caracterização do direito delitual pode também importar na resposta a dar à questão da relevância negativa da causa virtual. A favor da irrelevância negativa militam conhecidas razões gerais [317]. Em todo o caso, o recorte da responsabilidade aquiliana como estatuto básico de protecção de certas posições e interesses conforta nalguma medida essa opção. Aquilo de que nesta se trata é do ressarcimento de um dano proveniente de um *comportamento reprovável* do agente que ele tem *sempre* que procurar evitar. Ora, a irrelevância negativa da causa virtual interpreta-se bem enquanto indício do empenho da ordem jurídica no acatamento das suas prescrições, particular sintoma da finalidade preventiva das suas normas [318]. Compreensivelmente tam-

---

gir uma justificação particular para a modelação privada da responsabilidade delitual — não significa portanto a admissibilidade de princípio da exclusão ou limitação convencional da responsabilidade, salvo o princípio da ordem pública ou dos bons costumes (como parece depreender-se de PINTO MONTEIRO, *ibidem*); requer, ao invés, uma demonstração da compatibilidade dessa exclusão com a teleologia e as valorações das normas delituais, pelo que, em caso de dúvida, essas cláusulas devem ser tidas como inválidas. Só desse modo se respeita devidamente a imperatividade destas normas. Repare-se que, no domínio do contrato, é a convenção das partes que cria e conforma o bem jurídico protegido, ao passo que no direito delitual esse bem jurídico está determinado de antemão e é imposto pela ordem jurídica ao respeito de todos. (Há que reconhecer, por isso, que considerações diferentes poderão valer no domínio da responsabilidade das obrigações *ex lege*, pelo menos daquelas que são determinadas imperativamente pelo ordenamento jurídico e em cuja constituição nenhum papel desempenha a atenção à vontade ou iniciativa do sujeito.)

[317] Cfr. na doutrina portuguesa, especialmente e por todos, PEREIRA COELHO, *O Problema da Causa Virtual na Responsabilidade Civil*, Coimbra 1956, 135 ss. Procurando remover vários obstáculos à consideração da causa virtual, entre muitos que sobre ela se debruçaram, por exemplo VON CAEMMERER, *Das Problem der überholenden Kausalität im Schadensersatzrecht*, Gesammelte Schriften, I (Rechtsvergleichung und Schuldrecht), Tübingen 1968, 411 ss, sempre profundo e actual.

[318] Relacionando em geral o problema da relevância negativa da causa virtual com a ideia de *sanção* e a superação do pensamento da não influência da culpa no *quantum respondeatur*, bem como de uma finalidade *exclusivamente* compensatória na responsabilidade civil, PEREIRA COELHO, *O Problema da Causa Virtual* cit., 294 ss.

bém, aí onde apenas se pode dizer que a conduta do agente só mediata ou indirectamente produziu o dano, provindo este, proximamente, de um facto fortuito ou de terceiro, a acuidade daquela solução diminui; precisamente porque não há um ataque directo aos bens jurídicos delitualmente protegidos e existe uma outra causa que proximamente os provocou[319].

A resposta à questão da relevância negativa da causa virtual na responsabilidade obrigacional imbrica-se igualmente com as suas funções e natureza, consentindo nessa medida enquadramentos particulares; sobretudo tendo presente a sua vinculação ao serviço da inte-

---

[319] A ordem jurídica portuguesa prevê a relevância negativa da causa virtual no art. 491 (responsabilidade das pessoas obrigadas à vigilância de outrem), no art. 492 (danos causados por edifícios e outras obras) e no art. 493 (danos causados por coisas, animais ou actividades). São preceitos onde aflora, no Código Civil, o pensamento dos *deveres no tráfico*. Eles induzem à consideração de que o espaço da relevância negativa da causa virtual se confina ao domínio dos delitos negligentes (mediata ou indirectamente causadores do dano), não podendo eximir o agente doloso de responsabilidade. Por outro lado, sugerem uma ponderação unitária e generalizadora da questão da relevância negativa da causa virtual no domínio dos deveres no tráfico, sensível (como já ensinava face à lei civil anterior PEREIRA COELHO, *O Problema da Causa Virtual* cit., 289 ss) à circunstância de o dano poder provir nestes casos imediatamente de factos fortuitos ou de terceiros (e só mediatamente de facto do responsável: *casus mixtus*). Claro que uma fundamentação deste tipo da relevância negativa da causa virtual não deixa também de obrigar à ponderação da questão na responsabilidade pelo risco, porque aí o dano surge à partida conexionado de forma mais ténue ainda com a conduta do sujeito.

A consagração pelo Código da relevância negativa da causa virtual em certas situações isoladas não pode deixar de implicar a sua aplicação analógica a hipóteses semelhantes, sob pena de incoerências graves, embora mereça ser devidamente discutido o campo legítimo dessa analogia. Assim, não se vê razão para, por exemplo, confinar a relevância negativa da causa virtual que o art. 1136 n.º 2 prevê ao contrato de comodato, negando-a em constelações de interesses paralelas, ocorridas embora em contratos diversos. Quanto ao art. 566 n.º 2, *in fine*, que manda calcular a indemnização pela diferença entre a situação patrimonial do lesado e aquela que existiria se não tivessem ocorrido danos, não é, considerando a letra do preceito, forçosa a sua interpretação no sentido de que esses danos são apenas os provocados pela causa real (em sentido diverso, ANTUNES VARELA, *Das Obrigações em Geral*, I, cit., 935). Admiti-lo representa uma pura petição de princípio.

racção dos sujeitos, *maxime* contratual. Seria precipitada, porém, uma conclusão apriorística no sentido da admissibilidade daquela relevância. Sem dúvida que a responsabilidade obrigacional visa uma compensação de prejuízos (*Ausgleichsfunktion*), mas nem por isso deixa de reagir à infracção de comportamentos cuja observância importa de igual sorte incentivar e cujo desrespeito, por conseguinte, deve igualmente ser energicamente dissuadido. A irrelevância negativa da causa virtual garante as relações e iniciativas encetadas pelos sujeitos, conferindo-lhes eficácia e protegendo o *pacta sunt servanda*: é, nesse sentido, uma solução ditada por uma finalidade de prevenção geral. Certos desvios que a lei introduziu no terreno da responsabilidade obrigacional à irrelevância negativa da causa virtual (cfr. os arts. 807 n.º 2 e 1136 n.º 2) não o infirmam: eles compreendem-se como razoável circunscrição de um agravamento do risco que a lei comina ao devedor inadimplente[320], agravamento esse que não onera *apertis verbis* o autor do ilícito delitual, considerando a exigência, por via de princípio, de nexo entre o facto e o dano.

Não é possível prosseguir. De todo o modo, estas últimas disposições demonstram que a responsabilidade obrigacional é permeável a ponderações específicas no domínio da relevância negativa da causa virtual. Mesmo que se aceite para esta, como regra, uma resposta negativa, as suas razões não serão no limite completamente coinci-

---

[320] ANTUNES VARELA, *Das Obrigações em Geral*, I, cit., 931 ss, explica a *ratio* destes preceitos através da ideia de uma compensação da inversão do risco da perda ou deterioração da coisa após a mora. Considera no entanto que a teleologia do art. 807 n.º 1 não se estende ao campo das obrigações de prestação de facto (ao contrário do que aceitou aliás o legislador alemão no § 287 do BGB). Não se descortina porém facilmente motivo para não sustentar genericamente uma responsabilidade do devedor em mora pelo risco da impossibilidade superveniente da prestação. (Também a rejeição, pelo citado autor, da parificação entre a situação do devedor de coisa que esteja em mora e aquele que subtraiu indevidamente a coisa a outrem, estando adstrito a devolvê-la, apenas manifesta que a invocabilidade da causa virtual pode variar em função do tipo de ilícito ou da posição jurídica atingida que lhe está na base; no caso, perante, respectivamente, uma pretensão indemnizatória e restitutória. Em harmonia, justamente, com o nosso pensamento, que acolhe expressamente ponderações teleológicas conexas com o género de responsabilidade envolvida.)

dentes com as que a justificam na responsabilidade delitual; o que não pode deixar de se evidenciar no plano prático das soluções, por aqui manifestando também a importância da velha destrinça entre delito e contrato.

Assim, também uma compreensão "quase-delitual" ou, ao invés, "quase-contratual" da protecção da confiança pode repercutir-se no regime da causa virtual. Importa contudo ter presente que a sua emancipação de uma responsabilidade por violação de deveres de comportamento vincula a tutela das expectativas a uma finalidade reparatória, apagando a função preventiva: o que abre espaço para uma opção no sentido da relevância negativa da causa virtual.

É altura de regressar desta digressão por alguns aspectos da responsabilidade aquiliana, e relembrar a questão que havia sido posta de saber se a tutela indemnizatória da confiança se inclui no seu universo. A configuração da responsabilidade *ex delicto*, manifestada em vários pontos da respectiva regulamentação, apontou para uma resposta negativa. Sinteticamente: para nós, a protecção da confiança como responsabilidade do espaço da coordenação das condutas dos sujeitos entre si escapa ao modelo delitual de responsabilidade e ao seu paradigma isolacionista [321]. E isso tem consequências de regime.

---

[321] Neste ponto, há que reconhecer, tal como escapa à elaboração de PICKER, pois esta última concepção, embora sublinhe as limitações do direito aquiliano e assuma explicitamente o combate a um certo "pandelitualismo" em que tem caído por vezes, ainda que por defeito, a reflexão sobre a responsabilidade civil, acaba por unificar, como se viu, a responsabilidade em torno da violação de deveres de comportamento, impedindo-se com isso, como melhor se verá ainda, o caminho para captar e traduzir numa dogmática própria a recíproca orientação dos sujeitos em espontânea interacção.

A perspectiva que adoptámos de diferenciar entre a protecção delitual e o âmbito da coordenação de condutas pode ser ilustrada perante o Acórdão do Supremo Tribunal de Justiça de 26 de Março de 1980 (RLJ 114 [1981/1982], 35 ss). O seu interesse deriva de se terem a seu propósito suscitado divergências na doutrina portuguesa envolvendo implícitas opções que tangem a diferenciação proposta (cfr. a anotação de ANTUNES VARELA, *loc. cit.*, defendendo uma solução alicerçada nos deveres delituais de prevenção do perigo, e a posição de MENEZES CORDEIRO, *Da Boa Fé* cit., II, 836, pugnando pela aplicação da *surrectio* e do abuso do

24. A responsabilidade profissional

No panorama jurídico da actualidade, as críticas à doutrina da confiança têm com frequência lançado mão do critério da responsa-

---

direito, numa orientação reiterada em *Evolução científica e direitos reais*, in Estudos de Direito Civil, I, Coimbra 1997, 226-227). No caso estava em jogo a responsabilidade do proprietário de um edifício por danos causados a um prédio vizinho àquele encostado em virtude da sua demolição. Esta deixou o edifício contíguo em prolongada exposição ao tempo, tendo surgido infiltrações na parede exposta. A obrigação de ressarcimento dos prejuízos suscitou todavia fundamentações divergentes. O réu prometera repará-los antes mesmo da demolição e não o chegou a fazer. No entanto, o lesado (autor) não invocou especificamente a falta de cumprimento dessa promessa, possivelmente pela dificuldade de demonstrar uma vinculação negocial a proceder às ditas reparações. Em todo o caso, o prejuízo a indemnizar era sempre o da deterioração da coisa. Pergunta-se pois de que modo, estando excluída a via negocial ou contratual, justificar a obrigação de indemnizar.

Face aos elementos disponíveis, não parece adequado vislumbrar nas ocorrências danosas referenciadas a frustração de uma coordenação da conduta entre os titulares dos prédios envolvidos. Se se afirma que as infiltrações de humidade (*inter alia*) decorreram simplesmente da prolongada exposição ao tempo de uma das faces do edifício descoberta pela demolição do prédio contíguo, então essa demolição e exposição ao clima são factores naturalísticos de produção dos danos e os vizinhos terceiros isolados entre si com respeito ao desenrolar do processo causal que conduziu ao dano. Terá então em coerência de afastar-se uma solução do problema da responsabilidade baseada na *surrectio* (ligada à confiança e à coordenação de condutas entre sujeitos que esta possibilita).

Há aliás reflexos práticos deste entendimento. E não despiciendos. A tutela do prejudicado deixa, por exemplo, de estar dependente da verificação de uma situação de confiança (pelo contrário envolvida na *surrectio*), como parece justo em hipóteses do tipo da descrita. Por outro lado, a responsabilidade não requer a capacidade civil negocial do responsável, o que em estrita ponderação valorativa parece ser de exigir na responsabilidade pela confiança enquanto responsabilidade pela participação nos sistemas de coordenação de condutas do tráfico jurídico.

Considerando-se que o dano se traduziu simplesmente na lesão de um direito de propriedade alheio em virtude de uma demolição, o direito delitual surge, à partida, fundamentalmente adequado. Mas a tese aquiliana depara-se com o obstáculo da dificuldade de conceber como ilícita uma demolição. Segundo cremos, neste género de hipóteses deve reconhecer-se que um eventual conflito de direitos entre o titular do prédio a demolir e o do prédio encostado há-de ser resolvido por prin-

bilidade profissional para fundamentar deveres de comportamento de cuja violação decorreria a obrigação de ressarcimento de danos. Por vezes, assinala-se-lhe um papel autónomo. Outras, reserva-se-lhe uma função no âmbito de modelos explicativos mais gerais [322]; o que poupa

---

cípio no sentido da faculdade de demolição, integrante fundamental do direito de propriedade. A obrigação de indemnizar será imposta, relativamente àqueles danos no edifício alheio que a demolição *necessariamente* implica, como responsabilidade do proprietário por factos *lícitos*. Os demais prejuízos, designadamente os que derivem da incúria ou desleixo do autor da demolição, poderão ter de ser depois reparados, na medida em que resultantes da violação do dever de evitar danos desnecessários no prédio alheio. Um dever que seguirá os princípios da responsabilidade delitual, como dever de prevenção do perigo numa situação de vizinhança.

As hipóteses de demolição tocam pois a determinação do âmbito do direito de propriedade e a fixação dos seus limites. Nesse sentido, é deslocada a invocação do exercício inadmissível de posições jurídicas; joga-se é a definição genérica da extensão do direito de propriedade (concretamente com respeito à faculdade de demolição) face a um interesse conflituante sem atender a particularidades do seu concreto exercício (como seria característico do abuso). Para impor depois, no que vai além desse campo, deveres de prevenção do perigo decorrentes do *neminem laedere* delitual.

[322] Uma boa panorâmica sobre o estado da doutrina (fundamentalmente, germânica) acerca da responsabilidade profissional pode recolher-se de H. Hirte, *Berufshaftung* cit., esp. 386 ss. Nem sempre aqueles que pugnam por uma responsabilidade profissional a assumem como concepção global distinta da responsabilidade pela confiança. Assim, enquanto alguns, como S. Lammel, afirmam que o fundamento da indemnização por informações — derivada da posição profissional — é uma confiança no especial conhecimento, relacionado com a profissão (*Zur Auskunftshaftung*, AcP 179 [1979], 365), outros — seja o caso de Klaus Hopt, a quem se deve um contributo importante para a construção da responsabilidade profissional — rejeitam um ataque indiscriminado ao modelo de imputação de danos baseado na confiança (assim, explicitamente, o autor citado em *Nichtvertragliche Haftung* cit., 644).

Nota-se em todo o caso uma pronunciada tendência para enquadrar a responsabilidade profissional nos quadros operatórios da tutela aquiliana, inserindo-se pois essa responsabilidade no âmbito da alternativa "delitual" a uma autónoma responsabilidade pela confiança. É representativa a proposta codificadora que o próprio von Bar apresentou para um novo § 828 1 do BGB, acima referida: seria responsável quem, com dolo ou simples negligência, fornecesse uma informação ou indicação errada a outra pessoa em matéria de oportunidades patrimoniais, apesar de auferir, em virtude da sua actividade profissional, de uma posição de confiança

até certo ponto a responsabilidade profissional de disputas em torno do enquadramento sistemático no universo da responsabilidade.

Basicamente, o termo "responsabilidade profissional" remete para o conjunto de exigências específicas a que, em matéria de responsabilidade, estão sujeitos aqueles que actuam profissionalmente na área da prestação de serviços[323]. A ideia central que lhe preside é a de que, como denominador comum das espécies de responsabilidade para as quais se tem importunado o pensamento da confiança, aquilo de que essencialmente se trata é de justificar a obrigação de ressarcimento de danos de quem actua profissionalmente no mercado. A especial força de atracção desta concepção reside em a categoria da responsabilidade profissional, longe de se cingir às relações contratuais do prestador do serviço perante a outra parte, poder ser utilizada por forma a abranger as constelações nas quais não existe contacto contratual entre esse prestador e o lesado; augurando pois boas perspectivas para um tratamento dogmático unitário, nomeadamente, do problema geral da responsabilidade por informações perante terceiros ou de áreas particulares com ela conexas como a da responsabilidade por prospecto, e evitando ao mesmo tempo outras construções não totalmente pacíficas (com realce aqui para a responsabilidade de peritos ou consulto-

---

que se justifique ser atendida pelo destinatário da informação (cfr. *Deliktsrecht* cit., in Gutachten und Vorschläge cit., 1761); *vide* igualmente, entre outros, construindo e enumerando critérios para a admissão de deveres no tráfico destinados à protecção de interesses patrimoniais alheios que onerariam certas profissões, H.-J. MERTENS, *Deliktsrecht und Sonderprivatrecht* cit., esp. 240 ss, e, ainda, K. HUBER, *Verkehrspflichten* cit., 366 ss.

[323] Este campo tem obviamente contornos indefinidos. Numa acepção mais ampla do que a referida, o arco das actividades susceptíveis de serem abrangidas pela "responsabilidade profissional" é vastíssimo, estendendo-se desde os sectores mais tradicionais das ocupações humanas — levadas a cabo, ora em regime de dependência, ora, ao invés, com autonomia pelos sujeitos —, até ao âmbito das profissões liberais mais recentes. Em todo o caso, o uso da expressão habitual no mundo jurídico apresenta como referências o sector terciário e as profissões liberais. Essencial para a delimitação da responsabilidade profissional é a sua distinção do âmbito da responsabilidade laboral. A crescente importância que vem revestindo a responsabilidade dos prestadores de serviços anda de par com a progressiva "terciarização" da economia, de que é sintoma.

res intercalados por uma das partes no processo de formação do contrato face à outra, por *culpa in contrahendo* ou em virtude de um contrato com eficácia de protecção para terceiros). Ao mesmo tempo, enfrenta-se resolutamente o problema da tutela dos que se apresentam dependentes de conhecimentos especializados alheios, mesmo que não ligados contratualmente a esses profissionais. E removem-se discrepâncias do ponto de vista do estatuto da responsabilidade — porventura injustas — entre eles e outros sujeitos (como fabricantes e distribuidores de bens), resultantes da natureza puramente patrimonial dos danos tipicamente provocados por muitos prestadores de serviços (caso paradigmático dos serviços "informativos").

Importa averiguar se o reconhecimento de uma responsabilidade por violação de deveres profissionais logra resolver adequadamente essas questões e tornar globalmente dispensável uma dogmática da confiança [324]. A nossa resposta é negativa. Descortinam-se desde logo dificuldades derivadas da falta de elaboração jurídica de uma responsabilidade deste tipo. Se o direito português conhece, à semelhança de

---

[324] Não se vão pois aprofundar outros aspectos da discussão em torno da responsabilidade profissional. Por exemplo, o problema da extensão, com base nela, dos preceitos que estatuem, no âmbito do direito comercial, deveres de comportamento não negociais (protegendo aí, *v.g.*, a segurança ou a facilidade do tráfico jurídico) a outros sectores de actividade que, conquanto não comerciais na concepção tradicional do termo, são também actividades situadas no espaço do mercado ou se revestem de características análogas àquelas. A ligação dos regimes do direito comercial à pessoa ou à actividade do comerciante tem-se revelado por vezes demasiado estreita, quando não obsoleta, considerando as formas modernas da intervenção económica de vários tipos de profissionais, designadamente de profissionais liberais. (Por exemplo, pode ponderar-se a extensão do âmbito da procuração aparente, para além das relações comerciais, ao campo das actividades profissionais que, embora não comerciais, com estas tenham parecença.)

Também não releva para o propósito desta investigação tomar posição quanto ao problema candente da uniformização da responsabilidade entre os diversos tipos de profissionais, assim como o da articulação ou compatibilização dos vários regimes existentes com outros regimes como o da empreitada (expressamente tido pelo legislador português como modalidade do contrato de prestação de serviço) e o mandato; questões que muito devem a sua acuidade aos recentes esforços de harmonização comunitária.

outras ordens jurídicas, estatutos especiais, privativos de certas profissões (por exemplo, de médicos, advogados ou revisores oficiais de contas), a verdade é que a construção de um corpo de regras comuns a todas elas se antevê difícil, e eriçada de obstáculos a extensão analógica das disposições que os integram a outras actividades. A circunscrição precisa desses estatutos por referência a uma profissão recortada com rigor constitui um entrave à generalização da responsabilidade profissional para além do seu âmbito previsto. Certamente que o conteúdo e o alcance dos deveres profissionais variam de profissão para profissão. Mas não sendo capaz de apresentar critérios materiais unitários, a doutrina da responsabilidade profissional não oferecerá senão uma panorâmica em mosaico desses deveres de comportamento. O que não chega.

Deve porém ter-se a coragem de formular radicalmente a pergunta se o exercício profissional de uma actividade é susceptível de constituir um fundamento geral de responsabilidade, autónomo e auto-suficiente, a juntar a outros existentes [325]. *De lege lata*, descontadas as hipóteses em que os estatutos ou normas profissionais possam interpretar-se como leis de protecção para efeito do art. 483 n.° 1, 2.ª alternativa [326], é, em princípio, estranha ao direito português a imputação de danos baseada no exercício de uma actividade profissional *qua tale*. Trata-se de uma orientação que se justifica. A responsabilidade profissional não parece poder designar senão um *feixe heterogéneo de situações de responsabilidade,* unificado pela ocorrência no exercício de determinado tipo de actividade [327]. Tanto pode derivar de um con-

---

[325] Cepticamente, SINDE MONTEIRO, *Responsabilidade por Conselhos* cit., 484 ss.

[326] O que é discutível e nem sempre acontecerá, ao menos sem margem de dúvidas, como quando esses estatutos provêm de entidades privadas ou se se limitam a "codificar" simples regras de ética ou deontologia profissional.

[327] A multiplicidade de situações em que os "profissionais" podem constituir-se na obrigação de indemnizar significa que a responsabilidade profissional percorre todas as áreas dogmáticas do direito civil. Além disso, faz a sua aparição também nos diversos direitos privados especiais, com destaque para o direito comercial, onde se entrecruza com a noção de comerciante (cfr., por exemplo, o art. 13 do Código Comercial).

trato como de uma relação pré-contratual, ou implicar ainda — para quem o admita — específicos deveres invocáveis por terceiros (estranhos). Por isso se furta, em rigor, a uma catalogação sistemática unitária, seja enquanto responsabilidade contratual, seja enquanto delitual, ou como *tertium genus* entre elas. Pelo contrário, pressente-se imediatamente que percorre transversalmente todas elas. Por isso também, essa novel categoria não é por si só capaz de superar as dificuldades que as restrições do direito delitual apresenta, designadamente, em matéria de interesses patrimoniais puros [328].

Aliás, a criação de um direito de responsabilidade privativo de (certas) profissões — sobretudo pretendendo-se que ele traduza um agravamento das condições e pressupostos gerais da responsabilidade [329] — poderia representar a consagração de um direito "estamental" de duvidosa legitimidade por contrariar a universalidade e generalidade das normas de direito privado [330]. Dir-se-á sob este

---

[328] Nesse sentido nos pronunciámos já em *Uma «Terceira Via»* cit., 81-82. Seria fortemente criticável pretender que a introdução da responsabilidade profissional no arsenal dogmático do direito delitual bastaria para contornar as directrizes *de lege lata* quanto à ressarcibilidade dos danos patrimoniais puros.

[329] Atribuindo ao exercício de uma profissão quando muito uma eficácia intensificadora de deveres, LARENZ/CANARIS, *Lehrbuch des Schuldrechts* cit., II/2, 409.

[330] *Vide* também, insurgindo-se especificamente contra a pretensão de criar direitos privados particulares para situações de desigualdade, *v.g.* para a tutela de consumidores, FRANZ BYDLINSKI, *Sonderprivatrechte — Was ist das?*, in Kontinuität und Wandel/Beiträge zum Unternehmensrecht, FS für Walter Kastner zum 90. Geburtstag, Wien 1992, esp. 80-81, n. 17. Uma preocupação que luta justamente contra a "fragmentação" (indevida) que ameaça a unidade do sistema jurídico-privado (e que merece também ser atendida, por exemplo, no campo referido das normas de defesa dos consumidores, vistas precisamente, com frequência, como constituindo um direito de protecção dos consumidores perante "profissionais": assim, por exemplo, CALVÃO DA SILVA, *Responsabilidade Civil do Produtor* cit., esp. 65 ss, embora sem tomar uma posição clara acerca da autonomia, não apenas didáctica, mas sistemático-material, do direito do consumo; uma autonomia, esta, que se diria aparentemente resolvida na pretensão de codificar o direito do consumo: cfr. PINTO MONTEIRO, *Do direito do consumo* cit., por exemplo, 211 ss, que anota pertinentemente estar-se perante um — a expressão será, pelo menos no limite, contraditória, mas não deixa de ser significativa — "direito especial de vocação geral".).

aspecto que as regras que, no sistema jurídico, asseguram a protecção das posições e interesses dos indivíduos se devem impor indistintamente, em nome da igualdade, a todos os membros da comunidade, variando a exacta configuração da conduta que a ordem jurídica reclama em cada momento de cada um apenas *em função das circunstâncias concretas de perigo para essas posições ou interesses* em que ele se encontra.

As objecções que merece a responsabilidade profissional enquanto *conceito jurídico-sistemático* não impedem entretanto que o exercício de uma profissão constitua um elemento relevante na *especificação* de um conjunto de deveres a observar sob pena de responsabilidade. Esse exercício representa um factor de modelação e afinamento de exigências de comportamento materialmente fundado[331]. Nesta acepção, a ideia da responsabilidade profissional é susceptível de frutificar em diversos domínios, desde no preenchimento do quadro de deveres que disciplinam ou acompanham uma relação contratual ou pré-contratual até na diferenciação da diligência exigível para

---

[331] Uma dogmatização de uma responsabilidade profissional será pois de encarar, no essencial, enquanto resposta da ciência jurídica à necessidade de *diferenciação* dos códigos de conduta requeridos para os sujeitos, de acordo com a crescente *especialização* da sua actividade.

Mas pode naturalmente incorporar orientações jurídicas mais gerais, como a que transluz na conveniência de *reequilibrar a relação entre o profissional e o não profissional*, de modo a impedir que aquele tire proveito das vantagens que lhe proporciona o conhecimento e a experiência específica que possui à custa do segundo; ou que onera o profissional com uma responsabilidade que, ultrapassando até os elementos da relação puramente individual com o lesado, seja determinada em função de parâmetros decantados da vivência colectiva, o que conduz à cristalização jurídica de papéis e expectativas sociais gerais. Permanece pois igualmente espaço para a justificação da responsabilidade profissional segundo o prisma da *análise económica do direito*, pelo salientar de que ela permite uma *melhor distribuição dos custos no mercado;* designadamente por o profissional se apresentar como o "cheapest cost avoider" do ponto de vista da *prevenção de danos*, atenta a sua preparação específica na área onde eles podem ocorrer, mas também da perspectiva da *reparação desses danos*, pela possibilidade que ele tem de os repercutir de forma disseminada no preço dos bens e serviços que presta ou através da celebração de contratos de seguros que o protejam do respectivo risco.

efeito de responsabilidade aquiliana, ajudando à determinação dos critérios normativos aplicáveis, por vezes vagos [332].

Semelhante entendimento não contesta, por exemplo, que um profissional apresenta tipicamente uma clara vantagem na consecução ou comprovação de certas informações sobre não profissionais, pois estes encontram-se ordinariamente desprovidos da competência e especialização técnicas, ou experiência, próprias daquele. Aquela vantagem pode mesmo ser de tal ordem que o destinatário da informação disponibilizada pelo profissional esteja em termos práticos compelido a levá-la em conta, atendendo especialmente à dificuldade de proceder ele próprio à busca e comprovação dessa informação. Contudo, não erige directamente a actividade profissional em *fundamento auto-suficiente* dos deveres de esclarecimento e correcta informação que a acompanham. Considera antes esses deveres uma expressão de *exigências jurídicas mais gerais*, essas sim derradeiramente *fundamentantes*, embora susceptíveis de concretização no contexto particular do exercício de uma profissão [333]. Assim *v.g.*, por força da boa fé e dos valores

---

[332] O exercício da profissão constitui assim um importante arrimo para concretizar os ditames da boa fé na fase da negociação e formação do contrato e na da sua execução (cfr. igualmente SINDE MONTEIRO, *Responsabilidade por Conselhos* cit., por exemplo 361-363 e n. 78, e 395 ss), bem como a diligência exigível em geral no tráfico jurídico sob pena de responsabilidade aquiliana.

Diferente é vazar directamente numa categoria dogmático-jurídica (de responsabilidade) as expectativas sociais ligadas ao exercício da actividade profissional; tal poderia representar uma inaceitável confusão entre factos sociológicos e normas jurídicas (veja-se, a propósito, também F. BYDLINSKI, *Unentbehrlichkeit und Grenzen methodischen Rechtsdenkens*, AcP 188 [1988], 464). Posto que haja essa consciência, não está obviamente vedada a ponderação — nos termos vistos — do recorte ou da imagem social geral de uma determinada profissão para efeito de responsabilidade. Particularmente fora do âmbito das relações contratuais ou preparatórias de um contrato, onde portanto se dissipam circunstâncias decorrentes de uma relação particular entre os sujeitos susceptíveis de influir no juízo de responsabilidade. O campo dos danos sofridos por terceiros é, por excelência, o da tutela aquiliana. Deste modo, o recurso aqui às representações genericamente aceites numa comunidade acerca das exigências colocadas pela actividade profissional coaduna-se com a função do direito delitual de institucionalização de expectativas sociais gerais.

[333] A prestação da informação por um profissional, se não constitui propria-

que ela exprime, no âmbito contratual ou pré-contratual. Mas, também para além deste domínio, a actividade profissional é um ponto de

mente um fundamento autónomo de responsabilidade, é todavia susceptível de representar um indício da ocorrência de justificação para a imposição de um dever de indemnizar. Assim, o desnível de conhecimentos ou da capacidade de os obter entre sujeitos, do mesmo modo que outros elementos que concorrem para uma fundamentação material da responsabilidade, podem não ser facilmente demonstráveis de modo directo e concreto; mas a ligação da informação à actividade profissional do seu prestador constituirá um sinal muito relevante da sua presença.

Merece consideração neste contexto a concepção de JOST, *Vertragslose Auskunftshaftung* cit., esp. 254 ss. Para o autor, e em síntese, as vantagens informativas daquele que actua profissionalmente sobre o destinatário da informação caracterizariam — é a noção-chave — uma especial posição no tráfico jurídico. A situação privilegiada do profissional elevaria a sua relação com o destinatário da informação acima do plano — delitual — dos contactos em que os sujeitos interviriam como livres e iguais. A responsabilidade, por essas razões justificada, traduzir-se-ia dogmaticamente numa "relação obrigacional sem deveres primários de prestação", que assim concorreria na prestação de uma informação profissionalmente autorizada. De facto, pode concordar-se que fora do âmbito de um contrato — e são essas constelações que o autor tem em vista — o especialista não cumpre (exceptuemos os casos das obrigações legais de informação) nenhum dever de prestar ao disponibilizar a informação quando solicitado para o efeito; mas está sujeito a deveres de protecção do património do receptor da informação, se ele se decide pela prestação da informação.

Observa-se entretanto que a construção em apreciação não corresponde, em rigor, a uma fundamentação da responsabilidade do informante através da aceitação de uma responsabilidade profissional. Na realidade, o que para ela importa essencialmente o desnível informativo que a profissão em princípio proporciona e a especial posição que ela por isso representa. Mas há que apontar que este pensamento é em si insuficiente enquanto fundamento de responsabilidade. O aludido desnível não representa *per se* mais do que uma determinada situação de facto. Ora, o trânsito do ser para o dever-ser não é viável sem uma valoração dessa situação do mundo da realidade à luz de critérios deônticos. Apenas deles se pode esperar luz sobre o fundamento da responsabilidade. Não chega o apelo a uma categoria como a das relações sem deveres primários de prestação, pois esta é, como não nos cansamos de reiterar, meramente formal. Deste modo, este contributo de JOST, pese embora a sua valia de conjunto, atenta designadamente a cuidadosa análise que faz do tratamento jurídico a dar à responsabilidade por informações na ausência de contrato, não resolve plenamente o problema essencial do respectivo fundamento. A consciência do *deficit* de informação de um sujeito em relação a outro, *maxime*

conexão idóneo para a imputação de danos enquanto preenche critérios gerais a atender nos juízos de distribuição dos riscos relevantes como o da introdução ou controlabilidade de um risco, o da capacidade para a sua absorção ou repercussão, e o do saber quem tira o primordial proveito da fonte do perigo.

A recondução da responsabilidade profissional às estruturas dogmáticas comuns, além de poupar a objecção dirigida contra a sua suficiência e autonomia, evita ainda a dificuldade decorrente de essa categoria parecer ser *supérflua* ou *deslocada* para enquadrar certas situações que também reclamam uma tutela ressarcitória por parte da ordem jurídica. Considere-se a área sensível dos danos provenientes de informações deficientes: ela não abrange o problema das informações prestadas por profissionais fora da actividade profissional comum ou então, por não profissionais. Pode por exemplo questionar-se que a informação negligente que foi prestada e esteve na origem de uma disposição patrimonial ruinosa exima sempre e absolutamente de responsabilidade a pretexto de ter provindo de alguém que, embora "profissional", a disponibilizou fora do contexto habitual do exercício da sua actividade [334]. O mesmo quando ela foi prestada por quem, não sendo pro-

---

profissional, será um ponto de partida da construção da responsabilidade, não um *terminus* argumentativo. Um escolho que a teoria da confiança evitará ao considerar merecedora de tutela a confiança que tenha sido concitada por outrem e que se mostre efectivamente depositada, sendo o exercício da actividade profissional um indício ou factor da credibilidade que se queria atribuir à informação e que lhe foi efectivamente atribuída pelo lesado. Mais adequada é também, neste aspecto, a opinião no sentido de que, verificado um desnível de conhecimento dos sujeitos, a boa fé, considerando a ideia de equilíbrio material em contextos de relação que veicula, impõe que seja reposta a igualdade através da prestação de informação (veja-se, por exemplo, no contexto da culpa na formação dos contratos, R. AMARAL CABRAL, *Anotação* cit., 212.)

[334] A questão coloca-se mesmo concedendo que a gratuitidade de uma informação ou o seu carácter de "favor", por exemplo, não afastam por si só o contexto profissional em que é prestada, podendo conduzir a uma imputação de danos. Mas nem sempre assim acontece. Desta forma, se um perito em mercados financeiros aconselha a alguém seu conhecido, "enquanto amigo", um investimento determinado, pode dizer estar-se perante uma relação de mera obsequiosidade da qual não decorre, em princípio, responsabilidade.

fissional, detinha contudo uma autoridade, no sector, equiparável à do profissional. Como tratar o caso daquele que a prestou com ostensiva negligência, sabendo que ela se revestia de importância para a outra parte, facticamente constrangida, por qualquer motivo, a nela confiar[335]? Com isto, parece ficar também irremediavelmente comprometida a pretensão de fazer da responsabilidade profissional um critério dogmático de base, por referência ao qual as situações não abrangidas poderiam ser resolvidas — a pretexto do seu carácter (supostamente) residual — através de uma prudente extensão ou analogia.

O reconhecimento das várias limitações que, nos termos expostos, enfrenta a responsabilidade profissional leva pois a concluir que também ela não pode alcandorar-se a alternativa global à teoria da confiança.

25. Protecção da confiança como responsabilidade por violação de deveres *ex negotii* ou *ex contractu*? Apreciação final e indicação do *iter*

O reconhecimento da confiança como bússola da acção dos sujeitos, o seu papel de instrumento de orientação das condutas, lança a respectiva responsabilidade para a órbita do contrato. Este representa a forma por excelência da coordenação de condutas humanas, oferecendo nesse sentido um paradigma dos respectivos sistemas[336]. Apesar de tudo, a responsabilidade pela confiança não se confunde com a

---

[335] Daí que, no sector, *v.g.*, das informações negligentemente prestadas durante as negociações por um terceiro não importe, em última análise, por si, saber se esse terceiro as prestou no exercício de uma actividade profissional (perito ou avaliador profissional, advogado, conselheiro fiscal ou financeiro, etc.). Ainda que não seja esse o caso, a responsabilidade pela informação prestada pode impor-se em nome da justiça material. A confiança de quem solicita uma informação pode derivar de outras razões que não a posição profissional.

[336] Cfr. também *supra*, o n.º 23 *in fine*. A afinidade, sob este aspecto sugerida, da responsabilidade pela confiança tende a concentrar-se na responsabilidade contratual *stricto sensu*. A responsabilidade por violação de obrigações (deveres de prestar) impostas por lei não se distingue tão facilmente, nesta perspectiva, do plano em

contratual. Na obrigação de indemnizar por infracções a deveres contratualmente estabelecidos reage-se a uma violação da *lex contractus*, tal como — amplamente — a pretensão decorrente do não cumprimento de uma obrigação negocial sanciona o desrespeito de um compromisso negocial, não uma frustração da confiança. Por isso, não há aí lugar para uma responsabilidade pela confiança como realidade dogmática autónoma. Nem podem aplicar-se-lhe de plano todas as normas da responsabilidade contratual.

Não é difícil traçar — ao menos na generalidade das hipóteses — a divisória entre estas realidades; o que, aliado à abundância de manifestações de uma tutela da confiança insusceptíveis, ainda que longinquamente, de serem relacionadas com um negócio ou contrato, explicará a orientação dominante dos críticos da confiança em a acantonarem no direito delitual. É por certo verdade que o limiar do negócio e do contrato nem sempre se deixa estabelecer com segurança e que a teoria da confiança tem oferecido pretexto para encarniçadas disputas e vaivéns da fronteira com o negócio. Naturalmente que uma manipulação generosa dos requisitos e pressupostos do negócio estende o âmbito dos deveres negociais e conquista espaço para uma responsabilidade *ex contractu* ou *ex negotii,* o que sacrifica ao mesmo tempo a possibilidade mesma de uma dogmática da confiança autónoma. Uma estrita fidelidade ao pensamento da autodeterminação dos sujeitos [337] tem, por sua vez, o efeito inverso. Não se entrará porém com detalhe nas concretas questões de limite do negócio que as diferentes hipóteses e constelações suscitam, pois elas são de importância marginal perante a intenção anunciada da presente investigação de averiguar a necessidade, a possibilidade e as condições e requisitos de uma responsabilidade pela confiança dogmaticamente autónoma.

---

que se coloca a responsabilidade aquiliana. É difícil uma teorização conjunta deste género de obrigações porque elas apresentam causas e teleologias diversas.

[337] Preferimo-lo. Já atrás o fizemos contracenar com uma teoria do negócio de tipo "combinatório", assim como com soluções concretas e outras interpretações do negócio — por exemplo, enquanto acto performativo. Sempre se esbatia nelas, se é que não se procurava deliberadamente destruir, a vinculação do negócio a este pensamento.

Espaços há que estão bem para além de qualquer escaramuça de estrema com o negócio ou o contrato e são esses que importa predominantemente tomar como ponto de partida para o exame de uma dogmática da confiança.

De especial interesse são contudo para a teoria da confiança aquelas doutrinas que não a diluem no negócio, mas a procuram construir à imagem deste. Aqui se contam doutrinas como a do acordo de facto ou da autovinculação sem contrato[338]. Uma vez que, ao contrário das concepções precedentemente expostas, reconhecem a especificidade jurídica do campo de aplicação intencionado pelo pensamento da confiança, ficam por agora de remissa. Merecem ser consideradas firmada que esteja essa mesma especificidade. No quadro de uma reconstrução crítica do pensamento da confiança — particularmente do requisito da imputabilidade da confiança — oferecem a vantagem de esclarecer, ilustrar e testar o modelo de responsabilidade que se delineará.

A nossa sequência resulta da comprovada insatisfatoriedade das principais tentativas contemporâneas de encontrar uma alternativa global à confiança numa responsabilidade baseada na infracção a regras de agir. À variedade das razões particulares precedentemente expostas soma-se a sensação global de que a eliminação da confiança enquanto fundamento da responsabilidade não resolve por si o problema da devida identificação e circunscrição das diversas situações de responsabilidade. Num cenário de pouca densidade legislativa, mas marcado pela necessidade de critérios dogmáticos adequados para amparar um desenvolvimento do Direito que se aceita impor-se, os

---

[338] Pode efectivamente perguntar-se se a responsabilidade pela confiança não derivará de um consenso não negocial — nesse sentido, "de facto" — entre o confiante e o impulsionador da confiança. Como importa averiguar se a responsabilidade pela confiança não envolverá em todo o caso um acto de autodeterminação do sujeito, a assunção voluntária de um compromisso por parte de quem induz a confiança de outrem, ou, pelo menos, se ela não será ainda uma responsabilidade por um acto de prometer que não reveste embora as características de uma vinculação negocial. Eis um conjunto de questões que agora ficarão a aguardar resposta, mas que são seguramente relevantes para o entendimento da responsabilidade pela confiança (sobre elas, especialmente os n.os 65 e seguintes).

obstáculos da tão propalada omnipresença e concomitante ausência de capacidade selectiva da confiança[339] não se evitam como que por "passe de mágica", subscrevendo uma responsabilidade por violação de deveres de conduta: a fundamentação destes deveres no espaço disputado pela teoria da confiança não é afinal nada pacífica e apresenta até um elevado grau de confusão, justificando-se cepticismo quanto a hipotéticas vantagens comparativas.

O percurso andado impele-nos a aprofundar o recorte de uma responsabilidade pela defraudação de expectativas no confronto com a obrigação de indemnizar por violação de regras de agir. Essencial é, antes de tudo, porém, averiguar da possibilidade de demarcação da responsabilidade pela confiança relativamente ao objectivo geral de tutela das expectativas que pode assinalar-se globalmente à ordem jurídica, identificando devidamente as condições mínimas da sua autonomia dogmática.

---

[339] Para uma apreciação mais pormenorizada do argumento, *vide* particularmente os n.os 26 e 27.

CAPÍTULO III

ELEMENTOS PARA UMA RECONSTRUÇÃO CRÍTICA DA DOUTRINA DA CONFIANÇA NA RESPONSABILIDADE CIVIL

§ 1.º
Pressupostos Gerais da Autonomia Dogmática do Pensamento da Confiança

SUMÁRIO: 26 — Ordem jurídica, função de protecção das expectativas e responsabilidade pela confiança. 27. Confiança, fundamento e elemento constitutivo essencial de uma situação de responsabilidade, e confiança enquanto *ratio* (estratégica) de normas jurídicas. 28 — A confiança como termo teleológico das normas jurídicas em especial: sentido e justificação. 29 — Confiança "típica", presunção de confiança e condições da autonomia dogmática da protecção das expectativas.

26. Ordem jurídica, função de protecção das expectativas e responsabilidade pela confiança

É natural que, pelo menos até certo ponto, a ordem jurídica não se desentenda das expectativas acalentadas pelos sujeitos. O "serviço da pessoa humana" que ela presta implica com certeza a consideração das suas representações. Em discussão somente pode estar a amplitude com que deva conferir relevo a essas expectativas. Não é evidentemente viável considerar todas elas, como desde logo decorre de elas nem sempre serem coincidentes ou susceptíveis de concordância. Nem seria curial alicerçar a regulação jurídica de modo predominante sobre as representações dos sujeitos, negligenciando por sistema factores "objectivos" de regulação jurídica. Tal como importa evitar que se premeie a ligeireza, a imprudência, a temeridade ou a insensatez. Daí que se torne necessária uma selecção das expectativas a tutelar. A sua protecção envolve, por conseguinte, um juízo acerca do respectivo mérito. Pode pois afirmar-se que a tutela das representações dos sujeitos é apenas um de entre vários factores a que obedece a conformação das normas jurídicas em ordem à resolução *justa* de litígios interindividuais. Mas, com esta prevenção, é evidentemente certo que se nos depara aqui uma função primordial que a ordem jurídica há-de saber desempenhar.

A observação da realidade demonstra também que a interacção humana requer um mínimo de confiança. Sem ela, não se empreende. O Direito é, ele mesmo, no conjunto dos elementos que o compõem, um factor imprescindível de confiança. Desta perspectiva, as acções levadas a cabo pelos sujeitos têm — e hão-de poder encontrar — nele um referencial de confiança. Mas o facto de a ordem jurídica ser condição geral da confiança que a vida social exige não autoriza de modo algum a ver no desrespeito das suas normas uma situação que desencadeia responsabilidade pela confiança.

Na realidade, a "produção de confiança" é um resultado inerente a qualquer estabelecimento de regras jurídicas e traduz uma função genérica do ordenamento jurídico na sua globalidade[340]. Em última análise, elas reduzem a contingência e, combatendo os riscos de insucesso dos sujeitos, favorecem e estimulam a sua actuação e iniciativas[341]. Que estes depositem confiança na eficácia das normas e dos meios predispostos para a assegurar é pois inteiramente natural[342]. No

---

[340] De função "primária" fala BAPTISTA MACHADO, *Tutela da confiança* cit., 346. Analogamente PICKER, *Positive Forderungsverletzung* cit., 429: "o pensamento da confiança [...] representa uma descrição ilustrativa da função que o Direito tem de desempenhar através da cominação de deveres de responder." A radicalidade anticonfiança do seu pensamento resulta da rejeição de que a defraudação das expectativas do sujeito possa fundamentar uma responsabilidade. Neste ponto, temos de discordar.

[341] A burocracia pode precisamente encarar-se como perversão desta finalidade das normas jurídicas.

[342] Claro que o descrédito actual na administração da justiça corrói essa confiança, o que se repercute numa generalizada crise social de confiança, manifestada depois igualmente num preocupante amortecimento da fiabilidade de princípios e dos vários institutos ou instrumentos jurídicos que o Direito coloca ao dispor da

caso específico da prescrição de deveres, a confiança tenderá a polarizar-se no aparelho sancionatório das condutas desconformes com o ordenamento. Mas não faz (por agora?) sentido admitir que *esta confiança na efectividade da protecção pela ordem jurídica* possa ser, ela mesma, objecto de tutela da própria ordem jurídica. Numa analogia com o universo da matemática, teríamos uma tutela, ao modo "derivado", de uma função "primária" da ordem jurídica — a institucionalização da confiança —, uma defesa da "utilidade marginal" da operatividade das suas regras. Só que não se vê possível justificar uma semelhante protecção da confiança em "segundo grau", erigindo-a em instituto específico e dotada de uma dogmática autónoma. Pelo menos enquanto o sistema jurídico não abdicar de uma vontade, incondicional e genérica, de aplicação.

Afirmar que o Direito cumpre, com as suas normas, uma função geral de garantia das expectativas dos sujeitos não é, no fundo, senão pronunciar um enunciado de teoria do Direito que carece de operacionalidade dogmática própria. Esse facto não impede contudo a ordem jurídica de tomar a confiança *qua tale* como elemento da previsão das suas normas e de lhe assinalar determinadas consequências. Que às expectativas do sujeito, em si mesmas consideradas, se possam associar *in genere* determinados efeitos jurídicos, explica-se facilmente

---

autonomia privada dos sujeitos, por exemplo, na crise da honra do dever contratual. A solução só limitadamente está no refinar da "gramática legal" do relacionamento social: ainda que importante, pode bem ser mais "remedeio" do que "remédio" (veja-se neste contexto o diagnóstico de MIGUEL VEIGA, *A crise de confiança nos contratos*, ROA 59 [1999], 797 ss, observando com dureza — mas quem ousaria dizer a despropósito? — que "Portugal é, de há anos, um país em constante delírio legislativo temperado pelo não cumprimento da lei": *ibidem*, 806). O problema é pois de "cultura" e da cultura "instalada", requerendo-se particularmente uma redescoberta dos deveres deontológicos das várias profissões, jurídicas ou não, e das exigências da ética no seu exercício; no que tem de ir também — é o único caminho radicalmente possível — um crédito à liberdade e à responsabilidade, na convicção da persuasividade básica dos valores interpessoais ao serviço da "excelência humana", fundamento da sua exigibilidade (tocando, por esta ou por aquela forma, nestes pontos nevrálgicos, GERMANO MARQUES DA SILVA, *A ética profissional*, in Direito e Justiça, XIII [1999], 3, 59 ss).

pela incapacidade de o legislador prover de antemão para todas as situações específicas nas quais a sua tutela se justifica. A multiplicidade de normas com que a ordem jurídica prossegue os seus fins — aí incluído o da tutela das expectativas — não é suficiente para evitar o carácter lacunoso das suas regras com respeito à necessidade de relevância das representações dos sujeitos[343]. É essa consciência que essencialmente alicerça uma autónoma responsabilidade pela confiança.

As regras que num determinado sistema jurídico consagram uma responsabilidade pela confiança podem ser mais ou menos abrangentes. Contudo, a já aludida impossibilidade de calcular todas as situações em que as representações do sujeito mereçam protecção faz com que, apenas arquitectando o sistema da responsabilidade pela confiança de modo muito geral, esta é capaz de desempenhar adequadamente a sua função. Se hão-de ser diversíssimos os conteúdos e circunstâncias das expectativas singulares susceptíveis de serem relevados, as normas nas quais se há-de exprimir também essa "moldura genérica" terão de apresentar-se (em larga medida, ao menos) des-

---

[343] Completamente inaceitável é por suposto a tese de FREDY MÜLLER (*Auskunftshaftung nach deutschem und englischem Recht/Eine rechtsvergleichende Untersuchung der dogmatischen Grundlagen der Haftung gegenüber Dritten für fahrlässig verursachte primäre Vermögensschäden*, Berlin 1995, 117), segundo a qual o domínio da confiança seria o do espaço extrajurídico — concluindo por isso que a confiança não pode ser objecto do Direito —, como se a ausência de normas jurídicas predispostas pela ordem jurídica fosse o critério de fronteira entre o Direito e o não-Direito. Trata--se, no fim de contas, de uma opinião tributária de um conhecido preconceito positivista: aquele que reduz o ordenamento jurídico e a juridicidade ao acervo de normas legais disponíveis para regular as situações da vida (e que, com esse sentido, pressupõe e afirma uma *plenitude do ordenamento jurídico*), deduzindo, em argumento *a contrario*, da ausência de lei que contemple o caso decidendo a irrelevância jurídica de certo ponto de vista. Mas são também conhecidas as objecções que semelhante entendimento suscita; desde logo (e sem referir desenvolvidamente problemas como o posto pela proibição do *non liquet* a pretexto da falta de norma ou os que decorrem para o critério da lacuna e o seu preenchimento) a impossibilidade de, sem tautologia, deduzir da própria lei positiva esse mesmo entendimento, o que revela afinal o seu carácter "metapositivo" e "supralegal" (postulador, ele próprio, de uma certa concepção da lei e do seu lugar no Direito), que há-de poder ser submetida sem peias ao crivo da discussão.

providas de colorações materiais situacionadas, que seriam necessariamente específicas e restringiriam o seu campo de aplicação. Essas regras tenderão assim a confluir como que numa *estrutura formal de protecção da confiança* que proporciona o *quadro* ou as *condições gerais da relevância da confiança* (*Rahmenbedingungen*). Elas são porém suficientes para afastar a tutela da confiança das decisões de equidade, de realização de uma simples justiça do caso concreto (*hic et nunc*), não constituindo por outro lado uma mera cristalização normativa de um processo metodológico de correcção do direito estrito.

O espaço da responsabilidade pela confiança dentro do sistema jurídico varia com certeza. A relação desta com as restantes normas e princípios que compõem o ordenamento é dinâmica e as respectivas fronteiras móveis. Trata-se de um reflexo ainda da vinculação do Direito à realidade histórica. Os impulsos a que ele, por diversas formas, se encontra sujeito podem sem dúvida abranger ou repercutir-se na maneira como valora determinadas situações, comprimindo ou alargando as condições de relevância dos vários tipos de expectativas com elas conexionadas.

A destrinça que traçámos entre a responsabilidade pela confiança e a tutela das expectativas como finalidade geral do Direito implica a possibilidade de distinguir também entre as numerosas normas através das quais a ordem jurídica cumpre esse objectivo e as que devem ser ordenadas na responsabilidade pela confiança propriamente dita. Importa aprofundar como podem elas individualizar-se da responsabilidade pela confiança, por isso que também se inspiram — exclusiva, predominante ou mesmo acessoriamente que seja — na defesa de expectativas.

Vai aqui descrita uma tarefa indeclinável em ordem à identificação de uma responsabilidade pela confiança dogmaticamente autónoma, pois esta tem inevitavelmente de afrontar e resolver o problema da sua relação com a institucionalização de expectativas almejada por normas jurídicas as mais diversas. Só desse modo será viável e útil. São com efeito persistentes as críticas que salientam a omnipresença do pensamento da confiança no Direito, para concluir pela sua falta da capacidade diferenciadora exigível de modo a que sobre ele possa alicerçar-se uma específica dogmática da responsabilidade. Se, derradeiramente, se não afiguram pertinentes[344], importa reconhecer que, de certa maneira, os próprios defensores da responsabilidade pela confiança lhes oferecem o pretexto pois, ou não chegam a distinguir devidamente a tutela das expectativas enquanto função das normas jurídicas e a confiança como fundamento de responsabilidade, ou não retiram dessa distinção as devidas ilações. Considerá-lo-emos. As consequências, essas, estão à vista: uma desmesurada extensão da tutela da confiança, ou então, para a evitar, uma expulsão não totalmente esclarecida e límpida de situações de responsabilidade do universo da protecção da confiança, apesar de nelas se manifestar afinal igualmente uma frustração de expectativas dos sujeitos.

Não é demasiada a insistência neste ponto. A doutrina da confiança da actualidade apenas logrará desembaraçar-se dos ataques que tem sofrido se aprofundar devidamente as condições de uma autêntica autonomia dogmática. Pode certamente subscrever-se que a responsabilidade pela confiança se afirma aí onde a tutela das expectativas se deva considerar o *elemento determinante* do sistema de responsabilidade e não simples razão auxiliar para a obrigação de indemnizar[345]. Pensamos todavia que uma certa obscuridade atinge ainda asserções deste tipo e que, como se terá ocasião de verificar, ela é responsável por uma muito questionável amplitude da protecção da confiança no pensa-

---

[344] Pois confundem fundamento com concretização, causa jurídica de um efeito com condições concretas de relevância e operacionalidade de uma ideia de responsabilidade; *vide* também o n.º seguinte.

[345] Assim, CANARIS, que atribui ao pensamento da confiança, no campo da responsabilidade pela confiança, a qualidade de ponto de vista fundamental e caracterizante do ponto de vista sistemático (*tragender und systemprägender Gesichtspunkt*): cfr. *Schutzgesetze* cit., 105-106. Em *Die Vertrauenshaftung* cit., 2-3, reconhecendo que a confiança faz a sua aparição em domínios como o do direito delitual, antecipa-se a críticas, aduzindo que a sua invocação se apresentaria aí disfuncional (*unzweckmässig*), pois o que contaria na responsabilidade aquiliana seria o carácter ilícito do acto. Tomada porém sem mais considerações e com pretensão de suficiência, esta asserção — como escrevemos em *Contrato e Deveres de Protecção* cit., 255 —, acabaria por dar como provado aquilo que haveria de demonstrar-se (PICKER taxou mesmo de "decretos terminológicos" a pretensão de CANARIS de excluir a confiança do terreno delitual: cfr. *Positive Forderungsverletzung* cit., 424).

mento de alguns autores. Temos para nós que na sua determinação, por sobre visões de algum sabor "impressionista" — que podem ser fatais pela ubiquidade da confiança nas motivações humanas e, logo, nas das normas que disciplinam a interacção dos sujeitos —, importa encontrar um critério de maior pendor analítico, dotado de límpida, rigorosa e, tanto quanto possível, fácil operacionalidade.

27. Confiança, fundamento e elemento constitutivo essencial de uma situação de responsabilidade, e confiança enquanto *ratio* (estratégica) de normas jurídicas

Cremos que o caminho mais promissor para a conveniente destrinça entre a responsabilidade pela confiança e a preocupação de protecção das expectativas susceptível de inspirar as mais variadas regras jurídicas se encontra na distinção entre, por um lado, a confiança como *fundamento* e, por outro, a confiança enquanto *intenção normativa* de uma disposição. Apenas uma clara consciência desta diversidade pode proporcionar à responsabilidade pela confiança contornos minimamente precisos, circunscrever devidamente o seu âmbito e dotá-la de operacionalidade dogmática própria suficiente.

Uma responsabilidade pela confiança como realidade jurídica autónoma existirá somente na medida em que a protecção da confiança constitua o vero fundamento da imputação de determinados danos. Numa formulação negativa, essa autonomia traduzir-se-á na insusceptibilidade de recondução da responsabilidade a um distinto fundamento. O fundamento da responsabilidade corresponde ao *critério de validade (jurídica)* da obrigação de indemnizar. Qualquer que ele seja, espelha-se necessariamente numa situação de responsabilidade[346].

---

[346] O fundamento de responsabilidade mantém, como é óbvio, uma relação estreita com a "situação" de responsabilidade. Esta concretiza, no plano jurídico--operacional, aquele. Além da situação de responsabilidade, também os princípios de imputação realizam aliás o fundamento da responsabilidade. Sobre a concepção destas realidades que vai pressuposta, cfr. o nosso *Contrato e Deveres de Protecção* cit., 129 ss, e também 242 n. 500.

Por isso, a confiança terá de representar o elemento constitutivo essencial do *Tatbestand* de responsabilidade envolvido[347] e, desta forma, o dado de facto ao qual se acopla específica e primordialmente a consequência indemnizatória. Ao invés, a protecção de expectativas pode constituir perfeitamente um escopo de certa regra jurídica (de responsabilidade) sem que a defraudação de expectativas figure sequer na sua previsão. O facto de uma multiplicidade de normas participarem nessa função torna-a obviamente inidónea para recortar uma dogmática específica da confiança[348].

[347] Como sua condição *sine qua non* qualificada, embora porventura não suficiente, pois a ordem jurídica pode fazer depender a obrigação de indemnizar de outros (e suplementares) requisitos. Tais pressupostos não se confundem porém com o fundamento; balizam e modalizam quando muito a sua relevância e operacionalidade concretas no confronto com outras exigências da ordem jurídica. Esta a razão pela qual nos não deixamos impressionar com o argumento conhecidamente esgrimido contra o pensamento da confiança de que seria necessário ultrapassá-lo para demarcar devidamente as hipóteses em que ele é juridicamente eficaz (cfr. ainda o texto).

A consideração da confiança enquanto elemento constitutivo essencial de uma situação de responsabilidade facilita em termos práticos a identificação do tipo de responsabilidade. De facto, onde a confiança do sujeito não integre, como seu elemento necessário, a previsão desencadeadora da obrigação de indemnizar, fica desde logo excluída uma responsabilidade pela confiança. (Contudo, de harmonia com o exposto, se a confiança é necessária, ela não é suficiente para individualizar uma autónoma responsabilidade pela confiança; aqui ela há-de representar o "motivo substancial" da tutela, como se exprimiu FLUME, *Das Rechtsgeschäft* cit., 132-133, ao indagar de um fundamento constitutivo consequente para a responsabilidade pela confiança, que aliás não achou, e por isso a rejeitou, sustentando haver antes na sua base comportamentos diversos — *variae causarum figurae* —, esses sim desencadeadores de responsabilidade.)

[348] São efectivamente inumeráveis os institutos jurídicos que contam entre as suas funções a protecção de expectativas. A usucapião (pelo menos do ponto de vista do possuidor de boa fé), os mais diversos prazos prescricionais ou de caducidade, as disposições relativas à forma dos actos, todas as regras afinal inspiradas na necessidade de segurança jurídica, as próprias regras *lato sensu* sancionatórias ou de garantia, a tutela contratual ou delitual de posições jurídicas e outras formas de defesa de situações jurídicas, não passariam de braços da tutela da confiança, pois que, qual gigantesco polvo, o pensamento da protecção das expectativas em tudo penetra e tudo influi. Daí que se torne imperioso distinguir o campo da responsabilidade da confiança pelo fundamento e pelo recorte da previsão da norma de protecção.

A distinção que propomos entre confiança enquanto escopo ou *ratio legis* e como elemento constitutivo essencial da *facti-species* de responsabilidade implica uma diferenciação entre *fins estratégicos* a prosseguir pela norma jurídica e *valorações* ou *critérios jurídico-decisórios que ela própria contém e em si mesma exprime*, a sua *ratio iuris*[349]. Os primeiros presidiram à criação da norma e explicam o seu surgimento ou são pelo menos *objectivamente* implicados por uma regulação funcionalmente adequada. Podem permanecer de algum modo *fora* da norma uma vez esta estabelecida. Os segundos são aqueles que se apresentam *relevados pelo teor da própria norma* (devidamente interpretada) e *nela manifestados*.

Em Direito, a decisão tem de ser, e permanecer, uma decisão jurídico-normativamente fundamentada, pelo que há-de ser referida às regulações jurídico-normativas que compõem e integram o sistema jurídico e ao seu conteúdo. A teleologia da norma é certamente um elemento que se inclui no universo do "jurídico" (uma grandeza normativa *lato sensu*) ao lado de outros (como a natureza das coisas, os princípios jurídicos, etc.[350]), mas não representa em si uma norma na acepção estrita de prescrição de comportamento ou determinação concreta sobre a forma de resolução de conflitos de interesses. Por isso que o raciocínio jurídico não é meramente estratégico no sentido de postular necessariamente a dissolução do conteúdo da norma no respectivo fim (de implicar pois uma síntese absoluta de meio e fim), pode dizer-se que o escopo da proposição jurídica, onde não logrou plasmar-se no seu conteúdo (correctamente interpretado), não assume nenhum papel determinativo *auto-suficiente* da respectiva consequência. Daqui, por conseguinte, que uma dogmática, ainda quando "reescreva" as normas jurídicas que se esforçou por compreender[351], crista-

---

[349] Discriminações análogas proporcionam aliás instrumentos de análise úteis noutras sedes, como por exemplo na teoria do negócio jurídico; cfr. aqui OLIVEIRA ASCENSÃO, *Direito Civil/Teoria Geral*, II, cit., 263 ss.

[350] Pelo menos num entendimento "não positivista" do Direito, como procura demonstrar F. BYDLINSKI, *Juristische Methodenlehre* cit., especialmente 256-257.

[351] Ela verte a expressão muitas vezes espontânea e falha de rigor das normas jurídicas numa linguagem mais precisa e operacionalizável, proporcionando assim a

liza os seus resultados em enunciados normativos e não, meramente, em ponderações teleológicas de regras. A finalidade das normas diz antes respeito, quer ao plano da elaboração dessas regras, quer à dimensão metodológica da realização do Direito, situando-se, nesse sentido, a um nível pré- ou metadogmático, consoante as perspectivas[352].

---

racionalidade pedida pela sua compreensão e a controlabilidade da respectiva aplicação. À função técnico-construtiva acima assinalada à dogmática corresponde assim a sua qualidade de instrumento da interpretação, conceptualização e ordenação do material normativo.

[352] Pré-dogmático, na acepção de que os fins das regras jurídicas, constituindo elementos relevantes, tanto para a sua criação, como para o apuramento do seu sentido normativo, são de considerar anteriormente a uma elaboração sobre esse sentido normativo; metadogmático, na medida em que, onde não se repercuta no entendimento da norma, o fim da norma acaba por escapar à reflexão dogmática.

Recusar uma correspondência, ainda que mínima, entre a teleologia da norma e a própria norma seria todavia rejeitar a racionalidade da decisão que preside ao estabelecimento das regras jurídicas. (A interpretação teleológica radica na presunção de que o legislador, ao estabelecer uma norma, procede via de regra racionalmente em vista de determinados fins.) O que nos importa porém é tão-só sublinhar a impossibilidade de identificar de modo absoluto as duas realidades. Não se retira pois pertinência à interpretação teleológica (nem às subsequentes extensões ou reduções teleológicas), procedimento de resto que visa a determinação do sentido *normativo* com que a regra há-de valer (os fins relevam para essa interpretação enquanto com ela harmonizáveis). Em todo o caso, a *décalage* entre o fim da norma e o seu conteúdo manifesta-se por vezes de forma muito nítida. Assim, o escopo é, numa consideração cronológica do processo de criação da norma, um *prius* relativamente a essa norma. Como elemento motivador (em sentido psicológico) da produção normativa, é sempre distinguível daquela. Só esta diferenciação aliás possibilita uma adequada racionalização dogmática de conflitos e exigências de ponderação com outras normas e valores (pense-se, no concreto domínio da responsabilidade, nas causas de justificação e no seu necessário contraponto de articulação e referência). O hiato entre fim e conteúdo da norma depende entretanto na sua extensão do grau com que a norma realize o seu fim.

As considerações precedentes permitem concluir igualmente — observe-se *en passant* — que a discussão que hoje se trava em torno dos termos da ponderação das consequências da decisão jurídica transcende a perspectiva dogmática e se coloca antes no plano metodológico da realização do Direito. Essa ponderação surgirá com autonomia na medida em que o próprio programa que a norma contém nisso

É bem diferente a repercussão que, perante esta distinção, assume a ausência de confiança no campo prático da aplicação do Direito. Integrando esta o *Tatbestand* de responsabilidade, a não verificação em concreto de expectativas — ou mesmo o *non liquet* acerca da sua ocorrência — tem como consequência inexorável a irresponsabilidade do sujeito. Nenhuma regra (de responsabilidade ou outra) se pode aplicar se não está demonstrada ou se reinam incertezas acerca da ocorrência dos elementos que, integrando a sua previsão, são constitutivo-causais dos seus efeitos. Pelo contrário, apresentando-se a confiança apenas como *telos* de uma norma, a não verificação de expectativas determina (quando muito) a necessidade de uma *redução teleológica*. Este procedimento exclui do campo de aplicação de uma regra casos que se encontram abrangidos pelo seu enunciado textual-linguístico em homenagem à respectiva *ratio legis*. Envolve, no fundo, a *detecção de uma lacuna*[353], lacuna essa traduzida na *ausência da regra delimitativa ou de excepção imposta pela teleologia imanente àquela norma*. É pois claro que para que a redução teleológica possa operar se torna necessária a demonstração positiva de que determinado grupo de

---

consinta, isto é, se ele deixar aberto um espaço *ulterior* no âmbito do qual se possam valorar essas consequências (interessando aqui naturalmente os efeitos *de facto* de uma decisão, pois as consequências jurídicas são mero produto da conexão jurídica entre previsão e estatuição de normas). De um modo geral, pode com certeza concordar-se no objectivo programático de evitar que as consequências da decisão estejam em dissonância com os objectivos que a lei persegue. Ponderá-las implica em todo o caso a opção por um método de realização do Direito que não se esgote num processo de pura aplicação de normas, pois nele se transcende o horizonte semântico-normativo das regras aplicandas (e devidamente interpretadas). Em geral sobre o problema da ponderação dos efeitos da decisão, que aqui não é todavia necessário desenvolver, cfr. entre nós CASTANHEIRA NEVES, *Metodologia* cit., 196 ss, e também MENEZES CORDEIRO, *Da Boa Fé*, I, 39; *vide* ainda MARTINA DECKERT, *Zur Einführung: Die folgenorientierte Auslegung*, JuS 1995, 480 ss (desenvolvidamente, *Folgenorientierung in der Rechtsanwendung*, München 1995), e KOCH/RÜSSMANN, *Juristische Begründungslehre* cit., 227 ss.

[353] Uma lacuna que será, para empregarmos uma classificação conhecida da doutrina, "oculta", pois a lei contém aparentemente uma regulação para o tipo de situação em causa.

casos não está abrangido pelo fim e pelas valorações da norma[354]. Caso contrário, não pode recorrer-se a ela. Pelo que uma simples incerteza acerca da verificação de uma situação desse género basta para afastar a redução, não tolhendo, por isso, a plena aplicabilidade da regra na amplitude consentida pelo seu texto (e pelos outros elementos da interpretação). Pode pois concluir-se que, ao invés do que ocorre quando a confiança integra o *Tatbestand* da norma de responsabilidade — em que a dúvida acerca da sua não verificação gera imediatamente a inaplicabilidade dessa norma —, quando a tutela das expectativas apenas consubstancia uma "razão de ser" da norma, a insegurança sobre a falta de ocorrência de expectativas não prejudica a aplicabilidade dessa norma. Depara-se-nos aqui, no fundo, um teste concreto, uma "pedra-de-toque" para saber se determinada regra se deixa ou não reconduzir a uma responsabilidade pela confiança em sentido estrito.

O critério proposto para uma protecção das expectativas dogmaticamente autónoma é naturalmente de carácter geral, pelo que a sua aplicação depende sempre de uma atenta averiguação das normas concretas de imputação de prejuízos que possam estar em causa. O ponto é particularmente importante à hora da redução dogmática de certos complexos regulativos acerca de cujo lugar sistemático no direito da responsabilidade civil ainda não se encontra hoje estabelecido um consenso[355].

Em qualquer caso, esse critério é inconciliável com baixarem-se as exigências da confiança para o plano de uma simples ausência de desconfiança, pois então pode dizer-se que não se ultrapassa o nível

---

[354] Importa, por outras palavras, justificar que o legislador, aquando da elaboração da norma, não procedeu às convenientes diferenciações entre grupos de situações. Determinante é, para este efeito, o princípio da igualdade (expressão de uma exigência indeclinável de justiça) que conduz a tratar de modo diferenciado aquilo que é diferente e as exigências de adequação. Os parâmetros para essa avaliação devem obviamente buscar-se noutras normas (ou *rationes legis*) e valorações gerais da ordem jurídica.

[355] Considerem-se, das irrupções do pensamento da confiança precedentemente percorridas, *v.g.*, as normas relativas à responsabilidade por prospecto ou por mensagens publicitárias.

de uma condição geral e indiferenciada da acção humana, insusceptível de servir de recorte para uma situação específica de responsabilidade e, com isso, de fundar uma especial responsabilidade[356].

Dir-se-á contudo que, neste entendimento, a ordem jurídica portuguesa desconhece o instituto da protecção da confiança por isso que não contém normas gerais que erijam *apertis verbis* a confiança em elemento de previsão. Mas não precipitemos conclusões. Aquilo que importa agora é tão-só apurar as condições de autonomia da responsabilidade pela confiança. A sua "positividade" perante determinado sistema jurídico é outro problema. Nem sempre, aliás, o legislador se exprime com a conveniente clareza ou correcção. Não se justifica pedir que a confiança seja nomeada de modo explícito na previsão normativa, podendo a sua presença decorrer de uma simples actividade interpretativa ou mesmo "reconstrutiva" de uma norma de responsabilidade. Isso bastaria para dar por resolvida a questão da "positividade". De resto, pode muito bem ser que, não obstante a falta de regras que a prevejam "positivamente", estejam contudo reunidos os pressupostos da sua aceitação *praeter legem*. Em todo o caso, como quer que o ordenamento português se posicione quanto à responsabilidade pela confiança, o critério apontado da sua invidualização parece superar as contingências dos diversos sistemas por se apresentar como corolário de exigências específicas da racionalidade jurídica.

Não obstante as dificuldades que se possam experimentar na sua operacionalidade, desvanece-se perante ele o conhecido argumento da ubiquidade da confiança no Direito (tornando-a por isso incapaz

---

[356] Assim já o nosso *Contrato e Deveres de Protecção* cit., 254-256. Em sentido divergente, CANARIS, *Die Vertrauenshaftung* cit., 503-504, apesar de sustentar a aplicação, à tutela da confiança, de regras (da responsabilidade contratual) sob diversos aspectos mais exigentes do que as que determinam a convivência indiferenciada dos sujeitos (protagonizadas pelo direito delitual; valha a verdade que, como o autor argutamente esclarece, em certo sentido ninguém confia mais do que aquele que nem sequer toma consciência da confiança que deposita, mas nessas hipóteses há por natureza confiança; a confiança não requer reflexividade). Tem nessa medida razão LARENZ quando afirma que a confiança não pode, sem ligação com outros requisitos, alicerçar uma responsabilidade que ultrapasse o plano delitual (cfr. *Culpa in contrahendo, Verkehrssicherungspflicht und «sozialer Kontakt»*, MDR 1954, 517).

de diferenciar uma responsabilidade específica), tão a gosto repetido pelos seus detractores[357]. A "panlocalização" da confiança é uma mera consequência da natureza geral que o fim da tutela das expectativas reveste para a ordem jurídica e da multiplicidade de normas que encontram nela a sua explicação teleológica[358]. Mas nada obsta a que outras regras elejam a confiança em elemento constitutivo essencial de uma situação de responsabilidade.

Está naturalmente fora de causa uma tutela indiferenciada das expectativas. Esse é o pretexto para os objectores da confiança afirmarem — aliás com razão — que a destrinça entre as situações de confiança relevante e irrelevante não é susceptível de ser extraída do próprio pensamento da confiança[359]. Haveria petição de princípio. Não pode de resto senão concordar-se também com que certas expressões por vezes utilizadas como "confiança digna de protecção jurídica" ou "legítimas expectativas" são, na realidade, vazias e não servem, por isso, para contornar a dificuldade: o que conta é o respectivo preenchimento[360]. Todavia, reitera-se, nada disso tolhe a possibilidade mesma de uma responsabilidade por frustração de expectativas.

Se se apura que uma norma de responsabilidade elege, de harmonia com o seu fundamento, a confiança do sujeito em elemento central da sua previsão, a obrigação de indemnizar apenas depende da verificação dos factos que perfazem o *Tatbestand* respectivo. Não

---

[357] Atacando deste modo a confiança, na doutrina portuguesa, SINDE MONTEIRO, *Responsabilidade por Conselhos* cit., 505-507. Analogamente, *v.g.*, PICKER, *Positive Forderungsverletzung* cit., 427, KÖNDGEN, *Selbstbindung* cit., 98, e VOLKER EMMERICH, *Das Recht der Leistungsstörungen*, 2.ª edição, München 1986, 40 (escrevendo que, dada a generalidade do pensamento da confiança, "se pode com ele esclarecer tudo, ou melhor, nada").

[358] A repetitividade da invocação da confiança no discurso fundamentador de decisões jurídicas reflecte-o com eloquência.

[359] Assim, entre nós, a observação de SINDE MONTEIRO, *Responsabilidade por Conselhos* cit., 505, desacreditando também por isso as virtualidades do pensamento da confiança. *Vide* também o nosso *Contrato e Deveres de Protecção* cit., 253-254.

[360] Cfr. BOHRER, *Die Haftung des Dispositionsgaranten* cit., 303 ss, KÖNDGEN, *Selbstbindung* cit., 103 e 116 ss, e ASSMANN, *Prospekthaftung* cit., 231, entre outros.

requer a justificabilidade geral dessa norma no concerto das restantes. Que a responsabilidade pela confiança globalmente considerada carece de ser coordenada com outras orientações e valores, sendo por isso insusceptível de um campo ilimitado de aplicação, não significa senão que a protecção das expectativas é apenas um dos fins gerais, entre outros, prosseguidos pelo Direito. Está neste aspecto em jogo uma condição dos princípios jurídicos em geral. A necessidade que têm, dada a sua natureza, de se articularem entre si e, por conseguinte, o facto de verem o seu raio de acção limitado por princípios distintos, não obsta evidentemente ao seu reconhecimento. Também outros princípios jurídicos conformadores de responsabilidades diversas vêem o seu âmbito de intervenção condicionado. Não pode por isso afligir que a ordem jurídica faça depender a responsabilidade pela confiança, ademais da confiança, de outros (e suplementares) requisitos. Os (esses) *pressupostos* não se confundem com o *fundamento;* limitam-se a harmonizá-lo com outras exigências da ordem jurídica. Não o apagam; enquadram ou circunscrevem, se se quiser, a sua eficácia para o compatibizar ou equilibrar com essas exigências. No mais, cai-se no problema de saber se a responsabilidade pela confiança é ou não reconhecida — e com que latitude — em certo sistema jurídico. Mas mesmo uma (eventual) resposta negativa a esta questão não depõe contra a sua admissibilidade de princípio[361].

Assim se esboroa igualmente a crítica de que no discurso jurídico sobre a confiança se mescla o *fáctico* e o *normativo*, por a regulação jurídica se apresentar simultaneamente como *causa* e *efeito* de confiança[362]. Nada disso exime de que se procure distinguir com a devida clareza quando esta constitui o elemento previsivo central de uma

---

[361] Isso mesmo haverá que recordar perante afirmações, por exemplo, de que a confiança, "para ter eficácia jurídica, tem de ser sempre enquadrada numa fonte apropriada e viável, consoante o 'catálogo' que, em cada ordem jurídica, esteja disponível", a pretexto de que constitui um simples valor genérico a considerar em diversos institutos jurídicos, ou um argumento, entre outros, no discurso jurídico (deste modo, por exemplo, FERREIRA DE ALMEIDA, *Texto e Enunciado* cit., II, 1005, que rejeita um instituto autónomo de responsabilidade pela confiança; cfr. *op. cit.*, I, 50).

[362] Cfr., especialmente, PICKER, *Positive Forderungsverletzung* cit., 420.

situação de responsabilidade ou onde representa meramente um escopo da norma que comina a obrigação ressarcitória. Numa outra linguagem: importa mesmo diferenciar entre aquilo que é a "causa" da protecção jurídica — o seu fundamento — e o "efeito", no plano dos factos, dessa protecção. E não se vê porque é que semelhante destrinça não há-de ser possível[363].

Não é pois também ponto de temer o (aparente) *circulus inextricabilis* onde VON BAR quis encurralar a responsabilidade pela confiança: «é lícito confiar porque existe um fundamento para a pretensão, esta nasce porém quando se confia»[364]. O que há é que perseguir e aprofundar a pista proporcionada pelas destrinças que efectuámos como "chave" apropriada para a compreensão adequada da possibilidade, dos requisitos e do alcance de uma dogmática autónoma da confiança. Na verdade, pode bem dizer-se que naquele raciocínio se confundem patentemente realidades diversas: o facto desencadeador de responsa-

---

[363] Não pode pois de modo algum sufragar-se a opinião de quem sustente, a pretexto da interdependência entre fim de protecção (*Schutzzweck*) e fundamento de protecção (*Schutzgrund*), que o pensamento da confiança apresenta uma função meramente descritiva da função que toda a ordem jurídica teria de assegurar expectativas (assim todavia, PICKER, *Positive Forderungsverletzung* cit., 429; em sentido análogo ainda LOGES, *Die Begründung neuer Erklärungspflichten* cit., 83).

Fim e fundamento, fim e norma, são distinguíveis. Um fim, sobretudo se é um fim geral do Direito, é susceptível de ser prosseguido por normas diferentes (cada uma com o respectivo fundamento), e uma norma pode visar mais do que um fim ou um fim em grau diverso de outra.

[364] Cfr. *Vertrauenshaftung ohne Vertrauen* cit., 500. Vide também SINDE MONTEIRO, *Responsabilidade por Conselhos* cit., 506 n. 195. Igualmente contra a pertinência de uma responsabilidade pela confiança, procurando agora entrever uma contradição no pensamento *prima facie* semelhante de BALLERSTEDT, segundo o qual a protecção da confiança depende do reconhecimento de tutela por parte da ordem jurídica (mais exactamente, apenas mereceria protecção na sua confiança aquele que pudesse acalentar recebê-la da ordem jurídica: cfr. *Zur Haftung für culpa in contrahendo* cit., 508), ASSMANN, *Prospekthaftung* cit., 231. Não atende porém a que, como temos insistido, as condições de relevância da protecção da confiança se não substituem a esta enquanto fundamento da tutela e que não é pois lícito, deixando sem distinção estas realidades, concluir — no fundo como VON BAR — que a confiança apenas pode actualizar facticamente um princípio de imputação de danos, não constituir o seu fundamento.

bilidade com o respectivo fundamento, e o espaço de relevância que, mediante as respectivas condições, a ordem jurídica lhe assinale.

28. A confiança como termo teleológico das normas jurídicas em especial: sentido e justificação

Antes de prosseguir considerando as características de uma responsabilidade pela confiança provida de autonomia dogmática, debrucemo-nos ainda sobre a tutela das expectativas como objectivo de uma plêiade de disposições. No plano dos fins, o Direito tanto pode intervir para promover estruturas de confiança sem atender àquilo que concretamente sejam na realidade social as expectativas dos sujeitos, como arrancar de certas representações que porventura se verificam e configurar um regime que as proteja. Neste caso, as expectativas são preexistentes à elaboração da norma, mas nem por isso deixam de integrar o respectivo escopo. É também aqui que se torna mais sensível a distinção entre a confiança como mera *ratio legis* e a confiança enquanto fundamento e elemento integrante essencial de uma previsão de responsabilidade.

Saber se a teleologia da norma se dirige à criação de quadros viabilizadores de expectativas ou se visa proteger com o manto da juridicidade representações já detectáveis na realidade social é obviamente uma questão de interpretação. Em todo o caso, numa situação como noutra a *ratio* da norma envolve necessariamente uma referência a outros valores, pois apenas estes viabilizam a imprescindível selecção das expectativas relevantes de entre um mundo de possibilidades. A confiança não pode deste modo constituir uma *ratio legis suficiente* das normas jurídicas. Todavia, o seu papel e peso no âmbito dos fins das normas varia.

Onde o Direito intencione promover a confiança independentemente da sua existência enquanto facto socialmente observável, é forçoso reconhecer-se que aquilo que se apresenta na realidade como teleologia de uma disposição apenas poderá ser a pura objectividade do mérito que uma certa confiança receba *abstractamente* da ordem jurídica, *atentos determinados factores que constituem, esses sim, derradeira-*

mente, a autêntica justificação da regulação jurídica. A decisão de *institucionalizar* expectativas persegue então, na realidade, escopos que se situam *para além da pura e simples tutela das expectativas:* por exemplo, a institucionalização de quadros de segurança e fluidez no tráfico jurídico, a protecção da parte mais fraca, a justiça ou o equilíbrio das prestações contratuais, uma adequada e razoável composição de certos interesses em conflito, o favorecimento da funcionalidade do mercado de concorrência. A protecção da confiança como que se dissolve pois nesses objectivos, se *consome* neles, apresentando-se desprovida de *relevo jurídico próprio.* Coerentemente, tenderão então a não importar as representações individuais dos sujeitos. Como não releva saber se elas são razoáveis ou não para efeito de protecção[365]. O que importa é apenas a salvaguarda de tais finalidades. A aplicação dessas normas não se poderá por conseguinte afastar pela demonstração de uma eventual ausência de confiança de quem delas beneficie (e, *a fortiori*, da falta de justificação das expectativas porventura acalentadas).

Mas quando, pelo contrário, o Direito procure "confirmar" representações que encontra pré-dadas na realidade social, a tutela das expectativas existentes permanece um escopo autónomo da regulação jurídica e os critérios materiais em função dos quais essas expectativas são elegidas de entre a massa dos factos sociais potencialmente relevantes constituem (relativamente a esse escopo) tão-só *critérios de preferência* ou *cânones de escolha* atenta a sua diversidade; *subordinados*, por isso, à função de "solidificar" juridicamente certas representações dos sujeitos. Uma interpretação teleológica conduzirá aqui à relevância da falta de confiança dos sujeitos segundo o mote *cessante ratione legis cessat lex ipsa*.

A ponderação de qual das duas situações referidas se depara em concreto pode ser delicada. Tanto mais que são raros os casos nos quais a lei quebra o silêncio em que normalmente está envolto o pensamento da tutela das expectativas[366]. Com vista a um critério de "desempate"

---

[365] Alude-se à justificação da confiança como requisito da sua protecção (cfr. ainda sob os n.ºs 47 e 49); neste contexto, ele não se compreende nem pode ter *summo rigore* qualquer autonomia.

[366] *Vide* porém a significativa excepção constituída pelo diploma que regula hoje entre nós as cláusulas contratuais gerais. Determina-se aí a ponderação, en-

no debate argumentativo, existem bons motivos para privilegiar a orientação que vê no regime jurídico uma preocupação de correspon-

quanto parâmetro a atender para efeito do juízo de proibição dessas cláusulas, como "valor fundamental do direito", "a confiança suscitada, nas partes, pelo sentido global das cláusulas contratuais em causa, pelo processo de formação do contrato singular celebrado, pelo teor deste e ainda por quaisquer outros elementos atendíveis" (cfr. os arts. 15 e 16, a) do Dec.-Lei n.º 446/85, de 25 de Outubro). As expectativas dos sujeitos não têm por que coincidir com o conteúdo das cláusulas. A condução e conformação estratégica daquelas por parte das empresas (*v.g.*, através da publicidade) em desarmonia com as cláusulas que efectivamente praticam representa obviamente um enorme perigo para quem adere ao contrato, dadas as especificidades que rodeiam este tipo de contratação e a importância vital dos bens muitas vezes em jogo.

O quadro negocial padronizado (cfr. arts. 19 e 22 do diploma citado) assume um especial papel de referência *tipificadora* das expectativas a considerar. Com efeito, será no âmbito das cláusulas relativamente proibidas que se antevê uma maior incidência do pensamento da tutela das expectativas (a sua determinação exige aliás metodologicamente a mediação dos citados arts. 15 e 16). As cláusulas contratuais gerais absolutamente proibidas deixam-se antes perspectivar, pelo menos à partida, dada a "incondicionalidade" com que a sua proscrição é estabelecida, como exigências indeclináveis de outros valores (mormente da justiça contratual) que superam a mera preocupação de proteger a confiança do aderente.

O controlo do conteúdo dos contratos ditos "de adesão" dá-se pois, na nossa ordem jurídica, de modo principal (ainda que não exclusivo), através do pensamento da protecção das expectativas. Neste seu campo, apenas se proíbem *apertis verbis* aquelas cláusulas que contrariam a confiança das partes. Uma eficaz tutela do subscritor das cláusulas contratuais gerais requer porém, para prover o lugar das cláusulas afastadas, a adaptação do programa contratual em conformidade com essas mesmas expectativas. Com esse alcance deve também interpretar-se o recurso ao direito dispositivo ou às regras de integração previsto no art. 13 n.º 2: os preceitos do direito dispositivo plasmam frequentemente representações habituais dos sujeitos e o processo de integração do negócio permite igualmente contemplá-las. Por suposto, este procedimento não desagua por força numa responsabilidade pela confiança, realidade dogmática autónoma. Pode muito bem ocorrer que a regulação contratual que substitui as cláusulas contratuais gerais afastadas seja apenas teleologicamente inspirada no pensamento da protecção da confiança. Mantém-se naturalmente válido neste domínio o critério proposto para a autonomia dogmática da protecção das expectativas.

A adequação do conteúdo do contrato celebrado com recurso a cláusulas contratuais gerais às representações típicas dos sujeitos não parece mesmo deter-se perante os limites do negócio. A modelação desse conteúdo por estas expectativas

der a expectativas reais dos sujeitos e que aceita, consequentemente, uma "flexibilização" da norma aplicanda demonstrada que esteja a não

não depende da susceptibilidade de o reconduzir à autonomia negocial do predisponente das cláusulas atingidas pela proibição, pois este não pode eximir-se-lhe com o pretexto de que a sua vontade de contratar não abrange (nem nunca abrangeu), na realidade, o teor modificado do contrato. Numa eventualidade dessas, as consequências jurídicas do contrato celebrado configuram-se para ele como *efeitos não negociais de um comportamento negocial (inicialmente) adoptado*. Pelo menos para quem, como nós, não adopte uma formulação (largamente) objectivada do consenso negocial, preferindo vinculá-lo ainda a um efectivo poder de autodeterminação dos efeitos jurídicos por parte dos sujeitos.

A desvalorização do acordo negocial de vontades nos contratos de adesão com vista à protecção das expectativas típicas não põe em causa o processo de contratação envolvido e a sua utilidade, malgrado as perversões a que pode dar azo. Assim, as cláusulas contratuais gerais representarão também, evidentemente, um *instrumento geral de direcção ou orientação das expectativas* por parte das empresas, com vista à racionalização, celeridade e normalização que continuam a ser essenciais para reduzir os "custos de transacção" dos bens e serviços, nomeadamente no tráfico jurídico de massas. Um discurso do tipo do proposto, ou seja, de interpretação do regime de protecção contra cláusulas contratuais gerais (até certo ponto) nos moldes da defesa de expectativas deverá acentuar que essas cláusulas, segundo a sua dinâmica generalizadora própria, conduzirão à paulatina identificação entre as expectativas típicas e o seu próprio teor e, assim, à supressão do hiato entre elas (frequentemente) existente num momento inicial. Desaparecendo então, na linha do horizonte, a necessidade de protecção das expectativas desconformes com o teor das cláusulas.

Claro deve estar, diga-se para concluir, que não é possível, nem seria curial, interpretar o regime da protecção contra contratos de adesão exclusivamente com base no pensamento da tutela das expectativas. (Reflecte-o a doutrina, que, mesmo quando não esquece a necessidade de atender às expectativas do sujeito, foca a questão da *justiça* das cláusulas contratuais gerais; cfr., por exemplo, MENEZES CORDEIRO, *Tratado* cit., I/1, 442-443 e 421: "Há que enfrentar [...] o verdadeiro problema: certas cláusulas são intrinsecamente injustas ou inconvenientes; e por isso, devem ser bloqueadas [...], seja qual for a consciência que delas houvesse, aquando da conclusão"; ainda PINTO MONTEIRO, *Cláusulas Limitativas* cit., 344 ss, 347 ss, aludindo a que certas cláusulas são fonte de "particulares injustiças e abusos" e que razões de "justiça comutativa" impelem ao controlo do seu conteúdo.) Esta conclusão retira-se imediatamente do cotejo entre si das duas alíneas do art. 16 do regime das cláusulas contratuais gerais, assim como da consideração do corpo dessa disposição. Não sendo autonomamente referida pelo art. 16, a justiça contratual encontra certamente guarida na referência do corpo do preceito a "valores funda-

ocorrência dessas expectativas (ou existindo dúvidas a esse respeito). Não parece de facto criterioso sufragar-se uma tese geral de natureza

mentais do direito". Ultrapassará a simples necessidade de respeitar o "objectivo que as partes visam atingir negocialmente"; a sua exigência estende-se a *todo* o regime predisposto para o contrato e não apenas ao programa das prestações mediante cujo cumprimento se deverá realizar o interesse contratual dos sujeitos. Elementos importantes para a determinação das suas exigências encontram-se nos catálogos de cláusulas absolutamente proibidas constantes do Decreto-Lei n.º 446/85 referido.

A relevância da justiça contratual é igualmente imposta pelos próprios limites que a lógica da simples tutela das expectativas apresenta. Onde não houvesse nenhuma expectativa a salvaguardar (por hipótese, pelo carácter específico ou marcadamente técnico do teor de determinada cláusula contratual geral), o aderente encontrar-se-ia à completa mercê da vontade do predisponente da cláusula. Daí que ele, mesmo fora do âmbito das expectativas que possa acalentar (típicas ou não), seja protegido contra tudo aquilo que frustre o objectivo do negócio (para utilizar agora a linguagem do preceito referido) ou ofenda a justiça do contrato. Dado que as exigências de tutela das expectativas se não cobrem perfeitamente com aquilo que é reclamado por uma justa composição do conflito de interesses, pode dizer-se que na formulação desta distinção se combinam optimamente as possibilidades de protecção dos sujeitos, pois esta poderá invariavelmente estender-se até à mais ampla daquelas fronteiras que isoladamente se têm de assinalar a essas duas ideias-motrizes.

Mas será de discordar da pretensão de reconduzir o valor da justiça à boa fé, que inspirou a técnica legislativa dos arts. 16 e 17, pois não vislumbramos razão para reservar apenas à boa fé a expressão dos valores fundamentais do Direito. Essa expressão global é dada pela Justiça, tomada agora em sentido amplo. E é a boa fé que se lhe ordena, não o inverso. Evidenciou OLIVEIRA ASCENSÃO — em lição oral proferida a 27 de Janeiro de 2000 no doutoramento *honoris causa* de S.E. Cardeal Nascimento pela Faculdade de Direito de Lisboa e, hoje, em *Cláusulas contratuais gerais, cláusulas abusivas e boa fé*, ROA 60 (2000), 586 ss —, que está ínsita na opção do legislador acima referida uma discutível subjectivação do problema da justiça das cláusulas contratuais gerais, acoplando-a à boa fé. Ora, como dissemos, tal não reflecte a especificidade da tutela onde esta se desliga das representações do aderente a essas cláusulas. Pode mesmo admitir-se que essa subjectivação traduz uma certa inibição do pensamento jurídico contemporâneo de tematizar questões de justiça material, por descrer — injustificadamente — da sua objectividade.

Em todo o caso, esta observação não deve ir tão longe que recuse uma justiça em função das próprias representações dos sujeitos envolvidos ou capaz de as integrar; aqui em sentido discrepante, OLIVEIRA ASCENSÃO, *Cláusulas* cit., 589 ss. Certamente que a al. b) do art. 16 do cit. Decreto-Lei n.º 446/85 carece de uma interpretação que colmate as suas obscuridades. Está sempre em causa um juízo

contrária, no sentido pois da secundarização metódica da preocupação de tutela das expectativas em relação a outros objectivos da ordem jurídica. Estão em causa concepções que se situam no plano da teoria do Direito e que nesse plano devem ser justificadas.

O reconhecimento, até onde for possível, da protecção da confiança facticamente verificável enquanto escopo da norma jurídica, em detrimento de razões digamos que "objectivas", corresponde a uma perspectiva teórico-filosófica de fundo do conjunto do direito privado que sublinha a autonomia e a liberdade dos sujeitos. Estas

objectivo da cláusula, embora nos pareça ser de admitir que ele entre em linha de conta com as representações do aderente, quer daquelas que são tidas generalizadamente como correspondentes ao tipo social do contrato em causa, quer das que lhe são incutidas pelo processo de contratação utilizado, v.g., pela publicidade. Poderão portanto afastar-se as cláusulas que contrariam essas representações (supõe-se, quando não há aclaração específica acerca do seu conteúdo), ainda que, em si mesmas, estas não se mostrem lógica ou hermeneuticamente incompatíveis com o conjunto em que se inserem. As representações dos sujeitos serão nesta medida elementos *hoc sensu* extracontratuais, porque situados para além do perímetro do contrato, mas referentes da própria justiça contratual. Repetiríamos pois que a dualidade dos critérios apontados como concretização da boa fé acaba para nós por combinar optimamente um critério objectivo e subjectivo, conferindo amplitude, adequação e flexibilidade ao sistema de tutela instituído.

Fora já do âmbito das proibições, um outro ponto do regime das cláusulas contratuais gerais em que parece aflorar a tutela das expectativas é o das chamadas cláusulas-surpresa, pois o art. 8, als. c) e d), do Decreto-Lei n.º 446/85 pretenderá proteger a confiança do aderente de um conteúdo contratual na realidade diverso daquele que ele legitimamente podia esperar, atentas certas circunstâncias ou o contexto em que essas cláusulas surgem (cfr. também PINTO MONTEIRO, *Cláusula Penal* cit., 78-79 e n. 177: será de distinguir em todo o caso a tutela conferida pelo Direito com base nesse preceito, destinado estritamente a prevenir que certas cláusulas "passem despercebidas" aquando da formação do acordo, da protecção do contraente contra a "falta de justificação objectiva" do conteúdo da cláusula, pois não nos parece que esta última se sindique, como admite o autor, através do citado art. 8; este preceito releva a necessidade de conhecimento ou cognoscibilidade da cláusula para que ela se dê por incluída no consenso negocial, não comanda o seu teor; pelo que preferimos considerar que a protecção de cláusulas-surpresa no que diz respeito ao seu conteúdo, ou porque careçam em si mesmas da tal justificação objectiva, ou porque ofendam expectativas razoáveis do sujeito acerca do seu conteúdo — não já da sua inclusão no contrato —, cairá sob a alçada geral dos arts. 16 e 17 do citado diploma).

conduzem a que a ordem jurídica se coíba, até onde seja razoável, da imposição de valores materiais "objectivos". A preferência, em vez disso, por simples critérios de defesa de expectativas consubstancia portanto uma orientação "comedida" e mais "neutral", que se poupa, tanto quanto seja legítimo, a embrenhar-se em discussões "substancialistas" acerca do conteúdo e adequação das regulações jurídicas. Não que se desacredite que esse debate seja profícuo e hoje até, renovadamente, muito urgente; de modo algum. Trata-se antes de reconhecer que a ordem jurídica, nomeadamente a jurídico-civil, está (também) essencialmente vinculada às representações dos sujeitos e que, na estrita medida em que desse modo ainda seja viável uma satisfatória resolução dos conflitos, não tem por que determinar aquilo que é "objectivamente" justo. Até do ponto de vista pragmático de uma mais fácil "consensualização" de soluções[367].

Deste modo, onde não se demonstre a necessidade de uma regulação jurídica assente em ponderações puramente "objectivas", será de escolher uma perspectiva que a interprete como simples resposta à necessidade de acautelar certas expectativas[368]. Em todo o caso, a determinação do sentido das normas em causa deve harmonizar-se com o sentido das regras que versam matérias afins por forma a salvaguardar a coerência e harmonia das soluções jurídicas. Não se deverá desentender das diversas consequências práticas, de regime, que fluem de uma ou outra interpretação, procurando, através da sua

---

[367] É obviamente de admitir que nem sempre a comprovação empírica de representações é mais simples do que a discussão em torno de "valores". Só dentro de certos limites se pode pois dizer que o enfatizar da protecção das expectativas dos sujeitos como *ratio* das normas jurídicas conduz a uma mais fácil aceitação dos conteúdos jurídicos.

[368] Está portanto fora de causa tomar esta orientação como rendição diante de posições cépticas e relativistas acerca do "justo" e demissão do pensamento na busca da respectiva coloração material-substancial. Com aplicação neste contexto, cfr., a propósito, a eloquente defesa da revitalização da razão na procura da verdade, e da verdade ao serviço do homem, bem abrigada embora dos excessos de racionalismos transactos, JOÃO PAULO II, *Veritatis Splendor*, *v.g.*, 95 ss, e, muito para além de no campo ético, combatendo o sentido de incapacidade para "ousar atingir a verdade do ser", *Fides et Ratio*, n.º 5, e *passim*.

avaliação, a solução mais razoável para a questão-de-direito em causa. Aliás, também não será de estranhar que a interpretação assim apurada em determinado momento se modifique mais tarde não obstante o texto da norma se ter mantido inalterado: um sentido baseado na protecção das expectativas é susceptível de convolar-se num que prossiga valores independentes das representações dos sujeitos (e vice-versa). Não vai nisso senão um corolário da mutação a que o conteúdo das normas jurídicas está exposto; por exemplo, quer em virtude da alteração das circunstâncias factuais que subjazem à sua aplicação, quer em consequência de modificações impostas por regras mais recentes do sistema e da necessidade de evitar contradições valorativas, ou mesmo em função da invasão de exigências imperiosas de justiça decorrentes da evolução dos paradigmas valorativos socialmente vigentes[369]. Esta

---

[369] A aceitação de uma alteração do sentido de uma norma carece evidentemente de ser justificada. Basta pensar que ela pode ofender expectativas legítimas dos seus destinatários e implicar, ao longo do tempo, um tratamento desigual daquilo que é idêntico. Também o abandono de um critério subjectivista de interpretação em favor de uma orientação objectivista-actualista requer uma especial legitimação. (A vinculação à vontade do legislador, real ou "actualizada", é, do ponto de vista jurídico-constitucional, um corolário natural da necessidade de recondução do resultado interpretativo à esfera de competência do poder legislativo. Em todo o caso, o respeito pela intenção regulatória do autor da lei, mesmo que adaptada ao devir social, evita uma descarnada e cega subserviência à abstracção do texto da norma; permite antes "vivificá-lo", enraizá-lo historicamente na torrente viva da experiência humana. Há um certo paradoxo a habitar a ideia de que uma norma pode ser mais sábia que o seu criador, ou de que o respectivo intérprete é capaz de a compreender melhor do que ele. A interpretação objectivista, com a amplitude de poderes que confere ao intérprete-aplicador, será assim uma orientação hermenêutica sobretudo chamada aí onde não seja possível apurar devidamente a *mens legislatoris*. Quando, ao invés, esta se encontre estabelecida, o afastamento em relação a ela não pode ser indiscriminadamente admitido; na sua superação se revela a importância da interpretação sistemática, das exigências da ideia de Direito, etc. Uma certa prioridade que, num modelo "escalonado" do posicionamento dos critérios metodológicos da realização do Direito, daqui decorre caber à orientação subjectivista [histórica ou actualizada] em matéria de interpretação afasta-se, ao menos *prima facie*, de tónicas objectivistas preponderantes entre nós: cfr., por exemplo, OLIVEIRA ASCENSÃO, *O Direito* cit., 385 ss, que considera o objectivismo e actualismo interpretativos um corolário da necessidade de vigência social

uma contingência que tende naturalmente a verificar-se aí onde a sedimentação das soluções jurídicas (e o consenso à volta delas) ainda não tenha operado com suficiente intensidade.

O discurso fundamentador de decisões jurídicas não aprofunda via de regra, ao ponto a que o trouxemos, o sentido das normas que invoca e aplica. A "divisão de águas" entre a tutela de expectativas e a protecção directa de valores "objectivos" dá-se como que no estreito espaço de um "fio de navalha"; apenas um persistente rigor de indagação a pode intuir e especificar. A destrinça é porém incontornável, pois, sendo as duas perspectivas susceptíveis de colidir no seu resultado prático, por ela se abre o caminho para o aprofundar das soluções jurídicas e a sua adequada fundamentação.

29. Confiança "típica", presunção de confiança e condições da autonomia dogmática da protecção das expectativas

Qualquer elaboração dogmática selecciona certos pontos de vista que passam a constituir como que os pilares do edifício da construção jurídica viabilizadora da resolução de determinado tipo de con-

---

da norma jurídica, mas ressalvando depois pertinentemente os casos em que o propósito ou objectivo do legislador ficaram perceptíveis na lei; uma opinião na qual vai pois assumida uma certa miscigenação da interpretação com a vigência, quando tendemos a ver na primeira um *prius* em relação à discussão da segunda, que merece ser autonomizada. A concepção do Direito como ordem significativo-normativamente objectiva e autónoma, na qual se assimila um consenso histórico-culturalmente comunitário — vide CASTANHEIRA NEVES, *Interpretação jurídica*, in Digesta, 2.º vol., cit., 356 —, não dispensa o intérprete de tomar em conta as intenções legislativas aí onde elas se possam individualizar. O que não é de temer: o processo de realização do Direito está longe de se esgotar na interpretação da norma. Deverá sem dúvida reconhecer-se que o objectivismo actualista que domina na moderna teoria interpretativa é um factor do que se louva como "interpretação criativa do Direito": MENEZES CORDEIRO, *Tratado* cit., I/1, 115-116. Sublinharíamos em todo o caso que, independentemente de essa corrente constituir, no plano histórico, um *facto causal* da aludida interpretação, ela deve ser subordinada às condições de legitimidade desta última: um modelo límpido e consistente de realização do Direito não as deve ignorar nem pressupor acriticamente verificadas.)

flito de interesses. Correspondentemente, nem todos os factos empiricamente observáveis, mas apenas alguns, são elementos conectivos das valorações jurídicas que ela exprime[370]. A responsabilidade pela confiança não escapa a esta condição. Por isso que trata de arquitectar especificamente "sobre" as expectativas um conjunto de efeitos jurídicos, reclama a verificação de uma situação concreta de confiança como evento *causal* das consequências jurídicas que lhe são próprias. Houvesse a ocorrência que despoleta a eficácia das normas que formam a responsabilidade pela confiança de ser distinta, a tutela das expectativas não constituiria o autêntico fundamento dessas regras, assim como diverso critério valorativo teria de conferir relevância a diferente facto.

Procure vislumbrar-se por este ângulo — o dos eventos relevantes para desencadear a obrigação de indemnizar e, consequentemente, o do objecto da prova implicada pelo tipo de pretensão que se considera — os limites do pensamento da confiança, e balizar deste modo o âmbito legítimo da sua autonomia dogmática. Importa especialmente considerar se ou em que medida o estabelecimento da confiança com auxílio de *juízos de verosimilhança, generalizantes* ou *tipificadores* pode ser pretexto para contestar uma verdadeira tutela das expectativas.

O problema põe-se particularmente quando esteja em causa a protecção da confiança através de normas que, seguindo a experiência social, tomam certas expectativas como tipicamente coligadas a determinadas situações de facto por elas descritas, pois a sua aplicação não depende da prova positiva da existência de uma situação concreta de confiança, antes se contenta com a comprovação dessas situações de facto. O estabelecimento de previsões de *tutela da confiança típica* é no entanto apenas uma das formas de intervenção do Direito para tutelar situações de confiança. A confiança é susceptível de ser atendida independentemente de integrar alguma delas, incidindo então a protecção imediatamente sobre a confiança que *individualmente* se manifesta e comprova. Ou ao abrigo de uma norma concreta que, considerando a possibilidade de ela ocorrer, preveja a sua protecção

---

[370] A irrelevância de determinados factos para esse efeito é naturalmente produto dessas mesmas valorações.

em certo tipo de situações de facto, ou, para além disso, através de regras que descrevem ou compreendem genérica e indiferenciadamente os pressupostos da protecção da confiança, com independência do concreto conteúdo desta. No fundo estão em causa configurações básicas a que obedecem as situações de responsabilidade pela confiança[371]. Como é evidente, a sua diversidade repercute-se no

---

[371] A destrinça que acabámos de efectuar entre elas pode evocar a distinção entre previsões de tutela da confiança objecto de disposição específica e previsões de tutela da confiança provenientes de institutos civis gerais, entre nós proposta por MENEZES CORDEIRO, *Da Boa Fé* cit., II, 1243-1244; às primeiras corresponderiam essencialmente preceitos que utilizam a boa fé sujectiva e as segundas representariam aplicações da boa fé objectiva. Mas na realidade não lhe é equivalente. Assim, as previsões de tutela da confiança típica não têm por que operar através do conceito de boa fé subjectiva (ponto este, aliás, para que este autor também adverte; cfr. *ibidem*). A confiança pode não ser sequer explicitamente nomeada na norma que a protege, mas impor-se no *Tatbestand* da norma de responsabilidade como produto de uma interpretação ou reconstrução racional da respectiva previsão. Sobretudo, as previsões de tutela específica da confiança na concepção aludida estão (o mais das vezes) longe de se deixarem entender como *facti-species* de protecção da confiança típica. As normas jurídicas podem perfeitamente consagrar um regime específico de protecção da confiança individual para determinadas hipóteses de facto que não o fazem necessariamente pelo reconhecimento de uma situação típica de confiança naquele género de hipóteses. Sendo assim, também no caso de previsões específicas da tutela da confiança singular as representações do sujeito têm de ser positivamente invocadas e provadas, não podendo ele beneficiar das vantagens probatórias que lhe conferiria o reconhecimento de uma situação típica de confiança (hipótese em que, como se apontou, lhe basta a demonstração da factualidade a que, segundo a lei, corresponde tipicamente uma situação de confiança). É o que acontece com um número apreciável de disposições que conferem relevo à boa fé subjectiva, que, mesmo que permitam proteger a confiança dos sujeitos, não a admitem como facto típico de certas situações e não eximem, por isso, o seu beneficiário da respectiva demonstração; cfr. os arts. 179, 243 n.º 2, 274 n.º 2, 291 n.os 1 e 3, etc.

Pelo contrário, como acima se disse, pode haver soluções inspiradas numa ideia de tutela da confiança típica de certas situações, sem que esta seja *expressis verbis* referida pelo legislador. Para o ilustrar considere-se, *v.g.*, o art. 409 do Código das Sociedades Comerciais, segundo o qual os actos praticados pelos administradores, em nome da sociedade anónima e dentro dos poderes que a lei lhes confere, a vinculam para com terceiros, não obstante as limitações constantes do contrato de sociedade ou resultantes de deliberações dos accionistas, e mesmo que tais limitações

thema probandum, pois este mede-se pela relevância que o direito substantivo assinala aos vários factos.

A elaboração das normas de protecção da confiança típica implica por força um procedimento *abstractizante* e *objectivante* na determinação das expectativas que se tutelam, pois se prescinde, em benefício de um denominador comum geral, de características individualizadoras e singulares dos casos a que é suposto elas virem a aplicar-se[372]. São regras que se convocam logo que demonstrados os factos aos quais, segundo o seu teor, se coligam tipicamente expectativas. Dada a conexão estabelecida entre certas ocorrências e determinadas representações do sujeito, a actividade probatória de quem delas se queira prevalecer apenas terá de incidir sobre as primeiras, não carecendo pois as representações de prova *a se*. Já a protecção da confiança individual, por isso que não está em causa a aplicação de nenhuma norma de tutela das expectativas típicas, obriga sempre a uma *verifica-*

---

estejam publicadas. Prevê-se também que a sociedade pode opor a terceiros as limitações de poderes resultantes do seu objecto social, se provar que o terceiro sabia que o acto praticado não respeitava essa cláusula do contrato. Ora, o regime geral da inoponibilidade a terceiros das restrições aos poderes representativos dos administradores de sociedades tem por fundamento essencial a tutela da confiança dos terceiros na existência desses poderes, dada por tipicamente ocorrida quando contratam com um administrador. A confiança como que vai presumida verificada essa situação, não carecendo de ser invocada por aqueles. E admite-se a possibilidade de a sociedade opor restrições de poderes a quem deles tinha conhecimento, pois não há então confiança a tutelar (para uma consideração integrada desse preceito com outros que atendem igualmente à necessidade de protecção do terceiro no que concerne à legitimidade representativa daqueles com quem contrata, como, por exemplo, o art. 260 do Código das Sociedades Comerciais, os arts. 266 n.º 1 e 269 do Código Civil, os arts. 249 e 259 do Código Comercial, cfr. OLIVEIRA ASCENSÃO/CARNEIRO DA FRADA, no já referido *Contrato celebrado por agente de pessoa colectiva* cit., 51 ss).

[372] Na tipicidade vai representada, para falarmos com CARLO BEDUSCHI, *Tipicità e Diritto/Contributo allo studio della razionalità giuridica*, Milano 1992, 115, uma "categorialização" da experiência, uma esquematização de um saber de vida que a torna susceptível de ser assumida enquanto parâmetro de juízo. Está nela implícita como pressuposto a comunicabilidade ou participabilidade da experiência individual, o carácter intersubjectivo desta.

ção casuística das representações do sujeito. Aqui vai, sem dúvida, como já dissemos, uma diferença técnico-operativa importante. Ela esconde uma opção com reflexos apreciáveis, pois as normas de protecção da confiança típica, ao favorecerem a demonstração da confiança, tornam-se agentes activos da institucionalização das expectativas a que se reportam no meio social. Num caso como noutro, porém, o fundamento da protecção é sempre a tutela das expectativas, pelo que, quer numa hipótese quer noutra, a respectiva existência é constitutivo-causal dos efeitos normativos em jogo.

São normalmente mais fáceis de discernir as situações de protecção da confiança individual do que as hipóteses de tutela das expectativas típicas. Na primeira, a própria previsão da norma aplicanda necessariamente o explicita, por isso que tem de fazer presa na confiança *uti singuli* manifestada. Já visualizar uma regra de tutela de expectativas típicas pode pressupor uma actividade sistemático-interpretativa complexa, destinada a apurar em que medida a redução dogmática do regime por ela instituído se deve fazer por referência ao pensamento da confiança. Na verdade, se estas normas atendem a expectativas que se conexionam em termos de normalidade com determinadas ocorrências, a respectiva consequência pode, no plano técnico-formal da sua construção, coligar-se directamente a essas ocorrências, muito embora elas não sejam directa ou imediatamente relevantes para essa consequência. Saber pois se o regime consagrado pela norma se inspira numa ideia de tutela da confiança, velada embora na sua previsão, ou se se funda antes em outro género de valorações do *quid facti* em causa depende obviamente de ponderações, porventura sensíveis, que apenas no concreto se podem efectuar. Esta circunstância alimenta a querela em torno da ordenação dogmática na teoria da confiança de um conjunto de situações de responsabilidade, ainda que providas de regulamentação[373]. O teste do impacto da ausência de expectativas no sujeito que beneficia da protecção conferida pela norma sobre a respectiva eficácia é aqui — dissemo-lo já — decisivo.

Para o apuramento das situações concretas de confiança revelam--se extremamente importantes as regras da normalidade e da experiên-

---

[373] Cfr., por exemplo, a *supra* referida responsabilidade por prospecto.

cia comum dos sujeitos. São elas que permitem ladear as dificuldades de identificação de um facto que é, na raiz, do foro interno, porque através delas se acede à experiência interior do sujeito e se procede à sua determinação. Nisto não vai — sublinhe-se de passagem — nenhuma dificuldade particular, condicionadora da viabilidade de uma dogmática da confiança: o Direito lida desde sempre com estados e conteúdos psíquicos ou anímicos dos sujeitos. Confere-lhes relevo variado, muito embora saiba que o acesso a tais realidades se dá por via indiciária e não através de prova imediata[374]. Não se pode pois ver nesta circunstância

---

[374] No sentido de demonstração que não põe ao dispor do julgador de modo directo o facto relevante.

O obstáculo a que aludimos não é empecilho para a eficácia que a ordem jurídica confere tradicionalmente, entre outros estados subjectivos relevantes, por exemplo ao conhecimento ou desconhecimento de certos factos, à coacção moral, à censurabilidade da conduta (nomeadamente no direito penal, onde é essencial; cfr., a propósito, v.g., J. FIGUEIREDO DIAS, *Liberdade/Culpa/Direito Penal*, 2.ª edição, Coimbra 1983) e à distinção entre negligência e dolo (apesar de ser por vezes invocado como argumento de escolha entre concepções dogmáticas diversas: assim, por exemplo, MENEZES CORDEIRO, *Direitos Reais*, Lisboa 1993 [reimpr.], 404, terça a favor da orientação objectivista em matéria de posse a consideração de que se não compreende "como possa o direito, realidade social, trabalhar com estados de espírito, com intenções", pois isso seria apanágio da moral; na mesma linha, reitera em *A Posse/Perspectivas dogmáticas actuais*, 3.ª edição, Coimbra 2000, 64-65, como argumento decisivo, que o Direito não tem meios de conhecer o que se passa no espírito humano e que fazer depender a posse do "animus" é "subscrever uma visão emanente da realidade ético-jurídica", aí atribuída a uma influência kantiana). Temos antes para nós (e por isso não sufragamos afirmações do tipo das acabadas de referir) que a relevância que a ordem jurídica acaba mesmo por conferir a certos estados subjectivos corresponde na raiz a uma exigência da própria ideia de Direito, pois nela vai compreendida a disciplina de uma realidade que é "humana" e que, como tal, não é nem pode ser tomada como puramente exterior; de outro modo ignorar-se-ia a dimensão "hermenêutica" do agir especificamente humano (uma consideração, esta, harmónica, segundo pensamos, com uma concepção que saliente que o Direito apenas logra em última instância legitimar-se atribuindo a cada *pessoa* aquilo que lhe compete, de acordo com o mote "suum cuique tribuere" e o seu sentido mais profundo; cfr. aqui ARTHUR KAUFMANN, *Rechtsphilosophie* cit., 205, aduzindo que "o Direito válido [*gültiges Recht*] tem de ser análogo [*analog*] ao Homem").

nenhuma fraqueza privativa da teoria da confiança. A especificidade probatória traduzida na necessidade de uma fixação indiciária das expectativas não colide com que esta realidade (do foro interno dos sujeitos) possa ser aquela que desencadeia e justifica, segundo uma valoração jurídico-normativa, certo tipo de consequências.

Os critérios de plausibilidade ou normalidade social têm um papel particular nas normas de protecção da confiança típica. As convicções concretas susceptíveis de desencadear a protecção da ordem jurídica são com o seu auxílio presumidas a partir de certos factos que a norma estabelece genericamente. A *justificação* derradeira dessa presunção é ditada precisamente pelo *id quod plerumque accidit*, segundo essas regras de normalidade ou plausibilidade.

A *força jurídica* de uma presunção varia consoante o seu carácter *natural* ou *legal*. No primeiro caso, ela dependerá em tudo de que as regras de plausibilidade e normalidade apontem por si mesmas para a existência de uma situação de confiança concreta. Onde, porém, a norma jurídica atribua ela própria a uma certa hipótese de facto a característica de situação de confiança (típica), a presunção será legal, porque a inferência, ainda que inspirada nas regras referidas, é directamente comandada pela lei. A diferença reflecte-se, como se sabe, no procedimento probatório exigido para infirmar a presunção: contraprova no primeiro caso, prova em contrário no segundo. Apurar se uma determinada norma de protecção da confiança se limita a pressupor uma presunção natural quanto à existência de certas expectativas ou, mais do que isso, envolve uma presunção legal de confiança depende da interpretação dessa norma[375].

Todavia, enquanto o critério valorativo determinante da produção do efeito jurídico em jogo se mantiver o da confiança, é ela ainda

---

[375] A fixação do seu sentido pode ser, sob este aspecto, difícil. Especialmente na ausência de indicadores precisos da vontade do legislador e da inconcludência do elemento gramatical ou sistemático, importa proceder a uma ponderação objectivo-teleológica que entre em linha de conta com a diversidade de consequências de regime acopladas a cada um dos sentidos possíveis (devendo, na falta de outros indicadores, adoptar-se aquele que melhor realizar uma "optimização" da solução para a questão-de-direito a resolver).

que proporciona o seu fundamento. Que a demonstração das situações de confiança seja susceptível de se dar através de um procedimento presuntivo não obsta a que aquilo que do ponto de vista do ordenamento jurídico continue a ser materialmente decisivo seja ainda esse pensamento da confiança; também aqui, facto constitutivo essencial do efeito jurídico é a confiança como realidade concreta ocorrida (embora presumida).

A admissão mesma de uma inversão do *onus probandi*, libertando aquele que se quer fazer prevalecer de uma situação de confiança da respectiva prova (como do facto *constitutivo* da sua pretensão) ou impondo a quem a existência da confiança prejudicaria a necessidade de demonstrar a sua não ocorrência, em nada atinge o fundamento material da protecção concedida. Desloca-se então, sem dúvida, o "limiar da protecção"[376], no sentido de que o sujeito contra o qual se volta essa inversão passa a correr o risco de não lograr estabelecer a ausência de uma situação de confiança. Enquanto, porém, a regulamentação jurídica incidir apenas no plano probatório, ao nível pois da demonstração dos factos relevantes segundo as valorações que determinam o dever de responder, não se alteram nem se modificam essas valorações.

Logo no entanto que o estabelecimento de presunções de confiança e a inversão do *onus probandi* relativamente às expectativas signifique, na realidade, não apenas uma impostação de direito probatório, mas oculte uma mudança do paradigma valorativo subjacente à responsabilidade, transpõe-se já a fronteira da confiança enquanto fundamento da responsabilidade. É de reconhecer que essa fronteira se apresenta por vezes difícil de visualizar. Com efeito, a aceitação de presunções de confiança e a alteração da distribuição da carga probatória têm na sua base justificações materiais[377]. Apenas perscrutando-

---

[376] Parafraseamos a expressão "deslocação da responsabilidade", adoptada para título de um ensaio de HANS STOLL: *Haftungsverlagerung durch beweisrechtliche Mittel*, AcP 176 (1976), 145 ss.

[377] A necessidade de fundamentação estende-se por suposto a todo o campo do ónus da prova (procurando, *v.g.*, fazer frutificar uma orientação material na distribuição do ónus da prova em sede específica de deveres de preservação da inte-

-as caso a caso com atenção se pode averiguar se elas se compatibilizam ainda com a doutrina da confiança ou se, pelo contrário, a ordem jurídica as dispõe em homenagem a outras valorações, prescindindo da ligação dos efeitos jurídicos à determinação do *facto* da confiança como *realidade concreta*.

Pouco importa que a argumentação conducente à obrigação de indemnizar se continue a louvar na confiança; ou porque o intérprete--aplicador *errou na selecção e qualificação* que fez do "suposto-de-facto" que desencadeia a consequência indemnizatória, ou porque, conscientemente, preferiu *ficcionar* a existência de uma confiança como forma de, desse modo, legitimar a responsabilidade. Razões várias poderão estar na base deste último procedimento: comodidade justificativa a aconselhar a adopção de modelos jurídicos de decisão conhecidos ou rotinados, dificuldades e incertezas perante alternativas dogmáticas, porventura pouco sedimentadas. Nenhuma delas exime evidentemente a ciência jurídica de aprofundar e corrigir o sentido das valorações subjacentes às decisões, de modo a lograr uma cada vez maior correspondência entre "forma" e "acerto material", e em ordem à devida satisfação das exigências da racionalidade jurídica[378].

---

gridade pessoal e patrimonial, cfr., o nosso *Contrato e Deveres de Protecção* cit., especialmente 194 ss, e 279.)

[378] Por essa razão, pela ficção e inerente paradoxo, é de rejeitar categoricamente a possibilidade de compatibilizar a invocação da teoria da confiança e a pretensão de desligar completamente a protecção das expectativas da existência de uma situação efectiva de confiança. (Em sentido diverso, porém, MENEZES LEITÃO, *A Responsabilidade do Gestor* cit., 355-356. O argumento de que a exigência de um elemento subjectivo na confiança lhe conferiria um "conteúdo ético-natural e não jurídico" não colhe porque não dá conta de que, do facto de o critério de relevância de certos estados subjectivos ser traçado pelo Direito não é possível concluir a negação de relevância desses mesmos estados subjectivos enquanto tais. Ao contrário do que parece aliás chegar a supor-se, é precisamente à ordem jurídica que cabe destrinçar, entre as múltiplas situações de expectativas, aquelas que merecem ser juridicamente protegidas; o que — repete-se — não tolhe a possibilidade da relevância jurídica dos estados subjectivos. A nossa discordância estende-se, de resto, mais longe, à própria alternativa pelo autor propugnada de objectivar a protecção da confiança recorrendo à regra da boa fé. Tutela das expectativas e regra de conduta segundo a boa fé são realidades dogmáticas distintas, como se verá.)

Em todo o caso, o nevoeiro que pode adensar-se nestas zonas limítrofes da tutela da confiança constitui obviamente ambiente propício para a irrupção de alternativas dogmáticas que substituam o reconhecimento da necessidade de uma actividade probatória indiciária da confiança pelo conferir de um autêntico e directo relevo substantivo-material àqueles seus "vestígios" no plano dos fundamentos de responsabilidade, recusando a "mediação" da confiança. Um "corte" todavia entre o pensamento da tutela da confiança e a realidade de facto comprometeria decisivamente a possibilidade de ele ser arvorado em *fundamento* de responsabilidade[379]. Não é por isso de

---

[379] Muitos porém parecem pelo menos não perfilhar claramente este entendimento de colocar na base da responsabilidade pela confiança um dado real da experiência subjectiva de vida (sufragando por vezes em seu lugar uma concepção "normativa" da confiança como situação de *dever poder confiar*); cfr., entre outros, ROBERT BATTES, *Erfüllungsansprüche trotz beiderseits bewussten Formmangels?*, JZ 1969, 689, WOLFGANG THIELE, *Leistungsstörung* cit., 651-652, e FREDY MÜLLER, *Auskunftshaftung* cit., 110-111; aparentemente ainda, assumindo de modo concludente uma tentativa de substituição da teoria da confiança, KÖNDGEN, *Selbstbindung* cit., 116-117; pelo menos obscura, senão contraditória, é também a concepção objectivada de confiança oferecida por VON CRAUSHAAR, *Der Einfluss des Vertrauens* cit., 20, segundo a qual a confiança na vida jurídica representa um posicionamento do sujeito perante um *Tatbestand* pretérito, sem que importe para o efeito uma atitude concreta de confiança; já K. BALLERSTEDT, *Zur Haftung für culpa in contrahendo* cit., 508, sugere explicitamente um entendimento "dualista", ao salientar que na responsabilidade pela confiança é decisivo, quer a confiança efectivamente depositada, quer o poder confiar. Consequente porém na rejeição da doutrina da confiança onde se não indaga de uma concreta confiança, ASSMANN, *Prospekthaftung* cit., 241-242.

De todo o modo, importa advertir que não pode confundir-se a concepção que perfilhamos com uma orientação puramente *psicológico-naturalística* dos efeitos da confiança no Direito, pois bem se sabe que quando a ordem jurídica confere relevância a certos estados subjectivos o faz em obediência a critérios e valorações especificamente jurídicas e que, portanto, não pode esperar-se ser legítimo extrair da simples verificação empírica de certos estados psicológicos uma conclusão quanto a um dever-ser jurídico e aos respectivos pressupostos. Parece que nem sempre se destrinça com clareza aquilo que representa uma dessubjectivização da confiança (a perspectivação da confiança como resultado de uma ponderação meramente objectiva) de concepções não psicologistas da relevância jurídica da confiança. Por outro lado, nem sempre se diferencia convenientemente entre uma apreciação

estranhar que vozes adversárias daquele pensamento se afadiguem em demonstrar que os efeitos jurídicos pretendidos não se deixam reconduzir na realidade a uma situação de confiança efectivamente existente. Mas essa objecção limita-se a alertar contra indevidas utilizações da teoria da confiança na responsabilidade civil. Nada pode contra quem persista em que a responsabilidade da confiança há-de por força ter por pressuposto uma atitude de confiança, concreta e actual, do lesado que com base nela queira deduzir uma pretensão[380].

---

indiciária de situações de confiança — que repousa evidentemente em juízos objectiváveis — e uma concepção de confiança desligada de qualquer experiência subjectiva do sujeito (cfr. FIKENTSCHER, *Schuldrecht*, 9.ª edição, Berlin, New York 1997, 131-132; *vide* ainda EICHLER, *Die Rechtslehre vom Vertrauen* cit., 26).

[380] No sentido da boa doutrina, por exemplo — e limpidamente — o Acórdão do Supremo Tribunal de Justiça de 11 de Março de 1999, CJ (STJ) VII (1999), 1, 152 ss: estava em causa um *venire* por alegação da invalidade formal de um contrato de compra e venda de um prédio rústico, e decidiu-se que a protecção da confiança requeria um "elemento subjectivo: o de que o confiante adira realmente ao facto gerador de confiança", aduzindo-se que se o sujeito, por razões específicas, não confiou de facto na situação que se lhe oferecia, não cabe oferecer-lhe protecção jurídica (correcta por isso também a autónoma indagação da justificação da confiança do comprador a que o tribunal procedeu).

§ 2.º
A Depuração da Responsabilidade pela Confiança da Infracção de Deveres de Comportamento

SUMÁRIO: 30 — As regras de agir, meio privilegiado de institucionalização de expectativas com carácter preventivo, e a sua inconciliabilidade com uma responsabilidade pela confiança dogmaticamente autónoma. 31 — (*cont.*) A confiança "normativa"; alguns corolários da emancipação da responsabilidade pela confiança com respeito à violação de *regulae agendi*. 32 — O problema da admissibilidade de um dever de correspondência à confiança alheia: frustrabilidade da confiança enquanto corolário da autonomia privada *vs.* liberdade circunscrita, e privilegiada, de agir; a inutilidade metodológico-operativa de uma vinculação daquele tipo. 33 — A questão correlativa do entendimento do *venire* e da "neutralização" (*suppressio*); sua distinção da violação de deveres de comportamento (e da regra de agir segundo a boa fé); a indemnização como compensação pela defraudação das expectativas na coerência e continuidade do comportamento. 34 — Conclusão: em especial, a inexistência de uma adstrição geral de observância das expectativas alheias, o carácter objectivo da responsabilidade pela confiança e o correcto sentido da regra/excepção na dicotomia entre protecção positiva e negativa da confiança; aspectos complementares.

30. As regras de agir, meio privilegiado de institucionalização de expectativas com carácter preventivo, e a sua inconciliabilidade com uma responsabilidade pela confiança dogmaticamente autónoma

Para a elaboração dogmática da doutrina da confiança é essencial a análise do seu posicionamento face à responsabilidade por violação de deveres de comportamento. Basta recordar a força centrípeta que sobre ela exercem tanto as correntes delituais como as que a querem absorver ou diluir numa responsabilidade por ilícitos praticados no âmbito de ligações especiais[381]. É verdade que nenhuma dessas orientações logra de facto os seus propósitos, mas ainda não se encontra completamente iluminada a relação entre a doutrina da confiança e a infracção de ditames de conduta. Importa com efeito sublinhar, por um lado, que a responsabilidade pela confiança, mesmo onde é aceite como realidade dogmática autónoma, se encontra enfeudada, segundo uma forte orientação doutrinária, aos deveres decorrentes da boa fé: a ampla simbiose por muitos sugerida entre a tutela da confiança e a regra da conduta de boa fé resulta da preocupação de realizar a primeira através desta e dos deveres em que ela se concretiza[382]. É por

---

[381] Lembrem-se, paradigmaticamente, as posições de VON BAR e de PICKER.

[382] Marcante é a posição de CANARIS, que reconduz os deveres de informação ou de protecção à tutela da confiança e conexiona esta com o princípio da boa fé (cfr., v.g., *Ansprüche* cit., 479, e *Schutzgesetze* cit., 105-106), numa orientação básica que ecoa numa plêiade de autores. Cfr., por exemplo, THILO STICHT, *Zur Haftung des Vertretenen und Vertreters aus Verschulden bei Vertragsschluss sowie des Erfüllungsgehilfen aus positiver Vertragsverletzung*, München 1966, esp. 35 ss, MARINA FROST, *"Vorvertragliche" und "vertragliche" Schutzpflichten* cit., inter alia, 88-89, 209 (ligando os deveres de protecção, filiados na confiança, à regra da conduta de boa fé estabelecida no § 242 do BGB); também VON LACKUM, *Verschmelzung und Neuordnung* cit., 97 ss, e passim. Por último, pode ver-se E. KRAMER, in *Münchener Kommentar*, 3.ª edição, Bd. 2, München 1994, ns. 73 ss e 82 ss da introdução aos §§ 241 ss.

Caminho similar trilha entre nós MENEZES CORDEIRO, propugnando a protecção da confiança (na ausência de disposições específicas) através da boa fé objectiva, onde sublinha (além do abuso do direito) a regra de actuação de boa fé: cfr., inter alia, *Da Boa Fé* cit., II, 1244 e n. 148 e 1248, e *Tratado* cit., I/1, 231 ss; um entendimento perfilhado igualmente por PEDRO DE ALBUQUERQUE, *Da prestação de garantias por sociedades comerciais a dívidas de outras entidades*, ROA 57 (1997), 120-121. Em análogo sentido, fundando a exigência de lealdade (decorrente da regra da boa fé) na necessidade de tutela da confiança alheia, a formulação de RUI DE ALARCÃO, *Direito das obrigações*, Coimbra 1983 (polic.), 116. Similarmente MENEZES LEITÃO, *A Responsabilidade Civil do Gestor* cit., 358, assumindo de modo geral que "a doutrina da tutela da confiança apresenta [em relação a outra] o mérito fundamental de conseguir uma concretização dogmática da tutela efectuada pelos deveres específicos

isso de questionar se os óbices que se encontravam nas correntes acima mencionadas se não propagarão de alguma forma a este entendimento. Por outro lado, não há que olvidar que os deveres de comportamento constituem um instrumento por excelência para a promoção e solidificação de expectativas sociais, fins que todavia vimos não serem suficientes para fixar uma genuína responsabilidade pela confiança.

Existem pois fortes razões para aprofundar a relação da tutela das expectativas com os deveres de comportamento. Adiantando, pensamos que a autonomia dogmática da responsabilidade pela confiança implica a sua límpida destrinça da que decorre da infracção a ditames de conduta. Trata-se de uma conclusão indiscutivelmente "heterodoxa" dentro do panorama dominante da reflexão sobre a confiança. A generalidade da doutrina não vê o mais leve óbice (por vezes talvez por rotina discursiva) em amalgamar a protecção das expectativas com a violação de deveres, nomeadamente decorrentes da boa fé. Começará por questionar-se genericamente a possibilidade de harmonização dos ditames de conduta enquanto meio privilegiado de institucionalização de expectativas com uma tutela da confiança dogmaticamente autónoma.

O Direito não tem, senão escassamente, possibilidade de interferir, comandar ou controlar directamente as contingências que podem perturbar os planos individuais dos sujeitos. Mas nem por isso se encontra desarmado perante o imperativo de proteger as expectativas humanas e de lhes criar condições favoráveis de realização. Intervindo *ex post*, coloca por vezes à disposição daquele sujeito que foi afectado pelo evento imprevisto sistemas de reparação, compensação, adaptação ou reequilíbrio que permitem minimizar tanto quanto possível os efeitos, porventura inarredáveis, da sua verificação. Mas pode também influir, onde tal seja viável, no risco da contingência, procurando evitá-la ou, pelo menos, torná-la mais difícil. Esta última "estratégia" apenas faz sentido se os factos de que dependeria o acontecimento susceptível de afectar as expectativas de alguém se apresentam de algum modo como controláveis pela vontade ou influenciáveis por

---

não obrigacionais, a qual é reconduzida à tutela da confiança". Ainda outros autores, embora em contextos específicos.

uma conduta humana. Somente então o Direito pode agir *preventivamente* "sobre" a fonte potencial do perigo, impondo regras de conduta destinadas a acautelar directamente essas expectativas ou, pelo menos, a afastar aqueles factores que, capazes depois de desenvolver uma eficácia independente da vontade humana, seriam susceptíveis de as vir a perturbar. Normativizando modos de actuação, transformando-os em "devidos", fortalece a probabilidade de essas expectativas se virem a realizar. A eficácia da sua defesa depende das sanções acopladas à infracção desses deveres, interessando-nos aqui a obrigação de indemnizar. O estabelecimento de *deveres de comportamento* representa assim um *instrumento primordial com vista à protecção da confiança.*

Dado que — na falta de estruturas "colectivas" de satisfação dos danos contrários às expectativas dos sujeitos — a tutela contra esses danos onera fatalmente outrem, é imperioso justificar devidamente o sacrifício daquele à custa do qual essa tutela se destina a operar. O princípio ético-jurídico da autonomia e auto-responsabilidade da pessoa determina uma opção de base em favor da coligação dos efeitos desfavoráveis que hajam de se abater sobre uma certa esfera jurídica a um comportamento livremente determinável do respectivo titular. Daí também, no domínio da responsabilidade civil, a primazia de uma imputação dos prejuízos assente na conduta humana que os tenha provocado (*Verhaltenshaftung*) e, como princípio geral, a sua dependência de um juízo de ilicitude e de culpa. Nesse sentido, a infracção de deveres de comportamento constitui a área "primogénita" da responsabilidade civil; por muito prementes que sejam as razões que levam hoje também à consagração alargada de uma responsabilidade objectiva, e mesmo que nesses casos a responsabilidade se possa — e deva — ainda reconduzir (igualmente) ao princípio ético-jurídico da liberdade e auto-responsabilidade[383]. A verdade

---

[383] Podem ver-se a propósito as nossas considerações em *Contrato e Deveres de Protecção* cit., 16 ss, e 187-188. Na responsabilidade civil aquiliana, o princípio da culpa encontra-se claramente explicitado no art. 483 n.º 2. Ele vigora também na responsabilidade obrigacional, cuja cláusula geral de responsabilidade constante do art. 798 erige o não cumprimento culposo em pressuposto da obrigação de indemnizar. Compreende-se que assim seja. Se a actuação do sujeito se conformou com

porém é que o papel *preventivo* da obrigação de indemnizar no que toca à defesa de expectativas se liga obviamente a uma responsabilidade por violação de *regras de agir*. Não se lhe vislumbra nexo fora deste contexto.

O reconhecimento da importância dos deveres de comportamento para a protecção contra danos que ofendem as expectativas dos sujeitos em conjunturas influenciáveis pela vontade humana não é todavia suficiente para que a respectiva violação consubstancie uma *genuína* responsabilidade pela confiança. Como precedentemente se apontou, não basta que a defesa da confiança se apresente como mero fim, embora porventura precípuo, do seu estabelecimento, é necessário que eles constituam a resposta do ordenamento jurídico à ocorrência de uma concreta hipótese de confiança e que seja a defraudação desta o fundamento jurídico da obrigação de indemnizar.

Nestes termos, uma tutela da confiança dogmaticamente autónoma requererá também isolar e afirmar um *dever de correspondência à situação de confiança*[384]. Por outras palavras, a ordem jurídica terá de prescrever ao sujeito que corresponda a certas expectativas alheias realmente verificadas (ou de proibir que as defraude). Estes deveres cominam-se portanto tão-só *ex post* com respeito à ocorrência da situação de confiança: porque ela surgiu e na medida em que ela se tenha verificado[385]. De facto — e repisa-se —, todas aquelas imposições de conduta que visam preventivamente orientar a conduta dos sujeitos, ainda que com vista a proporcionar ou solidificar "espaços de

---

os ditames da ordem jurídica não se vê à partida razão para que tenha de ressarcir danos alheios. É certo que a evolução do Direito regista um número cada vez maior de excepções a este princípio. A necessidade da sua complementação com outros princípios, designadamente com o princípio do risco, é de facto imperiosa. Nem por isso contudo ele deixa de constituir o princípio fundamental, perante o qual desvios ou restrições carecem de ser justificados.

[384] Um dever com objecto diferente não se reconduz à protecção das expectativas como realidade dogmática, pois esta apenas poderá representar então um fim da adstrição (situado para além da norma).

[385] Nos casos de protecção da confiança típica presume-se à partida a ocorrência de expectativas em certas situações, estabelecendo-se os deveres necessários para a realizar ou não defraudar.

confiança" para os demais, escapam a uma dogmática autónoma da confiança. A tutela das expectativas apresenta-se agora quando muito como simples *fim* de prescrições de conduta que o compartilham afinal igualmente com um número infindável de normas do ordenamento. E que, não tendo rigorosamente por conteúdo uma adstrição de corresponder a expectativas alheias, se acoplam (no seu *Tatbestand*) a outros factos que não a verificação de uma situação de confiança.

Se bem se reparar, aliás, a simples *promoção* de expectativas através da fixação de regras de conduta conduz, no desenvolvimento da sua lógica intrínseca, a uma *depreciação do pensamento da confiança como critério de valoração directamente susceptível de conduzir à responsabilidade civil.* Vejamo-lo. Está certamente acima de discussão ser uma função do Direito *institucionalizar* "a forfait", através de *normas de comportamento, a possibilidade de certas expectativas, independentemente pois de elas se verificarem de facto no âmbito social e de as considerar como tal*[386]. Mas esse desiderato apenas se pode perseguir na medida em que os referidos deveres estejam minimamente emancipados das representações que concretamente são acalentadas pelos sujeitos. Caso contrário, se a incidência da regra de conduta sobre alguém estivesse absolutamente dependente da demonstração das expectativas que o seu beneficiário experimentasse na realidade, aquela regra não desempenharia, como é óbvio, nenhum papel efectivamente *facilitador* da própria confiança e, por essa via, da interacção dos sujeitos.

De resto, a prossecução do escopo de *criação* de expectativas ordena-se naturalmente a determinados objectivos que a transcendem (e à luz dos quais se seleccionam precisamente aquelas que se trata de favorecer). *Não é pois auto-suficiente,* nem constitui *um fim em si mesma.* Já o havíamos visto. Por conseguinte, aquele que pretenda deduzir contra outrem uma pretensão baseada na violação de um dever de comportamento endereçado a essa criação não carece de

---

[386] A importância da institucionalização de expectativas pelo Direito encontra-se do mesmo modo reflectida, por exemplo, na afirmação de MENEZES CORDEIRO, *Da Boa Fé* cit., II, 1242-1243, de que numa sociedade dominada pela impessoalidade, a confiança nos contratos advém "da segurança inculcada pela inserção do pacto em canais jurídicos".

fazer a demonstração da ofensa de expectativas próprias[387]. Basta-lhe a demonstração da existência do dever e da sua infracção. A confiança como realidade concreta não é elemento da *facti-species* de responsabilidade.

Claro que o fim último a que vai endereçado o dever que procura a institucionalização de expectativas pode não ser prosseguido com tal intensidade que a sua incidência se mostre insensível à demonstração *positiva* da ausência, em concreto, das expectativas que visava promover[388]. Um pensamento teleológico conduzirá neste ponto à já referida redução do campo de aplicação da norma que estabelece esse dever. Ainda assim, a redução teleológica não altera aqui a realidade de que a adstrição da conduta se coliga a *facti-species* diversas da ocorrência de uma situação de confiança.

Ao invés, se a protecção da ordem jurídica não se apresentar minimamente afectável pelas representações dos sujeitos, isso constitui sinal iniludível de que o dever acautela na realidade finalidades distintas dessas mesmas representações, valores "objectivos", reconhecidos ou promovidos pela ordem jurídica ainda que não tenham sido "matéria" das convicções das pessoas e mesmo que contrariados por elas. Nesta acepção, pode dizer-se que *acautelar valores em si é diferente de institucionalizar expectativas*. As representações relativas a bens que a ordem jurídica protege *por eles mesmos* não têm naturalmente qual-

---

[387] Por isso, fica também poupado às dificuldades do apuramento e demonstração de uma situação de confiança, por vezes complexos. Basta ponderar que esta é susceptível de vários graus de intensidade; pode conviver mesmo com alguns estados de dúvida ou incerteza, e de desconfiança. Neste aspecto, o fundar da responsabilidade na violação de deveres de comportamento simplifica indiscutivelmente a responsabilidade, o que representa uma apreciável vantagem sobre uma protecção jurídica que faça presa numa situação concreta de confiança do sujeito. Persuadimo-nos de que neste campo muito prático se encontra uma raiz principal para a proeminência da responsabilidade por infracção de deveres de conduta em relação à tutela da confiança.

[388] Naturalmente que se o dever visar objectivos autónomos em relação à institucionalização de expectativas (por exemplo, a lealdade na contratação), a ausência de confiança ou mesmo a desconfiança do sujeito por ele protegido não exclui a responsabilidade. *Vide*, já de seguida, o texto.

quer relevância própria[389]. Esta distinção tem uma importância prática que é quase desnecessário realçar, pois repercute-se numa questão de regime central para qualquer tipo de dever. Sempre que eles se estabeleçam ou declarem — pelo legislador ou pelos tribunais[390] — é crucial saber em que medida a sua eficácia depende daquilo que concretamente figurou quem deles beneficia.

Confirma-se portanto que uma autêntica responsabilidade pela confiança somente é susceptível de se afirmar quando esteja em causa a violação de um dever de corresponder a determinada situação de confiança (ou de não a perturbar). Não basta que tenha sido infringida uma adstrição que apenas reflexamente possa contribuir para a realização de expectativas. O que, a bem ver, significa também que *se tem de deixar fora do âmbito legítimo da tutela das expectativas a confiança na adequação do comportamento de outrem às exigências das normas de conduta em geral*. O pensamento da confiança não possui, por outras palavras, qualquer saliência autónoma aí onde o objecto das representações do sujeito seja, pura e simplesmente, a conformidade do agir com aquilo que impõem as diversas regras que o ordenamento estabelece[391]. A confiança que se venha a verificar resumir-se-á muitas vezes tão-só a simples *consequência de facto* dessa imposição.

---

[389] Pode dizer-se que onde se institucionalizam valores — quando, por conseguinte, o mecanismo do dever prescinde por completo do que possam ser as expectativas dos sujeitos —, se alcança em grau máximo a institucionalização das expectativas que tenham esses valores por objecto, no sentido de que a ordem jurídica, ao procurar realizá-los, as garante de modo tão firme que não permite sequer que a protecção claudique na sua ausência. Não há então autonomia dogmática alguma das expectativas.

[390] Por exemplo, concretizando cláusulas gerais, como as que consagram a regra da conduta de boa fé.

[391] Já nesse sentido o nosso *Contrato e Deveres de Protecção* cit., 251-253, a propósito dos deveres dirigidos à preservação de danos na pessoa e no património da contraparte no contrato e noutras relações especiais. Cfr. também KÖNDGEN, *Selbstbindung* cit., 112, referindo que uma confiança inespecífica na adequação do comportamento de outrem às exigências das normas delituais não aduz nada de novo ao entendimento do direito da responsabilidade civil. Em sentido similar ainda LOGES, *Die Begründung neuer Erklärungspflichten* cit., 169 (a protecção da confiança num comportamento conforme às normas por parte de outros está subjacente por

31. (cont.) A confiança "normativa"; alguns corolários da emancipação da responsabilidade pela confiança com respeito à violação de *regulae agendi*

Se se repara atentamente, à promoção das expectativas através da determinação de deveres de comportamento corresponde um *conceito "normativo" de confiança*: a confiança como *situação de "dever poder confiar"*. E isto, qualquer que seja a natureza desses deveres ou como quer que eles se ordenem no seio do direito da responsabilidade civil. De uma tal concepção normativa se socorreram por vezes os autores[392]: para escapar às dificuldades de demonstração de uma concreta situação de confiança e preferindo em seu lugar fundamentar adstrições para alicerçar o "dever poder confiar". Mas sem dar conta que desse modo se transpõe o limiar da autêntica responsabilidade pela confiança por isso que o "dever poder confiar" não é autónomo em rela-

---

igual a toda a ordem jurídica), REINHARDT SINGER, *Das Verbot widersprüchlichen Verhaltens*, München 1993, 104 (a confiança no funcionamento de determinadas regras ou na observância de deveres de protecção não possui nenhuma importância autónoma, individualizando por isso pertinentemente uma verdadeira tutela das expectativas deste tipo de situações; *vide infra* o texto), e ASSMANN, *Prospekthaftung* cit., 232 (o pensamento da confiança fica sem contornos e torna-se juridicamente imprestável se se refere à confiança num comportamento conforme com as normas). Admitindo que a responsabilidade pela confiança pressupõe em alguém um comportamento susceptível de gerar confiança de acordo com os ditames da boa fé e o seu recorte social, não importa saber que consequências uma parte no contrato retirou de facto no plano subjectivo, mas apenas que consequências segundo a boa fé e os usos do tráfico qualquer pessoa razoável haveria de ter tirado; *vide* GERHARD FROTZ, *Die rechtsdogmatische Einordnung der Haftung für culpa in contrahendo*, in Privatrechtliche Beiträge/Gedenkschrift Franz Gschnitzer, Aalen 1969, 169-170, que considera por isso equívoca e despicienda a fundamentação de deveres com base na confiança proposta por BALLERSTEDT.

A orientação que perfilhamos sugere a diferenciação entre Direito e confiança a que se aludiu na introdução ao tema desta investigação (e que está na base do diagnóstico de LUHMANN, *Vertrauen* cit., 35, segundo o qual a ordem jurídica se tem de impor auto-restrições quanto à utilização do pensamento da confiança para não fazer perigar construções dogmáticas mais apropriadas, evitando duplicações inúteis e justificações demasiadamente indiferenciadas).

[392] Para indicações, cfr. os locais citados na nota antecedente.

ção às vinculações de comportamento de que decorre. E que não é possível, sob pena de petição de princípio, reconduzir essas adstrições que explicam o "dever poder confiar" a uma confiança de novo entendida "normativamente"[393]. De facto, quando a ordem jurídica impõe condutas, reprova (e sanciona, em princípio) em simultâneo, naturalmente, o seu desrespeito. O "dever poder confiar" constitui um mero *efeito* dessa imposição e legitima-se, no plano da valoração jurídica, por ela. É imprestável para fundamentar uma responsabilidade pela confiança independente do ponto de vista dogmático.

A emancipação da tutela da confiança em relação à violação de deveres de comportamento traz obviamente consequências práticas. Consideremos algumas delas[394]. Assim, segundo a doutrina da con-

---

[393] Acerca da querela entre a concepção psicológica e normativa da confiança, pondo em relevo a dificuldade desta última para legitimar os deveres de preservação do património e integridade alheios, o nosso *Contrato e Deveres de Protecção* cit., 251 ss.

Claro que, na linha que se tem vindo a seguir, o "dever poder confiar" propriamente dito apenas faz sentido se se refere a factos susceptíveis de serem conduzidos pela vontade humana; factos que, como tal, os sujeitos podem determinar por forma a adequá-los às expectativas alheias, e que possam por conseguinte ser influenciados por uma obrigatoriedade de pautar a conduta por essas expectativas. Fora desses casos, quando a confiança vai pois meramente referida a eventos *independentes* da intervenção humana (ou tomados como tal), o Direito contentar-se-á, para decidir da sua protecção, com saber se é ou não razoável, num mundo de contingências, esperar-se a ocorrência. Naturalmente que a falta objectiva de probabilidade do evento (segundo um juízo naturalístico ou empírico de verosimilhança) ou a ligeireza do sujeito a esse respeito tornará em princípio injustificável a atendibilidade dessa confiança, pois a temeridade e a imprudência não merecem com certeza a intervenção do Direito. Num esforço de precisão e individuação terminológica, será de dizer que a recusa de protecção deriva então de que os sujeitos não "deviam confiar (ou ter confiado)" em determinada ocorrência. O "dever poder confiar" propriamente dito cinge-se pois ao universo dos deveres de comportamento. A justificação das representações do sujeito que a doutrina da confiança erige em requisito da sua protecção tem aqui — note-se — de considerar-se verificada. O que é natural: se a ordem jurídica comina adstrições, não se vê como deixar de considerar legítima a confiança no seu acatamento. Mas essa confiança, repete-se, não é susceptível de relevo dogmático autónomo.

[394] Deixa-se para o n.º seguinte as razões da inadmissibilidade genérica de deveres de correspondência à confiança criada (que desencadeariam uma responsa-

fiança, se o sujeito não depositou por qualquer razão expectativas em outrem, não se verifica desde logo a correspondente situação de responsabilidade. Diferentemente, decorrendo a responsabilidade da infracção a um dever. Aqui, o facto de o lesado não acreditar no seu acatamento não preclude a responsabilidade[395].

Também o desconhecimento "culposo" da realidade por parte do confiante conduz em princípio à exclusão de uma responsabilidade pela confiança[396]. As representações do sujeito só são em regra de tutelar se forem *justificadas* e se apresentarem portanto como irremovíveis para quem aja com a diligência exigível[397]. Por conseguinte, quando tiver havido "negligência" dele na avaliação da situação, não chegam a verificar-se os pressupostos da protecção da confiança. Diferentemente se a responsabilidade radica na violação de um dever de comportamento. Aqui, a leviandade ou ligeireza daquele que o dever visa proteger implicará apenas uma ponderação do seu concurso para a produção do dano que sofreu ao abrigo do art. 570 do

---

bilidade pela confiança autónoma e recortariam obviamente a distinção que temos vindo a firmar entre esta última e a obrigação de indemnizar por violação de regras de conduta, mas que naturalmente não podem decorrer da relevância do "dever poder confiar", não assentando portanto na confiança "normativa" agora em referência).

[395] Tal não exclui *per se* o *Tatbestand* de responsabilidade, pelo que a obrigação de indemnizar pode ainda afirmar-se. O que não pensamos é que tal seja compatível com a recondução desses deveres a manifestações da tutela da confiança como realidade dogmática própria (diversamente, de modo implícito, no domínio da responsabilidade por violação de deveres *in contrahendo*, MENEZES CORDEIRO, *Da Boa Fé* cit., I, 584).

[396] Esclareça-se que em rigor não há qualquer antijuridicidade no comportamento do confiante em causa, pelo que não é também possível falar-se de uma censurabilidade da sua conduta (cfr. a propósito BRANDÃO PROENÇA, *A Culpa do Lesado* cit., 512 ss, com referências).

[397] Cfr. CANARIS, *Die Vertrauenshaftung* cit., 504 ss; analogamente entre nós MENEZES CORDEIRO, *Da Boa Fé* cit., II, 1248. Em todo o caso, esta posição não se coaduna para nós limpidamente com uma responsabilidade pela confiança desencadeada pela infracção de deveres de comportamento (nomeadamente derivados da boa fé, como ambos estes autores admitem), por isso que então o desconhecimento "culposo" apenas daria lugar a uma ponderação segundo o art. 570 e não teria a virtualidade de excluir, por princípio, a protecção das expectativas.

Código Civil; não exclui necessariamente a indemnização, que pode manter-se na íntegra ou limitar-se a ser reduzida[398]. O que é coerente: a culpa do lesado não atinge na realidade o fundamento da responsabilidade, a violação de uma adstrição por outrem[399].

---

[398] Correctamente por isso o Acórdão do Supremo Tribunal de Justiça de 15 de Outubro de 1996, CJ (STJ) IV (1996), 3, 51 ss, relevando a culpa do lesado na responsabilidade derivada de um dever imposto pela boa fé: num contrato de arrendamento para a actividade de fotografia, considerou-se que o senhorio violou um dever de cooperação e colaboração ao instalar máquinas de costura próprias no prédio, sobrecarregando com isso o quadro eléctrico que servia o arrendado, o que ocasionou, dada a escassa potência desse quadro, cortes repetidos de energia e prejudicou a actividade do inquilino. Contudo, o inquilino houvera também instalado no locado novos equipamentos, com o consequente maior consumo de energia, facto a que o tribunal atendeu na fixação da indemnização devida pelo senhorio.

[399] Pela razão exposta, a determinação de que a responsabilidade por prospecto é excluída em caso de prova de que o seu destinatário tinha ou devia ter conhecimento da deficiência do conteúdo do prospecto — cfr. o art. 149 n.º 3 do Código dos Valores Mobiliários — parece representar uma concessão do legislador à teoria da confiança. Dir-se-ia que faz deste modo relevar a falta de justificação da confiança para negar a protecção das expectativas, afastando-se do critério que usa genericamente para a responsabilidade pela violação de deveres de comportamento (onde a culpa do lesado se confronta com a actuação do autor do dano, não significando necessariamente a exclusão da responsabilidade). Naturalmente que este regime não se compatibiliza porém com a responsabilidade por culpa (e logo, por violação de deveres de comportamento) afirmada no aludido preceito. O que é sintoma claro de uma mistura das exigências de dois modos distintos de conceber a responsabilidade, nenhum deles seguido com coerência pela lei.

Distinguindo com mérito, porém, SINGER, *Das Verbot* cit., 102, a propósito do § 307 I 2 do BGB, que exclui a indemnização a cargo daquele que celebra um contrato dirigido a uma prestação cuja impossibilidade conhece ou deve conhecer para com a parte que confiou na validade do contrato se esta conhecia a impossibilidade ou a devia conhecer.

Adivinha-se neste aspecto o que poderia ser considerado uma desvantagem da teoria da confiança: repercutindo-se a falta de diligência do confiante imediatamente nos pressupostos da protecção das expectativas, o modelo de responsabilidade nela fundado surge *prima facie* dotado de uma certa rigidez, ao propiciar apenas soluções de "tudo ou nada". Contudo, esta falta de flexibilidade é mais aparente que real. De facto, o limiar da protecção da confiança — os casos em que se justifica

O facto de a obrigação de indemnizar se coligar à infracção de deveres dispensa à partida também — já o referimos — a alegação e prova de uma situação de confiança, o que representa uma especificidade de enorme relevo em relação à responsabilidade pela confiança[400].

---

protegê-la — é variável, pelo que as condições de atendibilidade das expectativas podem perfeitamente oscilar, de sector para sector ou em função de certos parâmetros. Por outras palavras, o tipo e o grau de diligência exigível ao confiante não é imutável, podendo ser muito reduzido.

De resto, o requisito da justificação da confiança varia em função da imputação ao defraudador das expectativas, sendo tanto menor quanto mais intensa for essa imputação. Pode mesmo chegar a ser dispensado: pense-se no confiante vítima de dolo. Mas não há aí entorse à sua necessidade de princípio. Existe tão-só a sua circunscrição aos limites impostos pela razão de ser desse requisito. A necessidade de uma justificação para a confiança baseia-se na preocupação de evitar uma protecção desmesurada à custa alheia. Quando porém aquele sobre quem se repercutirá essa tutela agiu intencionalmente na criação e defraudação das expectativas, aquela consideração é deslocada, pois a protecção da vítima desta actuação não é injusta: o dolo absorve a falta de razoabilidade da confiança, que, assim, não pode ser invocada pelo autor do dolo. Pelo pensamento que expusemos, em todo o caso, o teor do art. 243 n.º 2 do Código Civil. (A favor da solução *apertis verbis* consagrada para a simulação, L. CARVALHO FERNANDES, *Simulação e tutela de terceiros*, in Estudos em memória do Professor Doutor Paulo Cunha, Lisboa 1989, 451 ss; crítico, MENEZES CORDEIRO, *Tratado* cit., I/1, 634 e n. 1590, pois não se entenderia como proteger a boa fé daquele que viola voluntária e censuravelmente uma norma jurídica. Não é porém fácil justificar um dever geral de indagação acerca de vícios que afectam negócios alheios — preferimos aliás falar aqui em *ónus* —, e muito menos a cargo de quem se apresenta vítima de uma simulação. Dizer que terceiro violou censuravelmente uma norma jurídica arrisca-se deste ponto de vista a constituir uma determinação apriorística. O essencial é saber se há-de permitir-se aos autores da simulação a sua invocação perante o terceiro que sofreu o engano, quando este caiu "negligentemente" nele. A querela entre boa fé subjectiva psicológica ou ética tem pois aqui a ver com um juízo de ponderação das condições de protecção face a uma conduta alheia enganosa, não com a extracção de consequências do incumprimento de regras a cargo de terceiro, tidas por preexistentes.)

De qualquer modo, admitida que seja a responsabilidade pela confiança, o *quantum* indemnizatório é (cfr. *supra*, sob o n.º 23) susceptível de redução equitativa em termos nalguns aspectos próximos aos genericamente previstos para a responsabilidade delitual no art. 494.

[400] Ressalva-se obviamente a existência de presunções legais de confiança,

O desiderato da promoção de expectativas sociais através de adstrições de conduta aproveita e explora justamente esta virtualidade "técnica". Mesmo que a obrigação de indemnizar possa ser excluída (por ponderação teleológica) no caso de se demonstrar positivamente uma falta de confiança por parte dos seus beneficiários, a ordem jurídica orienta, influencia, a conduta daqueles sobre quem eles impendem, pois estes, desconhecendo muitas vezes se o respectivo beneficiário confia ou não, procurarão adequar o seu comportamento às respectivas exigências. Favorece-se assim a realização daqueles valores que presidiram à selecção das expectativas a impulsionar.

A desarticulação entre a protecção indemnizatória da confiança e a responsabilidade pela violação de deveres de comportamento em que temos vindo a insistir repercute-se naturalmente também no plano dos princípios de imputação dos danos convocados. Voltar-se-á a este ponto. Sublinhe-se por agora tão-só que o ancorar da responsabilidade pela confiança na infracção a regras de agir conduz inevitavelmente à exigência da culpa. Não é pois senão inteiramente consequente, *v.g.*, a concepção de que a *culpa in contrahendo* não prescinde de um juízo de censurabilidade quando se detecta nela uma manifestação da tutela da confiança que opera através de específicos deveres pré-contratuais[401]. Contudo, uma tal perspectiva estreiteceria também, inaceitavelmente, a margem da responsabilidade. O reconhecimento de uma imputação a título objectivo (portanto, independente de culpa) do dano derivado da frustração da confiança criada é essencial; por exemplo, para permitir o ressarcimento dos prejuízos decorrentes de expectativas geradas com a actividade de estruturas organizativas complexas (como as empresas), quando ao respectivo titular não possa ser apontada qualquer censura ou falta de diligência e toda-

---

como resposta a situações de ocorrência típica de expectativas. Neste âmbito da protecção da confiança pode também dizer-se que as representações do sujeito *não constituem um pressuposto dogmático-operativo de verificação sistemática*.

[401] É a doutrina dominante (indicações *infra*, sob os n.ºs 40 e seguintes). Para nós, todavia, a *culpa in contrahendo*, não desencadeia, rigorosamente falando, uma responsabilidade pela confiança. A imprescindibilidade da culpa deriva antes de se tratar nela de uma responsabilidade por violação de regras de comportamento.

via essa reparação seja em justiça de reconhecer[402]. E também certas figuras que, como o *venire*, se ligam a uma responsabilidade pela confiança, apenas fazem sentido[403] desde que não se reduzam dogmaticamente a uma violação de deveres de comportamento.

32. O problema da admissibilidade de um dever de correspondência à confiança alheia: frustrabilidade da confiança enquanto corolário da autonomia privada *vs.* liberdade circunscrita, e privilegiada, de agir; a inutilidade metodológico-operativa de uma vinculação daquele tipo

A destrinça entre a responsabilidade pela confiança e a violação de deveres de agir apenas pode sustentar-se na medida em que seja de rejeitar um *dever geral de corresponder à confiança alheia*. Assimila-se a este dever *a proibição geral de defraudar a confiança alheia*, pois a proscrição de condutas frustradoras de expectativas alheias significa que o sujeito terá adoptar uma conduta que as preserve. Houvesse uma adstrição desse tipo, a aludida diferenciação seria afinal ilusória[404]. É sobre a sua

---

[402] Apesar de a criação da confiança e a sua subsequente frustração serem eventualmente derivadas de um sujeito distinto, pode alguém dever ter de indemnizar a título de risco, por se tratar de ocorrências do âmbito da sua esfera de actuação. Ilustra-o a problemática da celebração de contratos por elementos de uma empresa sem poderes para tal, resultando daí, atenta a ineficácia do negócio em relação ao representado, um dano para a contraparte que desconhecia essa falta de poderes (na forma, por exemplo, de avultadas despesas, de perda de uma alternativa negocial válida, etc.). Um quadro geral do tratamento destas hipóteses pode consultar-se em OLIVEIRA ASCENSÃO/CARNEIRO DA FRADA, *Contrato celebrado por agente de pessoa colectiva* cit., *passim* (o pensamento da procuração aparente aí referido permite uma imputação a título objectivo de uma declaração negocial ao "representado" a que, no plano da responsabilidade, deverá corresponder também uma obrigação de ressarcimento dos prejuízos a título objectivo; as virtualidades da *culpa in contrahendo* para tutelar terceiros perante uma representação sem poderes não o exclui, pois ela não pode aplicar-se conceptualmente aí onde não haja infracção de deveres de conduta, o que pode na realidade acontecer).

[403] *Vide infra*, especialmente n.º 33.

[404] Deveres de corresponder à confiança criada não tolhem o fundamental sentido da distinção enquanto se tratar de deveres específicos, próprios de situações particulares.

existência, com o preciso conteúdo que lhe assinalámos — o de corresponder à confiança alheia — que temos portanto de nos interrogar. Não — advirta-se em prol da clareza — acerca do dever de "responder pela frustração da confiança", uma vez que este não pressupõe conceptualmente aquele. É perfeitamente possível o reconhecimento deste sem a aceitação do primeiro. Temos para nós que a falta de consciência deste ponto tem impedido a limpidez de construção da responsabilidade pela confiança, porque ela induz a uma enganadora miscigenação desta última com a responsabilidade pela violação de deveres de comportamento, nomeadamente os impostos pela boa fé. Vê-lo-emos mais de espaço.

A questão acabada de enunciar releva essencialmente naqueles casos em que a ordem jurídica não predispôs concludentemente no sentido da manutenção da liberdade de agir por parte daquele que está em posição de frustrar a confiança; o que fez por exemplo paradigmaticamente na fase pré-contratual relativamente às expectativas de conclusão do negócio, em que, por definição, assiste até ao último momento às partes o poder de recusar a celebração do contrato[405]. Importa de facto perguntar se, fora deste tipo de situações, existe uma *liberdade genérica de agir contra a confiança de outrem*. Ou se, pelo contrário, aquelas hipóteses representam excepções à regra de que a confiança não pode ser defraudada, manifestações de uma como que liberdade *privilegiada, específica, de agir*, pelas quais o legislador se decidiu em certos âmbitos de modo a salvaguardar certos objectivos, caso em que a dita imposição de não defraudar a confiança seria o princípio, funcionando este género de liberdade como desvio; na ausência de uma norma explícita no sentido de que a ordem jurídica reclamaria à partida o respeito pela confiança alheia seria porventura possível recorrer até à regra de conduta segundo a boa fé para fundamentar essa exigência[406].

---

[405] Desenvolvidamente sob o n.º 41.

[406] Que tenhamos dado conta, a questão colocada não é tematizada com esta autonomia e generalidade na doutrina. Há contudo asserções e posições que são ou se adivinham muito generosas — demasiado pródigas, no nosso modo de ver — para com a obrigatoriedade de corresponder à confiança alheia. Assim, MENEZES CORDEIRO escrevendo que "[o sujeito] não pode agir contra expectativas que tenha

Contudo, um dever geral de correspondência à confiança alheia é, por razões que se prendem com o seu objecto, impensável. Pode mesmo ir-se mais longe: ainda que cingindo-se esse dever aos casos em que a protecção da confiança parece razoável, a sua admissibilidade é completamente inútil à luz de uma atenta percepção do processo metodológico de aplicação do Direito e de fundamentação das decisões.

O argumento principal contra um dever geral de correspondência à confiança resulta do carácter indiscriminado com que uma adstrição com esse conteúdo se apresenta. Não seria certamente difícil estabelecer-se um consenso à volta de determinadas situações em que, pelo menos no plano das valorações "pré-jurídicas", se diria alguém merecer dever ficar adstringido a um comportamento destinado à observância de expectativas alheias. A verdade porém é que muito mais facilmente se concordará em que uma proscrição geral de frustração de quaisquer expectativas representaria uma pesadíssima restrição à liberdade individual dos sujeitos. Esta compreende, tanto a possibilidade de se acalentar a confiança, como a faculdade também de a destruir. Trata-se de um preço incontornável a pagar por essa mesma liberdade. O critério da imputabilidade (de uma qualquer imputabilidade) das expectativas e da sua frustração a um sujeito é, na ausência de outros requisitos, insuficiente para justificar uma adstrição à sua observância. Suscitar representações por parte de outrem é basicamente lícito e não tem em regra, por si, eficácia vinculativa[407].

---

gerado" (*A boa fé nos finais do século XX* cit., 896); ou quando, ao ver na figura geral do *venire* uma forma de tutelar a confiança, o apresenta, logo que nessa veste relevante para o Direito, como *ilícito* (cfr. *Da Boa Fé* cit., II, 814), um ponto este que ainda discutiremos. Nesse sentido igualmente a afirmação de que o dever de actuar segundo a boa fé, amplamente consagrado, demonstra na protecção da confiança um vector genérico, com a ideia de que a essa tutela se exprime entre nós, em regra, através da manutenção das vantagens que assistiriam ao confiante se a sua posição fosse real; ainda, a ligação desta protecção, como seu corolário, ao princípio geral da igualdade, impondo uma distinção entre confiante e não confiante (*ibidem*, 1247--1248 e 1249-1250, e *Tratado* cit., I/1, 237-238). Uma concepção, esta, largamente secundada por PEDRO DE ALBUQUERQUE, *Da prestação de garantias* cit., 119 ss.

[407] Neste sentido não existe uma responsabilidade pela confiança só porque esta foi causada por outrem. Cada sujeito tem em maior ou menor medida um

Na realidade, uma proibição de defraudar expectativas alheias substituiria largamente mecanismos de (auto-)regulação social estabelecidos, tornaria inclusivamente despiciendas um sem-número de regras jurídicas. Ela conduziria de modo inevitável ao descalabro da ordem e do equilíbrio social, por isso que privilegiaria por sistema as posições e os interesses alheios (identificados com as representações dos sujeitos), sacrificando concomitantemente a independência de condução de vida das pessoas. Radicalmente, seria mesmo inconciliável com a liberdade individual, de reconhecimento indeclinável para o Direito. Até uma postura mais comedida que se bastasse com vincular a possibilidade de uma conduta defraudadora das expectativas de um sujeito à ponderação casuística das expectativas conflituantes dos outros e dos seus méritos significaria uma relativização metódica e absoluta da autonomia pessoal às representações alheias. Ela representaria um condicionamento permanente da liberdade de agir e nesta constitutivamente inscrita, o que contrariaria vectores sistemáticos essenciais de todo o direito privado. É por isso que a liberdade de defraudação de expectativas se afirma na realidade como corolário básico da autonomia privada, ainda que porventura este princípio fundamental possa merecer, aqui e além, derrogações[408], vastas até, em homenagem a valores e exigências diversos. A amplitude destas nunca é susceptível de o pôr em causa enquanto princípio geral.

Repare-se que também se *feriria gravemente o sistema das fontes das obrigações* instituído. Os deveres dos sujeitos passariam a depender, tanto no que respeita ao seu surgimento como no que toca à definição dos seus contornos, de factores "exógenos" — as representações alheias —, independentemente de se verificar algum daqueles factos

---

certo controlo sobre muitas das representações que origina, e nem por isso é responsável se lhes não dá sequência. Como se dirá ainda, quando seja de falar numa responsabilidade pela criação negligente de expectativas estão em causa violações a ditames de lisura e correcção de comportamento impostos pela boa fé que nada têm a ver com a responsabilidade pela confiança propriamente dita, por não estar rigorosa e propriamente em causa a defesa de expectativas concretas acalentadas pelo sujeito.

[408] Veja-se por exemplo o art. 78, proibindo ao destinatário de carta não confidencial um uso contrário à expectativa do seu autor.

que, segundo a lei, se apresentam como constitutivos das obrigações (aí incluída a de responder). O que não é, nem indiscriminadamente possível, nem valorativamente inócuo. Mesmo admitindo que o sistema de fontes das obrigações não está formulado *de iure constituto* nos termos de um rígido "numerus clausus" e que, por conseguinte, é passível de ser complementado, a verdade é que se torna necessário habituarmo-nos a discernir nele, mais do que enunciados de cúpula com mera preocupação sintetizadora, classificatória ou ordenadora dos diversos factos constitutivos das obrigações, um conjunto de valorações de fundo que subjazem ao direito privado; nomeadamente, certas opções jurídicas relevantíssimas para a determinação afinal do quadro e dos limites da autonomia privada. Ora, o sistema de fontes não pode ser acriticamente deitado pela borda fora. O primado da liberdade dos sujeitos que nele se descortina à luz dos factos relevantes para efeito de constituição de obrigações ficaria completamente subvertido se se aceitasse impender sobre os sujeitos, com carácter geral, a obrigatoriedade das condutas que se revelassem necessárias à preservação de expectativas alheias.

Importa aliás sublinhar que a nossa recusa de um dever geral de correspondência à confiança alheia recebe confirmação da própria doutrina da confiança, se se atender a algumas das suas elaborações mais autorizadas. Com efeito, caso esse dever fosse de se afirmar, a estrutura da responsabilidade pela confiança não diferiria essencialmente da das várias responsabilidades por violação de deveres de comportamento. A posição do confiante seria protegida como qualquer outra que houvesse de ser respeitada. A exigência então de requisitos como o investimento de confiança ou a justificação da confiança seria completamente espúria[409].

Claro que poderia aduzir-se que estes representam apenas condições de tutela, pressupostos constitutivos de uma situação jurídica digna de protecção. Só que tal equivaleria afinal à confissão de que o dever de preservar expectativas alheias não pode ser indiferenciadamente admitido. Contra o que se pretenderia, não é, em suma, geral, dependendo pelo contrário de averiguações concretas. Com isto,

---

[409] Cfr. ainda os n.os 48-49.

entra-se na segunda objecção de fundo que encontramos à proscrição de comportamentos que defraudam expectativas. Ela cifra-se em que, uma vez assente que não é possível, *ex ante* com respeito à consideração das circunstâncias da situação, anuir a um dever de corresponder à confiança alheia, tão-pouco é curial aceitá-lo quando seja efectivamente de reconhecer o merecimento de tutela de certas situações de confiança.

Facilmente se compreende que é uma perfeita e ociosa inutilidade interpretar a responsabilidade pela confiança como decorrente da violação de um dever que se limite a expressar a resposta da ordem jurídica determinando a atendibilidade de uma situação de confiança *concretamente existente*, atentas as especificidades que a envolvem. Nesta concepção, o dever de adopção de uma conduta que a respeite apenas no caso singular, perante uma situação individualizada de confiança real, se justificaria e se afirmaria. Não transcenderia portanto as particularidades que a concreta situação de confiança transporta consigo. No fundo, em vez de, como no comum das situações de responsabilidade, o dever se inserir na *previsão* da norma de responsabilidade, esta perspectiva faz dele uma mera consequência jurídica da verificação de certos pressupostos, esses sim integrantes da previsão normativa.

Mas isso seria assinar a certidão de óbito do dever. Qual seja com efeito, num entendimento destes, o papel ou o sentido da afirmação de uma adstrição de conduta é ponto que importará descortinar. Na realidade, não é admissível que o dever se possa esgotar numa simples "técnica" de resolução de um caso concreto, embora seja precisamente esse o papel que lhe caberá se ele intervier como *mero argumento-síntese final*, elaborado *ex post* enquanto condensador dos factores pelos quais uma determinada situação de confiança merece ser protegida. Que função possa ter na construção da dogmática da confiança um dever que não consegue elevar-se acima do nível da situação concreta e que, por conseguinte, não se apresente *ex ante* como ditame geral de conduta a que o sujeito deve obediência constitui assim, naturalmente, um autêntico enigma.

Quando a ordem jurídica estabelece um dever generaliza necessariamente uma actuação como devida. Assinalá-lo como vigente significa remeter para uma exigência de comportamento aplicável a um conjunto, mais ou menos amplo, de situações; é actuar preventivamente e orientar a conduta dos sujeitos com vista a alcançar determinados objectivos ou a salvaguardar certos valores. Na fundamentação de uma decisão, só faz pois sentido invocar o dever aí onde se pressuponha um ditame da ordem jurídica com esse alcance, aplicável à situação decidenda. Se um dever desse tipo não existe ou não é invocado, a decisão jurídica que com ele argumente enreda-se num fatal *circulus inextricabilis*. Importa sublinhar desde já este ponto. Ele revela-nos o carácter *perifrástico* ou *pleonástico* mesmo do sedear da responsabilidade pela confiança no dever de conduta segundo a boa fé quando se admite afinal a necessidade de averiguação concreta dos pressupostos de que depende o mérito de tutela da confiança, porque apenas caso a caso se poderá então dar por estabelecido esse dever[410]. E é igualmente a consciência desta dificuldade que nos conduzirá a admitir, contra opiniões sedimentadas, a depuração de formas de tutela da confiança como o *venire* da responsabilidade por violação de regras de comportamento, aí incluídas as derivadas da boa fé. Vê-lo-emos a seguir.

Tudo o que dissemos se conexiona evidentemente com concepções e problemas metodológicos gerais em que nos temos de dispensar aqui de entrar com detalhe; *v.g.*, diferenciação da função judicativa dos tribunais face ao poder de emissão de normas jurídicas, distinção entre interpretação e decisão: campos ou momentos cuja "fluidez" o processo de aplicação de cláusulas gerais e de conceitos indetermina-

---

[410] Depara-se aqui um escolho muito difícil para quem admite que o dever de actuar de boa fé consagrado na ordem jurídica realiza a protecção da confiança e aceite simultaneamente a necessidade de verificação de certos pressupostos (como o investimento ou a justificabilidade da confiança, articulados em sistema móvel) para que essa protecção opere. O próprio CANARIS, que apurou com detalhe os requisitos de protecção da confiança, não se coíbe de assinalar como fundamento da protecção da confiança o § 242 do BGB (que, como se sabe, prescreve um dever de conduta de boa fé ao devedor que efectua a sua prestação). Característica do seu pensamento é de facto a falta de destrinça clara entre a tutela da confiança e os deveres decorrentes da boa fé; cfr., por exemplo, *Ansprüche* cit., 478, e *Die Vertrauenshaftung* cit., 491 ss, e 532 ss; analogamente, entre nós, MENEZES CORDEIRO, *v.g.*, *Da Boa Fé* cit., II, 1243 ss.

dos e, em geral, o desenvolvimento do Direito demonstram exemplarmente, mas que não cremos poderem ser radicalmente fundidos numa unidade que dissolva por completo as suas notas características.

33. A questão correlativa do entendimento do *venire* e da "neutralização" *(suppressio)*; sua distinção da violação de deveres de comportamento (e da regra de agir segundo a boa fé); a indemnização como compensação pela defraudação das expectativas na coerência e continuidade do comportamento

A conclusão de que não se afigura em geral de sufragar a existência de um dever de correspondência à confiança alheia é a única que se compatibiliza com uma verdadeira autonomia dogmática do *venire* ou da "neutralização" *(suppressio)*, ligados, como se sabe, segundo uma estabilizada tendência doutrinal e jurisprudencial, à teoria da confiança[411].

---

[411] Fundamental para esta conexão, entre nós, como já se apontou, MENEZES CORDEIRO, *Da Boa Fé* cit., II, 742 ss, e 797 ss, e também BAPTISTA MACHADO, *Tutela da confiança* cit., esp. 384 ss; similarmente, OLIVEIRA ASCENSÃO, *Teoria geral do direito civil*, IV, *(Título V/As situações jurídicas)*, ed. polic., Lisboa 1985, 213; na Alemanha, *vide* especialmente FRANZ WIEACKER, *Zur rechtstheoretischen Präzisierung des § 242 BGB*, Tübingen 1956, 28, e CANARIS, *Die Vertrauenshaftung* cit., 270-271, 287--288, e *passim*, seguidos por numerosos autores.

Na jurisprudência portuguesa, entre muitos, *vide* por exemplo, o Acórdão do Supremo Tribunal de Justiça de 27 de Abril de 1999, CJ (STJ) VII (1999), 2, 60 ss (duvidando da existência de um *venire* à luz dos pressupostos da protecção da confiança); o Acórdão do Supremo Tribunal de Justiça de 22 de Novembro de 1994, CJ (STJ) II (1994), 3, 157 ss (tendo havido uma cessão inválida da posição contratual de arrendatário de uma fracção destinada a consultório médico, age com abuso aquele que vem invocar essa invalidade quando, tendo abandonado a medicina há vinte anos e por outros factores, actuou de forma a criar a confiança na eficácia da cessão ou na ininvocabilidade de eventuais vícios que a afectassem); o Acórdão da Relação do Porto de 26 de Novembro de 1998, CJ XXIII (1998), 5, 203 ss (recusando também um *venire* por alegação de uma impossibilidade originária de cumprimento derivada da falta de autorização de uma construção prometida vender por não haver confiança, justificação da confiança, investimento e imputação da confiança); ainda, o Acórdão da Relação do Porto de 10 de Março de 1998, CJ XXIII

Confirma-a o próprio entendimento que estas figuras merecem. Não vamos aprofundá-lo exaustivamente, mas destacar, em todo o caso, uma ideia simples, porventura não das mais familiares ao espírito comum dos juristas: tanto uma como a outra dessas figuras apenas se compreendem adequadamente desde que não sejam de reconduzir à violação de deveres de conduta. Nem sempre se chega a mostrar disso percepção, ou pelo menos não se o sublinha devidamente[412].

(1998), 2, 194 ss (num contrato de transporte marítimo não incorre em *venire* o agente de navegação que não criou na firma transportadora qualquer convicção contrária ao exercício do direito à indemnização pela perda de um carregamento de vinho a enviar de Leixões para o Canadá).

[412] Assim, estando em causa a interpretação do âmbito de uma apólice, havia em rigor simples recusa ilegítima de cumprimento da prestação e não propriamente abuso na conduta da seguradora que alegara sem fundamento a exclusão da sua responsabilidade pelos prejuízos advenientes de um incêndio numa fábrica de cerâmica cujo risco cobriu: cfr. o Acórdão da Relação de Coimbra de 30 de Junho de 1998, CJ XXIII (1998), 3, 36 ss. Quando se verifica a mera infracção de deveres contratuais, não há abuso do direito, pois falta desde logo a posição jurídica que o devedor se arroga. Deste modo, também não havia abuso, mas simples falta de direito (e não cumprimento das correspondentes obrigações) se certa entidade patronal deixou, contra o estipulado, de fornecer transporte a duas trabalhadoras, obrigando-as por isso a percorrer cinco quilómetros a pé cerca das cinco horas da manhã por forma a apresentarem-se pontualmente no início da jornada de trabalho: cfr. o Acórdão do Supremo Tribunal de Justiça de 24 de Fevereiro de 1999, CJ (STJ) VII (1999), 1, 291 ss. O mesmo critério justifica que não haja abuso se o sujeito se limita a exercer uma posição jurídica que imperativamente lhe assiste por força de especiais normas de protecção de que beneficia: por isso, acertadamente, o Acórdão da Relação de Lisboa de 10 de Fevereiro de 1999, CJ XXIV (1999), 1, 167 ss, excluindo o abuso do sujeito que, ao ser contratado, aceitou auferir um salário inferior ao estipulado no instrumento de regulamentação colectiva de trabalho aplicável, e depois veio pedir o reconhecimento do salário legalmente devido. Considere-se ainda o caso decidido pelo Acórdão do Supremo Tribunal de Justiça de 5 de Março de 1996, CJ (STJ) IV (1996), 1, 115 ss: tendo o promitente-vendedor (ou quem lhe sucedeu) alienado certas fracções autónomas a terceiro, admitiu-se haver *venire contra factum proprium* decorrente da frustração da confiança que incutiu no promitente-comprador de que o contrato-promessa iria ser cumprido. Estava em causa um comum não cumprimento de um contrato-promessa e as suas consequências.

Como explicar a tão repetida invocação do abuso, nomeadamente do *venire*, em situações de não cumprimento de deveres e/ou de falta de direito? Temos para

Considere-se de modo primordial o *venire contra factum proprium*, com a consciência de que a estrutura de raciocínio implicada vale, com as devidas adaptações, para a "neutralização". O *venire* envolve uma contraditoriedade entre dois comportamentos do sujeito que temporalmente se sucedem. Contudo, a relação entre aqueles é nele enunciada, *apertis verbis*, enquanto oposição puramente *abstracta* ou *formal*, sem que se revele o respectivo critério. Consequentemente, a razão de ser de uma eventual proibição da conduta contraditória permanece completamente por iluminar. É esse o motivo pelo qual estão condenadas ao mais rotundo fracasso, como tautológicas, as tentativas de fundamentação de certo tipo de soluções jurídicas com a simples invocação dessa proibição. No *venire*, o que importa explicitar é a razão material pela qual não há-de ser consentido agora a um sujeito tomar uma conduta quando adoptou outra em determinado momento anterior [413]. Uma singela remissão para a proibição do *venire* signi-

---

nós que tal se deve por vezes à dificuldade de averiguar a exacta configuração substantivo-material das posições das partes em litígio, seus direitos e obrigações, que contrasta com a maleabilidade do abuso e sua fácil instrumentalização a uma decisão na substância correcta. De facto, não dependendo a relevância do *venire* de que o sujeito actue fora do âmbito dos direitos que lhe assistem ou em desrespeito das suas obrigações, mas tão-só (*vide* ainda *infra*) da confiança criada pelo seu comportamento, é tentador apreciar-se um não cumprimento ou o exercício de um direito na realidade não existente, quando eles não são fáceis de determinar, como comportamentos contraditórios com um outro antecedente. Esta perspectivação apresenta-se em si correcta e plausível, na medida em que coerente com a sua base. O que deve considerar-se inaceitável é valorar a infracção a um dever ou uma falta de direito, *enquanto tais*, como condutas abusivas. Ressalvado este aspecto, aquilo que realmente se atinge é rigorosamente (apenas) a comummente reconhecida *subsidiariedade* do *venire* em relação a outras formas de tutela do sujeito segundo o *ius strictum*. (Completamente incongruente é naturalmente reconhecer ao abuso, de plano, os efeitos próprios do não cumprimento ou da mera ausência da posição jurídica invocada. Daí a necessidade da discriminação vigorosa destes últimos em relação ao *venire* e a outras modalidades de exercício inadmissível de situações jurídicas.)

[413] Está fora de causa entender o *venire* como fruto da comparação entre um facto antecedente, entendido enquanto realidade do mundo-do-ser, e a avaliação da conduta subsequente à luz de um dever-ser, pois não é possível contrapor-se enunciados fácticos a proposições normativas (salientou-o recentemente SINGER, que, no *venire*, concebe a relação entre os actos do sujeito como de negação na acepção do

ficaria uma patente *petitio principii*. Saber se os critérios efectivos da relevância do *venire*, por isso que não se desprendem dele e radicam forçosamente em elementos a ele alheios, a tornam inútil, é naturalmente um ponto central na construção da figura.

Não vale a pena alongarmo-nos na demonstração das dificuldades ou mesmo criptofundamentações que podem acompanhar o pensamento do *venire* na explicação de soluções e regimes jurídicos. Baste, por exemplo, que não é satisfatória a sua simples invocação para justificar a irrevogabilidade da proposta contratual[414]. A ser assim, não se veria porque é que uma inopinada recusa de celebrar o negócio após a apresentação de um convite a contratar não havia de levar, na lógica desse argumento, ao mesmo tipo de consequências da revogação de uma proposta (a ineficácia, no ordenamento jurídico português). Nem deixaria de ser intrigante que outras ordens jurídicas, sensíveis embora ao *venire*, não previssem genericamente um regime de irrevogabilidade da proposta semelhante ao que vigora no direito português[415].

---

princípio lógico da não-contradição e explora muito consequentemente as dificuldades que, assim, a fundamentação das soluções com auxílio do *venire* experimenta; cfr. *Das Verbot widersprüchlichen Verhaltens* cit., 21 ss, 39, 49, e *passim*).

[414] Diversamente, MENEZES CORDEIRO, *Da Boa Fé* cit., II, 757. (De notar, aliás, que a vinculação da solução à teoria da confiança se depara com a dificuldade de, quer o art. 228 n.º 1, quer o art. 230 n.º 1, prescindirem de requisitos como o do investimento de confiança; a eficácia da proposta não depende sequer do conhecimento do destinatário nos termos do art. 224 n.º 1.) O fundamento da irrevogabilidade da proposta deve ser conforme com o carácter que se atribua à declaração que a constitui; para esta discussão, MENEZES CORDEIRO, *Tratado* cit., I/1, 361-362, vendo mesmo nessa declaração um autêntico negócio unilateral, ou, em sentido diferente, P. MOTA PINTO, *Declaração Tácita* cit., 444 ss, e, ainda, OLIVEIRA ASCENSÃO, *Direito Civil/Teoria Geral*, II, cit., 380 ss. É discutível que a eficácia da proposta derive propriamente de um comprometimento do sujeito (e não, como se diria ocorrer entre nós, de uma valoração da própria lei, ou, em todo o caso, de um critério de direito objectivo). De qualquer modo, na destrinça clara entre a eficácia negocial e aquela que é própria do *venire* encontramos uma condição de autonomia deste último (e a razão pela qual, consequentemente, não se pode subscrever, por exemplo, que a resolução indevida de um contrato se resuma a um *venire*, ignorando que ele representa uma conduta ilícita, um incumprimento).

[415] Veja-se o sistema italiano, que admite com largueza a revogabilidade da proposta (cfr., em Portugal, a solução contrária do art. 230).

Também não auxilia invocar-se o *venire*, *v.g.*, para justificar o regime da irrepetibilidade daquilo que foi prestado, se o autor da prestação sabia, ao realizá-la, que o efeito com ela previsto era impossível, ou se, agindo contra a boa fé, impediu a sua verificação. Pode na verdade dizer-se que, em si, toda e qualquer pretensão de repetição daquilo que se prestou consubstancia uma contraditoriedade de conduta, pelo que apenas a ponderação das razões que materialmente justificam que, neste caso, e contra aquilo que seria a regra do enriquecimento sem causa, o *accipiens* da prestação possa retê-la, conduz a uma explicação plausível[416]. Tal como, diga-se por último, debalde se procurará no *venire* o fundamento do regime aplicável à declaração

---

[416] Cfr. o art. 475. A invocação do *venire* surge, perante um regime próximo, na Alemanha, por exemplo, pela voz de WERNER LORENZ (in *Staudinger Kommentar* cit., 13.ª edição, n. 2 ao § 814) ou de REUTER/MARTINEK, *Ungerechtfertigte Bereicherung*, Tübingen 1983, 183.

Nem sempre se encontra na doutrina — diga-se de passagem —, mesmo naquela que não invoca o *venire*, um esclarecimento inteiramente convincente para o regime descrito. É assim que MENEZES LEITÃO, *O Enriquecimento sem Causa* cit., 548-549, considera que o art. 475, na parte em que contempla a situação daquele que impediu, contra a boa fé, a verificação do resultado a que ia endereçada a prestação que realizou, se explica pela necessidade de "evitar que o credor possa beneficiar de uma situação que ele próprio provocou, actuando em desconformidade com aquilo que a outra parte podia legitimamente esperar". Nesta interpretação misturam-se todavia dois fundamentos inconciliáveis para o regime do art. 475: por um lado, a tutela da confiança e, por outro, o comportamento referido do que realiza a prestação (e que é considerado "desleal"). A verdade, porém, é que o regime descrito arranca, como o teor do preceito inculca, não das representações de quem recebe a prestação, mas da conduta do sujeito que a realiza. As expectativas do *accipiens* no sentido de não ter de restituir e de poder manter o que recebeu não são relevantes. Decisivo é que quem realizou a prestação violou os ditames da boa fé, o que significa que a irrepetibilidade do prestado pode ocorrer mesmo quando a outra parte previu ou admitiu que esses ditames não seriam observados. A justificação da norma referida deve ir buscar-se ao pensamento de que não deve ser permitido àquele que actua ilicitamente aproveitar-se da situação que criou: "turpidinem suam allegans nemo auditur" (cfr. também MENEZES CORDEIRO, *Da Boa Fé* cit., II, 1281, invocando o *tu quoque* daquele que impede a verificação do efeito previsto com a prestação; o autor alude no entanto igualmente à necessidade de tutelar a confiança da outra parte, mas temos para nós que regra de conduta segundo a

antecipada do devedor de não cumprimento, incapaz que ele é de proporcionar uma fundamentação plausível das principais consequências de semelhante atitude[417].

boa fé e tutela da confiança se não equiparam, levando, no caso concreto, se simultaneamente invocadas, a uma fundamentação discrepante do art. 475).
 No que toca à explicação do art. 475, 1.ª alternativa, que exclui a restituição da prestação quando o seu autor sabia, ao efectuá-la, que o efeito pretendido era impossível, importa também transcender o formalismo de um recurso ao *venire* pelo descortinar dos pontos de vista materialmente relevantes. Quanto a estes, é de notar especialmente o argumento da falta de merecimento de tutela jurídica de quem realiza a prestação conhecendo que o efeito com ela pretendido era impossível (cfr. MENEZES LEITÃO, *O Enriquecimento* cit., 548, referindo ser essa motivação do § 815 BGB). (Segundo cremos, teremos aqui uma cedência dos princípios do enriquecimento sem causa face à necessidade de não permitir litígios judiciais evitáveis como resultado de uma atitude consciente, e contrária à boa fé, mas nem por isso o enriquecimento deixará de existir; o que significa que se porventura o que foi prestado acabar devido a qualquer razão por ser restituído, essa situação não estará sujeita, por sua vez, a uma pretensão de enriquecimento.)
 [417] Estas hipóteses, controversas no seu regime, enquadramento e fundamento dogmáticos, foram objecto de um aprofundado estudo de C. FERREIRA DE ALMEIDA: *Recusa de cumprimento declarada antes do vencimento/Estudo de Direito Comparado e de Direito Civil Português*, in Estudos em Memória do Professor Doutor João de Castro Mendes, Lisboa s/data (mas 1995), 289 ss. Depois de uma análise de direito comparado e dos antecedentes doutrinários e jurisprudenciais no direito português, o autor identifica como problema em discussão o de saber se a declaração da intenção de não cumprir pode ser invocada como causa para a antecipação dos efeitos do incumprimento, efeitos esses que, em princípio, só poderiam ser desencadeados decorrido o prazo da obrigação. Orientando-se pelas várias propostas de solução ensaiadas nas diferentes ordens jurídicas, recusa a tese da antecipação de vencimento e a da violação contratual positiva, e vê no *venire contra factum proprium* o fundamento jurídico do regime destas hipóteses. Nele incorreria o devedor que, depois de declarar não (ir) cumprir, viesse invocar, antes ainda do vencimento da obrigação e confrontado com o exercício dos direitos do credor, o benefício do prazo estabelecido a seu favor. A sua conduta seria desconforme com a boa fé; a declaração primeira de não cumprir criaria uma justificada situação de confiança que o devedor mais tarde perturbaria com semelhante invocação. Em face da declaração do devedor da intenção de não cumprir, deveria reconhecer-se ao credor o interesse em prevenir as desvantagens do incumprimento previsível e, deste modo, o poder de exigir imediatamente o cumprimento, pedir uma indemnização ou resolver o contrato.
 Ponderando a possível objecção de que a declaração de não cumprir, longe

A circularidade e as insuficiências que afectam o *venire* dissipam--se naturalmente identificado que seja o modo particular de "injus-

de constituir uma forma de criação positiva de confiança, como é típico nas situações de abuso do direito por contrariedade à boa fé, destrói pelo contrário a expectativa de cumprimento de uma obrigação constituída, o autor aponta que "a desconfiança, sendo o contrário da confiança, é, como esta, uma atitude de convicção. Tanto age contra a boa fé quem frustra a confiança que criou como quem surpreende outrem tornando inúteis (ou mesmo nocivos) actos praticados em consequência da confiança que destruiu, da desconfiança que suscitou. A situação de confiança, enquanto requisito para definir um critério de imputação de efeitos jurídicos, no âmbito do abuso do direito, poderá porventura ser generalizada em termos de "situação de convicção" ou "situação de crença" na seriedade e coerência de comportamentos" (*op. cit.*, 312-313). Concordamos. Julgamos que função primordial da protecção da confiança é proporcionar uma cobertura jurídica para a coordenação de condutas no relacionamento interpessoal, lá onde as regras do negócio não chegam e quando, por ausência de normas impositivas ou proibitivas, há possibilidade de comportamentos alternativos. É então que as expectativas do sujeito confrontado com a escolha, por outrem, de um entre vários comportamentos se tornam eficientes, com autonomia, para a sua acção, pouco importando o conteúdo concreto que elas assumem para esse efeito. (Claro está, contudo, que o Direito não pode eximir-se do controlo das situações merecedoras de tutela e que aí, portanto a um nível de concretização da tutela genericamente disposta pela ordem jurídica, a configuração das expectativas tem relevância.)

Discordamos, entretanto, de que o *venire* e a protecção da confiança (mesmo com a precisão acabada de referir) proporcione a chave para a compreensão do problema da recusa antecipada de cumprimento, apesar de compartilharmos em larga medida com FERREIRA DE ALMEIDA a visão crítica acerca das teses da renúncia ao benefício do prazo e da violação positiva do contrato. Não — diga-se em abono da justiça — por não se transcender aqui, como sublinhámos importar, uma concepção meramente formal da contraditoriedade de comportamentos, mas porque a ligação advogada desta contraditoriedade ao critério material da protecção da confiança não se afigura *in casu* suficiente para assegurar uma explicação plausível. Sinteticamente: o *venire* apenas poderia explicar quando muito a *preclusão* da invocação do benefício do prazo pelo devedor que anunciou ao credor a sua disposição de não cumprir o contrato. Importa contudo saber porque é que, *logo* com a comunicação do devedor de não cumprir, *nascem* para o credor os poderes de exigir o cumprimento, resolver o contrato e pedir um ressarcimento de danos. Estes não são meros *reflexos* de uma conduta vedada ao devedor de invocar o prazo em seu favor. Surgem *antes* e *independentemente* da forma como ele venha a reagir quando confrontado com o respectivo exercício pelo credor e, por conseguinte, de qualquer

tiça" que nele vai implícito. Preliminarmente, importa apontar que a autonomia do *venire* implica uma específica relevância da contradito-

---

venire em relação àquele *factum proprium* antecedente. Em suma, eles não são na realidade atribuídos enquanto consequência de uma *excepção* que o credor poderia opor com êxito ao devedor que invocasse mais tarde o prazo a seu favor, depois de ter declarado inicialmente não estar disposto a cumprir. Configuram-se antes como *modos de reacção* conferidos *directamente* pela ordem jurídica (fundados naturalmente na vinculatividade da obrigação) perante uma situação objectiva de incerteza quanto ao desenrolar futuro da relação contratual e de probabilidade de não cumprimento, confie ou não o credor na persistência da atitude tomada pelo devedor. Não está em causa — como tipicamente no *venire* (*vide* ainda *infra*) — responsabilizar o devedor pela "seriedade e coerência" de comportamento face a uma conduta inicialmente adoptada: no que respeita ao primeiro aspecto, porque não se vê como teria de esperar-se seriedade de quem se prepara para cometer um ilícito contratual, ao menos na perspectiva do credor; quanto à coerência, a ordem jurídica não pode forçar uma "coerência para o mal (ou para o ilícito)" e, deste modo, terá de permitir sempre ao devedor que declara não ir cumprir a possibilidade de retractação e o regresso à disposição de cumprir. Se esta "incoerência" do devedor lhe é, afinal, permitida, e se (salvaguardada a posição do credor) não há razão para não a permitir, vê-se que a tutela que a ordem jurídica confere ao credor nasce logo com a declaração de não cumprimento, não derivando directamente de um *venire* consubstanciado com a conduta posterior do devedor de invocação do prazo em seu favor.

Na realidade, os meios reconhecidos ao credor perante a declaração de não cumprimento emitida pelo devedor não protegem, como quer a concepção considerada, a sua confiança, mas, em bom rigor, *precisamente o inverso*: tutelam a sua *justificada desconfiança* de que a relação contratual venha a ser cumprida. Por isso se compreende, ocorrida esta declaração, que não se lhe exija a demonstração de um investimento de confiança já realizado como requisito da possibilidade de reagir, ao contrário do que haveria de se lhe pedir nas hipóteses de autêntica protecção da confiança através do *venire*. (FERREIRA DE ALMEIDA parece opinar aqui em sentido diferente, pretendendo, a esse propósito, que quando "a ameaça de incumprimento não afectar, em concreto, a vida pessoal ou patrimonial do credor, não haverá justificação para antecipar o momento em que se podem exercer as pretensões compensatórias do incumprimento"; cfr. *op. cit.*, 313. Acentuaríamos antes que a mera situação de incerteza criada, assim como os prejuízos potenciais que ela pode implicar para ele, não constituindo — note-se — um investimento de confiança e dissuadindo-o mesmo de o levar a cabo, é suficiente para lhe tornar inexigível a espera pelo vencimento e para lhe facultar determinados meios de tutela. Mas sobretudo que essa tutela se situa de algum modo, como se referiu, nos *antípodas* da protecção

riedade entre comportamento antecedente e subsequente. O juízo do *venire* apenas é formulável *ex post*, no termo e como resultado de uma comparação de condutas que se sucederam mas que não são harmónicas entre si. Somente o comportamento posterior do sujeito consuma o *venire*. Embora este não se absorva naquele. De facto, *per se* tomada, a conduta ulterior do sujeito apresenta-se necessariamente como lícita e conforme com a ordem jurídica[418]. Caso contrário, ela apenas traduziria uma situação vulgar de falta de direito ou de desrespeito de uma vinculação que comprimia a esfera de liberdade do sujeito. Nenhum papel restaria então ao *venire*.

das expectativas, pois se não trata em si de acautelar uma confiança existente quanto de *reagir a uma desconfiança*. Concedendo inclusivamente ao credor a possibilidade de resolução do contrato, o que se compreende como *lex privata* que este constitui, fruto já da disponibilidade das partes.)

A orientação exposta não preclude obviamente a possibilidade de a declaração antecipada de não cumprimento poder constituir ela própria (e não já, como acima se considerou, a invocação do benefício do prazo após essa declaração) um comportamento contraditório com outro antecedentemente tomado. Assim no caso decidido pelo Acórdão do Supremo Tribunal de Justiça de 25 de Junho de 1998, CJ (STJ) VI (1998), 2, 138 ss: perante uma resolução ilícita de certo contrato de empreitada de construção de contentores — onde o tribunal vislumbrou uma declaração de não querer cumprir, equiparando-a, criticavelmente aliás, a uma impossibilidade culposa da prestação a que o declarante estava obrigado —, considerou-se haver *venire* se o sujeito comunicara antes à outra parte que poderia haver cumprimento retardado desta, verificando-se os vários requisitos de tutela da confiança.

[418] Exemplifique-se. Não constitui nenhum ilícito alegar a caducidade de um contrato de arrendamento, apesar de poder constituir *venire* vir fazê-lo vinte e cinco anos mais tarde, sem nunca ter gizado a menor reacção contra a (suposta) situação (cfr. o Acórdão do Supremo Tribunal de Justiça de 14 de Novembro de 2000, CJ [STJ] VIII [2000], 3, 121 ss). *Mutatis mutandis* quanto à "neutralização" do direito: assim, não é em si contrário ao Direito que um condómino venha exigir de outro a cessação da afectação de uma fracção a uma utilização contrária ao título constitutivo da propriedade horizontal, muito embora uma prolongada inacção, acompanhada de um irreversível investimento de confiança da outra parte, permita configurar uma situação por alguma forma tutelável em aplicação do pensamento da *suppressio* (cfr. o Acórdão do Supremo Tribunal de Justiça de 19 de Outubro de 2000, CJ [STJ] VIII [2000], 3, 83 ss).

Por outro lado — e concomitantemente —, a relevância do *venire* também não se resume exclusivamente à do comportamento primeiro. Se assim fosse, a consideração da conduta posterior seria perfeitamente dispensável. O *venire* dissolver-se-ia na eficácia do acto antecedente, redundando quando muito a conduta segunda num simples desrespeito de efeitos jurídicos previamente produzidos. É pois a *relação de incompatibilidade* de dois modos de agir que individualiza o *venire*, constituindo um pressuposto da sua autonomia dogmática. Por isso mesmo ele não é susceptível de ser compreendido pelo carácter isoladamente ilícito do acto antecedente ou subsequente.

Pensamos que a razão de ser material da relevância da contraditoriedade da actuação radica essencialmente na eficácia geradora de confiança do comportamento do sujeito[419]. As expectativas suscitadas

---

[419] Para o presente propósito da construção da doutrina da confiança é dispensável o exame aprofundado da questão de saber se no *venire* existem, ainda que residualmente, situações que se não prendem com a tutela de expectativas. (No conhecido caso daquele que invoca a incompetência do tribunal arbitral e, mais tarde, alega perante o tribunal comum o compromisso arbitral, o motivo da proibição do comportamento posterior não reside tanto numa contradição de conduta defraudatória da confiança quanto na intolerabilidade de uma situação de denegação de justiça derivada da actuação de um dos sujeitos do litígio; o comportamento do sujeito pode aliás, ao menos excepcionalmente, nada ter de injustificado ou incompreensível — esvanecendo-se assim, do ponto de vista subjectivo, a contrariedade de conduta —, e a segunda interpretação que ele sustenta de qual seja o tribunal competente ser inclusivamente a correcta. Por isso, é legítimo duvidar-se aqui de que o fundamento decisivo e auto-suficiente das consequências jurídicas resida numa contraditoriedade de conduta, mesmo aliás que emancipada do pensamento da confiança: a hipótese escapa ao *venire*, afigurando-se inclusivamente melhor a sua aproximação do *tu quoque;* em sentido diverso, OLIVEIRA ASCENSÃO, *Teoria geral do direito civil* [polic.], IV, cit., 213.)

Na realidade, o papel da confiança no *venire* relaciona-se intimamente com a compreensão da articulação entre aquele e o *tu quoque*. Tratando-se de "tipos" de exercícios inadmissíveis de posições jurídicas, compreendem-se dificuldades e hesitações na sua delimitação, avolumadas ao sugerir-se também por vezes representar o *tu quoque* uma subespécie do *venire*. (Cfr. MENEZES CORDEIRO que, se distingue as figuras, considera por outro lado que no *venire* aflora, ainda que de modo marginal, "o princípio da materialidade das situações jurídicas" e que o *tu quoque* permite entender certos "casos particulares de *venire contra factum proprium* que não são resol-

pelo seu agir anterior explicam que um comportamento posterior seu possa contradizê-las em termos de suscitar uma intervenção da

---

vidos, de modo satisfatório, com recurso à confiança": *Da Boa Fé* cit., II, 770 e 852; o caso referido da sucessiva alegação de incompetência do tribunal é tido justamente como ilustração desta figura: *ibidem*, 757. Persistem porém dúvidas quanto ao pensamento do autor, dado que, não obstante a função de depuração do *venire* que confere ao *tu quoque* quanto àquelas situações que não se prendem com a confiança, compatibiliza também com este último situações por ele tidas de tutela das expectativas: *ibidem*, 1281.)

Supomos entretanto que a amplitude susceptível de se emprestar ao *tu quoque* permite, com vantagem, reconduzir o *venire*, apenas, à tutela da confiança. O *tu quoque* exprime com bastante generalidade a necessidade de uma ponderação material do exercício de cada posição jurídica, considerando os comportamentos anteriores do sujeito à luz de certos aspectos valorativos que substancialmente presidem à definição e atribuição normativas dessa posição. Nessa medida, torna-se aparentemente desnecessário importunar o *venire* com constelações que se prendem, não com a inconstância ou incoerência do comportamento frustradoras da confiança — essas constituirão o seu campo reservado —, mas antes com uma injustiça meramente traduzida no desfasamento entre a atribuição formal de uma posição jurídica e a realidade material (concreta, total) atenta a ocorrência de outras circunstâncias pretéritas que se projectam na valoração da conduta do sujeito (nomeadamente, especifique-se agora, o carácter ilícito de um acto seu anterior na origem da posição que se quer exercer ou critérios de reciprocidade, manifestados respectivamente nos conhecidos brocardos "equity must come with clean hands" ou "turpidinem suam allegans non auditur"). Esta perspectiva evita uma bicefalia do *venire*, consoante esteja ou não em jogo a protecção da confiança. (*Vide* também R. MARTINEK, JZ 1996, 472, em anotação crítica a uma decisão do BGH de 20.9.95 que insistiu em aplicar o *venire* num conflito, derivado da reunificação alemã, onde o pensamento da confiança não desempenhava qualquer papel, e que procedia antes da sucessão de estatutos normativos aplicáveis a determinada actividade: essa decisão representaria uma "fuga para um profundo obscurantismo jurídico"; em sentido divergente, porém, LARENZ/CANARIS, *Lehrbuch des Schuldrechts*, II/2, cit., 161, aceitando que o *venire* é susceptível de ser concretizado por outros princípios, além do da tutela da confiança e indicando o da proporcionalidade. Nesta última concepção, entre o princípio superior do *venire* e aqueles que dele são concretizações terá de haver naturalmente comunicação de sentido ascendente e descendente; uma porta de acesso bilateral, susceptível de ser aberta no processo metodológico de concretização-aplicação do Direito e de fundamentação das soluções. Mas, na realidade, não se vê com facilidade de que modo se há-de poder entender o princípio do *venire*;

ordem jurídica para tutelar a posição do confiante. Não é aquela oposição que em si mesma (na sua formalidade) o justifica — sublinhe-se —, mas a confiança depositada num determinado proceder futuro do agente tendo em conta uma conduta sua precedente.

A vinculação do *venire* à confiança ilumina-se com a consideração de que as expectativas por ele cobertas são aquelas que se fundam na *estabilidade, continuidade ou coerência* de comportamento de quem adoptou no passado determinada atitude. Não se trata tanto de cobrir com o manto da juridicidade as expectativas de "regularidade" do comportamento humano por esta ser muitas vezes comprovável empiricamente, quanto de dar corpo a valores imprescindíveis na vida de relação que, dotados de uma inegável coloração ética, exprimem no fundo igualmente requisitos de sentido de um agir verdadeiramente humano, isto é dizer também, consciente e responsável[420]. Que

---

por forma a que seja susceptível de ser concretizado em simultâneo por princípios tão diferentes como o da proporcionalidade e o da tutela da confiança, e salvaguardando, ao mesmo tempo, um conteúdo normativo distintivo de outras figuras. É um obstáculo generalizável a todas as concepções do *venire* como realidade bifronte.)

Claro que — esclareça-se por último — a proposta de uma depuração do *venire* nos termos indicados não responde por si só à necessidade de manifestar adequadamente as valorações que tornam inadmissível o exercício de uma posição jurídica nos casos, agora colocados fora do âmbito do *venire*, em que se não põe em rigor um problema de tutela da confiança. A descoberta dessas valorações é imprescindível se se quiser evitar a acusação de que a invocação do *tu quoque* é, na realidade, tautológica, encobridora da realidade de que têm de ser elas o verdadeiro objecto de uma lograda redução dogmática (básica parece ser a distinção entre o *tu quoque* — contratual — daquele que, tendo ele próprio infringido um contrato, quer exercer direitos contratuais contra a outra parte, e as hipóteses em que alguém "actua" posições jurídicas indevidamente obtidas; cfr. MENEZES CORDEIRO, *Da Boa Fé* cit., II, 837 ss, 848 ss).

[420] A regularidade da conduta de alguém — aponta certeiramente SINGER, *Das Verbot* cit., 78 — disponibiliza sem dúvida um argumento para a crença num determinado comportamento futuro. É de facto inquestionável que o comportamento em sociedade se alicerça largamente na perspectiva dessa regularidade. Contudo, uma comprovação de matriz sociológica não é só por si decisiva para fundamentar a protecção jurídica. A crença na continuidade da conduta é também tão frequentemente infirmada que pode legitimamente duvidar-se ser, desse ponto de

os sujeitos pensam e agem "consequentemente" é, nesse sentido, mais do que um dado da experiência, uma suposição que a ordem jurídica vista, para tal idónea. Essa continuidade é, por outro lado, apenas uma realidade do "mundo do ser", insusceptível de justificar sozinha um dever-ser jurídico.

Mas há uma dimensão ética da fiabilidade e da constância de conduta. "O princípio do *venire contra factum proprium* radica profundamente na justiça pessoal, a cujo elemento mais interno pertence a veracidade", escreveu FRANZ WIEACKER, *Zur rechtstheoretischen Präzisierung* cit., 28 (aqui secundado e aprofundado por SINGER, *Das Verbot* cit., 75 ss). Em tese geral, afigura-se igualmente razoável que o sujeito se comporte de modo coerente, porque é próprio de todo o homem ter um plano racional de vida. A coerência representa neste aspecto um critério até de moralidade, pois, com JOHN FINNIS, *Natural Law and Natural Rights*, Oxford 1992 (reimpr.), 103-105, é de aceitar que "implicita ou explicitamente, uma pessoa deve ter um conjunto harmonioso de propósitos e orientações [...] enquanto objecto de comprometimentos efectivos": por sobre as mais variadas contingências, há-de fazer um esforço por "olhar a vida como um todo". Seria irrazoável e irracional vaguear de momento para momento, seguindo estímulos imediatos. "Exige-se" por isso ao homem o controlo dos impulsos, "a reorientação das suas inclinações, a reforma de hábitos, o abandono de antigos projectos e o abraçar de novas tarefas", tudo em nome da harmonização com os seus comprometimentos básicos.

É assim de reconhecer razão de moralidade dos actos à coerência. Mesmo que a esta devam acrescer outros critérios, se se quiser, mais comprometidos com uma ética material; a coerência não é de facto suficiente do ponto de vista ético, porque susceptível de se estender formalmente a comportamentos por vários motivos ilegítimos ou reprováveis. (Pelo que o juízo da coerência ou incoerência da conduta só pode também aspirar a um relevo jurídico autónomo no âmbito daquilo que não é vedado pela ordem jurídica.)

Os enunciados éticos têm, ao contrário dos provindos da sociologia, natureza deôntica e, por essa razão, impregnam facilmente os jurídicos. Certamente que as exigências do Direito, embora insusceptíveis de uma autêntica fundamentação sem recurso algum às da ética, as transcendem (enquanto, por outro lado, lhes ficam aquém). Todavia, os posicionamentos éticos que consideramos representam (relevou-o aliás exemplarmente entre nós BAPTISTA MACHADO, *Tutela da confiança* cit., 349 ss, 410 ss, e *passim*) verdadeiras condições da comunicação intersubjectiva, ainda que não verbalizada. São essenciais na vida de relação, uma vez que sem eles os comportamentos não são inteligíveis para os outros membros da comunidade e tornar-se-lhes-ia ilusória qualquer tentativa de escolha e coordenação racional da própria conduta. Nesse sentido, deve reconhecer-se-lhes o carácter de critérios da razão prática, uma vez que contribuem para determinar a orientação do agir (através da confiança na conformidade da conduta com aquelas exigências éticas).

tem inelutavelmente de fazer, porque ela é uma ordem para a coexistência de seres racionais[421].

O modo humano de conduta postula a subordinação a um pensamento estratégico de vida. Uma contraditoriedade do comportamento opõe-se-lhe frontalmente, representa, no próprio domínio estritamente pessoal do sujeito, pelo menos quando desamparada de razões suficientes, uma "injustificação" ou uma "não racionalidade". Mais longe porém, ela pode frustrar a coordenação de condutas ensaiada por outros, por isso que a confiança na estabilidade e na coerência alheias constituem também critérios de decisão para os outros. Daí a sua tutela pelo Direito.

Ao dizermos o *venire* dogmaticamente comprometido com a constância e a coerência de conduta, separamos a sua eficácia da de

---

Por aqui se vislumbra que, ao determinar-se, através do *venire*, a tutelar a confiança, o Direito toma decididamente o partido da possibilidade e racionalidade prática do agir humano, pois essa protecção seria incongruente com a descrença nessa mesma racionalidade. Esta tem destarte, para o Direito, um estatuto de "valor". Nem se vê, aliás, que pudesse ser de modo diferente, pois se assistiria então a uma capitulação do Direito perante exigências da viabilidade mesma de qualquer relação entre sujeitos ("a não correspondência sistemática à confiança tornaria insegura, ou paralisaria mesmo, a interacção humana": BAPTISTA MACHADO, *Tutela da confiança* cit., 352). No entanto, deve sublinhar-se que a justificabilidade a um tempo ética e prática da relevância do *venire* não requer de modo algum uma *vinculação jurídica* do sujeito à coerência, podendo bastar-se com a responsabilidade do sujeito pela sua falta.

Ao coligar determinados efeitos a certas realidades, a ordem jurídica tem sempre de operar, em maior ou menor medida, um corte simplificador na sequência das acções humanas, pois só por essa via lhes pode atribuir relevância própria. Em todo o caso, muitas vezes compreende as condutas dos sujeitos de modo isolado e individual com respeito a outras (identificando-as na esteira, ora de pontos de vista empíricos ou naturalísticos, ora hermenêuticos e significativos). É assim que considera uma conduta relevante enquanto desencadeadora de uma obrigação de indemnizar por atentado ilícito contra um bem jurídico ou como portadora de eficácia jurídico-negocial. Nem por isso todavia deixa de conferir relevo jurídico à "lógica interna" entre as condutas humanas, à sua coerência. Esta constitui afinal um traço de união entre actos os mais díspares. Encontrá-la é inseri-los num contexto mais vasto e, deste modo, alcançar a sua plena inteligibilidade. O *venire* releva essa coerência, tornando o sujeito responsável pela frustração da confiança nela depositada.

[421] Neste sentido, LARENZ, *Allgemeiner Teil* cit., 359 n. 70.

uma qualquer vontade negocial do sujeito, caso em que se jogaria o princípio diverso do "respeito pela palavra dada". A recondução do *venire* a uma problemática jurídico-negocial diluí-lo-ia nesta e falharia o seu *punctus saliens*. Condição da sua autonomia é portanto um espaço "livre", "não ocupado" por um negócio[422]. Apenas então

---

[422] Já atrás se aludiu a tentativas para reportar a eficácia do *venire* a uma declaração negocial previamente emitida pelo sujeito, de facto empreendidas mediante a atribuição de natureza negocial ao *factum proprium*. Entre nós, para a crítica que merecem, é de ver MENEZES CORDEIRO, *Da Boa Fé* cit., II, 760 ss, especialmente apreciando as teses de WIELING, nomeadamente em *Venire contra factum proprium* cit., 334 ss. Na realidade, as consequências do *venire* decorrem de valorações do direito objectivo. Diferentemente dos efeitos negociais, que realizam positivamente a liberdade pessoal de autodeterminação jurídica, a relevância da conduta contraditória representa um contrapeso à autonomia privada por virtude da coerência e constância de conduta fautoras de confiança alheia.

Similiter, a fundamentação da eficácia jurídico-negocial é incompatível com uma justificação baseada na confiança na constância e coerência de conduta. Os efeitos negociais decorrem de um acto de autodeterminação da vontade; não estão pois dependentes, designadamente, da confiança que o destinatário da promessa negocial deposite no seu acatamento. Por isso não consideramos possível, nem uma cumulação, para o mesmo efeito, dos dois fundamentos, nem uma alternativa de tipo electivo entre eles; neste ponto ao contrário pois do que parece entender entre nós MENEZES CORDEIRO, ao convocar em simultâneo o princípio do *pacta sunt servanda* e a proibição do *venire contra factum proprium* para explicar a relevância das regras contratuais na resolução do problema da desconsideração da personalidade jurídica (cfr. *Do levantamento da personalidade colectiva* cit., 161; orientação discrepante da que perfilhamos também ao salientar, em *Da Boa Fé* cit., II, 751, que "a proibição do *venire contra factum proprium* traduz a vocação da regra *pacta sunt servanda* para a juspositividade mesmo naqueles casos em que a ordem jurídica [...] lha negue": parece agora dissolver-se o *venire* naquela regra, entendida nesta passagem como supra-ordenada).

Questão em rigor autonomizável afigura-se saber se a imputação jurídico-negocial e a responsabilidade pela confiança se podem unificar a um nível *superior*. Aparentemente a favor depôs BAPTISTA MACHADO, ligando à *fides* as várias formas do "agir comunicativo", aí incluída a promessa negocial; cfr. *Tutela da confiança* cit., 349 ss. Contra a aludida unificação, ao que parece, SINGER, *Das Verbot* cit., 75 ss, polemizando com WIEACKER, para quem a proibição da conduta contraditória assenta, analogamente, na *mesma* exigência de *fides* que explica o *pacta sunt servanda* (cfr. *Zur rechtstheoretischen Präzisierung* cit., 27). Na realidade, há um certo amorfismo do pensamento da *fides*, que pode tomar-se, quer como imposição, quer como

adquirem relevância própria os aludidos valores da constância e coerência de comportamento, factores de confiança pela credibilidade que conferem ao agir[423]. Nesse sentido, se se procuraria debalde na

---

"merecimento", e aqui, tanto enquanto virtude ou qualidade do sujeito que promete, como enquanto atitude ou característica do que confia.

[423] A relevância específica destes valores identifica a autonomia dogmática do *venire*. Por isso, a responsabilidade do autor de uma declaração não se prende com o *venire* enquanto estiver em causa a simples desconformidade da realidade com a asserção produzida. Uma declaração sobre factos constitui *em si mesma* um *Tatbestand* de confiança: encerrando uma pretensão de veracidade, induz por ela própria à credibilidade alheia, sem para tal carecer de ser articulada com a coerência ou constância do sujeito. Se ela se apresenta errónea, não há seguramente *venire*. Aquilo que destrói a confiança não é uma conduta inconsequente do sujeito, mas a realidade nua e crua desses factos. O *venire* postula efectivamente uma relação entre dois comportamentos que se sucedem no tempo perante os valores da constância e coerência enquanto critérios fundamentadores da confiança. Por isso, uma contradição de condutas apenas pode existir entre uma declaração indutora de confiança e um comportamento posterior defraudatório das expectativas criadas. Por definição, essa declaração terá para o efeito de ser tomada enquanto base de expectativas relativamente a um comportamento futuro do sujeito.

SINGER, que insistiu com veemência em que a proibição do *venire contra factum proprium* só tem uma função autónoma aí onde serve para *fundamentar* uma situação de confiança, objecta a este último modo de ver que não se compreende nele onde poderia estar a importância própria do *venire* perante o princípio de que uma confiança imputável a alguém *não pode* ser por ele defraudada; induzindo com efeito uma declaração à confiança, seria dispensável o *venire*, decorrendo a responsabilidade do seu autor directamente do aludido princípio (*Das Verbot* cit., 45 e 78, *inter alia*). Cremos todavia que, não só não existe este princípio por ele invocado — já o contestámos; há é que falar, di-lo-emos ainda, de um princípio de ressarcimento dos danos decorrentes da defraudação da confiança alheia —, como, sobretudo, o facto de se poder valorar uma declaração enquanto *Tatbestand* de confiança em si mesmo não impede em rigor a consideração directa do *comportamento de quem produz essa afirmação* como *factum proprium* à luz da continuidade e coerência de condutas.

Em todo o caso, para ilustrar que uma asserção induz por si mesma à confiança e que a responsabilização do seu autor não carece então do *venire* para se afirmar sirva como guia a interessante situação presente ao Supremo Tribunal de Justiça no seu Acórdão de 28 de Setembro de 1995 (reproduzido, seguido de uma anotação de ALMEIDA COSTA, em RLJ 129 [1996/1997], 13 ss). Estava em causa a eventual responsabilidade de uma seguradora perante terceiro decorrente de uma

conduta posterior do sujeito, tomada isoladamente, a fundamentação do *venire*, pode igualmente dizer-se que o *factum proprium* não possui

carta na qual ela confirmara ter aceite a emissão de apólices de seguro-caução em determinado montante a favor desse terceiro, carta essa que serviu de base a um negócio entre o seu destinatário e esse terceiro. Descoberta a ineficácia de um negócio com esse conteúdo, a sentença invoca o *venire*, explorando a contradição entre, por um lado, a conduta que a seguradora adoptara e que foi julgada apta a fazer crer no seu compromisso, e, por outro, o comportamento posterior com que procurou escapar à respectiva satisfação. Todavia, a simples comunicação de confirmação de ter sido por ela aceite a emissão das referidas apólices de seguro afigura-se *per se* idónea a alicerçar a convicção de que tinha havido acordo quanto à emissão dessas apólices (no aludido litígio importava entretanto valorar certas circunstâncias concretas). Constância e a coerência não têm para o efeito qualquer papel. Só adquirem relevo por força de uma comparação entre o comportamento da referida emissão e a posterior tentativa da seguradora de se furtar às suas consequências. Pelo que podia ter-se procurado construir uma responsabilidade pela confiança alicerçada tão-só naquela comunicação. (A constância e a coerência apenas são, como se disse, susceptíveis de alicerçar uma *expectativa de conduta futura*. Diversamente, a declaração de verificação de um facto gera uma *representação sobre a sua ocorrência pretérita ou presente*. Claro que nas asserções — como no caso descrito — acerca da celebração transacta de um negócio, a confiança suscitada confunde-se com facilidade com a convicção do seu acatamento futuro. Mas há boas razões para preferir a primeira das duas vias de solução aí onde o sujeito desconheça a ineficácia do compromisso assumido por outrem e por este atestado numa declaração. De facto, ignorando essa ineficácia, a recusa do seu cumprimento pelo respectivo autor é por ele valorada inicialmente enquanto incumprimento de um compromisso negocial. O problema da descontinuidade ou incoerência da conduta do autor da declaração para efeitos de *venire* apenas se coloca *ex post*, depois da descoberta da ineficácia, o que significa que a continuidade e a coerência nenhum papel assumiram na fundamentação da confiança de quem dele julgava beneficiar. Parece residir aqui um bom argumento para amparar a autonomia face ao *venire* da responsabilidade coligada, na terminologia de SINGER, a um *erro de direito;* cfr. *Das Verbot* cit., 85 ss, e *passim*.)

[424] Com esse preciso sentido pode subscrever-se a asserção de que a proibição do *venire contra factum proprium* se reconduz aos efeitos de uma alteração jurídico--material resultante do comportamento *anterior* (cfr. P. MOTA PINTO, *Declaração Tácita* cit., 128). Desloca-se nela a análise do *venire* para o comportamento inicial do agente. (Embora deste modo se aumente a margem para uma interpretação negocial do *venire*, está-se todavia longe da sua dissolução no universo negocial.) É de facto inegável a importância que, para a explicitação do *venire*, se reveste o *factum proprium*. Nele lançam presa os valores da coerência e constância da conduta. O *venire*

nele eficácia jurídica *suficiente*. Repisando: para o Direito, os seus efeitos apenas resultam da sua perspectivação à luz daquelas exigências[424]; são elas que fazem de um certo comportamento uma conduta geradora de confiança a que o sujeito há-de ater-se, sob pena de *venire*.

Chegamos agora ao ponto que mais nos interessa, que é o de saber se a consequência ou a continuidade da conduta são ou não de encarar como juridicamente *devidas*. Há todavia uma enorme dificuldade em acoplar o *venire* a um juízo de desvalor jurídico resultante da infracção a uma adstrição de comportamento estável ou coerente *com a amplitude que o próprio pensamento do* venire *em si comporta*. Por outro lado, a aceitação de um dever desse género significaria a relegação do comportamento contraditório com a conduta precedentemente tomada a mera atitude violadora de um dever de agir àquele preexistente, sacrificando-lhe qualquer conteúdo dogmático próprio[425].

Na realidade, a ordem jurídica não *obriga* à constância ou coerência de comportamento. Por muito que elas se configurem como essenciais, não apenas do ponto de vista da construção individual de vida, como para um salutar desenvolvimento da própria vida social. Por esta razão se abre aqui espaço para uma genuína responsabilidade pela confiança, distinta da resultante da violação de regras de conduta (proibitivas ou impositivas, designadamente, decorrentes da boa fé). Como princípio, a ordem jurídica apenas reclama dos sujeitos que respeitem os próprios compromissos e não lesem os bens dos de-

---

toma-os todavia como fautores de confiança; é por eles que o comportamento inicial do sujeito releva. (Sublinhando também o comportamento inicial do sujeito à luz da doutrina da confiança, H.W. DETTE, *Venire contra factum proprium nulli conceditur* cit., 41-42; o autor desvaloriza porém completamente o agir posterior do sujeito, que relega para uma pura e simples ausência de direito, ocorrida que tenha sido uma modificação da situação jurídica por virtude do acto antecedente, concepção que, se bem a interpretamos, não se coaduna todavia com a ausência de vinculação jurídica a uma conduta consequente em que insistimos.)

[425] Muito embora a constância e a coerência consubstanciassem então o conteúdo do dever jurídico: o que permitiria distinguir ainda essa situação do exercício de uma posição jurídica que verdadeiramente não assistia ao sujeito, pois um dever desse tipo não recorta ou limita directamente o conteúdo da posição que lhe caiba.

mais[426]. Observados estes limites, há liberdade de comportamento. A cada um assiste evidentemente a faculdade de modificar a sua conduta, quando e como lhe aprouver. Deste modo, aquilo que verdadeiramente se visa no *venire* é tão-só a protecção da confiança criada, melhor, a tutela do investimento do sujeito feito na convicção da constância ou da coerência de um comportamento alheio. O mérito de protecção de uma confiança somente é, portanto, susceptível de averiguação *ex post* e *in casu* (isto é, considerando o investimento concreto realizado)[427]. Por isso, se admitir um dever *indiscriminado* de comportamento consequente não permitiria adequar um juízo de tutela à ponderação das circunstâncias concretas de que ele haveria de depender, a sua admissão *selectiva* para os casos em que se mostrasse justificada a tutela da confiança na constância ou coerência de comportamento seria absolutamente redundante: uma pseudofundamentação de consequências. E onde, por excepção, fosse mesmo de reconhecer que a ordem jurídica impõe realmente um dever específico de constância e coerência de comportamento, o *venire* não representaria outra coisa que a respectiva infracção, nenhum papel independente lhe restando no quadro do desvalor que merecem as condutas ilícitas.

A dificuldade que encontramos na doutrina para prescindir da ligação do *venire* à violação de deveres de comportamento radica, em nosso entender, em não se desembaraçar ela do dogma de que a frustração das expectativas se tem de valorar como ilícita[428]. Neste aspecto,

---

[426] Outros deveres que existam têm necessariamente um âmbito restrito ou funcionalizado, não tolhendo o fundamental sentido da asserção referida que espelha o reconhecimento das consequências da autonomia negocial e a sujeição dos sujeitos ao estatuto delitual heteronomamente definido.

[427] Ainda se sublinhará este ponto (cfr. esp. n.ºs 50 e 59). A confiança apenas reclama tutela na medida em que tenha dado origem a disposições do sujeito nela alicerçadas. O que não tolhe — esclareça-se — que possa configurar uma conduta ilícita (e responsabilizante) a atitude do sujeito que, legitimado embora a alterar o seu comportamento, se negue a reconhecer a quem nele confiou os direitos que a ordem jurídica lhe atribui em consequência dessa mudança. Haverá então uma violação da correcção e lisura imposta pela boa fé; *venire* é que não.

[428] Disse-se que, embora a constância ou a coerência de conduta sejam em si mesmas valores, eles não são de molde a que a ordem jurídica os imponha ou proíba a inconstância. Basta que se proteja adequadamente a confiança que neles se alicerça.

prejudica, mais do que facilita, vincular o *venire* à regra da conduta de boa fé. Ora, não vislumbramos nenhum obstáculo decisivo a que a

---

Mas insista-se: não haverá mesmo um dever (jurídico) geral de *fides servare*? Cremos que não. Pensamos num dever accionável e exigível (judicialmente), susceptível de dar lugar a sanções se infringido. Desde que se satisfaçam as necessidades de protecção da confiança, a admissão de um dever pode configurar um *excesso* de protecção. Em todo o caso, importa ressalvar a sua configuração como dever *natural*, fundado numa justiça de ordem moral ou social (cfr. a noção de obrigação natural do art. 402). O Direito não lhe será indiferente. Esta qualificação é importante para compreender a *soluti retentio* justificável em certos casos de voluntário acatamento da confiança alheia. (As atribuições patrimoniais feitas ao seu abrigo apresentam-se nessa medida justificadas e, logo, insusceptíveis de restituição por enriquecimento sem causa; nestes casos, fica prejudicada a configuração da observância da confiança alheia como simples ónus do sujeito no seu próprio interesse.)

Na doutrina portuguesa parece todavia prevalecer tendência, divergente, para a admissão de que o comportamento contraditório infringe um dever jurídico, embora as referências não sejam sempre unívocas a esse respeito. Claramente nesse sentido, porém, RUI DE ALARCÃO, *Direito das obrigações* cit., 116, para quem o *venire* implica uma deslealdade que se funda na exigência de respeitar a confiança alheia e que é ofensiva da regra da conduta de boa fé. Já BAPTISTA MACHADO considera que no *venire* existe ou pode existir uma conduta violadora de um dever de comportamento (*Tutela da confiança* cit., 403). Orientação diversa da que perfilhamos também em MENEZES CORDEIRO, ao acentuar que o comportamento contraditório viola a regra da observância da boa fé (de que é uma concretização), que o *venire* deriva da boa fé implicando "a natureza legal dos deveres que dela promanam", e que "um comportamento não pode ser contraditado quando ele seja de molde a suscitar a confiança das pessoas" (*Da Boa Fé* cit., II, respectivamente, 752, 761 e 756; sublinhando embora o jogo com o princípio oposto da permissão da contraditoriedade, aceita-se que onde o *venire* tenha relevância jurídica há de facto *uma vinculação* a "não *venire*": cfr. ainda *Da alteração das circunstâncias*, Separata dos Estudos em Memória do Prof. Doutor Paulo Cunha, Lisboa 1987, 60).

Já em *Saneamento financeiro* cit., 100, afirma MENEZES CORDEIRO que o *venire* se reconduz à proibição de constituir noutrem situações infundadas de confiança que se revelem prejudiciais, considerando-as um *atentado à regra da boa fé* (sublinhado nosso). Contra o que poderia extrair-se da simultaneidade de utilização desta formulação com algumas (do mesmo autor) antecedentemente referidas, há contudo, segundo pensamos, realidades e quadrantes sistemáticos bem distintos. Consideramos também que esta última proibição (ou, como seu equivalente funcional, o dever de não provocar em outrem uma confiança injustificada) é efectivamente imposta pela regra da boa fé (cfr. ainda esp. sob os n.os 37 e 38). Mas não cremos

tutela da confiança não possa conduzir a uma *responsabilidade objectiva, independente de culpa e de qualquer juízo de desconformidade da conduta com a ordem jurídica*. Do carácter em si não contrário com o que a ordem jurídica reclama de um comportamento que frustra a confiança alheia não se extrai de modo algum que essa confiança não mereça ser tutelada. Tal tutela justifica-se numa ideia de protecção adequada dos sujeitos de acordo com um princípio de responsabilidade pelas expectativas que a actuação individual engendra no meio social.

Para nós pois, o que é mister assegurar é que ninguém fique injustamente prejudicado por uma alteração de conduta quando acreditou na constância ou coerência de outrem. Concebemos portanto a responsabilidade por *venire* enquanto *ordem de compensação (não retributiva) do desequilíbrio provocado por uma conduta em si não ilícita (e, logo, lícita)*. Neste aspecto, como que decantamos nele uma *responsabilidade "pura" pela confiança*, não mesclada de qualquer proibição ou imposição. O que significa naturalmente o sem-sentido do perguntar pela culpa para fundamentar a relevância do *venire*. Os princípios de imputação hão--de ter um cariz objectivo, independente de juízos de censurabilidade.

Pode ser que a necessidade de proteger a confiança implique a preclusão do comportamento que virtualmente a destruiria. Todavia, ainda então, apenas se trata de obviar a um *resultado* intolerável para a ordem jurídica por ser demasiado alto o preço a pagar na hipótese de se deixar consumar uma mudança de atitude do sujeito, à luz de uma composição justa dos interesses em presença. *A preclusão do* venire, *por outras palavras, não é uma reacção (retributiva) a uma conduta injusta (isto é, ilícita), mas uma resposta preventiva a uma situação irremediavelmente injusta (de um prisma objectivo)*. Ainda se retomará este ponto[429].

---

que se possa reconduzir a ela o *venire* (nem a responsabilidade pela sua inobservância é uma responsabilidade pela confiança levando em conta as características que lhe definimos, pois não se coliga a responsabilidade à frustração de expectativas existentes mas antes à *causação* de situações de confiança infundada). Note-se que, na concepção exposta, desaparece qualquer desvalor autónomo do *venire* porque tudo se resume afinal a uma atitude inicial desconforme com o Direito, dir-se-ia a um *factum proprium* ilícito (sendo a propósito de lembrar que não singraram também as tentativas de reconduzir o *venire* ao *dolus praeteritus*).

[429] *Vide*, nomeadamente, os n.ºs 61 e 70.

No entanto, na perspectiva de uma essencial não ilicitude do *venire* (da sua licitude de princípio) não é senão inteiramente consequente que a aludida preclusão represente tão-só uma *ultima ratio*. Para nós, de facto, *a consequência ordinária do* venire *traduz-se na compensação indemnizatória dos danos advenientes da mudança de conduta do sujeito*[430]. Não sendo ilícita a frustração da confiança, desaparece igualmente o obstáculo de o obrigado a indemnizar se encontrar em princípio vinculado a repor em espécie a situação que existiria se certo dever tivesse sido acatado. A reconstituição natural prevista no n.° 1 do art. 566 do Código Civil não se estende valorativamente, como é intuitivo, à indemnização puramente *compensatória*[431]. E é ainda a natureza desta que justifica uma flexibilidade de princípio do *quantum respondeatur* perante as concretas exigências de compensação que a Justiça implica, não tendo pois que

---

[430] Ainda se considerará melhor, a propósito em geral da responsabilidade pela confiança, qual o tipo de responsabilidade envolvida no *venire*. Contudo, ela não é, sem dúvida, obrigacional, porque não existe qualquer obrigação que se viole quando se adopta uma conduta contraditória com outra precedentemente tomada. (De resto, mesmo um hipotético dever de corresponder à confiança criada não modificaria essa conclusão: esse dever não se traduziria em nenhuma obrigação em sentido técnico, por não estar em causa uma prestação.) E também não é delitual, quer porque falta a ilicitude, quer — e pensamos agora numa acepção mais ampla deste qualificativo — porque não está em causa uma linha estática de defesa de posições jurídicas contra ataques provindos "do exterior", mas uma responsabilidade por perturbações ocorridas na coordenação de condutas entre sujeitos.

[431] Existindo, com efeito, um dever de agir, tal significa que a ordem jurídica quer assegurar a intangibilidade da posição do beneficiário, deste modo se compreendendo o primado da reconstituição natural em caso de infracção. Não assim se a indemnização desempenha uma função meramente compensatória (*Ausgleichfunktion*): dentro desta finalidade, importa naturalmente sopesar os interesses do titular da pretensão com as circunstâncias do caso, aí incluídas as do obrigado à reparação. (Tal não impede que nalguns casos em que a ordem jurídica tem particular empenho em garantir a efectividade de indemnizações compensatórias ela faça depender a licitude do comportamento que as desencadeia da disponibilidade para as prestar e preveja mecanismos destinados a assegurá-las: veja-se sobre a regulamentação da protecção específica dos trabalhadores alvo de um despedimento colectivo, BERNARDO LOBO XAVIER, *O Despedimento Colectivo no Dimensionamento da Empresa*, Lisboa 2000, esp. 538 ss.)

constituir sempre um equivalente exacto do prejuízo sofrido em consequência da defraudação da confiança.

Conceder-se-á sem dúvida que semelhante construção rompe com modos consagrados de discorrer entre os juristas, habituados a atribuir ao *venire* tão-só uma eficácia preclusiva do exercício de uma posição jurídica[432], mas ela casa-se à perfeição com o reconhecimento

---

[432] Escreve, por exemplo, MENEZES CORDEIRO, *Da Boa Fé* cit., II, 1250, que institutos como o *venire* "só fazem [...] sentido quando se transcenda o estádio do dever de indemnizar". Secunda-o neste ponto também PEDRO DE ALBUQUERQUE, *Da prestação de garantias* cit., 122. Semelhante concepção funda as suas raízes na tradicional ligação do *venire* ao abuso do direito e à eficácia preclusiva do exercício de uma posição jurídica que lhe assiste: por todos LARENZ, *Lehrbuch des Schuldrechts* cit., I, 132 ss. É certo que se reconhece também pacificamente que o abuso pode desencadear a responsabilidade civil: recorde-se, por exemplo, entre nós, ANTUNES VARELA, *Das Obrigações em Geral*, I, cit., 544 ss, SINDE MONTEIRO, *Responsabilidade por Conselhos* cit., 545 ss, CUNHA DE SÁ, *Abuso do direito*, Lisboa 1973, 637 ss; *vide* igualmente CARNEIRO DA FRADA, *Uma «Terceira Via»* cit., 61 ss. A verdade porém é que, não apenas não se coligam ao *venire*, basicamente, consequências indemnizatórias, como as situações de responsabilidade por abuso presentes aos autores relevam por norma de comportamentos abusivos bem diversos daquele.

Quanto ao sistema de CANARIS, privilegia-se, de resto e como sempre com argumentos percucientes, a tutela indemnizatória da confiança. Diversamente porém do que propomos, o *venire* apenas é considerado enquanto forma de protecção "positiva" das expectativas. Além disso, apresenta-se fundamentalmente reconduzido a uma imputação a título de culpa (postulando portanto a infracção de deveres de comportamento), o que levanta as já aludidas dificuldades de racionalização de exigências como a irreversibilidade do investimento, pois a admissão de um dever só é verdadeiramente útil se este se configura como prévio e independente em relação ao prejuízo concreto que a sua infracção é susceptível de ocasionar. Por outro lado, considerando as hipóteses em que, embora marginalmente, se aceita no *venire* uma imputação a título de risco, permanece valorativamente insatisfatória a falta de previsão de uma consequência indemnizatória, na medida em que, sendo então menos intensa a imputação do *venire* ao seu autor, a consequência (a eficácia preclusiva do *venire*) é contudo mais enérgica do que quando ocorre uma infracção de deveres (para o autor, a protecção indemnizatória da confiança, concebida embora essencialmente como resultante da violação de deveres de agir, engloba todavia certas hipóteses de responsabilidade objectiva, mas apenas ligadas a declarações, deixando-se por conseguinte de fora os casos típicos do *venire*). Este tipo de incongruência está ausente num modelo que flexibiliza as consequências do

da fundamental permissão de alterar condutas. Repare-se — como argumento de retorno confirmativo da coerência da nossa concepção — que só a básica licitude da conduta contraditória defraudadora de confiança se mostra compatível com a aceitação de que essa conduta possa produzir simples consequências indemnizatórias. Admiti-las é naturalmente flexibilizar a tutela do confiante, facilitar a sua adequação às particularidades do caso e evitar em muitos casos a desproporção que representaria uma protecção que passasse obrigatoriamente pela inibição do exercício do comportamento contraditório[433]. Poupando ao respectivo autor um sacrifício desmesurado da sua liberdade de agir.

---

próprio *venire*. Sobre os pontos expostos, cfr. CANARIS, *Die Vertrauenshaftung* cit., 339, 477, 481, 517, 529, 532 ss.

[433] Um exemplo permitirá esclarecê-lo. Aproveite-se, com pequenas modificações, um caso de exame relativamente recente na Faculdade de Direito de Lisboa. Dois irmãos eram comproprietários de um terreno. Com o conhecimento (ou com a aquiescência verbal) de um deles, o outro, mecânico, ergueu nesse terreno um barracão onde começou a recolher automóveis para reparação, pretendendo agora, tempo volvido, o primeiro a cessação dessa actividade e a divisão do terreno. Não se vê porque é que a tutela do confiante não há-de poder operar através da indemnização dos prejuízos do mecânico, se ela for capaz de compensar o prejuízo sofrido pela mudança de atitude do irmão (aí incluídos os gastos de transferência para uma nova instalação). No entanto, caso o *venire* ou o defraudar a confiança fosse ilícito, a consequência seria a preclusão (absoluta) dessa conduta (e a indemnização em espécie a regra; cfr. o citado n.° 1 do art. 566).

O reconhecimento da possibilidade de arbitrar uma indemnização por *venire* introduz certamente uma variável suplementar na fixação do objecto de uma lide judicial. Tudo decorre porém dentro dos cânones processuais comuns. Exercida uma posição com *venire*, cabe naturalmente ao lesado formular a pretensão que quer fazer valer em juízo. Tanto pode optar desde logo pela indemnização como requerer a inibição do exercício daquela posição. Confrontado com a primeira alternativa, o exercente pode, por sua vez, querer persistir naquele exercício, contestando ou não, concomitantemente, esses prejuízos ou a obrigação que tenha de os reparar, quer renunciar a esse exercício. Nenhum especial problema se levanta. Na outra alternativa, isto é, requerida a inibição, o sujeito tem a faculdade de se lhe opor, invocando a sua falta de fundamento. O autor pode então, ou reconhecer esta alegação, ou, sem desistir do pedido, alterá-lo, por forma a subsidiariamente se contemplar a possibilidade de uma indemnização compensatória; embora, se o não o fizer, nem por isso o seu decaimento na lide prejudique o direito a essa indemniza-

De facto, o art. 334.º – invocado com frequência para justificar a relevância juspositiva do *venire* – não se pronuncia sobre as consequências do exercício de um direito quando o seu titular exceda certos limites (impostos pela boa fé), referindo tão-só que esse exercício é, então, "ilegítimo": não obsta assim, por aqui, aos efeitos indemnizatórios apontados. Voltaremos ainda a este nosso entendimento, pois em diversos aspectos ele pode perspectivar-se de um modo mais amplo, como estruturação global da responsabilidade pela confiança.

Em todo o caso, a construção precedentemente exposta é susceptível de se aplicar analogamente à "neutralização" de uma posição jurídica. Também nesta se divisa essencialmente o pensamento da protecção da confiança, aqui derivada de um prolongado não exercício de certa situação jurídica por outrem[434]. Claro que não pode alicer-

ção, que terá em princípio então de ser feito valer em acção autónoma. *Mutatis mutandis*, se o *venire* é invocado como excepção. Em nenhum caso, o reconhecimento, ao lado da preclusão do exercício, da eficácia indemnizatória do *venire* (com a necessidade de avaliar e liquidar danos) resulta numa especial complexidade. Repare-se que a relevância do *venire* à luz dos pressupostos de que depende a protecção da confiança carece sempre já de ser examinada, não podendo nunca ser dispensada. Apenas se introduz a possibilidade de adequar às concretas circunstâncias do caso as consequências jurídicas mais apropriadas para obviar aos efeitos nocivos do *venire*. A sua ponderação é nesta concepção derradeiramente cometida ao juiz, incumbência que a jurisprudência superior portuguesa aliás parece reconhecer e aceitar, ao menos em abstracto, pois reconhece que compete ao tribunal a determinação das consequências do abuso (cfr. sumário do Acórdão do Supremo Tribunal de Justiça de 21 de Setembro de 1993, CJ [STJ] I [1993], 3, 19 ss).

[434] De novo essencial, na doutrina portuguesa, MENEZES CORDEIRO, *Da Boa Fé* cit., II, 797 ss, e 820, bem como BAPTISTA MACHADO, *Tutela da confiança* cit., 421--423; no sentido da recondução da *suppressio* à tutela da confiança atenda-se ao argumento invocado da variabilidade dos lapsos de tempo exigidos pela jurisprudência para aplicar a figura, significando a ponderação da situação concreta daquele contra o qual a posição jurídica se exerce.

Também a jurisprudência acolhe a "neutralização do direito" como manifestação da tutela da confiança, por vezes aliás considerada aparentemente uma espécie do *venire*: assim, por exemplo, o Acórdão do Supremo Tribunal de Justiça de 12 de Julho de 1994, CJ (STJ) II (1994), 2, 176 ss, que decidiu inadmissível à luz do princípio da confiança a conduta de um sujeito que, quinze anos após a cedência de certo local (no espaço Imaviz/Lisboa) a outro para que nele promovesse um centro comercial, veio a exigir a restituição do local com fundamento na falta de comu-

çar-se uma situação de confiança numa pura e simples ausência de conduta. Só ligada aos critérios da constância e da coerência a passividade do titular da posição jurídica se tornará significativa, "constituindo" a confiança de que essa posição não será mais feita valer. Com isto a "neutralização" aproxima-se efectivamente do *venire*. Se o binómio tempo/não exercício não é auto-suficiente para o efeito de gerar confiança, a conexão com aqueloutros elementos acaba por consubstanciar um *factum proprium*, aqui embora especificamente resultante do relevo *conjugado* do factor tempo.

Tal como no *venire*, contudo, não cabe falar-se de uma proibição de exercício (ou de um dever de não exercício) de uma posição jurídica. Dentro dos prazos de caducidade e de prescrição, cada sujeito pode também legitimamente escolher, para quando lhe aprouver, o momento de a actuar. E igualmente se deveria reconhecer que a consequência ordinária da *"Verwirkung"* está na indemnização dos danos resultantes do exercício "tardio" de uma posição e não na inibição desse exercício[435], devendo esta apenas ser admitida aí onde uma indemnização do dano derivado da frustração da confiança não permita uma satisfatória compensação do prejuízo.

---

nicação da ocupação das respectivas lojas, quando não reagira a essa situação durante tanto tempo. Interessante igualmente o Acórdão da Relação de Lisboa de 25 de Fevereiro de 1999, CJ XXIV (1999), 1, 129 ss, onde, numa acção interposta contra o condómino e o inquilino de uma fracção autónoma que vinha sendo utilizada para fim contrário ao estipulado no título constitutivo da propriedade horizontal, se decidiu que a "neutralização" pressupõe, além de uma inactividade duradoura do titular do direito idónea a criar a convicção de que esse direito não será exercido, um comportamento de onde se conclua que essa inactividade criou efectivamente uma séria e fundada expectativa nesse não exercício. A fórmula parece contraditória, mas ela exprime no fundo a resistência em admitir que a pura inacção possa conduzir à referida "neutralização", sugerindo a exigência de comportamentos "positivos" que indiciem esse não exercício. Recusou-se pois que o mero decurso do tempo possa por si alicerçar uma confiança (legítima e tutelável) na não actuação futura de uma certa posição (é patente a ligação deste ponto da construção da *"Verwirkung"* com a necessidade de não subverter os prazos de exercício do direito que estejam previstos).

[435] O ensinamento tradicional é diverso: por todos, LARENZ, *Lehrbuch des Schuldrechts* cit., I, 134, bem como SINGER, *Das Verbot* cit., 335 ss, assim como os autores e locais citados na nota precedente.

34. Conclusão: em especial, a inexistência de uma adstrição geral de observância das expectativas alheias, o carácter objectivo da responsabilidade pela confiança e o correcto sentido da regra/excepção na dicotomia entre protecção positiva e negativa da confiança; aspectos complementares

Importa firmar algumas conclusões e corolários. Em primeiro lugar, que não existe nenhum dever de corresponder à confiança alheia com alcance geral; e que, tomando agora esse dever como específico resultado de uma valoração das circunstâncias particulares do caso, ele é despiciendo e improdutivo. O que vai co-implicado por uma adequada compreensão do *venire contra factum proprium* enquanto figura dogmática autónoma. Daqui decorre que, neste domínio, *a responsabilidade pela confiança se deve conceber fundamentalmente como responsabilidade objectiva* (isto é, não resultante da violação de um dever de comportamento) *pela frustração da confiança alheia*. A básica licitude da atitude defraudatória de expectativas explica com naturalidade a *regra* da protecção negativa (ou seja, indemnizatória).

As razões que militam contra um dever geral de corresponder à confiança alheia conduzem a que, em coerência, uma intervenção da ordem jurídica a determinar a necessidade de adequar a conduta às representações alheias haja de ter carácter *pontual;* não é indiscriminada. O facto de uma adstrição desse tipo poder não estar explicitamente consagrada *de iure condito* não inviabiliza certamente de modo absoluto que uma interpretação atenta dos elementos disponíveis a ela conduza. Mas hão-de ter-se especiais cautelas na sua admissão *praeter legem*, uma vez que um desvio do que é orientação comum carece de ser adequadamente fundamentado. Um dever de correspondência à confiança criada justifica-se aí onde importe a criação de *zonas especiais de protecção da confiança*. Aqui divisa-se um elo de proximidade funcional-sistemática com a responsabilidade pela aparência e o seu desempenho de "catalisadora", como já nos exprimimos, do tráfico jurídico. Do mesmo modo que esta última proporciona — onde está especificamente prevista — a satisfação das expectativas de quem confia numa aparência, aquele dever promove igualmente a realização "positiva" das representações alheias. Daí que as valorações susceptiveis de alicerçá-lo hajam de ser minimamente harmónicas com as que amparam a tutela da aparência.

Em todo o caso, a protecção (positiva) da confiança através da aparência não implica a infracção de normas de conduta[436]. Sobretudo, ela não é susceptível de conceber-se como responsabilidade pela violação de um dever de corresponder à confiança alheia. Este *apenas se pode obviamente predicar quando estejam em causa expectativas acerca de um comportamento futuro de outrem:* por conseguinte, somente onde faça sentido uma estratégia de carácter *preventivo* com respeito à frustração da confiança (através da cominação de um dever desse tipo). Pelo contrário, a responsabilidade pela aparência liga-se a *facti-species*, nomeadamente declarações, que, apontando para a verificação de determinadas situações presentes ou passadas, não se reportam directa e imediatamente a condutas a realizar posteriormente por alguém (ainda que possam consentir ilações nesse sentido). Daí que não seja viável subsumir a responsabilidade pela aparência ao *venire contra factum proprium*[437].

O exposto não depõe contra uma responsabilidade pela causação ou manutenção indevida da confiança alheia; também pela emissão de uma declaração enganosa ou pela criação de uma falsa aparência. Há exigências de comportamento — pense-se nas de correcção e lisura expressas pela regra de actuação segundo a boa fé — que conduzem a responsabilidade quando não são acatadas. Mas esta não é seguramente uma genuína responsabilidade pela confiança se nos mantivermos fiéis aos pressupostos que acima lhe foram identificados: nela

---

[436] Considere-se, *v.g.*, o que ocorre perante situações registais, no casamento putativo, na morte presumida ou no âmbito da boa fé possessória (para uma análise pormenorizada destas e de outras situações de tutela da aparência, confronte-se MENEZES CORDEIRO, *Da Boa Fé* cit., I, 407 ss). Se bem se observar, a protecção da confiança não está nelas umbilical ou necessariamente ligada à violação de deveres de comportamento que incumbissem àquele contra quem ela opera. *Vide* ainda CANARIS, *Die Vertrauenshaftung* cit., 479.

[437] No que toca à diferença entre o *venire* e a responsabilidade pela aparência, releva CANARIS, *Die Vertrauenshaftung* cit., 528-529, que o primeiro representa uma realização do pensamento da *bona fides*, ao passo que esta visaria a protecção do tráfico jurídico.

não está em causa, propriamente, a tutela de concretas expectativas alheias, mas a reparação dos danos advenientes da infracção de ditames de conduta que mandavam evitar o surgimento ou a manutenção de representações em alguém. A destrinça entre estas responsabilidades é límpida como água. Vai agora aprofundar-se.

§ 3.º
Regra da Conduta de Boa Fé e Responsabilidade pela Confiança

SUMÁRIO: 35 — A regra da conduta de boa fé. 36 — A responsabilidade pela confiança como realidade independente da violação dos deveres laterais de conduta decorrentes da boa fé. 37 — Boa fé e ordem envolvente do sistema de protecção da confiança propriamente dito; prevenção de expectativas infundadas e responsabilidade pela criação ou manutenção indevida da confiança de outrem. 38 — Em particular: regra da conduta de boa fé e responsabilidade por indução negligente de expectativas; dever de verdade e dever de esclarecimento. 39 — Relação de confiança e comportamento de boa fé.

35. A regra da conduta de boa fé

A ampla emancipação da responsabilidade pela confiança em relação à decorrente da violação de deveres de comportamento que propusemos como corolário principal da inexistência de um dever geral de corresponder à confiança alheia e da análise do *venire* convida insistentemente a averiguar a conexão entre a regra de conduta segundo a boa fé e a confiança, muito frequentemente acentuada.

Foi no domínio dos contratos (*rectius*, do cumprimento das obrigações contratuais) que a norma do comportamento de boa fé germinou e encontrou a sua guarda mais segura[438]. Acolhida aí como

---

[438] Por força, especialmente, do § 242 do BGB, tido como o parágrafo-rei da codificação germânica, que adstringe o devedor a efectuar a prestação de acordo com o que a boa fé (*Treu und Glauben*) reclama.

em seu domínio originário, expandiu-se depois por outros âmbitos e por diversas formas de interacção entre sujeitos, de que a relação pré-contratual é porventura o exemplo mais significativo. Reflectindo esta realidade, o Código Civil determina genericamente que as partes devem, tanto no cumprimento da obrigação, como no exercício do direito correspondente, proceder segundo a boa fé, e vincula a idêntico procedimento, durante os preliminares ou na formação do contrato, os sujeitos que negoceiam a respectiva conclusão sob pena de indemnização dos danos causados (cfr. arts. 762 n.º 2 e 227 n.º 1). Aqui se divisa, iniludível, a matriz juspositiva da concepção que erige uma *ligação especial*, particular, entre sujeitos como referência (e, consequentemente, âmbito de aplicação) da regra da conduta de boa fé[439].

Mas reportemo-nos ao núcleo inicial da regra da boa fé. O estudo dos seus pressupostos e implicações conduziu ao reconhecimento, hoje pacífico, de que o contrato "convoca" uma ordem normativa que, situada num plano distinto com respeito às estipulações das partes (e, em geral, às próprias disposições supletivamente fixadas pelo ordenamento), o envolve, sujeitando os contraentes aos ditames daquela regra por todo o seu período de vida. Por isso, ao lado dos deveres de prestar — sejam eles *principais de prestação* ou *acessórios de prestação principal* —, floresce, compreendido na relação obrigacional complexa, um leque mais ou menos amplo de deveres que disciplinam o desenrolar da relação contratual, que podem designar-se *deveres laterais* ou *simples deveres de conduta*[440]. Eles não se apresentam estritamente funcionalizados ao adequado cumprimento dos deveres de prestar. Outros interesses que hajam de ser razoavelmente tidos em conta pelos contraentes durante a relação são susceptíveis de ser (atra-

---

[439] Nesse sentido, com indicações, nos pronunciámos já em *Uma «Terceira Via»* cit., 53-54, e *Contrato e Deveres de Protecção* cit., *v.g.*, 172, 238 n. 493, 264 ss. Cfr. também RUI DE ALARCÃO, *Direito das obrigações* cit., 117 e, na doutrina germânica recente, *v.g.*, W. FIKENTSCHER, *Zur Generalklausel des § 242 BGB als Schlüssel des zivilrechtlichen Vertrauensschutzes: "Sonderverbindung" oder "neue Sachnormen"?/Ein Beitrag zur Rechtsverhaltensforschung*, in Recht und Verhalten, Baden-Baden 1994, 175 ss.

[440] Para uma proposta de fixação destes conceitos e da terminologia, cfr. o nosso *Contrato e Deveres de Protecção* cit., 37 ss.

vés deles) contemplados. Por isso, a sua sorte não tem de permanecer idêntica à dos deveres de prestar: o que se manifesta nomeadamente na possibilidade de sobreviverem à invalidade ou ineficácia do contrato, e no facto de serem susceptíveis de surgir antes ainda da sua celebração e perdurar também para além mesmo da extinção dos deveres de prestar[441]. Qual a relação desses deveres com a confiança é o ponto que importa agora aprofundar.

Essa conexão é sublinhada em sectores importantes da doutrina que encontram na tutela da confiança uma explicação principal da regra da conduta de boa fé que constitui a origem desses deveres[442]. Mas estes também são por vezes descritos sem qualquer referência

---

[441] Referimo-nos já com desenvolvimento a este tema em *Contrato e Deveres de Protecção* cit., 92 ss, onde podem coligir-se referências. Acerca da possibilidade de a eficácia dos deveres laterais se prolongar depois da extinção dos deveres de prestar, vide de modo especial MENEZES CORDEIRO, *Da pós-eficácia das obrigações*, sep. dos Estudos em honra do Prof. Doutor Cavaleiro de Ferreira, Lisboa 1984.

[442] Recorde-se, entre nós, MENEZES CORDEIRO: o dever de actuação segundo a boa fé (que frutificou em variados deveres laterais de conduta) visaria (além de outros factores) o respeito pela confiança, podendo esta, onde não especificamente acolhida, relevar e ser protegida por força daquele dever (sobretudo, *Da Boa Fé* cit., I, 651, e II, 1244 e n. 148, 1247-1248 e 1291); analogamente, MENEZES LEITÃO, *A Responsabilidade do Gestor* cit., v.g., 358, e PEDRO DE ALBUQUERQUE, *Da prestação de garantias* cit., 120; vide ainda RUI DE ALARCÃO, *Direito das obrigações* cit., 116 (para quem, aliás em sentido diametralmente oposto ao que nos parece, a exigência de lealdade imposta pela boa fé decorre da necessidade de tutela da confiança alheia) e P. PAIS DE VASCONCELOS, *Contratos Atípicos* cit., 410 ss (aceitando, seguindo FIKENTSCHER, que o fundamento da exigibilidade de certas condutas segundo a boa fé seja a confiança). C. MOTA PINTO, *Cessão* cit., 339, refere, por seu turno, que os deveres laterais são impostos pela boa fé, atenta a relação de confiança que o contrato fundamenta.

A ligação dos deveres de conduta impostos pela boa fé com a tutela da confiança encontrou, aliás, um eco muito extenso na doutrina germânica, em especial, como se referiu, no pensamento de CANARIS (considerando, por exemplo, que os deveres de protecção, ao integrarem uma relação obrigacional sem deveres primários de prestação, se alicerçam na confiança e têm a sua base jurídico-positiva no § 242 e na regra de realização da prestação de acordo com a boa fé que ele contém; abrindo rota, mais tarde desenvolvida, *Ansprüche* cit., 478).

Temos no entanto para nós — cfr. ainda *infra* os n.ᵒˢ seguintes —, não só que os deveres impostos pela boa fé albergam preocupações que estão por vezes muito

específica à necessidade de acautelar as expectativas das partes. LARENZ, por exemplo, aponta a necessidade de adopção do comportamento que se espera de um contraente honesto e leal, fundamentada no princípio da boa fé[443]. Na realidade, apesar da relativa facilidade com que discursivamente aparecem retratados estes deveres, e sabendo embora do mesmo modo que são abundantemente documentáveis as aplicações da regra da conduta de boa fé[444], muito caminho existe ainda a percorrer em ordem a uma racionalização plena da regra da conduta de boa fé e à explicitação do seu conteúdo, bem como da sua ligação com a confiança[445].

As questões colocadas pela regra da conduta de boa fé são profundas e variadas. Tocam mesmo os alicerces comuns da teoria do contrato, quando se pondera até que ponto o seu reconhecimento implica de facto uma mudança do paradigma que lhe subjaz. Assim, pode perguntar-se se o exercício da autonomia privada dos contraentes constitui explicação *suficiente* para a sua eficácia, ou se, pelo contrário, as relações contratuais, em vez de dependerem daquilo que as partes realmente quiseram, vinculam antes porque obedecem no fundo a parâmetros que se lhes impõem do exterior e configuram aquilo que essas relações podem ser (legitimando e delimitando tam-

---

longe da tutela das expectativas, como que a responsabilidade pela sua infracção não é em rigor uma responsabilidade pela confiança por não estar em causa, directamente, a indemnização do prejuízo causado pela frustração de representações concretamente acalentadas pelo sujeito.

[443] *Lehrbuch des Schuldrechts* cit., I, 9. Próximo, ANTUNES VARELA, *Das Obrigações em Geral*, II, cit., 10 ss. Prescindindo igualmente da referência à confiança a propósito dos limites e das funções do art. 762 n.º 2, RIBEIRO DE FARIA, *Direito das Obrigações* cit., II, 254 ss.

[444] Cfr. exemplificativamente as referências jurisprudenciais *infra* citadas. Outras, com especial atenção à precursora experiência germânica, nomeadamente em MENEZES CORDEIRO, esp. *Da Boa Fé* cit., I, 603 ss.

[445] Não só pois no que toca à relação com a teoria da confiança — o prisma particular pedido pelo objectivo da presente investigação —, como para "dar corpo à materialidade das situações em jogo" expressas na boa fé e introduzir, nas situações singulares, "vectores gerais do sistema" (assim, a posição global de MENEZES CORDEIRO, *v.g.*, *Da Boa Fé* cit., II, 1291).

bém o âmbito da autonomia dos sujeitos)[446]. Um problema que está longe de se ficar por uma mera alternativa de cariz eficiente-utilitarista entre, por um lado, o princípio da autodeterminação como base da liberdade e eficácia contratual, e por outro, concepções "estadualistas" ou "publicistas" de legitimação dos negócios jurídicos.

Claro que a segunda hipótese — a única capaz de uma derradeira fundamentação ético-jurídica material da autonomia privada — se depara com escolhos de vulto. Desde a dificuldade de determinar muitas vezes com exactidão os padrões de aferição relevantes (não esquecendo mesmo as dúvidas, por vezes sérias, que a fixação "positiva" daquilo que se diria contratualmente razoável ou justo inevitavelmente suscita), à consideração de que, embora sendo possível estabelecê-lo, não seria curial impô-lo aos sujeitos; e tendo em conta o reconhecimento da liberdade implicada na dignidade humana, que envolve a autonomia de fixação de fins, objectivos e meios por parte da pessoa[447]. O mecanismo do contrato representa, em qualquer caso,

---

[446] Empregando palavras de CHARLES FRIED, *Contract as Promise/A theory of contractual obligation*, Cambridge (Massachusetts), London, 1981, 75, para este modo de ver, mesmo na presença de um efectivo acordo entre as partes, o que define o modo por que os sujeitos se devem comportar não é esse acordo, mas sim juízos de equidade ou razoabilidade (*fairness*) e aquilo que representa o "bem" em sentido substantivo.

[447] Sobretudo a última consideração recorda que no problema posto vai ínsita uma inegável dimensão ético-jurídica, irrecusável para o Direito. Deste modo, bem pode dizer-se que a imposição de limites de conteúdo à autonomia privada tem uma fundamental explicação (ainda que não exclusiva) na própria necessidade de defender a liberdade de autodeterminação em sentido efectivo-material que pode por vezes, tipicamente ou numa dada situação singular, não se apresentar devidamente acautelada (cfr. SINGER, *Selbstbestimmung* cit., 44). Nesta ordem de ideias, o sistema jurídico, ao restringir a liberdade de um sujeito em homenagem à de outro, apenas tirará a devida consequência da protecção do princípio da autodeterminação: tratar-se-á de evitar aquilo que para este seria uma heterodeterminação. (Discutível é se este paradigma se mantém universal na sua essência ou se, pelo menos em certos sectores, se assiste a uma verdadeira mudança do modelo do contrato, deixando de se procurar o reequilíbrio da posição das partes, repondo as condições da autonomia ou impondo o resultado a que conduziriam caso elas se tivessem verificado, para assegurar antes "directamente" um conteúdo determinado tido por

até certo ponto, uma garantia de se evitarem acordos manifestamente injustos ou desajustados, uma vez que nele se exige uma aquiescência das partes envolvidas quanto à composição de interesses instituída[448]. Razões pragmáticas, aliadas à percepção de que o poder de autode-

---

"objectivamente justo": neste último sentido, considerando o campo das cláusulas contratuais gerais, cfr. J. SOUSA RIBEIRO, *Cláusulas Contratuais Gerais e o Paradigma do Contrato*, Coimbra 1990, 234.) Em todo o caso, não se retira espaço a uma "ética das preferências" (usa a expressão, embora com outro sentido e noutro contexto, FIKENT-SCHER, *Wirtschaftsrecht* I, München 1983, 11) como critério daquele que em liberdade se propõe a si mesmo uma escolha justa. É certo que o Direito não estabelece, por norma (e com carácter indiscriminado), um controlo directo dos deveres de prestar contratualmente estabelecidos à luz desse critério, mas ele não é juridicamente irrelevante; acolhido, por exemplo, — embora não em todas as suas radicais consequências para o sujeito —, na regra da conduta de boa fé, irrompe a aferir as condutas adoptadas durante a sua execução, assim como na fase da sua formação.

[448] O argumento recorda a conhecida concepção de SCHMIDT-RIMPLER, segundo a qual o contrato constituiria uma garantia da justeza da regulação alcançada (do autor, *Grundfragen einer Erneuerung des Vertragsrechts*, AcP 147 [1941], 130 ss). Esta *"Theorie der Richtigkeitsgewähr des Vertrages"* é procedimental. De facto, ela sublinha a conexão da formação do consenso negocial com a justeza (*Richtigkeit*) do conteúdo que através dela se alcança, na medida em que cada um dos contraentes examina, da perspectiva do seu interesse, se as consequências contratuais se apresentam para ele como justas ou adequadas. Por outro lado, todavia, a formulação adoptada no texto é mais cautelosa do que aquilo que resulta dessa teoria. Não condescende com que o consenso signifique necessariamente justeza da regulamentação, um ponto que depende amiúde da verificação concreta da manutenção das condições de funcionalidade da autonomia privada. Prefere antes acentuar que, pelo menos no plano dos modelos ideais de referência, o contrato contribui para evitar consequências manifestamente injustas ou desajustadas (essencial para este modo de ver, CANARIS, *A liberdade e a justiça contratual*, in Contratos/Actualidade e Evolução, Porto 1997, 55 ss; uma tónica divergente apresenta na doutrina nacional SOUSA RIBEIRO, *Cláusulas Contratuais* cit., 216, ao considerar "idílica" "a formação de um acordo através de um processo discursivo de intercomunicação aberta e racionalizada entre as partes em que cada uma procura convencer a outra do bem-fundado das suas valorações e pontos de vista", a pretexto de que o equilíbrio de interesses seria sempre, "ao mesmo tempo, um equilíbrio de poder", e insistindo em que "o consenso não é, quase nunca, o ponto de encontro de duas vontades, mas o resultante da intensidade e eficácia dos meios de pressão com que cada um procurou levar o outro a cedências em relação às suas posições iniciais").

terminação e a liberdade contratual dos sujeitos constituem em si também inquestionáveis valores materiais a respeitar, justificam pois que a vinculatividade contratual mereça ser focada a partir destes últimos. O que a justiça contratual postule está aliás por princípio ligado às representações subjectivas das partes.

De todo o modo, o legislador português não se impressionou aparentemente com este tipo de questões quando estabeleceu a regra da conduta de boa fé no domínio dos contratos. Apesar de ela, além da função *meramente reguladora (regulierende Funktion)* da forma por que as obrigações devem ser cumpridas (e os respectivos direitos de crédito exercidos) que se retira *apertis verbis* do teor do art. 762 n.º 2, poder desempenhar efectivamente uma função *fundamentadora de deveres jurídicos* — muito embora cumpra pois uma *"pflichtenbegründende Funktion"*[449] —, na realidade não interfere na liberdade de autodeterminação das partes nem se lhes substitui, genericamente, na fixação do programa contratual.

Claro que o alcance da regra da conduta de boa fé não fica suficientemente especificado com estas considerações. Nem tão-pouco dilucidado o seu impacto na teoria geral dos contratos; no sentido, por exemplo, de saber se ela implica a mera qualificação ou correcção (limitada) de uma concepção do contrato de pendor individualístico ou liberal deixada intocada na sua medula ou se, ao invés, se projecta mais longe, postulando a substituição global de uma "ética de pugna de interesses" entre adversários por um "código de cooperação"[450]. O que é facto, contudo, é que, mesmo sem a ambição de res-

---

[449] Cfr. também J. GERNHUBER, *Bürgerliches Recht*, 3.ª edição, München 1991, 167-169. A classificação e a terminologia das diferentes funções da boa fé não é unívoca. Em todo o caso, à boa fé não cabe *em princípio* uma função auto-suficiente de fundamentação de posições jurídicas (autónomas); nessa veste, a sua intervenção carece de um esforço justificativo particular (pode ver-se ainda FIKENTSCHER, *Schuldrecht* cit., 148).

[450] Este o mote básico da reflexão de ROGER BROWNSWORD, *"Good faith in contracts" revisited*, in Current Legal Problems 1996, II, Oxford 1996, 111 ss, que aqui não há por que aprofundar e que consideraremos noutra ocasião (referências aliás já a este problema no contexto da dogmática dos deveres dirigidos à preservação da integridade pessoal e patrimonial das partes no nosso *Contrato e Deveres de Protecção*

ponder a uma impostação tão "básica" (correspondente a uma *"Grundlagenforschung"*) como a referida, a frequente invocação da regra da conduta de boa fé exige um esforço de concretização ou explicitação que confira previsibilidade e controlabilidade às decisões que a aplicam e afaste suspeitas de soluções *ad hoc*[451].

---

cit., 264 ss, e 276). O tema prende-se com a opção entre duas perspectivações da conduta de boa fé. Por um lado, aquela para a qual a boa fé opera tecnicamente enquanto *excepção* a um modelo do contrato que é visto como meio de prossecução de interesses pessoais e de competição entre as partes. Por outro, a que sublinha que a boa fé representa efectivamente um padrão de conduta que vigora como *regra geral* no domínio do contrato; e que, correlativamente, sublinha no contrato a ideia de uma cooperação entre sujeitos que seja mutuamente vantajosa, exigindo a ambas as partes uma razoável tomada de consideração dos interesses e propósitos prosseguidos pela outra. Esta última a concepção que parece resultar *apertis verbis* do art. 762 n.º 2.

[451] Deve portanto repudiar-se firmemente o empirismo decisionístico e a adesão a um positivismo jurisprudencial para preencher o conteúdo da regra da boa fé. Já nos referimos à insustentabilidade destas orientações (cfr. *supra*, sob o n.º 8, em nota), mas não é demais relembrá-lo nesta sede. É todavia de rejeitar com igual decisão aquilo que MENEZES CORDEIRO apelidou de discurso "central" sobre um tema, pela circularidade conceptual-valorativa que ele envolve, e contra o qual advertiu. O estudo da regra de boa fé há-de pois considerar as suas aplicações (muito atento a este ponto o autor referido; cfr., por exemplo *Da Boa Fé* cit., I, 546 ss, e 603 ss). Sem, em todo o caso, nelas se afogar; incorporando as correctas, à luz dos critérios aplicativos adequados, sob pena de circularidade: se se quiser, numa "desenvolução apoiada" do conteúdo dessa regra. (A finalidade que trazemos poupa-nos todavia a circunstanciadas aferições da concretização dessa regra: ela visa apenas traçar um quadro das condições e do papel que a doutrina da confiança é susceptível de desempenhar como critério da regra de conduta da boa fé.)

De notar que o esforço de precisão da regra da conduta de boa fé representa simultaneamente, considerando o nosso direito, uma tarefa de concretização das cláusulas gerais em que ela foi vertida, nomeadamente das que a impõem na fase da formação do contrato e da sua execução (arts. 227 n.º 1 e 762 n.º 2, respectivamente). Rigorosamente, aquela regra não se identifica porém, em si mesma, com estas, pois tem antes a feição de um princípio jurídico. Princípios jurídicos e cláusulas gerais compartilham a característica de não representarem normas aptas à subsunção "mecânica" de casos concretos. Mas distinguem-se. As cláusulas gerais são, como qualquer norma jurídica pertencente ao *ius strictum*, determinações legais, evidenciando como tal explicitamente a vontade de vigência que a elas acoplou o

Pode esperar-se uma certa convergência na aceitação de que esta regra de conduta opera em princípio quando o acordo das partes no

legislador seu autor. Nesse sentido, constituem, no mesmo grau hierárquico das de *ius strictum*, o direito positivo (daqui decorre, como nota F. BYDLINSKI, *Möglichkeiten und Grenzen der Präzisierung aktueller Generalklauseln*, in Rechtsdogmatik und praktische Vernunft/Symposium zum 80. Geburtstag von Franz Wieacker, Göttingen 1990, 199, que se não aplicam ao modo dos princípios, apenas em caso de necessidade e havendo que resolver problemas de vaguidade, de lacunas ou de conflitos entre regulações jurídicas). Os princípios jurídicos representam, pelo contrário, a par de outros, elementos de concretização das cláusulas gerais (considerem-se, por exemplo, aplicações jurisprudenciais já realizadas, valorações legais, padrões ético--sociais, etc., numa paleta variada que corresponde à riqueza do procedimento metodológico envolvido na concretização das cláusulas gerais e no qual como que despontam concentradamente os grandes temas da metodologia jurídica). O peso dos princípios na concretização das cláusulas gerais depende obviamente de caso para caso, e será muito significativo quando for fiel o decalque da cláusula sobre o princípio. Não são, também por isso, de estranhar similitudes entre a concretização de cláusulas gerais e de princípios jurídicos.

A vaguidade ou indeterminação das cláusulas gerais torna impossível o processo subsuntivo. Tal explica a utilização da técnica do agrupamento em tipos das situações decididas ao seu abrigo (paradigmaticamente exemplificáveis na comentarística germânica ao § 242 do BGB). O que obriga a pôr em guarda perante a objecção da inversão metodológica traduzida na formação dos tipos de casos, não a partir do teor da cláusula, mas dos casos decididos ao seu abrigo. É em qualquer caso difícil que uma cláusula geral se encontre completamente despida de todo o conteúdo normativo. Mesmo faltando qualquer cristalização em normas mais precisas ou aplicações antecedentes que possam constituir uma base para a reconstrução desse conteúdo, a cláusula geral é estabelecida para preencher, segundo a *mens legis*, determinados problemas jurídicos, à luz dos quais é pois possível uma determinação mínima inicial desse conteúdo. Parece assim insustentável no seu extremismo uma posição que veja na cláusula geral uma simples indicação de carácter metodológico ao juiz (uma forma de legitimação metodológica da actividade de "livre" criação de Direito por parte do juiz, como pretende R. WEBER, *Einige Gedanken* cit., 525). Também por isso, a concretização das cláusulas gerais não se confunde com julgamentos de equidade. Enquanto estes atendem necessariamente a todos os elementos susceptíveis de conduzir a uma solução, representando uma forma extra-sistemática de resolução de um conflito jurídico, as cláusulas gerais (*rectius*, as cláusulas gerais que não sejam cláusulas de equidade) visam proporcionar uma solução à luz do sistema, do que derivam apesar de tudo limitações quanto

contrato é omisso quanto à permissibilidade ou não de determinada conduta e não existem normas do ordenamento susceptíveis de suprir essa ausência[452]. A intervenção *subsidiária* ou residual que daqui resulta

---

aos parâmetros de concretização. Decorre do exposto que essa concretização deve atender à unidade da ordem jurídica, o que obriga a considerar as valorações das normas que a compõem, desde as constitucionais até às ordinárias. Mas elas não serão suficientes, pelo que a boa fé não parece excluir o recurso a elementos que apontam para além da ordem jurídica, procedendo à respectiva incorporação nesta, como põe de manifesto o seu apelo para os "critérios do comportamento social correcto normalmente aceite" (cfr. P. SCHLECHTRIEM, *Schuldrecht/Allgemeiner Teil*, 5.ª edição, Tübingen 2000, 61-62).

[452] Saber até onde vai o acordo negocial torna-se pois importante para o efeito de determinar o espaço do relevo da regra da boa fé. Em geral, é de afirmar que a integração ou a interpretação do negócio *não dão lugar ao estabelecimento daqueles deveres laterais de conduta que envolvem os deveres de prestar* (o que corresponde ao facto de essa regra se limitar em princípio a determinar "modos de actuação", sem dar nem tirar posições). Na interpretação está em causa o apuramento daquilo a que cada uma das partes se comprometeu, averiguar o que é objecto da vinculação assumida pela declaração, pelo que o seu resultado se traduz (no campo dos negócios obrigacionais) na explicitação de um *dever de prestar* como dever contratualmente exigível por virtude da declaração negocial. Já a integração do negócio visa o preenchimento de uma lacuna contratual. A lacuna não é — convém recordá-lo — qualquer ausência de estipulação, mas uma incompletude do conteúdo preceptivo do negócio enquanto *falha do plano regulador previsto e querido pelos contraentes*. Importando que o seu critério seja imanente ao contrato, com facilidade se divisará uma lacuna quando falte uma condição prática *sine qua non* da execução do programa obrigacional gizado pelas partes, ou então estando em jogo um aspecto postulado pela própria "lógica" ou "sentido" do negócio (assim já o nosso *Contrato e Deveres de Protecção* cit., 76 ss). Por outro lado, as valorações em que o processo integrador se apoia devem reportar-se ao *momento do consenso*, pois aquilo de que se trata é completar o dever-ser contratual em harmonia com a lógica interna do acordo que lhe subjaz; não de o adaptar àquelas circunstâncias que só surgem *depois* da sua ocorrência e que podem, de facto, requerer essa adaptação. (Pelo menos na medida em que essas circunstâncias não sejam previsíveis. Quando elas ocorram, por certo que a boa fé pode determinar a vinculação das partes a consentirem, dentro de certos limites, na modificação do contrato, uma vez que, ao contratarem, elas se submetem a um *estatuto objectivo de razoabilidade* e abdicam de posturas arbitrárias, sujeitando--se a uma apreciação da sua conduta do ponto de vista da sua justificabilidade no quadro de uma relação. Mas o problema não é de integração e sim de execução-

não colide com a sua reconhecida imperatividade, no sentido de que as partes são, em princípio, livres de estabelecer o âmbito das suas vinculações e de reservar os terrenos de liberdade que pretendem não obstante a celebração do contrato, interferindo assim no espaço que essa regra acaba por ocupar[453].

Isto posto, é possível abordar o conteúdo da norma de comportamento segundo a boa fé de um prisma *negativo*, como *regra de proi-*

-modificação do contrato.) Pensamos, em consonância, que não há lacuna para além daquilo que, segundo o horizonte próprio do tempo da celebração do acordo, é pedido pelas condições de realização dos deveres de prestar ou pelo *fim* da prestação, na medida em que este se deva ter por *contratualmente assegurado à luz do seu sentido*. Ora, reconhecendo-se uma *vinculação* a este fim, também existe adstrição às condutas que o fim exige, pelo que os deveres de comportamento em que essa vinculação se traduz são, ainda, *deveres de prestar como deveres contratualmente exigíveis*. (Mesmo que tais deveres só cheguem, eventualmente, a ponderar-se no processo de desenvolvimento da relação contratual, sendo eles reconduzíveis ao consenso e às valorações das partes que o determinaram, não representam mais do que especificações que a adstrição ao fim conhece ou pode conhecer; a sua natureza de deveres de prestar corresponde à possibilidade de a outra parte poder exigir, judicialmente até, o seu cumprimento com base no consenso firmado; infeliz o Acórdão do Supremo Tribunal de Justiça de 16 de Dezembro de 1993, CJ [STJ] I [1993], 3, 185 ss, confundindo como dever de conduta imposto pela boa fé a obrigação de assumir e solver uma dívida relativa a uma quinta prometida comprar, um autêntico dever de prestar, complementar do principal.) Isto equivale também a dizer que *a sede normativa dos deveres laterais não é, nem deve ser considerada, o art. 239, mas sim o art. 762 n.º 2* (em sentido diverso todavia, C. MOTA PINTO, *Cessão* cit., 339 e 343). O ponto está longe de ser irrelevante, já que os deveres obtidos por integração se encontram ineluctavelmente sujeitos à eficácia do negócio como sua parte integrante, ao contrário dos que radicam directamente nos ditames da boa fé. Também por essa razão é dogmaticamente falacioso incluir no negócio, por integração, valorações legais gerais na realidade aplicáveis independentemente da vontade das partes. (Diferente, sob esta perspectiva, é a integração que abrange os termos manifestados pela tipicidade social do contrato em jogo, não recolhidos, ou não contemplados ainda, pela lei.)

[453] Prevendo ou autorizando determinada conduta, os contraentes restringem o campo de aplicação da regra de conduta segundo a boa fé. Mas não lhes é permitido atingi-la directamente, ofendendo o seu conteúdo ou excluindo-a enquanto critério apreciativo do comportamento que adoptam durante a vida do contrato.

bição (de exclusão da permissibilidade) de condutas contrárias à boa fé. Não se trata de uma mera reformulação da linguagem, pois, dada a dificuldade de precisar o significado dos ditames da boa fé, é certamente mais fácil apontar as condutas com eles incompatíveis do que dar destes uma noção positiva[454]. A verdade, porém, é que, não apenas essa exclusão se não pode fazer sem ser por referência a um qualquer conteúdo material da regra que se aceite, ainda que difusamente presente, como uma *redução* à perspectiva meramente negativa que se apontou é *apertis verbis* repudiada pelas disposições que na ordem jurídica portuguesa se lhe referem[455]. Só que o elenco das determinações positivas possíveis é infindável[456].

Saliente-se agora tão-só, *colorandi causa*, ser certamente contra a boa fé que uma das partes adopte condutas perigosas ou omita as precauções devidas para salvaguardar a integridade pessoal ou patrimonial da outra parte (deveres de protecção), pelo menos quando tal não é pedido por uma razoável prossecução do interesse próprio ou lhe não traz um sacrifício desmesurado[457]; que pretenda recuperar uma oportunidade de que prescindiu, em vista de contrapartidas, aquando da

---

[454] Se de um ponto de vista formal se pode sustentar uma intermutabilidade entre a proibição de uma conduta contrária à boa fé e o dever de um comportamento conforme com a boa fé, a realidade é que os encargos argumentativos são diferentes, o que pode ser muitíssimo relevante no plano prático da realização do Direito.

[455] Cfr. especialmente os arts. 762 n.º 2 e 227 n.º 1 do Código Civil, que impõem positivamente a conduta de boa fé e se não limitam a proscrever as condutas atentatórias da boa fé.

[456] Cfr., *v.g.*, THOMAS DIAMOND/HOWARD FOSS, *Proposed standards for evaluating when covenant of good faith and fair dealing has been violated: a framework for resolving the mystery*, Hastings L. J. 47 (1996), 585 ss.

[457] Destaque, pela notável fundamentação, para o Acórdão do Supremo Tribunal de Justiça de 14 de Janeiro de 1997, CJ (STJ) V (1997), 1, 42 ss. Um antigo atleta olímpico ferira-se com gravidade num ginásio onde treinava. Considerou-se que a boa fé na execução do contrato impunha que a entidade exploradora desse ginásio procedesse à correcta fixação de certo aparelho de exercícios ao solo e, em todo o caso, alertasse para que só devia ser utilizado para a prática dos exercícios desenhados no autocolante explicativo; violados esses deveres de protecção, foi responsabilizada pelos prejuízos causados.

negociação de um contrato, se essas contrapartidas chegaram a ser concedidas; que impeça a outra de realizar os proveitos em vista dos quais esta, de modo recognoscível, celebrou o contrato[458]; que lhe cause um prejuízo sem que tal seja pedido para evitar um dano próprio; que, na execução de um contrato, recuse sem necessidade alternativas menos

---

[458] O *fim do contrato* (que, pelo que se verá, importa distinguir do fim das prestações *uti singuli* previstas) surge por vezes invocado como critério dos simples deveres de conduta impostos pela boa fé (assim, C. MOTA PINTO, *Cessão* cit., 349 e *passim*; também P. PAIS DE VASCONCELOS, *Contratos Atípicos* cit., 402; cfr. ainda GABRIELA FIGUEIREDO DIAS, *A Assistência Técnica nos Contratos de Know-how*, Coimbra 1995, 158 ss). No entanto, descontados porventura os contratos de sociedade ou contratos análogos de fim comum, as partes perseguem normalmente objectivos diferentes e não coincidentes. Deste modo se compreende que as perturbações do fim a que as prestações se destinam não atinja igualitariamente ambos os contraentes.

Claro que o contrato é, *do ponto de vista dos sujeitos*, um acto de estrutura final, porque dirigido à realização dos seus projectos (pode ver-se aqui igualmente HELMUT KÖHLER, *Unmöglichkeit und Geschäftsgrundlage bei Zweckstörungen im Schuldverhältnis*, München 1971, 1). Em boa verdade porém, na acção humana pode descortinar-se uma série ou um encadeamento de fins; uns serão "mais fins" do que outros, que são prosseguidos apenas como meios de escopos ulteriores. Por isso, também com respeito ao contrato de sociedade se pode dizer que os fins últimos das acções das partes não são rigorosamente comunicáveis, só o sendo o escopo instrumental da actividade social (*vide*, neste particular, VASCO DA GAMA LOBO XAVIER, *Anulação de Deliberação Social e Deliberações Conexas*, Coimbra 1975, 242 n. 116).

Para além deste aspecto, a redução, nos contratos bilaterais, do fim à simples e objectiva relação de troca mediante a qual cada um dos contraentes prossegue os seus interesses, faz dele uma noção de conteúdo muito limitado, praticamente coincidente com a co-respectividade das prestações (cfr. também VOLKER BEUTHIEN, *Zweckerreichung und Zweckstörung im Schuldverhältnis*, Tübingen 1969, 52-53). A sua prestabilidade enquanto critério dos deveres de conduta é deste modo muito reduzida, senão mesmo nula: a troca conexiona entre si prestações e aquilo que poderia à primeira vista surgir como dever lateral de conduta não será amiúde senão uma especificação dos deveres de prestar (nesta linha, importa advertir contra a redução dos deveres de conduta impostos pela boa fé a meras descrições ou especificações dos deveres de prestar, o que convolaria o tema para o plano meramente linguístico da identificação apropriada dos comportamentos devidos; chamando a atenção para este ponto, já MENEZES CORDEIRO, *Da Boa Fé* cit., I, 591-592). Desta sorte, falar-se de um fim do contrato é, antes de tudo, referir um escopo pertencente ao conteúdo do contrato, isto é, *assumido nele*. Então todavia, os comportamentos das par-

gravosas para a outra parte ao prosseguir um interesse pessoal legítimo que interfere com o que a outra tem no contrato; que avalie desones-

tes impostos por ele são ainda *comportamentos contratualmente devidos*, não se reduzindo a simples deveres de conduta. Já se aludiu a este aspecto.

As limitações apontadas ao fim do contrato enquanto critério dos deveres de conduta impostos pela boa fé são evitadas na distinção, ao nível das prestações singulares, entre o fim *primário* ou *imediato* delas e o seu *fim secundário* ou *mediato*. O primeiro corresponde ao interesse do credor no cumprimento da obrigação, ao passo que o segundo tem a ver com a utilização ou o aproveitamento do valor da prestação pelo credor. O primeiro, ainda, extrai-se do conteúdo contratual, devidamente interpretado, e encontra-se assegurado por ele. O outro situa-se já para além desse conteúdo.

Nem por isso, todavia, este fim ulterior tido em vista pelo credor está desprovido sempre de eficácia jurídica. Conforme salienta persuasivamente GABRIELA F. DIAS, *A Assistência Técnica nos Contratos de Know-how* cit., 157 ss, a relevância jurídica do contrato não pode reduzir-se à do interesse das partes no cumprimento das prestações acordadas. Para além dele, outros interesses merecem consideração (parece contudo restringir-se os interesses que ultrapassam o do cumprimento aos de conservação pessoal ou patrimonial [*Erhaltungsinteressen*], o que não se justifica). Não é, assim, suficiente que o devedor cumpra os deveres de prestar a que está vinculado; ele está, de igual maneira, adstrito a proceder com diligência e espírito de colaboração mínimos com respeito aos fins (ulteriores) pretendidos pelo credor da prestação. A isso obriga a boa fé. Não estando, porém, esses fins contratualmente assegurados, cremos que a fundamentação de deveres com vista à sua realização requererá *circunstâncias ou ponderações especiais;* não são susceptíveis de ser afirmados indiscriminadamente. Importa sublinhá-lo.

Na verdade, também a *lex contractus* (interpretada e integrada) estabelece as fronteiras do contratualmente exigível, sendo que o preenchimento normativo (através da imposição de deveres às partes) de uma zona que se situa para além dela é, à partida, o preenchimento de uma *área em princípio normativamente livre*. Fora de causa deveria estar a admissão de autênticos *deveres de prestar* que ultrapassem o que ainda é comportável como acordo efectivamente havido (no próprio domínio da interpretação complementadora acentua-se, com razão, a necessidade de prudência em relação ao estabelecimento de deveres de prestar, porquanto o respeito pela regulação negocial instituída pelas partes não deveria permitir, sem mais, uma alteração, alargamento ou modificação do conteúdo do contrato; cfr. FLUME, *Das Rechtsgeschäft* cit., 326 ss). Fica todavia espaço para os meros deveres de conduta. Circunstâncias várias podem concorrer para a sua afirmação: a proximidade ou maior facilidade de uma das partes para a remoção de um obstáculo ao proveito que

tamente as circunstâncias das quais depende a execução do contrato ou manipule essas circunstâncias quando elas foram apresentadas na fase da negociação e constituíram uma base de decisão para o outro contraente; que, posteriormente à celebração do contrato, adopte uma conduta sobre a qual deveria ter esclarecido a outra parte antes da sua celebração se porventura a quisesse reservar, por ela contender previsivelmente com interesses reconhecíveis da outra parte, etc.

Como se comprova, a regra da conduta de boa fé tem um conteúdo diversificado e aberto. Ora impõe a ideia de proporcionalidade no exercício de posições relativas, ora representa exigências de consideração para com interesses alheios, ora reclama coerência de comportamento e realiza brocardos como "equity must come with clean hands", ora proscreve condutas desonestas em prejuízo de outros, deste modo manifestando e incorporando uma *pluralidade muito rica de valores* susceptíveis de se articular com *variável intensidade* entre si[459], o que faz dela uma *realidade de conteúdo multipolar*.

---

a outra pretendia tirar da prestação (*v.g.*, a obtenção de uma licença administrativa ou a prestação de informações de que com facilidade dispõe para instruir o respectivo processo). Também a necessidade de aceitar pequenas alterações ao programa contratual por forma a consentir a satisfação de objectivos do outro contraente (por exemplo, uma mudança do acondicionamento de uma mercadoria ou do seu local de entrega) requererá que o sacrifício para uma das partes seja amplamente compensado pelas vantagens delas advenientes para a outra. O próprio esclarecimento do outro contraente acerca de circunstâncias que podem fazer perigar o fim a que ele destina a obrigação afirma-se normalmente quando haja um desnível acentuado na acessibilidade dessa informação e a relação envolva um "profissional" e um "leigo".

Falar, para justificar estes últimos deveres, num fim *objectivo* do contrato a salvaguardar não pode fazer olvidar que, no domínio dos contratos, os fins são essencialmente subjectivos e que, no que não está contratualmente assegurado, as valorações jurídicas fundamentadoras de deveres se prendem com critérios de razoabilidade e correcção do comportamento traduzidos tradicionalmente na regra da conduta de boa fé.

[459] A ideia de mobilidade que a doutrina mais autorizada aponta ao sistema de protecção da confiança (cfr., entre nós, MENEZES CORDEIRO, *Da Boa Fé* cit., II; 1248-1249) vemo-la nós também, para além disso, a inspirar constitutivamente a *regra da conduta de boa fé* no seu todo, ainda que dela apartemos a tutela das expectativas propriamente dita. Essa mobilidade postula-se logo, por exemplo, tratando-se de averiguar, do ponto de vista da proporcionalidade, as vantagens de uma actua-

O esforço de concretização e o aprofundamento do conteúdo da regra da conduta de boa fé há-de contudo procurar superar simples metodologias descritivas dos deveres de comportamento nos quais ela se especifica e conferir preferência, tanto à função, como ao apuramento dos factores que determinam as várias adstrições[460]. A indivi-

ção do sujeito em face dos inconvenientes causados a outro. Mas não se ponderam apenas custos e benefícios, pois também se coteja o prejuízo (potencial) com a conduta que o pode provocar, independentemente das vantagens que possa trazer ao seu autor. Assim, o limiar dos danos susceptíveis de desencadear a intervenção desta regra varia: qualquer um, por pequeno que seja, no caso da conduta intencionalmente dirigida a causá-lo; o dano terá todavia de ser de certa monta para justificar um dever imposto em nome da solidariedade, quando o onerado nada beneficia com o seu cumprimento, e tanto maior quanto mais difícil ou dispendioso for o seu cumprimento; mas a exigência baixa novamente, se a conduta que o provoca representa um *tu quoque* ou uma incongruência de comportamento.

[460] De realçar as vias concretizadoras da regra da conduta de boa fé sugeridas por MENEZES CORDEIRO, *Tratado* cit., I/1, 238-239, apontando a necessidade de uma conformidade material das condutas com os valores pretendidos pelo ordenamento (de modo a rejeitar formalismos), a idoneidade valorativa que impõe a consideração da harmonia do sistema, e o equilíbrio no exercício de posições. Destas linhas, retemos sobretudo a última. Quer uma ponderação "material" das exigências de comportamento reclamadas, *v.g.*, no cumprimento de um contrato ou na fase pré-contratual, quer a atenção à unidade do sistema nos valores que o compõem, parecem-nos em rigor já impostações de uma sã metodologia da interpretação-aplicação do Direito, que o apelo à regra da boa fé pode incorporar e (pragmaticamente) reforçar, mas perante as quais ela não tem um papel autónomo, tornando-se despicienda logo que aquelas se apresentem devidamente consciencializadas. Para nós, a regra da boa fé não se resume a simples norma de "habilitação metodológica". Apresenta antes — *vide* o texto — um conteúdo *substancial-valorativo* próprio que, conquanto difuso, a individualiza e contradistingue minimamente de outras regras e valores do sistema (exemplar, para este aspecto, a terceira linha de concretização apontada), orientando e presidindo à sua aplicação. É aqui que ela tem autêntica especificidade.

Louvem-se também algumas orientações recentes da doutrina que procuram operacionalizar a regra da boa fé, embora fundamentalmente concentradas no âmbito particular dos deveres de informação. Cfr., por exemplo, S. BREIDENBACH, construindo um sistema de factores dos deveres de informação assente na necessidade de informação, na possibilidade de a prestar e no círculo de funções dos sujeitos, aplicável também na determinação desses deveres *post pactum* (*Die Voraussetzun-*

dualização destes últimos, a não querer render-se a um positivismo aplicativo-jurisprudencial sem norte, implica sempre um critério material de que se parta. Sem ele, não há verdadeiro esclarecimento dogmático.

Pensamos que o cerne da regra da conduta de boa fé é *ético-jurídico*. Está em causa um padrão de comportamento *individual*, a necessidade de uma conduta proba, honesta ou leal. Proceder de boa fé[461] apela a uma condução, no Direito, de acordo com as determinações da *recta consciência*. É difícil sustentar que uma objectivação da norma do agir de boa fé possa ir tão longe que apague completamente essa coloração. O *civiliter agere* — que pode apresentar-se como expressão-

---

gen cit., esp. 92-93); *vide* também MARTIN HENSSLER, *Risiko als Vertragsgegenstand*, Tübingen 1994, 143 ss, o qual, partindo embora da consideração de que a justificação da existência dos deveres de informação radica em última análise na confiança, apresenta depois critérios para a sua afirmação; entre nós, confira-se entretanto ALMENO DE SÁ, *Responsabilidade bancária: dever pré-contratual de informação e corte de crédito*, anotação ao Acórdão do Supremo Tribunal de Justiça de 14 de Novembro de 1991, RDE XVI a XIX (1990-1993), 630 ss.

Tanto a determinação dos factores subjacentes à afirmação dos vários tipos de deveres de conduta como a variedade do seu conteúdo, diversidade que torna impossível uma sua descrição definitiva, tornam, do ponto de vista dogmático, especialmente apropriado o esforço por descortinar a *função* que eles desempenham no quadro da relação contratual. Tem neste aspecto particular interesse a individualização dos deveres que visam a defesa das partes daquelas intromissões danosas na sua esfera pessoal ou patrimonial que o contacto contratual propicia, a manutenção pois da integridade do seu *status quo* pessoal ou patrimonial. Esses deveres, de finalidade negativa, são aqueles a que HEINRICH STOLL chamou *de protecção*. Diferentes são aqueloutros que se ordenam à realização de interesses do credor (da relação obrigacional) *conexos com o interesse de prestação*. Estes têm uma finalidade *positiva*, destinam-se a proporcionar um *status ad quem* situado em rigor para além do simples interesse de cumprimento da prestação convencionada. Esse encontra-se assegurado pelo vínculo correspondente aos deveres de prestar instituídos e não ultrapassa pois o âmbito desse vínculo. (Já versámos a distinção, não só preferindo-a a metodologias meramente descritivas do conteúdo dos comportamentos envolvidos e à incoerência de outros critérios classificatórios, como analisando, depois, os méritos da teoria da confiança invocada para sustentar estes deveres, que desvalorizámos; cfr. *Contrato e Deveres de Protecção* cit., 40 ss, e 268 ss, e *passim*.)

[461] Assim se formula *ipsis verbis* no art. 762 n.º 2.

-síntese das várias exigências de conduta que a boa fé transmite — reclamará, se se quiser, aquilo que se apresenta como razoável, équo ou justificado e, nesse sentido, "civilizado", mas encontra-se ainda então impregnado por aquela tonalidade característica de ditame de "rectidão de procedimento" ínsita expressivamente na locução "boa fé". Não o prejudica o facto de a norma de conduta segundo a boa fé ser de modo particular, ainda que não exclusivamente[462], uma *regra de prevenção de danos*. Já se sabe que se trata nela de resolver *juridicamente* conflitos entre sujeitos, segundo critérios partilháveis e intersubjectivamente vinculantes, e não de qualquer imposição de uma ética puramente pessoal[463].

Na concretização dos ditames de um comportamento de boa fé importa obviamente ponderar a normalidade social das condutas e os "papéis" sociais desempenhados pelos contraentes, as representações

---

[462] Já se aludiu a que a boa fé pode chegar a implicar por exemplo pequenos sacrifícios se eles são condição da obtenção de benefícios de apreciável dimensão para a outra parte (ou de poupança de despesas).

[463] Não está assim em jogo acolher-se uma concepção *metajurídica* da boa fé, que seria insustentável (por isso está fora de causa uma apreciação "meramente ética" da conduta). Mas não parece poder ser razoavelmente negada a influência que os valores e virtudes morais detêm na fundamentação *jurídica* dos comportamentos exigíveis às partes (veja-se também ainda a antítese da boa fé: a má fé coliga-se à exploração, ao oportunismo, à desonestidade); cfr. nesta linha JANE STAPLETON, *Good faith in private law*, Current Legal Problems, 52 (1999), 7 ss. Este entendimento confere à regra jurídica da conduta de boa fé uma enorme expansibilidade e persuasividade, enquanto instrumento de afinamento das exigências que o Direito coloca ao comportamento dos sujeitos. A sua coloração material não se satisfaz com uma mera "ética formal de negócios" (pelo que o *civiliter agere* se não reduz também a um conjunto de cânones estereotipados e formalistas da conduta correcta). Assim, a explicitação da regra da conduta de boa fé confirma de modo particularmente nítido que, como DWORKIN aponta, "law is in large part philosophy" (cfr. *Law, philosophy and interpretation*, ARSP 80 [1994], 475).

Pode neste sentido distinguir-se os ditames da conduta de boa fé da mera equidade, razoabilidade ou justiça (objectivas); uma autonomização pressuposta, aparentemente, no art. 400 n.º 1 do Código Civil. Não que — como ainda se salientará — a expressão "boa fé" não seja em si susceptível assumir significados e conotações bem mais marcadamente "objectivados" no sistema jurídico do que em todo o caso ocorre na regra da conduta de boa fé que agora especificamente se considera.

recíprocas a esse respeito, os usos comerciais, valorações de justiça objectiva (tanto as ligadas às especificidades da relação concreta, como as próprias do género de relação em que aquela se integra, enquanto suas *naturalia*), critérios de distribuição dos riscos da relação (considerando aqui a possibilidade de os controlar ou absorver segundo pontos de vista de eficiência ou oportunidade). Na extensa panóplia de tópicos utilizáveis avultam, naturalmente, as expectativas informalmente engendradas no contexto da relação contratual concreta, não devendo esquecer-se a ordem de solidariedade mínima que informa o âmbito da relação obrigacional e que restringe a possibilidade de comportamentos puramente egoísticos[464]. Esta amálgama de elemen-

---

[464] Afloramentos nos arts. 1038 h) e 1135 g), 1187 b) e 1475; *vide* já de igual modo o nosso *Contrato e Deveres de Protecção* cit., esp. 264 ss (no contexto específico dos deveres visando a preservação da integridade pessoal e patrimonial das partes). Está implicada a necessidade do abandono de uma concepção puramente competitiva do contrato em favor de uma perspectiva "solidarística" e, nesse sentido, "relacional" do mesmo.

É naturalmente delicado precisar e racionalizar os termos e limites do "altruísmo" implicado na regra de boa fé, ligado umbilicalmente à compreensão do equilíbrio contratual e às suas exigências. O tema concerne ainda, em particular, à partilha de informações relevantes na decisão de contratar. Não parece, por suposto, de admitir a cargo das partes um dever geral de remover toda a ignorância ou erro da outra relativamente a qualquer circunstância que para esta possa ser decisiva nas suas opções, sobretudo se o seu conhecimento for desfavorável para o onerado com a informação, mas é óbvio que situações existem em que deveres desse género se hão-de reconhecer. O problema pode ilustrar-se com o exemplo extremo da empresa petrolífera que, sabendo da riqueza escondida no subsolo de determinado terreno, o compra sem indicar esse facto ao agricultor seu proprietário, o qual desbarata assim uma riqueza incalculável. Talvez num caso destes se diga ou queira ainda que cada um dos sujeitos tem a possibilidade de aproveitar para si as vantagens de uma informação superior à do outro. Mas importa reconhecer que existem evidentemente excepções a esta máxima de carácter geral, nomeadamente no campo da tutela do consumidor. (É interessante notar que o caso em apreço escapa aparentemente à actual previsão de proibição do negócio usurário, que não protege *apertis verbis* contra "puras" deficiências de conhecimento. Apesar disso, é bem de duvidar que uma empresa possa aproveitar-se, em benefício próprio e com detrimento de outrem, de uma informação cuja obtenção, quanto mais não seja por exigências técnicas ou de custo que implica, se apresenta na prática vedada ou inaces-

tos indicia — estamos a repisá-lo — o carácter *complexo* do conteúdo jurídico da regra da conduta de boa fé.

Cautelas especiais deveriam entretanto merecer argumentos que, superando reflexões "situacionadas", apontem para orientações sociais ou económicas de natureza geral. Pelo menos em tese, é incompatível com o princípio da liberdade contratual a sujeição das partes a opções derivadas de meras exigências de *justiça distributiva*. A observação atinge especialmente certas explicações provindas da *economical analysis of law* na sua pretensão de legitimar a solução de conflitos contratuais interindividuais através de ponderações ligadas a simples acréscimos globais de eficiência que se reflectem no bem-estar colectivo [465].

---

sível à generalidade das pessoas, implicando uma intolerável desigualdade.) Sugestivo é também, neste contexto, o título do ensaio de SUBHA NARASIMHAN, *Individualism in american contract law: am I my brother's keeper?*, in Contratos/Actualidade e Evolução cit., 231 ss, apontando para o envolvimento nesta matéria de toda uma concepção de fundo acerca do contrato.

[465] Esta corrente privilegiará naturalmente considerações objectivas na explicitação da regra da boa fé; por exemplo, a adequação das condutas ao favorecimento e à segurança em geral das relações negociais, proporcionando a estas um quadro de condições de realização potenciador de uma maior eficiência na distribuição dos recursos através do mercado. Mas não seria razoável reduzir as exigências da boa fé a um puro utilitarismo económico. Intervindo a boa fé normalmente na ausência de disposições das partes num contrato, não é nada líquido que elas tivessem querido (ou houvessem de querer) pautar-se por esses critérios, caso pretendessem estabelecer normas para o ponto deixado em aberto. As repartições adequadas e razoáveis de riscos contratuais, no fundo também muitas vezes promovidas pelos tribunais na concretização da boa fé, não se podem confundir com uma aplicação dos aludidos critérios. (A exaustiva investigação, quer da protecção indemnizatória da confiança, quer do princípio da boa fé na execução do contrato, do ponto de vista de uma relação de custo-benefício ultrapassa naturalmente o âmbito do presente estudo para quem, como nós, lhe confere apenas uma *função instrumental* da ciência jurídica. Cfr. contudo, a respeito da referida análise, as considerações de HANS-BERND SCHÄFER/CLAUS OTT, *Lehrbuch der ökonomischen Analyse des Zivilrechts*, 3.ª edição, Berlin, Heidelberg, etc., 2000, 461 ss, 483 ss, e 492 ss, voltadas para a problemática das informações na veste da teoria da confiança. Notam esses autores que uma responsabilidade pela confiança está dependente da assimetria de custos de obtenção de informação, representando a confiança justamente uma forma de eliminar esses custos, susceptível de ser vantajosa de uma perspectiva de bem-

Centremo-nos contudo na questão da articulação entre a regra da conduta de boa fé e a tutela das expectativas.

-estar global. Parece por outro lado compreensível atribuir uma compensação àquele que arca com os custos da substituição da busca de informações [a cargo de alguém] por uma atitude de confiança, pois tem então de efectuar ele próprio as diligências necessárias a satisfazer esse *deficit* de esclarecimento alheio. Onde esse "prémio" esteja estabelecido — por exemplo, envolvido no cálculo do preço do bem a respeito do qual se prestam informações — a informação, objecto de confiança, impor-se-á com naturalidade. De um ponto de vista "político", o reconhecimento de uma responsabilidade pela confiança estaria ainda aconselhado aí onde espreitasse o perigo do oportunismo, analisado na possibilidade de haver vantagem económica em não corresponder à confiança depositada [por insuficiência do prémio para a confiança]. Para um enquadramento geral da problemática, cfr. SINDE MONTEIRO, *"Análise económica do direito"*, sep. BFDUC LVII [1981]; *vide* também, recente e aprofundadamente, HORST EIDENMÜLLER, *Effizienz als Rechtsprinzip/Möglichkeiten und Grenzen der ökonomischen Analyse des Rechts*, Tübingen 1996).

O pensamento da "análise económica do direito" conexiona-se, no campo da boa fé, com a tendência metodológica da ponderação das consequências da decisão na aplicação do Direito (de que se poderá mesmo dizer constituir, pelo menos em parte, uma especificação particular). Claro que esse pensamento é susceptível de encerrar um programa de eficiência económica do Direito (o direito civil aí incluído), a desenvolver pelo legislador enquanto principal e primário executante desse programa. Mas pode representar igualmente uma teoria da aplicação do Direito nos termos da qual o juiz deverá preencher sistematicamente os conceitos (indeterminados) carecentes de concretização de acordo com critérios económicos, fazendo então dele o actor primordial da "reforma" do direito vigente à luz daquele programa. Esta segunda vertente possível da incidência da *economical analysis of law* é precisamente aquela que é convocada quando está em causa a "desenvolução" do conteúdo material da boa fé. Contudo, se ao legislador é possibilitado, no exercício da sua actividade (legislativa), mover-se, respeitados certos limites e na observância sempre da margem permitida pelas regras constitucionais (designadamente, aqui, pelos direitos, liberdades e garantias), segundo critérios de eficiência económica, essa competência escapa em princípio ao julgador. O primeiro dispõe da liberdade de estabelecer, dentro de certos parâmetros, o conteúdo conveniente das normas, hierarquizando os diversos pontos de vista que seja pertinente considerar. Pode até ter acedido ou, em todo o caso, procurar obter para isso, uma informação detalhada e global sobre a realidade a conformar juridicamente e acerca da própria eficiência das normas já existentes, por forma a escolher as metas e as formas adequadas da regulamentação. Deste ponto de vista, seria até disfuncional que este género de tarefa fosse desempenhada pelo juiz; quer por falta de meios, quer por não se coa-

36. A responsabilidade pela confiança como realidade independente da violação dos deveres laterais de conduta decorrentes da boa fé

A regra da conduta de boa fé exprime para nós essencialmente preocupações de correcção, lisura, razoabilidade ou equilíbrio no

---

dunarem com a sua função apreciações globais acerca da *performance* económica do sistema jurídico. Mas, sobretudo, o juiz encontra-se adstrito às opções da lei. A sua vinculação atinge sem dúvida critérios de eficiência económica *quando* esses mesmos critérios constituem a teleologia assinalada à norma pelo legislador. Para além disto, sempre que não exista, como normalmente acontece, uma clara e decidida política legislativa baseada em critérios de eficiência económica, uma decisão dos litígios segundo a "análise económica do Direito" levanta um delicado problema de competência judicial no confronto com a competência legislativa.

Aliás, abstraindo inclusivamente desta dificuldade, a própria substituição em si dos critérios jurídicos "tradicionais", seguidos pelos tribunais na aplicação do Direito por orientações determinadas pela *economical analysis of law* seria questionável. O problema é desde logo o das condições de legitimidade de uma mudança de jurisprudência em virtude da mera alteração das orientações (*hoc sensu*) metodológicas utilizadas na *Rechtsgewinnung*. Sem embargo, não está neste ponto em causa uma especificidade da análise económica do direito, mas a possibilidade e os termos gerais do afastamento de correntes jurisprudenciais nos espaços onde elas se encontram estabelecidas. Ainda que essas correntes não vinculem do mesmo modo pelo qual o legislador adstringe, a "troca" de um critério jurídico estabelecido por um critério económico (*hoc sensu*) poderia de qualquer forma pôr em causa a continuidade dos julgados. O que deve evitar-se aí onde não existem motivos justificados. Tal não exclui naturalmente que, descortinados nos precedentes judiciais *ratios* de eficiência económica, estas não possam passar a inspirar explicitamente, dentro da estabilidade da aplicação do Direito, sentenças seguintes.

Em todo o caso, a consideração de elementos "económicos" de decisão não deverá sobrepor-se a valorações especificamente jurídicas que concorram para uma solução. Importa não perder de vista que a "análise económica do direito" não é, de modo algum, uma perspectiva *valorativamente neutra* e que é precisamente o confronto dos valores que veicula com outros, designadamente com os da *liberdade e autonomia* dos sujeitos ou o do *equilíbrio contratual* (valores que tendem muitas vezes a contrapor-se-lhe, pois não há apenas o *homo oeconomicus*), que permite apontar e confinar devidamente o seu papel na determinação da juridicidade. Assim deve também reger-se que argumentos de *justiça* encontrados com auxílio de princípios fundamentais como os da protecção da confiança, a segurança jurídica, a protec-

relacionamento entre sujeitos. A confiança concretamente depositada por um deles no outro não é *qua tale* (autonomamente) protegida, pois a sua frustração não consubstancia *per se* uma situação de responsabilidade por violação daquela regra: uma posição que tem por pano de fundo, quer as condições de independência dogmática da tutela da confiança e os seus corolários, quer as razões que se opõem

ção da parte mais fraca, etc., possam ser traduzidos, ao menos completamente, em termos de eficiência económica. Na responsabilidade civil, por exemplo, torna-se necessário considerar, como em feliz síntese sublinha JOSÉ ANTÓNIO VELOSO, "além da dimensão das utilidades económicas, a dimensão deontológica da justa e ordenada convivência humana, e em particular o valor da autonomia alheia, que a invasão danosa perturba, bem como os valores do cumprimento das promessas e do honrar da confiança [...]" (cfr., do autor, *A desinstitucionalização dos pagamentos cashless nas redes electrónicas e os seus efeitos de deslocação do risco: algumas notas para uma análise de regulamentação*, inédito, Lisboa 2000, 28). Também aí onde os resultados da "análise económica do direito" fossem coincidentes com os propiciados pela argumentação jurídica "tradicional" ficaria sempre por responder a questão de saber do *porquê* da redução do "jurídico" ao "económico", já que não é o critério da eficiência que decide por si da juridicidade e se pode atribuir a si mesmo as notas características daquela. A legitimação daquele critério enquanto critério jurídico é, por outras palavras, *uma tarefa jurídica que só no âmbito do pensamento jurídico pode ocorrer.*

Certamente que razões de eficiência económica se aceitarão com relativa facilidade — e estarão até largamente justificadas — na elaboração de regras (*lato sensu*)"organizatórias", decorrentes de uma preocupação intervencionista do Estado no sentido de uma *economical engineering*, mas não tanto na interpretação de normas de direito comum com um conteúdo ético-jurídico sedimentado. Sobretudo quando esteja em causa a disciplina das relações entre sujeitos determinados (como acontece paradigmaticamente no direito dos contratos), torna-se particularmente questionável a legitimidade de delinear um regime em função de critérios económicos que obriguem a transcender o âmbito dessa relação particular. Conclui-se pois no sentido de que a intervenção da eficiência económica no plano do estabelecimento dos deveres de conduta impostos pela boa fé deverá ser sempre mediatizada por uma valoração especificamente jurídica. E que, se não se deveria rejeitar seguramente o contributo que a "análise económica do Direito" pode prestar como instrumento da actividade legislativa ou mesmo em ordem a um melhor esclarecimento de certas soluções jurídicas, não existe no fundo razão para os juristas integrarem o cortejo dos que se curvam diante dela qual "bezerro d'oiro" dos tempos que correm.

a um dever geral de correspondência à confiança alheia, ambas já abordadas em termos gerais.

Pelo menos em relação a um número muito significativo de situações valoráveis como infracções dos deveres impostos pela boa fé é fácil reconhecer que o pensamento da protecção da confiança se apresenta à partida completamente deslocado. Se o que é determinante na construção do dever de conduta são ponderações de razoabilidade ou justiça, se aquilo que se reclama dos sujeitos é um comportamento correcto, leal ou honesto — um *civiliter agere* socialmente consensual (ou consensualizável) —, a tutela conferida pela ordem jurídica ao beneficiário do dever desencadeia-se com esse fundamento, que é distinto da (mera) alegação e demonstração positiva do teor das suas representações concretas; e não claudica até perante a eventual prova de uma ausência de confiança ou até de uma atitude de desconfiança por parte dele com respeito à conformidade da conduta do outro com aquelas ponderações e exigências.

Não interessa portanto por si aquilo em que a vítima da violação da regra da boa fé acreditou. Quando muito, pode ser de averiguar se ela *devia poder confiar* no comportamento do outro. Mas as expectativas neste sentido "razoáveis" ou "legítimas" de um sujeito não são senão *uma projecção de exigências objectivas de comportamento impostas pela ordem jurídica*. Por outras palavras: *a tutela das expectativas mediante a regra da boa fé é apenas reflexa. Releva somente no quadro das exigências de probidade e equilíbrio de conduta que aquela veicula. São estas que conferem o fundamento da protecção concedida*. E, como é evidente, a esperança que o sujeito deposite na sua observância não tem qualquer relevo dogmático autónomo como confiança no simples acatamento de normas que é.

Claro que na conformação dos ditames em que se concretiza a regra da conduta de boa fé podem pesar as específicas expectativas das partes, assim como as representações usuais de quem se encontra no tipo de situações em causa[466]. Um contrato, por exemplo, convoca no

---

[466] Um excelente balão de ensaio dos vários elementos que concorrem para a determinação dos deveres de conduta por força da boa fé, ilustrando ao mesmo tempo a eficácia do pensamento da protecção de expectativas através dos seus dita-

próprio espírito dos seus autores um conjunto de condições e formas de interacção que se não esgota nos deveres negocialmente assumidos aquando da sua celebração. Ele emerge no seio de teias de expectativas, mais ou menos institucionalizadas, que constituem como que *sistemas de referência (extracontratuais)* do programa contratualmente estabelecido. Estas podem consistir, tanto em representações ligadas à pessoa do outro contraente, ao seu comportamento ou a afirmações por ele produzidas, como em pressuposições ligadas às circunstâncias ambientais do negócio, gerais ou particulares, susceptíveis de interfe-

---

mes, proporciona-o ATIYAH no capítulo da sua *An Introduction to the Law of Contract* sintomaticamente intitulado *"Contractual duties not fixed by the parties"*: cfr. a 3.ª edição dessa obra, Oxford 1981, 179 (a 5.ª edição não contém o exemplo abaixo referido; ao contrário do direito português — que, como outros da *civil law*, reconhecem generosamente a regra do comportamento de boa fé —, note-se que o inglês se tem mostrado, ao menos na aparência, bastante renitente na aceitação de um dever geral de agir desse tipo). Podem com efeito conformar aqueles deveres considerações de confiança usual, representações concretas das partes, ponderações de justiça objectiva da relação, quer na base das suas características singulares, quer com argumentos que não se cingem já a esse quadro e convocam objectivos ou estruturas argumentativas transindividuais. Em *Lister vs. Romford Ice & Storage Company* tratava-se de saber se, na ausência de um entendimento expresso, a entidade empregadora de um condutor profissional tinha o dever de proteger esse seu trabalhador através de um seguro de responsabilidade civil contra danos causados a terceiros. Na resposta (concretizando as exigências da conduta de boa fé) importa seguramente entrar em linha de conta com as expectativas razoáveis dos trabalhadores em idênticas circunstâncias (alicerçadas por exemplo num eventual uso no sentido da celebração de contratos de seguros em favor de condutores profissionais pelos empregadores). Podem porém interferir igualmente na apreciação representações radicadas na configuração particular da relação entre o trabalhador e a respectiva entidade patronal. Além disso, serão previsivelmente relevantes para a decisão razões de justiça puramente objectivas, independentes das representações concretas do trabalhador em causa; sobretudo as próprias daquele tipo de contratos, enquanto seus *naturalia negotii*. Também são equacionáveis considerações derivadas de uma política geral de distribuição equitativa de riscos de acidentes e de prevenção dos mesmos, transcendendo já o âmbito das relações entre os sujeitos envolvidos (conforme com a prudência na admissão de puros argumentos de justiça distributiva é a utilização subsidiária deste critério, como elemento decisório na falta ou equivocidade dos restantes).

rir com a sua execução. Ao envolverem os deveres contratuais, essas expectativas representam também o papel de suas *condições de inteligibilidade plena e adequada*.

O contrato cria uma ordem específica que se insere, por conseguinte, em *coordenadas mais gerais da pragmática da acção humana* e das esperanças que a acompanham, incentivam e delimitam. Nesse sentido, existem *expectativas que completam o quadro semântico da conduta humana*, mesmo que não integrem formalmente o conteúdo do acordo. É o *background* constituído por estes "pressupostos extracontratuais do contrato"[467] que desvenda de modo completo esse acordo na sua especificidade e sentido concretos para os sujeitos. A ordem jurídica, através da regra de conduta da boa fé, não lhes é — nem lhes poderia ser — (totalmente) insensível[468].

Todavia, a responsabilidade conexionada com a violação dessas representações não radica propriamente na frustração dessas expectativas, mas *na infracção dos ditames de correcção ou razoabilidade de conduta interpretados à luz dessas expectativas*. São sempre aquelas exigências que determinam a atenção a essas representações.

---

[467] Tomamos a expressão de KLAUS RÖHL, *Über ausservertragliche Voraussetzungen des Vertrages*, FS Helmut Schelsky 1978, Berlin 1978, 435 ss (que a usa aliás num contexto não exactamente coincidente).

[468] Assim, por exemplo, se alguém induz outrem a acreditar em certa situação, não pode pretender depois extrair efeitos da respectiva falta de verificação (tendo portanto de se conformar com o que decorre da expectativa criada). Um comportamento desse tipo evoca o *tu quoque* e contraria as imposições de uma conduta de boa fé. Este ponto já foi reconhecido na jurisprudência. Veja-se o neste aspecto relevante Acórdão do Supremo Tribunal Administrativo de 17 de Maio de 2000, Direito e Justiça XIV (2000), 2, 273 ss (esp., 279). Tratava-se de saber se uma errada informação da administração fiscal a um sujeito sobre os seus meios de defesa poderia afectar o exercício da defesa do contribuinte nos termos dessa informação. Naturalmente que, face aos princípios gerais, essa informação é susceptível de constituir a administração fiscal em responsabilidade pelos danos causados. Mas mais do que isso: a regra da conduta de boa fé pode implicar que, de harmonia com as expectativas suscitadas, ela tenha de aceitar como regular certo meio de defesa ou certo prazo para o seu exercício (cfr. em anotação àquele aresto, pertinentemente, ISABEL MARQUES DA SILVA, *Dever de correcta notificação dos meios de defesa ao dispor dos contribuintes, boa fé e protecção da confiança*, Direito e Justiça XIV [2000], 2, esp. 284).

Esta concepção salvaguarda perfeitamente que, até onde seja viável, se interpretem os deveres que especificam a regra de boa fé como instrumentos funcionalmente dirigidos à protecção de (certas) *expectativas justificadas* dos sujeitos. Estas presidem pois à *conformação* da regra da conduta de boa fé[469]. Semelhante modo de ver — recorde-se — tem por si o mérito de evitar embrenhar-se em discussões, por vezes bem complexas, acerca de qual seja o conteúdo "objectivo" dessa regra e dos valores a que ela dá corpo. Em vez de a encarar desligada das representações das partes, prefere entendê-la, tanto quanto seja suficiente, de harmonia com estas; fazendo assim dela uma regra que assegura à autonomia das partes que entraram em relação a realização do *sentido material de que ela se reveste segundo o seu próprio horizonte*.

Compreende-se, nesta ordem de considerações, que certas imposições de comportamento decorrentes da boa fé cessem se se demonstrar que o sujeito não acalentava efectivamente aquelas expectativas cuja consideração era devida em termos de lealdade, probidade ou razoabilidade de conduta. Isso, que reflecte no fundo a necessidade de uma interpretação teleológica das normas de comportamento decorrentes da boa fé (na sua função de *protecção das expectativas razoáveis*), não retira entretanto que o vero *fundamento* da protecção concedida (onde não chegue a ocorrer essa demonstração) permaneça a infracção daquilo que se apresenta como uma imposição da razoabilidade ou do *civiliter agere*[470]. É o que decorre do reconhecimento de um *conteúdo ético-jurídico* (a compreender necessariamente em termos *materiais*) *na regra da conduta de boa fé*.

---

[469] Nesse sentido, é de subscrever por exemplo o Acórdão do Supremo Tribunal de Justiça de 5 de Dezembro de 1995, CJ (STJ) III (1995), 3, 137 ss, onde (em *obiter dictum*) se alude à confiança que a conduta dos interessados segundo a boa fé deve imprimir (reconheceu-se um direito de preferência na exploração de bares existentes no Estádio de Alvalade a favor do antigo concessionário, apesar de no concurso promovido para novo contrato de exploração não ter apresentado a melhor proposta; e afirmou-se que, tendo ele sempre declarado não prescindir dessa preferência, estava-lhe até vedado não concretizar essa preferência).

[470] As expectativas razoáveis dos sujeitos interferem portanto na constituição dos deveres de correcção e lealdade, mas a pura e simples frustração dessas expectativas não constitui uma explicação auto-suficiente da responsabilidade.

O facto de esta regra não representar um ditame (puro) de correspondência a expectativas alheias não prejudica de modo algum o dever (nela inspirado) de o sujeito não acalentar expectativas infundadas ou de esclarecer a outra parte de que as expectativas por ele criadas ou mantidas não virão ou poderão não vir a ser correspondidas, pelo menos se isso depender da sua simples vontade ou de circunstâncias sobre que ele tem o domínio. Só que este dever *não é*, bem vistas as coisas, *destinado à realização mesma dessas expectativas*. Ele limita-se, pelo contrário, a exprimir ainda *meras exigências de lealdade e correcção de comportamento*. A responsabilidade pela sua violação não constitui, nesse sentido, uma responsabilidade pela confiança, pois a ordem jurídica não reage então à frustração de expectativas em si mesma[471]. Ainda se voltará a este ponto.

Analogamente, quando um dos sujeitos da relação contratual cria no outro a expectativa de um certo comportamento futuro, apenas na medida em que a adopção de uma conduta defraudatória se revelar contrária ao *civiliter agere*, e somente *porque* assim é, será possível obter dele o ressarcimento dos prejuízos causados por via da regra da boa fé. Ainda aí não há, *summo rigore*, responsabilidade pela confiança.

Em todo o caso, os motivos que justificam a rejeição de uma adstrição de carácter geral a satisfazer positivamente a confiança por qualquer forma suscitada em outrem explicam igualmente que essa adstrição não pode ser genericamente fundada nas exigências de correcção e lisura de conduta que a boa fé corporiza. Mesmo encontrando-se os sujeitos relacionados entre si de modo específico e no âmbito, por conseguinte, da regra de conduta conforme à boa fé. Especialmente no domínio do contrato, correr-se-ia o perigo de uma completa dilaceração do papel da autonomia privada se se pudessem ultrapassar indiscriminadamente as declarações negociais, aceitando que a confiança por alguma forma imputável ao sujeito desse origem

---

[471] Neste entendimento, é de subscrever que a necessidade de observar um prazo de pré-aviso na denúncia de um contrato duradouro de distribuição de combustíveis e lubrificantes se apresenta ditada pelas exigências da boa fé na execução dos contratos: cfr. o Acórdão do Supremo Tribunal de Justiça de 27 de Outubro de 1994, CJ (STJ) II (1994), 3, 104.

a deveres desse tipo. De outro modo, a regra da conduta de boa fé substituir-se-ia ao compromisso negocial como pressuposto da exigibilidade de uma conduta por outrem[472].

Por outro lado, não se divisa sentido útil no estabelecimento *in casu*, mediante a regra da conduta de boa fé, de um dever de corresponder às expectativas alheias se desse modo *apenas* se quer reflectir o mérito de protecção de *certa* confiança à luz de determinados critérios. O fundamento da tutela concedida não estaria então seguramente naquele dever. Este limitar-se-ia, quando muito, a retratá-lo, de forma redundante e como recurso meramente retórico. Desapareceria na ordem jurídica qualquer relevância ético-material autónoma da regra da conduta de boa fé perante os requisitos da protecção da confiança[473].

Claro que nada na concepção exposta impede radicalmente que, através de uma concretização tipificadora da regra da boa fé, se estabeleça um dever de adequar a conduta às representações alheias *para determinado género de situações*. As condições do seu legítimo reconhecimento serão necessariamente circunscritas, pois ele carece de fundamentar-se perante o princípio geral da inexistência desse tipo de adstrição, de modo a não subverter as razões que lhe estão na base. Onde, contudo, semelhante dever seja de aceitar parece que ele, a manter-se derivado da boa fé, não releva senão *enquanto manifestação da lisura, razoabilidade e probidade de conduta veiculadas pela mesma boa fé*.

Perfila-se assim como conclusão que, rigorosamente falando, *responsabilidade pela confiança e regra da conduta de boa fé se não confundem* e se excluem até mutuamente. *Nenhuma situação pode apresentar-se simultaneamente* (do mesmo ponto de vista) *como de violação da exigência de comportamento segundo a boa fé e de responsabilidade pela confiança*. Esta afirmação da autonomia recíproca entre a regra da conduta de boa fé e o pensamento da protecção da confiança colide naturalmente com

---

[472] A autonomia negocial gera obrigações, quando não esteja em jogo a celebração de um contrato, nos termos do art. 457. Este quadro de eficácia não pode ser subvertido através da admissão indiferenciada da constituição de deveres (de prestar) por via da confiança suscitada.

[473] Cfr. porém MENEZES CORDEIRO, *v.g.*, *Da alteração das circunstâncias* cit., 60 (a propósito do *venire*, em articulação com as págs. 52-54).

concepções e discursos muito difundidos que misturam estas realidades[474] e não destrinçam a tutela da confiança da violação de normas de correcção, razoabilidade e lealdade[475].

---

[474] Indicações *supra*, no início do n.º 35, em nota. Pelo contrário, o entendimento que sufragamos ecoa, malgrado também a discrepância, em FERREIRA DE ALMEIDA, ao apontar, a propósito do art. 762 n.º 2, que não existe nenhum instituto autónomo de responsabilidade pela confiança, "mas tão-somente uma ou várias exigências legais relativas ao comportamento adequado à boa fé" (cfr. *Texto e Enunciado* cit., I, 50). Compatível ainda com a nossa concepção é a asserção de que a regra da boa fé vincula a não defraudar ou abusar daquela confiança que constitui a base imprescindível das relações humanas (cfr. LARENZ, *Lehrbuch des Schuldrechts* cit., I, 125), pois essa confiança genérica e indiferenciada não é *qua tale* relevante. O que aí importa são antes, como sustentamos, as exigências de comportamento a que essa confiança se refere (na expressão feliz de RUI DE ALARCÃO, *Direito das obrigações* cit., 110, deve proceder-se como se espera que o faça qualquer pessoa que participe honesta e correctamente no tráfico jurídico). Sobre esta confiança genérica não pode erguer-se um sistema de protecção *autónomo*, designadamente de responsabilidade.

[475] De aplaudir neste aspecto a preocupação em destrinçar estes aspectos a respeito da responsabilidade do gestor de MENEZES LEITÃO, apesar de misturar afinal, concomitantemente, a regra da conduta de boa fé com a tutela da confiança: cfr. *A Responsabilidade do Gestor* cit., 358 ou 370. É com efeito de rejeitar uma genérica recondução da problemática da responsabilidade pela gestão de negócios à protecção das expectativas, pois tal olvidaria que as vinculações típicas do gestor são independentes da existência de uma situação de confiança do *dominus*. A gestão é, como muitas vezes, desconhecida deste no momento da verificação do facto gerador de responsabilidade; nem por isso o gestor deixa de estar adstrito a evitar a produção de danos ao dono do interesse, nomeadamente através da sua interrupção sem motivo. Em nome da correcção de comportamento que se lhe exige.

Aquilo de que pode divergir-se é, em todo o caso, da relevância ainda assim conferida à teoria da confiança pelo autor, que vê na protecção das expectativas um dos fundamentos mais relevantes das vinculações do gestor (cfr. *ibidem*, 276-277, 332-333 e 370). Tal deriva de se transportar no fundo para o âmbito da gestão de negócios e do seu regime a situação subsequente à tomada de conhecimento pelo *dominus* da actividade gestória e à possibilidade, assim, de ele chamar a si a condução dos seus interesses: interviria aqui a protecção da confiança. A dúvida, para nós, é se se estará então ainda no âmbito específico do instituto da gestão. Este problema de delimitação não tem solução inequívoca à luz da descrição legal da gestão, que alude ao requisito da *falta de autorização* dada à pessoa que assume a direcção de negócio alheio (cfr. o art. 464). É certamente de concordar que o mero conhecimento, pelo *dominus*, da gestão, não consubstancia *stricto sensu* um acto negocial daquele tipo. Mas, divisando-se na gestão de negócios um título eficaz que permite a cooperação entre pessoas sem o concurso da vontade do beneficiário, afigura-se legítimo perguntar se a consciência da actividade gestória pelo *dominus*, acompanhada da sua *inacção* no sentido de repelir o gestor não substitui precisamente *o título jurídico que a gestão de negócios de outro modo (sempre) proporcionaria;* uma colaboração que se baseará então numa como que *aquiescência fáctica* do dono do interesse, numa relação de coordenação de condutas entre o *dominus* e o gestor *consentida pelo primeiro*. Podem, reitera-se, não existir, nem negócio jurídico autorizativo, nem mandato (por falta de declarações negociais correspondentes, mesmo tácitas). Parece contudo poder falar-se então de uma forma, se se quiser, não explicitada, de concordância do titular do interesse (mais, portanto, que o *acordo presumido* do *dominus ausente* que alguns vêem como fundamento geral da gestão). Propendemos nessa medida a considerar que a relação de colaboração assim consentida ultrapassa já o campo da gestão e os limites teleológicos do instituto e que nos encontramos num sector diverso, embora a ele *contíguo:* de algum modo similar à gestão por não haver, por parte do sujeito, obrigação jurídica alguma de desenvolver a actividade em benefício de outrem, nem negócio jurídico autorizativo algum do beneficiário; mas, por outro lado, claramente diferente, na medida em que existe, pelo menos, tal como, *v.g.*, no mandato, uma *legitimação* da conduta de quem toma a seu cargo os interesses alheios.

    Pela resposta a esta questão passa o enquadramento jurídico da responsabilidade do sujeito que interrompe a actividade que empreendera ao assumir a gestão, causando danos e defraudando as expectativas do *dominus*, conhecedor da situação, na continuidade da actividade. Não é necessário aplicar os preceitos da gestão. Torna-se possível alicerçar essa responsabilidade na *violação de um dever de lealdade e correcção decorrente da boa fé que brota da relação estabelecida entre ambos os sujeitos* subsequentemente ao aviso do gestor e à anuência do *dominus* quanto à continuação da actividade do primeiro. Essa relação não é contratual, mas tal não impede que a regra da conduta de boa fé se aplique: impondo designadamente um pré-aviso côngruo para a cessação da actividade no interesse alheio e, em qualquer caso, a sua não interrupção injustificada quando dela resultem danos para a outra parte. Ela é susceptível de ser descrita como *relação obrigacional sem deveres primários de prestação* (nesta ordem de ideias, não gestória) cujo conteúdo se traduz num conjunto de deveres decorrentes da boa fé. A confiança do beneficiário da actividade não é nesta interpretação decisiva para a responsabilidade. Ela pode não se manter e desaparecer por qualquer razão, que *nem por isso só* essas adstrições deixam de subsistir (a eventual falta de iniciativa do beneficiário após o desaparecimento da confiança quanto à curadoria pessoal dos seus interesses relevará quando muito apenas nos termos gerais do art. 570, mas não atinge o *fundamento* da responsabilidade como aconteceria se de uma responsabilidade pela frustração das expectativas se tratasse).

Todavia, a aplicabilidade, nos moldes vistos, da regra da conduta de boa fé não prejudica à partida, segundo pensamos, uma responsabilidade pela confiança que radique, ou na fiabilidade da declaração pela qual o sujeito assumiu perante outrem o compromisso de levar por diante as suas diligências em benefício daquele, ou, em todo o caso, em expectativas de continuidade e coerência com um comportamento nesse sentido já adoptado. Em ambos os casos há *Tatbestände* idóneos à produção de expectativas, não especificamente ligados à gestão de negócios, por cuja frustração se pode incorrer em responsabilidade.

Em todo o caso, porque é que, tendo a confiança gerado já uma coordenação de condutas entre os sujeitos, os preceitos da gestão hão-de não obstante continuar a aplicar-se directamente, como pretende a concepção acima descrita? A admissão de um princípio da confiança susceptível de actuação autónoma numa diversidade de situações choca com a pretensão de alargar os vários institutos juscivis de modo a contemplar situações por ele resolúveis; pelo menos quando a sua intervenção se dá sem singularidade. Para além disso, a separação entre a situação gestória e a relação que se instaura por via do consentimento do beneficiário da actividade tem a vantagem de poder reflectir as particularidades que esta última pode adquirir no seu desenvolvimento. Há deveres do catálogo do art. 465 — desde logo, e sintomaticamente, o da al. b)! — que se lhe não aplicam, sendo que, por outro lado, o conjunto das adstrições aplicáveis a essa relação pode suplantar perfeitamente esse elenco. E, mesmo que assim não aconteça, o seu estatuto vai também mais longe, porque pode modalizar e concretizar tais deveres em função do desenvolvimento dessa relação de acordo com as particularidades de que ela entretanto se revestiu.

Qualquer que seja o fundamento escolhido para a resolução das situações que agora se consideram — violação da regra da boa fé ou responsabilidade pela confiança — a objecção à tese da gestão radica sempre na ultrapassagem da função do instituto. Não é todavia de ignorar que os limites da gestão de negócios são hoje extremamente debatidos. Na origem das incertezas está o carácter fragmentário com que a generalidade dos sistemas jurídicos previu a ordem de compensação (*Ausgleichsordnung*) de *custos, responsabilidade* e *proveitos* fora do âmbito das relações contratuais: a frequente utilização da gestão para resolver este tipo de problemas convive com um correspectivo e compreensível esforço para combater a hipertro-

Anote-se já que esta concepção se reflecte na interpretação das relações obrigacionais sem deveres primários de prestação[476]. Aceitando-

fia, a instrumentalização e a descaracterização desta figura: cfr., *v.g.*, K.-H. GURSKY, *Der Tatbestand der Geschäftsführung ohne Auftrag*, AcP 185 (1985), 13 ss, C. JOERGES, in *Alternativkommentar BGB*, Bd. 3, Neuwied und Darmstadt 1979, ns. 65 ss, prévias ao § 677, e MEDICUS, *Bürgerliches Recht*, 18.ª edição, Köln, Berlin, Bonn, München 1999, 287 ss. Pode ver-se ainda sobre o tema, LARENZ, *Lehrbuch des Schuldrechts* cit., II/1, 442-443; ESSER/WEYERS, *Schuldrecht/Besonderer Teil*, II/2, cit., 1 ss, 13 ss; H. SEILER, *Grundfälle zur Geschäftsführung ohne Auftrag*, Jus 1987, 368 ss; por último, o panorama apresentado por B. OPPERMANN, *Konstruktion und Rechtspraxis der Geschäftsführung ohne Auftrag (Zur Transformation eines bürgerlich-rechtlichen Instituts in das Wettbewerbsrecht)*, AcP 193 (1993), 497 ss. Perante um panorama destes, pouco clarificado, justifica-se à partida uma orientação prudente. Deve reconhecer-se na gestão um instituto que, pelo perfil e localização dogmáticos, proporciona sem dúvida um *modelo* de repartição de proveitos e custos e de responsabilidade fora do âmbito contratual, ainda que dentro do *âmbito da cooperação humana*. A "plasticidade" desse modelo não deve todavia fazer esquecer que aquele instituto não está sozinho na função de suprir este tipo de lacunas do ordenamento. Sobre o tema da delimitação da gestão de negócios pode ver-se especialmente, na doutrina portuguesa, o estudo de JÚLIO V. GOMES com o sugestivo título *A Gestão de Negócios: um Instituto Jurídico numa Encruzilhada*, Coimbra 1993, que conclui com o reconhecimento a essa figura da função de "válvula de admissão" de novas realidades no mundo do Direito (*op. cit.*, 291 ss). Discordamos de que "um instituto jurídico vale pela sua utilidade", no que isso representa de demissão do pensamento dogmático e de relativização ou funcionalização das construções jurídicas, ambas em si inaceitáveis, mas, com o autor, pensamos que "nos nossos dias, não se torna necessário que a gestão de negócios se transforme num *Sammeltatbestand*"; e, se a *praxis* ligada à gestão revela "aquela [sua] função de mecanismo de recepção provisória de realidades novas", está para nós por demonstrar que vantagem real nos possa oferecer, mesmo nesse plano, a tentativa de conexão entre a gestão e a responsabilidade pela confiança acima referenciada.

[476] Preferimos esta designação à do "dever unitário de protecção" utilizada por MENEZES CORDEIRO em *Da Boa Fé* cit., I, 636 ss. Não apenas de modo a corresponder exactamente ao original alemão que queremos exprimir ("Schuldverhältnis ohne primäre Leistungspflichten", distinto de "einheitliches Schutzpflichtverhältnis" que inspira a outra expressão), como sobretudo para evitar a ilação indevida de que os deveres que a constituem são tão-só de protecção e, sobretudo, *subsistem, rígidos* e *imodificados*, durante toda a vida da relação, designadamente perante a celebração de um contrato ou diante das diversas vicissitudes que o podem atingir. As vinculações que compõem aquela relação não são de todo insensíveis em face destas:

-se que o conteúdo destas está preenchido pelos ditames da boa fé, a impossibilidade de reconduzir dogmaticamente estes últimos à tutela de expectativas implica que não pode subscrever-se uma *communis opinio* que conexiona este tipo de relações com a teoria da confiança[477].

Por outro lado, a destrinça entre regra da conduta de boa fé e responsabilidade pela confiança repercute-se por força em aspectos concretos de regime (à luz dos quais, de resto, também obtém confirmação, pela adequação e razoabilidade das soluções que permite). Assim, a demonstração concreta da falta de confiança, originária ou subsequente, apenas prejudica a tutela da confiança e não, directamente, aquela protecção que a regra de conduta segundo a boa fé confere. Também, *mutatis mutandis*, a dúvida acerca da sua ocorrência, nos termos já antes enunciados. Põe-se ainda em moldes diversos o problema da exclusão prévia pelos sujeitos da tutela que a ordem jurídica proporciona. Parece não ser possível em caso algum que as partes renunciem à regra da conduta de boa fé em qualquer das suas especificações[478], mas admitir-se-á com facilidade que a protecção da

---

tudo depende do fundamento da relação e do seu posicionamento perante elas. A relação que as abarca, essa sim é que se mantém subsistente na sua "ipseidade" essencial, não obstante as alterações de conteúdo que possa sofrer. Cfr. também o nosso *Contrato e Deveres de Protecção* cit., especialmente 92 ss, 101 ss, e ns. 197 e 216.

[477] Alguns desenvolvimentos ainda sob o n.° 64.

[478] Resultando o dever de conduta conforme com a boa fé de um imperativo legal, não pode ser directamente excluído por acordo das partes. O único modo que estas possuem de escapar ao alcance desse dever é não perfazer as condições fácticas de que depende o respectivo surgimento. A tentativa de o afastar traduzir-se-ia ela própria num comportamento incorrecto e irrazoável. Ela ofenderia valorações fundamentais da ordem jurídica e poderia consubstanciar até uma conduta atentatória daquele mínimo ético-jurídico que de todos se exige, constituindo nessa acepção uma atitude contrária aos bons costumes. (Embora, segundo pensamos, a boa fé não exprima exigências de comportamento em certo sentido tão elementares como as que são veiculadas pelos bons costumes, uma convenção que excluísse as primeiras violaria as segundas. A ordem jurídica não exige indiscriminadamente de todos a observância da boa fé, no sentido de que apenas impõe esse padrão no âmbito de relações especiais como a pré-contratual ou contratual, mas não tolera que as partes excluam positivamente essa regra entre elas, quando ela seja aplicável; cfr., a propósito, o nosso *Uma «Terceira Via»* cit., 52 ss.)

confiança possa ser em certos casos dispensada por eles, aceitando cada uma delas correr por si o risco de determinadas expectativas que deposita na outra poderem não se concretizar[479].

Compreende-se igualmente que nenhum obstáculo exista via de regra a que uma das partes "coloque" a outra unilateralmente "em guarda" contra determinada "leitura" de uma conduta sua, evitando que ela alimente certas representações com base nesta[480]. Uma reserva

---

[479] Não ficará então, todavia, ao menos dentro de certos condicionalismos, precludida a impugnabilidade por erro de uma eventual convenção com esse alcance. De qualquer modo, a disponibilidade da tutela não incide, posto que se destrince entre a genuína protecção da confiança e a que opera através dos deveres impostos pela boa fé, sobre uma adstrição à qual as partes estão imperativamente sujeitas. Por isso, a *renúncia* à protecção da confiança ou o *consentimento* na frustração da confiança não perfaz, *summo rigore*, a causa de exclusão da *ilicitude apertis verbis* prevista no art. 340 n.° 2. Todavia, uma convenção de afastamento da protecção da confiança está apenas no âmbito da disponibilidade privada se for conforme com as valorações em vista das quais a ordem jurídica concede essa tutela. De notar aqui que a convenção de exclusão da protecção da confiança, em vez de contrariar directamente essas valorações (o que é de considerar proscrito), visa normalmente evitar o surgimento de uma situação de confiança digna de tutela em certo tipo de situações, alargando o âmbito do risco de frustração de expectativas que cada uma das partes terá de suportar. Ela limita-se pois a *actuar* imediatamente *sobre o pressuposto da responsabilidade, eliminando-o*.

[480] Alguém alerta por exemplo outrem para a susceptibilidade de vir a adoptar um comportamento contraditório no futuro ou protesta, se prevê a possibilidade de uma inexactidão, que a declaração por ele emitida não o sujeita a responsabilidade. Essa atitude não envolve em si mesma, na concepção da destrinça entre protecção da confiança e regra da boa fé que perfilhamos, uma exclusão (aqui unilateral) do dever de boa fé. Não estando em causa a exclusão de uma adstrição para com outrem, percebe-se também que tais reservas ou protestos podem ser eficazes apenas pela iniciativa de um dos sujeitos, sem requererem a concordância do outro.

A qualificação do acto mediante o qual o sujeito procura eliminar, de uma conduta sua, a potencialidade de criação de uma confiança alheia é susceptível de dar lugar a dúvidas. KÖNDGEN, *Selbstbindung* cit., 183 e n. 123, objecta por exemplo ao entendimento segundo o qual essa atitude não é negocial que através dela se exclui na realidade a responsabilidade pela confiança. Mas não parece que tenha razão na crítica pois não se vê porque é que a exclusão da responsabilidade pela confiança, em vez de decorrer directamente de uma manifestação de vontade tendente a produzi-la, não há-de ser tão-só uma consequência inelutável de uma forma

do sujeito, uma protecção própria contra a formação de expectativas alheias, é, em princípio, perfeitamente admissível e não contraria em si a regra da boa fé. Destruindo ou impedindo eficazmente a formação do *Tatbestand* de confiança, nenhuma responsabilidade por frustração das expectativas é susceptível de o atingir. Mas o sujeito já não pode eximir-se unilateralmente à regra de conduta da boa fé, pois as exigências de correcção, lisura e razoabilidade a que o seu comportamento deve obedecer encontram-se subtraídas à sua disponibilidade.

37. Boa fé e ordem envolvente do sistema de protecção da confiança propriamente dito; prevenção de expectativas infundadas e responsabilidade pela criação ou manutenção indevida da confiança de outrem

A autonomia da regra de conduta segundo a boa fé em relação à responsabilidade pela confiança não prejudica de modo algum a importância de que se reveste por forma a *acautelar* a frustração de

---

de agir que afasta um pressuposto necessário da responsabilidade. Vale isto por dizer que neste caso a exclusão da responsabilidade que deriva de uma reserva do tipo das que inicialmente se apontaram é apenas mediata; decorre de uma valoração do ordenamento jurídico que leva em conta a atitude preventiva ou destruidora da confiança adoptada pelo sujeito. Poderá generalizar-se um pouco esta asserção: só é possível excluírem-se *por acordo* aqueles deveres para cujo surgimento a vontade das partes seja também requisito auto-suficiente. Em todas as outras hipóteses, essa exclusão, ainda que querida pelos sujeitos, apenas se configura como legítima na medida em que o ordenamento jurídico nela consinta; por isso a eficácia excludente da responsabilidade pela confiança por virtude da vontade deles nunca é imediata e automática.

Esta concepção conjuga-se bem com a necessidade de averiguar sempre se e em que termos uma reserva preclude a confiança alheia. De facto, uma informação prestada de modo "não vinculativo", ou "sem responsabilidade", não deixa nem por isso de ser uma informação, susceptível de concitar expectativas do seu destinatário, o qual lhe atribuirá pelo menos, ordinariamente, a consistência de não ter sido prestada de forma dolosa e, com frequência, de modo grosseiro ou conscientemente negligente (cfr., tendo especialmente em vista a responsabilidade dos bancos, CANARIS, *Bankvertragsrecht*, I, 3.ª edição, Berlin, New York 1988, n. 84).

representações alheias, ocasionando-lhe danos. De facto, é indiscutível que *nas exigências de probidade, lisura e correcção de conduta que a boa fé traduz cabe a de não criar ou acalentar indevidamente expectativas em outrem*, bem como *prevenir a formação ou manutenção de representações falsas, temerárias ou infundadas em outrem (ou o respectivo risco)*. Nesta veste, a regra da boa fé credibiliza a *formação e perduração das expectativas*[481]. Promove ou assegura *espaços de confiança*, pois determina precaver o sujeito do que não deve ou não é curial esperar. Deste modo, *circunda as várias situações de confiança*, actuais ou potenciais, como *ordem normativa envolvente das formas de coordenação de conduta entre sujeitos baseadas na confiança e propiciadora do seu êxito. Sem se confundir jamais com a sua específica protecção, constitui-lhe como que uma antecâmara ou um invólucro.*

A responsabilidade por violação desta vertente da boa fé não se traduz, em rigor, numa responsabilidade pela frustração de expectativas. Aquilo que se censura ao sujeito é apenas, propriamente, a criação ou manutenção indevida de uma confiança alheia. Em sentido diametralmente oposto ao da adstrição a uma conduta destinada a corresponder-lhe, o que a norma de comportamento infringida visa é precisamente *evitar a confiança* de outrem. A responsabilidade fundamenta-se aí ainda num imperativo *de lisura e correcção da conduta*, não na defraudação de expectativas em si e por si só. Se este dever decorrente da boa fé não é acatado, podem surgir expectativas que mais tarde se frustrem com prejuízo para o sujeito. Mas *estas representações são valoradas pelo ordenamento como simples consequências da infracção de regras de comportamento, não enquanto objecto de protecção em si mesmas*[482].

---

[481] Esta protecção não opera apenas através de cláusulas gerais que impõem uma conduta de boa fé. Um exemplo de disposição específica que acautela justamente a formação ou o perdurar de representações infundadas depara-se no art. 229 n.º 1, segundo o qual o proponente que receber a aceitação tardiamente, mas não tiver razões para considerar que ela foi expedida fora de tempo, deve avisar de imediato o aceitante de que o contrato se não concluiu, sob pena de responsabilidade pelo prejuízo causado.

[482] Em sentido divergente, MENEZES CORDEIRO, *Saneamento financeiro* cit., 100, não distinguindo estas exigências da regra da boa fé perante a tutela da confiança.

Por isso também, a vigência de tais regras é independente do que sejam a esse respeito as representações dos sujeitos.

Insista-se: a vinculação a evitar a formação ou a perduração infundada de expectativas não equivale nem se dissolve na necessidade de adoptar um comportamento conforme com essas expectativas. Não podendo um dever deste último tipo afirmar-se com carácter de generalidade, *a regra de actuação segundo a boa fé há-de entender-se também essencialmente como adstrição destinada a evitar representações injustificadas*.

Este reconhecimento tem consequências práticas extremamente relevantes, pois dele decorre que o ressarcimento do prejuízo causado pela infracção dos ditames da boa fé não cobre em princípio o dano traduzido na frustração das expectativas que não foram prevenidas. Não constituindo elas em si o objecto propriamente dito da protecção da ordem jurídica, a indemnização devida só pode em coerência dirigir-se aos prejuízos que o confiante suportou *por não ter sido poupado a uma expectativa infundada*. Utilizando uma designação corrente na doutrina (ainda que algo equívoca na óptica da distinção entre os ditames da boa fé e a protecção das expectativas), a reparação cinge-se ao seu dano de confiança. Nada mais. O que se repercute por todos os âmbitos da responsabilidade por violação da regra de conduta da boa fé: *culpa in contrahendo*, responsabilidade por informações, etc. Ainda se ilustrará este aspecto.

38. Em particular: regra da conduta de boa fé e responsabilidade por indução negligente de expectativas; dever de verdade e dever de esclarecimento

O *dolus praeteritus* enquanto conduta que *criou uma confiança que se sabia de antemão não viria a (ou poderia) ser correspondida* representa uma violação directa e intencional da conduta de boa fé como exigência de prevenção de expectativas infundadas, gerando responsabilidade[483]. Ora, se a causação dolosa de prejuízos é sempre ilícita por

---

[483] Pode perguntar-se se, em caso de dolo, a indemnização se deve cingir, como dissemos ser de regra havendo violação dos ditames da boa fé, à reparação do

ofensa do mínimo ético-jurídico que o Direito impõe aos sujeitos, a regra de comportamento segundo a boa fé vai mais além, permitindo

prejuízo decorrente da não prevenção de uma expectativa infundada (a que, aproveitando um uso corrente, se chamará interesse negativo) ou se deve reparar-se aqui o dano correspondente à não verificação das expectativas dolosamente provocadas em si mesma (cobrindo-se pois o interesse positivo de verificação dessas representações). Uma atitude mais severa do ordenamento jurídico nas hipóteses de dolo pretérito poderia justificar-se como forma de *sanção* e *dissuasão particularmente eficaz* de um comportamento especialmente censurável (ideia aliás susceptível de extensão a outros domínios, como à obrigação de restituição de tudo o que foi obtido à custa da actvidade dolosa, mesmo que supere, não apenas o dano patrimonial relevante em responsabilidade civil, mas o empobrecimento abstracto do sujeito). Seja como for, a ordem jurídica portuguesa, nos preceitos da venda de bens alheios, de bens onerados ou de coisas defeituosas, não trata o alienante doloso (que conscientemente simula ou dissimula a sua falta de legitimidade ou o vício, material ou jurídico, de que a coisa padece) com essa severidade, pois limita a responsabilidade dele a interesses "negativos" (cfr. arts. 898 e 908, este último aplicável também à venda de coisas defeituosas). A ampla equiparação de regimes entre dolo e negligência, todavia, não deixa de ser criticável e de se sentir como claramente insatisfatória (neste sentido já, particularmente no que concerne ao art. 898, o nosso *Perturbações típicas* cit., 58; aparentemente contra, P. ROMANO MARTINEZ, *Cumprimento Defeituoso* cit., 355-366, negando ao dolo um papel autónomo). Merece pois pelo menos atenta reflexão a complementação do regime legal português nesta matéria; um ponto de apoio pode de resto divisar-se no regime da reserva mental, na qual se toma "pela palavra" o declarante enganador. (O BGB consagra aliás aqui soluções diversas e mais consentâneas com um tratamento de severidade do contraente doloso; cfr. especialmente o § 463, quanto ao vendedor doloso; *vide* também o § 179 I e II, que conduz à responsabilidade do representante sem poderes pelo interesse de cumprimento no caso de se apresentar a contratar conhecendo a sua falta de poderes. O ponto não passa aliás despercebido na melhor doutrina germânica. CANARIS, *Die Vertrauenshaftung* cit., 285, pronuncia-se nesta linha, *v.g.*, a favor da responsabilidade pelo interesse positivo no caso de, através de uma conduta dolosa, alguém levar outrem a celebrar um negócio impossível, invocando precisamente em abono dessa solução uma analogia com o § 463 do BGB; nesse sentido também FLUME, *Das Rechtsgeschäft* cit., 533-534 e SINGER, *Verbot* cit., 130.) Importa contudo considerar a distinção entre situações de dolo na emissão, pelo menos aparente, de declarações negociais válidas (as espécies, se bem se notar, invocadas pelos referidos autores tudescos) e as simples condutas dolosas de causação de representações infundadas atentatórias da boa fé, não conexionadas com declarações nego-

estender a responsabilidade ao *vasto campo da mera negligência*. Com este alcance, a responsabilidade por violação da regra da boa fé acaba por colmatar o vazio de protecção que se desvelaria entre o mero reconhecimento da relevância responsabilizante do dolo e da impugnabilidade por erro do negócio celebrado com base em representações desconformes com a realidade.

Claro que, se a responsabilidade pela criação ou manutenção *negligente* de expectativas é menos exigente nos respectivos pressupostos (de censurabilidade) do que a decorrente de uma actuação dolosa, ela está em compensação confinada a um âmbito mais estreito do que esta. De facto, enquanto a vítima de uma conduta intencional deverá poder sempre obter o ressarcimento dos seus prejuízos independentemente da existência e da especificidade de uma ligação que porventura interceda entre ela e o lesante, parece em princípio criterioso exigir que a responsabilidade por simples negligência, fundada na regra da conduta de boa fé, só ocorra existindo um vínculo especial entre lesado e lesante[484]. É desde logo o que se depreende das cláusulas gerais dos arts. 762 n.° 2 e 227 n.° 1, ao postularem, respectivamente, uma relação contratual (*rectius*, obrigacional) ou pré-contratual.

Mas, mesmo não nos detendo perante os limites destas situações *apertis verbis* indicadas, a regra da boa fé tem por princípio como referência um relacionamento específico entre sujeitos, capaz de suportar os padrões qualificados de conduta que traduz com respeito àquilo

---

ciais. Compreende-se com efeito uma protecção mais enérgica das expectativas na emissão de declarações negociais eficazes, porque, na sua ausência, não é em princípio legítimo acreditar na satisfação de uma expectativa e supor que se tem "direito" a que ela se realize.

[484] Considerando que a responsabilidade por informações (obviamente conexionada com a tutela preventiva da confiança em observação) só em termos limitados é abrangida pelo direito delitual, e apenas se afirma fora das suas fronteiras quando há entre sujeitos uma relação obrigacional sem deveres primários de prestação, cfr. SINDE MONTEIRO, *Responsabilidade por Conselhos* cit., especialmente 508 ss.

A responsabilidade por causação ou manutenção negligente de expectativas alicerçada na regra da conduta de boa fé parece nesta medida romper a esquadria das tradicionais modalidades — obrigacional e delitual — da responsabilidade civil. Pode ver-se ainda o nosso *Uma «Terceira Via»* cit., 48 ss, 53 ss, e 102 ss.

que se requer na coexistência social geral. Ao passo que a conduta dolosa é sempre (delitualmente) relevante, a negligente, operando com auxílio da boa fé, reclama, portanto, uma *relação especial (Sonderverbindung)* entre sujeitos para gerar responsabilidade. Daí que para uma solução dos casos de responsabilidade de terceiros (ou em benefício de terceiros) referidos no início da presente investigação nos quadros da dogmática da "tutela preventiva da confiança" seja importante a caracterização e delimitação das chamadas "relações especiais". Ver-se-á depois se ou em que sentido estas se podem descrever como relações de confiança. Admitimos, de resto, que a regra da boa fé possa ser chamada a desempenhar a sua função de protecção de ligações especiais logo com a iniciativa, mesmo unilateral, de alguém a instituir uma relação de interacção ou coordenação de condutas com outrem.

Mas o campo da criação ou manutenção negligente de expectativas consente uma outra diferenciação com relevo para a circunscrição da responsabilidade. Há, com efeito, que destrinçar entre a conduta que *positivamente induz* determinadas expectativas e a *omissão* de um comportamento que destruiria as representações que o sujeito encontra acalentadas por outrem. Será mais fácil admitir a responsabilidade no primeiro tipo de situações (em linguagem jurídica anglo-saxónica, uma responsabilidade por *misrepresentation*[485]) do que no segundo. Assim, aceitar-se-á sem dificuldade que, quando alguém fale, *fale verdade*[486], mas todos concordarão igualmente que são necessárias certas circunstâncias específicas para que alguém esteja adstrito a *esclarecer ou a repor a verdade*.

Dever de verdade e *dever de esclarecimento* (ou de informação) não podem confundir-se; são pois em rigor destrinçáveis a responsabilidade pela (indevida) criação de expectativas e a decorrente da sua (indevida) manutenção. Supomos que, juridicamente, no último caso

---

[485] Cfr., sobre esta responsabilidade e suas formas, desenvolvidamente, PROSSER/KEETON, *On Torts* cit., 725 ss.

[486] Em rigor, pensamos ser de distinguir o que, com mais propriedade, se pode chamar o dever de *veracidade*, que se esgota na necessidade de não induzir negligentemente em erro, do dever de *verdade*. Em princípio, todos devem ser verazes, mas a imposição de uma qualificada diligência com vista a controlar o acerto do que se diz requer factores especiais.

a responsabilidade requer o prévio estabelecimento de uma relação especial, ao passo que no outro esse requisito poderá eventualmente ser substituído pela intenção de a produzir[487].

Revertendo à regra da conduta de boa fé, ela implica deste modo que se alguém disponibiliza voluntariamente uma informação, tenha--lhe ela sido pedida por outrem ou resulte ela antes de uma iniciativa *motu proprio* empreendida pelo declarante, essa informação seja prestada de modo correcto, ainda que para o efeito o declarante haja de certificar-se previamente da sua idoneidade[488]. Diversamente, o *civili-*

---

[487] Cfr., ainda *infra*, n.º 63. A posição do texto vai portanto para além do que parece ser admitido por SINDE MONTEIRO (*vide* a nota 484).

[488] Como refere H. HILDEBRANDT, *Erklärungshaftung* cit., 161, «quem proporciona dados, tem de falar verdade e, em caso de necessidade, certificar-se previamente sobre a correcção das suas asserções». Deste modo se justifica uma *responsabilidade por declarações* (*Erklärungshaftung*) por via da boa fé e, como tal, essencialmente dependente de um juízo de ilicitude e culpa.

Questão diferente, a que já se aludiu, é a de saber se a responsabilidade por violação do dever de verdade exige necessariamente a prévia existência de uma relação especial (requerida pela regra da boa fé). Pensamos especificamente na emissão de declarações e não na criação de expectativas através de condutas não verbalizadas (pois aqui é difícil prescindir da relação especial). Qualquer que seja a resposta, não fica em todo o caso destruída a essencial *referência* da regra da boa fé à relação especial enquanto não se demonstrar que a responsabilidade por violação negligente do dever de verdade (nas declarações produzidas) não carece (sempre) de ser fundamentada naquela regra.

O ponto aludido tem o maior relevo na construção da responsabilidade por mensagens publicitárias: a dificuldade de construir uma relação especial entre o autor da mensagem e os seus destinatários convida aqui a explorar uma solução de tipo delitual para a sobredita responsabilidade, configurando-se o dever de verdade como imposição do *neminem laedere* aquiliano. O obstáculo está contudo em — como exaustivamente demonstra SINDE MONTEIRO, *Responsabilidade por Conselhos* cit., 438 ss, 508 ss, e *passim* — o legislador civil ter rejeitado *apertis verbis* uma responsabilidade geral por informações negligentes (ainda que através de condutas positivas e não por simples omissão). De todo o modo, a evolução será no sentido de uma cada vez mais ampla responsabilização do autor das mensagens pela ofensa à verdade (recorde-se, como manifestação dessa tendência, o princípio da veracidade acolhido pelo art. 10 do Código da Publicidade aprovado pelo Decreto-Lei n.º 330/90, de 23 de Outubro).

ter agere apenas reclama um esclarecimento alheio perante factores fundamentantes especiais; elementos que precisamente se dispensarão pois (ou poderão dispensar) quando o sujeito, através de uma conduta positiva, induziu a confiança de outrem[489]. Neste último caso o sujeito "põe" (censuravelmente) um *Tatbestand* de confiança, ao passo que a mera ausência ou omissão de uma conduta não é isoladamente susceptível de fundar uma expectativa, por isso que esta só no conjunto com outros factores pode surgir. Deste modo, mesmo não existindo à partida para alguém o dever de alertar outrem para o infundado de uma expectativa, ele não se exime nem por isso à responsabilidade se foi o próprio autor dessa expectativa.

Ressalta a esta luz melhor o verdadeiro recorte dogmático dos *deveres de esclarecimento (ou de informação)*. Eles encontram-se particularmente vinculados ao evitar da manutenção de certas expectativas por parte dos sujeitos. O seu cumprimento possibilita justamente a adequação ou adaptação das representações alheias à realidade, prevenindo a respectiva frustração[490].

---

[489] A doutrina distingue por vezes entre a acção e a omissão no campo dos deveres de informação, mas sem relevar via de regra as especificidades da responsabilidade por omissão perante aquela que decorre da responsabilidade no caso de indução negligente de expectativas e, por conseguinte, sem atribuir a importância material-normativa à destrinça que vai sublinhada no texto (cfr. MENEZES CORDEIRO, *v.g.*, *Manual de Direito Bancário* cit., 437; CANARIS, *Die Vertrauenshaftung* cit., 533 n. 40, e BREIDENBACH, *Die Voraussetzungen* cit., 49, negam mesmo essas especificidades, equiparando a acção e a omissão; em sentido diverso, porém, SINGER, *Das Verbot* cit., 105 n. 91). Para alicerçar a diferente construção dos requisitos de responsabilidade num e noutro caso é essencial a destrinça terminológica entre dever de verdade e dever de esclarecimento (ou de informação em sentido próprio). *Vide* também ainda *infra*, sob o n.º 53.

[490] Nem todos os deveres de informação têm porém essa função. Podem por exemplo, estar virados para a defesa contra danos provocados na pessoa ou em coisas alheias, revestindo então a característica de deveres de protecção; *vide* o nosso *Contrato e Deveres de Protecção* cit., 40 ss, e n. 42, justificando a designação empregue, nomeadamente por comparação com a distinção corrente entre deveres de protecção e de informação. Cfr. também, exemplificativamente, o já cit. Acórdão do Supremo Tribunal de Justiça de 14 de Janeiro de 1997, CJ (STJ) V (1997), 1, 42 ss: responsabilidade de um "Health Club" por falta de aviso de que certo aparelho de

39. Relação de confiança e comportamento de boa fé

Na doutrina aponta-se por vezes como justificação dos ditames impostos pela boa fé a existência de uma relação de confiança entre os sujeitos[491]. Esta conexão merece ser passada em revista, pois não é evidente à luz da destrinça que se traçou entre regra da conduta de boa fé e responsabilidade pela confiança.

Sintetizemos o nosso pensamento. A relação de confiança, se se apresentar *indiscriminadamente presumida* em certas situações, é na realidade dispensável para alicerçar a regra da boa fé. Importa antes indagar directamente os argumentos materiais que a suportam. Mas também onde, diversamente, se queira efectivamente referir com a relação de confiança uma realidade concreta e demonstrada, a confiança não justifica directamente o conjunto de deveres decorrentes da boa fé. Estes fundamentam-se ainda então, como já se observou, nas exigências de correcção e lisura que a boa fé exprime; a confiança depositada constitui tão-só um argumento que mediatamente justifica o comportamento requerido.

Explicitando: o termo *relação de confiança* (*Vertrauensbeziehung, fiduciary relationship*) exprime no fundo a experiência comum de que existem situações de interacção que têm como condição de surgimento ou de desenvolvimento uma especial atitude de confiança dos

---

ginástica não suportava outros exercícios que não os desenhados no autocolante explicativo, tendo ocorrido danos no seu utilizador.

[491] Cfr., entre nós, *v.g.*, C. MOTA PINTO, *Cessão* cit., 339; PINTO MONTEIRO, *Contrato de Agência/Anotação ao Decreto-Lei n.° 178/86*, 4.ª edição, Coimbra 2000, 63; MENEZES CORDEIRO, *v.g.*, *Manual de Direito Bancário* cit., 396, ou *Tratado* cit., I/1, 408. Diversa e bem mais adequada, por razões que se exporão, é a formulação de M. TEIXEIRA DE SOUSA, segundo a qual a explicação de certos deveres impostos pela boa fé — referiam-se as adstrições pré-contratuais — se encontra "na relação de confiança que se *deve* estabelecer entre os futuros (eventuais) contratantes" (cfr. *O cumprimento defeituoso e a venda de coisas defeituosas*, in Ab Uno Ad Omnes/75 anos da Coimbra Editora 1920-1995 [org. de Antunes Varela e outros], Coimbra 1998, 577, sublinhado *nosso;* mas claro que se o estabelecimento de uma relação de confiança é elegido a *objectivo* intencionado de um dever, tal relação não pode *fundamentar* esse dever).

sujeitos uns nos outros. Mas nem todas as interacções sociais postulam uma particular confiança. Caso contrário, a qualificação de uma relação como de confiança seria redundante.

Ora, a coligação de especiais deveres à existência de relações deste tipo radica essencialmente em que, na medida em que confiam, os sujeitos abdicam de alguma forma daquela prudência e diligência com que, noutras circunstâncias, actuando sozinhos, averiguariam, acautelariam ou prosseguiriam os seus interesses. Ao despirem-se nesse sentido de certas precauções que de outro modo tomariam[492] tornam-se particularmente expostos aos perigos decorrentes da frustração das suas expectativas em virtude de uma conduta de outrem.

---

[492] De resto, tal atitude não é muitas vezes imediata, coroando entre pessoas frequentemente um processo gradual de recíproca experimentação e teste de confiança.
Porém, não se pode dizer que quem entra numa relação intersubjectiva a que é inerente uma certa exposição a um risco de dano por outrem actua irrazoavelmente. Irracional será, pelo contrário, nunca entrar num relacionamento que postule esse perigo, a pretexto precisamente da sua existência. Quando pois o sujeito se comporta segundo padrões de prudência habitual, nenhuma razão há para fazer funcionar a regra da culpa do lesado recolhida no art. 570 do Código Civil (destaca-o BAPTISTA MACHADO, *A cláusula do razoável* cit., 582-584, centrando sobretudo a análise nas relações em que há uma transferência para outrem da solicitude de um seu interesse, mas que não prejudica a sua extensão a outros casos; assim, a responsabilidade pode advir de uma agressão directa aos bens da esfera alheia, proporcionada pela entrada em relação, ou da mera omissão de um comportamento que não surja na sequência de uma transferência daquele género; distinguindo essas situações, o nosso *Contrato e Deveres de Protecção* cit., 261 ss). A culpa do lesado implica que a sua conduta seja susceptível de afastar ou atenuar a responsabilidade do outro sujeito da relação (exige-se no lesado um comportamento que lhe possa ser imputado e o auto-responsabilize face ao critério de justiça de repartição do dano consignado no art. 570; cfr. BRANDÃO PROENÇA, *A Conduta do Lesado* cit., 198). A simples entrada numa relação potenciadora de riscos não autoriza uma deslocação da imputação do dano para o lesado. Na falta pois de circunstâncias especiais, sempre que a assunção dessa relação se possa considerar ainda prudente e razoável segundo os padrões normais de diligência que a ordem jurídica reconhece ou estabelece, não há "culpa" daquele que confia e "baixa as suas defesas". Por conseguinte, quando nesse âmbito ocorrem danos não se está igualmente perante uma situação de risco geral da vida que o lesado — aquele que voluntariamente se expôs à situação de vulnerabilidade descrita — deva suportar.

Esta singular debilidade da sua posição equilibra-se precisamente pelo apertar das malhas das adstrições de comportamento — e, logo, da responsabilidade — que incidem sobre quem fica em condições de com a sua conduta causar danos.

Verifica-se entretanto que a relação de confiança parece por vezes pressuposta aprioristicamente; nomeadamente no domínio contratual ou pré-contratual. Não se quer individualizar nem demonstrar nenhuma confiança concreta e realmente depositada pelos sujeitos. É todavia fácil pôr a nu as razões pelas quais este entendimento não logra de modo algum alicerçar a vinculação daqueles à regra da boa fé. Se o regime da relação se não deixa de aplicar, mesmo demonstrando-se a ausência de confiança ou uma atitude positiva de desconfiança, a relação de confiança apresenta-se na realidade como *ficta*. Dogmaticamente torna-se completamente inservível.

Admitir, sem mais especificações, que a "entrada" numa relação pré-contratual ou a relação contratual constitui *ipso facto* uma relação de confiança apenas pode querer dizer que se espera que o outro sujeito da relação cumpra *os deveres que a ordem jurídica lhe assinala*, aí incluídos naturalmente os decorrentes da boa fé. Contudo, uma convicção genérica de que a outra parte na relação acatará as exigências de correcção, lisura ou razoabilidade não releva enquanto autónomo fundamento de responsabilidade.

Claro que há motivos para uma tão ampla pressuposição da confiança no contrato ou no domínio pré-contratual. Se é irrecusável que alguns relacionamentos se fazem com um distanciamento at *arm's length*, numa sugestiva terminologia anglo-saxónica, outros postulam efectivamente uma especial confiança[493]. Mesmo aí porém, a confiança convive frequentemente com a desconfiança. Ora, as dificuldades de "medição" da intensidade com que ela se apresenta no mosaico da vida real e da sua ponderação com a divergência e o conflito de interesses apagam-se naturalmente através da caracterização uniforme da relação contratual ou pré-negocial como de confiança. O intuito

---

[493] Assim nos negócios que podem designar-se como de confiança (*vide infra*). Pelo menos quanto a estes pode referir-se também que a relação pré-contratual que lhes dá origem implica também uma especial confiança.

de sujeitar essas situações a uma adequada disciplina de deveres desculpará, por certo, essa cega igualação. Mas, por mais que se queira, ele realiza-se à custa do próprio pensamento da confiança.

E de nada valem aqui doutrinas como as do *contacto social ou negocial*, ou então da *especial exposição ao risco de interferências danosas*. Certamente que elas contribuem para a *individualização de situações de confiança*. Todavia, se esta deve afinal ser indiscriminadamente pressuposta, aquelas também o hão-de coerentemente ser. Com o que não nos libertamos de um critério *puramente objectivado* e formal da relação de confiança[494].

Decorre do exposto que a relação de confiança apenas pode pretender iluminar a regra da conduta de boa fé aí onde seja concreta e efectivamente demonstrada uma confiança que exceda a expectativa de observação dos ditames que a ordem jurídica genericamente impõe àquele que se encontra numa relação contratual ou pré-contratual[495]. Assim, se um dos sujeitos solicitou de facto a confiança de outrem, tendo este aceite que nele se depositasse essa confiança do primeiro[496], daí é susceptível de decorrer uma vinculação sua em nome da boa fé. Todavia, o seu dever permanece essencialmente uma

---

[494] Considerámos já essas doutrinas a propósito dos deveres dirigidos à preservação da integridade pessoal e patrimonial (cfr. o nosso *Contrato e Deveres de Protecção* cit., 240 ss).

[495] A propósito da responsabilidade pré-contratual reconhece um autor com o peso de LARENZ que se protege a expectativa geral de um comportamento correcto, mas acentua também que existem casos em que uma das partes deposita na outra uma confiança qualificada de que decorrem deveres acrescidos de lealdade e diligência (cfr. *Lehrbuch des Schuldrechts* cit., I, 106).

Já BALLERSTEDT, *Zur Haftung* cit., 507, parece encarar a relação pré-contratual, uniformemente, como relação de confiança (chega a referir que para a responsabilidade pela confiança é decisiva a confiança realmente depositada, mas acrescenta também em alternativa — aqui em clara divergência com o que sustentamos — que a simples situação de dever poder confiar [*Vertrauendürfen*] funda igualmente essa responsabilidade; cfr. *op. cit.*, 108). Na linha deste autor, também CANARIS, *v.g.*, *Schutzgesetze* cit., 92 e 102 ss (inscrevendo a *culpa in contrahendo* na responsabilidade pela confiança).

[496] Recorde-se só a célebre fórmula de BALLERSTEDT da *Verpflichtung in Anspruch genommenen Vertrauens*: cfr. *Zur Haftung* cit. 507.

exigência de lealdade e correcção. Por isso pode subsistir mesmo que, supervenientemente, se instale no outro sujeito a suspeita do seu não acatamento.

Mais uma vez se dirá portanto que a confiança constitui apenas o *suposto de facto* que gera deveres de lealdade e correcção. Há que destrinçar devidamente aquilo que representa um simples *requisito* ou *condição* e o que significa o *fundamento* da responsabilidade. E é ainda este entendimento (avesso sempre a reconhecer um dever de correspondência à confiança criada dogmaticamente autónomo) que permite ao sujeito desligar-se em certos termos da vinculação emergente da confiança alheia que acolheu: satisfará as exigências de lealdade e correcção desde que previna atempadamente outrem de uma pretendida mudança de atitude por forma a evitar o seu prejuízo[497].

Por aqui se justifica igualmente a crítica à já apontada recondução da doutrina das relações obrigacionais sem deveres primários de prestação ao pensamento da protecção da confiança. Ainda onde elas envolvem expectativas efectivamente existentes, as adstrições que compõem o seu conteúdo não se fundamentam *summo rigore* na respectiva tutela[498]. Na melhor das hipóteses, destinam-se, em nome da correcção e probidade de conduta, a prevenir danos que aquelas convicções, a manterem-se, podem vir a implicar. Há portanto uma certa inadequação dogmática da expressão "relação de confiança" para designar estas relações. Quando muito, exprime-se uma realidade fáctico-empírica possível. Preferível é neste particular a designação "rela-

---

[497] Como contraprova do que vai afirmado, o dever de corresponder à confiança alheia cessaria logicamente sempre que o sujeito sobre quem ele impendesse destruísse a convicção alheia. Independentemente do prejuízo que com isso se causasse subsequentemente. A manutenção do dever (por algum tempo) após a cessação da confiança apenas pode ser considerada na concepção por nós sufragada da regra de conduta segundo a boa fé como modo de poupar o surgimento de prejuízos derivados de expectativas infundadas, em nome dos aludidos valores da lealdade e razoabilidade.

[498] Diversamente, CANARIS, para quem essa relação se funda (juridicamente) na confiança; cfr., por exemplo, *Ansprüche* cit., 477-478, e *passim*. Seguindo hoje o pensamento do autor germânico, MENEZES CORDEIRO, *v.g.*, *Tratado* cit., I/1, 408.

ção especial"[499]; conquanto vaga, incolor ou acentuadamente técnico-formal (como, aliás, a de relação obrigacional sem deveres primários de prestação), ela apresenta-se liberta de compromissos com a responsabilidade pela confiança.

---

[499] O cariz sintético da noção de ligação especial substitui o conceito marcadamente analítico de relação obrigacional sem deveres primários de prestação, referido à estruturação da relação obrigacional. Também quanto ao significado, as expressões não são em rigor sinónimas, apesar, por vezes, de um uso indiferenciado. Evidencia-o logo a consideração de que a relação especial engloba também as relações obrigacionais *com* deveres primários de prestação (o que, tratando-se de caracterizar a incidência da regra da conduta de boa fé consubstancia até uma vantagem desta última). Quanto à caracterização da relação especial, cfr. alguns subsídios nos nossos *Uma «Terceira Via»* cit., 107 ss, e *Contrato e Deveres de Protecção* cit., esp. 229 ss.

§ 4.º
Reordenações Dogmáticas como Corolário da Destrinça entre Responsabilidade por Violação da Regra da Boa Fé e Protecção da Confiança

SUMÁRIO: 40 — *Culpa in contrahendo* e responsabilidade pela confiança. 41 — A responsabilidade pela ruptura das negociações. 42 — Conclusão: a discriminação entre *culpa in contrahendo* e responsabilidade pela confiança, necessidade dogmática e condição de uma responsabilidade pré-contratual por *venire*. 43 — Cartas de conforto, tutela da confiança e responsabilidade pré-contratual. 44 — Os negócios de confiança. 45 — Responsabilidade pela confiança, regra da conduta de boa fé e o problema da racionalização da *praxis* das relações contratuais duradouras. 46 — As ligações correntes de negócios.

40. *Culpa in contrahendo* e responsabilidade pela confiança

A destrinça entre a tutela jurídica das expectativas e a responsabilidade pela violação de adstrições decorrentes da boa fé repercute-se naturalmente na compreensão de algumas figuras correntemente conexionadas com a teoria da confiança. De modo emblemático, na da *culpa pré-contratual*[500]. Vale a pena reflectir sobre a sua recondução dogmática

---

[500] Já se aludiu a esta perspectiva geral. No domínio específico da *culpa in contrahendo*, veja-se entre nós, especialmente e de modo constante, MENEZES CORDEIRO, *v.g.*, *Da Boa Fé* cit., I, 583-584, *Teoria geral* cit., I, 699 ss, bem como *Tratado* cit., I/1, *v.g.*, 399 e 408. No espaço alemão, destaca-se CANARIS, que influencia uma

à responsabilidade pela confiança perante as conclusões precedentes. Tendo também presente a discussão em torno das constelações de responsabilidade consideradas no início da presente investigação: elas gravitam largamente em torno de perturbações na formação da decisão de contratar, precisamente o âmbito genuíno da *culpa in contrahendo*.

Guiemo-nos pela espécie e a função dos deveres que, quando violados, originam esta responsabilidade. É notório que a súmula das exigências que se colocam aos futuros contraentes na fase da negociação e formação do contrato se apresenta expressa na lei portuguesa através dos ditames da boa fé, sem alusão alguma à protecção da confiança alheia.

---

plêiade infindável de autores (*vide*, apenas, *Schutzgesetze* cit., 93 e 105). A evolução do instituto tem-se feito aí em direcção a uma crescente concretização (considere-se, por exemplo, o esforço de tipificação de situações de responsabilidade pré-contratual em NORBERT HORN, *Culpa in contrahendo* cit., 377 ss). O que permite prescindir em maior medida de uma fundamentação directa das soluções na boa fé e nos vectores que a integram (mas a *culpa in contrahendo* permaneceria ainda então vinculada à tutela da confiança e ao princípio da primazia da materialidade subjacente para efeitos de apuramento dogmático: assim, MENEZES CORDEIRO em *A boa fé nos finais do século XX* cit., 900, 906).

Mesmo sem a intenção explícita de proceder a uma redução da *culpa in contrahendo* à teoria da confiança, *vide* igualmente BAPTISTA MACHADO, *Tutela da confiança* cit., 364, divisando na culpa pré-contratual uma associação entre a tutela da confiança e uma ideia de culpa; cfr. ainda de modo especial ALMEIDA COSTA, *Responsabilidade civil pela ruptura das negociações preparatórias de um contrato* (sep. RLJ, reimpr.), Coimbra 1994, 54 ss ("o que directamente se tutela é a confiança de cada uma das partes em que a outra conduza as negociações num plano de probidade, lealdade e seriedade de propósitos"), e *Direito das Obrigações* cit., 267, ou FERREIRA DE ALMEIDA, *Texto e Enunciado* cit., II, 1006, para quem a culpa pré-contratual radica, no essencial, na confiança; já C. MOTA PINTO apontara aliás que a responsabilidade pré-contratual "resulta da infracção de deveres de consideração pela confiança da outra parte", deveres esses decorrentes da boa fé (por exemplo, *Cessão da posição contratual* cit., 350-351); também ANA PRATA envereda por esta concepção, vinculando os deveres pré-contratuais, *inter alia*, à tutela da confiança (*Notas sobre a Responsabilidade Pré-contratual* cit., 74-75).

Opondo-se porém a esta orientação hegemónica, OLIVEIRA ASCENSÃO, *Direito Civil/Teoria Geral* cit., II, 371 ss. Na doutrina germânica, pode ver-se SINGER, *Das Verbot* cit., 103 ss, e, no que toca aos deveres de preservação da integridade, MEDICUS, *Probleme um das Schuldverhältnis*, Berlin 1987, 21-22.

Passando em revista algumas situações prototípicas, não é de facto difícil observar que, entre aqueles deveres a que as partes estão sujeitas na fase da negociação ou formação do contrato, desde logo os que se dirigem à protecção das respectivas pessoas e patrimónios contra agressões à sua integridade (ou contra riscos de dano a essa integridade) não relevam do pensamento da tutela da confiança. A expectativa de sair incólume deste tipo de prejuízos no termo do processo negocial pode sem dúvida ter influído na decisão de o iniciar. Mas a tutela da ordem jurídica não está necessariamente dependente dessa verificação, como não requer, em qualquer caso, a manutenção de uma convicção desse género ao longo de todo aquele processo para se afirmar. Estes *deveres de protecção in contrahendo* têm por si outras razões, ligadas nomeadamente à necessidade de uma defesa especialmente vigorosa das partes nesse período e à conveniência de, desse modo, promover a segurança e fiabilidade do tráfico contratual[501].

Numa linha similar de preocupação se situam os deveres que, não visando embora directamente a preservação da integridade pessoal e patrimonial dos sujeitos, acautelam a eficiência e a utilidade do processo de negociação e contratação, protegendo as partes de danos escusáveis provocados por quem se comporta sem atenção aos razoáveis interesses do outro relativamente ao modo de orientação e condução desse *iter*[502]. Também nestes deveres "processuais" a responsabilidade se apresenta independente quanto ao seu fundamento do que possam ser as representações de cada um acerca da conduta alheia; ela basta-se com a comprovação da infracção aos ditames da boa fé.

Um dos tipos de conduta mais frequentemente envolvido na responsabilidade pré-contratual é, por outro lado, o da produção de *asserções* sobre factos, naturais ou jurídicos, que induzem em erro a outra parte. As declarações dos sujeitos no processo negocial intencionam sem dúvida, por si mesmas, a confiança de outrem, pois são

---

[501] Já o referimos em *Contrato e Deveres de Protecção* cit., 251 ss, e *passim*. Quanto à sistematização destes deveres no seio da responsabilidade civil, embora haja uma proximidade ao universo delitual, é de rejeitar a possibilidade da sua integração, em bloco, nesta responsabilidade.

[502] Cfr., *v.g.*, o art. 229 n.º 1.

emitidas para que possam ser conhecidas e tomadas em linha de conta por ele[503]. Contudo, a responsabilidade delas decorrente não pode destinar-se à reparação do dano consistente na própria defraudação das expectativas relativas à verificação dos factos objecto da declaração, sob pena de total desrespeito da linha divisória entre fase preambular (ou de formação do negócio) e acordo negocial[504]. Esse tipo de responsabilidade requer um compromisso (prévio) que assegure negocialmente essas expectativas. A estruturação conceptual de uma *culpa in contrahendo* propriamente dita é com ela inconciliável. *Mutatis mutandis*, quanto às declarações (não negociais) mediante as quais alguém manifesta a sua intenção de adoptar no futuro certa conduta.

Um entendimento límpido da ligação da *culpa in contrahendo* à regra de actuação segundo a boa fé exprime precisamente esta concepção, sem a qual, se se observar, aquela se não pode igualmente entender. O que está em causa nas situações acima descritas é simplesmente uma responsabilidade pela *causação indevida de uma confiança alheia*. Isso é que consubstancia uma violação às exigências da regra da boa fé. A eventual defraudação da confiança alheia não representa por si só, já o mostrámos, uma infracção do *civiliter agere*. O facto, por outro lado, de nos movermos ainda na antecâmara do negócio, mostra concludentemente que os ditames da boa fé não podem nunca reclamar uma vinculação à realização das expectativas alheias.

Sem dúvida que a boa fé requer amiúde uma recolha e/ou comprovação criteriosas do conteúdo das declarações que se prestam na fase vestibular do contrato. Mas esse dever — variável consoante as circunstâncias, também na diligência que o seu cumprimento reclama — não se dirige por definição a *assegurar* a realização de uma confiança

---

[503] O simples facto de a informação ser prestada a solicitação da outra parte obviamente não o afasta.

No campo das opiniões, há no entanto que proceder com cautela no cominar de responsabilidade. A opinião não exclui por si só o dever do seu autor de comprovar o respectivo acerto. Mas há circunstâncias que tornam dispensável essa comprovação; assim, *v.g.*, se é irrazoável pretendê-la do emitente da opinião, e o destinatário é (ou há-de ser) disso ciente.

[504] Subvertendo o sistema das fontes das obrigações; o ponto ainda será sublinhado (cfr., por exemplo, sob o n.º 41, ou sob os n.ºs 65 e 66).

alheia. Coerentemente, a adstrição de certificação ou comprovação prévia das asserções que se emitem ou, talvez melhor, o dever de não produzir declarações indutoras em erro[505], não desencadeia, quando violado, uma responsabilidade pela respectiva frustração.

E com efeito: esse dever é necessariamente anterior à constituição da confiança do sujeito (que mais tarde se vem a revelar infundada). Ora, não pode alicerçar-se uma responsabilidade pela confiança na infracção a uma vinculação que se apresenta como prévia ao surgimento mesmo dessa confiança. A responsabilidade pré-contratual pela emissão de asserções funda-se assim, tão-só, nas exigências de lealdade e correcção de conduta. E as expectativas concretas do destinatário da asserção no acatamento do que é reclamado pelo *civiliter agere* são enquanto tal irrelevantes[506].

Certamente que o dever de não induzir em erro através de uma afirmação torna legítima a confiança do seu destinatário no conteúdo transmitido. A sua existência exime-o em princípio de uma indagação própria para comprovar o acerto deste, pois "deve poder confiar" nesse conteúdo, como corolário da observância da cautela devida para a emissão da declaração[507]. Mas, embora o dano se não possa produzir caso o sujeito não acredite no teor da declaração, a sua convicção é apenas um elo do processo causal que conduziu ao prejuízo, não o fundamento da responsabilidade.

Outro importante grupo de situações de responsabilidade pré-contratual caracteriza-se pela *omissão de esclarecimentos* ou de *informa-*

---

[505] Naturalmente que para o declarante não existe nenhum dever de verificação do conteúdo da declaração independente da emissão da declaração. Só com esta pode surgir a responsabilidade. A responsabilidade estará pois em rigor no *pôr à disposição da outra parte uma informação que não se comprovou*, como seria mister.

[506] Outra solução implicaria a retroacção da confiança, enquanto fundamento de responsabilidade, a um momento anterior ao da sua própria verificação (cfr. FROTZ, *Die rechtsdogmatische Einordnung* cit., 169-170).

[507] Não estando em jogo uma autêntica responsabilidade pela confiança, não se trata também do preenchimento do requisito da razoabilidade da confiança depositada para efeito da sua atendibilidade pela ordem jurídica. O eventual conhecimento da inexactidão da declaração ou a negligência em dar-se conta dela apenas releva nos termos do art. 570 do Código Civil.

ção. No campo das asserções erróneas ou inexactas havia um comportamento que, por si, induzia à confiança, ao passo que agora esse comportamento não existe. Por isso, é aqui particularmente nítido que tudo se reconduz a uma responsabilidade pela inobservância do comportamento leal e correcto pedido pela boa fé. Não relevam naturalmente de modo autónomo as expectativas de que a contraparte informará quando a ordem jurídica determinar haver que informar.

Fundando-se a *culpa in contrahendo* nos ditames da boa fé, é esta que determina a amplitude dos "deveres de falar" destinados a evitar representações infundadas acerca da idoneidade de um contrato para satisfazer o tipo de necessidade da outra parte, daqueles que visam eliminar expectativas referentes às condições (na realidade mais onerosas, ou desproporcionadas) do aproveitamento do benefício de um contrato para essa parte, ou dos que a elucidam acerca de riscos atípicos a ele coligados. Como é o *civiliter agere* a ditar o dever de, tendo havido uma atitude prévia de captação da confiança alheia, esclarecer de certas circunstâncias de modo a evitar a defraudação de representações, o dever de dissipar a possibilidade de uma asserção previamente feita pelo sujeito vir a ser enganosa para a outra parte, etc.[508]

---

[508] Pode ver-se também o § 161 do Restatement Second of Contracts norte-americano, procurando determinar os casos em que os deveres de esclarecimento dão lugar a responsabilidade tal como as asserções (apontou-se já que a relevância da omissão de uma informação é bem mais restrita do que a da produção de uma declaração para efeito de responsabilidade). Entre nós, tudo passa, segundo o art. 227 n.° 1, pelos ditames da boa fé. Observe-se em todo o caso que exigências de conduta similares se deixam com facilidade perspectivar no domínio dos contratos *já celebrados*, acompanhando as várias vicissitudes da sua execução (também por força da regra da boa fé contida no art. 762 n.° 2).

Quanto ao dever de esclarecimento resultante de uma conduta prévia do sujeito susceptível por si de enganar a outra parte (pois compete-lhe então repor a verdade: o tradicional ponto de vista da "ingerência" na fundamentação do dever), a omissão da conduta exigida não prejudica obviamente a responsabilidade pela adopção daquela conduta prévia, da qual esse dever depende. Na maioria dos casos, torna-se praticamente equivalente alicerçar a responsabilidade no comportamento inicial ou, ao invés, na omissão do dever de dissipar o engano anteriormente provocado. Mas são perfeitamente pensáveis excepções: a conexão da responsabilidade

Claro que a simples caracterização tipológico-abstracta destes deveres de esclarecimento (*Aufklärungspflichten, duties of disclosure*) não elimina a delicada tarefa da demonstração da sua concreta conformação e incidência sobre um sujeito. Pode dizer-se genericamente que eles apenas têm espaço para se afirmar quando, tendo em conta as circunstâncias, for inexigível o esforço próprio de obtenção da informação relevante, nomeadamente pelas condições deficientes ou desfavoráveis em que a sua busca teria de operar. O desvio ao princípio da auto-responsabilidade na respectiva recolha[509] justifica-se particularmente pelo sacrifício que a sua manutenção implicaria para um adequado exercício da autonomia privada negocial. No fundo, o dever de informação pré-contratual favorece uma *esclarecida e consciente formação da vontade de contratar* daquele que estava carenciado de elucidação[510].

---

a uma conduta ou outra não será indiferente se nalguma faltar um pressuposto essencial para o efeito.

Por contraposição, é mais árdua — já o dissemos aliás — a justificação do dever de esclarecimento que não tenha na sua base uma conduta anterior do sujeito indutora em erro. Nesse sentido se pode dizer igualmente que uma informação prestada a pedido conduz com mais facilidade à responsabilidade do que a omissão de um esclarecimento não solicitado. Aqui é preciso justificar que o esclarecimento era devido (de acordo com a boa fé); ali, basta que não seja aceitável que o autor da informação responda induzindo em erro o seu destinatário. Em todo o caso, convém ter presente que o dever não muda radicalmente de condição consoante o esclarecimento seja efectuado espontaneamente ou apenas a solicitação alheia, sob pena de se atribuir relevo substantivo a uma circunstância que pode ser fundamentalmente fortuita.

[509] Este princípio decorre da autonomia privada. Pelo que o ónus da demonstração do dever cabe à partida a quem dele se queira prevalecer.

Em todo o caso, o cumprimento do dever de informação pode, como *pendant*, implicar para o seu beneficiário a oneração com uma imposição *de confidencialidade* em relação a terceiros (tratando-se de uma informação reservada), fundada de igual modo nos ditames da boa fé. Esta, por sua vez, constitui um autêntico dever de protecção (da integridade dos interesses do autor da informação), que nalguns casos mereceu mesmo consagração legal expressa: cfr. o nosso *Contrato e Deveres de Protecção* cit., 153-154.

[510] Cfr. também, referindo especialmente o *apport* da análise económica do Direito para a distribuição da responsabilidade pela obtenção da informação, H.-C. GRIGOLEIT, *Vorvertragliche Informationshaftung* cit., 72 ss.

Entre os vários critérios a atender no estabelecimento de um dever de esclarecimento avulta, quer o desnível dos contraentes no acesso à informação relevante para a decisão de contratar[511], quer a verificação de uma relação de verdadeira dependência de um dos sujeitos das negociações com respeito ao outro. Esta dependência decorrerá muitas vezes daquele desnível, mas é susceptível também de radicar em outros factores[512]. Por outro lado, a referida desigualdade tanto pode verificar-se se a uma especial competência técnica de um

---

Na determinação das situações de dever de esclarecimento e dos sujeitos sobre quem ele incumbe, as ponderações, vinculadas de perto a uma análise de custo-benefício, que sublinham a necessidade de proporcionar condições de eficiência do mercado através da prestação de informações necessárias para promover a transparência das transacções e a possibilidade de uma efectiva concorrência não são suficientes. Em parte cobrir-se-ão com os pontos de vista a seguir mencionados. Mas parecem poder suplantá-los. É justamente no ultrapassar da consideração da relação concreta entre os contraentes e do que ela postula, pugnando por escopos transindividuais gerais, que se encontram os seus maiores obstáculos. A boa fé pode reclamar uma atitude de honestidade e de probidade que é independente e não tem necessariamente de corresponder a objectivos de eficiência do mercado e da distribuição dos recursos através deste realizada.

[511] Opinião sedimentada: cfr. SINDE MONTEIRO, *Responsabilidade por Conselhos* cit., 360 ss, e 371; *v.g.*, ainda, ALMENO DE SÁ, *Responsabilidade bancária* cit., 630 ss, e R. AMARAL CABRAL, *Anotação* cit., 211-212.

[512] Tome-se como ponto de partida o caso decidido pela Sentença do Tribunal Judicial de Aveiro (s/data), de 1995, CJ XXIII (1998), 4, 137 ss: uma câmara municipal encomendou aos estaleiros navais de S. Jacinto a construção de um *ferry--boat*, omitindo-lhes porém a falta de autorização do Tribunal de Contas, o que veio a gerar a ineficácia do contrato com os inerentes prejuízos; na condenação da autarquia apelou-se ao critério do desnível, afirmando-se ser ela uma entidade qualificada do ponto de vista da sua experiência naquele tipo de contratos. Contudo, mesmo que se admitisse ser lícito presumir que também os estaleiros referidos conheceriam a exigência da sujeição do contrato ao visto do Tribunal de Contas, o facto é que, como diz o muito bem elaborado acórdão, tal circunstância estava integralmente na esfera de domínio da autarquia, não tendo a outra parte acesso a essa informação nem podendo ela promover, se fosse caso disso, a sua obtenção.

Pode portanto haver uma limitação fáctica ao exercício da liberdade de negociação a implicar particulares exigências de uma conduta pré-contratual idónea e honesta da outra parte.

dos sujeitos se contrapõe uma falta de preparação do outro, como fora do contexto perito-leigo, quando, por outras razões, há uma vantagem de conhecimento (*Wissensvorsprung*) de um dos sujeitos sobre o outro que, a não ser compensada através da informação, poderia comprometer a celebração esclarecida do contrato por este. A possibilidade de controlar melhor o risco da ausência de conhecimento contribui, também aqui, para afirmar o dever de esclarecimento[513]. Em tudo se supera uma visão meramente conflitiva e antagónica dos interesses dos sujeitos[514].

Neste preciso sentido se poderá dizer servir a *culpa in contrahendo* de correctivo de contratos injustos pela protecção da parte mais carenciada[515]. Mas resguardemo-nos de equívocos. Ao menos por princípio,

---

[513] Esta base de ponderação, por isso que a *culpa in contrahendo* é uma responsabilidade decorrente da infracção censurável de deveres de conduta (cfr. o art. 227, na menção que ali se encontra à causação culposa de danos), terá sempre de desembocar numa adstrição de comportamento destinada a *prevenir um (simples risco de) dano* (o que, a bem ver, elimina a hipótese de apelar apenas à possibilidade de *absorção* do risco para fundar a responsabilidade). Assim, o dever de esclarecer não requer sempre que o contraente se aperceba ou possa aperceber de uma falta de informação alheia; pode intervir logo que seja verosímil esse perigo. Nestes casos aproxima-se funcionalmente das "Gefährdungsnormen" sobretudo desenvolvidas no contexto delitual (agora, entretanto, num sector que não é aquiliano).

[514] Assim, o dever de esclarecimento com vista à formação, pelo outro, de uma correcta decisão de contratar constitui um obstáculo à prossecução puramente egoísta dos próprios objectivos por cada um dos contraentes.

[515] Através, portanto, do favorecimento de uma esclarecida e livre vontade de contratar, uma vez que em direito civil não se sindica ordinariamente *qua tale* o desequilíbrio objectivo eventual do contrato celebrado. Relevando também o papel da culpa pré-contratual na correcção de contratos injustos, MENEZES CORDEIRO, *Teoria geral* cit., I, 708 ss, e *Tratado* cit., I/1, 400 (que todavia ultrapassa notoriamente a orientação do texto ao aceitar durante as negociações um dever de chamar a atenção da outra parte para o desequilíbrio contratual *em si mesmo*, o que não nos parece à partida consentâneo com a filosofia geral de protecção inerente à *culpa in contrahendo*).

Mas importa ainda sublinhar que, na concepção que vimos seguindo, não pode estar em causa uma *adaptação* directa do conteúdo do contrato ao teor das expectativas que não foram afastadas pelo cumprimento do dever de esclarecimento. A "correcção contratual" evocada opera "indirectamente", de forma "extrín-

o direito civil deixa às partes a valoração da justiça do contrato: não a impõe nem a sindica, no que não vai senão o reconhecimento da autonomia dos sujeitos. Cuida antes de lhes proporcionar as bases adequadas de uma decisão (minimamente) *consciente* e *livre*. Aqui está a função primordial dos deveres pré-contratuais[516].

---

seca" ao contrato, por meios indemnizatórios, sendo a única conforme com a inexistência de um direito à efectivação de expectativas negociais nascido na fase preparatória de um contrato se não chega a haver vinculação negocial que as abranja e garanta.

[516] Uma função que se coliga muito particularmente aos deveres de esclarecimento. Coadjuva-a em todo o caso o dever de evitar declarações susceptíveis de induzir em erro, pois estas podem repercutir-se numa formação deficiente da decisão de contratar. Mas também a proibição da coacção (a abranger também algumas formas que mais subtilmente afectam o aspecto não já intelectivo, mas volitivo da decisão de contratar, presentes em certas técnicas de contratação) contribui para o mesmo objectivo. Nesta distinção encontram-se implicadas portanto duas linhas de concretização da *culpa in contrahendo*, que é vantajoso autonomizar.

Na concepção exposta, assumimos que o controlo do conteúdo dos contratos pela ordem jurídica se coliga ordinariamente à falta de um processo de decisão contratual idóneo, tanto nos seus aspectos volitivos como cognitivos. Não deixa de ser sintomático que até a recente extensão do regime das cláusulas contratuais gerais aos contratos "individualizados" (mesmo na interpretação generosa de que não haja que distinguir para este efeito entre consumidores e não consumidores, como é a de OLIVEIRA ASCENSÃO, *Cláusulas contratuais gerais* cit., 593 ss) depende sempre de que tenha havido um conteúdo pré-elaborado que o destinatário da cláusula contratual não pôde influenciar (cfr. o actual art. 1 n.º 2 do Decreto-Lei n.º 446/85, de 25 de Outubro, introduzido pelo Decreto-Lei n.º 249/99, de 7 de Julho). Há portanto ainda uma perturbação das condições de exercício de uma autêntica autonomia privada que é pressuposto desse controlo de conteúdo.

A respectiva fasquia de relevância baixou sem dúvida e essa perturbação está descrita na lei em termos potencialmente abrangentes (dir-se-ia que se trata de uma última etapa antes de a ordem jurídica franquear directamente as portas à sindicância genérica dos contratos perante certos imperativos de justiça). A medida do legislador parece ser de saudar. Os valores que a inspiram comunicam-se de resto, em grande parte, a outros contratos e não apenas aos celebrados por empresas com consumidores. Requere-se contudo uma ponderada e prudente especificação do que seja a impossibilidade de influenciar o conteúdo dos contratos, a ser feita, segundo propomos, ao abrigo do referido critério das condições de exercício da autonomia privada. É previsível que a distinção entre negócios que são ou não "de consumo",

De qualquer modo, para a determinação da extensão do dever de esclarecimento parece ser de distinguir em geral entre as elucidações relativas aos *termos* ou *consequências do contrato* (por exemplo, acerca da idoneidade do seu conteúdo ou objecto tendo em conta o fim pretendido pela outra parte[517]) — a respeito dos quais mais facilmente se admitirá uma vinculação — e as que se reportam a *circunstâncias extrínsecas* ao negócio. A avaliação da oportunidade do contrato em face das condicionantes que o envolvem pertence, regra geral, a cada um dos contraentes. São eles que correm assim o risco da não informação adequada acerca destas circunstâncias, de que também depende a satisfação do seu interesse. Mas há que informar a outra parte daquelas intenções ou conjunturas da própria esfera de vida susceptíveis de interferir com o aproveitamento ou a utilidade que aquela espera do contrato[518]. Com

e, dentro dos primeiros, dos que digam respeito aos bens essenciais e às condições normais de vida dos sujeitos, mantenha alguma importância (mesmo para aquela compreensão da modificação legislativa que não limita à partida o seu âmbito às relações de empresas com consumidores), pois a restrição fáctica da autonomia privada é diferente nos vários casos; sendo assim também diversa a legitimidade para, com o fito de a proteger, limitar a autonomia alheia.

Aliás, importa sublinhar que o legislador se coíbe ainda — e compreensivelmente — de avaliar a justiça da atribuição de bens que o contrato realiza em si mesma, como se abstém, em princípio, de julgar a relação de troca instituída no equilíbrio dos valores ou bens que a constituem. Tendem portanto a escapar a esse controlo os *deveres de prestação* e o respectivo enlace. A preocupação da lei centra-se antes particularmente nos *aspectos complementares* dessas atribuições de bens primariamente almejadas pelo contrato, aqui divergindo na realidade do que é uma preocupação clássica da usura ou da lesão do antigo direito. Estão sobretudo em causa afastamentos do regime supletivo da lei, nomeadamente no que toca ao regime do não cumprimento e outras vicissitudes susceptíveis de atingir a execução do contrato, assim como regulações acerca do modo e condições de exercício das posições contratuais.

[517] Sobretudo estando em causa aspectos técnicos não acessíveis por igual aos contraentes. Cfr. a propósito também o regime das cláusulas contratuais gerais, que prevê explicitamente a adstrição do predisponente a deveres de informação dos aderentes sobre aspectos das cláusulas cuja aclaração se justifique ou tenha sido, de modo razoável, solicitada (*vide* o art. 6.º do Decreto-Lei n.º 446/85, de 25 de Outubro, e também o art. 5.º do mesmo diploma).

[518] Basicamente em torno destes pontos o Acórdão do Supremo Tribunal de Justiça de 9 de Fevereiro de 1999, CJ (STJ) VII (1999), 1, 84 ss: a Autora vinha orga-

maior rigor se terá compreensivelmente de avaliar um dever de elucidação de intenções ou circunstâncias de *terceiros*.

Existem entretanto contratos que obrigam, pela natureza do seu conteúdo, a um *dever pré-contratual qualificado de apresentação da informação relevante*. O contrato de seguro proporciona um exemplo paradigmático. Há factos que não são acessíveis ao segurador, mas que são essenciais para que este possa calcular devidamente o risco que assume, pelo que, se o segurado os conhece, está adstrito a informá-lo deles. *Similiter*, nos demais negócios que têm por objecto uma transferência de riscos[519]. Outros contratos, designadamente se impõem uma especial necessidade de colaboração entre os sujeitos ou se referem a uma actividade de prossecução de um interesse alheio (qualificam-se por vezes de *uberrimae fidei*[520]), convocam também um dever especial de informar; por exemplo, o de agência ou de mandato.

Em todos estes casos de responsabilidade por omissão de um dever de esclarecimento não está propriamente em causa a necessidade de *assegurar* expectativas alheias. Pelo contrário: esse dever destina-se a desfazer ou prevenir representações. Por isso — e está sempre a percutir-se a mesma ideia-chave —, a sua violação não pode em rigor desencadear uma responsabilidade pela confiança.

---

nizando regularmente exposições em instalações cedidas pela Ré, tendo-se a certa altura previsto a mudança do local da exposição seguinte do Palácio de Cristal para a Exponor (Matosinhos). Mais tarde, a Ré veio exigir um significativo aumento da contrapartida em relação ao que havia sido praticado no ano anterior, obrigando a Autora a desistir daquele local, com prejuízos. A acção por responsabilidade pré-contratual foi julgada improcedente pois, muito embora o tribunal tivesse reconhecido que a Ré deveria informar a Autora da alteração do preço pretendido em relação ao que tinha sido adoptado no passado quando lhe comunicou as datas possíveis para a exposição, considerou também que tal dever só existiria se ela dispusesse então de elementos para indicar a nova e efectiva contrapartida. Por outro lado, observou que à Autora importava contar sempre com os montantes usualmente pedidos por aquelas novas instalações, não lhe sendo legítimo esperar que a contrapartida se mantivesse inalterada, havendo como houve a previsão da sua utilização.

[519] Tudo depende, naturalmente, do tipo de contrato. A necessidade de protecção do assumptor do risco perante contingências não pensadas é tanto menos intensa quanto mais puramente *especulativo* ou *aleatório* for o contrato em causa.

[520] Sobre estes contratos ainda *infra*, sob o n.º 44.

Conclua-se. Quer os deveres de esclarecimento, quer os de proceder com a diligência adequada por forma a evitar que mediante afirmações produzidas se induza outros em erro, derivam da necessidade de um procedimento correcto e honesto na fase vestibular do contrato. Não constituem em si, ao arrepio embora de uma opinião muito difundida, manifestações de protecção da confiança *qua tale*. Prevenindo ou evitando expectativas erróneas, *eles garantem no fundo um esclarecido processo de formação da decisão de contratar*. Pode dizer-se que representam um instrumento dogmático-operacional de realização de uma *responsabilidade do sujeito por actos da autonomia privada de outrem*, entendida em *sentido material*[521]. Este fulcro da *culpa in contrahendo* releva de uma ponderação do direito objectivo expressa entre nós pela regra da conduta de boa fé.

Generalizando: pode dizer-se que todas as adstrições pré-contratuais — quer, portanto, os deveres de protecção da integridade pessoal e patrimonial das partes, quer os que visam um exercício livre e esclarecido da autonomia privada alheia, quer ainda os que, tendo por objecto o processo de negociação e formação do contrato em si mesmo, asseguram a sua eficiência e utilidade[522] —, implicam para os sujeitos, em maior ou menor medida, *a necessidade de tomar em consideração os bens e interesses da outra parte*. Neste efeito, não derivam propriamente de um acto de autodeterminação dos sujeitos[523], ainda que

---

[521] De relembrar no entanto que esse sentido material requer igualmente que a decisão de contratar seja, além de esclarecida, isenta de qualquer coacção ou turbação da vontade. Os deveres destinados a assegurá-lo (e as proibições de o prejudicar) geram também, quando violados, uma responsabilidade pré-contratual, que, similarmente, não consubstanciam qualquer responsabilidade pela confiança e se filiam antes na regra da conduta de boa fé (a lealdade e a lisura contemplam já estes aspectos).

[522] Temos portanto esta discriminação, onde se destaca facilmente a *função* dos deveres, por preferível, do ponto de vista do tratamento dogmático, à tradicional tripartição descritiva entre deveres de informação, protecção e lealdade.

[523] Discrepante a opinião de MENEZES CORDEIRO (*v.g.*, *Manual de Direito Bancário* cit., 365-366), segundo a qual na *culpa in contrahendo* se estaria perante uma situação de determinação autónoma do dever de informar por parte do sujeito. Este tem naturalmente a possibilidade de interpretar a exigência de informar perante certos cenários concretos de conduta que preveja adoptar, por forma a, não que-

lancem âncora em atitudes voluntariamente assumidas por eles, aqui com a sua "entrada" na situação de negociação de um contrato[524].

E, porque não se reconduzem dogmaticamente, como se disse, à protecção da confiança, a responsabilidade decorrente do seu não acatamento não se estende ao prejuízo consistente na frustração das expectativas do sujeito (em si mesma). Tal significaria que a realização dessas expectativas era devida. Um resultado que relegaria para o campo do simples contra-senso a imposição de deveres de esclarecimento, destinados justamente a destruí-las[525]. Na ausência de com-

---

rendo informar, evitar a ocorrência de circunstâncias que façam impender sobre ele esse dever. Mas isso é diferente de fixar voluntariamente os termos e a matéria da informação a prestar, e de definir o limiar da sua responsabilidade. O dever de informar deriva de uma ponderação da ordem jurídica que não está na disposição do sujeito. (Por elucidar fica também a razão pela qual, tendo o autor ordenado os deveres de informação *in contrahendo* na determinação autónoma da informação, nos casos de deveres impostos pela "boa fé contratual" esta determinação seja tida como heterónoma e automática.)

[524] O conceito é por suposto flexível, como convém se se atender a que os contactos pré-contratuais podem revestir formas e intensidade muito diversas, pelo que a cada tipo de dever pré-contratual corresponde um género de situação de negociação em que há que incorrer voluntariamente para que ele surja.

[525] Claro está que a infracção do dever de esclarecimento se pode repercutir na interpretação do contrato, pois esta deve atender às expectativas razoavelmente acalentadas pelo sujeito aquando da sua celebração. Aquela falta de cumprimento pode portanto franquear as portas a um conteúdo contratual favorável ao beneficiário do dever, alargando as hipóteses em que se deverá admitir um não cumprimento contratual susceptível de conduzir a responsabilidade. Mas aqui supera--se evidentemente o campo da responsabilidade pela violação do sobredito dever. É assim distinta — para considerar uma aplicação deste pensamento — a responsabilidade contratual por vícios ou defeitos da coisa da responsabilidade pré-negocial pela falta de esclarecimento desses vícios ou defeitos que oneram a coisa. Ainda que o incumprimento do dever de elucidar conduza a que o contrato seja interpretado como referido a uma coisa isenta de vícios ou defeitos; e embora a dedução de uma pretensão indemnizatória alicerçada num daqueles fundamentos possa prejudicar, em certos termos, um ressarcimento subsequente com base no outro. (Diverso é o entendimento de que os preceitos dos arts. 913 ss, por exemplo, se traduzem num simples regime especial em relação às regras gerais da *culpa in contrahendo* — um regime específico de culpa na formação dos contratos —, aparentemente sufragado

promisso negocial — como também, note-se, naquilo que ultrapasse o seu âmbito —, o simples acalentar de uma expectativa não chega para fundar uma vinculação à sua realização. O que explica também que a responsabilidade por asserções não possa conduzir à reparação do dano da frustração da confiança em si mesmo. Indemnizáveis são antes aqueles prejuízos advenientes da criação ou manutenção indevida de representações (ainda que puramente patrimoniais, como disposições feitas em função delas[526]). Trata-se, aqui como ali, de colocar o sujeito na situação em que ele se encontraria se não tivesse acalentado expectativas (por elas lhe terem sido atempadamente desfeitas ou por não terem sido sequer provocadas). É este o fim da pretensão ressarcitória[527].

por P. ROMANO MARTINEZ, *Cumprimento Defeituoso* cit., 61-62; do autor também nesse sentido *Direito das Obrigações (Parte Especial)* cit., 117, aqui quanto à responsabilidade pela venda de bens onerados, pondo aliás ênfase no concomitante apelo ao não cumprimento contratual para justificação desses regimes; mas tal representa uma amálgama de pontos de vista muito insatisfatória.

[526] A *culpa in contrahendo* constitui assim uma das principais áreas gerais de ressarcibilidade dos interesses patrimoniais puros, que se sabe restritivamente relevantes em sede delitual.

[527] Está portanto fora de causa a indemnização do interesse de realização da prestação devida pelo contrato cuja celebração se esperava (interesse contratual positivo). E também a indemnização por não cumprimento de outras expectativas pré-contratuais, conexas ou não com o interesse de prestação referido. Imagine-se, para exemplo, que alguém se candidata a um posto de trabalho, mas omite a informação de que se encontrava doente e carecia de um longo período de convalescença. Se está em causa a violação de um dever pré-contratual de esclarecimento, é inteiramente coerente que a indemnização devida não se estenda ao valor da prestação de trabalho tal como ele foi idealizado pela entidade patronal (que julgava o candidato saudável). A indemnização deve dirigir-se aos prejuízos que a entidade patronal não teria sofrido se atempadamente tivesse tido conhecimento da doença (isto é, deve cobrir dano que não teria suportado se não tivesse surgido ou se houvesse sido destruída na devida altura a confiança que depositou na idoneidade do trabalhador). *Mutatis mutandis*, no caso de o próprio candidato ter afiançado à entidade patronal a sua boa condição física para esse trabalho. (A solução não prejudica uma eventual responsabilidade contratual por não cumprimento do contrato, considerando-se que o consenso abrangeu a prestação de trabalho ao não ter o devedor esclarecido a sua inidoneidade para cumprir por razões de saúde: um caso de

Para fixar o âmbito da responsabilidade por um comportamento pré-contratual há no fundo necessidade de indagar cuidadosamente o

impossibilidade subjectiva originária.) Alguns sectores da doutrina contestam porém, como veremos, estas conclusões.

O âmbito da obrigação de indemnizar por *culpa in contrahendo* não é, em todo o caso, pacífico. Diferencia-se a este propósito entre dano de confiança e dano de cumprimento, interesse negativo e interesse positivo. As expressões não são equivalentes, nem se apresentam unívocas, o que se deve à falta de clareza do fundamento jurídico que lhes preside. As incertezas e ambiguidades inquinam por vezes o debate. Dano de confiança, por exemplo, pode interpretar-se perfeitamente como dano de frustração de expectativas (ainda aqui convém esclarecer que no campo pré-contratual não podem estar em causa as expectativas de cumprimento do contrato, pois estas dependem do seu surgimento, pelo que quando muito se há-de falar na frustração da convicção de celebração de um contrato conforme com o que se idealizou). Como dano de confiança significa-se todavia usualmente o prejuízo que o sujeito não teria sofrido se não tivesse havido violação de deveres pré-contratuais, habitualmente tomado por interesse "negativo". Ele é distinto, por conseguinte, do prejuízo que se traduz na não realização do interesse "positivo" do sujeito nas expectativas que acalentou; relevando este, diz-se que a indemnização cobre o dano de "cumprimento" dessas expectativas (cfr. HANS-BERNHARD RENGIER, *Die Abgrenzung des positiven vom negativen Vertragsinteresse und vom Integritätsinteresse*, Berlin 1977, *v.g.*, 15; também 49 ss, e 56-57).

Atenhamo-nos agora ao sentido comum destas expressões. Segundo uma opinião em recente progressão, não haveria que restringir a indemnização por *culpa in contrahendo* ao interesse negativo, importando mesmo não fazer distinções do prejuízo a considerar (assim, reiteradamente, MENEZES CORDEIRO, *Da Boa Fé* cit., I, 585, e II, 1250, bem como, contestando JHERING, *Teoria geral* cit., I, 723, e *Tratado* cit., I/1, 407, e 608-609; também para RUY DE ALBUQUERQUE, *Da culpa in contrahendo* cit., 84, a limitação da responsabilidade *in contrahendo* ao interesse negativo careceria na realidade de fundamento; *vide* ainda R. AMARAL CABRAL, *Anotação* cit., 220 ss, elencando outras posições nacionais e estrangeiras sobre o problema; aparentemente nessa orientação, ainda M. TEIXEIRA DE SOUSA, *O cumprimento defeituoso* cit., 579). Contudo, tanto na área da responsabilidade por condutas (não negociais) assumidas na fase vestibular do contrato, como estando em causa a omissão de um comportamento devido nesse período, não se vê com facilidade de que modo sustentar uma responsabilidade pelo não cumprimento de expectativas onde (como por definição no genuíno campo autonómico da culpa pré-contratual) a sua realização não é objecto de compromisso negocial (nem determinada por expressa disposição da lei). Não podendo haver uma pretensão dirigida ao respectivo cumprimento, porque é que no entanto havia de ser ressarcido o prejuízo da frustração do interesse (positivo) na sua realização? Incompreensível é, nesta linha (como chega a pretender-se), que se faculte ao contraente que tem de suportar uma anulação do negócio com fundamento em erro da outra parte, o que a lei recusou por via do negócio, através de uma indemnização *ex vi* da *culpa in contrahendo*, feita valer contra aquela.

O facto de o beneficiário do dever infringido demonstrar que o respectivo cumprimento o teria conduzido a celebrar o contrato em termos diversos, porventura até com um terceiro, não perturba este entendimento. O prejuízo a ressarcir — o *custo da oportunidade* (desperdiçada) — não é, observe-se, diferente do dano "negativo" que considerámos: o contrato que hipoteticamente teria sido celebrado representa ainda um prejuízo desse tipo, pois a indemnização não visa constituir um sucedâneo para a frustração de expectativas, mas colocar o lesado na situação que existiria se não fosse a infracção de certo dever que não tem por objecto a realização de expectativas mas prevenir ou dissipar convicções infundadas ou, então, não as provocar. Há todavia que varrer do caminho outras objecções.

Diz-se que a consideração dos "danos negativos" decorreria do entendimento (ultrapassado) da culpa pré-negocial enquanto fruto de um contrato tácito não cumprido (*vide* MENEZES CORDEIRO, *v.g.*, *Manual de Direito Bancário* cit., 441-442 e, ainda, *Tratado* cit., I/1, *ibidem*). Se bem se vê, esta asserção só se compreende referida a um contrato regulador da negociação restringindo a indemnização aos prejuízos negativos para o caso de esta se não processar nos termos previstos; o que aproximaria de facto uma explicação deste tipo da petição de princípio. Porque à partida, a violação de adstrições contratuais conduz naturalmente à indemnização do respectivo interesse positivo, determinando-se este pelo conteúdo daquelas. Desta forma, e na realidade, se objecto desse contrato tácito fosse, por exemplo, o dever de prosseguir as negociações em curso, seria em princípio possível obter o ressarcimento desse prejuízo em caso de inadimplemento. De qualquer modo, pode perguntar-se: se admitindo-se, com maior ou menor verosimilhança, um contrato negociatório (ainda que tácito), a indemnização se cingiria ao interesse negativo, como é que, não havendo contrato, a tutela há-de ser mais enérgica?

Procura ainda justificar-se que os arts. 898 e 908 do Código Civil não tolhem a concepção da indemnizabilidade de todos os danos *in contrahendo*, sem restrição alguma posta pelo "denominado interesse negativo", com o argumento de que se poderia mostrar que, na falta de um contrato inválido, as partes teriam celebrado outro válido (cfr. o aut. cit., *ibidem*). Essa hipótese não é todavia verosímil. Se o alienante de um bem não tem o poder de disposição sobre ele ou esse bem se encontra afectado por um ónus ou limitação e essas circunstâncias são silenciadas no contrato perante o adquirente, certamente que, na esmagadora maioria dos casos, não estaria em condições de (nem quereria) celebrar um contrato que preenchesse as devidas condições de validade ou inimpugnabilidade. Aliás, da parte do próprio comprador o interesse para a celebração de um contrato assumidamente sobre um bem alheio ou onerado seria também certamente marginal. Não é fácil construir para o vendedor um dever de contratar noutros termos. Mas, ainda que assim se entendesse, o dano da não celebração de um contrato alternativo válido permaneceria parte integrante do interesse negativo, pois pertence àqueles prejuízos que não teriam ocorrido se o contrato efectivamente celebrado não tivesse sido concluído.

Em todo o caso — diz-se —, os preceitos citados não poderiam ser transpostos para a culpa pré-negocial em geral, pois apenas contemplariam a invalidade da compra e venda, ao passo que a *culpa in contrahendo* seria mais ampla (assim, o aut. cit., *ibidem*). Na tese que criticamos, eles são considerados pois regulações excepcionais da culpa pré-contratual. De facto, não se descortina qualquer obstáculo a que a celebração de um contrato em que o alienante conhece a existência de uma causa de ineficácia e não informa dela a outra parte consubstancie um caso, e típico, de culpa pré-negocial (historicamente, o próprio legislador o quis conceber desse modo, no que se pode ver uma tentativa de *reprise* do pensamento originário de VON JHERING de responsabilizar aquele que induz outrem à celebração de um contrato ineficaz; cfr. o nosso *Perturbações típicas* cit., 61 ss, alertando em todo o caso para a confluência de outros vectores na conformação do regime da compra e venda). Mas, embora se deva reconhecer evidentemente que este último instituto não se limita a essas hipóteses, o que importa é saber qual afinal a justificação para não extrair das citadas disposições uma orientação susceptível de uma certa generalização e, pelo contrário, para admitir que a culpa pré-contratual vai globalmente mais além, permitindo o ressarcimento de interesses ditos "positivos".

A orientação que pela nossa parte perfilhamos da restrição da indemnização ao dano de confiança reflecte a exigência da teoria geral da responsabilidade de que os danos a ressarcir se encontrem efectivamente no *âmbito de protecção da norma violada* (ou, como se exprime RUY DE ALBUQUERQUE, *op cit.*, 85, a necessidade de individualização do interesse ofendido para determinar a indemnização). É por isso que a consideração do tipo de prejuízos a ressarcir por *culpa in contrahendo* requer uma destrinça entre as várias exigências que a ordem jurídica impõe aos sujeitos no período pré-contratual. Claro que algumas delas não têm relação com o contrato a celebrar (com o seu conteúdo, com a sua eficácia ou com as condições da sua utilidade para os sujeitos) ou com a necessidade de acautelar expectativas relativas ao desenvolvimento do processo negocial. Podem até subsistir depois mesmo da conclusão do contrato, manifestando com isso autonomia com respeito à formação e conclusão do negócio em si mesmas. É o que ocorre com a necessidade da observância *in contrahendo* de *deveres de protecção da integridade pessoal e patrimonial* das partes contra ingerências danosas. Assim se explica que, onde estes se mostrem infringidos, não faça sentido atribuir-se relevo à diferenciação entre o dano de confiança e o interesse de cumprimento (do contrato e de expectativas com ele conexas, ou das que se referem ao desenrolar do processo negociatório). Verificada a sua violação, todos os danos dela decorrentes deverão ser ressarcidos. Diferentemente, fora deste campo, a aludida destrinça faz sentido. Considerar que o âmbito da indemnização se confina então ao interesse negativo (e não abrange o interesse de cumprimento das expectativas) não é de modo algum premiar a ilicitude, mas sim extrair as devidas conclusões do tipo de ilicitude de que se trata.

De qualquer modo, pensamos ser de aceitar, isso sim, que nenhum dos dois tipos de prejuízos referidos mantém uma relação de necessidade conceptual-valorativa com a regra da boa fé considerando as várias aplicações em que ela é susceptível de ser desenvolvida. E que a individualização exacta do interesse protegido pelo ditame concretamente violado dispensa de alguma forma a sua diferenciação. Esta pode pois ser concebida tão-só enquanto auxiliar ou corolário dessa operação jurídica.

Importa em todo o caso notar que o combate da discriminação entre interesse positivo e negativo se não coaduna com a pretensão de reconduzir a *culpa in contrahendo* à teoria da confiança. De facto, a responsabilidade pela frustração de expectativas requer a verificação de um investimento de confiança. Ora, constituindo este o cerne do dano de confiança, a doutrina da confiança está em contradição com a indistinção entre este prejuízo e o de cumprimento (cfr. também *infra*, nomeadamente n.os 51 e 59). No entanto, esta dificuldade apenas afecta, naturalmente, a tese, que não subscrevemos, da recondução da responsabilidade pré-contratual à tutela da confiança. (Uma tutela positiva da confiança em certas constelações ligadas à conclusão do contrato, nomeadamente por efeito do *venire*, é certamente de admitir, mas tal não significa de modo algum que se tenha de coligar à *culpa in contrahendo* o ressarcimento de danos "positivos". O modo pelo qual a confiança possa ser protegida — através de uma indemnização ou pela preservação das vantagens em que o confiante acreditou, porventura já realizadas — deve manter-se separado do problema da culpa pré-contratual, pois obedece a uma "lógica" própria, autónoma da daquela culpa; a tutela positiva visa essencialmente — como se desenvolverá esp. sob o n.º 61 — colmatar eventuais *insuficiências* de uma protecção de tipo indemnizatório do prejuízo da frustração do investimento de confiança.

conteúdo do dever desrespeitado, pois só são de ressarcir os prejuízos que se compreendem no seu perímetro de protecção[528]. Não é possí-

---

Não destrinçando, R. AMARAL CABRAL, Anotação cit., 219 em nota, percebendo-se que por isso convoque em abono da consideração do interesse de cumprimento na *culpa in contrahendo* a opinião de autores como CANARIS ou BAPTISTA MACHADO. Mas é um equívoco.)

Uma nota final: embora com *nuances*, há entre nós uma sólida tendência para cingir ao referido dano de confiança a indemnização por culpa na formação dos contratos: assim, entre outros, PIRES DE LIMA/ANTUNES VARELA, *Código Civil Anotado*, I, 4.ª edição, Coimbra 1987 (com a colaboração de M. Henrique Mesquita), 216, VAZ SERRA, *Anotação ao acórdão do STJ de 7 de Outubro de 1976*, RLJ 110 [1977--1978], 275 ss (em princípio), CASTRO MENDES, *Teoria geral do direito civil* (polic.), II, Lisboa 1979, 173 n. 418, BAPTISTA MACHADO, *Tutela da confiança* cit., 409, PESSOA JORGE, *Direito das obrigações* cit., 167; ALMEIDA COSTA, *Responsabilidade civil pela ruptura* cit., 75; OLIVEIRA ASCENSÃO, *Direito Civil/Teoria Geral* cit., II, 374; RAÚL GUICHARD ALVES, *O instituto da «procuração aparente»* cit., 242 ss. (Divergente, em todo o caso, o recente Acórdão da Relação de Lisboa de 29 de Outubro de 1998, CJ XXIII [1998], 4, 132 ss. Discutia-se a responsabilidade de uma firma pela não conclusão de um contrato de arrendamento, e considerou-se que, não tendo o dono do prédio arrendado a outrem o local na expectativa desse contrato, lhe assistia o direito ao ressarcimento do interesse positivo, uma vez que do art. 227 n.º 1 não decorria supostamente qualquer limitação da responsabilidade do prevaricador ao interesse negativo. Nessa base, reconheceu-se-lhe o direito à renda correspondente ao período decorrido desde o momento em que o contrato havia razoavelmente de ser celebrado até à altura em que o dono do prédio decidiu libertar-se de vez do processo negocial em curso. Analisada com cuidado a fundamentação do acórdão, observa-se porém que o direito a esse montante de renda correspondia ao desperdício da oportunidade de celebrar um contrato alternativo àquele que estava em vista, computando-se este dano na realidade — e ao contrário do que pareceu admitir-se — no interesse negativo. Apenas desse modo se explica aliás a decisão tomada de restringir o interesse de cumprimento ao montante correspondente a certo período de renda que se esperava. Não se terá demonstrado que o custo de oportunidade o sobrelevou. O dono do prédio teria conseguido arrendá-lo a partir de certa altura, quando definitivamente deixou de esperar pelo arrendamento do andar ao sujeito que mostrara pretendê-lo.)

[528] O actual projecto de lei de modernização do direito alemão das obrigações de 4 de Abril de 2000 reflecte aqui uma atitude cautelosa e prudente. Limitando-se a prescrever que uma relação obrigacional (segundo o sugerido § 241 2) pode derivar da "preparação de um contrato" ("Anbahnung eines Vertrags"), evita

vel dispensar estes passos a pretexto de se encontrar estabelecida uma relação de causalidade entre a conduta de um sujeito e a ocorrência de um dano, uma vez que a causalidade fáctica é completamente insuficiente para alicerçar um juízo de responsabilidade. O tipo e grau de censurabilidade da conduta geradora de responsabilidade, por via de princípio, não o altera[529].

---

uma precisa fixação do *Tatbestand* da culpa pré-contratual no que concerne às vinculações que dela derivam para os contraentes e aos interesses a proteger (e não toma também posição quanto aos sujeitos abrangidos, partes no futuro contrato ou terceiros). Deve a propósito aplaudir-se que a confiança não seja explicitamente referenciada nesta proposta de positivação da *culpa in contrahendo*. (A falta de referência à regra da boa fé como matriz dos deveres pré-contratuais explicar-se-á provavelmente por não se ter querido multiplicar-se-lhe as alusões, mantendo-se com isso a centralidade e unidade do § 242 que caracteriza neste ponto a codificação alemã desde o início.)

[529] A actuação dolosa nas negociações é, naturalmente, ilícita e geradora de responsabilidade. Pode perguntar-se se ela pode conduzir à indemnização do interesse ("positivo") no contrato (na respectiva conclusão ou na sua celebração como contrato conforme com as expectativas do sujeito, ou mesmo no seu cumprimento). A consideração da adstrição infringida e do seu teor deporá à partida no sentido negativo, enquanto não se mostrar violado um dever de concluir o negócio (ou um negócio com certo conteúdo tido como útil para o sujeito), mas apenas o de não acalentar expectativas injustificadas a esse respeito. As situações em que a entrada em negociações se dá com o único fito de prejudicar ou conscientemente sem intenção consistente de contratar não levam à reparação daquele interesse: a observância do dever de negociar com seriedade conduziria a que nem sequer se tivessem encetado as negociações, pelo que não teria sido concluído contrato algum se a conduta dolosa tivesse sido evitada. O que há portanto é que ressarcir os prejuízos decorrentes do próprio desencadear da actividade negociatória (o interesse, se se quiser, negativo, de não se envolver injustificadamente em negociações). Daqui decorre que a indemnização do (sobredito) interesse positivo se terá de estribar noutro tipo de considerações, nomeadamente como *sanção* de um comportamento especialmente reprovável (ou, se se quiser, na violação de um dever de comportamento especialmente qualificado).

De facto, a conduta dolosa desencadeia responsabilidade, independentemente de uma norma como a do art. 227 n.° 1, enquanto consequência do imperativo do respeito por um mínimo ético-jurídico a que o Direito não pode ficar indiferente. Daí também a legitimidade para configurar aquela conduta como *verdadeiro delito*, de natureza aquiliana, mesmo considerando-se que a responsabilidade pré-contra-

Pelas razões expostas, importa também considerar-se basicamente excluído que como consequência da *culpa in contrahendo* se adapte o contrato que acabou por ser celebrado entre os sujeitos de forma a fazê-lo corresponder (via restauração natural) às representações acalentadas pelo beneficiário do dever infringido. Sem dúvida que da violação de um dever pré-contratual pode resultar um contrato não conforme com as legítimas expectativas do sujeito. Assim, existindo um dever pré-contratual de esclarecimento que não é cumprido, o negócio celebrado divergirá provavelmente daquilo que este podia *justificadamente acalentar* (na ausência de qualquer informação). *Mutatis mutandis*, quando é prestado um esclarecimento falso: também aí se pode dizer que as expectativas do sujeito provocadas por essa asserção são *legítimas*. Mas tal não autoriza, num caso ou noutro, a aceitar um substituto ressarcitório para a frustração (em si mesma) dessas expectativas, nem, por esse título, a moldar o conteúdo do contrato por forma a adequá-lo às convicções de quem o celebrou. Reitere-se: não havia qualquer dever de as *assegurar* ou *cumprir*, mas tão-só o de as *prevenir*, dissipando-as ou evitando a sua formação, ou de as *não provocar*[530].

---

tual não tem, ao menos numa consideração global, essa natureza, por constituir uma forma de responsabilidade *intermédia*, intercalada entre a contratual e a delitual (deste modo a qualificámos já em *Uma «Terceira Via»* cit., especialmente 95 ss).

[530] Nenhuma incoerência existe em, apesar de tudo, o *deceptus* preferir nestas situações que o contrato continue a surtir efeitos, ao mesmo tempo que pede o ressarcimento do dano decorrente da violação destes deveres (que se repercutiu, pois, na celebração de um contrato não inteiramente correspondente às suas legítimas expectativas). Basta considerar que as expectativas frustradas não tinham por que se referir a elementos essenciais para a própria decisão de contratar, mas apenas sobre os termos que o contrato veio concretamente a apresentar. Além disso, a destruição do contrato (*v.g.*, por erro ou dolo) pode, tempos volvidos, revelar-se bem mais onerosa para o interesse do sujeito do que a sua manutenção, ao lado da indemnização. O dano a ressarcir é, consoante as hipóteses, o do prejuízo que não teria sido sofrido se elas tivessem sido atempadamente desfeitas ou não tivessem sido provocadas. Todavia, este dano permanece um dano negativo (aparentemente sem o levar em conta, R. AMARAL CABRAL, *op. cit.*, 220-221).

41. A responsabilidade pela ruptura das negociações

Tem sido muito discutida no âmbito da *culpa in contrahendo* a responsabilidade pela ruptura das negociações. Pode dizer-se que ela constitui a *facti-species* paradigmática da responsabilidade daquele que, na fase preambular do contrato, concita no outro a *convicção de vir a actuar de determinada forma no futuro*. Por aqui se distingue bem da responsabilidade por asserções, que envolvem meras representações de um dado de facto, reportado ao passado ou ao presente.

Questione-se o fundamento da obrigação de indemnizar de quem, tendo persuadido outrem de que adoptaria mais tarde um certo comportamento — considere-se agora, especificamente, o de concluir o contrato —, acaba depois por frustrar essa expectativa. Aquela conduta assemelha-se a uma promessa, pois, tal como ela, desencadeia expectativas futuras de comportamento[531]. Interessam-

---

[531] Daí a tendência, da doutrina americana sobretudo, de discutir a responsabilidade pela ruptura do processo negocial pelo prisma do incumprimento de uma *promessa de conclusão de um contrato;* cfr. FARNSWORTH, *Precontractual liability* cit., 236--239, e o seu *apport* em *Formation of contracts and precontractual liability* cit., 20-21, com referência especial ao conhecido caso da jurisprudência norte-americana *Hoffman vs. Red Owl Stores*, 133 N.W. 2d, 267 ss. Aqui se acentuou que a responsabilidade fundamentada numa promessa específica tem o seu lugar no direito da responsabilidade pré-contratual, mesmo quando a promessa não reveste todas as características necessárias para poder ser havida como oferta. O desenvolvimento desta concepção nos Estados Unidos está ligado à presença do instituto do *promissory estoppel*, claramente aparentado com a responsabilidade pela confiança e acolhido no § 90 do *Restatement Second of Contracts*. A ideia de uma promessa não negocial transluz também no direito inglês (cfr., por exemplo, P.S. ATIYAH, *Essays* cit., 226 ss, 275 ss), embora, segundo o ensinamento tradicional, mais limitadamente. Com efeito, o *promissory estoppel* actua aí, como o nome inculca, enquanto *excepção* oposta por aquele perante quem a promessa foi produzida ao fazer valer de um direito pelo respectivo autor, isto é, com um efeito meramente inibitório do exercício dessa posição (de acordo com o expressivo brocardo "estoppel is only a shield, not a sword"). O direito norte-americano vai, segundo se diz, mais além, uma vez que confere à promessa accionabilidade, vendo nela um fundamento possível de pretensões.

Embora com especial tradição no espaço anglo-saxónico, a ideia de uma promessa não negocial para solucionar casos da órbita pelo menos da *culpa in contra-*

-nos as hipóteses em que faltam à promessa as características do autêntico compromisso *negocial*, porque, a ser esse o caso, não há dúvida: ela é exigível, sendo o seu autor responsável pelo não cumprimento da obrigação assumida[532].

A eficácia negocial da promessa depende habitualmente, como se sabe, da celebração de um contrato, muito embora unilateral[533], que nem sempre ocorre. Por outro lado, há circunstâncias que podem depor contra a existência, na fase preliminar do contrato, de vincula-

hendo faz também carreira entre autores prestigiados do direito continental, denunciando uma marcada influência da *common law*. Considere-se especialmente o estudo de HANS STOLL com o elucidativo título *Vertrauensschutz bei einseitigen Leistungsversprechen*, FS für Werner Flume, Köln 1978, 741 ss, e a concepção da autovinculação sem contrato de KÖNDGEN (exposta no seu *Selbstbindung* cit., *passim*): *vide* ainda *infra*, esp. o n.º 67.

[532] Importa portanto demarcar as hipóteses em que a ruptura das negociações é elemento constitutivo autónomo de responsabilidade daquelas em que o rompimento do processo negocial releva enquanto violação de um compromisso negocial visando certa conduta futura nesse processo. Ainda que, neste último caso, o conteúdo da vinculação possa ser, em maior ou menor medida, indeterminado e variável o grau de intensidade com que a actuação se impõe ao sujeito, o carácter negocial envolve sempre uma definitividade da vontade em relação à produção dos correspondentes efeitos. Assim, a posição decorrente de uma cláusula contratual mediante a qual as partes se *obrigam a negociar* (ou *a renegociar*) certo contrato é distinta da situação que as partes apresentam quando, em negociações, uma delas concita na outra a expectativa de que o contrato será concluído.

Por isso, a violação da obrigação contratual de negociar não tem — ao invés destas últimas hipóteses — por que estar em coerência limitada à indemnização do chamado interesse negativo, podendo a responsabilidade estender-se ao interesse de cumprimento. Claro que o *quantum* indemnizatório deve coadunar-se com o conteúdo da prestação não realizada. E não há dúvida que, se não houver então *vinculação propriamente dita à celebração* do contrato, pode haver dificuldade de computar o prejuízo. De resto, a determinação do esforço ou do empenho exigível na busca do consenso negocial nem sempre é fácil. O que torna praticamente útil a mera reparação do dano de confiança traduzido nos dispêndios realizados por uma das partes em vista da negociação frustrada pela conduta da outra, pois tais gastos são via de regra calculáveis de modo mais fácil. Mas nada obsta conceptualmente ao ressarcimento do interesse de cumprimento do contrato.

[533] Não obstante a erosão que o princípio do contrato tem experimentado na doutrina, importa atender ao art. 457 do Código Civil.

ções genuinamente negociais. Umas vezes, o carácter relativamente incompleto ou difuso do "comprometimento" em causa (como o comprova a casuística relativa aos "instrumentos" destas promessas: *letters of intent*, etc.). Em outras ocasiões, o facto de as partes não terem chegado ainda a acordo sobre todos os pontos relevantes a incluir no contrato a celebrar; o que, mesmo aí onde o autor da conduta não remeteu, ao menos concludentemente, para uma vinculação negocial posterior, constituirá normalmente um indício de que não houve intenção de assumir uma vinculação negocial. A sujeição a determinada forma do negócio em ajustamento faz também presumir que, enquanto uma declaração não tiver sido formalizada, não há ainda vontade de assumir um compromisso negocial firme relativamente à conclusão do contrato. *A fortiori*, se se sabe que uma declaração é produzida sem poderes de representação ou só poderia ser emitida dessa forma. Em todas estas situações, as partes que negoceiam têm habitualmente, em maior ou menor grau, a consciência de que a sua posição é mais precária, quer do que aquela que resultará (eventualmente) para elas da celebração do contrato, quer da que se conseguiria mediante a celebração de um contrato-promessa de contratar[534].

---

[534] É bastante discutido na doutrina estadunidense o problema da responsabilidade de subempreiteiros ou fornecedores perante o empreiteiro geral de uma obra, quando este concorre à respectiva adjudicação com uma proposta calculada na base de preços ou outras condições que lhe são informalmente (por exemplo, por via oral) prestados por esses fornecedores ou subempreiteiros. Não raro, verifica-se que tais elementos são estimados de forma vantajosa para o empreiteiro, de modo a permitir-lhe concorrer à obra com uma oferta mais competitiva e a aumentar por esta via as probabilidades de celebração de um contrato com esses fornecedores e subempreiteiros. Mais tarde, após a adjudicação do contrato principal, podem estes porém alterar as suas condições, tentando até porventura explorar em proveito próprio a situação de necessidade do empreiteiro decorrente do compromisso firmado já com o dono da obra.

Em casos deste tipo, não é muitas vezes possível divisar um contrato entre empreiteiro e subempreiteiro ou fornecedor capaz de alicerçar uma responsabilidade contratual destes últimos perante o primeiro. O empreiteiro não se encontra normalmente em posição de se vincular negocialmente com os segundos enquanto não celebrar por sua vez o seu contrato com o dono da obra. A admissão de um contrato com eficácia condicionada à celebração de um outro contrato seria, tam-

Tal não afasta, apesar disso, a realidade de que um dos sujeitos pode desencadear no outro, com maior ou menor intensidade, expec-

---

bém por isso, frequentemente, uma pura ficção. Aliás, o carácter informal (*maxime*, oral, de indicação de preços ou outras condições por fornecedores ou subempreiteiros) pode também dificultar uma ilação no sentido de uma proposta juridicamente vinculante (mais tarde aceite pelo empreiteiro). A prática das empresas, sobretudo quando elas reservam um compromisso seu à observância de certos requisitos, é igualmente susceptível de obstar a que se divise uma vontade de emitir uma proposta negocial. Acresce que, mesmo onde se considere ter havido uma proposta negocial, ela pode ter caducado, por não ter sido aceite dentro do seu período de vigência. As propostas contratuais têm no direito português um prazo (supletivo) de caducidade relativamente curto (cfr., o art. 228 n.º 1 a)), e nem sempre se poderá, sem ficção, considerar tacitamente estabelecido pelo subempreiteiro, ou convencionado com ele, um período alargado de vigência para a sua proposta.

Apesar disso, os tribunais norte-americanos não se têm eximido à aplicação da doutrina do *promissory estoppel* por forma a "vincular" os subempreiteiros e fornecedores aos preços indicados por eles e a responsabilizá-los se porventura alteram depois as suas condições, obrigando o empreiteiro a pagar mais caro a terceiros (*vide, v.g.*, RICHARD CRASSWELL/ALAN SCHWARTZ, *Foundations of Contract Law*, New York, Oxford 1994, 234; cfr. igualmente JANINE McPETERS MURPHY, *Promissory estoppel: subcontractors' liability in construction bidding*, N. C. L. Rev. 1985, 387 ss).

O facto de não ser viável identificar um contrato entre empreiteiro e subempreiteiro não prejudica em todo o caso, nomeadamente, uma responsabilidade deste por frustração da expectativa de que viria a contratar no futuro em determinadas condições. Uma questão que se põe em muitos casos nos quais a execução de um contrato reclama para uma das partes (nomeadamente para o devedor) o fecho, por sua vez, de outros contratos com terceiros. Haverá riscos que ela deverá correr na medida em que não tenha querido acautelar adequadamente os seus interesses, *v.g.*, exigindo a emissão de uma proposta contratual inequívoca, dotada eventualmente de um prazo de vigência apropriado às suas próprias necessidades de tempo para decidir celebrar o contrato para que necessita da colaboração alheia. Mas nem sempre esses riscos deverão ser (todos) suportados por ela. Várias razões podem justificá-lo. Por exemplo, quando é cognoscível para um sujeito que as condições contratuais que apresenta "informalmente" se destinam a que a outra parte tenha a segurança de que precisa para negociar um outro contrato por ela identificado admitir-se-á com facilidade a sua responsabilidade se aquelas condições contratuais vêm a ser desditas sem justificação. Também as práticas habituais do comércio ou uma relação anteriormente existente entre os sujeitos permitem explicar que determinada indicação de preço de um deles seja tomada como estável pelo outro.

tativas em relação à efectiva celebração do contrato. Como construir então a sua responsabilidade por uma conduta que pode até revestir as notas de um comprometimento, embora abaixo do limiar da relevância negocial? Qual o papel da teoria da confiança e da regra da conduta de boa fé a que apela a *culpa in contrahendo*?

Preliminarmente: há que ser prudente na admissão dessa responsabilidade. Antes da conclusão de um contrato, é do interesse da ordem jurídica preservar um espaço de liberdade para que os sujeitos possam negociar, avaliar os seus interesses, e tomar autonomamente a decisão de contratar. As partes devem naturalmente tê-lo presente. Assim, como ponto de partida, a *interrupção do processo negocial não constitui seguramente um facto ilícito*[535]. Até à consumação do contrato mantém-se a possibilidade de não contratar, o que constitui uma faceta imprescindível *da liberdade de celebração de negócios jurídicos* (correspondente ao seu *exercício negativo*). Deste modo, uma ruptura das negociações tem de considerar-se por princípio livre e isenta de responsabilidade.

A hipótese de desvio dessas condições, base para o outro acordo, não aponta necessariamente para a reserva de uma decisão futura e arbitrária de contratar. Se, pois, a sua indicação foi firme, compreende-se a responsabilidade caso elas venham a ser modificadas; apesar de não haver, rigorosamente, contrato.

O *venire* (aparentado com o instituto do *promissory estoppel*) poderá jogar aqui um papel relevante e, com ele, a doutrina da confiança. Esta preserva a limpidez do sistema de regras relativas à conclusão do contrato. De destacar também a sua flexibilidade e adequação. A teoria da confiança considera na sua aplicação a posição concreta do empreiteiro geral, não consentindo numa vinculação do subempreiteiro para além da tutela de que aqueloutro efectivamente necessita. E está aberta à alteração das condições inicialmente propostas do subempreiteiro, sem responsabilidade, se ou enquanto daí não resultarem prejuízos ao empreiteiro (*v.g.*, porque ele ainda não chegou a qualquer acordo com o dono da obra). Soluções que depõem contra um dever de celebração do contrato amparado pelo art. 227.

[535] Na expressão plástica de FARNSWORTH, as negociações podem-se abandonar "at any time and for any reason — a change of heart, a change of circumstances, a better reason — or for no reason at all" (citado desta vez *apud* HEIN KÖTZ/AXEL FLESSNER, *Europäisches Vertragsrecht*, I, Tübingen 1996, 57). Cfr. também LARENZ, *Bemerkungen zur Haftung für "culpa in contrahendo"*, FS für Kurt Ballerstedt, Berlin 1975, 416-417, e *Lehrbuch des Schuldrechts* cit., I, 108; FLUME, *Das Rechtsgeschäft* cit., 617, opondo-se a um dever de concluir um contrato; ainda, MEDICUS, *Verschulden bei Vertragsverhandlungen* cit., 497 ss.

Assim, também as despesas e outras disposições suportadas pelos sujeitos no decurso das negociações (*v.g.*, na elaboração e preparação de propostas contratuais e das respectivas condições) não são em regra recuperáveis pela via indemnizatória. Importa porém reconhecer excepções; sobretudo quando elas foram resultado de uma atitude específica de captação da confiança por outrem no fecho do contrato que, nas circunstâncias do caso, tornasse razoável a respectiva realização. É neste ponto que a questão da responsabilidade se torna sensível. Indubitavelmente: concitar a confiança de outrem num comportamento futuro nada tem, em si, de ilícito. Há portanto que saber se existe base — e qual — para uma responsabilidade no caso de aquelas expectativas virem a ser desfeitas por uma conduta daquele que as induziu. Importa distinguir.

Pertence aos ditames de uma *conduta leal e correcta* que *nenhuma das partes acalente na outra expectativas infundadas quanto a condutas futuras*. Tal implica um dever de não se apresentar sequer a negociar ou, então, de não criar uma confiança (excessiva) na conclusão do contrato, respectivamente *se* não há *desde o início* vontade de levar as negociações a bom termo ou quando essa vontade se não apresenta suficientemente firme. Como impõe um dever recíproco de informar acerca de modificações posteriores na disponibilidade de prosseguir negociações sérias com vista à celebração do negócio.

Por essa razão, devem ser responsabilizados pelos prejuízos que causem os sujeitos que se apresentam a negociar mas que prosseguem na realidade finalidades alheias à busca de um consenso negocial: por exemplo, um acesso a informações do outro, um melhor conhecimento da sua organização empresarial e do respectivo comportamento no mercado, a familiarização com elementos-chave do respectivo quadro de funcionários, etc.. A conduta daquele que oculta o seu propósito de, nestas circunstâncias, romper posteriormente as negociações, desinteressando-se por completo dos prejuízos que possa causar à outra parte, configura uma actuação dolosa que gera naturalmente responsabilidade[536].

A existência ou o posterior surgimento de obstáculos externos que dificultem ou impossibilitem o sentido útil da conclusão do con-

---

[536] Já o dissemos no n.º anterior.

trato — por exemplo, a falta de uma licença — podem igualmente ser objecto de um dever de comunicação à outra parte[537]; pelo menos quando for cognoscível que esta os desconhece e alicerçará previsivelmente na correspondente convicção disposições patrimoniais relevantes, expondo-se a sofrer prejuízos. O cumprimento do dever de informar visa, nestes casos, permitir que a outra parte calcule adequadamente os riscos do estádio negocial alcançado.

Existem pois conjecturas em que se reclama de qualquer um dos sujeitos que, limpidamente, "mostre as cartas", na medida em que o "jogo encoberto" conduza com probabilidade a um prejuízo do outro. Movemo-nos porém sempre no âmbito do que constituem os *ditames de uma conduta honesta e séria na negociação.* A responsabilidade decorre da infracção de exigências da boa fé e não da frustração de expectativas do sujeito em si mesma considerada.

Para além disto: existirá espaço para uma protecção do contraente defraudado na sua expectativa de concluir o negócio independente da considerada violação do mero dever de não concitar uma confiança injustificada ou de a não fazer perdurar? O direito delitual, pelo recorte das suas proibições e pela restritividade com que contempla em geral os interesses patrimoniais puros, não tem a sensibilidade suficiente para captar adequadamente estas espécies[538]. Por

---

[537] A afirmação dessa vinculação deve ser ponderada sempre em função dos critérios que fundamentam em geral o dever de esclarecimento, precedentemente referidos. Ela é tanto mais de afirmar quanto se prender com o fim em vista do qual o contrato é celebrado e incidirá mais facilmente sobre aspectos directamente atinentes ao conteúdo ou objecto do contrato do que sobre simples circunstâncias que o envolvem e que são susceptíveis de interferir com o proveito que a outra visa com o contrato. A avaliação destas últimas é fundamentalmente uma responsabilidade pessoal, pois, em princípio, a cada um cabe julgar a oportunidade do contrato e cada um corre também o risco da frustração do fim a que destinava a prestação. Já o dissemos.

[538] Descontados os casos, como se apontou, de comportamentos chicaneiros ou dolosos, ofensivos do mínimo ético-jurídico exigível a qualquer um dos membros da comunidade jurídica. Também não está excluída a possibilidade de relevância delitual da conduta se ela representar a violação de uma disposição de protecção para efeito do art. 483 n.º 1, 2.ª alternativa (como a proibição penal da burla; recorda-o MARTIN WEBER, *Haftung für in Aussicht gestellten Vertragsabschluss,* AcP 192 [1992], 403).

seu turno, institutos como a gestão de negócios ou o enriquecimento sem causa apenas perifericamente podem oferecer alguma tutela ao sujeito surpreendido pela interrupção do processo negocial[539]. Tam-

[539] Assim, a gestão só é susceptível de conduzir ao ressarcimento das despesas feitas em função do contrato na medida em que elas se possam configurar como provenientes de uma autêntica assunção da direcção de um negócio do autor da ruptura. O que não é fácil ocorrer, dada a conflitualidade de interesses que marca tipicamente a relação de negociações; nem há habitualmente *animus negotia aliena gerendi* de quem desenvolve um processo negociatório, nem, quando cura de interesses alheios, falta habitualmente uma autorização para esse efeito.

Por outro lado, o enriquecimento sem causa visa por definição remover um enriquecimento e não ressarcir um dano, sendo ao mesmo tempo que estas noções não são necessariamente simétricas. A *condictio causa data causa non secuta* prevista no art. 473 n.º 2 tem interesse nos casos de uma atribuição patrimonial feita *em função de um comportamento futuro no processo negocial da outra parte*, nomeadamente em vista da celebração do contrato; por exemplo face a uma "carta de intenções" nesse sentido. Não existindo uma vinculação jurídica à adopção da conduta posterior (de conclusão do contrato), a responsabilidade escapa também às malhas da *culpa in contrahendo*, pelo que esta *condictio* pode efectivamente desempenhar um importante papel, complementar deste instituto, numa área por ele não abarcada. (Mas para tal é mister desembaraçar-se de um certo entendimento restrito desta *condictio* — cfr. *v.g.*, MENEZES LEITÃO, *O Enriquecimento Sem Causa* cit., 523 ss — que requer para a sua verificação um fim *estipulado pelas partes* para a prestação realizada, interpretado *à luz dos pressupostos da eficácia negocial*, ou então que a coliga à realização de uma prestação visando um resultado compreendido no conteúdo de um negócio preexistente.)

O enriquecimento sem causa tem porém carácter geral e pode portanto operar para além do quadro daquela *condictio* na liquidação de uma relação em que não se chegou a concluir validamente um contrato: assim no caso decidido pelo Acórdão do Supremo Tribunal de Justiça de 28 de Março de 1995, CJ (STJ) III (1995), 1, 141 ss: decretou-se a nulidade de um contrato-promessa verbal relativo à compra e venda de vários prédios rústicos e urbanos, na base de uma promessa de partilha "de boca", reconhecendo-se no entanto aos promitentes-adquirentes que haviam entrado na posse desses bens o valor das benfeitorias e dos juros das quantias despendidas com a sua aquisição a partir de certo momento. Excluíra-se a responsabilidade pré-contratual dos vendedores por não celebração de um negócio válido, considerando-se que, a assacar-se-lhes culpa, ela oneraria nas circunstâncias, do mesmo modo, os promitentes-adquirentes (recusou-se de resto também, pertinentemente, a posição de princípio de que nos negócios sujeitos a forma não poderia nunca admitir-se uma responsabilidade pela ruptura do processo negocial).

bém uma fundamentação da responsabilidade através da aceitação de vinculações negociais, *maxime* concludentes, no sentido de prosseguir as negociações, sejam elas contratuais ou unilaterais, só augura êxito, querendo-se evitar ficções, para um número limitado de casos[540].

[540] Interessante e, em todo o caso, a ter em conta é a hipótese de se interpretar a conduta dos sujeitos na fase preliminar de um contrato como *promessa (negocial) de negociar de boa fé:* extraindo-a por exemplo, através de um juízo de concludência, de uma carta de intenções. Uma vinculação deste tipo deve distinguir-se naturalmente da promessa de *conclusão do contrato:* não a implica conceptualmente, nem com ela se coligará via de regra na prática das *"letters of intent".* Violado um compromisso deste género, nenhum obstáculo se antolha na concessão à parte lesada de uma indemnização pelo interesse de cumprimento da vinculação inadimplida. Este interesse é evidentemente distinto do interesse de cumprimento do contrato cuja negociação se visava. Pode ser difícil computá-lo; mas parece razoável impor àquele que não honrou o seu compromisso o ónus da demonstração de que não se chegaria nunca, tivesse ele agido de boa fé, ao fecho do contrato. Decisivo para esta averiguação é a extensão e importância dos pontos sobre que se havia já atingido consenso e a ponderação dos aspectos ainda por acordar. Em todo o caso, a indemnização do dano de confiança (traduzido nas disposições feitas em função da observância do compromisso) permanece como solução sempre ao alcance do prejudicado. (Pressupomos a eficácia negocial da promessa de negociar de boa fé, que — não convém esquecê-lo — implica a ultrapassagem da barreira do art. 457. Em todo o caso, a denegação de carácter negocial não prejudica automaticamente uma responsabilidade pela confiança numa promessa, negocialmente inválida ou ineficaz, de negociar de boa fé. Por outro lado, a promessa negocial de negociar de boa fé afigura-se à partida mais responsabilizadora do que a determinação geral, heterónoma e de direito objectivo, de negociar de boa fé.)

Pode também considerar-se a hipótese de a conduta desenvolvida pelo destinatário de uma carta de intenções na sequência dessa carta servir como demonstração de um acordo entre as partes em negociação no sentido da indemnização das despesas feitas se porventura o contrato não chega a ser concluído. Como na situação anterior, não está aqui igualmente em causa o ressarcimento em si da frustração das expectativas no bom êxito das negociações. De qualquer modo, este contrato preliminar só não será ficcioso se, evidentemente, assentar de facto em declarações negociais das partes. Ainda que porventura estabelecidas por presunção, requere-se uma efectiva verosimilhança da sua ocorrência. Um mero juízo que aponte para a justiça ou razoabilidade da indemnização dessas despesas não basta obviamente. *Mutatis mutandis,* quanto a um acordo pelo qual se convenciona a restituição dos benefícios de uma actividade empreendida pelo sujeito a favor do outro

Parece abrir-se deste modo espaço para uma responsabilidade pela confiança, que se desencadeia pela simples frustração de expectativas no êxito do processo negocial, como contrapeso da faculdade de desistência até ao momento da celebração. Mas a autonomia desta responsabilidade pressupõe que não esteja em causa a infracção a um dever de concluir o contrato por força da boa fé. Importa portanto esclarecer se as exigências do *civiliter agere* imporão uma adstrição desse tipo, aí onde se concitou a confiança na celebração do contrato; numa formulação negativa, perguntar se existe mesmo uma proibição de frustrar então a convicção alheia a que se deu azo.

Há fundadas razões para o recusar. Aceitar que a conclusão do contrato passaria a ser devida em certas circunstâncias como corolário de uma exigência objectiva da ordem jurídica e fundada nos ditames do comportamento de boa fé levaria à compressão da regra segundo a qual a liberdade de celebração do contrato se mantém... até ao momento mesmo dessa celebração; antecipar a possibilidade de uma desvinculação lícita do processo negocial a um momento anterior ao do fecho do contrato colide frontalmente com a consequência que dele brota de que os sujeitos conservam até essa precisa altura a faculdade de abandonar o processo negocial. Entre liberdade e vinculação, *tertium non datur*. Uma alteração do limiar da vinculação contratual amparada na regra da boa fé é inconciliável com a fronteira

---

e levada a cabo em vista da conclusão do contrato, quando este acaba por não ser fechado. (Questão diferente — do domínio do enriquecimento sem causa e de articulação com o campo do negócio — é a de saber se, efectuada pelo sujeito a prestação que para ele decorreria de um certo contrato antes de ele estar celebrado, na sequência, *v.g.*, de uma carta de intenção, ele pode requerer por via restitutória a prestação que à outra caberia se esse contrato chegasse a ser celebrado. Uma resposta positiva acabaria por pôr em cheque o consenso negocial como fonte necessária do direito à contraprestação. Em todo o caso, importa não renunciar precipitadamente à via negocial. Observando neste contexto que a indeterminação do preço não constitui um obstáculo ao contrato de compra e venda, numa solução que poderia estender-se a outros elementos, de modo a salvaguardar da dificuldade da indeterminação a perspectivação da conduta das partes como autêntico compromisso negocial, S. N. BALL, *Work carried out in pursuance of letters of intent — Contract or restitution?*, LQR 99 [1983], 583 ss.)

entre o âmbito da liberdade negocial e o da vinculação contratual através da emissão das correspondentes declarações negociais.

Não podem neste aspecto subscrever-se aquelas orientações que pretendem substituir o momento do consenso negocial por um processo gradual e contínuo de amadurecimento das vontades e do consenso, susceptível de dispensar a separação entre actos pré-contratuais e actos posteriores à celebração do contrato para efeito de responsabilidade; por exemplo, admitindo um dever de "formalização" de um contrato, pelo menos quando o consenso se mostra substancialmente atingido[541].

Naturalmente que mudando a concepção e o paradigma do contrato se torna possível fugir à já aludida aporia de admitir uma vinculação "pré-contratual" à celebração de um contrato. Só que então com sacrifício do contrato como produto de um consciente e voluntário acto de autodeterminação de consequências jurídicas (por exemplo, tomando-o por sinónimo de toda e qualquer cooperação ou interacção humana reconduzível a uma actuação da livre iniciativa dos sujeitos, ainda que não traduzida em declarações negociais). Abrindo deliberadamente mão, portanto, de uma provada base de legitimação para os efeitos jurídico-contratuais, que aliás, por muito que se quisesse, nunca se poderia extirpar e que, material-valorativamente, irromperia sempre; aqui, além, e mais além: constantemente. E, por cima disso, ficando devedora da demonstração de razões de validade alternativas para essa eficácia.

Mas semelhantes orientações ignorariam ainda — e nisto vai um obstáculo da maior relevância também — o pórtico da vinculação contratual erguido, *de lege lata*, pelas regras que determinam o acordo negocial e a sua substância, e fixam temporalmente o seu surgimento[542]. Pouco adianta insistir com observações da realidade prática dos negócios, aliás normalmente empoladas. A experiência regista que, mesmo naqueles negócios de formação mais complexa e demorada em que o consenso se vai paulatinamente acrisolando, sincopa-

---

[541] Assim, no entanto, KÖNDGEN, *Selbstbindung* cit., 81-82.

[542] Afectada seria ainda a distinção, traçada *de lege lata*, entre contrato-promessa e contrato prometido.

damente por etapas ou numa progressão mais contínua, existe uma nítida sensibilidade dos contraentes para a já referida linha de separação entre liberdade e adstrição contratuais.

Porém, também uma orientação menos audaciosa que propugnasse simplesmente uma redução teleológica das normas que estendem até ao momento do consenso a fronteira da liberdade negocial nas situações em que foi suscitada a confiança na celebração do contrato se depara com obstáculos decisivos. A redução teleológica representaria o *pendant* metodológico de uma concepção substantiva que ofende *in casu* ponderações material-valorativas e orientações sistemáticas vinculativas. Na verdade, ela redundaria em admitir que a confiança podia constituir um autónomo facto constitutivo de vinculações dos sujeitos (a uma conduta tendente a realizar essa confiança), mesmo na ausência de indicação explícita nesse sentido por alguma norma concreta do sistema jurídico. Com o que a confiança passaria a representar, geral e ilimitadamente, uma causa de pretensões dirigidas à realização de expectativas, o que é inaceitável. Deitar-se-ia pela borda fora o sistema instituído das fontes das obrigações, ignorando completamente a sua função de preservação da autonomia privada[543].

---

[543] Não se vê facilmente como justificar uma restrição da eficácia da confiança enquanto fonte de adstrições ao domínio pré-contratual. Importaria ainda então explicar que era aí a confiança o vero fundamento da protecção concedida, pois a selecção de uma situação de expectativa para efeito de tutela teria de se fazer sempre com auxílio de critérios extrínsecos a ela mesma. Não se vê também modo de pedir ao dever (pré-contratual) de actuar de boa fé a indicação sobre se a confiança na celebração futura de um contrato merece ser protegida, quando é a admissibilidade mesma desse dever que está em causa. Teríamos uma inapelável petição de princípio.

Pensamos que estas objecções superam as fronteiras e resistem às contingências dos vários ordenamentos. Em todos se faz sentir a necessidade de uma "formalização" (se se quiser), ainda que mínima, do momento em que surge a vinculação contratual, pelo que uma adstrição em virtude da confiança se apresentaria como desvio em relação a ela. Todos se teriam então, de qualquer modo, de debater com a necessidade de o circunscrever, pois não é praticável uma admissibilidade genérica e indiferenciada da confiança como fonte de pretensões as mais diversas. Uma *correcta distribuição do ónus da argumentação* faz pois impender sobre aqueles que reconhecem deveres de contratar *ex vi* da teoria da confiança a necessidade de se justificarem. Estão em causa, quer a abertura de excepções ao princípio da autonomia

Ora, não há motivo para admitir um tão profundo entorse ao âmbito de autodeterminação dos sujeitos preservado pela ordem jurídica quando a teoria da confiança permite, desde que devidamente entendida, responder satisfatoriamente à necessidade de admitir uma responsabilidade pela ruptura das negociações. Requere-se é partir de uma responsabilidade emancipada da violação dos deveres de agir segundo a boa fé. Semelhante responsabilidade — se se quiser, uma responsabilidade "pura" pela confiança — encontra-se abrigada das objecções que a consideração como ilícito do acto de ruptura de negociações suscita, uma vez que se baseia na simples ideia da imputação das consequências do seu comportamento àquele que concita uma expectativa alheia e depois a frustra, provocando danos.

De facto, do carácter em si não desconforme com a ordem jurídica de um comportamento que viola a confiança alheia não se extrai de modo algum que essa confiança não mereça ou deva ser tutelada; que fique pois prejudicada uma responsabilidade pelas convicções livremente engendradas no tráfico negocial. Não se trata de conceder

---

privada e da liberdade contratual, quer a circunscrição do respectivo campo face a directrizes gerais contrárias. Por outro lado, há que defrontar a persuasividade da protecção que uma adequada compreensão da teoria da confiança (harmónica com os sobreditos princípios) oferece a quem acreditou justificadamente na celebração do contrato; *vide*, quanto a este ponto, já de seguida.

Insensível a estes argumentos e em sentido diametralmente oposto à concepção que perfilhamos, lê-se num instrumento de harmonização jurídica internacional como o dos princípios do UNIDROIT que, mesmo antes de se chegar à fase da proposta — para cuja retractação se elencam, como entre nós *de lege lata*, certos requisitos — ou num processo negocial sem sequência discernível de proposta e aceitação, as partes podem já não ser livres de romper abruptamente as negociações, apresentando-se como critério básico o da confiança justificada na conclusão do contrato e o número de questões relativas ao contrato futuro já acordadas entre as partes: cfr. o comentário 3 ao art. 2.15 , sob a epígrafe "responsabilidade pela má fé na ruptura das negociações". Completamente inconcludente, senão mesmo deslocado, quanto à aceitação de um dever de celebração do contrato por força da confiança é em todo o caso — diga-se *en passant* — o exemplo ilustrativo, decalcado sobre a espécie norte-americana *Red Owl Stores vs. Hoffman*: nada nele colide com um correcto entendimento da teoria da confiança, que conduziria sem dúvida à pretendida indemnização das despesas feitas em função do contrato pelo *deceptus*.

que o sujeito a responsabilizar se encontrava vinculado à celebração do contrato, mas apenas de aceitar que pode ter de indemnizar caso ofenda as expectativas que ele próprio alimentou[544].

Esta construção harmoniza-se plenamente com a inexistência de um dever geral de correspondência à confiança alheia. Nem pois nesta constelação de responsabilidade por uma conduta pré-contratual ele é de aceitar. Por isso se pode dizer que a liberdade de interromper as negociações representa um simples corolário da liberdade de agir; não um privilégio especial (por referência a uma orientação geral contrária) num sector determinado da ordem jurídica.

Tiremos algumas conclusões. Em primeiro lugar, que não faz sentido, contra uma tendência muito generalizada, fazer depender a responsabilidade por interrupção das negociações de um comportamento culposo ou ilegítimo do sujeito; bem como exigir para a isenção de responsabilidade, aí onde o sujeito acalentou no outro expec-

---

[544] A recondução da responsabilidade pela ruptura das negociações à teoria da confiança implica a relevância dos pressupostos gerais de protecção das expectativas (mais tarde se referirão com pormenor). O que tem consequências práticas, ainda que porventura marginais. Assim, a concepção da interrupção das negociações como ilícita é pelo menos à partida mais aberta — sem que haja razões suficientes de justiça para tal — à ressarcibilidade daquelas disposições patrimoniais feitas na expectativa da celebração do contrato: em princípio, estas são indemnizáveis desde que a sua perda se possa dizer causada por um comportamento vedado ao sujeito. Mesmo quando o autor das disposições devia saber que a outra parte ainda podia desistir do contrato, não decorre automaticamente da valoração da sua conduta como "negligente" (se, por exemplo, efectuou não obstante despesas ou não obteve da outra parte uma garantia do seu empenhamento na conclusão do contrato) a exclusão da indemnização, que pode até nem sequer ser afectada no seu montante: cfr. o art. 570. Aceitando-se de resto um dever de prosseguir as negociações encetadas salvo motivo justificado, apenas o conhecimento ou a cognoscibilidade deste último poderiam excluir ou reduzir a responsabilidade. Na nossa construção, ao invés, há antes que ponderar desde logo se existe ou não uma circunstância específica que justifique a confiança do sujeito na conclusão do contrato (quanto às disposições que realiza, sendo que a mera entrada nas negociações nunca pode ser suficiente para o efeito). A falta de *Tatbestand* de confiança conduz, liminarmente, à recusa da responsabilidade, sendo por outro lado que a ausência de razoabilidade da convicção do sujeito leva também em regra àquela exclusão.

tativas de celebração do contrato, um motivo justificado[545]. Tal só se compreenderia evidentemente se o acto de prosseguir negociações

---

[545] Há que reconhecer que é doutrina largamente dominante aquela que coliga a responsabilidade pela ruptura das negociações a uma conduta ilícita (por violação de um dever ou de uma proibição), defraudatória da confiança: *vide* ALMEIDA COSTA, *Responsabilidade civil pela ruptura* cit., 54 ss, 60 ss, falando de um rompimento *ilegítimo* das negociações e contrapondo confiança e justa causa para a ruptura; de modo semelhante, MENEZES CORDEIRO, *v.g.*, *Da Boa Fé* cit., I, 551 ss, *Manual de Direito Bancário* cit., 437-438, e *Tratado* cit., I/1, 405-406, enquadrando a ruptura como violação dos deveres de lealdade *in contrahendo;* também PIRES DE LIMA/ANTUNES VARELA, *Código Civil Anotado*, I, cit., 216, falam de um dever de conclusão do negócio (tem de excluir-se por natureza o caso das obrigações legais ou negociais de contratar, situadas fora do âmbito específico do art. 227); já ANA PRATA, *Notas sobre Responsabilidade Pré-contratual* cit., 66 ss, assume explicitamente o carácter ilícito da conduta de rompimento do processo negocial; em orientação similar, aparentemente, E. SANTOS JÚNIOR, *Acordos intermédios: entre o início e o termo das negociações*, ROA 57 (1997), 600, conexionando a ruptura das negociações sem causa justificativa à violação do dever pré-contratual de boa fé. BAPTISTA MACHADO, *Tutela da confiança* cit., 408, aparenta ir igualmente nesse sentido, ao apontar que a responsabilidade por abandono injustificado das negociações pressupõe a violação culposa de um dever inerente à relação pré-contratual (na exigência de um motivo justificado para esse abandono vai naturalmente implícita uma vinculação à celebração onde esse motivo não existe). De modo similar, se bem vemos, OLIVEIRA ASCENSÃO, *Direito Civil/Teoria Geral* cit., II, 373: apesar de negar explicitamente um dever de contratar *ex vi* do art. 227, coliga afinal ainda a ruptura das negociações a uma conduta ilícita (pela necessidade de proteger a autonomia privada, provavelmente por considerar que uma desistência *ad nutum* isenta de responsabilidade dificultaria a celebração dos contratos, ao passar esta a estar coligada a um risco de dano que dissuadiria a entrada em negociações; uma objecção que todavia não colhe para quem admita, como nós, uma responsabilidade pela confiança não dependente do carácter ilícito da ruptura). O autor, *ibidem*, 374-375, parece nesta linha admitir também uma obrigação de prosseguir negociações (salvo a ocorrência de justa causa) em virtude de cartas de intenção nesse sentido, mesmo em hipóteses em que considera não haver propriamente responsabilidade por violação de contrato; poderia haver formas sucessivas de vinculação negocial, mesmo antes de atingir a fase da proposta contatual (diferentemente, pensamos que uma genuína obrigação de negociar depende necessariamente de um negócio jurídico, não existindo fora dele senão um dever de conduta de boa fé — que não é de prosseguir negociações — e uma responsabilidade objectiva pela confiança). Enfileirando, por

fosse (nalgumas circunstâncias) *devido* — ou se o seu abandono se afigurasse proibido —, mas está deslocado quando isso se não pode afir-

---

último, na corrente de opinião que criticamos, MENEZES LEITÃO, *Direito das Obrigações* cit., 316.

Precursor desta orientação, entre nós, C. MOTA PINTO, *A responsabilidade pré--negocial* cit., 198-199, recorrendo ao abuso do direito e exigindo uma conduta fortemente censurável do sujeito — *animus nocendi* ou pelo menos, uma conduta gravemente negligente —, com o que mostra colocar o problema da responsabilidade pela ruptura das negociações no campo da ilicitude. (Na fase «decisória» da emissão das declarações contratuais o autor reconhece uma responsabilidade objectiva pela ruptura, cingida ao dano de confiança: *op. cit.*, 206-207, e 215-216. Coerentemente com a sua posição para o abandono da etapa negociatória, essa responsabilidade é vista como reforço da protecção da confiança do declaratário na conclusão do contrato, para além pois do possibilitado pelo quadro da conduta abusivo--ilícita, pelo que se distingue bem da orientação que propugnamos da básica licitude da desistência de *todo* o *iter* negocial. A lei portuguesa optou, como se sabe, por um regime-regra de irrevogabilidade das declarações contratuais. Assim sendo, a responsabilidade por rompimento do processo de formação do contrato interessa sobretudo enquanto essas declarações se não produziram. Mas naturalmente que mesmo nas condições de revogação eficaz dessas declarações, não fica arredada a responsabilidade pelo investimento feito em função da conclusão do contrato. Não pode então, como é óbvio, estar em causa uma responsabilidade por acto ilícito; na concepção que sufragamos, trata-se essencialmente da mesma responsabilidade objectiva pela confiança, aplicada agora à fase da formação do contrato em sentido estrito; fase em que podem mesmo sentir-se com particular intensidade as razões que genericamente determinam essa responsabilidade, pela solidificação das expectativas à medida que se aproxima o momento do consenso contratual.)

A jurisprudência pauta-se também dominantemente, pelo menos *apertis verbis*, pela tese da ilicitude do rompimento das negociações como fonte de responsabilidade: cfr. o Acórdão do Supremo Tribunal de Justiça de 5 de Fevereiro de 1981, reproduzido e anotado por ALMEIDA COSTA no seu *supra* referido estudo *Responsabilidade civil pela ruptura* cit., especialmente 17-19 (interrupção das negociações como reprovável falta de consideração pelos interesses da contraparte, desrespeitando as regras da boa fé); ainda, o Acórdão da Relação de Lisboa de 18 de Janeiro de 1990, CJ XV (1990), I, 146 (embora com louvável prudência quanto à admissão de uma responsabilidade por ruptura, afirma-se o seu carácter ilícito após ter sido razoavelmente criada na outra parte a convicção de que o contrato se concluiria), e, analogamente, a Sentença do 3.º Juízo Cível da Comarca de Lisboa de 16 de Outubro de 1992, CJ XVII (1992), 4, 337; por último, aparentemente, o Acórdão da Relação de Évora de 11 de

mar. Por conseguinte, *as hipóteses de ruptura do processo negocial escapam na realidade às malhas da previsão do art. 227 do Código Civil ao exigir-*

Novembro de 1999, CJ XXIV (1999), 5, 262 ss (teria sido aliás oportuno aprofundar o âmbito e sentido da formalização do contrato de mediação imobiliária prevista na lei).
　　Quanto à doutrina estrangeira, cfr., por exemplo, HANS STOLL, *Tatbestände und Funktionen der culpa in contrahendo* cit., 448-449; no fundo também MARCUS LUTTER, *Der Letter of Intent/Überlegungen zur rechtlichen Bedeutung von Absichtserklärungen*, Köln, Berlin, Bonn, München 1982, 65-66, pois, ao admitir um dever de não recusar a celebração de um contrato em determinados casos, aceita que, nessas situações, há um dever de celebração; para outros elementos que revelam (por vezes de modo implícito) a expandida admissão, além-fronteiras, de um (pretenso) dever de concluir o contrato para proteger a confiança legítima (susceptível de ser filiado no pensamento da *culpa in contrahendo* dos direitos da *civil law*), vide, com desenvolvimento, ANTÓNIO FRADA DE SOUSA, *Conflito de Clausulados e Consenso nos Contratos Internacionais*, Porto 1999, 309 ss, n. 617.
　　Na doutrina germânica recente, destaca-se ainda WOLFGANG KÜPPER, *Das Scheitern von Vertragsverhandlungen als Fallgrupe der culpa in contrahendo*, Berlin 1988, pretendendo, como logo desvenda o título da sua monografia, ser o rompimento das negociações reconduzível à *culpa in contrahendo*: sustenta de facto que o abandono das negociações representa uma actuação ilícita quando — independentemente da violação do sobredito dever de esclarecimento de não acalentar expectativas infundadas — não há *motivo justificado* para esse abandono. Mas não vemos como é possível sustentar um dever de não interromper as negociações senão com motivo justificado. Ele leva, coerentemente pensado, à admissão de uma obrigação de conclusão de um contrato (salvo motivo justificado), o que não é compatível com a manutenção da liberdade de contratar até ao momento do consenso que a ordem jurídica quis intacta (é por isso também de rejeitar terminantemente a afirmação do italiano ENRICO DELL'AQUILA, *La Correttezza nel Diritto Privato*, Milano 1980, 43, nos termos da qual "a interrupção das negociações é antijurídica [...] quando elas chegaram a um ponto tal que, embora não se tendo ainda formado o acordo, tudo fazia prever que o contrato estava para ser concluído").
　　No sentido da concepção que perfilhamos, depõem entretanto, com acentos diversos, além de LARENZ e FLUME (nos locais *supra* citados), autores como BARBARA GRÜNEWALD, *Das Scheitern von Vertragsverhandlungen ohne triftigen Grund*, JZ 1984, 710-711, REINICKE/TIEDTKE, *Schadensersatzverpflichtungen aus Verschulden beim Vertragsschluss nach Abbruch von Vertragsverhandlungen ohne triftigen Grund*, ZIP 1989, 1097-1098, e SINGER, *Das Verbot* cit., 279-281, a favorecer uma destrinça entre frustração da confiança e violação de deveres de correcção e lealdade *in contrahendo* (vide também já de seguida).

-se aí a *violação culposa dos ditames da boa fé*. Uma conclusão deveras surpreendente face a uma sedimentada *communis opinio*[546].

Não havendo vinculação a corresponder à confiança suscitada na conclusão do contrato, não faz igualmente sentido atribuir ao *deceptus* uma indemnização correspondente aos danos consistentes na não realização dessa expectativa[547]. Como *não pode recorrer-se ao princípio da*

---

[546] Discordamos portanto também de incluir a responsabilidade por violação da promessa de casamento do art. 1594 no quadrante da *culpa in contrahendo* e de a considerar uma responsabilidade pela confiança derivada da violação de um dever de protecção (assim, todavia, recentemente, MENEZES LEITÃO, *O Enriquecimento Sem Causa* cit., 535 n. 189, depois de ter afastado, justificadamente, a tese contratual). Trata-se de uma opinião situada nos antípodas da nossa concepção. Para nós, a ruptura desta promessa (não negocial) é livre e não há nenhuma adstrição a mantê-la. Ela proporciona mesmo um afloramento importante da responsabilidade "pura" pela confiança que perseguimos, insusceptível de miscigenação com a violação de deveres de conduta.

O Acórdão da Relação de Évora de 11 de Julho de 1985, CJ X (1985), 4, 288--289, revela em todo o caso exemplarmente ter encontrado eco na jurisprudência o nosso entendimento de que existe liberdade de celebração enquanto se não firma o contrato e de que a responsabilidade decorrente do rompimento de negociações não se pode entender como derivada da violação de uma regra de boa fé. A boa fé — julgou-se — não impõe que se restrinja a possibilidade de abandonar o processo de formação do negócio à ocorrência de justa causa: o motivo que lhe preside não é sindicável deste ponto de vista e não carece sequer de ser manifestado; o que sim exige a boa fé é que o sujeito, logo que saiba que não pode ou vai levar as negociações a bom termo o comunique à outra parte. Por estas razões se considerou na espécie que a ruptura do processo negocial não integra uma violação da boa fé para efeito do art. 475 e da *condictio causa data causa non secuta* (erguendo ao que parece uma certa reserva à decisão, MENEZES LEITÃO, *ibidem*, 549, n. 133, o que será em todo o caso coerente com o entendimento que evidencia de que os deveres pré--contratuais — a lealdade — podem implicar uma adstrição a celebrar o contrato).

[547] Só se pode aceder à indemnização do interesse (positivo) de verificação dessa expectativa, se se valorar o rompimento das negociações como violação de um dever (cfr. também MEDICUS, *Ansprüche auf das Erfüllungsinteresse* cit., 549). Assim, quem, ao contrário do que sustentamos, veja no comportamento do parceiro negocial que abandona o *iter* conducente à formação do contrato o desrespeito de um comando jurídico de o concluir, deverá logicamente admitir a violação do interesse (positivo) de celebração do negócio.

Dir-se-á que a nossa concepção não prejudica em tese que, se um determinado dever *in contrahendo* impuser, ainda que a título *excepcional*, a celebração de um

restauração natural do prejuízo sofrido para obrigar aquele que frustra a confiança na conclusão do contrato a celebrá-lo a título indemnizatório: tal seria manifestamente incompatível com a inexistência daquele dever[548]. Os prejuízos a ressarcir serão os derivados de a contraparte *ter confiado* na celebração do contrato (dano de confiança). Nenhuns outros.

Mesmo aqui ainda, o fundamento da responsabilidade — a defraudação da confiança suscitada quando não há qualquer dever de lhe corresponder — explica que *o lesado não pode por princípio pretender ficar colocado em melhor posição do que aquela que lhe assistiria se as suas expectativas se tivessem vindo a verificar.* Considerem-se as disposições efectuadas pelo sujeito na perspectiva da celebração do contrato: a sua

---

contrato e se puder afirmar, na situação concreta, que a sua não infracção teria como consequência a conclusão de um contrato, a indemnização possa abranger o interesse de cumprimento da expectativa correspondente: suponha-se um concurso no termo do qual deverá obrigatoriamente celebrar-se o contrato e em que se torna viável determinar com exactidão qual seria o vencedor no caso de observância das respectivas regras. A dificuldade está porém em conceber uma adstrição desse tipo imposta *apenas* pelos ditames de uma negociação correcta e honesta. Verdadeiros deveres de celebração decorrem naturalmente, ou de uma autêntica vinculação negocial do sujeito (o que ocorrerá com frequência nos casos de concurso), ou de uma imposição da lei. Mas, tanto num caso como noutro, não está então em causa uma adstrição ao fecho do contrato em nome da boa fé. Fora dessas situações não se vê portanto como admitir o recurso à execução específica de uma obrigação de contratar. Estas precisões afiguram-se assim essenciais para avaliar as condições da realização coactiva da obrigação de contratar decorrente de um concurso (aparentemente discrepante, mais aberto a esta possibilidade com base na simples regra da boa fé, MENEZES CORDEIRO, que põe todavia o dedo num outro ponto de relevância para a execução específica: o da determinabilidade do vencedor e das condições do contrato a celebrar em caso; cfr. *Tratado* cit., I/1, 369).

[548] Em sentido contrário, MENEZES CORDEIRO, *Da Boa Fé* cit., II, 795-796 (nessa linha, recentemente, igualmente *Tratado* cit., I/1, 383-384), a propósito concretamente da responsabilidade pela celebração, censurável, de um contrato nulo (uma opinião em todo o caso harmónica com a ideia da superação da distinção entre interesse positivo e negativo e indubitavelmente coerente com a admissibilidade de um autêntico dever *in contrahendo* de não defraudar as expectativas na celebração de um contrato, que se supõe naturalmente válido). Justamente crítico, porém, BAPTISTA MACHADO, *Tutela da confiança* cit., 409. Ainda se abordará especificamente o problema deste particular tipo de hipóteses sob o n.° 62.

indemnização não deve superar o interesse que esse contrato lhe asseguraria, pois se este tivesse sido concluído e executado, o saldo entre o valor da prestação realizada em seu cumprimento e a diminuição patrimonial resultante daquelas disposições seria sempre *desfavorável* ao sujeito. Não se vê motivo para o colocar numa posição mais vantajosa do que a que resultaria se o contrato tivesse sido executado. A ninguém que invoque a defraudação de uma expectativa para deduzir uma pretensão à indemnização do investimento feito em função dela deve ser consentido ficar numa situação mais favorável do que naquela em que se encontraria se essa expectativa se tivesse verificado[549].

---

[549] Cfr. também OLIVEIRA ASCENSÃO, *Direito Civil/Teoria Geral* cit., II, 374; *vide* ainda, por exemplo, ALMEIDA COSTA, *Responsabilidade civil pela ruptura* cit., 84.

Esta orientação pode aplicar-se, com adaptações, nas hipóteses em que se violaram deveres *in contrahendo* de evitar que certas expectativas surjam ou se mantenham. Não estando aqui também propriamente em causa a realização de expectativas, não se compreenderia que o lesado fosse colocado em melhor posição do que a que lhe assistiria caso essas expectativas fossem correspondidas (neste aspecto, faz sentido limitar a indemnização por culpa pré-contratual ao montante do interesse positivo; em sentido diverso, R. AMARAL CABRAL, *Anotação* cit., 222-223).

Tal não colide com a indemnizabilidade do custo da perda da oportunidade de celebração de um outro contrato (no passado) ou com o custo da criação de uma nova oportunidade contratual (no futuro), quando não se vem a celebrar o contrato que o sujeito tinha idealizado. Demonstrando-se que, se o dever de prevenção de expectativas a esse respeito tivesse sido acatado, ele teria celebrado outro contrato ou se vê agora compelido a concluí-lo com outrem, o prejuízo decorrente da criação ou manutenção indevida de expectativas envolve evidentemente o dano de não o ter concluído ou o custo do processo de formação de um novo contrato. Mas permanece que nunca se coloca o sujeito numa posição melhor que aquela que existiria se o respectivo dever tivesse sido cumprido. O custo da oportunidade inscreve-se ainda, reafirme-se, no dano dito "de confiança"; não se pode compreender como integrando o prejuízo (positivo) decorrente da frustração de uma expectativa, na realidade não devida, mas apenas enquanto dano (negativo) decorrente do dever de não a criar ou de a afastar (eventualmente, por forma a permitir ao sujeito a celebração de um outro contrato mais conforme com os seus interesses).

Falámos apenas do prejuízo decorrente do *desperdício* de uma oportunidade de contratar. Não seria curial conceder àquele que deixou de celebrar um contrato alternativo a reparação de todo o ganho que com ele teria obtido, sem considerar a contraprestação que lhe seria exigida. Por outro lado, pelo menos nos casos em

42. Conclusão: a discriminação entre *culpa in contrahendo* e responsabilidade pela confiança, necessidade dogmática e condição de uma responsabilidade pré-contratual por *venire*

Desenha-se, no final das considerações antecedentes, uma conclusão patentemente "heterodoxa". A apregoada ligação da *culpa in*

> que a procura de bens e serviços é vasta, importa evitar permitir ao *deceptus* realizar o seu proveito "segunda vez", contratando de novo, sem qualquer sacrifício (correctamente deste ponto de vista o já citado Acórdão da Relação de Lisboa de 29 de Outubro de 1998, CJ XXIII (1998), 4, 132 ss, ao recusar ao dono de um andar para arrendamento certo valor de renda esperada por um contrato que não se chegou a celebrar a partir do momento em que, rompido o processo negocial, ele pôde dispor do andar para o arrendar a outrem). O desperdício da oportunidade de contratar tende portanto a ser significativo aí onde a oferta de bens ou serviços é escassa e heterogénea, quando o sujeito foi convidado ou decidiu abdicar da possibilidade de negociações paralelas com terceiros em benefício de determinado processo negocial em que acreditou. (Pode ocorrer que o sujeito apenas consiga celebrar com outrem um novo contrato em condições mais onerosas relativamente àquelas que o seu parceiro inicial o induzira a acreditar vir a proporcionar-lhe. Este dispêndio que terá agora de fazer suplanta o custo da mera negociação ou celebração de um novo negócio no sentido de que deriva já da necessidade de celebrar um negócio de conteúdo diverso. Não é todavia indemnizável pela simples razão de que lhe não assistia qualquer direito à celebração de um contrato com certo conteúdo, mas apenas a ser prevenido de certas expectativas ou a não ser induzido a certas representações.)
>
> Há uma outra razão para este juízo. Se o investimento feito em função da expectativa em certo contrato suplanta o valor em si mesmo da expectativa (da utilidade desse contrato para o sujeito), tal significa que há um investimento irrazoável que, como tal, não merece ser tutelado. A não ser que se configure um dever de esclarecimento da inutilidade de certo investimento em favor de quem se dispõe a fazê-lo. Se este se figurar protegido contra a irrazoabilidade económica de certas decisões, então desaparece efectivamente a razão para semelhante restrição. Mas essas situações são dificilmente configuráveis. Em princípio, os deveres de esclarecimento cingem-se ao objecto do negócio e àquilo que é condição do seu aproveitamento para o destino que tem ou que a outra parte lhe pretende dar; não abrangem qualquer dever de prevenção contra decisões não racionais de contratar ou de realizar investimentos em função do contrato.

contrahendo à confiança é enganosa e oculta o verdadeiro fundamento da responsabilidade pré-contratual. Onde a confiança se dirige à observância das exigências de um comportamento correcto ou honesto, minimamente atento aos bens e interesses da contraparte, ela não releva de modo autónomo como fundamento de consequências jurídicas. Quando estão em causa outras expectativas — considerou--se particularmente a confiança na conclusão do contrato — não existe um dever de lhes corresponder: a regra da conduta segundo a boa fé não substitui a necessidade de um compromisso negocial, como não dispensa, em alternativa, a exigência de um dever legal específico nesse sentido.

É certo que fica então em aberto a possibilidade de uma responsabilidade pela confiança[550]. Mas situamo-nos sem dúvida fora do

---

De todo o modo: a limitação da indemnização nos casos em que os deveres pré-contratuais infringidos se destinem a prevenir ou desfazer expectativas conexas com o contrato a celebrar não se aplica compreensivelmente quando tais deveres são alheios a esse propósito: assim, havendo violação de deveres de protecção da integridade das pessoas e bens dos sujeitos *in contrahendo*.

[550] OLIVEIRA ASCENSÃO, *Direito Civil/Teoria Geral* cit., II, 372-373, contesta-o, apesar de (pertinentemente) recusar também a confiança como fundamento dos deveres pré-contratuais. Na razão que apresenta de que a conotação subjectiva da responsabilidade pela confiança levaria "a uma pesquisa de êxito quase impossível" vemos todavia uma dificuldade compartilhada por muitas outras doutrinas jurídicas, susceptível de ser contornada através de um criterioso exercício de presunções judiciais e que, por isso, não tolhe a possibilidade de uma verdadeira e própria responsabilidade pela confiança. Não nos parece sobretudo suficiente prescindir dela em favor da "ponderação objectiva da racionalidade dos comportamentos", com o fim de admitir o ressarcimento das despesas justificadamente feitas por uma das partes no desenrolar das negociações e mais tarde inutilizadas por um comportamento da outra. No simples apelo à racionalidade justificativa do comportamento, considerando padrões de normalidade, não pode ir uma mera remissão para uma imputação ou causalidade naturalística dos danos. Ela é insuficiente para justificar critérios de distribuição de prejuízos e, assim, uma responsabilidade, que passa pela individualização, para esse fim, de um fundamento de imputação (cuja ocorrência na situação concreta há-de depois verificar-se). De modo que, das duas uma: ou se considera que os deveres impostos pela boa fé consomem a (suposta) responsabilidade pela confiança ou se parte em busca de um outro fundamento para essa responsabilidade, imune aos obstáculos que se apontam à teoria da confiança. OLI-

âmbito legítimo da *culpa in contrahendo*, porque ela não decorre da violação de um dever. Culpa pré-contratual e tutela da confiança são pois, em rigor, diferentes. Não se sobrepõem nem identificam[551].

VEIRA ASCENSÃO parece inclinar-se para a primeira hipótese — "basta-nos o comando geral da boa fé e os deveres específicos em que este se traduz" —, com o que se expõe às dificuldades que a regra da conduta de boa fé apresenta tratando--se de fundamentar a responsabilidade pela ruptura das negociações (ou outras hipóteses de responsabilidade em que alguém, tendo concitado durante o processo negocial, certas expectativas de comportamento futuro, vem mais tarde a adoptar um comportamento contrário a elas) e a restrição do dano a indemnizar ao investimento feito em função das negociações.

[551] Em sentido diverso, todavia, a grande maioria dos autores. Às referências *supra* acerca do estado actual da doutrina da *culpa in contrahendo* acrescentem-se agora outras trazidas por DÁRIO MOURA VICENTE em estudo de relevo (*Da Responsabilidade Pré-contratual em Direito Internacional Privado*, Coimbra 2001). A obra confirma largamente a falta usual de destrinça entre protecção da confiança e culpa pré-contratual, assim como a ausência de consideração de outros pontos com essa questão conexos que, pela nossa parte, procurámos firmar (entendimento do *venire*, concepção geral da responsabilidade pela confiança como essencialmente compensatória, etc.). E é ainda na linha que pode dizer-se predominante do pensamento a respeito da *culpa in contrahendo* que o autor genericamente se situa quanto à compreensão desta figura (sem prejuízo de em outros aspectos harmónica com a nossa perspectiva).

Avultam na sua análise preocupações de índole comparativa com vista a firmar o tratamento da responsabilidade pré-contratual em direito internacional privado, que foram ausentes, compreensivelmente, da precedente análise. Na verdade, de um ponto de vista de estrita reconstrução racional-sistemática da *culpa in contrahendo* (ou, mais amplamente, da responsabilidade pré-contratual) à luz da doutrina da confiança — precisamente o nosso ângulo de observação —, o método comparativo não é de modo algum suficiente. Os elementos e indicações que através dele se colhem são úteis para estimular aquela reconstrução, dar-lhe a amplitude devida e sindicar conclusões, evitando precipitações. Mas permanecem invariavelmente *auxiliares*: têm sempre de se sujeitar ao crivo e à penetração do pensamento reconstrutivo, esse sim decisivo e, em rigor, auto-suficiente. Neste aspecto, as conclusões a que chegámos não se restringem facilmente a uma ordem nacional concreta. Pertencem, se se quiser, a um estrato do pensamento dogmático que, pelo nível em que se situa, pode aspirar a um juízo de validade não confinado a direitos particulares (ao menos dos que partilham valores jurídicos básicos comuns).

Neste cenário, é inevitável perguntar se o próprio método conflitual do direito internacional privado faz inteira justiça a este género de discurso e se o

Trata-se, mais uma vez se diga, de tirar as devidas consequências do critério e da delimitação de uma protecção da confiança dogma-

recurso àquele, a não ser logo desqualificado como impertinente, não será nestas circunstâncias no fundo um corolário de uma ainda incipiente racionalização da responsabilidade pré-contratual. De facto, o método conflitual dificilmente se compagina com a pugna entre asserções dogmáticas acerca da essência, natureza e pressupostos básicos de figuras e complexos normativos. A procura e pretensão de acerto que, por sobre as contingências das interpretações históricas localizadas, inere ao respectivo confronto aponta antes para a sedimentação de um direito internacional privado uniforme, com aquelas harmonizado. Desta perspectiva, a justificação neste âmbito do método conflitual representará muito — é o que sugerimos — um modelo ou esquema decisório que incorpora em si a incerteza acerca das melhores e mais perduráveis racionalizações com vista à resolução de uma determinada questão-de-direito, ou então, mais prosaicamente, que pretende integrar a impossibilidade em termos práticos e realistas de a elas aceder (distribuindo o risco da falibilidade das asserções necessariamente subjacentes às decisões que se proferem segundo critérios de conexão espaciais). A ideia que late nesta afirmação é a de que uma argumentação levada a cabo em condições e circunstâncias apropriadas esbate diferenças superficiais e conduziria no limite inevitavelmente a resultados consensuais, em nome do princípio da não contradição da Justiça. O método conflitual será assim um sucedâneo (necessário ou tradicionalmente aceite) para a ausência de semelhantes pressupostos (exigidos por uma completa e certa tematização de questões de justiça).

Sempre que se transcenda o domínio de directrizes normativas precisas e inequívocas e importe, como na responsabilidade pré-contratual, construir racionalmente, em desamparo daquelas, os termos de uma certa solução, a diversidade de direitos que é condição daquele método apresenta-se, por outras palavras, muito mais — e cada vez com maior intensidade numa época de globalização e universalização do debate jurídico — enquanto condescendência determinada pela experiência e pragmatismo decisórios do que uma realidade "ontológica". Por suposto, o estabelecimento dessa diversidade é, apesar de tudo, complicado, dado que cada ordenamento nacional tem ínsita uma tensão dirigida ao que "deve ser" (sendo por isso difícil sopesar e seleccionar devidamente aquilo que identifica, por sobre superficialidades, os vários direitos; representa naturalmente uma falácia o recurso facilitador à conhecida contraposição entre *law in action* e *law in the books*). Numa área escassamente definida como a da responsabilidade pré-contratual — e o mesmo se diga da responsabilidade pela confiança —, cremos que as discrepâncias de compreensão nos vários ordenamentos nacionais, pelo menos entre os que comungam de um mesmo e essencial universo de valores, ou são bem mais aparentes do que reais, ou não devem ser sobreavaliadas, merecendo relativização.

ticamente independente, acima ensaiados. Sem dúvida que os deveres pré-contratuais decorrentes da boa fé, ao mesmo tempo que promovem as condições para um livre e esclarecido exercício da autonomia privada, favorecem também a segurança e a fluência do tráfico negocial. Proporcionam neste sentido "estruturas de confiança" na celebração dos negócios. Mas a função de estabilização ou institucionalização de expectativas que se assinale a uma regra jurídica não pode confundir-se, como sabemos, com o fundamento da responsabilidade pela sua violação.

O cinzelar de uma autónoma responsabilidade pela confiança em relação à culpa pré-contratual conquista espaço para o *venire* — ele próprio independente, relembre-se, da violação de deveres de agir — fazer face a perturbações ocorridas no período das negociações e da formação do contrato. Assim, quando se acalentam em outrem esperanças numa conduta futura, um comportamento posterior que as frustre é contraditório e, como tal, susceptível de gerar responsabilidade. Não pode estar em causa uma "proibição" propriamente dita de *venire contra factum proprium*. É que, se não se apresenta vedado suscitar expectativas, também não existe qualquer imposição de manter uma conduta conforme com as expectativas efectivamente criadas (sejam elas relativas à conclusão do contrato ou a outros comportamentos futuros): na área pré-contratual não existem vinculações a adoptar condutas futuras, senão onde a lei ou um negócio disponham.

Respeita-se no fundo, também aqui, a concepção — que atrás expusemos — de que a relevância autónoma do *venire* é incompatível com uma adstrição jurídica à constância, à fiabilidade ou à credibilidade do comportamento por forma a satisfazer expectativas alheias[552]. Não pode por conseguinte sustentar-se um dever de con-

---

[552] Não coincidente, neste ponto, BAPTISTA MACHADO, que, tendo reconhecido a penetração do *venire* na área da responsabilidade pré-contratual, aponta todavia que neste *pode* existir uma conduta violadora de um dever de comportamento (*Tutela da confiança* cit., 401 ss, e 403: destaque *nosso*). Afirma o autor que a proibição de um comportamento contraditório pode conduzir em *termos práticos* ao mesmo resultado que seria alcançado através da imposição de um dever de celebração do contrato; distingue porém entre a imposição de semelhante obrigação e

tratar *ex vi* do reconhecimento de um efeito inibitório ao *venire* que atinge a ruptura do processo negocial. Na realidade, o *venire* gera, em sede pré-contratual, a consequência geral que lhe assinalámos já precedentemente e que se traduz numa obrigação de indemnizar (por um facto, em si, lícito). Apenas circunstâncias especiais, ditadas pela inapropriação dos meios ressarcitórios para corresponder aos imperativos de tutela do confiante, poderão conduzir a um efeito inabilitante da conduta que frustra expectativas[553]. Mas nada há aqui de específico; tudo resulta — ainda o veremos — da articulação geral entre protecção positiva e negativa da confiança. Quer dizer: não se trata de constituir o *venire* em substituto (dogmático-jurídico) de um dever (inexistente) de celebração do contrato, mas apenas de tutelar através dele as expectativas acalentadas quanto à sua celebração, nos *termos* e *limites* estritamente exigidos para a salvaguarda do investimento de confiança realizado.

43. Cartas de conforto, tutela da confiança e responsabilidade pré-contratual

Um adequado enquadramento jurídico da chamada *carta de conforto* (*comfort letter*) ou *carta de patrocínio* não pode deixar de reflectir a distinção entre a regra da conduta de boa fé *in contrahendo* e a responsabilidade pela confiança precedentemente traçada. Vejamo-lo brevemente.

---

o efeito preclusivo do *venire*, o que — *vide* de seguida o texto — é efectivamente de destrinçar.

[553] A inibição justificar-se-ia evidentemente caso houvesse *violação de um dever de não adoptar condutas contraditórias*. Rejeitámo-lo todavia. De que modo justificar porém a preclusão de um comportamento contraditório se ele se apresenta em si basicamente como lícito? A resposta é esta: uma tutela meramente indemnizatória da confiança pode ser insuficiente, designadamente atenta a irreversibilidade do investimento de confiança feito pelo *deceptus* ou a insusceptibilidade de o autor da frustração das expectativas restituir aquilo que recebeu (porque, *v.g.*, o dissipou). Deste modo, a preclusão da conduta contraditória exprime a simples adaptabilidade da consequência jurídica (da contraditoriedade de comportamentos) às particularidades de uma situação concreta a tutelar; não implica a configuração dessa conduta como ilícita.

É conhecido o género de circunstâncias e necessidades que presidem à emissão destas cartas, que sobretudo a prática bancária consagrou. Da extensa variedade de situações, apresenta-se prototípica a do agente económico que está interessado na concessão de crédito a um terceiro, sem estar todavia disposto a constituir-se em seu fiador ou a garantir, por outra forma, a dívida, nem a celebrar negócios que (como o mandato de crédito) importem para ele esse tipo de consequências. A carta de conforto serve então para influenciar a conclusão da operação desejada junto da instituição financiadora. Nela, o sujeito tranquiliza ("conforta") esta última acerca da credibilidade do terceiro a quem se destina o financiamento, ou recomenda-lhe a concessão do crédito, afirmando que as obrigações decorrentes do financiamento serão honradas e, não raro, prometendo até um empenhamento pessoal (ou, mesmo, diligências concretas) com vista a esse objectivo. Estas cartas de conforto são frequentemente utilizadas na vida económica por sociedades que se encontram em relação de grupo, especialmente por sociedades-mães para apoiar pretensões de sociedades-filhas[554].

As cartas de conforto colocam o delicado problema de saber que relevo jurídico merecem, designadamente para o efeito de responsabilizar o seu autor ocorrido um inadimplemento das obrigações assumidas pelo terceiro beneficiário do crédito. Ele não é de modo algum privativo das modernas formas do comércio bancário: coloca-se, no seu núcleo fundamental, igualmente em cartas de recomendação, de empenhamento ou análogas, que surjam fora desse âmbito.

Desdobrando, há aqui, basicamente, três melindrosas questões--chave a resolver, aliás interpenetradas. Por um lado, uma dogmática das cartas de conforto terá de se bater na linha de fronteira entre aquelas situações revestidas da nota que distingue a *juridicidade* e as pertencentes ao mundo da mera cortesia, da intercedência de favor, da simples honorabilidade ética dos compromissos e das atitudes de

---

[554] Quanto ao entrelaçado típico de interesses que conduz à carta de conforto da sociedade-mãe, pode ver-se, na novel literatura portuguesa, M. JANUÁRIO GOMES, *Assunção Fidejussória de Dívida/Sobre o sentido e o âmbito da vinculação como fiador*, Coimbra 2000, 406 ss.

circunstância, usuais ou não, posicionadas na esfera do *não Direito* e que não produzem, por isso, consequências jurídicas; esclarecendo pois devidamente o critério, os vestígios e a justificação da destrinça. Por outro lado, situada a carta de conforto no espaço da relevância jurídica, importa responder ao problema da sua recondutibilidade, no todo ou em parte, ao domínio da eficácia jurídico-negocial, o que significa interrogar frontalmente o problema do fundamento, da linha de fronteira e dos indícios do negócio jurídico. Finalmente, verificada que seja a impossibilidade de apreender (toda) a relevância jurídica das cartas de conforto nos moldes da teoria do negócio, urge proceder a uma justificação dogmática adequada daquela eficácia que lhe é rebelde.

Pelo menos no contexto do tráfico comercial é de reconhecer, por princípio, eficácia jurídica à carta de conforto. As características habituais desse tráfico, a luta de interesses e a ausência de comportamentos puramente altruístas que nele se manifesta, bem como a predominância de estratégias económicas de minimização de perdas e maximização de proveitos, reclamam em princípio a relevância jurídica dos comportamentos dos sujeitos[555]. Não faria sentido que declarações que pretendem nesse âmbito contribuir para a celebração de um negócio não fossem, quando tivessem êxito, tidas em conta pelo Direito[556].

---

[555] Cfr., a propósito, o nosso *Contrato e Deveres de Protecção* cit., 274 ss, onde se alerta para que o espaço de intervenção "económica" dos sujeitos — no fundo, o mercado — e as suas necessidades funcionais se projectam também em agravamentos dos termos da responsabilidade civil, num fenómeno que se repercute igualmente numa pressão, nesse âmbito, no sentido da juridificação dos comportamentos.

[556] A sua relevância lança assim as raízes no princípio da liberdade contratual ou melhor, no reconhecimento da autonomia privada dos sujeitos (cfr. também B. RIMMELSPACHER, *Kreditsicherungsrecht*, 2.ª edição, München 1987, 28-29).

Seria irrazoável interpretar uma carta de conforto emitida no tráfico comercial por uma sociedade, no exercício da sua actividade, em vista da obtenção de vantagens, como mero texto de circunstância ou cortesia, ou como dando lugar a um acordo de cavalheiros desprovido de relevância jurídica: assim, MENEZES CORDEIRO, *Das Cartas de Conforto no Direito Bancário*, Lisboa 1993, 63-64.

Para firmar a juridicidade das cartas de conforto, argumenta ainda o autor que é muito duvidoso poder-se assumir, fora dos casos previstos na lei, uma obrigação natural, atento o disposto no art. 809 do Código Civil, preceito que considera

Sempre que se verifique que a carta de conforto constitui um negócio jurídico (seja ele um contrato entre o emitente e a institui-

nula a renúncia antecipada do credor aos seus direitos em caso de incumprimento ou mora do devedor. De facto, a indisponibilidade, ao menos absoluta, do credor sobre a tutela que o Direito confere à sua posição explica que a relevância jurídica da carta de conforto não é susceptível de ser prejudicada por mero efeito de uma intenção do seu autor. Independentemente agora de desenvolvimentos acerca da exacta extensão da proibição do art. 809 (para esta questão, cfr. PINTO MONTEIRO, *Cláusulas Limitativas* cit., 186 ss), é seguramente vedado ao credor uma manipulação da tutela jurídica que descaracterize ou desfigure o vínculo obrigacional e de, a seu bel-talante, se reservar a última palavra sobre a conveniência ou não dessa tutela. Tal como, numa questão paralela, seria intolerável para o Direito reconhecer-se às partes um poder de disposição sobre a qualificação jurídica do tipo contratual em que se inclui o contrato que celebram, furtando-se deste modo às suas exigências. Em última análise, o art. 809 recorda pois que a atribuição da juridicidade e das suas notas caracterizadoras não está na dependência de uma decisão da vontade dos sujeitos, antes pertence à ordem jurídica como competência, originária e própria, desta. A autonomia privada apenas é capaz de influenciar mediatamente o juízo acerca do âmbito da juridicidade que a ordem jurídica emite na medida em que proporciona ou modela o *quid* de facto sobre que esse juízo incide; por muito que a configuração da relação pela vontade haja de ser respeitada ou deva mesmo ser em princípio acolhida por esse juízo da ordem jurídica.

Em concordância com esta linha de pensamento parece estar igualmente a tese de que se não podem assumir, por acto e efeito directo da vontade, obrigações naturais. A ser de outro modo, estranhar-se-ia a irrelevância do erro acerca da coercibilidade do vínculo, visto que este não dá lugar à repetição da prestação (art. 403). O art. 404 não obsta de resto a esta interpretação; o princípio da equiparação entre os vínculos naturais e as obrigações civis é aí *apertis verbis* referido ao *regime e não ao modo de constituição*. O juízo derradeiro acerca do carácter natural da obrigação compete pois à ordem jurídica, que decide em função de razões objectivas de conveniência ou proporcionalidade e adequação do respectivo regime perante determinados comportamentos dos sujeitos. A controvérsia, aliás com tradição na nossa doutrina, sobre a questão da *tipicidade* ou *não tipicidade legal* das obrigações naturais foi aparentemente resolvida no segundo sentido, justamente aquele que, fugindo a uma alternativa seca de "tudo ou nada" em matéria de tutela jurídica, melhor garante a flexibilidade de resposta da ordem jurídica perante as particularidades das situações que caem sob o seu império. Poderia, de resto, duvidar-se de que uma decisão positiva do legislador fosse suficiente para, por si só, determinar solução diferente. As obrigações naturais situam-se numa zona de fronteira entre o Direito

ção de crédito, uma promessa de pagamento ou outro negócio jurídico unilateral), a responsabilidade (obrigacional) do emitente não levanta particulares dúvidas[557]. Mas o estabelecimento de um vínculo negocial, a quererem evitar-se ficções, nem sempre se pode asseverar, como não se visualiza em muitos casos com nitidez uma vontade de produção dos efeitos jurídicos correspondentes[558], aliás com frequência contrária aos interesses do autor da carta.

---

e o não Direito que é, em bom rigor, insusceptível de ser demarcada por um acto, isolado e auto-suficiente, de vontade legislativa, porque a esta não assiste um poder absoluto de disposição sobre o sistema jurídico em que se insere e do qual recebe a legitimidade. (Para uma perspectiva não coincidente, MENEZES CORDEIRO, *Direito das Obrigações*, cit., I, 316 ss.).

De qualquer modo, as obrigações naturais não captam adequadamente a problemática da responsabilidade do emitente de cartas de conforto. A sua eficácia concentra-se na proibição da *condictio indebiti*, quando as necessidades e características do tráfico comercial acima aludidas depõem por vezes no sentido do ressarcimento dos prejuízos decorrentes da sua emissão.

[557] Uma carta de conforto pode conter, por exemplo, uma *proposta de conclusão de um contrato*, endereçada pelo seu autor à entidade financiadora, que, sendo aceite, dá lugar à conclusão de um contrato. O art. 234 (dispensa da declaração de aceitação) favorece igualmente a possibilidade dessa ocorrência: *vide* especialmente MENEZES CORDEIRO, *Das Cartas de Conforto* cit., 61-62, e 71 ss (preocupando-se também em contornar os obstáculos que o princípio da tipicidade nos negócios unilaterais ergue a uma interpretação negocial das cartas de patrocínio; na verdade, a contratualidade das cartas de conforto implicaria que esta fosse encarada, tanto pelo seu autor como pela entidade destinatária, enquanto acto singular no processo de formação de um acto jurídico mais complexo, de natureza bilateral, o que muitas vezes não ocorre, pois os sujeitos contentam-se, não raro, com a mera unilateralidade da vinculação assumida pelo "patrono").

[558] Sucintamente: para nós, uma presunção geral de negocialidade colide com a patente heterogeneidade das cartas de conforto. Em todo o caso, mesmo nos tipos de situações em que aquela se deva reconhecer, *há que autonomizá-la bem da presunção geral de relevância jurídica destes instrumentos* (orientação diversa em CALVÃO DA SILVA, *Estudos de Direito Comercial (Pareceres)*, Coimbra 1999, 376, que justifica esta presunção de juridicidade das cartas de conforto numa intenção negocial do patrocinante, avaliada segundo o critério do art. 236 n.º 1, o que parece conduzir em coerência a entender a sua relevância — tão-só — como *negocial; vide* ainda M. JANUÁRIO GOMES, *Assunção Fidejussória* cit., 413, conexionando a juridicidade com a teoria dos efeitos prático-jurídicos).

Ganha portanto acuidade a questão de saber se, fora do âmbito do negócio, será inelutável a irrelevância da carta de conforto. Designadamente — procurando corresponder à extrema flexibilidade de formas com que ela se pode apresentar — se é de aceitar-se a criação de um como que "vínculo de menor intensidade" em confronto com o emergente do negócio, de modo especial por efeito da *confiança* suscitada pelo emitente da carta na instituição de crédito, caso em que seria de admitir uma responsabilidade pela frustração dessa confiança.

À partida, requere-se prudência neste ponto. Quando as partes envolvidas consabidamente se não socorreram da celebração de um negócio, estando nas suas mãos fazê-lo, o credor (leia-se a entidade financiadora) só pode esperar que o emitente da carta adopte *voluntariamente* uma conduta consentânea com o conteúdo da sua declaração, pois acedeu justamente a prescindir de um compromisso negocial para acautelar a sua posição. Parece portanto que o espaço para a responsabilidade pela confiança é, desde o início, exíguo[559]. O argu-

---

De facto, sobretudo naquelas cartas em que o grau de comprometimento do seu autor é mais ténue, não é por vezes possível divisar uma *vontade de vinculação negocial* (neste sentido, LARENZ/CANARIS, *Lehrbuch des Schuldrechts* cit., 83, e SINGER, *Das Verbot* cit., 266, por exemplo). Não basta a atitude de emitir a carta para forçar uma qualificação negocial do comportamento; torna-se necessária a verificação de circunstâncias suplementares. Uma concepção do negócio como acto de autodeterminação do sujeito não pode erradicar o critério da vontade de produção de efeitos jurídico-negociais; já o dissemos.

Note-se que a actividade "concertada" ou "harmonizada" da entidade financiadora de, perante o conteúdo da carta, proceder à operação de crédito prevista não representa *ipso facto* uma aceitação contratual. Não pode partir-se do princípio de que qualquer coordenação de condutas revela necessariamente uma fenomenologia contratual (ignorar-se-ia, por exemplo, que a própria confiança é um factor de decisão e de estabilização de condutas). Por outro lado, a negocialidade das cartas de conforto está longe de abranger todos os casos em que se impõe uma responsabilidade do "patrono" por informações falsas ou incorrectas que a carta contenha, porque estas não constituem em si declarações negociais, mas simples declarações de ciência.

[559] Neste sentido, LARENZ/CANARIS, *Lehrbuch des Schuldrechts* cit., 83. A protecção da confiança não pode assim ignorar aquilo com que os sujeitos se satisfizeram (PINTO MONTEIRO, *Sobre as cartas de conforto na concessão de crédito* [com a col.

mento indicia contudo, já de si, limites claros: deixa de existir este obstáculo à tutela da expectativa no honrar voluntário de um compromisso, quando a falta conhecida de vinculação negocial não possa ser (plenamente) atribuída à entidade que aceitou a carta de conforto. De facto nem sempre seria razoável exigir dela, como condição da celebração do contrato em vista, a assunção de um compromisso negocial do emitente da carta; nomeadamente nas hipóteses de *inferioridade* e *compressão, no plano fáctico, da sua autonomia privada* (pense-se na posição de um pequeno fornecedor a quem não é razoável reclamar da sociedade-mãe que controla a sua cliente a assunção de uma garantia negocial, pelo perigo que a perda deste importante cliente lhe acarretaria, caso os fornecimentos fossem interrompidos por virtude dessa exigência)[560].

Permanece pois um certo espaço para considerar uma eventual responsabilidade pela confiança. Mas há que depurá-la da responsabilidade do emitente da carta de conforto à luz dos princípios da *culpa in contrahendo*. Os ditames da boa fé podem implicar para ele a prestação de um esclarecimento ou a necessidade de averiguar conscienciosamente a exactidão de uma informação que disponibiliza (*v.g.*, sobre a solvabilidade ou sobre a situação económica daquele a quem o crédito será concedido), sob pena de ter de ressarcir os danos provocados[561]. Trata-se de imposições de um *civiliter agere* que, como

---

de Júlio Gomes], in Ab Uno Ad Omnes/75 anos da Coimbra Editora 1920-1995 [org. de Antunes Varela e outros], Coimbra 1998, 462).

[560] Adoptámos já um ponto de vista similar, reconhecendo merecer protecção (através do *venire*) aquele perante quem certa empresa recusou a ratificação de um contrato com ele celebrado por um dos seus auxiliares em seu nome, embora ostensivamente sem poderes representativos para o efeito, num caso em que não era, em face das circunstâncias, minimamente realista pretender que esse sujeito devia ter condicionado a execução do contrato à respectiva ratificação: vide MENEZES CORDEIRO/CARNEIRO DA FRADA, *Da inadmissibilidade da recusa de ratificação por* venire contra factum proprium cit., 709-710. Cfr. aqui CANARIS, *Die Vertrauenshaftung* cit., 369-370.

[561] O mero recurso ao art. 485 n.º 2 para resolver o problema das informações falsas ou incorrectas contidas na carta de conforto (cfr., *v.g.*, MENEZES CORDEIRO, *Das Cartas de Conforto* cit., 71) não constitui, em muitas situações, uma suficiente base de responsabilização. Importa de facto ligar essa disposição a institutos

insistimos, é autónomo em relação à protecção da confiança. Elas não visam a realização das expectativas, mas evitar que surjam representações indevidas perturbando o livre exercício da decisão de contratar por parte do destinatário da carta de conforto[562]. Por isso, o desrespeito destes deveres não pode em coerência cobrir senão o dano que

---

e orientações gerais do direito das obrigações, entre os quais precisamente a culpa pré-negocial, sob pena de poderem surgir lacunas de protecção. Assim, descontadas as hipóteses em que, sem ficção, o "patrono" assumiu uma responsabilidade por danos advenientes da informação que prestou (ou as que o fazem incorrer em facto punível), a responsabilidade depende da violação de um dever de (correcta) informação *previamente* existente. Ora, é para a determinação destas hipóteses que o pensamento da *culpa in contrahendo* releva. No que respeita à perspectiva de que o art. 485 carece de ser interpretado de harmonia com os princípios gerais, constituindo nesse sentido uma norma "aberta", remeta-se de novo, especialmente, para SINDE MONTEIRO, *Responsabilidade por Conselhos* cit., 333 ss.

[562] Quanto ao regime da responsabilidade decorrente da violação destes deveres que, não sendo deveres de prestar, não se podem conceber também como deveres gerais geradores de responsabilidade delitual, há fundadas razões para seguirem padrões da responsabilidade obrigacional. É certo que a diversa natureza com respeito às obrigações em sentido próprio não consente uma subsunção mecânica a esses quadros. Contudo, parece de aceitar também o maior rigor das regras obrigacionais. Assim, as necessidades qualificadas de segurança no tráfico comercial depõem no sentido de lançar sobre o autor da carta o ónus da demonstração de que o não cumprimento do dever não lhe é imputável. No campo obrigacional temos insistido em que a distribuição do ónus da prova comandada pela presunção do art. 799 n.º 1 não atinge apenas a censurabilidade da conduta do devedor, mas reporta-se ainda à causação ilícita da situação de responsabilidade em consequência de uma conduta do devedor. Este substancial alargamento dos termos da responsabilidade reflecte em boa medida a articulação entre a prestação enquanto resultado devido (e atribuído pela ordem jurídica) ao credor e o princípio da culpa. Pode aplicar-se pelo menos quando o dever de conduta infringido se refere também a um resultado. *Mutatis mutandis*, no que respeita à responsabilidade mais severa por facto de outrem. Tudo passa naturalmente pela busca da criteriosa distribuição de riscos na relação: a fixação exacta do dever infringido é justamente um instrumento dessa operação (desenvolvimentos quanto à *nossa* posição em *Contrato e Deveres de Protecção* cit., 192 ss, 202 ss, e 274 ss; desbravando o terreno da identificação concreta dos deveres que cabem aos emitentes das cartas de conforto, atenta a fenomenologia mais corrente que estas possam apresentar, MENEZES CORDEIRO, *Das Cartas de Conforto* cit., 69-71; a solução propugnada da aplicação do art. 799 n.º 1 ao caso específico do dever de o emitente

este não teria sofrido caso tivesse sido prevenido de certas realidades ou não tivesse sido induzido a certas representações.

Apesar de não pretender vir a ser parte formal do contrato em preparação, o facto de interferir com autonomia no desenvolvimento das negociações e de assumir um papel decisivo na respectiva conclusão conduz, numa ponderação material-valorativa, a aplicar ao autor da carta de conforto a regra da conduta de boa fé que vigora no período pré-contratual. Na verdade, a posição da sociedade-mãe assemelha-se à que ocupam os peritos e outros *Sachwalter* na formação dos contratos em que intervêm[563]. Pode também dizer-se que a carta de conforto origina entre ela e a instituição financiadora uma *relação específica* cujo conteúdo é dado por deveres vários de informação, verdade e lealdade[564]. A responsabilidade decorrente da sua vio-

---

manter uma participação estável no concessionário do crédito é, nos moldes acima referidos, susceptível de alargamento a outras situações).

[563] A doutrina que invoca o art. 227 para fundamentar a responsabilidade do autor da carta de conforto (assim, entre nós, P. ROMANO MARTINEZ/P. FUZETA DA PONTE, *Garantias de Cumprimento (Estudo teórico-prático)*, Coimbra 1994, 64-65) deverá naturalmente atender a que aquele é terceiro com respeito ao negócio a celebrar (ciente deste ponto, entretanto, M. JANUÁRIO GOMES, *Assunção Fidejussória* cit., 414, em nota). Excepto quando essa carta intencione a celebração de um autónomo negócio jurídico entre autor e destinatário dela — cfr. a propósito V. SOARES DA VEIGA, *Direito Bancário*, Coimbra 1994, 284-285 —, o que está todavia longe de representar uma ocorrência necessária; onde ela se verifique, franqueiam-se evidentemente as portas a uma responsabilização com base no negócio celebrado e obtém-se também um ponto de conexão independente para alicerçar a *culpa in contrahendo* do seu autor. Justificando a extensão da responsabilidade por *culpa in contrahendo* a certos terceiros, com considerações transponíveis para este sector, o nosso *Uma «Terceira Via»* cit., 100 ss.

[564] Essa relação é naturalmente susceptível de surgir antes mesmo da emissão da carta de conforto. Outras vezes, é a carta de conforto que a inicia e estabelece. Em todo o caso, para haver responsabilidade não se torna necessário que essa relação preexista à declaração que aquela contém. O dever de verdade (talvez melhor, o de não emitir uma declaração inexacta) impende logo sobre quem a emite com o propósito de influenciar a conclusão do contrato. Já o de prestar um esclarecimento (em que o facto desencadeador da responsabilidade consiste na omissão de uma conduta) pressupõe indiscutivelmente, para se afirmar, a prévia constituição de uma relação: uma diferença significativa que dá razão à destrinça entre os dois tipos de situações, a que já aludimos.

lação tem, por isso que esses deveres ligam entre si, de modo particular, sujeitos determinados, patentemente, natureza distinta da delitual[565]. Não existem pois os obstáculos que a imputação aquiliana coloca à indemnização de danos primariamente patrimoniais, como são aqueles que caracteristicamente afectam a entidade financiadora em caso de inadimplemento do contrato.

A responsabilidade derivada de uma carta de conforto não se reduz aos referidos casos de omissão de esclarecimento ou de prestação de uma informação falsa ou deficiente. Muitas vezes o seu autor quer manifestar através dela o seu empenhamento no sentido de proporcionar, às vezes mediante a adopção de condutas determinadas que discrimina, o pontual cumprimento das obrigações contraídas pela entidade recomendada. Se, mais tarde, omite ou vem a adoptar uma conduta divergente daquela que se disponibilizou a adoptar, coloca--se o problema da sua responsabilidade por uma *conduta futura*. Com frequência, a carta de patrocínio não se poderá razoavelmente interpretar como contendo uma promessa negocial de realização de uma prestação: por exemplo, pela indeterminação dos comportamentos a adoptar, ou porque, em todo o caso, o carácter de vinculação negocial é expressa ou implicitamente rejeitado.

---

[565] Claro que a indução dolosa à celebração de um contrato de financiamento através de uma carta de conforto é relevante do ponto de vista aquiliano, por ofensa do mínimo ético-jurídico de todos exigível (independentemente, de resto, da possibilidade de uma anulação do contrato com base em dolo de terceiro, *ex vi* do art. 254 n.º 2, sempre que se verifiquem os requisitos respectivos). Fora destes casos, quando o dever infringido brota de uma relação especial entre o autor da carta e a entidade financiadora, ultrapassa-se o domínio dos contactos meramente ocasionais ou fortuitos paradigmáticos da responsabilidade aquiliana. Esse dever exprime algo de qualitativamente diferente da simples abstenção de produção de danos em outrem, segundo o mote geral do *neminem laedere* característico do direito delitual. Por isso, a responsabilidade decorrente da sua violação situa-se "entre" a responsabilidade aquiliana e a contratual (nesse sentido já o nosso *Uma «Terceira Via»* cit., 86--87, e n. 69; que, mesmo quando fora do campo do contrato ou do negócio, a responsabilidade do "patrono" é susceptível de emergir de um dever específico resultante da *assunção* de um determinado comportamento face a outrem é sublinhado correctamente por ALBERTO MAZZONI, *Le Lettere di Patronage*, Milano 1986, 104).

Ora, paralelamente ao que se viu ocorrer a propósito da ruptura das negociações, se o sujeito não assumiu nenhum compromisso negocial, também não é curial impor-se-lhe, por via da boa fé, um dever "positivo" de adoptar a conduta que perspectivou ao destinatário da carta. Isso significaria fazer tábua rasa das notas identificadoras do negócio como limiar da vinculação à adopção de um comportamento futuro e abrir uma brecha funda no sistema das fontes das obrigações. Deste modo, não é igualmente conciliável com este ponto de partida admitir que a regra da conduta de boa fé possa obrigar o autor da carta a uma conduta destinada a realizar a confiança do seu destinatário em como certo empenhamento ocorreria.

Tudo isso não prejudica igualmente que a boa fé permita impor ao autor da carta condutas *correctas*, posteriores à sua emissão; assim como os deveres de honestidade e lealdade o podem obrigar, *v.g.*, a informar o seu destinatário de uma alteração dos elementos de facto referenciados na carta ou da sua inexactidão, se ela apenas se revelou mais tarde, também uma modificação mesma das disposições que ele próprio manifestou relativamente à adopção de uma conduta futura carece de ser atempadamente comunicada. Nem por isso, todavia, se trata, ainda aqui, de realizar as expectativas criadas[566], mas tão-só de

---

[566] Nestes casos de falta de relevância negocial da carta de patrocínio é equívoco falar-se de uma forma de "contratação mitigada" (a expressão, apesar de pouco rigorosa e insusceptível de operacionalização dogmática, é sem dúvida sugestiva; foi proposta entre nós por MENEZES CORDEIRO, *Das Cartas de Conforto* cit., 21 ss, a propósito destas missivas e de várias outras figuras, algumas das quais referidas ainda nesta nota). Com efeito, nestas situações não existe qualquer dever contratual de adoptar uma conduta futura. As vinculações que impendem sobre o autor da carta esgotam-se e derivam antes da regra da conduta de boa fé. Não é pois que a carta de conforto origine um vínculo contratual mais lasso do que o resultante por norma de um negócio jurídico. Os deveres que com ela emergem não visam o resultado que o autor da carta perspectivou (não negocialmente); não são, nesse sentido, "positivos". Não consubstanciam pois deveres de prestar propriamente ditos, e exigíveis como os demais (embora porventura mais frouxos do que aqueles a que communmente dão origem os negócios jurídicos). Do ponto de vista conceptual-sistemático *importa portanto destrinçar com clareza entre as normas de comportamento a que se encontra adstrito o autor da carta de conforto não negocial e os vínculos decorrentes dos verdadeiros negócios jurídicos*, naturalmente susceptíveis de intensidade variável: uma dis-

tinção que tem o seu paralelo na diversidade entre o simples dever de conduta e o autêntico dever de prestar.Vejamo-lo mais detidamente.

A prática tem revelado situações contratuais heterogéneas globalmente caracterizáveis por uma certa precariedade da vontade dos contraentes com respeito à obtenção do resultado previsto pelo negócio e/ou uma certa indeterminação das condutas a que eles se vincularam nele. Geralmente trata-se de contratos instrumentais relativamente a outros negócios (por ocorrerem entre o início e o termo do processo de formação do contrato em última análise visado, justifica-se designá--los por acordos intermédios: assim E. SANTOS JÚNIOR, *Acordos intermédios* cit., 588). O contrato-promessa oferece um exemplo paradigmático: atenda-se a que o mecanismo do sinal conduz, por regra, à exclusão da execução específica e permite dosear a sanção devida pelo incumprimento. Esta figura geral vem assim a demonstrar que a *intensidade e o vigor da vinculação contratual são variáveis e predetermináveis pelos sujeitos*, ao mesmo tempo que reconhece as correspondentes graduações do empenhamento negocial dos sujeitos.

Já nos *acordos em aberto* (*agreements with open terms*) ou nos *acordos de negociação* (ou renegociação) a tónica está antes na indeterminação das condutas a que as partes se encontram adstritas. Ambos requerem uma actividade negociatória posterior que não definem todavia em termos completos e inequívocos. Nos acordos em aberto, as partes procedem à fixação de alguns pontos principais, que consideram desde já adquiridos nas conversações que mantêm e, assim, vinculantes, ao mesmo tempo que pressupõem a prossecução de negociações com vista à definição dos outros aspectos e detalhes, ou assumem mesmo explicitamente esse compromisso.

A obrigação de negociar um determinado contrato (com adstrição ou não à sua celebração) caracteriza por seu turno, tipicamente, os acordos de negociação. Estes são, normalmente, mais genéricos e incompletos do que os anteriores e há quem lhes negue, por falta de determinação e de completude, vinculatividade. Explora-se também o aparente paradoxo que representaria um *agreement to enter into an agreement*, pois, em palavras, com frequência recordadas, de Lord Wensleydale, no caso *Ridgway vs.Wharton*,"*it is absurd to say that a man enters into an agreement till the terms of that agreement are settled*" (apud, v. g., RENATO SPECIALE, *Contratti Preliminari e Intese Precontrattuali*, Milano 1990, 186 ss). Mas, deixando de lado impropriedades de expressão ou faltas de clareza quanto ao conteúdo que se pretende retratar, a própria realidade negocial se encarrega de demonstrar a possibilidade de tais acordos relevarem juridicamente, ao menos em certas situações. Não pode excluir-se a viabilidade, em muitos casos, de uma concretização mínima das condutas a que as partes se encontram então adstringidas (e das condutas que lhes ficam vedadas).

Acordos deste género geram um *dever de negociar* e não é impossível concretizar as exigências de um *dever de empenho* (mínimo que seja) com vista a alcançar um consenso, o que comprime de facto o espaço para a desistência lícita de um processo negociatório. Fica assim aberta a porta para uma tutela (nomeadamente, indemnizatória) de tais acordos, o que é também suficiente para aceitar uma eficácia jurídica contratual. Como bem salienta SANTOS JÚNIOR, *Acordos intermédios* cit., 598 ss, o esforço negociatório que estes acordos reclamam representa um *plus* em relação ao dever pré-contratual de negociar de boa fé que é imposto pelo art. 227. Mas não pensamos que a eficácia das convenções descritas se possa de modo algum descrever como mero "reforço da intensidade do dever de negociar de boa fé" (cfr. *op. cit.*, 598 ss), pois essa eficácia é negocial e, portanto, *qualitativamente distinta* daquela que produz a regra da boa fé nas negociações (aplicável às cartas de conforto não negociais). Uma nota — esta — que permite explicar a dependência directa da obrigação de negociação em relação às condições e vicissitudes do acordo negocial que constitui a sua fonte (falta e vícios da vontade, resolução, etc.). Pelo contrário, essas condições e vicissitudes apenas mediatamente (isto é, através de valorações do ordenamento jurídico) influem na determinação/concretização dos ditames da boa fé durante a fase preliminar do contrato. No acordo de negociação, a vontade decide soberana e directamente a existência ou a configuração das condutas exigíveis; já os ditames da boa fé representam, como sabemos, um corolário de juízos objectivos da ordem jurídica que se impõem heteronomamente aos sujeitos e em cuja formulação a sua vontade não intervém de forma directa. Não pode portanto também de modo algum subscrever-se (independentemente de outros reflexos da distinção enunciada) a ideia de que a qualificação da responsabilidade civil por violação do empenhamento negociatório exigido por este tipo de acordos — contratual ou pré-contratual — é irrelevante; falham-se aspectos decisivos, práticos e dogmáticos.

A eficácia específica do dever de negociar é, entretanto, amplamente reconhecida no domínio das chamadas *cláusulas de adaptação* dos contratos (de que, sobretudo nas relações comerciais internacionais, constitui exemplo paradigmático a *hard-ship clause*); estas resolvem-se com frequência em *cláusulas de renegociação*, funcionalmente próximas dos acordos pré-contratuais acabados de referir. De modo especial no âmbito das relações contratuais duradouras, o risco de desconformidade futura entre o conteúdo contratual e as circunstâncias envolventes do acordo pode gerar graves desequilíbrios e apresentar-se tão elevado para as partes que estas, perante a insuficiência ou os inconvenientes dos mecanismos de direito objectivo que permitem a correcção dessas distorções (designadamente, o instituto da alteração das circunstâncias ou a denúncia *ad nutum* nas relações por tempo indeterminado), são levadas a introduzir no seu acordo cláusulas de adaptação do conteúdo contratual. Algumas dessas cláusulas são de funcionamento automático, como as de indexação de preços a índices oficiais, outras atribuem a um terceiro competência para proceder ao ajustamento das prestações (cfr., a propósito, o art. 400) e outras, finalmente, criam para as partes o dever de renegociar o conteúdo do contrato, ocorrida que seja uma determinada situação. Decisivo para o respectivo regime é saber se elas implicam a obrigação de atingir um novo acordo (um genuíno *agreement to agree*) ou não. Em todo o caso, nada depõe na sua natureza contra uma acção de cumprimento ou, em alternativa, de indemnização dos danos provenientes do inadimplemento; como nada obsta em princípio à susceptibilidade de substituição, pelo tribunal, da declaração do faltoso e o desencadear de mecanismos previstos no próprio contrato para o caso de recusa ou fracasso da renegociação imputável a uma das partes, *v.g.*, seja o recurso à intervenção de um terceiro imparcial ou a devolução da "competência" para proceder à adaptação do contrato à outra parte (a este último propósito, pode distinguir-se com ANDREAS NELLE, *Neuverhandlungspflichten / Neuverhandlungen zur Vertragsanpassung und Vertragsergänzung als Gegenstand von Pflichten und Obliegenheiten*, München 1993, 12 ss, 303 ss, entre uma competência primária ou, então, secundária, para adaptar o contrato, sendo a primeira a que decorre imediatamente da cláusula contratual de renegociação e a segunda aquela que, subsidiariamente, foi prevista para o caso de falha da renegociação; *vide* também NORBERT HORN, *Neuverhandlungspflicht*, AcP 181 [1981], 255 ss; e *Vertragsdauer*, in Gutachten und Vorschläge cit., I, 623-625 e 640-642, com uma proposta de codificação relativa ao dever de negociação, nomeadamente de o intercalar genericamente antes da resolução do contrato, ocorrida uma alteração da base negocial, e de o reconhecer amplamente como *pendant* do poder de denunciar uma relação duradoura se a outra parte tiver reconhecidamente interesse na perduração da relação; crítico, recentemente, perante este esforço de fazer da renegociação um "problema central do direito dos contratos", MICHAEL MARTINEK, *Die Lehre von den Neuverhandlungspflichten — Bestandsaufnahme, Kritik ... und Ablehnung*, AcP 198 [1998], 329 ss; *vide* ainda, hoje, a consagração da exigibilidade da modificação do contrato e da sua primazia sobre a resolução do contrato ocorrida uma perturbação da base negocial no projectado § 307 da lei de modernização do direito das obrigações alemão de 4 de Abril de 2000). Certamente que a falta de concretude (prévia) da obrigação de renegociar pode condicionar ou interferir na eficácia dos mecanismos predispostos para o respectivo não cumprimento, mas nada depõe em si contra a respectiva natureza negocial.

Também nestes casos existe pois uma diferença com respeito à carta de conforto não negocial. A eventual inexistência de uma adstrição a atingir um novo

prevenir representações infundadas do sujeito que podem redundar em prejuízos[567].

---

acordo revelará provavelmente uma vontade que não é ainda totalmente definitiva ou completa em relação a um futuro contrato. Tal não obsta contudo à presença de um autêntico *contrato* (de renegociação); ainda que *(de termos) indefinidos* (como bem se podem classificar estes acordos, atento o grau de indeterminação que nele costumam atingir as condutas devidas: assim, *v.g.*, SCOTT/LESLIE, *Contract Law and Theory* cit., 253 ss, falando de *indefinite contractual agreements*. Há uma vinculatividade negocial que pode faltar nas cartas de conforto.

Conclua-se. Como as supra-referidas figuras demonstram, o negócio jurídico é susceptível de vincular com diferente intensidade as partes com respeito ao fim negocial último tido por elas em vista e é consentâneo com diferentes graus de voluntariedade e firmeza com respeito a esse fim. Simetricamente, também as cartas de conforto — ou outras figuras análogas, como as declarações de intenção (*letters of intent*) não negocialmente relevantes — podem situar-se numa escala variável de empenhamento do seu autor. Não é pois a "intensidade" da diligência prometida que permite distinguir, com segurança, o universo negocial de outras formas de vinculação ou de acordo juridicamente relevantes, mas a *qualidade* jurídica do compromisso assumido.

[567] Dizendo o dever respeito a uma conduta a observar *após* a conclusão do contrato entre a entidade financiadora e o sujeito recomendado pelo autor da carta de conforto, perde-se naturalmente o ponto de conexão com a *culpa in contrahendo*. Em todo o caso, importa reconhecer que o pensamento que conduz à responsabilidade de terceiros por *culpa in contrahendo* pode coerentemente ser desenvolvido para além do momento da celebração do contrato. Embora não vinculado a deveres de prestar, a *boa fé pode gerar para um terceiro deveres de conduta na fase executiva de um contrato alheio*. Não existe pois nenhum entorse à relatividade das obrigações (em sentido diverso, vendo neste género de situações "uma hipótese de oponibilidade média dos créditos", a opinião de MENEZES CORDEIRO em *Da Boa Fé* cit., I, 625).

O facto de não haver no direito civil português qualquer preceito que permita firmar positivamente a responsabilidade de terceiros, celebrado o contrato, por violação da boa fé, não é decisivo. No período de formação do contrato sempre existe o art. 227 n.° 1. Contudo, o *princípio da igualdade*, ao postular um tratamento semelhante para problemas substancialmente idênticos, permite com facilidade amparar este desenvolvimento. A consideração dos fundamentos dogmáticos da responsabilidade de terceiros *in contrahendo* a tanto conduz. Representa de resto uma *necessidade do comércio jurídico* colmatarem-se lacunas de protecção que de outro modo se revelariam.

Repare-se ainda que as hipóteses em análise se perfilam em certo sentido como reverso da responsabilidade *ex vi* do art. 800: não se trata aqui de responsabi-

A teoria da confiança é contudo susceptível de levar também à responsabilidade do autor da carta de conforto. A hipótese tem naturalmente um especial interesse aí onde se não possam dizer desrespeitadas as exigências do *civiliter agere* já referidas. De facto, adoptando o emitente da carta um comportamento contrário às *expectativas de conduta futura* que acalentou, nisso vai uma *inconsequência* ou *incoerência*, pelo que o *venire* constitui sem dificuldade nestas hipóteses uma base de responsabilização. Importa é reiterar que, não existindo uma

---

lizar o devedor por actos de certos terceiros, mas de imputar directamente a terceiros um dano sofrido pelo credor da prestação. Ora, se este beneficia de uma tutela delitual contra aqueles nos termos gerais, conhecem-se por outro lado as limitações que a protecção aquiliana dos seus interesses puramente patrimoniais enfrenta. O reconhecimento da vinculação de terceiros à regra da conduta de boa fé evita esta dificuldade. Não carecem de ser auxiliares de cumprimento do devedor para responderem a título pessoal, como patentemente não o são (pelo menos em regra) os autores das cartas de conforto em relação aos sujeitos que recomendam. Basta justificar-se que sobre eles impendam esses deveres, o que decerto se pode afirmar, emitida uma carta de conforto, no quadro da relação entre o seu autor e o destinatário da carta: *uma relação especial sem deveres primários de prestação*.

O que não cremos, todavia, é que a responsabilidade do autor da carta seja uma autêntica responsabilidade pela frustração da confiança, pela simples razão de que, não estando (negocialmente) vinculados a uma conduta, também a boa fé lhes não impõe condutas ("positivas") destinadas a realizar a expectativa da sua observância. A distinção não tem sido explorada entre nós; cfr. a doutrina portuguesa já referida. Também CANARIS, a quem coube o mérito de ter primeiro delineado no seu *Haftung Dritter aus positiver Forderungsverletzung*, VersR 1965, 114 ss, a responsabilidade de terceiros após a conclusão do contrato, não destrinça, filiando-a na confiança. (A via por ele aberta teve continuidade na doutrina germânica, embora, como é natural, com diferenças e *nuances* de autor para autor; cfr., por exemplo, LARENZ, *Schuldrecht* I cit., 368; THILO STICHT, *Zur Haftung des Vertretenen und Vertreters* cit., 100 ss; U. MÜLLER, *Die Haftung des Stellvertreters* cit., 2169 ss; V. EMMERICH, in *Münchener Kommentar*, ns. 172 ss, prévias ao § 275; KÖNDGEN, *Selbstbindung* cit., 412 ss; R. NIRK, *Die Vertrauenshaftung Dritter* cit., 267 ss; M. BOHRER, *Die Haftung des Dispositionsgaranten* cit., 236, 323 n. 129 e 333-334. Vide ainda o nosso *Contrato e Deveres de Protecção* cit., 106.) Mas não se olvide: a necessidade de discriminar os deveres de boa fé da tutela da confiança verdadeira e própria não colide com a admissão uma responsabilidade pela confiança de terceiros após a celebração do contrato (cfr. já de seguida o texto).

vinculação à realização de expectativas, a responsabilidade não deriva de um acto ilícito (contrário à lei ou a um negócio anteriormente firmado). Por isso também, ela apenas pode abranger a indemnização do prejuízo que o destinatário da carta não teria sofrido se não tivesse confiado. Está fora de causa o ressarcimento do dano da não realização das expectativas em si mesmo considerado.

Verifica-se facilmente que, por este prisma, o problema das cartas de conforto tem semelhanças flagrantes com as *cartas de intenção (letters of intent)* que a prática das negociações consagrou e nas quais alguém manifesta a intenção de adoptar determinado comportamento no futuro. O seu regime é muito semelhante[568].

---

[568] Negamos-lhes pois — não consubstanciando elas um negócio jurídico — o efeito de vincular o sujeito à adopção da conduta perspectivada, embora mantenhamos a responsabilidade do seu autor, por força da regra da conduta de boa fé, caso não alerte a outra parte de uma alteração das suas disposições. Além disso, responderá pela confiança (com auxílio do *venire*), indemnizando os prejuízos decorrentes do investimento de confiança feito pela outra parte. (Aparentemente em sentido diverso, MENEZES CORDEIRO, *Manual de Direito Bancário* cit., 446-447, bem como *Manual de Direito Comercial*, I, Coimbra 2001, 393, afirmando, sem estas discriminações, que, desde que suficientemente pormenorizadas por forma a preencher o contrato visado, as cartas de intenção poderiam dar lugar a execução específica.)

As diversas linhas dogmáticas que concretizámos para as cartas de conforto, com vista ao seu enquadramento jurídico, têm portanto cabimento no tema paralelo das cartas de intenção e de figuras análogas. Sem a destrinça entre elas corremos o risco de, num sector indiscutivelmente "viscoso", nos enredarmos num mar de ambiguidades, senão de contradições. (Claramente insatisfatória, desta óptica, a explicação ensaiada por MENEZES LEITÃO, *Negociações e responsabilidade pré-contratual nos contratos comerciais internacionais*, ROA 60 [2000], esp. 57-58 e 62, para quem "a assunção expressa da obrigação de continuar as negociações induz nas partes uma confiança justificada na celebração futura do contrato, havendo violação da boa fé e, consequentemente, responsabilidade pré-contratual, caso as negociações sejam arbitrariamente quebradas". Haveria que trabalhar a distinção entre a eficácia negocial e aquela que deriva de uma ponderação objectiva do ordenamento, e destrinçar limpidamente entre vinculação a prosseguir as negociações, deveres da conduta de boa fé e protecção da confiança. Fica assim por iluminar porque é que a assunção expressa da obrigação de continuar as negociações não há-de poder ser encarada como negocial, caso em que a convocação do pensamento da confiança na prossecução das negociações será naturalmente despicienda e desconforme do

44. Os negócios de confiança

A destrinça dogmática entre a protecção da confiança propriamente dita e as simples *regulae agendi*, nomeadamente as impostas pela boa fé, atinge também aqueles contratos que pressupõem ou implicam uma *relação de especial confiança entre as partes*, com frequência designados contratos *uberrimae fidei* e integrados em categorias mais amplas como são, no uso da *common law*, as *fiduciary relationships* e *relationships of trust and confidence*[569]. *Apertis verbis*, o direito positivo português não distingue. Todavia, o reconhecimento de que existem contratos que envolvem uma confiança mais intensa do que aquela que se deposita ordinariamente no plano geral e indiferenciado do tráfico contratual (a sugerir logo a expressão germânica *"gesteigertes Vertrauensverhältnis"*[570]) pode justificar um tratamento diferenciado por parte da ordem jurídica.

São variados os negócios susceptíveis de serem considerados de confiança. O contínuo e crescente processo de afirmação do pensamento fiduciário torna difícil a ordenação das diferentes espécies. Parece, no entanto, conveniente isolar, de entre elas, as hipóteses que poderíamos apelidar de *relações fiduciárias stricto sensu*, de que a *fiducia* latina ou germânica, ou o *trust* anglo-saxónico, serão expressão.

---

ponto de vista sistemático; assim como importa justificar a razão pela qual a natureza negocial é incompatível com os acordos de negociação, devendo confinar-se ao contrato-promessa. Por outro lado, mesmo deixando de lado as nossas reservas a admitir uma genuína vinculação a prosseguir as negociações fora do campo da autêntica eficácia negocial, apenas em virtude da boa fé ou da confiança, porquê, admitindo-se essa vinculação e a ilicitude do seu desrespeito, restringir o dano indemnizável ao interesse negativo e opor-se à execução específica?)

[569] Cfr., *v.g.*, J. BEATSON, *Anson's Law of Contract* cit., 258 ss, FARNSWORTH, *On Contracts* cit., I, 452, ou P. S. ATIYAH, *An Introduction to the Law of Contract*, 5.ª edição, Oxford 1995, 275 ss. São designações que conhecem uma apreciável difusão entre os juristas continentais.

[570] Conquanto esta locução seja utilizada por vezes com um sentido muito mais alargado, susceptível, concretamente, de abarcar relações que não são de confiança na acepção referida; assim, CANARIS, *Ansprüche* cit., 479, ao falar indiscriminadamente, com exagero apreciável, da relação obrigacional como relação de especial confiança (!).

O exemplo clássico é o da ocorrência de uma transmissão de bens ou direitos, mas em que o adquirente se obriga (através do *pactum fiduciae*, da *cláusula fiduciária*) a só exercitar o seu direito em vista de certo intuito[571]. Específica desta *fiducia* tradicional afigura-se pois ser a transferência de bens ou direitos para um fim mais restrito, cujo relevo se reflecte apenas no plano de uma relação obrigacional. A confiança (a *fides*) representa no fundo a forma de superação do *desnível* que uma situação jurídica apresenta devido à *incongruência entre o meio jurídico empregue e o fim que se almeja alcançar*[572].

---

[571] Era a lição de MANUEL DE ANDRADE (*Teoria Geral da Relação Jurídica*, Coimbra 1964 [reimpr.], II, 175). Sobre os contratos fiduciários *stricto sensu*, pode ver-se ORLANDO DE CARVALHO, *Negócio jurídico indirecto*, cit. apud *Escritos/Páginas de Direito*, I, Coimbra 1997, 118 ss, e, mais recentemente, OLIVEIRA ASCENSÃO, *Direito Civil/Teoria Geral* cit., II, 272, bem como P. PAIS DE VASCONCELOS, *Contratos Atípicos* cit., 254 ss.

Objecto tradicional da atenção dos juristas, estas figuras historicamente sedimentadas e cuja origem se perde já no tempo têm conhecido modernamente um renovado interesse. Sobretudo o *trust* anglo-saxónico, pela vitalidade que a sua estrutura apresenta, não só em áreas há muito "solidificadas" como a sucessória, mas por exemplo no âmbito de modernos produtos financeiros e recentes formas de investimento de que os fundos de valores mobiliários constituem um significativo exemplo: *vide* MARIA JOÃO VAZ TOMÉ/DIOGO LEITE DE CAMPOS, *A Propriedade Fiduciária (Trust)/Estudo para a sua consagração no direito português*, Coimbra 1999, e, ainda, MARIA JOÃO VAZ TOMÉ, *Fundos de Investimento Mobiliário Abertos*, Coimbra 1997, 172 ss (um outro campo demonstrativo da sua versatilidade é o das formas de suprimento da incapacidade: *vide*, da última autora citada, *Sobre a gestão de portfolios de valores mobiliários de incapazes de exercício*, in Direito e Justiça, XII [1998], I, 313 ss). Reflectindo o dinamismo actual do *trust* surgiu (em direito internacional privado) a Convenção da Haia de 1 de Julho de 1985 (relativa à lei aplicável aos *trusts* e ao seu reconhecimento); cfr., com interesse sobre estes pontos, os relatórios compilados em *Fiducia, Trust, Mandato ed Agency*, Milano 1991.

[572] Elucidativamente ORLANDO DE CARVALHO, *Negócio jurídico indirecto* cit., 124: "transferir em pleno uma coisa para garantir uma dívida ou para efeitos de administração, só pode entender-se, em face da lógica, através da confiança na palavra dada ou na lealdade do adquirente". E interroga-se: "como é que uma transferência definitiva produz praticamente efeitos como se fosse só um mandato ou só uma garantia? Graças à *fides* que liga o adquirente" (alerta aliás, *op. cit.*, 119, para que a *fiducia* germânica não coloca todavia nenhum problema de desadaptação entre o esquema

Mas podem também considerar-se negócios fiduciários num sentido mais amplo (*lato sensu*). Prospeccionamos uma área em que não existem, por suposto, conceitos sedimentados por um consenso doutrinal e onde importa, por conseguinte, tactear critérios. Uma pista a considerar é a da ligação dos negócios fiduciários a um *status* determinado, inerente ao exercício de certas profissões que envolvem conhecimentos especializados, e à vulnerabilidade de uma das partes perante eles; profissões que se encontram sujeitas também, frequentemente, a regras específicas, decantadas por uma singular tradição histórica (como exemplo, médicos, advogados, notários)[573].

Um entendimento mais alargado divisará o elemento característico destas relações na posição de poder conferido por uma das partes à outra, a reclamar desta o exercício desse poder de acordo com os interesses próprios da primeira[574]; ou então, na exposição particu-

---

negocial empregue e o fim ulterior em vista do qual ele é celebrado, não havendo por conseguinte lugar a falar-se quanto a ela de uma *fides* em sentido próprio).

[573] Também nos Estados Unidos se identificam essas relações pela conexão a um *status* determinado (*trustee, agent, partner*): cfr. EILEEN A. SCALLEN, *Promises broken vs. promises betrayed: metaphor, analogy, and the new fiduciary principle*, U. Ill. L. Rev., 1993, 897 ss. O interesse desta orientação é todavia limitado, se ela se limitar a reflectir a sedimentação histórica de certas regras para determinadas profissões. Em todo o caso, a associação das relações fiduciárias à responsabilidade pela violação de normas que compõem estatutos profissionais (dos médicos, dos advogados, códigos deontológicos de operadores financeiros) lembra a já aludida problemática da fundamentação de uma *Berufshaftung* na Alemanha, a respeito da qual tem sido invocada de facto a natureza fiduciária da relação contratual envolvida.

[574] Não basta focar unicamente a posição de quem investe outrem numa posição de cujo mau uso podem derivar danos alheios. Na fundamentação da responsabilidade do fiduciário, designadamente por infracção de deveres específicos de comportamento perante outrem (cfr. o nosso *Contrato e Deveres de Protecção* cit., 155 ss, 178 ss), haverá seguramente de atender-se também à posição deste último. (O que na doutrina da confiança se exprime em fórmulas como a clássica "*Verpflichtung durch Gewährung in Anspruch genommenen Vertrauens*" de BALLERSTEDT — *Zur Haftung* cit., 507 —, tão amiúde retomada, onde transluz a necessidade de uma imputação da confiança para que haja responsabilidade; mas também nos negócios de confiança é necessário destrinçá-la da responsabilidade pela violação de regras de conduta.)

Alude-se por vezes neste contexto a que a responsabilidade do fiduciário assenta numa *assumption of fiduciary duty* (vide SCALLEN, *Promises broken* cit., 919-

larmente intensa desses interesses à interferência de outrem, sendo--lhe eles confiados para que este os promova ou acautele. É o que pode dizer-se acontecer (não apenas com o negócio fiduciário em sentido estrito como) com certos negócios que estão na base da atribuição de poderes representativos (*maxime* da procuração), ou, em geral, com muitos daqueles através dos quais uma das partes se vincula a desenvolver uma actividade no interesse (também) da outra (mandato, contratos de administração do património, *joint ventures*).

Ambas as perspectivas são no fundo susceptíveis de ser interpretadas enquanto *indícios* ou *justificações* de uma especial confiança envolvida ou postulada por certos contratos[575]. Qualquer uma delas

---

-921). Ela reconduz-se então a um poder de autodeterminação do sujeito, o que constitui, sem dúvida, um fundamento válido para a adstrição a certos deveres, ligados desse modo ao princípio ético da auto-responsabilidade da pessoa. Contudo, a admissão de uma situação deste género depara-se com patentes dificuldades quando não há assunção *explícita* de qualquer dever ou responsabilidade, pois é indispensável caracterizar e comprovar devidamente a assunção *implícita*. Criticável parece ser a opinião, provinda do sector da "análise económica do direito", que vê no especial dever de lealdade característico da relação fiduciária um mero modo de substituição de um acordo negocial detalhado que as partes teriam subscrito se o estabelecimento de cláusulas não apresentasse custos. Esse dever não teria conteúdo ético e nada na sua natureza o distinguiria dos outros deveres contratuais (*vide* também, pretendendo que o dever de lealdade próprio das relações fiduciárias é imposto pela lei como incentivo para a prossecução de objectivos de racionalidade económica presentes na conduta de prossecução do próprio interesse, ROBERT COOTER/BRADLEY J. FREEDMAN, *The fiduciary relationship: its economic character and legal consequences*, N.Y. U. L. Rev., 66 [1991], 1045 ss, com conclusão nas págs. 1074-1075). As unilateralidade e neutralidade valorativa da *economical analysis of law* podem chegar a ser chocantes. Aqui parece negar-se *in radice* a especificidade mesma da relação fiduciária.

[575] Uma teoria dos negócios de confiança alicerçada única e directamente na presença de confiança expõe-se naturalmente à objecção fundamental da sua ubiquidade no mundo dos contratos, levando à necessidade de procurar factores de "intensificação" dessa confiança. Tem de haver "alguma coisa especial" (*something special*: SCALLEN, *Promises broken* cit., 918) para transformar a relação contratual numa relação particular do ponto de vista qualitativo. São sem dúvida de relevar a dependência ou vulnerabilidade de uma das partes perante a outra, de que resulta a sua incapacidade de se proteger ou prover por ela própria às suas necessidades, o poder daí resultante que é conferido à outra e a solicitação ou aceitação desta situa-

supera a visão dos negócios como mero produto ou palco de uma luta de interesses antagónicos. Quando não se trate de representar ou prosseguir interesses alheios, aponta-se em todo o caso para uma ideia de coordenação de interesses entre as partes. Daí a particular atenção que deve merecer, da ordem jurídica, a disciplina do *conflito de interesses* em relações deste tipo[576]. Elas envolvem por tudo isto, normalmente, negócios *intuitu personae*, pressupondo de modo especial qualidades de lealdade, probidade ou honorabilidade entre os contraentes[577].

A descrição concreta das relações fiduciárias parece constituir um campo propício para a frutificação de uma *sistemática móvel* que combine dinamicamente as suas características diferenciadoras. O negócio de confiança perfará assim, mais do que um conceito rígido e fechado, um *tipo* a que corresponde uma estrutura elástica de características, de intensidade variável, articuladas por forma a realizar uma imagem global.

De todo o modo, importa distinguir bem consoante a *fides* constitua um *elemento inerente ao tipo contratual* em si mesmo considerado ou resulte de *circunstâncias externas ao contrato*, como projecção de uma particular relação de confiança existente entre as partes antes da contratação ou criada posteriormente à margem ou para além do pro-

---

ção por aquele a quem os deveres fiduciários são impostos. Mas é muito discutível a opção do autor de referir os critérios da relação de confiança à perspectiva filosófica do pragmatismo.

[576] Nalguns casos, deverá mesmo considerar-se uma vinculação a não incorrer em situações de conflito de interesses; assim, quanto à propriedade fiduciária, a proposta de regulamentação de Maria João Vaz Tomé e Diogo Leite de Campos, *A Propriedade Fiduciária (Trust)* cit., 331 e 333 (arts. 13 n.º 3 e 18 n.º 1). Noutros aquele que estiver encarregado com a prossecução de interesses alheios poderá ter de informar a outra da verificação (ou susceptibilidade de ocorrência) desse conflito. Trata-se de condutas que derivam do qualificado padrão de correcção ou lealdade postulado por este tipo de contratos.

[577] Para a articulação do carácter *intuitu personae* da profissão de advogado, considerando a confiança particular requerida pela sua relação com o cliente, com o problema das sociedades de advogados, com muito interesse, Paulo Leal, *Sociedades de profissionais liberais*, RDES, ano XXXII, 1990, 86 ss, 97 ss, e *passim*.

grama contratual[578]. Onde não esteja em causa o tipo contratual[579], apenas a demonstração efectiva da concreta confiança dos sujeitos pode desencadear os efeitos que a ela se coliguem.

As características dos negócios de confiança colocam específicos problemas de regime, pois se reclama uma enérgica tutela do confiante. A eles corresponde uma também *especial modelação do conteúdo contratual*. Umas vezes, por obra das partes. Outras, em virtude daquelas disposições do ordenamento que compõem e completam o estatuto normativo do contrato, desenvolvendo coerentemente os modelos sociais típicos da interacção contratual; semelhantes regras, normalmente de carácter supletivo, institucionalizam juridicamente modos de proceder conformes com as expectativas de comportamento comummente conexionadas com a celebração dos contratos (de confiança) em causa. Finalmente, há ponderações de regime que resultam de valorações gerais do ordenamento susceptíveis de aplicação mesmo onde faltem normas deste tipo. Também estas definem uma *disciplina objectiva* do negócio que ultrapassa o âmbito do programa contratual estipulado pelas partes[580]. A vetusta doutrina dos

---

[578] Em sentido próximo, FARNSWORTH, *On Contracts* cit., I, 452, ao diferenciar entre as hipóteses que envolvem "trust and confidence as a matter of law" daquelas que o implicam "as a matter of fact". Cfr. também GIOVANNI CRISCUOLI, *Fiducia e fiducie in diritto privato: dai negozi fiduciari ai contrati* uberrimae fidei, RDC 1983, 153, procurando retratar a experiência jurídica inglesa. Expõe-se todavia a crítica ao excluir contratos como o celebrado entre médico e paciente ou entre sócios de uma sociedade de pessoas, e relações como as que ocorrem entre representante e representado, agente ou mandatário e principal ou mandante, casamento e noivado, do âmbito das situações em que a *fides* é um "elemento estrutural" do contrato: não se releva que essas relações postulam objectivamente confiança, pela sua própria natureza; independentemente da verificação concreta da existência prévia de uma ligação pessoal de confiança entre aqueles que a estabeleceram, ainda que esta normalmente exista (de ressalvar, apesar de tudo, que o grau de confiança presente em algumas das descritas relações é muito variável, podendo até não ser demasiado intenso).

[579] Como base de uma presunção de confiança naquele género de situações (confiança típica).

[580] Pode ver-se ainda o nosso *Contrato e Deveres de Protecção* cit., 83 n. 161.

elementos naturais do negócio (*naturalia negotii*) tem clara atinência com ela, cuja compreensão procura ou facilita[581].

É óbvio que esta disciplina objectiva do negócio não deriva propriamente de um acto de autonomia privada negocial. Nem se deverá considerar que vem necessariamente fechar lacunas contratuais. Ela integra em todo o caso o conteúdo normativo do acordo. Não tendo embora que ver com a *lex contractus* que é produto da autodeterminação negocial das partes, repousa em apreciações do ordenamento que incidem sobre um acto de natureza negocial. Quanto ao carácter dispositivo normalmente apresentado por este estatuto, ele exprime que as partes se podem subtrair à *heteronomia* do quadro relacional definido pelo ordenamento: esse estatuto visa uma plena e adequada realização da autonomia privada dos sujeitos, equilibra e compatibiliza as suas exigências em caso de colisão, mas não se lhe sobrepõe.

Independentemente do que possa determinar, para cada género de contrato, este estatuto, dois comportamentos fundamentais existem que se pode dizer reclamados caracteristicamente no quadro dos negócios de confiança. Em primeiro lugar, um amplo dever de informar ou revelar à outra parte (ao confiante) as várias circunstâncias susceptíveis de lhe interessar que recaiam no âmbito da relação estabelecida (*duty of disclosure*); um dever que não existe com latitude geral nos contratos, mas que neste campo importa reconhecer com generosidade[582]. O outro dever que constitui como que um segundo

---

[581] Em geral sobre estes, *v.g.*, MANUEL DE ANDRADE, *Teoria Geral da Relação Jurídica* cit., II, 35-36. É o critério da natureza do negócio que nos importa sublinhar para efeito da determinação do regime dos contratos de confiança. Outros são pensáveis; por exemplo, o da fonte dos efeitos: cfr. nomeadamente a contraposição entre elementos voluntários e normativos do negócio em MENEZES CORDEIRO, *Tratado* cit., I/1, 480.

[582] "É naturalmente bem conhecido que, segundo a teoria ortodoxa, a parte num contrato não está sujeita à obrigação de informar acerca de factos, excepto se o contrato é *uberrimae fidei*...": ATIYAH, *Essays* cit., 263. Há tipos de contratos que exigem, pela sua natureza, já para a sua celebração, essa informação para que a outra parte possa avaliar adequadamente os riscos ou a álea que se prepara para assumir. Tal ocorre paradigmaticamente em contratos de seguro, que — dissemo-lo já — vinculam com extensão o segurado a informações sobre factos que conheça e

pilar da disciplina específica dos contratos fiduciários respeita essencialmente ao modo de execução do contrato. Reclama-se aí um comportamento da máxima correcção por forma a não defraudar a outra parte; a usar, pois, da diligência e lealdade que a relação, pela sua natureza, impõe[583]. O padrão de conduta exigível é pois *mais estrito do que aquele que vigora para os contratos em geral*. No nosso direito, a sua base pode ser encontrada no art. 762 n.° 2 do Código Civil: o facto de a disposição impor, no plano formal, uniforme e genericamente a observância da boa fé no cumprimento das obrigações não tolhe, na

---

que sejam susceptíveis de influenciar o cálculo do risco a assumir por parte da seguradora. (Mas este dever é também limitado pelas expectativas razoáveis do segurado em relação ao tipo contratual em jogo e à iniciativa da seguradora em se assegurar, querendo, dos aspectos que possa considerar relevantes. Assim, no interessante Acórdão do Supremo Tribunal de Justiça de 19 de Outubro de 1993, CJ [STJ] I [1993], 3, 72 ss, considerou-se não haver violação do dever de informação por parte do segurado no não esclarecimento de que o telhado do edifício seguro contra incêndio tinha barrotes de madeira, como era o vigamento tradicional do telhado à época do edifício, advertindo-se — e bem — que o art. 429 do Código Comercial não pode ser interpretado em desfavor unilateral do segurado. A consideração das expectativas razoáveis, nomeadamente ligadas ao tipo contratual, não fundamenta pois apenas deveres de comportamento; circunscreve-os de igual forma.)

Outras vezes, o dever de informação é mero corolário de o contrato visar a defesa ou promoção de interesses do outro contraente; cfr., paradigmaticamente, o art. 1162 do Código Civil, *in fine*, extensível em princípio aos vários contratos de prestação de serviço não regulados especialmente na lei por força do art. 1156. Mas os deveres de esclarecimento podem resultar apenas de circunstâncias exteriores ao contrato, *v.g.*, da confiança pessoal suscitada por uma das partes à outra, independentemente da natureza da relação contratual.

[583] Distinguindo também estas duas normas de comportamento, GIOVANNI CRISCUOLI, *Fiducia e fiducie* cit., 155-156.

O comportamento que se reclama na execução do contrato é naturalmente susceptível de especificações. Algumas dão lugar a tratamentos autónomos desenvolvidos. Veja-se, por exemplo, o dever de segredo profissional dos advogados (que não se restringe, como é evidente, às matérias em relação às quais havia também deveres de esclarecimento a cargo do cliente e que, numa manifestação da especial confiança implicada na relação, "merecida e exigida", pode sobreviver à sua extinção): cfr., com detalhe, AUGUSTO LOPES CARDOSO, *Do Segredo Profissional na Advocacia*, Viseu 1998, 18, e *passim*.

sua elasticidade gradativa, que contemple também as hipóteses em que a fasquia do comportamento exigível se apresenta como *qualificada* em relação àquilo que ordinariamente se reclama no seu âmbito. Requere-se nestas relações *"the utmost good faith"*[584].

Qual é, então, o verdadeiro papel da confiança no regime dos negócios ditos de confiança? Seria evidentemente útil uma análise concreta do tecido de normas em cada caso aplicável. As linhas de orientação já traçadas permitem em todo o caso afirmar genericamente que, onde o programa dos deveres contratuais instituído pelas partes tenha querido responder às particulares características do negócio, desaparece obviamente o espaço para o relevo (extranegocial) da confiança. Estabelecidos esses deveres, a sua eficácia não depende da verificação de quaisquer expectativas no seu acatamento por parte de quem deles beneficia, nem sofre com a demonstração da sua ausência; se são violados, desencadeiam-se as sanções e demais consequências predispostas pela lei para o seu incumprimento. Mesmo quando as partes, no uso do seu poder de autodeterminação, associaram certos efeitos directa ou explicitamente à frustração da confiança de uma delas, é sempre de consequências negociais que se trata (de um relevo da confiança por acto negocial das partes).

Quanto àquelas adstrições de conduta que, não resultando de um acto da autonomia negocial dos sujeitos, compõem o estatuto normativo do contrato e se aplicam por força de valorações de direito objectivo, a ideia da protecção das expectativas não tem qualquer influência na sua determinação ou aplicação se estão em jogo puras considerações de justiça "objectiva".

---

[584] Impressivas são as palavras do juiz CARDOSO, proferidas na decisão de *Meinhard v. Salmon* (New York Court of Appeals 1928), 164 N.E. 545 ss: "Muitas formas de conduta permitidas no dia-a-dia àqueles que actuam *at arm's length* [portanto, com distância e prudência, como é também reclamado no tráfico jurídico] são proibidas para aqueles que se encontram ligados por laços de confiança. A um *trustee* é reclamado algo de mais estrito do que a moral de um mercado [*market place*]. Não apenas a honestidade, mas as mais finas exigências da honorabilidade de conduta [*the punctilio of an honour the most sensitive*] constituem, então, o parâmetro do comportamento."

Claro que a tutela das representações habituais e razoáveis é susceptível de ter também contribuído *ab intra*, como *ratio* da modelação, em determinado sentido, dos deveres "objectivos" que impendem sobre os sujeitos. Nos negócios de confiança pode arrancar-se de uma confiança tipicizada, presumida face às características habituais nele envolvidas; prescindindo-se, portanto, da demonstração de uma situação concreta e individualizada de confiança por parte do sujeito que dela beneficia[585].

Mas a função deve ser autonomizada do fundamento. Por isso, uma genuína protecção da confiança apenas é de afirmar quando verdadeiramente se trate de assegurar o cumprimento de expectativas ou compensar a sua frustração em si mesmo, sem absorção desta protecção às mãos de outro fundamento. O que importa sempre averiguar com cuidado porque, mesmo no âmbito contratual, é — acentuou-se já — excessivo aceitar genericamente uma adstrição a corresponder a representações alheias. Quando as representações são típicas e se abre o campo da intervenção da lei, o legislador assumirá com frequência de modo directo os valores comportamentais e os interesses que vão na sua observância, com isso desaparecendo a tutela das expectativas em sentido autónomo.

Fora de causa é *travesti-la* com a regra de conduta conforme com a boa fé. A importância desta é tanto mais intensa quanto menos avançada estiver a cristalização legal dos elementos naturais próprios de cada tipo de negócio[586]. Vejam-se os especiais deveres de esclareci-

---

[585] Demonstrando-se em todo o caso que, por qualquer motivo, as expectativas concretas do sujeito se desviaram daquilo que era normalmente pressuposto, a regra (de tutela da confiança típica) deixará coerentemente de se aplicar. Apontámo-lo já. Fora de causa está aceitar, como, a propósito da "Treuhand", WOLFGANG WIEGAND, *Treuhand und Vertrauen*, Festschrift für Wolfgang Fikentscher, Tübingen 1998, 341, uma protecção das expectativas institucionalizada e abtracta, desvinculada de uma base pessoal-individual.

[586] Às *normas materiais de comportamento* que se caracterizam como *naturalia negotii* é inerente um certo grau de *abstracção e generalização*, pois elas abrangem toda *uma categoria de relações* e, portanto, não estão cingidas na sua aplicação ao horizonte da situação singular. Relacionados com uma ordenação tipificadora dos diversos contratos, os elementos naturais do negócio tendem a integrar o regime legal de que

mento e lealdade que, fluindo dela, acompanham caracteristicamente os negócios de confiança. Eles exprimem simples exigências de lisura e correcção — um *civiliter agere* —, autónomas do ponto de vista dogmático relativamente à protecção da confiança[587].

---

os contratos típicos disponham (fechando as respectivas lacunas). Pelo contrário, os deveres de informação e lealdade, na medida em que postulados pela boa fé, remetem para um padrão de comportamento aplicável a uma multiplicidade de tipos de negócios de confiança (e mesmo, com menor exigência, fora desse âmbito). Não estão, por conseguinte, ligados a tipos contratuais determinados, nem se colocam metodologicamente no plano da construção de correspondentes categorias de consequências jurídicas.

O tema da relação entre os elementos naturais do negócio e os vários ditames de conduta, nomeadamente os decorrentes da boa fé, aflora particularmente no domínio daqueles contratos — interessam-nos especialmente os de confiança — que, conquanto apresentem uma tipicidade social, não se encontram regulamentados, ao menos de forma completa, pela ordem jurídica. Coloca-se então a questão da hierarquia entre o procedimento integrativo da lei (no sentido do estabelecimento típico dos seus *naturalia negotii*) e o recurso ao princípio da boa fé como fundamento de deveres acessórios de conduta. Importante é também averiguar os termos em que boa fé e os usos concorrem na determinação do regime do contrato socialmente típico e não (completamente) regulado na lei: os usos podem auxiliar a estabelecer os elementos naturais dos negócios, colmatando ausências do direito dispositivo e situando-se a um nível mais genérico que o da formulação de deveres de conduta em função de situações concretas. (Sobre esta última questão, *vide* Rui Pinto Duarte, *Tipicidade e Atipicidade dos Contratos* cit., 150 ss. Quanto ao problema geral, descrê Pais de Vasconcelos, *Contratos Atípicos* cit., 329-330, da possibilidade de estabelecimento de uma hierarquia de fontes da disciplina contratual, invocando a articulação dos diversos contributos para a formação da disciplina dos contratos atípicos nos moldes da sistemática móvel introduzida por Wilburg e desenvolvida, entre outros, por Canaris. Essa posição fecha-lhe prematuramente a indagação das relações entre os elementos naturais do negócio, os usos e costumes e os deveres de conduta decorrentes da boa fé no preenchimento do regime dos contratos legalmente atípicos mas socialmente típicos, uma vez que há-de ser ainda minimamente possível uma certa disposição desses elementos que satisfaça a exigência de *ordem* que o sistema móvel de modo algum elimina.)

[587] As expectativas acerca desse comportamento não relevam. Assim se compreende o tom de certas vozes, cépticas com respeito à aceitação dos contratos ditos de confiança. Gernhuber, por exemplo (*Das Schuldverhältnis* cit., 388-389), considera pertinentemente que nenhum contrato obrigacional vincula à "fidelidade" em si mesma considerada ou a corresponder à "fiabilidade" depositada. Devido é sem-

Tais exigências podem surgir de resto, não apenas em virtude da celebração de um negócio de confiança, mas também se se criou uma relação de especial confiança por força de circunstâncias *extrínsecas* à *natureza* (ou tipo) do negócio celebrado. Os ditames da boa fé apenas impõem aqui a prevenção de expectativas infundadas; mesmo tratando-se de um negócio de confiança, ultrapassados os limites do programa negocial, está à partida fora de causa a admissão de deveres destinados à realização dessas expectativas. Pelo que a indemnização não cobrirá senão o dano ("negativo") correspondente aos prejuízos que o sujeito não teria sofrido se não tivesse sido acalentado ou mantido numa representação infundada: tal como na responsabilidade por condutas anteriores à formação de um contrato e nas hipóteses de cartas de conforto não negociais.

Conclui-se que também nos negócios de confiança, contra o que o *nomen* porventura fizesse pressagiar, a responsabilidade pela violação de deveres que compõem o respectivo regime não representa em princípio uma manifestação da tutela das expectativas. Na realidade, quanto mais densa e rigorosa for a teia de adstrições de comportamento que impendem sobre os sujeitos, menor é o relevo da responsabilidade pela confiança. É sina sua: a *necessidade que o sujeito tem de confiar varia na razão inversamente proporcional ao grau de protecção que lhe é permitido alcançar através desses deveres*.

Em todo o caso, nada obsta a uma autêntica responsabilidade pela confiança (por exemplo, por *venire*). Havendo expectativas entre os sujeitos de um contrato, ocorram elas tipicamente ou sejam antes engendradas de modo singular, haverá naturalmente que ponderar a responsabilização daquele que as tenha originado e depois frustrado. Importa é "purificá-la" da infracção de regras de agir nos termos já exemplificados em outros institutos.

Este desacoplar dos negócios de confiança em relação à indemnização por malogro de expectativas não deve porém ir ao ponto de desconhecer que uma eventual quebra da confiança entre as partes pode ter no seu âmbito consequências específicas; precisamente por-

---

pre e apenas um comportamento correcto, tendo em conta a ligação contratual, designadamente a omissão de tudo aquilo que possa fazer perigar o fim do contrato.

que esta está tipicamente envolvida neles. De facto, como característica marcante destes negócios, aquela quebra é susceptível de legitimar uma *resolução do contrato* pelo *deceptus;* com independência até de este ter sofrido um prejuízo, certo e actual, em consequência da conduta do outro contraente que defraudou a sua confiança[588]. O incumprimento de um dever de prestar pode com certeza, abstraindo da forma concreta por que tenha afectado efectivamente o interesse do credor, desencadear uma ruptura da confiança essencial ao normal desenvolvimento da relação e inviabilizá-la para futuro; na verdade, revestir-se-á por vezes de um carácter *sintomático*, produzindo o receio justificado de que se sigam mais tarde outros inadimplementos[589].

---

[588] O pensamento da confiança projecta-se portanto num *autónomo fundamento de desvinculação contratual*, não redutível a outros eventualmente existentes. É por isso que não é suficiente para obstar à desvinculação o facto de ser ainda incerto o prejuízo que adveio ou advirá para um dos contraentes da conduta da outra (acertado por isso também o Acórdão do Supremo Tribunal de Justiça de 4 de Novembro de 1999, CJ (STJ) VII (1999), 3, 71 ss, onde se decidiu não obstar à resolução de um contrato de prestação de serviço por quebra de confiança nos empregados de uma firma encarregada da vigilância de uma instalação fabril que essa firma tivesse pago os prejuízos causados por um dos seus empregados com o uso indevido do telefone à dona da fábrica). Note-se em todo o caso que a possibilidade de denúncia por justa causa proporciona um resultado análogo em todo o domínio das relações duradouras (ainda que não se lhes queira reconhecer indiscriminadamente, *ab origine*, a qualidade de relações de confiança); na substância nesse sentido, por exemplo, LARENZ, *Schuldrecht* cit., I, 32 (*Kündigung aus wichtigem Grund*).

[589] Sobre este ponto, destaque-se BAPTISTA MACHADO, *Pressupostos da resolução por incumprimento*, in Obra Dispersa cit., I, 138 ss.

O tipo de situações em causa transcende notoriamente as duas modalidades clássicas a que se reconduziram inicialmente as perturbações do programa obrigacional e que eram achadas na impossibilidade e na mora da prestação debitória. A atenção da doutrina para elas situa-se, numa perspectiva histórica, na sequência da investigação de STAUB sobre as "violações contratuais positivas" (*Die positiven Vertragsverletzungen*, 1902, reimpr. por Eike Schmidt, Bad Homburg v.d.H., Berlin, Zürich 1969), que romperam aquela dualidade, abrindo outras possibilidades, mas cuja prestabilidade e extensão continuam a ser alvo de discussão na dogmática do direito das obrigações (*vide*, por todos, MENEZES CORDEIRO, *Da Boa Fé* cit., I, 594 ss; por exemplo, P. ROMANO MARTINEZ, *Cumprimento Defeituoso* cit., 62 ss, considera-a supérflua no ordenamento jurídico português; para algumas notas acerca da

Ora, desaparecendo, por um facto imputável a uma das partes, o clima que (todas) as relações de confiança exigem para o seu adequado decurso, pode tornar-se inexigível para a outra a manutenção dessa relação, conferindo-se então a esta o poder de a resolver.

Atente-se que, se a resolução é oferecida ao *deceptus* por perda da confiança decorrente do inadimplemento de um dever de prestar, tal significa que aquela releva *qua tale* no próprio âmbito coberto pelas estipulações contratuais e pelos deveres de prestar instituídos; que, portanto, a confiança representa, ao menos nas relações contratuais ditas de confiança, um "estrato não negocial" do acordo celebrado pelas partes[590]. Não existe no entanto, por violação de tais deveres, nenhuma obrigação de indemnizar em si a frustração da confiança, independente com respeito ao ressarcimento dos prejuízos derivados de um comum inadimplemento contratual.

A resolução por quebra de confiança não visa propriamente, nem a realização das expectativas, nem a indemnização dos prejuízos

---

questão, a propósito do enquadramento dogmático da violação de deveres de preservação da integridade, pode confrontar-se também o nosso *Contrato e Deveres de Protecção* cit., 28 ss, 108 ss, e *passim*).

[590] BAPTISTA MACHADO, *Pressupostos* cit., 141, chega mesmo a considerar como obrigação *principal* do contrato a abstenção de todo o comportamento que possa prejudicar a relação de confiança existente entre as partes, argumentando com o seu carácter de meio indispensável para a consecução do fim do contrato. Pode todavia argumentar-se que, pelo menos no plano da construção, uma obrigação principal *a se* com esse conteúdo não constituiria no fundo senão uma simples especificação daquilo que é postulado pelo compromisso das partes; sabido que esse compromisso envolve tudo o que é imprescindível para a sua observância, não tem, por conseguinte, autonomia. De todo o modo, erigir a atitude de não defraudar a confiança em *dever de prestar* independente levantaria dificuldades de conciliação com a teoria das fontes das obrigações, pois ela não resultaria, de modo directo, do compromisso negocial assumido. Além de que se não harmoniza com facilidade com o conceito de prestação como actividade destinada a produzir um incremento no património alheio (concepção correspondente ao *finaler Leistungsbegriff* tão caro à doutrina germânica — vide GERNHUBER, *Das Schuldverhältnis* cit., 16 —, que a desenvolveu nomeadamente na teoria do enriquecimento sem causa, mas que se pode, quanto a nós, adaptar de modo a abranger as obrigações de conteúdo não patrimonial).

causados pela sua defraudação, mas — saliente-se —, em certo sentido, o seu *inverso:* reagir à sua frustração, pondo termo a uma relação que postula a confiança[591]. Não pode, por conseguinte, configurar-se como manifestação *stricto sensu* de responsabilidade pela confiança.

Note-se por último que a concepção exposta se conjuga perfeitamente com o reconhecimento de que a infracção dos deveres decorrentes dos negócios de confiança pode merecer um juízo de *desvalor qualificado* por representar uma violação de *censurabilidade agravada em relação ao incumprimento dos negócios comuns*. Sobretudo no espaço jurídico norte-americano tem vindo a reconhecer-se a possibilidade de arbitrar, no plano indemnizatório, *punitive damages* e, no quadrante restitutório, a obrigação de restituir todos os benefícios que o autor da infracção auferiu (*disgorgement principle*)[592]. Ora, a graduação da

---

[591] Paradigmática a jurisprudência laboral relativa ao despedimento por justa causa. Cfr., por exemplo, o Acórdão do Supremo Tribunal de Justiça de 10 de Fevereiro de 1999, CJ (STJ) VII (1999), 1, 274 ss: tendo o empregado de uma instituição bancária movimentado contas de um cliente desta sem autorização, liberado outro de uma garantia sem consentimento da entidade credora daquele, e transferido indevidamente fundos para a conta de uma sociedade de que é sócio a fim de evitar o cancelamento dessa conta e a inibição do uso de cheques desta, violou gravemente os seus deveres de lealdade; julgou-se eliminada a indispensável confiança que deve existir entre a entidade patronal e o trabalhador, tornando-se por isso impossível a manutenção da relação laboral (observe-se entretanto que os deveres infringidos não se reduziam a meras especificações da prestação principal a cargo do trabalhador, o que explica que a responsabilidade do trabalhador por prejuízos causados à entidade patronal não seria afastada em caso de invalidade da relação laboral, constituindo nessa medida as adstrições que sobre ele impendem autênticos deveres de protecção; *vide* a propósito também o nosso *Contrato e Deveres de Protecção* cit., 154 n. 315, e *passim*). Por suposto, a noção de justa causa para efeito de despedimento é complexa e multifacetada. Se mantém conexão com o pensamento da confiança, engloba também outros elementos e apela a outras ponderações (*vide*, com desenvolvimento, BERNARDO DA GAMA LOBO XAVIER, *Curso de Direito do Trabalho*, 2.ª edição, Lisboa 1993, 486 ss, que, entre as várias colorações que a noção tem merecido, menciona justamente o "comportamento que vulnera o pressuposto fiduciário do contrato"; sobre a penetração do pensamento da confiança na aplicação do conceito de justa causa, pode consultar-se ainda JOSÉ JOÃO ABRANTES, *Direito do Trabalho/Ensaios*, Lisboa 1995, 129-131).

[592] Na proposta de MARIA JOÃO VAZ TOMÉ e DIOGO LEITE DE CAMPOS, *A Propriedade Fiduciária (Trust)* cit., 333 (art. 18 n.º 3), os benefícios retirados pelo

culpa implicada por estas consequências específicas dos negócios de confiança faz-se por referência a padrões ético-jurídicos. Implica a existência de deveres, explicitados individualmente na lei ou decorrentes dos ditames da boa fé, particularmente exigentes quanto à lealdade e probidade de conduta a observar nos negócios de confiança. Não faz sentido perante uma pura responsabilidade pela confiança. Neste aspecto, os negócios de confiança constituem também uma pedra-de-toque de concepções sistemáticas gerais do direito da responsabilidade e de articulação das várias formas de responsabilidade. Está em causa a aplicação de efeitos característicos do ilícito delitual a relações que se apresentam primariamente como contratuais[593].

45. Responsabilidade pela confiança, regra da conduta de boa fé e o problema da racionalização da *praxis* das relações contratuais duradouras

A destrinça perfilhada entre a protecção da confiança e a regra de conduta segundo a boa fé propaga-se igualmente no campo da

---

fiduciário devem ser considerados como integrando a propriedade fiduciária ou os seus rendimentos, devendo o fiduciário restituir *tudo* o que ilicitamente dela tiver obtido (sem dependência pois, quer do limite do dano indemnizável, quer do do empobrecimento produzido na propriedade fiduciária). Cfr. ainda, para a violação das relações fiduciárias em geral, SCALLEN, *Promises broken* cit., 911 ss.

[593] Cremos que os *punitive damages* devem ser conexionados com o tipo de ilícito envolvido, compreendendo-se fundamentalmente como reacção à prática de delitos (ilícitos aquilianos). Tal não prejudica a possibilidade de serem arbitrados na sequência da violação de deveres específicos dos negócios de confiança. A infracção destes pode perfeitamente consubstanciar *em simultâneo* um delito; ainda que não se mostrem atingidas posições absolutamente protegidas (ou disposições específicas de protecção), pode ter-se ofendido o mínimo ético-jurídico de todos exigido. Este mínimo — que goza de protecção aquiliana — é também susceptível de ser desrespeitado em situações contratuais. Lidamos no fundo com um corolário da diversidade funcional da responsabilidade delitual e obrigacional (ou decorrente da violação dos deveres que acompanham as relações de prestar nos negócios de confiança). Nada impede que um mesmo facto seja valorado como ilícito por dois tipos distintos de responsabilidade.

dogmatização da relevância das "práticas" que costumam acompanhar as relações contratuais duradouras. Importa deixar, embora com brevidade, algumas observações principais sobre este tema, muito sensível e actual[594].

Há um conjunto de características e especificidades que se conjugam e singularizam de algum modo as relações duradouras. Com muita frequência, são relações de confiança, no sentido acima descrito. Mas existe um factor específico, a sua perdurabilidade, que contribui para lhes conferir — mesmo entre estas últimas — uma certa individualidade[595]. As relações duradoiras põem tipicamente em causa um determinado paradigma do contrato — com a circunscrição precisa das obrigações dele emergentes, o carácter estático do respectivo clausulado e a função de troca isolada e instantânea de bens ou serviços —, apelando a um aperfeiçoamento da dogmática geral dos contratos que (entre outros aspectos) reflicta devidamente o concreto dinamismo da relação entre as partes do contrato e as marcas que nela vai imprimindo a experiência da execução contratual.

Na realidade, a convenção situada na origem das relações duradouras representa com frequência um simples acordo-quadro de um relacionamento prolongado que se projecta, para além do intercâmbio de prestações, num amplo programa de cooperação entre sujeitos com vista a objectivos comuns, não raro acompanhado pela emergência de

---

[594] Descontada uma referência muito breve em BAPTISTA MACHADO (indicação *infra*), ele tem escapado à atenção da nossa doutrina.

[595] Pelo menos para uma parte significativa destas relações o ambiente de confiança, *autónomo* embora com respeito aos deveres contratuais, constitui uma "moldura" necessária, pois sem ele essas relações não sobrevivem. As relações duradouras constituem por isso um campo de eleição da possibilidade de desvinculação por rompimento da confiança, atrás referida.

Tomadas num sentido estrito (mais estrito do que pedem, bem vistas as coisas, as considerações adiante expendidas), as relações duradouras apresentam como particularidade uma *eficácia jurígena* própria do factor "tempo". Elas não se extinguem pelo cumprimento de singulares deveres de prestar; alimentam a sua eficácia do decurso do tempo, renovando-se periodicamente ou protelando-se continuadamente. A indeterminação da sua vigência (não sendo constituídas com prazo) conduz à susceptibilidade da sua denúncia *ad nutum*.

formas mínimas de organização. Numa época que enfatiza como elemento primário da "lógica de vida" a pugna de interesses, (quase) relegando para o domínio do excepcional "a-sistemático" atitudes altruístas ou não exclusiva ou imediatamente "económicas", as relações duradouras encarregam-se de fazer sentir as limitações mesmas desta "ética de adversários"[596]. Também o princípio da cooperação ilustra o contrato como "uma das grandes ideias libertadoras na história humana", que permite "interagir de uma forma mutuamente vantajosa e, assim, de um modo susceptível de aceitação voluntária"[597].

Por este tipo de razões, já se quis ver nas relações duradoiras um campo de eleição de contratos de tipo "relacional", contraponíveis, em modelo puro, às simples transacções de bens ou serviços[598]. Sem embargo, é muito de duvidar que se justifique, só por isso, uma *bifurcação da dogmática dos contratos*. Afinal de contas, os mais variados contratos podem ser por diversas circunstâncias, em maior ou menor medida, "relacionais", criando ou cristalizando interacções múltiplas. A presença de certos elementos que configuram com frequência as relações duradouras não permite facilmente "cortes dogmáticos" no universo dos contratos. Predispostos esses elementos numa escala de intensidade que não conhece descontinuidade ou conexão formal necessária com aspectos de estrutura dos múltiplos contratos, tais "cortes" seriam arbitrários e sem eficácia operacional-distintiva, pois não se conseguiria conexionar-lhes regimes rigorosamente privativos. Em todo o caso, as "tónicas" que se divisam de modo particular nas relações duradouras enriquece o todo da doutrina dos contratos: no respeito de conceitos e proposições basicamente uniformes, reclamam-lhe a sensibilidade e versatilidade necessárias para contemplar,

---

[596] Designação tomada de ROGER BROWNSWORD, *'Good faith in contracts' revisited* cit., 114.

[597] Expressões de DAVID GAUTHIER, *Morals by Agreement*, Oxford 1986, 319. Alguns subsídios para a compreensão das relações duradouras podem confrontar-se em JÚLIO V. GOMES, *Cláusulas de hardship*, in Contratos: Actualidade e Evolução cit., 167 ss.

[598] Aludimos especialmente ao pensamento de IAN R. MACNEIL, *The many futures of contracts*, S. Cal. L. Rev. 1974, 720 ss.

distinguindo, as exigências dos "tipos puros" de relacionamento contratual que a realidade depois combina e baralha.

Com esta prevenção embora, regressemos às relações duradouras: o seu longo período de vigência encontra-se de facto muitas vezes aliado à complexidade do programa contratual e à consequente dependência da sua execução de uma multiplicidade de factores. Tal reclama delas flexibilidade e adaptabilidade perante vicissitudes e alterações de circunstâncias, nunca completamente previsíveis e, por isso, inelutáveis. As tentativas de fixar, com toda a minúcia, o programa contratual têm probabilidades de êxito relativamente circunscritas. Podem até nem sequer ser aconselháveis pelo perigo de rigidez que comportam para a relação, dada a imponderabilidade das conjunções de contingências susceptíveis de influir no seu desenrolar. Há portanto que manter "aberta" a relação duradoura; uma abertura susceptível de se realizar, ora através de uma menor densidade ou especificação do tecido normativo contido no contrato que a institui, ora na previsão de mecanismos idóneos de adaptação contratual.

Sobretudo aí onde as partes não providenciaram elas próprias às exigências postas pelo desenvolvimento da relação, coloca-se ao direito objectivo o desafio de prover adequadamente à complementação do programa contratual ou à concretização "situacionada" dos comportamentos exigíveis aos sujeitos. Depara-se aqui um campo que a ciência jurídica terá de continuar a arrotear. Há que fixar critérios seguros de construção de deveres de comportamento, harmonizando interesses e pontos de vista não coincidentes dos sujeitos; apresentar conceitos de delimitação das esferas de risco das partes; estabelecer os critérios da modificabilidade e adaptabilidade do contrato a diferentes tipos de circunstâncias: tudo isso é pedido pela racionalização das exigências que este tipo de relações contratuais manifesta de modo exemplar.

Como pano de fundo não deixe de sublinhar-se que, muito embora o conteúdo da relação se possa apresentar à partida vincadamente indeterminado e susceptível de flexibilização em função de diversas ocorrências, existe sempre uma subordinação do comportamento das partes a elementos de *razoabilidade*, isto é dizer também, a *critérios de justificação intersubjectivamente vinculantes*. Tal significa que, ao entrarem numa relação deste tipo, as partes renunciam ao exercício arbitrário da sua liberdade, mesmo nos espaços deixados em aberto pelas estipulações contratuais[599].

A regra da conduta segundo a boa fé desempenha, pela natureza da relação, um papel particularmente notório na fundamentação das condutas exigíveis. Ela concretiza-se num *dever de cooperação* especialmente intenso que impende sobre as partes para se assistirem mutuamente nos seus interesses sempre que espreita o perigo de serem afectados, bem como a fim de as adstringir a condutas que não comprometam sem motivo o resultado almejado pelo outro contraente com o contrato. Nas relações contratuais duradouras, uma irremovível insistência do sujeito nos termos estritos do contrato, tal como foram inicialmente fixados, a indisponibilidade para levar em linha de conta os interesses da outra parte ou a resistência à adequada flexibilização da relação pode atingir sem remédio as utilidades esperadas do negócio. Daí também a natureza *intuitu personae* que este género de relação tende a assumir; ela espelha a necessidade de um relacionamento estreito, e solidário mesmo, entre os sujeitos.

Especialmente relevante para o nosso propósito de mostrar alguns corolários da destrinça entre a regra de conduta segundo a boa fé e a protecção da confiança apresenta-se entretanto o problema da racionalização jurídica da *praxis* contratual que as relações duradouras mostram com acuidade[600]. As condutas assumidas por cada um dos contraentes no desenrolar dessas relações contribuem paulatinamente para a modelação das expectativas do outro no que respeita ao seu desenvolvimento subsequente. É neste sentido crucial saber se ou em que medida o estatuto jurídico do contrato, a concreta conformação dos direitos, deveres e demais posições jurídicas que assistem às par-

---

[599] Cfr. aqui BAPTISTA MACHADO, *A cláusula do razoável* cit., 462 ss.

[600] Em rigor, esta questão não é privativa das relações duradoiras em sentido estrito, pois estende-se a todos os contratos cuja execução se prolonga por um período razoável de tempo, *v.g.*, tipicamente, o muito relevante contrato de empreitada de imóveis. Confirmam-se também neste particular as reservas à admissão, na linha de MACNEIL, de uma disciplina bífida dos contratos; a dogmática contratual apresenta-se essencialmente unitária, revelando-se a sua como que "sensibilidade tipológica" pela elasticidade de que se encontra dotada.

tes, deriva dos usos ou pode por qualquer forma incorporar aquela "lógica de relacionamento" que se foi sedimentando através das condutas das partes. Pelo menos no plano das representações subjectivas das partes, uma certa "normatividade dos factos" que se vá instalando implica a desvalorização progressiva do programa contratual inicial e dos interesses afirmados no momento da génese do contrato, reflectidos nas declarações negociais que deram origem à relação. Esta como que tende então a emancipar-se dessas declarações, ganhando vida própria e independente. Até a força motriz da vontade em relação a uma eventual modificação do contrato se pode atenuar face à tendência estabilizadora que a repetição de condutas e a institucionalização de procedimentos entre os contraentes lhe comunicam.

Tal sugere uma perspectivação jurídica da relação contratual radicada nas atitudes que as partes vieram a adoptar no seu decurso. Substituindo-se pois — ou melhor, complementando-se — um modelo de cariz voluntarista, centrado nas declarações negociais emitidas de início, por um "behaviorista" que releve do ponto de vista jurídico as opções concretas de conduta que os contraentes tomaram, após o consenso inicial, na vigência da relação.

Mas de que modo compreender a eficácia da *praxis* concreta da relação? Interessa-nos saber se ou como pretender que ela conforme aquilo que é exigível aos sujeitos no decurso da relação. O ponto torna-se especialmente sensível, embora de modo não exclusivo, quando se discuta um eventual efeito derrogatório dessa *praxis* com respeito àquilo que foi contratualmente estipulado no início da relação e a concomitante eficácia fundamentadora de uma alteração ao regulamento contratual estabelecido.

De facto, à prática contratual, sobretudo se reiterada, cabe também uma *relevância interpretativa* do acordo inicial que deu vida à relação (como, de resto, de declarações negociais posteriores): as condutas dos contraentes indiciarão muitas vezes um modo comum de entendimento das expressões por elas utilizadas no clausulado contratual (ou de outros e subsequentes comportamentos com relevância negocial). Pode ainda assinalar-se uma *função integrativa* ou *complementadora* daquelas práticas, bem como uma função *concretizadora*, pela qual se reduz a *indeterminação* ou a *indefinição* de uma regulação contratual e se preenchem espaços que surgiram num primeiro momento normativamente "livres" ou, em qualquer caso, com rarefeita densidade normativa[601]. Em ambos os casos salvaguarda-se a harmonia entre o teor do contrato e a *praxis* contratual. A favor da sua conciliação militam certamente um conjunto de razões, ligadas, quer à segurança negocial, quer ao próprio entendimento presumível das partes, sobretudo se o contrato foi formalizado e, antes disso, exaustivamente negociado. Mesmo parecendo ser de advogar por via de princípio, nem sempre contudo esta compatibilidade pode preservar-se.

Voltemos portanto ao *punctus saliens* de saber se a prática contratual é susceptível de afastar a aplicação de normas contratuais e de, em seu lugar, instituir modelos de conduta divergentes cuja observância se imponha às partes no contrato. Numa perspectiva radical, pode pretender conferir-se "potencialidade negocial" — capacidade geradora de eficácia negocial — às habitualizações da acção e reconhecer-se a uma prática constante e consentida a virtualidade de *derrogar* cláusulas contratuais e/ou de fazer emergir (novas) vinculações: de *modificar*, portanto, o *conteúdo do contrato*. Trata-se de uma interpretação "negocialista" da concepção "behaviorista" das relações duradouras acima referida, já que se reconhece aos usos institucionalizados por uma reiteração de comportamentos, aceite e não contestada, uma relevância normativa *negocial* na definição das condutas exigíveis das partes para o futuro.

Contudo, não podem deixar de se vislumbrar alguns obstáculos a este entendimento. É intuitivo que ele encerra o perigo de uma hipostasiação de declarações tácitas ou concludentes (de um *contrarius consensus* com respeito ao primitivamente fixado), o que o acabaria por lançar no domínio da ficção, escondendo as verdadeiras bases de valoração. Se lhe quiser furtar-se, esta concepção terá de pagar o preço de desvendar o alcance limitado da solução que propugna. De facto, dir-se-á que, na "ortodoxia" da teoria do negócio jurídico, as modificações ao regulamento contratual estão basicamente sujeitas às regras

---

[601] Ao instituir formas de determinação da prestação, o art. 400 do Código Civil não leva *apertis verbis* em consideração a eventual existência dessas práticas, mas nem por isso elas deverão deixar de ser atendidas.

da formação do contrato e, assim, à efectiva demonstração da existência do enlace de duas declarações negociais de alteração do acordo inicial com todos os seus requisitos de validade e eficácia[602].

Ora, é impensável comprimir nos quadros de um acordo negocial modificativo toda a dinâmica específica revelada no período de execução do contrato. No plano dogmático, a informal e "discreta" formação da coordenação de condutas entre os sujeitos durante a vida da relação escapa-lhes, via de regra. Está fora de causa considerar que se alcançou um acordo negocial a pretexto de as partes agirem *como se esse acordo existisse*. Por outro lado, a inobservância da forma do contrato do qual emergiu a relação pode impedir (no caso de forma legal) ou, pelo menos, levar a olhar com prudência (havendo forma convencional) a eficácia negocial modificativa de um acordo posterior[603]. A bem ver, a elevada fasquia dos requisitos de um acordo modifica-

---

[602] Diferentemente dos acordos modificativos (ou extintivos), que incidem sobre a relação contratual tal como foi configurada pelo contrato, a novação provoca a extinção de vínculos obrigacionais *uti singuli*. O recorte que dela transparece no regime do Código Civil não lhe assegura em todo o caso também papel apreciável na problemática que se considera. Normalmente, por força da vigência das relações duradouras, as partes não querem nada de verdadeiramente *novo*. A relevância da prática contratual que se trata de captar dogmaticamente não se centra habitualmente — como tratando-se da novação — na extinção de deveres de prestar, substituindo-os por outros diferentes; diz antes respeito a aspectos que os circundam — condições e modos de cumprimento, comportamentos instrumentais, etc. — e que, acrisolados pelo tempo, se pretende que sejam atendidos pelo Direito. Pode dizer-se que aquilo de que se trata é configurar juridicamente a *inércia* da prática contratual instalada, de certo modo o contrário da novação, que exprime a extinção súbita de uma obrigação pela irrupção abrupta de uma nova. De qualquer modo, a vontade de contrair uma nova obrigação em substituição da antiga deve ser, por imposição da lei (art. 859), expressamente manifestada. Tal raramente acontece. Por outro lado, a informalidade e discrição com que se formam as práticas contratuais dificilmente consente a visualização da autêntica declaração negocial exigida pela novação.

Mutatis mutandis, quanto à remissão, que implica igualmente declarações negociais (atenta a sua contratualidade — art. 863 —, igualmente a do devedor). Também pelo seu conteúdo, de carácter muito circunscrito quando comparado com a matéria das práticas contratuais enraizadas, não se lhe pode augurar significado importante na dilucidação dogmática da relevância dessas práticas.

[603] Cfr., respectivamente, os arts. 221 n.° 2 e 223 n.° 1.

tivo constrangeria excessivamente a necessária relevância jurídica das condutas das partes; sendo até susceptível de representar, na sua rigidez, um sério obstáculo à por vezes indispensável flexibilidade da relação contratual.

Poderia naturalmente tentar contornar-se estes obstáculos mediante uma alteração do conceito de negócio jurídico — por forma a cobrir com o manto da eficácia negocial as reiterações de conduta dos sujeitos durante a relação — ou refutando pelo menos a necessidade de transplantar as regras relativas à formação do contrato para o plano da sua cessação. Só que, se a primeira solução, mesmo para quem dela não descresse, se afiguraria sempre eriçada de incontáveis dificuldades, a segunda também não escaparia à observação de que não pode à partida sustentar-se que a prática negocial tenha de ser simplesmente derrogatória do conteúdo contratual inicialmente fixado, importando assim averiguar em que medida lhe é de reconhecer também eficácia fundamentadora da ordem *alternativa* ou *substitutiva* de comportamentos que positivamente evidencia.

Toca-se agora o nó do problema que perseguimos. A aceitação de uma "normogénese"[604] real e directa por virtude da prática contratual abriria uma ruptura funda na teoria das fontes da *lex privata* contratual. Ao lado do consenso e da vontade, apelar-se-ia para uma "normatividade dos factos" que não se vê bem de que modo justificar no âmbito do sistema das formas de constituição de vinculações. Excepto nos casos em que seja de reconhecer aos usos contratuais o valor de autêntico *direito consuetudinário "particular" da relação* entre as partes, pois nenhuma razão decisiva se vislumbra para negar ao costume contratual uma eficácia susceptível de se sobrepor àquele mesmo sistema de fontes; mas para tal é necessário que as partes tenham o convencimento de estarem juridicamente adstringidas à prática contratual estabelecida, o que nem sempre ocorre, pois esta prática pode limitar-se a ser sentida como esperável, razoável, adequada ou justa, e nada mais. O direito positivo português não deixa de resto margem para dúvidas: é taxativo e claro ao proclamar, em defesa do *pacta sunt servanda*, que o contrato só

---

[604] Quanto às origens da expressão na sociologia, cfr. KÖNDGEN, *Selbstbindung* cit., 168 n. 55.

pode modificar-se ou extinguir-se (descontados os casos admitidos na lei[605]) por mútuo acordo dos contraentes.

Nada neste cenário prejudica porém o papel, quer da teoria da confiança, quer da regra da conduta de boa fé, na "juridificação" da paulatina cristalização de procedimentos no âmbito das relações duradouras. Vejamo-lo. A comunicação e interacção que se desenvolve com frequência entre os sujeitos após o consenso inicial de modo informal — muitas vezes quase subliminar — e flexível gera com facilidade "viveiros" de expectativas, mais intensas se um ambiente "cooperativo" marca a relação. Essas expectativas suplantam normalmente a simples adopção de comportamentos conformes com padrões genericamente exigíveis, reportando-se a condutas perfeitamente situadas no contexto específico da relação. Distintas na sua origem, autonomizam-se e podem mesmo superar o contratualmente estipulado. Quanto maior a "pessoalização" da relação, mais fortes ordinariamente se apresentam. Assim, a adopção reiterada de determinado comportamento por um dos sujeitos na vigência dessa relação, embora eventualmente desconforme com o regulamento contratual inicialmente fixado, é susceptível de constituir um indício para o outro de que semelhante atitude será também seguida no futuro. A consciência dessa discrepância não obsta por si a um convencimento deste tipo, pois a continuidade do comportamento do sujeito em relação a uma prática sua anteriormente iniciada constitui sem dúvida uma razão válida para confiar.

Claro que os ditames da boa fé imporão àquele que durante um certo lapso de tempo actuou de determinada forma um dever de comunicação à outra parte de que não se aterá no futuro a essa conduta quando se decidir a alterá-la. Não é que o seu afastamento da prática anterior seja em si proibido (se não havia, como agora se pressupõe, vinculação negocial a manter o comportamento precedente),

---

[605] As hipóteses de modificação ou extinção previstas na lei, expressamente ressalvadas pelo art. 406 n.º 1 não podem naturalmente ser interpretadas com tal amplitude que a directriz normativa aí contida fique completamente desfigurada. Essa seria a consequência da admissão, como princípio geral, de uma "normogénese" da prática contratual.

mas reclama-se nesse caso um aviso prévio para permitir ao outro contraente adaptar-se ao novo modo de proceder, evitando prejuízos. Estamos de novo perante um simples corolário das exigências de correcção, lisura e lealdade que as relações duradouras convocam, amiúde aliás de modo particularmente intenso. Exigências, de resto, que se opõem às mudanças de comportamento ditadas tão-só pela decisão de aproveitar oportunisticamente a debilidade ou a dependência económica do parceiro contratual criadas muitas vezes no decurso da relação, com vista à obtenção de benefícios à custa dele[606].

Mas aquele que se afasta do critério de conduta até então seguido pode, independentemente de ter cometido uma violação dos deveres decorrentes da boa fé, incorrer em responsabilidade se, defraudando expectativas, ocasionou prejuízos. Essa atitude consubstanciará com muita frequência um *venire contra factum proprium*, figura de eleição da protecção da confiança. Contudo, o carácter duradouro da relação contratual confere também especial interesse àquelas manifestações particulares da tutela da confiança nas quais o decurso do tempo assume uma importância constitutiva autónoma. Referimo--nos à *Verwirkung* (*"suppressio"*) e à *Erwirkung* (*"surrectio"*), seu *pendant*.

---

[606] Não pode sujeitar-se uma das partes às consequências do arbítrio da outra, a pretexto de não se requerer a sua autorização para uma mudança de conduta desta última em relação à prática que até então vinha seguindo. Muito embora essa alteração seja em si lícita, não deve ser consentido aos sujeitos a exploração, em seu benefício, de situações de necessidade ou dependência que se manifestem. As relações duradouras criam-nas com frequência, porque o decurso do tempo tende muitas vezes a desprover ao menos um dos contraentes de alternativas razoáveis na condução da sua própria actividade ou interesses perante o contrato celebrado. Importa neste aspecto contrariar o abuso da sua exposição a uma situação de tipo monopolístico que se tenha instalado. Claro que os princípios da proibição da coacção moral ou da usura podem ser chamados a depor, mas têm limites que decorrem, ou do crivo mais ou menos apertado dos seus requisitos tradicionais, ou do facto de nem sempre estar (tão-só) em causa a impugnação de declarações de vontade para que classicamente foram talhados. Diversamente, os ditames da boa fé apresentam-se bastante elásticos e a sua infracção conduz à responsabilização do sujeito. (O que permite colmatar lacunas de protecção: não parece, por exemplo, que a boa fé contratual exija, para dar lugar a uma indemnização, a obtenção dos benefícios *manifestamente* excessivos ou injustos que a usura reclama.)

Assim, a pura inactividade do sujeito perante práticas contratuais repetidas, prolongada no tempo, pode conduzir a uma reacção do ordenamento perante o exercício de uma posição jurídica que o contrato conferia ao sujeito e que aquelas práticas desdiziam. Não apenas porém numa valoração *retrospectiva* desse exercício, a salvaguardar a eficácia das acções já consumadas; também *prospectivamente*: a repetição de condutas contratuais projecta-se para o futuro e justifica a protecção daquele que acreditou na continuidade dessas condutas.

De harmonia com a concepção global que perfilhamos, a tutela daquele que confiou na estabilidade de uma determinada prática contratual não é, em princípio, "positiva". Na ausência de uma vinculação negocial, não existe em rigor (nem por força da boa fé) qualquer adstrição a respeitar uma *praxis* contratual instalada. A defraudação da confiança não conduz, portanto, via de regra, nem à preclusão da conduta contraditória, nem à paralisação do exercício de uma determinada posição jurídica desconforme com uma prática anterior nunca posta em causa, nem ao reconhecimento de uma pretensão conforme com essa mesma prática. A protecção da confiança realiza-se normalmente por meios indemnizatórios, só havendo razões para deles nos afastarmos se for inapropriada para lograr uma efectiva tutela da posição do confiante. É este sentido de regra/excepção que melhor preserva a compatibilidade sistemática da tutela da confiança com o elenco de fontes das vinculações e o espaço da autonomia privada por ele defendido[607]. Contrabalança-se pois a faculdade de afastamento de

---

[607] *Vide* ainda *infra*, esp. sob o n.º 66. Neste ponto da construção sistemática é muito diversa a orientação de autores como CANARIS ou SINGER, que apenas perspectivam o *venire*, a *Verwirkung* ou a *Erwirkung* como fontes de pretensões (positivas) de correspondência à confiança criada no contexto das práticas contratuais (cfr. *Die Vertrauenshaftung* cit., *v.g.*, 336 ss, e 381 ss, e *Das Verbot* cit., 347 ss, respectivamente).
Também BAPTISTA MACHADO, *Tutela da confiança* cit., 382-383, parece divergir da orientação básica que propomos. Não só reconhece aos usos eficácia derrogatória das cláusulas do contrato originário (à semelhança de um *contrarius consensus*), como lhes atribui mesmo uma eficácia *vinculativa* susceptível de se sobrepor às estipulações negociais. Afirmando que, depois de estabelecidos, os usos não podem ser unilateralmente revogados, admite forçosamente a adstrição a observá-los, contra o que supomos dever ser o princípio. É certo que funda a relevância dos usos

uma prática reiterada em que a outra parte confiou através da obrigação de ressarcir os prejuízos derivados da expectativa na coerência ou continuidade do comportamento. Repare-se que a primazia da solução indemnizatória apenas é sustentável partindo-se, como princípio, da licitude da conduta que se desvia dos padrões anteriormente seguidos.

A teoria da confiança, na forma por que a entendemos, permite aliás uma adequação da tutela jurídica muito relevante, atendendo à precariedade de que, por natureza, a prática contratual se reveste. De facto, a estabilidade desta última é apenas relativa, pois ela está a todo o tempo sujeita a ser infirmada por comportamentos que não se atenham ao modelo até então seguido pelas partes. Ora, não há razão para que a ordem jurídica tolha a possibilidade de adaptação ou modificação da própria prática negocial; a boa fé apenas exigirá um pré-aviso por forma a poupar a outra parte a um prejuízo, desfazendo-lhe atempadamente a confiança na respectiva continuidade[608]. Uma "petrificação" dessa prática seria patentemente disfuncional. Atribuir-lhe todavia uma eficácia negocial traria precisamente como consequência a aludida inflexibilidade. De facto, teria então de considerar-se desconforme com a ordem contratual entretanto instituída,

---

no princípio da confiança, mas equipara-o ao negócio enquanto fundamento de vinculação (o que não cremos que o sistema de fontes suporte). Em todo o caso, apelando ao fundamento da confiança, aparta-se da concepção de KÖNDGEN, *Selbstbindung* cit., 167 ss, que, em manifesta oposição aliás também à posição que propugnamos, confere aos usos um efeito constitutivo geral por força da "autovinculação sem contrato" que perfilha. A posição deste autor (que ainda se considerará de modo global) ergue-se na verdade, não apenas contra a teoria da confiança, como contra a doutrina do negócio no seu entendimento tradicional. O que, ao arrepio da nossa orientação, leva a considerar supérflua a preocupação de delimitar os casos de relevância negocial da prática contratual e de porfiar em soluções que preservem o sistema tradicional de fontes das obrigações (por ele concludentemente ultrapassado).

[608] Não está, também aqui, rigorosamente em causa a necessidade em si mesma de corresponder à confiança alheia, mas a exigência de, em nome da lisura e honestidade de conduta, evitar a outrem um prejuízo desnecessário. É isto que pode tornar ilícita a mudança inopinada de conduta.

isto é, um ilícito contratual, a conduta daquele contraente que contrariasse essa prática[609].

Importa porém recusar igualmente um entendimento que, em nome da protecção da confiança, afirme uma adstrição a continuar a *praxis* contratual (para cumprir expectativas alheias). Levantar-se-iam as acima mencionadas objecções no plano da doutrina das fontes das obrigações. Mas tal representaria ainda um factor de rigidez injustificado, pois, verificada a expectativa de prossecução dessa prática, seguir-se-ia por necessidade o dever de lhe corresponder pelo tempo prefigurado pelo sujeito, ainda que, supervenientemente, um aviso do sujeito ou alguma atitude sua incompatível com essa prática mostrasse que ela não iria ser seguida até ao termo desse horizonte.

Diversamente na nossa concepção. A responsabilidade pela confiança visa tão-só defender o investimento feito em função de certas convicções, não realizá-las. Deste modo, qualquer disposição do sujeito levada a cabo quando já não existam expectativas, nomeadamente por terem sido atempadamente destruídas, não merece atenção: nada há a proteger, porque não existe por força nenhuma disposição feita, em rigor, *em função* delas. Aqui vai um mérito da teoria da confiança no recorte que lhe atribuímos: ela presta sempre uma resposta proporcionada às efectivas exigências de relevância da prática contratual. Acompanha as expectativas nascidas no seu seio, por todas as suas vicissitudes, até à sua dissipação, nunca ultrapassando aquilo que é pedido pela protecção do investimento feito por causa de uma confiança actual dos sujeitos[610]. Servindo optimamente um equilíbrio

---

[609] A construção da reiteração de uma conduta contratual por parte de um dos contraentes como vinculação negocial com reserva de livre revogabilidade, por sobre evidentes dificuldades de demonstração, deparar-se-ia com os obstáculos de entendimento das obrigações *si voluerit* enquanto verdadeiras obrigações jurídico-negociais (numa situação análoga à das condições puramente potestativas *a parte debitoris*).

[610] Esta precisão permite ripostar peremptoriamente a uma contestação da solução baseada na protecção das expectativas a pretexto de que ela também instituiria como definitiva e irremovível a situação de confiança criada (assim, porém, a propósito da *Verwirkung* e da *Erwirkung*, PETER-CHRISTIAN MÜLLER-GRAFF, *Rechtliche Auswirkungen einer laufenden Geschäftsverbindung im amerikanischen und deutschen*

móvel do contrato, ela permite a todo o momento também restaurar para o futuro a paridade das partes transitoriamente afectada por situações de constrangimento: salvaguardados investimentos de confiança já realizados — a compensar —, o sujeito que se viu obrigado a consentir na instalação de uma certa prática contratual, para ele desfavorável, por forma a preservar a relação contratual pode a todo o tempo regressar ao teor originário do acordo sem qualquer "penalização"[611]. E não põe em causa o primado do negócio quanto à eficácia modificativa ou extintiva do acordo contratual, por isso que, onde seja convocada, se limita a atender (mesmo aí onde os requisitos do negócio se não encontram reunidos ou não se conseguiram provar) às legítimas expectativas das partes[612]. Nada mais.

Recht, Karlsruhe 1974, 175 ss). Nada disso ocorre, considerando-se — correctamente — que a tutela da confiança é, na realidade, uma tutela do investimento *feito*, pelo que, salvaguardado este, as expectativas que ainda não tiveram tradução alguma em decisões com relevância patrimonial do sujeito podem ser defraudadas sem consequências (mais desenvolvidamente sob o n.º 59).

[611] Ainda que não tenha havido ilicitude da outra parte. Uma adequada concepção da teoria da confiança viabiliza também uma solução ágil para estes casos, sem pôr em causa, tanto a substância da relação, como a da prática pretérita, pois o sujeito pode rearmonizar facilmente essa prática com o teor do contrato para todas as situações futuras (salva a necessidade de compensação do investimento de confiança já realizado).

[612] O § 2-209 do Uniform Commercial Code norte-americano prevê que, quando tem lugar uma modificação do teor do contrato que não satisfaça exigências formais aí previstas, pode ficar precludida a invocação dos termos iniciais (*waiver*) se com isso se criasse uma situação de injustiça, tendo em vista a mudança de posição (*change of position*) da outra parte, decorrente da sua confiança. Também a regra do § 150 do Restatement Second of Contracts estabelece para os contratos em geral a regra segundo a qual um acordo modificativo verbal é vinculativo se o retorno aos termos originais do contrato for injusto tendo em vista a mudança de posição decorrente da confiança no acordo subsequente. Reconhece-se portanto, uma vez um efeito inibitório, outra um efeito vinculativo à prática contratual. Na nossa concepção deve privilegiar-se todavia a via da indemnização compensatória. Só em casos em que essa via não proporcione uma solução suficiente nos parece de admitir que aquele a quem é imputável aquela confiança seja "impedido" de invocar o contrato imodificado — de exercer uma pretensão com base no teor imodificado do contrato ou de se defender de uma pretensão do seu parceiro contratual

46. As ligações correntes de negócios

A articulação da regra da conduta de boa fé e da protecção da confiança na compreensão dogmática da *praxis* contratual no âmbito das relações duradoiras estende-se finalmente, com as necessárias adaptações mas de modo fundamentalmente semelhante, ao campo das *ligações* ou *relações correntes de negócios*[613], que se verificam quando

alicerçada na confiança. (*En passant*: observe-se que a invalidade ou ineficácia do acordo modificativo coloca problemas similares ao da invalidade ou ineficácia do contrato inicial; a intervenção da teoria da confiança é similar num e noutro caso.)

Questão importante que a experiência dos contratos mais minuciosamente elaborados se encarrega de revelar é a de saber se a doutrina da confiança opera mesmo perante cláusulas segundo as quais todas as modificações contratuais carecem de ser consentidas de determinado modo — por exemplo, adoptando a forma convencionalmente seguida no contrato inicial —, que exigem essa forma para a validade da renúncia ao exercício de certas posições contratuais, que excluem a eficácia preclusiva ao não exercício dessas posições ou que reservam explicitamente a accionabilidade dos direitos conferidos pelo contrato, etc.. Segundo pensamos, não há razão alguma para considerar que estas estipulações contratuais prejudicam irremediavelmente a susceptibilidade da relevância da *praxis* contratual do ponto de vista da teoria da confiança. Negócio jurídico e doutrina da confiança não podem confundir-se, embora importe conjugá-los para evitar dessintonias. Deste modo, uma cláusula contratual do tipo das consideradas impede ordinariamente a formação de uma confiança razoável num comportamento futuro conforme com a prática até então seguida. Mas nem sempre assim será. Pelo menos quando o próprio beneficiário da cláusula induz com a sua conduta a expectativa de que a cláusula não será invocada, não se vislumbram motivos para não admitir a protecção da confiança (correctamente, por isso, cobrindo embora apenas uma parte das situações em referência, o art. 2.18 dos princípios do UNIDROIT). A filtragem seguirá os requisitos da protecção da confiança: a convicção na conduta futura tem de ser justificada, não obstante a cláusula contratual prevenir o contrário. (Nos factores a ponderar incluem-se o conhecimento efectivo da estipulação contratual — que nem sempre ocorre: pense-se na contratação através de cláusulas contratuais gerais —, os usos do tráfico — que podem apontar em sentido diverso —, precedentes contratuais revelando fragilizações anteriores da cláusula, etc..)

[613] Em geral sobre a figura, pode ver-se na Alemanha, R. PHILIPOWSKI, *Die Geschäftsverbindung, Tatsachen und rechtliche Bedeutung*, Heidelberg 1963; P.-CH. MÜLLER-GRAFF, *Rechtliche Auswirkungen einer laufenden Geschäftsverbindung* cit., e *Die Geschäftsverbindung als Schutzpflichtverhältnis/am Beispiel unentgeltlicher Leistungen*, JZ

entre dois sujeitos (via de regra, comerciantes) se estabelece um tráfico jurídico estável, aberto à celebração de contratos no futuro. Um único negócio poderá bastar para iniciar este género de relação. Outras vezes, a ligação resultará da simples habitualidade com que os sujeitos (as empresas) recorrem um ao outro na prossecução da sua actividade económica.

O *quid* distintivo entre a relação corrente de negócios e as relações contratuais duradouras radica em aquela implicar a celebração de vários *negócios autónomos* ou, em todo o caso, uma disponibilidade para tal, assim se contrapondo às situações em que apenas existem (ou relevam) vinculações que se protelam no tempo. A afirmação de uma ligação corrente de negócios não será todavia incompatível com a existência eventual de um negócio de enquadramento (*Rahmenvertrag*) geral da relação entre os sujeitos, desde que se reconheça ser ela portadora de uma *eficácia própria*, não reconduzível a este contrato. Mas, por outro lado, bastando-se as relações correntes de negócios, para a sua constituição, com a simples reiteração de negócios ou a abertura para tal, elas não pressupõem necessariamente o estabelecimento de quaisquer relações contratuais duradouras[614].

1976, 153 ss; CANARIS, *Bankvertragsrecht* cit., ns. 12 ss. Acerca do *course of dealing* no espaço norte-americano, cfr. FARNSWORTH, *On Contracts* cit., *v.g.*, I, 399, e II, 308--309. Na literatura portuguesa, refere-se-lhe BAPTISTA MACHADO, *Tutela da confiança* cit., 382-384, procurando demonstrar nela o carácter "originário" das vinculações emergentes da confiança; já SINDE MONTEIRO, *Responsabilidade por Conselhos* cit., 514 ss, faz frutificar a noção na zona cinzenta da responsabilidade por informações que não se enquadra limpidamente na responsabilidade contratual ou delitual; invocando-a, por sua vez, no âmbito dos condicionalismos em que o silêncio pode ter relevância, P. MOTA PINTO, *Declaração tácita* cit., 660-662. Pode ver-se também o nosso *Contrato e Deveres de Protecção* cit., 107-108, sublinhando que de uma relação corrente de negócios são susceptíveis de fluir diversos deveres, em particular de preservação de danos na integridade pessoal e patrimonial dos sujeitos.

[614] Cfr., analogamente, MÜLLER-GRAFF, *Rechtliche Auswirkungen* cit., 37, 51 e *passim*, bem como GERNHUBER, *Das Schuldverhältnis* cit., 411.

A questão da articulação e distinção entre relação corrente de negócios e relações contratuais duradouras tem sido especialmente discutida a propósito da qualificação das relações dos bancos com os seus clientes, pois estas não se confinam, via de regra, à celebração de um único negócio jurídico, antes se estendem a um con-

Contudo, não deve esperar-se desta distinção grandes reflexos práticos tratando-se de exemplificar a conjugação e complementari-

junto indeterminado de operações por um período de tempo mais ou menos prolongado. A tese de que, na base dessa ligação de negócios, existiria um "contrato bancário geral" (*allgemeiner Bankvertrag*) tem conhecido defensores. Mas esta redução a uma fenomenologia negocial não capta a essência da relação corrente de negócios. Uma diluição no negócio sacrificá-la-ia enquanto realidade que concita ponderações jurídicas autónomas com respeito a ele, ou mesmo enquanto conceito dogmático específico: aqui vai — nas consequências práticas que daí inelutavelmente decorrem, pelos constrangimentos que um empobrecimento do arsenal jurídico-operativo traz consigo — uma objecção de fundo contra a referida orientação. Um contrato requer que as partes — cliente e entidade bancária — intencionem efectivamente estabelecer vinculações contratuais. Ora, a relação corrente de negócios, naquilo que ela tem ou pode ter de específico, encontra-se desprovida de eficácia negocial. Situa-se para além dela e dos seus requisitos, não sendo prejudicada pela sua ausência. Deste modo, ela não é, em si, directamente determinável através de uma vontade negocial (neste último sentido, com vigor, CANARIS, *Bankvertragsrecht* cit., n. 4; já o argumento que aí se apresenta contra o contrato bancário geral de que a livre interrupção da relação de negócios entre banco e cliente seria incompatível com a vinculação jurídica emergente de um contrato nos parece menos consistente; de facto, não contraria a vinculatividade jurídica de um contrato a possibilidade de qualquer das partes lhe pôr termo a qualquer momento: a denúncia *ad nutum* das relações estabelecidas por tempo indeterminado aí está para o demonstrar e, onde existam prazos, a natureza do contrato facilmente impõe a possibilidade de denúncias antecipadas como forma de contrariar "vinculações excessivas"). Atendível contra a tese do contrato bancário geral é, por outro lado, o argumento de que a existência de um contrato requer que o seu conteúdo conheça um mínimo de determinação, exigência que não é fácil de compatibilizar com a natureza da relação entre banco e cliente; esta concretiza-se muitas vezes apenas no decurso do tempo em função de variáveis muitas vezes imprevisíveis e não determináveis *ex ante*. Sobre a questão em geral, bem como acerca dos seus pontos de relevância prática, cfr., além de CANARIS (*ibidem*, ns. 4 ss), também, *v.g.*, FRANZ HÄUSER, *Giroverhältnis*, in Gutachten und Vorschläge zur Überarbeitung des Schuldrechts cit., II, esp. 1336 ss, relatando o estado da discussão na Alemanha por ocasião dos trabalhos de reforma do direito das obrigações daquele país. Entre nós, refere-se em especial ao tema MENEZES CORDEIRO, *Concessão de crédito e responsabilidade bancária*, in Banca, Bolsa e Crédito/Estudos de direito comercial e de direito da economia, Coimbra 1990, 47 ss, e, mais recentemente em *Manual de Direito Bancário* cit., 371 ss, manifestando aqui uma clara preferência por um enquadramento contratual da relação bancária.

dade da tutela da confiança e da regra de conduta da boa fé na disciplina da relação que o decurso fáctico da ligação de negócios vai moldando. Nessa medida, pode prescindir-se também de responder com pormenor à objecção de que a relação corrente de negócios se esgota numa noção puramente descritiva de uma realidade factual que, a par de outras, convoca ponderações jurídicas determinadas, ou à dúvida de ser ela mesma portadora de um conteúdo dogmático independente. Em todo o caso, a ligação corrente de negócios apresenta uma natureza *híbrida* ou *bicéfala* que se projecta nas referências dogmáticas a que há-de obedecer o tratamento jurídico das questões que suscita. *Retrospectivamente*, a situação daqueles que se encontram unidos por uma ligação corrente de negócios toca o domínio da relação contratual duradoura. Por outro lado, a dimensão *prospectiva* que se traduz no abrir-se à celebração futura de novos contratos coloca esta ligação na órbita das relações de negociação com vista à formação do contrato. Deste modo, apenas afirmando um peso próprio perante a *culpa in contrahendo*, o não cumprimento ou cumprimento defeituoso e a *culpa post pactum finitum* ela poderá lograr autonomia dogmática[615].

Em tese geral, convém de qualquer modo manter diferenciadas a relação duradoura e a ligação corrente de negócios. A vinculatividade negocial que distingue a primeira desta última projecta-se em termos muito relevantes, teórica e praticamente. Assim, enquanto por exemplo a cessação de uma ligação corrente de negócios por quebra da confiança entre as partes não carece de ser justificada, fluindo como corolário normal da regra da autonomia dos sujeitos, a liberação do compromisso contratual de uma relação duradoura com esse fundamento (como reacção — já se disse — à perda da confiança e não enquanto meio de realização dessa confiança) implica necessariamente uma especial justificação, cabendo o ónus da demonstração dos respectivos pressupostos, fácticos e jurídicos, a quem a pretende.

[615] Tem de facto havido vozes a pôr em causa o conteúdo dogmático próprio da relação corrente de negócios. EMMERICH, por exemplo, afirma que não está aparentemente longe o dia em que se possa celebrar a despedida definitiva da ligação corrente de negócios enquanto fundamento especial de responsabilidade (in *Münchener Kommentar* cit., n. 420, prévia ao § 275). Céptico é também GERNHUBER, *Das Schuldverhältnis* cit., 413, para quem a ligação corrente de negócios se "dissolve num nada" enquanto categoria do direito da responsabilidade. Tendo em conta o carácter formal de que se reveste a expressão, é difícil não o admitir enquanto não se conexionarem valorações específicas às situações por ela conceptualmente abrangidas.

O que importa todavia agora sublinhar é que, ao perdurar no tempo, na relação corrente de negócios se sedimentam comportamentos e se vão conformando expectativas. Tal como nas relações contratuais duradouras, institucionalizam-se modos de agir, intensifica-se a confiança, aperfeiçoam-se os mecanismos de coordenação de condutas. A regra da conduta de boa fé responde a esta realidade, apertando a malha daqueles deveres que disciplinam a relação, tal como ela deve desenvolver-se entre sujeitos leais, razoáveis e honestos. Eles conduzirão com frequência à necessidade de prevenir atempadamente o outro sujeito da relação com respeito a alguma alteração futura de conduta, sob pena de responsabilidade. Tais deveres, inspirados na regra da boa fé, não provêm de nenhum compromisso negocial e não podem ser entendidos como obrigações em sentido técnico. Traduzindo esta eficácia, a ligação corrente de negócios pode considerar-se uma *relação obrigacional sem deveres primários de prestação*[616].

No entanto, assim como nas relações duradouras, importa reconhecer a viabilidade de uma tutela da confiança verdadeira e própria daquele sujeito que acalentou a estabilidade da prática que acompanhava a ligação corrente de negócios. Uma tutela que recorrerá ao

---

Há que conceder existirem deveres emergentes em relações correntes de negócios que podem comodamente integrar-se nas figuras referidas no texto. O facto não deve surpreender. Se no âmbito de uma ligação corrente de negócios se assiste à celebração de vários contratos, abre-se à partida a possibilidade de conexionar efeitos (por exemplo, deveres de segredo, de custódia, de informação, comunicação, etc.) aos contratos singulares que vão surgindo, ou às respectivas relações preparatórias, ou subsequentes, bem como, se for o caso, ao contrato que eventualmente forneça o enquadramento da relação. Apesar disso, não parece procedente a pretensão de negar à partida qualquer relevância autónoma à relação de negócios, exigida pela adequada racionalização da eficácia da prática que a acompanha e envolve; mesmo que residual com respeito àquelas situações referidas.

[616] Assim também o nosso *Contrato e Deveres de Protecção* cit, 107-108. A relação obrigacional sem deveres primários de prestação cinge-se àqueles deveres que, não tendo origem em vinculações contratuais das partes, emergem daquela específica situação relacional em que os sujeitos se encontram. A sua independência dos contratos havidos ou a haver entre eles explica que os seus efeitos (os deveres que dela decorrem) não são automaticamente afectados em face, por exemplo, de vícios desses negócios.

pensamento do *venire*, da *suppressio* ou da *surrectio*, e que operará fundamentalmente pela atribuição de uma pretensão indemnizatória ao *deceptus*, relegando para circunstâncias excepcionais o reconhecimento de uma vinculação (positiva) a manter práticas sedimentadas; apresentando, também aqui, as vantagens da conformidade sistemática com o sistema de fontes das obrigações e da flexibilidade necessária para responder à permanente possibilidade de alteração dessas práticas que importa manter.

CAPÍTULO IV

RECORTE E FUNDAMENTO DA RESPONSABILIDADE PELA CONFIANÇA

§ 1.º
O Modelo da Responsabilidade pela Confiança

SUMÁRIO: 47 — A autonomia em relação à violação de deveres de comportamento à luz dos pressupostos da protecção das expectativas: considerações preliminares. 48 — Paradoxos da concepção do dever enquanto simples formulação conclusiva e sintética dos pressupostos da protecção da confiança; a dificuldade "cronológica" na responsabilidade por declarações; o problema nas omissões. 49 — A incongruência do requisito da justificabilidade da confiança com o arquétipo da responsabilidade por violação de deveres. 50 — A incompatibilidade do investimento de confiança com o modelo da responsabilidade por infracção de regras de conduta. 51 — Investimento e estrutura "binária" da realidade protegida pela teoria da confiança; a responsabilidade pela confiança enquanto responsabilidade pela frustração de uma intencionada coordenação de condutas por parte do confiante. 52 — Captação e frustração da confiança no tempo; as declarações inexactas como acções de duplo efeito. 53 — A dualidade da responsabilidade pela frustração de expectativas: confiança em conduta futura e em declarações; a impossibilidade conceptual-sistemática da conexão da responsabilidade pela confiança a uma conduta omissiva. 54 — Confiança: elemento do processo causal que conduz ao dano ou fundamento da responsabilidade (violação de deveres de comportamento *vs.* protecção de expectativas)?; a causalidade psíquica. 55 — (*cont.*) O comprometimento da responsabilidade por violação de deveres com o paradigma "físico-naturalístico" da causalidade; a causalidade no "jogo de linguagem" específico da responsabilidade pela confiança; a autonomia e não exclusão recíproca do quadro de referência de cada modelo de responsabilidade. 56 — Conclusão; a protecção da confiança perante a distinção entre responsabilidade por "actos" e por "palavras" e a não vinculação dessa distinção ao carácter primariamente patrimonial dos prejuízos. 57 — A necessidade de reformulação do pensamento da imputação como efeito do recorte da responsabilidade pela confiança e da sua autonomia com respeito à violação de deveres. 58 — A responsabilidade pela confiança, consequência possível da infracção de deveres: inadimplemento contratual, interesse positivo e dano de confiança.

47. A autonomia em relação à violação de deveres de comportamento à luz dos pressupostos da protecção das expectativas: considerações preliminares

A clarificação das condições de uma autonomia dogmática da responsabilidade pela confiança conduziu-nos, no capítulo precedente, à necessidade de uma concepção que a destrince devidamente daquela que a deriva da violação de deveres de comportamento, nomeadamente dos que exprimem a regra da conduta de boa fé. Reordenaram-se depois algumas figuras de responsabilidade como corolário dessa "separação de águas", com vantagens dogmático-operativas várias. O cenário de fundo era o das dificuldades e insuficiências das doutrinas que rejeitam um desenvolvimento do direito da responsabilidade amparado na teoria da confiança em certas constelações de ordenação dogmática ainda muito controversa; doutrinas que, ora combatem ferozmente a relevância da confiança na responsabilidade, propondo antes uma reinterpretação e afinamento da que decorre da infracção de adstrições de conduta, ora pugnam pela absorção da confiança nos esquemas dogmáticos comuns da tutela jurídica contra a infracção de *regulae agendi*, nomeadamente delituais.

As razões da diferenciação entre tutela da confiança e responsabilidade pelo não acatamento de deveres precedentemente expostas acabam porém também por confirmar de modo eloquente a insatisfatoriedade destas orientações. Elas apontam por isso igualmente para o inelutável imperativo da construção de um modelo de responsabilidade pela confiança que o reflicta. Um arquétipo que, conjugando e articulando um conjunto de princípios e regras próprias, assinale portanto a individualidade do juízo de responsabilidade pela confiança perante a simples infracção de regras de conduta. É pois chegado o momento de surpreender os traços específicos desse modelo, de discernir a sua íntima justificação e de o apresentar e integrar devidamente na ordem jurídica.

De facto, a um olhar penetrante desvenda-se um conjunto significativo de diferenças entre o modo de operar da responsabilidade pela confiança e daquela que é desencadeada pela violação de deveres de agir, qualquer que seja a sua natureza. O que aponta para a irredutibilidade do respectivo corpo de regras, ao mesmo tempo que traduz a pertinência de uma dogmática própria da confiança. Como é natural, um fundamento próprio de responsabilidade conduz a coordenadas de regime específicas, assim como um quadro regulativo singular evidencia também um fundamento próprio.

Mas não antecipemos conclusões. Aliás, uma coisa é surpreender a "lógica" intrínseca, individualizadora, da responsabilidade pela confiança, outra — e diferente — reconhecê-la no âmbito do direito positivo vigente. Ali está em causa a pertinência dessa responsabilidade à luz da coerência interna que a informa no conjunto dos seus requisitos e consequências e a contrasta com outras formas de responsabilidade. Conceptualmente distinta é a sua justificação enquanto parte integrante de um determinado sistema jurídico. Vamos, naturalmente, começar por abordar o primeiro aspecto, pois ele condiciona, como autêntica questão prévia, o segundo problema.

O nosso ponto de partida é a imagem que a responsabilidade pela confiança apresenta de si mesma, pela voz dos seus mais autorizados defensores, e que se exprime em determinados pressupostos, hoje sedimentados também na jurisprudência. Passando por cima de discrepâncias ou pontualizações, de pormenor para o propósito de agora, importa reconhecer que a responsabilidade pela confiança exige, antes de mais, uma atitude de confiança alicerçada num facto apto a produzi-la; depois, uma justificação objectiva para essa confiança (pois de ordinário a ligeireza ou a falta de cuidado não merecem ser atendidas); um investimento de confiança, traduzido numa atitude ou actuação que o confiante tenha desenvolvido com base na sua convicção; finalmente, uma imputação da situação a outrem, em termos que justifiquem no plano ético-jurídico a sua responsabilidade[617]. Esses pressupostos articulam-se entre si em sistema móvel, o que significa que a falta de força, ou mesmo, nalgum caso específico, a ausência de um deles, é susceptível de ser compensada com o carácter particularmente intenso do outro[618].

[617] Cfr. de modo especial, CANARIS, *Die Vertrauenshaftung* cit., 491 ss, alcandorado sobre uma extensa análise dos vários afloramentos do pensamento da confiança no direito privado alemão. Entre nós, destaque-se MENEZES CORDEIRO, *v.g.*, *Da Boa Fé* cit., II, esp. 1248-1249, após investigação das manifestações da boa fé no direito civil luso; e ainda, BAPTISTA MACHADO, *Tutela da confiança* cit., 414 ss. (Assumindo também este esquema básico de pressupostos o nosso *Uma «Terceira Via»* cit., 103-104.)
Os requisitos indicados são acolhidos pacificamente na prática decisória dos tribunais portugueses. Cfr. por exemplo, entre muitos, o Acórdão do Supremo Tribunal de Justiça de 27 de Abril de 1999, CJ (STJ) VII (1999), 2, 60 ss (a propósito de saber se era admissível a recusa de outorgar uma escritura de constituição da propriedade horizontal com fundamento na ligação de diversas fracções autónomas entre si, quando foi o próprio que se lhe opõe quem consentiu e permitiu construir essas ligações); o Acórdão do Supremo Tribunal de Justiça de 5 de Março de 1996, CJ (STJ) IV (1996), 1, 115 ss (considerando haver frustração da confiança na conduta do sujeito que, ao assumir a posição de certos promitentes-vendedores, demonstrara com a sua conduta querer cumprir esses contratos, vindo mais tarde a alienar o prédio a terceiro); finalmente, o Acórdão do Supremo Tribunal de Justiça de 28 de Novembro de 1996, CJ (STJ) IV (1996), 3, 119 ss (julgando haver violação da confiança do credor de uma prestação que, exigindo embora do devedor o seu cumprimento, não lhe proporcionou, apesar de instado, as condições contratuais para que este realizasse a prestação).

[618] Recorde-se, no espaço português, MENEZES CORDEIRO, *Da Boa Fé* cit., II, 759 e 1249. Para nós, entretanto, a mobilidade está longe de ser total, tal como os nexos de compensação em função da intensidade não se podem estabelecer por igual em relação a todos os pressupostos referidos. Importa sublinhá-lo perante a tentação de, a coberto da mobilidade, a doutrina se demitir das exigências construtivo-sistemáticas, evitando as suas dificuldades pela invocação da flexibilidade dos elementos que conformam um determinado regime. Correctamente entendido, o sistema móvel não constitui de modo algum uma alternativa ao pensamento dogmático, mas um seu instrumento eficaz.
Este aspecto merece ser sublinhado porque pensamos que na responsabilidade pela confiança a *mobilidade é relativa*, e não pode pois ser afirmada indiscriminadamente; tende a operar apenas na gradação da intensidade e não permite, regra geral, colmatar a ausência de pressupostos. Não se vê, por exemplo, de que forma prescindir do *Tatbestand* de confiança. Também a confiança e a sua imputação a outrem

Não consideramos — digamo-lo desde já — estes requisitos um simples produto da decantação de soluções evidenciadas por um qual-

não podem patentemente ser dispensados. A primeira por motivos óbvios, a segunda porque se eliminaria qualquer nexo ético-jurídico entre o dano e o sujeito responsável. Também não é viável prescindir-se do investimento de confiança, pois é ele que justifica a intervenção da ordem jurídica. Resta assim a possibilidade de suprir a falta de justificação da confiança pela intensidade que os outros requisitos apresentam. De harmonia com o intuito do presente estudo, toma-se por referência a protecção indemnizatória da confiança. No âmbito da análise da tutela da aparência, CANARIS (*Die Vertrauenshaftung* cit., 472 ss, e 512) encontra casos de ausência de investimento ou irrelevância do pensamento da imputação. Sublinha todavia o seu carácter excepcional na ordem jurídica germânica. Idêntica valoração se deverá admitir entre nós.

Importa no fundo perceber que a mobilidade do sistema não deve de modo algum confundir-se com a falta de sistema e que há elementos estruturantes de que não pode prescindir-se. (Pena que nem sempre se revele a devida consciência quanto a este ponto. Assim, MENEZES LEITÃO remata a sua investigação sobre o enriquecimento sem causa com a consideração de que os elementos do art. 473 n.° 1 se organizam entre si na forma de um sistema móvel, admitindo a possibilidade de enlaces "arbitrários" entre eles. Face ao que expusemos, não pode senão repudiar-se essa ideia, a que de resto, bem vistas as coisas, o próprio autor só intermitentemente se mantém fiel. De facto, reconhece do mesmo passo no enriquecimento sem causa um princípio *normativo*. Em vez porém de sublinhar que ele irradia nas várias manifestações do enriquecimento, insiste em que não existe qualquer unidade estrutural entre as diversas categorias do enriquecimento sem causa que percorreu. Sabido como o sistema móvel se caracteriza por asserções de tipo comparativo segundo as quais a consequência jurídica reage gradativa e flexivelmente aos diversos níveis de intensidade dos componentes do sistema, deixa até em rigor por demonstrar esse modo de relação dos diversos elementos do art. 473 n.° 1 e de que forma eles haviam de corresponder, *como móveis*, aos diversos tipos de *condictiones* historicamente decantadas; o que não é estranho, por isso que afirma do mesmo passo rejeitar um fundamento comum do enriquecimento sem causa como factor de unificação: cfr. do autor citado *O Enriquecimento Sem Causa* cit., esp. 955 ss, 964-967, e 994, cujas conclusões gerais sobre o instituto do enriquecimento se devem, portanto, encarar com reservas. De facto, parece antes que os elementos recolhidos no art. 473.° n.° 1 apresentam em cada uma das *condictiones* sentidos e funções dogmáticas *diferenciáveis*, o que não é o mesmo que afirmar a sua simples mobilidade, tal como a qualidade se não pode confundir com a quantidade. Para nós, a citada disposição, mais do que "balizar" propriamente, qual fronteira de delimitação externa, a aplicação móvel de um princípio jurídico, pretende antes responder a uma aspiração de formulação jurídica geral desse princípio e constituir uma *Auffangnorm* das suas manifestações.)

quer direito positivo com a dose de contingência que o pode impregnar. Não é que neguemos a importância de os desvendar nos sistemas concretamente vigentes, nem que seja de desprezar todo o esforço de os trazer à luz do dia pela análise e reelaboração crítica das normas que os integram, pois essa tem de ser uma preocupação de uma ciência jurídica que tenha no direito vigente a sua referência[619]. O que nos persuadimos — sem deixar de ter presente o resultado desse empenho — é que os requisitos da protecção da confiança se não encontram aprisionados nos limites daqueles sistemas e das suas configurações concretas. Para nós, eles são de algum modo pré-positivos, como que derivados da estrutura mesma da "matéria" deste tipo de responsabilidade e inscritos já na sua textura. Uma certa convergência da doutrina quanto a esses pressupostos não é pois fortuita ou simples manifestação de uma transferência de culturas jurídicas com tudo o que de relativo esta pode trazer às construções jurídicas. Descobri-lo-emos melhor ao longo da nossa análise.

Para já, pode começar por observar-se que o modelo de responsabilidade pela confiança implicado por estes requisitos se distingue estruturalmente do da responsabilidade pela violação de deveres de comportamento. Nesta última, com efeito, a obrigação de indemnizar coliga-se à infracção (censurável) de deveres geradora de prejuízos. Dissecando os elementos combinados nesta asserção central, elencam-se facilmente os vários pressupostos da responsabilidade, da acção humana e da ilicitude à culpa, do nexo de causalidade ao prejuízo[620]. Todavia, chama a atenção que a doutrina não tenha elegido adaptar esse enunciado à responsabilidade pela confiança — *v.g.*, afirmando que responde aquele que infringe o dever de cumprir as expectativas que provocou, causando danos —, nem adoptado o figurino de pressupostos que dele resulta para a obrigação de indemnizar, preferindo

---

[619] Entre nós, especial mérito aqui para MENEZES CORDEIRO, *Da Boa Fé* cit., I e II, *passim*.

[620] Cfr., por todos, ANTUNES VARELA, *Das Obrigações em Geral*, I, cit., 525 ss (a propósito da responsabilidade aquiliana; mas importa ter em conta que, ressalvadas variações de formulação de autor para autor, esses pressupostos são requisitos gerais de *toda* a responsabilidade por violação de deveres de comportamento).

antes um *jogo diferente de requisitos*. O ponto é particularmente intrigante, sabendo-se que, de forma esmagadora, os defensores da confiança não vêem nenhuma incompatibilidade entre a responsabilidade pela violação de deveres e a dogmática da confiança (reconhecendo nomeadamente que a tutela das expectativas se processa através dos ditames impostos pela boa fé).

Esta diversidade de discurso não decorre (apenas) do reconhecimento de que o princípio do risco pode conduzir de modo semelhante a uma obrigação de indemnizar pela frustração da confiança[621]. Como é óbvio, também na que comummente se refere como "responsabilidade pelo risco" (e que não é redutível à teoria da confiança, pois não está em causa uma responsabilidade pela defraudação de expectativas) requisitos como a ilicitude e a culpa estão deslocados, sendo substituídos pela realização de uma previsão específica de responsabilidade[622].

De facto, está para nós em causa um outro ponto, que tende a passar despercebido entre os autores, mas se reveste no entanto da máxima importância nas suas implicações dogmáticas: é ele o de que não se afigura congruente com a estrutura do juízo de responsabilidade por violação de deveres (e também da responsabilidade pelo risco na acepção acabada de referir) a exigência de um investimento de confiança e, ainda, de que a confiança se apresente, do ponto de vista do sujeito, justificada.

48. Paradoxos da concepção do dever enquanto simples formulação conclusiva e sintética dos pressupostos da protecção da confiança; a dificuldade "cronológica" na responsabilidade por declarações; o problema nas omissões

A referida incongruência atinge — acaba de afirmar-se — aquela concepção que reconduz dogmaticamente certas adstrições de

---
[621] Cfr. CANARIS, *Die Vertrauenshaftung* cit., esp. 479 ss.
[622] Temos em mente a responsabilidade dos arts. 499 e seguintes do Código Civil. Recorde-se que o sistema português segue um princípio de enumeração das hipóteses de responsabilidade.

comportamento, nomeadamente os decorrentes da regra da conduta de boa fé, à protecção da confiança. Claro que a construção do dever enquanto simples formulação conclusiva de uma súmula de pressupostos adrede encontrados tende, por natureza, a escapar-lhe. Tal não chega todavia para a poupar de uma irremediável condenação. De facto, como já mostrámos, ela nada adianta, na sua redundância, à compreensão da responsabilidade pela confiança. Mas pode dizer-se mais. Essa construção revelar-se-ia paradoxal nalgumas aplicações, enquanto noutras apresenta o óbice central de conduzir, como inelutável consequência, ao primado absoluto da tutela "positiva" das expectativas, rejeitando por princípio a protecção indemnizatória da confiança.

Considere-se brevemente a responsabilidade pela frustração da confiança em declarações e exemplifique-se com aquela que é depositada na veracidade de uma informação disponibilizada por outrem[623]. O investimento de confiança é, por definição, *posterior* à respectiva emissão. Todavia, não faz qualquer sentido a admissão *póstuma* (em relação a ele) de um dever de comportamento; acoplando-se a responsabilidade do sujeito à produção de certas asserções, na precisa altura do investimento já nada se lhe exige realmente. *Mutatis mutandis*, quanto ao requisito de um *Tatbestand* de confiança, da atitude de confiança, da sua justificação e da sua imputação ao agente[624]. *Não é possível fazer retroagir uma adstrição a um momento prévio ao da verificação do que se considera serem os seus requisitos*[625].

---

[623] Sobre a *Erklärungshaftung* como parte integrante da protecção da confiança, já *supra*, sob o n.º 7.

[624] Quanto, por exemplo, à imputação: se ela deriva da emissão de declarações, não pode originar um dever que lhe é pré-posto. (Já atrás havíamos aludido a que uma "compreensão delitual" da responsabilidade pela confiança conduzia a uma "pré-conexão" da responsabilidade.)

[625] Este tipo de dificuldade ecoa de alguma maneira na asserção de MENEZES CORDEIRO, segundo a qual existem hipóteses em que a confiança se manifesta no preciso "momento da sua violação" (cfr. *Da Boa Fé* cit., II, 1250). Há uma obscuridade que pode bem interpretar-se pela necessidade de procurar arrimo num "segundo lógico" capaz de explicar a presença dos pressupostos da protecção da confiança. Por suposto, essa necessidade comunica-se então em coerência, para além

Tal demonstra que a tese do dever é inconciliável com os pressupostos reconhecidos da protecção da confiança quando as expectativas dizem respeito ao acerto ou idoneidade de declarações emitidas por outrem. À partida, só é portanto viável augurar-se-lhe algum êxito quando a confiança se reporte a um comportamento *futuro* de alguém que se projecte *para lá* da verificação temporal dos seus requisitos de protecção. Apenas então se pode pretender submetê-lo a uma adstrição de comportamento. Mesmo aí surgem porém dificuldades[626]. Aliás, uma adstrição generalizada a corresponder à confiança alheia é inconciliável com a autonomia privada e rompe com o sistema de fontes das vinculações.

As razões expostas fazem também naufragar a pretensão de reconduzir a responsabilidade pela *omissão* de um dever de prestar um *esclarecimento* (*v.g.*, *in contrahendo*) à protecção da confiança. Certamente que a *décalage* temporal exigida pela tese do dever para a verificação dos requisitos da tutela da confiança (pense-se paradigmaticamente no investimento) se pode dar onde o sujeito concitou previamente em outrem a confiança em como o elucidaria mais tarde[627]. Mas aí está ainda em causa uma acção positiva do sujeito, criando a confiança num comportamento futuro seu. A responsabilidade por puras omissões de deveres de informação sobre factos e circunstâncias — muito relevante, sobretudo no campo contratual e pré-contratual — essa é que, a querer manter-se o sistema de pressupostos da tutela da confiança referidos, fica perdida para a teoria da confiança[628]. Não há escapatória.

---

das representações do sujeito, aos demais requisitos. Pensamos todavia que ela é fatal para uma concepção — como é a daquele autor — da responsabilidade pela confiança (nos requisitos que a constituem) enquanto violação de deveres (particularmente decorrentes da boa fé).

[626] Cfr. ainda no n.º 50.

[627] Normalmente, apenas se ocorre uma circunstância que justifique esse esclarecimento.

[628] Claro que o dever de desfazer uma situação de confiança mediante um esclarecimento deriva da boa fé e não é reconduzível à protecção da confiança enquanto realidade dogmática autónoma. Já o dissemos. Por outro lado, se esse esclarecimento se não prestou, nada impede uma protecção da confiança, desconexa da infracção de deveres, e referida à conduta inicial do sujeito que a susci-

49. A incongruência do requisito da justificabilidade da confiança com o arquétipo da responsabilidade por violação de deveres

É *justificada* ou *razoável* aquela crença em que o sujeito incorreu sem que se lhe possa assinalar nenhuma ligeireza ou negligência na averiguação ou julgamento da realidade a que se reporta a sua representação. Com a exigência de que a confiança seja justificada não se exprime a valoração que fundamenta globalmente a protecção da confiança, quer no plano geral-abstracto, quer numa situação particular: a fundamentação da protecção da confiança (e de um sistema de protecção da confiança) distingue-se evidentemente da justificação da (atitude concreta de) confiança. Esta última representa um simples requisito — em princípio, necessário, mas em todo o caso não suficiente — para que determinada convicção possa aspirar a tutela. A sua falta levaria à consequência perversa de premiar a leviandade e o descuido sobre a prudência e a sensatez. Só merece em princípio ser considerada a confiança que se apresente como consistente para o sujeito que agiu com a diligência devida[629].

Ora, não se divisa bem que papel autónomo possa ser utilmente reservado, no plano do fundamento da responsabilidade, à justificação das expectativas, admitindo-se que a tutela da confiança deriva da violação de normas de conduta. Com efeito, se o Direito comina a necessidade de adoptar um certo comportamento destinado a realizar

---

tou. Só que a responsabilidade pela frustração de expectativas se coligará então a uma atitude inicial do sujeito: não representa em rigor uma responsabilidade por omissão. Note-se que a confiança num comportamento futuro do sujeito não pode conceptualmente derivar de uma pura omissão, sendo necessário alicerçar-se num comportamento positivo deste: nenhuma atitude específica de confiança é susceptível de derivar da simples ausência de factos (de um nada), carecendo sempre de se coligar a indícios específicos de credibilidade.

[629] Relembre-se de novo, entre nós, MENEZES CORDEIRO, desde *Da Boa Fé* cit., II, 1248, pugnando por uma concepção "ética" da boa fé subjectiva (na linha do desenvolvimento da protecção da confiança a partir do instituto da boa fé que ensaiou). Também BAPTISTA MACHADO, *Tutela da confiança* cit., 418, sublinha que quando a base da confiança é uma aparência, as expectativas apenas justificam uma

ou a não defraudar representações alheias, isso significa já de si o reconhecimento de que a confiança a proteger se revela digna de tutela;

---

tutela se o sujeito agiu com as precauções e cuidados usuais no tráfico jurídico. Na doutrina germânica, vide CANARIS, Die Vertrauenshaftung cit., 503 ss.

Pensamos que, ocorrido um facto susceptível de gerar confiança, a justificação da convicção do sujeito representa basicamente um elemento de *eficácia circunscrevente* da tutela jurídica das expectativas; não, em princípio, um requisito "positivo", "fundamentante", mas meramente "negativo", "delimitador" da protecção concedida. Esta concepção permite coligar a responsabilidade pela confiança imediata e directamente à produção, por alguém, de um *Tatbestand* de confiança, sem ser necessário demonstrar a diligência do sujeito que confiou. A ideia é a seguinte: verificado um elemento gerador de confiança, a responsabilidade (daquele a quem esse *Tatbestand* se afigura imputável) é de afirmar enquanto se não provar positivamente a negligência do confiante. Assim se faz jus ao facto de existirem situações susceptíveis *per se* de concitar a confiança de outrem (se se quiser, perante as quais a confiança do sujeito se apresenta à partida como justificada).

Claro que o Direito pode determinar a defesa de certas representações em situações específicas, prescindindo absolutamente da plausibilidade da crença do sujeito. Desse modo promove a fiabilidade de determinados factos causadores de confiança, dotando-os de um papel institucionalizador reforçado de segurança e certeza jurídicas. Quando assim seja, a justificação da confiança deixa de constituir requisito (autónomo) da tutela da confiança. A sua dispensa manifesta o carácter multifacetado do sistema de protecção da confiança.

As precisões agora feitas alicerçam-se na destrinça entre *facti-species* de confiança e justificação da confiança. Enquanto no primeiro caso está em causa um juízo generalizador, susceptível de incorporar concepções usuais da vida, correspondendo portanto a elementos de uma "gramática comum" da existência partilhada pelos sujeitos — e nesse sentido, susceptível abstractamente de uma crença razoável —, a justificação em sentido estrito tem a ver com a plausibilidade concreta da convicção, aferida na situação subjectiva específica em que se encontra o confiante. (MENEZES CORDEIRO, *Da Boa Fé* cit., II, 1248, ou *Tratado* cit., I/1, 235, segue caminho e terminologia não coincidentes. A confiança do sujeito não é explicitamente reportada a um *Tatbestand* de confiança, susceptível depois, em apreciação escalonada, de ser autonomamente sindicada na sua justificação concreta. A situação de confiança é antes imediatamente caracterizada, para efeito de tutela, como posição traduzida numa boa fé subjectiva ética, neste aspecto dando portanto logo por adquirida a sua justificação concreta; pelo contrário, na "justificação" da confiança — como segundo pressuposto — faz confluir certos elementos objectivos que, conquanto se possa dizer no fundo envolvidos já na descrição do primeiro

não há qualquer espaço para a averiguação da necessidade de sopesar a confiança à luz da sua justificabilidade. Pode retorquir-se que nada impede ver-se na justificação da confiança um requisito mesmo do reconhecimento ou da imposição do dever. Porém, esgotando-se ela em factor pré-positivo, inspirador do estabelecimento do dever, o argumento esbarra na falaciosidade, já considerada, da tese do dever como simples afirmação, conclusiva e sintética, do merecimento de protecção de uma certa confiança, alicerçada na verificação de um conjunto de pressupostos de atendibilidade das expectativas[630].

Repare-se que estas objecções se dissipam imediatamente considerando que a protecção da confiança não depende da infracção de um dever de respeitar a confiança alheia. Apenas desse modo a justificação da confiança pode reivindicar o relevo de pressuposto dogmático autónomo da atendibilidade das representações pela ordem jurídica que a doutrina em regra lhe atribui. Assim, verificada uma situação objectivamente indutora de confiança, mesmo não se reclamando do confiante a comprovação positiva da sua diligência e sensatez, a tutela deve negar-se se vier todavia a demonstrar-se a imprudência do sujeito. O seu papel "decisório" da protecção mantém-se não obstante a presunção de verosimilhança da crença que se coligue a um certo (e idóneo) *Tatbestand* de confiança.

Este resultado — note-se — é bem distinto daquele a que conduziria a interpretação da protecção da confiança enquanto violação de regras de conduta nos casos de desconhecimento "culposo" de determinada realidade pelo sujeito. De facto, concebendo-se a justificação da confiança como requisito de protecção, a sua falta conduz, coerentemente — já o apontámos —, à denegação de tutela. Diversa-

---

pressuposto, permite compreender efectivamente o que nós autonomizámos como *Tatbestand*. A confiança do sujeito vai aliás caracterizada enquanto convicção de não lesar posições alheias, uma asserção que se afigura patentemente influenciada pela problemática da boa fé do possuidor, carecendo por isso mesmo de ser transcendida.)

[630] Naturalmente que nesta concepção não faria qualquer sentido admitir a relevância autónoma da falta de prudência do sujeito enquanto culpa do lesado (como alguma doutrina da confiança admite, numa orientação de que divergimos: *vide* imediatamente a seguir).

mente, se a responsabilidade deriva da violação de um dever de respeitar ou realizar representações alheias, parece que a ignorância censurável do confiante apenas deverá ponderar-se segundo o critério geral da relevância da culpa do lesado. O que é dizer que ela não leva necessariamente à exclusão da indemnização, que pode muito bem manter-se ou ser simplesmente reduzida[631].

Trata-se — repete-se[632] — de um resultado que a doutrina da confiança não possibilita. Consequentemente com a exigência de uma justificação para a confiança depositada, se houve imprudência ou ligeireza do confiante não se verifica o pressuposto da protecção e, deste modo, fica em princípio excluída qualquer indemnização. Ao passo que, erigindo-se a infracção de deveres em fundamento da responsabilidade, a culpa do lesado do art. 570 não o atinge. Conclui-se portanto que a justificação da confiança no papel de pressuposto de tutela não se coaduna com um modelo de responsabilidade por violação de regras de agir[633].

---

[631] Cfr. o art. 570 do Código Civil. Por essa razão, a exclusão da inoponibilidade das limitações dos poderes de representação dos administradores e gerentes das sociedades comerciais perante terceiros, desde que estes conheçam ou não devam desconhecer essas limitações, prevista nos arts. 260 n.º 2 e 409 n.º 2 do Código das Sociedades Comerciais (e sobre que nos debruçámos já: cfr. OLIVEIRA ASCENSÃO/CARNEIRO DA FRADA, *Contrato celebrado por agente de pessoa colectiva* cit., esp. 53 ss), prende-se do ponto de vista sistemático bem mais com a tutela da confiança do que com a violação de deveres que impendem sobre os administradores na sua actividade de relacionação com terceiros.

[632] Cfr. *supra*, n.º 31, a propósito dos corolários de uma confiança "normativa". Não podia esquecer-se este ponto no quadro de uma contraposição global de modelos de responsabilidade.

[633] A ideia não será pacífica; ao que supomos em sentido diverso, MENEZES CORDEIRO, *Da Boa Fé* cit., I, 584, no cotejo com *Da Boa Fé* cit., II, 1248. (Para nós, a ponderação da culpa do lesado na *culpa in contrahendo* é evidentemente de subscrever, pois aquela é — como longamente insistimos — uma responsabilidade por violação de deveres. Deste modo, o desconhecimento culposo da realidade não conduz automaticamente à preclusão de uma pretensão indemnizatória com esse fundamento. O que negamos é que seja possível harmonizar aquela ponderação com a filiação da *culpa in contrahendo* na teoria da confiança e com o requisito da justificação da confiança que esta reconhece. Por isso, também não deve erigir-se a

50. A incompatibilidade do investimento de confiança com o modelo da responsabilidade por infracção de regras de conduta

A exigência de um "investimento" de confiança como pressuposto da protecção das expectativas radica na consideração de que se alguém acalentou certa representação, mas não desenvolveu com base nela qualquer actividade, também não haverá nenhuma posição a salvaguardar e, assim, qualquer dano a ressarcir. Permitir a um sujeito defender a sua convicção, apesar de ela se não ter traduzido em nenhuma actuação ou disposição concreta da sua parte, traria a tão inevitável como inaceitável consequência de se precipitar o Direito na tutela da pura subjectividade. O requisito do investimento contribui para o impedir. Ora, não se vislumbra facilmente qual o seu papel num modelo de responsabilidade efectivamente radicado na violação de *regulae agendi*.

Antes mesmo da consideração genérica do que sejam, na sua essência, as imposições desse modelo, logo saltam à vista dificuldades muito práticas e concretas. No caso, por exemplo, da disponibilização de uma informação ou de ser emitido qualquer outro tipo de declaração em que se diga ter sido infringido um dever de veracidade ou diligência, o investimento de confiança do sujeito, que só pode ter como ponto de referência a asserção produzida, é necessariamente posterior ao fundamento escolhido para a responsabilidade. Não pode por conseguinte importar para este.

Considere-se agora a responsabilidade por omissões. A ausência de conduta nunca é por definição idónea a suscitar um investimento, pelo que a necessidade de acoplar a responsabilidade a um facto proporcionador de confiança implica conexioná-lo a uma atitude prévia de quem omitiu a conduta. Mas então, é com esta, e não com a omissão, que deve ligar-se a responsabilidade pela confiança. Não há res-

---

boa fé do lesado — enquanto ausência de imprudência de uma certa representação — em requisito geral da responsabilidade pré-contratual; analogamente, já PAUL PIOTET, *Culpa in Contrahendo (et responsabilité précontractuelle en droit privé suisse)*, Berne 1963, 104 ss.)

ponsabilidade pela confiança *apenas* derivada de omissões, porque o investimento se tem de referir a um comportamento anterior do sujeito idóneo à captação da confiança e, logo, a suscitar um investimento. Também por este prisma, a mera omissão de um esclarecimento *in contrahendo*, por exemplo, não se enquadra — e aqui, contra o que largamente se admite — numa responsabilidade por defraudação das expectativas.

Dir-se-ia que o investimento funda em todo o caso a exigibilidade da conduta posterior do sujeito no sentido da observância da confiança que lhe presidiu. A explicação só colhe por definição quando as expectativas se reportem a uma actuação futura de alguém, excluindo-se portanto, quer a responsabilidade por omissões puras, quer a responsabilidade por asserções. Ela expõe-se no entanto à já mencionada objecção da inutilidade dogmática da aceitação de um dever como simples afirmação, conclusiva e sintética, do merecimento de protecção de uma certa confiança, alicerçada na verificação de um conjunto de pressupostos de atendibilidade das expectativas. Claro que, dentro da tese da responsabilidade pela confiança como derivada da infracção de adstrições de comportamento, este argumento relega o investimento a factor do dever, mas vero fundamento terá de continuar a ser, de acordo com o seu teor, a infracção do dever. O investimento não pode almejar a qualquer papel nesse plano.

E com outra consequência: se na responsabilidade pela confiança se trata da infracção de um dever de respeitar as expectativas alheias (verificados os pressupostos do seu surgimento, entre os quais o investimento), então não é senão uma consequência incontornável que caso, por qualquer razão, o sujeito perca essas expectativas, o dever cesse *ipso facto*. Apesar de tudo, o investimento foi feito; como protegê-lo todavia mediante um dever que caducou por ter ficado sem objecto?

Esta consideração auxilia a extrair a conclusão de que a protecção do investimento mediante uma responsabilidade por frustração das expectativas que lhe presidiram só é, enquanto tal, possível, desde que o fundamento da obrigação de indemnizar se coligue a uma conduta do responsável *anterior* ainda às disposições do sujeito; não *depois*, como na tese do investimento enquanto pressuposto do dever cuja violação fundamenta a responsabilidade (e que o requisito do investimento supostamente auxiliaria a constituir).

No fundo, adquirido que esteja que a obrigação de indemnizar decorre da infracção de um dever (do dever de correspondência ou de não perturbação de representações alheias), torna-se perfeitamente dispensável a exigência, enquanto requisito fundamentante dogmaticamente autónomo, da verificação de um investimento de confiança. Porque não haveria, com efeito, a responsabilidade de abranger *tout court* todos os danos causados pela infracção àquele dever, segundo os critérios gerais dos arts. 562 e seguintes do Código Civil? Porquê discorrer em termos diferentes daqueles em que raciocina a dogmática das várias modalidades de responsabilidade por factos ilícito-culposos, tal qual a aquiliana ou a contratual?

O investimento surge neste aspecto como elemento *espúrio* na construção do juízo de responsabilidade efectivamente alicerçado na violação de deveres. Comprovada esta, parece que importa tão-só averiguar da existência (e extensão) dos danos que dela fluem (através do estabelecimento do competente nexo causal) para que opere a obrigação de indemnizar[634]. É este o *modus operandi* característico da responsabilidade por violação de exigências de comportamento. A responsabilidade fundamenta-se e deriva imediatamente da infracção àquelas exigências, que adstringem tão plenamente no caso de o

---

[634] Subscrevemos de facto, sem hesitação, a afirmação de MENEZES CORDEIRO segundo a qual, na infracção de um dever de conduta decorrente da boa fé, "a saída a observar será a da indemnização, nos termos gerais", mandando atender a todos os danos sofridos em consequência dessa infracção. O que descremos é que seja possível compatibilizar uma responsabilidade pela confiança que opere através de tais deveres com a exigência de um investimento enquanto requisito fundamentante autónomo na construção do juízo de responsabilidade (cfr., porém, *Da Boa Fé* cit., II, 1248 e 1250).

Note-se no entanto que a dessintonia do investimento se verificaria também numa tese que se limitasse a contestar o modelo da violação dos deveres aplicado à confiança a pretexto de a tutela das expectativas se poder impor também a título de risco. Com efeito, verificada uma previsão de responsabilidade pelo risco (considerem-se, no domínio extracontratual, os arts. 499 e seguintes), importa tão-só averiguar se os danos produzidos se inscrevem no âmbito de protecção da norma.

respectivo beneficiário ter acreditado em que elas seriam cumpridas como se ele desconfiou, apesar de tudo, do seu acatamento[635]. É também isso que torna tão importante este tipo de responsabilidade para a *criação* ou *institucionalização de confiança*, optimamente promovida pela independência da tutela de qualquer investimento feito. Só que essa não é uma genuína responsabilidade pela frustração de expectativas. Quem queira interpretar esta última como derivada do desrespeito de normas de agir e reconhecer, do mesmo passo, um papel dogmaticamente autónomo ao investimento na fundamentação dessa responsabilidade, é natural que experimente indisfarçáveis dificuldades[636].

---

[635] Nem a existência nem o montante *concretos* do dano fundamentam "em si", por princípio, a responsabilidade, que surge por conseguinte independentemente das consequências que a violação do dever concretamente produza. Caso contrário, o dever seria posterior ao prejuízo, rompendo-se a possibilidade de fundamentar a obrigação de indemnizar na violação de uma adstrição de conduta.

Claro que a ordem jurídica entra em linha de conta com o tipo de prejuízo susceptível de derivar de uma certa conduta, e com a sua amplitude, para fixar o comportamento exigível, ponderando-o com esse dano potencial. Mas a determinação da conduta requerida em função do *perigo de dano* desprende-se sempre do prejuízo que concretamente se produz. O ponto tem especial interesse no campo da responsabilidade por omissões ou por ofensas mediatas a bens jurídicos.

A fixação do ilícito-culposo, uma vez operada, nivela todas as acções que abrange e o realizam, tornando-as para esse efeito independentes do montante do prejuízo realmente causado por cada uma delas. A coligação da responsabilidade à lesão de tipos "formais" de posições jurídicas manifesta-o patentemente. A reprovação da violação de um direito de personalidade ou de propriedade, por exemplo, é autónoma dos prejuízos *in casu* ocasionados, como o desvalor da quebra de um contrato não depende dos danos experimentados pelo credor.

Qual então a razão, na responsabilidade, da necessidade de concretos danos derivados da acção ilícito-culposa? Cremos que a sua existência representa essencialmente uma condição (aliás, primogénita) que convoca para o "mundo do ser" um juízo de responsabilidade, o qual sem ela, se cingiria ao plano do meramente potencial ou ideal, "modalizando-o" do mesmo passo em função da configuração e extensão desses danos, bem como do nexo causal que eles apresentam com o fundamento da responsabilidade.

[636] Os autores não usam dar relevo a esta colocação do problema. Não se vê ordinariamente obstáculo algum em reconduzir certas adstrições de comportamento

Repise-se de outro ângulo. Caso o investimento de confiança não represente senão uma ocorrência de facto que se converte em dano pela violação de um dever (de respeitar as expectativas nas quais ele se baseou), desemboca-se numa simples especificação da noção de

---

(nomeadamente decorrentes da boa fé) ao instituto da protecção da confiança e em, simultaneamente, apontar o investimento como requisito geral dessa protecção.
CANARIS (*Die Vertrauenshaftung* cit., 540), por exemplo, desenvolve uma argumentação de certo modo pendular relativamente a casos do tipo dos da responsabilidade por violação de deveres de protecção *in contrahendo* (para ele incluídos na protecção da confiança). Afirma por um lado que não seria possível encontrar neles uma *disposição* no sentido de tomada de atitudes ou decisões por parte do confiante. Mais adiante porém parece retornar ao requisito do investimento: concede que a responsabilidade por violação de deveres de protecção encontra a sua justificação íntima na exposição, por parte do confiante, dos seus bens ao poder de interferência de outrem no âmbito do tráfico negocial. Mas, de novo a seguir, reconhece que a responsabilidade pela confiança preenche nestes casos a função de tutela contra lesões em bens jurídicos provindos de ataques a esses mesmos bens, e que essa função é diferente de uma protecção de "disposições". Escreve por outro lado que na *Anvertrauenshaftung* a responsabilidade não dependeria necessariamente de um comportamento que de si produzisse a confiança, o que lhe permite coligar a responsabilidade ao simples facto da exposição por alguém dos próprios bens à interferência alheia (portanto a um acto unilateral da iniciativa do próprio sujeito protegido, manifestando precisamente a atitude de *anvertrauen*). Tal implica todavia no fundo desacoplar a protecção da confiança de um *Tatbestand* de confiança com contornos minimamente definidos e individualizados e, para além disso, prescindir da recondução deste ao sujeito responsável como fundamento da imputação para efeito de juízo de responsabilidade. Substituir porém esta última exigência pelo simples consentimento ou iniciativa do (depois) lesado numa situação fáctica de possibilidade de interferência nos seus bens e pessoa denuncia claramente que esta responsabilidade perde o contacto com a protecção da confiança. As expectativas que podem efectivamente estar em causa nestes casos apenas são susceptíveis de se referir à observância dos comportamentos reclamados pela ordem jurídica dos sujeitos. Não se lhes pode, nessa medida, conferir eficácia fundamentante de uma ordem de responsabilidade autónoma; nesse sentido já, embora com outros argumentos, o nosso *Contrato e Deveres de Protecção* cit., 249 ss. Para a exploração das dificuldades deste tipo de pensamento, *vide* ainda o texto.

[637] Nesta acepção, o investimento representa — *rectius* — um pressuposto de facto do dano; convola-se em prejuízo como consequência da frustração da confiança.
Pode perguntar-se se o dano indemnizável na tutela da confiança é susceptível de superar o investimento. Uma resposta afirmativa tenderá a considerar este

prejuízo, nada explicando a sua distinção dos pressupostos comuns da responsabilidade civil[637]. Não adianta tentar fugir a esta objecção, vendo no investimento um simples *requisito* do merecimento de tutela da confiança, *justificativo do dever de a respeitar*, e, portanto, susceptível de ser visto como diverso e independente do dano propriamente causado pela frustração da confiança. É que se cai então em pleno na dificuldade, precedentemente aludida, de o harmonizar com uma responsabilidade verdadeiramente baseada na infracção de um dever. Este apenas pode afirmar-se *a posteriori* com referência a esse investimento. Mas como salvá-lo então de constituir um mero arrimo explicativo de uma situação merecedora de tutela, na realidade, por razões alheias ao dever? E que fazer, se as expectativas cessarem? Para quê, finalmente, insistir numa responsabilidade pela confiança alicerçada na infracção de deveres, se essa concepção introduz infalivelmente, como se viu já, limitações desnecessárias a uma tutela de tipo indemnizatório, apontando, de modo desproporcionado e excessivo, para uma protecção "positiva"?

O "falsete" que o investimento de confiança provou no modelo da responsabilidade pela violação de deveres de comportamento desaparece imediatamente considerando um arquétipo da protecção da confiança que a confine a simples instrumento de correcção de disfunções na coordenação de condutas entre sujeitos. Não se tratando de dizer que a responsabilidade pela confiança deriva de uma conduta injustificada perante certas exigências de comportamento (dir-se-ia, de

---

último um requisito de facto da simples *possibilidade* de um prejuízo. (Ver-se-á todavia que, devidamente perscrutado o "sentido" da responsabilidade pela confiança, se impõe uma limitação do ressarcimento ao investimento destruído.) Em todo o caso, o desligar do investimento e do dano não evita de modo algum a dessintonia do investimento dentro da lógica do modelo de responsabilidade segundo a violação de deveres. No direito delitual, as disposições do sujeito são também susceptíveis de ressarcimento (seguramente, pelo menos aquelas disposições que o sujeito teve de efectuar para prevenir o dano, desencadeado o processo causal a ele conducente, ou para minorar os seus efeitos; indirectamente, também as disposições na medida em que se reflectiram num aumento do valor do bem jurídico atingido). Todavia, o investimento enquanto tal — ou seja, como requisito independente do dano — não integra os elementos da responsabilidade.

um *Unrecht* ou de um *wrong*), mas de sublinhar unicamente o objectivo de proteger o investimento, compensando as perdas sofridas por alguém em consequência da confiança que depositou em outrem, com esse investimento desenha-se uma peça imprescindível do *puzzle* de elementos que conflui na obrigação de indemnizar. Ele conduz-nos de facto na senda da singularidade da responsabilidade pela confiança. Contradistinguindo-a com vigor do modelo da responsabilidade por factos ilícito-culposos, qualquer que ela seja: delitual, contratual, ou por infracção daqueloutros deveres que escapam mesmo à esquadria desta catalogação[638]. E demonstrando bem, quanto a este último aspecto, como o sistema de pressupostos da tutela da confiança compromete a conhecida pretensão de fundir a teoria da confiança com a relação obrigacional sem deveres primários de prestação[639].

51. Investimento e estrutura "binária" da realidade protegida pela teoria da confiança; a responsabilidade pela confiança enquanto responsabilidade pela frustração de uma intencionada coordenação de condutas por parte do confiante

A razão íntima que justifica o investimento enquanto requisito de protecção da confiança prende-se com o que se pode designar a "estrutura binária" da realidade protegida por toda a responsabilidade pela frustração de expectativas. Nela se desvenda a função própria que desempenha a confiança na relação intersubjectiva.

---

[638] Recordam-se os deveres de preservação da integridade pessoal ou patrimonial das partes num contrato ou numa relação pré-contratual, e outras adstrições de conduta sistematicamente próximas, normalmente obtidas por concretização da regra da conduta de boa fé (cfr., por exemplo, o nosso *Contrato e Deveres de Protecção* cit., *v.g.*, 36 ss). Também aqui, o investimento porventura existente só releva enquanto prejuízo que derive da infracção de uma norma de comportamento.

[639] Referimo-nos sobretudo à orientação que, como nenhum outro, CANARIS apurou (desde *Ansprüche* cit., 477-478, reforçada nos seus alicerces em *Die Vertrauenshaftung* cit., *v.g.*, 532 ss, e continuada mais tarde em *Schutzgesetze* cit., 102 ss).

A tutela das expectativas depende sempre de que alguém tenha sido induzido a uma convicção, sobre a qual alicerça depois certas decisões. Requere-se pois, por um lado, uma conduta que capta ou pelo menos ocasiona a confiança de outrem e, por outro, em sequência temporal, a orientação de outrem — dos seus planos e opções de vida — por essa situação, através de uma "movimentação" ou "mudança de posição" (a que chamamos investimento de confiança). Exprime-o também a conhecida fórmula da *«Inanspruchnahme und Gewährung von Vertrauen»* de que se socorre a doutrina da confiança[640]. A confiança representa precisamente a "ponte" que liga entre si dois procedimentos; o *pivot* que articula duas esferas de autonomia e interesses distintos.

O investimento enquanto requisito próprio e autónomo de responsabilidade só se percebe numa ordem de defesa de sistemas de coordenação de condutas. Comunica-lhe a cadência alternada dessa coordenação: indução de confiança e adaptação do sujeito aos novos elementos determinantes do seu agir. São as disposições do confiante que evidenciam a orientação da conduta pela situação de confiança, mostrando do mesmo passo o carácter dinâmico do interagir humano[641].

---

[640] Cfr. BALLERSTEDT, *Zur Haftung* cit., 507, e CANARIS, *Ansprüche* cit., 478.

A cronologia temporal relevante é a que indicamos, não obstante a fórmula referida poder sugerir que a atitude de depositar confiança em alguém é também susceptível de preceder a tomada em consideração dessa confiança de outrem. A verdade é que, enquanto se não puder dizer que a conduta de quem nele vê depositada confiança mostra que essa confiança é ou será respeitada, constituindo portanto uma situação ela própria indutora de expectativas, a iniciativa do sujeito (e o seu investimento) representa um risco próprio que a ele cabe em princípio suportar exclusivamente: ninguém deve ser obrigado a responder pelo simples facto de nele ver depositadas expectativas (não as tendo, pois, induzido). Na realidade, falta o *Tatbestand* de confiança (e, *a fortiori*, a possibilidade de o imputar a alguém). Quando muito, a lisura e a correcção impostas pela regra da conduta de boa fé podem levar a um dever de esclarecimento em como se não honrarão as expectativas espontaneamente depositadas. Mas está-se então fora da tutela da confiança propriamente dita.

[641] Uma confiança que não se traduziu em disposições não gera, por si, uma *ordem efectiva* de coordenação de condutas. O desempenho real de eixo dessa coordenação depende obviamente do investimento. Se deste se prescindisse, a confiança

Desta forma, o perfil da responsabilidade pela confiança é o de uma responsabilidade pela frustração da coordenação de condutas proporcionada pela confiança. Nela se co-implicam de igual modo dois "instantes" necessários para a afirmação da obrigação de indemnizar: o ocasionar de uma situação de confiança e a sua destruição, precipitando consigo a articulação de condutas iniciada. Em ambos o sujeito responsável carece de estar envolvido. Não faz sentido responsabilizar alguém pela frustração de uma convicção quando ao seu surgimento é alheio o sujeito. Também não se compreende uma obrigação de indemnizar quando se lhe não pode assacar qualquer interferência no seu desaparecimento. Há pois que estabelecer uma *conexão de via dupla* ao sujeito responsável[642].

Este modo de operar da responsabilidade pela confiança diferencia-se nitidamente do do direito delitual. Ali, valora-se *tão-só a conduta do sujeito que atingiu o bem jurídico*, à luz da sua susceptibilidade de lesar esse bem jurídico; não se remete, em simultâneo, para qualquer outra conduta. A acção delitualmente relevante é, nesse sentido, tida como conduta *una* e *simples*, *não compósita*, que ocorre e se esgota num momento determinado, apesar da complexidade de que se possa ter revestido[643]. Mesmo aí onde o dever de agir infringido surge em virtude de uma conduta anterior do sujeito (exterior ao acto prejudicial), essa conduta prévia como que fica fora da responsabilidade delitual, enquanto simples pressuposto de facto do surgimento do dever. Está tão-só em causa a *ingerência* numa esfera jurídica alheia, lesando uma posição jurídica protegida. O que se harmoniza com o paradigma desta responsabilidade: estabelecer uma ordem básica de defesa

---

ficaria livre para representar antes um factor de *atribuição* de posições jurídicas, o que não pode aceitar-se (cfr. *infra*, sob o n.º 66).

[642] Neste sentido é portanto de especificar, no âmbito da protecção indemnizatória das expectativas, o requisito genérico da imputação ao sujeito para efeito de responsabilidade.

[643] Tal transparece na formulação das normas jurídicas respectivas. Elucidativos são os termos em que se encontra formulada a norma do art. 483: «Aquele que, com dolo ou mera culpa, *violar* ilicitamente o direito de outrem ou uma disposição legal destinada a proteger interesses alheios fica obrigado a indemnizar o lesado pelos danos resultantes da *violação*» (sublinhado *nosso*).

de certas posições jurídicas contra ataques provindos do exterior, de acordo com um modelo "isolacionista" que desatende às circunstâncias particulares (nomeadamente, pretéritas) que possam verificar-se entre lesado e lesante, por forma a criar um estatuto mínimo de coexistência social. A esta simples linha estática de defesa de um *status quo* patrimonial ou pessoal contrapõe-se, em claro contraste, uma tutela da interacção dos sujeitos que incorpora a *dinâmica* mesma da *coordenação de condutas* na ordem dos requisitos de responsabilidade, fazendo da sua perturbação o fundamento da obrigação de indemnizar[644].

A diversidade detecta-se igualmente em relação à responsabilidade contratual. Esta pressupõe obviamente a celebração prévia de um contrato. É isso que permite configurar a sua violação como "quebra da palavra dada". Mas só na responsabilidade decorrente da frustração da confiança tem relevo valorativo autónomo a *relação qua tale* entre a criação de confiança e a sua frustração. Com efeito, na responsabilidade contratual a importância do momento antecedente da celebração do contrato esgota-se na determinação — *inter partes* — de posições jurídicas. Firmada a *lex contractus*, elas impõem-se ao respeito dos contraentes, independentemente da perduração da vontade que a estabeleceu. Deste modo, embora sem a celebração prévia do contrato não haja responsabilidade, a obrigação de indemnizar, mais do que numa incongruência ou descontinuidade de condutas, radica no puro e simples desrespeito das vinculações contratuais que foram assumidas[645].

---

[644] Cfr. também já, *supra*, as razões da inapropriação da tese delitual de VON BAR para compreender a responsabilidade pela confiança.

[645] *Similiter*, aliás, na responsabilidade delitual, considerando-se a sua intervenção na defesa de determinadas posições jurídicas. Ela depende de que essas posições existam, ou seja, que tenham sido validamente constituídas à luz das normas jurídicas aplicáveis. Mas estas em nada interferem depois no juízo de responsabilidade, que se apresenta emancipado delas e se apura autonomamente a partir da ofensa ao bem jurídico protegido. Essas regras constituem portanto um pressuposto meramente extrínseco deste juízo. A diferença em relação à responsabilidade contratual resulta essencialmente de que nesta, por sobre ou para além da ordenação geral dos bens protegida pela responsabilidade delitual, o contrato institui uma atribuição particular desses bens nas relações entre as partes (cfr. também já *Contrato e Deveres de Protecção* cit., 94-95 e notas respectivas).

O inadimplemento não está dependente da comprovação e valoração de qualquer inconsistência ou contradição de condutas (objectiva ou subjectiva) do sujeito[646], como não o está de qualquer frustração da confiança do beneficiário da norma contratual. Aí se encontra a razão, de resto, pela qual a fundamentação da obrigação de indemnizar nada tem a procurar no *venire*. O dever-ser contratual pressupõe pois o contrato, mas, verificado este, emancipa-se de certa forma dele, passando a ocupar sozinho o papel de padrão de aferição da conduta para efeito de responsabilidade.

Diversamente na responsabilidade pela confiança. Ela relaciona, na conduta de alguém, a criação de expectativas e a respectiva frustração, sendo desta comparação que tira a obrigação de indemnizar. *Este confronto é portanto constitutivo nesta responsabilidade*. Assim, ela diferencia-se igualmente da responsabilidade por violação de obrigações não contratuais: o carácter preestabelecido destas obrigações não perturba que o juízo de responsabilidade continue a radicar, tal como no contrato, *tout court* no desrespeito da obrigação. *Mutatis mutandis*, no que toca à responsabilidade por violação de deveres de comportamento não delituais nem contratuais, decorrentes da boa fé. Acoplados a certas condutas dos sujeitos[647] — celebração do contrato, entrada numa relação de negociações, por exemplo —, nem por isso a sua infracção repousa numa contradição de comportamentos.

---

[646] De facto, essa incongruência pode até não existir ou ser difícil de afirmar; sobretudo adoptando o ponto de vista do autor das condutas. Pense-se, *v.g.*, numa incapacidade ou num erro desculpável aquando da celebração do contrato. Nem por isso, enquanto vigorar o dever-ser contratual, a responsabilidade fica arredada. Às vezes é viável obter a anulação da declaração contratual, outras não. O *pacta sunt servanda* não se fundamenta na realidade numa reprovação da contradição de condutas. Por isso o *venire* não pode servir para o justificar. Também se alguém, depois de ter assumido um compromisso negocial, perde, *v.g.*, a capacidade de entender ou querer e, com ela, a susceptibilidade de incorrer subjectivamente numa contradição, não deixa de haver (necessariamente, ao menos) direito do credor ao cumprimento.

[647] Cfr., *v.g.*, o nosso *Contrato e Deveres de Protecção* cit., 182 n. 379.

52. Captação e frustração da confiança no tempo; as declarações inexactas como acções de duplo efeito

Suscitação e perturbação da confiança distinguem-se nitidamente onde, numa perspectiva diacrónica, se diferencia bem entre o momento de captação da confiança e aquele em que ocorre a sua destruição. É o que se verifica quando a confiança se reporta a uma conduta futura de quem a induziu: os dois momentos referidos ordenam-se nitidamente numa sequência cronológica.

Casos há porém em que o que origina a confiança representa simultaneamente a causa da sua defraudação. Tal implica que um único acto do sujeito possa pois ser entendido em dois sentidos distintos. Só desse modo é susceptível de salvar-se para a teoria da confiança — para o espaço da responsabilidade por frustração de uma coordenação de condutas — o que pode designar-se uma "responsabilidade por declarações" (*Erklärungshaftung*)[648]. Facilmente se intui que a dificuldade de admitir um "duplo efeito" (*Doppelwirkung*) para uma mesma acção[649] é a que está na raiz da persistente tentação de desenhar essa responsabilidade por referência àquelas ordens de responsabilidade que, não decorrendo da ponderação articulada de duas condutas temporalmente distinguíveis do sujeito (as de causação e de frustração da confiança), se fundam antes na mera ocorrência isolada de um facto — normalmente tido como ilícito — com a aptidão de desencadear prejuízos. Por exemplo, ou porque se remeta, sem resto, o problema das declarações inexactas para o direito delitual, ou porque se admita antes que, na ausência de uma vinculação negocial a tornar devida a informação correcta, a responsabilidade por asserções

---

[648] A responsabilidade pela confiança não cobre, sublinhe-se, o dano causado por disposições que teriam sido evitadas se outrem não tivesse *omitido* uma informação certeira. A responsabilidade por omissões escapa na verdade à teoria da confiança, pelo simples facto de nela não existir, *ex definitione*, um *Tatbestand* de confiança.

[649] Um mesmo facto pode ser valorado de formas distintas, com consequências também diferenciadas. Aceitando entre nós a doutrina dos efeitos duplos, M. TEIXEIRA DE SOUSA, *O Concurso* cit., 303 (elementos ainda, *v.g.*, em H.-M. PAWLOWSKI, *Rechtsgeschäftliche Folgen* cit., 102 ss).

sobre factos pode derivar, qual *tertium genus*, da violação de deveres específicos impostos pela boa fé, ao menos sempre que entre lesado e lesante exista uma relação regida por esses deveres e uma informação verdadeira fosse exigível[650].

Mas não parece que a fuga a enquadrar a responsabilidade por declarações na dogmática da confiança se justifique à luz dos seus requisitos. Todas as declarações são susceptíveis de suscitar representações. Constituem neste sentido, sem dúvida, *Tatbestände* de produção da confiança: independentemente do vício que as afecte ou da concreta aderência à realidade para que apontam; a sua fiabilidade cessa apenas com o conhecimento destes. Qualquer comunicação, se não intenciona directamente influenciar uma conduta alheia, comporta portanto pelo menos essa possibilidade. Neste aspecto, pois, tal como as simples actuações materiais geradoras de uma confiança num comportamento futuro do seu autor. De qualquer modo, bem mais aptas a induzir uma orientação alheia de vida do que estas. Na verdade, enquanto as declarações têm uma natureza comunicativo-linguística, o significado destes últimos para a coordenação de condutas é apenas "deduzido" deles segundo as regras de experiência e razoabilidade que comandam a interacção humana e a formação das decisões. A área do *venire* e da "neutralização" proporciona abundantes exemplos deste tipo de procedimentos geradores de confiança.

É certo que, entre os comportamentos que suscitam expectativas de comportamentos futuros, figura também a promessa — de si naturalmente dirigida à criação de confiança numa conduta ulterior —, que partilha com as declarações a natureza de enunciado comunicativo-linguístico[651]. Contudo, onde nada foi prometido, impor-se-á muitas vezes com maior evidência a tutela da confiança em declarações do que nas demais situações em que as expectativas do sujeito se justificam tão-só à luz de valores como a constância ou a coerência

---

[650] Explorando estas vias, já se disse, em especial SINDE MONTEIRO: cfr. *Responsabilidade por Conselhos* cit., 508 ss (crítico todavia em relação à confiança).

[651] A promessa é também um acto comunicativo, bem entendido, mas o conteúdo da comunicação é nela específico. Claro que apenas interessam ao campo da teoria da confiança aquelas promessas que não atingem o limiar da relevância negocial.

do comportamento (de outrem). Por muito que estes ditames do agir humano sejam imprescindíveis para a vida de relação, a própria experiência se encarrega de demonstrar que eles não são seguidos demasiadas vezes. Não pode pois pretender-se *genericamente* que a constância ou a coerência conferem a um comportamento uma qualidade mais forte de *Tatbestand* de confiança do que aquela que inere às declarações para negar a possibilidade de conexionar a estas uma responsabilidade pela confiança[652].

O facto de à declaração ser *por natureza* inerente *uma pretensão de adequação àquilo que ela significa* explica justamente que ela falseie a confiança se tal se não verifica. Assim, uma asserção sobre certo facto envolve uma "presunção" de verdade, defraudando-se as expectativas que intrinsecamente causa se o seu conteúdo concreto se apresenta inexacto. Neste aspecto, a declaração produz também uma frustração das representações que a ela se coligaram[653]. Embora seja um mesmo e único facto temporalmente determinado a suscitar e a defraudar expectativas, a verdade é que, na perspectiva da pessoa que confia, não há sobreposição entre o momento captador da confiança e aquele em

---

[652] Não será inteiramente ocioso saber se a confiança alicerçada na simples coerência ou estabilidade de conduta é mais ou menos digna de tutela do que a que se baseia em declarações. Uma opção consistente pelo reconhecimento da autonomia e liberdade da conduta, e compensada pelo reforço de uma "ética da palavra", conduz a conferir maior relevo à confiança em declarações do que à simples esperança na continuidade e coerência de conduta por parte de outrem; aliás, estes são valores mais formais do que materiais da conduta. Onde não exista nenhum *Tatbestand* declarativo requerer-se-á em regra uma mais intensiva verificação dos elementos de que depende a protecção da confiança. Noutro plano, intencionando as asserções directamente a confiança alheia, justifica-se um apertar da malha de deveres (de diligência e cuidado por forma a não emitir declarações temerárias, mas também de rectificação posterior de informações inexactas prestadas) destinados a evitar que pela sua incorrecção ou incompletude se ocasionem danos através da confiança que seja depositada nessas asserções. (A infracção destes deveres não gera no entanto uma genuína responsabilidade pela confiança, como temos vindo a defender.)

[653] Demonstrando a incompatibilidade entre a comunicação e o *dolose agere* que perverte e desnatura a linguagem, cfr. eloquentemente BAPTISTA MACHADO, *Tutela da confiança* cit., 349 ss (que desenvolve depois esse pensamento no sentido — aliás mais amplo — de uma responsabilidade pela verdade da mensagem).

que se detecta a frustração da coordenação da acção em virtude da inaptidão ou incorrecção da declaração. A dinâmica dessa coordenação e a sua perturbação também aqui se verificam.

Claro que se uma declaração viciada ou errónea é por si mesma enganosa, comportando ela por natureza o perigo de ocasionar um dano a quem lhe confira crédito, torna-se naturalmente fácil aceitar um dever de a não produzir ou, antes disso até, uma adstrição a usar da diligência necessária para evitar aquele risco; por exemplo, averiguando devidamente a correcção do conteúdo que se pretende transmitir. Contudo, não é a susceptibilidade de fundar a responsabilidade por declarações na infracção a uma adstrição deste tipo que retira legitimidade a uma explicação baseada na concitação e frustração da confiança. Só aqui cobram relevância autónoma requisitos como a justificação das expectativas ou o investimento.

53. A dualidade da responsabilidade pela frustração de expectativas: confiança em conduta futura e em declarações; a impossibilidade conceptual-sistemática da conexão da responsabilidade pela confiança a uma conduta omissiva

Como as considerações precedentes evidenciam, pode destrinçar-se de modo útil entre aquelas expectativas que têm por objecto uma conduta ulterior de alguém e as que dizem respeito a declarações e ao seu significado. A esta destrinça corresponde uma diferenciada configuração dos *Tatbestände* de confiança: aqui, condutas *stricto sensu* comunicativas, enunciados linguísticos, ali não necessariamente (além das promessas, há que entrar em linha de conta com outros comportamentos).

As representações dos sujeitos tendem naturalmente a espelhar a respectiva natureza. Só no primeiro caso existe um lapso de tempo entre a atitude concitadora de expectativas e aquela que as defrauda, susceptível de relevância. Aí é viável — e impõe-se — uma consideração autónoma desses momentos (e do período de tempo que entre eles medeia) para fixar a imputação ao sujeito da situação que desencadeia a responsabilidade pela confiança. Basta pensar que entre um e outro podem sobrevir razões para que o sujeito altere o seu modo de proceder em relação às representações que previamente suscitou. E há aqui que recordar a preservação da sua autonomia e liberdade, incompatível com uma responsabilidade indiscriminada pela confiança e inconciliável, de igual forma, com um dever geral de adequar a conduta ulterior às expectativas por ele desencadeadas; sobretudo não tendo o sujeito prometido essa conduta, pois então o *Tatbestand* de confiança não é de índole comunicativa, apresentando-se por isso, regra geral, mais ténue.

Já se uma declaração falseia a sua pretensão intrínseca de aptidão ou verdade, o instrumento de concitação e defraudação da confiança é o mesmo. Está pois por natureza excluído que possam sobrevir razões ao sujeito que o ilibem de responsabilidade por defraudar a confiança alheia. Agora, essa responsabilidade — por declarações que voluntariamente se emitem — não atinge nem onera a liberdade do sujeito na conformação da sua conduta futura. Não há, por conseguinte, que atender às necessidades e ponderações dogmáticas específicas de circunscrição que nas outras situações se fazem sentir[654].

Os traços exactos desta distinção podem com certeza, aqui e além, dar lugar a dificuldades ou hesitações, e até a zonas de uma certa sobreposição, mas esta dualidade da responsabilidade pela confiança reflecte no fundo uma estruturação da realidade da coordenação de condutas[655], num plano prévio mesmo ao da juridicidade. Ela insere-se nessa medida na "natureza das coisas".

---

[654] Dir-se-á que a emissão de declarações sem responsabilidade deve cessar aí onde ela importa prejuízos ou perigos de prejuízos para outrem. Em tese, apresenta-se mais fácil impô-la ao sujeito do que sujeitá-lo à obrigação de indemnizar por não adequar a sua conduta futura ao que indiciou vir a fazer de forma não verbalizada. Tal como é mais fácil cominar deveres de averiguação, diligente e prévia, do conteúdo da declaração que se quer emitir do que deveres de adoptar uma conduta futura determinada por forma a não frustrar expectativas alheias quando nada se prometeu.

[655] Os *Tatbestände* de confiança não têm de revestir, considerando ambos os termos da distinção, igual intensidade. Deste modo, o que se exprime enquanto opinião não se apresenta em regra dotado de uma credibilidade tão forte como uma asserção inequívoca sobre certo facto, do mesmo modo que vai uma distância entre a mera declaração de intenção (de um comportamento futuro) e uma autêntica promessa.

Não é pois por acaso que se vê esta discriminação despontar na literatura jurídica; por exemplo, na singularização de uma responsabilidade por "declarações" e na autonomia de formas de protecção da confiança como o *venire* ou a "neutralização" (*Verwirkung*) de um direito. Numa eloquente demonstração da convergência que o aperfeiçoamento e a afinação progressiva do pensamento necessariamente comunica ao discurso jurídico por sobre superficiais aparências ligadas à diversidade de matrizes culturais, também a tradição anglo-saxónica constrói a responsabilidade, ora sobre o conceito de promessa (não acatada), ora sobre a representação errónea de certa realidade (*misrepresentation; estoppel by representation*)[656].

---

[656] A diversidade transluz no pensamento dos autores, embora muitas vezes sem ser explicitada e assumida nos contornos referidos. BAPTISTA MACHADO (*Tutela da confiança* cit., 389 ss) individualiza, por exemplo, a propósito do *venire*, uma responsabilidade pela aparência. MENEZES CORDEIRO frisa, na perspectiva da distinção entre a boa fé objectiva e subjectiva, não só a protecção da confiança através de institutos como o *venire* e a *suppressio* ou a *surrectio*, mas também a tutela de representações na inoponibilidade da simulação a terceiros de boa fé, no casamento putativo, na ininvocabilidade da nulidade em relação a terceiros, na venda de bens alheios, etc. (vide *Tratado* cit., I/1, 234, e, desenvolvidamente, *Da Boa Fé* cit., *v.g.*, I, 477 ss, e II, 898 ss, e *passim*), situações estas na realidade de representações coligadas ao sentido intrínseco de declarações.

Na doutrina germânica, cfr. exemplarmente CANARIS, *Die Vertrauenshaftung* cit., *v.g.*, 528 ss, destrinçando entre responsabilidade por declarações e responsabilidade — positiva — da confiança por necessidade ético-jurídica, no contexto da qual aborda o *venire*. Uma discriminação reflectida igualmente na distinção de DETTE entre o *venire* e a declaração de vontade (*Venire* cit., 42 ss) ou na de SINGER (*Das Verbot* cit., 85 ss, 255 ss) entre a protecção por erro de direito e a tutela derivada da frustração da confiança num comportamento consequente. Quanto ao direito anglo-saxónico, cfr. por exemplo, FARNSWORTH, *On Contracts* cit., *v.g.*, I, 157, 160, 466 ss, 477, PROSSER/KEETON, *On Torts* cit., 728 ss, 745 ss, e *passim*, ATIYAH, *Essays* cit., 274 ss.

É caso de dizer, a propósito desta convergência, que, em "demanda da verdade" — de uma verdade que não pode deixar de ser una —, o pensamento jurídico tende de modo irreprimível à superação de dessintonias, divergências e acasos histórico-temporais.

De resto, a diferenciação a que aludimos é essencial — como o texto chama já de seguida a atenção — para a individualização de uma autêntica responsabili-

Em boa verdade, pensamos que aquela distinção percorre em extensão a protecção da confiança. Não apenas a que opera "positivamente" pelo conferir ao sujeito de uma posição jurídica moldada sobre as suas convicções: assim, a tutela da aparência pressupõe-na

dade pela aparência. Esta não se conexiona (como o *venire*, por exemplo) a uma convicção da continuidade do comportamento do sujeito. Liga-se antes a um *Tatbestand* declarativo, que por si mesmo aponta para uma situação jurídica, na realidade não existente (o âmbito da tutela da aparência encontra-se por definição restrito às representações de factos jurídicos, pois apenas em relação a eles o Direito tem liberdade de modelar os seus efeitos em função dessas representações: considerem-se inúmeras situações do direito dos títulos de crédito e do direito comercial e societário, mas também do domínio civil, como por exemplo, situações registais, a inoponibilidade da simulação, o casamento putativo, etc.).

As orientações que convolam a problemática da aparência para o âmbito do *venire* (assim por exemplo entre nós P. MOTA PINTO, *Aparência de poderes de representação* cit., especialmente 634 ss) apontam, em todo o caso, para incertezas de fronteira entre um e outro tipo de situação de confiança. (As consequências não serão todavia idênticas para quem, como nós, sustente que a responsabilidade pela confiança conduz, em regra, à simples protecção indemnizatória do investimento feito. A tutela da aparência, essa leva consensualmente, *ex definitione*, à eficácia da declaração. Ora o *venire* destina-se tão-só a proteger ou salvaguardar as disposições do confiante, e em princípio, de modo sistematicamente apropriado, através da obrigação de indemnizar. Apenas verificada a insuficiência deste género de tutela, na presença portanto de requisitos suplementares, é que legitimará uma tutela "positiva" da confiança.)

Note-se em todo o caso que o *venire* ou a *surrectio* dos direitos da *civil law* são tradicionalmente substituídos, no mundo anglo-saxónico, por uma reflexão que assenta basilarmente no conceito, mais estreito, de promessa. Assim, na *common law* discute-se, por exemplo, a exacta localização das declarações de intenção (considere-se a *letter of intent*) entre asserções e promessas. Dizer que se tem o propósito de fazer algo não é o mesmo que prometê-lo, embora uma afirmação desse tipo possa ser entendida como promessa. A dificuldade tem a ver com asserções que se reportam a factos futuros, pois quando a declaração se refere a realidades presentes ou passadas a distinção é nítida. Um idêntico instrumentário linguístico pode servir aqueles dois sentidos (assim, ATIYAH, *Essays* cit., 286, salientando entretanto que mesmo as declarações "firmes" não revestem no discurso usualmente o valor de um compromisso). Há que destrinçar, na linha do que sugerimos, entre aquela responsabilidade que deriva de a declaração emitida falsear o seu sentido intrínseco, e a que decorre da inobservância da declaração como desrespeito do compromisso nela contido (violação da promessa).

pois liga-se a um *Tatbestand* declarativo, ao passo que outras situações — *v.g.*, a preclusão do exercício de uma posição alicerçada no *venire* — prescindem dele. Também a "negativa" lhe é sensível: demonstra-o, por exemplo, a responsabilidade pela confiança em informações, susceptível de integração no género mais amplo da responsabilidade por declarações[657]; mas de forma semelhante não se vê — referimo-lo atrás — porquê recusar uma responsabilidade indemnizatória pela frustração de expectativas numa conduta futura através do *venire* ou outras figuras.

O que escapa à discriminação a que se procedeu no âmbito da responsabilidade pela confiança é a omissão de um comportamento enquanto fonte da obrigação de indemnizar. Não é de estranhar. Certamente que casos, *v.g.*, de falta de prestação de esclarecimentos, avisos ou informações que são devidos *in contrahendo* ou em outros contextos como o da relação contratual, especialmente se duradoura, ou da ligação corrente de negócios, são frequentemente apontados como geradores de uma responsabilidade pela confiança. Mas temos outro entendimento.

Rigorosamente falando, uma conduta puramente omissiva *nunca pode produzir um Tatbestand de confiança.* A mera ausência de uma acção não é em si mesma susceptível de concitar qualquer expectativa, porque falta, por definição, um comportamento capaz de a captar. Assim, nas aludidas situações de deveres de esclarecimento, a confiança tem por força de se cingir à convicção de que a outra parte procederá às elucidações porventura devidas (em nome, *v.g.*, do *civiliter agere* imposto pela boa fé). Na omissão, a confiança apenas pode ter pois por objecto o acatamento pelo sujeito daquilo que a ordem jurídica dele reclama. Ora, existindo uma adstrição de conduta, a expectativa da sua observância não representa — dissemo-lo já — nenhum fundamento autónomo de responsabilidade. Impõe-se portanto a conclusão de que um comportamento puramente omissivo não oferece qualquer ponto de conexão idóneo para uma responsabilidade pela confiança em sentido próprio.

---

[657] Quanto aos termos da interpretação da responsabilidade por informações enquanto responsabilidade pela confiança, *vide* ainda *infra*, por ex., n.ºs 60 e 61.

Claro que a omissão pode perfeitamente ter como referente um certo *Tatbestand* de confiança. Se o sujeito não destrói este último, "deixa-o" concitar expectativas alheias; onde uma actuação seja socialmente esperada, a ausência de algo que o contra-indique pode até fortalecê-lo. Mas permanece ainda aqui que não é então a omissão, isoladamente considerada, que desencadeia a conduta alheia, mas antes a *facti-species* a que ela se encontra ligada e que a transcende. Assim, quando a expectativa de acerto ou completude de uma determinada informação se frustra devido à falta de um elemento que alteraria ou inviabilizaria mesmo o seu sentido global, a responsabilidade pela confiança centra-se necessariamente no conteúdo da declaração e na sua capacidade de gerar uma coordenação da conduta de outrem por essa declaração. É certo que a lisura e a honestidade da conduta podem, além de exigir verdade ao autor da informação ou diligência na sua comprovação antes de a emitir, reclamar também, pelo menos, um posterior esclarecimento se mais tarde ele se veio a aperceber da falsidade ou incorrecção da sua declaração. Todavia, a responsabilidade derivada da violação desta última imposição não é já uma responsabilidade pela confiança, mas sim por infracção de deveres de conduta.

Há deste modo que distinguir entre declaração e omissão de declaração, e afirmar igualmente, repita-se, a incompatibilidade desta última com a responsabilidade pela confiança e com a "lógica" dos seus requisitos — não existe coordenação de condutas que se alicerce sobre uma pura omissão —, ordenando-a sistematicamente na responsabilidade por infracção de regras do agir[658]. O que se reflecte obviamente

---

[658] Em sentido divergente, recorde-se, CANARIS, *Die Vertrauenshaftung* cit., 533 n. 40 (anuindo à opinião de HILDEBRANDT, *Erklärungshaftung* cit., 134, que equiparava as declarações falsas à omissão de uma declaração): ambos os casos consubstanciariam hipóteses da responsabilidade por declarações que inscreve na responsabilidade pela confiança; *vide* ainda *Schutzgesetze* cit., 107. Analogamente, BREIDENBACH, *Die Voraussetzungen* cit., 49, informando igualmente que a jurisprudência germânica inclui os casos de omissão de informações devidas na responsabilidade pela confiança. Contra porém, *v.g.*, LOGES, *Die Begründung neuer Erklärungspflichten* cit., 41--42, e ERICH SCHMITZ, *Dritthaftung aus culpa in contrahendo*, Berlin 1980, 29-30. Cfr. ainda SINGER, *Das Verbot* cit., 106, que acaba todavia por esbater a especificidade da omissão ao considerar que na responsabilidade pela confiança ligada a declarações

na construção da responsabilidade. Assim, as omissões apenas desencadeiam a obrigação de indemnizar na medida em que se verifique um

---

(relativas a factos não jurídicos) existem «igualmente expectativas dirigidas à adequação dos comportamentos às normas jurídicas» (*normative Verhaltenserwartungen*).

Na doutrina pátria não se vê também explicitada a distinção dogmática entre a conduta omissiva como fonte de responsabilidade e a responsabilidade pela frustração de uma situação específica de confiança criada. A recondução da violação de deveres de comportamento por omissão à boa fé e a referenciação desta, em bloco, à protecção da confiança sugere mesmo uma orientação contrária a essa distinção: *vide*, por exemplo, para uma conexão dos deveres de informação na fase pré-contratual à doutrina da confiança, C. MOTA PINTO, *Cessão* cit., 350-351 e nota; ainda, MENEZES CORDEIRO, *Da Boa Fé* cit., I, 583, bem como *Tratado* cit., I/1, 398-399, considerando a omissão da informação devida (exemplificada com alguns arestos alemães) uma forma paradigmática do ilícito pré-contratual que dá lugar a uma protecção da confiança, e também *Da Boa Fé* cit., II, 1248-1249 (imputação da confiança a quem lhe tenha dado azo "por acção ou omissão"; concorde no entanto com a especificidade da omissão, *Concessão de crédito* cit., 38); orientação divergente da que propomos sufraga igualmente MENEZES LEITÃO, *A Responsabilidade* cit., 367 e 370, ao reconduzir à tutela da confiança a responsabilidade por omissão de certos deveres a cargo do gestor. Cfr. ainda BAPTISTA MACHADO, *Tutela da confiança* cit., 363, pelo menos equívoco em relação ao *distinguo* afirmado.

Não reconhecendo aparentemente a diversidade, para a teoria da confiança, entre declaração e omissão de esclarecimento, também o já várias vezes mencionado Acórdão do Tribunal Arbitral de 31 de Março de 1993, afirmando que a infracção do dever de informar os compradores da existência de garantias que oneram a empresa a alienar e que incumbia aos vendedores representa uma violação do princípio geral da tutela da confiança (cfr. ROA 55 [1995], 102-103). Sem dúvida que o prospecto fornecido (e que devia conter os elementos essenciais da situação patrimonial da empresa) constituía um instrumento de indução autónoma da confiança dos compradores, representando assim um *Tatbestand* idóneo para uma responsabilidade pela confiança; posto à disposição dos compradores interessados, não podia deixar de criar neles a convicção de que, contendo o conjunto das situações patrimoniais da empresa susceptíveis de relevar para a formação da sua decisão de aquisição, não se ocultava nenhuma capaz de influir negativamente nessa decisão. O nosso reparo dirige-se estritamente à conexão, não já da emissão do prospecto, mas da simples omissão de um dever de esclarecimento com a protecção da confiança.

Note-se para finalizar que a destrinça propugnada no texto se reflecte em que a omissão de esclarecimento de uma das partes à outra acerca de uma circunstância relevante para a sua decisão de contratar não conduz *em si mesma* à anulação: a

dever de emitir uma declaração idónea. A existência de uma ligação especial (*Sonderverbindung*) entre sujeitos permite fundamentá-lo. Ela é, neste sentido, *constitutiva* do juízo de responsabilidade, pois sem ela não há dever[659]. Já na responsabilidade pela confiança decorrente da emissão de uma declaração, à relação específica entre sujeitos apenas pode, quando muito, ficar reservada uma função meramente *delimitadora* da responsabilidade[660]. A responsabilidade pela confiança é independente

---

impugnação do negócio por erro requer sempre uma representação. Também diversamente, a susceptibilidade de anular uma declaração por erro não está dependente da demonstração por parte do seu autor da infracção de um dever de esclarecimento a cargo de outrem. (Numa outra refracção, distingue-se no dolo entre declaração intencionalmente enganatória e dissimulação do erro alheio. Esta depende da existência de um dever de elucidar o declarante, enquanto o dolo "positivo" se basta com que alguém utilize uma sugestão ou artifício com a consciência de induzir ou manter em erro o declarante).

[659] A ligação especial pode ter também relevo na fundamentação da responsabilidade por acção que infringe adstrições de conduta. Ela representa de facto um factor de intensificação de deveres por comparação com os do nível delitual geral. Pense-se na responsabilidade por acções que (apenas) consubstanciem ofensas *mediatas* de posições jurídicas (situações pois em que o juízo de responsabilidade requer especiais ponderações); a existência de uma ligação especial entre os sujeitos é efectivamente susceptível de justificar uma responsabilidade mais apertada e severa do que a que se estabeleceria na sua ausência. Mas não são estes casos que nos ocupam.

[660] Quem parifique a responsabilidade por declarações com a decorrente da omissão de esclarecimentos tenderá naturalmente a não distinguir estes dois modos de operar da relação especial; nesta linha, com efeito, CANARIS, *Schutzgesetze* cit., 102 ss, fundindo-as de modo homogéneo na violação de uma relação unitária de protecção; analogamente, hoje, MENEZES CORDEIRO, *Tratado* cit., I/1, 408. O próprio SINGER, que reconhece a distinção, *fundamenta* também na violação de deveres a responsabilidade por declarações sobre factos; cfr. *Das Verbot* cit., 106. Todavia, a circunscrição da responsabilidade pela confiança não deve fazer-se aqui, como quer, através da consideração dos deveres que lhe estão na base, mas de forma congruente com a autonomia da protecção das expectativas — que não vemos porque não estender às asserções de facto — em relação ao modelo da responsabilidade por violação de adstrições de conduta. Observe-se que o conceito de ligação especial, apesar de um difundido emprego em sinonímia com as relações obrigacionais sem deveres primários de prestação, não está de modo nenhum necessariamente vinculado à responsabilidade por violação de deveres.

de vinculações de conduta, pelo que o desempenho que a ligação especial tem aqui se apresenta distinto.

Verdadeiramente, os deveres (positivos) de agir preenchem um estrato normativo que circunda a autêntica protecção da confiança e se dirige a evitar a *manutenção injustificada* de expectativas. Em nome daquilo que reclama uma conduta honesta e correcta, promovem ou garantem um relacionamento confiante dos sujeitos, mas não são em si mesmos expressões de uma tutela directa de expectativas existentes[661].

54. Confiança: elemento do processo causal que conduz ao dano ou fundamento da responsabilidade (violação de deveres de comportamento *vs.* protecção de expectativas)?; a causalidade psíquica

A depuração do modelo da responsabilidade pela confiança em relação ao da responsabilidade por violação de deveres de comportamento cimenta-se com a consideração do diferente papel que nos dois cabe à confiança. Sinteticamente, pode dizer-se que neste a confiança representa um simples *elo do processo causal* que conduziu ao dano: alguém fez surgir (ou manteve), infringindo um dever, um facto susceptível de gerar confiança, o sujeito alicerçou expectativas sobre ele, tomou por isso certas decisões, e veio depois a sofrer prejuízos em consequência da defraudação das suas convicções. Já na responsabilidade pela frustração de expectativas, a confiança, sem prejuízo de se constituir em nexo de relação entre o *Tatbestand* de confiança e o dano, preenche a função de autónomo *fundamento de protecção* concedida pela ordem jurídica. Desenvolvamo-lo.

Não há dúvida que, mesmo no âmbito da responsabilidade por violação de deveres de comportamento, a confiança pode representar uma condição *sine qua non* do prejuízo sofrido por alguém. Considere-se um sujeito que, violando culposamente aquilo que a ordem

---

[661] Acima nos referimos a este sedimento de normas, ao qual pertencem, de resto, não apenas as regras que impõem deveres de agir, mas também aquelas que proíbem condutas que concitam expectativas injustificadas.

jurídica lhe exigia, emitiu uma asserção errónea ou, contra o que devia, omitiu a outrem que se preparava para adoptar uma conduta contrária às expectativas por ele anteriormente suscitadas. Se o outro não tivesse acreditado na verdade da declaração ou na constância ou coerência de atitudes, não teria também tomado quaisquer decisões na base dessa convicção e, por conseguinte, não chegaria sequer a sofrer qualquer dano pelo facto de as suas expectativas não terem sido correspondidas. A confiança integra pois aqui, indiscutivelmente, o processo factual que conduz ao dano.

Claro que, do ponto de vista jurídico, não seria exacto pretender que a confiança é então o que provoca a lesão. A causalidade é chamada a estabelecer o nexo entre o facto que constitui ou preenche o fundamento da obrigação de indemnizar e o prejuízo por que o sujeito é responsabilizado. Por isso, no modelo da responsabilidade por violação de regras de agir, é essa infracção que tem de consubstanciar uma causa idónea para o dano a suportar pelo sujeito. A confiança representa apenas um elemento, conquanto imprescindível, da relação causal entre facto responsabilizante e dano.

Nesta veste, ela surge também no modelo da responsabilidade pela confiança. Interpondo-se entre o *Tatbestand* de confiança e as disposições do sujeito, ela constitui um elemento sem o qual o investimento de confiança não teria nunca sido realizado, pelo que, sem ela, a ocorrência do prejuízo não é pensável. Perfila-se pois imediatamente uma interrogação a que urge responder: se, em ambos os modelos, a confiança representa uma condição ineliminável do dano sofrido pelo sujeito, o que é que distingue e explica que ela seja, num caso, simples elo da sequência causal que conduziu ao prejuízo e no outro se convole em fundamento de responsabilidade? Que segredo vela esta alternativa? Pela resposta a esta questão passa a possibilidade de emancipação e autonomia do pensamento da confiança em relação à responsabilidade por violação de deveres de comportamento.

Há que começar por prevenir, desde logo para justificar que num caso a confiança se apresente como simples elo de uma sequência fáctica que conduz ao prejuízo e noutro acumule essa fisionomia com a de fundamento de responsabilidade, para a variabilidade e amplitude das noções de causa e de causalidade. Ambas representam requisitos indispensáveis de uma adequada perspectivação da realidade; sem elas, esta seria ininteligível aos próprios olhos humanos, tornando-se um logro qualquer planificação, estratégia ou sentido de vida[662]. E são susceptíveis de abarcar modos de ser diversos, correspondentes ao papel que a confiança desempenha nos dois modelos de responsabilidade em confronto.

O "mistério" da "duplicidade" do desempenho da confiança na construção da responsabilidade desvenda-se pelo reconhecimento da especificidade que uma acção humana, livre e voluntária, apresenta no âmbito dos processos causais relevantes para efeito da obrigação de indemnizar. São as acções humanas que naturalmente há que fixar enquanto causadoras de um evento que conduz à responsabilidade. Trata-se de um corolário da exigência de que o juízo de imputação do dano realize o princípio ético da auto-responsabilidade da pessoa[663]. É esse princípio que justifica que as acções humanas interrom-

---

[662] Pode dizer-se, como na sugestiva expressão de DAVIDSON, *Essays on Actions and Events*, Oxford 1985 (reimpr.), xi, que a causa é a argamassa do universo. Causa e a causalidade não constituem apenas um pressuposto gnoseológico (ao modo kantiano ou a outro), mas reflectem antes de tudo uma "ordem" inscrita na realidade; a própria "desordem", de algum modo, só o é na "ordem". Mas está por suposto fora do nosso propósito a discussão das raízes ou implicações filosóficas e metafísicas da causalidade.

[663] Por isso, onde não existiu qualquer autodeterminação do sujeito, como nos actos reflexos e nas hipóteses extremas da *vis absoluta*, não faz sentido a imposição de uma obrigação de indemnizar. Na responsabilidade objectiva, o reconhecimento do referido princípio impõe a possibilidade de a reconduzir à liberdade de conduta do sujeito e às iniciativas e posturas que ele adoptou na sociedade em que se integra (exercício do poder de facto sobre um veículo, actuação através de comissário, etc.), mesmo que tais atitudes não sejam, no entendimento social, reconhecidas comummente como causas (próximas) dos eventos por que ele é responsabilizado. (Em nome desse mesmo princípio, essa recondutibilidade é essencial, sob pena de se desrespeitar a independência dos sujeitos e de se introduzir uma intolerável promiscuidade nas esferas jurídicas: vide o nosso *A responsabilidade objectiva por facto de outrem* cit., 307 ss.)

A causalidade da acção humana proporciona pois o esqueleto a toda a responsabilidade. Com DEUTSCH, *Allgemeines Haftungsrecht* cit., 77, pode afirmar-se que responsabilidade significa desde logo assumir as consequências dos próprios

pam uma sequência causal que de outra forma se poderia prolongar indefinidamente pelo remontar sucessivo dos elos que a constituem. Daí que, na responsabilidade civil, quando se trata de saber até onde há que indagar das causas de um prejuízo, a acção humana possa constituir um idóneo ponto de sustação dessa indagação num processo constituído por uma cadeia praticamente ilimitada de antecedentes.

Assim sendo, se uma conduta livre e consciente do sujeito tem a virtualidade de interromper uma série de eventos e ancorar um nexo causal específico, importa considerar se e de que forma é possível tornar alguém responsável por um prejuízo quando entre a sua conduta e a ocorrência de um dano se coloca de permeio uma decisão do lesado. Com efeito, quer considerando o modelo da responsabilidade por infracção de regras de comportamento, quer o da protecção da confiança, entre o acto do responsável e o prejuízo introduz-se uma opção livre do sujeito que, acreditando na veracidade ou completude das declarações que lhe foram feitas, ou na coerência futura da conduta de outrem, realiza disposições que vieram a revelar-se ruinosas ou prejudiciais ao frustrarem-se as suas expectativas. Ora, à primeira vista, parece que uma resposta negativa na sobredita questão equivaleria a deitar pela borda fora a possibilidade mesma de responsabilidade. Pelo contrário, dentro de uma resolução positiva do problema,

---

actos e que consequência é algo que se encontra numa ligação causal com a própria conduta. A causalidade representa, portanto, uma base da imputação (jurídica) do dano ao sujeito: é ela que permite a esta ancorar-se na realidade.

Mas na sua determinação interferem naturalmente pontos de vista e ponderações especificamente jurídicos. Assim, a decisão por parte do Direito de atribuir a alguém a "competência de suportação do dano" é igualmente um problema de distribuição do risco socialmente justa e adequada (nesse sentido, uma busca especulativa da causa "mais eficiente" ou da "autêntica causa jurídica" de um evento é inútil, porque não conduziria à valoração jurídica que é essencial, impondo-se antes descobrir os argumentos que se escondem por detrás dela: cfr., pertinentemente, ESSER/SCHMIDT, *Schuldrecht/Allgemeiner Teil* cit., I/2, 227). Cabe por isso falar-se igualmente de um direito probatório da causalidade; provas de primeira aparência, baseadas num juízo de probabilidade, presunções e inversões do ónus da demonstração (reagindo a elevações do perigo de dano produzidas por alguém), *v.g.*, delimitam esferas de risco, expressando ponderações jurídicas.

a especificidade da responsabilidade pela confiança em relação à decorrente da simples violação de normas de agir obriga a considerar vários modos de ser no seio daquilo que genericamente se pode designar de "causal".

Saber se a influência de um comportamento humano por outro é susceptível de ser exprimida adequadamente em termos de causalidade tem recebido respostas diversificadas. Salienta-se todavia igualmente a particularidade do agir humano perante a causalidade. VON WRIGHT, por exemplo, entende que as acções não podem ser causalmente explicadas, devendo antes ser *interpretadas teleologicamente,* como corresponde à *intencionalidade* que apresentam. Isso aplicar-se-ia precisamente àquelas situações em que alguém leva outrem a praticar certa acção[664]. Na mesma linha se pronunciara WELZEL ao referir que nas acções finais se depara um fenómeno cujo processo de desenvolvimento é completamente diferente do de tipo causal[665].

Já HART e HONORÉ distinguem entre a causalidade nos fenómenos físicos e o plano das «transacções interpessoais» (*interpersonal transactions*), nas quais se teria de lidar, mais do que com *causas de eventos,* com *razões do agir*[666]. Uma diferenciação, de resto, que a própria lin-

---

[664] Enfrentar-se-iam no fundo duas correntes de pensamento na explicação do agir humano: a galileica, preocupada com a busca de leis gerais que possam explicar e tornar prognosticáveis certos eventos (aqui os comportamentos humanos), e a aristotélica, que sublinha antes o carácter finalístico da acção humana e que as ciências humanas se devem preocupar por encontrar explicações teleológicas. A esta tradição pretende ligar-se o autor: cfr. GEORG VON WRIGHT, *Explanation and Understanding*, London 1971 (aqui citado segundo a tradução alemã *Erklären und Verstehen,* 2.ª edição Königstein/Ts. 1984, por exemplo, 16 ss, e 83 ss); do autor, *vide* ainda *Normen, Werte und Handlungen,* Frankfurt a. M. 1994, esp. 141 ss, 166 ss.

[665] Cfr. *Naturalismus und Wertphilosophie im Strafrecht,* Mannheim, Berlin, Leipzig 1935, esp. 78 ss. Refracções deste entendimento básico em OLIVEIRA ASCENSÃO, *v.g.,* quando, em *Direito Civil/Teoria Geral* cit., II, 14-15, 98 e 110, toma a acção, para o Direito, como aquela em que a finalidade se apresenta juridicamente relevante e distingue entre o seu porquê e para quê. Sobre o tema, *vide* ainda J. HRUSCHKA, *Strukturen der Zurechnung,* Berlin 1976, 9 ss, 20 ss, considerando como característica da acção humana a sua sujeição a "regras", regras que possibilitam justamente a respectiva "interpretação".

[666] Cfr. *Causation in the Law,* 2.ª edição, Oxford 1985, 51 ss.

guagem corrente espelha em expressões como "ele levou-o a tomar esta decisão", "persuadiu-o" ou "induziu-o a fazer isto". Nestas relações entre pessoas — dizem — poderiam decantar-se quatro traços. Desde logo, que um sujeito conhece e compreende o significado do que outro disse ou realizou. Depois, as palavras ou acções deste são pelo menos parte das razões da sua actuação. Ele forma, portanto, a intenção de praticar o acto apenas depois da intervenção do outro. Finalmente, que este último pretenda induzi-lo à prática de certo acto.

Se bem se reparar, vai aqui descrita uma estrutura da interacção humana onde ecoa o ritmo da coordenação de condutas e que evoca indisfarçavelmente requisitos essenciais da protecção da confiança já apontados: confiança, *Tatbestand* de confiança, investimento, imputação da situação de confiança a alguém[667]. Pois bem, estas relações

---

[667] Percebem-se todavia diferenças, sobretudo no que respeita à imputação da confiança. Considerando os casos em relação aos quais se tem reconhecido uma tutela das expectativas, a imputação pode na realidade dar-se também através de condutas que não são intencionais no sentido de conscientemente concitarem a confiança alheia com vista a provocar uma actuação de outrem: pense-se logo numa imputação pelo risco (de confiança).

Por outro lado, é natural que o requisito do investimento, enquanto actividade que se estende, para além da decisão de agir do confiante, como execução desta, seja negligenciado nesta construção: se se separar analiticamente a pura actividade fáctica do sujeito da sua decisão e daquilo que a motivou, ele deixa de transportar em si a marca da inter-relação com a conduta alheia. Constituindo o investimento o objecto de protecção da responsabilidade pela confiança, para o Direito é essencial a conexão entre a conduta daquele que induziu à acção e o investimento. O que no entanto sobremaneira interessa aos autores em referência, preocupados com a concepção da causalidade nas relações pessoais, é o nexo entre aquela indução e a decisão de agir propriamente dita.

Quanto à justificação da confiança, ela é também negligenciada. Este requisito de protecção da confiança exprime, como foi referido, a necessidade de que o confiante tenha observado as exigências de indagação e de informação que impendam sobre o sujeito nas diversas situações, afastando da protecção jurídica aquelas hipóteses em que foi a ligeireza ou leviandade do sujeito que conduziram à tomada de decisões desfavoráveis. Pois bem. A justificação da confiança nada tem a ver com a fisionomia da relação intersubjectiva caracterizada por estes autores. É antes de dizer que ela se apresenta como exterior, de algum modo, à estrutura da interacção propriamente dita. Mais do que requisito fundamentante da protecção à luz da con-

entre pessoas não dependeriam de uma conexão ou sequência regular como as ligações causais entre eventos físicos. Assim, a conduta de alguém não teria por que se verificar de novo, em homenagem a uma *regra generalizadora*, se se repetissem as circunstâncias que lhe presidiram uma vez. De modo congruente, se alguém foi levado a uma decisão em virtude da conduta de outrem seria absurdo explicar esse comportamento por referência a um qualquer padrão de comportamento socialmente típico, pois mesmo que eles existissem, não teria sido por aplicação deles que a acção do sujeito se desencadeou [668].

Mas não é apenas no plano da reflexão teórico-filosófica que se coloca o problema de saber se e como as interacções humanas se podem enunciar em termos causais. A dogmática jurídico-civil, mesmo que disso se não aperceba, mergulha em cheio nela, a propósito da chamada *causalidade psíquica*. Estão em jogo os casos em que o nexo entre a conduta do responsável e o resultado danoso se estabelece através da acção de uma pessoa. Suponha-se que um condutor, ao ser parado pela polícia, enceta inesperadamente uma fuga, e que o carro-patrulha lhe vai no encalço, mas, na perseguição, sofre um acidente de que resultaram ferimentos graves nos agentes que o ocupavam[669]. Pode perguntar-se em que medida será de considerar que o

---

formação daquela estrutura, como que funciona enquanto instância de controlo, simplesmente delimitadora da intervenção da responsabilidade pela confiança, ao contribuir para a destrinça entre a confiança digna de tutela e aquela que não merece o cuidado da ordem jurídica. Já o havíamos dito.

[668] Não faria sentido, exemplificam HART e HONORÉ, que alguém explicasse que actuara porque outrem o coagira a essa acção, referindo que em circunstâncias semelhantes as outras pessoas agem genericamente da mesma forma que ele. Esta última asserção poderia inclusivamente ser falsa, que nem por isso a razão invocada pelo sujeito deixaria de se manter (cfr. *Causation in the Law* cit., 55-56). Pode neste aspecto dizer-se que as regularidades de condutas que eventualmente se decantem de uma série de situações de decisão homogéneas não substituem ou não constituem enquanto tais a razão relevante da actuação do sujeito, pois ainda quando este busca nelas um arrimo de decisão, não é a regularidade em si que a determina, mas quando muito a presunção de razoabilidade que ele lhe atribui.

[669] Caso extraído da jurisprudência germânica (cfr. BGH JZ 1967, 639 ss). Outra situação discutida é a do revisor que surpreendeu um passageiro a viajar sem título de transporte válido. Tendo o passageiro iniciado a fuga, o revisor, ao correr

dano é ainda causado pelo automobilista, se houve da parte da polícia uma decisão de o perseguir, aceitando — dir-se-ia — os correspondentes riscos. Poderá ele ser responsabilizado, entendendo-se para isso que a conduta da polícia é afinal um efeito causal da sua fuga?

A resposta deverá certamente ser afirmativa. Na doutrina germânica refere-se que aí onde se possa dizer que a conduta do sujeito *provocou* o comportamento do outro, ele é responsável pelo prejuízo que se apresenta como consequência deste. A provocação para agir (*Herausforderung*) — diz LARENZ — retira àquele a quem ela é feita a plena espontaneidade da sua conduta, impedindo que ele seja considerado como "titular do domínio do facto danoso"[670]. Pois bem,

---

atrás dele, caiu nas escadas da estação e teve uma séria fractura do fémur (cfr. BGHZ 57, 25 ss).

Também a discussão em torno das hipóteses conhecidas como de *auto-sacrifício no tráfico* (*Selbstopferung im Verkehr*, situação do automobilista que, para poupar uma criança que inopinadamente atravessou a via, se desviou, vindo a embater num muro) envolvem a questão da causalidade. É sintomático que aqui, a par de uma resolução através dos preceitos da responsabilidade delitual, se invoca igualmente, quer a gestão de negócios, quer ainda o estado de necessidade. A primeira dessas soluções pressupõe que se possa considerar o comportamento perigoso da criança (ou o procedimento do responsável por ela) como causa do prejuízo sofrido pelo autor da manobra de emergência. As outras permitem sublinhar o carácter autonómico da decisão do condutor de evitar o dano alheio através de uma conduta de que acaba por sair prejudicado, pois procuram uma forma de imputação do dano que não passa pelo estabelecimento de uma causalidade (directa) entre esse prejuízo e o comportamento de quem induziu a acção do lesado (cfr. sobre estas situações, LARENZ, *Lehrbuch des Schuldrechts* cit., II/1, 450-451, que pondera várias soluções não delituais, especialmente a necessidade de uma adequada distribuição do risco da actividade desenvolvida no interesse alheio, e ESSER/WEYERS, *Schuldrecht/Besonderer Teil* cit., II/2, 15 ss, este considerando o recurso às regras da responsabilidade civil aquiliana; *vide* ainda DEUTSCH, *Allgemeines Haftungsrecht* cit., 106 ss, que analisa com detalhe os termos e as condições de interrupção do nexo causal por facto ilícito, considerando que não deve ter-se a causalidade por interrompida se a conduta de quem provocou a acção de outrem conduziu a um agravamento do perigo de lesão para este).

[670] Vide *Lehrbuch des Schuldrechts* cit., I, 451 ss (aceitando implicitamente que a presença de um dever de agir da parte da polícia não é absolutamente essencial na construção da responsabilidade; imagine-se uma "hipótese de perseguição" em que se envolve aquele que testemunhou um assalto ou um crime de dano, vindo a sofrer

pode afirmar-se que a provocação permite estabelecer uma causalidade psíquica. É verdade que os elos desta causalidade não são, como em muitos outros casos de causalidade, representados por eventos que afectam objectos inanimados, sucedendo-se segundo as leis da natureza física que os comandam. Constituem-nos antes decisões de pessoas. Mas não importa. Esse facto não tolhe igualmente uma compreensão nos termos da dogmática da responsabilidade por violação de deveres: as adesões a uma solução delitual para estas situações de causalidade psíquica confirmam-no[671]. Temos portanto também que a noção de causalidade a que esta última responsabilidade faz apelo não deve ser considerada inelutavelmente incapaz de aplicação a processos de formação de decisões de pessoas. Na verdade, a causalidade não implica o estabelecimento de uma relação de causa-efeito absolutamente necessária, que seria fruto de um determinismo estrito. Para além de ela se referir às leis da natureza devidamente comprovadas, remete também para certas regras da experiência que nos dizem que determinados factores conduzem *normalmente* a certas consequências (ainda que de permeio se intercale uma acção humana).

55. (*cont.*) O comprometimento da responsabilidade por violação de deveres com o paradigma "físico-naturalístico" da causalidade; a causalidade no "jogo de linguagem" específico da responsabilidade pela confiança; a autonomia e não exclusão recíproca do quadro de referência de cada modelo de responsabilidade

Retornemos agora ao problema que imediatamente nos ocupa e que é, no fundo, o de saber se e de que forma se pode dizer que a

---

lesões). O conceito de provocação representa, ao que parece, mais um dos contributos que se devem a este autor e que rapidamente foi absorvido pela doutrina e jurisprudência (cfr. HEINZ KORIATH, *Kausalität, Bedingungstheorie und psychische Kausalität*, Göttingen 1988, 193 n. 299, com outras indicações).

[671] Cfr. para referências, doutrinárias e jurisprudenciais, além da penúltima nota, ESSER/SCHMIDT, *Schuldrecht/Allgemeiner Teil* cit., I/2, 234-235, MEDICUS, *Schuldrecht I (Allgemeiner Teil)*, 12.ª edição, München 2000, 285-286 (bem como *Bürgerliches Recht* cit., ns. 653 ss), e GERNHUBER, *Bürgerliches Recht* cit., 391.

acção humana — a confiança, as decisões do sujeito nela alicerçadas —, ora constitui um simples elemento de uma sequência causal iniciada pela violação de um dever de comportamento, ora é valorada (também) como ponto autónomo de conexão de um fundamento de responsabilidade — a responsabilidade pela confiança —, sem que deixe por isso de se interpor entre uma conduta do responsável e o prejuízo sofrido pelo sujeito autor da acção.

De facto, as duas perspectivas que a questão formulada sugere parecem de aceitar. Há certamente um debate filosófico geral em torno da causalidade na sua relação com a acção humana a que uma resposta se tem necessariamente de enfeudar. Mesmo sem por razões óbvias reconstruir agora essa discussão em toda a sua amplitude e profundidade, estamos persuadidos que esses modos de ver se apresentam na realidade tributários de duas acepções de causalidade distintas que se não excluem reciprocamente no sentido de que se encontram, cada uma delas, vinculadas a um ângulo de observação determinado que não compromete o outro. Existem, se se quiser, dois modelos de interpretação de uma realidade que se não impedem mutuamente, desde que cada um se confine aos parâmetros que lhe são próprios.

Por um lado, pode falar-se de uma causalidade de tipo naturalístico. Ela tem por paradigma a regularidade dos fenómenos da natureza física, que pressupõe a sua quantificação e a elaboração de leis tendentes à interpretação de um certo resultado como produzido deterministicamente por uma causa também identificada: causas são eventos que conduzem necessariamente a certas modificações de acordo com esse tipo de leis gerais[672].

Nota-se com facilidade que é essa a noção de causalidade subjacente à responsabilidade que decorre da intervenção do sujeito

---

[672] Cfr., por exemplo, WOLFGANG KÖCK, *Kausalität und Zurechnung im Haftungsrecht*, in *Kausalität und Zurechnung/Über Verantwortung in komplexen kulturellen Prozessen* (publ. por Weyma Lübbe), Berlin, New York 1994, 10 (apelando, quanto ao entendimento da causalidade "naturalística", à explicação dedutivo-nomológica ligada a HEMPEL/OPPENHEIM e a STEGMÜLLER, em voga na epistemologia contemporânea).

sobre o mundo físico provocando danos[673]. Ela influenciou tipicamente a responsabilidade delitual, aspecto a que não é, como logo se vê, de modo algum estranha a circunstância de essa responsabilidade se ocupar tradicionalmente da agressão ou ingerência do sujeito em bens jurídicos alheios dotados de um substrato físico[674]. O comportamento do agente é tomado como facto que gera um dano segundo a regularidade própria das ciências empíricas físico-naturais. *Daí que na determinação do nexo indispensável entre tal facto e o prejuízo seria espúria a consideração da voluntariedade de uma actuação do lesado, pois o que se joga é a aptidão objectiva desse facto de produzir o dano segundo esse paradigma.* O juízo de ilicitude e de culpa, ou a exigência de uma causalidade "normativa" não alteram esta realidade de base, uma vez que traduzem essencialmente a necessidade de filtragem ou controlo desse tipo de causalidade por ponderações jurídico-normativas.

Mas é de ir mais longe. Se bem se reparar, toda a responsabilidade por violação de deveres de comportamento se alicerça no referido entendimento da causalidade, pois é precisamente a possibilidade de estabelecer uma causalidade desse género que ilumina a vinculação a determinadas regras de agir. Só faz sentido impor *regulae agendi* se e na medida em que por elas seja viável evitar a lesão de certos bens e os prejuízos daí decorrentes. Apenas a possibilidade de estabelecer uma causalidade desse género entre a acção e o efeito indesejável permite prosseguir a *função de prevenção da lesão de bens jurídicos ou interes-*

---

[673] Cfr. exemplarmente DEUTSCH, *Allgemeines Haftungsrecht* cit., 76 ss, referindo que causalidade significa estabelecer uma ligação entre acção, violação de um bem jurídico e um dano, no qual acção e resultado se sucedem no tempo e se conexionam de acordo com as *leis da natureza* (sublinhado *nosso*).

[674] Além do património *reificado*, a própria pessoa tem uma dimensão física e corporal que é objecto principalíssimo de tutela delitual.

Pode aliás dizer-se que a própria "causalidade estatística", probabilística, ou a causalidade "presumida" — que estabelecem a "ponte" entre situações propiciadoras de risco e danos ocorridos aí onde não se torna possível identificar uma ligação causal entre essas situações e o prejuízo *concreto* verificado (e tão importantes hoje, como o demonstra o domínio da tutela do ambiente) — segue no fundo ainda o modelo enunciado.

ses, e dos prejuízos daí decorrentes, que explica essas regras. Se assim não fosse, seria de todo arbitrário impô-las[675].

---

[675] Poderiam ser substituídas por meros comandos compensatórios de prejuízos para quem se visse envolvido em certas situações danosas. Deveres de agir (de modo a evitar a lesão) não seriam precisos para nada.

Por esta razão, é paradoxal um entendimento como o de MENEZES LEITÃO, *Direito das Obrigações* cit., 109, segundo o qual quanto aos deveres laterais de conduta que integram a relação obrigacional complexa "não se concebe a acção de cumprimento, mas apenas uma indemnização". A acção creditória que permite ao sujeito a realização coactiva de um dever de prestar não se adaptará em todos os seus trâmites à imposição de simples adstrições de comportamento. Mas não pode senão repudiar-se uma concepção que redunda, no fundo, em admitir um dever que jamais pode ser exigido. Certamente que (notámo-lo em *Contrato e Deveres de Protecção* cit., 39 n.º 67), o facto de tais adstrições só se definirem muitas vezes com o desenrolar da relação obrigacional e apenas se consciencializarem para o seu beneficiário, consumada já a sua violação, com a percepção dos danos que dela fluíram, confere um particular relevo a pretensões indemnizatórias. Mas nada depõe à partida contra acções destinadas a exigir o seu cumprimento de modo a prevenir prejuízos: quer para condenar outrem à inibição de uma conduta, quer com o fim de remover uma situação de desconformidade já existente com o comportamento que é reclamado.

O ponto não é específico dos deveres inspirados na regra da boa fé e atinge as demais situações de adstrição de conduta; incluindo as delituais (embora aqui a nossa doutrina — e a exposição do autor citado, *ibidem*, 254 ss, atesta-o igualmente — não use dar relevo a esta perspectiva da tutela jurídica). Mesmo no domínio aquiliano cabem porém acções do tipo das consideradas, salvaguardando os bens protegidos de lesões. O direito positivo proporciona aliás apoios, e importantes. Sem esquecer a sempre possível condenação *in futurum*, basta lembrar agora que a acção de prevenção prevista para a defesa da posse é naturalmente de alargar, por maioria de razão, a outros bens jurídicos (*mutatis mutandis*, para o caso de lesões continuadas, a acção de manutenção ou restituição da posse). A tutela dos bens de personalidade prevista no art. 70 n.º 2 consagra por outro lado especificamente a viabilidade do recurso a providências preventivas da consumação da ameaça a esses bens ou de atenuação dos efeitos da ofensa já cometida em relação a eles. Estamos no âmbito da *actio negatoria* e de injunções congéneres, por suposto não em rigor acções de responsabilidade, mas capazes, como para estas é constitutivo, de se conexionarem com a existência de deveres (de acção ou omissão) destinados à preservação de posições e interesses alheios (ou respectiva realização; desbravando a compreensão destes meios de tutela, PAULA COSTA E SILVA, *Meios de reacção civil à concorrência desleal*, in Concorrência Desleal [autores vários], Coimbra 1997, 104 ss).

Perfila-se pois como conclusão da máxima importância teorético-dogmática o *comprometimento da responsabilidade por violação de deveres de conduta com uma concepção de causalidade que se inspira no paradigma das ciências do mundo físico e naturalístico*. Tal vale, quer para a responsabilidade delitual já referida, quer para a que decorre do inadimplemento de deveres contratualmente estabelecidos, quer ainda para todas aquelas responsabilidades que, escapando a esta dicotomia, são todavia ainda também decorrentes da infracção de regras de agir, *v.g.*, em nome da boa fé. É a falta de consciência desta proposição na doutrina que, como se verá, se encontra na raiz da miscigenação, tão comum como indevida, desta última responsabilidade com a teoria da confiança.

Há todavia outros entendimentos possíveis da causalidade; perspectivas que, apelando a um jogo de pressupostos distinto do da físico-naturalística, se abrem também a uma concepção do agir humano não redutível aos respectivos mecanismos. Tal o que se verifica na responsabilidade pela confiança[676]. As decisões do sujeito, em

---

[676] Pode perguntar-se no entanto se se respeita nela ainda assim, como requisito mínimo de toda a causalidade, a *condictio sine qua non*. A interpretação desta implica porém necessariamente a opção por um paradigma de causalidade. Em todo o caso, na sua acepção mais vulgar, avalia-se a *condictio sine qua non* segundo o modelo físico-naturalístico; a própria causalidade probabilística, se põe em cheque a vertente determinística deste modelo, pressupõe-o de algum modo na formulação do juízo de probabilidade, pois afirma ainda — já se disse — uma regularidade fenoménica geral inspirada na relação causa-efeito do mundo físico-natural.

Em todo o caso, a generalidade da doutrina não aponta a especificidade da causalidade envolvida na responsabilidade pela confiança a que nos referimos. BAPTISTA MACHADO, todavia, isola (na sua fundamental *A cláusula do razoável* cit., 607 ss) o que chama a "causalidade intrínseca", estruturadora da interacção, da causalidade naturalística. É certo que o faz no contexto de uma tentativa de reabilitação do "acordo de facto" e do "quase-contrato", para solucionar determinadas situações de responsabilidade em que alguém assume um interesse alheio (uma solicitude para com outrem), comprometendo-se "de facto" com esse interesse, o que se apresenta realmente demasiado restritivo em relação ao âmbito possível da responsabilidade pela confiança, pois esta ultrapassa em muito esse tipo de constelações. Mas tal não obsta. (De resto, não chega a considerar que a própria responsabilidade pela lesão do interesse alheio que se assumiu, pese embora a situação seja susceptível de

vez de serem entendidas como simples consequência, ao modo da causalidade físico-naturalística, de uma conduta alheia (indutora de confiança), surgem agora, se bem se reparar, enquanto condutas autonómicas que se justificam pela confiança que lhes preside. Por isso se compreende que em torno desta, como de um *eixo* ou *pivot,* gire toda a construção da responsabilidade. Aquilo que para a teoria da confiança representa o *Tatbestand* de confiança deixa de ser visto como elo de uma causalidade de tipo físico-naturalístico desencadeada pelo facto humano que o originou e se projecta depois, para além dele, dando origem a prejuízos, para se constituir em plataforma independente de conexão da conduta de outro sujeito que interpreta os "sinais" inclusos nesse *Tatbestand* e que sobre ele constrói as suas próprias decisões.

Pode consequentemente considerar-se a responsabilidade pela confiança *uma tradução dogmático-jurídica da interpretação da acção humana no quadro das exigências da racionalidade prática.* Agir é autodeterminar--se e envolve uma decisão que se orienta pelos termos dessa racionalidade. É esta que, propriamente, *justifica* o agir, é perante as suas exigências que a acção pode ser *fundamentada.* Apenas nela se logra *compreender* o sujeito na *dimensão prudencial* da sua conduta (nas motivações e fins que o levaram a tomar uma certa decisão), resolvendo o dilema da indeterminação das opções que tem em aberto. Respondendo a acção humana por conseguinte a um "silogismo prático" no qual confluem os *argumentos* do agir[677], a confiança remete

---

ter na sua génese uma atitude de confiança de quem entregou a sua curadoria a outrem, pode também ser explicada por violação de deveres de correcção e lealdade a que fica sujeita a interacção dos sujeitos, deveres que mantemos autónomos em relação à responsabilidade pela confiança propriamente dita. Finalmente, não cremos que exista razão para excluir a responsabilidade por declarações da causalidade própria da responsabilidade pela confiança, confinando-a ao paradigma da causalidade naturalística — aqui, aparentemente contra a opinião do autor; cfr. *op. cit.,* 612 —: para nós a responsabilidade pela confiança é também a título principal uma responsabilidade por declarações que postula uma causalidade que não é físico--naturalística.)

[677] Uma acção é uma resposta a uma questão prática e, como tal, encontra-se submetida à respectiva "lógica", que é a da "justificação" (cfr. a conclusão de GEORG

para o plano da *fundamentação da acção*[678] que aquele exprime. Ela não é deste modo de forma alguma aprisionável por explicações que a identificam com um efeito de género físico-naturalístico de um comportamento alheio[679].

Os vários pressupostos da responsabilidade pela confiança interpretam-se sem dificuldade no quadro desta realidade. Assim, por exemplo, a qualificação de um facto como indutor de expectativas

---

KOHLER, *Handeln und Rechtfertigen/Untersuchungen zur Struktur der praktischen Rationalität*, Frankfurt 1988, 248). Esta perspectiva projecta-se também, por suposto, no plano do entendimento global da "juridicidade" e na fundamentação do seu discurso prático e decisório (cfr., com referências, F. JOSÉ BRONZE, *A metodonomologia* cit., 11 ss, e *passim*).

[678] "As 'conclusões' (presunções que legitimam uma especial confiança) dos participantes na interacção", escreve BAPTISTA MACHADO, *A cláusula do razoável* cit., 613, [...] "são justificativas da conduta [por eles] adoptada".

O modo como a confiança pode determinar a decisão conexiona-se com a "prudência", hábito ou forma do agir, e respectiva estrutura; para uma análise dos pressupostos e condições desta última, *vide*, com acentuado interesse no nosso contexto, ROQUE CABRAL, S.J., *Temas de Ética*, Braga 2000, esp. 109-110 (mas cfr. também 110 ss, e 193 ss).

[679] Tudo isto se projecta no plano probatório. Na responsabilidade pela confiança, o fim da prova é a confiança enquanto facto que reflecte e realiza *concreta e efectivamente* a razão do agir do sujeito (ainda que haja de socorrer-se a juízos de plausibilidade e experiência). O que importa surpreender e demonstrar é o *concreto enlace produzido* entre a conduta do lesado e o "sinal" que prático-racionalmente levou em conta na sua decisão. Ao passo que no modelo da responsabilidade por violação de deveres, aquilo que se apresenta como decisivo é a demonstração da regularidade causal de tipo físico-naturalístico entre a violação da norma e o dano, que presidiu à imposição do dever de agir infringido.

A consciência da especificidade da responsabilidade pela confiança e da sua irredutibilidade à causalidade físico-naturalística justifica igualmente a aplicação, com as devidas adaptações, das regras da interpretação do negócio jurídico no apuramento do sentido do *Tatbestand* de confiança (pertinentemente por isso MENEZES CORDEIRO, *Da Boa Fé* cit., II, 758, convocando no âmbito do *venire* os arts. 236 e 237; analogamente o Acórdão do Supremo Tribunal de Justiça de 11 de Março de 1999, CJ [STJ] VII [1999], 1, 154). Note-se no entanto que essa aplicação não faz qualquer sentido para o apuramento de uma sequência causal de tipo físico-naturalístico, nem é concorde com a concepção da tutela da confiança enquanto reacção a uma infracção de deveres de comportamento (*maxime*, derivados da boa fé).

(*Tatbestand* de confiança) reconhece a autonomia decisória do sujeito que procura coordenar por outrem a sua estratégia de vida, sem a qual não faria sentido. Respeita, ao mesmo tempo, outros factores de decisão, como se deriva com clareza da sua específica vinculação a um modelo prudencial do agir, pois aquela resulta e pondera normalmente uma multiplicidade de factores[680]. A justificação da confiança entende-se igualmente dentro da preocupação de evitar que os riscos dessa autonomia sejam indevidamente transferidos para outrem através da responsabilidade. Os critérios de prudência e razoabilidade que sindicam a confiança para efeito de tutela exigem-se precisamente em relação às opções que o sujeito pondera de forma livre[681]. Também a erecção do investimento a requisito independente de protecção da confiança encerra em si que a iniciativa individual do confiante não é tida como simples decorrência da causação de um prejuízo por outrem. Em coerência, a conduta do sujeito responsável em que se alicerça a imputação não pode ser interpretada como simples acção susceptível de gerar, nos moldes físico-naturalísticos, uma consequência danosa. Terá de entender-se enquanto comportamento que propicia e frustra uma coordenação de condutas que o sujeito empreendeu autonomamente. Na responsabilidade pela confiança, a imputação é portanto uma consequência da auto-responsabilidade de quem emite "sinais"[682] que constituem elementos justificativos da acção dos outros.

Neste porfiar acerca do sentido da confiança nos dois modelos de responsabilidade — pela confiança e por violação de deveres de conduta — somos conduzidos de facto a uma controvérsia bem mais profunda do que aquela que poderia opor simplesmente duas dogmáticas na sua pretensão de oferecer uma solução jurídica operacional e adequada para certo tipo de problemas. Está em discussão a pró-

---

[680] Está portanto fora de causa repercutir o risco de uma conduta em outrem pelo simples facto de a este ser reconduzível algum elemento de decisão, por irrelevante que seja no contexto geral das razões do agir.

[681] Na responsabilidade que recorre à causalidade naturalística é o instituto da culpa do lesado que permite atender aos factores que, do lado do prejudicado, contribuíram para a produção do prejuízo.

[682] Ou de quem é titular da esfera de onde eles brotam, no caso do princípio do risco.

pria acção humana e aquilo que a identifica, a linha de separação entre a *hermenêutica* e a *nomologia*, o que é *ciência do espírito* e aquilo que representa uma *ciência da natureza*[683]; e aqui, perante as dificuldades de catalogação da ciência sociológica do comportamento humano. Pares de conceitos como "produção" (de consequências) e "teleologia do agir", "descrição" e "justificação", "explicar" e "compreender", inserem-se precisamente, não obstante a sua imprecisão semântica, na mesma linha da busca de uma diferenciação entre a *enunciação causal própria das ciências da natureza* e a *compreensão das razões* que orientam a conduta humana[684].

Lidamos no fundo com *dois paradigmas* de análise da realidade: o que é próprio das ciências da natureza e dos seus métodos causal--determinísticos (ainda que matizados no sentido meramente probabilístico), assente portanto no estabelecimento de uma *lei de regularidade fenoménica*, e aquele que releva a *justificação prático-racional do agir* e, por conseguinte, aquilo que a referida racionalidade prática implica. São dois paradigmas que se definem pois, cada um deles, pelo seu *jogo de referências específico*. Pode dizer-se que representam duas formas de captação de uma realidade, *duas linguagens através das quais ela se exprime*.

Claro que a nenhuma delas é permitido invadir o campo de referência da outra, havendo de cingir-se ao que lhe é próprio. Nem se pode entender a acção humana na sua dimensão prático-racional enquanto fruto causal-naturalístico de outro evento, nem uma consideração da acção enquanto fenómeno do mundo físico-objectivo é susceptível de ser explicada como resultado de um juízo prático-

---

[683] Na expressão de W. DILTHEY, *Ideen über eine beschreibende und zergliedernde Psychologie*, in *Gesammelte Schriften*, Bd. V, 2.ª edição, Stuttgart u. Göttingen 1957, 144, "explicamos a natureza, [mas] compreendemos a vida do espírito".

[684] A pista de tais conceitos na discussão da actualidade em torno do agir humano pode ser seguida por exemplo em W. STEGMÜLLER, *Probleme und Resultate der Wissenschaftstheorie und Analytischen Philosophie*, Bd. I, *Erklärung-Begründung-Kausalität*, Studienausgabe, Teil C *(Historische, phsychologische und rationale Erklärung / Verstehendes Erklären)*, 2.ª edição, Berlin, Heidelberg, New York 1983, *passim*; vide ainda KORIATH, *Kausalität* cit., *v.g.*, 238 ss (aludindo à doutrina dos "três mundos" — físico, das realidades da consciência e dos conteúdos do pensamento — de K. POPPER), e *passim*.

-racional. O que pois se exige na forma de apresentar a acção é *coerência*[685] com o paradigma de análise respectivo, se se quiser, uma inserção dessa apresentação no "jogo de linguagem" que lhe é específico.

Demonstra-se assim que o comprometimento da responsabilidade pela confiança com a fundamentação prático-racional da acção humana a torna insusceptível — sob pena de uma confusão ou incongruência de "linguagens" — de ser construída como responsabilidade por violação de deveres de comportamento. Eles podem até existir e ter sido infringidos que nem por isso a responsabilidade pela frustração de expectativas se pode com eles misturar. São dois modelos irredutíveis de responsabilidade que não consentem serem fundidos, porque têm na sua base dois entendimentos da acção humana e da causalidade. Fica assim também irremediavelmente prejudicada

---

[685] Não está (tão-só) em causa uma consistência puramente "lógica", mas uma congruência do que se "liga entre si" num arquétipo da decisão jurídica, perante os quadros de valores e princípios que o orientam, e que há-de por força traduzir-se na construção dogmática.

A "coerência" constitui hoje entretanto um conceito amplo e recorrente na teoria do Direito. Representa uma aspiração do sistema jurídico, um elementar postulado de racionalidade, claramente ligado ao princípio da igualdade e da proporcionalidade. O seu contributo específico apresenta-se algo indefinido, embora entronque em temas nevrálgicos do pensamento jurídico (HABERMAS, por exemplo — *Faktizität und Geltung* cit., 268-269 —, a propósito da enfatização da coerência em DWORKIN, duvida que ela garanta só por si a segurança da aplicação do direito, enquanto ROBERT ALEXY, *Recht, Vernunft, Diskurs*, Frankfurt 1995, 166-167, atribui à coerência um lugar "entre o histórico-institucional e o racional-acertado" e lhe reconhece a característica de elo de ligação entre vinculação à autoridade do direito positivo e racionalidade; devendo-se conexioná-la ainda — insistimos — aos princípios da igualdade e da adequação).

Claro que a coerência não pode, no limite, proporcionar o fundamento de validade jurídica, embora não deva por isso ser posta de lado. Onde haja dificuldade de escolha entre duas decisões jurídicas possíveis, a coerência pode providenciar um critério de escolha. Manifesta-se neste aspecto a sua aptidão para representar de algum modo um sucedâneo da plena identificação do fundamento material-valorativo da decisão, pelo menos em *hard cases*. Por essa razão, deve ter-se em conta, não apenas ao nível da concepção do sistema na sua globalidade, como também no plano da construção de arquétipos dogmáticos subjacentes aos vários institutos jurídicos singulares (que é aliás exclusivamente o do texto).

uma concepção monolítica daquela área de responsabilidade que escapa à dicotomia tradicional entre responsabilidade contratual e delitual, amalgamando a protecção da confiança com a violação de deveres não delituais nem contratuais[686].

Naturalmente que apenas a justificação prático-racional da conduta — e, com ela, a responsabilidade pela confiança — faz inteira justiça à racionalidade e liberdade do Homem; só ela permite aceder à realidade da concertação de condutas e compreender o carácter "comunicativo" ou "significativo"[687] do comportamento que lhe dá origem. Mas será então legítimo usar o paradigma da causalidade físico-naturalística onde entre o facto causador do dano e o prejuízo se interpõe uma conduta do lesado? Cremos que a resposta deve ser positiva e que nada impede, por conseguinte, ainda aí, a viabilidade de uma responsabilidade por violação de deveres de comportamento. Pelo menos se se abandona uma estrita interpretação determinística daquela conduta — que anularia toda a liberdade do sujeito — em

---

[686] Esta última crítica atinge entre nós sobretudo o entendimento de MENEZES LEITÃO, *A Responsabilidade Civil* cit., 358-359, pois o autor não separa o campo das vinculações específicas — não contratuais nem delituais — da protecção da confiança, destrinçando nele (dentro da sua fundamental homogeneidade estrutural) apenas consoante o teor do comportamento exigido e os valores que, em razão da sua diversidade, se realizam. Discrepante também, na Alemanha, CANARIS, *Schutzgesetze* cit., 102 ss, mas igualmente, *v.g.*, PICKER, *Positive Forderungsverletzung* cit., 505 ss, e *passim*, autor que — recorde-se — pretende comprimir numa responsabilidade por deveres (decorrentes de ligações especiais) a área da responsabilidade não contratual e não delitual e subsumir nela a problemática da tutela da confiança. *Vide* ainda *infra*, sob o n.° 64.

[687] A "comunicação" será mais restritiva do que a "significação" se se exigir para a primeira a intenção (ou, pelo menos, uma aparência de intenção), por parte do seu autor, de transmitir um conteúdo a outrem; um requisito que a segunda dispensará considerando-se bastar nela uma conduta que consinta a apreensão de um conteúdo capaz de influenciar uma estratégia de conduta alheia. Trata-se, com este alcance, de uma distinção afinal compaginável com a dualidade entre declarações e simples comportamentos que merece ser traçada na responsabilidade pela confiança e a que já fizemos referência. Por aqui se delimita a fronteira também do *venire*. (Preferindo entretanto um conceito mais amplo de comunicação, alargado a todo o domínio da interacção, BAPTISTA MACHADO, *Tutela da confiança* cit., 349.)

benefício de uma explicação apoiada numa regularidade estatística. O dano pode perfeitamente ser visto como a consequência usual da infracção de uma norma por outrem, na medida em que seja viável afirmar-se que, ocorrido o desrespeito dessa norma, as representações que outrem experimentou e as decisões desfavoráveis que sobre elas alicerçou constituem um efeito previsível daquele desrespeito, de acordo com aquela regularidade comportamental que se experimenta (e pode quantificar) na vida social[688]. Essa regularidade — no fundo, típica das ciências físico-naturalísticas — exprime também a seu modo a influência de certos factos humanos nas acções dos outros, o estímulo que eles exercem nas decisões alheias. Surpreende estruturas homogéneas do comportamento dos sujeitos apurando constantes de probabilidade das respectivas sequências e estabelece nessa base o nexo entre a conduta do infractor da norma (autor do *Tatbestand* de confiança) e o dano sofrido por outrem[689].

---

[688] A expressão probabilística de uma sequência de eventos é portanto susceptível de se referir a uma repetição de juízos prático-racionais no agir. Entendida deste modo, defronta-se facilmente a objecção de que uma comprovabilidade estatística seria sempre insuficiente para a explicação da acção, a pretexto de que esta só se pode entender adequadamente no quadro da racionalidade prática. É que a probabilidade passa a ser reportada à ocorrência de um juízo prático-racional, esse sim verdadeiramente capaz de tornar completamente compreensível a conduta. De algum modo, a regularidade estatística acaba pois por poupar a necessidade de uma indagação singular das coordenadas prudenciais da acção, simplificando a sua apreciação. Nesta linha, pode dizer-se que a causalidade de tipo probabilístico será apenas um modo de exprimir uma causalidade do género prático-racional segundo o modelo quantificável das ciências da natureza. A questão central de saber se é possível falar de uma mesma realidade em "duas línguas" diferentes perante uma ontológica *ipseidade*, ou se não haverá antes duas realidades incomunicáveis — cada uma delas expressa constitutivamente pela sua linguagem própria —, fica neste aspecto, apesar da sua importância filosófica, em larga medida esvaziada de conteúdo. Não se vê como razoavelmente negar ao jurista, na (e para a) conformação das normas de comportamento exigíveis, a capacidade de se mover por considerações probabilísticas de ocorrência de determinados danos ligados à adopção de certas condutas.

[689] Deve pois recusar-se um problema de responsabilidade decorrente de uma falha numa relação de coordenação de condutas quando o prejuízo a indemnizar deriva, certamente, de uma conduta do prejudicado (que tomou decisões patrimoniais desfavoráveis para ele), mas não envolve uma frustração da orientação do pró-

De resto, a crescente despersonalização da coordenação de condutas a que hoje se assiste e o incremento do relevo das funções e

prio agir pelo alheio, antes se aprecia enquanto simples consequência, ao modo físico-naturalístico, de um comportamento de outrem. Parece até haver situações em que, dada a importância dos bens em jogo, não importará mesmo averiguar se a conduta do prejudicado é um efeito estatisticamente esperável ou provável; quando ocorra, é sempre valorado como consequência da de outrem.

Sejam, concretamente, os casos do art. 495 n.os 1 e 2 do Código Civil, em que se reconhece àquele que presta socorro ou assiste alguém o direito a uma indemnização contra o autor da lesão a este provocada. As normas destes preceitos consagram sem dúvida uma responsabilidade por disposições patrimoniais alheias. O dano não decorre, neste aspecto, de um ataque ou de uma ingerência, provinda do "exterior", na esfera jurídica daquele que presta socorro, como é característico da ordem de defesa da intangibilidade das esferas jurídicas protagonizada pelo direito delitual. Pelo contrário, as despesas feitas para salvar ou assistir o lesado foram produto de uma decisão autónoma do sujeito (as citadas disposições permitem o seu ressarcimento mesmo para além dos casos em que existe um dever de socorro, sempre que a assistência é realmente prestada). Contudo, a conduta daquele que presta o auxílio ao lesado é valorada pela ordem jurídica enquanto consequência ainda do facto (ilícito-culposo) que causou a lesão. (Repare-se que não interfere na sorte da pretensão indemnizatória a realização ou não dos objectivos em vista do qual foram feitas. Aliás, segundo reputamos razoável, não é sequer necessária uma adequação estrita das despesas decididas perante o tipo de lesão concreta verificada, pois a ordem jurídica pretenderá sobretudo evitar a consumação da lesão ou a atenuação dos seus efeitos, importando evitar que os seus preceitos tenham uma eficácia dissuadora de intervenções de terceiros nos casos de morte ou lesão corporal que se apresentem à partida com um mínimo de possibilidade de se revelarem úteis para o lesado; de resto, a redacção dos preceitos citados conforta esta orientação.) Não está pois em jogo uma responsabilidade pela adopção de certa conduta tida como susceptível de influenciar decisões de outrem e destinada a compensar os prejuízos decorrentes da frustração do esforço de coordenação de acções livremente empreendido por outrem. A ordem jurídica dá o seu beneplácito às iniciativas levadas a cabo para salvar o lesado, vendo nelas um simples facto decorrente de uma agressão à vida ou à integridade física alheia. Daí a responsabilidade, v.g., do médico que extraiu indevidamente a uma criança o único rim que lhe restava perante a mãe desta, que ofereceu então um rim próprio em favor do filho; cfr. a sentença do BGH de 30.6.1987, NJW 1987, 2925 ss.

O art. 495 desvenda de resto a especial protecção de que a vida e a integridade física gozam no sistema da responsabilidade aquiliana. Enquanto detentor do

papéis sociais representam outros tantos factores que depõem no sentido da viabilidade de uma análise da dinâmica do agir segundo leis empiricamente comprováveis. No limite, as regularidades dos mecanismos de interacção podem mesmo ser erigidas em único elemento-base de um regime legal.

Temos assim que o reconhecimento da especificidade da acção humana para efeito da sequência causal que conduz ao prejuízo não impede a simultânea legitimidade de dois fundamentos distintos de responsabilidade: frustração da confiança concitada e infracção de regras de agir. Ambos são perfeitamente susceptíveis de ser convocados numa determinada situação de facto para alicerçar uma pretensão de ressarcimento de prejuízos, desde que se verifiquem os pressupostos de que cada um depende: o que, por suposto, não tem que ocorrer, dado que esses requisitos não são rigorosamente idênticos. Não podem misturar-se, como sabemos, pois obedecem a *rationes* diferentes. Mas nada obsta a que uma pretensão de responsabilidade civil se apresente justificada sob um duplo aspecto[690].

Assim, levado pela necessidade de prover segurança ao tráfico jurídico e de reforçar estrategicamente a protecção de posições jurídicas, o legislador pode estabelecer genericamente deveres de conduta em áreas onde a doutrina da confiança pode também relevar: a fixação dos *standards* do comportamento exigível facilita obviamente a

---

direito à indemnização surge, não o sujeito que sofreu a lesão e que era titular do direito ou do interesse protegido, como seria de regra, mas aquele que o assistiu. Cremos que essa protecção não se deverá estender a hipóteses de simples responsabilidade contratual. Marca-se assim mais uma diferença entre ambas as modalidades de responsabilidade, perfeitamente explicável se se considerar a especial função da responsabilidade aquiliana na defesa de bens jurídicos fundamentais como os referidos. (Mas há interpretações diferentes da citada disposição. Numa perspectiva de certo modo inversa da exposta considera MENEZES CORDEIRO, *Direito das Obrigações* cit., I, 260-262, que nela se consagra uma *protecção do crédito* do sujeito que assistiu o lesado contra o *terceiro* que provocou a morte ou a incapacitação do devedor; no entanto o crédito só surge *após* a perpetração da lesão do sujeito que é socorrido.)

[690] Na expressão de M. TEIXEIRA DE SOUSA teremos um concurso de títulos de aquisição da prestação (cfr. *O Concurso de Títulos de Aquisição* cit., 251 ss, e *passim*).

reparação dos prejuízos, pois — e aqui irá muitas vezes uma apreciável vantagem — desonera o lesado da demonstração da racionalidade prática do seu agir perante uma actuação da outra parte[691]. Mas isso não significa que a dinâmica prudencial da sua conduta fique então desprovida da sua eficácia jurídica própria. Apenas se abre ao lesado uma outra via, porventura mais acessível, de obter o ressarcimento do dano.

Há no fundo uma margem de liberdade que assiste ao legislador de seleccionar, entre os factos empiricamente constatáveis, alguns para lhes atribuir determinadas consequências jurídicas. Por conseguinte, tanto pode limitar-se a ver nesses factos os elementos de uma voluntária concertação de comportamentos uns pelos outros, reconhecendo-lhes um regime que respeite essa sua natureza, como tomar mesmo esses factos enquanto potenciais causas de dano segundo regularidades objectivamente comprováveis, desprezando a "lógica" do sistema de coordenação de condutas. Na realidade, ao estabelecer o dever de os evitar ou de não os produzir, ele pretende dirigir essa coordenação, mais do que reflecti-la na sua específica natureza.

Supomos mesmo que é a consciência desta diversidade de perspectivas possíveis que permite entender e posicionar devidamente a controvérsia doutrinária que sobretudo se surpreende em torno da responsabilidade por afirmações *in contrahendo*, por prospecto, pela disponibilização de informações ou por mensagens publicitárias, a que se aludiu no início desta investigação. Depara-se-nos uma responsabilidade ligada à emissão de declarações que a teoria da confiança reivindica para si, mas também crescentemente disputada por orientações que a interpretam como decorrente da violação de deveres de agir; tendendo a pugnar por uma orientação delitual, dada a falta de relação que em muitos casos se constata entre lesado e lesante. Na realidade, digladiam-se os dois modelos de responsabilidade que se têm vindo a confrontar. À luz do que dissemos, ambos são, cada um do ângulo do

---

[691] E se o dano concretamente sofrido se inscrever no âmbito daqueles que a imposição do dever visava prevenir, dá-se uma facilitação óbvia da demonstração do nexo causal, que não consente paralelo na responsabilidade pela confiança (senão nos casos em que, por decisão do legislador, a confiança típica é protegida).

seu específico recorte e fundamento, pertinentes[692]. Onde — por consequência — não haja nenhuma teia de deveres de comportamento susceptíveis de conduzir à responsabilidade quando infringidos, fica sempre de pé a imputação do prejuízo a outrem com auxílio da confiança, pois essas declarações consubstanciam sem dúvida factos geradores de confiança. Mas ainda quando tais deveres existam, ou porque o legislador os estabeleceu explicitamente ou porque a jurisprudência os criou *praeter* (ou *extra*) *legem*, não desaparece a possibilidade de imputar o dano segundo o modelo da teoria da confiança. Nas modernas formas de responsabilidade por informações prestadas, por prospecto ou por mensagens publicitárias, a malha de deveres que as envolvem não atinge nem prejudica pois a responsabilidade por uma conduta susceptível de influenciar decisões alheias e reconduzível enquanto tal ao seu autor. Inversamente, a pertinência do pensamento da protecção da confiança não prejudica a admissão (ou a construção) de adstrições de conduta (*v.g.*, com auxílio da boa fé) destinados a evitar a ocorrência de danos veiculados por declarações inexactas[693].

---

[692] Naturalmente que as declarações, na medida em que visam *per se* a comunicação com outros sujeitos, se prestam a influenciar decisões alheias, pelo que são campo de eleição da responsabilidade pela confiança. A ordem jurídica pode no entanto valorar a emissão de uma declaração errónea como simples facto susceptível de conduzir com probabilidade a um dano à semelhança de muitos outros factos. A responsabilidade deriva então, não especificamente de se ter concitado através da declaração a confiança de outrem, mas de se ter "posto" uma fonte de perigo (de dano) traduzida na declaração errónea (violando as exigências de um comportamento correcto e adequado no tráfico jurídico). Para recordar quão distintas são estas vias de responsabilidade bastará lembrar as diferenças no campo dos pressupostos da responsabilidade já referidas.

[693] A concepção exposta aplica-se igualmente, *mutatis mutandis*, na construção da responsabilidade do representante sem poderes. Está disponível o recurso ao art. 227 e à *culpa in contrahendo* (nesse sentido também OLIVEIRA ASCENSÃO/CARNEIRO DA FRADA, *Contrato celebrado por agente de pessoa colectiva* cit., 70). Constitui um dever imposto pela boa fé que aquele que se apresenta a contratar em nome de outrem, não só evite a adopção de uma conduta positiva que leve outrem a crer na existência de poderes, como averigue com suficiente diligência se lhe assistem efectivamente poderes. A dúvida ou incerteza a esse respeito deve também ordinariamente ser comunicada. Não se objecte à responsabilidade do representante sem poderes

À partida, é portanto igualmente legítimo afrontar certos problemas de responsabilidade através da dogmática da responsabilidade

que ele é terceiro com respeito ao negócio que se trata de formar e que este se não destina a vinculá-lo. De facto, quanto a este aspecto, ele assume com autonomia o poder de condução e determinação do processo negocial, o que basta — já o dissémos — para o sujeitar à regra da boa fé na fase da formação do contrato.

A recondução da responsabilidade do representante sem poderes à *culpa in contrahendo* limita-se naturalmente todavia aos casos em que a sua conduta se apresente como censurável. Ficam pois de fora as hipóteses em que não seja possível apontar-se-lhe qualquer negligência na situação de ineficácia do contrato gerada. Por outro lado, a indemnização devida pelo representante cinge-se ordinariamente ao interesse contratual negativo: como se referiu, é essa a solução-regra da responsabilidade pré-contratual, ao mesmo tempo que se coaduna com o facto de o representante não se destinar por definição a ser parte no contrato celebrado. A indemnização do dano de cumprimento do contrato não consideraria o facto de que, normalmente, a observância dos deveres pré-contratuais de lealdade e correcção de comportamento faria com que o representante se não apresentasse a contratar sem poderes (ao menos sem o manifestar), e que um negócio nunca seria eficazmente concluído havendo oposição do representado. Deste modo, a construção de uma responsabilidade do *falsus procurator* pelo dano de cumprimento advogada por alguma doutrina na esteira do § 179 I do BGB (cfr. C. MOTA PINTO, *Teoria Geral* cit., 545, e P. MOTA PINTO, *Aparência de poderes* cit., 594 n. 10) parece ter de inspirar-se antes na ideia de uma tutela de índole *sancionatória* destinada a promover e realizar as expectativas geradas no tráfico jurídico quanto à celebração de negócios através da representação, rompendo os quadros comuns da *culpa in contrahendo*, orientados para *prevenir* expectativas infundadas. (Não cremos aliás que a indemnização do interesse contratual positivo por parte do *falsus procurator* se possa apoiar directamente nos preceitos da irrelevância da reserva mental desconhecida ou da impossibilidade de uma anulação por dolo próprio das declarações negociais emitidas, porquanto o *falsus procurator* não é parte no negócio, e o terceiro sabe-o. Como tal, as expectativas do outro contraente só se realizariam mediante um comportamento — ratificativo — de outrem, o representado. Normalmente, o representante destina-se a permanecer alheio ao negócio que celebra, pois são contados os casos em que presta fiança ou outra garantia análoga àquele com quem contrata quanto ao cumprimento do negócio por parte do representado, sendo que não é também admissível interpretar-se, via de regra, a conduta do representante como promessa de prestação de terceiro; sobre este ponto *vide* também RAÚL GUICHARD ALVES, *Notas sobre a falta e limites do poder de representação* cit., 28.)

Mas não se preclude a responsabilização do procurador aparente alicerçada directamente na protecção da confiança. Suscitou-se e defraudou-se em outrem a

pela confiança ou da dogmática da responsabilidade pela violação de deveres de comportamento[694]. Uma querela entre elas é estéril no

convicção da existência de poderes de representação. A mera apresentação a contratar em nome de outrem basta para criar aquele convencimento e, nesse sentido, constitui um *Tatbestand* de confiança. A teoria da confiança consente aliás uma imputação pelo risco, de modo que, por este prisma, esta solução leva, pela sua potencial amplitude, uma certa vantagem. De harmonia com as regras gerais, porque estamos fora de uma situação explicitamente reconhecida de responsabilidade positiva pela confiança, a indemnização destinar-se-á a colocar a outra parte na situação que existiria se não tivesse acreditado na existência desses poderes. A destrinça entre estes dois modelos de responsabilização do falso representante repercute-se naturalmente em diversidades de requisitos e de regime.

Também agora, todavia, tem-se sustentado que uma conduta dolosa pode conduzir à indemnização do interesse de cumprimento. Trata-se de assegurar as expectativas criadas, sancionando um comportamento do representante que se apresenta especialmente censurável. Quem mente — dir-se-á —, responde pelas consequências da mentira como se aquilo que assegurou fosse verdade: *vide*, noutro âmbito, o art. 244 n.º 2, 1.ª parte, e a insusceptibilidade de anulação da declaração por parte do contraente doloso (a ideia correrá pelo menos no campo das declarações dirigidas à produção de efeitos jurídicos; mas requere-se ter em conta que a lei não a consagrou *apertis verbis* nalgumas situações em que tal se poderia esperar: pense-se na responsabilidade do vendedor de bens alheios, conhecedor da sua falta de legitimidade para dispor do bem). De qualquer modo, o que importa salientar agora é que esta responsabilidade "positiva" pela confiança só se explica como sanção pelo inadimplemento doloso de um dever de não concitar expectativas alheias; ela não pode em si decorrer (apenas) do modelo (puro) de responsabilidade pela confiança que se tem vindo a recortar.

[694] BAPTISTA MACHADO, *A cláusula do razoável* cit., 611-612, parece opinar aqui, como acima se referiu, em sentido divergente, ao afirmar que a responsabilidade por declarações envolve uma causalidade de cariz natural ou psicológico distinta da que chama "causalidade intrínseca". Ora, o que dizemos não é que a responsabilidade por declarações não possa ser entendida enquanto responsabilidade por violação de deveres de comportamento, e que a causalidade entre a declaração e o dano não seja susceptível de ser expressa nos termos característicos da causalidade nas ciências da natureza, mas que uma declaração coloca igualmente um problema de responsabilidade que se não deixa aprisionar completamente nesse modelo: ela constitui — pela confiança que gera — um elemento respeitante à razão prática do agir de alguém, pelo que não pode deixar de poder ser equacionada também à luz das particulares exigências de justiça — de responsabilidade — que

plano das possibilidades teóricas de conformação de um regime. Apenas perante um determinado complexo regulativo é possível comprovar qual dos modelos foi seguido; quer em áreas de formação recente como a responsabilidade por prospecto, quer em zonas muito mais vetustas, mas apesar de tudo não dogmaticamente pacificadas, como a da responsabilidade do vendedor de bens alheios[695]. Sendo

convoca, na sua natureza específica, a interacção dos indivíduos e a concertação de condutas.

[695] Dê-se um exemplo: a necessidade de nomeação no documento dos autores de informações, previsões ou estudos para efeito de responsabilidade pelo prospecto (cfr. o art. 149 n.º 1 h) do Código dos Valores Mobiliários) conforma-se com uma solução baseada na teoria da confiança, sendo pelo contrário totalmente espúria à luz das características próprias da responsabilidade por violação de deveres de comportamento (aqui, de diligência na elaboração dos pareceres ou previsões, e na comprovação das informações prestadas), em que a imputação do dano atinge o autor da infracção independentemente de ele se ter dado previamente a conhecer ao lesado.

Também o requisito do consentimento, por parte dos referidos autores, nessa nomeação no prospecto posto a circular (*vide* a aludida disposição) se não harmoniza bem com a responsabilidade por violação de deveres de comportamento. Pense-se nos deveres delituais no tráfico: a responsabilidade basta-se aí com o domínio da fonte de perigo, o que significa que pode haver responsabilidade por simples *culpa in vigilando, in instruendo* ou *in eligendo;* sem requerer, pois, um acto inequívoco do próprio sujeito exprimindo uma vontade positiva de criar a situação perigosa. Analogamente nos casos de violação de deveres de protecção não delituais. Pelo contrário, num sistema de responsabilidade pela confiança (em declarações), o consentimento assegura que o comportamento pelo qual o sujeito é responsabilizado se dirigia de facto a influenciar condutas alheias pelo concitar das suas expectativas. Ele equivale à rejeição de uma imputação baseada pura e simplesmente no risco da aparência de emissão de certa declaração por parte de um sujeito (uma opção da lei certamente sensibilizada perante os abusos que a invocação de determinados estudos e previsões e a sua atribuição a outrem por vezes envolvem, salvaguardando nessa medida os seus autores de um risco dificilmente controlável, numa área onde o potencial de perigo de responsabilidade coligado à circulação do prospecto é muito elevado).

Estas considerações demonstram que os complexos regulativos transitam por vezes, quase imperceptivelmente, de um arquétipo de responsabilidade para outro. O que todavia importa prevenir é contra a indevida miscigenação dos respectivos traços de regime, pois atinge-se então a coerência valorativa que inspira esses mode-

que — repita-se —, se as exigências de segurança e de eficaz prevenção de lesões se conjugam em favor do modelo da responsabilidade por violação de deveres de comportamento, nem por isso a responsabilidade pela confiança deixa de poder efectivar-se de acordo com a

los. Assim, não se compreende que na responsabilidade por prospecto, concebida como resultante de uma violação de deveres, se exclua a obrigação de indemnizar logo que se demonstre que o respectivo destinatário devia ter tido conhecimento da deficiência do conteúdo do prospecto: afasta-se o regime-regra da culpa do lesado perante infracções a normas jurídicas por parte de outrem e privilegia-se incongruentemente uma solução própria da teoria da confiança (cfr. o art. 149 n.º 1 do citado Código). Já se aludiu a este ponto.

Em todo o caso, o reconhecimento da possibilidade de dois modelos alternativos na construção da responsabilidade é heuristicamente promissor mesmo em áreas "clássicas" da reflexão civilística, contribuindo aí para esclarecer devidamente o enquadramento dogmático de certas hipóteses que continuam a ser acerbamente discutidas. Considere-se o regime legal da venda de bens alheios ou onerados. Pelo menos os arts. 899 e 909, este último na parte em que prevê uma responsabilidade do vendedor independente de culpa, não se deixam explicar como decorrentes de uma violação de deveres de comportamento, pelo que está fora de causa a sua recondução ao instituto da *culpa in contrahendo*. Neste aspecto, a obrigação de indemnizar aí consignada parece antes fundamentar-se na necessidade de protecção da confiança num *Tatbestand* negocial, indutor das correspondentes expectativas, mas que é inválido e não surte os efeitos esperados. (Em situações deste género não se compreenderia que a indemnização superasse o interesse do comprador na eficácia do contrato, pois uma declaração negocial inválida não pode colocar o sujeito numa posição mais favorável do que aquela que lhe assistiria se essa declaração fosse válida. Recorde-se que não houve violação de qualquer dever de conduta.)

Ora, este tipo de fundamentação dogmática pode perfeitamente desenvolver-se nos demais casos de venda de bens alheios ou onerados. O facto de o vendedor ter infringido um dever (pré-contratual) de se apresentar a contratar conhecendo ou devendo conhecer a causa da invalidade não preclude que a responsabilidade possa ser acoplada antes à simples criação de um *Tatbestand* de confiança (traduzido numa declaração negocial) que induz em erro a outra parte. Apenas uma cuidadosa análise da conformidade do regime legal às forçosas consequências de cada um destes modelos permite dissipar as dúvidas da orientação efectivamente seguida pelo legislador (*vide* todavia, para as dificuldades de reconduzir o regime da venda de bens alheios a um arquétipo "puro", o *nosso* estudo *Perturbações típicas* cit., 61 ss). Mas persuadimo-nos que é a sua destrinça que permite lançar a devida luz sobre a respectiva compreensão dogmático-crítica.

sua lógica própria, na sua essência inafectada por uma intervenção legislativa[696].

Pode mesmo ir-se mais longe. Não há dúvida que a responsabilidade por violação de deveres de comportamento se encontra vinculada a uma concepção ética do Homem, à não ilusão que constitui a sua liberdade e, por conseguinte, à sua vontade, merecimento e culpa. Mas quando no processo causal que conduz ao dano se interpõe uma decisão do lesado, esta última não chega a ponderar-se na sua especificidade de acção livre e prudencialmente justificada[697]. Pelo contrário, a responsabilidade pela confiança, dado o seu compromisso com a racionalidade prática, ilumina esta dimensão genuinamente humana da conduta. Neste aspecto, se as acções das pessoas incorporam ideias que lhes dão sentido e razões que as justificam[698], se nisso radica a sua espe-

---

[696] A autonomia entre responsabilidade pela confiança e por violação de *regulae agendi* não prejudica contudo a *comunicabilidade das valorações* gerais que as sustentam. Assim, uma intervenção legislativa impondo, *v.g.*, deveres de comportamento muito rigorosos repercutir-se-á normalmente numa maior amplitude da protecção da confiança por parte da ordem jurídica. Tal como, inversamente, o estabelecimento pela lei de apertados ónus de indagação a cargo dos sujeitos enquanto pressuposto da justificação da confiança, requisito da sua tutelabilidade, conduz ao estreitecer da margem de construção de uma responsabilidade por violação de deveres de comportamento.

[697] Considera-se, como se disse, as consequências da acção ao modo das ciências naturalísticas e experimentais; ainda que os referidos deveres sejam estabelecidos para proporcionar um quadro apropriado de desenvolvimento da coordenação de condutas e mesmo que pretendam evitar distorções nesse mesmo processo de concertação das condutas.

[698] Que as acções humanas obedeçam a determinadas regras (coordenadas de compreensão) e que, por isso, elas são inteligíveis, portadoras de um sentido sem o qual elas não representariam senão actuações puramente desordenadas, aponta-o entre nós particularmente BAPTISTA MACHADO, ao caracterizar de modo geral a conduta humana perante o Direito: cfr. *Introdução ao Direito* cit., 22 ss. Alude-se pois à racionalidade prática. Onde ela esteja ausente, quando se estiver tão-só perante o mundo meramente físico, biológico — ou até, na acepção que o autor explica, psicológico —, não se encontrará uma acção especificamente humana. Uma conduta puramente reactiva que represente uma resposta a um estímulo físico ou fisiológico, a manifestação mecânica de um hábito ou a propensão para agir de determinada maneira não reflecte a sua singular natureza.

cífica "humanidade", então a responsabilidade pela confiança tem por esteio e garantia a perenidade da natureza humana, pois é o seu modelo de responsabilidade que traduz com fidedignidade a possibilidade de uma estratégia e concertação da acção em função do comportamento adoptado por outrem. Enquanto houver uma reflexão que assim interprete o agir humano em vez de como pura consequência, previsível segundo uma regularidade de tipo físico-naturalístico, de uma conduta alheia, a responsabilidade pela confiança perdurará e estarão condenadas a um irremediável fracasso todas as tentativas de a dissolver no pensamento de uma responsabilidade por violação de deveres de comportamento.

56. Conclusão; a protecção da confiança perante a distinção entre responsabilidade por "actos" e por "palavras" e a não vinculação dessa distinção ao carácter primariamente patrimonial dos prejuízos

Cremos que apenas o reconhecimento da especificidade que a sequência causal relevante comunica à responsabilidade pela confiança (por confronto com o que se depara na responsabilidade pela violação de deveres) é susceptível de iluminar plenamente a distinção entre *responsabilidade por actos* e *por palavras*, que tem feito algum curso na jurisprudência e na doutrina anglo-saxónicas no que respeita à fundamentação da imputação de danos[699]. À partida, importa reconhecer que a diferenciação entre palavras e actos é extremamente problemática. Conceptualmente, pode mesmo pretender-se que ela não faz sentido:

---

[699] Para elementos, cfr. VON BAR, *Negligence, Eigentumsverletzung und reiner Vermögensschaden / Zu den Grenzen der Fahrlässigkeitshaftung für reine Vermögensschäden in der neueren Entwicklung des Common Law*, RabelsZ 56 (1992), 413 n. 9, F. MÜLLER, *Auskunftshaftung* cit., 238 ss, bem como, por exemplo, TIM KAYE, *Acts speak louder than statements, or nine into one will go*, MLR (1995), 574 ss, considerando criticamente (580) que as tentativas de diferenciação estão destinadas ao fracasso. A distinção em causa, embora possa evocar a dualidade entre responsabilidade pela confiança em declarações e responsabilidade pela confiança em condutas futuras, é utilizada com um sentido diverso desta.

se é certo que nem todos os actos são palavras, todas as palavras seriam, afinal, actos[700]. Mas penetremos, por sobre a forma, na substância.

Particularmente deslocado seria advogar que esta discriminação se encontra vinculada a uma diversa natureza dos danos: físicos ou materiais no caso dos actos, primariamente patrimoniais se a responsabilidade decorre das palavras. Não é que o Direito não possa ter razões para medidas e formas de protecção diversas, consoante os bens ou interesses atingidos tenham ou não um substrato material. A verdade porém é que não existe, desde logo, identidade entre os danos patrimoniais puros e as "palavras". Aqueles são perfeitamente passíveis

---

[700] Os casos de "ausência de palavra" situam-se numa zona de penumbra com respeito à responsabilidade por "actos". Assim, quando se assiste a uma entrega a outrem de certa coisa de utilização perigosa, pode ser essencial para afirmar a responsabilidade a violação de um dever de informar acerca da sua perigosidade. Noutras hipóteses, a responsabilidade pelo dano causado não se liga directa e propriamente à falta de informação e, antes, radicalmente, à entrega em si mesma. Tudo depende daquilo que é de ter essencialmente como ilícito, se a entrega da coisa, se a falta de informação. Não existindo, por via de princípio, nenhuma proibição de proporcionar a outrem o gozo de uma coisa de utilização perigosa, encontrando-se pois a cedência dessas coisas legitimada (através, por exemplo, da compra e venda), o fundamento da responsabilidade estará antes no facto de se não terem proporcionado as informações necessárias aos respectivos utilizadores. Confirma-se nessa medida a importância da doutrina que, num contrato, constrói a responsabilidade por danos na base da violação de um dever de informação destinado à preservação do outro sujeito da relação perante os riscos que para ele importa o bem transaccionado (dever de protecção). Outras vezes, é a própria entrega que é reprovada pela ordem jurídica, com o que a responsabilidade deixa de estar coligada a uma omissão; *vide* a propósito a recente norma de protecção da *saúde e segurança física dos consumidores*, constante do art. 5.º n.º 1 da Lei n.º 24/96, de 31 de Julho (lei de defesa dos consumidores): ao qualificar de ilícito o fornecimento de coisas cujo uso normal seja perigoso, afasta-se do modelo da responsabilidade por violação de deveres de informação para efeito da tutela de danos *pessoais dos consumidores*. Os regimes não são inteiramente assimiláveis nas duas hipóteses (equiparando estas situações, mas tendo em vista o regime específico da responsabilidade do produtor, CALVÃO DA SILVA, *Responsabilidade do Produtor* cit., 655 ss).

Decorre do exposto que os "actos" e as "palavras" da diferenciação aludida no texto se contrapõem ambos às omissões, não esgotando portanto o universo da responsabilidade.

de ocorrer como consequência de meros actos. Ao mesmo tempo, uma "palavra incorrecta" pode produzir um dano físico.

A primeira situação é documentável de modo exemplar com a jurisprudência dos *"cable cases"* ou com a sua equivalente germânica dos *"Kabelbruchfälle"*[701]: alguém corta negligentemente os cabos de alimentação de energia a uma empresa, vindo esta a ter de diminuir ou interromper a sua laboração com os consequentes danos puramente patrimoniais. Mas também uma informação incorrecta pode levar a uma lesão física. Daí, entre outras razões, o desenvolvimento da doutrina dos deveres de protecção, impondo, *v.g.*, a quem cede a outrem o gozo de uma coisa perigosa as diligências adequadas para evitar que este sofra algum prejuízo na sua integridade pessoal ou patrimonial[702].

Supomos que o conteúdo válido da distinção entre danos causados por "palavras" e danos causados por "actos" está essencialmente no traçar de uma separação entre aqueles prejuízos que decorrem de uma frustrada concertação da acção por outrem, em que o sujeito voluntariamente se empenhou, daqueloutros em que o dano surge como puro efeito causal-naturalístico de uma conduta alheia lesiva de um bem jurídico que lhe estava ordenado pelo Direito; seja porque atinge uma posição delitualmente protegida, seja na medida em que priva outrem daquilo que, por força de um contrato, lhe está atribuído.

Claro que a responsabilidade pela confiança gera tipicamente um dano primariamente patrimonial; mas, uma vez que a simples interferência na esfera jurídica alheia pode produzir igualmente esse gé-

---

[701] Sobre este género de casos, cfr. entre nós SINDE MONTEIRO, *Responsabilidade por Conselhos* cit., 199 ss.

[702] Uma informação errónea pode ser consequência de uma falta de cuidado do cedente da coisa e conduzir (por essa via) à obrigação de indemnizar. A responsabilidade por infracção de um dever de protecção permite — recorde-se — um regime nalguns aspectos bastante mais favorável ao lesado (nomeadamente no que respeita à distribuição do ónus da prova da ilicitude e da culpa, e à imputação do dano provocado por terceiro). Note-se todavia que a doutrina dos deveres de protecção cobre também a defesa de interesses patrimoniais puros (o que confirma igualmente a pertinência da sua aceitação pela dogmática civilística; cfr. sobre estes pontos o nosso *Contrato e Deveres de Protecção* cit., 161 ss, esp. 173 ss, 188 ss, e 203 ss).

nero de prejuízo, importa sublinhar a impossibilidade de reconduzir a problemática dos *"pure economic losses"* a uma solução dogmática unitária e homogénea. Na realidade, *eles entrecruzam-se com as várias formas de responsabilidade*[703].

---

[703] Em duas pinceladas: os danos primariamente patrimoniais não se ligam necessariamente à responsabilidade pela confiança e, fora dela, percorrem com amplitude os diversos fundamentos e modalidades da responsabilidade. Uma breve referência a um conjunto de hipóteses de responsabilidade, controvertidas na doutrina da actualidade, auxilia a percebê-lo. Há, antes de mais, casos, como os do "corte dos cabos de alimentação de energia" (*Kabelbruchfälle*) já aludidos, que devem ser essencialmente ordenados no direito delitual (salva a ocorrência de alguma circunstância susceptível de convolar a problemática para uma responsabilidade por violação de deveres decorrentes de ligações especiais entre lesado e lesante).

Outras situações, embora de qualificação mais difícil, parecem porém ultrapassar o terreno delitual. Paradigmáticos serão, entre outros, os casos de responsabilidade dos subcontratantes, nomeadamente na empreitada. Tem sido repetido que se deveria admitir uma relação jurídica directa entre o subempreiteiro e o dono da obra, de modo a que este pudesse exigir do subempreiteiro a reparação do prejuízo sofrido com o seu incumprimento — um dano patrimonial puro —, cabendo por seu turno ao subempreiteiro a possibilidade de reclamar do dono da obra o pagamento do preço da obra realizada em subempreitada (e — pressupõe-se — o prejuízo do não adimplemento desta obrigação). E é invocado o pensamento da confiança (cfr. P. ROMANO MARTINEZ, *Contrato de Empreitada* cit., 129, bem como *O Subcontrato*, Coimbra 1989, 174 ss, e, por último, em *Direito das Obrigações [Parte Especial]* cit., 386-388).

Mas este entendimento não pode sufragar-se. A doutrina da confiança deve desde logo manter-se estritamente separada da responsabilidade por não cumprimento, uma vez que esta se funda no inadimplemento dos deveres de prestar, independentemente das expectativas acalentadas a esse respeito pelo credor. Claro que apenas o credor pode exigir a prestação, pelo que, na falta de estipulação nesse sentido, dono da obra e subempreiteiro, não sendo sujeitos de uma mesma relação contratual, são estranhos entre si quanto às prestações que não foram adimplidas e, *a fortiori*, no que respeita à responsabilidade daí decorrente. Não podem pois efectivá-la reciprocamente. O sistema de fontes não permite que a confiança o subverta. (Orientação diversa em P. ROMANO MARTINEZ, que recorre preferencialmente à acção directa, admitindo-a amplamente, bem para além da configuração da sub-rogação como meio de conservação da garantia patrimonial à luz do art. 606 n.° 2. Julga-a legitimada por motivos de ordem económico-social, o que, ao que parece, seria também suficiente para uma tão forte ruptura com o princípio da relatividade dos contratos.)

Em todo o caso, não é bastante a possibilidade de se construir, sob algum aspecto, uma relação entre dois indivíduos para se gerar um

Poderia no entanto pretender-se que, na medida em que os danos ultrapassem o prejuízo estritamente constituído pelo não cumprimento da prestação devida — caso, designadamente, dos danos subsequentes sofridos por terceiros em consequência desse inadimplemento — o direito delitual seria susceptível de aplicação. Esta tentativa de construção de uma responsabilidade aquiliana directa do subempreiteiro perante o dono da obra (e vice-versa) depara-se todavia com a dificuldade da restritividade com que os danos primariamente patrimoniais seriam contemplados.

Em todo o caso, segundo o paradigma da tutela aquiliana, o juízo de responsabilidade funda-se numa ingerência danosa, provinda do exterior, em determinada esfera jurídica, que atinge o *status quo* patrimonial do sujeito. Ora, os prejuízos cujo ressarcimento se discute resultam aqui sempre do não cumprimento de obrigações do lesante perante outrem. A identificação do acto lesivo com a infracção de um direito de crédito depõe contra uma localização delitual da questão. Por outro lado, a indemnização do dano subsequentemente sofrido pelo dono da obra em virtude do inadimplemento do subempreiteiro perante o empreiteiro (ou, *mutatis mutandis*, do prejuízo sofrido pelo subempreiteiro decorrente do inadimplemento do dono da obra perante o empreiteiro) pressuporia a necessidade de realização do *status ad quem* contratual, torcendo nessa medida ainda o princípio da relatividade das convenções. Na realidade, importa perguntar como construir, na esfera de quem é terceiro relativamente a um contrato, uma posição susceptível de protecção delitual. Nas hipóteses em apreço, não se mostra de facto ordinariamente ofendido qualquer direito absoluto ou uma disposição legal destinada a tutelar os interesses desses terceiros. Por isso, faltando uma infracção delitualmente relevante, desaparece a possibilidade de ressarcimento aquiliano do dano, em espécie ou por equivalente (inconciliável com estas exigências a opinião de P. ROMANO MARTINEZ, *O Subcontrato* cit., 180-181).

Tal não obsta contudo a que dono da obra e subempreiteiro respondam, um perante o outro, por frustração da confiança. Tudo depende da demonstração dos respectivos requisitos. Mas não está então em causa a reparação do prejuízo consistente no não cumprimento da prestação devida e/ou nos danos ulteriores daí decorrentes. O dano patrimonial puro coberto pela responsabilidade pela confiança traduz-se no desperdício do investimento de confiança realizado. Sendo este o objecto de protecção, a confiança não constitui em si uma fonte autónoma de deveres de prestar, capaz de ocupar o lugar de um acordo negocial instituidor de obrigações. (Certamente que a realização das expectativas contratuais dos sujeitos pode depender de relações contratuais alheias e do cumprimento das respectivas obrigações. Assim ocorre muitas vezes entre dono da obra e subempreiteiro. Mas não estando ligados contratualmente, não se pode considerar *ipso facto* existente uma

tipo de problema do âmbito da responsabilidade pela confiança. Danos ocorridos por exemplo em situações de vizinhança, designa-

---

relação susceptível de os responsabilizar com base na confiança, sob pena de se minar a autonomia desta responsabilidade com respeito aos efeitos contratuais.)
 Distinta da responsabilidade pela confiança é a derivada da violação de deveres não contratuais nem delituais entre dono da obra e subempreiteiro. Alicerçadas na boa fé, essas adstrições já não se encontram sujeitas ao princípio da relatividade dos contratos (e ao da relatividade das obrigações). Visam, na realidade, interesses diversos do interesse do credor na prestação (em si mesmo). De referir especialmente neste domínio o *contrato com eficácia de protecção para terceiros*, pois não há dúvida que a prestação a cargo do subempreiteiro se destina recognoscivelmente ao aproveitamento do dono da obra (em sentido divergente, de novo, mas sem razão, P. ROMANO MARTINEZ, *O Subcontrato* cit., 179, aduzindo que não se vê, neste aspecto, necessidade de uma importação deste instituto nascido além-Reno para o direito civil português). Em todo o caso, o contrato com eficácia de protecção para terceiros gera uma responsabilidade que escapa já ao modelo aquiliano puro. Decorrendo por outro lado da infracção de deveres, é autónomo relativamente à responsabilidade pela confiança. Corresponde no fundo à necessidade que o Direito tem de, em certas circunstâncias, transcender a titularidade jurídica das posições que formalmente se identificaram e atribuíram por contrato para atender à realidade viva dos interesses em jogo e à detenção efectiva dos mesmos. É certo que a ordem jurídica não pode porém considerar toda e qualquer imbricação de interesses das pessoas, pois a teia que eles entretecem no plano fáctico é muitas vezes inextricável. O tráfico jurídico obriga portanto à formalização jurídica da sua titularidade, cujos critérios básicos não podem ser afastados senão sob pressupostos definidos. Mas reiteramos que o contrato com eficácia de protecção para terceiros representa um instrumento dogmático imprescindível para um cabal enquadramento das questões de responsabilidade entre dono da obra e subempreiteiro. (Tal pressupõe naturalmente a superação de uma perspectiva das relações derivadas do contrato de empreitada centrada apenas na distinção entre o plano aquiliano e *stricto sensu* contratual, aquela todavia a que se confina ainda o último escrito do autor sobre a matéria, aliás feliz, tanto na síntese, como no "classicismo" de esquadria: cfr. *Responsabilidade civil do empreiteiro por danos causados a terceiros*, in Estudo em Homenagem ao Professor Doutor Pedro Soares Martinez, I (Vária), Coimbra 2000, 785 ss.)
 À luz das considerações precedentes escapam pois ao modelo aquiliano hipóteses de responsabilidade por danos primariamente patrimonais do tipo do debatido caso anglo-saxónico *Junior Books Ltd.* vs. *Veitchi* (1982) 3 All ER 201. Aí a autora contratara com uma empresa a construção de uma fábrica. A pavimentação ficara depois a cargo da ré, subempreiteira, mas veio a revelar-se deficiente. A fase

damente por violação de deveres que compõem o que se poderia chamar o "estatuto jurídico da vizinhança", não prejudicam uma res-

---

da reparação implicou perturbações na laboração da fábrica de que advieram prejuízos (falta de pagamento de salários nessas condições, despesas com a transferência de máquinas), cujo ressarcimento a autora veio demandar directamente da ré. Há desde logo a natureza puramente patrimonial dos danos a obstar a uma acção delitual (pelo menos no caso de simples negligência): nesse sentido, como sabemos, o direito português. Repare-se por outro lado que, detectando-se falta de qualidade dos materiais de pavimentação utilizados, pretender ver na conduta do subempreiteiro (na deficiente prestação por ele realizada) uma ofensa à propriedade alheia se depara com o escolho de que, ao tempo da transferência da propriedade, a coisa já se encontrava onerada com os defeitos apontados. O argumento não se desfaz pela consideração — aliás certeira — de que a defesa da propriedade se não restringe apenas aos casos em que se produz um dano na *substância* da coisa, afirmando-se igualmente quando há perturbações da sua *possibilidade de uso e aproveitamento, destinados* pelo direito de propriedade ao seu titular, pois este não chegou a adquirir uma coisa plenamente útil para a função que pretendia. Nestes casos, o que verdadeiramente está em causa é a indemnização de um dano patrimonial puro que resulta do incumprimento de um contrato celebrado com outrem: a ordem de defesa da propriedade não pode subverter as fronteiras da protecção contratual. Pelo que estas hipóteses devem ser colocadas fora do quadrante dogmático delitual; por exemplo, no sentido de uma solução com base no contrato com eficácia de protecção para terceiros (designadamente pela construção de deveres de cuidado — que o princípio da boa fé pode impor no contexto de uma relação especial entre devedor e terceiro —, com vista pelo menos a não causar prejuízos escusados ao terceiro interessado na realização da prestação do devedor e que reconhecidamente seria quem dela aproveitaria). Uma solução com base na teoria da confiança permanece também possível (verificados os seus pressupostos).

Dificuldades de resolução no campo delitual, embora talvez menos nítidas, têm ainda as situações, igualmente de enquadramento e solução controversos, que põem o problema da responsabilidade de autarquias por despesas que terceiros suportaram em consequência de omissões suas. Imagine-se que os proprietários de casas demandam o respectivo município por, tendo-se nelas manifestado defeitos supervenientemente à respectiva compra, que realizaram a sociedades de construção, alegarem que esses defeitos foram provenientes de deficiências técnicas que a autarquia devia fiscalizar e os obrigaria agora a reparações de vulto (referimo-nos por exemplo a casos que, no direito anglo-saxónico, deram origem a conhecidas decisões como as de *Dutton* vs. *Bognor Regis Urban District Council* [(1972) 1 All ER 462], *Anns* vs. *Merton London Borough Council* [(1977) 2 All ER 492] e *Murphy* vs.

ponsabilidade que se limita a reagir à privação ou lesão de um bem jurídico que é simples repercussão causal-naturalística de uma conduta alheia. A relação de vizinhança, pela proximidade entre esferas jurídicas que envolve, potencia certamente o risco de ocorrerem esses prejuízos na esfera do sujeito. Mas eles não reflectem propriamente uma falha havida na coordenação entre condutas dos vizinhos. A den-

Brentwood; discutem-nas, como também o aresto anteriormente citado, por exemplo, VON BAR, *Negligence, Eigentumsverletzung* cit., esp. 413 ss, e 420-421, e B. S. MARKESINIS, *The German Law of Torts*, 3.ª edição, Oxford 1994, *v.g.*, 231, 532, 585, 589, e *passim*). A via delitual, à partida vocacionada para intervir dada a ausência de relação contratual entre a autarquia e os proprietários atingidos, depara-se com a natureza primariamente patrimonial dos danos sofridos com despesas de reparação. Não parece possível sustentar que eles decorrem de uma violação da propriedade, pois os donos das casas nunca as chegaram a adquirir isentas de defeitos.

Aparentemente poderoso em favor da ressarcibilidade delitual dessas despesas é um argumento esgrimido por LORD DENNING no primeiro aresto referido: se a autarquia for delitualmente responsável pelos danos em terceiros provenientes da ruína da edificação, não faz qualquer sentido ilibá-la de responsabilidade no caso de o seu proprietário ter descoberto o vício de construção antes de qualquer acidente e se ter apressado a repará-lo. Que pensar? Se se admite que a autarquia responde perante terceiros lesados com uma derrocada da construção, isso significa que ela garante a segurança do edifício. Ora, considerando-se que é ela que se encontra obrigada a eliminar a fonte de perigo através dos meios adequados (só nessa medida parece verosímil um pedido de ressarcimento de despesas de reparação à autarquia), caso o proprietário da construção proceda à reparação devida, realiza objectivamente o cumprimento de um dever alheio. A gestão de negócios pode pois servir de base a uma pretensão de ressarcimento de despesas de reparação; eventualmente até, o enriquecimento sem causa. A solução não é aquiliana. Cremos, nesta medida, que não há motivo para, como faz o conhecido jurisprudente inglês, insistir neste caso em que o dano das construções é físico como forma de escapar às limitações da indemnizabilidade delitual dos danos patrimoniais puros. (Note-se, a propósito, que apenas atribuindo à omissão da autarquia o "valor" de declaração — de conformidade com os requisitos de segurança do edifício — é possível construir também uma responsabilidade pela confiança dela perante terceiros adquirentes das construções. O facto de sobre a autarquia impender um dever de fiscalização desses requisitos é que ampara essa possibilidade. Mas claro que esta responsabilidade exige que os sujeitos tenham efectivamente orientado a sua decisão de compra, por determinado preço, em função da conduta daquela enquanto reveladora de um juízo de conformidade técnica da construção com as exigências de segurança.)

sidade fáctica do contacto social, a objectiva proximidade ou mesmo interpenetração e imbricação de interesses, não chega para transmudar a natureza da responsabilidade envolvida[704].

Uma imputação de danos por defraudação da confiança pressuporá sempre, da parte de um sujeito, a orientação espontânea do seu procedimento em função de comportamentos alheios. E actuações que, concomitantemente, se valoram enquanto factos que desencadeiam uma sintonização de condutas de outros. Não é necessário que se trate de "palavras". Simples condutas não verbalizadas, nem directamente endereçadas a estabelecer uma comunicação entre sujeitos, são igualmente susceptíveis de estabelecer uma relação de concertação de comportamentos: pense-se paradigmaticamente no *venire*.

57. A necessidade de reformulação do pensamento da imputação como efeito do recorte da responsabilidade pela confiança e da sua autonomia com respeito à violação de deveres

A concepção da responsabilidade pela confiança que estamos a cinzelar projecta-se também no pensamento da imputação. Não basta compreensivelmente a verificação de uma situação de confiança. É necessária uma conexão entre esta e a conduta de outrem capaz de justificar a imposição a este último de uma obrigação de indemnizar. A já referida fórmula da *Gewährung des in Anspruch genommenen Vertrauens*, cunhada por um dos mais argutos teorizadores da confiança (BALLERSTEDT)[705] exprime-o: o sujeito a responsabilizar é quem concitou (ou aceitou) a confiança (competindo-lhe por isso assegurá-la). Expressa-o também a ideia do responsável como *garante das disposições alheias*[706],

---

[704] No sentido de que o contacto social não é, em si, relevante do ponto de vista da coordenação de condutas, também as *nossas* considerações acerca desta doutrina em *Contrato e Deveres de Protecção* cit., 243 ss.

[705] Cfr. *Zur Haftung für culpa in contrahendo* cit., 507.

[706] *Vide* M. BOHRER, *Die Haftung des Dispositionsgaranten* cit., 296 ss, procurando (*op. cit.*, 267 ss) avançar por sobre as inegáveis dificuldades de interpretação da noção de BALLERSTEDT.

isto é, enquanto quem, do ponto de vista do confiante, assegura o sentido de uma determinada disposição (cabendo-lhe portanto indemnizá-lo em caso de frustração das suas expectativas). Espelha ainda a necessidade da imputação o *request principle* a que certa doutrina anglo-saxónica alude: quem induz ou provoca outrem a adoptar uma certa conduta deve responder pelas consequências danosas que daí advenham[707].

Formulações da imputação deste tipo são muito gerais e não dispensam ponderações suplementares concretizadoras. No fundo, apenas uma análise em extensão das situações específicas de responsabilidade pela confiança pode revelar com a devida amplitude os elementos para tanto relevantes. O nosso propósito tem todavia de cingir-se a uma reconstrução coerente da estrutura essencial desta responsabilidade.

A doutrina mais autorizada distingue em geral entre uma imputação a título de culpa ou de risco[708]. Não obstante, esta última especificação — de recorte técnico preciso, e a implicar também referentes valorativos bem distintos — apresenta-se radicalmente inadequada quando confrontada com a diversidade da responsabilidade pela confiança em relação à infracção de regras de comportamento. Se provocar a confiança de outrem não é em si contrário ao Direito e, se, como dissemos, também o defraudar da confiança escapa, em prin-

---

[707] Cfr. ATIYAH, *Essays* cit., 292, afirmando esse princípio em relação ao encorajamento de actos alheios que não são nem ilegais nem consubstanciam delitos (como o não é, de facto, à partida, o investimento de confiança), em conjunturas que pode dizer-se pertencerem à responsabilidade pela confiança, embora esta noção não pertença *qua tale* à panóplia terminológica habitual da *common law*.

[708] Fundamental, em especial, CANARIS, *Die Vertrauenshaftung* cit., 473 ss, numa orientação retomada por outros autores, entre os quais, mais recentemente, SINGER, *Das Verbot* cit., 132 ss, e *passim*. Fora embora do contexto da responsabilidade pela confiança, confronte-se também para a compreensão do pensamento da imputação na responsabilidade civil em geral — escassamente desenvolvido na doutrina, se se abstrair da culpa —, C. PAMPLONA CORTE-REAL, *Da Imputação de Liberalidades na Sucessão Legitimária*, Lisboa 1989, 27 ss, fazendo designadamente notar, por sobre a heterogeneidade das suas formas, a sua funcionalização aos objectivos e regime, tanto da responsabilidade subjectiva, como da objectiva.

cípio, à ilicitude, não faz *summo rigore* sentido aplicar à imputação o pensamento da culpa: a censurabilidade predica-se necessariamente de condutas ilícitas, pois o Direito só reprova quem comete estas[709]. Porque independente de culpa, a responsabilidade pela confiança é portanto essencialmente uma responsabilidade *objectiva*, derivada da perturbação de uma relação de coordenação de comportamento que o próprio sujeito originou.

Claro que o abandono do princípio da culpa não prejudica a relevância da *voluntariedade* ou *determinabilidade da conduta* que cria a confiança e depois a frustra enquanto critério de imputação na responsabilidade pela confiança. O princípio ético da auto-responsabilidade da pessoa leva-a justamente a responder pelas consequências do seu agir livre e consciente de indução e subsequente decepção de expectativas alheias[710].

Fora deste âmbito, onde a voluntariedade do sujeito não chegue à produção ou frustração da confiança, um princípio de *risco* é ainda susceptível de ancorar a imputação[711]. O aludido postulado ético da

---

[709] Afastamo-nos pois dos dois autores citados na nota precedente. A posição de CANARIS é uma sequela natural do sediar da responsabilidade pela confiança na infracção a regras de agir. Mas também SINGER mostra não se desembaraçar a fundo deste modelo. Aceitando do mesmo modo a associação da tutela da confiança à ideia de culpa (na responsabilidade pré-contratual), embora salientando já que, no *venire*, o fundamento da imputação é diferente, BAPTISTA MACHADO, *Tutela da confiança* cit., 364, e 407-409.

[710] A rejeição do princípio da culpa não condena a cair numa concepção de imputação moldada do pensamento causalista que domina o mundo das ciências da natureza, para cujas insuficiências previne lapidarmente CANARIS, *Die Vertrauenshaftung* cit., 473 ss. A imputação (objectiva) alicerçada no comportamento consciente ou controlável do sujeito é especificamente jurídica, envolvendo uma ponderação à luz do fundamento da responsabilidade pela confiança.

[711] Acolhem-no os arts. 899 e 909, que impõem ao vendedor a obrigação de ressarcir prejuízos sofridos pelo comprador mesmo que ele não tenha agido com culpa. Está-se, por conseguinte, fora do campo da culpa na formação dos contratos.

Reconhecendo o princípio do risco onde não era possível conexionar a responsabilidade pela confiança com uma conduta voluntária do sujeito, mencione-se o Acórdão do Supremo Tribunal de Justiça de 28 de Abril de 1999, CJ (STJ) VII (1999), 2, 185 ss: discutia-se a responsabilidade de uma seguradora por actos de um

auto-responsabilidade da pessoa confere uma certa primazia à imputação dos danos alicerçada em condutas voluntárias, mas o pensamento do risco pode complementá-la[712]. A ordenação de um risco à

---

seu funcionário que propôs a um cliente uma aplicação financeira nessa seguradora com boas condições de rentabilidade, forjando para tal documentos por forma a dar a impressão de um contrato com ela, quando a seguradora não dispunha dessa modalidade de investimento e o funcionário pretendera apenas obter para si mesmo elevados montantes de dinheiro. Embora sem apelo específico à doutrina da confiança (ao risco da criação de *Tatbestände* de confiança referidos à empresa no âmbito da sua actividade e, no fundo, como risco desta), decidiu-se, aplicando o art. 500, a favor da responsabilidade objectiva da seguradora pela conduta do seu empregado; foi de todo o modo invocada a criação da aparência e a confiança numa relação contratual com a seguradora. (No acórdão notam-se por suposto oscilações na linha dogmática de fundamentação, pois era também possível responsabilizar a seguradora como comitente numa situação de ilícito aquiliano: os danos patrimoniais puros causados ao cliente pelo empregado apresentavam-se delitualmente ressarcíveis por resultarem da violação, no âmbito das respectivas funções, de uma disposição penal — crime de burla — destinada a proteger interesses primariamente patrimoniais.)

[712] A imputação objectiva (ou seja, independente de culpa) que caracteriza tipicamente a responsabilidade pela confiança compreende portanto a imputação pelo risco, mas é em si mais ampla do que ela (cfr. ainda o nosso *Contrato e Deveres de Protecção* cit., 206-207, e n. 434). Nesta última, as expectativas não se reconduzem a um acto concreto, livre e consciente, do sujeito, mas tão-só a *circunstâncias da sua esfera de vida ou de domínio*.

É a fronteira da aplicação dos dois princípios que se discute quando se pergunta, por exemplo, se na imputação se pode prescindir do conhecimento actual ou da previsibilidade por parte do sujeito de que outrem confiará ou poderá vir a confiar. Uma questão central, *v.g.*, para a delimitação da procuração aparente, vinculada ao risco. Também no *venire* ou noutras hipóteses em que é suscitada a confiança num comportamento futuro importa apurar se se exige, para efeito de responsabilidade, que o sujeito tenha sido consciente do papel indutor de confiança da sua atitude prévia, se se requer que ele tenha previsto ou pudesse prever a confiança de quem efectivamente nela veio a confiar, ou se, diversamente, bastará a possibilidade de a sua conduta ser interpretada "objectivamente" como perspectivadora de uma actuação futura. (O § 90 do Restatement Second of Contracts norte-americano, que condensa o pensamento básico do *promissory estoppel* — relacionado, como ainda se aprofundará, com o *venire* e a responsabilidade pela confiança — afasta-se concludentemente desta última linha de solução ao exigir que o "promitente" pudesse razoavelmente esperar que a sua conduta induziria a acção de outrem, no

esfera jurídica de certo sujeito carece naturalmente de ser fundamentada. Aqui irrompem pontos de vista como o da "origem" do foco de

que pode ver-se uma manifestação do primado da imputação por uma conduta voluntária sobre o risco.)
Quanto, agora, a saber se nos casos de responsabilidade pela confiança se deve ou não exigir a previsibilidade do próprio investimento de confiança: a questão só interessa fora das hipóteses de imputação pelo risco, pois esta prescinde por definição de um acto livremente determinável do sujeito que realiza o *Tatbestand* de responsabilidade. (Por isso, o investimento é aqui atendido para efeito de protecção se incluído *tipicamente* no risco relevante.) A doutrina da responsabilidade civil por factos ilícitos contenta-se normalmente com que o sujeito pudesse conhecer a contrariedade ao Direito da sua conduta, considerando não ser necessário que o agente tenha prefigurado toda a extensão do dano que o seu comportamento veio efectivamente a produzir; a amplitude com que o prejuízo é ressarcível depende antes da existência de um nexo causal suficiente. É o que decorre de uma finalidade preventiva constitutivamente inscrita nesta responsabilidade.
A responsabilidade pela confiança tem porém outra índole e há, por conseguinte, razões para um enquadramento diverso do problema. Sendo ela independente da ilicitude da conduta, parece que apenas se deverá estender àqueles danos que pudessem ser razoavelmente previstos pelo autor do *Tatbestand* de confiança (intervindo na determinação respectiva critérios de tipicidade e normalidade social). De facto, na responsabilidade pela confiança o Direito não traça fronteiras do agir, vedando ou impondo comportamentos, e sujeitando quem desatende esses imperativos às respectivas consequências, ainda que não concretamente antecipáveis. Esta solução energicamente dissuasora da violação dos comandos legais e reforçadora da tutela de posições jurídicas é a própria da responsabilidade por violação de deveres. Não pode aplicar-se de plano onde não se considera ilícito "pôr" o *Tatbestand* de confiança e decepcionar expectativas. A tutela da confiança não é uma linha de defesa de bens jurídicos (previamente) atribuídos às pessoas, mas uma protecção da "lógica da coordenação de condutas" entre sujeitos. A compensação que oferece para a sua frustração não pode ser desproporcionada; se é conexionada à voluntariedade da conduta de quem inicia ou consente um determinado processo de interacção, não pode ultrapassar as consequências que, pelo menos numa visão objectiva (consentânea com a responsabilidade social de quem nele se envolve), desse processo se apresentam susceptíveis de fluir. (Basta todavia a previsibilidade do investimento nos seus elementos gerais e típicos. Diverso, e injustificado, é erigir-se o conhecimento da realização efectiva de certas e concretas disposições por parte do confiante em pressuposto da imputação do dano. O seu concreto desconhecimento não poupa por si só o sujeito à responsabilidade pela confiança.)

perigo (de perturbação de uma concertação de condutas com base na confiança), o da dominabilidade abstracta desse foco por parte do sujeito e a possibilidade de absorção do prejuízo que porventura cause, o proveito ou benefício que ele retira da criação ou posterior defraudação da confiança, ou das suas circunstâncias, etc.[713]. Mas requere-se sempre a verificação de factos capazes de elevar a ocorrência danosa acima da fasquia do "risco geral de vida" que a cada um compete suportar.

O recurso ao pensamento do risco já não é afectado pela objecção a que se expõe a invocação da culpa para fundamentar a responsabilidade pela confiança. Tratando-se todavia de uma forma de imputação que prescinde de um nexo directo entre a responsabilidade e uma conduta livre e consciente do responsável, há que contê-lo dentro de justos limites. Certamente que as mesmas razões que levam às vezes o legislador a favorecer a segurança e a fluência do tráfico jurídico, institucionalizando — como na tutela da aparência[714] — prévia

---

A distinção entre os casos em que está em jogo a responsabilidade por uma conduta voluntária e aqueles que decorrem do princípio do risco tende também a reflectir-se na determinação da imputabilidade (limiar da susceptibilidade de imputação). Diz BAPTISTA MACHADO (*Tutela da confiança* cit., 354 ss) que a pretensão de veracidade, autenticidade e validade ligada às relações comunicativas interpessoais reclama um amadurecimento pessoal manifestado na capacidade de planear e auto--organizar a vida, o que depõe efectivamente no sentido de orientar, na responsabilidade pela confiança, a imputabilidade pela capacidade negocial. De facto, parece que a credibilidade de um sujeito naquilo que diz ou faz deve correr para a ordem jurídica a par do reconhecimento da possibilidade de vinculação negocial. Em todo o caso, a persuasividade deste paralelismo esbate-se algo quando se deixa o domínio daquela responsabilidade que é reconductível a um acto voluntário do sujeito. No domínio da imputação pelo risco, há que atender antes aos factores que a determinam e averiguar se eles são compatíveis com a diminuição do limiar da imputação abaixo do que vigora no espaço negocial.

[713] Justificada, à luz destes critérios, a responsabilidade da seguradora pela conduta de um empregado seu decidida pelo Acórdão do Supremo Tribunal de Justiça de 28 de Abril de 1999, precedentemente citado.

[714] A acentuada formalização que a marca promove a relação entre indivíduos. Mas, apresentando-se já como produto de normas jurídicas específicas, a responsabilidade pela aparência reflecte, não a dinâmica da concertação de condutas com

e genericamente determinadas situações como *Tatbestände* de confiança, e moldando-lhes depois os efeitos que lhes permitem desempenhar a função de "catalisadoras" desse tráfico, apontarão também no sentido da imputação pelo risco. É sobretudo fora desses casos de decisão explícita da lei, porém, que o princípio do risco carece de especial justificação. Ele não pode subverter o princípio da autonomia dos sujeitos (em relação às consequências dos seus actos), mediante a sua responsabilização por danos sem conexão suficiente com condutas ou posturas que livremente adoptaram, como não pode seguramente constituir pretexto para um relaxamento da auto-responsabilidade que se exige a quem decide confiar noutrem[715].

Em todo o caso, seja por que título for, a imputação exigível para fazer alguém responder pela confiança tem de se ancorar *simultaneamente na criação da situação de confiança e na sua frustração*. Só esta perspectiva é conforme com a concepção da responsabilidade pela confiança que temos vindo a desenvolver e que implica, tanto a produção do *Tatbestand* de confiança que origina uma mudança de posição de quem a ele atende na conformação da sua estratégia de vida, como a perturbação dessa intentada coordenação da conduta[716]. De facto, não seria razoável vincular alguém ao ressarcimento de prejuízos causados pela confiança quando ele se limitou a destruir expec-

---

base numa confiança em estado "informe" ou "originário", mas uma que se serve dos instrumentos por essas mesmas normas aprestados e modelados (o objecto, aqui, da confiança).

[715] Além desta consideração de carácter geral, importa acentuar que, se não é de excluir *in limine* que o pensamento do risco permita fundar uma responsabilidade pela confiança para além dos casos previstos pelo legislador, a sua ponderação deve respeitar atentamente as valorações vigentes no sector do ordenamento onde essa responsabilidade se pretende afirmar. Aquele princípio não pode naturalmente reivindicar o âmbito, obviamente mais alargado, da imputação por uma conduta consciente e voluntária do sujeito. As suas manifestações apresentam-se aliás, *de lege lata*, circunscritas: assim, os mencionados arts. 899 e 909 (eles manifestam uma especial responsabilidade por frustração de expectativas na produção de determinados efeitos jurídicos por via do negócio celebrado, num tipo de solução *apertis verbis* recusada tratando-se de expectativas relativas à qualidade ou ausência de vícios materiais da coisa vendida; cfr. aqui o art. 915, *in fine*).

[716] Cfr. também *supra*, n.º 51.

tativas em cujo surgimento ou manutenção não foi responsável. O mesmo se o sujeito deu azo a uma convicção alheia mas em nenhum caso se pode considerar ter contribuído para a sua frustração[717]. Quer a criação da confiança, quer a sua frustração têm pois de ser imputáveis ao sujeito[718].

58. A responsabilidade pela confiança, consequência possível da infracção de deveres: inadimplemento contratual, interesse positivo e dano de confiança

A concepção da responsabilidade pela confiança precedentemente exposta não impede que ela possa derivar de condutas que representam de igual modo a violação de adstrições que impendem

---

[717] A doutrina não o assume todavia concludentemente e tende a centrar-se na imputação tão-só do *Tatbestand* de confiança. Assim, pelo menos nas hipóteses de responsabilidade por declarações e de tutela da aparência, CANARIS, *Die Vertrauenshaftung* cit., 470 ss, e 517-518. BAPTISTA MACHADO salienta igualmente a imputação pessoal da situação de confiança (mas não deixa escapar que no *venire* "a conduta sobre que incide a valoração negativa é a conduta presente"): cfr. *Tutela da confiança* cit., 414 ss. Também para MENEZES CORDEIRO, é a situação de confiança que surge imputada ao sujeito — *Da Boa Fé* cit., II, 1248 —, o qual "terá dado azo à entrega do confiante ou ao factor objectivo que a tanto conduziu". (Nesta última parte parece coligar-se — em alternativa — a imputação ao investimento de confiança. Diversamente se se autonomiza, como requisito da tutela da confiança, o nexo de causalidade entre a crença do sujeito e as disposições que ele efectua: veja-se CANARIS, *ibidem*, 514 ss. A favor desta última orientação joga a ausência de motivo para um afastamento do que as formulações legislativas dos art. 483 n.º 1 e 798 estabelecem, respectivamente, para a responsabilidade delitual e contratual. Elas opõem-se com efeito *apertis verbis* a uma sintética consumpção do nexo causal no pensamento da imputação. É de proceder de modo similar na construção da responsabilidade pela confiança.)

[718] Uma vez que a imputação faz presa em dois referentes distintos, podem portanto ocorrer combinações variadas dos princípios da voluntariedade da conduta e do risco: 1) criação voluntária de uma situação de confiança e frustração, igualmente voluntária, dessa situação; 2) criação voluntária da mesma e imputação pelo risco da sua destruição; 3) imputação pelo risco da situação de confiança e sua frustração voluntária; 4) imputação pelo risco da situação de confiança e da sua frustração.

sobre o sujeito. Não obstante a sua independência em relação à responsabilidade por infracção de deveres, já se viu que emitir uma declaração errónea ou ineficaz defraudatória da confiança é ilícito, sempre que incumba ao seu autor, designadamente em virtude da boa fé, o dever de proceder diligentemente por forma a evitar o ocasionar de um prejuízo a outrem e essa adstrição não foi respeitada. Mas a aludida independência não preclude também que a adopção de um mero comportamento contrário às expectativas anteriormente suscitadas possa consubstanciar simultaneamente um facto ilícito.

A consciência deste ponto revela-se essencial para uma adequada racionalização do problema da responsabilidade por disposições realizadas em função do cumprimento do contrato, sobrevindo um inadimplemento imputável ao devedor. São então pensáveis várias reacções da ordem jurídica. Uma das possibilidades é colocar o credor na situação em que ele se encontraria se o contrato tivesse sido pontualmente cumprido. Este o objectivo da indemnização do chamado *interesse positivo* ou de *cumprimento*. Proporciona-se-lhe um sucedâneo para a prestação contratual, mas não só. Os benefícios que o credor retiraria posteriormente da prestação ou os custos que terá de supor-

---

Claro que tal pressupõe a cindibilidade da captação e da frustração da confiança. Onde, pelo contrário, um mesmo acto concita e frustra a confiança, como na responsabilidade por declarações, esses efeitos são imputados homogeneamente ao sujeito segundo o mesmo princípio. É portanto no campo da responsabilidade por defraudação das expectativas numa conduta futura que sobretudo se impõe destrinçar entre a imputação da situação de confiança e a da sua frustração. Os momentos da acção do sujeito responsável são aí temporalmente autonomizáveis, podendo-lhes presidir circunstâncias muito diversas. Por isso se tem de atender no *venire* simultaneamente à conduta presente e à antecedente do sujeito. Mutatis mutandis, na "neutralização". (Já os casos de *dolus praeteritus* — o sujeito que induziu a confiança de outrem sabia à partida que não poderia corresponder a essa confiança — ou de ligeireza ou temeridade no concitar de uma confiança a que previsivelmente não poderia corresponder representam uma violação das regras de correcção que o tráfico jurídico exige, *v.g.*, em nome da boa fé: o título de imputação é a prática de um acto ilícito-culposo, reportado ao momento inicial e único do suscitar indevido de expectativas. Não está em causa, como sabemos, uma responsabilidade pela confiança em sentido estrito.)

tar para prover à situação de falta ou deficiência dela[719] situam-se já para além da atribuição e ordenação de bens instituída pelo contrato. Trata-se agora de danos consequenciais, indemnizáveis, ora porque representam prejuízos que o credor se vê (substitutiva ou complementarmente) forçado a suportar para alcançar aquilo a que tinha direito, ora porque se atingiram (irrecuperavelmente) interesses ulteriores seus, merecedores de protecção porque a prestação em falta permitiria realizá-los.

Mas pode em alternativa reconhecer-se-lhe o ressarcimento do *dano de confiança*, isto é, daquelas despesas e outras disposições que efectuou em função do contrato e que se tornaram inúteis devido ao inadimplemento[720]. Parece justo que aquele que rompe censuravelmente um contrato arque com o dano do desperdício do investimento feito por quem tinha direito ao seu acatamento. Este prejuízo não se daria se o beneficiário da estipulação contratual não tivesse acreditado na respectiva realização. Resulta nessa medida de uma confiança que foi depositada. Coerentemente, a indemnização visará agora colocar o sujeito na posição que ele teria se não tivesse contratado (*rectius*, se não tivesse chegado a acreditar no cumprimento da obrigação convencionada).

Aqui chegados, importa sublinhar que a indemnização deste *dano de confiança* (ou, na expressiva expressão anglo-saxónica, o *out of the pocket damage*) representa uma manifestação — praticamente muito relevante — da responsabilidade pela frustração de expectativas. Na

---

[719] *V.g.*, para obter de terceiro uma prestação idêntica àquela que foi omitida. A recondução ao dano de cumprimento explica-se porque se pretende ainda assegurar ao credor (ainda que por equivalente) a realização do seu interesse na prestação.

[720] Ao dano de confiança corresponde naturalmente o interesse de confiança, ou seja, aquele que incide na utilidade das disposições decididas em vista das prestações acordadas no contrato, por suposto bem distinto do interesse de cumprimento. Além do *"expectation interest"* e do *"reliance interest"*, identificam ainda FULLER e PERDUE no célebre estudo *The reliance interest in contract damages* cit., 53-54, o *"restitution interest"*, visando a restituição do benefício atribuído pelo promissário ao autor da promessa, que pode considerar-se na base do direito de resolução por não cumprimento.

opção entre o ressarcimento do interesse de cumprimento ou do de confiança não está para nós meramente em causa um modo alternativo de cálculo do *quantum respondeatur, apertis verbis* consentido pelo art. 798 do Código Civil[721]. Joga-se, se bem se reparar, um problema de *fundamento* da obrigação de indemnizar, que ora se situa no não cumprimento de um dever contratual, ora no pensamento da protecção da confiança; que, por conseguinte, necessariamente se espelha na identificação e cômputo dos prejuízos a ressarcir e com estes se entrelaça[722].

De facto, a indemnização do interesse positivo, ao colocar o credor na posição que lhe assistiria se a prestação tivesse sido cumprida, constitui nesse sentido uma prolação normativa do direito que para o credor imediatamente emerge do contrato, desencadeada pelo seu desrespeito. Ora, a específica ordenação teleológica deste dever de indemnizar pelo dever de prestar inicialmente assumido não é transponível para a reparação do dano de confiança. Aqui, o que se remove é o prejuízo resultante de se ter actuado na expectativa da (pontual) execução do acordo pela outra parte. Uma remoção que, ao não estar a referida actuação prevista na *lex contractus*, não deriva nem se fundamenta directa e auto-suficientemente nesta.

Representando o contrato um específico acto de autonomia privada que ordena posições e interesses *inter partes*, o seu programa

---

[721] Nesse sentido, a indemnização por não cumprimento constitui um conceito jurídico que carece de preenchimento.

Outros preceitos sugerem porém a consideração do dano de confiança: cfr., *v.g.*, o art. 898 e, *a fortiori*, o art. 899, bem como os arts. 908 e 909, aplicáveis à venda de coisas defeituosas *ex vi* do art. 913, com a restrição do art. 915 (sobre eles, *vide* ainda *infra*, esp. sob o n.º 69).

[722] A não distinção entre o interesse de confiança e o interesse de cumprimento (cfr. nomeadamente MENEZES CORDEIRO, *Da Boa Fé* cit., II, 1250, numa linha retomada, *v.g.*, em *Manual de Direito Bancário* cit., 441-442) contestará, ao menos implicitamente, este aspecto. De resto, a temática da relação entre estes interesses encontra-se polarizada em torno da possibilidade ou não de cumular a resolução por não cumprimento com a indemnização do interesse positivo, sem atentar especialmente no fundamento da responsabilidade, que parece em qualquer caso divisar-se na infracção culposa dos deveres contratuais (cfr., com referências, por exemplo, RIBEIRO DE FARIA, *Direito das Obrigações* cit., II, 424 ss, e P. ROMANO MARTINEZ, *Cumprimento Defeituoso* cit., 346 ss).

esgota-se ordinariamente nos deveres de prestar instituídos como normas de comportamento mediante as quais aquela ordenação se realiza. A prevenção do dano de confiança escapa assim ao seu conteúdo típico. O próprio do contrato é a dinâmica modificativa da realidade jurídica mediante a conformação de uma *ordo privata* e a orientação para um certo *status ad quem*. Ao invés, a indemnização do dano de confiança visa restaurar para o sujeito (por equivalente) o *status quo ante* em que se encontrava (relativamente aos investimentos feitos em função do contrato), correspondendo nesse sentido a uma mera preocupação de defesa estática da respectiva posição inicial, de que só se moveu por virtude da confiança no comportamento do outro.

É portanto inaceitável a tese de reconduzir sem qualquer precisão a reparação do dano de confiança à infracção das normas contratualmente estabelecidas. O facto de o desrespeito do conteúdo preceptivo específico do contrato não ser, desta forma, só por si constitutivo dessa responsabilidade não impede, todavia, que o contrato represente um importantíssimo *Tatbestand* de confiança: para além de acto de autonomia privada criador de normas de comportamento que se impõem às partes, ele configura indiscutivelmente um *elemento de confiança e estabilização de expectativas*[723]. É, assim, sem margem de dúvida, um idóneo ponto de conexão para a responsabilidade pela confiança de quem se vincula e vem mais tarde a frustrar essa confiança. Deste modo, a violação do compromisso contratual reveste-se, no fundo, de um *duplo significado*. Por um lado, representa uma denegação daquilo que por ele se atribuía ao credor e, como tal, a lesão de um direito deste. Por outro, traduz-se numa frustração das suas expectativas, preenchendo uma previsão de responsabilidade pela confiança. A importância prática da correspondente pretensão para o credor pode ser

---

[723] Tal aplica-se à generalidade dos negócios jurídicos, incluindo portanto os unilaterais. Mas vale igualmente no caso de obrigações impostas *ex lege* aos sujeitos, podendo então dizer-se que, quando o ordenamento jurídico as impõe, ele mesmo as reconhece do mesmo passo enquanto alicerce de uma legítima confiança do beneficiário em relação ao seu cumprimento.

enorme, sobretudo quando não se apresenta facilmente quantificável o dano de cumprimento[724].

A autonomia da indemnização do dano de confiança do dever--ser contratualmente estabelecido corresponde, de resto, ao facto de o contrato não alocar via de regra os riscos coligados ao investimento levado a cabo pelo credor com vista ao aproveitamento ou utilização da prestação. Esses riscos são em princípio dele. Ao devedor incumbe apenas realizar a prestação e tão-só verificados os pressupostos da protecção da confiança pode ser chamado a responder pelo desperdício do seu investimento. Por isso se compreende que o ressarcimento do investimento não possa cumular-se com a indemnização do interesse de cumprimento, sendo portanto alternativo a ela[725].

---

[724] Assim no caso *Anglia Television Ltd.* vs. *Reed* (cit. *apud* A.S. BURROWS, *Contract, tort and restitution — A satisfactory division or not?*, LQR 1983, 228-229): a autora, uma empresa de televisão, contratara o actor Robert Reed para fazer um filme, tendo feito um conjunto de despesas em vista da sua realização; o actor denunciou porém o contrato pouco tempo após ele ter sido celebrado. Era difícil para a empresa calcular com exactidão os ganhos esperados, pelo que se limitou ao pedido de pagamento das despesas feitas.

A importância da indemnizabilidade do dano de confiança acentua-se quando é pouco definida a conduta exigível às partes por força de um contrato. Já atrás o acentuámos a propósito da cláusula de renegociação de um acordo ou dos *agreements to agree*. A oportunidade frustrada da obtenção do acordo pode ser dificilmente quantificável para efeito de indemnização. Num cenário deste tipo, independentemente da sempre viável pretensão de restituição do que foi prestado por uma das partes à outra em vista do cumprimento, a reparação do dano de confiança traduzido nos gastos e dispêndios realizados em função da renegociação (frustrada pela conduta da outra), normalmente comprováveis de modo mais fácil, constitui todavia uma alternativa. A indemnização da confiança representa no fundo como que uma solução de compromisso entre a ausência de indemnização e a indemnização do interesse de cumprimento, capaz de flexibilizar a tutela dos sujeitos em função de perturbações ocorridas no programa obrigacional.

[725] Com pormenor, no direito comparado, HANS STOLL, *Die bei Nichterfüllung nutzlosen Aufwendungen des Gläubigers als Massstab der Interessenbewertung/Eine rechtsvergleichende Studie zum Vertragsrecht*, FS für Konrad Duden, München 1977, 641 ss. Como não deve o confiante (credor) ficar colocado numa posição melhor que a que lhe assistiria se as suas expectativas se realizassem (e a prestação fosse cumprida), sob pena de lhe permitir tirar um proveito da não realização dessas expectativas: que

O que afirmámos não prejudica, repare-se, que a regra da boa fé possa impor às partes no contrato deveres com vista a evitar a inutilidade das despesas e demais disposições da outra em função do adimplemento do contrato: assim, a percepção de uma futura impossibilidade ou dificuldade séria de cumprimento é susceptível de vincular o devedor a advertir disso o credor de modo a poupá-lo de prejuízos. Estas adstrições ultrapassam porém em rigor o conteúdo do acordo, pelo que a responsabilidade daí decorrente não é *stricto sensu* contratual[726]. Confrontada com o contrato e o delito, ela tem natureza de *tertium genus*. Em todo o caso, enfeudada à violação de deveres, apresenta-se, como se sabe, distinta da responsabilidade pela confiança. Esta radica no reconhecimento de uma função de planificação e coordenação de condutas por parte do contrato, regendo-se pelos requisitos gerais que lhe são próprios.

A recondução da indemnização do dano de confiança em caso de inadimplemento do contrato à protecção das expectativas, com a inerente emancipação do desrespeito dos deveres contratualmente

---

alguém gaste em vista de uma prestação mais do que aquilo que obterá ou é "tolice" ou opção própria, e essas o sujeito *sibi imputet*. É esta também a "lógica" da protecção da confiança, que não tutela em princípio investimentos objectivamente desproporcionados. A resultado semelhante conduz o § 349 do Restatement Second of Contracts norte-americano. Na doutrina, analogamente, por exemplo, MARC LEONHARD, *Der Ersatz des Vertrauensschadens im Rahmen der vertraglichen Haftung*, AcP 199 (1999), *v.g.*, 694 (fundamentando a proibição de uma sobrecompensação do credor com de outro modo ele ficar em melhor posição do que a que lhe adviria do pontual cumprimento do contrato).

Observe-se que é de questionar poder esta solução derivar directamente da violação de deveres destinados a prevenir disposições alheias, pois infringido algum destes, são em princípio indemnizados todos os danos daí derivados, com a única limitação da necessidade de um nexo causal de "recorte" naturalístico (no sentido acima precisado) e da consideração de uma eventual culpa do lesado (tópicos não harmonizáveis, na natureza e no regime, nos termos vistos, com um genuíno pensamento da protecção da coordenação de condutas, operando através da confiança).

[726] *Vide* também as considerações que, a propósito do análogo problema da qualificação dos deveres de protecção da integridade, expendemos em *Contrato e Deveres de Protecção* cit., designadamente 60 ss, 69 ss, 86 ss, 92 ss.

fundados, tem consequências importantes. Permite-se desde logo flexibilizar soluções, promovendo resoluções justas de conflitos entre os sujeitos. Assim, ela não fica *ipso facto* arredada em caso de ineficácia originária do contrato. Pode por exemplo subsistir perante a nulidade ou a anulação do contrato, sempre que se verifiquem as respectivas condições, o que seria impensável se a reparação dos investimentos feitos em função do contrato fosse coligada ao acto de produção de efeitos que este consubstancia.

Por outro lado, desconexionada dos pressupostos da indemnização por não cumprimento imputável ao devedor, a reparação do dano de confiança é susceptível de ocorrer em outras situações de perturbação do programa contratual, como as de frustração do fim da prestação ou, então, do seu atingimento por modo diferente do cumprimento (*Zweckerreichung, Zweckstörung*). Casos deste tipo colocam a questão do impacto que certas circunstâncias alheias à vontade das partes provocam directamente na estrutura da relação de troca e nos deveres de prestar contratualmente estabelecidos. Não deve designadamente permitir-se que da exoneração do devedor decorra o seu locupletamento através da manutenção dos benefícios já recebidos da outra parte em função do contrato, quando não foi esta que provocou a situação: o credor tem direito à restituição do que prestou nos termos do enriquecimento sem causa[727]. Pode porém, pelo menos quando a perturbação do programa contratual não representa uma contingência exclusiva da esfera do devedor, ficar obrigado a indemnizar aquele (total ou parcialmente) das despesas feitas em função do

---

[727] Cfr. o art. 795 n.º 1. O preceito não oferece dúvida alguma para quem inclua o fim no conceito de prestação e identifique desta forma com a impossibilidade de prestar a respectiva frustração ou realização por via diversa do cumprimento: assim MENEZES CORDEIRO, *Da Boa Fé* cit., II, 1094; parecido, ANTUNES VARELA, *Das Obrigações em Geral* cit., II, 76 e 85. Há porém razões para um entendimento diverso, de modo a distinguir entre impossibilidade de prestar e de cumprir, aceitando embora na mesma para esta última o regime do risco da contraprestação em caso de impossibilidade de prestar *apertis verbis* consignado na citada disposição, quando a frustração do fim da prestação ou a sua realização por meio diverso do cumprimento represente também um risco do devedor: *vide* o profundo estudo de J. BAPTISTA MACHADO, *Risco contratual e mora do credor*, in Obra Dispersa cit., I, 257 ss.

cumprimento[728]. A responsabilidade pela confiança abarca casos deste tipo[729], numa dimensão que a sua não dependência de culpa potencia. O dano de confiança apresenta no fundo uma estrutura constante que se repete em múltiplas situações para além do inadimplemento. Há sempre o desenvolver de uma actividade por uma das partes em vista da realização do contrato. No entanto, a responsabilidade pela confiança depende elementarmente da possibilidade de imputar a outrem a criação de um *Tatbestand* de confiança e a sua defraudação. É o que torna relativamente exíguo o papel da responsabilidade pela confiança em sede de alteração de circunstâncias. Este ponto de vista afecta portanto a pretensão de reconduzir a resolução e a modificação do contrato, que matizam o princípio do "let the loss lie where it falls", à teoria da confiança (sendo aliás que aquelas derivam do reconhecimento de uma incidência imediata de certos factos supervenientes no plano "primário" do programa contratual e não representam em si consequências indemnizatórias, dirigidas a corrigir por sucedâneo uma perturbação que atinge aquele programa).

Em todo o caso, a modificação ou liquidação da relação contratual atingida pela superveniência pode implicar a compensação, ao menos parcial, por uma das partes de investimentos em função do contrato levados a cabo pela outra[730]. Mas natural-

---

[728] Seja, por exemplo, o regime do art. 1227, que manda o dono da obra, em caso de impossibilidade da sua execução por causa não imputável a nenhuma das partes, indemnizar o empreiteiro do trabalho realizado e das despesas entretanto feitas. A favor da aplicação deste preceito a outras hipóteses de realização ou frustração do fim da prestação, BAPTISTA MACHADO, *Risco contratual* cit., 268, 276-277, 338.

[729] Concretamente, na forma de responsabilidade por declarações: cfr. CANARIS, *Die Vertrauenshaftung* cit., 537 n. 62 (uma explicação alternativa em ANTUNES VARELA, pugnando pela aplicação analógica dos preceitos da gestão de negócios: cfr. *Das Obrigações em Geral* cit., II, 85).

[730] A situação não está *apertis verbis* contemplada no art. 437 n.º 1, mas nada a impede. Considerem-se, como exemplo, os conhecidos *coronation cases*. A discussão doutrinária cinge-se aí normalmente a saber se o cessionário do espaço para assistir a um cortejo de coroação (historicamente o do rei Eduardo VII) fica exonerado da retribuição por ele devida, ao ter-se declarado a doença do monarca e adiado a cerimónia. Havendo porém despesas feitas nesse espaço pelo cedente (por exemplo, obras e preparativos), importa saber ainda se o cessionário deve, apesar de liberto do

mente que a responsabilidade pela confiança não abrange todo este campo, pois nem sempre — repete-se — é possível responsabilizar o sujeito pela produção de um concreto *Tatbestand* de confiança e posterior defraudação da confiança nele depositada. Muitas vezes, as expectativas do autor do investimento reportam-se a *puros factos* que consubstanciam uma realidade alheia à outra[731].

---

seu vínculo, arcar (mesmo que parcialmente) com esses dispêndios. Que o risco das despesas não se reparte sempre necessariamente de harmonia com as regras de distribuição do que pode designar-se o risco da contraprestação (da sua perda) demonstra-o o já citado art. 1227.

[731] Os problemas postos pelas "grandes alterações das circunstâncias" (na terminologia com que MENEZES CORDEIRO designa a "grande base do negócio" de KEGEL ou as "condições da existência social" de FLUME; cfr. *Da alteração das circunstâncias* cit., 72) escaparão assim ao domínio da tutela da confiança. Repare-se que esta, ao requerer que alguém espere efectivamente uma determinada realidade, e que tal seja imputável a outrem, implica uma "subjectivação" do domínio da alteração das circunstâncias, na linha da base do negócio subjectivo, da teoria da imprevisibilidade e da pressuposição "windscheidiana". Por aqui se descortina bem a autonomia dogmática do problema da repercussão das superveniências no *pacta sunt servanda*.

Quid iuris, porém, na área de sobreposição? A favor de uma precedência genérica do pensamento da protecção da confiança sobre a aplicação do art. 437 pronunciou-se entre nós MENEZES CORDEIRO (*Da alteração das circunstâncias* cit., 61--62). Concordamos, embora tenhamos dificuldade em acompanhar os argumentos apresentados. Para nós, a eficácia da alteração das circunstâncias resulta, tal como a tutela da confiança, de uma "comum regulação legal", que ora vai mais além, ora fica aquém, da protecção das expectativas; por outro lado, é apenas pretensa a ligação privilegiada da alteração das circunstâncias "com contratos e com a autonomia privada" (por referência à defesa da confiança), o que, em todo o caso, bem pode considerar-se dever conduzir a uma preferência pelo instrumento jurídico de maior conexão com a autodeterminação dos sujeitos.

De facto, a justificação para a referida prevalência é sobretudo de índole valorativa: ao contrário do instituto da alteração das circunstâncias, que arranca de simples ponderações de risco tendencialmente objectivadas, a tutela da confiança liga-se na essência à conduta dos sujeitos (pelas expectativas que criam e desfazem com a sua conduta). A sua *responsabilização pelo comportamento que adoptam* faz ressaltar a raiz ético-jurídica das consequências envolvidas. Assim, a imputação pessoal dessas consequências (via protecção da confiança) beneficia com especial intensidade das

Por isso, o risco contratual está muito longe de poder ser absorvido pela teoria da confiança.

---

vantagens persuasivas e fundamentadoras do discurso ético-jurídico, por oposição a modelos argumentativos que não relevam a autonomia dos sujeitos. Essa a razão pela qual onde, ocorrida uma superveniência não prevista, seja possível resolver adequadamente a perturbação causada através de uma imputação de consequências com base no *venire* ou em declarações alheias indutoras de confiança, deverá escolher-se este caminho.

§ 2.º
Função da Responsabilidade pela Confiança e sua Relação com a Tutela "Positiva" das Expectativas

> SUMÁRIO: 59 — O investimento de confiança e o interesse protegido pela indemnização. 60 — (*cont.*) O problema na responsabilidade pela confiança em declarações; uma renovada compreensão da garantia edilícia como corolário? 61 — A articulação entre protecção "positiva" e "negativa" da confiança. 62 — A questão da invocabilidade do vício de forma do negócio, campo paradigmático de ensaio da presente concepção da responsabilidade pela confiança.

59. O investimento de confiança e o interesse protegido pela indemnização

É intuitivo que, dentro da concepção da responsabilidade pela confiança que temos vindo a delinear, a função básica a assinalar-lhe é — pode bem afirmar-se — a protecção do investimento de confiança. Mas há que especificar o sentido desta asserção, pois ela deixa despercebidos, dentro da sua simplicidade, alguns aspectos essenciais a um correcto entendimento desta responsabilidade que merecem ser sublinhados.

Importa sobretudo averiguar se a referida função implica estar de facto a pretensão indemnizatória limitada pelo valor do investimento inutilizado ou se, pelo contrário, são de admitir pretensões de ressarcimento por frustração da confiança que excedam o investimento efectivamente realizado. A questão conflui no problema de saber se é de reconhecer uma responsabilidade pelo puro dano da decepção das expectativas, desligada das disposições que o sujeito levou a cabo com base nelas. Como é evidente, a articulação entre investimento e finalidade de protecção da responsabilidade pela confiança tem acuidade fora da hipótese de o legislador se ter pronunciado concludentemente sobre ela[732].

O reconhecimento do investimento enquanto requisito constitutivo desta responsabilidade aponta para que a frustração das expectativas do sujeito não materializadas em quaisquer decisões ou disposições não é em princípio ressarcível[733]. Abdicar daquele requisito tornaria fácil estender a indemnização a tudo o que, por ser uma defraudação da confiança originada ou a ela estar ligado, fosse sentido como prejuízo.

---

[732] Especialmente no domínio da responsabilidade pela aparência. A formalização e generalização que a caracterizam, necessárias à criação de segurança no tráfico jurídico, explicam aí com facilidade o desmembramento entre o investimento e o âmbito da protecção concedida (nesse sentido, afirmando que a simples celebração de um negócio com base na aparência é suficiente como investimento, cfr. CANARIS, *Die Vertrauenshaftung* cit., 510 ss).

Mas deixem-se de parte as situações que o legislador tenha resolvido explicitamente. O nosso problema ilustra-se exemplarmente com o seguinte caso, que terá sido objecto de uma conhecida controvérsia havida nos Estados Unidos entre WILLISTON e CONDERT: Johnny disse a seu tio que queria comprar determinado automóvel, ao que o tio respondeu que lhe daria 1000 dólares. Johnny comprou a seguir um carro por 600 dólares. O que se pergunta é se o tio deve ser, nestas circunstâncias, responsabilizado pelos 1000 dólares referidos ou se apenas deverá pagar 600 (*apud* JAMES GORDLEY, *Enforcing promises*, Cal. L. Rev. 82 [1995], 568).

[733] Faltando o investimento, não haverá portanto protecção da confiança. Correctamente por isso o Acórdão do Supremo Tribunal de Justiça de 28 de Junho de 1994, CJ (STJ) II (1994), 2, 157 ss: a autora pretendia a dissolução civil do seu casamento com o réu, após quinze anos de separação; o tribunal considerou que o tempo que ela demorara a deduzir essa pretensão não implicava uma violação da confiança do marido por não se ter demonstrado que este passou com o decurso do tempo a orientar diferentemente a sua vida na convicção de que aquela pretensão já não seria exercida.

Vale porém a pena considerar este ponto mais detidamente, pois a resposta avançada não é totalmente óbvia. Poderia de facto pretender-se que o investimento representa uma condição imprescindível da responsabilidade, mas também que, posto que ele se verificasse, não haveria razão para circunscrever a indemnização ao ressarcimento do investimento inutilizado; admitindo-se portanto a cobertura de todo o dano da frustração da confiança, ainda que desamparado de qualquer investimento (já) efectivamente realizado[734].

Pensamos todavia de forma diferente. Fosse a responsabilidade pela confiança susceptível de conduzir a uma indemnização superior ao que é requerido pela salvaguarda do prejuízo de frustração do investimento feito, aceitasse-se, independentemente dele, a ressarcibilidade do valor mesmo das expectativas frustradas, estaria a subscrever-se a indemnizabilidade do "interesse de cumprimento" dessas expectativas. Tal significa contudo uma ruptura aberta com o direito vigente, para não dizer com algumas exigências incontornáveis que se colocam a qualquer sistema jurídico[735]. Alcandorar-se-ia a confiança a causa geral suficiente de atribuição de posições juridicamente protegidas (ou de alteração da afectação das situações reconhecidas pela ordem jurídica aos sujeitos).

Convém seguir a pista da distinção entre a tutela da confiança em comportamentos futuros e em declarações. Perante a ordem jurídica, a protecção das expectativas na adopção de uma conduta posterior coliga-se normalmente à assunção negocial de uma obrigação, que as *assegura*. A concessão de uma indemnização por inadimplemento prescinde da existência de um investimento feito em função dessa vinculação (e, logo, da sua averiguação). Ela funda as suas raízes

---

[734] Naturalmente que ficaria então por explicar como é que o investimento, constituindo embora uma condição da protecção da confiança, não é chamado a depor no âmbito e objecto de protecção. A *décalage* entre pressuposto e estatuição, entre limiar de relevância para efeito de responsabilidade e consequência, é patente e não deixa de ser perturbadora nas concepções que não lhe restringem a indemnização.

[735] Os indícios que na nossa ordem jurídica se podem invocar apontam de resto para uma resposta negativa ao problema formulado; cfr. o art. 1594, os arts. 898 e 899, e os arts. 908 e 909. (Ainda se precisarão melhor os termos em que esses preceitos relevam para a tutela indemnizatória da confiança.)

na vinculação negocial. Quando, pelo contrário, o sujeito não se encontra adstrito a uma prestação, não existe, em princípio, qualquer dever de dirigir o seu comportamento num determinado sentido.

Neste cenário, admitir a indemnizabilidade de expectativas sem o suporte da autodeterminação geradora, segundo o ordenamento jurídico, de uma obrigação (que imponha o comportamento) parece atingir no coração o sistema das fontes das obrigações que, em parte alguma, prevê com carácter de generalidade que a simples confiança dê lugar a uma pretensão desse género. *Sem vínculo obrigacional não existe direito ao cumprimento e, sem este, não há indemnização das expectativas que o tenham por objecto*[736]. O respeito desta esquadria depõe deste modo no sentido de que a tutela da confiança se cinja à salvaguarda do investimento de confiança[737]. Outra orientação esbateria a diferença entre

---

[736] Cfr. o elenco das fontes das obrigações, bem como o primado da vinculação negocial (e, dentro deste, contratual) na sua constituição: arts. 405 e seguintes, e 457 do Código Civil. Pode dizer-se que este elenco preenche uma *função selectiva* daquelas expectativas de conduta cuja realização é susceptível de uma acção de cumprimento (e, logo, de indemnização pelo não cumprimento).

Não é a boa fé que o contraria. Os deveres nela inspirados que atingem o sujeito inserido em determinadas relações particulares (*Sonderverbindungen*) destinam-se quando muito — já o dissemos — a acautelar expectativas alheias por forma a evitar prejuízos, não a realizá-las.

Ademais, no campo da *suppressio*, importa entrar em linha de conta com as disposições relativas à extinção ou paralisação de posições jurídicas como as que regulam a renúncia negocial, as de prescrição e as de caducidade. Não podem ser subvertidas pela admissão generalizada de uma eficácia correspondente com base na confiança.

[737] Em sentido aparentemente divergente todavia, entre nós, sem restringir a indemnização à protecção do investimento, MENEZES CORDEIRO (cfr. *Da Boa Fé* cit., II, 1249-1250): afirmando que a ordem jurídica portuguesa protege o interesse positivo (pressupõe-se, da realização das expectativas) e reconhece "as *vantagens* que *assistiriam* ao confiante, caso a sua posição fosse real" (sublinhado *nosso*), e considerando não haver lugar a limitações da indemnização ao interesse negativo. Esta posição é em todo o caso indiscutivelmente coerente com a generosidade na aceitação de um dever de corresponder à confiança criada, bem como de uma ilicitude da conduta que viola representações alheias (também consentânea é a opinião do autor de admitir, em vez de "inalegabilidades formais", a celebração por via ressarcitória, fundada na tutela da confiança, de um contrato na forma válida: acerca do tema e

vinculações negociais e tutela da confiança. E não seria concorde com as razões que justificam a recusa de um dever geral de corresponder à confiança criada, pois esse conduz obviamente à susceptibilidade de reparação do dano de frustração das expectativas sem qualquer limitação ao investimento feito. Por isso, nos casos já considerados de rup-

---

da solução, ainda *infra*, sob o n.º 62). Diversamente porém, cingindo em princípio a indemnização por defraudação de expectativas ao "interesse negativo ou de confiança", BAPTISTA MACHADO, *Tutela da confiança* cit., 368.

Nos Estados Unidos parece singrar também há bastante tempo (segundo a notícia relativamente recente de JAMES GORDLEY, *Enforcing promises* cit., 569) uma forte orientação no sentido da concessão de uma indemnização superior ao investimento realizado. A questão é especialmente discutida a propósito do *promissory estoppel*. No debate em torno do fundamento de responsabilidade aí envolvido nota-se igualmente a tendência para, em vez de reduzir aí a indemnização ao investimento (no quadro da teoria da confiança), se preferir uma interpretação desta figura decalcada da promessa negocial comum, o que facilita naturalmente a concessão de uma indemnização superior ao investimento: cfr., a propósito, SIDNEY W. DE LONG, *The new requirement of enforcement reliance in commercial promissory estoppel: section 90 as catch-22*, Wis. L. Rev., 43 (1997), 943 ss, aludindo a uma crescente importância da confiança na *exigibilidade da promessa* (*enforcement reliance*) para a fundamentação da responsabilidade na jurisprudência. *Vide* ainda o levantamento e estudo de decisões levado a cabo por ROBERT HILMAN, *Questioning the "new consensus" on promissory estoppel: an empirical and theoretical study*, Col. L. Rev., 98 (1998), 580 ss, demonstrando no entanto que não está de modo algum arredada da prática dos tribunais a limitação da indemnização ao dano de frustração do investimento.

Em todo o caso, este problema do objecto da indemnização não tem uma relação de implicação necessária com a conhecida questão de saber se o *promissory estoppel* há-de ser usado como "escudo" ou antes enquanto "espada" (*as a shield or as a sword*). Trata-se nesta de averiguar, como sabemos, se ele é susceptível de representar uma causa independente de acção — ou seja, fonte autónoma de uma pretensão — ou se se restringe a constituir uma defesa no sentido da paralisação de uma posição alheia. Ora, nada obsta na concepção que preferimos — a que funcionaliza a defesa da confiança à protecção de um investimento — à dedução, por via de acção, do pedido ressarcitório. (De resto, perante o próprio direito norte-americano, a funcionalização da responsabilidade pela confiança à tutela do investimento, não apenas não é impedida pelo teor do § 90 do Restatement Second of Contracts, relativo ao *promissory estoppel*, como parece mesmo transluzir no § 2-209 (5) do Uniform Commercial Code, onde o critério da injustiça da retractação de um *waiver* — figura que se aproxima da nossa *suppressio* — se deve aferir pela mudança de posição de quem nele confiou.)

tura das negociações ou em outros de decepção da confiança em comportamentos futuros (como, no campo, por exemplo, das cartas de conforto ou de uma *praxis* contratual instituída), a indemnização a conferir dirige-se apenas a compensar o investimento de confiança realizado e não deve ultrapassá-lo.

Neste âmbito não se vislumbram também razões para legitimar uma complementação *praeter legem* do sistema de fontes das obrigações. Claro que o ónus da argumentação caberia naturalmente a quem o propugnasse. Mas não se vê motivo para a responsabilidade pela confiança exceder o que é pedido pela necessidade de assegurar a reparação do prejuízo resultante do desperdício do investimento. Afinal, o interesse do sujeito em ser colocado na posição que teria se não tivesse confiado já é por ela plenamente acautelado. De resto, a pretensão indemnizatória abrange quer os danos emergentes, quer os lucros cessantes: a frustração do investimento tanto é capaz de gerar uns como outros. Neste sentido, pode dizer-se, de modo linguisticamente apropriado, que o que se indemniza na responsabilidade pela decepção de expectativas é tão-só o *dano de confiança*.

A circunscrição da responsabilidade pela confiança à tutela do investimento orienta-a de alguma forma para a simples defesa de um *status quo* e não para a realização — ainda que por equivalente — de um *status ad quem*. Mas o seu recorte é, mesmo neste particular, bem diferente do da tutela aquiliana, votada que está, em vez de à protecção "estática" de bens e interesses individuais contra perturbações que os atinjam como que "de fora", à defesa dos sujeitos na interacção dinâmica da coordenação de condutas que empreendem uns pelos outros.

Aliás, a concepção exposta é também a única que pode respeitar, no plano dos efeitos, a linha de fronteira entre, nomeadamente, a renúncia negocial a uma posição jurídica (ou ao seu exercício) e manifestações da tutela da confiança como o *venire* ou a "neutralização". A renúncia projecta-se numa modificação definitiva e irrevogável de uma situação jurídica alheia que se não mede senão pelo conteúdo da vontade negocial manifestada[738]. Neste aspecto, não é possível

---

[738] Uma análise pormenorizada dos efeitos, em geral, da renúncia e do seu reflexo em esferas jurídicas alheias oferece-a FRANCISCO M. B. PEREIRA COELHO,

"graduá-la" nos seus efeitos, cingindo-a às necessidades concretas de protecção (das disposições) da outra parte. Na lógica do que se apresenta como negocialmente estabelecido, tal estaria completamente deslocado. Diferentemente, no *venire* e na *suppressio* a tutela não se estende além do investimento.

Um dos corolários mais importantes da funcionalização da responsabilidade pela confiança à mera defesa do investimento efectivamente levado a cabo consiste finalmente na amplitude da possibilidade de o sujeito a quem é imputável uma situação de confiança recuperar para o futuro a liberdade de modificar a sua conduta com respeito à confiança criada sem o ónus da responsabilidade. Na verdade, embora adstrito à compensação do investimento já realizado, que inutiliza com essa alteração, não se lhe exige indemnizar mais nada, e portanto, ressarcir a frustração de representações que apenas ulteriormente seriam base de decisões do confiante. Pode mesmo acautelar preventivamente a sua posição e antecipar-se a estas disposições, informando-o — com pré-aviso côngruo — da sua intenção de alterar o seu comportamento[739].

A Renúncia Abdicativa no Direito Civil (Algumas notas tendentes à definição do seu regime), Coimbra 1995, 13 ss, e *passim*.

[739] *Ex abundanti*, uma das aplicações desta construção encontra-se no plano dos actos de mera tolerância ou de favor do proprietário para com o aproveitamento da coisa por outrem. O titular do direito não perde nestas circunstâncias, por princípio, a faculdade de revogação da autorização de utilização da coisa por terceiro, embora consentir-se-lhe essa revogação *ad nutum* e sem compensação alguma possa por vezes ser injusto. A doutrina da confiança, conexionando a revogação a uma indemnização do investimento de confiança, permite ordinariamente uma solução equitativa. Pertence às suas exigências que não haja responsabilidade pela revogação, se as eventuais expectativas do beneficiário do acto de tolerância se não chegaram (ainda) a corporizar em qualquer investimento. (O reconhecimento de que, em certos casos, o beneficiário da tolerância poderá manter ainda a coisa durante algum tempo explica-se perfeitamente dentro da ideia da tutela do investimento, que não é posta em causa — há-de comprovar-se — por uma protecção de tipo positivo; ao investimento pertence também a inacção para procurar uma alternativa imediata à utilização dessa coisa.)

Mutatis mutandis, *v.g.*, no que toca ao tema, já considerado, da alteração de práticas contratuais sedimentadas. Como se disse, a habitualização de condutas, embora susceptível de divergir do inicialmente previsto pelas partes no contrato, não vin-

Estas soluções evidenciam o que representa, no fundo, a grande vantagem da circunscrição da responsabilidade à frustração do investimento: a *adequação* e *proporcionalidade* da tutela, que se adapta às necessidades *efectivas* de protecção do confiante e preserva o espaço de liberdade e autonomia do sujeito de restrições ou ónus injustificados. Ver-se-á ainda que a própria protecção positiva da confiança não tolhe a função de protecção do investimento, antes com ela se harmoniza basicamente.

A centralidade do investimento que daqui resulta para o sistema da responsabilidade pela confiança — para o seu objectivo imediato —, espelhando embora a estrutura da dinâmica da coordenação de condutas com base na confiança, não se confunde porém com o fundamento daquela responsabilidade. O investimento não decide portanto, por si, dessa responsabilidade. Esta, por isso que se abre a critérios que o suplantam, pode incorporar valorações diversas à luz das quais o próprio investimento — a sua espécie, o seu montante — é aferido para efeito de atendibilidade da confiança. Assim, por exemplo, na responsabilidade por comportamentos futuros, a tutela do investimento carece de ser ponderada com a liberdade de conduta do responsável (atento o tipo de imputação existente), de modo a encontrar o devido equilíbrio entre essa liberdade e aquela tutela.

60. (cont.) O problema na responsabilidade pela confiança em declarações; uma renovada compreensão da garantia edilícia como corolário?

A objecção de fundo de que a indemnização da frustração de expectativas em si, no lugar do investimento realizado, representa fazer da doutrina da confiança uma alternativa (ilegítima) à promessa

---

cula por si à realização das expectativas que gera. Deste modo, a modificação dessas práticas é basicamente legítima. E, em princípio, sem sujeição a responsabilidade. Esta dirige-se sempre à protecção de um investimento do confiante, pressupondo portanto a sua existência. Não há que corresponder às expectativas que nele não estejam corporizadas.

negocial aplica-se, *mutatis mutandis*, às hipóteses de confiança em declarações dotadas de eficácia constitutiva, modificativa, transmissiva ou extintiva de situações jurídicas. Admitir que a emissão dessas declarações pode dar lugar ao ressarcimento do dano consistente na não realização das convicções que segundo a sua natureza geram, não obstante não se verificarem os pressupostos de que a ordem jurídica faz depender os seus efeitos, conduziria a uma verdadeira destruição desse sistema de pressupostos. Tanto basta para o rejeitar por via de princípio. Também aqui, pois, a responsabilidade pela confiança se deve conceber como dirigida à simples defesa do investimento que nelas se alicerçou.

O problema traduz-se no modo de entender a responsabilidade pela confiança na validade e eficácia das declarações negociais e quase-negociais[740]. Nenhum ordenamento pode substituir os requisi-

---

[740] Está em causa a necessidade de respeitar o critério do negócio jurídico.

Observe-se que a invocação *directa* dos arts. 898 e 899, 908 e 909 em abono da solução da indemnização do dano de frustração do investimento na responsabilidade pela confiança (ligada à celebração de contratos ineficazes) apenas faz sentido considerando-se que a responsabilidade neles prevista (em situações de invalidade do contrato que versa sobre coisa alheia ou onerada: nulidade e anulabilidade, respectivamente) não é negocial, encontrando-se antes acoplada à emissão de *declarações*, explícitas ou implícitas, sobre a coisa (versando a titularidade dela, os seus ónus ou limitações) que, embora não portadoras de eficácia negocial (no caso dos preceitos citados, denegada originariamente ou mais tarde destruída por vontade do comprador), suscitaram em todo o caso expectativas.

O facto entretanto de a disciplina legal, tanto da venda de coisa alheia, como de coisa onerada, apresentar concessões inequívocas à tese da responsabilidade por não cumprimento — o vendedor asseguraria contratualmente a transmissão da propriedade, ou a sua transferência sem ónus ou limitações, para o comprador — dificulta a recondução global desse regime à responsabilidade pela confiança, bem distinta da responsabilidade contratual (referimo-nos sobretudo à obrigação de adquirir a coisa e de expurgar os seus ónus ou limitações: cfr., a propósito, o nosso *Perturbações típicas* cit., 61 ss, e 72 ss). De qualquer modo, acentue-se também que a circunstância de a indemnização ser, neste género de situações emergentes da compra e venda, limitada ao dano de confiança convida naturalmente a um enquadramento no âmbito da responsabilidade pela frustração de expectativas; sobretudo onde não há dependência de culpa. (Pode aqui objectar-se que as indemnizações consagradas na regulamentação civil vigente da compra e venda, referindo-se

tos de eficácia de certas declarações a pretexto da confiança na produção de consequências jurídicas que elas suscitam. É por isso que a responsabilidade pela aparência depende sempre de ponderações especiais e nunca se apresenta como solução genérica[741].

embora ao dano de confiança, não consentem por si uma ilação inequívoca quanto ao fundamento da protecção do comprador. Além da hipótese de as conexionar com a violação de deveres — *in contrahendo* — destinados a poupar outrem de expectativas infundadas, elas poderiam compreender-se ainda como desencadeadas por um incumprimento contratual. Mas, quanto a este último aspecto, chama a atenção não ter sido *apertis verbis* prevista a indemnização do interesse de cumprimento. Deste modo, o descortinar da base dogmática da protecção do comprador no actual regime legal de responsabilidade tem forçosamente de envolver considerações mais amplas.) Fica-nos em todo o caso que a regulamentação da compra e venda se apresenta como campo muito complexo de tensão entre forças contraditórias (a nosso ver, simplificadora a recente análise de P. ROMANO MARTINEZ, *Cumprimento Defeituoso* cit., por exemplo, 300 ss, e 346 ss).

A destrinça entre declaração de ciência (sobre um facto jurídico) e declaração negocial percorre naturalmente esta problemática. (Repare-se aliás que as disposições indicadas valem também nos casos em que nenhum esclarecimento foi *apertis verbis* prestado acerca da titularidade ou ónus eventuais da coisa. Deste modo, dado que as omissões estão por definição excluídas do campo legítimo da responsabilidade por asserções, a interpretação da conduta do alienante como envolvendo sempre uma declaração positiva — ainda que tácita ou implícita — de propriedade da coisa ou da ausência de limitações desta constitui um pressuposto da possibilidade de aproximação daqueles preceitos à responsabilidade por asserções.) A dificuldade de discriminar entre aquilo que é negocialmente prometido e o que se apresenta apenas declarado no contexto de um negócio como a compra e venda radica, quer no facto de uma afirmação produzida no contexto de um negócio poder ser interpretada enquanto vinculação contratual, quer em que a declaração contratual constitutiva da compra e venda é susceptível de ser tomada como envolvendo uma asserção tácita acerca da legitimidade para a alienação ou acerca da ausência de ónus ou limitações da coisa. Em todo o caso, uma ponderação de ordem sistemática geral revela que seria um contra-senso aceitar que a protecção da confiança em declarações em si não portadoras de uma eficácia negocial poderia ir mais além do que uma responsabilidade por inadimplemento do contrato.

[741] Tal vale desde logo para os casos em que a lei coliga efeitos a uma situação que não perfez os pressupostos que normalmente se exigem para os produzir, em homenagem à crença do sujeito. Mas estende-se também às hipóteses nas quais ordene simplesmente a reparação do dano da frustração das expectativas que inci-

Diferente é, sob este aspecto, a situação da responsabilidade decorrente de asserções sobre factos. Claro que só interessa considerar, *summo rigore*, aquelas que se reportam a uma realidade não jurídica (em si não produtora de consequências jurídicas). Quanto às afirmações acerca da existência ou inexistência de declarações que constituem, modificam, extinguem ou transmitem situações jurídicas — como quanto, genericamente, às alegações que, como simples *declarações de ciência, apreciam os efeitos de Direito* ou as *repercussões jurídicas de quaisquer ocorrências* — valem sempre as considerações acima expendidas: não se pode alicerçar nelas uma responsabilidade destinada a cobrir o dano da não verificação efectiva dos efeitos daquilo que nelas se afirma, sob pena de se deitar pela borda fora todo o sistema de requisitos de que dependem essas mesmas consequências jurídicas. Somente o investimento é assim susceptível de ser atendido pela ordem jurídica.

Centremo-nos portanto na tutela das expectativas relativas a declarações sobre factos materiais (ou tomados como tal). Logo se intui que o reconhecimento de uma pretensão indemnizatória dirigida a compensar o dano da sua não verificação em si mesmo levanta aqui especificamente *o problema da legitimidade da substituição da ordem da realidade pela ordem da responsabilidade*, permuta que ocorreria caso fosse de admitir uma indemnização da frustração de expectativas na verificação de factos. Há de facto que impedir o ressarcimento de *prejuízos* meramente *putativos*.

---

diam sobre aqueles efeitos. Uma substituição deste tipo entre a tutela positiva da confiança "em espécie" e "por equivalente" não será frequente, embora possa ocorrer. É que, se a lei se dispõe a conceder uma indemnização do prejuízo da decepção das expectativas, fá-lo porque reconhece o seu merecimento de tutela. Privilegiará por isso compreensivelmente determinar directamente o efeito jurídico que corresponda e realize essas expectativas.

Pelo menos na falta de interesses conflituantes. Nada impede na realidade que a ordem jurídica reconheça ao sujeito que confiou em certa situação jurídica uma indemnização pelo valor das expectativas criadas, mas todavia lhe negue o efeito jurídico que ela aparentava produzir. *V.g.*, tendo em atenção a posição de terceiros, que poderiam por outras razões merecer a produção do dito efeito a seu favor ou, então, a quem poderia não ser justo impor que sofressem a consequência do reconhecimento do efeito em causa.

Enquanto nas asserções acerca de realidades jurídicas importa especialmente evitar que fique minada a articulação entre *Tatbestand* e efeitos jurídicos definida pela ordem jurídica, agora é decisivo interrogarmo-nos até que ponto pode o Direito criar para um *facto a ele exterior* e efectivamente não existente um sucedâneo indemnizatório. Aparentemente, tal só seria justificável em nome de uma tutela particularmente enérgica daquele que confia neste tipo de asserções. Ora, reconhecendo-se que a ordem jurídica protege a credibilidade nas declarações sobre situações jurídicas, via de regra, apenas através da indemnizabilidade do investimento de confiança, é difícil compreender que adopte uma atitude mais empenhada nestoutras hipóteses[742]. Pensamos pois que, em princípio, aquele que afirma a outrem um facto não jurídico na realidade não existente (ou não existente nos moldes referenciados), apenas deverá indemnizar o investimento e não o dano (positivo) constituído pela defraudação das expectativas (que davam esse facto como ocorrido)[743].

---

[742] Conjugando-se outros factores, espreita também a ameaça a valorações e princípios jurídicos essenciais como o da relatividade dos contratos. Suponha-se por exemplo que alguém, baseado numa informação de outrem, celebra um negócio com terceiro. O facto de a informação se revelar incorrecta preclude-o em princípio de obter do seu autor o ressarcimento do prejuízo consistente na não realização do interesse que prosseguia com o contrato.

[743] Considerando que o direito alemão desconhece uma protecção da confiança na aparência de factos (não jurídicos), CANARIS aduz também como razão favorável a esta solução que nos casos de aparência de uma situação jurídica o autor do *Tatbestand* de confiança dispõe melhor da possibilidade de influenciar aquilo que é objecto da crença do sujeito; a responsabilidade pela confiança em factos não jurídicos dependeria portanto em princípio de requisitos qualificados (por comparação com a que decorre de uma falsa representação de certa realidade jurídica), pressupondo designadamente a violação de deveres de protecção; cfr. Die *Vertrauenshaftung* cit., 496-497. Analogamente SINGER, diferenciando entre erro de direito e declarações sobre factos (pressupõe-se, não jurídicos) para efeito de tutela; cfr. *Das Verbot* cit., 85, 95-96, 106, e *passim*.

Na responsabilidade pela confiança em asserções sobre factos não jurídicos late, portanto, em ambos os autores a concepção da vinculação da obrigação de indemnizar à infracção de regras de agir (de que divergimos). Mas parece que o próprio argumento da facilidade de condicionar o objecto da crença consoante ela

Nestas situações como nas antecedentes, há *in nuce* um confronto entre tutela da confiança e realidade. Umas vezes, esta é jurídica, outras não. Mas a orientação perfilhada para as primeiras — onde se reconheceria com maior facilidade a liberdade de o Direito conformar a solução, por se discutir a forma de relevância de uma representação cujo objecto é, já de si, produto de uma valoração pelo Direito —, parece dever estender-se, *a fortiori*, ao segundo grupo de hipóteses[744]. Pode firmar-se assim um traço importante do regime da res-

---

se reporte a factos jurídicos ou não jurídicos, embora pertinente nalgumas espécies, não pode aspirar a uma validade universal.

[744] Coerentemente com o acima afirmado a propósito da responsabilidade pela venda de bens alheios ou onerados, também o art. 915, relativo à venda de coisas defeituosas, apenas é susceptível de amparar de modo *imediato* esta solução sustentando-se que a responsabilidade nele prevista deriva de declarações sobre qualidades da coisa que nem por isso se tornaram negocialmente devidas (pois o campo da responsabilidade por não cumprimento de obrigações contratuais — aqui, a de prestar uma coisa sem defeitos ou com as qualidades devidas — é distinto do da responsabilidade não negocial pela confiança em asserções sobre factos não jurídicos). Trata-se todavia de uma tese que se depara com dificuldades sérias, dado o comprometimento do regime legal dos vícios redibitórios com a orientação que vê na prestação da coisa defeituosa ou desprovida de qualidades um incumprimento (referimo-nos sobretudo à obrigação de reparação ou substituição da coisa, porque em parte alguma se prevê a indemnização do comprador decepcionado pelo interesse de cumprimento; dissemo-lo em *Perturbações típicas* cit., 89 ss). Seguindo-se esta orientação, na compra e venda não há apenas um *dictum*, mas, mais do que isso, um *promissum* (negocial; *vide* já de seguida o texto). De todo o modo, é possível, por um argumento de ordem sistemática geral, extrair do regime do negócio uma directriz válida para a responsabilidade não negocial por asserções: em princípio, a responsabilidade pela confiança não ultrapassa a medida de protecção susceptível de ser alcançada com recurso à responsabilidade negocial; o contrário não se compreenderia.

É possível também um confronto entre a protecção da confiança em factos jurídicos e não jurídicos na comparação entre os arts. 899 e 909 com o art. 915. A análise destas disposições revela sem dúvida uma maior extensão da responsabilidade do alienante pela situação jurídica da coisa (titularidade, ausência de ónus ou limitações) do que pelas suas características materiais. No primeiro caso, a responsabilidade pode basear-se no risco, enquanto no segundo se pressupõe a culpa. Como quer que se devam interpretar dogmaticamente essas disposições, parece em todo o caso que, se a responsabilidade contratual diferenciar, também a não negocial (pelas expectativas suscitadas) deverá ater-se a essa distinção. De modo análogo, o art. 587,

ponsabilidade por informações, por prospecto ou por mensagens publicitárias, visitadas no início desta investigação: a confiança é aí protegida, de princípio, como simples tutela das disposições realizadas em função das expectativas[745].

Reconhecendo-se portanto também na responsabilidade por asserções sobre factos não jurídicos que a protecção da confiança está funcionalizada à defesa do investimento, reforça-se igualmente a relevância prática da distinção entre o mero *dictum* e o autêntico *promis-*

---

ao determinar que o cedente garante ao cessionário a existência e exigibilidade do crédito, mas não, como regra, a solvência do devedor (*vide* ainda o art. 426, relativo à cessão da posição contratual), permite igualmente a ilação do especial empenho da ordem jurídica no que toca à protecção da confiança nos elementos de que, segundo o seu tipo, depende a eficácia jurídica dos negócios. (A responsabilidade prevista naquela disposição será todavia negocial: não só não depende da alegação e prova de uma situação de confiança por parte do cessionário, como não parece ser sequer atingida pela sua desconfiança em relação à inexistência ou inexigibilidade do crédito.)

[745] Na responsabilidade pela confiança em declarações, o dano a ressarcir equivale portanto àquele que o sujeito não teria sofrido se não tivesse confiado (nesse sentido, negativo). É o que corresponde à protecção do investimento de confiança. Assim, o sujeito sugestionado por um prospecto relativo a um valor mobiliário obterá em princípio o ressarcimento do prejuízo que não teria suportado se não tivesse adquirido esse valor (incluindo aqui eventualmente os lucros cessantes de outras operações que realizaria em vez daquela), mas não lhe é consentido exigir a rentabilidade que (razoavelmente) poderia esperar-se desse valor de acordo com as indicações do prospecto, como se tivesse adquirido efectivamente um valor diferente. Desta perspectiva, há que aplaudir como correcta (e sistematicamente conforme com a doutrina da confiança) a solução do art. 152 n.º 1 do Código dos Valores Mobiliários.

Na doutrina, em favor da orientação propugnada, embora sem sublinhar a conexão com a teoria da confiança, *vide*, por exemplo, ASSMANN, *Prospekthaftung* cit., 367; cfr. também ROLLER, *Die Prospekthaftung* cit., 205-207 e, ainda, vários casos jurisprudenciais referidos em SINDE MONTEIRO, *Responsabilidade por Conselhos* cit., 97 ss (a convergência explica-se porque, também na perspectiva de uma responsabilidade por prospecto decorrente da infracção de regras de agir, os deveres de comportamento visam prevenir certas expectativas — e a emissão de uma declaração negocial com base nelas —, antes que assegurá-las). Admitindo porém — pelo menos, *apertis verbis* — a indemnização do interesse positivo num caso de responsabilidade por prospecto, R. AMARAL CABRAL, *Anotação* cit., 220 ss, estribando-se na tese da indiferenciação entre interesse negativo e positivo.

sum negocial[746]. Apenas este último abre as portas, quando não acatado, a uma responsabilidade pelo dano da frustração das expectativas em si considerado, independente portanto do investimento realizado. Há assim também que porfiar na distinção, não obstante as dificuldades que por vezes se lhe deparam no plano técnico-operativo. A sua equiparação não faria jus à diferenciação de regimes e à sua *ratio*, descaracterizando de forma indevida os limites do negócio e subvertendo o seu papel de instrumento posto pela ordem jurídica à disposição dos sujeitos precisamente para assegurar expectativas.

Uma das áreas onde se repercute de modo particularmente sensível a aludida distinção entre declarações e promessas (negociais) é a da interpretação da responsabilidade do vendedor por defeitos e faltas de qualidades da coisa. O reconhecimento de uma tutela não negocial do comprador através da protecção das expectativas causadas por asserções do vendedor permite a seu modo um novo fôlego à vetusta concepção da garantia edilícia perante a força e consistência da tese do incumprimento contratual. Com efeito, a responsabilidade pela confiança pode acorrer em auxílio do adquirente decepcionado ainda aí onde se diga que as qualidades apregoadas a respeito da coisa não integraram o compromisso negocial (e que, nesse sentido, o vendedor cumpriu bem, entregando a coisa assinalada, embora desprovida dessas qualidades), pois nela se depara uma responsabilidade autónoma em relação ao negócio e fundada directamente no direito objectivo[747].

---

[746] Podem tomar-se estas expressões numa acepção ampla, englobando na segunda as declarações constitutivas de efeitos jurídicos (estruturalmente distintas da promessa propriamente dita) e reservando a primeira para todos os *Tatbestände* de confiança (desprovidos de relevância negocial), nomeadamente, declarações de ciência, juntando-se-lhes, na lógica inspiradora da contraposição, os comprometimentos não negociais. (Outros sentidos mais precisos, usados em contextos específicos, como na discussão em torno da natureza da garantia edilícia — *vide infra* e também P. ROMANO MARTINEZ, *Cumprimento Defeituoso* cit., 89 e 190 — integram-se ainda nesta diferenciação.)

[747] Classicamente, a garantia edilícia baseia-se em que o vendedor cumpre — e cumpre bem — quando entrega a coisa individualizada pelo comprador, mesmo que esta apresente defeitos ou falta de qualidades; os meios edilícios seriam apenas formas de reacção, ou correcção e reestabelecimento, de um equilíbrio entre as

Não se trata para nós de rejeitar a possibilidade de uma compreensão da responsabilidade por defeitos da coisa no quadro da dog-

prestações contratuais do vendedor e do comprador que se frustrou pela ocorrência de vícios da coisa, correspondendo a uma repartição *ex lege* dos riscos do prejuízo derivado da venda da coisa defeituosa (escreve, *v.g.*, LARENZ, com todo o peso da sua autoridade, que "o fundamento da responsabilidade do vendedor não está na violação do seu dever de prestar, mas na *frustração das expectativas do comprador acalentadas justificadamente, segundo as circunstâncias, no momento da celebração do contrato*, a respeito das características [*Beschaffenheit*] da coisa": cfr. *Lehrbuch des Schuldrechts* cit., II/1, 68; sublinhado do autor). Opõe-se-lhe o entendimento que vê no regime da responsabilidade do vendedor a resposta a um problema que releva essencialmente de uma situação de incumprimento, mesmo tratando-se de venda específica (desenvolvemo-lo em *Perturbações típicas do contrato de compra e venda* cit., 91 ss). Fundamental na defesa desta posição, entre nós, BAPTISTA MACHADO, *Acordo negocial e erro na venda de coisas defeituosas*, BMJ 215 (1972), 5 ss; uma orientação acolhida também, no essencial, em tomadas de posição mais recentes, designadamente em FERREIRA DE ALMEIDA, *Texto e Enunciado* cit., esp. I, 655 ss (embora não vejamos — diga-se *en passant* — de que forma se pode harmonizar devidamente a ideia de recondução do regime dos vícios da coisa ao cumprimento defeituoso com a opinião de que a acção de anulação conferida ao comprador teria por fundamento o *erro* do comprador no *acto de aceitação* do cumprimento: o erro para cujo regime remete o art. 913 não pode ser o erro de aceitação do cumprimento — cfr. *op. cit.*, 655 —, porquanto está em jogo uma desvinculação do *contrato* — vide o art. 905 *ex vi* do art. 913 — e não do cumprimento; sobre a impugnabilidade por erro do cumprimento, cfr. já, criticamente, o nosso *Contrato e Deveres de Protecção* cit., 34, n. 56); pela tese do não cumprimento, por último, P. ROMANO MARTINEZ, *Cumprimento Defeituoso* cit., 168, e *passim* (é porém própria, antes, do entendimento clássico da protecção contra vícios redibitórios, a afirmação do seu *Direito das Obrigações/Parte Especial* cit., 118, segundo a qual o regime do cumprimento defeituoso estabelecido no contrato de compra e venda tem como finalidade *restabelecer o equilíbrio entre as prestações* [sublinhado *nosso*]; a ser assim, não deverá por suposto falar-se de cumprimento inexacto).

Cremos que a querela entre estas orientações doutrinárias deve muito à falta de clareza e coerência dos vários regimes legais vigentes, eles próprios por vezes vítimas já da complexidade dessa discussão. Muito embora aquele debate se projecte para além dos limites do direito constituído, convém lembrar que a interpretação das normas vigentes constitui sempre um seu autónomo ponto de referência (facto que leva, por exemplo, CALVÃO DA SILVA, *Responsabilidade do Produtor* cit., 230 ss, a considerar que as garantias do comprador têm uma "natureza híbrida" — de erro e incumprimento —, procurando explicá-las nos termos de um "dualismo estrutural e sucessivo

mática do incumprimento contratual. Mas importa reconhecer que, paredes-meias com ela, se situa a responsabilidade (não negocial) pela confiança, evocando com eloquência a força das antigas construções jurídicas sobretudo aí onde a aludida dogmática mais resistências encontrou (referimo-nos à venda específica[748]). Uma responsabilidade predestinada a um papel de enorme relevo quando, por qualquer razão, as afirmações do vendedor relativas à qualidade ou às características da coisa vendida não integraram o *acordo negocial*, não podendo por conseguinte dizer-se *contratualmente devidas* ou *asseguradas*. Sem dúvida que as formas de enaltecimento de um produto ou das suas qualidades e as técnicas de persuasão empregues pelos vendedores acabarão, muitas vezes, por se repercutir na convenção com os adquirentes, conformando o *dever-ser contratual*. Contudo, eventuais incertezas a seu respeito e à delimitação da sua fronteira conferem interesse prático à responsabilização *não negocial* do vendedor pelas expectativas criadas no comprador com asserções relativas à coisa[749]. À doutrina cabe aprofundá-lo.

---

do fundamento da garantia"). Importa por isso contar também com o arsenal da teoria da confiança na redução dogmática do regime dos vícios redibitórios.

[748] Pensamos hoje que, em boa medida, a discussão dogmática da garantia edilícia reflecte uma certa equivocidade na destrinça entre venda genérica e específica e a não suficiente discriminação entre situações (naturalmente nada fácil, como logo se antolha se se pretende diferenciar entre aquisições de coisas que o comprador individualiza mas caracteriza por referência a certas qualidades do género em que elas se integram e aqueloutras em que tais qualidades são apenas nelas pressupostas, sendo diversa a razão determinante da aquisição). Noutra oportunidade desenvolveremos esta ideia, ponderando possíveis reflexos de regime.

[749] Fundamentando pois a tutela do comprador, verificada que foi uma falta de qualidades da coisa, não no negócio jurídico celebrado, mas em factores não reconduzidos ou reconduzíveis a um compromisso negocial do vendedor. Não que, como pretendem alguns, se faça disso um pretexto para diluir as fronteiras do negócio em relação à responsabilidade pela confiança, sob pena de uma descaracterização destas realidades. Porém, a doutrina da confiança é particularmente apta a proporcionar a tutela do comprador aí onde surgem obstáculos a uma solução negocial de protecção. Ou, porventura, completando-a.

Assim, sustenta-se com frequência ocorrer, no direito germânico, uma *lacuna de protecção* do comprador por vícios da coisa, resultante de a obrigação de indemnização por incumprimento do vendedor, no caso de falta de qualidades da coisa,

61. A articulação entre protecção "positiva" e "negativa" da confiança

Um desenvolvimento sistemático coerente da concepção de tutela da confiança que sufragamos conduz ao privilegiar de uma tutela de cariz indemnizatório do investimento realizado pelo *deceptus*. Este

---

só estar admitida havendo dolo ou uma garantia negocial das qualidades por parte dele (cfr. o § 463 do BGB). Esse *deficit* do que se tem vindo a reconhecer como tutela adequada do adquirente — a responsabilização também por situações de vícios da coisa em que se verificou *mera culpa* do vendedor — parece estar na base de um persistente alargamento, na prática judicial, do conceito de "Zusicherung" (garantia), englobando agora muitos casos dificilmente reconduzíveis à efectiva presença de uma vontade negocial de garantir qualidades por parte do vendedor, como quando este se limita a mencionar ou a indicar, no acto de contratação, a existência de certas qualidades. Nestas circunstâncias, sem dúvida que o recurso como expediente às "garantias tácitas" ou "concludentes" esconde elementos de responsabilização não negociais, pelo que não resta outro caminho senão denunciar a ficciosidade de uma argumentação deste género. Urgiria (cfr. KÖNDGEN, *Selbstbindung* cit., 331 ss; ESSER/WEYERS, *Schuldrecht/Besonderer Teil* cit., II/1, 37 ss) substituir a invocação (apenas) de um fundamento negocial e voluntarístico da tutela do comprador pelo reconhecimento de outros factores fundamentadores dessa tutela, mesmo não negociais.

Na ordem jurídica portuguesa, o problema põe-se, à partida, de modo diverso. Desde logo, reconhece-se explicitamente ao comprador — ao contrário do que ocorre no direito alemão — o direito à reparação ou substituição da coisa (excepto se o vendedor desconhecia sem culpa o vício ou a falta de qualidade da coisa; cfr. o art. 914). Ele pode também ser ressarcido dos prejuízos sofridos pela falta de qualidade ou vício da coisa, quando proceder à anulação do contrato e o vendedor não conseguir afastar a presunção de culpa que sobre ele recai (cfr. o art. 915, em conjugação com o art. 909). Não se regista pois uma lacuna de protecção com a amplitude que ela assume no direito civil germânico. Todavia, não deve olvidar-se que, entre nós, a indemnização conferida ao comprador no caso de anulação é expressamente limitada aos danos emergentes (havendo simples culpa do vendedor). Ela não cobre consequentemente os prejuízos em si mesmos consistentes na não entrega de uma coisa com as qualidades esperadas, como não abarca os lucros cessantes e os danos subsequentes (note-se, de resto, que nem em caso de dolo o dano de cumprimento é *apertis verbis* ressarcível, o que não se apresenta isento de crítica; cfr. o art. 908 *ex vi* do art. 913). Tais prejuízos podem no entanto ser significativos (lucros de revenda que ficam por obter, rentabilidade esperada da coisa na organização empresarial ou comercial do comprador que fica muito aquém do que o previsto, reflectindo-se isso nos resulta-

primado da chamada "protecção negativa" das expectativas — afinal, de uma "responsabilidade" pela confiança — tem aliás a seu favor poderosas razões de adequação e proporcionalidade.

---

dos da exploração), o que leva a colocar o problema de saber se tais danos não deveriam ser cobertos pelo vendedor que agiu com culpa (por exemplo, nas referências que fez ou informações que prestou acerca das qualidades do bem).

Importa também ter presente neste contexto que o direito português não é explícito em relação à indemnização em caso de garantia de qualidades. É certo que o art. 921 consagra uma regulamentação que *apertis verbis* apenas diz respeito à garantia de bom funcionamento da coisa, mas ele tem sido estendido à *garantia das qualidades* pelo vendedor (assim, *v.g.*, PIRES DE LIMA/ANTUNES VARELA, *Código Civil Anotado*, II, 4.ª edição, Coimbra 1997, 216). Todavia, apenas se prevê nessa disposição que o vendedor terá que reparar ou substituir a coisa, independentemente de culpa (na ausência de garantia, essa obrigação apenas lhe cabe no caso de ter actuado negligentemente). Ora, se o referido preceito, mesmo com a extensão que recebe, não resolve por conseguinte o problema do *âmbito e requisitos da indemnização* pela falta das qualidades garantidas, também não deve concluir-se apressadamente no sentido de ser evidente que o vendedor há-de então indemnizar o interesse de cumprimento, e tal ainda que tenha procedido sem culpa. Uma coisa é assumir ou imputar um risco de substituição ou reparação da coisa, outra diferente é aceitar ou impor uma obrigação de indemnizar. Assim, revendedores ou agentes teriam certamente mais facilidade em condescender com o risco da reparação ou da substituição do que com o risco de uma indemnização por incumprimento derivado dos defeitos, atendendo a que, não sendo produtores, não têm meios para controlar o processo de fabrico dos objectos que vendem. Objectar-se-á que a solução da indemnização do interesse de cumprimento independentemente de culpa será, nalguns casos, aquela que melhor corresponde a certos empenhamentos negociais qualificados do vendedor quanto às características da coisa. Em tese geral, ela reforçaria seguramente a tutela do comprador. Evitaria que ele arcasse com prejuízos não removidos pela reparação ou substituição da coisa em casos de ausência de culpa do vendedor, ou em que aquelas não tivessem tido êxito sem que pudesse apontar-se negligência ao vendedor. (Parece ser esta, como se disse, a orientação do § 463 do BGB, num sistema de protecção do comprador que, contudo, não confere por regra ao comprador o direito de exigir a reparação ou substituição da coisa como acontece no direito português.)

Mas, fazendo-se fé nos princípios gerais, a indemnização nas hipóteses do art. 921 requerá culpa do vendedor (*vide* também CALVÃO DA SILVA, *Responsabilidade do Produtor* cit., 208; considerando porém que o art. 921 dá lugar a uma responsabilidade objectiva com desvio do princípio da culpa, P. ROMANO MARTINEZ, *Cumprimento Defeituoso* cit., 310). Numa perspectiva sequencial que considere a articulação

De facto, a via do ressarcimento dos prejuízos permite a perfeita *adaptabilidade* da protecção jurídica às exigências concretas de defesa

do pedido indemnizatório com o da reparação ou substituição da coisa, a solução implica uma desoneração "progressiva" do vendedor sem culpa: a lei impunha-lhe o sacrifício da reparação ou substituição da coisa mesmo não havendo censura na sua conduta, mas já reputa excessivo exigir-lhe a reparação do prejuízo decorrente da falta de cumprimento dessas obrigações se ele não agiu, quanto a elas, negligentemente.

De qualquer modo, e este é o ponto que agora importa reter, a indemnização devida pela falta de reparação ou substituição da coisa abrange aqui, segundo as regras gerais, o dano de cumprimento (cfr. art. 798 em ligação com os arts. 562 seguintes). De notar ainda que, quando há a prestação de garantia de qualidade por parte do vendedor, não se descortina razão, ao menos à luz dos princípios gerais, para considerar que essa indemnização não possa surgir *ao lado* do direito do comprador à reparação ou substituição da coisa (nesse sentido, de novo, CALVÃO DA SILVA, *Responsabilidade do Produtor* cit., 207) como ressarcimento dos prejuízos *decorrentes* da desconformidade da coisa com as qualidades garantidas pelo vendedor (e distintos desta desconformidade em si mesma): danos moratórios respeitantes ao atraso com que o comprador acabou por receber a coisa provida das qualidades asseguradas e danos subsequentes derivados de um cumprimento defeituoso. Essa indemnização do interesse contratual positivo parece mesmo poder ser substitutiva da obrigação de prestar uma coisa com as qualidades garantidas, quando a reparação ou substituição da coisa não é à partida possível ou quando sobreveio perda do interesse do comprador.

Pode resumir-se que o direito português admite em regra a indemnizabilidade do dano de cumprimento ligada a pretensões de reparação ou substituição da coisa, no âmbito do regime da garantia de qualidades. Se é certo que reconhece com generalidade o direito do comprador à reparação ou substituição da coisa, a garantia de qualidades desencadeia todavia um regime mais benéfico para o comprador dado estas últimas obrigações se imporem então sempre ao vendedor, independentemente de culpa sua na ausência de préstimos da coisa. As diferenças que subsistem justificam só por si a indagação dos requisitos, natureza e extensão da garantia a que se reporta o art. 921.

Ao conceito de garantia de qualidades não falta uma certa ambiguidade ou elasticidade, como logo se vê pelo uso corrente da expressão, susceptível de abarcar simplesmente os casos em que o vendedor assevera certas características na coisa. Sem exigir portanto inequivocamente a assunção de um compromisso pelo vendedor, autónomo e qualificado relativamente à simples promessa de entrega de uma coisa com certas qualidades, de se obrigar a repará-la ou a substituí-la, ou então, a indemnizar os danos provocados ao comprador pela falta dessas qualidades (como

do confiante. Repare-se: uma protecção "positiva" mediante o reconhecimento ao confiante da posição correspondente às suas represen-

---

corresponderá, apesar disso, a um significado muito comum). E, quanto a este último aspecto ainda, parece poder compreender-se também nessa garantia tanto a promessa de uma prestação independente da culpa daquele que a assumiu como daqueloutra que, para ser actuada, requer a verificação de uma negligência do vendedor. O art. 921 não resolve esta ambiguidade. Contudo, falando de uma *convenção* de garantia entre as partes, aparenta concebê-la como um *plus* com respeito às simples asserções que o vendedor possa fazer acerca da qualidade da coisa. E um *plus* de natureza negocial. (O facto de a garantia estar prevista enquanto objecto de *convenção* das partes não deveria obstar — diga-se de passagem — à possibilidade de ser prestada por negócio unilateral, tanto mais que esse compromisso se insere num contrato.) Escapa pois a este regime o vendedor que se limita a informar que o veículo a vender está como "novo" ou que certa máquina viabiliza um determinado volume de produção, como igualmente aquele que se cinge a sossegar o comprador acerca das qualidades da coisa invocando a sua preparação e experiência no ramo do comércio em causa; em nenhum caso se pode considerar que o vendedor tenha assumido uma garantia por *acto ou acordo negocial específico com o comprador*.

Quid iuris, pois, se, embora sem chegar a satisfazer as exigências do art. 921, o vendedor manifestou, apontou ou assegurou mesmo ao comprador a existência de qualidades na coisa? A questão está em saber se essas menções — sobretudo relevantes quando incidem sobre a prestabilidade da coisa para fins específicos indicados pelo comprador e frequentíssimas no dinamismo dos processos de promoção activa dos contratos por parte dos vendedores — merecem que o sistema de responsabilidade do vendedor seja agravado em relação ao regime geral, no sentido de uma responsabilidade segundo o figurino do art. 921; se, portanto, há razões para admitir uma lacuna (oculta) no sistema de tutela balizado pelos arts. 914 e 915, susceptível de quebrar a equiparação genérica (e, por certo, discutivelmente), proclamada pelo art. 913, entre as situações de falta de qualidades da coisa que a desvalorizam ou prejudicam a sua utilizabilidade para os fins usuais das coisas da mesma categoria e as hipóteses em que o vendedor *assegurou* (ainda que não negocialmente) essas mesmas qualidades. Não vamos aprofundar o problema, pois, revestindo-se ele de menor acuidade entre nós do que na Alemanha, nos interessa apenas salientar e enquadrar o concurso que a teoria da confiança pode proporcionar à protecção do comprador.

À partida, parece curial distinguir entre situações em que o dever-ser contratual (*vertragliche Beschaffenheit*) da coisa se determina aos olhos do comprador apenas pelas qualidades que são próprias do género em que a coisa se integra e aqueloutras em que tiveram lugar asserções feitas pelo vendedor acerca de características

tações tutelaria as expectativas em si mesmas, com independência do investimento realizado, que poderia inclusivamente ultrapassar. Desem-

---

ou aptidões da coisa: essas afirmações criam no comprador uma confiança especial na idoneidade daquela e marcam uma diferença com respeito à outra situação, susceptível de fundar uma responsabilidade especial em relação às outras hipóteses. Do ponto de vista da doutrina da confiança, teremos então um inequívoco *Tatbestand* de confiança. Por outro lado, está fora de causa interpretar qualquer informação dada pelo vendedor como garantia *negocial* de uma qualidade, sob pena de se negar uma adequada delimitação ao negócio jurídico. Embora tenhamos de reconhecer que é por vezes obscura a fronteira entre estas realidades (o próprio CANARIS — *Die Produzentenhaftpflicht* cit., 500 — dá como exemplo da tutela das expectativas o regime dos §§ 459 e seguintes, expondo-se à objecção de que apenas se salva a autonomia da responsabilidade pela confiança no caso de se perfilhar o entendimento de que as qualidades da coisa não integram o conteúdo negocial). De resto, a aludida dificuldade não obsta — importa sublinhá-lo — a uma responsabilidade pela confiança na aparência de uma vinculação negocial — *maxime*, numa autêntica garantia das qualidades —, naturalmente no respeito dos pressupostos e consequências que são próprias desta.

Esta dificuldade de destrinçar entre um simples *dictum* e um *promissum* (negocial) constituiu pelo contrário o pretexto para KÖNDGEN procurar a reformulação do conceito de garantia de qualidade (*Zusicherung*) por forma a abranger os "comprometimentos *não negociais*" do vendedor; mas diluindo (nessa medida) a linha de separação entre o campo negocial e extranegocial na compra e venda, num procedimento que encerra o perigo de subverter a noção de garantia da qualidade que transparece da lei (criticamente também, para o direito germânico, H. WIEDEMANN, in *Münchener Kommentar* cit., n. 59 ao § 459; *vide* ainda *infra* uma apreciação global do pensamento daquele autor). A responsabilidade do vendedor estaria especialmente ligada ao papel social por ele desempenhado (por exemplo, enquanto sujeito experimentado e profissionalmente actuante no comércio) e à recomendação do produto pelo vendedor ou de outros procedimentos similares, com independência de uma valoração como declaração *negocial* de garantia (*Selbstbindung* cit., 334 ss). O tema, como se confirma, coloca directamente sob consideração o problema da exacta localização das fronteiras do negócio e do seu critério, especialmente — refere-o igualmente P. MOTA PINTO, *Declaração Tácita* cit., 107 —, o limite da declaração tácita. No entanto, ao contrário do que a incidência de KÖNDGEN poderia fazer supor, não há nesta discussão em torno da distinção entre tutela negocial e não negocial de expectativas, ou da sua superação mesmo por conceitos mais abrangentes para efeitos de responsabilidade, nada de específico da compra e venda. Em todo o caso, quem aceite aqui, como temos sustentado, que o regime das garantias

boca portanto necessariamente numa tutela uniforme e invariável, onde o investimento — grande ou pequeno — se não repercute

do comprador em face de defeitos da coisa é susceptível de enquadramento na dogmática do não cumprimento dará naturalmente menor relevo ao problema do que aquele que enfileirar na tese de que o dever-ser contratual não pode abranger as qualidades da coisa nos casos em que o comprador a individualizou espaciotemporalmente, dada a estreiteza do campo negocial nesta concepção (seria um contra--senso vender um anel de latão como de ouro; na realidade, a impressividade deste conhecido exemplo tem essencialmente que ver com a continuada influência desta última orientação no pensamento jurídico). Tudo se reflecte igualmente na discussão da *warranty* de que já acima se deu resumida conta, pois esta espelha também, sobretudo no espaço jurídico norte-americano, basicamente as mesmas dificuldades de balizamento sistemático das asserções sobre qualidades.

Notoriamente prudente, sem porém deixar de alcançar objectivos práticos importantes, apresenta-se, quanto à distinção entre *dictum* e *promissum* na compra e venda, o projecto de lei de modernização do direito das obrigações alemão, de 4 de Agosto de 2000. Há aliás um especial interesse na sua consideração, pois ele apresenta-se motivado, *inter alia*, pela necessidade de dar cumprimento à Directiva 1999/44/CEE do Parlamento Europeu e do Conselho de 25 de Maio de 1999, sobre certos aspectos da venda de bens de consumo e das garantias a ela relativas, que também Portugal terá de transpor. Assim, no § 433 do aludido projecto impõe--se ao vendedor a obrigação de entregar uma coisa livre de defeitos materiais ou jurídicos, embora sem qualificar genericamente essa obrigação como contratual ou legal (no mesmo sentido, a aludida Directiva adopta a noção central de "conformidade com o contrato", claramente "parda" no confronto com a alternativa da determinação de um "não cumprimento", e que permite, englobar linguisticamente outras opções dogmáticas, como a falha de base negocial). Seguidamente, no § 434 I, começa por estabelecer-se a ausência de vícios materiais se a coisa patenteia as características convencionadas (*die vereinbarte Beschaffenheit*). Mas admite-se igualmente, e para além disso — sem tomar explícita posição sobre o respectivo enquadramento e, portanto, sem vincular à concepção negocial do compromisso quanto às qualidades que transluz na 1.ª parte —, que a coisa é também livre de vícios quando se apresenta idónea para o fim de utilização pressuposto no contrato; ou então quando é apta para a utilização comum, sendo constituída por aquelas características que são usuais nas coisas da mesma categoria e que o comprador pode, em conformidade, *legitimamente esperar;* esclarecendo-se depois, na mesma disposição, que dentro destas últimas características se contam também as qualidades que o comprador pode *esperar* da coisa segundo o teor das declarações públicas do vendedor, do produtor, ou dos seus auxiliares, especialmente constantes da publicidade ou de afirmações

minimamente na protecção a conceder. A mesma insensibilidade ao investimento se patenteia tratando-se de conferir ao sujeito um sucedâneo indemnizatório das suas expectativas: o reconhecimento de uma protecção positiva das representações por equivalente dirige-se

concretas sobre a coisa (a não ser que o vendedor não conhecesse ou não devesse conhecer essas afirmações, elas tenham sido corrigidas ou não tenham podido influenciar a decisão de compra).

Esta regulamentação, notoriamente influenciada pelo art. 2.º da Directiva, poupa-se portanto à espinhosa questão de saber, quando não há (inequívoca) convenção sobre as qualidades, qual a fonte dos deveres do vendedor: não exclui *apertis verbis* nem uma interpretação negocial, nem uma não negocial. Limita-se a subordinar certas *facti-species* a um regime jurídico essencialmente homogéneo, assegurando para elas efeitos no plano das vinculações e da responsabilidade do vendedor independentemente desse enquadramento. Questões de responsabilidade candentes como a decorrente de mensagens publicitárias encontram portanto solução — como aliás na Directiva — sem dependência de uma exacta configuração dogmática, aliviando neste aspecto a doutrina do negócio de pressões no sentido de um excessivo alargamento para conseguir essas soluções. (Apesar de tudo, construções negociais das asserções sobre qualidades da coisa, por via da publicidade ou não, na linha das propostas entre nós por FERREIRA DE ALMEIDA, *Texto e Enunciado* cit., I e II, *passim*, se bem que parcialmente esvaziadas então nas consequências práticas, teriam ainda interesse no âmbito não coberto pela regulamentação pretendida, por exemplo, para conseguir ou explicar uma responsabilização directa do produtor perante o terceiro adquirente, não prevista de igual modo na Directiva: este é de facto um desiderato assumido por aquele autor, que, ao contrário do que julgamos adequado, não aceita aqui o desenvolvimento de uma solução alicerçada no pensamento da confiança: *vide* já *supra*, n.º 14 *in fine*).

De qualquer modo, não se retire apressadamente a conclusão de que uma eventual aprovação desta lei (ou de uma congénere lusa ao transpor a Directiva) significaria a "morte" da querela em torno da garantia edilícia, entre o modelo da responsabilidade contratual e o da responsabilidade "legal" que destina ao pensamento da confiança um papel de relevo. Longe disso: há aspectos de regime que dependem ainda de uma qualificação, como sejam as condições e o modo de operar das exclusões da garantia ou a exacta determinação do objecto das prestações reparatórias (não obstante a tendência para aplanar aqui diferenças na sequência da previsão generalizada de pretensões de substituição ou reparação para os vários tipos de venda; assim, por exemplo, a exclusão da garantia nos casos em que as asserções não puderam influenciar a decisão do comprador — cfr. o § 434 I *in fine* — é, na formulação, claramente enfeudada à teoria da confiança).

precisamente a reconstituir por meios ressarcitórios aquela posição que lhe assistiria se essas representações se tivessem verificado.

Pelo contrário, a indemnização do investimento flexibiliza a protecção jurídica em função das particularidades da situação específica do confiante. Só a via ressarcitória permite atender aos prejuízos concretamente por ele sofridos. Graduando-se por eles, realiza em consequência uma *justiça de cariz marcadamente individualizador*, que é insusceptível por definição de ser atingida quando se protegem "em espécie" as representações dos sujeitos. Pode por outro lado dizer-se que a garantia indemnizatória do investimento permite conter a tutela da confiança dentro dos limites da *proporcionalidade* da protecção jurídica, pois impede que esta vá mais além do que o pedido por uma efectiva necessidade de tutela. Ambos os argumentos contribuem para firmar, no campo da tutela da confiança, uma preferência de princípio pela defesa ressarcitória do investimento[750].

---

[750] De qualquer modo, as aludidas vantagens da tutela indemnizatória do ponto de vista da justiça individualizadora ou da proporcionalidade da tutela não excluem *per se* a atendibilidade das expectativas independentemente da sua materialização num investimento, ditada sobretudo por razões de segurança do tráfico jurídico, a impor uma "normalização" e a praticabilidade-celeridade de soluções.

Aponte-se também que, quer o princípio da proporcionalidade — requerendo que as limitações ou as desvantagens impostas pelo Direito a alguém no interesse alheio se adequem e não ultrapassem, em nome da racionalidade, o que é exigível para a protecção desse interesse, sob pena de excesso —, quer o pensamento da justiça individualizadora estreitamente com ele conexionado, se não limitam a conformar uma opção abstracta em favor de certo tipo de tutela, pois depõem na própria selecção e configuração das posições a atender pelo Direito (*vide* a propósito K. LARENZ, *Richtiges Recht* cit., 40-41 e 124 ss), aqui concretamente em favor tão-só da atendibilidade do investimento caso a caso levado a cabo. Nesta dupla vertente contribuem para alicerçar a solução indemnizatória propugnada; cfr. sobretudo CANARIS, *Die Vertrauenshaftung* cit., 6 e 533-534, e, aprofundando, SINGER, *Selbstbestimmung* cit., 91 ss. Igualmente a favor da primazia da protecção ressarcitória, entre nós, BAPTISTA MACHADO, *Tutela da confiança* cit., 406 ss, e 417. (Sobre o princípio da proporcionalidade em geral, dissecando nele, além da necessidade de intervenção da ordem jurídica — que em matéria da protecção da confiança, aceitamos —, a adequação e a proporcionalidade em sentido estrito, pode ver-se JORGE MIRANDA, *Manual de Direito Constitucional*, t. IV [*Direitos fundamentais*], 2.ª edição, Coimbra 1993, 218. A despeito da particular atenção que este princípio tem rece-

Em todo o caso, o reconhecimento, como princípio geral subsidiariamente aplicável, de uma (simples) tutela indemnizatória do

bido no direito constitucional e administrativo, onde é responsável por desenvolvimentos importantes, corresponde-lhe, em todo o caso, a natureza de princípio geral do Direito: ilustrativamente, confira-se, com abundantes indicações, JORGE BACELAR GOUVEIA, *O Estado de Excepção no Direito Constitucional [entre a eficiência e a normatividade das estruturas de defesa extraordinária da Constituição]*, II, Lisboa 1998, 825 ss, e 827 n. 2331.)

Contra esta concepção da relação entre responsabilidade positiva e negativa pela confiança coloca-se na doutrina portuguesa MENEZES CORDEIRO, *Da Boa Fé* cit., II, 1249-1250 (na sua peugada, também PEDRO DE ALBUQUERQUE em *Da prestação de garantias* cit., 122). Vale a pena determo-nos nas razões que apresenta. Afirma que, "em regra, o Direito português exprime a tutela da confiança através da manutenção das vantagens que assistiriam ao confiante, caso a sua posição fosse real", aduzindo como justificação que nesse sentido depõe a maior parte das disposições específicas respeitantes à boa fé subjectiva e diversos institutos da boa fé objectiva. Mesmo concedendo-se no argumento, ele só poderia porém, quando muito, inculcar a ideia de que o direito português constituído revela primordialmente uma regulamentação da responsabilidade positiva pela confiança. O que nos importa todavia é determinar o *princípio geral* que deve considerar-se na construção sistemática da responsabilidade pela confiança. E isto, com independência da amplitude que se reconheça ao seu campo de aplicação. De facto, uma coisa é o princípio, outra — eventualmente — a regra. Um princípio permanece princípio, mesmo que não actue senão em casos isolados e, desse modo, não possa ser encarado como "regra". É que, quando ele actua, muito embora em casos contados (ou relativamente menos numerosos), ele não intervém afastando um princípio contrário, mas por si próprio. Pensamos em todo o caso que a responsabilidade negativa pela confiança não é de modo nenhum marginal, correspondendo-lhe até um vastíssimo campo de aplicação no direito português; pela mão, por exemplo, de figuras como o *venire* ou a *suppressio*, que importa reconhecer abertas a uma protecção indemnizatória, além de no campo da responsabilidade por declarações, sobretudo relativas a factos não jurídicos (como se dirá *infra*, neste n.°). A circunstância de a tutela negativa das expectativas se não apresentar tão profusamente regulada como a positiva não é portanto, quanto a nós, obstáculo decisivo para a proeminência da primeira, pois o problema da articulação entre ambas é de índole dogmático-sistemática geral.

No que concerne ao argumento segundo o qual "nem sempre é possível imputar tal dever [de indemnizar], enquanto que os inconvenientes conectados com a subsistência da situação do confiante têm uma distribuição natural, à luz da ideia de risco" (*op. cit.*, II, 1250), surge desde logo a dúvida de saber como haveria de jus-

investimento evita uma ruptura aberta — viu-se já — com o sistema de fontes das pretensões jurídicas obrigacionais e com os pressupostos

tificar-se alguém ter de suportar uma protecção "positiva" da confiança não sendo "possível imputar-lhe" um dever de indemnizar. E porque é que o invocado pensamento do risco colidiria com uma tutela indemnizatória da confiança, e já não — de resto — com uma tutela positiva? O risco é uma forma de imputação que opera perfeitamente num e noutro caso. Não descortinamos em suma que razão para a tutela positiva da confiança se alberga por detrás da citada afirmação.

Convém notar que o pensamento do risco carece de concretização através da definição do tipo ou modalidades dos perigos em causa e da determinação dos critérios relevantes para a sua distribuição nas diversas espécies de situações. Se, com a alusão ao risco, se quisesse convocar, para justificar a primazia da responsabilidade positiva pela confiança, aquela regra básica de distribuição do infortúnio segundo a qual quem suporta o prejuízo é o titular da esfera jurídica atingida (*casum sentit dominus; let the loss lie where it falls*), então o raciocínio esconderia, se bem julgamos, uma pura petição de princípio, porque o prejuízo ser o da manutenção ou preservação da posição do confiante à custa da outra parte (que sofreria a correspondente modificação da sua esfera jurídica por força do referido critério) constitui aqui precisamente o *quoad erat demonstrandum*. Por aqui se vê o quanto a noção de risco é indefinida e pobre em termos de operacionalidade dogmática se não for concretizada (cfr. também MIGUEL PEDROSA MACHADO, *Sobre cláusulas contratuais gerais e conceito de risco*, sep. RFDUL, Lisboa 1988, 61).

Finalmente, pensamos que a invocação de uma razão de praticabilidade ou funcionalidade, a sugerir que a responsabilidade negativa pela confiança implicaria o recurso aos tribunais para a condenação e a fixação da indemnização devida pelo dano de confiança, não é suficiente. Em si, um sistema de protecção positiva da confiança não previne a litigiosidade acerca das situações merecedoras de tutela, a qual depende em muito, como nos casos da responsabilidade negativa pela confiança, do acatamento que os sujeitos estejam dispostos a prestar às soluções do direito vigente. E, se é certo que uma protecção de tipo indemnizatório pode envolver um problema de fixação do *quantum* indemnizatório, este pequeno inconveniente de complexidade adicional (apenas sentido com autonomia de expressão nos casos, seguramente não numerosos, em que alguém, reconhecendo embora, contra si, a atendibilidade de uma confiança alheia, discute todavia a medida da indemnização) parece-nos amplamente recompensado pela maior justiça que aquela tutela permite (e a conformidade e integração sistemática confirmam).

Em qualquer caso, não pode deixar de sublinhar-se uma inteira coerência de pensamento entre a defesa da protecção positiva e a ampla recondução das hipóteses de responsabilidade pela frustração de expectativas à violação de deveres de con-

a que a ordem jurídica coliga as demais consequências jurídicas que estabelece[751]. Por outro lado, apelando a um nível profundo de compreensão de todo o direito privado, ele conduz a uma maior salvaguarda do espaço de liberdade dos sujeitos; este tipo de protecção atinge menos essa liberdade, sem ao mesmo tempo deixar de atender à posição do confiante, admitido ao ressarcimento da frustração do seu investimento[752].

Ao mesmo tempo, tal orientação casa-se perfeitamente com a autonomia dogmática da responsabilidade pela confiança face a um modelo de responsabilidade baseado na violação de deveres de comportamento. De facto, se a conduta defraudadora da confiança representasse um ilícito, o primado da tutela indemnizatória do investimento não poderia sustentar-se porque o sistema jurídico tenderia sempre a privilegiar a colocação do confiante na situação que existiria se outrem respeitasse essa confiança; pugnando também invariavelmente, até onde fosse possível, pela reconstituição em espécie dessa posição. Ela é portanto apenas coerente com a emancipação da protecção da confiança relativamente à violação de regras de agir; fora desta concepção não se compreende. Repare-se que, *não sendo a frustração da confiança valorada como ilícita*, revestindo-se por isso a indemnização na responsabilidade pela confiança de uma função puramente *compensatória, não se aplica* de modo algum *o princípio da reconstituição natural* proclamado no art. 566 n.º 1. A regra é mesmo contrária a esta.

---

duta (nomeadamente por força da boa fé) que MENEZES CORDEIRO sustenta. Mais difícil parece, deste ponto de vista, a defesa por CANARIS (loc. já cit.) da tutela indemnizatória. O perigo de inconsistência desaparece todavia imediatamente, libertando-se, como propomos, a responsabilidade pela confiança da infracção de regras de agir. *Vide* já de seguida o texto.

[751] Uma tutela positiva das expectativas, tanto "em espécie" como por equivalente, equipara-se substancialmente à admissão de um dever de prestar negocialmente fundado ou à verificação de outros pressupostos de consequências jurídicas, na realidade não ocorridos. Já o dissemos.

[752] Não está pois apenas em causa uma certa supremacia da tutela indemnizatória baseada na maior flexibilidade desta em relação ao concreto investimento de confiança inutilizado.

Não visa assegurar-se, tanto quanto possível, a integridade do investimento de confiança realizado[753].

Por último: a índole compensatória da indemnização permite facilmente fugir ao tantas vezes rígido dilema do "tudo ou nada" da responsabilidade positiva pela confiança. Aquela sua natureza pode justificar que o *quantum respondeatur* não tenha de constituir sempre um sucedâneo exacto do prejuízo sofrido em consequência da defraudação da confiança. Abrem-se deste modo as portas a uma fixação do montante indemnizatório abaixo do valor global do investimento inutilizado, moldando-se este flexivelmente às exigências de compensação que a justiça concreta implica. O que permite *responder dúctil e diferenciadamente* a graus diversos de convicção do sujeito, de razoabilidade da sua confiança, assim como de intensidade da imputação da situação de confiança e sua frustração ao sujeito. Deposita-se portanto nas mãos do intérprete-aplicador um importante instrumento de realização da justiça do caso concreto[754].

---

[753] Correntemente não se distingue, mas, em tese geral, cremos efectivamente que os casos de indemnização compensatória propendem a escapar, em homenagem à sua *ratio*, ao art. 566 n.º 1. Não nos parece todavia que esta disposição se dirija tão-só às hipóteses de responsabilidade por infracção de deveres de agir destinados a prevenir o dano. Para além delas, sempre que a função da indemnização seja efectivamente a supressão do prejuízo, o primado da reconstituição natural tende em rigor a justificar-se. Pense-se na responsabilidade pelo risco dos arts. 499 e seguintes. (Por outro lado, casos há em que a indemnização compensatória pode, não obstante a básica licitude da conduta, conduzir a uma reconstituição natural: salienta-o, no campo da responsabilidade por danos ambientais, JOSÉ CUNHAL SENDIM, *Responsabilidade Civil por Danos Ecológicos/Da reparação do dano através de restauração natural*, Coimbra 1998, especialmente 163 ss, relacionando-o com a ideia de prevenção do dano ecológico e restauração do espaço natural afectado, que preside à responsabilidade por danos ambientais.)

Considerações análogas quanto à aplicação, nas indemnizações compensatórias, dos critérios de fixação do *quantum respondeatur*, *v.g.*, do art. 566 n.º 2.

[754] A nossa interpretação da protecção indemnizatória da confiança como pura ordem de compensação do confiante pela defraudação de expectativas, e não enquanto reacção da ordem jurídica a um qualquer ilícito, favorece obviamente esta possibilidade. Um argumento de maioria de razão em relação ao art. 494 no direito delitual e/ou de analogia com respeito à sua vigência no campo da responsabilidade pelo risco dos arts. 499 e seguintes (*ex vi* do primeiro desses preceitos) — respon-

Tudo ponderado, um desvio à directriz da simples indemnizabilidade do investimento, admitindo a vinculação do sujeito à realização *in natura* das expectativas suscitadas ou a ressarcir por equivalente o prejuízo da sua decepção, carece assim de justificação particular. A ideia de punir aquele que actuou de modo especialmente censurável dando dolosamente azo a essas expectativas coloca-nos de algum modo fora já do âmbito da genuína responsabilidade pela confiança, pois se trata na realidade de sancionar a infracção particularmente grave de um dever que impende sobre os sujeitos, o de não acalentar ou fazer perdurar expectativas vãs[755].

Mas dentro daquele seu espaço, para além mesmo dos casos em que interesses qualificados de protecção do tráfico jurídico levem a ordem jurídica a recortar, de modo específico, situações de tutela positiva da confiança[756], pode a tutela indemnizatória do investimento revelar-se (*in casu*) inadequada por deixar sem consideração suficiente

---

sabilidades que consentem portanto na derrogação do *princípio da integralidade da reparação dos prejuízos* — depõe nesse sentido.

[755] Mais longe, a ampla admissão de uma responsabilidade "positiva" pela confiança em todos os casos em que o sujeito cria conscientemente uma situação de confiança (cfr. SINGER, *Selbstbestimmung* cit., 115) afigura-se discutível. Em caso de dolo há — reitera-se — uma infracção especialmente censurável às exigências de um comportamento correcto (*vide*, de resto, a valoração que merece na nossa ordem jurídica a reserva mental). Mas não parece poder aplicar-se, pelo menos de plano, o mesmo tipo de valoração aos casos em que o sujeito, apesar de ciente em relação à criação de uma situação de confiança, não infringiu afinal quaisquer ditames da conduta diligente e honesta, ou então procedeu com simples negligência. Essa é a solução concorde com o alcance da responsabilidade por *culpa in contrahendo* decorrente da indução ou manutenção culposa de expectativas temerárias, que não se estende propriamente ao ressarcimento da sua frustração. Aliás, no domínio do negócio parece que a culpa na criação de uma aparência de declaração negocial não chega para afirmar a vinculação negocial (isto é, não dispensa os requisitos dessa declaração; cfr., a propósito os arts. 245 e 246 *in fine*; em sentido diverso, naturalmente, aqueles autores que, mesmo sem autonomizarem o problema da culpa, se contentam com a imputabilidade de uma aparência de declaração negocial para estabelecer a eficácia negocial: nesta linha, por último, entre nós, MENEZES CORDEIRO, *Tratado* cit., I/1, 577-578, e *v.g.*, 581 ss).

[756] Designadamente nos direitos comercial, societário ou cambiário, consabidamente domínios de eleição da tutela da aparência.

importantes interesses do confiante. É então legítimo pugnar-se por uma responsabilidade positiva pela confiança como meio de *correcção* da forma ordinária de protecção da confiança; aí, portanto, onde esta claudica perante *exigências indeclináveis de justiça*[757]. Do ponto de vista metodológico, ela representa pois um modo de preenchimento das lacunas de protecção evidenciadas pela via *comum* por que opera a tutela da confiança.

Fala-se na irreversibilidade do investimento feito para assinalar a ausência de uma alternativa adequada à sua manutenção em espécie[758]: uma irreversibilidade susceptível de derivar do carácter existencialmente necessário ou fundamental das disposições feitas pelo confiante, que, por isso, não seria agora de todo justo sacrificar, ainda que conferindo-lhe um sucedâneo indemnizatório; uma irremediabilidade que pode ainda resultar da inviabilidade ou inexigibilidade da restituição por parte do responsável pela confiança do que recebeu (por sua vez) do confiante ou, em todo o caso, de disso ter retirado utilidades e vantagens "definitivas"[759]. No primeiro caso, a solução

---

[757] Esta mesma flexibilidade da protecção parece de resto consentida no âmbito do § 90 do Restatement Second of Contracts norte-americano (que pode considerar-se tributário do pensamento da confiança, embora só abranja uma parte das situações que aqui se tematizam). Certamente que nada obriga a que o *promissory estoppel* dê lugar a uma acção de cumprimento (*specific performance*) do "prometido" em vez de a uma pretensão indemnizatória. Em todo o caso esta figura destina-se, segundo o que aí mesmo se determina, a evitar uma situação de injustiça e é à luz dessa função que o seu modo de operar deve ser perfilado; vide, para esta interpretação, por exemplo, CORBIN, *On Contracts (Formation of contracts)*, vol. 3, St. Paul, Minnesota 1996 (por Eric Mills Holmes), 20 ss, com indicações (cfr. tb. o § 89 deste Restatement).

[758] Cingindo-se embora imediatamente ao *venire* e aos seus requisitos escreve BAPTISTA MACHADO, *Tutela da confiança* cit., 417: "importa que a conduta violadora da *fides* não seja removível através de outro meio jurídico capaz de conduzir a uma solução satisfatória."

[759] A insuficiência da protecção indemnizatória pode exemplificar-se com CANARIS quando se joga a perda de um posto de trabalho ou da habitação própria, bem como com a conhecida jurisprudência germânica da transmissão de quintas e casas de lavoura (*Hofübergabefälle*); uma hipótese da segunda situação de irreversibilidade é a do fiador que, em virtude da sua ligação comercial com o devedor, tirou

indemnizatória não eximiria o confiante de um prejuízo (remanescente) intolerável em termos de justiça. No outro, seria injustificável do mesmo ponto de vista não conceder ao confiante uma tutela positiva das expectativas em vista das quais fez uma atribuição patrimonial ao responsável pela confiança ou lhe permitiu, em todo o caso, a obtenção de determinados benefícios que este não pode, ou deve, restituir ou compensar (e que são, nesse sentido, "irremovíveis")[760]. Não sendo exequível uma reposição do *status quo ante*, corrigindo por meios indemnizatórios danos ou benefícios resultantes da confiança, tem de socorrer-se o confiante, reconhecendo-lhe em *ultima ratio* (por necessidade jurídica) a situação que existiria se as suas representações

proveito do crédito a este conferido, mas vem depois recusar a sua satisfação ao credor argumentando com a invalidade da fiança (cfr. *Die Vertrauenshaftung* cit., 295-296, 299-300 e 358-359). Seja ainda o caso de irreversibilidade reconhecido na jurisprudência nacional pelo Acórdão do Supremo Tribunal de Justiça de 25 de Maio de 1999, CJ (STJ) VII (1999), 2, 116 ss: num arrendamento para restaurante o senhorio consentira ao inquilino durante largo período de tempo o transporte de garrafas de gás através do logradouro de uma outra fracção de que era proprietário — no que seguia a conduta do seu antecessor na propriedade da referida fracção —, vindo agora a pretender a sua retirada; considerou-se que não era exigível que o inquilino se abstivesse de tal proceder, pois de contrário ficaria inviabilizada a exploração do restaurante em vista da qual ele havia tomado de arrendamento ao autor a outra fracção.

[760] Aduz CANARIS que não seria curial permitir ao responsável pela confiança aproveitar-se de um negócio — considera o exemplo do negócio inválido por vício de forma —, mas querer depois furtar-se aos inconvenientes que esse mesmo negócio lhe traz; cfr. Die *Vertrauenshaftung* cit., 300. Deste modo, se o sujeito utiliza a prestação realizada pelo confiante em seu cumprimento, não poderá eximir-se à realização da contraprestação. Mas este argumento, muito embora persuasivo, centra-se em rigor mais na insuportabilidade do comportamento considerando as exigências ético-jurídicas que se lhe colocam do que, propriamente, na necessidade de protecção adequada da confiança alheia. Ele encontra-se aliás particularmente comprometido com a proibição do *tu quoque* e de retirar proveito de um ilícito anterior (*v.g.*, recebendo e aproveitando a prestação de outrem quando se procedeu com dolo ou negligência na celebração de um negócio inválido). Ambos são estranhos à doutrina da confiança, representando antes corolários da necessidade de observância da regra de conduta segundo a razoabilidade e a boa fé no relacionamento intersubjectivo. Preferimos por isso a formulação do texto.

não fossem defraudadas. Uma eventual consciência sua da precariedade das expectativas que acalenta não chega aliás para afastar este tipo de protecção se não lhe for exigível agir de outro modo na situação concreta, devido à compressão fáctica dessa possibilidade[761].

---

[761] Então não pode dizer-se que o sujeito assumiu de modo plenamente voluntário o risco da frustração das suas expectativas; cfr. CANARIS, *Die Vertrauenshaftung* cit., 352 ss.

Exemplifiquem-se estes requisitos da protecção positiva da confiança com o caso decidido pelo Acórdão da Relação do Porto de 18 de Novembro de 1993 (cfr. MENEZES CORDEIRO/CARNEIRO DA FRADA, *Da inadmissibilidade da recusa de ratificação por* venire contra factum proprium cit., 677 ss; *vide* também 708-709). Uma empresa cedeu a outra a exploração de uma pedreira com vista à extracção de brita para a construção de um lanço de auto-estrada. O contrato entre ambas era ineficaz por falta de ratificação da construtora, mas, confiando em que essa ineficácia não viria a ser arguida (e que a ratificação viria a ter lugar), a dona da pedreira consentiu à outra a sua exploração durante largo tempo, tendo a brita sido extraída. Ora, parece que a retribuição por ela esperada (nos termos do contrato firmado) deverá ser satisfeita, pois não era possível a restituição da brita já utilizada e, assim, a reposição da situação que existiria no caso de não ter havido confiança. O facto de a ineficácia do contrato ser conhecida da dona da pedreira não obstava à solução, uma vez que ela se encontrava numa situação de grande dependência em relação à cessionária da exploração. Esta detinha o poder de facto sobre a pedreira na sequência de anteriores contratos, em termos de não ser razoável pretender que a primeira exigisse como condição do desenvolvimento da relação, enquanto a ratificação não viesse, a cessação da exploração. Nada obstava pois a uma protecção positiva da confiança através do *venire* de quem, acalentando em outrem certas expectativas, veio depois a defraudá-las. Confirma-se assim a importância do acórdão do ponto de vista da consagração de aspectos essenciais da doutrina da confiança pelos tribunais portugueses.

Os apontados requisitos da protecção positiva da confiança projectam-se naturalmente em outras áreas sensíveis à necessidade de tutela das expectativas. Pense-se na *praxis* contratual que se vai institucionalizando através da reiteração de procedimentos. Ela constitui um campo de eleição da "Erwirkung" (*surrectio*). Ao contrário da "Verwirkung" (que se traduz na *paralisação* do exercício de posições jurídicas em consequência de um não exercício prolongado, consumando-se a valoração jurídica numa consideração *retrospectiva* do comportamento do exercente da posição jurídica), esta afirma-se *prospectivamente*, conduzindo à eficácia *futura* da prática entretanto iniciada e consolidada. A *constituição de novas situações jurídicas* obedece contudo aos pressupostos da protecção positiva da confiança referidos.

Mas convém atentar em que a diversidade entre tutela positiva e negativa da confiança se prende essencialmente também com a natureza do objecto da confiança. A preservação "em espécie" da posição do confiante é certamente viável aí onde o legislador tenha a possibilidade de conformar consequências jurídicas "substitutivas" das que em princípio ocorreriam, moldadas sobre o conteúdo das representações do sujeito. Pense-se na responsabilidade pela confiança em declarações negociais. Tornando coincidentes os efeitos jurídicos de uma declaração com os que eram esperados por aqueles que confiaram no seu teor, o Direito como que actua eliminando à partida a susceptibilidade de ocorrência de dano na defesa da confiança das pessoas. Analogamente, pelo menos até certo ponto, no domínio das asserções sobre realidades jurídicas[762]. Também quando as expectativas do sujeito se referem a um comportamento futuro de outrem é possível cominar ainda uma conduta destinada a realizar *in natura* a confiança suscitada ou a inibir o sujeito da sua frustração[763].

---

[762] Mas existem declarações que, versando sobre realidades jurídicas, não são compatíveis com uma tutela "em espécie" da confiança. Pela simples razão de que essas realidades podem não dizer respeito ao declarante mas à esfera jurídica de terceiros. Ora, a protecção da confiança não pode dispor sobre a posição jurídica destes se não foram eles que originaram expectativas. Nessa medida, apesar de se referir a uma realidade jurídica, a declaração pode não ser susceptível senão de desencadear uma tutela de tipo indemnizatório. (Suponha-se a afirmação feita por um avaliador ou auditor de que os créditos de determinada empresa contra outrem se encontravam garantidos por hipoteca. Se a asserção é errada nem por isso é possível modificar a situação. Assim, no caso de, em consequência disso, um adquirente da empresa não ter conseguido cobrar os referidos créditos, a única forma de tutela pensável é a indemnizatória: a situação jurídica objecto de confiança não dizia respeito à relação entre causador da confiança e confiante.) Neste ponto equivalem-se as declarações sobre realidades extrajurídicas e aquelas que versam sobre aspectos jurídicos que se não confinam à relação entre o confiante e o autor da declaração, antes se reportam a terceiros a quem não é possível imputar a confiança. *Vide* ainda, já de seguida, o texto.

[763] Dirigindo-se as expectativas à emissão de uma declaração produtora de efeitos jurídicos, a ordem jurídica pode dá-la por prestada ou proporcionar a sua execução específica. Nos demais casos, haverá lugar à acção de cumprimento (e, mesmo, a uma condenação *in futurum* do responsável pela confiança a abster-se de

Já quando a convicção se centra numa declaração sobre um dado de facto em si exterior ao Direito, a intervenção deste encontra-se à partida restringida, porque não há "varinha de condão" que lhe permita fazer corresponder a realidade ao conteúdo da declaração quando estes não coincidem. Não sendo embora capaz de prevenir com absoluta eficácia a produção do dano decorrente do seu carácter inverídico, o único caminho que lhe resta, enquanto o investimento não é realizado, é procurar evitá-lo. Cominando ao autor da declaração o dever de corrigir a declaração ou, mesmo, retirá-la: no fundo, impor-lhe o dever de destruir as expectativas com ela suscitadas, um caminho portanto diametralmente inverso ao da respectiva protecção[764]. Onde tal não seja possível ou não tenha sido eficaz, resta-lhe apostar na compensação *ex post* das expectativas dos sujeitos através da indemnização dos prejuízos derivados da sua frustração.

Está aqui a raiz da específica conexão da responsabilidade por declarações sobre realidades não jurídicas[765] à tutela indemnizatória: nela se reduz a um dos termos a opção geral entre protecção positiva e tutela indemnizatória da confiança; nela não faz também sentido um dever de corresponder à confiança alheia. A protecção ressarcitória não é portanto neste âmbito mera consequência do princípio da proporcionalidade e da preocupação de uma maior adequação da resposta jurídica às circunstâncias individualizadoras do caso.

---

uma atitude que a frustre). Onde a atitude defraudatória da confiança se traduza num acto de natureza jurídica, pode ainda paralisar-se o exercício da posição jurídica ofensiva dessa confiança, denegando-se-lhe os efeitos.

[764] A imposição da prevenção do investimento do confiante a quem produziu a asserção errónea após a respectiva emissão não constitui portanto uma manifestação de tutela positiva da confiança. Ela pode fundar-se todavia nas exigências de correcção e lealdade, expressas na regra da conduta de boa fé. Por suposto, a eficácia desse dever depende sempre de que o investimento ainda se não tenha realizado (admitindo também a consciência ou suspeita do autor da declaração em relação à sua falta de veracidade, naturalmente); depois, requer-se evidentemente que ele seja acatado. Dada a limitada eficácia deste tipo de adstrição, perfila-se naturalmente como de muito interesse a tutela ressarcitória da confiança.

[765] Como ainda, de resto, por certas declarações relativas a factos jurídicos: cfr. a antepenúltima nota.

A consciência deste aspecto é de resto essencial para o desfazer de um aparente paradoxo com que a doutrina da confiança se viu já confrontada[766]. Consiste ele em se admitir, por um lado, que, no caso de emissão (voluntária) de declarações inverídicas sobre factos não jurídicos (*v.g.*, com "negligência", no período pré-negocial) se desencadeia um dever de indemnizar; ao invés, noutros casos, a frustração da confiança suscitada em outra pessoa, apesar de não ser imputada senão a título de risco a um sujeito, poderia gerar uma pretensão dirigida à correspondência à confiança criada, como o demonstram certos casos de *venire*[767]. A receada contradição estaria em que onde se verifica um nexo de imputação mais severo a consequência jurídica é mais débil, ao passo que, noutras situações em que ele se apresenta mais ténue, a ordem jurídica concederia por vezes uma protecção "forte", positiva.

Ora, quando as formas positiva ou negativa de protecção da confiança não se encontram à partida em igualdade de circunstâncias pela diversidade do género de confiança a proteger, não é de modo algum inelutável a incoerência entre as exigências postas ao nível da imputação e o tipo de consequências jurídicas desencadeadas. Uma tutela ressarcitória pode ser a única solução de protecção viável em situações nas quais a imputação da confiança ao sujeito é mais intensa do que em outras hipóteses susceptíveis de receber uma protecção positiva. A incongruência é meramente aparente.

---

[766] Vide BAPTISTA MACHADO, *Tutela da confiança* cit., 401, comparando especificamente as consequências da *culpa in contrahendo* e do *venire*, tidas ambas como susceptíveis de representar uma violação igualmente intensa dos deveres impostos pela boa fé. (Retocar-se-á todavia a aparente incoerência por fidelidade à concepção que temos vindo a seguir da autonomia da responsabilidade pela confiança em relação à violação de tais deveres).

[767] Interessam, mais amplamente, todas as hipóteses de imputação pelo risco de uma confiança num comportamento futuro. Quanto ao *venire*, apontou-se já que a sua coligação ao princípio da culpa é sistematicamente desconforme dada a independência da protecção da confiança da violação de deveres de comportamento, mas mesmo autores que se movimentam dentro da argumentação mais tradicional reconhecem que a imputação da contraditoriedade de comportamentos se pode dar a título de risco; cfr. BAPTISTA MACHADO, *Tutela da confiança* cit., 403, e 404-405, e ainda, com referências, SINGER, *Das Verbot* cit., 132 ss, 225-226.

Em todo o caso, o suposto paradoxo apontado permite retirar uma ilação do maior relevo. Nas situações em que é em abstracto viável uma opção entre tutela positiva e indemnizatória da confiança, não parece poder excluir-se, aqui sim sob pena de incoerência com o que ocorre na responsabilidade por declarações sobre factos não jurídicos, a via indemnizatória. O ponto diz particularmente respeito à responsabilidade pela confiança na adopção de comportamentos futuros do quadrante do *venire* ou da "Verwirkung" (*suppressio*). De modo especialmente nítido quando a confiança ou a sua frustração se imputa aí ao sujeito apenas a título de risco, não se compreenderia a recusa de uma tutela indemnizatória, pois correr-se-ia de outro modo o perigo de uma inconsistência valorativa com a responsabilidade por declarações erróneas alicerçadas numa conduta voluntária do sujeito[768].

Este argumento é suficientemente forte, segundo cremos, para admitir, mesmo para além da letra da lei, por razões de congruência sistemática, uma tutela indemnizatória da confiança no *venire*. Repare-se que a sua admissibilidade se pode inclusivamente apoiar, além de no *princípio da igualdade* — a impedir discrepâncias de tratamento em situações que substancialmente as não consentiriam —, num *argumento de maioria de razão*. A declaração origina com enorme frequência uma situação de confiança mais consistente do que o *factum proprium*, que não carece de ter natureza declarativa[769]. De facto, enquanto aquela encerra em si uma pretensão de verdade e, sendo emitida, intenciona segundo a sua lógica própria ser acreditada pelos

---

[768] Mantém-se intacta a susceptibilidade da manutenção em espécie da situação de confiança através do *venire*, desde que apoiada nos requisitos atrás referidos que legitimam uma tutela positiva das expectativas. Se existe, do prisma jurídico-material, uma insuficiência da protecção indemnizatória, não há razão para não atender a essas exigências de justiça a pretexto de em situações paralelas de responsabilidade por declarações relativas a factos não jurídicos esse tipo de protecção não ser viável. Não há desconformidade valorativa onde a diversidade de tratamento se impõe pela própria natureza das coisas.

[769] Mesmo quando apresente índole declarativa, no *venire* o *factum proprium* não releva enquanto *Tatbestand* de uma responsabilidade por declarações (constitutivas desta figura são antes a coerência e continuidade das condutas futuras com o comportamento antecedente).

seus destinatários, o comportamento do sujeito que depois é contraditado apenas induz a confiar numa probabilidade de conduta consequente. Daí que seja mais fácil admitir a atendibilidade da confiança em declarações do que num mero comportamento do sujeito; não fazendo pois sentido dotar as expectativas, neste último caso, genericamente, de uma protecção mais intensa.

62. A questão da invocabilidade do vício de forma do negócio, campo paradigmático de ensaio da presente concepção da responsabilidade pela confiança

Concluamos com uma breve ilustração da repercussão do entendimento exposto da responsabilidade pela confiança no que toca à compreensão e enquadramento dogmático do conhecido problema da alegação da falta ou vício da forma legal no negócio por parte de quem lhe deu azo (sua admissibilidade e consequências). Este tema constitui um recorte da discussão mais geral que versa o modo de protecção do contraente surpreendido pela invalidade ou ineficácia do contrato que celebrou, especialmente aguda se se iniciou a realização do programa contratual ou quando o contrato se apresenta já totalmente cumprido nas prestações que envolvia: um debate em que, sobretudo na esteira do estudo pioneiro de VON JHERING sobre a *culpa in contrahendo* por indução à celebração de contratos nulos ou «imperfeitos», o pensamento da tutela da confiança lançou raízes[770]; embora tenha nele de concorrer com explicações alternativas, algumas delas de apreciável carreira.

Entre elas se conta a celebrada doutrina das relações contratuais de facto. Dos três grupos básicos de hipóteses que constituíram, a título principal, o seu âmbito originariamente intencionado de apli-

---

[770] Cfr. VON JHERING, *Culpa in contrahendo* cit., 7 ss (na referida reimpr. de 1969); acerca da evolução desta doutrina e sua conexão com o pensamento da confiança, recorde-se a pormenorizada análise de M. BOHRER, *Die Haftung des Dispositionsgaranten* cit., 97 ss.

cação — casos de contacto social entre sujeitos, insusceptíveis de tradução nos moldes de um contrato, mas portadores de relevância jurídica (como na *culpa in contrahendo*), relações de utilização de bens e serviços de necessidade e uso corrente, postos à disposição do público aparentemente com independência da conclusão de um contrato prévio, e efeitos de relações duradouras na ausência de um título constitutivo negocial válido[771] — interessa de modo especial o último. No entanto, a tentativa de construção de consequências contratuais sem contrato, pese embora a sua enorme impressividade, deve ser desacreditada. Basicamente por corroer nos seus alicerces os fundamentos da eficácia contratual. De facto, ela entra em conflito aberto com as normas do sistema jurídico que determinam essa eficácia, ao mesmo tempo que ignora as regras que restringem ou denegam esta última, sem apresentar uma fonte alternativa idónea para a legitimação e compreensão dogmática das consequências contratuais que propugna[772]. A expressão "relação contratual sem contrato" não passa de um epíteto, por certo muito sugestivo, que — insista-se — não dispensa uma busca atenta dos fundamentos susceptíveis de a suportar. O apelo à mera ocorrência de comportamentos materiais dos sujei-

---

[771] Cfr. GÜNTHER HAUPT, *Über faktische Vertragsverhältnisse*, Leipzig 1941 (lição de ingresso na Faculdade de Direito), 9-14, 21-24, e 16-19, respectivamente.

[772] Criticamente, contra o "dualismo" nos efeitos contratuais que deriva desta orientação, já o nosso *Contrato e Deveres de Protecção* cit., 22 ss, 60 ss (e ainda 267--268). Outra coisa é recusar a doutrina das relações contratuais de facto a pretexto da inexistência de qualquer razão para a discussão que ela introduziu; considerando nomeadamente estar a teoria do negócio jurídico e das invalidades apta a responder, inteiramente e sem quaisquer limitações, aos problemas por ela postos (assim, porém, uma grande maioria dos autores nacionais: cfr. ANTUNES VARELA, *Das Obrigações em Geral* cit., I, 220 ss, e H. HÖRSTER, *A Parte Geral* cit., 470 ss; também MENEZES LEITÃO, *Direito das Obrigações* cit., 452-454; rejeitando-a, mas empreendendo um esforço de alargamento da teoria do negócio por forma a compreender as situações envolvidas, FERREIRA DE ALMEIDA, *Texto e Enunciado* cit., I, 40 ss; maior abertura à novel doutrina revela RIBEIRO DE FARIA, *Direito das Obrigações*, I, Coimbra 1990, 152 ss, assim como ALMEIDA COSTA, *Direito das Obrigações* cit., 203-204; posição a ela favorável em C. MOTA PINTO, *Cessão* cit., 260-261 em nota, e em MENEZES CORDEIRO, *Da Boa Fé* cit., I, 645-646, bem como *Direito das Obrigações* cit., II, 29 ss, após destrinçar com cuidado várias hipóteses).

tos (ao menos supostamente) "conformes com a celebração de um contrato" é evidentemente insuficiente[773].

---

[773] "Relação contratual de facto" encerra em si uma obscuridade, senão mesmo uma incongruência semântica, porque relação contratual é, segundo a linguagem corrente, naturalmente a que se apresenta fundada num contrato. A própria expressão aponta deste modo para a necessidade de desvendar a vera razão dos efeitos "contratuais" afirmados.

Não nos deteremos na análise crítica da teoria em causa (para os elementos essenciais dessa crítica, referências da nota anterior). Deixando agora de lado o problema das invalidades contratuais, sublinhe-se apenas que uma perspectivação da *culpa in contrahendo* nos termos reclamados pelo pensamento das relações contratuais de facto deve rejeitar-se e está hoje completamente desacreditada. A culpa pré-contratual radica em valorações que não pressupõem, nem na origem nem nos efeitos, uma realidade de facto assimilável ao contrato (cfr. elucidativamente MENEZES CORDEIRO, *Da Boa Fé* cit., I, 532 ss, e, por último, *Tratado* cit., I/1, 394 ss). A ideia da tutela da confiança não salva por suposto esta doutrina, pois (mesmo sem entrar na discussão de uma eventual "contratualidade" nela inerente) a *culpa in contrahendo* não pode, como se viu, reconduzir-se-lhe.

Quanto à questão de saber se se impõe uma via substitutiva ou alternativa do processo comum de formação do contrato nas hipóteses de utilização de bens e serviços postos à disposição dos sujeitos, nela está latente o problema dos limites do negócio e o papel, neste, quer da declaração, quer da consciência e da vontade de conformação de efeitos jurídicos (deixando cair no negócio a exigência de uma "exteriorização de vontade dirigida à produção de efeitos jurídicos" e reconduzindo os "comportamentos concludentes" habituais e instintivos a uma forma ampla do exercício da autonomia privada, MENEZES CORDEIRO, *Tratado* cit., I/1, 414-415; já não nos parece que no negócio possa prescindir-se, como aqui, "em rigor, [de] uma qualquer vontade", pelo que o mero "acaso" de uma conduta social-típica não chegará para a ordenar a este). A admissão de um contrato de facto ao lado do contrato "normal" depara-se com dificuldades que serão referidas no contexto da apreciação da teoria do acordo de facto como alternativa ao negócio e à autovinculação negocial; para aí se remete (cfr. n.° 68). Também neste sector não ajuda recorrer ao pensamento da confiança e a uma suposta "contratualidade" por ele veiculável: observe-se apenas que nos casos também ditos de adopção de um comportamento social-típico não há com frequência nenhum sujeito presente que deposite expectativas (nomeadamente de retribuição) na conduta de aproveitamento de bens que são postos à disposição alheia, como acontece ordinariamente quando alguém entra no metropolitano ou coloca o seu automóvel num parque de estacionamento pago mas não vigiado (pelo menos à entrada; no conhecido caso do parque de Ham-

Centremo-nos agora na tutela do sujeito que acreditou na produção de efeitos do contrato que celebrou, apurando-se na realidade a respectiva invalidade ou ineficácia. O relevo da teoria da confiança tem como pano de fundo as dificuldades experimentadas pelo recurso às regras da nulidade e anulação, do enriquecimento sem causa e da responsabilidade civil delitual.

Quanto às primeiras, está fora de causa arredá-las a simples pretexto de que uma das partes realizou já a sua prestação, recebeu já a da outra parte — o cumprimento do contrato, parcial ou mesmo completo, não sana genericamente a ineficácia, pois não substitui os requisitos substancias ou formais do negócio[774] —, ou efectuou disposições em vista do contrato ineficaz, sob pena de se subverterem todas as razões que determinaram a invalidade ou a ineficácia. Mas é indiscutível que o regime de liquidação das relações contratuais nulas ou anuladas, alicerçado basicamente no princípio da restituição de tudo aquilo que tiver sido prestado (ou do respectivo valor, se a res-

---

burgo, a recusa de qualquer contrato por parte do utilizador e a sua reiteração em não se considerar obrigado ao pagamento inviabiliza positivamente toda a confiança justificada no sentido da conclusão de um contrato; alertando por outro lado para os obstáculos a uma relevância negocial deste tipo de situações amparada na regra da *protestatio contra factum non valet*, P. MOTA PINTO, *Declaração Tácita* cit., 793 ss).

[774] Sem prejuízo da importância destes elementos no plano da eficácia probatória dos requisitos de existência e validade do contrato. Mas a ideia de que o negócio nulo por falta de forma legal não pode ser convalidado pelo cumprimento corresponde a um princípio tradicionalmente aceite (analogamente, pugnando com justificação por uma prudente consideração dos seus desvios, *vide*, na literatura recente, com referências, M. JANUÁRIO GOMES, *Assunção Fidejussória* cit., 503-505, a admitir apenas a eficácia sanatória do cumprimento em caso de observância dos fins da forma legal; mesmo assim a ideia não é pacífica: cfr., com elementos de direito comparado para a problemática geral, HELMUT HEISS, *Formmängel und ihre Sanktionen/Eine privatrechsvergleichende Untersuchung*, Tübingen 1999, sobretudo 278-280).

Permanece de qualquer modo possível uma confirmação ou renovação tácita do negócio jurídico, ou ainda a renúncia tácita à invocação do vício de que o negócio padece através da execução do contrato; é todavia patente o alcance restrito de tais soluções negociais (*vide*, por exemplo, quanto aos requisitos da renovação, o nosso *Renovação de deliberações sociais*, sep. BFDUC, vol. LXI [1985], Coimbra 1987, 15 ss, e *passim*, com considerações aplicáveis a este propósito).

tituição em espécie não for possível) e coligado à eficácia retroactiva que o legislador atribuiu à declaração de nulidade ou à anulação do negócio (cfr. o art. 289), se pode revestir de inegável dureza para o sujeito que confiou na produção de efeitos.

No sector das relações duradouras (que não visam, por conseguinte, uma transacção de bens ou serviços à partida determinados, ainda que de execução diferida ou prolongada) tem-se por isso advogado a redução teleológica das normas cominadoras das consequências da nulidade ou da anulação, afastando a sua aplicação retroactiva quando tiver havido execução do contrato[775]. Não obstante, semelhante redução remete sempre para uma regra cuja observância se salvaguarda e, por isso, enquanto puro recurso metodológico, nada adianta no plano da justificação dogmática da solução, que só mediante uma fundamentada teoria das invalidades negociais se pode atingir[776].

---

[775] Trata-se de uma orientação que parece ter ganho, na doutrina portuguesa, uma clara adesão; embora a redução teleológica não seja invocada como procedimento metodológico específico, o afastamento excepcional da retroactividade ou a pugna por um conceito "normativo" de nulidade, moldável nos seus efeitos consoante as situações a que se aplica, implicam-na porque restringem o raio de aplicação consentido pelo teor literal da norma do art. 289 sem sacrificar este último: cfr. ANTUNES VARELA, Das Obrigações em Geral cit., I, 222; RUI DE ALARCÃO, A Confirmação dos Negócios Jurídicos Anuláveis, Coimbra 1971, 82 n. 111; C. MOTA PINTO, Cessão cit., 259 n. 3; ALMEIDA COSTA, Direito das Obrigações cit., 203; H. HÖRSTER, A Parte Geral cit., 472. Na doutrina alemã está também proposto que a eficácia *ex nunc* da nulidade ou da anulação se torne na *regra* quando estão em causa relações duradouras: cfr., com indicações, NORBERT HORN, Vertragsdauer cit., 566, 588-589, 628-629.

[776] Não basta consequentemente também a mera invocação de regras específicas que derrogam esse regime geral (apenas compreensível num plano exegético, portanto, MENEZES LEITÃO, Direito das Obrigações cit., 452). A lei civil portuguesa não consagra nenhuma excepção geral no sentido da salvaguarda dos efeitos já produzidos por uma relação duradoura inválida ou originariamente ineficaz, embora contemple essa salvaguarda na questão paralela da resolução de contratos duradouros: cfr. o art. 434 n.° 2). Nalgumas áreas contadas, talvez especialmente sensíveis, mostrou-se contudo atenta ao problema, matizando a eficácia *ex tunc* do vício do negócio. Além do clássico casamento putativo, merece especial referência o regime consagrado para as sociedades inválidas (cfr. os arts. 36 e seguintes do Código das Sociedades Comerciais) — este especialmente desenvolvido tendo também em

Aliás, cingindo-se esta via apenas a afastar, para certa categoria de relações, a obrigação de restituição do que foi já prestado, ela nem sempre permite considerar adequadamente as necessidades de protecção do sujeito quanto às disposições feitas em função do contrato[777].

---

vista, não apenas as expectativas criadas entre os sócios, mas do mesmo modo, significativamente, a tutela de terceiros em face da invalidade da sociedade —, bem como o regime do contrato individual de trabalho (cfr. o art. 15 n.º 1 do Decreto- -Lei n.º 49 408, de 21 de Novembro de 1969; diz-se aí que "o contrato produz efeitos *como* se fosse válido em relação ao tempo durante o qual esteve em execução", o que parece significar que o legislador apelou para uma ficção legal, sem ter consagrado a eficácia *ex nunc* da invalidade: cfr. MÁRIO PINTO/PEDRO FURTADO MARTINS/ANTÓNIO NUNES DE CARVALHO, *Comentário às Leis do Trabalho*, I, Lisboa 1994, 71). A aplicação analógica destes regimes não está precludida, mas os seus termos e motivos não deixam por isso de depender da sua *ratio* e critério justificativo. (Que a restrição teleológica dos efeitos da invalidade não resolve o problema posto pela execução dos contratos resultaria sempre do facto de esse problema se colocar também com respeito a ineficácias em sentido estrito ou, até, perante negócios aparentes mas inexistentes, como acontece nos casos de dissenso oculto essencial. Um notório esforço para a fundamentação que se exige proporciona-o a investigação de HANS-MARTIN PAWLOWSKI, *Rechtsgeschäftliche Folgen nichtiger Willenserklärungen* cit., onde se propõe uma reformulação do conceito de nulidade coadjuvada por uma revisão da teoria da declaração negocial: na nulidade estaria em causa o combate às consequências das declarações negociais que a respectiva norma cominadora quer proscrever, mas tal não impediria que, fora desse âmbito, tais declarações não pudessem desenvolver uma eficácia genuinamente negocial; teríamos "efeitos negociais de declarações de vontade nulas".)

[777] Ordena-se a manutenção das prestações já efectuadas, mas não se resolve *directamente* o problema das disposições feitas por um dos contraentes que ultrapassem o seu próprio esforço de prestação; por exemplo, as destinadas, ao aproveitamento da prestação que receber da outra parte (porque os investimentos para a realização da própria prestação, esses são sempre um custo do vinculado e as contingências que os afectam risco dele). Claro que a preservação dos efeitos do contrato já produzidos esvazia em grande medida esta questão, pois, estando essas disposições ordinariamente a cargo do credor da prestação, a salvaguarda do seu direito (para o passado) representa em princípio um modo adequado de o tutelar quanto a essas disposições na expectativa da eficácia do contrato. Em todo o caso, ainda que a título residual (pense-se em investimentos que só se compreendem em função de uma prolongada vigência do contrato, a perdurar no futuro), esse problema pode subsistir. Sem solução directa no regime geral da nulidade e anulação

Também as normas gerais do enriquecimento sem causa se revelam insuficientes. De postergar no confronto com o regime específico da nulidade ou da anulação, elas hão-de naturalmente convocar-se havendo ineficácias em sentido estrito[778]. Dirigem-se à remoção do locupletamento dos sujeitos obtido através das atribuições patrimoniais realizadas em cumprimento do contrato ineficaz e, portanto, carecidas de causa. Não permitem assim genericamente a manutenção das deslocações patrimoniais efectuadas com base no negócio nem, por essa via, a salvaguarda das disposições feitas em função dele. Em qualquer caso, a obrigação de restituição visa a eliminação do enriquecimento produzido com a execução do contrato, não o ressarcimento de um dano patrimonial sofrido por outrem. Deste modo, o investimento decidido por uma das partes em função do contrato não é contemplado senão na medida do benefício que dele fluiu para a outra. Daqui resultam

---

previsto na lei — ultrapassa-se, se bem se notar, largamente o âmbito das benfeitorias, cujo regime o art. 289 n.º 3 convoca —, ele não pode também ser resolvido mediante a redução teleológica das regras que o compõem.

[778] Outra é, neste aspecto, como se sabe, a orientação do ordenamento jurídico germânico, que não dispõe de uma regulamentação equivalente à do nosso art. 289, recorrendo por isso ao enriquecimento sem causa também em caso de nulidade ou anulação: a deslocação patrimonial ocorrida no cumprimento de um contrato nulo ou anulado provoca sempre um locupletamento, não justificado à face da ordem jurídica, de alguém à custa de outrem.

Da diversidade das regras a que se encontra entre nós submetida a relação de liquidação de um contrato nulo ou anulado com respeito às disposições comuns do enriquecimento sem causa não deve concluir-se apressadamente pela independência daquela disciplina relativamente a este. Pode com efeito duvidar-se de que as referidas regras representem um instituto totalmente autónomo, com fundamento dogmático distinto, em vez de constituírem tão-só variantes ou particularizações do pensamento geral do enriquecimento sem causa, conjugado embora com ponderações específicas que vigoram no campo da invalidade dos negócios: afinal, parece que as obrigações repristinatórias decorrentes da nulidade radicam na invalidade da causa da atribuição patrimonial realizada. Esta uma questão de fundo que aqui não pode senão ser aludida (aparentemente a favor da primeira perspectiva, no essencial com base nas diferenças de regulamentação, MENEZES LEITÃO, O Enriquecimento Sem Causa cit., 457 ss; elementos para a discussão ainda em JÚLIO GOMES, O Conceito de Enriquecimento cit., 565 ss, com tónica diferente).

limitações patentes do enriquecimento sem causa na hora de resolver o problema das disposições inutilizadas por via da ineficácia[779].

[779] Há desde logo o regime específico das invalidades negociais a recortar o seu campo geral. Além disso, importa notar que o investimento se não traduz necessariamente em benfeitorias realizadas na coisa objecto de restituição, pelo que as normas do enriquecimento que se referem a estas últimas só de modo restrito (e sempre no respeito da teleologia básica do instituto de remover os enriquecimentos provocados pelo aumento de valor da coisa a devolver) se podem aplicar.
   Competindo, de qualquer modo, como regra ao sujeito suportar os dispêndios e outros investimentos necessários para realizar a prestação a que se encontra vinculado, bem como, por outro lado, aqueles que lhe possibilitam o adequado aproveitamento da prestação que receberá da outra parte no contrato; se as regras do enriquecimento sem causa conduzissem, tendo havido cumprimento bilateral, à manutenção do que foi prestado, ou, tendo apenas ele cumprido, à preservação do direito à contraprestação, o sujeito não seria atingido na substância prática das suas expectativas pelo facto de, contra o esperado, se vir a declarar a ineficácia do contrato. Tudo se passaria como se ele fosse eficaz, justificando-se nessa medida a aplicação da regra de repartição dos custos e do risco dos investimentos acima referida, com a qual ele contou ou podia contar. Não haveria motivo para o seu afastamento. Mas para tal seria necessário que o instituto do enriquecimento sem causa permitisse a manutenção da contraprestação já recebida pelo sujeito ou, tendo ele realizado primeiro o seu esforço de prestação, lhe fosse consentido realizar a remoção do enriquecimento da outra parte através da exigência da própria contraprestação que lhe fora prometida. (Além disso, seria imperioso que, no próprio plano do cálculo da obrigação de restituir, se não considerasse aplicável à liquidação, via enriquecimento, das relações contratuais bilaterais já executadas, o limite do enriquecimento actual resultante dos arts. 479 n.º 2 e 480, o que parece ser na realidade a posição, entre nós, de MENEZES CORDEIRO, *Direito das Obrigações* cit., II, 66, excluindo essas disposições da *condictio indebiti*; a posição pode bem questionar-se, mas o ponto não carece aqui de ser aprofundado). Estes resultados contrariam todavia a "lógica" do enriquecimento sem causa, pois de outro modo as suas regras constituiriam um sucedâneo para o contrato inválido e total ou parcialmente executado, contornando as valorações determinantes da ineficácia. Se o enriquecimento sem causa visa a reposição daquela justa ordenação patrimonial afectada por locupletamentos obtidos por uma das partes à custa de outrem em virtude de um contrato ineficaz, as normas relativas às disposições efectuadas por elas e ao respectivo risco deverão naturalmente ser sensíveis a esse escopo, não podendo decalcar-se mecanicamente o que vigoraria caso houvesse atribuições patrimoniais à luz de um contrato eficaz.
   Naturalmente que através do enriquecimento sem causa pode por vezes atingir-se em termos práticos, pelo menos até certo ponto, a manutenção dos efeitos a

O facto de na tutela do investimento em função de um contrato que viola disposições legais imperativas relativas à forma estar primordialmente em causa a indemnização de disposições inúteis em vez

que o contrato, na realidade ineficaz, ia endereçado. Assim, caso as pretensões restitutórias resultantes da sua ineficácia sejam susceptíveis de compensação (potencia--a a conversão da restituição em espécie numa restituição do valor prevista no art. 479 n.º 1). Mas trata-se aqui do exercício de uma comum faculdade que assiste ao devedor, que não tolhe nem prejudica as valorações do enriquecimento.

Neste aspecto é bem distinta a teoria do "saldo" desenvolvida na Alemanha, segundo a qual, quando num contrato ineficaz se contrapõem prestação e contraprestação, há que "saldá-las", cingindo-se a pretensão de restituição do enriquecimento à entrega da mera diferença. Em vez de *duas pretensões autónomas* à restituição do enriquecimento, considera-se que a obrigação de restituir o enriquecimento tem como objecto apenas o saldo apurado entre as duas pretensões, pelo que o problema da compensação não chega em rigor a pôr-se para ela. A teoria do saldo dificilmente é conciliável, do ponto de vista linguístico, com o teor dos arts. 473 n.º 1, 476 n.º 1 e 479 n.º 1, que ordenam a restituição de "aquilo", de "o que" e de "tudo o que" foi obtido à custa de outrem. Mais importante é salientar para o nosso propósito que ela não fornece qualquer critério para valorar e distribuir os riscos da relação, aí incluídos os das despesas e investimentos realizados pelos sujeitos. Para colmatar os seus *deficits* surgiu a doutrina do "sinalagma de facto" ou da "perduração do sinalagma" — *faktischer Synalagma; fortwirkender Synalagma* —, propondo que a distribuição do risco da relação encetada se faça segundo regras idênticas às que vigorariam no caso de eficácia do contrato, pois os sujeitos contaram com ela; o que, diga-se de passagem, também não se vê como deixar de contestar, já que não pode fazer-se "tábua rasa" da *ratio* das normas que cominam a restituição do enriquecimento, cotejadas com o tipo de ineficácia produzida. Outras orientações floresceram, tendo em comum a sensibilidade para uma compreensão diferenciada daqueles riscos; sem olvidar a não verificação de um contrato produtor de efeitos, mas também de modo a não esquecer a repartição do risco que ele envolvia e que foi muitas vezes tomada em consideração pelos sujeitos, bem como distinguindo consoante a causa da ineficácia: *vide*, designadamente, LARENZ/CANARIS, *Lehrbuch des Schuldrechts* cit., II/2, 321 ss.

Outro grupo de situações nas quais as regras do enriquecimento são susceptíveis de conduzir a resultados análogos aos da celebração de um contrato eficaz é o do aproveitamento fáctico de um bem ou serviço que o respectivo titular apenas disponibilizava mediante uma contraprestação determinada. Será assim se, não havendo contrato (eficaz), o locupletamento do sujeito for medido pela retribuição que estava estabelecida para a disponibilização do bem ou serviço; as regras do enriquecimento acabam então por amparar uma solução semelhante à da celebração de

de a remoção dos benefícios obtidos por outrem à custa do seu autor explica a natural vocação das normas da responsabilidade civil para

um acordo eficaz, o que redunda num desenvolvimento materialmente "quase-contratual" que incorpora no enriquecimento sem causa a sensibilidade para a dinâmica da relação contratual de troca pretendida pelo titular do bem ou do serviço (explora esta via como forma de resolver o problema do aproveitamento de prestações através de um comportamento social-típico, alternativa à teoria das relações contratuais de facto, especialmente RIBEIRO DE FARIA, *Direito das Obrigações* cit., I, 152 ss; vendo como fundamento da obrigação de pagar a retribuição prevista pelo autor do bem ou serviço o respeito da sua autonomia privada de definir os termos da respectiva utilização, MENEZES LEITÃO, *O Enriquecimento* cit., 769, considerando que tal não representa levar a cabo nenhuma troca, sem rejeitar não obstante — o que soa a paradoxo — a configuração "quase-contratual" da situação: será na realidade de perguntar se uma posição deste género não orienta antes o enriquecimento num sentido "quase-delitual", ao fazê-lo intervir para defesa da autonomia privada do sujeito, complementando no fundo a tutela aquiliana dos seus bens e interesses; mas pode também negar-se a possibilidade de articular o objectivo de correcção de deslocações patrimoniais indevidas com este tipo de realização do programa contratual — cfr. SOUSA RIBEIRO, *Cláusulas Contratuais* cit., 30, n. 35 — ou, como C. MOTA PINTO, *Cessão* cit., 259 em nota, ordenar a restituição separada das prestações previstas no contrato sem atender senão ao seu valor objectivo, não necessariamente coincidente, e distinto também do nexo subjectivo das prestações para o titular do bem ou serviço aproveitado por outrem).

O tema é controverso. Importa esclarecer porque é que o pensamento do enriquecimento não deve levar simplesmente à condenação do *accipiens* da prestação na sua restituição, em espécie ou por equivalente, em vez de conduzir à necessidade de ele *efectuar* a contraprestação por forma a manter a conexão das prestações estabelecida no contrato, apesar — note-se — da sua invalidade; sobretudo tendo em conta as possibilidades oferecidas pelo pensamento da confiança, adiante referidas. Em todo o caso, o direito à contraprestação a título de restituição do enriquecimento depende do tipo de ineficácia em jogo e da distribuição do respectivo risco. No conjunto, o campo da manutenção, via enriquecimento sem causa, dos efeitos correspondentes aos de um contrato eficazmente celebrado e, *a fortiori*, das regras de distribuição do risco das despesas e investimentos feitos que lhes são correspondentes, é necessariamente limitado. De outro modo, o enriquecimento sem causa ver-se-ia alcandorado a instituto *básico* de "troca" económica de bens ou serviços, comprimindo inaceitavelmente as regras do contrato e da autonomia privada. Mas sobretudo a consideração de que existem despesas que não se repercutem em qualquer locupletamento da outra parte evidencia as dificuldades e insuficiências do

intervir. A alegação da nulidade resultante não implica qualquer inadimplemento contratual porque para tal seria necessário mostrar que fora infringida uma (específica) disposição do contrato que vedava essa invocação[780]. Mas uma protecção aquiliana apresenta também severas limitações.

De facto, aquela alegação não constitui *em si* um ilícito-culposo: outra solução colide com as prescrições de forma, coligadas com o regime do art. 286, que abre a invocação da nulidade, sem qualquer restrição, a todo o interessado e confere ao tribunal o poder da sua declaração *ex officio*[781]. Apenas dissolvida numa acção diferente, de

---

instituto. Por outro lado, parece que o problema do investimento há-de ser sensível às expectativas do seu autor e tomar em linha de conta a responsabilidade pela sua criação e frustração. Este o mérito e a justificação da teoria da confiança (para o cotejo das suas virtualidades com as do enriquecimento sem causa numa situação de ineficácia contratual, pode ainda ver-se MENEZES CORDEIRO/CARNEIRO DA FRADA, *Da inadmissibilidade da recusa de ratificação* cit., esp. 693-694 e 710-711).

[780] Além de raro, um compromisso contratual desse tipo seria nulo por ofender normas imperativas (cfr. o art. 286, em conjugação com o art. 220).

[781] Falamos naturalmente em geral, pois há regimes específicos que contemplam inalegabilidades formais (*v.g.*, o art. 410 n.° 3 e o art. 87 do Código do Direito de Autor e dos Direitos Conexos, este último quanto à invocabilidade da falta de redução a escrito do contrato de edição).

Recorde-se aqui o vigoroso depoimento em favor da natureza plena das normas impositivas da forma de MENEZES CORDEIRO, por exemplo em *Tratado* cit., I/1, 382-383. É portanto problemática uma redução teleológica dessas normas. Cfr. também OLIVEIRA ASCENSÃO, *Direito Civil/Teoria Geral* cit., II, 55-56, rejeitando que as normas sobre forma sejam "inteligentes" e recusando o seu afastamento a pretexto de a sua *ratio* se encontrar na prática satisfeita. Vide também PIRES DE LIMA/ANTUNES VARELA, *Código Civil Anotado* cit., I, 216, rejeitando, mesmo em caso de dolo, a paralisação das regras da nulidade através do recurso ao abuso do direito.

A doutrina salienta aliás a vinculação da nulidade e do seu regime a interesses gerais ou públicos, e mesmo de ordem pública: cfr. MANUEL DE ANDRADE, *Teoria Geral da Relação Jurídica* cit., II, 416, C. MOTA PINTO, *Teoria Geral* cit., 610; aludindo a esta característica, também OLIVEIRA ASCENSÃO, *ibidem*, 326 ss (pelo menos como elemento confluente do "tipo" da nulidade) e, por último, M. JANUÁRIO GOMES, *Assunção Fidejussória* cit., 495; diversamente, MENEZES CORDEIRO, *ibidem*, 569, referindo precisamente as normas formais como exemplo de falta de justificação clara dos valores a considerar (o que se depara em todo o caso com o escolho

conteúdo mais vasto e passível de uma valoração diversa — consequentemente, portanto, de modo não auto-suficiente —, esta invocação pode relevar no plano delitual. Em todo o caso, uma construção aquiliana afronta sempre a directriz da não ressarcibilidade genérica dos interesses primariamente patrimoniais, nos quais se conta precisamente o da manutenção da utilidade do investimento feito em função do contrato[782]. Daqui resulta que o campo seguro da indemnizabilidade delitual das disposições se encontra praticamente restringido ao domínio do *dolus praeteritus*, causação premeditada e intencional da ausência ou do vício de forma por parte do sujeito que mais tarde o alega[783]. De facto, é possível nestes casos uma imputação aquiliana: não certamente por se violarem direitos alheios ou disposições endereçadas à protecção de interesses da outra parte no negócio (cfr. o art. 483 n.º 1), mas porque se mostram concludentemente infringidas exigências do mínimo ético-jurídico que constituem a ordem jurídica numa indeclinável missão de reagir mediante a cominação da reparação dos danos daí resultantes[784].

---

de a própria lei partir da existência de razões determinantes da forma — cfr. designadamente os arts. 221 n.º 1 e 238 n.º 2 —, obstáculo que o autor contorna interpretando esses motivos como meramente históricos: cfr. *Tratado* cit., I/1, 379).

[782] O interesse na validade do contrato é naturalmente inatendível nos casos de nulidade.

[783] A simples consciência de provocar prejuízos com a invocação da nulidade (precipitando uma liquidação da relação contratual que contraria os interesses e expectativas da outra parte), se não foi premeditada a falta de cumprimento das exigências de forma aquando da celebração do contrato, não chegará ordinariamente para fundar a responsabilidade (cfr. o argumento *ex vi* do art. 286). Mesmo a intenção directa de os produzir apenas pode levar a uma responsabilidade por ilicitude do comportamento do sujeito considerando-se que as exigências de forma não consubstanciam interesses gerais (ou mesmo públicos), susceptíveis de ultrapassar os dos sujeitos do contrato inválido e que caiba salvaguardar (de modo a justificar uma redução teleológica do disposto no art. 286). Em todo o caso, permanece muito restrito o campo da imputação delitual.

[784] Na Alemanha, estes casos apanham-se nas malhas do § 826 do BGB. *Vide* também a solução proposta por VAZ SERRA para as situações em que a forma exigida por lei é incompatível com a eficácia da declaração e a que, por conseguinte, não pode aplicar-se a preclusão do exercício abusivo da invocação da nulidade: essas

A elevada fasquia do direito delitual convida a procurar outras vias de tutela do sujeito nas situações em que a outra parte foi responsável pela nulidade formal e se quer mais tarde prevalecer dela. A *culpa in contrahendo*[785] é realmente mais generosa. Desde logo porque não coloca obstáculos de princípio à indemnização de danos puramente patrimoniais: são ressarcíveis (sem que o art. 227 n.º 1 enuncie *apertis verbis* qualquer limitação) os danos provocados pela inobservância dos ditames da boa fé na fase pré-negocial ou de formação do negócio. Claro que com ela se retrotraz o fundamento da responsabilidade ao momento da celebração do contrato. É a conduta de se apre-

---

hipóteses são remetidas para os quadros gerais da responsabilidade, com o abuso a cobrir os actos intencionalmente causadores de danos, contrários aos bons costumes ou clamorosamente ofensivos da consciência jurídica dominante, servindo a função do § 826 do BGB: cfr. *Abuso do direito (em matéria de responsabilidade civil)*, BMJ 85 (1959), 305-307, n. 114, e 335. A proposta não foi acolhida e, considerando o art. 483 n.º 1, não é possível sustentar a eficácia indemnizatória do abuso que o autor propugnava. A ausência de uma disposição que, à semelhança do § 826, a consagre, gera uma lacuna do sistema delitual português que importa preencher: já o dissemos.

Discrepante é aqui a posição de MENEZES CORDEIRO, *Tratado* cit., I/1, 384: ela desconsidera basicamente a especificidade da natureza dos interesses atingidos (que escapam ao âmbito do art. 483 n.º 1), e também não releva o facto de a invocação da nulidade não poder *per se* representar um facto ilícito por a ordem jurídica partir da sua básica licitude. (Pode dar-se azo a uma nulidade, que tal não parece ser suficiente para considerar ilícita a sua invocação: pense-se na mera negligência, por vezes bem leve do sujeito, aquando da celebração do negócio. Mesmo querendo conceder-se que, existindo ela, a invocação subsequente da nulidade consubstanciaria uma violação da boa fé, esta violação não seria *qua tale* delitualmente relevante à luz do art. 483 n.º 1: a boa fé não faz parte do arsenal da dogmática do nosso direito da responsabilidade aquiliana.)

[785] Aqui a recordar especialmente o estudo de VON JHERING, *Culpa in contrahendo oder Schadensersatz bei nichtigen oder nicht zur Perfection gelangten Verträgen*, já cit.. Na doutrina recente, mostrando esta via de tutela do contraente perante nulidades formais ocasionadas pelo outro, PIRES DE LIMA/ANTUNES VARELA, *Código Civil Anotado* cit., I, 216, H. HÖRSTER, *A Parte Geral* cit., 531, C. MOTA PINTO, *Teoria Geral* cit., 439, mas também MENEZES CORDEIRO, em *Da Boa Fé* cit., II, 795-796 (que todavia parece preferir, em tomadas de posição mais contemporâneas, a exploração do art. 483 n.º 1 e do abuso do direito: cfr., além de *Tratado* cit., *ibidem*, também *Contrato-promessa/Art. 410 n.º 3, do Código Civil/Abuso do direito/Inalegabilidade for-*

sentar a contratar fazendo crer que se observaram as exigências de forma ou omitindo a elucidação da outra parte acerca dessas exigências que desencadeia a responsabilidade[786]. Um comportamento desse tipo ofende os ditames de correcção e lisura a que as partes se encontram vinculadas no período pré-negocial[787]. E a sua responsabilidade não depende, ao invés do que sucede no campo delitual, de qualquer censura agravada, bastando a simples negligência. De notar que, como responsabilidade por infracção de deveres que é, a *culpa in contrahendo* por celebração de um contrato nulo não fica necessariamente arredada demonstrando-se, quer o desconhecimento "censurável" da outra parte do não cumprimento das exigências de forma, quer inclusivamente o seu conhecimento desse facto. Nenhuma destas circunstâncias chega sempre para contrapesar suficientemente o comportamento culpável do sujeito que está na origem da invalidade, sobretudo se era ele o mais forte na relação e estava em condições de impor o seu ponto de vista ou critério de actuação. A contribuição do lesado pode, segundo dispõe o art. 570, não afectar a responsabilidade da outra parte ou conduzir, quando muito, à atenuação da sua responsabilidade[788].

Obtemperar-se-á no entanto que nem sempre uma indemnização em dinheiro é suficiente para satisfazer com justiça aquele que confiou

---

mal — Anotação ao acórdão do Supremo Tribunal de Justiça de 12 de Novembro de 1998, ROA 58 (1998), 962 ss.

[786] O comportamento posterior de alegação do vício está assim para além do fundamento da responsabilidade pré-contratual. Pode continuar a considerar-se lícito, que nem por isso se apaga a responsabilidade pré-contratual do sujeito. A solução da *culpa in contrahendo* não ameaça pois o regime geral da invocabilidade da nulidade.

[787] O dever de verdade nas elucidações acerca da forma feitas à outra parte reconduz-se ao dever de não induzir negligentemente a confiança de outrem na validade formal do contrato. Este deriva ainda, tal como o de prestar esclarecimentos acerca da forma requerida por lei, das exigências de honestidade e lisura que a boa fé impõe *in contrahendo*, não gerando quando infringido, como já se disse, uma responsabilidade pela (frustração da) confiança em sentido próprio.

[788] Um resultado a que a doutrina da confiança é por princípio rebelde (ao exigir a confiança do sujeito na validade do contrato e ao excluir-se em princípio a tutela em caso de falta de justificação para essa confiança), mas que se compreende facilmente no quadro da desarticulação entre *culpa in contrahendo* e teoria da confiança acima proposta.

na eficácia do contrato: afinal de contas, a repristinação do contrato nulo (ao *status quo ante*), decorrente, de modo imperativo, da nulidade, pode fazer-lhe perder derradeiramente investimentos em função do contrato, afectando de modo insustentável a sua base existencial; e não estar sequer em condições de restituir o que recebeu já em cumprimento do contrato ou, sem sacrifício desmesurado, o respectivo valor. Já se defendeu contudo que a própria responsabilidade civil é susceptível de conduzir à condenação do autor da nulidade formal à celebração de um negócio eficaz e à reconstituição da situação materialmente correspondente ao cumprimento do contrato nulo; a tanto levaria de resto o respeito pelo primado da reconstituição natural da situação que existiria não fora a lesão, previsto no art. 566 n.º 1[789].

Mas não pode seguir-se semelhante via. Ela pressuporia na realidade um dever de contratar (na forma válida, evidentemente), que todavia só por excepção existirá e que no campo da *culpa in contrahendo* se não pode, *ex definitione*, afirmar. Apenas então seria de pretender que o contrato teria sido efectivamente celebrado se esse dever não tivesse sido violado, legitimando-se portanto a reconstituição, por via indemnizatória, da situação que ocorreria em caso de acatamento do dever. A construção deixaria portanto escapar precisamente os casos mais gritantes em que o sujeito responsável pela nulidade apenas decide contratar desde que mantenha para o futuro a margem de decidir se sim ou não invocar a nulidade do negócio. Sendo ele livre de o celebrar, se nunca o concluiria com a forma devida, um contrato formalmente válido também jamais ocorreria. O que deita por terra o pensamento da reconstituição natural[790].

---

[789] Esta a solução repetidamente propugnada por MENEZES CORDEIRO perante a dificuldade de bloquear directamente a invocação da nulidade formal, através da redução teleológica das disposições de forma ou do abuso do direito: cfr. *Da Boa Fé* cit., II, 796, *Tratado* cit., I/1, 384, e *Contrato-promessa* cit., 962.

[790] Em caso de dolo — pensamos no dolo inicial, o único que pode estar em causa na responsabilidade pré-contratual —, a consideração da especial censurabilidade da conduta do sujeito (no sentido de que não seria consentânea com a possibilidade de ele invocar em seu favor a não celebração do contrato como situação hipotética que existiria) ultrapassa de modo claro o pensamento da indemnização em espécie aventado na doutrina, inspirando-se antes numa ideia de sanção (*vide* ainda

Uma responsabilidade pré-contratual pela celebração de um contrato nulo pode ser coligada, não apenas à violação da proibição de se apresentar a celebrar um contrato inválido (ou de por qualquer outro modo induzir a crer que tal vício não ocorre), mas, alternativamente, à infracção do dever de, em nome da boa fé, esclarecer a outra parte acerca das exigências de forma. Claro que então o cumprimento respectivo afasta normalmente o interesse do seu beneficiário na celebração do contrato, pelo que é um contra-senso vir pedir a sua válida celebração a título ressarcitório. Em todo o caso, considerando o conteúdo da adstrição, não se vê como é que da violação de um dever de esclarecimento há-de derivar para outrem, mais do que a pretensão a uma adequada informação a esse propósito, um direito mesmo à celebração de um contrato (válido); salva, naturalmente, a existência de uma obrigação de contratar (pressupõe-se, na forma válida). Ora, como se viu, não são admissíveis deveres pré-contratuais que importem a celebração de um contrato: nem em nome da boa fé, nem vindo em auxílio dela a confiança a esse respeito produzida, sob pena de se ignorar o momento constitutivo do consenso e, com ele, opções fundamentais que se albergam *de lege lata* no sistema das fontes das obrigações. Deste modo, determinar a condenação do sujeito em, a título indemnizatório, "validar" o contrato, confluiria na aceitação de um dever de celebrar um contrato válido na realidade não existente[791]. Ao conduzir um contrato a que negou eficácia num primeiro momento

---

infra). Fora deste campo, nenhuma negligência pode conduzir por si só à vinculação contratual.

As conclusões precedentes figuram a ausência de uma obrigação de contratar na forma válida. Onde esta (excepcionalmente) exista e se mostre infringida, nenhum obstáculo existe naturalmente à reconstituição natural *ex vi* do art. 566 n.º 1.

[791] Com o resultado, por conseguinte, de converter a obrigação de indemnizar (ou o dever *in contrahendo* que ela serve e por que se orienta) no dever de prestar emergente do contrato. É pois compreensível a resistência erguida a esta construção (cfr. BAPTISTA MACHADO, *Tutela da confiança* cit., 409; ainda, RAÚL GUICHARD ALVES, *O instituto da procuração aparente* cit., 245).

O argumento colhe aliás em outras situações além das de invalidade formal que agora se consideram. Assim, por exemplo, faltando a uma sociedade capacidade para prestar uma fiança, a admissão de que a responsabilidade civil possa, via restauração natural, repor essa fiança de modo a tutelar as expectativas de quem acredi-

à validade ulterior por via indemnizatória, a ordem jurídica daria na realidade com uma mão aquilo que se recusava a dar com a outra[792]. A afirmada primazia da reconstituição natural também ultrapassaria aliás em muito as excepcionais situações de carência de tutela do sujeito confrontado com a nulidade do contrato que celebrou: correspondendo ela com efeito a uma directriz geral, aplicar-se-ia em princípio sempre e de modo automático, excepto intercedendo alguma circunstância que legitimamente a arredasse nas condições da lei[793]. E não se deteria, ao permitir manter os efeitos do contrato a título ressarcitório, nos investimentos que tivessem sido feitos em função do contrato, podendo por isso exceder largamente o que reclama a tutela do sujeito[794]; o contrato produziria ilimitadamente efeitos para o futuro, ainda que nenhumas disposições tivessem ainda ocorrido em função desses efeitos. O que realça no fundo o alcance da subversão que vai em admitir por via indemnizatória um efeito que, na realidade, não reunia, segundo a lei, os requisitos para poder ocorrer[795].

tou na sua validade, ameaça uma subversão das regras da capacidade (o ponto é porém esquecido: cfr. M. JANUÁRIO GOMES, *Assunção Fidejussória*, 578 e n. 830).

[792] Não se esgrima o argumento da natureza "legal" da obrigação indemnizatória (cfr. MENEZES CORDEIRO, *Da Boa Fé* cit., II, 796), pois esta encontra-se funcional e teleologicamente orientada para a defesa daquilo que, no plano "primário" da conformação das interesses e posições, o Direito estabelece.

[793] Em sentido diverso, MENEZES CORDEIRO, *Tratado* cit., I/1, 384 (bem como *Contrato-promessa* cit., 962), afirmando que a indemnização específica só pode funcionar em casos que particularmente o mereçam, havendo que evitar a sua banalização. Mas não se vê como justificá-lo à luz do art. 566 n.º 1.

Supomos que a consideração dos termos e requisitos da admissão de uma protecção positiva da confiança (cfr. aliás adiante) proporciona critérios e permite responder a esta preocupação.

[794] Tome-se o caso de uma partilha verbal de um terreno entre irmãos, na base da qual um deles desenvolve acções tendentes a preparar uma futura urbanização no local, nomeadamente contratando os serviços de uma empresa de arquitectura e engenharia. Se o outro vem posteriormente invocar, contra aquilo que havia feito crer, a nulidade da partilha, a indemnização das despesas feitas será em princípio perfeitamente suficiente. Os exemplos podem multiplicar-se indefinidamente.

[795] No próprio campo do contrato de trabalho, numa área portanto que pode revestir-se de uma enorme sensibilidade para o trabalhador surpreendido pela respectiva invalidade, o legislador coibiu-se de prescrever a sua eficácia para o futuro;

Não é na essência distinta a situação na responsabilidade por celebração dolosa de um contrato formalmente nulo, relevante do ponto de vista aquiliano. Se a ordem jurídica censura severamente e proscreve a atitude enganosa para outrem que está na sua base, sem ao mesmo tempo impor ao sujeito qualquer obrigação de celebração do negócio[796], não se vê como é que da infracção daquela norma de proibição haverá de derivar, a título ressarcitório, a validade do contrato contra ela celebrado[797].

---

ainda que a invocação do vício provenha, no dizer da lei, da parte de má fé. O contrato é portanto irremediavelmente nulo, dando apenas direito a uma indemnização, que pode dizer-se destinada a compensar o investimento de confiança na eficácia do contrato; parece haver aliás uma fixação *forfaitária* desse investimento. Cfr. os n.ºs 1, 4 e 5 do art. 15 do Decreto-Lei n.º 49 408, de 21 de Novembro de 1969. (Mais severo é o regime do contrato, não já nulo por vício de forma, mas que tem um objecto ou fim contrário à lei, à ordem pública ou aos bons costumes, onde se prevê a perda das vantagens auferidas durante a sua execução; naturalmente que nessas situações é muito mais difícil o surgimento de uma confiança merecedora de consideração por parte da ordem jurídica. Cfr. o art. 16 do citado diploma; para a compreensão desse preceito, pode ver-se BERNARDO LOBO XAVIER, *Regime Jurídico do Contrato de Trabalho Anotado*, 2.ª edição, Lisboa 1972, 62-64, ou ainda, MÁRIO PINTO/FURTADO MARTINS/NUNES DE CARVALHO, *Comentário* cit., 76 ss.)

[796] Uma norma desse tipo excederia evidentemente o âmbito aquiliano da defesa estática de posições jurídicas contra lesões perpetradas por terceiros (pela via indemnizatória).

[797] Por essa razão, a ideia de manutenção dos efeitos de um contrato deve nestas situações ordenar-se antes na responsabilidade pela confiança que opera no âmbito negocial: agravada para aquele que cria dolosa e preconcebidamente um *Tatbestand* de confiança (na eficácia de um negócio), devendo responder pelas expectativas que intencionalmente provocou (cfr. CANARIS, *Die Vertrauenshaftung* cit., 277- -278; há no nosso direito o ponto de apoio do art. 243 n.º 1 e do art. 244 n.º 1; *vide* também já de seguida).

A posição defendida não prejudica outras formas de protecção, mesmo até de índole delitual, e não gera portanto nenhuma irremediável "lacuna" na tutela do sujeito perante manobras dolosas do outro. Tome-se como base o instrutivo caso decidido pelo Acórdão da Relação de Lisboa de 9 de Março de 1999, CJ XXIV (1999), 2, 78 ss: certo sujeito, a quem um banco disponibilizou um cartão de crédito, veio alegar a nulidade, por falta da sua assinatura, do contrato de crédito ao consumo no âmbito do qual esse cartão lhe fora enviado, como forma de evitar o reembolso ao banco do pagamento das despesas realizadas com a utilização desse

Não vai também longe a tentativa de alcançar esse resultado transferindo o ponto de conexão da responsabilidade para o momento da invocação do vício de forma, pois a própria ordem jurídica confere por princípio esse poder ao sujeito e o estende ao próprio tribunal[798].

cartão; o tribunal recusou-lhe essa invocação por abuso do direito. Persigamos algumas hipóteses.

Admitindo o dolo de quem assim procedeu e demonstrando-se a sua falta de vontade na celebração do referido contrato, não faz sentido considerá-lo vinculado a esse contrato a título indemnizatório, pois ele nunca o teria celebrado na forma válida nem a tal estava obrigado. Mas claro que uma conduta dolosa de utilização do cartão fora das condições previstas para essa utilização, causando danos, não o exime de responsabilidade delitual. Essa responsabilidade não precisa de se conexionar directamente com a invocação da nulidade, bastando a apropriação ou utilização conscientemente indevidas do cartão em prejuízo alheio: ela cobre os pagamentos que o banco teve de suportar com as aquisições de bens feitas a terceiros com o cartão. Por outro lado, deixando o terreno aquiliano, ainda que o contrato de crédito ao consumo, base da emissão do cartão, fosse nulo por falta de assinatura do sujeito, nem por isso a utilização do cartão fora das condições previstas para a sua cedência segundo esse contrato deixaria de representar a violação — aqui dolosa — de um dever de lealdade ou de protecção, alicerçados na boa fé, adveniente sempre da situação fáctica do seu adiantamento ao cliente, ainda que no âmbito de uma relação especial não contratual (válida). A responsabilidade por infracção de deveres de comportamento daí resultante abarcaria os danos acima referidos (estendendo-se aliás à própria negligência); mas esses deveres não se dirigem à celebração do contrato nem a pressupõem, não se vendo por isso como é que a sua hipotética observância a ela havia de conduzir. Sempre se pode de resto dizer que tal também não se revela necessário para uma adequada tutela do banco quando ele próprio disponibilizou conscientemente o cartão fora das condições normalmente exigidas. Nem por isso, entretanto, a sua confiança na não alegação da falta de assinatura do contrato (enquanto não se regularizasse a situação) pela outra parte deixa de poder ser protegida se ela vem depois intencionalmente a defraudá-la. Naturalmente que uma responsabilidade pela frustração de expectativas num comportamento futuro não conduz então a dar por celebrado o contrato na forma válida: não havia adstrição nesse sentido e a confiança dirigia-se a uma realidade distinta (à ocorrência de uma válida celebração do contrato; dolosamente provocada, a sua protecção não parece mesmo deter-se diante da eventual negligência dos seus funcionários em averiguarem o cumprimento dos requisitos formais do negócio). Se bem se notar, todas estas vias de solução dispensam, quer a consideração da ilicitude da invocação do vício de forma, quer o ressarcimento em espécie através da validação do contrato; *vide* também já de seguida o texto.

[798] Já acima se referiu este ponto.

Em suma: nem delitualmente, nem enquanto infracção de um dever (não contratual, ainda que também não aquiliano) imposto pela boa fé a que a conduta do sujeito haja de se ater, não já *in contrahendo*, mas após a celebração do contrato inválido, esse comportamento parece em si contrário ao Direito. Falta portanto também a base sólida onde alicerçar uma reconstituição natural a título indemnizatório[799].

Emancipado de um modelo de responsabilidade por violação de adstrições de comportamento, o pensamento da protecção da confiança responde no entanto com apreciável facilidade a estes obstáculos e limitações. Na vastidão do seu campo de aplicação, não lhe escapa naturalmente a tutela do sujeito surpreendido com a invalidade (formal) do contrato que celebrou ou com a sua invocação. Parece justo que aquele que quer prevalecer-se da nulidade de um contrato deva responder pelos danos causados com a frustração das expectativas de outrem relativamente à sua validade ou à não invocação do vício que o atingia, se essas expectativas lhe são imputáveis; ressarcindo então as disposições feitas em função delas.

De harmonia com a traça da responsabilidade pela confiança, não interessa a censurabilidade em si do comportamento indutor de expectativas aquando da celebração do contrato: a responsabilidade pela confiança não reage *stricto sensu* a um ilícito-culposo (aquiliano ou por infracção de deveres não contratuais nem delituais, como os derivados da regra da conduta de boa fé *in contrahendo*), visando tão--só a protecção do sujeito nas expectativas de validade formal de um contrato ou na não alegação do respectivo vício quando ele seja conhecido. Não se torna necessário sustentar a ilicitude da invocação da nulidade formal por parte de quem a causou, porque a sua falta não prejudica em coerência a necessidade de o indutor de expectativas compensar os prejuízos sofridos por outrem se afinal as de-

---

[799] Obscuro por isso o recente Acórdão da Relação de Lisboa de 20 de Maio de 1999, CJ XXIV (1999), 3, 104 ss, reconhecendo aparentemente a eficácia de um contrato-promessa a título indemnizatório, como forma, segundo se disse, de restituir o lesado ao *status quo ante* perante a invocação abusiva da sua nulidade. As razões para a decisão não são claras, porque (*inter alia*) não se individualiza o concreto dever que, a não ter sido infringido, teria conduzido à celebração (válida) do contrato.

fraude[800]. Tudo depende da verificação dos requisitos da protecção da confiança. Pontualizem-se a este respeito alguns aspectos.

Em primeiro lugar, pode distinguir-se, dentro da responsabilidade emergente da celebração de contratos nulos por vício de forma, a confiança na manifestação válida da vontade negocial ou em outros actos comunicacionais do sujeito (afirmações, conselhos, exortações, etc.) que apontavam ou garantiam, expressa ou concludentemente, a satisfação das exigências formais e, por outro lado, nos casos em que esse vício foi considerado (como realidade ou como hipótese), a confiança na respectiva não alegação futura pelo autor do negócio. Estão em causa dois tipos de confiança, que correspondem a distintos *Tatbestände* indutores de expectativas. As primeiras situações constituem o domínio da responsabilidade por declarações, no segundo caso há responsabilidade pela adopção de um comportamento futuro contrário a convicções precedentemente acalentadas, o âmbito do *venire* e de figuras análogas[801]. O facto de as prescrições legais de forma serem

---

[800] Os motivos contra a pretensão de que, tendo alguém suscitado a confiança de outrem na não arguição do vício, a boa fé imporia depois sempre aquela não alegação, já foram mencionados.

[801] O referir portanto do *venire* às hipóteses em que se frustram as expectativas de não invocação futura do vício de forma conhecido do confiante, remetendo simultaneamente os casos de confiança na validade da manifestação de vontade negocial para a órbita da responsabilidade por declarações, diverge do modo de ver da esmagadora maioria da doutrina que invoca o *venire* (cfr., por exemplo, os autores nacionais abaixo citados): ela não distingue e resolve uniforme e globalmente ambas as situações com recurso a essa figura.

Mas parece-nos haver boas razões para distinguir: é diferente o tipo de facto indutor de confiança envolvido, como o é, consequentemente, o referente da confiança do sujeito; apenas num caso a conduta causadora e defraudadora de expectativas diferem cronologicamente, o que implica o reconhecimento de um tempo susceptível de relevância jurídica autónoma na construção do juízo de responsabilidade pela confiança. Assim, a eficácia do *venire* resulta de uma comparação entre comportamentos, antecedente e posterior, à luz da constância e coerência da conduta enquanto factores de criação de expectativas: aí reside, como já se observou, a especificidade e autonomia da figura. Ora, havendo confiança na validade de um contrato, as expectativas do sujeito têm por objecto a própria validade jurídica do negócio, não a estabilidade e congruência de um comportamento futuro do

muitas vezes de conhecimento generalizado confere particular relevância à segunda forma de responsabilidade pela confiança. Mas não

---

sujeito com a conduta por ele anteriormente tomada; a expectativa de não invocar a nulidade não chega a surgir porque o sujeito acredita no cumprimento das exigências de forma. Certamente que quando o sujeito que causou a nulidade vem mais tarde a alegar o vício, ele frustra as expectativas da outra parte: mas estas referiam-se necessariamente, como se disse, à subsistência jurídica das declarações emitidas e não a uma conduta posterior do sujeito de não o alegar, porque — repete-se — o *deceptus* partia dessa subsistência. (Que o defraudar, com um certo comportamento, convicções de outrem não chega em rigor ainda para afirmar o *venire* demonstra-o a consideração de que todos os casos de responsabilidade pela confiança o pressupõem, pois em todos eles há uma imputação da causação e defraudação da confiança a outrem.)

A responsabilidade pela confiança deriva aliás em muitos casos da invocação da verdadeira situação jurídico-material. Pense-se na tutela da aparência, convizinha afinal das nossas situações de responsabilidade pela confiança na validade formal do negócio: essa tutela intervém porque o sujeito alega e demonstra que, contra o que parecia, determinado acto negocial não revestia os requisitos de que dependem, segundo a ordem jurídica, certos efeitos e não deve por conseguinte produzi-los. Mas daí não se segue que a protecção da aparência seja uma manifestação do *venire*: de novo, aqui a confiança coliga-se a um *Tatbestand* declarativo e não a um comportamento estável e coerente; a vontade do autor da aparência de se prevalecer da "verdadeira" situação jurídico-material não tem peso substantivo próprio nas razões da tutela conferida. De resto, no domínio específico da nulidade formal tem sempre de considerar-se o poder de o tribunal declarar *ex officio* a invalidade. Como fundamentar porém a responsabilidade do sujeito que a invoca, perante a susceptibilidade daquela declaração oficiosa? Parece que a pretendida contrariedade de comportamento não poderia nunca relevar autónoma e suficientemente (em contraponto com a mera manifestação de uma vontade negocial inválida). (Nesta linha, precisa SINGER com grande rigor entre a responsabilidade pela confiança num comportamento futuro e a responsabilidade pela confiança alicerçada — como diz — num erro de direito, esta última abrangendo naturalmente a responsabilidade pela confiança na eficácia formal de declarações que agora especificamente se considera: cfr. *Das Verbot* cit., 43 ss, 85 ss, 255 ss.)

Contudo, mesmo no campo da confiança na continuidade e coerência de comportamento da outra parte perante a nulidade formal, importa entrar em linha de conta, além do *venire*, com figuras que relevam especificamente o longo decurso do tempo sem invocação do vício. São perfeitamente imagináveis constelações de *suppressio*, como quando o sujeito legitimado para invocar a nulidade se abstém de

podem excluir-se de modo algum situações de desconhecimento ou de incerteza acerca dessas prescrições.

Certamente que no campo das nulidades por vício de forma é mais difícil dar-se o requisito da justificação da confiança. Afinal de contas, a observância da forma negocial impõe-se por igual a ambas as partes. Tal não significa porém que o desconhecimento da forma, embora facticamente pouco provável nalguns sectores, torne a confiança na validade do negócio irrazoável. E que as consequências desse desconhecimento, ainda que bilateral, não devam onerar em termos diferentes os sujeitos; sobretudo sendo de esperar de um deles um correcto esclarecimento dos requisitos legais de forma ou o providenciar pelo seu acatamento (por exemplo, como no direito de defesa do consumidor, no quadro da protecção da parte mais fraca). Mesmo quando o facto indutor de confiança é patentemente frágil, porque o sujeito conhece à partida a nulidade do negócio e apenas lhe resta, portanto, depositar esperança na não invocação futura do vício pela outra parte — o que significa que, não podendo condicionar essa atitude por a outra parte se não encontrar vinculada a esse comportamento, se limita a confiar na sua "coerência" de comportamento ou numa "boa vontade" — essa confiança pode ser justificada: pense-se nos casos em que realística ou racionalmente não lhe fica outra alternativa senão fazê-lo, dados os constrangimentos que a sua autonomia privada pode *in casu* experimentar, *v.g.*, pela resistência da outra, mais forte ou em posição de vantagem, à devida formalização do negócio,

---

exercer esse poder por largo período de tempo, que conduzem a uma "neutralização" desse poder. Ou então, ao invés, de "surgimento" (*surrectio*) de posições jurídicas (que não cumpriram as exigências formais para a sua válida constituição): se, por exemplo, alguém adopta uma prática contratual continuada, não obedecendo consabidamente à forma legalmente exigida para a modificação válida do contrato no sentido dessa prática de modo a torná-la vinculativa, porventura até porque "reconhecidamente" a quer manter "livre"; o tema é particularmente importante no domínio do contrato de trabalho e da racionalização do tratamento jurídico dos benefícios "além do contrato" reiteradamente atribuídos pela entidade empregadora aos seus trabalhadores, tendo em conta a orientação destes em função dessa *praxis* e a possibilidade de ficarem injustificadamente prejudicados com a sua inopinada suspensão (cfr. designadamente CANARIS, *Die Vertrauenshaftung* cit., 387 ss, 396 ss).

nomeadamente tendo havido início de execução do negócio ou tendo-se ela protelado por um período apreciável de tempo[802].

As consequências da protecção da confiança são via da regra puramente indemnizatórias. De harmonia com a concepção precedente, mesmo estando em causa um *venire* daquele que invoca a nulidade, há em princípio apenas que ressarcir o dano da frustração do investimento feito em função da validade do contrato[803]. A conclusão

---

[802] Elucidativo — relembre-se — o caso decidido pelo Acórdão da Relação do Porto de 18 de Novembro de 1993: cfr. MENEZES CORDEIRO/CARNEIRO DA FRADA, *Da inadmissibilidade da recusa de ratificação* cit., esp. 708-709. Cfr. ainda CANARIS, *Die Vertrauenshaftung* cit., 355 ss: a nosso ver, os seus argumentos em favor de uma responsabilidade "positiva" da confiança colhem também — por maioria de razão — para uma protecção de tipo indemnizatório.

Dada a aparente ausência de elementos específicos susceptíveis de impor uma solução diversa decidiu bem o Acórdão do Supremo Tribunal de Justiça de 11 de Março de 1999, CJ (STJ) VII (1999), 1, 152 ss, ao recusar bloquear uma nulidade formal, por *venire*, em nome da confiança, quando o sujeito sabia perfeitamente que para a compra de certo imóvel era necessária escritura pública (mas não deixa de chamar a atenção o facto de a invalidade ter sido invocada pelo vendedor, ao que se deduz, perto de vinte anos depois da celebração do negócio; teria sido possível equacionar uma responsabilidade pela confiança, em vez de na validade das declarações negociais emitidas, na não invocação futura da referida nulidade?).

[803] É diversa, como se sabe, a posição dominante, que não demonstra reconhecer consequências indemnizatórias ao *venire* (admitindo apenas a preclusão, em casos justificados, via abuso do direito, da possibilidade de invocação da invalidade formal e de desencadear, assim, um processo de liquidação da relação prejudicial para a outra parte): cfr. C. MOTA PINTO, *Teoria Geral* cit., 438 ss, na sequência de MANUEL DE ANDRADE, *Sobre as cláusulas de liquidação de partes sociais pelo último balanço*, Coimbra 1955, 100-101; ainda, PEREIRA COELHO, *Breves notas ao «Regime do Arrendamento Urbano»*, RLJ 125 (1992/1993), 199 ss, H. HÖRSTER, *A Parte Geral* cit., 531-532, CALVÃO DA SILVA, *Anotação ao Acórdão de 12 de Novembro de 1998 (Vício de forma e abuso do direito)*, RLJ 132 (1999/2000), 268 ss; CARVALHO FERNANDES, *Teoria Geral do Direito Civil*, 2.ª edição, Lisboa 1996, II, 493; BAPTISTA MACHADO, *Tutela da confiança* cit., 409-410; M. JANUÁRIO GOMES, *Assunção Fidejussória* cit., 497 ss.

Em favor da prevalência de uma solução de tipo indemnizatório para o problema da alegação do vício de forma por quem o causa, em todo o caso, OLIVEIRA ASCENSÃO, *Direito Civil/Teoria Geral* cit., II, 56, mas apelando (sem recurso à confiança) aos quadros gerais da responsabilidade civil por factos ilícitos (quanto à apreciação das respectivas possibilidades, que são restritas, cfr. *supra*).

é particularmente importante neste domínio, onde — recorda-se — se tem de partir da básica possibilidade (e licitude) de invocar a nulidade do negócio, com a consequente precipitação do contrato numa relação de liquidação. O primado da indemnização (aqui como forma de compensar os prejuízos causados por uma conduta em si conforme com a ordem jurídica) evita que se contornem no seu resultado prático as exigências de forma, alcançando efeitos que, segundo o Direito, delas dependiam precisamente[804]. É indiscutível que ela assegura em muitos casos a plena satisfação daquele cujo investimento de confiança foi atingido pela invocação da nulidade.

Mas nem sempre assim será. Sobretudo se os investimentos são irreversíveis, nomeadamente pela importância existencial de que se revestem para o seu autor; ou também quando, sendo o contrato bilateral, o responsável pela confiança já recebeu a prestação que lhe foi efectuada pelo confiante, tirando dela benefícios que se cristalizaram definitivamente na sua esfera e não é viável restituir[805]. Parece que a

---

[804] Relembre-se: sendo a invocação da nulidade em si lícita, ainda que defraudadora da confiança, está fora de causa a reconstituição, *ex vi* do art. 566 n.º 1 da situação que existiria se a confiança não fosse frustrada. A indemnização em espécie não se aplica no campo das pretensões puramente compensatórias.

[805] Cfr. o número antecedente. Para um exemplo da última hipótese assinalada pode avocar-se o caso do fiador que, pela sua ligação económica com o devedor (por exemplo, enquanto sócio único de uma sociedade por quotas), retirou proveito da concessão do crédito a este, mas recusa depois o pagamento ao credor com fundamento na invalidade formal da fiança. Pode falar-se nestes casos da obtenção de uma vantagem "inapagável" retirada do negócio, que se constitui assim em causa da preservação em espécie dos efeitos por ele já produzidos (veja-se aliás entre nós o Acórdão da Relação de Lisboa de 18 de Março de 1993, CJ XVII (1993), 2, 111 ss, onde se discutiu a possibilidade de o sócio gerente, fiador de uma sociedade que tomara de arrendamento uma fracção para o exercício do comércio, vir alegar a nulidade da fiança derivada da nulidade do arrendamento, quando o contrato foi executado anos a fio a despeito dessa invalidade; na doutrina, cfr. em particular CANARIS, *Die Vertrauenshaftung* cit., por exemplo, 303, mas de modo especial 310, comentando uma sentença do BGH de 28.11.1957, BGHZ 26, 142 ss; entre nós, com outras indicações de autores tudescos no mesmo sentido, veja-se M. JANUÁRIO GOMES, *Assunção Fidejussória* cit., 497 ss, e esp. 498 e n. 471, exigindo pertinentemente, em situações do tipo da decidida entre nós, um nexo entre os benefícios recebidos

tutela do sujeito reclama então a observância dos termos do negócio, pois essa será a única forma de proteger a sua confiança: em tal caso, deve precludir-se a invocação da nulidade, revestindo-se aqui a eficácia inibitória do *venire* de crucial importância[806]. A preservação da

---

pelo fiador invocante da nulidade "e o crédito enquanto possibilitado pela fiança" para que haja preclusão da invocação da nulidade por abuso do direito).

[806] A base legal está no art. 334 (abuso do direito; quanto à interpretação deste preceito, *vide* ainda *infra*).

A necessidade de tutela do sujeito pode não passar apenas pela sua exoneração (através da alegação do abuso da outra parte em invocar a nulidade) da obrigação de restituir o que recebeu (preservando desse modo o investimento feito, e/ou precavendo-se contra a desfavorabilidade da restituição do que por sua vez prestou à outra parte). É susceptível de ir mais longe e traduzir-se no reconhecimento ao confiante de pretensões contra a outra parte (*v.g.*, se o investimento feito pelo sujeito em vista da prestação, ainda não executada, que lhe atribuía o contrato nulo era de importância existencial para ele, implicando a sua frustração danos desproporcionados que uma indemnização não apagaria, então impõe-se reconhecer-lhe um direito à realização daquela prestação). Aqui já se não trata de manter simplesmente cumprimentos já ocorridos, fruto da celebração desse negócio — de defender, nesse sentido, um *status quo* —, mas de atribuir ao pensamento da confiança a possibilidade de fundar como que um direito ao *status ad quem* visado pelo negócio inválido. Mas importa ter claro que esse direito é sempre e apenas concedido enquanto meio técnico-operatório da realização adequada da necessidade de protecção do confiante perante a ausência de uma solução alternativa razoável (e não, portanto, enquanto sucedâneo de pleno estatuto de uma vontade negocial válida, cujas exigências de outro modo subverteria); que essa pretensão é portanto admitida tão-só para cabal *defesa* de uma certa situação que se instalou em consequência do contrato inválido e não enquanto realização positiva da dinâmica de troca que o negócio instituía. (Conforme com esta perspectiva mostra-se aliás o § 139 do Restatement Second of Contracts norte-americano, pontualizando no seu corpo que a promessa geradora de confiança apenas é accionável [*enforceable*], não obstante a violação de prescrições de forma constantes do *Statute of Frauds*, na medida em que essa seja a *única* forma de evitar uma injustiça. Acrescenta-se depois como critérios de avaliação, entre outros, a disponibilidade ou adequação de outros meios de tutela, o carácter substancial e definitivo da acção ou omissão em função da confiança, a justificação da confiança e o grau de previsibilidade que o autor da promessa tinha em relação às atitudes que o confiante tomaria em função dela. Não pode deixar de ressaltar como significativa a analogia com os traços gerais mais marcantes do fino e diferenciado modelo de solução que, aquém-Atlântico, CANARIS

posição em espécie do confiante subordina-se a critérios de adequação e proporcionalidade da tutela, apenas se fazendo presente por exigências indeclináveis de tutela, considerando a justiça[807]. Não pode superar o que em seu nome é devido, nomeadamente pela aceitação da eficácia *in futurum* do negócio celebrado que decorreria, quer da ilicitude por *venire* da invocação do vício de forma, quer da escolha de uma responsabilidade alicerçada na violação de deveres de agir.

No conjunto, salvaguardam-se portanto maximamente as regras jurídicas relativas à invalidade formal e à sua invocabilidade. Observe-se, para concluir, que a intervenção da teoria da confiança em auxílio do sujeito surpreendido com a nulidade formal ou com a sua invocação posterior não afronta directamente estas normas. Sempre que excepcionalmente se trate de preservar os efeitos já produzidos em consequência do contrato, tal significa certamente que o confiante pode fazer valer, em razão da sua confiança, contra aquele que vê precludida a possibilidade de invocação da nulidade, posição análoga à que lhe adviria da celebração de um contrato válido (recusando a devolução do que recebeu ou, então, exigindo a prestação que esse

---

encontrou para este mesmo problema, baseando-se na "mobilidade" da responsabilidade pela confiança: cfr. *Die Vertrauenshaftung* cit., 294 ss, 301 ss. O que não cremos é que ele seja compaginável com uma responsabilidade concebida como derivada da infracção de *regulae agendi*.)

[807] Cfr. o número antecedente. São estes princípios que fazem pois a triagem dos casos que merecem que se preserve em espécie a situação produzida na sequência da celebração do contrato nulo, e que respondem assim à justa preocupação de MENEZES CORDEIRO (acima referenciada) de evitar a banalização da solução. (No quadro de uma responsabilidade *ex vi* do art. 483 n.° 1, por violação de deveres de comportamento, é que ela não "encaixa" do ponto de vista sistemático; cfr. o art. 566 n.° 1. Não pode por isso concordar-se, pelo menos no plano da expressão do pensamento, com o Acórdão do Supremo Tribunal de Justiça de 5 de Fevereiro de 1998, BMJ 474, 435, quando afirma *apertis verbis* que a manutenção de certo contrato de locação financeira, em que o locatário, demandado para a restituição do equipamento locado, veio alegar a falta de forma legal, "pode considerar-se uma indemnização" mediante reconstituição natural de uma conduta abusiva por *venire*, para tutelar a confiança das partes perante o seu cumprimento prolongado.)

contrato lhe assinalava[808]). Mas as suas pretensões são meramente *similares*. Não é que o contrato deixe de ser nulo. De facto, essas pretensões derivam de um outro fundamento, o princípio da responsabilidade pela confiança, que é autónomo em relação ao negócio[809]. Não existe nenhuma *colisão normativa* com as regras da nulidade por vício de forma. Aceitando-se ao menos a protecção da confiança como um *princípio* jurídico do sistema vigente, há apenas uma divergência entre

[808] A excepcional possibilidade de exigir o cumprimento do que seria devido caso o contrato fosse válido evidencia a limitação de um argumento que pretendesse que o contrato consubstancia sempre, embora formalmente inválido, uma convenção sobre a causa da atribuição patrimonial efectuada, com a consequência de não ter de restituir-se por enriquecimento sem causa o que foi recebido em execução dele (cfr. em especial HÄSEMEYER, *Die gesetzliche Form der Rechtsgeschäfte*, Frankfurt a. M. 1971, esp. 240 ss). Essa construção apenas protege o *accipiens* da prestação contra a sua devolução, não funda a vinculação alheia a realizar a prestação. Uma dogmática do enriquecimento sem causa não se afigura aqui suficiente. Em todo o caso, a pretensão de salvaguardar efeitos contratuais produzidos recorrendo ao pensamento de uma convenção atributiva de causa na base de um contrato inválido parece colidir com a determinação restitutória do art. 289 n.º 1 do Código Civil.

[809] Bem diversa se apresenta neste aspecto, se bem interpretamos, a orientação de M. JANUÁRIO GOMES, *Assunção Fidejussória* cit., 496-497, ao aceitar que a sanção a aplicar em caso de exercício inadmissível da faculdade de invocar a nulidade formal consista na *restauração* do negócio — entendida para o autor embora fora do âmbito da reparação dos danos — ou seja, na *consagração da sua validade*. A diferença radica em que a responsabilidade pela confiança, exprimindo uma exigência indeclinável da juridicidade (cfr. ainda, em especial, o n.º 74) é produto de juízos jurídicos de carácter objectivo que incidem sobre comportamentos e circunstâncias dos sujeitos e não do poder de autodeterminação destes, como consequência *ex voluntate* ou *ex negotii*. Apresenta-se neste aspecto muito diferente também o caminho da redução teleológica das disposições da nulidade, que manteria os efeitos do negócio em homenagem "à palavra dada". (A autonomia das regras da nulidade e da responsabilidade repercutem-se em vários aspectos de regime; por exemplo, no que toca às condições subjectivas das partes: enquanto elas são totalmente irrelevantes para a nulidade formal, por aí se manifestando serem as respectivas regras dirigidas a apagar a existência de um efeito "em si mesmo" contrário ao Direito, já relevam na responsabilidade pela confiança, ao exigir-se aí uma imputação ao sujeito; cfr. a conclusão de CATHERINE GUELFUCCI-THIBIERGE, *Nullité, Restitutions et Responsabilité*, Paris 1992, 522.)

os efeitos proporcionados por essas normas e por esse princípio, que fazem presa em realidades diferentes e têm escopos distintos. A resolução do problema das inalegabilidades formais por via da confiança traduz no fundo a sua compressão ou derrogação por virtude da simultânea intervenção de uma directriz que faz igualmente parte da ordem jurídica.

Aqui reside notoriamente uma diferença em relação à redução teleológica. Nesta limita-se a aplicação de uma norma em homenagem à *sua lógica intrínseca*, a partir, portanto, de *dentro dela própria* (pese embora esse procedimento pressuponha — alertou-se — a aplicação de um critério normativo que ultrapassa a norma "reduzida": que o justifica e que vai também colmatar o espaço deixado em vazio pela própria redução). Na protecção da confiança, a norma da nulidade é confrontada com um princípio constituinte, como ela também, do ordenamento, vindo a sofrer, por via dele e da vontade de aplicação que igualmente nele reside, um afastamento. O seu sacrifício provém destarte de uma circunstância *extrínseca* a ela mesma, como consequência da necessidade da aplicação *integral* do sistema jurídico no seu todo, enquanto corolário afinal do *postulado da própria unidade material* deste último. Ele resulta pois da resolução de um problema de *compatibilização* ou *prevalência* entre elementos do sistema em face de uma situação concreta[810]. Não há nada de extraordinário neste procedimento.

---

[810] O juízo derradeiro compete ao tribunal, que tem de sopesar as circunstâncias concretas. O "poder", não apenas de conhecer, mas "de declarar" *ex officio* a nulidade que o art. 286 literalmente lhe atribui será usado na ponderação criteriosa das exigências da nulidade e das suas consequências repristinatórias com o princípio da tutela da confiança: conjugando as regras da nulidade e da responsabilidade (sem olvidar ainda, onde aplicáveis, as do enriquecimento sem causa), por forma a satisfazer os imperativos de justiça e coerência prática do sistema. Bem andou o legislador em não ter consignado *apertis verbis*, no regime geral da nulidade, nenhum "dever" (indiscriminado) de declarar a nulidade (afirmando a supremacia irrestrita das suas consequências próprias face a outros valores da ordem jurídica).

§ 3.º
# O Problema da Delimitação e o Quadrante Dogmático da Responsabilidade pela Confiança

SUMÁRIO: 63 — A circunscrição da protecção das expectativas: "fundamento" e "condições"; as "ligações especiais" na construção da responsabilidade pela confiança. 64 — Sobre a inserção sistemática da responsabilidade pela confiança no direito da responsabilidade civil: "contort", *continuum* ou novo "trilho"? Uma "quarta pista" ou a real heterogeneidade das "responsabilidades intermédias"

63. A circunscrição da protecção das expectativas: "fundamento" e "condições"; as "ligações especiais" na construção da responsabilidade pela confiança

A circunscrição das situações susceptíveis de desencadear uma responsabilidade pela confiança apresenta-se como problema dogmático fundamental. Na verdade, explora-se contra a admissibilidade desta o argumento da omnipresença de casos de expectativas na vida social e o facto de o limiar da relevância jurídica dessas situações se não poder extrair do pensamento da confiança em si mesmo considerado[811]. Mas, embora forte, a razão não perde irremediavelmente o pensamento da protecção da confiança. Com vista a conferir-lhe uma base segura, exigimos precedentemente que a frustração da confiança

---

[811] Crítico por isso, entre nós, já o dissemos, SINDE MONTEIRO, *Responsabilidade por Conselhos* cit., 505.

constituísse efectivamente a *facti-species* da norma de responsabilidade, pois o verdadeiro fundamento da obrigação de indemnizar tem de plasmar-se na respectiva previsão. E pensamos que a sua independência se salva distinguindo-se bem entre aquilo que constitui o *fundamento da responsabilidade* e os factores ou *condições* que simplesmente *delimitam* ou "operacionalizam" a sua relevância no concerto das outras exigências (mesmo de sentido conflituante) colocadas à ordem jurídica. É no primeiro que reside o cerne do juízo de responsabilidade. Os segundos não são por si só suportados por uma valoração jurídica autónoma; produto já de ponderações de harmonização com outros elementos atendíveis, não desprendem, por conseguinte, eficácia de modo auto-suficiente. Concomitantemente, há que traçar uma nítida linha de separação entre os factos constitutivos de responsabilidade e aqueles que se erigem em meros *pressupostos* da obrigação de indemnizar[812].

Claro que a delimitação da responsabilidade é função do *Tatbestand* de confiança. Ele assinala a fronteira exterior máxima da protecção das expectativas, pois se dele se prescindisse coligar-se-ia a tutela jurídica a fenómenos do puro imaginário e teria de sacrificar-se a exigência de uma imputação da confiança ao responsável[813]. Por outro lado, quanto mais fortemente indutor de expectativas ele se revelar segundo a sua natureza, menores serão as exigências de relevância que se lhe hão-de acrescentar para reconhecer uma protecção das expectativas[814].

Similiter, quanto mais "intensa" se revelar a imputação desse *Tatbestand* e a sua frustração ao sujeito, menos difícil é também justificar-

---

[812] Por essa razão, sensíveis embora à necessidade de travar o passo à confiança no domínio dos deveres de protecção dada a "panlocalização" da confiança, eximimo-nos ao abandono puro e simples dessa doutrina em *Contrato e Deveres de Protecção* cit., 257-258.

[813] A ausência de um facto indutor de confiança não permite por conseguinte fundar uma responsabilidade pela confiança. As puras omissões, como sabemos, nunca a desencadeiam.

[814] Sob este ponto de vista, faz todo o sentido destrinçar analiticamente do *Tatbestand* o requisito da justificação da confiança. Claro que, se a ausência de um facto causador de expectativas provoca imediatamente a falta de verosimilhança da crença, a sua presença não basta por outro lado sempre para determinar a responsa-

-se a sua oneração com a obrigação de indemnizar. Assim, a acção de alguém que vise, no objectivo que lhe preside, a determinação das opções de outros conduzirá muito mais facilmente à responsabilidade do que uma conduta que não seja em si mesma portadora dessa intencionalidade, mas que, todavia, tenha sido considerada por outrem nos seus planos e decisões de vida.

Radica aqui o interesse da destrinça entre declarações sobre factos ou promessas, por um lado, e aqueloutras situações de confiança que se louvam directa e simplesmente nos valores gerais da coerência e consequência de comportamento[815]. O *venire*, por exemplo, não se traduz em si mesmo numa responsabilidade por declarações; nem ao

bilidade de quem o provocou, pois pode demonstrar-se, apesar de tudo, uma imprudência do confiante (cfr. também já *supra*, sob o n.º 49, em nota, apontando a vantagem desta discriminação sobre formulações sintéticas dos requisitos de tutela das expectativas).

[815] Pelas razões precedentes poderia no entanto sustentar-se também que uma promessa induz mais facilmente a conduta alheia do que uma afirmação de factos (cfr. ATIYAH, *Essays* cit., 287). Intencionando de modo inequívoco a confiança do seu destinatário, dir-se-á mesmo que, perante a promessa, esta confiança se presume à partida e deve ter-se também em princípio como justificada. O que não ocorrerá diante de simples declarações sobre factos, onde, dada a sua variedade e multiplicidade de circunstâncias ou graus de ligação com o declarante, importa verificar se o sujeito nelas acreditou e tinha motivos para tal. (Na promessa, estes elementos como que não carecem de comprovação autónoma, assente a específica natureza do acto; ao invés, nas declarações incluem-se as não sérias, as meras opiniões, de intensidade muito diversa, etc.). No fundo, a "ponte" entre facto gerador de confiança e tutela da confiança será portanto mais curta nos casos de responsabilidade por promessas do que por simples declarações. Deste modo, a necessidade de circunscrição da responsabilidade far-se-á sentir também com maior necessidade nestas últimas; por outro prisma, nas declarações a fasquia de relevância para efeito de responsabilidade é mais elevada. Em todo o caso, importa não sobreavaliar esta destrinça no domínio da responsabilidade pela confiança: os comprometimentos que aqui relevam apresentam-se despojados de eficácia negocial, sendo esse facto com frequência conhecido ou intuído pelo seu beneficiário, o que afecta as expectativas no seu cumprimento. Assim, especialmente aí onde os sujeitos renunciaram à celebração de um negócio, sendo conhecedores da falta de eficácia negocial da promessa, a confiança no seu adimplemento voluntário não merecerá protecção senão em circunstâncias especiais, nomeadamente havendo limitações de facto à autonomia privada do confiante que o impediram de exigir a celebração do negócio.

factum proprium tem de presidir, da parte do seu autor, uma promessa (muito embora não negocial) susceptível de influenciar condutas alheias. Neste último caso, reclamará também requisitos que são dispensáveis nessas outras constelações. De facto, onde exista uma declaração ou uma promessa pode dizer-se que a responsabilidade do seu autor perante o respectivo destinatário flui qual corolário natural da conduta intencionalmente dirigida a concitar as suas expectativas.

Já quando a confiança se reporta a uma conduta que não se dirige a essa finalidade, ela afigura-se, como se disse, bem mais problemática. Facilmente se concordará que não merece protecção aquele que acertava o relógio pela passagem de Kant a caminho da universidade, se porventura certo dia o filósofo de Königsberg resolveu madrugar ainda mais, levando o outro a presumir uma hora errada[816]. É aqui que maior relevância assume a exigência de uma *ligação especial* (*Sonderverbindung*) entre os sujeitos. A responsabilidade pela confiança não pode servir de pretexto para alijar para outrem o risco geral da vida nem a auto-responsabilidade pelas próprias decisões ou a álea própria da actividade a que o sujeito se dedica. Por isso, a relação especial, na forma como se construa de âmbito para âmbito, incorpora na realidade as valorações que tornam actuante a responsabilidade e a justificam no caso concreto.

Mas também a responsabilidade por declarações carece de limitações; sobretudo perante terceiros que não sejam os seus *destinatários directamente intencionados*. *Verba volent* — pode dizer-se —, e com enorme facilidade, de uma forma não raro perfeitamente imprevisível e incontrolável, do ponto de vista mesmo de quem as proferiu. É irrazoável que um sujeito responda, como se exprimiu uma vez o juiz CARDOSO — concretamente a propósito da responsabilidade dos auditores de empresas perante terceiros —, "numa medida indeterminada, por um tempo indeterminado e perante uma classe indeterminada de sujeitos"[817]. Um risco tão vasto e inabarcável de responsabi-

---

[816] Cfr. F.H. BUCKLEY, in *Paradox Lost*, Minn. L. Rev. 72 (1988), 806.

[817] No famoso caso *Ultramares Corporation* vs. *Touche* (vide, por exemplo, MARTIN DAVIES, *The liability of auditors to third parties in negligence*, UNSW Law Journal 1991, 172).

lidade oneraria demasiado a comunicação entre sujeitos, acabando por entorpecer inaceitavelmente a sua acção.

Daí que urja circunscrever os potenciais credores da indemnização. Um critério pensável é o da *previsibilidade*, para o sujeito, de que a sua declaração é *utilizável por terceiros* ou de que *terceiros virão a levá--la em conta*. Mas não faltam motivos, pelo menos fora de certos âmbitos, para restringir mais a responsabilidade[818]; requerendo que o autor da declaração *identifique (ou possa identificar) os terceiros* susceptíveis de a vir a usar nas suas decisões ou, mesmo, que o declarante *conheça (ou deva conhecer) que o terceiro concreto que efectivamente veio a confiar nela tinha interesse naquela declaração e, com toda a probabilidade, seria influenciado pelo seu conteúdo*[819].

Julgamos porém que deve ir-se ainda mais longe. Não bastará a calculabilidade de que alguém possa vir a alicerçar decisões com base

---

[818] Uma apreciação depende portanto do tipo de situações em causa. Assim, há sectores onde a premência do combate à frustração de expectativas se faz sentir com maior intensidade — assim, quanto mais "aberto" e transparente se pretende um sector, maiores as razões para reforçar a sua segurança —, podendo conduzir a que a responsabilidade pela confiança em declarações se dilate de modo a beneficiar terceiros, ainda que indeterminados do ponto de vista do seu autor. Pense-se na responsabilidade por prospecto no mercado de valores mobiliários.

[819] São idealizáveis outros critérios. Em torno dos apontados gira porém acesa discussão nos Estados Unidos: cfr. MARTIN DAVIES, *The Liability* cit., 173 ss; *vide* ainda PROSSER/KEETON, *On Torts* cit., 744 ss. Note-se todavia que, ao contrário destes autores, os entendemos aqui como delimitadores de uma responsabilidade pela confiança autónoma da decorrente da infracção de regras do agir (embora deva igualmente reconhecer-se a sua importância para a fundamentação de uma responsabilidade por violação de deveres de comportamento; nomeadamente daqueles que, superando as clássicas adstrições delituais ou contratuais, decorrem do princípio da boa fé, quando lesado e lesante não estão entre si ligados por qualquer contrato nem pretendem vir a estar).

Há constelações do direito da responsabilidade que põem estes elementos de decisão à prova (de resto, tanto procurando-se uma responsabilização por violação de deveres, como seguindo-se um modelo dela emancipado). Uma das mais actuais é a da responsabilidade de auditores perante terceiros investidores ou adquirentes de empresas na base de pareceres por aqueles elaborados, que desbravámos em *Uma «Terceira Via»* cit.. A sua importância prática reforça-se pela fácil adaptação das considerações aí relevantes para o vasto campo da responsabilidade de conselheiros fiscais, peritos, etc..

nas declarações que se produzem para impor ao sujeito uma responsabilidade pela respectiva emissão. Quando estão em causa decisões alheias — espaço virtual de danos puramente patrimoniais (*pure economic losses*) — não há responsabilidade só por o sujeito ter adoptado um comportamento do qual podiam fluir danos para outrem que o levasse em conta[820]. Afinal, num mundo de constante acessibilidade e circulação de enormes massas de informação, cada qual confere crédito àquilo que quer: a sua autonomia na respectiva procura, selecção e avaliação apenas parece compaginável com a admissão de uma responsabilidade *nos casos em que o autor da declaração intencionou com ela condicionar ou influenciar opções alheias*[821]; e em tanto maior medida quanto mais direccionada a concretos sujeitos for a declaração, pois ordinariamente será então maior a reivindicação da sua fiabilidade e, com isso, a justificação

---

[820] Demonstram-no as regras da responsabilidade aquiliana, que não contemplam, na ordem jurídica portuguesa e noutras, a ressarcibilidade genérica de danos patrimoniais puros, como o são tipicamente os *out-of-pocket damages* sofridos por aqueles que se basearam em declarações alheias aquando da sua actuação (*v.g.*, terceiros que decidiram investimentos em função de auditorias incorrectas de empresas). Considerando o art. 483 n.º 1, não existe, nem pode genericamente construir-se, um direito subjectivo a não se fazerem disposições patrimoniais inadequadas do ponto de vista económico. Em idêntico sentido depõe o art. 485 n.º 1: não há responsabilização com a simples previsibilidade da hipótese de um dano conexo com uma informação. Eventuais disposições de protecção que se apliquem têm sempre natureza particular. Uma responsabilização por causação de danos com violação do mínimo ético-jurídico exigível — via aberta, na Alemanha, pelo § 826 do BGB, ao cominar a responsabilidade por danos causados com dolo de modo ofensivo dos bons costumes, mas que tem de ser entre nós trilhada *praeter legem* — pressupõe circunstâncias qualificadas: requere-se em princípio a intenção de causar prejuízos, não sendo suficiente a mera prognose da possibilidade de eles se darem para quem as leve em conta na sua actuação. (Estes obstáculos a um enquadramento delitual da responsabilidade fazem entrever com toda a nitidez o problema da responsabilidade dos auditores. Trata-se de procurar um título que permita a imputação desses danos para além das limitações do direito delitual; como as necessidades da prática se encarregam de demonstrar, ao menos em situações de negligência. Daí o interesse de uma solução *ex vi* da *culpa in contrahendo* como a que propugnámos. Na nossa concepção, ela não tolhe porém o recurso à responsabilidade pela confiança enquanto realidade dogmática autónoma.)

[821] Semelhante exigência realiza de modo mais intenso a necessidade de reconduzir a responsabilidade a uma actuação determinada pela vontade. O sujeito

da confiança dos destinatários. No fundo, não havendo a determinação de influenciar alguém, somente circunstâncias particulares — uma ligação especial preexistente — podem tornar o autor da declaração em garante da não efectivação de decisões prejudiciais por outrem[822]. De

---

pode sempre evitar a responsabilidade esclarecendo convenientemente que a sua declaração se não dirige senão a um sujeito ou a um fim específico e não tem, assim, qualquer destino "externo".

[822] A estrita perspectiva da preservação de danos combina-se bem com uma imputação alicerçada na simples previsibilidade da sua ocorrência em outrem. Do ponto de vista sistemático parece estar-se mais perto do direito delitual (que protege "estaticamente" os sujeitos de intromissões lesivas nos seus interesses) do que imputando-se o dano através do critério da intenção de determinar outrem a uma decisão. Sendo esta decisão, com muita frequência, de índole negocial — figure-se a já mencionada opção de investimento numa empresa deficientemente auditada —, a responsabilidade do autor da declaração resulta então da sua participação e influência na dinâmica da interacção negocial, o que a aproxima sistematicamente do direito dos contratos. (Nessa linha se move aliás tipicamente a solução da *culpa in contrahendo*, considerando especialmente o seu alargamento no sentido de uma responsabilidade de terceiros: *vide* o nosso *Uma «Terceira Via»* cit., especialmente 98 ss).

Abstractamente, a teoria da confiança tanto consente, em matéria de imputação, o critério da intenção de influenciar condutas alheias como o da previsibilidade dos danos ocasionados com uma declaração, atenta a possibilidade de lhe ser conferido crédito. Mas percebe-se claramente que ela se tem de harmonizar com os equilíbrios que as ordens de responsabilidade por violação de deveres de comportamento asseguram, pois há valorações análogas a que está sujeita. Não subverterá por isso aquilo que é proporcionado, ou pelo direito delitual, ou por outras adstrições de comportamento (por exemplo, para o período pré-negocial, via *culpa in contrahendo*).

Duas notas ainda. A primeira para referir que a exigência de que o sujeito possa individualizar aquele que concretamente é susceptível de vir a sofrer um dano pelo crédito conferido a uma declaração indutora de falsas expectativas se não coaduna com o paradigma do anonimato e fungibilidade da pessoa do lesado que marca o direito delitual. A obrigação de garantir que alguém individualizado não leve a cabo disposições prejudiciais parece-nos situar-se afinal já acima do nível aquiliano de protecção, no âmbito das ligações especiais e do raio de acção da regra de conduta segundo a boa fé.

Por outro lado, a exigência, como pressuposto de responsabilidade pela confiança, de que o sujeito pretenda com a sua declaração determinar decisões alheias permite (atente-se na "densidade" desta imputação) dispensar o conhecimento

resto, reitera-se, ainda que satisfeitos estes requisitos, a responsabilidade poderá ser evitada caso as expectativas do sujeito se não apresentem, apesar de tudo, razoáveis em função das circunstâncias. Afinal, o crescimento exponencial da comunicação nos dias de hoje também a trivializa enquanto factor de confiança (*per se* credível). A construção do que seja o risco geral da vida (das próprias acções de crer) deve acompanhá--lo, limitando a responsabilidade.

daquele que especificamente veio a acreditar nela quando a sua identidade não seja decisiva para o fim em vista. O que interessa é que a opção tomada pelo terceiro se insira naquilo que o autor da declaração pretendeu influenciar. Assim, escreve CANARIS, *Die Reichweite der Expertenhaftung gegenüber Dritten*, ZHR 163 (1999), 235-236, que a responsabilidade do perito perante terceiros se delimita ordinariamente apenas pelo concreto projecto económico global que a sua intervenção visa promover, não sendo deste modo necessária a conexão unívoca do seu laudo ou informação com um negócio determinado e podendo abranger-se os vários negócios que se inserem naquele projecto. (Por isso, é perfeitamente compatível com a compreensão da responsabilidade pelo prospecto à luz da doutrina da confiança o facto de aquela se poder efectivar, quer perante primeiros adquirentes de valores mobiliários, quer face a compradores ulteriores, pois também os negócios de investimento destes últimos são visados pela finalidade orientadora do prospecto.)

Claro que há o problema do desvio, por outrem, da declaração em relação à finalidade a que ela foi endereçada pelo seu autor. À partida, parece que apenas a "negligência" do autor da declaração no que concerne ao extravio ou usurpação da declaração por outro o constituiria em responsabilidade perante quem nela veio a acreditar. Pelo menos é isso que, numa valoração análoga, estabelece o art. 246, quando falta ao sujeito a consciência de emitir uma declaração: a responsabilidade deste depende de culpa sua. Mas não rejeitaríamos o alargamento destas condições para além do que é reclamado pelo nexo, ainda que mínimo, com uma conduta voluntária, dando realização a puros critérios de distribuição do risco (para efeitos indemnizatórios). Pense-se no âmbito (vasto) da procuração aparente, que implica com certeza, segundo o nosso modo de ver, uma *responsabilidade* pela procuração aparente. A questão pode aliás colocar-se em âmbitos indiscutidos do direito civil. Assim, há bons motivos para que a responsabilidade *ex vi* do art. 245 n.º 2 se não detenha *apertis verbis* na falta de negligência do autor da declaração. Idêntica solução deveria valer obviamente para a falta de consciência da declaração (havendo portanto de desenvolver-se a resposta do art. 246), e generalizar-se a outros casos. Semelhante valoração está com certeza inviabilizada para quem escolha uma perspectiva delitual, pois a responsabilidade aquiliana é firmemente dependente de culpa.

Não pode discutir-se agora em pormenor os critérios atrás referidos, embora haja aqui um importante campo onde a teoria da confiança precisa de ser modelada; excederia manifestamente o propósito da presente investigação concretizá-los para cada tipo concreto de situações. Por suposto, a escolha daqueles não é fungível: tem de espelhar a *ratio* da responsabilidade e coadunar-se com ela. No entanto, estes pontos de vista devem ponderar-se de forma basicamente semelhante para delimitar adequadamente a responsabilidade por promessas perante quem não é seu destinatário directo, mas se orientou pelo seu cumprimento e mantém por isso um interesse na sua observância. Se a responsabilidade pela confiança do autor da promessa em face do seu beneficiário formal não levanta problemas de maior, parece que, tal como na responsabilidade por declarações, ela deverá também admitir-se em relação àqueles cuja confiança se pretendeu de qualquer modo captar através da promessa feita a outrem[823].

Suponha-se que uma firma construtora assegura ao dono da obra a conclusão de um edifício para revenda em certa data e não cumpre, vindo os interessados adquirentes a sofrer prejuízos[824]. Mas também o contrato com prestação a terceiro e certas outras situações para as quais se tem reivindicado a figura do contrato com eficácia de protecção para terceiros poderiam oferecer eloquentes ilustrações[825]: o

---

[823] A simples determinabilidade (que pode ser mínima) de quem possa vir a confiar no compromisso não será assim ordinariamente suficiente para fundar, também aqui, uma responsabilidade perante terceiros.

[824] Ou que o governo, através do ministério competente, promete à entidade que urbanizará certa zona a conclusão de determinadas infra-estruturas, movendo com isso a decisão dos (demais) sujeitos a aí estabelecerem morada ou investirem em projectos. A jurisprudência norte-americana documenta este tipo de exemplos. Cfr. METZGER/PHILIPS, *Promissory estoppel and third parties* cit., 968, e ns. 270-272.

[825] Considere-se, respectivamente, o caso de escola da florista que se compromete perante o comprador a fazer chegar as flores ao seu destinatário e o do advogado que se encarregou perante outrem de preparar a minuta de um testamento que visava instituir uma filha como única herdeira (este último precedentemente referenciado). Com a prevenção, em todo o caso, de que a responsabilidade que agora discutimos é a que deriva da confiança e não de qualquer dever de conduta do devedor, fundado no contrato, relativamente a esses terceiros, como é, em rigor, o característico do contrato com eficácia de protecção para terceiros.

terceiro não é titular de qualquer pretensão de cumprimento da vinculação que impende sobre o devedor, mas pode alicerçar sobre esse cumprimento as suas decisões e ser prejudicado se ele, afinal, não sobrevém. Aqui como no caso das declarações, há que evitar um desmesurado risco de responsabilidade: esta afirmar-se-á na medida em que o compromisso do sujeito intencionasse de qualquer modo a criação da confiança em terceiro, o que realmente ocorre com frequência[826]. Fora desses casos, apenas a existência de uma ligação especial entre o autor da promessa e o *deceptus* pode impor ao primeiro a responsabilidade por decisões inúteis ou prejudiciais deste último[827].

É oportuno distinguir ainda consoante as declarações indutoras de confiança visam a produção de efeitos jurídicos ou incidem sobre relações jurídicas, ou, ao invés, se reportam a realidades alheias ao Direito, para afirmar que a tutela jurídica das expectativas vai mais além no primeiro do que no segundo caso. Um certo apoio pode entre nós divisar-se no confronto entre os arts. 899 e 909, por um lado, e o art. 915, por outro; considerando-se que a responsabilidade neles prevista tem natureza negocial, é verdade que apenas indirectamente se pode escorar essa destrinça, através de uma ponderação sistemática de ordem geral: o regime da responsabilidade pela confiança em declarações (ora sobre factos jurídicos, ora estranhos ao Direito) não pode deixar de ser conforme com o daquela imputação de danos que faz presa em declarações negociais. De qualquer modo, pensamos que a *ratio* da diversidade de tratamento não deve desligar-se de uma

---

[826] Tal como nas declarações, não será neste aspecto necessária a possibilidade de individualizar *ex ante* aqueles que vieram a conferir crédito à promessa; desde que as expectativas depositadas por terceiros correspondam efectivamente à convicção que o autor do compromisso quis produzir, haverá, segundo pensamos, base para a responsabilidade. E também as consequências de uma "perversão" da promessa (*v.g.* por um deficiente entendimento desta por terceiros) poderá recair sobre o seu autor segundo critérios gerais de distribuição do risco. (Específico, mas essencialmente conforme com este modo de ver apresenta-se o disposto no art. 243 n.º 1.)

[827] Os deveres de protecção contra disposições danosas podem brotar, via regra de conduta segundo a boa fé, de múltiplas circunstâncias (relações contratuais ou pré-contratuais, ligações correntes de negócio, curadoria de interesses entre o autor da promessa e terceiro, etc.) que se conjugam num relacionamento específico entre os sujeitos.

ideia de *reforço* da fiabilidade das "formas" através das quais os sujeitos participam no tráfico jurídico, nomeadamente os negócios[828].

Cremos também que — como se entrevia já pelas considerações anteriores — é na função de *delimitação* (-operacionalização) que reside

---

[828] Já se abordou este ponto. CANARIS, fautor da distinção a que aludimos, considera que a possibilidade de influência do sujeito no sentido da correspondência à situação de confiança que criou é mais fácil de verificar quando ela diga respeito a uma relação jurídica (*Die Vertrauenshaftung* cit., 496-497). Consequentemente pensado, teríamos pois de admitir que onde o sujeito tivesse semelhante possibilidade de promover a correspondência à confiança numa asserção relativa a factos exteriores ao mundo do Direito, a tutela da ordem jurídica deveria ser também idêntica.

Fica-nos porém sobretudo a impressão de que o que poderá estar em causa no favorecimento da tutela da confiança em situações jurídicas é o incremento da segurança dos instrumentos do tráfico jurídico que as produzem. No âmbito do relacionamento dos sujeitos, a cada qual compete avaliar por si os pressupostos de facto de que dependem as decisões jurídicas com que prossegue os seus interesses. A autonomia de ponderação desses pressupostos é aliás também um corolário da liberdade de diferenciada sensibilidade perante os vários interesses e de escolha daqueles que se quer prosseguir; aquilo que para uns é relevante, para outros não o é. Fora pois de circunstâncias especiais, não deveria permitir-se ao sujeito alijar de si para outrem o risco da valoração e confrontação desses elementos. Diversamente quando ele elegeu já os interesses que queria alcançar e ponderou os elementos de facto das decisões que pretende tomar. A actuação no tráfico jurídico é participação num sistema de cariz eminentemente objectivo que requer sujeição a regras claras e respeito pelas formas através das quais ele se realiza. Daí a especial necessidade de tutelar a confiança na eficácia jurídica dos negócios por parte de quem os celebra; aceitando até uma imputação pelo risco nesse domínio. Claro que, dentro da lógica deste pensamento, as expectativas relativas à verificação dos requisitos de eficácia dos *elementos constitutivos desses negócios* (das declarações negociais que os compõem) merecerão uma protecção mais enérgica que as declarações relativas a situações jurídicas *extrínsecas* ao objecto do negócio, ainda que porventura o negócio se lhes refira (enquanto seu pressuposto, base ou condição de eficácia). Quanto a estas declarações sobre factos jurídicos que não dizem directamente respeito às posições das partes que o negócio visa conformar, parece que a protecção do ordenamento não deverá diferir muito da conferida a afirmações sobre factos não jurídicos. (A menos que queira estender-se o reforço da protecção do tráfico a todas as asserções sobre os factos jurídicos que nele se desenrolam, ainda que não directamente constitutivos de efeitos entre as partes, o que, se pode admitir-se sectorialmente, é discutível em tese geral.)

essencialmente a importância dogmática da *ligação especial* na responsabilidade pela confiança. O seu papel de pressuposto da protecção jurídica das expectativas depende, de harmonia com o exposto, do *Tatbestand* de confiança e de nexo de imputação em jogo. Naturalmente que quando alguém concita intencionalmente as expectativas de outrem, a responsabilidade tende a afirmar-se com independência de existir uma relação particular prévia entre os sujeitos: quem convoca voluntária e propositadamente a confiança de alguém não poderá em princípio escudar-se depois da responsabilidade a pretexto de que não estava em qualquer relação com ele[829]. O relevo da ligação

---

[829] Este ponto de vista é naturalmente relevante em sede de responsabilidade por mensagens publicitárias, por prospecto ou por certificados de trabalho emitidos pela entidade empregadora e destinados a serem apresentados pelo trabalhador na sua candidatura a uma nova ocupação. Nestes casos em que intencionalmente se pretende criar expectativas em outrem não parecem justificáveis as limitações que construções utilizadas na doutrina como as do contrato com eficácia de protecção para terceiros ou a ligação corrente de negócios (cfr. SINDE MONTEIRO, *Responsabilidade por Conselhos* cit., 514 ss) poderiam importar para essa responsabilidade. Certamente que, tanto tratando-se de uma mensagem publicitária como um prospecto, a declaração tem tipicamente como destinatários sujeitos não determináveis nem conhecidos de antemão do seu autor, o que põe claramente em xeque a ligação especial e o seu papel; *mutatis mutandis*, se a entidade empregadora passa o certificado de trabalho para poder ser apresentado a quem quer que o trabalhador venha a pretender no futuro. Ultrapassando-se aqui o que razoavelmente possibilitam aquelas figuras, parece impor-se a consideração de que a responsabilidade por este tipo de declarações não carece de relação especial para se afirmar.

Não se obtempere que às mensagens publicitárias, por exemplo, está ínsita uma finalidade de sugestionação do público consumidor que este deverá levar em conta quando toma as suas próprias decisões de adquirir os bens objecto da publicidade. Se concedemos que a cada qual compete defender-se da estratégia persuasiva (lícita) da publicidade, a verdade é que esta encerra também, com muita frequência, afirmações acerca de qualidades e características determinadas dos produtos que pretende serem acreditadas pelo público como verdadeiras (com maior razão, também as asserções contidas em prospectos se destinam a serem levadas por ele como sérias). Em relação às declarações que, conquanto inseridas na publicidade, revelam fundamentalmente este teor não se vislumbra razão para não admitir a responsabilidade (nesse sentido, com vigor, entre nós, FERREIRA DE ALMEIDA, *Texto e Enunciado* cit., II, 959 ss, no quadro embora de uma solução de tipo negocial). As figuras do contrato com

especial surge pois essencialmente na circunscrição da responsabilidade perante quem não era o destinatário intencionado das expectativas a criar e nas hipóteses em que a criação de confiança não é sequer directamente querida pelo sujeito que actua. No *venire*, por exemplo — reitera-se —, o *factum proprium* obedecerá muitas vezes a estratégias de acção que, não se dirigindo embora ao suscitar de confiança, acabam por assumir a função de elemento orientador de planos de vida alheios por força de expectativas gerais da coerência e continuidade de conduta[830].

Realce-se no entanto que a ligação especial tem, nesta veste delimitadora que lhe assinalamos[831], um recorte que importa não confundir com a fundamentação (e circunscrição) de deveres (*maxime* de

---

eficácia de protecção para terceiros e da relação corrente de negócios acima referidas obrigariam aqui todavia a patentes restrições (analogamente na responsabilidade por prospecto, cuja regulamentação nos arts. 149 e seguintes do Código dos Valores Mobiliários rompe — e bem — os seus limites).

De harmonia com o exposto, o art. 485 n.º 1 merece, em nosso entender, uma interpretação restritiva da irrelevância das informações para efeito de responsabilidade no domínio da indução à celebração de contratos que é o âmbito do "mercado". Neste contexto, observe-se finalmente que o recurso ao abuso do direito (cfr. SINDE MONTEIRO, *op. cit.*, 545 ss.), pelos requisitos dogmáticos específicos que implica (a que já se aludiu), não se afigura ser suficientemente amplo para enquadrar responsabilidades tão extensas como a que está prevista no Código dos Valores Mobiliários em matéria de prospecto; pelo que neste sector, e em análogos, os elementos para a construção de uma responsabilidade pela confiança (fora do contexto das ligações especiais) apontados no texto revestem-se de crucial importância.

[830] Considere-se, ilustrativamente, a jurisprudência nacional acima referida, mas outros arestos poderiam ser citados. Patenteia-se claramente que o *venire* surge normalmente no âmbito do contrato ou de outras relações como a pré-contratual; confirmando pois eloquentemente a importância que atribuímos ao conceito de ligação especial neste domínio (e que vale igualmente no campo da *suppressio* ou da *surrectio*). A possibilidade, aliás, de imputar a outrem uma responsabilidade por comportamento contraditório a título "objectivo" não o perturba. A relação especial pode também ser entendida de modo objectivo, independente da consciência ou da vontade de assumir essa relação.

[831] Note-se que a relação especial com funções delimitadoras da responsabilidade pela confiança é mais restrita que a noção de mera participação no tráfico negocial que CANARIS prefere para com ela abarcar situações que vão para além do

protecção) que possui na responsabilidade por violação de regras de agir. Destrinçámos estes dois modelos. Claro que aí onde se justifique a responsabilidade pela confiança tenderá igualmente a aceitar-se uma responsabilidade por violação de adstrições destinadas a prevenir danos derivados do surgimento ou manutenção de situações infundadas de confiança. Em todo o caso, em coerência, as ligações especiais não devem ser automaticamente tomadas enquanto "relações obrigacionais" compreensivas de deveres (embora não "deveres primários de prestação") por uma teoria da confiança emancipada da infracção de adstrições[832]. O conceito de ligação especial, apesar de um difundido

---

contacto negocial directo entre os sujeitos (cfr. *Die Vertrauenshaftung* cit., 539 n. 72). Ao autor germânico importa estabelecer um elemento *geral* do sistema da protecção da confiança *no seu conjunto*. De facto, no campo da protecção positiva da confiança, o legislador fixou por vezes concludentemente, com maior generosidade do que o permitiria qualquer conceito de relação especial, o âmbito da atendibilidade das expectativas (pense-se, por exemplo, na ininvocabilidade de excepções nas relações mediatas do domínio cartular). Por outro lado existem, como acima se viu, sectores da protecção "negativa" pela confiança onde, efectivamente, o conceito de relação especial está deslocado na pretensão de circunscrição da responsabilidade, revelando o apropriado da opção deste autor (cfr. também ns. 2276 ss, in *Handelsgesetzbuch/ Grosskommentar* [begr. Herman Staub], III/3, Berlin, New York 1981 = *Bankvertragsrecht*, 2.ª edição). Mas nada tira à relevância e utilidade da ligação especial na construção da tutela indemnizatória da confiança. Ela merece portanto ser destacada do cenário, mais vasto, indistinto e genérico, da participação no tráfico negocial.

[832] Ainda que sejam susceptíveis de compreender esses deveres. (Aqui temos obviamente de assumir uma *nuance* construtiva, de diferença com aqueles que não partilham do aludido entendimento da doutrina da confiança e a mesclam com os deveres impostos pela boa fé.)

Os ditames de conduta que surgem no seio das relações obrigacionais sem deveres primários de prestação — se se quiser, no nosso entender, uma acepção apenas da categoria mais ampla das ligações especiais — podem ultrapassar aliás em muito os que acabam de referir-se no texto, como o demonstram os deveres de protecção dirigidos à preservação da intangibilidade da esfera jurídica alheia. Pense-se também na especial responsabilidade por omissões que delas pode brotar e que não é seguramente, como já se sublinhou, uma responsabilidade pela confiança.

Certamente que as vinculações que compõem estas relações obrigacionais sem deveres primários de prestação se dirigirão com frequência à promoção e garantia das condições para uma lograda relação de concertação de condutas num

emprego em sinonímia com as relações obrigacionais sem deveres primários de prestação, não está portanto de modo algum necessariamente vinculado à responsabilidade por desrespeito de deveres.

ambiente de confiança recíproca; nem por isso elas realizam contudo uma tutela das expectativas propriamente dita. (Na não distinção está a raiz da discrepância com autores como CANARIS ou, na sua esteira, entre nós, MENEZES CORDEIRO, ao reconhecer hoje uma relação de protecção expressão da tutela da confiança: cfr. *Schutzgesetze* cit., esp. 102 ss, e *Tratado* cit., I/1, 408. A função não pode confundir-se com o fundamento. Mais certeira é, neste aspecto, a opinião de P. KREBS: apesar de também não isolar o pensamento da protecção da confiança da infracção de deveres, reconhece que uma das finalidades da *Sonderverbindung* é, como diz, o proporcionar um relacionamento de confiança *[vertrauensvolles Miteinander]* entre os sujeitos, esclarecendo porém que tal não pode significar outra coisa que o interesse da ordem jurídica em promover a confiança em como se não produzirão danos: cfr. *Sonderverbindung und ausserdeliktische Schutzpflichten*, Köln 2000, 190 e 216. Mas naturalmente que uma expectativa deste tipo não tem por si qualquer relevância, porque o que interessa é a preservação de danos *tout court*.)

Quanto ao papel da ligação especial na fundamentação de deveres, já o nosso *Contrato e Deveres de Protecção* cit., *v.g.*, 236 ss, 258 ss, 274 ss; *vide* ainda *Uma «Terceira Via»* cit., 38-39 e n. 26, 53-54 e ns. respectivas, 102 ss, aqui sem pretender ainda assumir a preocupação de destrinçar a função do conceito no âmbito do sistema de protecção da confiança e no espaço dos deveres de conduta inspirados na boa fé (e relevando antes o seu papel de controlo da responsabilidade por violação de regras de agir, obviando à sua desmesurada extensão: aceitando-se que a relação especial implica especiais deveres de comportamento, ela delimita igualmente os credores titulares de uma indemnização. São duas vertentes incindíveis).

Com a prevenção para a necessidade desta distinção, não existem motivos para excluir a relação especial como elemento de construção da responsabilidade por asserções nos casos *apertis verbis* não contemplados pelo regime do art. 485 n.° 2, relativo à responsabilidade por informações. (De facto, são relativamente pouco numerosos os casos em que existe uma assunção de responsabilidade pelos danos causados, e ainda mais contadas serão as situações em que a conduta do prestador da informação constitui facto punível. Neste aspecto o preceito, ao referir-se também às hipóteses de existência de um dever jurídico de dar uma informação sem determinar restritivamente a fonte possível desse dever — não exigindo nomeadamente que ele tenha de provir de lei ou de contrato, que são as fontes por onde corre a exegese mais comum da disposição referida: cfr. o nosso *Uma «Terceira Via»* cit., 66 ns. 61 e 74 —, permite a sua fundamentação na regra de conduta segundo a boa fé, nomeadamente no período da formação do contrato. É como esforço de concretização desta abertura do ordenamento que ganha relevo a ligação especial.)

À partida, a noção de relação especial tem um cariz formal, não dispensando como tal preenchimento. No âmbito da teoria da confiança, a sua explicitação fixa o concreto raio de acção das razões gerais que militam em prol da responsabilidade pelas expectativas. Os vários critérios e elementos especificadores hão-de ser harmónicos com os requisitos gerais dessa responsabilidade, aí incluídos os princípios de imputação relevantes[833].

Não parece de resto legítimo repudiar-se a responsabilidade pela confiança a pretexto do carácter incolor do conceito de ligação especial. A sua abrangência tem evidentemente de sacrificar ao conteúdo. Mas, sobretudo, as dificuldades de especificação dessa relação pôr-se--iam sempre, de modo bastante similar, nos modelos de responsabilidade alternativos ao da confiança[834]. Elas surgem igualmente à hora

---

O que há sim é que manter a coerência do discurso: a responsabilidade pela confiança é autónoma da violação de deveres e, por isso, não faz sentido circunscrevê--la invocando um dever jurídico de dar a informação (e de a proporcionar correctamente) alicerçado numa relação especial, para além mesmo das situações previstas no preceito indicado (em sentido diferente, como dissemos já, SINGER, *Das Verbot* cit., 106). Estamos igualmente bem longe do pensamento de PICKER, para quem a relação especial representa um meio técnico de circunscrição de uma responsabilidade *in totu* vista como estruturalmente homogénea e assente na infracção a regras de comportamento, assumidamente negadora de espaço para a teoria da confiança. (Mas consequente, entre nós, SINDE MONTEIRO, que constrói a responsabilidade por informações tão-só como emergente da violação de deveres, e rejeita a teoria da confiança: *Responsabilidade por Conselhos* cit., 488 ss, 514 ss, e *passim*.)

[833] Deste modo, os argumentos em favor de uma responsabilidade "objectiva" pela confiança (ocasionação de uma situação de confiança, dominabilidade do respectivo risco para outrem, proveito ou benefício da actividade que o introduz, etc.) proporcionarão, por exemplo, outros tantos elementos susceptíveis de contribuir para a concretização da relação especial. Numa outra perspectiva, seria contraditório conferir à relação especial uma extensão que ultrapassasse aquilo que ainda é suportável pela recondução da responsabilidade a uma conduta voluntária do sujeito se esse é o princípio de imputação relevante.

[834] Ciente desta dificuldade, SINDE MONTEIRO refugia-se provisoriamente na ligação corrente de negócios e no contrato com eficácia de protecção para terceiros a fim de resolver as hipóteses duvidosas de responsabilidade por informações (com rejeição da doutrina da confiança). Tais figuras estariam de facto minimamente consolidadas, o que não aconteceria com outras (cfr. *Responsabilidade por Con-*

de justificar a obrigação de indemnizar na violação de deveres de conduta aceites ao abrigo das exigências da regra de conduta segundo a boa fé. E não seria menor o investimento de argumentação necessário para destrinçar as situações de infracção de deveres delituais no tráfico daquelas que não consubstanciam semelhante desrespeito, não conduzindo por conseguinte à obrigação de indemnizar. A crítica — de diversos quadrantes — à responsabilidade pela confiança e à relação especial olvida-o demasiadas vezes.

Sublinhe-se que a compreensão plena da necessidade de circunscrição da responsabilidade pela confiança se prende também com o tipo de prejuízos a ressarcir. Já observámos que, como mostra de forma exemplar o regime da responsabilidade do produtor, basta em princípio a introdução de uma fonte de perigo da integridade física dos bens ou da pessoa de outrem para que a responsabilidade possa desencadear-se, sem se exigir à partida um nexo específico entre o responsável e o lesado ou a determinabilidade deste[835]. Estando pelo contrário em causa a frustração de um investimento por falha de certa concertação de condutas baseada na confiança — um dano patrimonial puro — sente-se uma particular necessidade de cercear a responsabilidade[836].

---

selhos cit., 514 e 535). Mas cremos que o que justifica hoje essas figuras vinculadas a uma responsabilidade por violação de deveres decorrentes da boa fé permitiria perfeitamente fundamentar também uma responsabilidade pela confiança alicerçada numa relação especial entre lesado e lesante.

[835] Cfr., quanto à responsabilidade objectiva do produtor, o art. 1 do Decreto--Lei n.º 383/89, de 6 de Novembro, ao estabelecer que o produtor é responsável pelos danos causados por produtos que põe em circulação. Elucidativa a este propósito é também a regra constante do art. 5 n.º 1 da Lei n.º 24/96, de 31 de Julho, relativa à defesa dos consumidores, segundo a qual é proibido o fornecimento de bens que, em condições normais ou previsíveis de utilização, impliquem riscos inaceitáveis perante um elevado grau de protecção da saúde e segurança física das pessoas.

[836] As restrições acima consideradas de uma responsabilidade pela confiança em declarações ou promessas perante terceiros não vigoram no caso de lesão da integridade física da pessoa ou dos seus bens.

A maior severidade da responsabilidade por este tipo de danos transluz também num *obiter dictum* proferido no conhecido caso *Caparo* vs. *Dickman*, segundo o qual na responsabilidade por danos primariamente patrimoniais decorrentes de uma

Para finalizar. A responsabilidade pela confiança é fundamentalmente uma responsabilidade no *âmbito do tráfico negocial*[837]. Deste modo, a relação especial exprime-se, via de regra, num *contacto negocial (geschäftlicher Kontakt)* entre os sujeitos. Não obstante um certo carácter difuso e resvaladiço, estas noções apontam claramente para as exigências acrescidas de responsabilização que se fazem sentir no mundo impessoal, "duro", da competição ou das estratégias de maximização de proveitos e minimização de custos que prevalecem no mundo "económico". Pelo contrário, no espaço da pura obsequiosidade e altruísmo que é, normalmente, o círculo mais "pessoal" e infungível de vida — pense-se no campo familiar ou afectivo dos sujeitos —, as expectativas defraudadas tenderão a ficar sem ressarcimento[838].

---

informação deficiente se requer uma maior proximidade entre as partes como requisito da possibilidade de surgir um dever de cuidado do que quando está em questão uma lesão ou dano físico (cfr. Q. B. 1989, 1 [653 ss], 683-684). Estava em causa a responsabilidade de auditores pela elaboração de um parecer incorrecto perante os compradores da empresa examinada pelos prejuízos causados a estes na sequência do crédito que conferiram a esse parecer.

[837] A participação no tráfico negocial é defendida por CANARIS com o argumento de que dela depende a possibilidade de aplicação das regras da responsabilidade contratual à responsabilidade pela confiança: cfr. *Schutzgesetze* cit., 107-108. Sendo esta porém independente da violação de regras de agir, não pode haver uma analogia formal com aquelas regras, a pretexto de num e noutro caso se depararem infracções a deveres. Preferimos aqui uma ponderação material-valorativa dos valores em jogo nas regras do não cumprimento contratual perante as situações de falhas na coordenação de condutas dos sujeitos com base na confiança (de modo semelhante, quanto ao regime dos deveres de protecção, o nosso *Contrato e Deveres de Protecção* cit., especialmente 274-275 e n. 602).

[838] *Similiter*, a propósito da fundamentação de uma responsabilidade por violação de deveres de preservação da integridade, o nosso *Contrato e Deveres de Protecção* cit., 275 ss.

Deduz-se que o critério da participação no tráfico negocial não é portanto, *summo rigore*, inteiramente auto-suficiente para caracterizar o âmbito possível da responsabilidade pela confiança. Para além dele, ela pode, ainda que marginalmente, afirmar-se. Há comportamentos que se ordenam em sistemas de inter-relação dos sujeitos a tocar — mais longe — a própria fronteira entre o Direito e o não Direito (como a família, a amizade, empenhos conjuntos de natureza lúdica, política, cívica

64. Sobre a inserção sistemática da responsabilidade pela confiança no direito da responsabilidade civil: "contort", *continuum* ou novo "trilho"? Uma "quarta pista" ou a real heterogeneidade das "responsabilidades intermédias"

O perfil da responsabilidade pela confiança põe em causa a clássica *summa divisio* entre responsabilidade obrigacional e aquiliana[839]. Por um lado, ela não representa um sucedâneo proporcionado ao credor de uma obrigação inadimplida: não visa realizar substitutivamente uma atribuição patrimonial a ele devida ou, em todo o caso, assegurar-lhe por equivalente um *status ad quem*, muito embora de conteúdo não patrimonial, que lhe era reconhecido pelo Direito; nem, por conseguinte, colocá-lo na posição que lhe assistiria se essa obrigação tivesse sido pontualmente cumprida. Cingida à defesa do investimento, a responsabilidade pela confiança assume-se mais enquanto mera linha de defesa de um *status quo*, daquela posição que o sujeito teria se não tivesse confiado. Tal, pois, como o direito delitual, não promove a realização de expectativas, nem repara qualquer prejuízo traduzido na frustração de representações.

Só que, ao invés deste, não representa também uma ordem de protecção contra ataques e ingerências que, provindas do exterior, se abatem sobre a esfera do sujeito, sua pessoa e seus bens: o requisito do

---

ou de solidariedade, etc.), susceptíveis de mostrar relevância jurídica através da responsabilidade pela confiança. (A fronteira dessa relevância resulta, na nossa perspectiva, de um complexo conjunto de "regras de conflito" que dirimem a tensão das exigências e dinâmicas próprias de cada um daqueles sistemas na sua relação com o Direito. Diríamos que tais "regras" não podem ser apenas jurídicas, ou talvez melhor, representam "regras de conflito de *segundo grau*", por procederem já a uma selecção da atendibilidade das "regras de conflito" próprias de cada um dos vários sistemas de relação, o jurídico incluído. Um modelo teórico deste tipo não deve porém fazer esquecer que, quando o Direito é convocado para disciplinar aspectos de uma relação que não é primariamente jurídica ou, pelo menos, se não esgota numa dimensão jurídica, deve em todo o caso respeitar e adaptar-se a essa sua natureza. A flexibilidade da responsabilidade pela confiança, no plano dos seus pressupostos e consequência, permite-o.)

[839] Em *Contrato e Deveres de Protecção* cit., 13 ss, fomos no encalço da justificação desta conhecida dicotomia no direito da responsabilidade.

investimento, a fisionomia particular do dano de confiança, aí estão logo para o demonstrar. A responsabilidade pela confiança resulta de uma frustração da coordenação da actividade do sujeito por uma conduta alheia que suscitou uma convicção sua. Ao contrário portanto da responsabilidade aquiliana que é funcionalmente orientada à defesa da ordenação estática de bens, a protecção da confiança intervém ao serviço da dinâmica da participação dos sujeitos no mundo do relacionamento intersubjectivo. Neste ponto, volta a aparecer a sua similitude com o direito dos contratos.

A responsabilidade pela confiança é pois, de certo modo, uma figura de meia-luz. Intuindo que certas constelações do moderno direito da responsabilidade escapam à esquadria da dicotomia entre o universo dos contratos e o do delito, GILMORE, por exemplo, cunhou a conhecida fórmula do *contort*, com o que acentua no fundo uma miscigenação nelas de características contratuais e delituais *(contract+ tort)*[840]. Já para CANARIS a doutrina da confiança constituiria uma nova e autónoma *pista (Spur)* de responsabilidade, intercalada entre a contratual e a aquiliana, numa orientação que acabou por singrar de modo apreciável, a despeito de críticas acesas, no espaço germânico[841].

No contexto geral, são ainda hoje francamente minoritários — também entre nós — aqueles que admitem situações de responsabilidade híbridas ou constituintes de um autónomo *tertium genus*[842]. Por

---

[840] *The Death of Contract*, Columbus, Ohio 1974, 90.

[841] Cfr., *inter alia*, *Schutzgesetze* cit., 85 ss. Entre os autores que acolhem esta oientação, por exemplo, BREIDENBACH, *Die Voraussetzungen* cit., 47-48, M. JUNKER, *Die Vertretung im Vertrauen* cit., 39, ou J. ADOLFF, *Die zivilrechtliche Verantwortlichkeit* cit., 136-137.

[842] Temos todavia insistido em que a dicotomia clássica entre responsabilidade contratual e delitual não esgota o universo do direito da imputação dos danos; cfr. *Contrato e Deveres de Protecção* cit., 24 ss, 262 ss, e *passim*, bem como *Uma «Terceira Via»* cit., 85 ss, ou, por último, *«Vinho novo em odres velhos?»/A responsabilidade civil das "operadoras de Internet" e a doutrina comum da imputação de danos*, ROA 59 (1999), 673, e *passim*. Vide ainda OLIVEIRA ASCENSÃO/CARNEIRO DA FRADA, *Contrato celebrado por agente de pessoa colectiva* cit., 64 ss.

Destaque-se entretanto BAPTISTA MACHADO, pioneiro na doutrina lusa (cfr. v.g., *Tutela da confiança* cit., 377 ss, e *A cláusula do razoável* cit., 619, e *passim*). Também SINDE MONTEIRO, *Responsabilidade por Conselhos* cit., 514 e 529 admite esta

suposto, inclusivamente entre os paladinos da confiança nem todos o aceitam[843]. Dificuldades acrescidas têm naturalmente em conceder

perspectiva, apurada a insuficiência da repartição dogmática entre responsabilidade civil delitual e contratual para enquadrar certos fenómenos de responsabilidade por informações. A favor, ainda, MENEZES LEITÃO, *A Responsabilidade Civil do Gestor* cit., 370, a propósito da natureza de certos deveres a cargo do gestor. Contra porém, I. GALVÃO TELLES, *Direito das Obrigações*, 7.ª edição, Coimbra 1997, 74 ss, a respeito da culpa pré-contratual; descrente, por último, ANA PRATA, *Notas sobre Responsabilidade Pré-contratual* cit., 202.

[843] Opõe-se-lhe decididamente, por exemplo, um autor como CASTRONOVO, a quem se deve na Itália um relevante *aggiornamento* da doutrina da responsabilidade civil na direcção também do pensamento da confiança (cfr. *L'obbligazione senza prestazione ai confini tra contratto e torto*, in Le ragioni del diritto, Scritti in onore di Luigi Mengoni, I, Diritto Civile, Milano 1995, 166 ss, e 233).

Orientação análoga se observa também em MENEZES CORDEIRO, que, na sua novel monografia sobre responsabilidade, não confere espaço a responsabilidades "intermédias", aderindo antes à dicotomia clássica da imputação de danos, e incluindo mesmo na responsabilidade obrigacional algumas das formas de responsabilidade consabidamente disputadas pelo pensamento da confiança como a *culpa in contrahendo*: cfr. *Da Responsabilidade Civil dos Administradores* cit., 444 e n. 205, e 488. Nessa linha ainda *Tratado* cit., I/1, 406-407, catalogando a responsabilidade por violação de deveres de protecção dentro da obrigacional e não como *tertium genus*. A posição do autor explica-se pelos termos da destrinça entre responsabilidade aquiliana e obrigacional que utiliza. Faz corresponder à primeira a infracção de deveres genéricos, mas a violação de deveres específicos remete-a em bloco para a responsabilidade *obrigacional*; não diferenciando pois consoante tais deveres constituam tecnicamente obrigações ou não, e identificando o desrespeito de uma situação jurídica relativa com uma situação de responsabilidade obrigacional *tout court*. Com isto, fecha-se o espaço para uma autónoma responsabilidade por deveres não delituais ou contratuais. (E, reconduzindo a *culpa in contrahendo*, vista como instituto por excelência da protecção da confiança, à violação de deveres específicos, não pode senão coerentemente concluir que a responsabilidade pela confiança gera uma genuína responsabilidade obrigacional.) A concepção tem neste ponto inegável consistência interna (mas, observe-se também, dificulta o entendimento de como pode então aderir — *ibidem*, 408 — à "teoria unitária dos deveres de protecção"; com directa incidência nesta questão as *nossas* considerações em *Contrato e Deveres de Protecção* cit., 44 ss, 93 ss, 183 ss, 203, 258 ss). Em todo o caso, a posição inscreve-se na da doutrina portuguesa preponderante, que há muito depõe também no sentido da qualificação como obrigacional do tipo de deveres a que aludimos (cfr. a perspectivação da culpa pré-contratual de C. MOTA PINTO, *A responsabilidade pré-negocial*

nisso os que descrêem da conveniência ou razoabilidade de distinguir entre as várias ordens de responsabilidade, mesmo as tradicionalmente admitidas, e preferem antes sublinhar uma fundamental homogeneidade de todo o direito da responsabilidade civil[844]. Contudo, mesmo que estejamos persuadidos ser difícil recusar a singularidade da protecção da confiança num cenário marcado pela responsabilidade delitual e contratual — e que, mais tarde ou mais cedo, ela acabará, consequentemente, por se impor —, nem sempre, ao sustentar-se essa especificidade, se acerta plenamente naquele núcleo que, ao menos dentro da concepção que expusemos, é verdadeiramente essencial para contrastar o modelo e a natureza da responsabilidade pela confiança.

A afirmação vale, antes de mais, para a pretensão de *unificar na responsabilidade pela confiança as características do direito delitual e contratual*. Semelhante estratégia está condenada ao fracasso. Não só não se vê de que modo seria possível fundir num só os paradigmas e funções tão diversos que são próprios daqueles dois corpos de normas de imputação de danos, como não se percebe como poderia absorver-se nessa unidade a responsabilidade pela confiança. Pois também esta obedece a regras específicas e prossegue um escopo próprio[845].

---

cit., por exemplo, 150 ss, VAZ SERRA, *Anotação ao acórdão do STJ de 7 de Outubro de 1976* cit., 275 ss, GALVÃO TELLES, *loc. ult. cit.*; entre autores mais recentes, *v.g.*, ANA PRATA, *loc. ult. cit.*, 212).

[844] Nessa linha, hoje, P. ROMANO MARTINEZ, *Cumprimento Defeituoso* cit., 260 ss; com ênfase, também PEDRO DE ALBUQUERQUE em *A aplicação do prazo prescricional do n.º 1 do art. 498 do Código Civil à responsabilidade civil contratual*, ROA 49 (1989), 793 ss. Outras indicações no nosso *Uma «Terceira Via»* cit., 20 n. 4, e 85-86.

[845] Não vemos pois igualmente futuro a uma teoria da responsabilidade civil "unificada" pelo esbatimento das diferenças entre as várias ordens de responsabilidade como a que é modernamente sustentada por BRÜGGEMEIER, *Gesellschaftliche Schadensverteilung* cit., 449 (de resto, invocando GILMORE em seu favor). Cremos que a dinâmica natural do pensamento jurídico é antes no sentido da progressiva diferenciação e concretização das múltiplas situações de responsabilidade. É certo que há hipóteses que manifestam uma confluência de características contratuais e delituais. Contrato e delito permanecerão contudo dois fundamentais paradigmas da responsabilidade com os respectivos regimes típicos. Bem diferente é a supressão radical e absoluta de toda a discriminação de responsabilidades, recentemente propugnada entre nós por PEDRO MÚRIAS, *A responsabilidade por actos de auxiliares* cit., 171 ss.

Por razões similares, tem de excluir-se a pretensão de que o contrato e o delito constituiriam os pólos extremos de um *continuum* de responsabilidade, aberto em leque e sem solução de continuidade[846]. Tal modo de ver esquece que nenhum esforço de ordenação dogmática pode prescindir de estruturar a realidade, ainda que variada, segundo pontos de vista que nela operam cortes juridicamente significativos e, por inerência, normativamente operacionais. Na sua pureza, esta concepção fragilizaria inapelavelmente qualquer diferenciação de paradigmas, valorações e regimes. O direito da responsabilidade, de tão flexível que se pretende, torna-se para ela amorfo e informe. A própria admissão do contrato e do delito enquanto núcleos autonomamente referenciáveis implica o reconhecimento de que há sempre uma descontinuidade. Bem andou neste aspecto o legislador português, ao ter distinguido com clareza entre responsabilidade aquiliana e obrigacional. Estes termos constituem marcas que proporcionam iniludíveis elementos de discriminação dentro da ordem da responsabilidade no seu conjunto.

Mas também a fundamentação de uma responsabilidade pela confiança *independente* da contratual e delitual carece de ser reexaminada. Se ela se apresenta afinal autónoma da que é desencadeada pela infracção a adstrições do agir, ainda que com esta possa coexistir, fica prejudicada igualmente a possibilidade de uma amálgama entre ambas. Considere-se a responsabilidade pela infracção daqueles deveres de conduta que, como os decorrentes da boa fé, se afirmam no âmbito das negociações e da execução do contrato, ou de outras relações específicas entre sujeitos. Certamente que estes deveres, apesar da estrutura relativa que os informa ao incidirem sobre sujeitos conexionados entre si de modo particular, não consubstanciam obrigações em sentido técnico; como se mostram igualmente distintos dos deveres de recorte genérico do direito delitual, ao disciplinarem relações entre sujeitos que emergem acima do nível geral da coexistência social regulado tipicamente pelo direito delitual[847].

---

[846] Parece ser esta a posição de KÖNDGEN, *Selbstbindung* cit., com conclusão na pág. 420; sufraga-a DÁRIO MOURA VICENTE, *Da Responsabilidade Pré-contratual* cit., 156.

[847] Apesar de serem, tal como estes, fruto de valorações objectivas do ordenamento insusceptíveis de uma conformação directa pelos sujeitos e se mostrarem

Só que, muito embora o reconhecimento destes deveres conduza por si só à necessidade de admitir que o universo da responsabilidade se não divide sem resto nos hemisférios delitual e contratual[848], há

[848] A nossa asserção é de índole dogmática. Não fica por conseguinte prejudicada pelo facto de, por razões de pragmática regulativa, o legislador poder decidir subordinar tais deveres, em princípio, ao regime obrigacional; por exemplo, fundindo numa categoria de responsabilidade mais abrangente a violação de obrigações e dos deveres de conduta próprios das relações especiais. É este, precisamente, o alcance do projecto de lei de modernização do direito das obrigações alemão de 4 de Agosto de 2000 (seguindo a sugestão do *Abschlussbericht der Komission zur Überarbeitung des Schuldrechts* cit., 29 ss, 113 ss, 128 ss). A noção de relação obrigacional como aquela pela qual o credor pode exigir do devedor uma prestação é aí acrescentada de uma disposição que reconhece poder a relação obrigacional vincular, segundo o seu conteúdo, a uma especial tomada em consideração dos direitos e bens jurídicos da outra parte, e, mesmo, cingir-se-lhe. Por outro lado, estabelece-se com carácter de generalidade os pressupostos de que depende poder o credor reclamar do devedor uma indemnização: facto constitutivo central da responsabilidade do devedor passa a ser

insensíveis, na sua existência, às representações desses sujeitos (sob este ângulo, também sistematicamente distanciados, portanto, do universo das vinculações negociais). De todas as formas, os deveres impostos pela boa fé, mesmo se não reconduzíveis à vontade das partes, não são, na realidade, assimiláveis ao delito, superando em vários pontos os seus quadros típicos e representando em diversos aspectos também uma responsabilidade agravada em relação à aquiliana. Apesar pois de algumas similitudes com as vinculações delituais, importa autonomizá-los delas e integrá-los nos sedimentos normativos intermédios entre o contrato e o delito; nesse sentido, já os nossos escritos *Uma «Terceira Via»* cit., 85 ss, e, particularmente no que toca aos deveres de preservação da integridade, *Contrato e Deveres de Protecção* cit., *v.g.*, 261 ss, e também 172 n. 360 e 246 n. 508. (Concepção diversa em ULRICH BÄLZ que, partindo de uma noção de ligação especial muito restrita — vinculada ao mundo dos deveres de prestar e às suas perturbações — exclui dela relações como a pré-contratual ou as envolvidas nos danos subsequentes provocados por um defeito de prestação, cujo conteúdo remete para o direito delitual que entende susceptível de incluir deveres meramente relativos: cfr. *Zum Strukturwandel des Systems zivilrechtlicher Haftung/Mangelschaden, Mangelfolgeschaden und weiterfressende Schaden — Eine Aufgabe für den Gesetzgeber?*, Tübingen 1981, *v. g.*, 13, 21, 31. Contestamos porém a pretendida relatividade da protecção aquiliana, que não se coaduna com a essencial fungibilidade de lesado e lesante na responsabilidade delitual e esquece que os deveres em causa nascem à sombra, nomeadamente, do contrato ou da relação pré-contratual, não se explicando suficientemente — também na sua extensão e intensidade — sem o recurso às valorações que acompanham essas realidades e são por elas postuladas.)

que discriminar bem a responsabilidade pela sua infracção da que decorre da frustração de expectativas. Se, correntemente, não se sepa-

a violação de um dever emergente da relação obrigacional, sem discriminação da sua espécie (cfr. os projectados §§ 241 II e 280 I).

Este intento, qualquer que seja a sorte que venha a conhecer, não prejudica a especificidade da infracção de deveres de conduta, nomeadamente impostos pela boa fé, perante as obrigações em sentido técnico. Misturá-los (e contrapô-los em bloco unitário ao delito) não faria jus às diferentes condições, pressupostos, valorações e consequências de responsabilidade que, por sobre aparências, sempre têm de se manter. Não está nas mãos de nenhum legislador aplanar discriminações que fluem em linha recta da singularidade recíproca dos deveres de prestar face e dos meros deveres de comportamento (de resto, por suposto, implicadas e mantidas em outras disposições do citado projecto, como revela, *inter alia*, a regulamentação da mora, da excepção de não cumprimento, da recusa de prestar por inexigibilidade do sacrifício, da articulação do dever de prestar e do dever de indemnizar). Deste modo, a reforma projectada do direito alemão deve interpretar-se como tendo neste ponto, essencialmente, um propósito prático: incorporar no direito codificado soluções consensuais que perviveram até agora *extra legem* (e por costume) e se encontram maduras para tal inclusão; aceitando, por via de princípio, uma subordinação dos termos da responsabilidade por violação dos deveres de comportamento que vigoram entre sujeitos relacionados de modo particular ao figurino tradicional da responsabilidade *stricto sensu* obrigacional (globalmente a favor de uma solução desse tipo, e apontando razões para o seu reconhecimento, já o nosso *Contrato e Deveres de Protecção* cit., por exemplo, 188 ss, 203 ss, 274 ss).

Criticável parece-nos em todo o caso, a extensão do termo "relação obrigacional" àquelas que não incluem qualquer dever de prestar e se esgotam em deveres de comportamento para com outrem. O projecto alemão dá com efeito honra de lei à difundida expressão, cunhada por LARENZ, da relação *obrigacional* sem deveres primários de prestação. Nem por isso se dissipam porém as dificuldades de um mesmo *nomen* (ou conteúdo?) de relação obrigacional poder abarcar também, substitutiva ou cumulativamente, a relação de prestar. Nessa medida, teria sido bem melhor, em vez da redacção prevista para o § 241 II, a opção por uma disposição que sinteticamente previsse poderem "relações particulares" ou "ligações especiais" entre sujeitos impor especiais deveres de consideração para com direitos e interesses alheios. Não se conseguiria por essa via, é certo, nenhuma fixação definitiva do conceito, cujo âmbito e, por conseguinte, os efeitos a ele coligados, careceriam sempre de ponderações complementares. Mas não está nada melhor, deste ponto de vista, a noção de relação obrigacional. Pela nossa preferência milita em todo o caso o facto de a expressão "ligação especial" ou "relação particular" ser apesar de tudo menos formal, desvendando minimamente o critério e apontando melhor a localização do fundamento de tais deveres.

ram estas águas, é porque essa posição não é senão tributária da dominante miscigenação na doutrina dos deveres de conduta que, impostos pela boa fé, vigoram no seio de relações especiais, com a responsabilidade pela confiança[849].

---

[849] A doutrina portuguesa seguirá certamente com atenção a evolução que o direito germânico codificado venha a tomar. Mas convém que tome em conta as especificidades do direito vigente. Não há nenhum conceito de relação obrigacional tão amplo como aquele que pensa ali introduzir-se, nem nenhuma previsão genérica de imputação de danos por infracção desses deveres. Toda a questão da responsabilidade por violação de deveres especiais não delituais nem contratuais e dos seus termos permanece hoje estreitamente vinculada a concepções dogmáticas de fundo; concepções a que cabe iluminar devidamente um desenvolvimento *praeter legem* do direito luso. É uma importante missão de que não deve desentender-se nem aflorar com leviandade.

[849] Em sentido divergente, pois, CANARIS, *v.g.*, *Schutzgesetze* cit., 85 ss, construindo em torno da violação de deveres de comportamento e da confiança uma responsabilidade autónoma em relação à delitual e à contratual. No seu encalço segue MENEZES LEITÃO, dando da responsabilidade não delitual e não contratual uma imagem estruturalmente homogénea, e aceitando a recondução dos deveres específicos não obrigacionais (nomeadamente, os decorrentes do princípio da boa fé), ao menos em parte, tal como o autor germânico, à tutela da confiança; cfr. *A Responsabilidade do Gestor* cit., 354 ss (vide também *O Enriquecimento Sem Causa* cit., 535 n. 189, onde, a propósito da *culpa in contrahendo*, identifica os deveres de protecção com a responsabilidade pela confiança).

A opinião de MENEZES CORDEIRO é diversa: muito embora sufrague hoje igualmente a orientação de recondução dos deveres de protecção à teoria da confiança, exime-se, como dissemos, à admissão de uma pista autónoma de responsabilidade, atribuindo natureza obrigacional à responsabilidade derivada da sua violação: cfr. *Tratado* cit., I/1, 407-408. Já SINDE MONTEIRO, *Responsabilidade por Conselhos* cit., 514 ss, parece situar-se nos antípodas: descrente da doutrina da protecção das expectativas, admite todavia uma responsabilidade não delitual nem contratual construída em torno da violação de deveres não obrigacionais e não aquilianos.

Quanto à nossa posição: considerámos que os deveres de protecção, como outros deveres de comportamento normalmente baseados na boa fé, mostram a necessidade de admitir a superação da dicotomia tradicional entre contrato e delito, e, por outro lado, criticámos a teoria da confiança na sua fundamentação; achando que a defesa da aplicação do regime da responsabilidade contratual à sua violação deve penetrar mais fundo do que apontar uma simples analogia estrutural de tais deveres com as obrigações em sentido técnico (cfr. *Contrato e Deveres de Protecção* cit., 249 ss, 258 ss, e 274 ss).

Pelo contrário, a sua destrinça leva em coerência a admitir que, afinal, a zona cinzenta do direito da responsabilidade intercalada entre contrato e delito que tanto têm discutido os juristas na viragem para o novo milénio não deve ser encarada, como habitualmente, enquanto *homogénea* e de uma *única* e *monolítica natureza*. Perscrutando com atenção esta bravia «terra de ninguém», não se descobre apenas, nítido, o trilho da genuína e autêntica responsabilidade pela confiança. Encontram-se igualmente hipóteses que, mais do que propriamente com a frustração de expectativas, se prendem com a violação de deveres de comportamento. Deste modo, a "relação obrigacional primária sem deveres primários de prestação" estrutura também — ainda que sem absorver na totalidade — o espaço de responsabilidade não delitual nem contratual; memorável criação dogmática, ela emerge assim como um dos mais altos cumes recortado na caleidoscópica paisagem do direito da imputação dos danos.

Responda-se agora à pergunta que em tempos formulámos. Uma «terceira via» no direito da responsabilidade civil (além da obrigacional e da aquiliana)? Há que dizer: certamente, mas entendendo pela expressão[850] a referência a um domínio não homogéneo, onde, a par do trilho (terceiro) da responsabilidade por infracção dos deveres que integram a sobredita relação, se divisa também, inconfundível e afiado, um *quarto* sulco: aquele que desce da verdadeira responsabilidade pela confiança, afinal outro cume que se ergue, qual inóspita e majestosa sentinela, do sistema da imputação dos danos. Não se

---

[850] A locução que empregámos conhece hoje, ao que parece, acolhimento na doutrina (*vide*, por último, MENEZES LEITÃO, *Direito das Obrigações* cit., I, 310 ss). Na realidade, preferimos a palavra "via" a "pista", equivalente filológico mais exacto do termo "*Spur*" utilizado por CANARIS. Importava não comprometer (antecipadamente) aquela interrogação com uma concepção dogmática particular, nomeadamente com a perspectiva da responsabilidade pela confiança desenvolvida pelo autor germânico, da qual, apesar dos inúmeros méritos que importa reconhecer-lhe, nos acabámos por distanciar também em aspectos importantes (ao contrário de MENEZES LEITÃO, *ibidem*, que sufraga basicamente a construção de CANARIS; PICKER, também invocado, só limitadamente é útil para alicerçar essa posição, pois a concepção deste apresenta-se em aspectos fundamentais muito diversa da do primeiro e não admite nenhuma responsabilidade "intermédia" do tipo daquela que se pretende justificar).

trata, com o reconhecimento desta dualidade, de complicar inutilmente uma matéria já de si imbricada. O Direito, ou é rigoroso, ou perca a ilusão de ser ciência.

Prevenidos desta realidade, não se retire sequer apressadamente que ao menos toda a área da responsabilidade pela confiança se apresenta como um corpo inteiramente unificado. Certamente que é possível congregá-la em torno de características e regras gerais. Mas o estilete da análise de detalhe encarregar-se-á inexoravelmente de fazer ressaltar a própria heterogeneidade da realidade da protecção da confiança e as suas especificidades. As considerações precedentes permitem de resto adivinhá-lo. Pense-se só na distinção entre promessas e declarações, ou entre estas e as simples expectativas de continuidade e coerência de uma conduta alheia. Numa breve fórmula, diríamos que o domínio da responsabilidade pela confiança, embora delimitável, se estende por sua vez em arco entre o universo do contrato e o do delito. Assim, parece, por exemplo, que promessas ou comprometimentos não negociais emparedam com o primeiro, que representa o motor da dinâmica do tráfico jurídico e a que correspondem vinculações específicas dos sujeitos entre eles, enquanto a responsabilidade por simples asserções de factos — no contraponto das declarações negociais de "validade" — poderá raiar as franjas do delito; a respectiva emissão introduz um elemento susceptível mesmo de perturbar a coordenação de condutas de um número indeterminável de sujeitos, de modo análogo ao pôr em circulação uma fonte de perigo para a integridade das respectivas esferas jurídicas. *Similiter*, a responsabilidade perante os destinatários intencionados de promessas e declarações aproxima-se da problemática dos contratos; já aquela que se reconheça face a quem essas promessas ou declarações se não dirigiam, mas nelas contudo acreditaram, revela elementos de aproximação ao paradigma aquiliano.

§ 4.º
Responsabilidade pela Confiança, Autovinculação e Acordo de Facto

SUMÁRIO: 65 — Razão de ordem; autovinculação *vs.* confiança? A proposta de KÖNDGEN. 66 — (*cont.*) Autodeterminação de consequências, negócio e sistema de fontes; a protecção da confiança como questão de "responsabilidade". 67 — Autovinculação, *promissory estoppel* e teoria da confiança. 68 — Responsabilidade pela confiança e doutrina do acordo de facto.

65. Razão de ordem; autovinculação *vs.* confiança? A proposta de KÖNDGEN

O modelo da responsabilidade pela confiança que desenhámos não ficaria suficientemente explicitado se não o procurássemos extremar devidamente de outros dois arquétipos teóricos que têm feito certa carreira no pensamento jurídico, também eles preocupados em proporcionar o devido enquadramento às responsabilidades de algum modo intercaladas entre contrato e delito.

Viu-se como algumas orientações que hoje em dia disputam o lugar de uma autónoma responsabilidade pela confiança colocam o seu peso no apertar da malha de deveres que impendem sobre os indivíduos. Se bem se reparar, para todas elas a responsabilidade decorre da violação de vinculações *heteronomamente impostas* pela ordem jurídica. Sem dúvida que importa diferenciar entre a proposta, por exemplo, de VON BAR — aquiliana —, a de CANARIS — casando largamente a responsabilidade pela confiança com a violação de deveres não delituais e não contratuais —, ou mesmo a de PICKER com a sua recusa de distinção entre os mundos do contrato e do delito a pretexto de que a responsabilidade seria fundamentalmente homogénea, apenas havendo que destrinçar entre aquele plano em que o pensamento da responsabilidade se realizaria plenamente, o das ligações especiais, e as limitações técnico-operativas que ele experimenta de modo necessário no mundo do delito. Há todavia um núcleo comum que as aproxima: em todas a responsabilidade deriva da adstrição do sujeito a normas de comportamento a que se encontra imperativamente sujeito em determinado tipo de situações.

Perseguimos já as dificuldades e incoerências desta linha dominante e contrapusemos a todas estas orientações que nela se inscrevem uma construção da responsabilidade pela confiança que as evita ou elimina, emancipando-a daquelas normas. Não esconderá ela então — será agora de perguntar — um *acto de autodeterminação* do sujeito, por virtude do qual se afirma? A ser assim, a responsabilidade pela confiança não decorreria da violação de deveres constituintes de um *jus cogens* alheio ao indivíduo, mas de um "comprometimento" seu. Com o que uma fundamentação na confiança representaria um claro "enviesamento" de perspectiva. Vejamos se há razão para o conceder.

Este último tipo de orientação merece ser exemplificado através da concepção desenvolvida por KÖNDGEN em monografia que dedicou à designada *autovinculação sem contrato* e que ficou a constituir, tanto pela profundidade de análise, como pelo modo soberano de apresentação e conjugação de uma vasta paleta de argumentos dogmáticos, históricos e sociológicos, um dos mais impressivos esforços de compreensão das formas de responsabilidade que escapam à tradicional dicotomia entre contrato e delito[851]. Nega-se a pertinência de uma protecção da confiança *qua tale*, erigindo-se agora a autovinculação sem contrato em fundamento de responsabilidade substitutivo daquela.

O autor arranca da consideração de que, embora o contrato e o delito dominem largamente a dogmática tradicional da vinculação jurídica, eles se revelam insuficientes para captar as exigências e a rea-

---

[851] Reportamo-nos a *Selbstbindung ohne Vertrag*, Tübingen 1981, já citada.

lidade do direito civil contemporâneo[852]. A observação é certeira. Com efeito, na área intercalada entre estes dois pólos, ao lado de figuras de importância marginal para pôr em causa o essencial acerto dessa distinção — o caso, por exemplo, das clássicas gestão de negócios ou da repetição do indevido —, densificou-se a teia da normatividade jurídica; para além mesmo da funda brecha aberta na estruturação dogmática tradicional da responsabilidade implicada pela *culpa in contrahendo*. Uma consequência que seguramente muito deve à crescente interdependência da conduta dos sujeitos uns em relação aos outros, produto da também intensificada divisão de funções e especialização de tarefas, a reclamar um acompanhamento por parte da teoria da responsabilidade.

Com novas regras surgiram novas figuras que se digladiam na luta pela sobrevivência e afirmação no pensamento jurídico. O contrato com eficácia de protecção para terceiros, a liquidação do dano de terceiro, a relação corrente de negócios são disso outros tantos exemplos. Apesar de tudo, não cobrem todo o espaço relevante e, por isso, num cenário marcado pela incerteza das soluções ou pela ambiguidade das formulações dogmáticas, irromperam construções globais como o é paradigmaticamente a da doutrina da confiança. Concepções gerais deste género, pela radicalidade de fundamentação que operam, permitem aliás poderosas reduções dogmáticas de doutrinas sectoriais de alcance intermédio que também surgiram naquele cenário, de que a responsabilidade por prospecto, a responsabilidade profissional, a responsabilidade por informações ou a responsabilidade do curador de negócios são expoentes conhecidos e já referidos.

É neste contexto que KÖNDGEN se dispõe a construir uma teoria da "autovinculação quase contratual", capaz de compreender a realidade do "direito vivo" dos nossos dias e de iluminar criticamente o seu desenvolvimento. Percebeu perspicazmente que meras modificações pontuais no regime da responsabilidade delitual não logram eliminar a questão sistemática da construção da imputação de danos que a experiência jurídica contemporânea desafia[853]. E claro que não é igual-

---

[852] Cfr. *Selbstbindung* cit., 1 ss.

[853] Assim, por exemplo, a introdução de uma responsabilidade por facto de terceiro de carácter objectivo para colmatar o que é visto como insuficiência do

mente viável comprimir todas as "situações "críticas" nos quadros da eficácia negocial a fim de, por essa via, pela via do não cumprimento de obrigações negocialmente assumidas, aceder à indemnização.

Observa lucidamente KÖNDGEN que a abertura de um novo caminho que rompa a tradicional dualidade do contrato e do delito implica desembaraçarmo-nos de uma concepção do sistema das fontes das obrigações plasmadas na lei como *numerus clausus* dos modos de constituição de vinculações[854]. Levando em conta a forma que a responsabilidade pela confiança recebeu pela portentosa pena de CANARIS, recrimina-lhe sobretudo a falta de tematização adequada das circunstâncias nas quais é possível admitir uma confiança legítima de outrem[855] e ergue em sua substituição, amparado numa atenta investi-

---

direito alemão, que a não prevê. O mesmo se diga de intervenções em outros pontos como na restritividade do ressarcimento dos danos primariamente patrimoniais (cfr. KÖNDGEN, *Selbstbindung* cit., 97-98, e 366). Existe, na verdade, um cerne racional na distinção entre a tutela delitual por ofensa de bens jurídicos e por simples violações de interesses patrimoniais; apesar da pressão contemporânea para uma crescente diminuição da relevância desta diferenciação, decorrente da substituição da propriedade sobre coisas pela "propriedade do património". Também a previsão de uma responsabilidade objectiva por facto de outrem não pode ser entendida em termos rigorosamente idênticos no plano delitual e noutros âmbitos. Deve ter-se presente, por outro lado, que alterações acríticas do regime da responsabilidade delitual correriam o risco de romper a harmonia própria do respectivo complexo regulativo por lesão da sua lógica intrínseca. Mas mesmo a tentativa de alargamento do direito delitual para abranger as várias formas de responsabilidade que procuram afirmar-se com autonomia em relação a ele não faria perder a pertinência da destrinça, nesse direito delitual alargado, de vários sistemas (então, *rectius*, subsistemas) de responsabilidade, subordinados a ponderações e regras específicas. Assim, a fundamentação dogmática da responsabilidade, não apenas não é aprisionável pelo acaso dos dados dos vários direitos positivos vigentes, como não é poupada por uma eventual manipulação ou ajustamento das respectivas regras (uma perspectiva que perpassa também na natureza geral das justificações mais fundas das diferenças na distribuição do ónus da prova da ilicitude e da culpa perante a contraposição entre contrato e delito: confira-se, quanto a estes aspectos, os nossos *Contrato e Deveres de Protecção* cit., esp. 173 ss, 188 ss, 208 ss, bem como *A responsabilidade objectiva por facto de outrem* cit., 297 ss).

[854] Cfr. *Selbstbindung* cit., 98.
[855] Vide *Selbstbindung* cit., 103.

gação do direito anglo-americano, um sistema alicerçado na ideia de autovinculação dos sujeitos.

Dê-se-lhe a palavra: "Autovinculação é o conceito-essência (*Inbegriff*) de toda a acção comunicativa pela qual um actor desperta em outros sujeitos expectativas (variavelmente estáveis) quanto ao seu comportamento futuro: um 'continuum' de padrões de conduta que, com intensidade vinculativa crescente, aparece desde nas manifestações do próprio, quase não intencionais, que não produzem outra coisa que expectativas de continuidade de que o sujeito se mantenha fiel a si mesmo; um 'continuum' que, em segundo lugar, encerra as assunções de papéis mediante as quais o actor concita sobre si um feixe de expectativas de comportamento [...]; que, por fim, tem como cume a promessa regular, na qual o actor se compromete em relação a um dever de prestar com objecto e tempo rigorosamente determinados. A autovinculação desvenda-se assim como extensão do velho conceito da promessa[856]."

Esta proposta assenta na verificação, de base sociológica, de que a *auto-apresentação* do sujeito suscita, no âmbito da interacção social, expectativas de continuidade e consistência: um pensamento central que é depois feito frutificar em termos jurídicos[857]. Fenomenologicamente, o efeito vinculativo da auto-apresentação demonstrar-se-ia logo na clássica proibição do *venire*; desde que intensificada pela sua repetição ou perduração no tempo, esse seu efeito poderia dar origem a uma "emergência de normas", como o mostraria a *Verwirkung* ou a relação corrente de negócios; ele seria particularmente forte naquelas situações em que o sujeito adopta intencionalmente uma conduta comunicativa (aqui tomada como agir que visa desencadear em outrem determinadas expectativas ou acções). Em todos estes casos, estar-se-ia sempre perante uma autovinculação assente na auto-apresentação do sujeito, autovinculação essa que, não perfazendo embora as características definidoras do negócio jurídico, poderia abranger uma plêiade diversificada de situações, desde as hipóteses de promes-

---

[856] Cfr. *Selbstbindung* cit., 280.
[857] Cfr. KÖNDGEN *Selbstbindung ohne Vertrag* cit., 165 ss, apoiado nas investigações do sociólogo norte-americano GOFFMAN.

sas "incompletas" e as mensagens publicitárias contendo concretas indicações acerca da qualidade dos produtos até os casos de mera comunicação a outrem de um facto, onde o elemento de autovinculação é menos perceptível, embora — na concepção exposta — se faça ainda sentir. Assim considerada, a autovinculação estender-se-ia por uma escala contínua de manifestação da autonomia privada de que, na realidade, a promessa negocial e o contrato constituiriam apenas um dos extremos.

Flanqueando esta construção básica — a completá-la, mas também pressupondo-a — depara-se a aceitação de vinculações emergentes da assunção de um papel social ou do exercício de uma autoridade[858]. A adopção de um papel é frequentemente acompanhada por uma intenção de auto-apresentação do sujeito, do mesmo modo que há autovinculações do sujeito que só são susceptíveis de ser interpretadas pelos outros através da mediação de papéis sociais, pois são estes que muitas vezes tornam inteligível o comportamento. Apesar disso, seria possível efectuar uma destrinça. Enquanto a autovinculação isolada produz normas avulsas de comportamento a observar nas relações entre sujeitos, representando por isso uma extensão da clássica promessa negocial, a investidura num papel consubstanciaria um acto *real* que convoca um conjunto mais amplo de deveres ligados à adopção de uma posição pelo sujeito. O papel — "invólucro normativo de comportamentos", susceptível de relevar mesmo em sede delitual — desempenharia uma função intermédia entre as expectativas directamente referidas às pessoas e aquelas cujo objecto são os comportamentos conformes com as normas jurídicas existentes[859].

---

[858] Cfr. *Selbstbindung ohne Vertrag* cit., 192 ss.

[859] KÖNDGEN, *Selbstbindung* cit., 198, adopta de LUHMANN a quadripartição nos termos da qual as expectativas se referem a pessoas, a papéis, a programas normativos ou a valores. As regras jurídicas, quer aquelas que são imperativas, quer as que, sendo dispositivas, normativizam as expectativas médias dos sujeitos, desempenham no fundo a função de, no direito dos contratos, desonerarem os sujeitos da necessidade de um processo recorrente de determinação e fixação daquilo que acalentam e desejam ver protegido. Nesse aspecto, facilitam enormemente a celeridade do tráfico negocial. Ora, comprovando-se que as expectativas dirigidas à pessoa do outro contraente se revestem de uma importância marginal (o autor cinge essa importân-

Mais longe ainda do que o papel social no que respeita à eficácia vinculativa vai o exercício de uma autoridade. Esta pode, sem dúvida, resultar do reconhecimento alheio (por exemplo, do saber que é imputado a um sujeito no âmbito da sua profissão), mas é susceptível igualmente de decorrer do exercício por alguém de funções que tangem ou prosseguem um interesse público (assim, no campo das associações profissionais ou dos organismos com função de controlo ou garantia de qualidade de certos produtos). Quando actuada, adstringiria também; até perante sujeitos com os quais o vinculado não entrou em nenhuma relação contratual. A construção dogmática da responsabilidade oscilaria nestes casos entre a via delitual das disposições de protecção e uma orientação "quase-contratual"[860].

Claro que a concepção e o relevo reivindicados para a autovinculação enquanto conceito-chave da responsabilidade tornam também vital uma "desconstrução" da importância que a declaração negocial e o consenso — diríamos, do contrato, afinal — revestem tradicionalmente na doutrina para o surgimento de vinculações[861]. KÖNDGEN procura inspiração nos direitos anglo-saxónicos: enquanto o ordenamento jurídico de além-Reno se apresenta delineado sobre as categorias rígidas da declaração negocial, do negócio jurídico e do consenso contratual, as ordens da *common law* apresentariam um sistema *aberto* de actos de que podem emergir vinculações, de variável

---

cia, essencialmente, ao campo das relações contratuais duradoiras), aos "papéis" ficaria reservada a importante missão de proporcionar uma "objectivização" das relações para além dos particularismos capazes de surgir durante o seu desenvolvimento, assim como de facultar um preenchimento dos espaços deixados em aberto pela teia normativa ou uma concretização dos seus conteúdos (cfr. *Selbstbindung* cit., 202 ss).

[860] Cfr. *Selbstbindung* cit., 216 ss.

[861] Directamente visada é, como se adivinha, a doutrina germânica, mas atingir-se-ia de igual modo o pensamento jurídico português preponderante no que toca ao negócio jurídico, que não confere o mais das vezes relevo particular ao tema. Com especial interesse, por isso, a excepção de FERREIRA DE ALMEIDA, *Texto e Enunciado* cit., nomeadamente I, 457 ss, e II, 771 ss, privilegiando o estudo da promessa. A este propósito, *vide* ainda *infra* as *nossas* considerações acerca do designado princípio do contrato (n.º seguinte, em nota).

intensidade[862]. O que permitiria uma adequada tematização jurídica das várias formas de autovinculação confirmáveis numa análise sociológica da auto-apresentação.

Mas KÖNDGEN procura aprofundar ainda a razão do que pode designar-se a "atendibilidade jurídica" da autovinculação, convocando em seu auxílio o denominado princípio da *reciprocidade*[863]. A reciprocidade exprime a ideia de que as prestações recebidas, como o comprova uma prática generalizada, são para retribuir (*do ut des, quid pro quo*). Nessa medida, ela contribui para a "estabilização" das expectativas. Uma promessa feita sem haver lugar a uma contraprestação não desencadeia, dir-se-á, expectativas firmes, ou melhor, tão sólidas[864].

---

[862] Demonstrá-lo-iam conceitos centrais como a *promise* (recorde-se o flexível instituto do *promissory estoppel* e a noção de "contract" enquanto promessa ou conjunto de promessas, constante do § 1 do Restatement Second of Contracts) ou o *undertaking* (cfr. *Selbstbindung* cit., 88 ss).

[863] Cfr. *Selbstbindung* cit., 233 ss. Toca-se aqui um ponto desde sempre atormentador de um pensamento jurídico que não se tem sentido satisfeito, ao considerar o fundamento da vinculatividade das obrigações, com a simples remissão para as manifestações de vontade que as instituem. É assim que, nos direitos continentais, tem tradição o estudo da "causa" (onde se não logrou de resto chegar a consenso: *vide*, como tomadas de posição recentes, MENEZES CORDEIRO, *Direito das Obrigações* cit., I, 507 ss — refutando o conceito e preconizando uma via alternativa de solução dos problemas que a causa pretende resolver através, sobretudo, de um adequado entendimento da autonomia privada e dos seus limites —, e OLIVEIRA ASCENSÃO, *Direito civil/Teoria geral* cit., II, 263 ss, que afirma por sua vez a sua indispensabilidade na teoria do negócio, muito embora com repercussões pequenas, dado o seu envolvimento em outros institutos; crítico de novo PAIS DE VASCONCELOS, *Contratos atípicos* cit., 117 ss; mais aberto, R. PINTO DUARTE, *Tipicidade e Atipicidade* cit., 96; destaque-se ainda, entre nós, ORLANDO DE CARVALHO, *Negócio jurídico indirecto* cit., 47 ss, e *passim*). Os direitos anglo-saxónicos desenvolveram, como se sabe, a doutrina da *consideration*, através da qual filtram aquelas promessas que merecem ser consideradas "accionáveis" pelo Direito (*enforceable*).

[864] O direito positivo português, à semelhança de outras ordens jurídicas, reflecte-o. Pense-se no privilégio de responsabilidade por vícios da coisa ou do direito que detém o doador por comparação com o vendedor (cfr. art. 957) ou na exigência de forma escrita para a doação de bens móveis quando não acompanhada da disponibilização da coisa (cfr. art. 947 n.º 2). Essa também uma razão que pode justificar a manutenção, afinal, além da doação verbal de móveis, do comodato ou

A reciprocidade desvenda pois o carácter de troca de que se revestem largamente as interacções humanas. Mesmo aliás para além do que possibilita a instrumentação dogmática corrente do nexo sinalagmático entre prestações ou da distinção entre negócios gratuitos e onerosos. A generalizada acção do princípio da reciprocidade nas relações sociais acaba por conferir à auto-apresentação uma apreciável extensão como forma válida de surgimento de autovinculações "consistentes". Convidando ao desenvolvimento e fundamentação de uma "ética material de troca" nas relações interindividuais.

Autovinculação e reciprocidade constituem deste modo os dois alicerces principais da teoria que consideramos. A seu lado, mas numa função diversa, enquanto *princípios ou critérios de diferenciação*, interviriam os papéis sociais e o mercado: elementos de interpretação das várias vinculações e sistemas de referência mais alargados da intervenção dos sujeitos. Em torno destes quatro elementos gira a estrutura essencial da construção de KÖNDGEN[865].

Apreciemo-la. Ressalta desde logo que ela desloca o centro de gravidade da discussão dogmática relativa à tutela das expectativas da posição do confiante para o comportamento do responsável. Sem

---

do mútuo gratuito como contratos reais *quoad constitutionem*: a entrega da coisa conferiria seriedade a um compromisso que, até lá, não franquearia os umbrais do mundo do Direito. No depósito, há uma razão análoga: sendo ele gratuito, enquanto o depositário não receber a coisa não pode presumir-se a intenção de vinculação a guardá-la. E há a razão específica de que, oneroso ou gratuito, sem entrega, ele não está em condições de cumprir as obrigações que sobre ele impendem. São argumentos não decisivos em termos estritos, mas que conferem inegável sustentação à ideia do legislador de que o depositário não quer vincular-se senão com a aceitação da coisa. Por este tipo de motivos consideramos demasiado apressado o pensamento que combate genericamente os contratos reais como resquícios históricos (tom presente na corrente dominante entre nós: cfr., *v.g.*, MENEZES CORDEIRO, *Tratado* cit., I/1, 313-314, ou, ainda ALMEIDA COSTA, *Direito das Obrigações* cit., 252-253 e n. 2 da primeira dessas págs., e L. CARVALHO FERNANDES, *Teoria Geral do Direito Civil*, II, 2.ª edição, Lisboa 1996, 57: estes contratos não exerceriam em geral uma função útil). Embora não excluamos a possibilidade de celebrar negócios semelhantes sem exigência de tradição, demonstrada a efectiva vontade de sujeição do acordo à eficácia jurídico-negocial (pois deixa de funcionar a presunção dessa vontade alicerçada na entrega da *res*).

[865] Cfr. *Selbstbindung ohne Vertrag* cit., 280 ss.

dúvida que a protecção da confiança requer também a imputabilidade do surgimento e da frustração de expectativas a outrem, mas o propósito desta arrojada concepção não se limita ao preenchimento desse requisito e a um esforço da sua racionalização[866]. A "autovinculação sem contrato" procura afirmar-se como alternativa mesma à dogmática da confiança na responsabilidade.

Nela ressalta com particular intensidade o pensamento de que a responsabilidade pela frustração de expectativas representa um correlato da autonomia privada, imposta pelo princípio da auto-responsabilidade. Todavia, dada a sua generalidade, a fórmula da "autovinculação sem contrato" dificilmente se pode reproduzir e concretizar num critério dogmaticamente operativo sem a mediação de outros elementos. Aqui, há certamente que distinguir entre a imputação ao sujeito das consequências de uma conduta voluntária sua e uma imputação a título de risco[867]. De facto, fica a sensação de que a teoria da autovinculação sem contrato convive mal com a ideia de risco. Esta remete para um juízo objectivo que desconsidera a posição subjectiva do agente, privilegiando critérios como o da criação do perigo, sua controlabilidade ou possibilidade de absorção, bem como o da identidade de quem retira desse perigo o principal proveito. Todos eles não convivem facilmente com a *autodeterminação* do sujeito

---

[866] O próprio CANARIS, a quem se deve uma esclarecedora abordagem do tema da imputação, não deixou de se lamentar do relativo atraso em que se encontra toda a doutrina germânica a esse respeito; cfr. *Die Vertrauenshaftung* cit., 467-468 (para a ligação da confiança à auto-responsabilidade adiante referida, *op. cit.*, 427--428, 442).

[867] É exagerado etiquetar esses princípios de inúteis ou dissimuladores de criptofundamentações; afinal, a sua generalidade relaciona-se com a extensão e heterogeneidade do campo onde hão-de desenvolver a sua eficácia, não precludindo desenvolvimentos densificadores e especificadores do seu conteúdo. Crítico, porém, KÖNDGEN, *Selbstbindung* cit., 103, sem reparar que as objecções que desfere se voltam, por sobre aparências, com idêntica, senão mesmo maior razão, contra o seu próprio conceito de autovinculação. (Embora de cariz analítico-formal acentuado, aqueles princípios implicam obviamente referências substanciais, enquanto a noção de autovinculação, materialmente talvez mais colorida, é na realidade muito vaga — considerando a amplitude que se lhe assinala — e não dispensa aqueloutras concretizações.)

a que apela a "autovinculação"[868]. Aqui vai logo uma séria escassez desta concepção.

Mas a fraqueza capital que afecta a construção de KÖNDGEN, de que fluem depois os vários obstáculos que tem de enfrentar, é constituída pela sua matriz sociológica, bem patente, *v.g.*, no relevo conferido à auto-apresentação, à reciprocidade ou aos papéis sociais para fundar a autovinculação. Foi sua evidente preocupação decalcar o mais longe possível uma dogmática jurídica sobre aqueles factores. Às múltiplas configurações dos actos de autovinculação sociologicamente considerados e à sua diferente intensidade fez corresponder uma escala variável e contínua de actos juridicamente autovinculantes que vai desde o contrato até aos confins do delito. O contrato, a promessa negocial e a declaração negocial perdem, neste sistema, a nitidez dos seus contornos especificadores, em favor da mais genérica autovinculação do sujeito.

Há sem dúvida uma ligação estreita entre o Direito e as demais ciências sociais, com relevo para a sociologia[869]. Mas a sociologia, ao estudar as causas e as regularidades dos comportamentos humanos, adopta perante eles uma atitude essencialmente descritiva, de explicação fáctica dos fenómenos, que contrasta com a postura valorativa e normativo-ordenadora das relações humanas própria do Direito.

---

[868] KÖNDGEN confirma esta percepção ao considerar que o efeito vinculativo é sempre o "sentido *querido* do acto de autovinculação" (cfr. *Selbstbindung* cit., 104, sublinhado *nosso*).

[869] As relações entre Direito e sociologia têm sido permanente e insistentemente recolocadas, para o que contribui, entre outros factores, uma certa tentativa de "hegemonia" científico-metodológica exercida por algumas correntes da sociologia jurídica contemporânea, bem como um cepticismo ou relativismo valorativo que prepara o terreno para fundamentações da validade ou legitimidade (jurídicas) de cariz sociológico. Com essa latitude, o problema não pode aqui ser senão indicado. Veja-se apenas, para um confronto entre a sociologia e o Direito, na doutrina portuguesa, muito elucidativamente, BAPTISTA MACHADO, *Introdução ao Direito* cit., 253 ss, e CASTANHEIRA NEVES, *Introdução ao Estudo do Direito* cit., 277 ss; cfr. ainda OLIVEIRA ASCENSÃO, *O Direito* cit., 99 ss, e também, por exemplo, F. BYDLINSKI, *Juristische Methodenlehre* cit., 84 ss, KLAUS RÖHL, *Rechtssoziologie* cit., 65 ss, ou K. LARENZ, *Metodologia* cit., 74 ss.

É certo que, lidando com condutas humanas, ao Direito importa devotar-lhe a merecida atenção, nomeadamente pelo acervo de informações e de bases de ponderação que nela pode encontrar. Tanto no âmbito da elaboração de novas regras, como no processo de aplicação do direito em que o intérprete-aplicador se movimente para além das normas (preexistentes no ordenamento) de conteúdo determinado; quando cria direito *praeter legem* ou procede à aplicação de cláusulas gerais ou à concretização de conceitos indeterminados, o recurso e o aproveitamento dos dados sociológicos disponíveis é com frequência garantia de acerto. Sendo esses, como ainda se desenvolverá, os condicionalismos metodológicos da responsabilidade pela confiança, o facto augura aí à sociologia um papel que importa não descurar.

Contudo, mesmo neste domínio, o que se trata é de ordenar comportamentos humanos ou fixar as suas consequências e, portanto, de os captar no específico sentido jurídico-normativo que lhes corresponde. A normatividade jurídica, por muito que tenha ou deva ter em conta a realidade empírica que lhe é pré-dada e compete modelar, não fica nela aprisionada. Transcende-a, integrando-a num conjunto concatenado de argumentos que visam a resolução justa de litígios à medida que socialmente se declaram. A racionalidade jurídica é, numa palavra, distinta do mero registo da factualidade social, tem as suas conexões próprias e procede segundo valorações autónomas daquela.

Por isso, as explicações sociológicas, ainda que sedimentadas e aceitáveis, não podem ser transplantadas *qua tale* para o discurso jurídico. Inerente a este vai uma certa "formalização", pois o Direito procede a uma selecção entre os vários elementos de solução abstractamente pensáveis — aí incluídos os sugeridos pela textura sociológica de uma determinada situação de conflito —, para escolher apenas alguns deles como base de valoração e desprezar outros enquanto despiciendos. Esta formalização representa uma necessidade imperiosa de "redução da complexidade social" — para lembrar a conhecida expressão de LUHMANN —, porque tende a individualizar critérios simples e facilmente manuseáveis de resolução de litígios intersubjectivos com que assegura a operacionalidade e a saúde do sistema social no seu conjunto.

Os conceitos *sociológicos* centrais da doutrina que ora acompanhamos — papel social, reciprocidade, autoridade funcional — demonstram na sua vacuidade, e de modo exemplar, essa necessidade[870]. Eles não levam afinal vantagem sobre o arsenal conceptual da teoria da confiança do ponto de vista da selecção e identificação das situações *jurídicas* de responsabilidade ou dos princípios *jurídicos* de imputação relevantes; ao contrário do que legitimamente se poderia esperar depois de um acérrimo ataque às suas indeterminações.

Deste modo, toda a investigação sociológica sobre a autovinculação só pode desembocar num conjunto de asserções relativas a factos

---

[870] Considere-se o papel social que, mais do que os outros, logrou penetrar na linguagem dos juristas. Não se pode negar que o seu reconhecimento como elemento agregador de expectativas evita aquilo que de outro modo poderia soar a ficção de uma confiança de natureza pessoal em outrem; fundamenta-se a presumibilidade dessa confiança em situações tipicamente coligadas à adopção de papéis. As expectativas agrupadas em torno do papel social não dispensam contudo um juízo de valor que legitime a sua tutela pelo Direito. A ordem jurídica institucionaliza ou desvaloriza, consoante os casos, essas expectativas, seguindo critérios próprios. Nem todas são tuteladas, sob pena de se sacrificar por princípio a liberdade do sujeito àquilo que é socialmente esperável, o que não é admissível. Mesmo a segurança jurídica não obriga a uma "juridicização" de todos os papéis, que seria contraproducente para a funcionalidade do tráfico jurídico.

Apreciação similar merece, para focar ainda outro exemplo, a reciprocidade (considerações próximas se deixam também fazer a propósito da autoridade funcional). A ideia de que todas as promessas feitas no meio social vão de par com a expectativa de fundo (*Hintergrunderwartung*) de serem correspondidas pelos respectivos destinatários não pode ter, automaticamente, normatividade jurídica (mesmo que apenas no âmbito demarcado pela actuação no mercado). Desta perspectiva, não é, por exemplo, suficiente a explicação da gestão de negócios como derivada de um princípio social de reciprocidade que KÖNDGEN, *Selbstbindung* cit., 259, chega a avançar. Mas conceda-se-lhe que existe uma regra, socialmente vigente, habilitando quem pratica solidariamente uma "boa acção" a esperar uma recompensa, que as dificuldades da referida impostação não deixam nem por isso de se mostrar à evidência. A obrigação de ressarcimento dos prejuízos e de reembolso das despesas por parte do *dominus* existe independentemente da consciência da sua "conveniência social" por parte do gestor, como também do *dominus*. Tomar todavia a exigência de reciprocidade num sentido puramente objectivo e desligado das representações dos sujeitos pouco adianta para a compreensão da gestão. Artificioso é de resto considerar que a indemnização das despesas do gestor representa a "recompensa mínima" a que ele teria direito, pois não está em causa nenhuma retribuição devida em reciprocidade.

sociais que sirvam depois de base à imprescindível formulação do dever-ser jurídico. A autovinculação apenas será jurídica se e na medida em que seja considerada no seu aspecto intrinsecamente normativo e participe dos referentes que lhe atribuem relevância jurídica[871].

É este *punctum crucis* — o do trânsito da vinculatividade social para o dever-ser jurídico — que KÖNDGEN subestimou. Certamente que, ao delinear uma dogmática da autovinculação, buscou incessantemente os apoios possíveis no sistema jurídico-positivo. Ciente da sua insuficiência, ultrapassou contudo as coordenadas do sistema, vindo a cair, com demasiada facilidade, na tentação da substituição do "jurídico" pelo "sociológico".

66. (*cont.*) Autodeterminação de consequências, negócio e sistema de fontes; a protecção da confiança como questão de "responsabilidade"

O problema da teoria da autovinculação é, na verdade, o de ferir e contradizer, tanto o conceito jurídico de autovinculação, como certos requisitos para esta positivamente estabelecidos pela ordem jurídica.

A autodeterminação da pessoa tem no Direito um instrumento central, o negócio, pois os efeitos respectivos produzem-se em virtude de terem sido conformados pelo sujeito. A concepção de KÖNDGEN estende porém a autovinculação, numa escala sem hiatos de conti-

---

[871] Em consonância, mesmo concedendo-se a valia das considerações em torno da auto-apresentação, reciprocidade, papéis sociais e mercado no âmbito de uma teoria sociológica da autovinculação, importa sempre integrá-las no edifício da racionalidade jurídica.

Na discussão da autovinculação late a importância da problemática da imputação de efeitos ao sujeito, imprescindível para o Direito dada a necessidade que este tem de subjectivizar as consequências jurídicas, referindo-as às pessoas. Este seu *modus operandi* implica uma discriminação na continuidade dos fenómenos sociais, escolhendo, de entre eles, âncoras de conexão aos sujeitos. Mas essa ponderação transcende já o plano sociológico de base: na multiplicidade das causas que o constituem, este último é, só por si, inconcludente para a imputação.

nuidade, entre os pólos do contrato e do delito, ultrapassando com isso larguissimamente o campo do negócio[872]. Olha mesmo com aparente indiferença que as ordens jurídicas fixam muitas vezes com clareza o limiar da vinculação contratual, assim como circunscrevem o âmbito do negócio unilateral, com o que traçam uma fronteira entre estas formas de autovinculação e outras que, conquanto porventura sociologicamente atendíveis, reputam do mesmo passo irrelevantes do ponto de vista jurídico (*rectius*, contratual ou negocial).

Está porém aí um propósito inequívoco dos arts. 224 e seguintes do Código Civil[873]. Considerando este tipo de regras, malgrado a ironia com que KÖNDGEN fala da tese do "segundo lógico", a conclusão do contrato constitui o fundamento (e o momento do surgir) dos efeitos contratuais. Mesmo de uma perspectiva sociológica, essa conclusão está longe de poder etiquetar-se genericamente como acto puramente ritual que põe termo a um processo negocial de crescente

---

[872] Cfr. *Selbstbindung* cit., 156 ss.

Pouco adianta uma reformulação do conceito (e conteúdo) de negócio, porque se teria em todo o caso de justificar — importa não o esquecer — que a autovinculação é compatível com que as consequências jurídicas não decorram directamente de um acto de autodeterminação de efeitos. Seja qual for o *nomen*, este último acto merece sempre, na sua substância, um "conceito de construção" específico (e temos o termo "negócio" por perfeitamente idóneo para tal), convindo muito que uma doutrina valorativamente orientada o sublinhe. Aquele acto é independente de reconhecimento por norma expressa. Por isso, a crítica a KÖNDGEN não se encontra, em rigor, enfeudada a um qualquer sistema jurídico-positivo. (Deste modo também, a orientação de procurar antes o estabelecimento de um conceito *funcional* de negócio, pensado para compreender e integrar os dados de determinada ordem jurídica — entre os mais profundos conhecedores da teoria do negócio, destaque-se nesse sentido a preferência de um autor como P. MOTA PINTO, *Declaração Tácita* cit., 162 — não tolhe a crítica à autovinculação.) Mas os próprios elementos *de lege lata* existentes se encarregam de demonstrar que esta concepção não é aceitável perante a ordem jurídica portuguesa.

[873] A demarcação exacta do domínio do negócio em relação ao de outras autovinculações do ponto de vista sociológico não pode portanto ignorar essas disposições. Assim, delas decorre, por exemplo, que contrato e efeitos contratuais pressupõem uma proposta e uma aceitação eficazes: cfr. entre nós, especialmente, HEINRICH HÖRSTER, *Sobre a formação do contrato segundo os arts. 217 e 218, 224 a 226 e 228 a 235 do Código Civil*, RDE IX (1983), 151.

densificação de vinculações[874]; embora uma linha divisória, onde quer que passe ou deva passar, comporte necessariamente a possibilidade de uma indesejável "rigidificação" de situações marginais.

Em todo o caso, há que não olvidar a funcionalidade da "formalização" decorrente das normas relativas à formação do contrato. A clara delimitação do âmbito da liberdade de contratar (estabelecendo a fronteira da livre desistência de um processo negocial) promove a liberdade de negociação e desonera os participantes no tráfico jurídico de incómodas e disfuncionais cautelas ou prudências para evitar vinculações que não pretendem, acabando assim por favorecer a eficiência daquela negociação. Como também garante, aliás, a própria funcionalidade do contrato. É intuitivo que quanto mais fácil for para alguém incorrer numa vinculação, mais banalizadas elas tendem a tornar-se e mais frouxa terá então de ser a reacção do Direito à sua infracção.

Mas não são só os pressupostos da vinculação contratual positivamente estabelecidos a serem atingidos pela doutrina da autovinculação sem contrato. De facto, os sistemas jurídicos manifestam não raro uma certa desconfiança em relação à constituição de obrigações por negócio jurídico unilateral, restringindo a sua admissibilidade. No caso português, a pretensão de aceitar uma tipologia aberta de negócios unilaterais para corresponder às diversas formas de que poderia revestir-se a autovinculação depara-se com o obstáculo do *princípio do contrato* que se extrai do art. 457[875]. Mesmo que se pretenda que não

---

[874] Para esta apreciação do que pode chamar-se a tese da "formação progressiva do contrato" convergem também BAPTISTA MACHADO, *A cláusula do razoável* cit., 529 (em *Tutela da confiança* cit., 358, o autor já falava genericamente que ao Direito compete a determinação das fronteiras da responsabilidade na interacção social) e SINDE MONTEIRO, *Responsabilidade por Conselhos* cit., 484.

Não pode seriamente questionar-se que a opinião do texto tem uma inequívoca correspondência no plano da consciência individual dos que actuam com vista à conclusão do negócio; deste modo, ela pertence igualmente ao acervo dos dados da experiência social empírica.

[875] Na Alemanha rege o parecido § 305 do BGB, referindo que para a constituição de uma relação obrigacional por negócio jurídico, bem como para a modificação do seu conteúdo, é necessário um contrato entre as partes, onde a lei não disponha de modo diverso (*vide*, por exemplo, da perspectiva da formação do con-

vigora, por força desse princípio, uma autêntica e própria tipicidade dos negócios jurídicos unilaterais, argumentando-se com a variedade de conteúdo que eles podem ter e com a multiplicidade de funções que são susceptíveis de desempenhar[876], não restam dúvidas de que o

---

senso, H.-M. PAWLOWSKI, *Allgemeiner Teil des BGB/Grundlehren des bürgerlichen Rechts*, Heidelberg 2000, 167 ss, com referências comparativas).

[876] Assim, de facto, MENEZES CORDEIRO, considerando que "quando numa série pretensamente típica, surjam categorias de tal forma abstractas que lhes sejam recondutíveis eventos qualitativamente diferentes em quantidades indetermináveis, a tipicidade é meramente aparente" (cfr. *Direito das Obrigações* cit., I, 560; *vide* ainda *Tratado* cit., I/1, 309).

A promessa pública, o concurso ou o testamento escaparão contudo a essa observação, constituindo negócios típicos. Pelo menos com esta ressalva, pode dizer-se de facto que há uma pluralidade de conteúdos e funções possíveis nos negócios jurídicos unilaterais admitidos na lei (mas, diferentemente do autor referido, não cremos que a proposta contratual permita um argumento nesse sentido, pois não dá autonomamente lugar a obrigações). Nesse sentido, cabe falar, a nosso ver, de uma "policausalidade" desses negócios (cfr., de resto, o art. 458 n.º 1). Nada disso retira no entanto que a promessa unilateral de uma prestação se encontra *apertis verbis* sujeita a um *numerus clausus* de modalidades admissíveis. E que mais importante seja penetrar na razão de ser do sistema instituído: discutir se há ou não tipicidade em sentido estrito não responde por si.

O entendimento do princípio do contrato mantém-se certamente controverso. Mas há que proceder com prudência para não pôr apressadamente em causa a *ratio* capaz de o inspirar, sendo por outro lado que o afastamento da lei que o consagra requer naturalmente pressupostos particularmente exigentes (em todo o caso, insusceptíveis de conduzir à sua subversão total, que a doutrina da autovinculação sem contrato indubitavelmente originaria, enquanto não se demonstrar a legitimidade de uma correcção *contra legem*). Note-se de qualquer modo que está excluída da previsão do art. 457 a criação de situações jurídicas não obrigacionais. Importa contudo desvalorizar o peso desta conclusão, uma vez que um princípio oposto de não tipicidade dos negócios unilaterais como fonte de relações não obrigacionais se depara com a seriação legal dos actos susceptíveis de originar direitos reais de gozo (cfr. art. 1316) ou com o facto de da própria lei fluir também com clareza a natureza unilateral ou bilateral do acto que desencadeia certas situações, como acontece no domínio da criação de pessoas colectivas e da constituição de relações familiares: cfr. FERREIRA DE ALMEIDA, *Texto e Enunciado* cit., II, 777.

Há, é certo, que ter em conta a conhecida justificação de que o reconhecimento generalizado da eficácia dos negócios unilaterais como constitutivos de obrigações

elenco de *formas* de vinculação negocial unilateral admitidas na lei — esse sim definido — está longe de cobrir todo o espaço das "autovinculações" de KÖNDGEN.

poderia conduzir à criação de vinculações precipitadas, reclamando-se por isso a obtenção do acordo das partes (assim, MENEZES LEITÃO, *Direito das Obrigações* cit., 244). A verdade é que esta explicação se apresenta obscura, senão mesmo falaciosa. Como é que a aceitação da promessa unilateral por parte do seu destinatário, que ocorre necessariamente numa altura posterior à respectiva emissão, há-de contribuir para uma maior ponderação na assunção do compromisso? Ou não será verdade aqui que depois da respectiva declaração já não existe, em princípio, possibilidade de retractação (cfr. o art. 230 n.° 1)? Mais certeira parece, neste ponto, a ideia de que, implicando a exigência de acordo que uma aceitação venha a surgir dentro de prazo relativamente curto, se combatem vinculações de duração indeterminada, facilmente excessivas (sensível a este ponto o art. 460). Pode em todo o caso dizer- -se — e provavelmente está aqui a melhor chave para a compreensão do art. 457 — que a necessidade de um acordo contratual para a constituição de obrigações representará no fundo um sub-rogado da necessidade de uma confiança do destinatário para que um compromisso voluntariamente assumido possa ser invocado por outrem: não se justificaria que adstringisse enquanto ninguém acreditasse nele ou prometesse em troca uma prestação. Com estes contornos, a confiança (*rectius*, o acordo do destinatário que a "representa") significaria no entanto *uma mera condição ou pressuposto de admissibilidade da exigibilidade jurídica da vinculação, não, em rigor, o seu fundamento* (caso contrário, teríamos a confiança e não o negócio como fonte de efeitos). O que é todavia reconhecer que o princípio do contrato está à partida mal catalogado se tomado como princípio *stricto sensu* de constituição de obrigações. E que é a promessa que importa considerar.

Dir-se-á que a confiança (ou o acordo, seu substituto por facilidade operativa) não se requer universalmente, como demonstra também o art. 459, podendo a vinculação ocorrer ainda que ninguém tenha tomado conhecimento dela. Aqui está uma objecção de peso. Mas poderá afirmar-se que tal só ocorre em negócios unilaterais que apresentem um recorte típico da causa que lhes subjaz, dispensando assim o controlo da exigibilidade em função da confiança que tenham suscitado. Assim aconteceria na promessa pública (ou no concurso público). Neste aspecto, vai na boa direcção P. PAIS DE VASCONCELOS quando procura cingir o alcance do princípio da tipicidade dos negócios uniterais aos actos abstractos (cfr. *Teoria Geral do Direito Civil*, I, Lisboa 1999, 254 ss; crítico, todavia MENEZES LEITÃO, *Direito das Obrigações* cit., 245), embora nos pareça que o problema não é, em rigor, de abstracção. Fora dos casos em que o negócio unilateral tem uma função típica genericamente reconhecida por lei (como no testamento ou no concurso público, em que a previsão legal — e as condições que estabelece — dispensa naturalmente o prin-

Recorte e Fundamento da Responsabilidade pela Confiança 785

Forçada a respeitar a muralha erguida pela lei em torno do contrato e do negócio, não admira que a teoria da autovinculação tenha procurado combater a doutrina da confiança para lá dessa fronteira,

cípio do contrato), seria possível proceder-se ao controlo da função casuisticamente, considerando aquela que o acto concreto desempenha. Foi porém isso que o legislador não quis *apertis verbis* fazer: consentir ao julgador esse desempenho. Tal não significa contudo que o acto seja, por isso, havido juridicamente como abstracto. (Se fora das condições do art. 457 algo foi prestado em cumprimento do negócio, há sempre lugar a uma restituição por falta de causa — de reconhecimento jurídico de causa eficaz — da atribuição patrimonial realizada. Observe-se que a celebração de um negócio unilateral não previsto na lei não é *apertis verbis* proibida pelo art. 457, que apenas comina a ineficácia da obrigação assumida. Em todo o caso, na própria nulidade, parece que a obrigação restitutória se fundamenta numa invalidade da causa da prestação.)

O problema da tipicidade dos negócios jurídicos unilaterais consentirá em todo o caso, como já se aludiu, especificidades no domínio das relações mercantis. Uma das suas explicações mais plausíveis é a de que na vinculação unilateral importa sopesar bem a adequação da atribuição ao seu beneficiário de um direito à prestação, por a unilateralidade exprimir com muita frequência uma relação de gratuitidade que se encontra fora do domínio do mercado e das exigências de observância dos compromissos aí reclamadas (normalmente aliás de natureza contratual). O merecimento de protecção através da concessão de um direito de crédito — com as suas formas específicas de tutela, acção creditória e resssarcibilidade do interesse de cumprimento — reconhece-o todavia a ordem jurídica como princípio geral se a vinculação resulta de um contrato. À luz do argumento citado, certamente pelo carácter oneroso de que este se reveste ordinariamente (sendo sinalagmático, o beneficiário da promessa teve, como contrapartida desta, que atribuir por sua vez uma vantagem ao autor da promessa). Ora, não há dúvida que as relações mercantis estão subordinadas a estratégias "económicas"; não se manifestam tendencialmente nelas puras atitudes de obsequiosidade. A pugna de interesses no "ambiente comercial" apontará deste modo para um mais fácil reconhecimento da atendibilidade jurídica dos comprometimentos assumidos. Parece poder esperar-se dos sujeitos que actuam profissionalmente no mercado um especial sentido de calculismo e frieza na adopção de compromissos unilaterais, o que cauciona a respectiva voluntariedade. Deste modo, justifica-se efectivamente afrouxar o controlo pela ordem jurídica da vinculatividade dos compromissos unilaterais assumidos no domínio comercial.

Mas a doutrina da autovinculação vai mais longe. Não se limita a alargar as condições de relevância dos negócios unilaterais (indo até mais além do que é defensável no próprio campo mercantil). Desfigura e subverte os próprios termos do negócio. Considerando haver autovinculação onde ela é na realidade inexistente, lesa na realidade também o negócio como pilar do direito comercial (*vide* já de seguida).

no campo aberto do não-negócio. De facto, a autovinculação é para KÖNDGEN muito mais abrangente do que o negócio, distinguindo-se por conseguinte dele[877]. O *Tatbestand* objectivo da autovinculação quase-contratual teria contornos definidos com menor exactidão do que os da declaração ou da promessa negocial. Os seus destinatários não careceriam de ser constituídos por sujeitos perfeitamente individualizados, podendo mesmo ser o público em geral, como aconteceria paradigmaticamente no domínio das mensagens publicitárias. Prescindir-se-ia de igual forma da necessidade de identificar uma vontade negocial dirigida a um objecto negocial preciso. As autovinculações — afirma, usando emprestadas, para contrapor, conhecidas palavras de FLUME — não careceriam de visar directamente a constituição, modificação ou extinção de efeitos jurídicos.

Mas claro que esta desmesurada extensão da autovinculação denuncia a sua iniludível fraqueza. Se, afinal, as suas consequências se não fundam numa vontade a tanto dirigida, se, portanto, o resultado da autovinculação não é, do ponto de vista jurídico, imputável à autodeterminação do sujeito, não faz sentido falar-se de uma verdadeira e própria autovinculação. É que, então, os efeitos jurídicos do seu comportamento decorrem antes de uma valoração objectiva do ordenamento jurídico, que coliga a essa conduta certas consequências, prescindindo da necessidade de terem sido queridas pela vontade.

A ideia de que a vinculatividade poderia resultar das expectativas despoletadas pela conduta — pois a auto-apresentação criaria nos sujeitos, recorde-se, representações de conformidade e consistência do comportamento — aparece na realidade como directamente antitética da concepção que confere à autodeterminação da pessoa o papel fundamentador dos efeitos jurídicos e que inspira, afinal, a teoria do negócio. Ali há heterovinculação, porque são os ditames objectivos da ordem jurídica que mandam atender a essas expectativas; aqui é efectivamente a vontade que produz a adstrição e por isso se pode falar de autovinculação. Não existe meio-termo[878].

---

[877] Cfr. *Selbstbindung* cit., 185 ss.

[878] Neste sentido, certeiro e sucinto, CANARIS, aduzindo que "as mais bonitas descrições sociológicas e de teoria dos papéis" não conseguem por isso transplan-

Confrontada com esta dicotomia, a admissão de "autovinculações quase-negociais" representa deste modo um contra-senso.

tar-se para o terreno jurídico (vide *Schutzgesetze* cit., 93-94; cfr. também MENEZES LEITÃO, *A Responsabilidade do Gestor* cit., 352).

Liga-se a este ponto a deficiência essencial de certos conceitos vulgarizados na doutrina anglo-saxónica como o de *undertaking* e, com ele conexionado, o de *entry upon the thing*, para caracterizar as hipóteses de responsabilidade que exorbitam claramente do domínio negocial e que não têm lugar sistemático seguro na tradicional dicotomia entre *tort* e *contract*. KÖNDGEN procurou neles inspiração (*Selbstbindung ohne Vertrag* cit., v.g., 22, 50, 55-56, e 91), pois eles quadram com a sua tendência de sublinhar na responsabilidade o comportamento do responsável, sem por outro lado se mostrarem comprometidos com a dogmática do negócio que pretende destronar em benefício de uma mais ampla e flexível teoria da autovinculação. O *undertaking* corresponderá a um *empreendimento*, uma *tarefa*, uma *iniciativa* livremente assumida pelo sujeito. O *entry upon the thing* centra-se sobretudo no elemento fáctico, se se quiser *real*, dessa conduta. De ambos fluiriam certos deveres de cuidado (*duties of care*) cuja inobservância desencadearia a responsabilidade. Próximo pelo menos parece situar-se também a assunção voluntária de um dever ou de uma responsabilidade (*volontary assumption of a duty or a responsability*), de facto por vezes invocada como situação de coligação da responsabilidade a uma simples actuação voluntária do sujeito, sem necessidade de uma intencionalidade de criação de efeitos jurídicos. Certas atitudes poderiam *equivaler* à aceitação de uma responsabilidade por elas (cfr. KIT BARKER, *Unreliable assumptions* cit., 461 ss; outras referências, por exemplo, em WINFIELD/JOLOWICZ, *On tort*, 15.ª edição [a cargo de Wiliam Rogers], London 1998, 124 ss, 367 ss, e PROSSER/KEETON, *On Torts* cit., 378 ss).

Só que tais categorias são, pelo menos numa visão descomprometida de factores de cultura e tradição, amorfas e não fazem a devida luz sobre o tipo de responsabilidade envolvida. Assim, há uma ambiguidade de raiz no *undertaking*: não se esclarece devidamente se o fundamento da responsabilidade a ele conexa é constituído por uma conduta ilícito-culposa do sujeito, se se liga antes a uma falha na coordenação de condutas que deva ser imputada "objectivamente" a um sujeito (como segundo a teoria da confiança), ou se o *undertaking* consubstancia mesmo uma promessa, pelo menos "implícita" ou "incompleta", seguramente o sentido que mais pode interessar a KÖNDGEN. Saindo em defesa da noção, bem procura este relevar (*Selbstbindung* cit., 91-92) que a sua falta de rigor técnico não atinge a respectiva operacionalidade: tomada de empréstimo da linguagem vulgar, ela seria perfeitamente compreensível segundo a experiência corrente de vida. Contudo, a vantagem da adaptabilidade a diversas constelações de responsabilidade, ao deixar inexpresso o fundamento da responsabilidade, paga um preço fatal do ponto de vista

É óbvio que o desencadear de expectativas em outrem depende, ao menos em grande parte, da decisão de cada um. Mas não se vê como é que a autovinculação possa ser definida sem ser como determinação "causal", por parte do sujeito, dos concretos efeitos jurídicos desencadeados. Ora, essa é justamente a eficácia própria do negócio jurídico.

Claro que a autonomia privada se apresenta mais vasta que o negócio, muito embora este constitua um seu principalíssimo expoente[879].

---

construtivo-sistemático. (O jurista continental descobre aliás com facilidade que a criação ou a manutenção de uma fonte de perigo por assunção de uma tarefa é susceptível de conduzir a uma responsabilização delitual por violação de um dever no tráfico — e parece mesmo que este é um sentido muito comum do *undertaking*, amplamente relevante no âmbito dos *torts*. Mas já se sabe, quanto a este aspecto, que a doutrina dos deveres no tráfico, como em geral a alusão a deveres de comportamento, não capta e confunde mesmo uma protecção dogmaticamente autónoma da confiança.)

Julgamento análogo merece a *"voluntary assumption of responsability"*. O manuseio da noção bem para além daquilo que pode razoavelmente ser entendido como conformação consciente e voluntária de uma consequência jurídica através de um compromisso (na realidade ficcioso em muitos casos, *v.g.*, de responsabilidade por informações) retira credibilidade à noção, pois a responsabilidade decorre então de uma valoração objectiva do ordenamento e não de uma autovinculação do sujeito.

Verdadeiramente, nenhuma das noções referidas chega a desvelar o verdadeiro fundamento da responsabilidade, diluindo-se em arrimos discursivos formais sem conteúdo normativo rigoroso. Equivocamente situadas entre o compromisso do sujeito e as valorações objectivas da conduta por parte da ordem jurídica, não salvam a tese da autovinculação sem contrato.

[879] Importa assim reconhecer um sentido mais amplo de autonomia privada, sentido esse que está por isso longe de se esgotar na conformação criativa de relações jurídicas, para utilizar a expressão com que FLUME a caracteriza ("schöpferische Gestaltung von Rechtsverhältnissen": cfr. *Das Rechtsgeschäft* cit., 6; análoga a noção de OLIVEIRA ASCENSÃO, *Direito Civil/Teoria Geral*, II, cit., 66: "a autonomia é o poder de dar-se um ordenamento"). Nesta acepção vasta — também reconhecida na doutrina de língua alemã, *v.g.*, por WOLFGANG ZÖLLNER, *Regelungsspielräume im Schuldvertragsrecht*, AcP 196 (1996), 25, que para o efeito distingue mesmo, quanto ao significado, autonomia e autodeterminação —, a autonomia continua a opor-se à coerção, com a qual é inconciliável. O que não preclude que o seu exercício possa convocar regras não directamente determinadas, nem na sua aplicação nem no seu conteúdo, pela vontade do sujeito que actua. Parte delas integram aquilo que pode desig-

Ela manifesta-se desde logo também no exercício das posições activas que a ordem jurídica reconhece ao indivíduo, nomeadamente no direito subjectivo[880]. Mas poderá redundar também numa simples liberdade genérica de agir. Esta encerra de igual modo a possibilidade de ocasionar um condicionalismo fáctico que desencadeia depois efeitos jurídicos independentes da vontade do sujeito. Uma conduta não deixa de ser "autonómica" pelo facto de ser susceptível de produzir consequências que são determinadas, na vez de em função e por causa da vontade do sujeito, por força de valorações objectivas da ordem jurídica; aqui, particularmente, das que atendem às expectativas depositadas por outros naquele que actua.

A fórmula da "autovinculação" é porém mais restrita e não abarca este tipo de situações de autonomia. A livre iniciativa do sujeito que, *v.g.*, se dedica ao exercício de certa profissão tem certamente como efeito a sua submissão a adstrições que reflectem porventura (também) determinadas expectativas sociais. Mas esses deve-

---

nar-se o estatuto jurídico da autonomia privada e do seu exercício. Aqui pertencem as normas que regulam o seu modo de exercício ou as que estabelecem a responsabilidade pela confiança. Mesmo que dependam ou se conexionem com um acto de autonomia, não podem por isso ser compreendidas como "pura" manifestação de coerção, imposta do exterior aos indivíduos (ao modo, por exemplo, das proibições delituais de interferir em posições jurídicas alheias).

[880] O direito subjectivo representa assim um instrumento da liberdade da pessoa e uma forma de tutela da respectiva autonomia; *vide* ORLANDO DE CARVALHO, *Teoria geral* cit., 19 ss. Sem prejuízo de tónicas diversas, cfr. também MENEZES CORDEIRO, *Tratado* cit., I, 162 ss, que, movimentando-se embora no que se pode apelidar de escola jurídico-formal do direito subjectivo, enfatiza o pendor "significativo-ideológico" deste como "bastião da liberdade da pessoa", OLIVEIRA ASCENSÃO, *Teoria geral* (ed. polic.) cit., IV, 102, falando – noutra linha – do direito subjectivo como posição de vantagem resultante da afectação de meios jurídicos aos fins de pessoas, e HEINRICH HÖRSTER, *A Parte Geral* cit., 48-49 ("a concepção do direito subjectivo exprime que o direito privado é o direito dos indivíduos independentes que agem em conformidade com as suas próprias decisões, segundo a sua autonomia privada e em pé de igualdade mútua"); ainda, C. MOTA PINTO, *Teoria Geral* cit., 89-90 (a autonomia privada como "soberania do querer" caracteriza o direito subjectivo), e CARVALHO FERNANDES, *Teoria Geral*, II, cit., 455 (o direito subjectivo como um dos instrumentos privilegiados da autonomia privada).

res impõem-se-lhe frequentemente como algo de exterior a ele, não se vendo bem que sentido tem falar-se então de autovinculação[881]. No fundo, o sistema de KÖNDGEN envolve uma tentativa muito deficiente de compatibilização entre autonomia e heteronomia. O que se reflecte depois num igualmente muito questionável enquadramento sistemático de certas hipóteses no direito dos quase-contratos, ao considerar-se existente uma autovinculação aí onde a característica da heteronomia se apresenta iniludível. É o caso, para retomar o âmbito do exemplo precedente, da responsabilidade por informações dadas no exercício de uma profissão, quando autor e destinatário da informação não se encontrem ligados por um contrato. Não se vê como é que ela pode decorrer de uma autêntica autovinculação do informante[882].

---

[881] Estes casos rompem claramente a teoria da autovinculação. Assim, a adopção, mesmo consciente, do papel social coligado ao exercício da profissão não tem por que ir de par com a vontade de assumir os correspondentes efeitos (como a observação empírica das realidades facilmente demonstra); ainda que existindo, essa vontade não é a causa que determina os correspondentes deveres, dando-lhes a razão da sua "validade" jurídica. Há heteronomia (apesar de o exercício da profissão ou a adopção do correspondente papel social dependerem da iniciativa do sujeito).

[882] KÖNDGEN denuncia a dificuldade pois, aduzindo embora que toda a informação prestada se apresenta dotada (à semelhança do que acontece na declaração negocial) de uma intenção de validade, exclui que a responsabilidade por informações decorra da violação da palavra dada e centra-a antes na censurabilidade de uma conduta que contradiz a vinculação do declarante quanto à existência de uma base sólida para a informação prestada (cfr. *Selbstbindung* cit., 358). Recorta portanto afinal a autovinculação: apesar da pretensão de validade que inere à informação, a autovinculação cingir-se-ia tão-só à diligência na respectiva obtenção. Este passo não é claro, como é inapropriado o referente eleito para a autovinculação, embora a *nuance* de raciocínio exposta permita alcançar um ponto de apoio para limitar a indemnização ao dano de confiança. Em qualquer caso, ela não afasta a real heteronomia dos deveres de diligência na obtenção da informação que impendem sobre o sujeito (melhor, do dever de não pôr a circular a informação de que se não tenha uma razoável certeza que decorre da exigência de veracidade). O dever existe, mesmo que dele não haja consciência, o que é incompatível com a tese da autovinculação.

Note-se também como é vã a tentativa de superar através de um *continuum* de autovinculações as fronteiras do negócio. Afinal, sempre se exigem circunstâncias especiais para que o sujeito não se encontre apenas adstringido à cuidadosa selec-

A autovinculação encontra-se assim — repisamo-lo — numa relação biunívoca com o negócio. Se o seu domínio legítimo é conceptualmente o do negócio, estendê-la para além dele também rasga abertamente um sistema de fontes que — como patentemente o português — não reconhece autovinculações quase-negociais. Vislumbra-se aqui uma importante diferença em relação à doutrina da responsabilidade pela confiança que expusemos. Emancipada da ideia de autovinculação, ela movimenta-se fora do terreno do negócio e respeita integralmente o espaço para este reservado na ordem jurídica. Ao recusarmos por princípio à confiança a virtualidade genérica de gerar uma adstrição do sujeito a corresponder às expectativas que criou, negámos-lhe um papel directa e autonomamente constituinte de vinculações. Preservámos o elenco das fontes das obrigações no seu conjunto.

O que é bem diferente de admitir — e não tolhe — um desenvolvimento da responsabilidade civil para acautelar certas situações dos sujeitos além daquelas genérica e explicitamente previstas na lei; no caso, aceitando a reparação do investimento feito em função de certas representações acalentadas por outrem. A destrinça corresponde no fundo à diversidade entre o plano do reconhecimento e atribuição de direitos e o da simples protecção — de uma certa protecção — que alguns interesses podem merecer. A responsabilidade civil não reage necessariamente à violação prévia de uma obrigação ou de outra posição a que o sujeito "tenha direito"; basta neste aspecto que a sua intervenção se torne conveniente para compensar ou corrigir uma situação indesejável, sob pena de inaceitável injustiça. Podemos exprimi-lo afir-

---

ção e comprovação da informação que presta. Por ténue que seja a destrinça, sempre se distingue a hipótese, *v.g.*, em que o vendedor se autovincula quanto a certas qualidades, e os casos em que se limita a prestar, com negligência, uma informação sobre essas mesmas qualidades, na realidade não existentes. É a velha diferenciação entre promessa negocial das qualidades e responsabilidade do vendedor por meras asserções a ressurgir. São realidades não confundíveis. Ali, o sujeito vincula-se a proporcionar uma realidade (a entregar uma coisa) conforme com o que afirma: é esse o efeito da validade jurídica da declaração negocial. Já a pretensão de validade das simples asserções dirige-se à mera conformidade da declaração com a realidade: não se visa produzi-la (torná-la juridicamente devida), mas tão-só representá-la adequadamente.

mando sinteticamente que para nós a teoria da confiança está chamada a colmatar, não o sistema de constituição de posições jurídicas, mas o direito da responsabilidade, gerando por isso uma mera *relação de responsabilidade*.

Repare-se que, embora a ordem jurídica portuguesa se apresente indubitavelmente restritiva quanto à admissão de negócios unilaterais como factos constitutivos de obrigações, não se vislumbra nela, ao percorrer-se a série das fontes das obrigações referidas na lei, nenhuma proibição geral ao desenvolvimento do direito da responsabilidade civil. A protecção indemnizatória da confiança não implica, em rigor, qualquer complementação a esse elenco, pois situa-se apenas ao nível infra-ordenado da configuração de uma das fontes nele referenciadas[883].

---

[883] Por isso se compreende que as mais diversas evoluções experimentadas, *v.g.*, pela teoria do negócio (nomeadamente do unilateral), do enriquecimento sem causa ou da gestão de negócios não tenham em regra colocado na berlinda o sistema de fontes. Admite-se (implicitamente pelo menos) que ele pode permanecer incólume apesar dessas evoluções (tolerando-as, por conseguinte).

Rigorosamente pois, a admissão de uma responsabilidade pela confiança (autónoma em relação ao negócio) não constrange formalmente a perguntar se a seriação de fontes indicada na lei representa uma tipologia exaustiva dos factos constitutivos das obrigações ou, pelo contrário, aberta. Seja como for, não podem reconhecer-se indiscriminadamente quaisquer formas de constituição das obrigações, sob pena de se desatenderem as valorações ínsitas no sistema das suas fontes. Estas têm pois sempre que ser tidas em conta na sua eventual complementação. (Ideia que o código italiano exprime aliás ao estabelecer, no art. 1173, que "as obrigações derivam do contrato, de facto ilícito, e de qualquer outro acto ou facto idóneo a produzi-las *em conformidade com o ordenamento jurídico*"; sublinhado *nosso*. Claro que uma directriz, tal como esta, "definidora", ou, pelo menos, delimitadora das fontes das obrigações, constitui um obstáculo ao empirismo ou o pragmatismo que inquinam as orientações meramente "enunciativas". Mas a sua ausência não exime o intérprete do cuidadoso respeito das ponderações subjacentes a uma seriação legal. Qualquer reformulação categorial ou conceptual das fontes em nome das exigências de racionalidade do Direito deverá levá-lo em conta.)

Observe-se a propósito que a responsabilidade por violação de deveres de conduta impostos pela boa fé (destrinçados precedentemente da problemática da tutela da confiança em sentido próprio) escapa igualmente a objecções determinadas por uma concepção fechada do elenco constitutivo de obrigações. Tais deveres não

Para concluir, refira-se que o infundado da pretensão de construir uma verdadeira autovinculação à margem do negócio jurídico inquina as várias aplicações que dela se procura. Assim, a interpretação da responsabilidade por informações como derivada de uma autovinculação arrisca-se, tanto a desrespeitar os limites conceptuais do negócio e o espaço que o sistema de fontes lhe reserva, como a provocar um compreensível embaraço à recusa de uma indemnização da decepção em si das expectativas na verdade da informação prestada[884]. *Mutatis mutandis*, de modo até particularmente nítido, no que respeita à responsabilidade por enunciados publicitários[885]. São por-

representam obrigações em sentido rigoroso. Isso mesmo exprime a categoria das relações obrigacionais *sem deveres primários de prestação*, pois o seu conteúdo é composto justamente por um conjunto de deveres de conduta entre sujeitos determinados que se não traduzem em deveres de prestar. Ora, as disposições do direito das obrigações, aí incluídas as que se referem às fontes, referem-se essencialmente — salientámo-lo igualmente em *Contrato e Deveres de Protecção* cit., 38-39, e n. 64 — aos deveres de prestação, como decorre da noção constante do art. 397. Impor regras de conduta é e deve manter-se conceptualmente distinto de atribuir posições jurídicas e, assim, de estabelecer vínculos obrigacionais (ou as correspondentes posições creditícias). Para uma dogmática da boa fé não é demais insistir neste ponto.

[884] Confira-se, a propósito, a antepenúltima nota.

[885] Para KÖNDGEN, *Selbstbindung* cit., especialmente 298 ss, e 349 ss, as declarações publicitárias têm carácter autovinculativo, mesmo faltando-lhes externamente a forma das promessas negociais, pois erguem a pretensão de que o seu conteúdo tem correspondência com a realidade, suscitando expectativas normativas de correspondência do objecto promocional às qualidades apregoadas. Daí que ao adquirente surpreendido pela ausência das qualidades publicitadas deva, na sua opinião, ser consentido "firmar-se na palavra do anunciante" e exigir dele a realização *in natura* das suas expectativas (o que significa no fundo conceder-lhe um direito a uma substituição ou reparação da coisa contra o anunciante), ou então, reclamar dele a indemnização da frustração das expectativas na existência dessas qualidades (indemnização do interesse de cumprimento). Não obstante, esta concepção da responsabilidade por mensagens publicitárias desrespeita a cesura que existe entre os comportamentos negociais e não negociais. Fora do campo do negócio, não há autêntica autovinculação. Está sobretudo em causa a interpretação da conduta do anunciante enquanto negócio unilateral, mas deve arredar-se o recurso indiscriminado a este tipo de negócio.

Detenhamo-nos, ilustrativamente, numa outra construção recentemente ensaiada entre nós e que, embora diferenciável, é relativamente próxima do ponto

tanto decisivos os escolhos que se erguem à teoria da autovinculação enquanto arquétipo capaz de substituir a responsabilidade pela confiança.

de vista dos obstáculos que coloca. Referimo-nos à via, trilhada por FERREIRA DE ALMEIDA, de enquadramento dos enunciados publicitários como declarações negociais unilaterais de garantia das qualidades; cfr. *Texto e Enunciado* cit., II, 1033 ss, e *passim*. Ela alicerça-se em várias asserções comuns à tese da autovinculação sem contrato, mas move-se ainda no âmbito da teoria do negócio (colocando-se sob este aspecto nos antípodas daquela concepção). À autovinculação *sem* contrato (leia-se também, sem negócio) contrapõe-se agora uma autovinculação *com* (através do) negócio. Esta orientação pressupõe todavia o alargamento do conceito respectivo, despojando o negócio de características essenciais a uma autovinculação, nomeadamente sacrificando a vontade de determinação de efeitos. Central é a extensão que nela é dada à noção de promessa pública por forma a abranger as mensagens publicitárias. A enunciação de qualidades numa mensagem promocional não apresentaria apenas um valor descritivo ou informativo. Ela implicaria, "em circunstâncias adequadas, a garantia dessas qualidades": *op. cit.*, II, 1041 e 1049. Essa garantia envolveria uma promessa de reparar ou substituir o produto que não fosse conforme com as qualidades anunciadas (ou de indemnizar os prejuízos traduzidos na falta das qualidades publicitadas).

Ora, esta concepção, apesar de distinta da da autovinculação sem contrato, defronta como ela igualmente o problema da descaracterização da autovinculação negocial e do desrespeito dos seus limites. Adivinha-se nela particularmente sensível a interpretação das asserções acerca de qualidades da coisa como envolvendo uma garantia do produtor-anunciante traduzida na obrigação (negocial) de reparação ou substituição da coisa (ou de indemnização dos prejuízos derivados da falta de qualidades). Segundo o sentido mais comum de garantia, o seu prestador assegura ao beneficiário um certo resultado, onerando-se com o *risco* da respectiva não verificação (esse risco variará e pode ser traçado com maior ou menor amplitude); *vide*, para uma noção próxima, PINTO MONTEIRO, *Cláusula Penal* cit., 265. Há, portanto, um nítido *plus* relativamente à simples afirmação, embora convicta, da qualidade de um produto. Não implicando esta última necessariamente uma garantia, a garantia tem de construir-se sobre indícios específicos, distintos dos que sustentam uma asserção acerca de um produto ou a promessa de qualidades desse produto.

Na acepção descrita, a garantia afirma-se *per relationem* com respeito a uma determinada vinculação, que reforça. Se esta não for própria do garante, há que ser especialmente prudente no juízo acerca da sua efectiva adstrição a uma garantia. Ora, o produtor-anunciante não entra na maioria dos casos em relação contratual directa com o utilizador final do produto. Não sendo parte no respectivo contrato de compra e venda, não assume também nenhuma obrigação de entrega da

67. Autovinculação, *promissory estoppel* e teoria da confiança

A tese que coloca a autovinculação do sujeito no cerne da responsabilidade tem procurado alento no conhecido instituto norte-americano do *promissory estoppel*. Segundo o § 90, I, do Restatement

---

coisa com determinadas qualidades perante ele. Torna-se neste contexto manifestamente problemático visualizar uma obrigação de garantia autónoma: se o produtor-anunciante não se adstringe justamente a fornecer uma coisa com certas qualidades, como explicar a sua vinculação? São certamente sempre contados os casos em que se poderão interpretar os enunciados promocionais enquanto garantias por ele dadas às vinculações assumidas pelo vendedor.

Dentro da conceptologia tradicional do negócio jurídico, a interpretação de uma asserção acerca das qualidades de um produto, tanto como promessa de atribuir uma coisa com determinadas qualidades, quer enquanto garantia de reparação, substituição ou ressarcimento de danos em caso de ausência dessas qualidades, requer o apuramento de uma declaração negocial (expressa ou tácita), e logo, a presença de uma vontade correspondente. Ora, numa lógica económica de maximização de proventos e minimização de custos, não pode presumir-se uma declaração negocial se quem se adstringe não obtém nenhuma vantagem concreta em troca (atente-se aliás no art. 237 do Código Civil, aproveitável para a própria identificação da declaração negocial). FERREIRA DE ALMEIDA, *Texto e Enunciado* cit., II, 1047, lembra que se depara na realidade uma relação ampla de permuta indirecta entre garante e beneficiário. Não ficamos convencidos. Há de facto uma ponderação custo-benefício que explica a atitude do produtor-anunciante no mercado. Mas é discutível que exista, ao menos no comum dos casos, uma necessidade estratégica de o produtor se autovincular (através de uma promessa de realização de uma prestação) perante *cada um* dos compradores da coisa que coloca no mercado. Nem sequer se apresenta imprescindível uma atitude desse tipo para com o conjunto dos destinatários da publicidade. Os interesses do produtor-anunciante no mercado satisfazem-se com frequência apenas — e outras vezes nem disso carecem — com a manifestação da mera *predisposição* de proceder, em casos justificados, à reparação ou substituição da coisa. Estas estão, para o produtor-anunciante, subordinadas também a critérios de eficiência económica, pelo que se compreende que ele se salvaguarde, tanto quanto pode, da sua concessão (automática).

Concorda-se que os objectivos da concepção em apreço são meritórios e que urge "moralizar" a publicidade. Mas tal nada pode contra o realismo de que o produtor-anunciante se não quer via de regra autovincular à realização de uma prestação. A maior parte das hipóteses de responsabilidade por mensagens publicitárias

Second of Contracts, uma promessa que induza o seu destinatário ou um terceiro a uma acção ou inacção, devendo o seu autor prever

estão portanto perdidas para a teoria do negócio. Como se põe em cheque a pretensão de fundar essa responsabilidade numa verdadeira e própria autovinculação.

A heteronomia liquida a concepção (extranegocial) de KÖNDGEN. Já a tese do autor português procura escapar à dificuldade firmando a vinculação negocial sem dependência da vontade, por forma a não ser atingida pelo escolho da sua falta. A sua plausibilidade está indissoluvelmente ligada à do critério de negócio que é adoptado. Fala-se do negócio como acto performativo de efeitos, definidos de acordo com as regras constitutivas que sejam aplicáveis (*Texto e Enunciado* cit., I, 236 ss). Mesmo sem retomar observações já feitas, há que ter a consciência que por detrás da indeterminação — nítida — desta noção se esconde o perigo de um elementar *quod erat demonstrandum*. Observe-se também que o propagado critério social de identificação da fenomenologia negocial não permite escamotear que a consciência do público no sentido da existência de uma vinculação autonómica do anunciante é muito pouco frequente; a desconfiança para com os verdadeiros intuitos daquele destrói-a, ao mesmo tempo que se generaliza com o abuso reiterado da publicidade; corrói-a igualmente a *presumptio hominis* de que "ninguém se vincula excepto obrigado". Uma coisa é aquilo que o homem médio sente como dever-ser, outra aquilo que ele sabe que acontece. Assim, toda a autovinculação, compreendida ou não como negocial, carece de ser efectivamente demonstrada.

Decorre daqui o interesse de outras soluções — diga-se para finalizar —, provindas mesmo do legislador, no sentido de dar cumprimento à necessidade de uma eficaz protecção dos consumidores e instaurar o devido equilíbrio entre as vantagens auferidas pela actividade promocional e os correspondentes riscos, que não é justo onerarem unilateralmente os seus destinatários. Cremos que, mais do que o negócio, a teoria da confiança pode proporcionar uma base idónea para o efeito. Outra alternativa é a construção da responsabilidade pelos conteúdos promocionais como decorrente da infracção de deveres (não negociais); afirmando, *v.g.*, que o anunciante está vinculado a evitar a indução à celebração de um contrato indesejado relativo ao bem objecto da promoção publicitária. Tais adstrições, posto que visam assegurar um processo de conclusão do contrato adequado, protegendo a formação do consentimento, situar-se-ão dogmaticamente no quadrante da *culpa in contrahendo*.

Claro que estas adstrições já nada têm que ver com a autovinculação do sujeito (nem, por suposto, na concepção que perfilhamos, com o modelo da tutela da confiança). Decorrerão das exigências de correcção e lealdade no *iter* de formação do contrato ou, em todo o caso, de uma eficiente protecção do mesmo. Por outro lado, encontrando-se a *ratio* da responsabilidade por mensagens publicitárias

razoavelmente esse efeito, é vinculativa se uma injustiça só puder ser evitada mediante o reconhecimento da sua "accionabilidade" (*enforce-*

---

na indução à celebração de um contrato indesejado, parece que a consequência própria da infracção aos deveres relativos à publicidade consiste na indemnização daqueles prejuízos que o contraente não teria sofrido se não tivesse contratado. Ou seja, objecto de reparação será coerentemente o dano "negativo" e não o interesse de correspondência do bem adquirido às qualidades anunciadas. E não é neste ponto distinta a solução que se obtém seguindo-se o modelo da responsabilidade pela confiança.
  Mas ela é incoerente com a tese da autovinculação do anunciante, da qual deriva uma indemnizabilidade de princípio do interesse de correspondência do produto ao enunciado publicitário. (O argumento de que a dificuldade do cômputo desse interesse por indeterminação do conteúdo da promoção publicitária legitimaria o ressarcimento do dano de confiança volta-se contra a própria tese da autovinculação, porque acentua a sua inconsistência.) Mas a ordem jurídica portuguesa não concede, em princípio, uma indemnização desse tipo no caso de informações erróneas (como já se salientou *supra*, também a propósito da responsabilidade por prospecto). Por isso, o não ressarcimento do dano "positivo" de falta de correspondência do bem às expectativas produzidas constitui uma orientação sistemática a que deve atender-se.
  Note-se que as alternativas ao pensamento da autovinculação precedentemente expostas não são perturbadas pelo Código da Publicidade. O n.º 1 do art. 30 do Dec.-Lei n.º 330/90, de 23 de Outubro, procede a uma remissão genérica para o regime da responsabilidade civil da difusão de mensagens publicitárias ilícitas, mas não dá pistas seguras sobre o seu enquadramento dogmático, pese embora a menção à ilicitude das mensagens. Aquela regra de responsabilidade é para este efeito (praticamente) uma norma em branco. Por isso também, a questão da responsabilidade por mensagens publicitárias não tem uma resposta unívoca na nossa ordem jurídica. O que tolhe patentemente a sua operacionalidade. Mas, quer o modelo de responsabilidade pela confiança, quer o da decorrente da violação de regras de comportamento se mostram conciliáveis com aquela norma e capazes de a concretizar.
  Para concluir: que dizer, face ainda a esse preceito, de uma solução "delitual" da responsabilidade por enunciados promocionais? Em primeiro lugar — já se apontou —, não pode simplesmente aceitar-se que a norma do art. 30 transmuda em disposições legais de protecção as diversas regras que, inseridas no respectivo diploma ou convocadas por ele, regulam a publicidade, estabelecendo os princípios a que deve obedecer e os deveres que incumbem aos sujeitos com relação a ela. (Ela própria, entendida enquanto pura remissão para o regime geral sem conteúdo responsabilizador autónomo, não configura naturalmente uma disposição de protecção para efeito

ment). Este enunciado representa uma base primordial do reconhecimento, no espaço estado-unidense, de uma responsabilidade pela confiança[886]. Sem embargo, as incertezas do seu significado têm permitido

---

da segunda alternativa do art. 483 n.º 1 do Código Civil, o que representaria um *circuitus inextricabilis*.) Como já se relevou, saber se determinada regra constitui uma disposição de protecção depende de uma valoração que tenha em conta as orientações globais da responsabilidade delitual no seu conjunto. Assim posto o problema, constitui logo um obstáculo à aceitação de uma natureza delitual na responsabilidade por mensagens publicitárias (*maxime*, considerando as normas do citado diploma disposições de protecção) a não indemnizabilidade de princípio de interesses puramente patrimoniais. Naturalmente que o legislador tem uma palavra a dizer: a falta de protecção delitual deste tipo de interesses em nome da liberdade de actuação dos sujeitos no mercado não quer obviamente dizer que *toda* a conduta de quem nele se move tenha sempre de ser considerada justificada (mais do que o tipo de prejuízos, é portanto o género da acção danosa que urge considerar). Mas uma torção extensa àquela orientação da responsabilidade aquiliana carece de ser cuidadosamente ponderada. Sobretudo considerando que outras configurações dogmáticas da responsabilidade por mensagens publicitárias são susceptíveis de preservar essa directriz genérica do direito delitual português. E importa apreciar outras diferenças de regime. (Note-se, a propósito, que a questão da indução negligente à celebração de um contrato indesejado não é passível de ser absorvida nos quadros do direito delitual, também porque a tutela civil, ao consagrar para alguns destes casos, um direito de revogação ou de resolução em favor do consumidor, prescinde inclusivamente da verificação de um dano patrimonial; o que lança o problema para o âmbito da protecção da formação da vontade — e, assim, do direito dos contratos.)

[886] A parte final do citado § 90 I esclarece ainda que a sanção da quebra da promessa pode ser limitada segundo requeira a justiça.

Sobre a ligação do *promissory estoppel* à protecção da confiança, *vide*, entre muitos, ROBERT SUMMERS/ROBERT HILLMANN, *Contract and Related Obligation: Theory, Doctrine, and Practice*, St. Paul, Minessotta 1987, 82 ss (vendo no *promissory estoppel* a emergência de uma nova teoria das obrigações em relação à tradicional do *agreement and consideration* e referindo largamente o conhecido caso de responsabilidade pela não conclusão de um contrato da jurisprudência norte-americana *Hoffman vs. Red Owl Stores*, já mencionado); cfr. ainda RICHARD CRASWELL/ALAN SCHWARTZ, *Foundations of Contract Law* cit., 232 ss, e ROBERT HAMILTON, ALAN RAU, RUSSELL WEINTRAUB, *Cases and Materials on Contracts*, St. Paul, Minessotta 1984, 190 ss, bem como CORBIN *On Contracts (Formation of contracts)* cit., 1 ss (a cargo de Eric Mills Holmes).

igualmente o florescimento da uma profícua discussão em torno do efectivo fundamento das consequências jurídicas assinaladas e da relação que elas mantêm com a vinculação contratual, conduzindo por isso também a uma ampla tematização desta última. É a conhecida questão das fronteiras entre a responsabilidade pela confiança e o negócio a mostrar que não conhece fronteiras geográficas ou culturais.

Elemento central do *promissory estoppel* constitui-o a promessa que induz a uma acção ou "omissão" (*forbearance*), cuja eficácia a doutrina mais comum funda — e bem — na teoria da confiança. Em todo o caso, o *promissory estoppel* chama poderosamente a atenção para o comportamento do responsável, no que contrasta com a descolorida invocação do requisito da imputação da confiança — mesmo que enriquecida com a especificação de que essa imputação pode derivar de uma conduta voluntária do sujeito ou do risco — que caracteriza as elaborações proeminentes da protecção da confiança dos juristas continentais. De modo inevitável, porém, o acento na promessa — e a autovinculação do sujeito que assim se sugere — tem propiciado também uma forte tendência para esbater a importância do pensamento da tutela das expectativas na construção da responsabilidade. Demonstram-no orientações recentes que desvalorizam, quando não suprimem, aberta ou encapotadamente, o requisito da confiança, considerando-o presumido ou então satisfeito com a ocorrência de condições simbólicas. Nessa lógica, têm feito carreira opiniões que desligam a função do *promissory estoppel* da protecção do investimento de confiança e acolhem amplamente a indemnizabilidade do interesse de cumprimento da promessa[887].

Como é óbvio, toda esta problemática corre paralela à discussão acerca do — arrimemo-nos à conceptologia da *civil law* — funda-

---

[887] Cfr., *v.g.*, DANIEL A. FARBER/JOHN H. MATHESON, *Beyond promissory estoppel: contract law and the "invisible handshake"*, U. Chi. L. Rev. 52 (1985), 903 ss, pugnando por uma responsabilidade pelo rompimento de qualquer promessa desde que feita no contexto de uma actividade económica, sem dependência da demonstração de confiança; ou EDWARD YORIO/STEVE THEL, *The promissory basis of section 90*, Yale L. J. 101 (1991), 111 ss, para quem a responsabilidade por *promissory estoppel* deve ser perspectivada, em vez de como forma de corresponder à necessidade de protecção da confiança, enquanto modo de *potenciar* a criação de confiança.

mento da vinculatividade da promessa negocial[888]. A verdade é que não está esgotada a polémica em torno do papel que aqui desempenha a protecção das expectativas. Fazendo fé no discurso porventura mais tradicional, dir-se-ia que não existe confusão possível, posto que os efeitos da promessa se baseiam no poder de autodeterminação de consequências jurídicas por parte do sujeito, exaltado na teoria do negócio.

Mas esta asserção vacila com a consideração de que se não houvesse ninguém a confiar na promessa seria absurdo admitir uma vinculação. Contudo: a razão da vinculatividade da promessa estará realmente nas expectativas que ela desencadeia? Não espreita assim o perigo de um argumento circular, devendo afirmar-se antes que as expectativas são já fruto, elas próprias, da autovinculação do sujeito? Não será que urge destrinçar-se bem entre o desconfiar da existência de um comprometimento e o desconfiar da sua observância?

Importa aliás muito entrelaçar na questão a consideração de que o sistema jurídico tem normalmente interesse no reconhecimento da vinculatividade das promessas pelo que isso auspicia ou garante em ordem à paz e a um adequado modo de coexistência social. Esta observação ajuda a compreender que no problema da vinculatividade da promessa não está apenas em causa a penetração do princípio do respeito pela palavra dada como regra moral de conduta, pois a ordem jurídica está longe de reconhecer vinculatividade jurídica a todos os compromissos que a Ética manda observar[889]. Nesta medida, dir-se-á que para a ordem jurídica se não trata tanto (apenas) de proteger expec-

---

[888] As reflexões de CHARLES FRIED (*Contract as Promise* cit., 7 ss) e ATIYAH (*v.g.*, *Essays* cit., 10 ss) constituem dois marcos notórios nesse debate. Fundamental também o célebre *The reliance interest in contract damages*, cit., de FULLER e PERDUE. No pensamento germânico, merece ainda hoje justo destaque ADOLF REINACH, *Zur Phänomenologie des Rechts/Die apriorischen Grundlagen des Rechts*, 1913 (reimpr. München 1953), 54 ss; também, FRIEDRICH BASSENGE, *Das Versprechen/Ein Beitrag zur Philosophie der Sittlichkeit und des Rechts*, Berlin 1930, 14 ss, e *passim*. O problema é debatido entre nós por FERREIRA DE ALMEIDA, *Texto e Enunciado* cit., I, 471 ss, apontando no sentido da solução defendida para o negócio em geral (assente na performatividade de certos enunciados linguísticos, de acordo com determinadas regras constitutivas; já o apreciámos).

[889] Cfr., a propósito, o art. 398 n.º 2 do Código Civil.

tativas quanto de erigir (ainda) como objectivo a promoção ou garantia de (certas) expectativas.

Mas claro que a prossecução eficiente de determinadas finalidades importantes do ponto de vista social não permite esquecer que a vinculatividade lança âncora sobre uma determinada realidade — a promessa — e não sobre outra qualquer. O compromisso, muito embora seja sentido como juridicamente vinculativo dentro de um determinado jogo de referências proporcionado pela ordem jurídica, tem portanto à partida uma identidade *a se* que o torna idóneo a um certo enquadramento no mundo do Direito e nas suas finalidades globais. A essa sua natureza corresponde que a quebra da promessa seja ordinariamente sentida pelo seu destinatário como perturbação e dano, justificando-se a intervenção da ordem jurídica para o evitar ou compensar.

A forma de deslindar este emaranhado argumentativo repercute-se inevitavelmente sobre a teoria da confiança, podendo mesmo ameaçar a sua sobrevivência. Uma concepção da vinculatividade da promessa negocial assente na necessidade de tutelar expectativas empalidece as diferenças com o *promissory estoppel*, e pode preparar o terreno para a sua fusão. Enfileirando-se todavia na tendência de desvalorizar a confiança na interpretação do § 90 do Restatement, corre-se o perigo de dar rédea solta a uma força centrípeta que chame o *promissory estoppel* para a órbita de uma vinculatividade negocial concebida com independência da protecção de expectativas.

Sintomaticamente, porém, a ciência jurídica tem continuado a resistir ao amalgamar do pensamento da autovinculação com o da protecção das expectativas, assim como à absorção de um pelo outro. No fundo, importa reconhecer neles uma complementaridade de razões diversas pelas quais o sujeito pode vir a ter de responder. De facto, não se vê como harmonizar ou integrar autodeterminação e heteronomia. Esta dilemática circunstância é grandemente responsável, não só pela carreira do pensamento da autodeterminação do sujeito enquanto explicação da vinculatividade do compromisso, como — correlativamente — pela forte presença do pensamento da confiança na teoria jurídica contemporânea.

O *promissory estoppel* não foge a esta condição. O facto de a atendibilidade da promessa requerer que ela tenha efectivamente suscitado uma (concreta) atitude de confiança de outrem (e disposições nessa base tomadas), de proteger segundo a justiça, significa que o seu fundamento, mais do que na força do compromisso manifestado por alguém de adoptar uma conduta futura, reside propriamente nas expectativas (materializadas) que essa conduta gerou[890]. Daí que esteja certa a sua recondução ao pensamento da confiança e que não possa servir de pedra-de-toque de uma responsabilidade verdadeiramente baseada na autovinculação do sujeito.

Temos portanto de concluir ser inaceitavelmente contraditória a tentativa de precisar a responsabilidade pela confiança no sentido de decorrente do incumprimento de uma promessa que não atingiu o limiar da relevância negocial, vislumbrando ao mesmo tempo a razão jurídica dessa responsabilidade (ainda) na quebra da palavra dada. Admitir que ela se cingiria então ao interesse negativo — no que iria uma distinção em relação às ordinárias vinculações negociais —, não adianta para a resolução deste paradoxo. Muito pelo contrário: se a promessa, embora não perfaça os requisitos de que depende a sua relevância negocial, recebe apesar de tudo a sua eficácia jurídica de um (auto)comprometimento do sujeito, não se descortina como reduzir a responsabilidade pela sua inobservância ao dano de confiança[891].

---

[890] Segundo a sua designação, o *promissory estoppel* representa uma forma de preclusão do exercício de uma certa posição alheia, com base numa promessa feita (na conhecida e já referida máxima, ela é um escudo e não uma espada). Mas uma função meramente inibitória não está de acordo com a ideia de que é a autovinculação do sujeito que gera a sua eficácia, pois semelhante modo de ver postularia em princípio uma acção de cumprimento (BAPTISTA MACHADO, *Tutela da confiança* cit., 397, aponta mesmo uma *contradictio in adiectu* na expressão "promissory estoppel").

[891] Esta a objecção central que se depara à via escolhida por HANS STOLL de, sob influência do *promissory estoppel*, concretizar a responsabilidade pela confiança como responsabilidade por uma promessa unilateral de prestação (não negocial), cingida ao dano de confiança; cfr. o mencionado *Vertrauensschutz bei einseitigen Leistungsversprechen*, FS für Werner Flume, Köln 1978, 741 ss, com um painel ilustrativo onde figuram os casos problemáticos de responsabilidade por ruptura das negociações ou por informações prestadas. Cremos que a responsabilidade pela palavra dada apenas é relevante para o Direito no quadro do negócio: fora desse âmbito, somente pode ser uma responsabilidade por defraudação de expectativas, mesmo que essas expectativas decorram de um acto de promessa. (Uma fraqueza daquela doutrina

Nada obsta contudo a que a uma promessa possa coligar-se uma responsabilidade pela frustração de expectativas, pois ela constitui indubitavelmente um facto susceptível de gerar confiança; mesmo — note--se — com independência da verificação de todos os requisitos (constitutivos ou de validade) de que depende a atribuição de uma eficácia negocial: o facto de não possuir as credenciais que a permitiriam entrar no mundo do negócio não preclude necessariamente a criação de expectativas[892]. Este acoplar dos actos de comprometimento à teoria da

---

reside por suposto também no facto de não lograr harmonizar devidamente a ideia de responsabilidade limitada pela palavra dada com a concepção de que a promessa daria lugar a uma relação obrigacional "legal" derivada da confiança; cfr. *op. cit.*, 754. Não é apenas a conexão entre a responsabilidade pela palavra dada e a lei que permanece enigmática, mas também o entendimento, tão generalizado quanto criticável, da recondução da protecção das expectativas à violação de deveres que volta a manifestar-se. Censurável se apresenta ainda a pretensão de encaixar a responsabilidade por informações na estrutura da promessa; *vide* ainda *infra*, em nota.)

No tipo de dificuldades expostas se verá também enredada a posição de BARBARA GRÜNEWALD de que a responsabilidade pela confiança de peritos e especialistas no âmbito das negociações para a celebração de um contrato resultaria da *assunção de uma garantia* com respeito à idoneidade ou qualidade dos serviços por eles prestados (cfr. *Die Haftung des Experten für seine Expertise gegenüber Dritten*, AcP 187 [1987], 299 ss). Aquilo que sustentaria a responsabilidade, em certas circunstâncias, dos peritos face a terceiros, seria a "garantia profissional assumida", pois nesta assentaria a fiabilidade dos respectivos pareceres ou certificações de factos. Ora, a tratar-se aqui de uma consideração meramente sociológica importa, como já se observou a propósito da tese de KÖNDGEN, provê-la da necessária fundamentação jurídica. Mas uma interpretação da garantia como promessa unilateral de uma prestação apenas é susceptível de ser entendida *dentro* da doutrina da confiança se se visualizar a promessa, não enquanto acto de autovinculação, mas como *Tatbestand* de confiança (parece oportuno salientá-lo também face ao trabalho mais recente da autora, *Die Haftung des Abschlussprüfers gegenüber Dritten*, ZGR 1999, onde, especialmente 598, se aceita uma responsabilidade segundo princípios da confiança pela assunção de garantia).

[892] Considere-se a restritividade relativa da ordem jurídica quanto à possibilidade de, mediante um negócio jurídico unilateral, constituir obrigações. Tal não prejudica que uma promessa possa, não obstante não satisfazer os requisitos que o direito positivo exige para a sua vinculatividade negocial, constituir uma base idónea para a responsabilidade pela confiança. (Tendo em vista o ressarcimento do investimento realizado, nem sempre é viável então admitir, sem ficção, um contrato àquele relativo: assim, quando alguém promete a outrem uma determinada prestação se este realizar certa

confiança contribui para preencher o já referido *deficit* da teoria da confiança de se apresentar como que excessivamente construída a partir da posição do *deceptus*, por isso que descreve com mais precisão o tipo de conduta pela qual o sujeito é responsabilizado[893]. Assegura-se deste

tarefa, pode ser que tenha havido um acordo desse tipo, mas há também que contar com a mera emissão de uma promessa cuja eficácia fica simplesmente subordinada ao cumprimento da dita tarefa.) Entre as soluções, de algum modo extremas, do reconhecimento ao beneficiário da promessa de um direito à prestação ou à indemnização do interesse de cumprimento por um lado, e a determinação da completa irrelevância da promessa por outro, existe na verdade uma "terceira via" que é a de atribuir ao beneficiário o ressarcimento do dano de confiança, verificados os respectivos pressupostos. A ineficácia negocial da promessa unilateral não obsta, reafirma-se, a que ela possa, não obstante, representar um *Tatbestand* de orientação da conduta alheia, justificando a tutela daquele que, com base nela, mudou a sua posição, efectuando um investimento. Essa promessa, posto que não atribui nenhum direito a uma prestação, parece que poderá ser livremente revogável. Apenas sujeita o seu autor, quando muito, à indemnização do dano de confiança.

Abre-se aqui espaço para uma diferenciação em relação às promessas unilaterais de realização de uma prestação que constituem autênticos negócios jurídicos obrigacionais. Pelo menos considerando os dados proporcionados pelos arts. 457 e seguintes, verifica-se que a relevância de tais promessas não depende necessariamente da existência de expectativas dignas de tutela do beneficiário de uma promessa de realização de uma prestação. É assim que o autor da promessa pública fica obrigado mesmo em relação àqueles que se encontravam na situação prevista ou praticaram o facto previsto sem atender à promessa ou na ignorância dela (cfr. art. 459 n.º 2). A relevância da promessa pública foi portanto traçada pelo legislador em estreita consonância com o princípio de que o fundamento da vinculatividade dos negócios jurídicos (contratos ou não) reside na autonomia da vontade e se apresenta independente das concretas expectativas acalentadas pelo beneficiário da declaração negocial. É discutível o âmbito de generalização que tal regra consente, mas, de qualquer forma, este traço de regime põe em causa a tese de que o fundamento da vinculatividade da promessa unilateral se teria de achar na protecção das expectativas do beneficiário (uma certa simpatia por este argumento encontra-se aliás em ANTUNES VARELA, *Das Obrigações em Geral* cit., I, 440, considerando à sua luz os exemplos que P. HECK esgrimia contra o «anacrónico» princípio do contrato: cfr. *Grundriss des Schuldrechts*, Tübingen 1929, 122-123). Do que não há dúvida é que ela corresponde ao que genericamente se admite nos negócios jurídicos contratuais e que vai no sentido de que a obrigação instituída não está dependente das expectativas do credor.

[893] Certeiro neste aspecto o Acórdão do Supremo Tribunal de Justiça de 25 de Maio de 1999, CJ (STJ) VII (1999), 2, 116 ss, onde se considerou que o facto de

modo para o Direito uma área de confim entre a promessa negocialmente relevante e o compromisso pertencente ao mundo da mera sociabilidade, juridicamente irrelevante.

De qualquer forma, a promessa está longe de esgotar todo o domínio da responsabilidade pela confiança. Se nem era preciso lembrá-lo depois das discriminações que fizemos dentro dos factos indutores de confiança, importa agora reafirmá-lo perante a sedutora construção do *promissory estoppel*. Rigorosamente, ela não abrange a confiança em simples asserções de factos, jurídicos ou não, aí incluindo a mera declaração que esclarece as *disposições presentes* do sujeito quanto à adopção de uma conduta futura[894].

---

não haver uma promessa válida de constituição de uma servidão de passagem não precludia as consequências que derivavam de um prolongado consentimento, quando se frustra mais tarde a confiança alheia.

Se na protecção da confiança a perspectiva é a da defesa da crença do sujeito, não faz sentido insistir aprioristicamente numa equiparação absoluta entre os requisitos do *Tatbestand* produtor de confiança e do facto com eficácia negocial. Seria inadequado, por exemplo, pretender-se dever essa situação geradora de confiança — suponhamos um comprometimento em relação a uma conduta futura — manifestar a vontade de desencadear efeitos que ali se exige. Também uma indeterminação do objecto do compromisso pode prejudicar a possibilidade de individualizar no comportamento um negócio jurídico (por exemplo, por permitir um duplo sentido, alternativo e inconciliável nos seus termos), que nem por isso impede automaticamente que outrem alicerce sobre ele certas representações. O que se tem de exigir é a presença daqueles elementos que, segundo o sistema de protecção da confiança, fazem com que as expectativas sejam tuteláveis e outrem responda por elas. Aqui está a razão para a protecção do sujeito contra declarações inválidas ou ineficazes. Por outro lado, tratando-se da defesa da confiança, não pode brandir-se contra a tutela das expectativas em compromissos unilaterais, de modo directo, o argumento da tipicidade dos negócios uniterais (este o receio de SINDE MONTEIRO, *Responsabilidade por Conselhos* cit., 494). Muito embora importe que essa tutela não subverta as valorações da teoria do negócio, não há razão para admitir a (imperiosa) correspondência entre ambas (diversamente porém, MENEZES CORDEIRO, *Tratado* cit., I/1, 548 e n. 1305, desenvolvendo no sentido da unidade — "as manifestações da autonomia privada e da tutela da confiança têm o mesmo regime" — a análise discriminadora de CANARIS, *Die Vertrauenshaftung* cit., 451 ss, o que, se não for ferir de morte a doutrina da confiança, é certamente sacrificar largamente o seu alento vital nas aras do negócio).

[894] Por isso se deve distinguir o *promissory estoppel* de uma responsabilidade, dele autónoma, por *misrepresentation*.

Mas nem mesmo acrescentando este âmbito — a alargar o espaço de uma responsabilidade derivada de uma *conduta comunicativa* —

Rejeitamos portanto a tentativa de STOLL de reconduzir os casos problemáticos de responsabilidade decorrente de uma informação a uma promessa unilateral de prestação, pela qual se capta a confiança do respectivo destinatário e com base na qual ele é induzido a realizar disposições (*Vertrauensschutz* cit., 765 e ss). Situações há em que não sofre dúvidas a existência de uma vinculação negocial à prestação de uma informação cuidadosa, o que ocorrerá quando a informação é disponilizada contra uma retribuição do seu destinatário ou enquanto obrigação secundária no âmbito de um contrato que gravita em torno de uma outra prestação onerosa. Por outro lado, há também aqueles casos de violação de deveres de esclarecimento e de informação conexionados com a conclusão de contratos resultantes já dos ditames da boa fé durante as negociações, e, ainda, as infracções de regras de comportamento que representam delitos. A aludida promessa unilateral de uma prestação geradora de responsabilidade é, aliás, no pensamento de STOLL, mais recortada; dependeria essencialmente de a informação ser fornecida, em consequência de especiais conhecimentos, de forma profissional e de o seu autor saber que o respectivo destinatário pretende alicerçar nela disposições patrimoniais relevantes. De um modo geral, a declaração, expressa ou concludente, do autor da informação teria apenas o sentido de promessa de uma prestação cuidadosa de informação.

Fundamentalmente, há que apontar a STOLL a artificiosa complicação de coligar, à disponibilização de informação, uma promessa de cuidado ou diligência no recolher dessa informação. Repare-se contudo que, desse modo, no caso de esta se revelar incorrecta, se confunde a base da promessa com a sua violação. No fundo, a promessa tem de referir-se, nesta interpretação, a uma conduta pretérita (ou pelo menos não futura), o que constitui um evidente paradoxo. Depois, prometer cuidado na recolha da informação não é vincular-se a uma prestação, porque a diligência não determina, em princípio, o conteúdo de um dever de prestar, representando antes um critério de imputação para efeito de responsabilidade (sobre este ponto, *vide* o nosso *Contrato e Deveres de Protecção* cit., 88 ss). Daqui decorre também a falácia da construção, ao menos, de uma promessa de indemnizar: como justificar uma assunção de responsabilidade deste tipo quando o seu autor nada promete no plano *primário* da conformação de interesses? É assim difícil ver, sem ficção, na conduta do informante uma vontade de vinculação (não negocial) a certa prestação. Parece mais simples e certeiro construir a sua responsabilidade, em vez de na violação de uma prestação prometida, singelamente, sobre a transmissão de uma informação incorrecta. São portanto fundadas as resistências que esta concepção tem encontrado (cfr., entre nós, BAPTISTA MACHADO, *A cláusula do razoável* cit., 552 n. 137, e SINDE MONTEIRO, *Responsabilidade por Conselhos* cit., 494-495).

esgota, como se sabe, o campo da responsabilidade pela confiança. Demonstra-o a figura do *venire* nos direitos da *civil law*. Tal como no *promissory estoppel*, a confiança reporta-se aí a um comportamento ulterior do sujeito. Subsistem, no entanto, diferenças. A eficácia geradora de confiança é, no *promissory estoppel*, produzido por um *Tatbestand* declarativo determinado: uma promessa. Ao passo que, no *venire*, o comportamento gerador de confiança pode ser diverso, aparecendo nessa medida menos especificamente recortado e de compreensão mais alargada. No primeiro caso, há um acto comunicacional que visa pela sua própria natureza a criação de expectativas em outrem; no segundo, as expectativas cobertas pelo *venire* resultam antes *de postulados objectivos da razão prática* e dos valores da estabilidade, continuidade, fiabilidade ou coerência de comportamento do sujeito que os sustentam: são eles, e não uma declaração (uma promessa), que justificam e alicerçam a confiança[895]. O que permite ao *venire* cobrir hipó-

---

[895] Deste modo, o *factum proprium* conduz de forma mais difusa à criação de um *Tatbestand* de confiança do que o acto de prometer. A este aspecto se liga o particular relevo que, para a construção do comportamento responsabilizante, desempenha no *venire* a comparação entre uma conduta antecedente e outra posterior (ao reclamar-se a sua contraditoriedade).

Seria por outro lado redutor dissolver num mero *factum proprium* as situações declarativas tácitas. Certamente que o gerar de confiança não resulta apenas ou, até, essencialmente, de ilações lógicas, mas decorre de uma pragmática ou de uma regra de vida. Só que na inferência da declaração tácita nos guiamos por uma "lógica da conversação" (para utilizar agora uma expressão empregue com o fito de explicar a conexão entre o facto concludente e o enunciado negocial nas declarações tácitas: cfr. P. MOTA PINTO, *Declaração Tácita* cit., 768) em que não nos parece dever comprimir-se o *venire*. Considerações análogas podem fazer-se — note-se — a propósito da *suppressio* ou da *surrectio*, também elas insusceptíveis de recondução a um *Tatbestand* declarativo (e como tal não aprisionáveis nos quadros do *promissory estoppel*).

Não obstante se detectar a propensão (em autores como KÖNDGEN e BAPTISTA MACHADO, *Selbstbindung* cit., 165 ss, e *passim*, e *Tutela da confiança* cit., 353, e *passim*, respectivamente) para referenciar a responsabilidade pela confiança a um modelo "comunicacional" da acção (acção como comunicação), preferimos, talvez mais dentro da tradição do pensamento jurídico, consignar a este último apenas o sector da responsabilidade por genuínos *Tatbestände* declarativos. Ao menos

teses onde a promessa não chega, ainda que se manuseiem com magnanimidade os requisitos desta última.

tomando por boa a semântica comum dos termos, o comportamento comunicativo implica sempre uma conduta de transmissão a outrem, para seu conhecimento, de um conteúdo (a distinção referida por FERREIRA DE ALMEIDA — *Texto e Enunciado* cit., I, 271-272 — entre a semiologia da *comunicação* e uma outra, mais ampla, da *significação*, parece situar-se, a seu modo, na linha que seguimos). Tudo se relaciona com a determinação do que é a linguagem enquanto instrumento da comunicação e com a sua delimitação com respeito a outros modos de influir o comportamento alheio. Aceitando-se que o conjunto organizado de sinais que, permitindo a transmissão de uma mensagem, constituem a linguagem não esgotam, de modo algum, os referentes do agir humano, a comunicação não ocupa naturalmente todo o universo da interacção humana e da coordenação de condutas. Nem vemos onde residiria a vantagem de tomar por comunicação qualquer relação ou relacionamento entre sujeitos. Neste sentido, a susceptibilidade de uma conduta alheia proporcionar uma orientação estratégica do comportamento de outrem não postulará necessariamente a sua interpretação como conduta comunicativa. As regras da acção prática permitem com certeza a "leitura" intersubjectiva de uma conduta, o seu julgamento por outrem, mas não a transformarão em comunicação, e apenas em conduta "interpretável" para efeito de possibilitar uma "concertação" da própria actividade por ela. Assim, a responsabilidade pela confiança está certamente implicada com a frustração dessa concertação, mas não exige (sempre), para se afirmar, uma conduta *stricto sensu* comunicativa do sujeito. Nessa medida, pode dizer-se que a perspectiva comunicacional dos comportamentos humanos adoptada por um autor como KÖNDGEN não capta todo o espectro das relações relevantes segundo a doutrina da confiança; demonstra-o o *venire*. (Claro que ela se compreende dentro da sua construção, pois empresta, ligada à auto-apresentação, uma grande amplitude à autovinculação, ao mesmo tempo que faz a ponte com o negócio jurídico, que envolve um comportamento comunicativo.)

Excessiva, esta perspectiva comunicacional dos comportamentos humanos será até co-responsável por algumas menos felizes aplicações da doutrina da confiança. Para MENEZES LEITÃO, por exemplo, a assunção da gestão de negócios por parte do gestor seria também um acto comunicativo, "porque endereçado ao *dominus* e destinado a determinar as suas expectativas e posteriores actuações" (cfr. *A Responsabilidade do Gestor* cit., 351, a secundar BAPTISTA MACHADO, *A cláusula do razoável* cit., 598), reconduzindo depois a responsabilidade do gestor, em grande medida, à tutela da confiança (*op. cit.*, 354 ss, 358 e 370). Supomos porém que na assunção da gestão não há, ou não releva *qua tale*, um *Tatbestand* declarativo. Ela não tem portanto, nessa medida, natureza comunicacional. Nenhum *animus negotia aliena gerendi*

O *factum proprium* não tem portanto de traduzir-se num comprometimento. Na realidade, o *venire* deixa interpretar-se despido de qualquer intencionalidade comunicativa por parte do sujeito, como conclusão de um juízo de carácter objectivo que aprecia a sua conduta apenas à luz dos sobreapontados critérios[896]. Em todo o caso,

---

chega aliás para a atribuir. (Sobretudo sendo a *absentia domini* conhecida do gestor, é uma patente distorsão considerar que a assunção se destina a determinar expectativas e posteriores actuações do dono do negócio. E representará mesmo uma completa inversão de raciocínio que se deduza ainda o carácter comunicativo da gestão do facto de a lei impor um dever de aviso; assumir não é avisar. Para abranger a gestão, o conceito de comunicação teria deste modo que sofrer uma desmesurada extensão, perdendo todavia com isso o cerne da sua utilidade dogmático-operativa.)

[896] É certo que as consequências do *venire* terão de poder ser imputadas ao autor do comportamento contraditório. Mas nada no pensamento básico do *venire* obsta a que um sujeito sofra aquelas consequências a título "objectivo" (no sentido de independente da consciência ou da vontade). Esta é uma possibilidade abstracta. Não exime assim de uma ponderação em função das exigências de uma vinculação negocial em vários âmbitos estabelecidas pela ordem jurídica, pois o sistema de protecção da confiança não as pode subverter.

Orientação diversa tomam em todo o caso aqueles que, como WIELING — recensão a DETTE, *Venire contra factum proprium nulli conceditur*, AcP 187 (1987), 99 —, afirmam que um *venire* não é divisível quando uma *vontade* de vinculação não se apresenta objectivamente reconhecível, pois através dele se protegeria a confiança daquele que tem de deduzir do comportamento do titular do direito a *vontade* deste de não exercer mais o seu direito. (A sua concepção de que o *venire* deve ser absorvido na teoria do negócio, embora sublinhe evidentemente a ligação do efeito jurídico à vontade, torna naturalmente também deslocado o requisito da culpa nesta figura; cfr. *Venire contra factum proprium* cit., AcP 176 [1976], 351.)

A matéria foi testada também na jurisprudência, através do Acórdão do Supremo Tribunal de Justiça de 4 de Junho de 1998, CJ (STJ) VI (1998), 2, 108 ss: havia sido celebrado um contrato de florestação entre um proprietário e uma celulose, nulo por se prever a plantação de eucaliptos numa zona de montado de sobro atingido por um incêndio, sem respeitar os prazos mínimos a que uma reconversão desse tipo se encontra sujeita por normas de defesa da cobertura florestal tradicional. Discutiu-se todavia se a conduta da empresa de vir alegar a invalidade desse contrato, depois de o celebrar e de proceder durante anos ao pagamento das contraprestações acordadas, não implicava um *venire*. O tribunal recusou-o (*inter alia*) por considerar não se vislumbrar da parte dela um comportamento consciente visando fazer crer ao outro contraente que nunca faria uso do direito de obter a

mais depressa se prescindirá aí da consciência e voluntariedade do sujeito na criação de confiança do que no campo do *promissory estoppel*. Com efeito, neste requere-se pelo menos que o sujeito devesse razoavelmente prever a confiança de outrem[897]. Uma imputação puramente objectiva parece estar posta de parte.

O Restatement não esclarece inequivocamente, todavia, se, além da susceptibilidade de previsão da confiança, o *promissory estoppel* reclama a consciência, por parte do sujeito, da realização de uma promessa *qua tale*. A resposta negativa não está em todo o caso excluída pelo seu texto. Deste ângulo (aceitando-se que para o *venire* também não é imprescindível a consciência de originar um *factum proprium*), há uma certa aproximação das figuras.

Mude-se agora de frente: se no *promissory estoppel* se abdica do conhecimento (actual) da realização de uma promessa, há um menor rigor na imputação da conduta ao sujeito por comparação com o que ocorre na promessa negocial. Enquanto nesta existe uma conformação dos efeitos segundo a consciência e a vontade do promitente — que assim se estenderão, por princípio, ao sentido e às consequências jurídicas imediatamente decorrentes da conduta[898] —, ali a relevância

---

nulidade do contrato. A decisão é infeliz. Em tese, basta à tutela da confiança a imputabilidade a outrem da sua criação e frustração; não se afigura necessária a consciência ou a vontade de produção de um *Tatbestand* de confiança. O entendimento do *venire* como instrumento de protecção das expectativas baseado nos valores da constância e coerência naturalmente que não o exige. Note-se que a concepção, diversa, que obteve vencimento fez completa tábua rasa do facto de a empresa estar (como se chegou a reconhecer!) especializada em florestação, o que, se tornava pouco verosímil o seu desconhecimento acerca da proibição de florestação naquelas condições, em todo o caso justificava onerá-la com esse risco (a decisão criticada escancara na verdade as portas à chicana de avançar com florestações proibidas, na segurança de obter *sempre*, em caso de insucesso, os montantes despendidos em troca da cedência dos terrenos por particulares).

[897] *Apertis verbis*, que o promitente devesse razoavelmente esperar que a promessa induziria outrem a uma acção ou "omissão". Cfr. a propósito o teor inicial do § 90 do Restatement Second of Contracts.

[898] Toca-se aqui de novo o problema do papel da consciência e da vontade na conformação dos efeitos jurídicos, central na teoria do negócio. Não o vamos retomar (confira-se, por exemplo, *supra*, sob o n.º 6, em nota). A linha exacta de fron-

do comportamento para o Direito poderá então derivar de uma mera interpretação "objectiva" da conduta de outrem como promessa[899].

---

teira entre o negócio e o comportamento não negocial constitui uma *vexata quaestio*, como é sabido. Aqui basta notar que, de qualquer modo, no negócio é sempre de exigir uma consciência da declaração (e não, meramente, a *possibilidade* de conhecer que se emitiu uma declaração) e uma vontade correspondente, como decorre do art. 246 (cfr. também o nosso *Contrato e Deveres de Protecção* cit., 68-69, e n. 133). Generalizando, toda a temática da falta e dos vícios da vontade presta homenagem a um paradigma de negócio como acto de autodeterminação suportado pela consciência e pela vontade. Por isso se requer que estas se encontrem (minimamente) presentes. (Daí já não decorre obviamente que qualquer vício que elas patenteiem prejudique a vinculação negocial. Na coacção moral ou no erro, por exemplo, a consciência e vontade de produção de efeitos existentes podem constituir base suficiente para uma vinculação negocial, ainda que se verifique ausência dos requisitos de relevância anulatória; por isso se percebe a susceptibilidade de sanação do negócio mediante o mero decurso do prazo da acção anulatória. Diferentemente na coacção física ou na falta de consciência da declaração, pois faltam requisitos essenciais do negócio.) Mas a consciência e a vontade de produção de efeitos jurídicos não têm por que abarcar as consequências derivadas da aplicabilidade de normas supletivas e de regras que, mesmo não o sendo, tutelam e asseguram a obediência ao negócio (que assim se encontram em princípio abrigadas de impugnabilidade por erro acerca da respectiva intervenção).

[899] Esta questão interfere directamente com a localização sistemática do *promissory estoppel*. A mera exigência da possibilidade de prever razoavelmente o sentido da conduta corresponde a uma imputação segundo a previsibilidade das consequências do comportamento, típica da responsabilidade por negligência, o que — dir-se-ia — sugere integrar o *promissory estoppel* nos *torts*. (Embora o domínio deste tipo de imputação se estenda *summo rigore* às próprias responsabilidades «intermédias» baseadas na violação de deveres, é no âmbito da *tort law* que este critério de imputação conhece, ainda hoje, o seu amadurecimento dogmático.) Contrabalança-o a coligação da responsabilidade à "promessa", uma característica que lança o *promissory estoppel* para a proximidade dos negócios jurídicos, o que convidaria a afinar nele a imputação pela que vigora para o significado de condutas declarativas no domínio negocial. Devendo então a responsabilidade pelo seu desrespeito decalcar-se também dos requisitos do não cumprimento das promessas negociais. Sob esta perspectiva, é inegável que o *promissory estoppel* acaba por estar mais colado ao campo da promessa negocial do que as elaborações da responsabilidade pela confiança dos *civil laywers*, mais compreensivas do ponto de vista dos factos indutores de responsabilidade considerados.

O abandono pois de uma orientação restritiva tendente a exigir no *promissory estoppel* o conhecimento (e *a fortiori*, a intencionalidade) de efectuar uma promessa permite valorar como comprometimentos actos variados do sujeito (tal como asserções ou considerações acerca de uma sua conduta futura), desde que ele devesse razoavelmente esperar que outrem inferiria daí uma promessa.

Embora desconhecido *apertis verbis* pela ordem jurídica portuguesa, o *promissory estoppel* encontra-se perante ela camuflado no *venire*. Na sua substância, é susceptível de desempenhar um importante papel de complementação da responsabilidade negocial (por não cumprimento de promessas negociais): mostrando bem como a teoria da confiança pode, independentemente de designações, contribuir para preencher uma área de outro modo "vazia" de responsabilidade, situada entre contrato e delito. Quotidianamente se fazem promessas, mesmo no mundo exigente dos negócios, sem que se possa concluir com segurança pela relevância negocial da conduta. Umas vezes, por causa da excessiva indefinição do seu conteúdo ou indeterminação dos seus destinatários — pense-se em certas mensagens publicitárias —, outras pela falta de determinados requisitos de validade ou eficácia (*v.g.*, a forma legalmente prescrita) ou pela pressão de um princípio como o do *numerus clausus* das formas de vinculação negocial unilateral, outras ainda pela manifesta dependência — como num processo de negociações — de uma ulterior declaração de vontade para dar por concluído o negócio. Concomitantemente, também os virtuais destinatários destas promessas não podem muitas vezes contar razoavelmente com uma vontade de (auto)vinculação negocial por parte do sujeito.

De tudo não se segue porém a irrelevância jurídica dos comportamentos envolvidos. Aqui se depara, em simultâneo, a força e o perigo da teoria da confiança: se ela permite compensar o sistema da vinculação negocial, aliviando a tensão entre as respectivas regras e certas exigências elementares de justiça, há por outro lado que velar sempre para que não abale os alicerces daquele sistema.

68. Responsabilidade pela confiança e doutrina do acordo de facto

Acabámos de sublinhar a necessidade de uma adequada articulação entre a responsabilidade pela confiança e o domínio do negócio. A preocupação late também numa outra orientação teórica que tem disputado o espaço aberto entre a responsabilidade obrigacional e a delitual e que vai agora referir-se, embora com brevidade: a que vê no *acordo simples (schlichte Einigung)*, dito também *de facto*[900], uma alternativa à doutrina da confiança. A sua consideração permitirá esclarecer um pouco melhor o entendimento da ordem de coordenação de condutas que, como foi dito, constitui o espaço da responsabilidade pela confiança.

Acordo de facto é uma noção que tem tanto de indeterminado como de sugestivo. Por um lado, surge contraposta aos acordos negociais[901], enquanto situação em que falta algum dos requisitos por aqueles exigidos, pelo que se apresenta potencialmente capaz de preencher áreas não cobertas por estes últimos. Ao mesmo tempo indicia uma realidade "análoga" ao consenso negocial, talvez mesmo a substância originária e elementar que o constitui, com o que aponta para o aproveitamento (ao menos de algumas) das regras do referido consenso para a sua disciplina.

Assim se explica que um autor como THEO MAYER-MALY, apreensivo com o problema da ordenação das relações contratuais de facto dentro do sistema das fontes das obrigações, tenha visto na *"schlichte Einigung"* um encontro de vontades que, não obstante não ter chegado a exprimir-se em declarações negociais, apresentaria na

---

[900] "Acordo simples" tem melhor correspondência terminológica com a *schlichte Einigung* de que fala nomeadamente THEO MAYER-MALY (*loc. infra cits.*) — cfr. justamente MENEZES LEITÃO, *A Responsabilidade do Gestor* cit., 342 n. 4 —, embora talvez menos expressivo do que "acordo de facto". Com esta prevenção, usar-se-ão indistintamente as duas designações.

[901] A diferença entre ambas as realidades parece mesmo poder documentar-se, no plano da linguagem, até entre juristas, pelos pares de conceitos *accord/contrat*, *schlichte Einigung/Vertrag*, *agreement/contract*, que fazem curso em culturas jurídicas muito diversas.

realidade uma similitude estrutural fundamental com os contratos, capaz de justificar a sua sujeição a um regime basicamente idêntico[902]. Já BAPTISTA MACHADO, menos preocupado embora com o acordo de facto como testa-de-ponte para uma analogia de regimes, procurou-o para dar a necessária consistência à vetusta noção de quase-contrato, deste modo reabilitada com o fim de cobrir situações de responsabilização decorrentes de certos "entendimentos" formados na interacção dos sujeitos "pelas presunções e ónus da razão prática"[903].

Veremos que nem toda a vasta área das formas de concertação de condutas entre sujeitos se candidata a uma compreensão através dos acordos de facto. Em todo o caso, os reflexos de uma tal perspectiva para a teoria da confiança são patentes. A responsabilidade pela frustração de expectativas não é seguramente contratual, pois não decorre do inadimplemento de um contrato. Na medida, porém, em que, por meio da categoria dos acordos de facto, se estenda o domínio de aplicação das regras relativas aos negócios jurídicos (aí incluídas as da responsabilidade pelo respectivo incumprimento) a *facti-species* por elas em rigor não abrangidas, disputa-se a área da confiança, substituindo-a enquanto fundamento da responsabilidade. Dir-se-ia conseguir-se desse modo uma fixação dos respectivos contornos, tanto mais de atender quanto se recrimina por vezes à responsabilidade pela confiança uma certa falta de concretização das situações que a desencadeiam e das formas de imputação que envolve. E que mais facilmente se legitimará igualmente a tendência, compartilhada pela doutrina da confiança, de afastamento de certas soluções que caracterizam a responsabilidade delitual, pois a proximidade do acordo simples em relação ao contrato "ratificaria" um regime contratual de responsabilidade.

Ora, não pode à partida negar-se que o "acordo de facto" representa uma fórmula impressiva de caracterização da coordenação da acção entre os sujeitos. Seguramente que o negócio jurídico não é um

---

[902] Cfr. *Studien zum Vertrag I*, FS für H.C. Nipperdey, I, München und Berlin 1965, especialmente 521-522, *Studien zum Vertrag II*, FS für Walter Wilburg, Graz 1965, especialmente 136 ss; *vide* ainda *Studien zum Vertrag III*, Revue Internationale des Droits de l'Antiquité, t. XII, Bruxelles 1965, 448 ss.

[903] Cfr. *A cláusula do razoável* cit., 590 ss.

instrumento imprescindível para essa coordenação, pois esta não depende necessariamente de um consenso de vontades modeladoras de efeitos jurídicos. Deste modo, a conduta daqueles que concertam entre si formas de actuação não tem também de se compreender enquanto simples "pôr em prática" de um estatuto normativo a que os sujeitos previamente se autodeterminaram. A moderna civilística reconhece-o aliás: não apenas pelo que na dogmática mais tradicional se encarregou de romper a problemática das relações contratuais de facto, como, *v.g.*, contemplando as exigências de uma adequada racionalização das actuações concordes dos cônjuges[904], das práticas concertadas no direito de defesa da concorrência, dos acordos de mera cortesia ou amizade, e dos simples compromissos de honra e *gentlemen's agreements*.

No entanto, por muito sugestiva que pareça, a doutrina do acordo de facto enfrenta sérias dificuldades. Há quanto a nós dois tipos de razões para que ela não tenha logrado impor-se de modo concludente, pelo menos com a extensão que ambicionava. Por um lado, inseguranças e ambiguidades na noção-base, reflexos no fundo do problema incontornável, mas insuficientemente dilucidado, da necessidade de fundamentação da "normatividade" do acordo simples. Por outro lado, mas ainda ligado a este último ponto, a excessiva estreiteza que, em qualquer caso, este conceito deixa antever para poder proporcionar uma resposta adequada a todas as situações susceptíveis de uma tutela da confiança.

---

[904] Quanto a estas, cfr. em especial, desenvolvidamente, M. RITA LOBO XAVIER, *Limites à Autonomia Privada na Disciplina das Relações Patrimoniais entre os Cônjuges*, Coimbra 2000, 590 ss. Tal não significa naturalmente que as interpretações negociais das condutas conjugais tenham desaparecido do panorama doutrinário: essencialmente nessa linha, por exemplo, PEDRO DE ALBUQUERQUE, *Autonomia da vontade e negócio jurídico em direito da família (Ensaio)*, in Cadernos de Ciência e Técnica Fiscal, 146, Lisboa 1986, 48 ss, e *passim*. Não deve contestar-se a presença do negócio e do contrato nas actuações dos cônjuges. Estamos é longe de sufragar a extensão e as virtualidades que alguns lhes conferem enquanto modo idóneo de explicar a eficácia dessas actuações (pois elas não envolverão *o mais das vezes* a autodeterminação de consequências jurídicas, unilateral ou por convenção, que é própria do negócio e do contrato).

Na determinação do acordo de facto pisa-se — acabamos de o referir — um terreno extremamente movediço. Se é mister não perder todos os contactos com as convenções negociais, é simultaneamente desejável transcenderem-se alguns dos seus requisitos. Mas com quais ficar para preencher aquela realidade "pura", "pré-negocial" ou "pré-positiva", que subjaz também ao contrato, embora se não esgote nele? Deverá pugnar-se por uma concepção subjectivista, que não prescinde da presença da consciência e da vontade de assumir esse acordo, ou há-de antes ser suficiente um "entendimento objectivo", medido por razões exteriores às determinações dos sujeitos? São as declarações necessárias para a formação do referido entendimento ou pode prescindir-se delas, bastando uma simples *concordância prática* da conduta entre os sujeitos?

O embaraço destas questões decorre da falta de clareza acerca do fundamento da relevância jurídica do acordo de facto, pois como é óbvio não serve aqui uma abordagem puramente conceptual. Os preceitos juscivis que referem o acordo não dissipam estas incertezas, por isso que o que há é justamente que transcender o domínio dos contratos[905]. Com isto tocamos o defeito capital da doutrina que analisamos. Se se tem de rejeitar que a eficácia do acordo simples deriva de uma modelação de efeitos por autodeterminação das partes, porque este é o domínio do negócio, onde reside então a sua fonte? Parece que, por exclusão, a sua relevância para o Direito terá de ser produto de uma valoração (heterónoma) da própria ordem jurídica. Pouco adianta, se é que não chega mesmo a confundir, falar-se de vontades fundidas num consenso, de uma concordância entre sujeitos ou da sua aquiescência "real" em relação a certos efeitos.

Por esta razão, a eficácia — não negocial, pois — do acordo de facto tem de inspirar-se em outros princípios. Um deles é o do enri-

---

[905] Reportam-se ao acordo vários preceitos do Código Civil, desde logo os que dizem respeito à formação do contrato, o art. 232 e o art. 406 n.º 1. Uma investigação sobre o lugar do acordo no nosso direito deverá todavia atender também à configuração da doação como contrato, assim como à construção dos contratos *reais quoad constitutionem* (bilaterais imperfeitos) ou da *traditio brevi manu* do art. 1263, b), entre outros.

quecimento sem causa. Um acordo, ainda que não negocial, pode ser cumprido — pense-se nos *gentlemen's agreements* — e não dever então ser restituído aquilo que foi voluntariamente prestado em sua execução. Ele é por isso susceptível de constituir, ao menos dentro de certos limites, um título suficiente de atribuição de bens e, portanto, uma causa justificativa de um incremento patrimonial que exclui o funcionamento das regras do enriquecimento sem causa. Não o prejudica o reconhecimento de que de um acordo de facto não pode surgir um autêntico direito de crédito como direito a uma prestação, com cumprimento sujeito a imposição coerciva[906].

Do mesmo modo, há certos deveres de comportamento, produto nomeadamente das exigências de uma conduta de boa fé, que, não

---

[906] O modo de surgir de um direito de crédito (e a pretensão de cumprimento enquanto forma de realização de uma prestação devida) está vinculado ao sistema de fontes das obrigações do Código Civil; cfr., a propósito, UDO BANTJE, *Gentlemen's agreement und abgestimmtes Verhalten/Eine dogmatische Untersuchung nichtrechtsgeschäftlicher Einigungstatbestände im bürgerlichen Recht, Kartellrecht und Völkerrecht*, (Athenäum) 1982, 188, e ALDO CHECCHINI, *Rapporti Non Vincolanti e Regola di Corretezza*, Padova 1977, 234 ss. Note-se que o cumprimento de uma prestação derivada de um acordo simples se não equipara necessariamente à liberalidade, pelo que as respectivas regras não são aqui de aplicação automática.

Mas seria uma pura petição de princípio ver apenas no acordo negocial uma causa justificativa de um enriquecimento. A própria ordem jurídica o reconhece a propósito das obrigações naturais, onde se incluem naturalmente as que têm origem num mero acordo de facto (cfr. art. 403 n.º 1). O ponto remete obviamente para a compreensão do enriquecimento sem causa, um instituto em cuja indeterminação — demonstra-o entre nós DIOGO LEITE DE CAMPOS, *A Subsidiariedade da Obrigação de Restituir o Enriquecimento*, Coimbra 1974, 359 ss, 431 ss, e *passim* — se movimentam em tensão os valores da justiça e da segurança, esta última, acrescentaríamos agora nós, protagonizada no presente contexto pelo sistema negocial de atribuição de bens.

(Diverso de admitir — como até aqui se discutiu — que o acordo de facto pode desempenhar uma função preclusiva da obrigação de restituir, por enriquecimento sem causa, uma atribuição patrimonial ao abrigo dele realizada, é saber se esse acordo é idóneo para fundar positivamente um direito a certa prestação, visando esta por conseguinte, se se quiser, em vez de desfazer, impedir uma situação de enriquecimento injustificado a que levaria a não realização da prestação: parece que para este efeito se requer a verificação de uma outra fonte válida de obrigações; o enriquecimento sem causa apenas destrói um incremento patrimonial realizado, não substitui as demais formas constitutivas de obrigações.)

obstante a falta de relevância negocial do acordo, podem impender sobre aqueles que se encontram em relação[907].

O que todavia nos importa sublinhar é que a ineficácia negocial do acordo de facto não obsta de modo algum a uma responsabilidade pela confiança, dirigida à reparação do investimento feito pelo sujeito em função do cumprimento desse acordo. Visto deste prisma, o acordo propicia efectivamente um elemento de conexão para este tipo de responsabilidade, constitui um específico *Tatbestand* de confiança e aponta para uma determinada forma de imputação da confiança a outrem: é no pensamento da tutela das expectativas que, dada a ausência de um consenso negocial, ele funda a sua relevância.

Inserida e harmonizada deste modo na teoria da confiança, a doutrina do acordo de facto permite retratar a uma nova luz, sem os sacrificar nos seus contornos fenomenológicos, o problema da responsabilidade posto pelos acordos de "cortesia" e pelos negócios de cavalheiros. Desprovidos de vinculatividade negocial, estes não alicerçam pretensões de indemnização de danos por não cumprimento. Mas tal não preclude o reconhecimento de protecção a quem neles confia e efectua disposições patrimoniais.

Mesmo assim, é muito de questionar se, em vez de no acordo dos sujeitos, a responsabilidade pela confiança não deverá antes fazer presa

---

[907] O acordo de facto é assim susceptível de implicar um agravamento da responsabilidade relativamente ao nível delitual dos contactos anónimos e ocasionais entre sujeitos (cfr., nesse sentido, o nosso *Contrato e Deveres de Protecção* cit., 268 ss). Tal não exclui a relevância delitual da conduta danosa, verificados que estejam os respectivos requisitos (a premeditada revogação de um acordo de cortesia com o fim de causar prejuízos que OLIVEIRA ASCENSÃO, *Direito Civil/Teoria Geral* cit., II, 75, submete aos termos gerais da responsabilidade representará quanto a nós, e especificando, uma violação das exigências de correcção e lisura entre sujeitos decorrentes do princípio da boa fé, mas é mesmo idóneo para desencadear responsabilidade aquiliana quando se mostra ofendido o mínimo ético-jurídico delitualmente protegido). Em todo o caso, se o acordo é de cortesia e de socialidade, o limiar da negligência relevante para efeito de responsabilidade será mais elevado que o que vigora nas relações do tráfico negocial (pode conferir-se a propósito, de novo, o nosso *Contrato e Deveres de Protecção* cit., 112 e n. 221, e 276).

nas (autónomas) vinculações "de facto" que o integram[908]. Na verdade, para a própria dogmática da eficácia contratual não está clara a importância do consenso negocial e pairam dúvidas quanto ao seu real *apport* face à promessa e ao entrelaçamento de promessas.

Uma resposta verosímil será a de que o acordo proporciona uma certa garantia de que a vinculação justifica o manto protector do Direito. Com efeito, a exigência de uma aquiescência do assuntor do compromisso afasta normalmente adstrições manifestamente desproporcionadas do sujeito[909]. Mas o acordo do beneficiário da vinculação demonstra também que esse compromisso reveste importância e é tomado em conta por outrem, merecendo por isso tutela jurídica. Com estes contornos, o problema do acordo respeita porém mais à fixação de um limiar da "atendibilidade jurídica" e à delimitação da "justiça do conteúdo" das vinculações do que propriamente à fundamentação "positiva" da "força" e eficácia de um compromisso. Porque, quanto a este aspecto, a substituição do acordo de facto pelas vinculações de facto que nele se cristalizaram faz-nos retornar, de certo modo, à concepção da autovinculação sem contrato que já mostrámos ser inidónea como alternativa global ao pensamento da confiança[910].

---

[908] Pode ver-se também KÖNDGEN, *Selbstbindung* cit., 156 ss, e *passim*.

[909] É de evocar a conhecida construção de SCHMIDT-RIMPLER do acordo contratual enquanto instrumento de "justeza contratual". Ela aplica-se idealmente onde as partes apresentam interesses contrapostos — considerem-se paradigmaticamente os contratos sinalagmáticos —, pois a sua pugna cria com mais probabilidade um conteúdo contratual não ostensivamente desequilibrado. Já nos negócios unilaterais — e analogamente nos contratos unilaterais —, onde essa contraposição se esbate ou é relegada para fora do âmbito formal do acto jurídico praticado, a ordem jurídica vê-se compelida de modo mais intenso a prevenir a assunção de vinculações indesejáveis ou a evitar o excessivo peso que essas vinculações poderiam importar para o sujeito. Assim, pode estabelecer certos filtros ao reconhecimento de *facti-species* produtoras desse tipo de efeitos (veja-se o já mencionado art. 457 e, sobre ele, as considerações já acima expendidas, sob o n.º 66, em nota), rodear de determinadas cautelas o acto de adstrição (impondo-lhe uma certa forma: cfr., entre outros, o art. 458), facilitar a desvinculação (atente-se, por exemplo, nos arts. 1140 e 1201) ou atenuar a responsabilidade do sujeito que se vincula (*vide* os arts. 957 n.º 1, 1134 e 1151).

[910] Não é pois caminho decompor o acordo de facto nas promessas que o constituem para sediar antes em cada uma delas, isoladamente, o fundamento da

De qualquer modo, o acordo de facto é, patentemente, demasiado estreito para abranger todas as hipóteses de protecção de expectativas. A mesma doutrina que o preza o denuncia, pois estende por vezes bem para além do verosímil o seu âmbito, descaracterizando-o nas notas que o poderiam distinguir, ou procurando, em desespero de causa, caminhos ínvios para reconduzir a ele a responsabilidade. Figurativamente, o acordo de facto pode ser descrito como um "aperto invisível de mão", mas a sua invisibilidade não retira nada à exigência de um real "aperto de mão"[911].

Disse-se que o significado a atribuir ao acordo de facto se apresenta um tanto obscuro nos elementos que o constituem. Em todo o caso, ele tem de apresentar um mínimo de plausibilidade perante a terminologia usual. Parece que na "lógica" do acordo está pelo menos ínsita a concordância de dois sujeitos em relação a certos efeitos, uma aquiescência sua com vista à prossecução de determinados objectivos. Não há acordo numa postura puramente individual do sujeito de escolha dos fins da acção e na correspondente actuação. Através do acordo, a autonomia dá lugar a uma atitude de cooperação, cooperação essa que tem de se considerar assumida pelo outro sujeito na relação.

Aqui passa a linha de distinção — ténue, talvez, mas nem por isso menos fundamental — com a disposição de simples *concertação* da própria conduta pela de outrem. Na coordenação da acção que demarca o campo da responsabilidade pela confiança, a estratégia do comportamento é definida com independência pelo sujeito; atendendo, sem dúvida, a parâmetros de decisão que lhe podem ser até proporcionados por terceiros, mas sempre autonomamente. Por isso, uma consonância ou congruência da conduta em relação à atitude de outrem não pode nunca ser equiparada à execução de um acordo em

---

responsabilidade. Deparar-se-ia precisamente a aporia que detectámos na autovinculação do sistema de KÖNDGEN. Só releva *qua tale* a promessa que possui uma eficácia modeladora de efeitos jurídicos, e, portanto, se apresenta como negocial. A não ser assim, a promessa apenas pode constituir a base de uma responsabilidade pela confiança.

[911] Tomamos a imagem do sugestivo título do estudo de FARBER/MATHESON, *Beyond promissory estoppel: contract law and the "invisible handshake"*, cit..

que o sujeito anteriormente se comprometera[912]. Pelo que também não é a simples consciência ou até vontade da parte de alguém de influenciar o comportamento alheio que atinge aquela autonomia decisória, permitindo vislumbrar na reacção de outrem uma resposta "acordada".

É difícil conceber que o acordo possa prescindir de uma intenção conjunta de cooperação num determinado resultado. Não basta a mera consciência de uma correspondência objectiva de propósitos individuais. O paralelismo das vontades não transforma ainda a coordenação das condutas num acordo e o conhecimento da situação nada altera a este ponto. Como supomos que dificilmente pode abdicar-se também de um comportamento com valor declarativo, pois é através deste, ainda que tácito ou implicado, que o intuito dos sujeitos atravessa o umbral da pura interioridade individual.

Sem dúvida que, ao descrever de tal modo o acordo, estamos a render-nos à força dos elementos que marcam presença no universo dos contratos. Mas haverá alternativa? Será possível fazer frutificar dogmaticamente os acordos de facto, prescindindo não apenas dos específicos *requisitos* ou *pressupostos* da validade e eficácia do consenso *negocial*, mas daqueloutras realidades enquanto componentes que também — e antes de tudo — o integram[913]?

---

[912] Estas adjectivações da conduta ultrapassam já, em rigor, o domínio possível do acordo de facto. Por seu turno, expressões como "inter-relação", "interacção", ou mesmo, "relação" parecem suficientemente amplas para abranger (com excesso, até) qualquer uma das realidades. Correr-se-á porventura o risco de alguma especiosidade na linguagem, mas é indiscutivelmente subtil a identificação e destrinça do acordo de facto.

[913] Claro que o acordo de facto dispensa certas notas essenciais ao consenso negocial, à sua perfeição e à sua eficácia (cfr. MAYER-MALY, *Studien zum Vertrag I* cit., 509 ss). O que aplana os obstáculos que MENEZES LEITÃO, *A Responsabilidade do Gestor* cit., 344, encontra na doutrina do acordo de facto, derivadas por um lado, daquilo que opina ser "a mítica ideia do poder juridificador da vontade humana" e, por outro, da consideração de que o consenso, segundo a moderna dogmática, se traduziria na correspondência entre duas declarações negociais.

É óbvio porém que no âmbito do acordo de facto se repercutem certas questões centrais da teoria do negócio, pois quanto mais apertados forem aí os requisi-

Como consequência directa desta concepção da *schlichte Einigung* pode dizer-se também que não basta uma conduta comunicativa de um sujeito, ainda que objectivamente tomada em conta por outrem para a respectiva planificação da vida, para se considerar existente um autêntico acordo. Do mesmo modo, a adopção por alguém de um comportamento que previsivelmente virá a merecer a concordância de outrem ou que, pelo menos, a deveria alcançar segundo um parâmetro de razoabilidade, não significa ainda, propriamente, um acordo[914].

---

tos, mais cresce o seu espaço. Sirva de exemplo a controversa categoria dos "negócios de actuação" ou das "actuações de vontade".

[914] É por isso que na base da gestão de negócios não está um acordo de facto, mesmo para quem veja na conduta do gestor uma dimensão "comunicativa"; acertadamente, MENEZES LEITÃO, *A Responsabilidade do Gestor* cit., 345: "para se poder falar de acordo não se pode nunca dispensar a existência de duas comunicações, ainda que tácitas". Mas contestamos que BAPTISTA MACHADO mereça a crítica que lhe dirige de ficcionar um acordo na gestão. Tendo este autor construído o acordo de facto em ligação com as presunções e ónus da razão prática, não deixou com efeito de sublinhar a diferença de acordo entre presentes e acordo presumido, apontando mesmo para a distinção entre gestão de negócios e "convenções de assistência", nas quais o acordo teria já uma "realidade palpável"; cfr. *A cláusula* cit., 598--600, e 609. "Acordo presumido" representa uma simples forma de expressão que visa sublinhar uma correspondência a certos ditames de razoabilidade das relações entre sujeitos, o que é diferente de admitir como realidade um acordo verdadeiramente não existente.

Em todo o caso, mesmo uma função puramente "imagética" do acordo de facto para caracterizar a relevância jurídica de certas situações se afigura a nosso ver limitada; não apenas em relação a casos que o próprio BAPTISTA MACHADO excluiu do seu campo de observação — relações contratuais de facto, a responsabilidade pela aparência ou por declarações (cfr. *op. cit.*, 594) —, como com respeito às situações circunscritas por ele eleitas; também nestas pensamos que a relevância jurídica implica levar em conta o princípio da confiança. Será pouco para evocar um acordo aludir à existência de "concludências" do comportamento traduzidas na "incompatibilidade prática de certa conduta com qualquer outro sentido que não seja aquele que a conduta demonstra" ou referi-lo ao critério da "razoabilidade intersubjectiva"; e não pensamos que deva degradar-se aquele conceito a simples "*linkage* articuladora da interacção", pois há outras formas que essa articulação pode revestir. A "protojuridicidade" que o acordo geraria carece de ser assumida pelo pensamento dogmático. Ora, neste espaço onde o princípio da autonomia privada negocial não penetra, o pensamento da confiança é certamente incontornável. Por

É claro que uma aprovação *ex post* da sua conduta também não o cria retroactivamente.

Generalizando, parece que as notas minimamente caracterizadoras do acordo de facto lhe conferem um alcance bastante limitado: mesmo reconhecendo-se a sua insuficiência fundamentante de uma obrigação de indemnizar e cingindo-se o seu relevo a mero elemento de conexão da responsabilidade pela confiança. Aquela que deriva da emissão de declarações sobre factos, jurídicos ou não, escapa-lhe por completo. Mas também a decorrente da frustração de expectativas em comportamentos futuros se lhe furta em larga medida, pois o mero investimento de outrem na base dessas expectativas não autoriza ainda a vislumbrar um acordo de sujeitos destinado à prossecução em comum de um certo programa ou de determinados objectivos. Não pode deste modo comprimir-se um contacto de informação no molde do acordo[915] ou forçar que um

---

estes motivos, pelo menos se bem interpretamos este pensamento estreitamente vinculado à pretensão de fazer reviver o quase-contrato através do acordo de facto (cfr., quanto aos pontos precedentemente referidos, *A cláusula do razoável* cit., especialmente 598 e 608-609), não cremos que ele se possa constituir em alternativa global ao princípio da confiança.

De tudo resulta que a noção de acordo de facto tem, a não querer ultrapassar-se manifestamente aquilo que ela é susceptível de comportar, um alcance indubitavelmente restrito. (O que explica no fundo também — diga-se *en passant* — as suas dificuldades na dogmática do enriquecimento sem causa ligada à realização de serviços e actividades em benefício de outrem, a que acima se aludiu: não está apenas em causa uma ameaça de colisão com o sistema de fontes das obrigações. Quanto à estreiteza da noção, basta confrontá-la e testá-la perante o registo de casos e da controvérsia doutrinária oferecido em JÚLIO V. GOMES, *O Conceito de Enriquecimento* cit., 279 ss.)

[915] Assim, quando alguém toma decisões patrimoniais (*v.g.*, celebrando um contrato com terceiro) confiando na idoneidade de uma informação prestada por outrem, está ordinariamente votada ao fracasso a tentativa de construir a responsabilidade do informante sobre um acordo de facto supostamente celebrado com o destinatário da informação.

Por vezes a informação é prestada a solicitação prévia do sujeito, o que torna a existência de um acordo relativo à prestação de informação mais verosímil. Só que semelhante acordo (de facto) apenas pode afirmar-se, sem ficção, num pequeno número de casos. Existem desde logo dificuldades na individualização do seu objecto. Como se apontou, parece que ao acordo, mesmo que não negocial, preside sempre uma dinâmica conformadora da realidade, estando ele por isso endereçado à constituição, modificação, transmissão ou extinção de determinada situação pre-existente. Em conformidade, podem ponderar-se várias possibilidades: o acordo teria por objecto a prestação de uma informação (cuidadosa), ou o acordo integraria a vinculação do prestador da informação a responder pelas consequências danosas que pudessem advir do seu seguimento pelo destinatário da informação. Quanto à primeira acepção, recorde-se contudo que não é viável que a prestação da informação valha como facto concludente da promessa (tácita) de prestar uma informação (cuidadosa), pois isso significaria atribuir a esta o valor simultâneo de declaração constitutiva do acordo e da respectiva execução. O acordo, posto que cumprido no exacto momento da sua constituição, engrossaria então a longa lista dos equívocos descobertos pelo famoso "segundo lógico".

Mas a interpretação do acordo entre informante e receptor da informação como mera convenção de responsabilidade pela qual o primeiro assume perante o segundo o risco da falsidade ou incompletude da informação não serve também. Repare-se que uma vinculação deste tipo nos transplanta já para o domínio do negócio, pois não se vê de que forma há-de ser compatível com um simples acordo de facto. De resto, mesmo no campo negocial, uma convenção deste tipo não é frequente. Representa de certo modo uma anomalia — como que por um *deficit* de *causa* — que o informante assuma uma responsabilidade pela informação quando se não comprometeu, perante o destinatário da informação, a dar uma informação idónea. Isso seria atribuir a este destinatário, no plano *secundário* da tutela jurídica, uma protecção que se lhe não quis conferir através da vinculação a uma informação correcta ou diligente no *plano primário* da ordenação de interesses. Sendo a informação prestada a título oneroso, não é normalmente difícil divisar um negócio jurídico visando a prestação de informação, ao mesmo tempo que a gratuitidade apenas excepcionalmente (por se inserir apesar de tudo numa estratégia "económica" visando mediatamente um benefício do informante) justificaria uma garantia desse tipo. (De observar que da "abstracção" desta garantia decorre que a obrigação de indemnizar a cargo do informante é "objectiva", não pressupõe uma conduta culposa dele, por isso que não há propriamente vinculação dele a um comportamento.)

Tanto numa hipótese como noutra, a dificuldade da teoria do acordo para explicar a responsabilidade por informações tem uma mesma raiz: a nivelação entre as declarações que se limitam a descrever ou indicar certos factos (declarações de

venire representa o desrespeito de um qualquer consenso entre sujeitos. Por tudo isto, a tese do acordo de facto não consegue destronar com êxito a teoria da confiança.

---

ciência) e as que têm efectivamente uma finalidade conformadora de efeitos futuros. Ora, esta distinção parece ser efectivamente de manter. A pretensão de verdade que, segundo a sua natureza, apresenta uma informação não significa de modo algum que o seu emitente se queira vincular por ela.

A estas dificuldades acresce que, muito frequentemente, a informação é utilizada por quem não era de antemão identificado pelo informante (que a emitiu assim sem qualquer contacto prévio com aquele). A consciência de que a informação será certamente levada em conta por alguém, mesmo que seja possível conhecer à partida o círculo mais ou menos restrito de pessoas de onde este sairá, não é obviamente suficiente para reputar estabelecido um acordo. E seria totalmente ficciosa a sua construção *ex post*, considerando-o celebrado com aquele sujeito que veio efectivamente a utilizar a informação, com base apenas na circunstância desse aproveitamento.

Nem é realista admitir que na prestação da informação vá implícita uma proposta de acordo com aquele (com quem quer) que queira tomá-la em conta; como artificial seria igualmente a aceitação de um acordo genérico com pessoas não determinadas, anterior ainda à utilização, por alguma delas, de uma informação. Por isso também, a maior parte das hipóteses de responsabilidade por prospecto ou por mensagens publicitárias escapa nitidamente à tese do acordo.

§ 5.º
Responsabilidade pela Confiança, Direito Positivo e Positividade do Direito

SUMÁRIO: 69 — Preliminares em ordem a uma fundamentação *de iure constituto* da responsabilidade pela confiança; alguns afloramentos na lei civil. 70 — "Lugar" e "modo" da protecção da confiança na cláusula do abuso do direito. 71 — (*cont.*) O problema da articulação entre boa fé e responsabilidade pela confiança no abuso do direito. 72 — A necessidade de uma justificação *praeter legem* da responsabilidade pela confiança; a boa fé enquanto simples ideia regulativa legal de carácter inconclusivo. 73 — Elementos para uma fundamentação da "validade jurídica" da protecção da confiança: a responsabilidade pela confiança no seio da justiça comutativa, como forma (compensatória) de *iustitia correctiva*. 74 — A responsabilidade pela confiança enquanto missão do Direito.

69. Preliminares em ordem a uma fundamentação *de iure constituto* da responsabilidade pela confiança; alguns afloramentos na lei civil

A aparente falta de uma alternativa global credível à teoria da confiança na racionalização da tutela contra a frustração da coordenação de condutas dos sujeitos entre si torna especialmente aguda a necessidade de fundamentar a responsabilidade pela confiança. Falamos evidentemente de uma "fundamentação jurídica" e tomamos agora a expressão num sentido amplo[916], quer para significar que interessa muito averiguar até que ponto a responsabilidade pela confiança encontra acolhimento na ordem normativa vigente, quer porque importa também ver em que medida ela pode reclamar-se justificadamente enquanto parte integrante da ordem jurídica com independência de um reconhecimento explícito e não obstante a (ao menos relativa) falta de determinações jurídicas que *apertis verbis* a consagrem.

Naturalmente que este modo de pôr a questão denuncia de modo insofismável um afastamento em relação ao conhecido dogma do positivismo de recondução da juridicidade ao conjunto de normas produzidas pelo legislador, como se *só* fosse Direito o positivamente estabelecido por um órgão com competência para tal[917]. Concomi-

---

[916] Utilizar-se-á de facto *infra* a expressão numa acepção mais restrita correspondente à da justificação de conteúdos normativos perante princípios e valores superiores, diferenciável da mera susceptibilidade de recondução de certa decisão de um conflito de interesses a um comando do legislador.

[917] Dos vários tipos de positivismos, é sobretudo o "legalista" que nos interessa considerar: tanto o sociológico (vendo no Direito uma regularidade comportamental dos sujeitos empiricamente demonstrável), como o psicológico (identificando o Direito com a convicção da juridicidade nos membros da comunidade) interferem menos com o problema metódico concreto da realização do Direito, pelo menos no sentido de que representam em larga medida orientações que, segundo o ponto de vista dos juristas, se limitam a reflectir do exterior esse processo sem o condicionarem directamente. Daí que se justifique centrar-se uma investigação jurídica como a presente na perspectiva que dele têm os próprios participantes na realização do Direito e que, por isso, pode chamar-se "interna". Ora, como é bom de ver, esta está nos dias de hoje vinculada de modo especial à interpretação e aplicação de regras provenientes do Estado e dos seus órgãos; mais a mais quando — como no espaço jurídico luso — a relevância do costume parece, por diversas razões, meramente residual. (Adoptamos pois no essencial o que pode designar-se como a perspectiva do "participante" ou "actor" jurídico — *Teilnehmerperspektive* —, usada com frequência, de modo explícito ou implícito, na teoria do Direito; vide só, *colorandi causa*, CASTANHEIRA NEVES, *Introdução ao Estudo do Direito* cit., 3 ss.)

Os positivismos "legalistas" são naturalmente variados. Para HART, um dos expoentes recentes do positivismo jurídico, a juridicidade afere-se por determinadas regras de reconhecimento (*rules of recognition*), de que, por exemplo, no espaço inglês, a suprema referiria o "jurídico" àquilo que é aprovado pela Rainha no Parlamento; cfr. *O Conceito de Direito*, trad. port. de A. Ribeiro Mendes, Lisboa 1986, 111 ss,

tantemente, vai nele implícita uma clara opção por uma concepção de Direito que o reconhece capaz de auto-engendrar a (própria) crítica e complementação: um *modelo monista do jurídico e da juridicidade* que se opõe radicalmente à conhecida tese da separação positivista (*positivistische Trennungsthese*), nos termos da qual a apreciação e a integração das normas que compõem em cada momento o sistema jurídico--positivo remetem necessariamente para uma instância *extrajurídica* de referência. Com isto se vê que o problema da fundamentação da responsabilidade pela confiança se bate simultaneamente em duas frentes: a da vigência e a da validade dos conteúdos jurídicos.

A obrigação de indemnizar por frustração de expectativas alheias, com os contornos e a extensão que lhe reconhecemos, não se encontra entre nós abertamente consagrada com carácter geral[918]. Nada que

---

131-132. Já KELSEN, outro dos nomes grados a ter em conta, erige como fundamento da validade (jurídica) uma "norma fundamental" que determina a necessidade de acatar a constituição e as normas dimanadas em conformidade com ela; cfr. *Teoria Pura do Direito* cit., 267 ss. A rejeição, contudo, deste género de orientações não exime de integrar no conceito de Direito as normas em que ele se manifesta. *Vide*, por exemplo, a complexa definição de ALEXY: «O Direito é um sistema de normas que (1) *apresenta uma pretensão de acerto (Richtigkeit)*, (2) é constituído pelo conjunto das normas que pertencem globalmente a uma constituição socialmente vigente e não injustas em extremo, assim como pelo conjunto das normas que são criadas de acordo com essa constituição e que apresentam um mínimo de eficácia ou possibilidade de eficácia social e não são extremamente injustas, e (3) a que pertencem os *princípios* e os outros *argumentos normativos sobre os quais se baseia ou tem de basear* o processo de aplicação do Direito para cumprir a *pretensão de justeza*» (cfr. *Begriff und Geltung des Rechts* cit., 201; os sublinhados — tal como a tradução, nossos — pretendem realçar aspectos primordiais do conceito de Direito para uma fundamentação jurídica da teoria da confiança).

[918] Na protecção da aparência o problema do alicerçar juspositivo da defesa da confiança coloca-se em termos muito diversos do que na tutela indemnizatória das expectativas que constitui o objecto desta investigação. Naquele campo, com efeito, foi o próprio legislador quem fixou as próprias *facti-species* relevantes e lhes determinou os efeitos (decorrendo portanto a protecção da confiança de disposições específicas), pelo que o problema da "positividade" dessa tutela se apresenta basicamente resolvido. Dúvidas surgem apenas com o âmbito da generalização possível (no sentido ou não, por exemplo, de uma responsabilidade "geral" pela aparência criada como a que foi sugerida na Alemanha por HEINRICH STOLL, *Haftung aus Bescheinigung* cit., 89 ss).

se estranhe se se tiver em conta que a teoria da confiança irrompe nas várias culturas jurídicas muito mais vinculada ao esforço de intelecção do pensamento jurídico do que *ex vi* de atitudes e estímulos do legislador que explicitamente para ela remetam. Mas naturalmente que a sua "pervivência" é facilitada havendo disposições legais que se lhe refiram.

Na lei civil pátria porém, o termo confiança e seus derivados apenas pontualmente são utilizados, e numa acepção e com propósitos que não têm normalmente a ver, de modo directo, com a defesa de representações dos sujeitos[919]. No campo das cláusulas contratuais gerais há, é certo, o relevante reconhecimento de que as *expectativas razoáveis* dos sujeitos são um critério a atender na *determinação do conteúdo contratual justo* (exigência da ordem jurídica: cfr. o art. 16 a) do Decreto-Lei n.º 446/85, de 25 de Outubro). No entanto, embora daqui sejam com certeza de retirar consequências de responsabilidade, o seu âmbito permanece ainda (relativamente) limitado, tributário que é de um dado normativo (sempre) circunscrito e atinente, de modo primordial, à justiça do contrato. Assim, a responsabilidade pela confiança carece de um especial esforço de fundamentação: mesmo que o legislador pareça nalguns casos considerá-la, tal não consente de modo algum uma ilação no sentido de uma pressuposição *global* da responsabilidade pela confiança como parte constitutiva do direito positivo vigente.

Já se sabe que qualquer esforço de fundamentação alicerçado em coincidências de carácter semântico-linguístico com conceitos legais está condenado ao fracasso. Destarte, o que verdadeiramente importa é, independentemente do *nomen iuris*, a possibilidade de descortinar nos vários regimes que a lei conhece o paradigma da responsabilidade pela confiança. Ancorar a protecção indemnizatória da confiança no direito positivo convola-se assim num teste de interpretação-reconstrução desse mesmo direito positivo.

Entre as disposições particulares que consagram entre nós uma protecção positiva da confiança podem citar-se os arts. 179, 184 n.º 2, 243, 266, 291, 1009 n.º 2 ou 2076 n.ᵒˢ 2 e 3 do Código Civil.

[919] Cfr. o art. 1970, que veda a administração de bens aos autores e cúmplices do crime de abuso de confiança, ou os arts. 985 n.º 3, 1012 n.º 3 e 1197, em que a palavra confiar é empregue no sentido de atribuir.

Mas, apesar das perspectivas que esta via promete, não se aplana o caminho. As próprias razões que mostraram ser o arsenal dogmático-construtivo da responsabilidade pela confiança autónomo e independente da violação de deveres tornam desde logo inadmissível (sob pena de uma ininteligível falta de coerência) a invocação dos vários afloramentos da regra de conduta segundo a boa fé, *v.g.* na fase da negociação e formação do contrato ou na da respectiva execução[920]. Este escolho afecta no fundo, como princípio, as normas que, segundo o seu teor, coliguem a obrigação de indemnizar à infracção de uma adstrição de comportamento (imposta ou não pela boa fé); elas são em geral inservíveis para alicerçar a responsabilidade pela confiança no direito positivo.

Temos portanto de nos cingir ao universo, bem mais restrito, das disposições de responsabilidade que não reajam à violação de um dever[921]. Não basta ao nosso propósito insistir em que há normas instituidoras de regimes susceptíveis em abstracto de serem proporcionados, ao menos de modo próximo, pela teoria da confiança. Tratando-se de fundar esta última, devem antes de tudo procurar-se disposições de que resulte inequivocamente a sua consagração. Ambíguos apresentam-se por exemplo os arts. 898 e 908, relativos à responsabilidade do vendedor de coisa alheia e onerada, pois eles podem

---

[920] Em sentido diverso, naturalmente, quem não destrince entre a responsabilidade por violação de deveres e por frustração das expectativas, pois não depara então com a aludida dificuldade: cfr. entre nós para essa perspectiva, especialmente MENEZES CORDEIRO, *v.g.*, *Da Boa Fé* cit., 1247-1248, e *passim*, bem como *Tratado* cit., I/1, 231 ss, socorrendo-se da regra de conduta segundo a boa fé para fundamentar a doutrina da confiança.

[921] Já dissemos no entanto que visualizar uma regra de tutela de expectativas típicas pode pressupor uma actividade sistemático-interpretativa complexa, destinada a apurar em que medida a redução dogmática do regime por ela instituído se deve fazer por referência à teoria da confiança. Empreendê-lo em extensão exorbitaria os propósitos e possibilidades do presente estudo, pelo que temos de nos confinar a algumas considerações sobre o tema.

Como tese: as normas de protecção da confiança típica intervêm em situações... típicas, e têm, por isso, necessariamente, um alcance limitado, recortado tipicamente.

ser enquadrados num modelo de responsabilidade por violação de deveres que impendem sobre o alienante. Não impõem por conseguinte a responsabilidade pela confiança com límpida necessidade[922].

[922] Este ponto é indubitavelmente complexo pelo emaranhado dogmático em que se situam os institutos respectivos. Na venda de bens alheios ou onerados (como, *ex vi* do art. 913, igualmente na venda de coisas defeituosas) o legislador não reconheceu ao comprador uma pretensão *geral* de indemnização por expectativas frustradas *de cumprimento*. A responsabilidade pelos danos que ele não teria sofrido se o contrato não tivesse sido celebrado pode porém, ao menos em tese, ser compreendida no âmbito do instituto da *culpa in contrahendo*: cfr. já o nosso *Perturbações típicas* cit., 62 e 73 (muito embora salientando a insuficiência desta construção — que presidiu de resto ao anteprojecto de GALVÃO TELLES — para explicar todos os aspectos do instituto da venda de bens alheios, como aliás da venda de bens onerados, onde não se harmoniza com a admissão de um cumprimento defeituoso que parece postulada por outros aspectos do regime legal); *vide* também em particular C. MOTA PINTO, *Cessão* cit., 459 ss, por suposto no quadro de uma concepção diversa da nossa ao coligar a protecção da confiança à infracção de deveres pré-contratuais (em *Nulidade do contrato de compra e venda e responsabilidade por culpa na formação dos contratos*, RDES 17 [1970], 70 ss, a propósito da responsabilidade de um promitente-vendedor de andares clandestinos, advogara já genericamente a culpa pré-contratual daquele que induzia à celebração de um contrato inválido); apartando-se parcialmente dessa posição, ao considerar que a *culpa in contrahendo* vai mais além do que o previsto nesses preceitos por forma a defender a não limitação da indemnização pré-contratual ao dano negativo, MENEZES CORDEIRO, *v.g.*, *Manual de Direito Bancário* cit., 442 n. 790.

Advirta-se que a falta de inequivocidade dos preceitos dos arts. 898 e 908 quanto à consagração da doutrina da confiança, embora relevante para a respectiva fundamentação juspositiva, não prejudica a possibilidade de através dela se interpretar o regime legal instituído. A referência dessas regras a uma conduta dolosa da parte do responsável não o precludirá em termos necessários, se se entender não estar em causa nessa referência a reacção a uma violação particularmente censurável de um dever de conduta, mas tão-só a expressão de uma forma de imputação de uma situação de confiança (criada de modo intencionalmente enganador): observe-se a pouca severidade com que é tratado o vendedor doloso, que não fica vinculado a indemnizar o interesse de cumprimento (e contraste-se com o disposto no art. 244, assim como com o regime geral da responsabilidade por não cumprimento).

Um apoio, embora ténue, para esta interpretação segundo a confiança pode divisar-se aliás na expressa cominação da obrigação de indemnizar os prejuízos que não seriam sofridos se a venda não tivesse sido celebrada (assim o texto das referidas disposições). Com efeito, na "lógica" da responsabilidade por violação de deve-

A acrescer à inconcludência acerca do verdadeiro fundamento da responsabilidade consagrada em certas normas[923], elas têm por vezes um alcance tão limitado que não dispensam um outro procedimento de fundamentação da teoria da confiança. Sem dúvida que há princípios gerais que podem induzir-se de disposições isoladas do ordenamento, mas convém que a base da indução não seja demasiado estreita.

Veja-se o que ocorre com o art. 245 n.º 2: a indemnização que a lei impõe ao emitente de uma declaração não séria quando essa declaração tiver sido feita em circunstâncias que induzam o declaratário a aceitar justificadamente a sua seriedade cobre certamente os prejuízos advenientes da frustração da convicção de ter sido produ-

---

res *in contrahendo*, a indemnização deveria colocar o lesado *tout court* na situação em que ele se encontraria *caso não tivesse havido essa violação*. Naturalmente que a informação do carácter alheio da coisa ou dos ónus que sobre ela impediam conduzem normalmente à não celebração do contrato por parte do comprador (naqueles termos). Em rigor, há porém uma diferença. Ora, o relevar da omissão pelo legislador de qualquer referência à violação de deveres, preferindo, em seu lugar, assinalar à indemnização a finalidade de ressarcir os prejuízos derivados da celebração do contrato, conduz de facto à teoria da confiança, pois a celebração do contrato e tudo o que dela decorre para o comprador representam o investimento de confiança correspondente à sua convicção de adquirir uma coisa, consoante os casos, de quem tinha legitimidade para a venda ou isenta de ónus ou encargos (com independência da violação de deveres, pois está apenas em causa a frustração de uma confiança pela qual se é responsável).

Pedra-de-toque da teoria da confiança seria naturalmente saber se a negligência do comprador quanto ao desconhecimento do carácter alheio ou onerado da coisa exclui a indemnização — como deriva da ideia de que apenas é de tutelar em princípio a confiança razoável ou justificada — ou se limita a suscitar uma ponderação nos moldes do art. 570 (culpa do lesado), o característico da responsabilidade por violação de deveres de conduta. A este respeito, o regime legal também não é concludente.

[923] Numa apreciação de conjunto é também equívoco o regime da responsabilidade por prospecto do Código dos Valores Mobiliários, que, como já se aludiu, pendula, sob certos aspectos, entre a responsabilidade pela confiança e a decorrente da violação de deveres de comportamento.

Apesar de tudo, existem, como se viu, normas desse diploma que representam aflorações claros da doutrina da tutela das expectativas.

zida uma declaração negocial. Contudo, fica por esclarecer se essa responsabilidade se encontra ou não realmente acoplada à violação de um dever de cuidado (de não emitir declarações susceptíveis de enganar o seu destinatário)[924]. Como quer que seja, aquela solução não transparece objectivamente do teor do preceito, que, assim, consente textualmente uma interpretação diversa, não dispensando pois nessa medida uma fundamentação da responsabilidade pela confiança com recurso a argumentos situados para além do conteúdo que imediatamente dele se desprende[925].

---

[924] Para OLIVEIRA ASCENSÃO, por exemplo, a indemnização deriva de um comportamento ilícito do declarante ao induzir o declaratário a acreditar na seriedade da declaração (cfr. *Direito Civil/Teoria Geral* cit., II, 106). Mas tal orientação apenas logra alicerçar-se em considerações que transcendem o teor do preceito. Este é perfeitamente compatível com a teoria da confiança (nesse sentido, e rejeitando coerentemente que a indemnização decorra de uma culpa pré-contratual, HEINRICH HÖRSTER, *A Parte Geral* cit., 550-551). Na Alemanha, aliás, é esta última interpretação (do § 118 do BGB) que parece singrar (cfr. *v.g.*, FLUME, *Das Rechtsgeschäft* cit., 413, e CANARIS, *Die Vertrauenshaftung* cit., 550).

De notar que a adopção deste entendimento, dominante além-Reno, pressionaria também no sentido de uma complementação da tutela do art. 246 em direcção a uma protecção indemnizatória (da confiança) do declaratário independente da censurabilidade da conduta de quem emitiu sem consciência uma declaração, em nome de uma compreensão integrada destas duas disposições. Tudo depende da possibilidade de justificar a existência de uma lacuna de protecção no art. 246; mas esta impõe-se por coerência sistemática, logo que se admita que a responsabilidade por declarações não sérias se não esgota na reacção à violação de deveres de conduta.

[925] Considere-se ainda o art. 229 n.º 1, segundo o qual o proponente que receber a aceitação tardiamente, mas não tiver razões para admitir que ela foi expedida fora de tempo, deve avisar imediatamente o aceitante de que o contrato se não concluiu, sob pena de responder pelo prejuízo havido.

Apertis verbis, prevê-se uma responsabilidade por violação de um dever de aviso, susceptível de considerar-se um afloramento da *culpa in contrahendo*. Mas essa responsabilidade poderia perfeitamente derivar da confiança criada na formação do contrato. A espinhosa questão de saber se o art. 229 n.º 1 consagra um verdadeiro dever — como se depreende literalmente — ou antes um ónus prende-se no fundo com uma opção entre o modelo da responsabilidade pré-contratual e o da teoria da confiança. Onde cessa a determinação do legislador, essa opção implica porém vectores mais gerais.

Enquanto disposições susceptíveis de alicerçar uma responsabilidade pela confiança importa especialmente considerar os arts. 899 e 909 *in fine*, regulando a que recai, respectivamente, sobre o alienante da coisa alheia ou onerada, já que a obrigação de indemnizar encontra-se nestes casos desligada de qualquer comportamento censurável seu. A invalidade (ou ineficácia) negocial prejudica uma responsabilidade *ex contractu* e aponta como fundamento da obrigação de indemnizar a frustração da confiança num negócio eficaz. A importância destes preceitos é central, por isso que se estende em princípio a todos os outros contratos pelos quais se transferem ou se estabelecem encargos sobre bens a título oneroso[926]. Apesar disso, o seu alcance continua limitado, porque apenas se cobrem hipóteses de responsabilidade por declarações negociais (sujeitas à invalidade ou ineficácia)[927].

Interessante para o campo da responsabilidade pela confiança por frustração de expectativas em comportamentos futuros apresenta-se o n.º 1 do art. 1594, que manda indemnizar as despesas e as obrigações contraídas na previsão do casamento — danos de confiança — em caso de ruptura da respectiva promessa. A retractação desta promessa é, em si mesma, lícita, ainda que decidida sem razão objectiva, pois

---

[926] Vide o art. 939; cfr. ainda os arts. 425 e 578 (fundando a aplicação dos preceitos da compra e venda à cessão da posição contratual e à cessão de créditos).

[927] Ou (eventualmente) de responsabilidade por declarações sobre factos jurídicos, expressas ou meramente implícitas na declaração negocial emitida. Poderá também ponderar-se a extensão deste regime para além dos contratos de alienação ou de oneração de bens, de modo a cobrir com maior amplitude casos de frustração de expectativas no âmbito de outros negócios (*v.g.*, na locação), quer relativas ao estatuto jurídico do objecto negocial, quer mesmo a outras condições jurídicas da realização do interesse do credor, além da legitimidade do devedor em relação ao objecto do negócio.

Note-se neste contexto que o art. 245 n.º 2 precedentemente citado consagra uma situação de responsabilidade por uma declaração na realidade não negocial, ainda que dotada dessa aparência. Já o art. 485, relativo à responsabilidade por informações, respeita a declarações que não são negociais nem têm essa aparência. Ele constitui porém, no seu âmbito, uma norma meramente enunciativa. Não preclude a intervenção dos princípios gerais do direito das obrigações mas, ainda que não prejudicando uma responsabilidade pela confiança, não possui valor heurístico suficiente para a fundamentar.

essa promessa deixa intocada a liberdade de (não) celebração do casamento. Não gerando portanto um (verdadeiro) dever de o contrair, a obrigação de ressarcimento prevista na lei para o caso de rompimento não se encontra na realidade coligada à violação de uma adstrição de comportamento. É inviável por conseguinte considerar-se que a promessa de casamento cria um vínculo de natureza contratual ou negocial; não faz sentido admitir-se um vínculo que (afinal!) não vincula. A infracção de um compromisso de natureza negocial apenas conduz *per se* à indemnização do dano de cumprimento (correspondente à falta da conduta devida e suas consequências). Na realidade, a reparação do dano de confiança decorrente do respectivo desrespeito deriva da consideração do compromisso como facto gerador de confiança: neste aspecto, é sempre o resultado de uma ponderação objectiva por parte do ordenamento, não efeito "directo" da autonomia negocial (ainda que ligada a um *Tatbestand* negocial)[928].

Tudo conflui para interpretar a responsabilidade por frustração de uma promessa de casamento como afloramento da teoria da confiança[929]. O facto de essa promessa apontar para a celebração de um

---

[928] Cfr. *supra*, sob o n.º 58.

[929] Para CANARIS, *Das Verlöbnis als "gesetzliches" Rechtsverhältnis*, AcP 165 (1965), 1 ss, a promessa de casamento instaura uma relação de deveres de origem legal baseada na confiança. Na concepção que perfilhamos, a responsabilidade pela confiança é porém autónoma em relação à violação de adstrições de conduta. Distinguimo-la portanto da responsabilidade decorrente de negligência no não esclarecimento da falta de disponibilidade para a sua celebração ou de causação dolosa da respectiva convicção: ambos os comportamentos contrariam sem dúvida exigências de correcção e probidade de conduta que impendem sobre os nubentes e se intensificam naturalmente com a promessa de casamento. Não é este no entanto o modelo de responsabilidade que subjaz *apertis verbis* ao n.º 1 do art. 1594.

Tendo presente essa disposição e a perspectiva da teoria da confiança nela evidenciada, note-se ainda que a ausência de motivo não transforma a retractação num ilícito, como a "culpa" do sujeito no rompimento da relação não chega para macular com a ilicitude o seu comportamento. O conceito de culpa (em rigor incompatível, ao pressupor uma ilicitude, com a manutenção da liberdade de celebração do casamento) deve entender-se como conceito "não técnico". Ele equivale ao recesso injustificado ou ao injustificado provocar do recesso alheio para efeito de identificação do campo em que a responsabilidade pela confiança é chamada

contrato futuro permite lançar uma ponte com as debatidas hipóteses de responsabilidade por ruptura das negociações (em que também não existe ilicitude da conduta do sujeito que as rompe). Por outro lado, há aqui uma base importante para um tratamento analógico de

a operar (cfr. ainda SINGER, *Das Verbot* cit., 287-288; *vide* igualmente o uso que a culpa recebe em preceitos como o art. 570 ou 571: mais rigoroso é o conceito de imputabilidade preferido no art. 432 n.° 2).
 Observe-se também que na menção à razoabilidade das despesas e obrigações contraídas como pressuposto de ressarcimento constante do n.° 3 do art. 1594 salta à vista o requisito da justificação da confiança (prolongado, naturalmente, na justificação do investimento), o que, como sabemos, é incompatível em termos estritos com um modelo de responsabilidade baseado na infracção de deveres.
 Para finalizar, não se esgrima, contra a tese da responsabilidade pela confiança, com a noção, contida no art. 1591, da promessa de casamento como contrato: mesmo um argumento de natureza literal se esvai perante a própria epígrafe do preceito que (misteriosamente do ponto de vista do contrato, mas muito compreensivelmente da perspectiva da teoria da confiança) fala da *ineficácia* da promessa.
 Note-se a propósito que o preceito indicado prevê ainda (no seu n.° 1) a indemnização do dano de confiança sofrido por terceiros (pais ou quem tenha agido em nome deles) que basearam a sua actividade na promessa embora não fossem destinatários dela. Num cenário marcado pela escassez de elementos legislativos, esse preceito ilumina portanto também a construção da responsabilidade por declarações perante terceiros que nelas basearam a sua actividade e as suas decisões. Por fim, a possibilidade de uma fixação da indemnização abaixo do investimento realizado — acima advogada para a responsabilidade pela confiança em geral — encontra-se expressamente consagrada no n.° 3. Globalmente, o art. 1594 acaba assim por representar um afloramento rico da teoria da confiança.
 Na doutrina nacional prevalece contudo uma orientação bem diversa desta, pois a responsabilidade por quebra da promessa de casamento é tida como decorrente da violação de uma vinculação negocial, geradora de responsabilidade contratual (cfr., nomeadamente, PEREIRA COELHO, *Curso de direito da família*, polic., Coimbra 1986, 188 ss; PIRES DE LIMA/ANTUNES VARELA, *Código Civil Anotado*, IV, 2.ªedição, Coimbra 1992, ns. 2 e 3 ao art. 1591, e n. 2 ao art. 1594, aqui tropeçando indisfarçavelmente na dificuldade de exprimir a ilicitude do acto face ao princípio *matrimonia libera esse debent*; ainda nesse sentido PEDRO DE ALBUQUERQUE, *Autonomia* cit., 48 ss). Bem diferente da nossa é também a já aludida opinião de MENEZES LEITÃO, *O Enriquecimento sem Causa* cit., 535 n. 189, de, invocando a responsabilidade pela confiança, considerar na promessa de casamento um "caso típico de *culpa in contrahendo*", dois quadrantes para nós todavia insusceptíveis de harmonizar.

outros compromissos do mundo das relações sociais e familiares que mereçam a tutela do Direito.

Outra norma, e elucidativa, que demonstra não ser a responsabilidade pela confiança desconhecida, tal como a concebemos, da ordem jurídica portuguesa, contém-se no art. 81 n.º 2: aí se prevê, para o caso de revogação da limitação voluntária (legal) ao exercício de direitos de personalidade, a indemnização dos prejuízos causados às legítimas expectativas da outra parte. A revogação não é ilícita, sendo o ressarcimento das expectativas (confinado, naturalmente, ao investimento de confiança) imposto a título compensatório.

Finalmente: noutro âmbito, o da revogação do mandato, contempla-se justamente a indemnização do investimento de confiança do contraente que é surpreendido com a referida revogação; segundo o art. 1172, c) e d), esta forma de cessação do contrato, ainda que lícita, não exime o seu autor de responsabilidade (reproduzindo-se por conseguinte de novo, neste campo modelar para todos os contratos de prestação de serviço, o binómio frustração — lícita — de expectativas + indemnização, que aflorou constantemente ao longo da presente investigação).

Existem pois lugares da lei civil que, muito embora desarticulados entre si, refraccionam a teoria da confiança e acolhem uma protecção indemnizatória das expectativas. Sem dúvida que o legislador não deu uma resposta global e genérica à questão jurídica neles envolvida, mas demonstra-se que a tutela indemnizatória das representações — independente da violação de deveres de conduta — está longe de constituir uma solução estranha ao nosso direito[930]. Cremos mesmo que exigências elementares de coerência do sistema forçam o alargamento das hipóteses de responsabilidade previstas. O que se pode discutir é se se pode decantar delas uma conclusão no sentido

---

[930] É reconhecidamente imprestável, no que vai sem dúvida um lugar-comum da ciência jurídica, o argumento *a contrario sensu* que conclua formal-logicamente, baseado nas hipóteses de responsabilidade conformes com a teoria da confiança consignadas na lei, pela negação de uma responsabilidade pela confiança mais alargada. Comprovar-se-á justamente que esse raciocínio é infundado e que, pelo contrário, o princípio da protecção da confiança integra a nossa ordem jurídica, fundando-se positivamente nos seus fins e valores como "ordem de Direito".

do acolhimento de certo princípio geral pelo direito positivo, apesar de insuficientemente explicitado; muito embora uma resposta negativa aqui não prejudique a susceptibilidade de uma fundamentação, se se quiser suprapositiva, desse princípio.

70. "Lugar" e "modo" da protecção da confiança na cláusula do abuso do direito

A preocupação de alicerçar, do ponto de vista jurídico-positivo, a tutela da confiança deve debruçar-se sobre a cláusula do abuso do direito. A doutrina portuguesa reconduz-lhe figuras consabidamente comprometidas com a protecção das expectativas, como o *venire* e a "neutralização"[931]. A jurisprudência faz-se também eco desta orientação, retirando-a do limbo das construções jurídicas e demonstrando uma efectiva penetração do pensamento da confiança na prática judicial-forense[932]. Mas, como é óbvio, nenhum "positivismo jurisprudencial" pode eximir da atenção ao ditame metodológico da vinculação à lei e,

---

[931] Promovendo do mesmo passo o pensamento da tutela da confiança, mediante o alerta para a possibilidade de utilização do art. 334 com vista a esse fim. Essencial nesta orientação, MENEZES CORDEIRO, *v.g.*, *Da Boa Fé* cit., II, 742 ss, 797 ss, 1247-1248, numa linha reiterada, por último, em *Tratado* cit., I, 250 ss, 258 ss. Destaque-se também BAPTISTA MACHADO, *Tutela da confiança* cit., *v.g.*, 385 ss.

[932] Além do conjunto de arestos já referenciados, confiram-se ainda, entre outros, o do Supremo Tribunal de Justiça de 28 de Junho de 1994, CJ (STJ) II (1994), 2, 157 ss (reconhecendo — pág. 158 — como campo de aplicação do art. 334 o da conduta contraditória, combinado com o princípio da tutela da confiança), ou, em idêntico sentido, o de 12 de Julho de 1994, CJ (STJ) II (1994), 2, 178 ss (aqui numa situação a sugerir a *suppressio*). Pode também ver-se, na jurisprudência da segunda instância, por exemplo, o Acórdão da Relação de Coimbra de 30 de Junho de 1994, CJ XIX (1994), 3, 72 (pautando o abuso pela legitimidade da convicção de que certo direito não será exercido em consequência de uma conduta do seu titular, conduta essa objectivamente interpretada, em face da lei, dos bons costumes e dos princípios da boa fé); cfr., por último, o já citado Acórdão da Relação do Porto de 18 de Novembro de 1993, publicado com anotação de MENEZES CORDEIRO/CARNEIRO DA FRADA sob o título *Da inadmissibilidade da recusa de ratificação por* venire contra factum proprium, cit., 677 ss.

deste modo, da necessidade de considerar como e por que forma a protecção das expectativas se enquadra no preceito do abuso do direito.

Nas situações abusivas, o legislador destrinçou entre o exercício do direito que ofende manifestamente os limites impostos pela boa fé, pelos bons costumes e pelo fim económico ou social do direito. Abrigadas embora à sombra de uma mesma disposição, um perscrutar atento descobre nessas situações uma heterogeneidade que dificulta — e, em rigor, inviabiliza mesmo — a redução dogmática simples da correspondente fenomenologia, transformando o art. 334 numa norma de acolhimento (*Auffangnorm*) de realidades juridicamente díspares[933].

É certo que no abuso se verifica um desfasamento da conduta correspondente ao exercício de um direito subjectivo, muito embora conforme com as normas que integram o sistema jurídico, em relação a níveis profundos deste último; e que nele vai implicado que o fundamento da juridicidade se não encontra aprisionado na lei positiva, antes, pelo contrário, a transcende, remetendo para princípios e exigências valorativas que estão para além dela[934]. Mas é patente o elevado nível de abstracção em que se movem estas asserções, apetecendo mesmo dizer que o problema do abuso se considera nelas mais

---

[933] Reconduzindo o essencial no abuso à boa fé e à sua dogmática, MENEZES CORDEIRO, *Da Boa Fé* cit., II, 901, e *Tratado* cit., I/1, 241 e 249. Há, por um lado, a negação de uma função social ou económica nas posições jurídicas e a respectiva convolação para o plano da interpretação e integração das normas constitutivas dessas mesmas posições jurídicas; por outro, esvaziam-se os bons costumes, que assumiriam no fundo um carácter residual (cfr. *Da Boa Fé* cit., II, 1208 ss, 1230 ss, e *Tratado* cit., I/1, 245).

Uma análise aprofundada do abuso do direito deverá equacionar igualmente as várias possibilidades de tradução da "ilegitimidade do exercício do direito", desviando o véu de uma fórmula legal unitária: extinção do direito subjectivo, limitações ao seu conteúdo, preclusão do exercício *stricto sensu* de uma certa faculdade ou poder integrante do direito subjectivo, obstáculos à aquisição de uma posição jurídica, constituição de um direito diverso na esfera de outrem, nulidade de exercício, responsabilidade.

[934] Cfr. CASTANHEIRA NEVES, *Questão-de-facto/Questão-de-direito* cit., 522 ss, e MENEZES CORDEIRO, *Da Boa Fé* cit., II, 879 ss; vide também CUNHA DE SÁ, *Abuso do Direito* cit., 454 ss. Por isso que as exigências valorativas e os princípios são elementos integrantes da ordem jurídica, a aplicação do abuso não é de modo algum *praeter ius* ou *contra ius*.

como questão de construção-integração do sistema que enquanto realidade dogmática concreta e imediatamente operacional.

Para a indagação do lugar da protecção da confiança na descrição legal das situações abusivas interessa considerar particularmente aquela que se traduz no exercício de uma posição jurídica excedendo manifestamente os limites impostos pela boa fé. Detenhamo-nos por um momento, em contraponto, no abuso por ofensa da função económica ou social da posição exercida. Há a dificuldade de admitir uma funcionalização generalizada dos direitos subjectivos e outras posições activas reconhecidas pelo ordenamento, pois tal não se compatibiliza agilmente com o âmbito de liberdade protegido por essas posições. Neste espaço — que tende a cobrir os casos do designado "abuso institucional" — compreende-se a tese de que o apelo à função não representa (nem deve representar) nada de diferente de convocar uma adequada (e teleológica) interpretação das normas jurídicas que conferem essa posição jurídica e dos seus limites[935]. Não estará, em suma,

---

[935] Crítico, v.g., em relação à funcionalização a que se alude, F. BYDLINSKI, *System und Prinzipien des Privatrechts*, Wien, New York 1996, 138-139. Esta também a orientação de MENEZES CORDEIRO, desde *Da Boa Fé* cit., II, 1230 ss. Diversamente, sustenta OLIVEIRA ASCENSÃO, *Teoria geral do direito civil* (polic.), IV, cit., 217 ss, que é conveniente e necessária a autonomização da função económica e social do direito subjectivo, enquanto para ORLANDO DE CARVALHO, *Teoria geral* cit., 32, o abuso do direito representa efectivamente uma instância de controle da correspondência "entre o poder jurisgénico estruturalmente considerado e o poder jurisgénico funcionalmente autorizado". Já ANTUNES VARELA, *Das Obrigações em Geral*, I, cit., 545 n. 2 e 546-547, ilustra a aplicação do critério do fim económico e social do direito com os casos de abuso do poder paternal e de outros poderes funcionais. A controvérsia prende-se particularmente com o chamado abuso institucional, por TEICHMANN tido esclarecedoramente como abuso de normas (in *Soergel Kommentar* cit., n. 14 ao § 242); cfr. também SINDE MONTEIRO, *Responsabilidade por Conselhos* cit., 542 ss, H. HÖRSTER, *A Parte Geral* cit., 283-284, bem como SOUSA RIBEIRO, *O Problema do Contrato/As cláusulas contratuais gerais e o princípio da liberdade contratual*, Coimbra 1999, 500 ss; coerentemente restritivo, MENEZES CORDEIRO, *Da Boa Fé* cit., II, 882-884.

A querela está ligada ao ponto em que no processo metodológico de realização do Direito se deve (ou pode) considerar a sindicância do exercício disfuncional de um direito; se perante a situação concreta, se antes e apenas nos termos abs-

em causa a introdução de uma forma de sindicância do exercício de direitos diferente do que resulta dessas mesmas normas.

Em todo o caso, a protecção da confiança não representa ela mesma uma função a que as posições jurídicas vão indiferenciadamente ordenadas. O abuso não é, neste aspecto, um limite geral uniforme de todas as situações jurídicas.

Por outro lado, distinguimos acima entre as hipóteses em que a frustração da confiança constituía o fundamento da responsabilidade e aqueloutras em que a protecção da confiança representava apenas o escopo de uma determinada regulação legal. Implicando-se no primeiro caso que a defraudação das expectativas integra a previsão da norma de imputação de danos, a responsabilidade pela confiança não se contenta com um desvio em relação à finalidade dessa norma. Concomitantemente, onde seja de assinalar a alguma posição jurídica a *função* de protecção da confiança, uma desatenção desse escopo não provoca, rigorosamente, por si, as situações de responsabilidade pela confiança dogmaticamente autónoma que indagamos. Tanto basta para que seja infrutífera a tentativa de sediar essa responsabilidade na primeira situação de abuso prevista no art. 334.

É claro que — atente-se na economia do preceito — a actuação de uma posição jurídica pode perfeitamente ser abusiva, com independência de desconformidade com a função; dentro do espaço que esta circunscreva são muitas as possibilidades de exercício em ordem aos mais diversos fins prosseguidos pelos sujeitos, algumas das quais inadmissíveis. Daí o interesse dos outros dois limites, o da boa fé e o dos bons costumes. A prática e a ciência jurídica têm contudo articu-

---

tracto-generalizantes da interpretação teleológica das normas. Dir-se-á que a interpretação teleológica apela necessariamente à função, mas pode opinar-se que esta deve ser considerada tão-só no âmbito daquela. A questão toca portanto o problema do alcance da interpretação teleológica por parte do juiz das normas no *iter* decisório ao abrigo do art. 334. O apelo à função como critério autónomo da teleologia das regras jurídicas implica uma posição substantiva de fundo no sentido de vincular as posições jurídicas a certos fins sociais (não directamente normativizados), recusando às disposições do direito positivo (e à sua interpretação) o monopólio da identificação dessa vinculação.

lado a protecção da confiança especialmente com o primeiro. Não é que os bons costumes não pudessem abstractamente, olhando às virtualidades lógico-semânticas da expressão, servir para o efeito[936], mas a discriminação em relação à boa fé que eles experimentam de modo particular no direito germânico — e que tende a reproduzir-se em sistemas que, como o nosso, operam também com o par conceptual boa fé/bons costumes —, contribuirá para explicar aquela orientação. Há mesmo uma destrinça dogmaticamente fundada e útil susceptível de lhe ser associada.

Segundo uma conhecida noção legada pelo *Reichsgericht*, os bons costumes representam "o sentido de decência de todos os que pensam équa e justamente"[937]. A própria fórmula deixa entrever que os bons costumes têm uma pretensão de validade supra-individual. Apontam para valores sem dúvida consensuais e alargados (no que vai aliás também uma exigência das sociedades pluralistas[938]), mas que

---

[936] A elasticidade da noção dos bons costumes pode ser elucidativamente demonstrada com o § 1295 II do ABGB austríaco que, reconduzindo o abuso à contrariedade aos bons costumes (*Sittenwidrigkeit*), deu lugar a um desenvolvimento da temática da protecção da confiança em vários aspectos muito similar ao do espaço germânico (para indicações, PETER MADER, *Rechtsmissbrauch und unzulässige Rechtsausübung*, Wien 1994, esp. 183 ss, e 292 ss).

[937] «Anstandsgefühl aller billig und gerecht Denkenden»; cfr. RGZ 80, 219, 221; 120, 142,148.

Da extensa reflexão germânica sobre os bons costumes, refiram-se, *v.g.*, LARENZ, *Allgemeiner Teil* cit., 435 ss, e WOLF/LARENZ, *Allgemeiner Teil* cit., 742 ss, LARENZ//CANARIS, *Lehrbuch des Schuldrechts* cit., II/2, 449 ss, MANFRED LIEB, *Sonderprivatrecht für Ungleichgewichtslagen? Überlegungen zum Anwendungsbereich der sogennanten Inhaltskontrolle privatrechtlicher Verträge*, AcP 178 (1978), 207, HELMUT COING, *Allgemeine Rechtsgrundsätze in der Rechtsprechung des Reichsgerichts zum Begriff der "guten Sitten"*, in Gesammelte Aufsätze zu Rechtsgeschichte, Rechtsphilosophie und Zivilrecht, 1947--1975, Bd. I, Frankfurt a. M. 1982, 1 ss, bem como T. MAYER-MALY, *Bewegliches System und Konkretisierung der gutten Sitten*, in Das bewegliche System cit., 117 ss, e *Was leisten die guten Sitten?*, AcP 194 (1994), 104 ss (este último atendendo simultaneamente ao direito austríaco); outras indicações, *infra* ainda, em nota.

[938] Tais sociedades assentam aliás, como em pressuposto necessário, numa base valorativa, pelo que a consensualidade a que se alude está longe de se resignar a um esvaziamento ético-jurídico (a experiência atesta todavia a dificuldade prática por vezes envolvida no estabelecimento dessa base; alertando nesta linha para a curta

não se reconduzem de modo algum, nem ao subjectivismo do julgador, nem a uma maioria amorfa de sensibilidades empiricamente comprovável (a uma qualquer moral social dominante que se desvie dos *boni mores*). Ainda que apelando a referentes na sua "primeira essência" extrajurídicos, uma vez que os bons costumes se destinam inequivocamente a desempenhar uma função jurídico-normativa, no seu preenchimento importa naturalmente atender às valorações susceptíveis de se recolher, mesmo que incompletamente, de disposições legais diversas. Além disso, eles enlaçam-se com certos princípios de justiça material sobrepostos às próprias normas positivadas, mas que nem por isso se deixam de oferecer a um desvendar pelo intérprete (e, como tal, de o pressupor).

Em todo o caso, apresentam uma acentuada coloração ética, em contraste com a dimensão colectiva e organizatória da vida social que impregna a ordem pública[939]. A noção convoca a probidade e outras

---

distância que separa, por exemplo, entre si, tolerância, indiferença e intolerância, ou democracia, arbítrio e aristocracia, ou ainda, racionalidade e sentimento, A. PEDRO BARBAS HOMEM, *Reflexões sobre o justo e o injusto: a injustiça como limite do direito*, RFDUL XXXIX [1998], 2, 649).

[939] Da abertura da ordem jurídica a preceitos da moral social fala OLIVEIRA ASCENSÃO, *Teoria geral* (polic.), IV, cit., 216.

Esta coloração é, pelo contrário, ausente na ordem pública (onde é substituída pela aludida tonalidade da estruturação colectiva e organizatória do viver em sociedade), que, deste ponto de vista, se distingue com nitidez dos bons costumes. Mas a fronteira entre ambos é fluida. Há zonas de sobreposição, pois um mesmo comportamento pode, ademais de ofender os bons costumes, violar a ordem pública. Este reconhecimento conduz linearmente a que a cláusula de ordem pública internacional seja também susceptível de conferir relevo a certas imposições dos bons costumes, apesar de não se lhes referir abertamente; cfr. o art. 22 do Código Civil (concorde parece ser a formulação da ordem pública internacional como "reserva, excepção ou limite de carácter geral à aplicação *in concreto* das leis estrangeiras [...], quando tal aplicação ofenda gravemente valores ético-jurídicos fundamentais da ordem jurídica do foro": assim A. MARQUES DOS SANTOS, *As Normas de Aplicação Imediata no Direito Internacional Privado/Esboço de uma teoria geral*, II, Coimbra 1991, 738).

De qualquer modo, o direito pátrio reflecte a autonomia destas noções. As exigências da ordem pública não têm necessariamente a ver com o desrespeito dos bons costumes, e também a inobservância destes últimos não se traduz, senão em certos casos, numa infracção das primeiras. Parece que na ordem pública estão em

qualidades pessoais básicas dos sujeitos, entendendo-se que na sua infracção vai envolvido um desvalor da conduta que não se parifica a uma simples ilicitude ou antijuridicidade. Os bons costumes podem assim assumir a feição de *cláusula de salvaguarda do mínimo ético-jurídico reclamado pelo Direito e exigível de todos os membros da comunidade*[940].

causa requisitos ou elementos objectivos básicos da ordenação social na configuração concreta que historicamente assume, aí incluídos aspectos mais marcadamente *técnico-organizacionais* da vida em sociedade. Ela apela a *valorações essenciais imanentes ao direito constituído e a princípios injuntivos que se decantam das suas proposições*, formando por vezes como que a *estrutura da imperatividade de certos complexos regulativos*. Nos bons costumes, pelo contrário, vai especialmente sublinhada uma dimensão ética ou ético-jurídica; eles guardam uma relação mais estreita com o que é sentido como ditames daquela ética individual que é em geral imposta aos sujeitos, e susceptível de transcender mesmo a ordem jurídica "positivada".

Estas diferenças contribuem para explicar que apenas os bons costumes representem entre nós um critério do abuso do direito; a ordem pública não o é (cfr. art. 334). Os primeiros correspondem a um imprescindível controlo de "segundo grau" da conduta do titular de uma posição jurídica, formalmente compreendido no âmbito dos poderes e faculdades que lhe assistem, como é característico do abuso. A ordem pública, por seu turno, adivinha-se antes enquanto limite de algum modo "primário" e absoluto de qualquer direito: ultrapassado ele, haverá, directa e basicamente, "falta" do direito (assim já o nosso *Sobre a ordem pública interna portuguesa no domínio dos contratos*, Relatório português para as Jornadas de 1998 da Associação Henri Capitant em Beirute, a aguardar publicação no volume correspondente a essas jornadas).

[940] Nesse sentido nos pronunciámos em *Uma «Terceira Via»* cit., 55 ss. A favor desta orientação está, não apenas o uso porventura mais corrente do termo na linguagem dos juristas, mas igualmente a sugestão, induzida do teor de certos preceitos, de que os bons costumes configuram uma espécie de cláusula de reserva, um núcleo irredutível a observar, bem que residualmente, com independência da existência de uma disposição que contemple especificamente a situação ofensiva (cfr., v.g., além do art. 334, os arts. 271 n.° 1, 280 n.° 2 e 2230 n.° 1; veja-se ainda a al. d) do n.° 1 do art. 56 do Código das Sociedades Comerciais). A atribuição aos bons costumes de uma genérica e indiscriminada vigência, sem dependência de uma concretização legal, apenas se compreende postulando a sua básica importância e cognoscibilidade. Pode dizer-se (cfr. LORENZ FASTRICH, *Richterliche Inhaltskontrolle im Privatrecht*, München 1992, 20) que o facto de os bons costumes apelarem a um "critério de evidência" postula um limiar de tolerância fácil de identificar e que, nesse sentido, terá de ser extremo. Reconhecendo (implicitamente) esse critério, FERRER CORREIA e VASCO LOBO XAVIER, *Efeito externo das obrigações; abuso do*

A esta caracterização dos bons costumes se associa a distinção entre aqueles ditames de conduta que, de um modo como que essen-

direito; concorrência desleal, Rev. de Direito e Economia V (1979), 8 ss (ao aceitar, em certa hipótese de cooperação de terceiro na violação do contrato, como comportamento contrário aos bons costumes uma conduta especialmente grave e chocante que ofende a consciência ética da colectividade). Indícios deste tipo de interpretação também em SINDE MONTEIRO, *Responsabilidade por Conselhos* cit., *v.g.*, 570, ao confinar à negligência grosseira a responsabilidade por informações que se acolhe a uma infracção dos bons costumes; *vide* também COUTINHO DE ABREU, *Do Abuso de Direito (Ensaio de um critério em direito civil e nas deliberações sociais)*, Coimbra 1983, 65--66, observando que as normas jurídico-positivas referentes aos bons costumes exprimem, no cotejo com o princípio da boa fé, "o carácter mais 'absoluto' dos bons costumes"; nesse sentido ainda a incidência directa dos bons costumes na não discriminação étnica e racial: cfr. especialmente T. BEZZENBERGER, *Etnische Diskriminierung, Gleichheit und Sittenordnung*, AcP 196 (1996), 395 ss, preenchendo os bons costumes à luz da protecção constitucional dos direitos fundamentais, neste ponto numa orientação desenvolvida igualmente por CANARIS, *Grundrechte und Privatrecht*, AcP 184 (1984), 234-236; falando dos bons costumes como "*standard* mínimo", *v.g.*, também R. DAMM, *Kontrolle von Vertragsgerechtigkeit durch Rechtsfolgenbestimmung — Nichtigkeit und Nichtigkeitsbeschränkung bei Gesetzes- und Sittenverstoss*, JZ 1986, 918 (*vide*, ainda, M. LIEB, *Sonderprivatrecht* cit., 207, sobre esta "baliza última" de aferição); que, através da cláusula dos bons costumes, obtêm realização vários princípios jurídicos fundamentais, elucidava-o já HELMUT COING, *Allgemeine Rechtsgrundsätze* cit., 1 ss.

Posição diversa da exposta é a de MENEZES CORDEIRO (*Da Boa Fé* cit., II, 1223, e, *v.g.*, *Tratado* cit., I/1, 506-507), que circunscreve, na linha de K. SIMITIS (*Gute Sitten und ordre public*, Marburg 1960), os bons costumes a certas regras de comportamento familiar e sexual, bem como, ainda, à deontologia de determinadas profissões. *Vide* por último também, para uma resenha da discussão e relevância actual em torno dos bons costumes no direito germânico, o comentário de JÜRGEN OECHSLER ao § 826 no *Staudinger Kommentar* cit., 13.ª edição (*v.g.*, respectivamente, ns. 20 ss, e 145 ss, ou ns. 45-46, situando a tendência doutrinária e jurisprudencial que identifica nos bons costumes uma ilicitude qualificada); ainda, da perspectiva do controlo do conteúdo dos contratos celebrados com cláusulas contratuais gerais, SOUSA RIBEIRO, *O Problema do Contrato* cit., 535 ss.

Recorde-se que o especial desvalor dos bons costumes se extrai com facilidade do sistema delitual alemão: o § 826 pode preencher aí a função de norma (residual) de responsabilização, aplicável mesmo quando faltam certos requisitos para a imputação de danos exigidos por outras normas de responsabilidade como as centrais do § 823 I e II, precisamente porque se trata de sancionar uma conduta particularmente reprovável que justifica por si a responsabilidade. Assim, na ausên-

cial e absoluto, impendem indiferenciadamente sobre qualquer indivíduo e as exigências qualificadas de comportamento que apenas vigoram para certos sujeitos em virtude das relações que entreteceram com outros. Nos bons costumes está-se fundamentalmente perante a proibição dos comportamentos que atingem limites gerais incontornáveis à liberdade de agir, ao passo que aqui há a prescrição de formas específicas de interacção dentro do próprio espaço delimitado por aquela fronteira[941]. Trata-se de uma destrinça que se impõe facilmente a uma racionalização jurídica impregnada de uma preocupação material-valorativa suficientemente discriminatória.

Ora, o entendimento da boa fé como critério mais sensível e apurado do comportamento reclamado aos sujeitos que se encontram em relação com outros — pense-se no contrato ou nas negociações com vista à sua celebração — conforma-se justamente com esta perspectiva. Nesse sentido, a sua distinção dos bons costumes, não obs-

---

cia de violação de um direito subjectivo ou de uma disposição de protecção, o prejuízo causado por outrem é indemnizável havendo conduta dolosa contrária aos bons costumes. De outro ângulo: verificada esta, prescinde-se do exame da conformidade da conduta do sujeito a essas situações básicas de responsabilidade (*Tatbeständigkeitsprüfung*). No direito português, a situação é diferente porque não há disposição paralela, do ponto de vista sistemático, à do § 826 (o que não inviabiliza — como já se indicou — a necessidade incontornável de colmatar a lacuna no direito da responsabilidade civil com uma solução similar, apoiada em exigências indeclináveis de natureza ético-jurídica). Contudo, há outros indícios, como se alertou, no sentido de um desvalor qualificado da infracção dos bons costumes.

[941] Podemos exprimi-lo numa ilustrativa linguagem geométrica e afirmar (com ERNST ZELLER, *Treu und Glauben und Rechtsmissbrauchsverbot/Prinzipiengehalt und Konkretisierung von Art. 2 ZGB*, Zürich 1981, 256) que a regra da boa fé se movimenta dentro do círculo de que os bons costumes traçam a fronteira.

Concorde com esta perspectiva é o reconhecimento de que, enquanto na boa fé se confrontam tipicamente os interesses de um sujeito com os de outro, procurando-se um equilíbrio e afastando-se a consideração unilateral de um deles, nos bons costumes tende a relevar a apreciação do comportamento do sujeito isolado, não sendo decisiva a ponderação com o interesse de qualquer outro sujeito concreto, pelo que são considerações e interesses de carácter geral que tendem a prevalecer na apreciação; cfr., na literatura mais antiga, W. SIEBERT, *Verwirkung und Unzulässigkeit der Rechtsausübung*, Marburg in Hessen 1934, 129. *Vide* também já de seguida o texto.

tante toda a fluidez da zona de fronteira entre eles, realiza a racionalidade a que aludíamos; não é fruto arbitrário de traços que, contingentemente, uma cultura jurídica tenha acabado por assumir[942]. Pode dizer-se que aí onde não há nenhuma forma de inter-relacionamento entre os sujeitos, a ordem jurídica se contenta apenas com a necessidade de uma conduta que não ultrapasse as fronteiras básicas e gerais que ergue à actividade humana, mas afina as exigências de comportamento logo que os sujeitos constroem entre eles relações específicas, pois a estas corresponderão também vínculos especiais[943]. Concomitantemente, aos bons costumes pertencerá tipicamente uma função "negativa", balizadora da autonomia dos sujeitos, enquanto a boa fé se abre já acentuadamente a uma função positiva, fundamentadora de deveres particulares, surgidos com o exercício dessa autonomia.

---

[942] A conveniência de discriminação entre estes planos — um a cobrir pelos ditames da boa fé e o outro pelos bons costumes — acaba por confirmar a pertinência da ligação da noção dos bons costumes ao mínimo ético-jurídico exigível.

Supomos assim que a concretização e aplicação, quer da boa fé, quer dos bons costumes, ambos conceitos indeterminados, deveria ater-se a este enquadramento (o que é apenas possível, note-se, abandonando-se concepções demasiado restritivas dos bons costumes, porque a destrinça que propomos não seria evidentemente viável se, com MENEZES CORDEIRO, cingíssemos os bons costumes à moral sexual ou familiar, ou a imposições deontológicas de certas profissões; de facto, no pensamento deste autor a estreiteza dos bons costumes vai de par com a não diferenciação dogmática entre o mínimo ético-jurídico e os padrões qualificados de conduta em contextos de relação, ao mesmo tempo que se compensa — compreensivelmente — com um alargamento da boa fé, susceptível inclusivamente de abarcar, pelo menos em caso de necessidade, situações não relacionais como as de uma empresa monopolista face ao público: vide *Da Boa Fé* cit., II, 1277). Quanto à nossa opinião, pode conferir-se ainda *Uma «Terceira Via»* cit., 53-54.

Claro que as aplicações dos bons costumes já realizadas, mesmo que fossem porventura desconformes com a discriminação que apontamos em texto, nunca prejudicariam todavia a função crítica e sindicadora da elaboração doutrinal. Uma certa indefinição do uso, tanto da boa fé, como dos bons costumes, não a impede (esta também a situação na Alemanha, cfr. JÜRGEN SCHMIDT, in *Staudingers Kommentar* cit., 13.ª edição, n. 274 ao § 242; *vide* também LARENZ, *Lehrbuch des Schuldrechts* cit., I, 127-128).

[943] Analogamente, já o *nosso* estudo *Uma «Terceira Via»* cit., 53 ss; cfr. ainda SOUSA RIBEIRO, *O Problema do Contrato* cit., 547-549.

O direito português parece aliás confortar este modo de ver: perscrutando as disposições que, no Código Civil, prescrevem uma actuação de boa fé ou proíbem uma conduta que contrarie os seus ditames, observa-se que todas elas se referem a contextos de relação entre sujeitos (cfr. os arts. 227 n.º 1, 275 n.º 1, 475 e 762 n.º 2)[944]: no fundo, o que pode designar-se como "ligações especiais" (*Sonderverbindungen*) entre sujeitos funciona aqui enquanto *pendant* dogmático necessário ao afinamento das exigências de comportamento implicado na regra da conduta de boa fé. Conclui-se pois que nem todas as violações desta última regra consubstanciam um atentado aos bons costumes; embora uma ofensa da boa fé no âmbito de uma relação particular possa significar uma ofensa aos bons costumes, uma vez que o padrão de comportamento que estes representam também se aplica no sector das "relações especiais". Por sua vez, quando neste se verifique um desrespeito pelas exigências traduzidas nos bons costumes, isso significa naturalmente também que a boa fé foi infringida.

No conjunto, os bons costumes tendem pois a intervir apenas em casos contados e extremos. O que restringe excessivamente a possibilidade de neles ancorar a responsabilidade pela confiança. A "insuportabilidade"[945] ético-jurídica que a sua infracção representa constitui um limiar demasiado estreito para a relevância da protecção das expectativas, pois parece que esta deverá poder justificar-se com o evitar de injustiças menos clamorosas.

Mas o alicerçar da responsabilidade pela confiança no abuso do direito por ofensa dos limites da boa fé requer um esclarecimento fundamental. Se, como vimos, urge muito distinguir a protecção da

---

[944] A jurisprudência adere justificadamente a este entendimento: cfr., por exemplo, o Acórdão do Supremo Tribunal de Justiça de 26 de Janeiro de 1994, CJ (STJ) II (1994), 1, 63 ss, onde se afirma que a regra da boa fé no cumprimento dos direitos de crédito se deve considerar extensiva, em decorrência do art. 10 n.º 3 do Código Civil, a todos os domínios onde exista uma especial relação de vinculação entre duas ou mais pessoas.

[945] Nem sempre todavia os bons costumes exigirão que o sujeito actue com "intenção abominável" ou "severamente reprovável" (*verwerfliche Gesinnung*); cfr. T. MAYER-MALY, in *Münchener Kommentar* cit., ns. 106 ss ao § 138, referindo-se a alguma jurisprudência germânica.

confiança da violação de deveres de comportamento, aí incluídos aqueles que decorrem, como exigências de correcção, razoabilidade ou lealdade, da regra de conduta da boa fé, um apoio juspositivo no abuso do direito apenas é em coerência possível se este se não confinar (sobretudo onde o seu critério seja o da infracção dos limites da boa fé) a simplesmente *espelhar*, do ângulo do exercício das posições jurídicas, aquela norma de conduta. Só desarticulando-se o abuso da violação dessa regra se logra espaço para o reconhecimento de exercícios inadmissíveis de posições jurídicas não dependentes da violação de deveres de comportamento. Entendido deste modo, o abuso vem efectivamente a dar muito maior consistência à tese da responsabilidade pela confiança como constitutiva *de lege lata* do direito civil português. Importará todavia então explicar devidamente a *ratio* da condenação do abuso.

71. (*cont.*) O problema da articulação entre boa fé e responsabilidade pela confiança no abuso do direito

Se se abstrair dos casos em que se contradizem os bons costumes ou a função económica ou social do direito, a relação entre a proscrição do abuso e a regra de conduta segundo a boa fé parece ser, com frequência, senão mesmo dominantemente, entendida em termos de (ampla) *intermutabilidade*[946]. Seriam vedados como abusivos os com-

---

[946] É o que se deduz, entre nós, de um autor com o relevo de MENEZES CORDEIRO que, reconduzindo o essencial do abuso à boa fé, considera que nele se coloca um problema de delimitação daquelas condutas que são permitidas, traduzindo-se por conseguinte numa cominação de abstenções ou numa imposição de deveres (cfr. *Da Boa Fé* cit., II, 879 e 901, em posição coerentemente continuada com a sua já referenciada qualificação enquanto ilícitas de certas figuras do exercício inadmissível de posições jurídicas, como o *venire, v.g.*, em *Saneamento financeiro* cit., 100). Cfr. igualmente CUNHA DE SÁ, referindo que existe um dever de não abusar e que o abuso representa uma conduta contrária à boa fé (*Abuso do Direito* cit., 640 e 642); analogamente neste ponto, MENEZES LEITÃO, *Direito das Obrigações* cit., 51 (o abuso corresponderia a uma concretização dos deveres de actuar segundo a boa fé). *Vide* também H. HÖRSTER, *A Parte Geral* cit., 287, que considera como exemplo do abuso individual do direito a inobservância do dever de conduta de boa fé no cumprimento das obrigações. Na mesma linha, ALMEIDA COSTA, *Direito das Obrigações*

portamentos que consubstanciassem atentados àquela regra; inversamente, esta última corresponderia a uma enunciação, pela positiva, da proscrição do abuso.

---

cit., 101-102, identificando no abuso a norma da conduta de boa fé, e PINTO MONTEIRO, *Cláusula Penal* cit., 733-734, ao reconduzir indiferenciadamente o art. 812 ao abuso do direito e ao dever de agir segundo a boa fé. Já VAZ SERRA admitia que o abuso "será frequentemente uma ofensa da boa fé devida", reconhecendo a inutilidade do abuso no espaço coberto pela regra da boa fé, embora chegasse a ponderar o inverso de a regra da conduta de boa fé ser antes uma aplicação da teoria do abuso do direito (cfr. *Abuso do direito* cit., 265-266); considerando a questão, aceita também SOUSA RIBEIRO que a remissão do abuso para os limites impostos pela boa fé representa uma positivação da regra da boa fé (cfr. *O Problema do Contrato* cit., 505 e n. 635). Em sentido distinto, porém — e, quanto a nós, de modo pertinente —, GRAÇA TRIGO, *Os Acordos Parassociais sobre o Exercício do Direito de Voto*, Lisboa 1998, 174, distinguindo, no domínio societário, o dever de lealdade inspirado no princípio da boa fé do abuso do direito.

Igualmente na jurisprudência se equiparam com frequência o abuso e a regra de conduta da boa fé, transitando-se no discurso muitas vezes de um para a outra, e vice-versa (sem alusão às diferenças que — ver-se-á — importa assinalar a estas realidades, embora a jurisprudência não tenha de assumir a racionalização da respectiva articulação com a exigência da doutrina); cfr., por exemplo, o Acórdão do Supremo Tribunal de Justiça de 12 de Novembro de 1998, CJ (STJ), ano VI (1998), 3, 110 ss, referindo ser contrário aos procedimentos de boa fé a recusa por um sujeito da celebração de um contrato com base na falta de formalidades quando foi ele próprio que pediu que aquelas fossem dispensadas, merecendo por isso esse comportamento a intervenção morigeradora do art. 334 (identificou-se o comportamento contraditório com a violação da boa fé). *Vide* também o Acórdão do Supremo Tribunal de Justiça de 21 de Setembro de 1993, CJ (STJ) I (1993), 3, 19 ss, que censurou a conduta de uma seguradora por infringir do mesmo passo a regra da conduta de boa fé e o preceito do abuso, vendo aparentemente na primeira o critério do segundo: condenada embora por sentença a pagar uma certa quantia devida pela ocorrência de um sinistro, essa seguradora satisfizera apenas parte dela, logrando obter do credor da indemnização um documento de quitação por um montante inferior em que se afirmava estar essa quantia de acordo com a sentença, o que não era verdade (teria sido possível ponderar também a coacção moral da seguradora sobre o credor da indemnização e a nulidade, por impossibilidade ou contrariedade à lei, do "negócio de quitação" proposto pela seguradora). Cfr. ainda o Acórdão da Relação de Évora de 23 de Abril de 1998, CJ XXIII (1998), 2, 278 ss: discutindo-se se assistia ao arrendatário de um prédio de sobro para extracção de

Por este prisma, o abuso nada traz de substancialmente novo em relação à boa fé enquanto *regula agendi*. Ele pode apresentar-se no fundo como formulação, pela negativa, desta última[947]. Compreende-se aliás o florescimento desta perspectiva na Alemanha[948]: faltando no espaço jurídico germânico um preceito específico que codifique o abuso do direito, a conexão deste à boa fé passa obrigatoriamente pelo § 242 do BGB, que manda o devedor cumprir a obrigação de acordo com a boa fé.

No direito português constituído deparam-se todavia elementos que convidam a questionar o acerto desta perspectiva. Tendo "bilateralizado" a regra de conduta da boa fé no cumprimento das obrigações — pois vincula-se a ela tanto o devedor como o credor —, e dispondo, por sobre isso, autonomamente, que é abusivo o exercício do direito que ultrapassa os limites impostos pela boa fé, ele induz a considerar que o abuso se não dissolve pura e simplesmente na mera necessidade de o credor, tal como o devedor, se aterem à regra da boa fé ao actuarem a respectiva posição. Uma codificação inteiramente racional evita, ao menos idealmente, tautologias e repetições; o que sugere uma destrinça entre o abuso do direito e a conduta do credor que infringe os ditames

---

cortiça o direito de preferência na sua alienação, considerou-se que o respectivo exercício após um longo período de inacção consubstanciava uma violação da regra da boa fé consignada no art. 762 n.º 2, e proscrita pelo art. 334 por se excederem os limites da boa fé (no *iter* decisório omitiu-se a "neutralização" ou *Verwirkung*, o que pode considerar-se correcto se, como na nossa perspectiva, se distinguir entre a infracção a deveres de comportamento e a autónoma e directa valoração da inacção do sujeito no exercício de uma posição jurídica, gerando confiança).

[947] *Summo rigore*, tratar-se-ia apenas de *especificar* a regra de conduta segundo a boa fé no campo (particular) do exercício de direitos, quando essa regra tem na realidade um âmbito mais vasto, aplicando-se por exemplo também no sector do cumprimento das obrigações (distinguindo assim a boa fé do abuso, COUTINHO DE ABREU, *Do Abuso de Direito* cit., 61-62). No âmbito, portanto, do exercício do direito haveria sempre intermutabilidade e tudo se reduziria a uma questão de formulação.

[948] Cfr., entre outros, JÜRGEN SCHMIDT, in *Staudinger Kommentar* cit., 12.ª edição, ns. 637 ss ao § 242, e 13.ª edição, *v.g.*, ns. 272 e 729 ao § 242, bem como LARENZ, *Lehrbuch des Schuldrechts* cit., I, 132; ainda, G. ROTH, in *Münchener Kommentar* cit., 3.ª edição, ns. 93 ss ao § 242, .

da boa fé no exercício da sua posição, porque ambas as situações foram separadamente contempladas pelo legislador[949].

Por outro lado, se a proibição do comportamento abusivo constituísse efectivamente um mero *reflexo* da regra da conduta de boa fé, não se perceberia a razão pelo qual o art. 334 requer que o titular exceda "manifestamente", no exercício do direito, os limites impostos pela boa fé. Parece que teria em coerência de bastar para o abuso um qualquer desrespeito desses limites, por pequeno que fosse (desde que efectivamente demonstrado). Envolta num certo enigma estaria, finalmente, a sancionação do exercício do direito como "ilegítimo", já que a ofensa à regra de conduta segundo a boa fé consubstancia seguramente uma ilicitude e não se desvenda à primeira vista razão susceptível de aconselhar aqueloutra qualificação.

Os argumentos expostos valem o que valem, mas não deixam de questionar impressivamente a tese dominante da *equiparação* entre o abuso e a regra da conduta de boa fé. A verdade é que se se olhar às funções típicas, respectivamente, do abuso e daquela regra, pode descortinar-se uma pista para uma discriminação profícua e proveitosa, susceptível até de proporcionar certa justificação para a redacção actual da norma do abuso do direito.

A regra da conduta de boa fé representa uma *prescrição de comportamento*. Caracteristicamente, a boa fé, ora modela as condutas a que os sujeitos se encontram já adstritos (de acordo com as suas exigências)[950],

---

[949] *Mutatis mutandis* no que concerne ao art. 227 ou ao art. 272. Recorde-se que é no âmbito de situações relativas ou relacionais que se coloca o problema de que curamos da intermutabilidade entre a regra da boa fé e o abuso por ofensa dos limites impostos pela boa fé. Pode com certeza haver abuso fora das hipóteses de existência de uma relação entre o titular exercente do direito e o afectado por esse exercício. Esse abuso seguirá todavia compreensivelmente o critério mais exigente dos bons costumes. Nestes casos ressalta claramente a autonomia do abuso com respeito à regra de conduta segundo a boa fé. Esta posição casa-se com a perspectiva já sufragada de que aquela regra se apresenta à partida privativa das situações relacionais e que aqui existe uma nota distintiva dos bons costumes.

[950] É a função "regulativa", de determinação do "modo" de realização da prestação (cfr. o art. 762 n.º 2). Repare-se em todo o caso que os deveres de comportamento segundo a boa fé ultrapassam em muito a necessidade de concretização do dever de prestar e do seu cumprimento.

ora desempenha mesmo uma função de *fundamentação a se* de deveres autónomos (*pflichtenbegründende Funktion*)[951] — agregados numa relação obrigacional complexa ou numa relação obrigacional sem deveres primários de prestação — que, quando não observados, desencadeiam tipicamente uma obrigação de indemnizar[952]. Já o abuso apresenta antes uma eficácia *inibitória*, ao traduzir-se numa *preclusão do exercício de certa posição jurídica*. Na boa fé releva agora uma função *balizadora* ou *sindicadora* da actuação de posições em si mesma conforme com as normas que formalmente as atribuem (*Schrankenfunktion*)[953].

---

[951] Nesta veste, a regra da boa fé exprime certas exigências de comportamento impostas pela ordem jurídica mesmo onde faltam disposições específicas nesse sentido, *integrando* ou *complementando* as normas que compõem o sistema perante a impossibilidade deste de estabelecer uma teia completa e discriminada de directrizes de conduta para cada situação concreta. Não é um instrumento de conformação ou atribuição de posições jurídicas aos sujeitos, embora possa reforçar o seu raio de protecção, ao impor comportamentos destinados a assegurá-las ou a defendê-las (cfr. a propósito o nosso *Contrato e Deveres de Protecção* cit., 161 ss, e 188 ss).

[952] Cfr., explicitamente, (apenas!) o art. 227 n.° 1. O art. 762 n.° 2 representa, a bem ver, uma *lex imperfecta*, uma vez que não se encontram indicadas as consequências para o seu não acatamento. Não oferece todavia contestação que a violação da regra da boa fé na fase do cumprimento das obrigações dá lugar a consequências indemnizatórias (subordinando-se ao regime do cumprimento defeituoso susceptível de conduzir a responsabilidade por efeito dos arts. 798 e 799, embora sem assimilação total aos casos de má execução da prestação). Sobre estes pontos, cfr. também o nosso *Contrato e Deveres de Protecção* cit., 28 ss, e *passim*.

Muito embora a obrigação de indemnizar se tenha como consequência primordial da infracção da regra de conduta segundo a boa fé, a própria lei demonstra todavia que ela pode dar lugar a outro tipo de consequências; *vide* os arts. 275 n.° 2 e 475.

[953] As funções referidas não esgotam as que a boa fé pode preencher. Diferente é ainda o desempenho da boa fé enquanto instrumento de *controlo* ou *correcção* do conteúdo dos contratos, assim como a função *integrativa* dos negócios, prevista para a boa fé no art. 239, que se deve considerar anteposta, no processo de realização do Direito, à função fundamentadora (cfr., *v.g.*, GERNHUBER, *Bürgerliches Recht* cit., 167 ss).

Por outro lado, importa referir que o reconhecimento de uma função balizadora do exercício de posições jurídicas ao abuso não obsta à utilidade de distinção entre vários tipos de siuações abusivas: o abuso alberga no seu seio um conjunto muito *diversificado e heterogéneo* de situações que justificam para cada uma delas um

Ela intervém aqui acima (ou para além) do plano das normas que atribuem e especificam o conteúdo das posições jurídicas do sujeito, exprimindo exigências que se sobrepõem a um nível *primário*, se se quiser, de ordenação social (perante a presença de circunstâncias suplementares em relação às que definem basicamente aquela ordenação), e assegurando que o respectivo exercício se movimenta dentro do espaço da conformidade com certos valores mais profundos que subjazem ao ordenamento.

Confrontando entre si estas funções, parece descortinar-se, no plano racional-construtivo, uma precedência das primeiras em relação à última, visto que onde a ordem jurídica estabeleça o comportamento exigível dos sujeitos, o que há é que obedecer às suas determinações e assegurar o seu acatamento, tornando-se despicienda uma derradeira instância de "correcção" das respectivas condutas em nome da realização plena da intencionalidade de justiça material que preside ao ordenamento[954]. Nesse sentido, o abuso representa uma *ultima ratio*, de aplicação subsidiária, com respeito às regras de agir juridicamente vinculantes[955].

---

tratamento também específico no plano dogmático. (Mesmo assim é discutível se a função limitadora assinalada ao abuso retrata adequadamente todas as constelações de actos ditos abusivos, nomeadamente a problemática ligada à *constituição* de direitos, *v.g.*, de pretensões de cumprimento derivadas da ininvocabilidade da invalidade negocial por abuso; neste sentido pergunta-se, por exemplo, MADER, *Rechtsmissbrauch* cit., 132-133, se não seria melhor autonomizar todas as situações de constituição de direitos [*Rechtserwerbstatbestände*].)

Note-se que a função sindicadora do abuso — que opera, aliás, não apenas através da boa fé, como igualmente por meio da noção dos bons costumes — tenderá a ser negada nos casos ditos de abuso institucional; entendendo-se que este se traduz numa mera desconformidade do exercício da posição jurídica com a compreensão racional-teleológica das regras que definem essa posição, não se ultrapassa o plano da adequada interpretação dessas regras.

[954] Tal não impede que o intérprete-aplicador do Direito, antes mesmo de se consciencializar das exigências da norma de agir segundo a boa fé, possa começar por experimentar uma sensação de desconformidade entre o comportamento do sujeito e certos valores essenciais do ordenamento. A observância da precedência referida derivará então de um juízo de refundamentação jurídica, efectuado *ex post* em relação a essa percepção e à cuidadosa descoberta daquelas exigências.

[955] Pode discutir-se se a convocação do abuso equivale a uma autêntica deci-

Na realidade, cremos que a aludida vertente sindicadora da boa fé no que toca ao exercício de uma posição jurídica se não dissolve

são *contra legem*, embora *secundum ius* (que teríamos então expressamente admitida pelo próprio legislador no art. 334). Em todo o caso, recomenda-se evidentemente, como condição de legitimidade do recurso ao abuso, que se esgotem os recursos interpretativos e integrativos da lei, aí incluída, diríamos nós, a regra de conduta segundo a boa fé positivamente consagrada no direito português. (Vê no abuso uma decisão contrária à lei F. BYDLINSKI, *Juristische Methodenlehre* cit., 496, considerando o sistema austríaco que, como o nosso, acolhe explicitamente a proscrição do abuso; distinguindo vários graus do julgamento *contra legem* e destrinçando entre a expressão da disciplina da lei, na qual se incluiria a necessidade de observância dos ditames da boa fé, e o abuso verdadeiro e próprio, entre nós ORLANDO DE CARVALHO, *Teoria geral* cit., 29-30.)

Conexo está o problema de saber se a decisão com base no abuso do direito, embora paradigmaticamente despoletada pela situação concreta, se esgota nela, caso em que se poderia dizer reconduzir-se a um tema de concretização e aplicação do Direito. Claro que tal não se coaduna facilmente com a tipicização das situações de abuso e a elaboração das respectivas regras, de tendência generalizadora, que ocorre, *v.g.*, com a *Verwirkung* ou o *tu quoque*. Debatendo o problema e sublinhando no abuso a concepção de um limite efectivo ao conteúdo dos direitos "no caso concreto", a coberto da ideia de que a interpretação da norma não seria, em rigor, cindível da sua aplicação, e em crítica à teoria «externa» do abuso, *vide* com desenvolvimento MENEZES CORDEIRO, *Da Boa Fé* cit., II, 875 ss.

Com certeza que uma concepção do abuso do direito que o restrinja a forma de controlo, *hic et nunc*, do exercício de um direito se depara com que o Direito não pode contentar-se com uma justiça da situação singular ("Einzelfallgerechtigkeit"), renunciando a dar às suas exigências uma expressão generalizadora. Nesse sentido, o abuso precipitar-se-á num conjunto de "condições gerais de enquadramento" (*Rahmenbedingungen*; cfr. MADER, *Rechtsmissbrauch* cit., esp. 82-83) do exercício das posições jurídicas. Não se resumindo por conseguinte a uma questão metodológica relativa ao processo de interpretação-aplicação de normas. Ao lado daquelas que, abstracta e tipicamente, conferem posições jurídicas e lhes determinam o conteúdo, importa reconhecer outras que, embora não "legisladas" (no sentido de derivadas de um acto de autoridade legislativa de âmbito mais ou menos circunscrito), condicionam ou limitam com carácter de generalidade esse exercício, e cujo modo de operar transcende, por conseguinte, o nível da conformação dos vários tipos de posições singulares pelo direito positivo. Apelam a estratos valorativos superiores ao próprio *jus positum* e às suas valorações, aplicando-se a um número indeterminado de posições. A sua intencionalidade material implica a consideração de todos os elementos particulares da situação concreta a essa luz relevantes, não se detendo nos

na função prescritiva da regra da boa fé. Claro que apenas desarticulando-se o abuso do direito da infracção a esta última ele conquista um espaço dogmático inteiramente autónomo, pois pode dizer-se que onde for aplicável aquela regra, a teoria do abuso do direito não adianta nada. Há todavia razões substanciais para essa desarticulação, ao menos em certos campos. Assim, apresentando-se o *venire*, do ponto de vista construtivo, na realidade independente da violação de regras de conduta — essa aliás, como se disse, uma condição mesma da sua especificidade —, isso significa que a reconhecida possibilidade de abrigar essa figura no abuso do direito não pode deixar de impor, em congruência, a perspectiva de que o abuso não tem por que se traduzir numa desconformidade com normas de comportamento[956]. *Mutatis mutandis* se pode discorrer a propósito da "neutralização" de posições jurídicas (*suppressio*) ou da "Erwirkung" (*surrectio*)[957].

Esta autonomia do abuso em relação à infracção de ditames de comportamento, mesmo que nem sempre consciencializada, só à pri-

---

factos que, segundo o direito positivo, decidem da atribuição formal das posições jurídicas aos sujeitos e do seu conteúdo. Claro que semelhante concepção, nas generalizações que envolve, contraria a excepcionalidade tradicional das decisões *contra legem*, parecendo nessa medida aproximar-se antes (e apenas) de um julgamento *praeter* ou *extra legem*.

[956] Em sentido contrário, COUTINHO DE ABREU, *Do Abuso de Direito* cit., 76, reconduzindo o abuso do direito a uma forma de ilicitude.

[957] A alternativa seria a de as expulsar do âmbito do abuso, privando-o de um dos seus campos mais seguros e sedimentados (também no plano jurisprudencial), com a inevitável consequência da necessidade de justificar devidamente essas hipóteses num desenvolvimento (entre nós) *extra legem* do Direito. Para a sua recondução, todavia, ao abuso (do art. 334), fundamental, como já se apontou, MENEZES CORDEIRO, *v.g., Da Boa Fé* cit., II, 719 ss.

Tenha-se entretanto presente que a necessidade de desarticular o abuso da regra de conduta da boa fé só se pode colocar — descontamos sempre as situações de ofensa dos limites impostos pelos bons costumes ou pela função do direito — através do reconhecimento de que o *venire* é uma realidade dogmática autónoma, ligada à confiança, e independente daquela regra: aqui reside o cerne da posição que sufragamos. Quem, pelo contrário, reconduza esta figura a uma situação de violação de deveres impostos pela boa fé pode coerentemente defender uma identificação entre o abuso à regra da boa fé. (O problema é então o da autonomia do

meira vista deveria surpreender, pois permite justificar que o abuso não esteja dependente da censurabilidade da conduta de quem nele incorre. Nem todos aceitarão esta asserção, aparentemente sufragada pelo legislador com a redacção escolhida para o art. 334, mas tanto os defensores de uma "objectivação" do abuso como aqueles que abrigam neste a responsabilidade pela confiança (através de figuras como o *venire* ou a *suppressio*) reconhecendo ao mesmo tempo que o risco constitui um válido critério de imputação dessa confiança o aceitarão: cingir a conduta abusiva a uma violação da regra de boa fé significaria na realidade excluir a possibilidade de uma imputação do acto abusivo ao sujeito independentemente de culpa[958].

venire. Consinta-se que repitámos: a inconstância ou descontinuidade de comportamento frustradora da confiança não assumem relevo próprio nesta concepção.)
 Note-se, por último, que a expulsão do *venire* e das demais figuras aludidas do campo do abuso é efectivamente, se bem julgamos, a consequência harmónica — embora não explicitada — do entendimento de ORLANDO DE CARVALHO de restringir o controlo do abuso a uma contrariedade à função e de o expurgar da boa fé, ao que parece exclusivamente entendida como regra de conduta (perante cuja infracção o abuso não teria autonomia); cfr. *Teoria geral* cit., 29 ss.

[958] Defendendo a consagração na lei de uma concepção "objectiva" do abuso, *v.g.*, ANTUNES VARELA, *Das Obrigações em Geral*, I, cit., 545-546; na literatura mais recente, cfr. também H. HÖRSTER, *A Parte Geral* cit., 282, e CARVALHO FERNANDES, *Teoria Geral* cit., II, 488 ss, com indicações; já MANUEL DE ANDRADE, *Teoria Geral das Obrigações* cit., 64, ultrapassara a estreiteza da velha doutrina dos actos emulativos, referenciando o abuso, quer a elementos subjectivos, quer objectivos (nesse sentido também a proposta de VAZ SERRA, *Abuso do direito* cit., 335-337). Ora, se a censurabilidade do sujeito não constitui requisito necessário do abuso, não se vislumbra bem qual o papel que uma ilicitude meramente "objectiva" poderia desempenhar na sua dogmática; ela não é, em todo o caso, imprescindível para o reconhecimento de um direito a reagir contra actos abusivos (*vide* ainda *infra*). A perspectiva adoptada coaduna-se também com as consequências da teoria finalista da acção, que tende a assumir na ilicitude a culpa, faltando aquela por conseguinte quando esta se não pode afirmar: assim, OLIVEIRA ASCENSÃO, *Teoria geral do direito civil* (polic.), IV, cit., 192, pugna com impecável coerência por uma concepção objectiva do abuso (interpretando em conformidade o teor do art. 334).
 Reiteramos. Dentro ou fora do finalismo, o abuso deve sempre emancipar-se de uma situação objectivamente desconforme com *regras de comportamento*. Por isso, rejeitamos também que a boa fé do abuso seja parificada com outras consagrações

Não se pode escapar a esta perspectiva aduzindo que nos casos em que um comportamento fosse de considerar abusivo, ele representaria sempre, de uma forma ou de outra, uma violação objectiva da regra da boa fé. De facto, se não for em conjugação com o requisito da culpa, a boa fé como *regra de agir* torna-se despicienda e inteiramente confusa. Por outro lado, qualificar assim — enquanto infracção objectiva dos ditames decorrentes da boa fé —, a título conclusivo, a conduta que se preclude por abuso nada acrescenta, rigorosamente, no plano da fundamentação das soluções, àquilo sobre que repousa verdadeiramente o juízo acerca do carácter abusivo do acto. Afirmar como contrário a esses ditames um comportamento que, depois de confrontado com as exigências da ordem jurídica, se mostra para ela (em si ou nas suas consequências) inaceitável, não explica a raiz dessa intolerabilidade[959]. A regra da boa fé não passa neste aspecto de uma criptofundamentação que ilude a justificação material desse juízo. Como não cremos, por similares razões, que adiante particularmente voltarmo-nos no abuso para uma noção de ilicitude enquanto simples contraditoriedade do exercício do direito com certas exigências axiológico-normativas da juridicidade[960]. Também esta "ilicitude", situada para além das normas positivas que compõem o sistema jurídico e identificada no fundo com uma "injustiça material objectiva", não se esclarece adequadamente pela violação de prescrições de comportamento que impendiam sobre o sujeito — um discurso desse tipo seria mesmo uma petição de princípio —, assumindo pois mais uma função descritiva do que fundamentadora do juízo do abuso.

Perfila-se a conclusão de que, a despeito das "pontes valorativas" que entre eles se lançam, *importa desacoplar o abuso da regra de conduta*

---

sectoriais — como a do art. 762 n.º 2 — de um mesmo padrão objectivo de conduta (diversamente aqui, no entanto, o aut. e loc. por último citado, 196 e 202).

[959] Cfr. ilustrativamente MENEZES CORDEIRO, *Da alteração das circunstâncias* cit., 59-60. Este tipo de razão revela também a insatisfatoriedade de reduzir o abuso à proibição do *dolus praesens*; não está portanto somente em causa a inaceitável estreiteza da noção decorrente de se implicar uma intencionalidade actual da conduta do sujeito que abusa.

[960] *Vide* CASTANHEIRA NEVES, *Questão-de-facto* cit., 524.

segundo a boa fé. Não apenas no sentido — bem mais consensual, conquanto nem sempre sublinhado — de que o critério do abuso é compartilhado igualmente pela contrariedade aos bons costumes ou, segundo o art. 334, à função económica e social do direito. O próprio abuso por ofensa, como diz a lei, dos "limites da boa fé" não se fica por formular a proibição em que se espelha a prescrição do agir segundo a boa fé. Transcende-a, porque as situações abusivas, mesmo aquelas que ocorram no âmbito de uma inter-relação específica entre sujeitos e, por isso, no campo privativo mesmo daquela *regula agendi*, não têm de se traduzir por necessidade numa violação desses ditames de comportamento (e admiti-lo a título conclusivo é uma redundância).

Esta colocação dos termos do abuso abre naturalmente — já se antevira — perspectivas bem mais amplas de sustentação jurídico-positiva para a doutrina da responsabilidade pela confiança, entendida como autónoma da violação de deveres. Evidentemente que importa precisar então o significado que pode ter neste contexto a *boa fé* mencionada no art. 334. Vamos avançar e dizer desde já genericamente que ela se apresenta enquanto instância de correcção do resultado da aplicação das demais normas, combatendo o surgimento de situações que contrariem certas exigências de *justiça objectiva* na relação entre dois sujeitos; imperativos talvez menos incontornáveis do que os veiculados pelos bons costumes face aos pressupostos gerais da coexistência social, mas em todo o caso exigências de justiça[961]. A esta luz se revela o acerto, afinal, do teor escolhido para o art. 334: o exercício de uma posição jurídica é "ilegítimo" e não simplesmente "ilícito", porque a contrariedade às exigências do Direito é susceptível de derivar de

---

[961] Embora nem sempre se distinga a regra preceptiva da boa fé daquilo que objectivamente constitui uma justa composição de interesses entre sujeitos, esta dimensão da boa fé encontra-se acima de discussão. Encontramo-la patentemente no princípio da materialidade subjacente de MENEZES CORDEIRO, *v.g.*, *Da Boa Fé* cit., II, 1252 ss (abundando referências ao equilíbrio e à proporcionalidade a propósito do abuso do direito, *op. cit.*, 853 ss), ou no padrão de razoabilidade de BAPTISTA MACHADO (*A cláusula do razoável* cit., 483 ss, e *passim*); *vide* ainda OLIVEIRA ASCENSÃO, *Teoria geral do direito civil* (polic.), IV, cit., 205, referindo que a boa fé procura o equilíbrio substancial das posições das partes.

outros factores que não a adopção de comportamentos contrários aos ditames da ordem jurídica.

O exercício de um direito pode portanto ser abusivo por contrariar manifestamente a boa fé (enquanto expressão de uma justa composição dos interesses entre os sujeitos), mesmo quando não haja (por isso que não releva) propriamente uma violação de condutas por parte do seu titular. É precisamente o que ocorre no *venire* que frustra a confiança alheia: através do abuso, a ordem jurídica reage aí, como se disse acima, à *injustiça da situação de facto* que se produziria em virtude de um comportamento inconsequente. Fá-lo preventivamente, pois preclude (*ex ante*) o surgimento dessa injustiça[962], neste aspecto se distinguindo da feição *correctiva* e *compensatória* com que a protecção indemnizatória da confiança intervém. Certamente pela razão de que, como sugere a linguagem do art. 334, a injustiça resultante do exercício da posição jurídica pelo sujeito é "excessiva", isto é, não pode ser adequadamente removida mediante o ressarcimento dos danos. Não porque incompatibilidades menos graves com os (mesmos) ditames da justiça — com a boa fé, portanto — não ultrapassem o limiar da relevância jurídica e não mereçam a intervenção do Direito, mas pelo motivo de que, onde uma conduta não se apresenta à partida valorada como ilícita, há que ponderar, em nome da proporcionalidade, os meios que menos atinjam a liberdade do sujeito para obviar à injustiça que ela possa gerar[963]. A preclusão do exercício de um direito constitui efectivamente um recurso último, apenas justificável em situações extremas. É este o sentido da proibição da conduta abusiva.

---

[962] Tratando-se de efeitos jurídicos do exercício de uma posição jurídica, o abuso impede *in radice, ipso iure*, o resultado a que a conduta abusiva ia dirigida.

[963] Assim se explica portanto, no contexto da responsabilidade pela confiança, a exigência, no art. 334, de que se *excedam manifestamente* os limites decorrentes da boa fé. Estes limites são os impostos pela "justiça da situação", não fronteiras da conduta lícita. Apenas quando eles se apresentem patentemente ultrapassados há lugar à intervenção do abuso. Daqui resulta portanto que o abuso não reage a qualquer injustiça (envolvida pelo exercício de uma posição jurídica). Neste sentido pode dizer-se que, mais do que realizar "positivamente" a justiça de uma situação, o abuso representa um instrumento destinado a *obviar injustiças manifestas* (insusceptíveis de adequada correcção por meios indemnizatórios).

Importa assim discriminar entre comportamento injusto e situação (objectivamente) injusta. Esta distinção não é aliás desconhecida do direito civil. Faz há muito carreira no enriquecimento sem causa, tido precisamente — embora não sem controvérsia[964] — como independente de um *Verhaltensunrecht* (no que igualmente tende a distinguir-se da responsabilidade civil, em regra postulante de ilicitude e culpa), embora dirigido à eliminação de uma situação que contraria objectivamente a justiça. A responsabilidade pela confiança não é, deste específico ponto de vista, substancialmente diversa. Também ela remove uma situação de injustiça (*Zustandsunrecht*). A diferença está em que o faz, não pela restituição de um enriquecimento (que não pode ser mantido sob pena de injustiça), mas através da reparação de um dano (cuja não compensação ofenderia a justiça). Vista deste prisma, a responsabilidade pela confiança nem mesmo no seio das doutrinas correntes da imputação de danos constitui uma anomalia, porque há modalidades bem conhecidas desta que não envolvem caracteristicamente nenhuma violação de deveres, mas em que urge reparar um dano em nome da justiça[965].

A invocação pois do abuso por desrespeito da boa fé alicerça a responsabilidade pela confiança na medida em que aquela, independentemente de enunciar certas prescrições de comportamento, expressa a necessidade de respeitar determinadas exigências de justiça "objectiva" (do *suum quique tribuere* e da proporcionalidade e equilí-

---

[964] Aludimos à conhecida concepção de FRITZ SCHULZ de que a pretensão dirigida à restituição do lucro por intervenção nasceria efectivamente de uma conduta antijurídica, ilícita, na esfera jurídica alheia, muito embora não necessariamente censurável, por parte do interventor; nela se identifica a contrariedade ao Direito com o âmbito da acção e da ilicitude (cfr. *System der Rechte auf den Eingriffserwerb*, AcP 105 [1909] 1-488, esp. 438). Mas a concepção está longe de ser pacífica na teoria do enriquecimento, onde não evitou que singrassem orientações diversas, que não erguem uma actuação ilícita a pressuposto da obrigação de restituir o enriquecimento: cfr., para a sua crítica, WALTER WILBURG, *Die Lehre von der ungerechtfertigten Bereicherung*, Graz 1934, 25 ss; entre nós, *vide* especialmente F. PEREIRA COELHO, *O Enriquecimento e o Dano*, Coimbra 1999 (reimpr.), 50 ss; uma exposição do pensamento de SCHULZ também em MENEZES LEITÃO, *O Enriquecimento sem Causa* cit., 402 ss.

brio entre sujeitos que ele postula) nas vicissitudes da vida de coordenação entre sujeitos (com base na confiança). Não estamos longe, se bem se reparar, do sentido que a boa fé assume num instituto como a alteração de circunstâncias ou enquanto parâmetro de controlo do conteúdo dos contratos, critério de integração do negócio ou de relevância dos usos. Em todos estes campos ela transcende igualmente a referência a uma mera regra a ser acatada pelos sujeitos na sua actuação[966]. Esta acepção da boa fé que reputamos presente no abuso, longe

---

[965] Convocando o pensamento da injustiça da situação (*unrechtsmässiger Zustand*) para uma reordenação da usualmente denominada responsabilidade pelo risco (correspondente aos nossos arts. 499 e seguintes), ULRICH BÄLZ, *Ersatz oder Ausgleich?/Zum Standort der Gefährdungshaftung im Licht der neuesten Gesetzgebung*, JZ 1992, 59-60. Claro que enquanto essa responsabilidade tutela o sujeito contra lesões nos bens jurídicos que lhe estão atribuídos pelo Direito e compõem a sua esfera, a protecção indemnizatória da confiança representa uma ordem de responsabilidade por prejuízos derivados de falhas e perturbações da coordenação da conduta dos sujeitos entre si (distinguindo-se pois nitidamente, mesmo sendo independente de ilicitude e de culpa, da *Gefährdungshaftung*).

[966] Diferente aqui, MENEZES CORDEIRO, *v.g.*, *Tratado* cit., I/1, 228-229. Vejamo-lo mais de espaço.

No preceito da alteração das circunstâncias, o conceito da "boa fé" não exprime propriamente uma regra do agir, mas certas exigências de justiça objectiva (de que, quando muito, deriva o juízo acerca da possibilidade de o sujeito se prevalecer do teor do contrato ocorrida a alteração). De facto, considerar que o reclamar do cumprimento contratual, após a ocorrência de uma modificação de circunstâncias, representa uma infracção à regra da conduta de boa fé constitui uma asserção feita *ex post* com respeito à verificação da contraditoriedade dessa exigência com uma justa e equitativa repartição de riscos entre sujeitos... para que a boa fé é indicada como critério. Nada se adianta pois com respeito à justificação dessa desconformidade. ("Uma intonação subjectiva que só complica", conclui — a propósito da referência do art. 437 n.º 1 à necessidade de a exigência do cumprimento do contrato não contrariar os princípios da boa fé — OLIVEIRA ASCENSÃO, *Direito Civil/Teoria Geral* cit., II, 420. No fundo, a regra da conduta de boa fé precipitada no art. 762 n.º 2 constitui um elemento de delimitação do espaço da alteração de circunstâncias, que podemos acrescentar agora a outros indicados nomeadamente por MENEZES CORDEIRO, *Da alteração das circunstâncias* cit., 37 ss: onde esteja em causa a violação dessa regra, o art. 437 não releva.)

A boa fé surge também de modo claro como expressão de justiça objectiva na sua utilização pelo legislador enquanto critério para sindicar o conteúdo dos

de se poder considerar estranha à ordem jurídica portuguesa, tem portanto inequívocas e firmes raízes *de lege lata*.

contratos, nomeadamente daqueles que são celebrados através de cláusulas contratuais gerais (*vide* particularmente o art. 15 do Decreto-Lei n.º 446/85, de 25 de Outubro: são proibidas as cláusulas contratuais gerais que forem contrárias à boa fé). Não é uma regra de conduta, pois aprecia-se um conteúdo contratual em função de um certo equilíbrio material do contrato (a expressão é de MENEZES CORDEIRO, *Da Boa Fé* cit., I, 658, que todavia prefere tratar esta problemática no quadro do dever de actuar segundo a boa fé; por estas razões vislumbrando antes o ressurgimento da antiga figura da lesão no nosso direito, sobretudo na sequência da extensão do regime do diploma citado aos designados contratos "pré-formulados", OLIVEIRA ASCENSÃO, *Cláusulas contratuais gerais* cit., 587-588, e 594). Por isso, uma apreciação desfavorável do conteúdo dessas cláusulas não está dependente da censurabilidade do comportamento do seu predisponente. É (também) por este motivo problemática a recondução do controlo do conteúdo das cláusulas contratuais gerais à *culpa in contrahendo* (aliás, a consequência prevista para esta é a obrigação de indemnizar, ao passo que a ofensa, por essas cláusulas, da boa fé, desencadeia a nulidade). *Mutatis mutandis* se dirá, quanto a estes aspectos, da pretensão de reconduzir o controlo do conteúdo dos contratos à regra da boa fé na execução do contrato prevista no art. 762 n.º 2. Aliás, se a boa fé é erigida pelo legislador a padrão de aferição da justiça de conteúdo do contrato, então a remissão desse controlo para a regra da boa fé nada adianta, podendo mesmo perturbar. (Utilizando porém, no campo do controlo do conteúdo dos contratos, a linguagem da norma de conduta — *v.g.*, a necessidade de o predisponente tomar em consideração os interesses da contraparte ou de adoptar uma conduta razoável e não excessiva —, SOUSA RIBEIRO, *O Problema do Contrato* cit., 552 ss.)

De modo similar quanto ao papel da boa fé na integração negocial. No art. 239, a boa fé é primariamente critério de determinação da *lex negotii*; os deveres de comportamento a observar pelas partes, esses derivam directamente do regulamento negocial integrado. A lacuna pode aliás nem sequer respeitar a condutas das partes que haveriam de estar previstas, pois a omissão negocial é susceptível de referir-se apenas a outros aspectos, *v.g.*, a regras de distribuição do risco. Em bom rigor, a noção de boa fé remete portanto para uma justa e equilibrada composição de interesses na colmatação da lacuna. Nada mais.

Analogamente, quanto ao desempenho da boa fé como critério balizador da relevância dos usos no direito português, previsto no art. 3. Estão em causa exigências de justiça e não ditames de conduta, que quando muito os usos poderão impor depois de passado o teste da conformidade com as exigências expressas na "boa fé" (e não necessariamente, como se vê pelo facto de os usos serem susceptíveis, por

De resto, o descrito desempenho da boa fé em ordem à protecção da confiança revela-se também apropriado do ponto de vista semântico: é que a expressão desenha igualmente o estado subjectivo do sujeito que se trata de proteger. A noção "boa fé" apresenta-se híbrida no seu significado, subjectivo e objectivo ao mesmo tempo, veiculando tanto o ponto de conexão da tutela jurídica ocorrida uma frustração da coordenação da conduta por outrem como o respectivo fundamento.

72. A necessidade de uma justificação *praeter legem* da responsabilidade pela confiança; a boa fé enquanto simples ideia regulativa legal de carácter inconclusivo

Muito embora o intérprete-aplicador possa encontrar na boa fé do abuso do direito, pelo que vimos, um arrimo para a responsabilidade pela confiança[967] no direito civil codificado, tal não resolve em rigor, de modo algum, o problema da respectiva fundamentação. Requer-se sempre uma justificação, para lá da lei, perante os princípios e valores jurídicos estruturantes de uma ordem jurídica; sem

---

exemplo, de simplesmente dizer respeito ao modo ou requisitos de aquisição de posições jurídicas ou da respectiva tutela).

Não é todavia de negar a possibilidade de lançar "pontes" entre os ditames da conduta segundo a boa fé e as exigências de justiça objectiva que a boa fé também evoca. E pode até ser crucial. Num sistema, por exemplo, como o germânico, onde a problemática da alteração das circunstâncias ou do controlo do conteúdo dos contratos é de origem jurisprudencial (a Alemanha tardou até 1976 para dispor de uma lei de controlo das cláusulas contratuais gerais e a relevância da alteração das circunstâncias mantém ainda hoje essa natureza) importa muito aproveitar, na falta de outras consagrações da boa fé, a regra de comportamento segundo a boa fé do § 242 do BGB: a pressão no sentido da sua utilização é naturalmente muito maior do que naquelas ordens jurídicas que, como a portuguesa, autonomizam vários desempenhos e acepções da boa fé.

[967] Em termos estritos, para a responsabilidade pela frustração das expectativas na adopção de determinado comportamento futuro pelo sujeito, por via ou não de uma promessa (neste caso desprovida de eficácia negocial), embora um argumento de igualdade, similitude ou maioria de razão permita extrair também do abuso um apoio no sentido do reconhecimento de uma responsabilidade pela confiança em declarações sobre factos.

aprisionamento pois pelas formas concretas, aliás variáveis dentro de certos limites, por que esses valores e princípios se traduzam técnico-operativamente no direito positivo[968]. Repare-se que o conceito de

---

[968] Cremos portanto que a "fundamentação" (aqui, da responsabilidade pela confiança) vai mais além do que a comprovação da mera susceptibilidade de decidir um certo conflito de interesses pela aplicação de determinada norma do direito positivo vigente (a norma do abuso ou outra). Pode dizer-se que a aplicação se segue a um juízo do intérprete que conclui pela correspondência de uma regra à situação em presença. Em relação às normas que lhe são pré-dadas (que encontra fixadas pelo legislador), o intérprete-aplicador não carece habitualmente de averiguar a sua própria validade, não precisa de aferir da sua efectiva recondutibilidade a normas, princípios ou valores superiores. O princípio da vinculação à lei tem de facto como primordialíssima função subtrair o processo de decisão a um renovado discurso de fundamentação de critérios normativos — desse modo lhe conferindo praticabilidade, objectividade, previsibilidade e uniformidade —, ao mesmo tempo que o separa e poupa por norma da discussão da validade do direito vigente. (Inaceitável contudo, por suposto, o Código Civil, que, no art. 8 n.° 2, consente o manifesto exagero de proclamar como irrelevante no processo da realização do Direito a injustiça e imoralidade do preceito legislativo, o qual nem por isso os tribunais deveriam deixar de aplicar. Importa sem dúvida reconhecer-se serem estritas as condições de legitimidade da recusa de aplicação de um preceito dimanado do órgão para tal competente, até para não socavar o princípio da separação de poderes, mas a proibição *absoluta* do julgamento *contra legem* apresenta-se indubitavelmente *contra ius*. O que parece intolerável é, numa decisão deste tipo, o subjectivismo e o arbítrio do julgador, aliás legíveis na locução "a pretexto" utilizada na aludida disposição, a qual deverá ser assim interpretada restritivamente, em ordem à razoabilidade.)

Não obstante, se a discriminação entre a aplicação de uma norma (com a decisão do litígio) e a justificação dessa norma (a fundamentação do direito constituído) se deixa entender como corolário da própria índole da função jurisdicional e da metódica da decisão judicial, a verdade é que ambas estão longe de constituir dois mundos separados, sem qualquer intercomunicação. As modernas correntes metodológicas que sublinham a unidade entre interpretação e aplicação confirmam naturalmente a respectiva interpenetração. Em todo o caso, a aplicação de conceitos indeterminados contidos em preceitos legais demonstra-o com particular nitidez. Convocar a disposição que utiliza um conceito desse tipo envolve uma especificação que, ultrapassada a autoridade semântica do conteúdo legal, carece de justificação e controlo do ponto de vista da sua validade. O intérprete-aplicador como que reescreve a norma, o que significa ter de a fundamentar face a princípios e valores superiores. Se bem se atender, é isso que ocorre quando emprega a boa fé do abuso do direito para proteger a confiança. Este emprego da norma do abuso conflui na própria justificação da tutela jurídica das expectativas.

boa fé, no específico recorte de âncora da protecção da confiança inserida na cláusula do abuso, é fortemente indeterminado. A referência à boa fé não será todavia despicienda, na medida em que se aceite que, através dela, a própria ordem jurídica jurídico-positiva assume — como deve e dela se espera — certas exigências de justiça (no caso, a de proteger a confiança) a que o jogo das (demais) normas do direito positivo nem sempre responde satisfatoriamente; o que significa ficar então o juiz habilitado e incumbido de realizar essas exigências na sua actividade judicativo-decisória, mesmo onde não possa encontrar refúgio nestoutras.

Pode discutir-se se a função da boa fé a que aludimos se não esgotará em proporcionar uma mera legitimação metodológica da decisão justa (ou do desenvolvimento judicial de um direito justo), de resto então, em rigor, dispensável. Supomos que não, e que se lhe não deve negar a capacidade para comunicar uma certa orientação normativo-material, ainda que porventura muito difusa[969]. Sem portanto capitular derradeiramente perante uma apreciação tão severa como a que vê na boa fé uma "Eselsbrücke"[970] — dir-se-ia, uma mera "ben-

---

[969] Considerando que o § 242 do BGB não representa uma autêntica "Sachnorm", mas uma mera "figura metódica auxiliar", em especial JÜRGEN SCHMIDT, in Staudinger Kommentar cit., 12.ª edição, v.g., ns. 144, 154, 155, 160, 166, 207, 246 e 258 ao § 242, e, na 13.ª edição, especialemente ns. 174 ss, 182 ss, 197 ss ao § 242. É oposta a posição de MENEZES CORDEIRO, para quem a boa fé traduziria os valores fundamentais do sistema jurídico: cfr. Tratado cit., I/1, 228.

Concordamos em que é de reconhecer à boa fé uma certa coloração normativo-material, ainda que mínima. De outro modo nem se compreenderia a sua enunciação ao lado dos bons costumes no art. 334: quem não lhe atribua conteúdo normativo específico não pode deixar de ver nisso uma redundância (nota-o J. PEDRO MARCHANTE, Das lacunas da lei de iure constituto: noção, maxime, da delimitação da juridicidade aferidora do dever de juridificar implícito nas lacunas/Tema em sede da detecção de lacunas da lei, inédito, polic., Lisboa 2000, 14). Mas distanciamo-nos da perspectiva de que ela represente um autêntico "Sammelbegriff" para todos os valores fundamentais do sistema (vide ainda infra, em nota). Vemo-la antes como ideia regulativa muito geral, harmonizadora também, na dimensão relacional a que apela, de certos valores fundamentais, por vezes de sentido antagónico e em tensão.

[970] Utiliza a expressão WIEACKER, Zur Präzisierung cit., 43, que releva, entre as funções da boa fé, a de uma (à letra) "ponte de burros" da criação judicial de Direito. A expressão poderia ser tomada como corrosiva censura dirigida ao laxismo

gala" argumentativa, que nada resolve no fundo, se é que não estorva até o essencial —, não deve em todo o caso ignorar-se que um dos seus desempenhos mais importantes é o de assegurar transitoriamente a relevância para o Direito de determinadas exigências e pontos de vista de justiça, enquanto não ocorre uma mais completa compreensão e (subsequente) cristalização dogmática[971]. A boa fé cumpre então uma função de efémero "porto de passagem" até à mais completa e adequada racionalização das ponderações que abriga. Contudo, é a mesma consciência desta *"Durchgangsfunktion"* como que indelevelmente inscrita na sua "sina" que leva a que importe de verdade "afastar o véu" e penetrar mais fundo nos valores para que apela (e sem os quais, de resto, nem essa função seria possível); especificamente agora, na sua conexão com a responsabilidade pela confiança[972].

Dito de outro ângulo. Para nós a boa fé representa, talvez mais do que um princípio ou um valor, uma ideia regulativa (genérica) dotada de expressão legal[973]. Ao procurar encontrar um alicerce jurí-

---

na hora da fundamentação. Mas não deve generalizar-se. Há caminhos "ínvios" que conduzem afinal ao destino e aí está a história da boa fé para demonstrar a plausibilidade prática de os empreender.

[971] Este papel da boa fé, conhecido na doutrina por *Durchgangsfunktion*, liga-se à sua potencialidade para proporcionar a especificação e criação de regras (cfr., por exemplo, ZELLER, *Treu und Glauben* cit., 298). Uma extensa documentação deste desempenho pode coligir-se em MENEZES CORDEIRO, *Da Boa Fé* cit., I e II, *passim*; vide ainda *A boa fé nos finais do século XX* cit., 899-900.

[972] O crescente esforço de diferenciação e dogmatização precisa de institutos de aplicação geral como, por exemplo, a *culpa in contrahendo*, o abuso do direito e a alteração de circunstâncias, sugerem um certo crepúsculo da boa fé enquanto critério decisório efectivo. Contudo, esse tipo de esforço apresenta-se sempre, constitutivamente, inacabado, mantendo-se ineliminável a contingência de a ordem jurídica se ver confrontada com a necessidade de responder a questões novas, ainda não adequadamente "dogmatizadas", o que assegura sempre à boa fé um papel cativo e incontornável no sistema.

[973] A destrinça que apontamos, seguramente fluida, repousa no seguinte. O princípio explicita uma determinada direcção normativa, evidenciando já a estrutura característica de uma proposição jurídica, muito embora tanto a previsão como a estatuição se não apresentem em regra suficientemente concretizadas. Na ideia regulativa, pelo contrário, esta estruturação não aparece (ainda) formalmente; a orientação

dico-positivo para a responsabilidade pela confiança, tocamo-la. A indagação do fundamento desta responsabilidade une-se assim ao aprofundar do conteúdo daquela ideia. Embora convenha discriminar-se bem entre, por um lado, a interpretação e o preenchimento da lei e

---

que ela comunica apresenta-se mais difusa, apenas implícita, ou prévia a essa estruturação. (A boa fé demonstra-o precisamente. Reportada à exigência de razoabilidade e equilíbrio na relação entre sujeitos, qualquer directriz normativa minimamente densificada parece já transcendê-la, ainda que nela se inspire.) Por isso, a ideia regulativa pode representar, concomitantemente, uma matriz da qual se desentranhem vários princípios específicos. A doutrina usa por vezes a designação em sinonímia; cfr. LARENZ, *Richtiges Recht* cit., 23. Mas a discriminação surge também, senão exactamente com estes termos ou contornos, pelo menos em parte movida por preocupações análogas; *vide* ZELLER, *Treu und Glauben* cit., 10 ss.

Preferimos igualmente falar, a propósito do sentido da boa fé que perscrutamos, de uma ideia regulativa e não de um valor, pela singela razão de que o valor pode inculcar a impressão de um *quid* estaticamente pré-dado e "oferecido" ao intérprete, ao passo que a compreensão da boa fé apenas se desvenda através de uma indagação-desenvolução jurídico-racionalmente orientada. Também nos referimos à ideia regulativa da boa fé em vez de ao seu conceito; por razões análogas. Claro que um conceito ainda não é uma proposição de dever-ser jurídico, havendo portanto de separar-se desta. A operacionalização da boa fé implica porém desentranhar dela enunciados de dever-ser jurídico: é isso que procuramos.

MENEZES CORDEIRO opta diversamente por qualificar a boa fé enquanto instituto jurídico, a par de outros como a personalidade humana e a sua tutela, a autonomia privada ou a propriedade (assim, por último, *Tratado* cit., I/1, 193 ss, e 223 ss). Divisam-se no entanto sérios obstáculos a esse enquadramento. Antes de mais, é difícil compreender como se pode conciliar que a boa fé exprima os "valores fundamentais do sistema" jurídico (cfr., por último, *Tratado* cit., I/1, 228) com a necessária autonomia e diferenciação do instituto "boa fé" em relação aos demais — tutela da personalidade, autonomia privada, imputação de danos, etc. — e aos respectivos valores. Por outro lado, a unidade do instituto jurídico enquanto conjunto concatenado de normas e princípios que permitem, na formulação do autor, a elaboração típica de modelos de decisão parece-nos prejudicada pela *summa divisio* que ele suportaria logo entre a tutela da confiança e o que é designado de "primazia da materialidade subjacente". Não apenas não é possível reconduzir a boa fé (particularmente enquanto instituto) ao conjunto dos valores jurídicos supremos, como está por esclarecer por onde passa o traço de união entre essas duas vertentes do instituto, pois parece que elas estão hierarquicamente equiparadas, não podendo qualquer delas reconduzir-se à outra (ou absorvê-la).

dos seus conceitos e, por outro, a justificação da solução de determinada *quaestio iuris*. Quando, como no caso da responsabilidade pela confiança, um problema não obtenha inequívoca solução (geral) face às normas do direito vigente (pela inconclusividade dos conceitos por elas utilizados), essa justificação é sempre uma ponderação perante os princípios e valores do sistema jurídico. Não nos interessa pois uma investigação abstracta da boa fé *qua tale*.

Completamente sem saída é naturalmente argumentar que a boa fé encerra como seu vector a tutela da confiança[974]. Perfila-se um claro *circulus inextricabilis* na passagem da confiança para a boa fé, se esta houver de remeter, de novo, para a protecção da confiança (o *quoad erat demonstrandum*); o intérprete-aplicador fica sem qualquer apoio para fundamentar a responsabilidade. Em boa verdade, havendo a tutela da confiança de reconduzir-se à boa fé, então é porque esta não se apresenta susceptível de se configurar como simples exigência de tutela das expectativas. Não é pois possível alicerçar a protecção da confiança na boa fé se, ao mesmo tempo, se preenche o conteúdo da boa fé com essa mesma protecção da confiança[975].

---

[974] Cfr. neste contexto a argumentação de MENEZES CORDEIRO, (desde) *Da Boa Fé* cit., II, 1247-1248 e 1298-1299, de que fora das situações em que a confiança surge protegida por disposições específicas, seria possível tutelá-la através das disposições que consagram o dever de actuar segundo a boa fé ou o abuso do direito, as quais, pela sua generalidade, demonstrariam que a protecção da confiança constitui um vector genérico; *vide* ainda *Tratado* cit., I/1, 234 ss: à parte os casos de disposição específica, a protecção da confiança relevaria quando os valores expressos na boa fé (reconduzida à tutela da confiança e à primazia da materialidade subjacente) assim o impusessem. Em todo o caso, há que apreciar com comedimento estas afirmações de certo sabor tautológico, evitando precipitações (*vide* as considerações da nota seguinte).

[975] As objecções apontadas só colherão na medida em que esteja em causa um propósito efectivamente fundamentador da protecção da confiança. Já não valem se se pretende tão-só referenciar do ponto de vista técnico-normativo essa mesma protecção da confiança dentro de um determinado ordenamento.

De toda a forma, há que fazer ainda algumas precisões importantes. Em primeiro lugar, o problema da petição de princípio — do abrigar a tutela da confiança à sombra da boa fé, reconduzindo esta à tutela da confiança — coloca-se essencialmente no quadro da tentativa de uma justificação racional para a protecção da confiança face a normas, princípios, valores ou ideias jurídicos superiores. Não se põe

Este último entendimento despojaria *summo rigore* o intérprete--aplicador de qualquer luz para alumiar a destrinça entre as situações de confiança que merecem ser atendidas e as que não se justifica serem protegidas. De facto, caso o conteúdo normativo da boa fé se identificasse *apenas* com a tutela das expectativas, cobraria sempre força — a mesma força — (verificados que fossem os pressupostos de protecção da confiança), aplicando-se automaticamente. Só que tal concepção não

do mesmo modo dentro de uma concepção que afira derradeiramente o Direito por aquilo que se demonstra ser aceite ou reconhecido dentro de uma comunidade jurídica determinada, incorporando na boa fé essas representações, nomeadamente considerando os resultados da sua aplicação transacta pelos tribunais. Mas importa não capitular perante qualquer empirismo ou positivismo (mormente jurisprudencial), se bem que a indeterminação da noção da boa fé (e as funções que ela desempenha dentro do sistema) a tal possa, tentadoramente, convidar. A despeito das dificuldades, há que evitar a confusão (aliás também cómoda) entre validade e vigência. Colocado deste modo o problema, a crítica ao círculo vicioso referido acaba por convolar-se num ataque ao empirismo e positivismo jurisprudencial (ou, até, doutrinário) que inquina com frequência o discurso da fundamentação de soluções no espaço coberto pelos conceitos indeterminados.
Temos portanto que a decisão de reconduzir uma certa situação de confiança, para efeito de protecção, ao âmbito de normas gerais que cominam a atendibilidade da boa fé, não se explica adequadamente nos termos do tipo de concepções que referimos. Invocar a existência de regras específicas que, usando o conceito de boa fé, protegem certas hipóteses determinadas de confiança não elimina a dificuldade, pois o que está em causa é sempre a tutela de um *novo* caso de confiança, que escapa ao âmbito de aplicação daqueles normas; sobretudo quando se ultrapassa o campo da estrita *analogia legis*, e se afirma uma orientação de carácter geral, como quando se recorre a cláusulas gerais envolvendo a boa fé, porque estas têm um campo de aplicação indeterminado.
Não vale a pena alongarmo-nos nos óbices do positivismo que enrodilha o Direito na interpretação e aplicação que recebe ou recebeu, e que não raro força mesmo o jurista a (pragmaticamente) se contorcer por entre as respectivas premissas para "salvar" a sua *praxis*. Mas, como é evidente, também não se trata de perfilhar nenhum conceptualismo. Os conceitos indeterminados vinculam o intérprete-aplicador a ponderações por vezes complexas, que envolvem também uma atenção apurada às concepções aceites dentro de uma determinada época histórica, de que — de resto — a jurisprudência (antes ainda de critério subsidiário de desempate) constitui um depósito particularmente significativo, desde logo porque "coado" já por ponderações jurídicas. Tais concepções especificam ou iluminam, se se quiser, as exigências que a esses conceitos se deparam, mas não são por si — auto-suficientemente — decisórias.

é minimamente sustentável; nenhum sistema pode ordenar de plano uma protecção da confiança se e desde que se verifiquem uma (qualquer) situação de confiança, uma (qualquer) justificação dessa confiança, um (qualquer) investimento do confiante, e que essa situação e a sua frustração possa ser imputada de algum modo a alguém. Nesse sentido, os requisitos de tutela da confiança apresentados pela doutrina são manifestamente inconclusivos. Constituem pressupostos, sem dúvida, mas *não são pressupostos auto-suficientes* das consequências jurídicas a que se reportam. Não realizam no seu conjunto o fundamento da responsabilidade. Por isso, não pode deles resultar qualquer critério de diferenciação entre aqueles casos de frustração de expectativas em que há que intervir e os que não merecem consideração.

A seguir-se com coerência a tese criticada, a tutela da confiança apresentar-se-ia completamente independente do grau e intensidade dos respectivos pressupostos. Seria indiferente, por exemplo, o volume relativo das disposições feitas pelo confiante ou o nível de razoabilidade da sua confiança. Também o tipo ou a intensidade do nexo de imputação se poderia desprezar. Ora, se é mister reconhecer que esses pressupostos se articulam entre si, como aceitámos, nos moldes de uma "sistemática móvel", do mesmo modo importa também afirmar que essa fórmula não é mágica porque tão-pouco auxiliaria no nosso problema: ao não ser possível ir buscar à boa fé a bitola de aferição dessas relações (pois esta — recorde-se — limitar-se-ia a exprimir o reconhecimento jurídico da tutela da confiança), aqueles elementos do sistema teriam de bastar-se e governar-se a si mesmos. Num modelo destes, é óbvio também que desapareceria qualquer oportunidade ou conveniência de destrinça entre a opção de indemnizar o dano de confiança e a de preservar, em homenagem à confiança, a posição do sujeito. Seria de todo inconsequente a fundamentação dogmática avançada para a distinção entre a responsabilidade positiva e a responsabilidade negativa pela confiança e a prevalência da última sobre a primeira.

Não resta outra alternativa senão aceitar que a boa fé exprime uma ideia *compósita e complexa, de grau superior* à da protecção da confiança, que *legitima, sindica e limita* esta última[976]. Desaparece o perigo

---

[976] Parece-nos diferente a posição de MENEZES CORDEIRO, ao reduzir dog-

da argumentação circular que espreitava na outra linha de raciocínio. Embora surja logo o desafio da sua especificação, pois temos de lidar com referentes últimos do sistema, sobrepostos à própria protecção da confiança e suficientemente amplos para permitirem enquadrar toda a extensão dessa protecção.

Há aqui desde já um ponto que importa relembrar. É ele o de que perante esta colocação do problema — a de remontar a protecção da confiança à boa fé como instância superior na cadeia da fundamentação — se apresenta de todo ilegítimo afirmar que o conteúdo desta se esgota na imposição de correspondência a situações de confiança e, por conseguinte, de indemnizar o prejuízo causado se esse comando não foi acatado[977]. A boa fé exprime uma intencionalidade jurídico-normativa que é prévia, ainda, à "linguagem" do dever; poderá justificá-la, mas, como se verá, é susceptível igualmente de prescindir dela.

73. Elementos para uma fundamentação da "validade jurídica" da protecção da confiança: a responsabilidade pela confiança no seio da justiça comutativa, como forma (compensatória) de *iustitia correctiva*

De acordo com o *iter* por nós seguido, o preenchimento do conceito de boa fé anda portanto de par com o aprofundar dos fundamentos de uma responsabilidade pela confiança. Não se está aqui evidentemente perante um empreendimento fácil. Pouco adianta, desde logo, apelar ao princípio da igualdade para afirmar que ele seria violado caso a ordem jurídica tratasse de modo igual quem confia e

---

maticamente a boa fé a dois vectores, o da protecção da confiança e o da materialidade subjacente, que estão hierarquicamente no mesmo plano, não se reconduzindo o primeiro ao segundo (cfr. *Da Boa Fé* cit., 1252, e 1298-1299; *vide* ainda *Tratado* cit., I/1, 233, 238).

[977] Alertou-se acima para que um dever de proteger a confiança (em nome da boa fé) apenas acrescentaria uma norma impositiva de comportamento ao conjunto dos pressupostos da protecção da confiança, mas nada traria de materialmente novo no plano da fundamentação dessa protecção. Um dever dessa espécie é impotente para resolver o problema da *justificação* da tutela da confiança.

quem não confia, por isso que se dispensaria então uma mesma solução para situações distintas[978].

A Justiça implica a sujeição de todos a uma mesma regra. Todavia, deve questionar-se que o nosso preciso problema seja, a título próprio e principal, o de *justificar uma diferença de tratamento* entre aquele que acalenta expectativas e quem o não faz, pois parece que o que essencialmente importa é fundamentar a tutela da confiança do sujeito perante outrem (aquele a quem essa confiança é imputável). O estabelecer desse fundamento implica com certeza como corolário a atribuição a quem confia de um regime mais favorável do que o que se aplicaria àquele que, em idêntica situação, não confiasse, mas tal é sempre e somente uma consequência da perspectivação da relação de cada um deles com terceiros. Diremos portanto que o que há que demonstrar é que pode — e deve — tratar-se *de modo desigual perante outrem* o sujeito que confia e o que não confia, sendo que o recurso formal ao pensamento da igualdade não auxilia porque acaba por iludir o problema da fundamentação da responsabilidade pela confiança.

O princípio da igualdade implica sem dúvida tratar de modo diferente aquilo que é diferente, de acordo com a medida da diferença. Nesta sua dimensão se completa a virtualidade que possui de combate à contradição e incoerência (positivamente, de fautor de "consequência jurídico-valorativa"). Contudo, só em ligação com valores situados para além dele é possível operacionalizá-la; apenas aqueles lhe podem conferir uma concreta coloração material.

---

[978] Usa entre nós este argumento MENEZES CORDEIRO, numa linha constante: *Da Boa Fé* cit., II, 1271 ss, esp. 1276, *A boa fé nos finais do século XX* cit., 898, e *Tratado* cit., I/1, 237-238; tratando-se de estabelecer uma discriminação de tratamento entre quem acredita e quem não o faz, há no fundo uma invocação da justiça distributiva. Mas o sentido do princípio da igualdade não parece totalmente unívoco na concepção do autor, pois, além da comparação entre o sujeito que confia e o que não confia, oscila-se igualmente para a valoração da relação entre o sujeito que confia e aquele que cria a confiança, ao considerar-se que a confiança implica desigualdade (cfr. *Da Boa Fé* cit., II, 1276). Esta última tem já porém muito mais a ver com ponderações de justiça "material"; e é bem mais consentânea com a essencial recondução do problema da tutela da confiança à justiça *comutativa* que propugnamos (*vide* ainda *infra*).

Há uma distinção útil na noção de "justiça" (objecto do Direito) que permite desenvolver um pouco mais este ponto. A Justiça envolve certamente o sentido da igualdade, isto é, a adopção da mesma medida para todos ou, numa versão negativa, a proscrição da discriminação. Mas está nela patente uma outra vertente, que aponta para a correspondência ou adequação "substancial" da regulação proposta à situação de facto a regular. Trata-se do domínio daquilo que se poderá agora simplificadamente chamar a "justiça material"[979].

Ora, vê-se bem que é especialmente no aprofundar desta última dimensão que se terá essencialmente de mover a fundamentação derradeira da protecção da confiança. De facto, o princípio da igualdade corporiza uma exigência que, pelo menos à partida, se apresenta acentuadamente *formal*, porque não aponta em si qual o critério que, na sua substância, deve ser aplicado em nome da Justiça. Limita-se a reclamar que certas orientações sejam pensadas consequentemente até ao fim e, nessa medida, estendidas a casos similares, mas não indica o seu conteúdo[980].

Não é porém este o ponto que nos interessa, mas antes, como frisámos, saber de que modo se justifica material-substancialmente a responsabilidade pela confiança, averiguar se e porque há-de ser em si justa a protecção das expectativas. Faz aqui presa *um outro sentido da*

---

[979] Evocamos a distinção que FIKENTSCHER traça entre "Gleichgerechtigkeit" e "Sachgerechtigkeit" (cfr. *Methoden des Rechts* cit., Bd. IV, 188 ss).

[980] Relembre-se que se trata aqui de encontrar o fundamento da responsabilidade pela confiança, mesmo para além dos casos em que ela se apresenta positivamente prevista. Ultrapassa-se nomeadamente o âmbito das disposições concretas que consagram uma tutela da aparência. A generalização de um regime de protecção da confiança a partir destas últimas que se limitasse a invocar o princípio da igualdade deparar-se-ia sempre com dificuldades, quer pelo carácter circunscrito das normas envolvidas e pela especificidade das constelações de interesses a que se referem, quer dada a consabida dificuldade de justificar a opção pela extensão analógica perante a hipótese de um argumento *a contrario* (em direcção idêntica, MENEZES CORDEIRO, *Da Boa Fé* cit., II, 1247; não é portanto de estranhar que, na consideração do princípio da igualdade, o pensamento básico do autor, vinculado à justiça distributiva, acabe também, a certa altura, por descair para uma certa "substanciação"; cfr. *op. cit.*, 1278-1279; de facto, pensamos que é essencial ascender ao que, em pertinentes palavras suas, é "a dimensão positiva material, exigida pela justiça substancial do próprio sistema").

igualdade, muito diferente daquele que começámos por apreciar: um sentido (amplo) pelo qual na igualdade vai identificada a dimensão específica de todo o "jurídico", qual "transcendental" seu e conceito tão "originário" como o dele. De facto, no Direito existe necessariamente uma medida, uma adequação, entre o que se dá e aquilo que é de reconhecer ao sujeito, que se pode exprimir em termos de igualdade. Esta dimensão da igualdade está bem presente na conhecida fórmula do *suum quique tribuere:* a Justiça implica realmente uma *igualação* entre o que se atribui a outrem e aquilo que lhe é devido[981]. Imageticamente, são os pratos da balança da Justiça que se trata de nivelar. Neste entendimento, claro que a justificação da protecção da confiança se reconduz à igualdade. Mencioná-lo nada acrescenta contudo a essa justificação, pois esta implica penetrar nas exigências de uma recta ordenação.

Por suposto, perguntar "o que é justo?" é tocar no seu núcleo toda a reflexão em torno da Justiça, para aqui um objectivo desmesurado e não reclamável. Mas importa em todo o caso lançar um último olhar sobre a razão de ser da responsabilidade pela confiança perante o pano de fundo das exigências profundas do sistema jurídico.

A responsabilidade pela confiança, por sobre as várias manifestações singulares que se lhe detectam na malha do sistema de normas, situa-se de algum modo caracteristicamente em contraponto ao direito estrito (*ius strictum*); atesta-o a circunstância de o seu reconhecimento se apresentar estreitamente conexionado com a interpretação e concretização de cláusulas gerais, de modo paradigmático a do abuso[982]. Toda a ordem jurídica carece de "formalizar", em maior ou menor medida, as relações humanas, e por isso se tem de basear numa estrutura de normas dotadas de certa rigidez. De outra maneira, não

---

[981] Neste sentido, de resto com raízes fundas no pensamento jurídico ocidental, pode certamente dizer-se que a igualdade inere à Justiça e ao Direito (a toda a Justiça e a todo o Direito: cfr. JAVIER HERVADA, *Lecciones Propedéuticas de Filosofia del Derecho*, Pamplona 1992, 199 ss, 209 ss; mais restrita é a conhecida vinculação da justiça distributiva ao pensamento da igualdade, acentuada, por exemplo, em MARTIM DE ALBUQUERQUE, *Da Igualdade/Introdução à Jurisprudência*, Coimbra 1993, 332).

[982] Recordem-se as aplicações do art. 334 pelos tribunais, mas também (apesar de criticável do ponto de vista dogmático-construtivo) o apelo às cláusulas gerais consagradoras do dever de actuação segundo a boa fé.

há conclusividade, previsibilidade ou controlabilidade racional suficientes das decisões jurídicas, o que prejudica a paz jurídica. Estamos no fundo perante um preço da segurança jurídica que é tanto mais necessário satisfazer quanto se elevam os níveis dela exigidos pelas sociedades modernas, ao movimentarem-se aceleradamente, não só no sentido de uma crescente complexificação e anonimato, mas também, concomitantemente, da "normalização" da interacção dos sujeitos[983].

Pode dizer-se que a responsabilidade pela confiança contrabalança este pendor, pois permite matizar as aludidas formalização e rigidificação inerentes a qualquer sistema jurídico. Ao lado dela, outros institutos e doutrinas perseguem igualmente este objectivo[984]. O que a caracteriza todavia é a relevância jurídica que atribui à específica forma de *"linkage"* dos comportamentos humanos constituída pela confiança, a que passa a caber uma responsabilidade própria. Representando a confiança uma condição e um motivo elementar da estratégia da acção humana, o reconhecimento desta sua relevância permite atingir espaços não cobertos pelos quadros — cristalizados — da doutrina da vontade e da eficácia negocial, ou do *ius imperii* da responsabilidade aquiliana, complementá-los ou mesmo "corrigi-los" nos seus resultados. E ir ainda mais além — o que enfatizámos — do

---

[983] Aos múltiplos factores que concorrem há décadas para esta caracterização do desenvolvimento das interacções humanas acrescem hoje particularmente as imposições da denominada sociedade da informação.

[984] A título indicativo, considere-se, na relação com as normas definidoras da perfeição e da vinculatividade contratual, o negócio usurário e a amplificação generosa da tutela do sujeito através da coacção moral ou do dolo, bem como a regra de conduta segundo a boa fé, desde a formação do contrato pelo inteiro período da sua execução. Pense-se igualmente no enriquecimento sem causa, tradicional instrumento de correcção de deslocações patrimoniais conformes com o direito formal em nome da justiça (MENEZES LEITÃO, *O Enriquecimento* cit., especialmente 961 ss, "liquida-o", é certo, enquanto realidade jurídica *a se*, na medida em que, com receio de, em alternativa, ter de apelar à equidade, o desarticula em várias pretensões de regime específico e nega no art. 473 n.º 1 um substrato material unificador; mas admite — e é isso que agora importa reter — àquelas pretensões de enriquecimento uma função de *complementaridade* de diversos institutos jurídicos como a invalidade, a resolução do contrato, a responsabilidade civil e a gestão de negócios [a que, pelo visto, essas pretensões pertenceriam do ponto de vista funcional-teleológico]).

que toda a própria teia de ditames de conduta, mesmo os não delituais ou não contratuais, obtidos nomeadamente por concretização de claúsulas gerais e conceitos indeterminados, por isso que a eficácia coordenadora da conduta que a confiança possui é autónoma relativamente à observância de deveres de comportamento.

A vinculação da dimensão "prudencial" da acção humana à confiança conduz portanto a que através da correspondente responsabilidade se ganhe para o Direito toda a realidade do relacionamento, concreto e "discreto", dos sujeitos. A responsabilidade pela confiança constitui como que uma peneira mais fina das suas manifestações, com que podem joeirar-se matizes e circunstâncias individuais. Instrumento sensível, reage com facilidade a paradigmas da inter-relação dos sujeitos situados aquém do liminar do negócio e cobre com o manto da juridicidade exigências éticas de conduta que ultrapassam o simples *non tangere* delitual, adaptando-se também com flexibilidade às suas mudanças.

Nesta dimensão, a responsabilidade pela confiança guarda um nexo específico com a realização da justiça do caso singular; traduz a respectiva pressão individualizadora sobre a tendência generalizadora do sistema jurídico. A sua consagração dogmática assume-se, no fundo, como instrumento de reequilíbrio de um conjunto de normas que, sem ela, sacrificaria demasiadamente a justiça à segurança. Por isso, ela toca o nó górdio desta polaridade do Direito e dos valores supremos que o determinam[985]; se situada para além do conjunto de normas que compõem o sistema, assumindo por sobre isso ainda a tensão entre a *lex positiva* e os imperativos do próprio Direito. Cremos mesmo que a admissão de uma responsabilidade pela confiança se inscreve na necessidade de realização activa e integral da intencio-

---

[985] Pode dizer-se que, além da justiça, no Direito surgem também como valores fundamentais a segurança e a funcionalidade (*Zweckmässigkeit*). Distingui-los não significa que os isolemos nem que deixemos de considerar ser a Justiça um valor conglobante dos demais e aquele que, na sua unidade, é verdadeiramente discriminador da especificidade e autonomia do Direito (de aparentes antinomias do sentido do Direito fala CASTANHEIRA NEVES, *Introdução ao Estudo do Direito* cit., 186 ss; cfr. ainda, *v.g.*, HEINRICH HENCKEL, *Einführung in die Rechtsphilosophie*, 2.ª edição, München 1977, 389 ss).

nalidade jurídica profunda que preside a determinado complexo de normas. É isso que a valida e legitima. Pelo que não pode, por outro lado, essa responsabilidade constituir um pretexto para a subversão do sistema jurídico e o abalo das suas traves mestras.

Naturalmente que há uma forte carga ética susceptível de irromper na responsabilidade pela confiança[986]. Frustrar expectativas alheias pode deste modo ser censurável, e realizá-las, ao invés, um ditame da honestidade ou da probidade de conduta. Tais juízos não são todavia passíveis, como sabemos, de ser transpostos acriticamente para o plano jurídico; não é viável ou adequado construir tão-só e de plano sobre eles uma teia de proibições ou imperativos de comportamento. O que o Direito proíbe é — mais limitadamente — que se induza outrem, intencional ou levianamente, a uma confiança injustificada; o que ele exige é que — de modo variável e consoante os tipos de situação em presença — o sujeito cuja conduta pode afectar a confiança alheia, tome em linha de conta e preserve, dentro do que é razoável, os interesses alheios baseados nessas expectativas. Este o âmbito específico das normas de comportamento que têm como (co)finalidade um proporcionar de confiança. Promovê-la é essencial para o tráfico jurídico e a pacificação social, pelo que nisso vai um objectivo estratégico primordial e irrenunciável de qualquer ordem jurídica.

Em todo o caso, abstraindo daquilo que constitua matéria do *civiliter agere*, apresenta-se naturalmente persuasivo o pensamento de que quem induz outrem a confiar deve responder, ao menos verificadas certas circunstâncias, pelos prejuízos causados pela frustração dessa confiança. Independentemente da censurabilidade pessoal da sua con-

---

[986] "A confiança e a sua tutela — escreve nesse sentido MENEZES CORDEIRO, *Tratado* cit., I/1, 237 — correspondem a aspirações éticas elementares."
Seria todavia equivocado assumir que *toda* a confiança merece ser protegida, pela Ética ou pelo Direito. Precisamos assim que é quando uma confiança foi provocada pelo sujeito e se mostra também por ele defraudada que a indemnização do interesse de confiança poderá corresponder em princípio a um imperativo simultaneamente ético e jurídico. A carga ético-jurídica apresenta-se tanto mais intensa quanto mais forte for a ligação do sujeito à causação e frustração das expectativas. Mesmo então lidamos com um princípio que, como tal, sofre necessariamente adaptações e limitações na sua concretização.

duta, afigura-se em muitos casos justo que, quando alguém conduz outrem a determinadas decisões em função de certas expectativas que nele acalentou, suporte os danos que provoca se afinal, contra aquilo que induziu a crer, por motivo que lhe é imputável, essas expectativas se não realizaram. Pode não ser ilegítimo malograr representações alheias. Nem por isso recusar esta reparação deixa todavia de se poder apresentar como injustificável.

A indemnização da confiança apresenta-se assim susceptível sem dúvida de ser *eticamente devida*; ainda que não exista nenhuma adstrição jurídica de respeitar ou realizar a confiança de outrem[987]. Mas a responsabilidade pela confiança é também "juridicamente devida".

---

[987] A responsabilidade pela confiança põe portanto a questão de saber como é que a dimensão ética pervive na ordem jurídica. Em áreas extensas da tutela da confiança, designadamente na protecção da aparência onde predomina uma ideia de protecção do tráfico, a Ética pouco tem a dizer no plano da solução concreta, dada a existência de uma forte elaboração jurídica dos respectivos institutos, que contribuiu para lhes fixar com nitidez os contornos. Diferentemente noutras zonas, marcadas pela indefinição dos requisitos de protecção da confiança e das suas consequências. A falta de referências de direito positivo torna o espaço de argumentação da solução jurídica mais amplo e, nessa medida, não é de estranhar a irrupção de considerandos éticos. Mesmo quando haja uma jurisprudência abundante, esta não fica tolhida, pois, sobretudo não sendo adoptado o sistema do precedente, o princípio da igualdade de tratamento não impede uma permanente crítica da prática decisória instituída, a qual está pois constantemente em reexame. A imbricação da Moral na confiança não faz desta um tema moral para o Direito. Mas sem dúvida que põe em guarda contra a cesura artificial entre a dimensão ética e a jurídica, acabando por revelar ser a confiança uma das áreas em que mais de perto se nota a comunicação dos dois mundos.

Numa especificidade a registar, a conexão da Ética com o Direito em matéria de protecção da confiança suscitada em outrem não se dá, como em tantas outras zonas da ordem jurídica, apenas porque as respectivas normas (impositivas, proibitivas ou permissivas) acabam por corresponder aos ditames da Ética e esta se constitui também como horizonte da pretensão de validade jurídica. Aqui, a ausência de normas permite que as próprias orientações éticas sejam convocadas e intervenham *directamente* na conformação da juridicidade. Actuação em princípio ao lado de outros factores. E expor-se-ão subsequentemente também a uma crescente "desetização", pela pressão de sedimentação e objectivação dos argumentos que a persuasividade intersubjectiva reclama. A inserção num contexto especificamente

Sendo a atitude de confiança "arriscada" por ser levada a cabo sem garantia formal de que ela é honrada (ou será compensada no caso de tal não acontecer), correspondendo portanto a uma iniciativa do sujeito sem contrapartida suficiente[988], a responsabilidade pela confiança representa uma "rede" para o "salto de confiança", que permite ao Direito redistribuir o risco da interacção. De facto, a indução a crer gera uma dependência do sujeito que confia, pois ao decidir acreditar e alicerçar nessa convicção uma actuação, coloca-se à mercê de outrem (de que a conduta deste corresponda à credibilidade que lhe é conferida). Ora, se alguém se expõe, em virtude do comportamento de outrem, à possibilidade de um prejuízo, é razoável que aquele que tenha induzido essa exposição seja convocado a responder se ocasiona esse prejuízo. *Quem cria ou consente uma dependência de outrem, deve indemnizá-lo dos danos que, por intermédio dela, lhe veio a infligir.* Nesse sentido se dirá que a responsabilidade pela confiança *compensa* a específica forma de vulnerabilidade que acompanha a confiança como elemento articulador da acção humana. Parece razoável que *quem confia em outrem por motivo a este imputável não deva ficar em princípio numa posição pior do que a que lhe assistiria se não tivesse confiado*; sobretudo encontrando-se *facticamente constrangido* a acreditar, numa situação de *debilidade* ou *inferioridade* perante aquele que induz a confiança, típica (como, *v. g.*, a do consumidor) ou não (e apenas individual-concreta); e via da regra no âmbito de uma *ligação especial*, mas também às vezes independentemente disso, por exemplo, tratando-se de um sector em si especialmente sensível à defraudação de expectativas (como no campo do mercado de valores mobiliários). Ressalta assim a vinculação da responsabilidade pela confiança a uma função de restauração de um equilíbrio perturbado, "reestabilizando" o *status quo* rompido pela criação e posterior frustração da confiança.

---

jurídico implica que se passe a atender ao "justo" e não à "virtude". Com isto descreve-se apenas o processo de juridificação. Mas tal não apaga a origem, que se torna assim capaz de incessantemente renovar a sua força ordenadora perante novos casos carecentes de fundamentações não reconduzíveis a essa juridificação já ocorrida.

[988] Cfr. também MENEZES CORDEIRO, *Tratado* cit., I/1, 237, ou LUHMANN, *Vertrauen* cit., 23-24.

Certamente que a atenção devida a outros princípios ou valorações conduz também à compressão do pensamento da responsabilidade pela confiança. A realização concreta deste pensamento implica no fundo uma *ponderação*: entre a defesa da liberdade daquele que frustra a confiança alheia e a necessidade de tutelar essas expectativas importa encontrar um *compromisso*. É a ideia (ampla) de *proporcionalidade* que justifica o contrapesar do reconhecimento ou da concessão da liberdade de conduta com o arbitrar de uma indemnização ao *deceptus*[989]. A responsabilidade pela confiança assume-se deste modo como uma forma de *justiça correctiva*. A noção de boa fé acolhe-a, pois, na dimensão relacional dos sujeitos a que apela, exprime precisamente a aspiração a uma adequada e razoável conciliação dos interesses dos sujeitos[990].

Perdura até aos nossos dias na doutrina filosófica da Justiça a conhecida distinção tomista entre *iustitia distributiva* e *iustitia commutativa*[991]. A primeira espécie prende-se com a afectação dos bens entre os distintos cidadãos, pelo que esta modalidade da justiça tem como ponto necessário de referência uma instância distribuidora desses

---

[989] A responsabilidade pela confiança constitui assim uma "ponte" lançada entre dois antagonismos. Ela harmoniza duas forças de sinal contrário, uma a reclamar a plena manutenção da busca ou prossecução livre e individual de objectivos próprios, ainda que para isso fiquem por atender expectativas alheias, outra a exigir a consideração mínima dos interesses daqueles que ficam afectados por condutas autonomamente empreendidas.

[990] Este prisma faz ressaltar uma semelhança entre a responsabilidade pela confiança e a responsabilidade pelo sacrifício, por isso que nesta se compensa a possibilidade de agredir ou lesar um bem jurídico alheio através da imposição de uma obrigação de indemnizar, como resultado da ponderação entre os bens jurídicos em conflito (pense--se no estado de necessidade). Apenas quando este tipo de conciliação não é possível — em virtude de terem sido ultrapassados os limites dentro dos quais ela resolvia satisfatoriamente os interesses em presença — poderá equacionar-se a preservação em espécie da posição do confiante (cfr., a propósito, a interpretação oferecida do art. 334).

[991] Cfr. S. TOMÁS DE AQUINO, *Summa Theologica*, II/II, qu. LXI, 1 e 2, que estabeleceu esta consagrada diferenciação na base da destrinça aristotélica entre uma justiça «aritmética» e «geométrica» (*Ética a Nicómaco*, V 7, 1131 b e 1132 a); *vide* igualmente KLAUS RÖHL, *Allgemeine Rechtslehre*, Köln, Berlin, Bonn, München 1995, 327-328.

bens, sobreordenada relativamente aos indivíduos por quem estes se repartem. Deste modo, a justiça distributiva apresenta-se especialmente própria do direito público e na génese mesma do paradigma do dito "estado *social* de direito".Vários são os critérios de repartição dos bens possíveis.Todos — sejam eles, *v.g.*, a capacidade, o esforço ou o mérito, a necessidade ou a oportunidade — contribuem para especificar a justiça distributiva[992]; realizando o princípio da igualdade, que é também diferenciação e proporcionalidade.

Mas a responsabilidade pela confiança tem antes a ver com a *iustitia commutativa*. Esta, pode dizer-se, é a justiça das relações interindividuais. Alheia a qualquer supra- ou infra-ordenação dos sujeitos entre si, eles posicionam-se perante ela na perfeita igualdade da sua "ipseidade" essencial; despojados pois de todas aquelas características individuais onde lançam âncora os critérios da justiça distributiva[993]. A diferenciação, tão própria, como se apontou, desta última, representa uma dimensão estranha ao sentido que inspira a justiça comutativa, que é o de igualar sujeitos (iguais).

Estas características fazem desta modalidade da justiça aquela que marca tipicamente o direito civil. A justiça comutativa exprime de facto o conjunto daquelas exigências que impendem indiscriminadamente sobre os cidadãos no confronto com o seu semelhante[994]. Tais

---

[992] Os diversos critérios apontados (a cada um segundo a sua necessidade, oportunidade, mérito, esforço, capacidade), ou outros, possibilitam concretizações materiais razoáveis da justiça distributiva e representam em larga medida princípios pré-positivos de uma regulação justa; *vide*, glosando o exemplo aristotélico da distribuição de flautas (*A Política*, III, 1282 b), CANARIS, *Die Bedeutung der iustitia distributiva im deutschen Vertragsrecht*, München 1997, 18 ss.

[993] Transmite-o também, de forma clara e profunda, a venda que tapa os olhos da Justiça.

[994] Expressa-as igualmente, a seu modo, a "regra de ouro", padrão de conduta universalmente reconhecido ao longo do tempo (embora com cambiantes: mesmo sem chegar à que sublinha positivamente a "perfeição da caridade", ultrapassando com isso o domínio do jurídico — Mt. 7, 12: "tudo o que desejais que os outros vos façam, fazei-o vós também a eles" —, formulações de tipo negativo do género "não faças aos outros o que não desejas que eles te façam" sempre constituíram, na variedade das suas tónicas — inspiradas ora no calculismo ou no utilitarismo, ora simplesmente na prudência ou razoabilidade — um referente de base da vida inter-

exigências, tanto derivam das relações que eles livremente empreendem, como daquelas em que eles incorrem independentemente da sua vontade. Esta destrinça remonta ao Estagirita[995], adequando-se à discriminação entre as *obligationes ex contractu* e as *obligationes ex delicto*. Sabe todavia o jurista moderno que, além das relações derivadas da prática de um delito, existem também outras que não são directa e imediatamente determinadas pela vontade dos sujeitos (ainda que conexas a uma conduta voluntária). Entre elas se conta a envolvida na responsabilidade pela confiança[996].

A responsabilidade pela confiança só recentemente emergiu com autonomia da penumbra das realidades jurídicas. Mas ela realiza igualmente o pensamento básico da justiça comutativa. Dissemos que nesta se almeja uma igualação entre sujeitos. No domínio contratual, está portanto em jogo uma correspondência das prestações a cargo de cada um[997]. Por sua vez, no enriquecimento sem causa elimina-se o

---

individual). Mas também o imperativo categórico de KANT, com a pretensão de universalidade que lhe inere e explicitamente assume (e que se pode bem perspectivar como desenvolvimento da regra de ouro), guarda uma relação com a justiça comutativa que é desnecessário sublinhar.

[995] Cfr. ARISTÓTELES, *Ética a Nicómaco*, V 5, 1131 a, dividindo as transacções privadas em voluntárias e involuntárias. Note-se, portanto, que a justiça comutativa não equivale necessariamente à justiça de uma relação de troca, como por vezes — redutoramente — se lhe atribui, mas tem o sentido amplo de justiça das relações interindividuais.

[996] Como também — sublinhámo-lo acima — aquelas relações que são reguladas pelos ditames da boa fé. Em todo o caso, ARISTÓTELES exemplifica efectivamente as relações independentes da vontade com delitos típicos como o assassinato, o roubo, o envenenamento, a corrupção de escravos ou a mutilação.

[997] A esta correspondência, característica das relações de troca, aspiram por suposto também, por exemplo, os contratos não sinalagmáticos (considerem-se os contratos bilaterais imperfeitos). A possibilidade de modificação do conteúdo do contrato por alteração das circunstâncias, muito relevante nos contratos duradouros, inspira-se do mesmo modo neste pensamento de justiça comutativa. A igualdade que esta postula contribui também — dê-se outro exemplo — para alicerçar, a título subsidiário, uma repartição aritmeticamente igualitária do risco entre os contraentes (as regras de distribuição do risco que têm precedência sobre este critério devem evidentemente entender-se elas próprias como formas operativas da igualdade dos sujeitos perante determinado tipo de eventos e contingências).

locupletamento de alguém pela medida em que ele tenha sido obtido à custa alheia: a obrigação restitutória é agora o instrumento do "reequilíbrio" dos sujeitos. Já na imputação delitual de prejuízos, a pretensão ressarcitória visa de algum modo "apagar" as consequências da ilicitude cometida, com o que estabelece uma igualdade entre a indemnização e o dano[998].

Similarmente na responsabilidade pela confiança. A indemnização vai endereçada a compensar o prejuízo provocado pelo concitar e defraudar da confiança, sendo que a razão pela qual se atribui ao confiante uma pretensão indemnizatória é simétrica daquela pela qual se impõe a quem induziu e defraudou essa confiança um dever de indemnizar. E, por isso que na responsabilidade pela confiança não está em jogo a realização da "justiça de troca" reclamada tipicamente pelas prestações contratuais, mas antes a correcção de um desequilíbrio, pode dizer-se que, dentro ainda da justiça comutativa, ela representa também, como se observou, uma forma de *justiça correctiva*.

Segundo o pensamento comum, o espaço desta última ocupa-o caracteristicamente a responsabilidade derivada da prática de um facto ilícito[999]. Mas deve juntar-se-lhe a responsabilidade pela confiança. Muito embora ela se configure como independente de um juízo de ilicitude e da censurabilidade da conduta do sujeito, trata-se ainda de *anular* uma perda de alguém que é provocada por outrem. O facto de, mais do que reagir a um comportamento reprovável, apenas se pre-

---

[998] *Mutatis mutandis* — escrevemos hoje — no que concerne àquelas relações que são reguladas pelos ditames da boa fé, compreensivelmente desconhecidas de ARISTÓTELES (cfr. a penúltima nota).

[999] Afirma por exemplo ERNEST WEINRIB, em manifesto *pars per totum* (vide ainda o texto), que a responsabilidade reflecte o cometimento de uma injustiça, e que a justiça correctiva se refere a uma estrutura de ilicitude (*wrongfulness*); cfr. *The Idea of Private Law*, Cambridge/Massachusetts, London/England 1995, 143-144. Na elaboração de um outro expoente contemporâneo da reflexão em torno da justiça correctiva, JULES COLEMAN, a relação entre o devedor e o credor da indemnização é aí estabelecida pelo direito violado e pelo dever correspondente, e indica-se elucidativamente que o conceito central da justiça correctiva é um «wrongdoing»; *vide Risks and Wrongs* cit., 311 ss, e 328. Analogamente PETER KOLLER que, apesar de propor — acertadamente — uma diferenciação no seio da justiça correctiva entre

tender *contrabalançar* a autonomia do sujeito nas consequências que ela pode importar para os demais, aponta no sentido de uma *justiça* que pode designar-se meramente *compensatória*.

Em todo o caso, a responsabilidade pela confiança não envolve por si o recurso a critérios que transcendem a relação entre ambos os sujeitos envolvidos, como ocorreria se de uma justiça distributiva se tratasse. É verdade que, quando a imputação não é baseada na ilicitude e na culpa, tem havido hesitações na recondução das correspondentes espécies de responsabilidade à justiça comutativa (o que indicia no fundo a dificuldade de compreender as várias regulações jurídicas nos termos de uma dicotomia estrita entre estas duas formas de justiça). Assim, argumenta-se por exemplo que a responsabilidade pelo risco[1000] não é susceptível de ser ordenada na justiça comutativa, a pretexto de esta não poder desacoplar-se da culpa e da ilicitude[1001]. Mas não cremos que esta razão proceda contra a ordenação básica da responsabilidade pela confiança na justiça comutativa. Com especial plausibilidade, quando na indução e na frustração da confiança vai implicada uma conduta voluntária do sujeito: a recondução da responsabilidade a um comportamento intencional ou até simplesmente "negligente" do sujeito satisfaz os requisitos da justiça comutativa, ao permitir uma justificação da obrigação de indemnizar que se contém nos limites da relação entre lesado e responsável através do critério da *determinação do sujeito e da auto-responsabilidade do seu agir*.

As dúvidas tendem pois a acantonar-se aí onde não é viável afirmar este tipo de conexão e a responsabilidade pela confiança envolve

---

a restitutiva e a retributiva, as aproxima sempre de um "ilícito; cfr. *Theorie des Rechts/ /Eine Einführung*, 2.ª edição, Wien, Köln, Weimar 1997, 302-303.

[1000] Referimo-nos à responsabilidade (pelo risco) por ofensas à integridade de bens jurídicos, entre nós regulada genericamente nos arts. 499 e seguintes do Código Civil.

[1001] Neste sentido, efectivamente, CANARIS, *Die Bedeutung* cit., 14. A favor da ordenação da responsabilidade pelo risco na justiça distributiva, cfr. ainda J. ESSER, *Grundlagen und Entwicklung der Gefährdungshaftung*, München und Berlin 1941, 69 ss, com o argumento de que nela se procede a uma distribuição de danos, seguido em LARENZ, *Richtiges Recht* cit., 108; *vide* também A. BLASCHOK, *Gefährdungshaftung und Risikozuweisung*, Köln, Berlin, Bonn, München 1993, *v.g.*, 341 ss.

uma imputação diversa, pelo risco. Mesmo então contudo, supomos que, muito embora seja de conceder que no direito privado a justiça comutativa e distributiva se apresentam por vezes mescladas entre si, a responsabilidade pela confiança se poderá ordenar na justiça comutativa sempre que a imputação pelo risco radique essencialmente em circunstâncias ligadas às condições essenciais básicas de toda e qualquer pessoa, e da natureza de quem quer que seja[1002]. Ao invés, se a responsabilidade pela confiança (independente de uma conduta voluntária do sujeito) é repartida escolhendo-se o responsável, de entre um grupo mais vasto, em função de certas características ou circunstâncias especificadoras, a justiça é distributiva[1003].

Haverá deste modo justiça comutativa, onde, por exemplo, a responsabilidade pela confiança se ligue à presença de um *Tatbestand* declarativo que, muito embora não consciencializado e determinado pela vontade, corresponda a um risco a que todos os sujeitos se encontram por igual submetidos: há vicissitudes que decorrem imediatamente da sua natureza de entes comunicantes, da sua qualidade originária de seres sociais, como tal também necessariamente participantes do tráfico jurídico. Já quando a responsabilidade se liga, *v.g.*, à titularidade ou controlo pelos sujeitos de certas organizações susceptíveis *per se* de criar convicções enganadoras (com independência de uma determinação sua nesse sentido), em vista dos benefícios que eles delas retiram, parece que se sublinha um pensamento de justiça distributiva. Figure-se o problema da procuração aparente no mundo das empresas: a decisão de onerar o respectivo detentor com o risco da falta de poderes de representação de quem actua em nome da empresa compensa a falta de transparência da

---

[1002] Há um lastro terminológico desta concepção, pois nesta dimensão da justiça pode falar-se de uma "comutatividade" dos sujeitos da relação: não importa quem seja, porque seja quem for encontra-se subordinado aos mesmos ditames da justiça. É muito diferente, neste aspecto, a justiça distributiva (*vide* de seguida).

[1003] Na justiça distributiva há sempre uma ponderação do conjunto, pois se trata de ordenar justamente o agregado social. Por isso se destrinça entre os elementos que o constituem. Cfr. S. TOMÁS, *Summa Theologica*, II/II, qu. LXI 2 (a justiça distributiva atenderia à relação das pessoas singulares com o que é comum, distribuindo-o de forma proporcional por aquelas).

estrutura de atribuição da legitimidade representativa no seu seio[1004]. Ora, esta consideração resulta de uma ponderação global da situação desses detentores no confronto com os terceiros com quem essas empresas entram em relação. Nessa avaliação são decisivas certas características que permitem diferenciar genericamente os sujeitos, e é em função delas que se estabelece a regulação jurídica. Transcende-se portanto o horizonte da relação "interpessoal".

Está-se no fundo a ser fiel a uma certa interpretação do critério da igualdade. Onde ela signifique consideração do núcleo essencial da pessoa enquanto tal, deste modo compartilhado idêntica e igualitariamente por todos, há justiça comutativa[1005]. Pelo contrário, se se atende às exigências de uma recta ordenação de um agregado mais amplo de sujeitos, importa considerar a relação com este dos singulares elementos que o integram, e ganham destaque as circunstâncias especificadoras necessárias ao estabelecimento de uma ordem proporcionada para todos e, nesse sentido, igual entre todos: a justiça é distributiva. Do conjunto ressalta todavia a vinculação fundamental da responsabilidade pela confiança à justiça comutativa.

74. A responsabilidade pela confiança enquanto missão do Direito

Resta saber se assiste ao Direito a possibilidade de recusar estas proposições. O ponto é fundamental se se tiver em conta que, na nossa ordem jurídica como na generalidade das suas congéneres, a afirmação da responsabilidade pela confiança enfrenta um cenário

---

[1004] A observação aplica-se, além do âmbito estrito da tutela da aparência (mediante o reconhecimento de efeitos decalcados sobre os negociais na ausência dos pressupostos do negócio), também a uma protecção essencialmente indemnizatória que atenda a esses critérios justificativos. O simples ressarcimento de danos é mesmo, na concepção que sufragamos de que a tutela positiva da confiança representa uma *ultima ratio*, a consequência-regra da problemática envolvida.

[1005] Como acentua CANARIS, na justiça comutativa põe-se em jogo um valor absoluto da pessoa, pois não se discriminam os sujeitos por diversos níveis (cfr. *Die Bedeutung* cit., 31).

normativo rarefeito no que toca a disposições que concludentemente a manifestem ou pressuponham. Nestas condições, deve começar por se notar que a responsabilidade pela confiança envolve, entre nós como alhures, um desenvolvimento *praeter legem* do Direito.

Como se observou, a regulação legal proporciona sem dúvida, aqui e além, apoios, mesmo importantes, para essa responsabilidade. Contudo, a respectiva construção jurídica geral ultrapassa, e em muito, o mero preenchimento das lacunas "singulares" que essa regulação (eventualmente) apresente, orientando-se antes por uma ideia abrangente que transcende largamente o espaço desta última. A lacuna da lei representa uma "incompletude", aferível por uma intenção de regulação acabada de certa matéria (por parte da lei). Deste modo, o processo de colmatação de lacunas desse tipo apenas seria suficiente se pudesse divisar-se uma orientação no sentido do estabelecimento por parte do legislador de um regime concluso da responsabilidade pela confiança, por qualquer razão malograda. Não é assim: os afloramentos dessa responsabilidade são demasiado lassos e esparsos para que possa tratar-se do mero completar do tecido normativo existente de acordo com a sua própria "lógica", num plano, por conseguinte, imanente à lei e realizador da sua teleologia.

A responsabilidade pela confiança transcende verdadeiramente esse nível (da lei). Movimenta-se num espaço nesse sentido "livre" de normas, situado "para além" do seu horizonte. Segundo cremos aliás, mesmo quando se ampara em certas cláusulas gerais ou conceitos indeterminados como o abuso do direito e a boa fé. Certamente que se está aí ainda, do ponto de vista formal, no plano da aplicação de preceitos legais existentes; que, portanto, não se depara tecnicamente a presença de uma lacuna[1006]. A verdade porém é que a operação envolvida não se traduz na simples concretização de uma determinada regra, obedecendo para isso à pauta valorativa que ela contém, pois

---

[1006] A falta, na lei, de uma valoração, ou de conclusividade quanto a uma valoração, não deve equiparar-se genericamente à ausência de determinação legal. Cfr. CANARIS, *Die Feststellung von Lücken* cit., 28: existindo uma norma, não pode falar--se daquela contrariedade a um plano (*Planwidrigkeit*) que caracteriza a lacuna; *vide* ainda o texto.

"ler" nela a responsabilidade pela confiança não é possível sem pontos de fixação exteriores a essa norma (como, de resto, às demais normas), tal o grau de inconclusividade do respectivo teor no que respeita a uma responsabilidade (geral) pela confiança[1007].

Torna-se assim claro que a legitimação da responsabilidade pela confiança se apresenta em simultâneo como justificação de um desenvolvimento *praeter legem* do sistema jurídico. Naturalmente que semelhante expansão postula já de si um determinado conceito de Direito, pois só se compreende posto que se vença o conhecido dogma do positivismo normativista que o identifica com a lei: se aquele se houvesse de esgotar no conjunto das prescrições legais, é óbvio que nenhum desenvolvimento *superador* do respectivo plano seria viável. Mas não é assim. Factores vários (entre os quais, por exemplo, a proibição de denegação de justiça[1008]) encarregaram-se há muito de demonstrar, e com

---

[1007] Do ponto de vista metodológico é muito diferente uma explicitação do sentido da lei recorrendo ao próprio tecido das normas legais e às directrizes nelas contidas, de proceder à desenvolução de uma interpretação que apela directamente a ditames superiores da Justiça e do Direito. É esta todavia que se implica na cláusula do abuso e da menção — aí — à boa fé (enquanto suportes da doutrina da confiança).

[1008] Cfr. o art. 8 n.º 1 do Código Civil, no qual se descortina um apoio inequívoco para a distinção entre Direito e lei no próprio plano positivo-legal da ordem jurídica portuguesa.

Pouco claro, mas relevantíssimo, é, no contexto dessa discriminação, o sentido a conferir ao art. 202, n.º 1 da Constituição, segundo o qual a justiça deve ser administrada "em nome do povo", designadamente saber como e de que forma a exigência de que o juiz assuma a "intenção jurídico-social da comunidade" — cfr., por exemplo, JORGE MIRANDA, *Manual de Direito Constitucional*, t. V (*Actividade constitucional do Estado*), Coimbra 1997, 33 — se articula com a vinculação à lei e com o imperativo da realização da Justiça. Certo é que o legislador constitucional separou *apertis verbis* a administração da justiça da sujeição dos tribunais à lei; tal sugere o reconhecimento de que ao juiz cabe um papel activo de desenvolução-realização da Justiça sempre que se ultrapassem os limites da referida sujeição.

A distinção entre lei e Direito penetrou de resto incontornavelmente na própria doutrina publicista, marcada desde as origens pela preocupação de subordinar a conduta da Administração ao chamado princípio da legalidade (em sentido estrito): confira-se, com referências, RUI MEDEIROS, *A Decisão de Inconstitucionalidade*, Lisboa 1999, 189-190.

abundantes exemplos, a insustentabilidade de tal perspectiva[1009]. O que não quer dizer que este desenvolvimento do Direito não esteja submetido a pressupostos de legitimidade e validade.

Desde logo, ele não é em princípio possível se o próprio legislador trata de o proscrever, directa ou indirectamente. Não é todavia esse o caso: a falta de previsão, com carácter de generalidade, da responsabilidade pela confiança nas normas legais que urdem o sistema não denuncia qualquer decisão contrária à sua admissibilidade.

Assim, o n.º 2 do art. 483 veda certamente o desenvolvimento de uma responsabilidade sem culpa para além dos casos previstos na lei; mas fá-lo, como decorre da sua inserção sistemática, tão-só no âmbito delitual, evidenciando a forte heteronomia que aí está presente (em princípio indisponível para o julgador). O preceito não tolhe portanto o reconhecimento da responsabilidade pela confiança, própria do domínio da interacção dos sujeitos (e distinta da defesa da "estática" das suas posições e interesses que é levada a cabo pela tutela aquiliana).

Diversamente, e bem pelo contrário. Casos há em que, como se comprovou, a responsabilidade pela confiança representa o único modo de enquadrar dogmaticamente concretas soluções e regimes previstos; não é evidentemente satisfatório ver neles fragmentos desordenados e desconexos, pelo que há sempre que procurar as ideias gerais que os unificam num todo inteligível. Mas, para além disso, é indubitável reconhecer — importa sublinhá-lo — que a consagração legislativa de cláusulas gerais ou conceitos indeterminados (considere-se no presente contexto o art. 334) envolve implícita uma autorização de ultrapassagem do limiar da lei por parte do ordenamento (que assim se autodetermina *aberto*)[1010]. Deste modo, tudo se resume a averiguar como justificar *este* desenvolvimento[1011].

[1009] Cfr., *v.g.*, LARENZ/CANARIS, *Methodenlehre der Rechtswissenschaft*, 3.ª edição, Berlin, Heidelberg, New York, etc. 1995, 232 ss. O papel histórico da boa fé na criação de vários institutos do direito civil — sendo oportuno lembrar a sua importância na consolidação do pensamento da confiança — ilustra-o, por exemplo, de forma incontornável (*vide* de novo, desenvolvidamente, MENEZES CORDEIRO, *v.g.*, *Da Boa Fé* cit., I, 67 ss, e II, 1007 ss, e *passim*).

[1010] Não pode estar em causa o mero reconhecimento de uma lacuna a col-

Derradeiramente, ele fundamenta-se em que a protecção da confiança corresponde a um *princípio ético-jurídico*[1012] que, por estar firme-

---

matar segundo os critérios do art. 10, hipótese em que bem se compreenderia falar-se de uma completa inutilidade da cláusula ou do conceito empregue. Poderia recusar-se uma deficiência de técnica legislativa deste tipo com o argumento de que a cláusula ou o conceito representariam em todo o caso "sinais à navegação" emitidos para o órgão aplicador do Direito, alertando-o para a existência ali de matéria lacunosa (que deveria preencher segundo os aludidos critérios legais). Tal interpretação implicaria uma atitude de pura e consciente abstenção por parte do legislador. O que é todavia completamente inconciliável com o percurso afirmativo de uma intencionalidade jurídico-normativa própria da doutrina do abuso do direito, da boa fé e da responsabilidade pela confiança que com ela se entrecruza, que inspirou o próprio legislador (cfr., concludentemente, a evolução documentada em MENEZES CORDEIRO, *Da Boa Fé* cit., I e II, *passim*).

Deste modo, a autorização que vai implicada na consignação de cláusulas gerais ou de conceitos indeterminados dotados de coloração material autónoma recomenda a destrinça, do *ponto de vista metodológico*, entre aquilo que se pode ver ainda como sua explicitação — uma actividade formalmente *intra legem* — e a desenvolução de uma normatividade que apela directa e imediatamente a ditames superiores da Justiça e do Direito (muito embora importe reconhecer a fluidez de contornos e a interpenetração destas operações).

[1011] Fora de causa está em todo o caso considerar-se que o reconhecimento da responsabilidade pela confiança poderia ficar arredado por uma descrença a seu respeito por parte das instâncias decisórias aplicadoras do Direito ou pela sua inércia no desempenho da tarefa de proceder ao correspondente desenvolvimento *praeter legem*. Qualquer que fosse a força dos argumentos de semelhante vaticínio, ela não afectaria por si a consistência do princípio ético-jurídico no qual esse desenvolvimento se funda, pois nenhum argumento de natureza empírico-sociológica tem auto-suficientemente essa virtualidade.

[1012] O que se versa aqui especificamente é a questão da possibilidade e do critério de um desenvolvimento judicial do Direito — da ordem jurídica portuguesa — no sentido da responsabilidade pela confiança. Que a protecção da confiança corresponde a um princípio ético-jurídico representa em si já uma posição consolidada no pensamento jurídico, mesmo entre quem se não ocupa detalhadamente do problema metodológico da sua afirmação, pelo que se pode dizer corresponder também a uma consciência jurídica sedimentada: àquela consciência se se quiser ordinariamente mediadora das exigências da juridicidade, perante a qual, portanto, estas exigências carecem de se manifestar.

Assim, incluindo expressamente o princípio da confiança naqueles princípios que hão-de compreender-se como "normativas realizações da ideia de justiça",

mente radicado na ideia de Direito, não pode deixar de transpor o umbral da juridicidade. Há imposições tão fortes da Justiça que não os acolher significaria negar o próprio Direito, a sua razoabilidade e a sua racionalidade; imposições que se sentem de modo particular quando não há alternativa prática que evite, para além do tolerável, a ameaça de

---

CASTANHEIRA NEVES, *Introdução ao Estudo do Direito* cit., 130 ss, e 156; analogamente, BAPTISTA MACHADO, *Tutela da confiança* cit., 384, aduzindo que a protecção da confiança obedece a pressupostos inerentes à natureza e função do Direito. Reconhecendo insistentemente uma responsabilidade pela confiança por "necessidade ético-jurídica", CANARIS, *v.g.*, *Die Vertrauenshaftung* cit., 528 ss, muito embora a designação cubra no seu sistema apenas um certo sector dessa responsabilidade e mereça, por conseguinte, que se lhe alargue o âmbito. De um princípio do direito justo fala, por sua vez, LARENZ, *Richtiges Recht* cit., 80 ss.

Distinta é a via de MENEZES CORDEIRO no que concerne à fundamentação da protecção da confiança na ordem jurídica portuguesa. Rejeitando embora a natureza de princípio ético-jurídico a essa protecção a pretexto de que a confiança se fundamenta na boa fé e de que esta tem uma natureza jurídica, nem por isso ignora a sua dimensão ética, que, como sabemos, também sublinha: *vide*, *Da Boa Fé* cit., II, 1244 n. 145, e, *v.g.*, *Tratado* cit., I/1, 237. A discrepância residirá essencialmente em a boa fé ser tomada nesta explicação como conceito jurídico geral a cujo conteúdo valorativo corresponde (sobretudo por indução da jurisprudência) a tutela da confiança, ao passo que a perspectiva que adoptámos põe antes a tónica em que o respectivo preenchimento com vista à protecção da confiança pressupõe um desenvolvimento superador da lei que, como tal, remete necessariamente para além desse mesmo conceito (de boa fé). Esta especificidade não afecta todavia o essencial da defesa da "positividade" de uma ordem de protecção da confiança no direito pátrio e a profundidade da sua raiz, pois a boa fé é expressamente vinculada pelo autor aos valores últimos do sistema.

Céptico em relação às tentativas de outorgar à confiança um lugar cimeiro na ordem jurídica portuguesa, OLIVEIRA ASCENSÃO, *Direito Civil/Teoria Geral* cit., II, 372-373, alegando uma certa falta de operacionalidade da teoria da confiança como critério efectivo de decisões jurídicas por ela se prender com estados subjectivos relevantes, de pesquisa quase impossível. Já nos detivemos no argumento. Também reivindicamos uma concepção da doutrina da confiança reportada a estados subjectivos dos sujeitos, mas não vemos nisso nada de decisivo contra ela, nomeadamente considerando as possibilidades de um uso adequado das presunções judiciais.

Há um amplo reconhecimento – vimo-lo – da doutrina da confiança pelos tribunais portugueses. Não cremos que ele mereça ser tido, na essência, por deslocado ou erróneo.

ficar por satisfazer uma indesmentível necessidade de tutela jurídica[1013]. Nestes imperativos indeclináveis e indisponíveis se situa certamente o pensamento de que quem induz outrem a confiar, deve (poder ter de) responder caso frustre essa confiança, causando prejuízos[1014].

A aplicação deste princípio há-de compatibilizar-se seguramente, como se frisou, com diversas exigências, porventura de sinal contrário. Em qualquer caso, não se demonstra nenhuma incongruência com outros elementos constitutivos do sistema jurídico. O pensamento da confiança integra-se nele sem romper as suas estruturas e coerência. Certo também que ele carece de se tornar operacional mediante uma pormenorizada discriminação dos seus elementos e respectiva articulação: um processo necessário para que possa corresponder à intencionalidade normativa que lhe subjaz[1015] e no qual se pode dizer que a "natureza das coisas" ou as necessidades do tráfico jurídico proporcionam critérios relevantes[1016]. A sua estruturação dogmática básica, nos

---

[1013] De facto, muito embora seja com frequência possível, em vez ou em concurso com o pensamento da confiança, imputar um prejuízo por violação de um ditame de comportamento (*maxime*, filiado na regra da conduta de boa fé), casos há em que tal não é viável, assumindo então a doutrina da confiança o papel de único meio para prevenir ou sancionar o que de outro modo constituiria uma clamorosa falta de tutela (recorde-se o problema da ruptura das negociações). Obviamente que aceite deste modo essa doutrina, segundo a sua força expansiva própria (enquanto ente da razão), ela terá de se reconhecer para além desse âmbito limitado.

Também a consagração de uma tutela indemnizatória por *venire* corresponde à necessidade de uma tutela "adequada" contra a defraudação de expectativas.

[1014] Mas terá mesmo o intérprete o poder de inventar um novo modelo de responsabilidade não previsto no direito positivo? A pergunta embaraça CASTRO-NOVO, *L' obbligazione senza prestazione* cit., 167, mas tem uma resposta simples. Não se trata de criar *ex nihilo* mas de desvendar uma juridicidade incontornável que radica na estrutura mesma do relacionamento humano; para não ficar, de modo inadmissível, sem tradução jurídica apropriada, a perturbação da coordenação de condutas entre sujeitos (através da confiança). Apenas uma concepção que confunda o Direito com o *direito positivado* pode levantar objecções a esse procedimento.

[1015] Tal como qualquer outro princípio ético-jurídico, contém por natureza directrizes gerais cuja eficácia concretamente normativo-reguladora depende de complexas operações de concretização-harmonização com outros princípios, normas ou valores. Não vemos que esta circunstância chegue por si para o repudiar.

[1016] A «*Natur der Sache*» representa também um critério de desenvolvimento

moldes precedentemente desenvolvidos, mostra e salvaguarda a sua viabilidade. Na precisão e cristalização de um corpo mínimo de regras que facilitem, e tornem racional e controlável, a aplicação do pensamento da confiança está, em boa medida, a chave do seu êxito. Porque a generalidade e a indeterminação do seu conteúdo essencial não constituem nenhum obstáculo intransponível e, muito menos, dele privativo: diversos outros princípios que informam o direito vigente — pense-se no princípio da autonomia privada ou no da justiça contratual — não são aliás mais específicos ou definidos, nem se apresentam mais directa ou imediatamente operativos[1017].

do Direito *praeter legem* (cfr., por todos, LARENZ/CANARIS, *Methodenlehre* cit., 236; HENCKEL, *Einführung* cit., 379-380). O seu conteúdo é extremamente debatido, albergando questões jusfilosóficas complexas que não é altura de perseguir. A natureza das coisas aponta em todo o caso para a relevância de certos elementos pré-dados ao Direito enquanto critérios do justo e da juridicidade; e permite exprimir que as relações da vida trazem em si já uma ordem intrínseca, uma medida, que ao Direito não é consentido ignorar e que lhe cabe respeitar. Nesse sentido, diríamos que a individualização de certos pressupostos básicos da responsabilidade pela confiança não é arbitrária. Pode dizer-se que a "fisiologia" da coordenação de condutas constitui um factor determinativo do Direito: corresponde deste modo à *rerum natura* a especificação, como requisitos desta responsabilidade, de um *Tatbestand* de confiança, a representação do sujeito, o seu investimento, a imputação dessa confiança e da sua frustração a outrem. A "natureza das coisas" acaba pois por desempenhar aqui uma função de especificação e operacionalização de um postulado ético-jurídico.

Já a justificabilidade da confiança parece decorrer, não tanto da estruturação do relacionamento humano, dos seus valores ou do seu intrínseco sentido, mas da necessidade de ponderação da responsabilidade com outros valores. Aqui avulta, de resto, um outro critério informador do desenvolvimento do Direito, o das necessidades do tráfico jurídico, pois estas não se compadecem com uma protecção de situações indiscriminadas de confiança (sobretudo sendo ela irrazoável ou imprudente).

[1017] Há naturalmente um preço a pagar pela elevada abstracção em que tem de colocar-se um esforço de construção sistemática. Mas pode perguntar-se em que é que outras doutrinas levam a palma à teoria da confiança do ponto de vista da sua operacionalidade e homogeneidade. Como CANARIS acaba eloquentemente de recordar, também a doutrina do negócio, por exemplo, abrange a compra de automóveis e o casamento, a cessão de créditos e a constituição de hipotecas, denúncia e testamento, deliberação social e contrato colectivo de trabalho; igualmente aqui se poderia dizer que as similitudes dogmáticas entre estes actos jurídicos são pequenas (cfr. *Die Vertrauenshaftung im Lichte der Rechtsprechung des Bundesgerichtshofs*,

O que todavia não parece conciliável com a ideia de Direito é uma radical ou liminar recusa em reconhecer um conteúdo jurídico — e, logo, minimamente determinativo de consequências jurídicas — a este pensamento vinculado, recorde-se, à plena compreensão do agir prudencial humano e de estruturações elementares da razão prática daquele que actua em liberdade. Deste modo, assim como não é possível pensar o Direito que é sem aquilo que ele inelutavelmente deve ser, também não se afigura viável conceber-se uma ordem autenticamente «jurídica» sem o princípio da responsabilidade pela confiança[1018]. Desenvolver *praeter legem* o Direito é ainda proceder *secundum ius*.

Numa época marcada pela pressão no sentido da formalização da interacção humana, bem como pela tendência para a impessoalização que nela imprime a necessidade de conquistar uma maior e activa autonomia dos sujeitos, a protecção da confiança acaba por manifes-

---

50 Jahre Bundesgerichtshof/Festgabe aus der Wissenschaft, I [Bürgerliches Recht, hrsg. Claus-Wilhelm Canaris und Andreas Heldrich], München 2000, 194).

[1018] Para a comprovação da validade desta asserção, parece especialmente idóneo o recurso às modernas teorias do consenso enquanto critérios da validade jurídica (*vide* só JÜRGEN HABERMAS, *Faktizität und Geltung* cit., *passim*, *v.g.*, 272 ss), na medida em que se verifica um amplo reconhecimento do carácter ético-jurídico do princípio da confiança (se não universal, pelo menos por uma muito significativa porção dos actores do Direito). Não deve certamente exacerbar-se a sua importância, porque esse consenso, como quer que se defina, não poderia constituir senão uma formalização do problema da validade jurídica, tão ao gosto da contemporânea reflexão jurídica. Pese embora o mérito e a utilidade do modelo, o facto é que este problema acaba assim por, nuclearmente, lhe escapar. O Direito remete na realidade, de modo necessário, para uma concepção material e objectiva do Justo, pois as suas respostas requerem averiguação segundo um padrão objectivo de correcção e rectidão de soluções; mesmo quando — como se exprimiu KENT GREENAWALT, *Law and Objectivity*, New York, Oxford 1992, 233-234 — juristas razoáveis possam discordar entre si (acerca do que é «really right»). Aqui radica de facto, em última instância, a pretensão de fundamentabilidade e acerto das soluções jurídicas. Em todo o caso, aquele consenso representará em condições normais um *indício* da Justiça. Neste sentido, a ampla aceitação do pensamento da confiança na doutrina e a sua difusão na prática decisória dos tribunais legitimarão igualmente uma inversão do *ónus da argumentação*. O pensamento da confiança estará então defendido enquanto os seus adversários e detractores não demonstrarem concludentemente a insustentabilidade ou o sem-sentido da sua relevância jurídica.

tar as exigências de diminuição dos riscos de acção que a progressiva interdependência dos sujeitos também desvenda. Importa combater as consequências nefastas do exacerbar da autodeterminação pessoal, compensando-a com um princípio de responsabilidade, simultaneamente sensível e flexível, capaz de reagir ao afinamento dos imperativos da Justiça. Aprofundar estes dois pilares — liberdade e responsabilidade — é, para nós, um perene caminho do Direito.

EPÍLOGO

**POR UMA TEORIA "PURA"
DA RESPONSABILIDADE PELA CONFIANÇA**

EPÍLOGO

POR UMA TEORIA "PURA"
DA RESPONSABILIDADE PELA CONFIANÇA

A responsabilidade pela confiança é parte integrante do direito civil vigente. Na sua essência, exprime a justiça comutativa, na forma específica de justiça correctiva (meramente) compensatória. O seu reconhecimento radica intimamente na indeclinável exigência do Direito segundo a qual aquele que origina a confiança de outrem e a frustra deve responder, ao menos em certas circunstâncias, pelos danos causados. O recurso a este pensamento torna-se imprescindível para a racionalização de certas soluções normativas, mas transcende por força os concretos afloramentos em que se plasma. A sua intervenção autónoma, superadora do plano da lei, terá naturalmente, como corresponde à sua natureza de princípio jurídico fundamental, de compatibilizar-se com as demais determinações, princípios e valores que informam a ordem jurídica, que não pode subverter. Tal qual qualquer outro princípio de carácter geral, a força expansiva que lhe inere conhece por isso limites e restrições no processo de concretização-aplicação. É tarefa da ciência jurídica operacionalizá-lo em contextos específicos típicos. A sua subordinação a condições de relevância não prejudica a sua característica de princípio fundamentador de consequências jurídicas. Entre aquelas condições avulta usualmente a presença de uma relação especial entre sujeitos, cujo preenchimento se torna assim determinativo da responsabilidade pela confiança.

A persuasividade do pensamento da protecção indemnizatória das expectativas contrasta porém com a erosão a que tem sido sujeito na doutrina contemporânea pela indevida extensão que se lhe atribui. Se bem que persistentemente invocado, sobretudo para fazer face a modernas situações de responsabilidade não facilmente captáveis nos moldes da doutrina tradicional da imputação de danos, ele apresenta-se também incessantemente fustigado pela crítica. Nega-se-lhe relevo dogmático autónomo tomando pretexto de uma desmesurada extensão e amorfismo; e pretende-se mesmo poder integrar comodamente tais situações de responsabilidade nas formas clássicas da imputação de danos. Qualquer reabilitação do pensamento da protecção indemnizatória da confiança requer assim necessariamente uma reconstrução dogmático-crítica da sua essência.

Existe responsabilidade pela confiança quando a criação-defraudação da confiança constitua o vero fundamento da obrigação de indemnizar. Na sua extrema singeleza, esta percepção permite traçar com rigor o âmbito possível e legítimo da responsabilidade pela confiança. Defende-a principalmente das extensões indevidas que a mesclam com o reconhecimento de que a criação ou promoção da confiança representa um escopo, ora precípuo, ora secundário mas presente, de inúmeras soluções jurídicas: fundamento e fim não se confundem. O critério é penetrante — pese embora possa requerer uma interpretação profunda dessas soluções —, substituindo com vantagem orientações de cariz impressionista, ligadas com frequência a comodidades de discurso. Na linha recta da sua lógica própria, a responsabilidade pela confiança apresenta-se por isso como forma de protecção da confiança que é realmente experimentada pelo sujeito. O recurso a presunções no estabelecimento das suas convicções respeita integralmente este traço.

Semelhante concepção projecta-se longe. Não podendo admitir-se com carácter de generalidade a existência de um dever de corresponder à confiança alheia, importa concluir, sem ceder à sedução de retóricas metodológico-argumentativas e rompendo abertamente certos consensos instalados, que a responsabilidade pela confiança se distingue na realidade daquela que emerge da violação de deveres de agir. Independentemente da sua fonte, se a responsabilidade se desencadeia por desrespeito de uma adstrição, as expectativas de verificação do comportamento envolvido não constituem o autêntico fundamento da imputação de danos. É mesmo a límpida depuração da responsabilidade pela confiança da infracção de regras de conduta com que tantas vezes é miscigenada que alumia a justificação de requisitos de protecção como a razoabilidade da convicção e o investimento de confiança. Tais pressupostos são completamente espúrios dentro de um arquétipo de responsabilidade por violação de normas de agir. Pelo contrário, inserem-se congruentemente num modelo de responsabilidade nuclearmente compensatória. Postula-o aliás a desejável primazia da tutela "negativa" da confiança por sobre protecções de tipo "positivo".

Nos seus pressupostos e consequências, a responsabilidade pela confiança manifesta-se assim dotada de cristalina consistência interna. Quer na forma de responsabilidade por declarações, quer na de responsabilidade pela adopção de condutas posteriores (diversas das esperáveis), a sua singularidade dogmática deriva de representar genuinamente uma responsabilidade pela frustração de uma intencionada coordenação do comportamento de alguém por outrem; nos seus requisitos, devidamente interpretados, ecoa a respectiva cadência. Ela encontra-se geneticamente ligada à razão prática e incorpora a dimensão prudencial que caracteriza especificamente a interacção dos sujeitos; transcendendo com isso o paradigma de causalidade envolvido nas demais formas de responsabilidade. Deste modo, no seu "jogo de linguagem", na articulação dos referentes que lhe são próprios, a responsabilidade pela confiança manifesta-se vinculada à profunda e perene essência da natureza humana. Se bem que susceptível de concorrer com outras formas de imputação de danos, não deixa porém aprisionar-se directamente por elas.

Um dos corolários mais significativos da concepção exposta é o da autonomização entre responsabilidade pela confiança e regra da conduta segundo a boa fé. As vinculações nesta inspiradas apenas podem ambicionar constituir uma ordem envolvente do sistema de protecção da confiança propriamente dito: prevenindo expectativas infundadas ou evitando que elas perdurem. Os deveres de verdade ou de esclarecimento não pertencem conceptualmente à responsabilidade pela confiança. Tal como, em geral, a responsabilidade por omissões. As chamadas relações obrigacionais sem deveres primários de prestação não se reconduzem dogmaticamente à tutela de expectativas, ainda que a necessidade de considerar estas últimas inspire os deveres que as conformam.

São palpáveis as consequências de semelhante reconstrução. Impõem-se reordenações dogmáticas em figuras solidamente implantadas no pensamento jurídico como a *culpa in contrahendo* ou o *venire*, ou desarticulando por exemplo o abuso do direito da regra da conduta de boa fé. Mas a força desta reestruturação traduz-se não menos numa mais nítida racionalização de outras expressões da responsabilidade fortemente debatidas na actualidade: a ruptura de negociações, a relevância das cartas de conforto ou de intenção, a responsabilidade por informações, por prospecto ou por mensagens publicitárias, aquela que se verifica no âmbito de negócios ditos de confiança, o problema das "práticas contratuais" em relações duradouras ou no sector das ligações correntes de negócios, todas ganham um enquadramento mais transparente, que poupa equívocos e incongruências. Também a sensível questão da invocabilidade do vício de forma frustrando a confiança alheia encontra uma plausível explicação no modelo proposto.

É mister reconhecer que a tradicional *divisio* entre responsabilidade contratual e aquiliana não logra, pelas respectivas características intrínsecas, abarcar a responsabilidade pela confiança, sob pena de a amputar da sua feição constitutiva específica. E estão votadas ao fracasso todas as tentativas de a englobar em qualquer um dos termos desta distinção, ainda que devidamente reformulado. Também uma pretensão homogeneizadora do direito da imputação de danos por violação de deveres de agir sob a bandeira da mera discriminação entre um plano geral e o âmbito das relações específicas entre sujeitos não faz jus a uma responsabilidade por frustração da coordenação de condutas na base da confiança. Desta forma, importa reconhecer que a responsabilidade pela confiança constitui, dentro do sistema global da imputação de prejuízos, um corpo específico. Intercalada embora de algum modo entre os paradigmas do contrato e do delito, não se confunde com a responsabilidade por violação de deveres não contratuais e não aquilianos (como os inspirados na boa fé). O espaço das responsabilidades intermédias apresenta-se nesse sentido heterogéneo, sulcado por trilhos dogmáticos diferenciados.

Num derradeiro relance do olhar sobre o caminho percorrido:

o que fizemos, a configuração com que reconstruímos o modelo da responsabilidade pela confiança e as conclusões que dele extraímos, é, na realidade, *uma teoria "pura" da confiança na responsabilidade civil*.

Porto, Lisboa, 2 de Maio de 2001

MANUEL ANTÓNIO DE CASTRO PORTUGAL CARNEIRO DA FRADA

SIGLAS

ABGB	— *Allgemeines Bürgerliches Gesetzbuch*
AcP	— *Archiv für die civilistische Praxis*
AG	— *Die Aktiengesellschaft, Zeitschrift für das gesamte Handelswesen*
All ER	— *All England Reports*
ARSP	— *Archiv für Rechts- und Sozialphilosophie*
BFDUC	— *Boletim da Faculdade de Direito da Universidade de Coimbra*
BGB	— *Bürgerliches Gesetzbuch*
BGH	— *Bundesgerichtshof*
BGHZ	— *Entscheidungen des Bundesgerichtshofes in Zivilsachen*
BMJ	— *Boletim do Ministério da Justiça*
Cal. L. Rev.	— *California Law Review*
CJ	— *Colectânea de Jurisprudência*
CJ (STJ)	— *Colectânea de Jurisprudência (Supremo Tribunal de Justiça)*
Col. L. Rev.	— *Columbia Law Review*
FS	— *Festschrift*
Hastings L. J.	— *Hastings Law Journal*
HGB	— *Handelsgesetzbuch*
JA	— *Juristische Arbeitsblätter*
JBl	— *Juristische Blätter*
JhJb	— *Jherings Jahrbücher für die Dogmatik des bürgerlichen Rechts*
JuS	— *Juristische Schulung*
JZ	— *Juristenzeitung*
LQR	— *Law Quarterly Review*
MDR	— *Monatsschrift für Deutsches Recht*
Minn. L. Rev.	— *Minnesota Law Review*
MLR	— *Modern Law Review*
N. C. L. Rev.	— *North Carolina Law Review*
N.Y. U. L. Rev.	— *New York University Law Review*

N.E.	— North Eastern Reporter
N.W.	— North Western Reporter
NJW	— Neue Juristische Wochenschrift
Q. B.	— Law Reports, Queen's Bench
RabelsZ	— Zeitschrift für ausländisches und internationales Privatrecht
RDC	— Rivista di Diritto Civile
RDE	— Revista de Direito e Economia
RDES	— Revista de Direito e Estudos Sociais
RFDUL	— Revista da Faculdade de Direito da Universidade de Lisboa
RGZ	— Entscheidungen des Reichsgerichts in Zivilsachen
RLJ	— Revista de Legislação e de Jurisprudência
ROA	— Revista da Ordem dos Advogados
Rth	— Rechtstheorie / Zeitschrift für Logik, Methodenlehre, Kybernetik und Soziologie des Rechts
S. Cal. L. Rev.	— Southern California Law Review
STJ	— Supremo Tribunal de Justiça
Sw. L. J.	— Southwestern Law Journal
U. Chi. L. Rev.	— University of Chicago Law Review
U. Ill. L. Rev.	— University of Illinois Law Review
UNSW Law Journal	— University of South Wales Law Journal
VersR	— Versicherungsrecht
Wis. L. Rev.	— Wisconsin Law Review
WM	— Zeitschrift für Wirtschaft und Bankrecht, Wertpapiermitteilungen
Yale L. J.	— Yale Law Journal
ZGR	— Zeitschrift für Unternehmens- und Gesellschaftsrecht
ZHR	— Zeitschrift für das gesamte Handels- und Wirtschaftsrecht
ZIP	— Zeitschrift für Wirtschaftsrecht und Insolvenzpraxis
ZStaaW	— Zeitschrift für die gesamte Staatswissenschaft

BIBLIOGRAFIA *

ABRANTES, JOSÉ JOÃO – *Direito do Trabalho/Ensaios*, Lisboa 1995.
ABREU, JORGE COUTINHO DE – *Da Empresarialidade/As empresas e o Direito*, Coimbra 1999 (reimpr.).
ABREU, JORGE COUTINHO DE – *Do Abuso de Direito (Ensaio de um critério em direito civil e nas deliberações sociais)*, Coimbra 1983.
Abschlussbericht der Kommission zur Überarbeitung des Schuldrechts/herausgegeben vom Bundesminister der Justiz, Köln 1992.
ADOLFF, JOHANNES – *Die zivilrechtliche Verantwortlichkeit deutscher Anwälte bei der Abgabe von Third Party Legal Opinions*, München 1997.
ALARCÃO, RUI DE – *A Confirmação dos Negócios Jurídicos Anuláveis*, Coimbra 1971.
ALARCÃO, RUI DE – *Direito das obrigações*, Coimbra 1983 (polic.).
ALBUQUERQUE, MARTIM DE – *Da Igualdade/Introdução à Jurisprudência*, Coimbra 1993.
ALBUQUERQUE, PEDRO DE – *A aplicação do prazo prescricional do n.° 1 do art. 498 do Código Civil à responsabilidade civil contratual*, ROA 49 (1989), 793 ss.
ALBUQUERQUE, PEDRO DE – *Autonomia da vontade e negócio jurídico em direito da família (Ensaio)*, Cadernos de Ciência e Técnica Fiscal, 146, Lisboa 1986.
ALBUQUERQUE, PEDRO DE – *Da prestação de garantias por sociedades comerciais a dívidas de outras entidades*, ROA 57 (1997), 69 ss.
ALBUQUERQUE, RUY DE – *Da culpa in contrahendo no direito luso-brasileiro*, Lisboa 1961 (dact.).
ALEXANDRE, ISABEL – *Problemas recentes da uniformização da jurisprudência em processo civil*, ROA 60 (2000), 103 ss.
ALEXY, ROBERT – *Begriff und Geltung des Rechts*, München 1992.
ALEXY, ROBERT – *Recht, Vernunft, Diskurs*, Frankfurt 1995.
ALEXY, ROBERT – *Theorie der juristischen Argumentation/Die Theorie des rationalen Diskurses als Theorie der juristischen Begründung*, 2.ª edição, Frankfurt a. M. 1991.

---

* As referências bibliográficas correspondem a monografias, artigos e estudos acessíveis até meados de Outubro de 2000. Só pontualmente se puderam considerar elementos posteriormente surgidos.

ALEXY, ROBERT – *Zum Begriff des Rechtsprinzips*, in Argumentation und Hermeneutik in der Jurisprudenz (hrsg. W. Krawietz e outros), Rechtstheorie, Bhf. 1, Berlin 1979, 59 ss.
ALMEIDA, CARLOS FERREIRA DE – *Recusa de cumprimento declarada antes do vencimento/Estudo de Direito Comparado e de Direito Civil Português*, in Estudos em Memória do Professor Doutor João de Castro Mendes, Lisboa s/data (mas 1995), 289 ss.
ALMEIDA, CARLOS FERREIRA DE – *Publicidade e Teoria dos Registos*, Lisboa 1966.
ALMEIDA, CARLOS FERREIRA DE – *Texto e Enunciado na Teoria do Negócio Jurídico*, I e II, Coimbra 1992.
ALMENO DE SÁ/CORREIA, FERRER – *vide* CORREIA, FERRER/SÁ, ALMENO DE.
ALPA, GUIDO – *Circolazione di valori mobiliari e responsabilità civile degli intermediari*, Corriere giuridico 1987, 1200 ss.
Alternativkommentar zum Bürgerlichen Gesetzbuch, Bd. 3, Neuwied, Darmstadt 1979.
ALTMEPPEN, HOLGER – *Disponibilität des Rechtscheins/Struktur und Wirkungen des Redlichkeitsschutzes im Privatrecht*, Köln 1993.
ALVES, RAÚL GUICHARD – *Notas sobre a falta e limites do poder de representação*, RDES XXXVII (1995), 3 ss.
ALVES, RAÚL GUICHARD – *O instituto da «procuração aparente» – Algumas reflexões à luz do direito alemão*, in Juris et de Jure/Nos vinte anos da Faculdade de Direito da Universidade Católica Portuguesa-Porto, Porto 1998, 223 ss.
ANDRADE, MANUEL DE – *Sobre as cláusulas de liquidação de partes sociais pelo último balanço*, Coimbra 1955.
ANDRADE, MANUEL DE – *Teoria Geral da Relação Jurídica*, I e II, Coimbra 1964 (reimpr.).
ANDRADE, MANUEL DE – *Teoria Geral das Obrigações*, 2.ª edição, Coimbra 1963.
Anson's Law of Contract – *vide* BEATSON, J.
ANTUNES, HENRIQUE SOUSA – *Responsabilidade Civil dos Obrigados à Vigilância de Pessoa naturalmente Incapaz*, Lisboa 2000.
ANTUNES, JOSÉ A. ENGRÁCIA – *Os Grupos de Sociedades*, Coimbra 1993.
AQUILA, ENRICO DELL' – *La Correttezza nel Diritto Privato*, Milano 1980.
AQUINO, S. TOMÁS DE – *Summa Theologica*, II/II.
ARISTÓTELES – *A Política*.
ARISTÓTELES – *Ética a Nicómaco*.
ASCENSÃO, JOSÉ DE OLIVEIRA – *A Tipicidade dos Direitos Reais*, Lisboa 1968.
ASCENSÃO, JOSÉ DE OLIVEIRA – *Arguição do currículo apresentado pelo Doutor António Menezes Cordeiro nas provas para obtenção do título de professor agregado*, RFDUL XXXIX (2), 1998, 821 ss.
ASCENSÃO, JOSÉ DE OLIVEIRA – *Cláusulas contratuais gerais, cláusulas abusivas e boa fé*, ROA 60 (2000), 573 ss.
ASCENSÃO, JOSÉ DE OLIVEIRA – *Concorrência Desleal*, Lisboa 1994.

ASCENSÃO, JOSÉ DE OLIVEIRA – *Direito Civil/Teoria Geral*, I (*Introdução; As pessoas; Os bens*), 2.ª edição, Coimbra 2000, e II (*Acções e factos jurídicos*), Coimbra 1999.

ASCENSÃO, JOSÉ DE OLIVEIRA – *Direito comercial*, II (*Direito industrial*), Lisboa 1988, e IV (*Sociedades, Parte geral*), Lisboa 2000 (polic.).

ASCENSÃO, JOSÉ DE OLIVEIRA – *Direito de Autor e Direitos Conexos*, Coimbra 1992.

ASCENSÃO, JOSÉ DE OLIVEIRA – *O Direito/Introdução e Teoria Geral (Uma perspectiva luso-brasileira)*, 11.ª edição, Coimbra 2001.

ASCENSÃO, JOSÉ DE OLIVEIRA – *Teoria geral do direito civil*, IV, *(Título V/As situações jurídicas)*, polic., Lisboa 1985.

ASCENSÃO, JOSÉ DE OLIVEIRA/FRADA, MANUEL A. CARNEIRO DA – *Contrato celebrado por agente de pessoa colectiva.Representação, responsabilidade e enriquecimento sem causa*, RDE XVI-XIX (1990-93), 43 ss.

ASSMANN, HEINZ DIETER – *Prospekthaftung als unerlaubter Haftungsdurchgriff?/Zur Problematik des Anlegerschutzes durch richterliche Rechtsfortbildung*, in Richterliche Rechtsfortbildung (FS der juristischen Fakultät zur 600-Jahr Feier der Ruprecht-Karls-Universität Heidelberg), Heidelberg 1986, 299 ss.

ASSMANN, HEINZ DIETER – *Prospekthaftung/Haftung gegenüber dem Anleger*, in Neue Entwicklungen im Bankhaftungsrecht (hrsg. por Johannes Köndgen), Köln 1987, 55 ss.

ASSMANN, HEINZ-DIETER – *Prospekthaftung/als Haftung für die Verletzung kapitalmarktbezogener Informationspflichten nach deutschem und US-amerikanischem Recht*, Köln, Berlin, Bonn, München 1985.

ATIYAH, P.S. – *An Introduction to the Law of Contract*, 5.ª edição, Oxford 1995, e 3.ª edição, Oxford 1981.

ATIYAH, P.S. – *Essays on Contract*, Oxford 1986 (reimpr. 1995).

BALL, S.N. – *Work carried out in pursuance of letters of intent – Contract or restitution?*, LQR 99 (1983), 572 ss.

BALLERSTEDT, KURT – *Zur Haftung für culpa in contrahendo bei Geschäftsabschluss durch Stellvertreter*, AcP 151 (1950/1951), 501 ss.

BÄLZ, ULRICH – *Ersatz oder Ausgleich?/Zum Standort der Gefährdungshaftung im Licht der neuesten Gesetzgebung*, JZ 1992, 57 ss.

BÄLZ, ULRICH – *Zum Strukturwandel des Systems zivilrechtlicher Haftung/Mangelschaden, Mangelfolgeschaden und weiterfressende Schaden – Eine Aufgabe für den Gesetzgeber?*, Tübingen 1981.

BANAKAS, EFSTATHIOS K. – *Tender is the night: Economic loss-the issues*, in Civil Liability for Pure Economic Loss (ed. por E. K. Banakas), London, The Hague, Boston 1996, 1 ss.

BANTJE, UDO – *Gentlemen's agreement und abgestimmtes Verhalten/Eine dogmatische Untersuchung nichtrechtsgeschäftlicher Einigungstatbestände im bürgerlichen Recht, Kartellrecht und Völkerrecht*, (Athenäum) 1982.

BAR, CHRISTIAN VON – *Deliktsrecht,* in Gutachten und Vorschläge zur Überarbeitung des Schuldrechts, Bd. II, Köln 1981, 1681 ss.

BAR, CHRISTIAN VON – *Entwicklungen und Entwicklungstendenzen im Recht der Verkehrs-(sicherungs)pflichten,* JuS 1988, 169 ss.

BAR, CHRISTIAN VON – *Negligence, Eigentumsverletzung und reiner Vermögensschaden/Zu den Grenzen der Fahrlässigkeitshaftung für reine Vermögensschäden in der neueren Entwicklung des Common Law,* RabelsZ 56 (1992), 410 ss.

BAR, CHRISTIAN VON – *Verkehrspflichten/Richterliche Gefahrsteuerungsgebote im deutschen Deliktsrecht,* Köln, Berlin, Bonn, München 1980.

BAR, CHRISTIAN VON – *Vertragliche Schadensersatzpflichten ohne Vertrag?,* JuS 1982, 637 ss.

BAR, CHRISTIAN VON – *Vertrauenshaftung ohne Vertrauen – Zur Prospekthaftung bei der Publikums-KG in der Rechtsprechung des BGH,* ZGR 1983, 476 ss.

BAR, CHRISTIAN VON – *Zur Bedeutung des Beweglichen Systems für die Dogmatik der Verkehrspflichten,* in Das Bewegliche System im geltenden und künftigen Recht (hrsg. Franz Bydlinski e outros), Wien 1986, 63 ss.

BARATA, CARLOS LACERDA – *Sobre o Contrato de Agência,* Coimbra 1991.

BARKER, KIT – *Unreliable assumptions in the modern law of negligence,* LQR 1993, 461 ss.

BASSENGE, FRIEDRICH – *Das Versprechen/Ein Beitrag zur Philosophie der Sittlichkeit und des Rechts,* Berlin 1930.

BATTES, ROBERT – *Erfüllungsansprüche trotz beiderseits bewussten Formmangels?,* JZ 1969, 683 ss.

BEATER, AXEL – *Generalklauseln und Fallgrupen,* AcP 194 (1994), 82 ss.

BEATSON, J. – *Anson's Law of Contract,* 27.ª edição, Oxford, New York 1998.

BEDUSCHI, CARLO – *Tipicità e Diritto/Contributo allo studio della razionalità giuridica,* Milano 1992.

BEUTHIEN, VOLKER – *Zweckerreichung und Zweckstörung im Schuldverhältnis,* Tübingen 1969.

BEZZENBERGER, TILMANN – *Etnische Diskriminierung, Gleichheit und Sittenordnung,* AcP 196 (1996), 395 ss.

BICHLER, MICHAEL – *Rechtsgefühl, System und Wertung,* 1979.

Black's Law Dictionary, 6.ª edição, St. Paul, Minn. 1990.

BLANKENBURG, E. – *Empirisch messbare Dimensionen von Rechtsgefühl, Rechtsbewusstsein und Vertrauen in Recht,* in Recht und Verhalten/Verhaltensgrundlagen des Rechts-zum Beispiel Vertrauen (hrsg. Hagen Hof, Hans Kummer, etc.), Baden-Baden 1994, 83 ss.

BLASCHOK, ANDREAS – *Gefärdungshaftung und Risikozuweisung,* Köln, Berlin, Bonn, München 1993.

BOHRER, MICHAEL – *Die Haftung des Dispositionsgaranten,* München 1978.

BÖRGERS, MICHAEL – *Von den "Wandlungen" zur "Restrukturierung" des Deliktsrechts?,* Berlin 1992.

BRAWENZ, CHRISTIAN – *Die Prospekthaftung nach allgemeinem Zivilrecht*, Wien 1991.
BREHMER, NIKOLAUS – *Wille und Erklärung/Zu Geltungsgrund, Tatbestand und Zurechnung der Willenserklärung*, Baden-Baden 1992.
BREIDENBACH, STEPHAN – *Die Voraussetzungen von Informationspflichten beim Vertragsschluss*, München 1989.
BRITO, HELENA – *A Representação nos Negócios Jurídicos Internacionais/Um contributo para o estudo do princípio da coerência em direito internacional privado*, Coimbra 1999.
BRITO, HELENA – *O contrato de agência*, in Novas Perspectivas do Direito Comercial, Coimbra 1988, 105 ss.
BRONZE, FERNANDO JOSÉ – *"Continentalização" do direito inglês ou "insularização" do direito continental?*, BFDUC, supl. XXII (1975), 1 ss.
BRONZE, FERNANDO JOSÉ – *A Metodonomologia entre a Semelhança e a Diferença (Reflexão problematizante dos pólos da radical matriz analógica do discurso jurídico)*, Coimbra 1994.
BROWNSWORD, ROGER – *"Good faith in contracts" revisited*, Current Legal Problems 1996, II, Oxford 1996, 111 ss.
BRÜGGEMEIER, GERT – *Gesellschaftliche Schadensverteilung und Deliktsrecht*, AcP 182 (1982), 385 ss.
BRÜGGEMEIER, GERT – *Judizielle Schutzpolitik de lege lata – Zur Restrukturierung des BGB-Deliktsrechts*, JZ 1986, 969 ss.
BRÜGGEMEIER, GERT – *Vertrag/Quasi-Vertrag/Sonderdelikt/Delikt – Ansätze zu einer Neustrukturierung des zivilen Haftungsrechts*, AG 1982, 268 ss.
BUCKLEY, F.H. – *Paradox lost*, Minn. L. Rev. 72 (1988), 775 ss.
BURROWS, A.S. – *Contract, tort and restitution – A satisfactory division or not?*, LQR 1983, 217 ss.
BUSNELLI, FRANCESCO D./PATTI, SALVATORE – *Danno e Responsabilità Civile*, Torino 1997.
BYDLINSKI, FRANZ – *Erklärungsbewusstsein und Rechtsgeschäft*, JZ 1975, 1 ss.
BYDLINSKI, FRANZ – *Fundamentale Rechtsgrundsätze*, Wien, New York 1988.
BYDLINSKI, FRANZ – *Juristische Methodenlehre und Rechtsbegriff*, 2.ª edição, New York, Wien 1991.
BYDLINSKI, FRANZ – *Möglichkeiten und Grenzen der Präzisierung aktueller Generalklauseln*, in Rechtsdogmatik und praktische Vernunft/Symposium zum 80. Geburtstag von Franz Wieacker, Göttingen 1990, 189 ss.
BYDLINSKI, FRANZ – *Privatautonomie und objektive Grundlagen des verpflichtenden Rechtsgeschäfts*, Wien 1967.
BYDLINSKI, FRANZ – *Sonderprivatrechte – Was ist das?*, in Kontinuität und Wandel//Beiträge zum Unternehmensrecht, FS für Walter Kastner zum 90. Geburtstag, Wien 1992, 71 ss.
BYDLINSKI, FRANZ – *System und Prinzipien des Privatrechts*, Wien, New York 1996.

BYDLINSKI, FRANZ – *Unentbehrlichkeit und Grenzen methodischen Rechtsdenkens*, AcP 188 (1988), 447 ss.
BYDLINSKI, FRANZ – *Vertragliche Sorgfaltspflichten zugunsten Dritter*, JBl 1960, 359 ss.
CABRAL S.J., ROQUE – *Temas de Ética*, Braga 2000.
CABRAL, RITA AMARAL – *A teoria da aparência e a relação jurídica cambiária*, ROA 44 (1984), 627 ss.
CABRAL, RITA AMARAL – *Anotação ao acórdão arbitral de 31 de Março de 1993*, ROA 55 (1995), 191 ss.
CAEMMERER, ERNST VON – *Das Problem der überholenden Kausalität im Schadensersatzrecht*, Gesammelte Schriften, I (Rechtsvergleichung und Schuldrecht), Tübingen 1968, 411 ss.
CAEMMERER, ERNST VON – *Wandlungen des Deliktsrechts*, FS 100. DJT Karlsruhe 1960, 49 ss.
CAMPOS, DIOGO LEITE DE – *A Subsidiariedade da Obrigação de Restituir o Enriquecimento*, Coimbra 1974.
CAMPOS, DIOGO LEITE DE – *Contrato a Favor de Terceiro*, Coimbra 1991 (reimpr.).
CAMPOS, DIOGO LEITE DE/TOMÉ, MARIA JOÃO VAZ – *A Propriedade Fiduciária (Trust)/Estudo para a sua consagração no direito português*, Coimbra 1999.
CANARIS, CLAUS-WILHELM – *A liberdade e a justiça contratual*, in Contratos: Actualidade e evolução/Actas do Congresso Internacional organizado pelo Centro Regional do Porto da Universidade Católica Portuguesa de 28 a 30 de Novembro de 1991, Porto 1997, 49 ss.
CANARIS, CLAUS-WILHELM – *Anotação à sentença do BGH de 7.6.1984*, NJW 1984, 2281 ss.
CANARIS, CLAUS-WILHELM – anotações em *Handelsgesetzbuch/Grosskommentar* [begr. Herman Staub], III/3, Berlin, New York 1981 = *Bankvertragsrecht*, 2.ª edição.
CANARIS, CLAUS-WILHELM – *Ansprüche weger "positiver Vertragsverletzung" und "Schutzwirkung für Dritte" bei nichtigen Verträgen*, JZ 1965, 475 ss.
CANARIS, CLAUS-WILHELM – *Bankvertragsrecht*, I, 3.ª edição, Berlin, New York 1988.
CANARIS, CLAUS-WILHELM – *Bewegliches System und Vertrauensschutz im rechtsgeschäftlichen Verkehr*, in Bewegliches System im geltenden und zukünftigen Recht (hrsg. Franz Bydlinski, etc.), Wien, New York 1986, 103 ss.
CANARIS, CLAUS-WILHELM – *Das Schweigen im Rechtsverkehr als Verpflichtungsgrund*, FS für Walter Wilburg zum 70. Geburtstag, Graz 1975, 77 ss.
CANARIS, CLAUS-WILHELM – *Das Verlöbnis als "gesetzliches" Rechtsverhältnis*, AcP 165 (1965), 1 ss.
CANARIS, CLAUS-WILHELM – *Der Schutz obligatorischer Forderungen nach § 823 I BGB*, FS für Erich Steffen, Berlin, New York 1995, 85 ss.
CANARIS, CLAUS-WILHELM – *Die Bedeutung der iustitia distributiva im deutschen Vertragsrecht*, München 1997.
CANARIS, CLAUS-WILHELM – *Die Feststellung von Lücken im Gesetz/Eine methodolo-*

gische Untersuchung über Voraussetzungen und Grenzen der richterlichen Rechtsfortbildung praeter legem, 2.ª edição, Berlin 1983.

CANARIS, CLAUS-WILHELM – *Die Haftung des Sachverständigen zwischen Schutzwirkungen für Dritte und Dritthaftung aus culpa in contrahendo*, JZ 1998, 603 ss.

CANARIS, CLAUS-WILHELM – *Die Produzentenhaftpflicht in dogmatischer und rechtspolitischer Sicht*, JZ 1968, 494 ss.

CANARIS, CLAUS-WILHELM – *Die Reichweite der Expertenhaftung gegenüber Dritten*, ZHR 163 (1999), 206 ss.

CANARIS, CLAUS-WILHELM – *Die Vertrauenshaftung im deutschen Privatrecht*, München 1971 (reimpr. Nendeln 1981).

CANARIS, CLAUS-WILHELM – *Die Vertrauenshaftung im Lichte der Rechtsprechung des Bundesgerichtshofs*, 50 Jahre Bundesgerichtshof/Festgabe aus der Wissenschaft, I (Bürgerliches Recht, hrsg. Claus-Wilhelm Canaris und Andreas Heldrich), München 2000, 129 ss.

CANARIS, CLAUS-WILHELM – *Funktion, Struktur und Falsifikation juristischer Theorien*, JZ 1993, 377 ss.

CANARIS, CLAUS-WILHELM – *Geschäfts- und Verschuldensfähigkeit bei Haftung aus "Culpa in contrahendo", Gefährdung und Aufopferung*, NJW 1964, 1987 ss.

CANARIS, CLAUS-WILHELM – *Grundrechte und Privatrecht*, AcP 184 (1984), 201 ss.

CANARIS, CLAUS-WILHELM – *Haftung Dritter aus positiver Forderungsverletzung*, VersR 1965, 114 ss.

CANARIS, CLAUS-WILHELM – *Haftung Dritter aus positiver Forderungsverletzung*, VersR 1965, 114 ss.

CANARIS, CLAUS-WILHELM – *Handelsrecht*, 23.ª edição, München 2000.

CANARIS, CLAUS-WILHELM – *Konsens und Verfahren als Grundelemente der Rechtsordnung – Gedanken vor dem Hintergrund der "Eumeniden" des "Aischylos"*, Jus 1996, 573 ss.

CANARIS, CLAUS-WILHELM – *Leistungsstörungen beim Unternehmenskauf*, ZGR 1982, 395 ss.

CANARIS, CLAUS-WILHELM – *Pensamento Sistemático e Conceito de Sistema na Ciência do Direito* (trad. port. de Menezes Cordeiro), Lisboa 1989.

CANARIS, CLAUS-WILHELM – *Richtigkeit und Eigenwertung in der richterlichen Rechtsfindung*, in Grazer Universitätsreden 50, Graz 1993.

CANARIS, CLAUS-WILHELM – *Schutzgesetze – Verkehrspflichten – Schutzpflichten*, FS für Karl Larenz zum 80.Geburtstag, München 1983, 27 ss.

CANARIS, CLAUS-WILHELM – *Schutzwirkungen zugunsten Dritter bei "Gegenläufigkeit" der Interessen*, JZ 1995, 441 ss.

CANARIS, CLAUS-WILHELM – *Täterschaft und Teilnahme bei culpa in contrahendo*, in Freiheit und Zwang, FS zum 60. Geburtstag von Hans Giger, Bern 1989, 91 ss.

CANARIS, CLAUS-WILHELM – *Theorienrezeption und Theorienstruktur*, Wege zum japanischen Recht/FS für Zentaro Kitagawa, Berlin 1992, 59 ss.

CANARIS, CLAUS-WILHELM – *Verstösse gegen das verfassungsrechtliche Übermassverbot im Recht der Geschäftsfähigkeit und im Schadensersatzrecht*, JZ 1987, 993 ss.
CANARIS, CLAUS-WILHELM – *Zur Problematik von Privatrecht und verfassungsrechtlichem Übermassverbot/Ein Schlusswort zu den vorstehend abgedruckten Erwiderungen von Ramm und Wieser*, JZ 1988, 494 ss.
CANARIS, CLAUS-WILHELM/LARENZ, KARL – vide LARENZ, KARL/CANARIS, CLAUS-WILHELM.
CARDOSO, AUGUSTO LOPES – *Do Segredo Profissional na Advocacia*, Viseu 1998.
CARVALHO, ANTÓNIO NUNES DE/PINTO, MÁRIO/MARTINS, PEDRO FURTADO – vide PINTO, MÁRIO/MARTINS, PEDRO FURTADO/CARVALHO, ANTÓNIO NUNES DE.
CARVALHO, ORLANDO DE – *Critério e Estrutura do Estabelecimento Comercial*, I (*O problema da empresa como objecto de negócios*), Coimbra 1967.
CARVALHO, ORLANDO DE – *Negócio jurídico indirecto*, in Escritos/Páginas de Direito, I, Coimbra 1997, 31 ss.
CARVALHO, ORLANDO DE – *Teoria geral do direito civil (Sumários)*, Coimbra 1981 (polic.).
CARVALHO, PEDRO NUNES DE – *Omissão e Dever de Agir em Direito Civil*, Coimbra 1999.
CASTRONOVO, CARLO – *L' obbligazione senza prestazione ai confini tra contratto e torto*, in Le Ragioni del Diritto, Scritti in onore di Luigi Mengoni, I, Diritto Civile, Milano 1995, 147 ss.
CASTRONOVO, CARLO – *La Nuova Responsabilità Civile/Regola e metafora*, Milano 1991.
CATTANEO, GUIDO – em recensão a Ferrarini, *La responsabilità da prospetto*, Quadrimestre 1986, 429 ss.
CHECCHINI, ALDO – *Rapporti Non Vincolanti e Regola di Corretezza*, Padova 1977.
CHORÃO, MÁRIO BIGOTTE — *Introdução ao Direito, I (O conceito de Direito)*, Coimbra 2000.
COELHO, FRANCISCO M. B. PEREIRA – *A Renúncia Abdicativa no Direito Civil (Algumas notas tendentes à definição do seu regime)*, Coimbra 1995.
COELHO, FRANCISCO PEREIRA – *Breves notas ao «Regime do Arrendamento Urbano»*, RLJ 125 (1992/1993), 257 ss.
COELHO, FRANCISCO PEREIRA – *Culpa do lesante e extensão da reparação*, RDES, VI (1950), 68 ss.
COELHO, FRANCISCO PEREIRA – *Curso de direito da família*, polic., Coimbra 1986.
COELHO, FRANCISCO PEREIRA – *La publicité et le consommateur/Rapport général*, in Travaux de l'Association Henri Capitant, XXXII, Paris 1983, 19 ss.
COELHO, FRANCISCO PEREIRA – *O Enriquecimento e o Dano*, Coimbra 1999 (reimpr.).
COELHO, FRANCISCO PEREIRA – *O Nexo de Causalidade na Responsabilidade Civil*, BFDUC Supl. IX (1951), 65 ss.

COELHO, FRANCISCO PEREIRA – *O Problema da Causa Virtual na Responsabillidade Civil*, Coimbra 1956.
COING, HELMUT – *Allgemeine Rechtsgrundsätze in der Rechtsprechung des Reichsgerichts zum Begriff der "guten Sitten"*, in Gesammelte Aufsätze zu Rechtsgeschichte, Rechtsphilosophie und Zivilrecht, 1947-1975, Bd. I, Frankfurt a. M. 1982, 1 ss.
COING, HELMUT – *Haftung aus Prospektwerbung für Kapitalanlagen in der neueren Rechtsprechung des Bundesgerichtshofes*, WM 1980, 206 ss.
COING, HELMUT – in *Staudinger Kommentar*, 11.ª edição, anotações aos §§ 1-240, Berlin 1957.
COLEMAN, JULES – *Risks and Wrongs*, Cambridge University Press, New York, Victoria 1992.
COLLAÇO, ISABEL MAGALHÃES – *Da Qualificação em Direito Internacional Privado*, Lisboa 1964.
COOTER, ROBERT/FREEDMAN, BRADLEY J. – *The fiduciary relationship: its economic character and legal consequences*, New York University Law Review, 66 (1991), 1045 ss.
CORBIN – *On Contracts (Formation of contracts)*, vol. 3, St. Paul, Minnesota 1996 (por Eric Mills Holmes).
CORDEIRO, ANTÓNIO MENEZES – *Anotação ao acórdão do Tribunal Arbitral de 31 de Março de 1993*, ROA 55 (1995), 123 ss.
CORDEIRO, ANTÓNIO MENEZES – *Ciência do direito e metodologia jurídica nos finais do século XX*, sep. ROA 48 (1988).
CORDEIRO, ANTÓNIO MENEZES – *Concessão de crédito e responsabilidade bancária*, in Banca, Bolsa e Crédito/Estudos de direito comercial e de direito da economia, Coimbra 1990, 9 ss.
CORDEIRO, ANTÓNIO MENEZES – *Contrato-promessa/Art. 410 n.° 3 do Código Civil/ /Abuso do direito/Inalegabilidade formal – Anotação ao acórdão do Supremo Tribunal de Justiça de 12 de Novembro de 1998*, ROA 58 (1998), 929 ss.
CORDEIRO, ANTÓNIO MENEZES – *Da alteração das circunstâncias/A concretização do art. 437 do Código Civil à luz da jurisprudência posterior a 1974*, Separata dos Estudos em Memória do Prof. Doutor Paulo Cunha, Lisboa 1987.
CORDEIRO, ANTÓNIO MENEZES – *Da Boa Fé no Direito Civil*, I e II, Coimbra 1984.
CORDEIRO, ANTÓNIO MENEZES – *Da boa fé nos finais do séc. XX*, ROA 56 (1996), 887 ss.
CORDEIRO, ANTÓNIO MENEZES – *Da pós-eficácia das obrigações*, sep. dos Estudos em honra do Prof. Doutor Cavaleiro de Ferreira, Lisboa 1984.
CORDEIRO, ANTÓNIO MENEZES – *Da Responsabilidade Civil dos Administradores das Sociedades Comerciais*, Lisboa 1996.
CORDEIRO, ANTÓNIO MENEZES – *Das Cartas de Conforto no Direito Bancário*, Lisboa 1993.
CORDEIRO, ANTÓNIO MENEZES – *Direito Bancário/Relatório*, Coimbra 1997.

CORDEIRO, ANTÓNIO MENEZES – *Direito das Obrigações*, I e II, Lisboa 1988 (reimpr.).
CORDEIRO, ANTÓNIO MENEZES – *Do levantamento da personalidade colectiva*, Direito e Justiça, IV (1989-1990), 147 ss.
CORDEIRO, ANTÓNIO MENEZES – *Evolução científica e direitos reais*, in Estudos de Direito Civil I, Coimbra 1997, 201 ss.
CORDEIRO, ANTÓNIO MENEZES – *Manual de Direito Bancário*, 2.ª edição, Coimbra 2001.
CORDEIRO, ANTÓNIO MENEZES – *Manual de Direito Comercial*, I, Coimbra 2001.
CORDEIRO, ANTÓNIO MENEZES – *O Levantamento da Personalidade Colectiva/no direito civil e comercial*, Coimbra 2000.
CORDEIRO, ANTÓNIO MENEZES – *Princípios gerais de direito*, Enciclopédia Pólis, 4, 1986.
CORDEIRO, ANTÓNIO MENEZES – *Saneamento financeiro: os deveres de viabilização das empresas e a autonomia privada*, in Banca, Bolsa e Crédito/Estudos de Direito Comercial e de Direito da Economia, I, Coimbra 1990, 63 ss.
CORDEIRO, ANTÓNIO MENEZES – *Tendências actuais da interpretação da lei: do juiz--autómato aos modelos de decisão jurídicos*, Tribuna da Justiça 12 (1985), 1 ss.
CORDEIRO, ANTÓNIO MENEZES – *Teoria geral do direito civil*, 2.ª edição, Lisboa 1989/90, I e II (polic.).
CORDEIRO, ANTÓNIO MENEZES – *Tratado de Direito Civil Português*, I/1 (*Parte geral*), 2.ª edição, Coimbra 2000.
CORDEIRO, ANTÓNIO MENEZES – *A Posse/Perspectivas dogmáticas actuais*, 3.ª edição, Coimbra 2000.
CORDEIRO, ANTÓNIO MENEZES/FRADA, MANUEL CARNEIRO DA – *Da inadmissibilidade da recusa de ratificação por venire contra factum proprium/Anotação ao Acórdão da Relação do Porto de 18 de Novembro de 1993*, O Direito 126 (1994), 677 ss.
CORDEIRO, PEDRO – *A desconsideração da personalidade jurídica das sociedades comerciais*, diss. dact., Lisboa 1987.
CORDEIRO, PEDRO – *A desconsideração da personalidade jurídica das sociedades comerciais*, in Novas Perspectivas do Direito Comercial, Lisboa 1988, 289 ss.
CORREIA, ANTÓNIO DE ARRUDA FERRER – *Lições de direito comercial*, I (polic., com a colaboração de Manuel Henrique Mesquita e António A. Caeiro), Coimbra 1973.
CORREIA, ANTÓNIO DE ARRUDA FERRER/XAVIER, VASCO DA GAMA LOBO – *Efeito externo das obrigações; abuso do direito; concorrência desleal*, RDE V (1979), 3 ss.
CORREIA, FERRER/SÁ, ALMENO DE – *Oferta pública de venda de acções e compra e venda de empresa*, CJ XVIII (1993), 4, 15 ss.
CORTE-REAL, CARLOS PAMPLONA – *Da Imputação de Liberalidades na Sucessão Legitimária*, Lisboa 1989.
COSTA, MÁRIO JÚLIO DE ALMEIDA – *Direito das Obrigações*, 8.ª edição, Coimbra 2000.
COSTA, MÁRIO JÚLIO DE ALMEIDA – *Responsabilidade civil pela ruptura das negociações preparatórias de um contrato*, sep. RLJ (reimpr.), Coimbra 1994.

COSTA, MÁRIO JÚLIO DE ALMEIDA – *Anotação ao acórdão do Supremo Tribunal de Justiça de 28 de Setembro de 1995*, RLJ ano 129 (1996/1997), 13 ss.
CRASSWELL, RICHARD/SCHWARTZ, ALAN – *Foundations of Contract Law*, New York, Oxford 1994.
CRAUSHAAR, GÖTZ VON – *Der Einfluss des Vertrauens auf die Privatrechtsbildung*, München 1969.
CRISCUOLI, GIOVANNI – *Fiducia e fiducie in diritto privato: dai negozi fiduciari ai contrati uberrimae fidei*, Riv. Dir. Civ. 1983, 136 ss.
DAMM, REINHARDT – *Kontrolle von Vertragsgerechtigkeit durch Rechtsfolgenbestimmung – Nichtigkeit und Nichtigkeitsbeschränkung bei Gesetzes- und Sittenverstoss*, JZ 1986, 913 ss.
DAVIDSON, DONALD – *Essays on Actions and Events*, Oxford 1985 (reimpr.).
DAVIES, MARTIN – *The liability of auditors to third parties in negligence*, UNSW Law Journal 1991, 171 ss.
DECKERT, MARTINA – *Folgenorientierung in der Rechtsanwendung*, München 1995.
DECKERT, MARTINA – *Zur Einführung: Die folgenorientierte Auslegung*, JuS 1995, 480 ss.
DETTE, HANS WALTER – *Venire contra factum proprium nulli conceditur/Zur Konkretisierung eines Rechtssprichwortes*, Berlin 1985.
DEUTSCH, ERWIN – *Allgemeines Haftungsrecht*, 5.ª edição, Köln, Berlin, Bonn, München 1996.
DEUTSCH, ERWIN – *Das neue System der Gefährdungshaftungen: Gefährdungshaftung, erweiterte Gefährdungshaftung und Kausal-Vermutungshaftung*, NJW 1992, 73 ss.
DIAMOND, THOMAS/FOSS, HOWARD – *Proposed standards for evaluating when covenant of good faith and fair dealing has been violated: a framework for resolving the mystery*, Hastings L. J. 47 (1996), 585 ss.
DIAS, GABRIELA FIGUEIREDO – *A Assistência Técnica nos Contratos de Know-how*, Coimbra 1995.
DIAS, JORGE FIGUEIREDO – *Liberdade/Culpa/Direito Penal*, 2.ª edição, Coimbra 1983.
DIEDERISCHSEN, UWE – *Die Haftung des Warenherstellers*, München, Berlin 1967.
DIERS, LUDWIG – *Ersatzansprüche Dritter bei culpa in contrahendo*, Münster 1962.
DILTHEY, WILHELM – *Ideen über eine beschreibende und zergliedernde Psychologie*, in Gesammelte Schriften, Bd. V, 2.ª edição, Stuttgart u. Göttingen 1957.
Diskussionsentwurf eines Schuldrechtsmodernisierungsgesetzes (República Federal da Alemanha, 4 de Agosto de 2000), http://www.bmj.de/ggv/ggv_i.htm.
DÖLLE, HANS – *Aussergesetzliche Schuldpflichten*, ZStaaW 103 (1943), 67 ss.
DREIER, RALF – *Der Begriff des Rechts*, NJW 1986, 890 ss.
DUARTE, RUI PINTO – *Tipicidade e Atipicidade dos Contratos*, Coimbra 2000.
DWORKIN, RONALD – *A Matter of Principle*, Cambridge, Massachusetts, London 1985.
DWORKIN, RONALD – *Law, philosophy and interpretation*, ARSP 80 (1994), 462 ss.
DWORKIN, RONALD – *Taking Rights Seriously*, Cambridge, Massachusetts 1977/1978.

EBERL-BORGES, CHRISTINA – § 830 und die Gefährdungshaftung, AcP 196 (1996), 491 ss.
EICHLER, HERRMANN – Die Rechtslehre vom Vertrauen, Tübingen 1950.
EIDENMÜLLER, HORST – Effizienz als Rechtsprinzip/Möglichkeiten und Grenzen der ökonomischen Analyse des Rechts, Tübingen 1996.
EIRÓ, PEDRO – Do Negócio Usurário, Coimbra 1990.
EISENBERG, MELVIN A. – The principle of Hadley vs. Baxendale, Cal. L. R. 80 (1992), 563 ss.
EISENHARDT, ULRICH – Zum subjektiven Tatbestand der Willenserklärung/Aktuelle Probleme der Rechtsgeschäftslehre, JZ 1986, 875 ss.
ELLSCHEID, GÜNTHER – Das Naturrechtsproblem. Eine systematische Orientierung, in A. Kaufmann/W. Hassemer [hrsg.], Einführung in Rechtsphilosophie und Rechtstheorie der Gegenwart, 6.ª edição, Heidelberg 1994, 179 ss.
EMMERICH, VOLKER – Das Recht der Leistungsstörungen, 2.ª edição, München 1986.
EMMERICH, VOLKER – in Münchener Kommentar, 3.ª edição, Bd. 2, München 1994, anotações prévias ao § 275.
EMMERICH, VOLKER – Verschulden bei Vertragsverhandlungen, positive Vertragsverletzung und Sachmängelhaftung beim Kauf, FS für Joachim Gernhuber, Tübingen 1993, 267 ss.
ENGLARD, IZHAK – The Philosophy of Tort Law, Aldershot, Brookfield USA, Hong Kong, Singapore, Sydney 1993.
ESSER, JOSEF – Dogmatik zwischen Theorie und Praxis, FS für Ludwig Raiser zum 70. Geburtstag, Tübingen 1974, 517 ss.
ESSER, JOSEF – Grundlagen und Entwicklung der Gefährdungshaftung, München und Berlin 1941.
ESSER, JOSEF – Grundsatz und Norm in der richterlichen Fortbildung des Privatrechts, 4.ª edição, Tübingen 1990.
ESSER, JOSEF – Möglichkeiten und Grenzen des dogmatischen Denkens im modernen Zivilrecht, AcP 172 (1972), 97 ss.
ESSER, JOSEF/SCHMIDT, EIKE – Schuldrecht/Allgemeiner Teil, I/1, 8.ª edição, Heidelberg 1995, I/2, 8.ª edição, Heidelberg 2000, e 7.ª edição, Heidelberg 1993.
ESSER, JOSEF/WEYERS, LEO – Schuldrecht/Besonderer Teil, I/1, 8.ª edição, Heidelberg 1998, e I/2, 8.ª edição, Heidelberg 2000.
FARBER, DANIEL A./MATHESON, JOHN H. – Beyond promissory estoppel: contract law and the "invisible handshake", U. Chi. L. Rev. 52 (1985), 903 ss.
FARIA, JORGE RIBEIRO DE – Direito das Obrigações, I e II, Coimbra 1990.
FARNSWORTH, E. ALLAN – General report, in Formation of Contracts and Precontractual Liability, publ. pela International Chamber of Commerce 1990, 15 ss.
FARNSWORTH, E. ALLAN – On Contracts, 2.ª edição, Gaitersburgh, New York, 1998.
FARNSWORTH, E. ALLAN – Precontractual liability and preliminary agreements: fair dealing and failed negotiations, 87 Col. L. Rev. (1987) 217 ss.
FASTRICH, LORENZ – Richterliche Inhaltskontrolle im Privatrecht, München 1992.

FERNANDES, LUÍS CARVALHO – *A Conversão dos Negócios Jurídicos Civis*, Lisboa 1993.
FERNANDES, LUÍS CARVALHO – *Simulação e tutela de terceiros*, in Estudos em memória do Professor Doutor Paulo Cunha, Lisboa 1989, 407 ss.
FERNANDES, LUÍS CARVALHO – *Teoria Geral do Direito Civil*, I (Introdução, pressupostos da relação jurídica), 3.ª edição, Lisboa 2001, e *Teoria Geral do Direito Civil*, II, 2.ª edição, Lisboa 1996.
FERRARINI, GUIDO – *Investment banking, prospetti falsi e culpa in contrahendo*, Giurisprudenza commerciale 1988, 585 ss.
FERRARINI, GUIDO – *La Responsabilità da Prospetto/Informazione societaria e tutela degli investitori*, Milano 1986.
FERREIRA, AMADEU JOSÉ – *Direito dos valores mobiliários* (polic.), Lisboa 1997.
FIKENTSCHER, WOLFGANG – *Methoden des Rechts*, IV, Tübingen 1977.
FIKENTSCHER, WOLFGANG – *Schuldrecht*, 9.ª edição, Berlin, New York 1997.
FIKENTSCHER, WOLFGANG – *Wirtschaftsrecht*, Bd. I (Weltwirtschaftsrecht, Europäisches Wirtschafsrecht), München 1983.
FIKENTSCHER, WOLFGANG – *Zur Generalklausel des §242 BGB als Schlüssel des zivilrechtlichen Vertrauensschutzes: "Sonderverbindung" oder "neue Sachnormen"?/Ein Beitrag zur Rechtsverhaltensforschung*, in Recht und Verhalten, Baden-Baden 1994, 165 ss.
FINNIS, JOHN – *Natural Law and Natural Rights*, Oxford 1992 (reimpr.).
FLESSNER, AXEL/KÖTZ, HEIN – vide KÖTZ, HEIN/FLESSNER, AXEL.
FLUME, WERNER – *Allgemeiner Teil des bürgerlichen Rechts, Zweiter Band, Das Rechtsgeschäft*, 4.ª edição, Berlin, Heidelberg, etc. 1992 (cit. *Das Rechtsgeschäft*).
FOSS, HOWARD/DIAMOND, THOMAS – vide DIAMOND, THOMAS/FOSS, HOWARD.
FRADA, MANUEL A. CARNEIRO DA – *A responsabilidade objectiva por facto de outrem face à distinção entre responsabilidade obrigacional e aquiliana*, Direito e Justiça XII P(1998), 2, 297 ss.
FRADA, MANUEL A. CARNEIRO DA – *Contrato e Deveres de Protecção*, Coimbra 1994.
FRADA, MANUEL A. CARNEIRO DA – *Perturbações típicas do contrato de compra e venda*, in Direito das Obrigações/Contratos em Especial (coord. de Menezes Cordeiro), Lisboa 1991, 49 ss.
FRADA, MANUEL A. CARNEIRO DA – *Uma «Terceira Via» no Direito da Responsabilidade Civil?/O problema da imputação dos danos causados a terceiros por auditores de sociedades*, Coimbra 1997.
FRADA, MANUEL A. CARNEIRO DA – *«Vinho novo em odres velhos?»/A responsabilidade civil das "operadoras de Internet" e a doutrina comum da imputação de danos*, ROA 59 (1999), 665 ss.
FRADA, MANUEL A. CARNEIRO DA – *Renovação de deliberações sociais*, sep. BFDUC, vol. LXI (1985), Coimbra 1987.
FRADA, MANUEL A. CARNEIRO DA – *Sobre a ordem pública interna portuguesa no domínio dos contratos*, Relatório português para as Jornadas de 1998 da Associação

Henri Capitant em Beirute (a aguardar publicação no volume correspondente a essas jornadas).

FRADA, MANUEL A. CARNEIRO DA/ASCENSÃO, JOSÉ DE OLIVEIRA — vide ASCENSÃO, JOSÉ DE OLIVEIRA/FRADA, MANUEL A. CARNEIRO DA.

FRADA, MANUEL A. CARNEIRO DA/CORDEIRO, ANTÓNIO MENEZES — vide CORDEIRO, ANTÓNIO MENEZES/FRADA, MANUEL A. CARNEIRO DA.

FREEDMAN, BRADLEY J./COOTER, ROBERT — vide COOTER, ROBERT/FREEDMAN, BRADLEY J..

FREITAS, JOSÉ LEBRE DE — *A Confissão no Direito Probatório*, Lisboa 1991.

FRIED, CHARLES — *Contract as Promise/A theory of contractual obligation*, Cambridge (Massachusetts), London, 1981.

FROST, MARINA — *"Vorvertragliche" und "Vertragliche Schutzpflichten"*, Berlin 1981.

FROTZ, GERHARD — *Die rechtsdogmatische Einordnung der Haftung für culpa in contrahendo*, in Privatrechtliche Beiträge/Gedenkschrift Franz Gschnitzer, Aalen 1969, 163 ss.

FULLER, LON/PERDUE, WILLIAM — *The reliance interest in contract damages*, Yale L. J. 46 (1936) 52 ss, 373 ss.

FURTADO, JORGE HENRIQUE PINTO — *Curso de Direito das Sociedades*, 3.ª edição, Coimbra 2000.

GAUTHIER, DAVID — *Morals by Agreement*, Oxford 1986.

GERNHUBER, JOACHIM — *Bürgerliches Recht*, 3.ª edição, München 1991.

GERNHUBER, JOACHIM — *Das Schuldverhältnis/Begründung und Änderung, Pflichten und Strukturen, Drittwirkungen*, in Handbuch des Schuldrechts, Tübingen 1989.

GERNHUBER, JOACHIM — *Drittwirkungen im Schuldverhältnis kraft Leistungsnähe*, FS für Nikisch, Tübingen 1958, 249 ss.

GERNHUBER, JOACHIM — *Gläubiger, Schuldner und Dritte/Eine Kritik der Lehre von den "Verträgen mit Schutzwirkung für Dritte" und der Rechtsprechung zum "Haftungsausschluss mit Wirkung für Dritte"*, JZ 1962, 553 ss.

GILMORE, GRANT — *The Death of Contract*, Columbus, Ohio 1974.

GOMES, JÚLIO V. — *A Gestão de Negócios: um Instituto Jurídico numa Encruzilhada*, Coimbra 1993.

GOMES, JÚLIO V. — *Cláusulas de hardship*, in Contratos: Actualidade e Evolução/Actas do Congresso Internacional organizado pelo Centro Regional do Porto da Universidade Católica Portuguesa de 28 a 30 de Novembro de 1991, Porto 1997, 167 ss.

GOMES, JÚLIO V. — *O Conceito de Enriquecimento, o Enriquecimento Forçado e os vários Paradigmas do Enriquecimento sem Causa*, Porto 1998.

GOMES, MANUEL JANUÁRIO — *Apontamentos sobre o contrato de agência*, Tribuna da Justiça, 3 (1990), 9 ss.

GOMES, MANUEL JANUÁRIO DA COSTA — *Assunção Fidejussória de Dívida/Sobre o sentido e o âmbito da vinculação como fiador*, Coimbra 2000.

GORDLEY, JAMES – *Enforcing promises*, Cal. L. Rev. 82 (1995), 547 ss.
GOTTWALD, PETER/ROSENBERG, LEO/SCHWAB, KARL HEINZ – *vide* ROSENBERG, LEO/SCHWAB, KARL HEINZ/GOTTWALD, PETER.
GOUVEIA, JORGE BACELAR – *O Estado de Excepção no Direito Constitucional (entre a eficiência e a normatividade das estruturas de defesa extraordinária da Constituição)*, I e II, Lisboa 1998.
GREENAWALT, KENT – *Law and Objectivity*, New York, Oxford 1992.
GRIGOLEIT, HANS CHRISTOPH – *Vorvertragliche Informationshaftung/Vorsatzdogma, Rechtsfolgen, Schranken*, München 1997.
GRÜNEWALD, BARBARA – *Das Scheitern von Vertrgsverhandlungen ohne triftigen Grund*, JZ 1984, 708 ss.
GRÜNEWALD, BARBARA – *Die Haftung des Abschlussprüfers gegenüber Dritten*, ZGR 1999, 582 ss.
GRÜNEWALD, BARBARA – *Die Haftung des Experten für seine Expertise gegenüber Dritten*, AcP 187 (1987), 285 ss.
GUELFUCCI-THIBIERGE, CATHERINE – *Nullité, Restitutions et Responsabilité*, Paris 1992.
GURSKY, KARL-HEINZ – *Der Tatbestand der Geschäftsführung ohne Auftrag*, AcP 185 (1985), 13 ss.
Gutachten und Vorschläge zur Überarbeitung des Schuldrechts/herausgegeben vom Bundesminister der Justiz, Band I e II, Köln 1981, Band III, Köln 1983.
HABERMAS, JÜRGEN – *Faktizität und Geltung/Beiträge zur Diskurstheorie des Rechts und des demokratischen Rechtsstaats*, Frankfurt a. M. 1993.
HADDING, WALTER – *Drittschadensliquidation und "Schutzwirkungen für Dritte" im bargeldlosen Zahlungsverkehr*, FS für Winfried Werner, Berlin, New York 1984, 165 ss.
HAGEN, HORST – *Die Drittschadensliquidation im Wandel der Rechtsdogmatik/Ein Beitrag zur Koordinierung von Rechtsfortbildungen*, Frankfurt a. M. 1971.
HAGER, JOHANNES – in *Staudinger Kommentar*, 13.ª edição, anotações prévias ao § 823, Berlin 1999.
HAMILTON, ROBERT/RAU, ALAN/WEINTRAUB, RUSSELL – *Cases and Materials on Contracts*, St. Paul, Minnesota 1984.
HANAU, PETER – *Objektive Elemente im Tatbestand der Willenserklärung*, AcP 165 (1965), 220 ss.
HART, HERBERT L. A. – *O Conceito de Direito* (trad. port. de A. Ribeiro Mendes), Lisboa 1986.
HART, HERBERT L./HONORÉ, TONY – *Causation in the Law*, 2.ª edição, Oxford 1985.
HARTMANN, NICOLAI – *Ethik*, 2.ª edição, Berlin u. Leipzig 1935.
HÄSEMEYER, LUDWIG – *Die gesetzliche Form der Rechtsgeschäfte*, Frankfurt a. M. 1971.
HAUPT, GÜNTHER – *Über faktische Vertragsverhältnisse*, Leipzig 1941.
HÄUSER, FRANZ – *Giroverhältnis*, in Gutachten und Vorschläge zur Überarbeitung des Schuldrechts, II, Köln 1981, 1317 ss.

HECK, PHILIPP – *Grundriss des Schuldrechts*, Tübingen 1929.
HECK, PHILLIP – *Begriffsbildung und Interessenjurisprudenz*, Tübingen 1932.
HEISS, HELMUT – *Formmängel und ihre Sanktionen/Eine privatrechtsvergleichende Untersuchung*, Tübingen 1999.
HENKEL, HEINRICH – *Einführung in die Rechtsphilosophie*, 2.ª edição, München 1977.
HENSSLER, MARTIN – *Risiko als Vertragsgegenstand*, Tübingen 1994.
HEPTING, REINHARDT – *Ehevereinbahrungen/Die autonome Ausgestaltung der ehelichen Lebensgemeinschaft im Verhältnis zu Eherecht, Rechtsgeschäftslehre und Schuldrecht*, München 1984.
HEPTING, REINHARDT – *Erklärungswille, Vertrauensschutz und rechtsgeschäfliche Bindung*, FS der rechtswissenschaftlichen Fakultät zur 600-Jahr-Feier der Universität zu Köln, Köln, Berlin, Bonn, München 1988, 209 ss.
HERRMANN, HARALD – *Die Sachwalterhaftung vermögenssorgender Berufe/Zu den berufssoziologischen und wirtschaftsrechtlichen Grundlagen der culpa in contrahendo*, JZ 1983, 422 ss.
HERVADA, JAVIER – *Lecciones Propedéuticas de Filosofia del Derecho*, Pamplona 1992.
HIDDEMANN, HANS-JOACHIM – *Leistungsstörungen beim Unternehmenskauf aus der Sicht der Rechtsprechung*, ZGR 1982, 435 ss.
HILDEBRANDT, HEINZ – *Erklärungshaftung/Ein Beitrag zum System des bürgerlichen Rechts*, Berlin und Leipzig 1931.
HILLMAN, ROBERT – *Questioning the "new consensus" on promissory estoppel: an empirical and theoretical study*, Col. L. Rev. 98 (1998), 580 ss.
HILLMANN, ROBERT/SUMMERS, ROBERT – vide SUMMERS, ROBERT/HILLMANN, ROBERT.
HIRTE, HERIBERT – *Berufshaftung/Ein Beitrag zur Entwicklung eines einheitlichen Haftungsmodell für Dienstleistungen*, München 1996.
HOHLOCH, GERHARD – *Allgemeines Schadensrecht*, in Gutachten und Vorschläge zur Überarbeitung des Schuldrechts, Bd. I, Köln 1981, 375 ss.
HOLMES, ERIC MILLS – *Corbin On Contracts (Formation of contracts)*, 3, St. Paul, Minnesota 1996, 1 ss.
HOMEM, ANTÓNIO PEDRO BARBAS – *Reflexões sobre o justo e o injusto: a injustiça como limite do direito*, RFDUL XXXIX (1998), 2, 587 ss.
HONORÉ, TONY/HART, HERBERT L. – vide HART, HERBERT L./HONORÉ, TONY.
HOPT, KLAUS – *Nichtvertragliche Haftung ausserhalb von Schadens – und Bereicherungsausgleich/Zur Theorie und Dogmatik des Berufrechts und der Berufshaftung*, AcP 183 (1983), 608 ss.
HORN, NORBERT – *Culpa in contrahendo*, JuS 1995, 377 ss.
HORN, NORBERT – *Neuverhandlungspflicht*, AcP 181 (1981), 255 ss.
HORN, NORBERT – *Vertragsdauer*, in Gutachten und Vorschläge zur Überarbeitung des Schuldrechts, I, Köln 1981, 551 ss.
HÖRSTER, HEINRICH – *A Parte Geral do Código Civil Português*, Coimbra 1992.

HÖRSTER, HEINRICH – *Sobre a formação do contrato segundo os arts. 217 e 218, 224 a 226 e 228 a 235 do Código Civil*, RDE IX (1983), 122 ss.
HRUSCHKA, JOACHIM – *Strukturen der Zurechnung*, Berlin 1976.
HRUSCHKA, JOACHIM – *Zum favor traditionis bei der Anwendung von Gesetzen*, FS Larenz, München 1973, 181 ss.
HUBER, KONRAD – *Verkehrspflichten zum Schutz fremden Vermögens*, FS für von Caemmerer, Tübingen 1978, 359 ss.
HUBER, ULRICH – *Leistungsstörungen*, I e II, in Handbuch des Schuldrechts, Tübingen 1999.
HUBER, ULRICH – *Leistungsstörungen*, in Gutachten und Vorschläge zur Überarbeitung des Schuldrechts (herausgegeben vom Bundesminister der Justiz), Band I, Köln 1981, 647 ss.
HÜBNER, HEINZ – *Allgemeiner Teil des Bürgerlichen Gesetzbuches*, 2.ª edição, Berlin, New York 1996.
HUSSON, LÉON – *Les Transformations de la Responsabilité*, Paris 1947.
HUSSON, LÉON – *Synthèse des travaux*, in Le Droit, les Sciences Humaines et la Philosophie, Paris 1973.
JAHR, GÜNTHER – *Geltung des Gewollten und Geltung des Nicht-Gewollten*, JuS 1989, 249 ss.
JHERING, RUDOLF VON – *Culpa in contrahendo oder Schadenersatz bei nichtigen oder nicht zur Perfektion gelangten Verträgen*, JhJb 4 (1861), 1 ss, e in *Gesammelte Aufsätze* (Band I, Jena 1881), reimpr. Bad Homburg v.d.H., Berlin, Zürich, 1969 (por Eike Schmidt), 7 ss.
JOÃO PAULO II – *Fides et Ratio* (Carta encíclica de 14 de Setembro de 1998).
JOÃO PAULO II – *Veritatis Splendor* (Carta encíclica de 6 de Agosto de 1993).
JOERGES, CHRISTIAN – in *Alternativkommentar*, Bd. 3, Neuwied, Darmstadt 1979, anotações prévias ao § 677.
JOLOWICZ/WINFIELD – *vide* WINFIELD/JOLOWICZ.
JORGE, FERNANDO PESSOA – *O Mandato sem Representação*, Lisboa 1961.
JORGE, FERNANDO PESSOA – *A protecção jurídica da aparência no direito civil português* (dact.), Lisboa 1951-1952.
JORGE, FERNANDO PESSOA – *Direito das obrigações*, I, Lisboa 1975/1976.
JORGE, FERNANDO PESSOA – *Erro de avaliação na venda de empresa privatizada*, O Direito 125 (1993), 357 ss.
JOST, FRITZ – *Vertraglose Auskunfts- und Beratungshaftung*, Baden-Baden 1991.
JÚNIOR, EDUARDO SANTOS – *Acordos intermédios: entre o início e o termo das negociações*, ROA 57 (1997), 565 ss.
JUNKER, MICHAEL – *Die Vertretung im Vertrauen im Schadensrecht/Ein Beitrag zum Problem des Drittschadensersatzes*, München 1991.
KAUFMANN, ARTHUR – *Rechtsphilosophie*, 2.ª edição, München 1997.
KAUFMANN, ARTHUR – *Über Sprachlichkeit und Begrifflichkeit des Rechts*, in *Über*

Gerechtigkeit/Dreissig Kapitel praxisorientierter Rechtsphilosophie, Köln, Berlin, Bonn, München 1993, 169 ss.

KAYE, TIM – *Acts speak louder than statements, or nine into one will go*, MLR 1995, 574 ss.

KEGEL, GERHARD – *Die lachenden Doppelerben: Erbfolge beim Versagen von Urkundspersonen*, FS für Werner Flume, I, 1978, 545 ss.

KEITEL, HANS-JOACHIM – *Rechtsgrundlage und systematische Stellung des Vertrags mit Schutzwirkung für Dritte*, Frankfurt a. M. 1988.

KELSEN, HANS – *Teoria Pura do Direito*, 6.ª edição (trad. port. de João Baptista Machado), Coimbra 1984.

KIRCHMANN, JULIUS VON – *Die Wertlosigkeit der Jurisprudenz als Wissenschaft*, Berlin 1848 (reedição de Herrmann Klenner, Freiburg, Berlin 1990).

KOCH, HANS-JOACHIM/RÜSSMANN, HELMUT – *Juristische Begründungslehre*, München 1982.

KÖCK, WOLFGANG – *Kausalität und Zurechnung im Haftungsrecht*, in Kausalität und Zurechnung/Über Verantwortung in komplexen kulturellen Prozessen (publ. por Weyma Lübbe), Berlin, New York 1994, 9 ss.

KOHLER, GEORG – *Handeln und Rechtfertigen/Untersuchungen zur Struktur der praktischen Rationalität*, Frankfurt 1988.

KÖHLER, HELMUT – *Unmöglichkeit und Geschäftsgrundlage bei Zweckstörungen im Schuldverhältnis*, München 1971.

KOLLER, PETER – *Theorie des Rechts/Eine Einführung*, 2.ª edição, Wien, Köln, Weimar 1997.

KÖNDGEN, JOHANNES – *Selbstbindung ohne Vertrag/Zur Haftung aus geschäfsbezogenem Handeln*, Tübingen 1981.

KÖNDGEN, JOHANNES – *Zur Theorie der Prospekthaftung*, AG 1983, 85 ss.

KORIATH, HEINZ – *Kausalität, Bedingungstheorie und psychische Kausalität*, Göttingen 1988.

KÖTZ, HEIN/FLESSNER, AXEL – *Europäisches Vertragsrecht*, I, Tübingen 1996.

KOZIOL, HELMUT – *Rechtswidrigkeit, bewegliches System und Rechtsangleichung*, JBl 1998, 619 ss.

KRAMER, ERNST – in *Münchener Kommentar*, 3.ª edição, Bd. 2, München 1994, anotações da introdução aos §§ 241 ss.

KRAMER, ERNST A. – *Grundfragen der vertraglichen Einigung*, München, Salzburg 1972.

KRAWIETZ, WERNER – *Theoriensubstitution in der Jurisprudenz*, in Das Naturrechtsdenken heute und morgen/Gedächtnisschrift für René Marcic (hrsg. Dorothea Mayer-Maly und Peter M. Simons), Berlin 1983, 359 ss.

KRAWIETZ, WERNER – *Zur Struktur von Entwicklung und Fortschritt in der Rechtstheorie*, Rth Beiheft 3 (1981), 333 ss.

KREBS, PETER – *Sonderverbindung und ausserdeliktische Schutzpflichten*, Köln 2000.

KRESS, HUGO – *Lehrbuch des Allgemeinen Schuldrechts*, München 1929.

KREUZER, KARL − *Anotação à sentença do BGH de 28.1.76*, JZ 1976, 776 ss.
KÜMMETH, KLAUS-WILHELM − *Die dogmatische Begründung des Rechtsinstituts des Vertrags mit Schutzwirkung zugunsten Dritter*, Würzburg 1976.
KÜPPER, WOLFGANG − *Das Scheitern von Vertragsverhandlungen als Fallgrupe der culpa in contrahendo*, Berlin 1988.
LACKUM, EUGEN VON − *Verschmelzung und Neuordnung von "culpa in contrahendo" und "positiver Vertragsverletzung" / Zugleich ein Beitrag zur Lehre vom einheitlichen Schutzpflichtverhältnis*, Bonn 1970.
LAMMEL, SIEGBERT − *Zur Auskunftshaftung*, AcP 179 (1979), 337 ss.
LANGE, HERMANN − *Schadensersatz*, in Handbuch des Schuldrechts, 2.ª edição, Tübingen 1990.
LARENZ, KARL − *Allgemeiner Teil des deutschen Bürgerlichen Rechts*, 7.ª edição, München 1989.
LARENZ, KARL − *Bemerkungen zur Haftung für "culpa in contrahendo"*, FS für Kurt Ballerstedt, Berlin 1975, 397 ss.
LARENZ, KARL − *Culpa in contrahendo, Verkehrssicherungspflicht und «sozialer Kontakt»*, MDR 1954, 515 ss.
LARENZ, KARL − *Lehrbuch des Schuldrechts*, I *(Allgemeiner Teil)*, 14.ª edição, München 1987, II/1 *(Besonderer Teil)*, 13.ª edição, München 1986.
LARENZ, KARL − *Metodologia da Ciência do Direito*, 5.ª edição, Berlin, Heidelberg 1983 (tradução portuguesa de José Lamego).
LARENZ, KARL − *Richtiges Recht / Grundzüge einer Rechtsethik*, München 1979.
LARENZ, KARL / CANARIS, CLAUS-WILHELM − *Lehrbuch des Schuldrechts*, II/2, 13.ª edição, München 1994.
LARENZ, KARL / CANARIS, CLAUS-WILHELM − *Methodenlehre der Rechtswissenschaft*, 3.ª edição, Berlin, Heidelberg, New York, etc. 1995.
LARENZ, KARL / WOLF, MANFRED − *Allgemeiner Teil des deutschen bürgerlichen Rechts*, 8.ª edição, München 1997.
LEAL, PAULO − *Sociedades de profissionais liberais*, RDES, ano XXXII (1990), 71 ss.
LEENEN, DETLEF − *Die Funktionsbedingungen von Verkehrssysteme in der Dogmatik des Privatrechts*, in Rechtsdogmatik und praktische Vernunft / Symposium zum 80. Geburtstag von Franz Wieacker, Göttingen 1990, 108 ss.
LEHMANN, MICHAEL − *Vertragsanbahnung durch Werbung / Eine juristische und ökonomische Analyse der bürgerlich-rechtlichen Haftung für Werbeangaben gegenüber dem Letztverbraucher*, München 1981.
LEITÃO, ADELAIDE MENEZES − *Estudo de Direito Privado sobre a Cláusula Geral de Concorrência Desleal*, Coimbra 2000.
LEITÃO, LUÍS MENEZES − *A Responsabilidade do Gestor perante o Dono do Negócio no Direito Civil Português*, Lisboa 1991.
LEITÃO, LUÍS MENEZES − *Direito das Obrigações*, I *(Introdução, Da constituição das obrigações)*, Coimbra 2000.

LEITÃO, LUÍS MENEZES – *O Enriquecimento sem Causa no Direito Civil*, Lisboa 1996.
LEITÃO, LUÍS MENEZES – *Actividades de intermediação e responsabilidade dos intermediários financeiros*, in Direito dos Valores Mobiliários, II, Coimbra 2000, 141 n, 15).
LENZ, KARL-HEINZ – *Das Vertrauensschutz – Prinzip/Zugleich eine notwendige Besinnung auf die Grundlagen unserer Rechtsordnung*, Berlin 1968.
LEONHARD, MARC – *Der Ersatz des Vertrauensschadens im Rahmen der vertraglichen Haftung*, AcP 199 (1999), 660 ss.
LESLIE, DOUGLAS L./SCOTT, ROBERT E. – *vide* SCOTT, ROBERT E./LESLIE, DOUGLAS L..
LIEB, MANFRED – *Sonderprivatrecht für Ungleichsgewichtslagen? Überlegungen zum Anwendungsbereich der sogennanten Inhaltskontrolle privatrechtlicher Verträge*, AcP 178 (1978), 196 ss.
LIMA, FERNANDO ANDRADE PIRES DE/VARELA, JOÃO DE MATOS ANTUNES – *Código Civil anotado*, I, 4.ª edição, Coimbra 1987, II, 4.ª edição, Coimbra 1997, e IV, 2.ª edição, Coimbra 1992.
LITTERER, MICHAEL – *Vertragsfolgen ohne Vertrag*, Berlin 1979.
LOGES, RAINER – *Die Begründung neuer Erklärungspflichten und der Gedanke des Vertrauensschutzes*, Berlin 1991.
LONG, SIDNEY W. DE – *The new requirement of enforcement reliance in commercial promissory estoppel: section 90 as catch-22*, Wis. L. Rev. 43 (1997), 943 ss.
LORENZ, STEPHAN – *Der Schutz vor dem unerwünschten Vertrag/Eine Untersuchung von Möglichkeiten und Grenzen der Abschlusskontrolle im geltenden Recht*, München 1997.
LORENZ, WERNER – *Anotação à sentença do BGH de 6.7.65*, JZ 1966, 143 ss.
LORENZ, WERNER – *Anwaltshaftung wegen Untätigkeit bei der Errichtung letztwilliger Verfügungen/Eine rechtsvergleichende Betrachtung des deutschen und englischen Rechts*, JZ 1995, 317 ss.
LORENZ, WERNER – *Das Problem der Haftung für primäre Vermögensschäden bei der Erteilung einer unrichtigen Auskunft*, FS für Karl Larenz zum 70. Geburtstag, München 1973, 575 ss.
LORENZ, WERNER – *Einige rechtsvergleichende Bemerkungen zum gegenwärtigen Stand der Produktenhaftpflicht im deutschen Recht*, RabelsZ 34 (1970), 14 ss.
LORENZ, WERNER – in *Staudinger Kommentar*, 13.ª edição, anotações ao § 814, Berlin 1994.
LORENZ, WERNER – *Warenabsatz und Vertrauensschutz*, in Karlsruher Forum 1963, VersR (Beiheft) 8 ss.
LUHMANN, NIKLAS – *Die Funktion des Rechts: Erwartungssicherung oder Verhaltenssteuerung?*, in Ausdifferenzierung des Rechts, Frankfurt a. M. 1981, 73 ss.
LUHMANN, NIKLAS – *Vertrauen/Ein Mechanismus der Reduktion sozialer Komplexität*, 2.ª edição, Stuttgart 1973.
LUTTER, MARCUS – *Der Letter of Intent/Überlegungen zur rechtlichen Bedeutung von Absichtserklärungen*, Köln, Berlin, Bonn, München 1982.

LUTTER, MARCUS – *Zur Haftung des Emissionsgehilfen im grauen Kapitalmarkt*, FS Bärmann, München 1975, 605 ss.
MACHADO, JOÃO BAPTISTA – *A cláusula do razoável*, in Obra Dispersa, I, Braga 1991, 457 ss.
MACHADO, JOÃO BAPTISTA – *Acordo negocial e erro na venda de coisas defeituosas*, BMJ 215 (1972), 5 ss.
MACHADO, JOÃO BAPTISTA – *Introdução ao Direito e ao Discurso Legitimador*, Coimbra 1983.
MACHADO, JOÃO BAPTISTA – *Risco contratual e mora do credor*, in Obra Dispersa, I, Braga 1991, 257 ss.
MACHADO, JOÃO BAPTISTA – *Tutela da confiança e venire contra factum proprium*, in Obra Dispersa, I, Braga 1991, 345 ss.
MACHADO, MIGUEL PEDROSA – *Sobre cláusulas contratuais gerais e conceito de risco*, sep. RFDUL, Lisboa 1988.
MACNEIL, IAN R. – *The many futures of contracts*, S. Cal. L. Rev. 1974, 691 ss.
MADER, PETER – *Rechtsmissbrauch und unzulässige Rechtsausübung*, Wien 1994.
MARCHANTE, J. PEDRO – *Das lacunas da lei de iure constituto: noção, maxime, da delimitação da juridicidade aferidora do dever de juridificar implícito nas lacunas/Tema em sede da detecção de lacunas da lei*, inédito, polic., Lisboa 2000.
MARKESINIS, B.S. – *An expanding tort law – The price of a rigid contract law*, LQR, 1987, 354 ss.
MARKESINIS, B.S. – *The German Law of Torts*, 3.ª edição, Oxford 1994.
MARTINEK, MICHAEL – *Anotação à sentença do BGH de 20/9/95*, JZ 1996, 470 ss.
MARTINEK, MICHAEL – *Die Lehre von den Neuverhandlungspflichten – Bestandsaufnahme, Kritik ... und Ablehnung*, AcP 198 (1998), 329 ss.
MARTINEK, MICHAEL/REUTER, DIETER – vide REUTER, DIETER/MARTINEK, MICHAEL.
MARTINEZ, P. ROMANO – *O Subcontrato*, Coimbra 1989.
MARTINEZ, P. ROMANO – *Responsabilidade civil do empreiteiro por danos causados a terceiros*, in Estudos em Homenagem ao Professor Doutor Pedro Soares Martinez, I (Vária), Coimbra 2000, 785 ss.
MARTINEZ, PEDRO ROMANO – *Cumprimento Defeituoso (em especial na compra e venda e na empreitada)*, Coimbra 1994.
MARTINEZ, PEDRO ROMANO – *Direito das Obrigações (Parte especial), Contratos (Compra e venda, locação, empreitada)*, Coimbra 2000.
MARTINEZ, PEDRO ROMANO – *O Contrato de Empreitada*, Coimbra 1994.
MARTINEZ, PEDRO ROMANO/PONTE, PEDRO FUZETA DA – *Garantias de Cumprimento (Estudo teórico-prático)*, Coimbra 1994.
MARTINS, PEDRO FURTADO/CARVALHO, ANTÓNIO NUNES DE/PINTO, MÁRIO – vide PINTO, MÁRIO/MARTINS, PEDRO FURTADO/CARVALHO, ANTÓNIO NUNES DE.

MARTINY, DIETER – *Pflichtenorientierter Drittschutz beim Vertrag mit Schutzwirkung für Dritte – Eingrenzung uferloser Haftung*, JZ 1996, 19ss.
MATHESON, JOHN H./FARBER, DANIEL A. – *vide* FARBER, DANIEL A./MATHESON, JOHN H..
MAYER-MALY, THEO – *Bewegliches System und Konkretisierung der gutten Sitten*, in Das bewegliche System im heutigen und künftigen Recht (hrsg. F. Bydlinski, etc.), Wien, New York 1986, 117 ss.
MAYER-MALY, THEO – in *Münchener Kommentar*, 3.ª edição, Bd. 1, München 1993, anotações ao § 138.
MAYER-MALY, THEO – *Studien zum Vertrag I*, FS für H.C. Nipperdey, I, München und Berlin 1965, 509 ss.
MAYER-MALY, THEO – *Studien zum Vertrag II*, FS für Walter Wilburg, Graz 1965, 129 ss.
MAYER-MALY, THEO – *Studien zum Vertrag III*, Revue Internationale des Droits de l'Antiquité, t. XII, Bruxelles 1965, 437 ss.
MAYER-MALY, THEO – *Was leisten die guten Sitten?*, AcP 194 (1994), 104 ss.
MAZZONI, ALBERTO – *Le Lettere di Patronage*, Milano 1986.
MEDEIROS, RUI – *A Decisão de Inconstitucionalidade*, Lisboa 1999.
MEDICUS, DIETER – *Allgemeiner Teil des BGB*, 7.ª edição, Heidelberg 1997.
MEDICUS, DIETER – *Anotação à sentença do BGH de 10.11.94*, JZ 1995, 308 ss.
MEDICUS, DIETER – *Ansprüche auf das Erfüllungsinteresse aus Verschulden bei Vertragsverhandlungen?*, FS für Hermann Lange, Stuttgart, Berlin, Köln 1992, 539 ss.
MEDICUS, DIETER – *Bürgerliches Recht*, 18.ª edição, Köln, Berlin, Bonn, München 1999.
MEDICUS, DIETER – *Die Forderung als "sonstiges Recht" nach § 823 Abs. I BGB?*, FS für Erich Steffen, Berlin, New York 1995, 333 ss.
MEDICUS, DIETER – *Die Lösung vom unerwünschten Schuldvertrag*, JuS 1988, 1 ss.
MEDICUS, DIETER – *Probleme um das Schuldverhältnis*, Berlin 1987.
MEDICUS, DIETER – *Schuldrecht I (Allgemeiner Teil)*, 12.ª edição, München 2000, e *Schuldrecht II (Besonderer Teil)*, 10.ª edição, München 2000.
MEDICUS, DIETER – *Verschulden bei Vertragsverhandlungen*, in Gutachten und Vorschläge zur Überarbeitung des Schuldrechts (herausgegeben vom Bundesminister der Justiz), Band I, Köln 1981, 479 ss.
MELLO, ALBERTO DE SÁ E – *Critérios de apreciação da culpa na responsabilidade civil/ /Breve anotação ao regime do Código*, ROA 49 (1989), 519 ss.
MENDES, EVARISTO – *Documento particular de dívida endossável. Sua natureza jurídica. Títulos de crédito atípicos. Transmissão. Direitos do portador endossado/Comentário ao acórdão do Tribunal da Relação de Coimbra de 25 de Fevereiro de 1992*, RDES XXXV (1993), 283 ss.
MENDES, EVARISTO – *Garantias bancárias. Natureza*, RDES XXXVII (1995), 445 ss.
MENDES, JOÃO DE CASTRO – *Teoria geral do direito civil*, I e II, Lisboa 1978/1979.

MERTENS, HANS-JOACHIM – *Deliktsrecht und Sonderprivatrecht – Zur Rechtsfortbildung des deliktischen Schutzes von Vermögensinteressen*, AcP 178 (1978), 227 ss.
MERTENS, HANS-JOACHIM – in *Münchener Kommentar*, 3.ª edição, Bd. 5, München 1997, anotações ao § 823.
MERTENS, HANS-JOACHIM – in *Soergel Kommentar*, anotações ao § 249, Stuttgart, Berlin, Köln 1990.
MERTENS, HANS-JOACHIM – *Verkehrspflichten und Deliktsrecht/Gedanken zu einer Dogmatik der Verkehrspflichtverletzung*, VersR 1980, 397 ss.
MESQUITA, MANUEL HENRIQUE – *Obrigações Reais e Ónus Reais*, Coimbra 1990.
MESQUITA, MANUEL HENRIQUE – *Oferta pública de venda de acções e violação de deveres de informar (Comentário a uma operação de privatização)*, Coimbra 1996.
METZGER, MICHAEL/PHILLIPS, MICHAEL – *Promissory estoppel and third parties*, Sw. L. J. 42 (1989), 931 ss.
MEYER, HERBERT – *Das Publizitätsprinzip im Deutschen Bürgerlichen Recht*, München 1909.
MIRANDA, JORGE – *Manual de Direito Constitucional*, t. IV (*Direitos fundamentais*), 2.ª edição, Coimbra 1993, e t. V (*Actividade constitucional do Estado*), Coimbra 1997.
MONTEIRO, ANTÓNIO PINTO – *Cláusula Penal e Indemnização*, Coimbra 1990.
MONTEIRO, ANTÓNIO PINTO – *Cláusulas Limitativas e de Exclusão da Responsabilidade Civil*, Coimbra 1985.
MONTEIRO, ANTÓNIO PINTO – *Contrato de agência (Anteprojecto)*, sep. BMJ 360, Lisboa 1987.
MONTEIRO, ANTÓNIO PINTO – *Contrato de Agência/Anotação ao Decreto-Lei n.º 178/ /86*, 4.ª edição, Coimbra 2000.
MONTEIRO, ANTÓNIO PINTO – *Do direito do consumo ao código do consumo*, in Estudos de Direito do Consumidor (dir. de Pinto Monteiro), n.º 1, Coimbra 1999, 201 ss.
MONTEIRO, ANTÓNIO PINTO – *Sobre as cartas de conforto na concessão de crédito* (com a col. de Júlio Gomes), in Ab Uno Ad Omnes/75 anos da Coimbra Editora 1920-1995 (org. de Antunes Varela e outros), Coimbra 1998, 413 ss.
MONTEIRO, JORGE SINDE – *"Análise económica do direito"*, sep. BFDUC LVII (1981).
MONTEIRO, JORGE SINDE – *Responsabilidade por Conselhos, Recomendações ou Informações*, Coimbra 1989.
MOREIRA, GUILHERME – *Instituições do Direito Civil português (Parte geral)*, I, Coimbra 1907, e II *(Das obrigações)*, 2.ª edição, Coimbra 1925 (reimpr.).
MÜLLER, FREDY – *Auskunftshaftung nach deutschem und englischem Recht/Eine rechtsvergleichende Untersuchung der dogmatischen Grundlagen der Haftung gegenüber Dritten für fahrlässig verursachte primäre Vermögensschäden*, Berlin 1995.
MÜLLER, ULRICH – *Die Haftung des Stellvertreters bei culpa in contrahendo und positiver Forderungsverletzung*, NJW 1969, 2169 ss.

MÜLLER-ERZBACH, RUDOLF – *Das Erfassen des Rechts aus den Elementen des Zusammenlebens (veranschaulicht am Gesellschaftsrecht)*, AcP 154 (1955), 299 ss.

MÜLLER-GRAFF, PETER-CHRISTIAN – *Die Geschäftsverbindung als Schutzpflichtverhältnis/am Beispiel unentgeltlicher Leistungen*, JZ 1976, 153 ss.

MÜLLER-GRAFF, PETER-CHRISTIAN – *Rechtliche Auswirkungen einer laufenden Geschäftsverbindung im amerikanischen und deutschen Recht*, Karlsruhe 1974.

Münchener Kommentar zum Bürgerlichen Gesetzbuch, 3.ª edição, München 1993 ss.

MÚRIAS, PEDRO – *A responsabilidade por actos de auxiliares e o entendimento dualista da responsabilidade civil*, RFDUL XXXVII (1996), 171 ss.

MÚRIAS, PEDRO – *Por uma Distribuição Fundamentada do Ónus da Prova*, Lisboa 2000.

MURPHY, JANINE MCPETERS – *Promissory estoppel: subcontractors' liability in construction bidding*, N. C. L. Rev. 1985, 387 ss.

MUSIELAK, HANS-JOACHIM – *A inserção de terceiros no domínio de protecção contratual*, in Contratos: Actualidade e Evolução/Actas do Congresso Internacional organizado pelo Centro Regional do Porto da Universidade Católica Portuguesa de 28 a 30 de Novembro de 1991, Porto 1997, 283 ss.

NARASIMHAN, SUBHA – *Individualism in american contract law: am I my brother's keeper?*, in Contratos: Actualidade e Evolução/Actas do Congresso Internacional organizado pelo Centro Regional do Porto da Universidade Católica Portuguesa de 28 a 30 de Novembro de 1991, Porto 1997, 231 ss.

NELLE, ANDREAS – *Neuverhandlungspflichten/Neuverhandlungen zur Vertragsanpassung und Vertragsergänzung als Gegenstand von Pflichten und Obliegenheiten*, München 1993.

NEUNER, JÖRG – *Der Schutz und die Haftung Dritter nach vertraglichen Grundsätzen*, JZ 1999, 126 ss.

NEUNER, JÖRG – *Die Rechtsfindung contra legem*, München 1992.

NEVES, ANTÓNIO CASTANHEIRA – *Fontes do direito/Contributo para a revisão do seu problema*, in Digesta (Escritos acerca do Direito, do Pensamento Jurídico, da sua Metodologia e outros), vol. 2.º, Coimbra 1995, 7 ss.

NEVES, ANTÓNIO CASTANHEIRA – *A redução política do pensamento metodológico-jurídico/Breves notas críticas sobre o seu sentido*, sep. dos Estudos em homenagem ao Prof. Doutor Afonso Rodrigues Queiró, BFDUC 1986.

NEVES, ANTÓNIO CASTANHEIRA – *Fontes do Direito*, Enciclopédia Pólis, 2, Verbo, 1984, 1511 ss.

NEVES, ANTÓNIO CASTANHEIRA – *Interpretação jurídica*, in Digesta (Escritos acerca do Direito, do Pensamento Jurídico, da sua Metodologia e outros), vol. 2.º, Coimbra 1995, 337 ss.

NEVES, ANTÓNIO CASTANHEIRA – *Lições de introdução ao estudo do Direito*, Coimbra 1971/1972 (polic.).

NEVES, ANTÓNIO CASTANHEIRA – *Metodologia Jurídica/Problemas fundamentais*, Coimbra 1993.

NEVES, ANTÓNIO CASTANHEIRA – *Questão-de-facto – Questão-de-direito ou o problema metodológico da juridicidade (Ensaio de uma reposição crítica) I – A crise*, Coimbra 1967.
NIRK, RUDOLF – *Vertrauenshaftung Dritter bei Vertragsdurchführung*, FS für Fritz Hauss, Karlsruhe 1978, 267 ss.
OECHSLER, JÜRGEN – in *Staudinger Kommentar*, 13.ª edição, anotações ao § 826, Berlin 1998.
OERTMANN, PAUL – *Grunsätzliches zur Lehre vom Rechtsschein*, ZHR 95 (1930), 443 ss.
OPPERMANN, BERND – *Konstruktion und Rechtspraxis der Geschäftsführung ohne Auftrag (Zur Transformation eines bürgerlich-rechtlichen Instituts in das Wettbewerbsrecht)*, AcP 193 (1993), 497 ss.
OSWALD, MARGIT E. – *Vertrauen – Eine Analyse aus psychologischer Sicht*, in Recht und Verhalten/Verhaltensgrundlagen des Rechts-zum Beispiel Vertrauen (hrsg. Hagen Hof, Hans Kummer, etc.), Baden-Baden 1994, 111 ss.
OTERO, PAULO – *Ensaio sobre o Caso Julgado Inconstitucional*, Lisboa 1993.
OTT, CLAUS/SCHÄFER, HANS-BERND – vide SCHÄFER, HANS-BERND/OTT, CLAUS.
PATTI, SALVATORE/BUSNELLI, FRANCESCO D. – *Danno e Responsabilità civile*, Torino 1997.
PAWLOWSKI, HANS-MARTIN – *Allgemeiner Teil des BGB/Grundlehren des bürgerlichen Rechts*, Heidelberg 2000.
PAWLOWSKI, HANS-MARTIN – *Rechtsgeschäftliche Folgen nichtiger Willenserklärungen*, Göttingen 1966.
PERELMAN, CHAIM – *Betrachtungen über die praktische Vernunft*, Zeitschrift für philosophische Forschung, XX (1966), 210 ss.
PETERS, FRANK – *Zum Problem der Drittschadensliquidation*, AcP 180 (1980), 329 ss.
PETERS, FRANK – *Zur Geltungsgrundlage der Anscheinsvollmacht*, AcP 179 (1979), 214 ss.
PHILIPOWSKI, RÜDIGER. – *Die Geschäftsverbindung, Tatsachen und rechtliche Bedeutung*, Heidelberg 1963.
PHILLIPS, MICHAEL/METZGER, MICHAEL – vide METZGER, MICHAEL/PHILLIPS, MICHAEL.
PICKER, EDUARD – *Gutachterhaftung/Ausservertragliche Einstandspflichten als innergesetzliche Rechtsfortbildung*, FS für Dieter Medicus, Köln, Berlin, Bonn, München 1999, 397 ss.
PICKER, EDUARD – *Positive Forderungsverletzung und culpa in contrahendo/Zur Problematik der Haftungen «zwischen» Vertrag und Delikt*, AcP 183 (1983), 369 ss.
PICKER, EDUARD – *Richterrecht oder Rechtsdogmatik – Alternativen der Rechtsgewinnung?*, JZ 1988, 1 ss.
PICKER, EDUARD – *Vertragliche und deliktische Schadenshaftung/Überlegungen zu einer Neustrukturierung der Haftungssysteme*, JZ 1987, 1041 ss.

PINA, CARLOS COSTA – *Dever de Informação e Responsabilidade por Prospecto no Mercado Primário de Valores Mobiliários*, Coimbra 1999.

PINTO, CARLOS ALBERTO DA MOTA – *A responsabilidade pré-negocial pela não conclusão dos contratos*, BFDUC (supl. XIV), Coimbra 1966, 143 ss.

PINTO, CARLOS ALBERTO DA MOTA – *Cessão da Posição Contratual* (reimp.), Coimbra 1982.

PINTO, CARLOS ALBERTO DA MOTA – *Nulidade do contrato de compra e venda e responsabilidade por culpa na formação dos contratos*, RDES 17 (1970), 70 ss.

PINTO, CARLOS ALBERTIO DA MOTA – *Teoria Geral do Direito Civil*, 3.ª edição, Coimbra 1989 (reimpr.).

PINTO, MÁRIO/MARTINS, PEDRO FURTADO/CARVALHO, ANTÓNIO NUNES DE – *Comentário às Leis do Trabalho*, I, Lisboa 1994.

PINTO, PAULO MOTA – *Aparência de poderes de representação e tutela de terceiros/Reflexão a propósito do art. 23 do Decreto-Lei n.º 178/86, de 3 de Julho*, BFDUC LXIX (1993), 587 ss.

PINTO, PAULO MOTA – *Declaração Tácita e Comportamento Concludente no Negócio Jurídico*, Coimbra 1995.

PINTO, PAULO MOTA – *recensão a* (Reinhardt Singer), *Selbstbestimmung und Verkehrsschutz im Recht der Willenserklärungen*, München 1995, BFDUC LXXII (1996), 459 ss.

PIOTET, PAUL – *Culpa in contrahendo (et responsabilité précontractuelle en droit privé suisse)*, Berne 1963.

PONTE, PEDRO FUZETA DA/MARTINEZ, PEDRO ROMANO – *vide* MARTINEZ, PEDRO ROMANO/PONTE, PEDRO FUZETA DA.

POULIADIS, ATHANASSIOS – *Culpa in contrahendo und Schutz Dritter*, Berlin 1982.

PRATA, ANA – *Notas sobre a Responsabilidade Pré-contratual*, Lisboa 1991.

PROENÇA, JOSÉ CARLOS BRANDÃO – *A Conduta do Lesado como Pressuposto e Critério de Imputação do Dano Extracontratual*, Coimbra 1997.

PROSSER, WILLIAM L. – *The fall of the citadel (strict liability to the consumer)*, Minn. L. Rev. 1966, 791 ss.

PROSSER/KEETON – *On Torts*, St. Paul, Minnesota, 5.ª edição, 1984.

QUENTIN, ANDREAS – *Kausalität und deliktische Haftungsbegründung*, Berlin 1994.

RAMM, THILO – *Drittwirkung und Übermassverbot/Eine Erwiderung auf den Aufsatz von Canaris in JZ 1987, S. 933 ff.*, JZ 1988, 489 ss.

RAMOS, RUI MANUEL MOURA/SOARES, MARIA ÂNGELA BENTO – *Contratos Internacionais (Compra e venda, cláusulas penais, arbitragem)*, Coimbra 1986.

RAU, ALAN/WEINTRAUB, RUSSELL/HAMILTON, ROBERT – *vide* HAMILTON, ROBERT/RAU, ALAN/WEINTRAUB, RUSSELL.

RAWLS, JOHN – *Uma Teoria da Justiça*, tradução do original *A Theory of Justice*, Lisboa 1993.

REINACH, ADOLF – *Zur Phänomenologie des Rechts/Die apriorischen Grundlagen des Rechts*, 1913 (reimpr. München 1953).
REINICKE, DIETRICH/TIEDTKE, KLAUS – *Schadensersatzverpflichtungen aus Verschulden beim Vertragsschluss nach Abbruch von Vertragsverhandlungen ohne triftigen Grund*, ZIP 1989, 1093 ss.
RENGIER, HANS-BERNHARD – *Die Abgrenzung des positiven vom negativen Vertragsinteresse und vom Integritätsinteresse*, Berlin 1977.
REUTER, DIETER/MARTINEK, MICHAEL – *Ungerechtfertigte Bereicherung*, Tübingen 1983.
RIBEIRO, JOAQUIM DE SOUSA – *Cláusulas Contratuais Gerais e o Paradigma do Contrato*, Coimbra 1990.
RIBEIRO, JOAQUIM DE SOUSA – *O Problema do Contrato/As cláusulas contratuais gerais e o princípio da liberdade contratual*, Coimbra 1999.
RIES, GERHARD – *Grundprobleme der Drittschadensliquidation und des Vertrags mit Schutzwirkung für Dritte*, JA 1982, 453 ss.
RIMMELSPACHER, BRUNO – *Kreditsicherungsrecht*, 2.ª edição, München 1987.
RÖHL, KLAUS – *Allgemeine Rechtslehre*, Köln, Berlin, Bonn, München 1995.
RÖHL, KLAUS – *Über ausservertragliche Voraussetzungen des Vertrages*, FS Helmut Schelsky 1978, Berlin 1978, 435 ss.
RÖHL, KLAUS F. – *Rechtssoziologie/Ein Lehrbruch*, Köln, Berlin, Bonn, München 1987.
ROLLER, HORST – *Die Prospekthaftung im englischen und deutschen Recht*, Berlin 1991.
ROSENBERG, LEO/SCHWAB, KARL HEINZ/GOTTWALD, PETER – *Zivilprozessrecht*, 15.ª edição, München 1993.
ROTH, GÜNTHER – in *Münchener Kommentar*, 3.ª edição, Bd. 2, München 1994, anotações ao § 242.
RUFFOLO, UGO – *La Tutela Individuale e Collettiva del Consumatore I, Profili di tutela individuale*, Milano 1986.
SÁ, ALMENO DE – *Responsabilidade bancária: dever pré-contratual de informação e corte de crédito*, anotação ao Acórdão do Supremo Tribunal de Justiça de 14 de Novembro de 1991, RDE XVI a XIX (1990-1993), 607 ss.
SÁ, FERNANDO CUNHA DE – *Abuso do Direito*, Lisboa 1973.
SANTOS, ANTÓNIO MARQUES DOS – *As Normas de Aplicação Imediata no Direito Internacional Privado/Esboço de uma teoria geral*, I e II, Coimbra 1991.
SAVIGNY, FRIEDRICH CARL VON – *System des heutigen römischen Rechts*, Berlin 1849, VIII.
SCALLEN, EILEEN A. – *Promises broken vs. promises betrayed: metaphor, analogy, and the new fiduciary principle*, U. Ill. L. Rev. 1993, 897 ss.
SCHACK, HAIMO – *Der Schutzzweck als Mittel der Haftungsbegrenzung im Vertragsrecht*, JZ 1986, 305 ss.

SCHÄFER, HANS-BERND/OTT, CLAUS − *Lehrbuch der ökonomischen Analyse des Zivilrechts*, 3.ª edição, Berlin, Heidelberg, etc., 2000.
SCHÄFER, KARL − in *Staudinger Kommentar*, 12.ª edição, anotações prévias ao § 823, Berlin 1986.
SCHAPP, JAN − *Grundfragen der Rechtsgeschäftslehre*, Tübingen 1986.
SCHAUMBURG, HEIDE − *Sachmängelgewährleistung und vorvertragliches Verschulden. § 463 und culpa in contrahendo*, Hanstein, Köln, Bonn 1974.
SCHLECHTRIEM, PETER − *Schuldrecht/Allgemeiner Teil*, 4.ª edição, Tübingen 2000, e *Schuldrecht/Besonderer Teil*, 5.ª edição, Tübingen 1998.
SCHMIDT, EIKE − *Nachwort*, in *Culpa in contrahendo* (Rudolf von Jhering)/*Die positiven Vertragsverletzungen* (Hermann Staub), reimpr., Bad Homburg, Berlin, Zürich 1969, 131 ss.
SCHMIDT, EIKE/ESSER, JOSEF − *vide* ESSER, JOSEF/SCHMIDT, EIKE
SCHMIDT, JÜRGEN − in *Staudinger Kommentar*, 12.ª edição, anotações ao § 242, Berlin 1983.
SCHMIDT, JÜRGEN − in *Staudinger Kommentar*, 13.ª edição, anotações ao § 242, Berlin 1995.
SCHMIDT, JÜRGEN − *Schutz der Vertragsfreiheit durch Deliktsrecht?*, FS für Rudolf Lukes zum 65. Geburtstag, Köln, Berlin, Bonn, München 1989, 793 ss.
SCHMIDT, KARSTEN − *Gesellschaftsrecht*, 3.ª edição, Köln, Berlin, Bonn, München 1997.
SCHMIDT, KARSTEN − *Handelsrecht*, 5.ª edição, Köln, Berlin, Bonn, München 1999.
SCHMIDT-RIMPLER, WALTER − *Grundfragen einer Erneuerung des Vertragsrechts*, AcP 147 (1941), 130 ss.
SCHMITZ, ERICH − *Dritthaftung aus culpa in contrahendo*, Berlin 1980.
SCHUHMACHER, ROLF − *Vertragsaufhebung wegen fahrlässiger Irreführung unerfahrener Vertragspartner*, München 1979.
SCHULZ, FRITZ − *System der Rechte auf den Eingriffserwerb*, AcP 105 (1909), 1 ss.
SCHULZE, REINER − *Grundprobleme der Dritthaftung bei Verletzung von Auskunfts- und Beratungspflichten in der neueren Rechtsprechung*, JuS 1983, 81 ss.
SCHÜTZ, WILHELM − *Schadensersatzansprüche aus Verträge mit Schutzwirkung für Dritte*, Heilbronn 1974.
SCHWAB, KARL HEINZ/ROSENBERG, LEO/GOTTWALD, PETER − *vide* ROSENBERG, LEO/SCHWAB, KARL HEINZ/GOTTWALD, PETER.
SCHWARTZ, ALAN/CRASSWELL, RICHARD − *vide* CRASSWELL, RICHARD/ /SCHWARTZ, ALAN.
SCHWITANSKY, HEINZ-GEORG − *Deliktsrecht, Unternehmensschutz und Arbeitskampfrecht*, Berlin 1986.
SCOTT, ROBERT E./LESLIE, DOUGLAS L. − *Contract Law and Theory*, Charlottesville, Virginia 1988
SEGNI, MARIO − *Autonomia Privata e Valutazione Legale Tipica*, Padova 1972.

SEILER, HANS – *Grundfälle zur Geschäftsführung ohne Auftrag*, Jus 1987, 368 ss.
SENDIM, JOSÉ CUNHAL – *Responsabilidade Civil por Danos Ecológicos/Da reparação do dano através de restauração natural*, Coimbra 1998.
SENDIN, PAULO MELERO – *Letra de Câmbio/L.U. de Genebra*, I e II, Coimbra s/data.
SERRA, ADRIANO PAES DA SILVA VAZ – *Abuso do direito (em matéria de responsabilidade civil)*, BMJ 85 (1959), 243 ss.
SERRA, ADRIANO PAES DA SILVA VAZ – *Anotação ao acórdão do STJ de 7 de Outubro de 1976*, RLJ 110 (1977-1978), 267 ss.
SERRA, ADRIANO PAIS DA SILVA VAZ – *Anotação ao acórdão do Supremo Tribunal de Justiça de 19 de Junho de 1979*, RLJ 112 (1979/1980), 366 ss.
SERRA, ADRIANO PAIS DA SILVA VAZ – *Fontes das obrigações. O contrato e o negócio jurídico unilateral como fontes de obrigações*, BMJ 77 (1958), 127 ss.
SERRA, ADRIANO PAIS DA SILVA VAZ – *Requisitos da responsabilidade civil*, BMJ 92 (1960), 38 ss.
SIEBERT, WOLFGANG – *Verwirkung und Unzulässigkeit der Rechtsausübung*, Marburg in Hessen 1934.
SILVA, GERMANO MARQUES DA – *A ética profissional*, Direito e Justiça, XIII (1999), 3, 59 ss.
SILVA, ISABEL MARQUES DA – *Dever de correcta notificação dos meios de defesa ao dispor dos contribuintes, boa fé e protecção da confiança*, Direito e Justiça XIV (2000), 2, 273 ss.
SILVA, JOÃO CALVÃO DA – *A Responsabilidade Civil do Produtor*, Coimbra 1990.
SILVA, JOÃO CALVÃO DA – *Anotação ao acórdão de 12 de Novembro de 1998 (Vício de forma e abuso do direito)*, RLJ 132 (1999/2000), 259 ss.
SILVA, JOÃO CALVÃO DA – *Compra e venda de empresas* (Parecer), CJ XVIII (1993), 2, 9 ss.
SILVA, JOÃO CALVÃO DA – *Estudos de Direito Comercial (Pareceres)*, Coimbra 1999.
SILVA, JOÃO CALVÃO DA – *La publicité et le consommateur/Rapport portugais*, in Travaux de l'Association Henri Capitant, XXXII, Paris 1983, 191 ss.
SILVA, JOÃO SOARES DA – *Responsabilidade civil dos administradores: os deveres gerais e a corporate governance*, ROA 57 (1997), 605 ss.
SILVA, MANUEL GOMES DA – *O dever de prestar e o dever de indemnizar*, Lisboa 1944.
SILVA, PAULA COSTA E – *Meios de reacção civil à concorrência desleal*, in Concorrência Desleal (autores vários), Coimbra 1997, 99 ss.
SIMITIS, KONSTANTIN – *Gute Sitten und ordre public*, Marburg 1960.
SINGER, REINHARDT – *Das Verbot widersprüchlichen Verhaltens*, München 1993.
SINGER, REINHARDT – *Geltungsgrund und Rechtsfolgen der fehlerhaften Willenserklärung*, JZ 1989, 1030 ss.
SINGER, REINHARDT – *Selbstbestimmung und Verkehrsschutz im Recht der Willenserklärungen*, München 1995.
SOARES, MARIA ÂNGELA BENTO/RAMOS, RUI MANUEL MOURA – vide RAMOS, RUI MANUEL MOURA/SOARES, MARIA ÂNGELA BENTO.

Soergel Kommentar (*Bürgerliches Gesetzbuch mit Einführungsgesetz und Nebengesetzen/ /Kohlhammer Kommentar*), 12.ª edição, Stuttgart, Berlin, Köln, Mainz 1987 ss.
SONNENSCHEIN, JÜRGEN – *Der Vertrag mit Schutzwirkung für Dritte – und immer neue Fragen*, JA 1979, 225 ss.
SOUSA, ANTÓNIO FRADA DE – *Conflito de Clausulados e Consenso nos Contratos Internacionais*, Porto 1999.
SOUSA, MARCELO REBELO DE – *Responsabilidade pré-contratual – Vertentes privatística e publicística*, O Direito 125 (1993), 383 ss.
SOUSA, MIGUEL TEIXEIRA DE – *O Concurso de Títulos de Aquisição da Prestação/Estudo sobre a dogmática da pretensão e do concurso de pretensões*, Coimbra 1988.
SOUSA, MIGUEL TEIXEIRA DE – *O cumprimento defeituoso e a venda de coisas defeituosas*, in Ab uno ad omnes/75 anos da Coimbra Editora 1920-1995 (org. de Antunes Varela e outros), Coimbra 1998, 567 ss.
SOUSA, MIGUEL TEIXEIRA DE – *Sobre a linguagem performativa da teoria pura do direito*, ROA 46 (1986), 433 ss.
SOUSA, RABINDRANATH CAPELO DE – *O Direito Geral de Personalidade*, Coimbra 1995.
SPECIALE, RENATO – *Contratti Preliminari e Intese Precontratuattuali*, Milano 1990.
STAPLETON, JANE – *Good faith in private law*, Current Legal Problems, 52 (1999), 1 ss.
STAUB, HERRMANN – *Die positiven Vertragsverletzungen*, 1902, reimpr. por Eike Schmidt, Bad Homburg v.d.H., Berlin, Zürich 1969.
Staudinger Kommentar [J. von Staudingers-] zum Bürgerlichen Gesetzbuch mit Einführungsgesetz und Nebengesetzen, 13.ª edição, Berlin 1993 ss, 12.ª edição, Berlin 1980 ss, e 11.ª edição, Berlin 1957 ss.
STEDING, ULRICH – *Die Drittschadensliquidation*, JuS 1983, 29 ss.
STEGMÜLLER, WOLFGANG – *Probleme und Resultate der Wissenschaftstheorie und Analytischen Philosophie*, Bd. I, *Erklärung-Begründung-Kausalität*, Studienausgabe, Teil C *(Historische, phsychologische und rationale Erklärung/Verstehendes Erklären)*, 2.ª edição, Berlin, Heidelberg, New York 1983.
STICHT, THILO – *Zur Haftung des Vertretenen und Vertreters aus Verschulden bei Vertragsschluss sowie des Erfüllungsgehilfen aus positiver Vertragsverletzung*, München 1966.
STOLL, HANS – *Die bei Nichterfüllung nutzlosen Aufwendungen des Gläubigers als Massstab der Interessenbewertung/Eine rechtsvergleichende Studie zum Vertragsrecht*, FS für Konrad Duden, München 1977, 641 ss.
STOLL, HANS – *Haftungsverlagerung durch beweisrechtliche Mittel*, AcP 176 (1976), 145 ss.
STOLL, HANS – *Richterliche Fortbildung und gesetzliche Überarbeitung des Schuldrechts*, Heidelberg 1984.
STOLL, HANS – *Tatbestände und Funktionen der Haftung für culpa in contrahendo*, FS für Ernst von Caemmerer zum 70. Geburtstag, Tübingen 1978, 435 ss.

STOLL, HANS – *Vertrauensschutz bei einseitigen Leistungsversprechen*, FS für Werner Flume, Köln 1978, 741 ss.
STOLL, HEINRICH – *Abschied von der Lehre von der positiven Vertragsverletzung*, AcP 136 (1932), 257 ss.
STOLL, HEINRICH – *Haftung aus Bescheinigung*, AcP 135 (1932), 89 ss.
SUMMERS, ROBERT/HILLMANN, ROBERT – *Contract and Related Obligation: theory, doctrine and practice*, St. Paul, Minnesota 1987.
TEICHMANN, ARNDT – in *Soergel Kommentar*, anotações ao § 242.
TELLES, INOCÊNCIO GALVÃO – *Culpa na formação do contrato*, O Direito 125 (1993), 333 ss.
TELLES, INOCÊNCIO GALVÃO – *Direito das Obrigações*, 7.ª edição, Coimbra 1997.
TEUBNER, GÜNTHER – *Juridificação. Noções, características, limites, soluções* (trad. portuguesa de José Engrácia Antunes e Paula Freitas), RDE 14 (1988), 17 ss.
THEL, STEVE/YORIO, EDWARD – vide YORIO, EDWARD/THEL, STEVE.
THIELE, WOLFGANG – *Leistungsstörung und Schutzpflichtverhältnis/Zur Einordnung der Schutzpflichtverletzungen in das Haftungssystem des Zivilrechts*, JZ 1967, 649 ss.
TIEDTKE, KLAUS/REINICKE, DIETRICH – vide REINICKE, DIETRICH/TIEDTKE, KLAUS.
TOMÉ, MARIA JOÃO ROMÃO CARREIRO VAZ – *O Direito à Pensão de Reforma enquanto Bem Comum do Casal*, Coimbra 1997.
TOMÉ, MARIA JOÃO VAZ – *Fundos de Investimento Mobiliário Abertos*, Coimbra 1997.
TOMÉ, MARIA JOÃO VAZ – *Sobre a gestão de portfolios de valores mobiliários de incapazes de exercício*, Direito e Justiça, XII (1998), I, 313 ss.
TOMÉ, MARIA JOÃO VAZ/CAMPOS, DIOGO LEITE DE – *A Propriedade Fiduciária (Trust)/Estudo para a sua consagração no direito português*, Coimbra 1999.
TRIGO, MARIA DA GRAÇA – *Os Acordos Parassociais sobre o Exercício do Direito de Voto*, Lisboa 1998.
VARELA, JOÃO DE MATOS ANTUNES – *Anotação ao acórdão do STJ de 26 de Março de 1980*, RLJ 114 (1981/1982), 40 ss.
VARELA, JOÃO DE MATOS ANTUNES – *Anotação ao acórdão do Tribunal Arbitral de 31 de Março de 1993*, RLJ 126 (1993/1994), 160 ss.
VARELA, JOÃO DE MATOS ANTUNES – *Das Obrigações em Geral*, I, 10.ª edição, Coimbra 2000, 5.ª edição, Coimbra 1986, e II, 7.ª edição, Coimbra 1999.
VARELA, JOÃO DE MATOS ANTUNES – *Manual de Processo Civil*, 2.ª edição, Coimbra 1985.
VARELA, JOÃO DE MATOS ANTUNES/LIMA, FERNANDO ANDRADE PIRES DE – vide LIMA, FERNANDO ANDRADE PIRES DE/VARELA, JOÃO DE MATOS ANTUNES.
VASCONCELOS, PEDRO PAIS DE – *Contratos Atípicos*, Coimbra 1995.
VASCONCELOS, PEDRO PAIS DE – *Teoria Geral do Direito Civil*, I, Lisboa 1999.
VEIGA, MIGUEL – *A crise de confiança nos contratos*, ROA 59 (1999), 797 ss.
VEIGA, VASCO SOARES DA – *Direito Bancário*, Coimbra 1994.

VELOSO, JOSÉ ANTÓNIO – *A desinstitucionalização dos pagamentos* cashless *nas redes electrónicas e os seus efeitos de deslocação do risco: algumas notas para uma análise de regulamentação*, inédito, Lisboa 2000.

VICENTE, DÁRIO MOURA – *Da Responsabilidade Pré-contratual em Direito Internacional Privado*, Coimbra 2001.

WEBER, MARTIN – *Haftung für in Aussicht gestellten Vertragsabschluss*, AcP 192 (1992), 390 ss.

WEBER, MAX – *Rechtssoziologie* (hrsg. von Winckelmann), 2.ª edição, Neuwied 1967.

WEBER, RALPH – *Einige Gedanken zur Konkretisierung von Generalklauseln durch Fallgrupen*, AcP 192 (1992), 516 ss.

WEBER, RALPH – *Erwiderung*, AcP 194 (1994), 90 ss.

WEINRIB, ERNEST – *The Idea of Private Law*, Cambridge/Massachusetts, London/England 1995.

WEINTRAUB, RUSSELL/HAMILTON, ROBERT/RAU, ALAN – vide HAMILTON, ROBERT/RAU, ALAN/WEINTRAUB, RUSSELL.

WELLSPACHER, MORITZ – *Das Vertrauen auf äussere Tatabestände im bürgerlichen Recht*, Wien 1906.

WELZEL, HANS – *Naturalismus und Wertphilosophie im Strafrecht*, Mannheim, Berlin, Leipzig 1935, esp. 78 ss.

WESTERMANN, HARM PETER – *Der Fortschrittsgedanke im Privatrecht*, NJW 1997, 1 ss.

WEYERS, LEO/ESSER, JOSEF – vide ESSER, JOSEF/WEYERS, LEO.

WIEACKER, FRANZ – *Zur rechtstheoretischen Präzisierung des § 242 BGB*, Tübingen 1956.

WIEDEMANN, HARM PETER – in *Münchener Kommentar*, 3.ª edição, München 1995, anotações ao § 459.

WIEGAND, ANNETTE – *Die "Sachwalterhaftung" als richterliche Rechtsfortbildung*, Berlin 1991.

WIEGAND, WOLFGANG – *Treuhand und Vertrauen*, Festschrift für Wolfgang Fikentscher, Tübingen 1998, 329 ss.

WIELING, HANS JOSEF – *recensão a* H. Dette, *Venire contra factum proprium nulli conceditur*, AcP 187 (1987), 95 ss.

WIELING, HANS JOSEF – *Venire contra factum proprium und Verschulden gegen sich selbst*, AcP 176 (1976), 334 ss.

WIESER, EBERHARD – *Verstösst § 105 BGB gegen das verfassungsrechtliche Übermassverbot?/Eine Stellungnahme zu der These von Claus-Wilhelm Canaris in JZ 1987, S. 993 ss*, JZ 1988, 493 ss.

WILBURG, WALTER – *Die Lehre von der ungerechtfertigten Bereicherung*, Graz 1934.

WILBURG, WALTER – *Elemente des Schadensrechts*, Marburg a.d. Lahn 1941.

WILBURG, WALTER – *Entwicklung eines beweglichen Systems im bürgerlichen Recht*, Graz 1950.

WILLEMSEN, HEINZ JOSEF – *Zum Verhältnis von Sachmängelhaftung und culpa in contrahendo beim Unternehmenskauf*, AcP 182 (1982), 515 ss.
WINFIELD/JOLOWICZ – *On Tort*, 15.ª edição (a cargo de William Rogers), London 1998.
WRIGHT, GEORG VON – *Erklären und Verstehen*, 2.ª edição Königstein/Ts. 1984 (tradução de *Explanation and Understanding*, London 1971).
WRIGHT, GEORG VON – *Normen, Werte und Handlungen*, Frankfurt a. M. 1994.
XAVIER, BERNARDO DA GAMA LOBO – *Curso de Direito do Trabalho*, 2.ª edição, Lisboa 1993.
XAVIER, BERNARDO DA GAMA LOBO – *O Despedimento Colectivo no Dimensionamento da Empresa*, Lisboa 2000.
XAVIER, BERNARDO DA GAMA LOBO – *Regime Jurídico do Contrato de Trabalho Anotado*, 2.ª edição, Lisboa 1972.
XAVIER, MARIA RITA LOBO – *Limites à Autonomia Privada na Disciplina das Relações Patrimoniais entre os Cônjuges*, Coimbra 2000.
XAVIER, VASCO DA GAMA LOBO – *Anulação de Deliberação Social e Deliberações Conexas*, Coimbra 1975.
XAVIER, VASCO DA GAMA LOBO/CORREIA, ANTÓNIO DE ARRUDA FERRER – vide CORREIA, ANTÓNIO DE ARRUDA FERRER/XAVIER, VASCO DA GAMA LOBO.
YORIO, EDWARD/THEL, STEVE – *The promissory basis of section 90*, Yale L. J. 101 (1991), 111 ss.
ZELLER, ERNST – *Treu und Glauben und Rechtsmissbrauchsverbot/Prinzipiengehalt und Konkretisierung von Art. 2 ZGB*, Zürich 1981.
ZIEGLTRUM, ANNA – *Der Vertrag mit Schutzwirkung für Dritte/Vom "Fürsorgeverhältnis" zu "gegenläufigen" Interessen*, Frankfurt a. M., Bern, New York, Paris 1992.
ZÖLLNER, WOLFGANG – *Regelungsspielräume im Schuldvertragsrecht*, AcP 196 (1996), 1 ss.

ÍNDICE IDEOGRÁFICO

O presente índice tem mero valor indicativo. Referenciam-se páginas e notas.
A remissão para locais do texto compreende, em princípio, as respectivas notas.

Abuso do direito
— alguns aspectos gerais 839 ss
— concepção objectiva do abuso 858 s, 862 ss
— consequências 840 (n. 933), 861, 861 (n. 962 e 963)
— desarticulação da violação de deveres de comportamento 857 ss
— doutrina da intermutabilidade com a regra da boa fé 850 ss
— e correcção da cláusula penal excessiva 315 (n. 299) s
— e deveres no tráfico 328 (n. 321) ss
— e processo de interpretação-aplicação de normas 856 (n. 955) s
— e protecção da confiança 216 s, 839 ss
— e regra de conduta segundo a boa fé 850 ss, 859 ss
— e situação objectiva de injustiça 862 ss
— e *venire* 857 (n. 957) s
— enquanto fonte de responsabilidade 164 (n. 121) ss
— limites do abuso do direito como fonte de responsabilidade civil 164 (n. 121) ss, 237 (n. 195), 250 (n. 223)
— por ofensa da função (da posição exercida) 841 s
— por ofensa dos bons costumes 842 ss
— subsidiariedade 855
— v. desconsideração

Acção humana
— e justificação prático-racional do agir 631 s, 634 ss, 646 s, 896

Acordo de cortesia
— v. acordo de facto

Acordo de facto
— e concertação da conduta (por outrem) 820 ss
— e doutrina da confiança 813 ss

Acordo de negociação
— v. cláusula de (re)negociação

Acordos intermédios
— 537 (n. 566) ss
— v. cláusula de (re)negociação

Actio negatoria
— 629 (n. 675)

Actos de mera tolerância
— exigência de cessação e tutela da confiança 679 (n. 739)

Alteração das circunstâncias
— e doutrina da confiança 670 ss
— e sentido da referência à boa fé 863, 863 (n. 966)

Análise económica do direito
— 450 (n. 465) ss, 547 (n. 575)

Autonomia privada
— e criação de obrigações naturais 529 (n. 556) ss
— e direito do consumidor de desvinculação do contrato 198 (n. 154) ss
— e manipulação da tutela do crédito (art. 809) 529 (n. 556) ss
— e negócio 788 ss
— fundamentação ético-jurídica 434 ss
— protecção da autonomia privada (e do exercício livre e esclarecido da liberdade contratual) 158 (n. 115) s, 486, 488 ss
— tutela contra a indução (por terceiro) à celebração de um contrato 798 (n. 885)

Autovinculação
— autovinculação do sujeito e responsabilidade pela confiança 767 ss, 780 ss
— e ruptura das negociações (dano indemnizável) 519 ss
— limitações no campo da imputação a título de risco 776

— *undertaking* e assunção voluntária da responsabilidade 787 (n. 878) s
— v. *promissory estoppel*

Boa fé
— equilíbrio e proporcionalidade (exigências de justiça objectiva) 860 ss
— função balizadora ou sindicadora 854 ss
— função de integração dos contratos 854 (n. 953) s
— função reguladora e função fundamentadora de deveres 437, 853 ss
— ideia regulativa (legal) 865 ss
— mera legitimação metodológica da decisão justa 867 s
— modo de fundamentação da responsabilidade pela confiança 862 ss, 868 ss, 872 s
— objecções a um instituto 869 (n. 874)
— sentido em situações desligadas da violação de regras de conduta 863, 863 (n. 966) s
— significado no abuso do direito 860 ss
— subjectiva, psicológica ou ética (na simulação) 393 (n. 399), 592 (n. 629)
— v. regra da conduta de boa fé

Bons costumes
— conceito e função 842 ss
— e ordem pública 844 (n. 939) s
— e regra da boa fé 846 ss

Cartas de conforto
— 527 ss
— alcance da regra da boa fé 537 ss

— dano indemnizável pela emissão de carta de conforto 534 s
— e cartas de intenção 543
— e *culpa in contrahendo* (de terceiro) 533 ss
— e relação especial 535 s
— e responsabilidade pela confiança 532 ss, 542 s e *venire* 543 s
— exiguidade do regime da responsabilidade por informações 533 (n. 561) s
— questão da juridicidade 528 s
— relevância negocial (e sua não identificabilidade com a eficácia jurídica) 530 ss
— responsabilidade por declarações ou responsabilidade por comportamentos futuros 536 s
— violação do *civiliter agere* e respectivo regime 533 ss

Cartas de intenção
— 504, 509 (n. 539) ss, 543
— boa fé e obrigação de negociar 543 (n. 568) s
— entre asserções e promessas 613 (n. 656)
— v. cartas de conforto

Causalidade
— a acção humana perante a causalidade (na imputação de danos) 620 ss
— a autonomia das concepções da causalidade 634 ss
— confiança, causalidade e fundamento de responsabilidade 618 ss, 626 ss, 630 ss
— do comportamento pré-contratual em relação a despesas 523 (n. 550) s
— estatística 628 (n. 674), 630 (n. 676), 637 e 637 (n. 688)
— imprescindibilidade para a compreensão da realidade 620
— modelo da causalidade e liberdade do legislador 640 s
— o paradigma físico-naturalístico e o seu comprometimento com a responsabilidade por violação de deveres 626 ss

Causalidade psíquica
— 624 ss
— auto-sacrifício no tráfico 625 (n. 669)

Cláusula de adaptação do conteúdo do contrato (*hard-ship clause*)
— 538 (n. 566) s

Cláusula de (re)negociação
— 503 (n. 532), 510 (n. 540) s, 537 (n. 566) ss
— e regra da boa fé na fase pré-contratual 537 (n. 566) ss

Cláusulas contratuais gerais
— controlo do conteúdo do contrato, seus pressupostos e relação de troca 489 (n. 516) s
— regulação jurídica em função das expectativas dos sujeitos 362 (n. 366) ss
— significado da boa fé na sindicância do conteúdo 863 (n. 966)

Comunicação
— e significação 636 (n. 687), 807 (n. 895) s

Concertação da conduta (por outrem)
— e acordo de facto 820 ss

Concurso para a celebração de um contrato
— sanção pelo não cumprimento de deveres pré-contratuais 519 (n. 547) s

Confiança (doutrina geral da protecção das expectativas)
— causa e efeito da tutela jurídica 359 s
— como escopo de normas jurídicas 361 ss
— como função da ordem jurídica 345 ss
— crença na efectividade da protecção pela ordem jurídica 347
— crise de confiança 346 (n. 342) s
— dependência de situação de confiança realmente existente 370 ss, 377 (n. 378), 378 (n. 379) s
— dificuldades de uma concepção restritiva acerca da liberdade de defraudação da confiança alheia 395 ss
— disposições específicas de tutela da confiança e sistema das condições gerais de protecção da confiança 61 (n. 42) s, 348 s, 371 (n. 371) s
— diversidade em relação ao negócio e aos seus requisitos 66 ss, 805 (n. 893)
— e Direito 18 ss, 345 ss
— e filosofia (ou teoria) do Direito 25 ss
— e razões «objectivas» da regulação jurídica 362 ss
— e segurança do tráfico jurídico 47 s
— factores de confiança 771 ss
— fundamento ou mero pressuposto de um regime 352 (n. 347), 359, 739 ss
— função geral da ordem jurídica *vs.* fundamento específico de um regime 349 ss, 351 ss
— limiar do Direito perante o não--Direito 215, 348 (n. 343)
— previsões (específicas) de tutela da confiança típica e quadros normativos gerais da protecção da confiança individual 370 ss, 371 (n. 371) s, 831 (n. 921)
— princípio da proporcionalidade e da adequação da tutela 690 s
— prova (indiciária) da confiança, facto do foro interno 374 ss
— protecção «positiva», protecção «negativa» e sua articulação 41 ss, 690 ss
— requisitos da protecção das expectativas 584 ss
— v. protecção da confiança (algumas aplicações)
— v. protecção da confiança por imperativo ético-jurídico
— v. responsabilidade pela confiança

Contrato
— como facto gerador de confiança 666 ss
— controlo do conteúdo (pressupostos da intervenção do Direito) 489 (n. 516) s
— despesas feitas em função do contrato e dano de confiança 665 ss
— e consenso *vs.* tese da formação progressiva 512 s, 780 ss
— e justiça distributiva 450
— fim do contrato 443 (n. 458) ss
— fundamento da vinculatividade 434 ss

— garantia de um conteúdo justo 436 (n. 448)
— paradigma de contrato 437 s
— princípio do contrato 782 ss
— violação do contrato como delito 558 s

Contrato a favor de terceiro
— 145 (n. 109) ss
— como hipotética figura (tão-só) de responsabilidade 145 (n. 109) ss

Contrato bancário geral
— 575 (n. 614) s
— v. ligações correntes de negócios

Contrato com eficácia de protecção para terceiros
— 135 ss, 135 (n. 108) ss
— caso do «testamento» (BGH, 6.5.65) 147 (n. 109) ss
— distinções dogmáticas a fazer 138 (n. 108) ss, 151 (n. 109) s
— e desenvolvimento do direito objectivo 137 (n. 108) ss, 149 (n. 109) ss
— e empreitada 652 (n. 703)
— e integração do negócio 136 (n. 108) ss, 149 (n. 109) ss
— e liquidação do dano de terceiro 140 (n. 108)
— e responsabilidade por informações 175 (n. 122)
— em pagamentos bancários 141 (n. 108) s
— oposição de interesses 143 (n. 108) s
— terceiros abrangidos 142 (n. 108) s, 747 s

Contrato (ou negócio) de informação
— 133 s, 133 (n. 107) ss, 176 ss
— a favor de terceiro 146 (n. 109) s
— requisitos e indícios 176 ss, 177 (n. 125)

Contratos *uberrimae fidei*
— v. negócios de confiança

Culpa in contrahendo
— 99 ss
— alargamento em relação a terceiros 115 ss
— alcance da análise comparativa e do método conflitual (de direito internacional privado) 524 (n. 551) s
— boa fé e dever de negociar 537 (n. 566) ss
— causalidade da conduta pré-contratual em relação a despesas 523 (n. 550) s
— concurso para a celebração de um contrato 519 (n. 547) s
— critérios do alargamento subjectivo do instituto 118 ss
— culpa do lesado 595 (n. 633) s
— custo de oportunidade (sua ressarcibilidade) 486 (n. 527), 521 (n. 549) s
— dano indemnizável (em geral) 495 ss, 494 (n. 527) ss
— dano indemnizável na responsabilidade por declarações 494
— de consultores, peritos ou outros participantes no processo de formação do contrato 125 ss, 743 (n. 819), 744 (n. 820)
— de mediadores 126 ss, 127 (n. 105) ss

— de terceiros e conflito de interesses 144 (n. 108)
— de terceiros e participação em ilícito pré-contratual alheio 156 (n. 115) ss
— de terceiros e relação pré-negocial 155 ss
— de terceiros e texto do art. 227 n. 1 154 ss
— do procurador «de facto» e do «administrador de negócios» (*Sachwalterhaftung*) 118 ss
— do representante 117, 117 (n. 97)
— e adaptação do contrato às expectativas 488 (n. 515) s
— e confiança 99 ss, 101 (n. 79), 118 (n. 99), 480 ss, 522 ss, 523 (n.550) s
— e correcção de contratos injustos 488 s
— e desconsideração da personalidade jurídica 120 (n. 101) s
— e dolo (âmbito da indemnização) 500 (n. 529) s, 642 (n. 693)
— e indução à celebração de um contrato (com terceiro) 798 (n. 885)
— e não cumprimento 121 (n. 102)
— e princípio da relatividade dos contratos 121 ss, 123 (n. 103) s
— e relação obrigacional sem deveres primários de prestação 102 s
— e representação sem poderes 395 (n. 402), 641 (n. 693) ss
— e responsabilidade por prospecto 187 ss
— e ruptura das negociações 502 ss
— e titularidade substancial dos interesses relativos aos contratos celebrados 120 (n. 101) ss, 123 (n. 103) s
— e tutela de uma vontade esclarecida e livre 486, 488 ss

— e venda de coisa defeituosa 493 (n. 525) s
— e vício de forma 722 s
— e violação da promessa de casamento 519 (n. 546)
— exigência de culpa 394
— expectativas e relação de troca 203 (n. 158)
— funções 113 ss, 486, 488 ss
— imputabilidade 294 s
— indemnização e destruição do contrato 199 (n. 154) s
— método de construção da responsabilidade de terceiro 129 (n. 106) ss
— natureza da responsabilidade 99 (n. 77) s, 759 (n. 843) s
— protecção de terceiros 116 (n. 96)
— relação económica entre sujeitos (análise económica do direito) 205 (n. 160) s
— tipo de sanção pelo não cumprimento de deveres pré-contratuais 519 (n. 547) s
— sistematizações dentro da responsabilidade pré-contratual 113 ss
— v. deveres pré-contratuais

Dano de confiança
— e interesse positivo (em caso de inadimplemento contratual) 662 ss
— e responsabilidade por declarações 494 ss, 680 ss, 706 ss
— e responsabilidade por mensagens publicitárias 685 s, 796 (n. 885) ss
— e responsabilidade por prospecto 685 s
— e ruptura das negociações (dano indemnizável) 519 ss
— v. investimento de confiança

Danos patrimoniais puros
— desfavor no plano da ressarcibilidade delitual e suas razões 238 ss, 240 ss, 245 ss
— despesas e tutela da propriedade 653 (n. 703) ss
— e causalidade 243 s
— e disposições de protecção 249
— e exigências indeclináveis de tutela pela ordem jurídica 250
— e responsabilidade por «palavras» 648 ss
— no sistema de Picker 221 ss
— novas formas de «propriedade» vs. «reificação» do património 249 s, 249 (n. 220)
— sua autonomia da espécie de responsabilidade em jogo 650 (n. 703) ss

Decisão jurídica
— decisão «certa» e suas condições 108 (n. 88) ss
— e juridicidade 104 (n. 84) ss, 108 (n. 88) s

Declaração antecipada de não cumprimento por parte do devedor
— 407, 407 (n. 417) ss

Declarações não sérias
— e teoria da confiança 833 s

Desconsideração (da personalidade jurídica)
— e abuso do direito 169 (n. 121) ss
— e *culpa in contrahendo* 120 (n. 101) s

Desenvolvimento do Direito
— condições do desenvolvimento *praeter legem* (a propósito da responsabilidade pela confiança) 889 ss
— e *analogia iuris* 130 (n.106) ss
— mediante o reconhecimento de um princípio geral 132 (n. 106) s
— v. Direito

Dever de correspondência à confiança alheia
— distinção do dever de responder pela frustração da confiança 395 s
— e defesa do investimento como função da responsabilidade pela confiança 679 s
— e princípio da reconstituição natural 700
— e *venire* 419 ss, 420 (n. 428) ss
— insustentabilidade de um dever geral desse tipo 395 ss, 428 ss, 458 ss
— inutilidade metodológico-operativa de uma construção *ex post* 400 ss
— problema da não conciliabilidade com a estrutura de requisitos da responsabilidade pela confiança 399 s, 589 ss
— sistema de fontes 398 s, 458 s
— v. liberdades privilegiadas de acção

Deveres de comportamento
— autonomia face aos pressupostos da responsabilidade pela confiança 584 ss
— critério da função 447 (n. 460)
— culpa do lesado (comparação com a responsabilidade pela confiança) 391 s, 594 s
— demarcação da responsabilidade pela confiança 381 ss, 390 ss, 433 ss, 584 ss, 635 s
— desnecessidade de prova da confiança do beneficiário 393 ss

— e acção de cumprimento 629 (n. 675)
— e deveres de prestar 272 (n. 251) s, 432.
— e espaço da lacuna contratual 440 (n. 452) s
— e fim do contrato 443 (n. 458) ss
— e interpretação do acordo 440 (n. 452) s
— e responsabilidade de terceiro após a conclusão do contrato 541 (n. 566) s
— elementos que concorrem para a sua afirmação 454 (n. 466) s
— enquanto (inaceitável) súmula dos pressupostos de protecção da confiança 589 ss
— flexibilidade 317 (n. 302)
— função preventiva por natureza 382 ss
— insensibilidade às representações dos sujeitos acerca da sua existência ou conteúdo 761 (n. 847) s
— meios de institucionalização de expectativas 382 ss
— ónus da prova da culpa e da ilicitude 301, 301 (n. 282) ss, 305 (n. 283) s, 534 (n. 562) s
— pluralidade de responsáveis 297 (n. 276)
— redução da indemnização pela sua infracção 316 s
— sujeição, com as obrigações, a um regime único de responsabilidade por decisão do legislador 762 (n. 848) s
— v. deveres de informação
— v. deveres pré-contratuais
— v. obrigação
— v. regra da conduta de boa fé

Deveres de informação
— factores de reconhecimento 337 (n. 333) s, 446 (n. 460) s, 450 (n. 465)
— v. deveres de comportamento
— v. deveres pré-contratuais
— v. regra da conduta de boa fé

Deveres de protecção
— omissão de esclarecimento e entrega de coisa perigosa 648 (n. 700), 649 (n. 702)
— *vs.* relatividade da protecção aquiliana 762 (n. 847)
— v. deveres de comportamento
— v. deveres de informação
— v. deveres pré-contratuais

Deveres no tráfico
— 235 s, 236 (n. 195) s, 236 (n. 196)
— argumentos para a sua afirmação 263 (n. 242)
— e abuso do direito 328 (n. 321) ss
— e confiança 267 ss
— e deveres próprios de relacionamentos e contactos sociais específicos (ligações especiais) 267 (n. 244) ss
— e responsabilidade pelo risco 263 ss
— natureza aquiliana 236 s, 237 (n. 196)
— *undertaking* e assunção voluntária da responsabilidade 787 (n. 878) s
— v. deveres no tráfico para defesa do património
— v. responsabilidade civil delitual

Deveres no tráfico para defesa do património
— 251 ss, 153 (n. 111)

— e disposições de protecção 254 (n. 231) ss
— ordenação dogmática 252 ss
— papel da jurisprudência 252 ss, 252 (n. 227), 253 (n. 230) e (n. 231), 258 (n. 235) ss
— problema da sua admissibilidade indiscriminada 251 ss, 260 (n. 236) s

Deveres pré-contratuais
— alicerçados na boa fé 102 ss
— classificações: critério da função *vs.* conteúdo 107 ss, 107 (n. 85), 107 (n. 86), 482 ss, 492
— deveres de esclarecimento 484 ss, 508 (n. 537)
— deveres de informação (elementos de admissibilidade) 486 ss
— deveres de informação qualificados (em contratos *uberrimae fidei*) 491
— v. deveres de comportamento
— v. regra da conduta de boa fé

Direito
— desenvolvimento *praeter legem* e suas condições (a propósito da responsabilidade pela confiança) 889 ss
— direito comum e direito regulatório 21 (n. 4) ss
— e coerência 635, 635 (n. 685)
— e ética 880 (n. 987) s
— e sociologia 777 s
— e tradição 37 (n. 27) ss
— fundamentação jurídica e princípio da vinculação à lei 866 (n. 968) s, 890 (n. 1008)
— ideias regulativas, princípios, valores 868 (n. 973) s
— limiar do Direito e articulação com o não-Direito 215, 348 (n. 343), 756 (n. 838) s
— positivismo 348 (n. 343), 353 (n. 350), 828 ss, 871 (n. 975)
— progresso e evolução 92 s, 92 (n. 73)
— tese da relatividade das verdades jurídicas 33 (n. 21), 38 (n. 28) s, 109 (n. 88) ss, 612 (n. 656)
— v. decisão jurídica
— v. desenvolvimento do Direito
— v. discurso jurídico
— v. justiça
— v. positivismo (jurisprudencial)
— v. teorias jurídicas

Disposições de protecção
— 254, 256 ss, 254 (n. 231)
— e deveres no tráfico para a protecção do património 254 (n. 231) ss
— e regras estatutárias 255 (n. 231)
— identificação (critérios e elementos gerais) 257 (n. 234) s

Discurso jurídico
— 108 (n. 88) ss
— discurso prático geral e processo judicial 111 (n. 88) ss
— e «right answer thesis» 109 (n. 88) ss
— e teoria do consenso 896 (n. 1018)

Dogmática jurídica
— e suas funções 27 ss

Dolo
— agravamento da responsabilidade 702, 724 (n. 790), 727 (n. 797) s
— âmbito da indemnização na responsabilidade pré-contratual 500 (n. 529), 642 (n. 693)

— conduta dolosa enquanto delito 500 (n. 529) s, 536 (n. 565)
— *dolus praeteritus* (no vício de forma) 721, 727

Empreitada
— relação (de responsabilidade) entre subempreiteiro e dono da obra 307 (n. 284), 650 (n. 703)
— responsabilidade de subempreiteiros por promessas não negociais perante o empreiteiro 504 (n. 534) ss

Enriquecimento sem causa
— e *condictio causa data causa non secuta* 509 (n. 539)
— e *condictio indebiti* (cálculo da obrigação de restituir) 717 (n. 779)
— e direito à contraprestação 717 (n. 779) ss
— e doutrina das invalidades 716 (n. 778), 717 (n. 779)
— e ineficácia da relação 716 s
— e ruptura das negociações 509 (n. 539)
— e «sinalagma de facto» 718 (n. 779) ss
— forma de justiça correctiva 884 s
— irrepetibilidade da prestação (e *venire*) 406, 406 (n. 416) s
— medida da restituição (na violação do contrato como delito) 558 s
— no acordo de facto 816 s
— sistema móvel no enriquecimento sem causa 587 (n. 618)
— teoria do saldo 718 (n. 779)
— tese da unidade *vs.* diversidade 587 (n. 618), 877 (n. 984)

«error iuris non excusat»
— sentido e alcance da máxima 20 (n. 4)

Expectativas razoáveis ou legítimas
— e contrato 454 ss
— e controlo do conteúdo das cláusulas contratuais gerais 830
— e limite a um dever de informar (em contrato de seguro) 550 (n. 582) s
— pressupostos extracontratuais do contrato 456

Fim da prestação
— frustração (ou realização por via diferente do cumprimento) e reparação do dano de confiança 669 ss

Fundamento
— e condições da responsabilidade pela confiança 739 ss
— e função de uma regulação jurídica 351 s, 353 s

Garantia edilícia
— v. venda de coisas defeituosas

Gestão de negócios
— autonomia da tutela da confiança 460 (n. 475) ss
— autonomia de uma relação de colaboração «consentida» 460 (n. 475) ss
— e acordo de facto 822 (n. 914) s
— e regra da conduta de boa fé 460 (n. 475) ss
— e ruptura das negociações 509 (n. 539)
— e *Tatbestand* declarativo 808 (n. 895) s

Imputação da confiança
— e delimitação da responsabilidade pela confiança 750 s

— e intenção de determinar outrem a uma conduta 741 ss
— e previsibilidade 658 (n. 712), 743 s, 744 (n. 822) s
— imputabilidade 262 (n. 240) s, 294 s, 300, 660 (n. 712)
— imputação (requisito), por voluntariedade da conduta ou risco 655 ss, 740 ss, 754 (n. 833), 776 (n. 867)
— imputação e doutrina do *promissory estoppel* 799, 807 s, 810 ss
— o duplo ancorar do juízo de imputação 661 s, 662 (n. 717, n. 718)
— sentido do requisito 655 ss

Indemnização «punitiva»
— na violação do contrato (como delito) 558 s

Interesse positivo
— v. dano de confiança
— v. investimento de confiança

Investimento de confiança
— e adequação e proporcionalidade da tutela 680, 690 ss
— e criação ou institucionalização de confiança 599
— e dificuldade da tese do dever (na fundamentação da responsabilidade pela confiança) 590 s, 596 ss
— e estrutura «binária» da realidade subjacente à responsabilidade pela confiança 602 ss
— irreversibilidade do investimento 703 ss
— previsibilidade do investimento 659 (n. 712)
— protecção do investimento como função da responsabilidade pela confiança 676 ss, 699 s, 700 (n. 751)
— sentido do requisito 596
— sua defesa como função da responsabilidade pela confiança 673 ss

Justiça
— a igualdade e os seus sentidos 873 ss
— justiça comutativa, distributiva e correctiva 882 ss
— modelo do consenso 896 (n. 1018)
— realização da justiça e subordinação dos tribunais à lei (na Constituição) 890 (n. 1008) s
— responsabilidade pela confiança como forma compensatória de *iustitia correctiva* 873 ss, 885 ss

Justificação da confiança
— alcance do ónus de indagação 393 (n. 399)
— distinção do facto indutor de confiança 740 (n. 814) s
— e culpa do lesado 392 (n. 399) s, 594 s
— eficácia delimitadora 593 (n. 629)
— flexibilidade permitida por este requisito 392 (n. 399) s
— incongruência com a tese do dever como fundamento da responsabilidade 592 ss
— sentido do requisito 592

Liberdades privilegiadas de acção
— construção de Picker 227
— problema da concepção da liberdade de defraudação da con-

fiança alheia enquanto privilégio 395 ss
— v. dever de correspondência à confiança alheia

Ligação especial
— características, função e critério de delimitação de responsabilidade 742 ss, 749 ss
— e condições de uma responsabilidade pela omissão de declaração 616 ss
— e deveres impostos pela boa fé 752 (n. 832) ss, 847 ss
— e participação no tráfico jurídico-negocial 751 (n. 831) s, 756
— e responsabilidade por indução ou manutenção negligente de expectativas 470 s, 617
— no sistema de Picker 225 ss
— v. relação obrigacional (legal) sem deveres primários de prestação

Ligações correntes de negócios
— e relações duradouras 575 ss
— lugar dogmático 575 ss
— protecção da confiança e regra da boa fé 574 ss
— relação de bancos com clientes 575 (n. 614) s

Liquidação do dano de terceiro
— e contrato com eficácia de protecção para terceiros 140 (n. 108)

Método jurídico
— agrupamento de casos 88 (n. 71) ss, 103 (n. 84) ss, 438 (n. 451) ss
— analogia (tipos) 130 (n. 106) ss
— cláusulas gerais e princípios jurídicos 438 (n. 451) ss

— concretização de cláusulas gerais 88 (n. 71) ss, 103 (n. 84) ss, 438 (n. 451) ss, 889 s
— desenvolvimento *praeter legem* e suas condições (a propósito da responsabilidade pela confiança) 889 ss
— e fim estratégico da norma jurídica 354 (n. 352) s
— e princípio da inércia 37 (n. 28) s, 111 (n. 88)
— interpretação (razões da opção subjectivista) 368 (n. 369) s
— modelo de decisão 88 ss, 88 (n. 71) ss
— ónus da argumentação 111 (n. 88), 896 (n. 1018)
— ponderação das consequências da decisão 354 (n. 352) s
— teoria da «norma do caso» 105 (n. 84) s
— tópica 34 (n. 24)
— vinculação ao precedente 108 (n. 88) ss
— v. desenvolvimento do Direito

Misrepresentation
— v. responsabilidade por declarações

Negócio de cortesia (*gentlemen's agreement*)
— v. acordo de facto

Negócio fiduciário
— negócio fiduciário (*stricto sensu*), *trust, fiducia* 544 ss
— v. negócios de confiança

Negócio jurídico
— critério e fundamento do negó-

cio 68 (n. 51) ss, 774 (n. 863), 780 ss,
781 (n. 872), 810, 810 (n. 898) s
— diversidade de requisitos em relação à tutela da confiança 805 (n. 893)
— doutrina do «acto performativo» 71 (n. 51) ss
— doutrina dos elementos naturais do negócio 549 s
— e confiança 66 ss, 339 ss, 835 (n. 927), 836
— e doutrina do acordo de facto 815 ss
— e mensagens publicitárias 208 (n. 163) ss
— e relações contratuais de facto 712 (n. 773) s
— fundamento da vinculatividade da promessa 799 ss
— teoria «combinatória» 69 (n. 51) s, 340 e n. 337

Negócio jurídico unilateral
— controlo do conteúdo pela ordem jurídica 819 (n. 909)
— questão da tipicidade e da justificação do princípio do contrato 782 ss, 819 (n. 909)
— questão da tipicidade no direito comercial 56 (n. 41) ss, 785 (n. 876)
— v. sistema de fontes

Negócios de confiança
— aspectos gerais e elementos caracterizadores 544 ss
— dever de fidelidade e dever de prestar 554 (n. 587) s, 557 (n. 590)
— deveres qualificados de esclarecimento e lealdade 550 ss

— papel da confiança para efeito de regime 552 ss
— resolução do contrato por quebra da confiança 555 ss
— sistemática móvel 548
— violação do negócio de confiança como delito 558 s

Negócios reais *quoad constitutionem*
— sentido da categoria 774 (n. 864) s

«Neutralização» (*suppressio*)
— 426 ss, 851 (n. 946) s
— v. *venire contra factum propium*

Norma jurídica
— fim estratégico e *ratio iuris* (critério de validade jurídica) 353 s
— e expectativas dos sujeitos 363 ss

Obrigação
— e deveres específicos 757, 761
— prestação e deveres de comportamento 272 (n. 251) s, 557 (n. 590)

Obrigação de negociar
— v. cláusula de (re)negociação
— v. cartas de intenção

Obrigação natural
— questão da tipicidade e da disponibilidade por acto de autonomia privada 529 (n. 556) ss

Omissão
— condições de uma responsabilidade pela omissão de declaração 616 ss
— investimento e tese do dever (na fundamentação da indemnização) 590 s, 596 s

— insusceptibilidade de fundar uma responsabilidade pela confiança 614 ss

Positivismo (jurisprudencial)
— 104 (n. 84), 438 (n. 451), 839 s, 871 (n. 975)
— v. Direito (positivismo)

Princípios ético-jurídicos
— 62 (n. 43) s, 90 (n. 72), 879 ss, 892 s

Procuração aparente
— características, condições e admissibilidade 49 (n. 40) ss, 52 (n. 41) ss
— disponibilidade da tutela 51 (n. 40)
— e abuso do direito ou *venire* 53 (n. 40) ss
— e actos *ultra vires* 371 (n. 371) s
— e procuração tolerada 49 (n. 40) ss
— e ratificação aparente 61 (n. 40), 533 (n. 560)
— indemnização em caso de falta de poderes 395 (n. 402), 642 (n. 693) ss
— ressarcimento de danos por *culpa in contrahendo* 395 (n. 402), 642 (n. 693) ss

Promessa (negocial)
— fundamento da vinculatividade da promessa 799 ss
— promessa pública e tipicidade dos negócios unilaterais 783 (n. 876) ss
— relevância das expectativas na promessa unilateral de prestação 804 (n. 892)

— promessa *vs.* acordo 818 s
— v. negócio jurídico

Promessa (não negocial)
— como base de confiança 803 e 803 (n. 892) s
— delimitação dos destinatários para efeito de responsabilidade 747
— doutrina de Stoll 802 (n. 891) s, 805 (n. 894)
— e âmbito da indemnização 677 (n. 737), 686 s, 699 s, 700 (n. 751), 804 (n. 892)
— e declaração de intenção 613 (n. 656)
— e doutrina da autovinculação sem contrato 767 ss, 780 ss
— e responsabilidade por declarações 608, 609 (n. 652), 741 (n. 815)
— v. *promissory estoppel*

Promissory estoppel
— doutrina da confiança e autovinculação 795 ss
— e âmbito da indemnização 677 (n. 737), 802 ss
— e responsabilidade de subempreiteiros perante empreiteiros 504 (n. 534) ss
— e *venire* 807 ss
— flexibilidade da tutela 703 (n. 757)
— localização sistemática 811 (n. 899)
— v. promessa (não negocial)
— v. *venire contra factum proprium*

Protecção da confiança (algumas aplicações)
— actos *ultra vires* 371 (n. 371) s, 595 (n. 631)

— cartas de conforto 527 ss
— cessação da tolerância 679 (n. 739)
— declarações não sérias 833 s
— ligações correntes de negócios 574 ss
— negócios de confiança 544 ss
— promessa de casamento 519 (n. 546), 835 ss
— relações contratuais duradoiras 559 ss
— representação sem poderes 395 (n. 402), 641 (n. 693) ss
— resolução do contrato por quebra de confiança 555 ss
— revogação da limitação voluntária aos direitos de personalidade 838
— revogação do mandato 838
— ruptura das negociações 511 ss, 519 ss, 836 s
— vício (de forma) do contrato 710 ss
— v. venda de bens alheios ou onerados
— v. venda de coisas defeituosas

Protecção da confiança por imperativo ético-jurídico
— 61 ss, 95, 879 ss
— e tutela indemnizatória 65 (n. 47)

«Quarta pista» (no direito da responsabilidade civil)
— inserção sistemática da responsabilidade pela confiança 757 ss
— posições na doutrina lusa 764 (n. 849), 765 (n. 850)
— v. teoria «pura» da responsabilidade pela confiança

Ratificação aparente
— v. procuração aparente

Regra da conduta de boa fé
— 431 ss, 846 ss
— cerne ético-jurídico 447 ss
— consequências possíveis da sua violação 854, 854 (n. 952)
— conteúdo diversificado e natureza multipolar 442 ss
— critérios, elementos e modos de concretização 438 ss, 448 ss, 454 (n. 466) s
— dever de não acalentar expectativas infundadas 458, 466 ss, 483 s
— dever de verdade e dever de esclarecimento 468 ss
— e abuso do direito 850 ss
— e bons costumes 846 ss
— e cláusula penal excessiva 315 (n. 299) s
— e *naturalia negotii* 554 (n. 586)
— e ordem normativa envolvente da confiança 466 ss
— e relação de confiança 474 ss
— e responsabilidade (por acção ou omissão) em relação a expectativas 471 ss
— e responsabilidade por indução ou manutenção negligente de expectativas 468 ss
— e sistema de fontes 458 s, 537, 792 (n. 883) s
— e tutela da confiança 433 ss, 452 ss, 466 ss
— e teoria do contrato 434 ss
— formulação positiva e negativa 441 s
— função balizadora ou sindicadora 854 ss

— função reguladora e função fundamentadora de deveres 437, 853 ss
— indisponibilidade para as partes 441 e 441 (n. 453), 464 e 464 (n. 478)
— mobilidade na concretização (sistema móvel de elementos) 445 (n. 459) s
— no acordo de facto 817 s
— prevenção de expectativas infundadas 466 ss
— responsabilidade de terceiro após a conclusão do contrato 541 (n. 566) s
— v. deveres de comportamento
— v. sistema de fontes

Relação bancária
— ligação entre bancos e clientes (enquadramento) 575 (n. 614) s
— v. ligações correntes de negócios

Relação de confiança
— e comportamento de boa fé 474 ss
— e relação obrigacional 544 (n. 570)
— v. negócios de confiança

Relação obrigacional (legal) sem deveres primários de prestação
— 81 ss, 82 (n. 65) ss, 163 ss, 174 (n. 122)
— carácter analítico da expressão 479 (n. 499)
— e *culpa in contrahendo* 102 s
— e relação obrigacional em sentido amplo 762 (n. 848) ss
— e responsabilidade pela confiança 463 s, 474 ss, 752 ss

— e responsabilidade profissional (concepção de Jost) 337 (n. 333) s
— flexibilidade dos deveres que a constituem 463 (n. 476) s
— v. deveres de comportamento
— v. ligação especial
— v. relação unitária de protecção

Relação de vizinhança
— responsabilidade pela lesão de bens jurídicos e responsabilidade pela confiança 651 ss

Relação unitária de protecção
— autonomia da responsabilidade obrigacional 759 (n. 843)
— designação 463 (n. 476)
— v. ligação especial
— v. relação obrigacional (legal) sem deveres primários de prestação

Relações contratuais de facto
— doutrina geral 710 ss

Relações contratuais duradouras
— conceito e questão da autonomia dogmática 560 ss
— *contrarius consensus* e problema da derrogação do contrato pela prática 565 s
— e invalidade 714 s
— e regra da conduta de boa fé 563 ss, 568 ss
— exploração de situações de necessidade ou dependência (combate mediante a regra da boa fé) 569 (n. 606)
— fontes do contrato e «normogénese» por via da prática contratual 567 s, 570 (n. 607) s

— funções da prática contratual (interpretativa, integrativa, concretizadora) 564 s
— necessidade da adaptabilidade da tutela à volubilidade da prática contratual 571 ss
— paradigma de contrato (contrato relacional) 560 ss
— protecção da confiança na prática contratual 568 ss, 679 (n. 739) s
— questão da tutela da confiança perante cláusulas restritivas de modificações contratuais 573 (n. 612) s
— racionalização da *praxis* instaurada nas relações duradouras 559 ss

Relações fiduciárias
— v. relação de confiança

Responsabilidade civil (em geral)
— concurso de responsabilidades (critério na construção do regime) 184 (n. 134) s, 285 (n. 265)
— importância da função como critério distintivo das modalidades de responsabilidade 274 (n. 253) s
— independência da responsabilidade por violação de deveres em relação ao montante (concreto) do dano 599 (n. 635)
— lacuna de regulação quanto à ofensa do mínimo ético-jurídico 167 (n. 121) ss
— modalidades: responsabilidade delitual *vs.* obrigacional 271 ss, 271 (n. 249)
— *neminem laedere* 227 ss
— princípio da reconstituição em espécie 423 ss

— «quarta pista»; inaceitabilidade da miscigenação de características e de um *continuum* na estruturação da responsabilidade civil 757 ss
— responsabilidade com função compensatória e flexibilização da indemnização 423 ss
— sistema de Picker 221 ss
— situação de responsabilidade e fundamento de responsabilidade 351 e n. 346
— *summa divisio* 86, 275, 285 s, 275 (n. 249)
— unidade ou diversidade da responsabilidade civil 760, 760 (n. 845), 769 (n. 853) s

Responsabilidade civil delitual
— âmbito, funções e plano da responsabilidade aquiliana (ou o paradigma da responsabilidade aquiliana) 202 ss, 270 ss, 282 ss, 282 (n. 263) ss
— causa virtual 325 ss
— cláusulas de exclusão ou limitação da responsabilidade 322 s, 323 (n. 316) ss
— como «tipo» 287 (n. 268) ss
— comparação com a responsabilidade pela confiança 265 ss
— conceito de delito 273 e 273 (n. 252) s
— critério da culpa e da ilicitude 308
— da pessoa colectiva por actos dos titulares de órgãos 278 (n. 260) ss
— distinção da responsabilidade pelo risco 263 (n. 243) ss
— do inimputável por motivo de equidade 298 ss
— e deveres genéricos 276 (n. 257) s, 281

— e doutrina da confiança 286 s
— e espaço da coordenação de condutas 328 (n. 321)
— e justiça distributiva 277
— e protecção de condições da autonomia privada 158 (n. 115) s
— e responsabilidade obrigacional 275 ss
— e responsabilidade por participação em ilícito alheio 158 (n. 115) s
— e sistema móvel 289 (n. 268) ss
— e tutela do exercício livre e esclarecido da liberdade contratual 201 s
— forma de justiça correctiva 885
— funções e limites da jurisprudência 247 ss, 252 ss
— imputabilidade 293 ss
— incumprimento das obrigações como delito 284 (n. 263) s
— indemnização punitiva (pela violação do contrato como delito) 558 s
— medida da restituição do enriquecimento na violação do contrato como delito 558 s
— ofensa do mínimo ético-jurídico 167 (n. 121) ss, 846 (n. 940) s
— ónus da prova 301 ss
— presunção de culpa enquanto presunção (também) de ilicitude 301, 301 (n. 282) ss
— previsibilidade dos danos (ou da situação de responsabilidade) 311, 314
— pretensa relatividade 762 (n. 847)
— protecção delitual e direito de desvinculação do contrato 200 (n. 154) s
— redução da indemnização em caso de mera culpa 309 ss

— responsabilidade pelo risco 264 (n. 243) ss
— responsabilidade por facto de terceiro 306
— responsabilidade perante quem presta socorro (art. 485 n.ᵒˢ 1 e 2) 638 (n. 689) s
— ressarcibilidade dos danos patrimoniais puros v. danos patrimoniais puros
— sistema de «pequenas» cláusulas gerais 256
— situação de responsabilidade e ilicitude 248, 248 (n. 218)
— situação de responsabilidade e prejuízo indemnizável 246 e 246 (n. 214)
— solidariedade entre os responsáveis 295 ss
— (teoria do) fim da norma e delimitação dos danos ressarcíveis 245 (n. 212), 312, 312 (n. 294) s
— tese da ilicitude imperfeita 264 (n. 243) ss
— tipicidade *vs.* atipicidade das situações de responsabilidade 247 ss
— v. danos patrimoniais puros
— v. deveres no tráfico
— v. deveres no tráfico para defesa do património

Responsabilidade civil do produtor
— cotejo com os danos puramente patrimoniais 755
— e omissão de informação 648 (n. 700)
— e responsabilidade por mensagens publicitárias 204 (n. 159) s, 211 (n. 163)
— relação com a responsabilidade civil comum 184 (n. 135) s

Responsabilidade civil dos administradores
— 172 (n. 121) ss, 255 (n. 231), 278 (n. 260) ss

Responsabilidade civil dos consultores (ou outros participantes no processo de formação do contrato)
— 125 ss, 743 (n. 819), 744 (n. 820)
— v. *culpa in contrahendo* (de terceiros)

Responsabilidade civil dos mediadores
— 126 ss, 127 (n. 105) ss
— v. *culpa in contrahendo* (de terceiros)

Responsabilidade civil obrigacional
— causa virtual 326 ss
— causalidade e previsibilidade 318 (n. 306) s
— causalidade entre facto e dano (necessidade de delimitação dos danos ressarcíveis) 319 ss
— cláusulas de exclusão ou limitação da responsabilidade 323, 323 (n. 316) ss
— confronto com a responsabilidade delitual 275 ss
— correcção da cláusula penal excessiva (articulação com a boa fé e o abuso do direito) 315 (n. 299) s
— critério da culpa e da ilicitude 308
— disposições realizadas em função do cumprimento 663 ss
— falta de imputabilidade 299 s
— fim da prestação e ressarcimento das despesas feitas em função dele 669 ss
— inadimplemento, dano e teoria da confiança 662 ss
— interesse positivo e dano de confiança 663
— não identificabilidade com a violação de deveres específicos 759 (n. 843)
— ónus da prova 301 ss
— presunção de culpa como presunção (também) de ilicitude 301, 301 (n. 282) ss
— regime da pluralidade de responsáveis (parciariedade) 297 s
— redução da indemnização em caso de mera culpa 314 ss
— responsabilidade por facto de terceiro 306

Responsabilidade pela confiança
— a confiança, fundamento e elemento constitutivo da situação de responsabilidade 351 ss
— alicerces de direito positivo 827 ss, 865 ss
— autonomia dogmática (requisitos gerais) 349 ss, 351 ss
— captação e frustração da confiança no tempo 607 ss
— causalidade e fundamento de responsabilidade 618 ss, 630 ss
— cláusulas de exclusão ou limitação da responsabilidade 324 s
— como responsabilidade objectiva, independente de um juízo de culpa, de função correctiva, compensatória 421 ss, 700 s, 861, 885 ss

— confiança na observância de normas jurídicas 388 (n. 391)
— confronto com a violação de deveres de comportamento 381 ss
— corolários da emancipação da violação de deveres de conduta 390 ss, 762 ss
— contra ataques ou ingerências lesivas («*Anvertrauenshaftung*») 76 ss
— coordenadas para uma justificação «última» da responsabilidade pela confiança 876 ss
— confronto com o modelo delitual da responsabilidade 261 ss, 265 ss, 286 ss, 604 s
— críticas a uma protecção indemnizatória da confiança 75 ss, 93 ss
— delimitação 739 ss
— «delitualização» da confiança (proposta de von Bar) 233 ss
— e declarações não sérias 833 s
— e dever poder confiar (conceito «normativo» de confiança) 389 ss
— e doutrina do acordo de facto 813 ss
— e doutrina da autovinculação sem contrato (Köndgen) 767 ss, 780 ss
— e modalidades da Justiça (como forma compensatória de *iustitia correctiva*) 873 ss, 885 ss
— e paradigma do direito delitual 270 ss
— e participação no tráfico jurídico-negocial 751 (n. 831) s, 756
— e reserva ou protesto do sujeito potencial responsável 465-466
— e responsabilidade contratual 339 ss, 605 s, 662 ss
— e revogação do mandato 838
— e revogação da limitação voluntária aos direitos de personalidade 838
— e venda de bens alheios ou onerados 831 s, 835
— e violação de deveres de protecção 600 (n. 636)
— enquanto responsabilidade pela frustração de uma coordenação de condutas 602 ss
— forma de compensação da vulnerabilidade ou dependência de outrem 881
— fundamento e condições ou pressupostos da tutela jurídica 352 (n. 347), 359, 739 ss
— imputabilidade 262 (n. 240) s, 294 s, 300
— indemnização a título de risco (em caso de procuração aparente) 395 (n. 402)
— inserção sistemática no direito da responsabilidade civil 757 ss
— interpretação do facto produtor de confiança (segundo as regras do negócio) 632 (n. 679)
— moderação (flexibilização) da indemnização 322, 423 ss
— natureza compensatória e flexibilização do *quantum respondeatur* 701
— natureza compensatória e não aplicação do princípio da reconstituição natural 423 ss, 700 s
— no sistema de Picker 221 ss
— ónus da prova 301 ss
— pluralidade de responsáveis 296 ss
— por desenvolvimento *praeter legem* 889 ss
— por imperativo ético-jurídico 61 ss, 65 (n. 47), 95, 879 ss

— pressupostos (em geral) 585
— pressupostos distintos dos do modelo da violação de deveres de comportamento) 584 ss
— pressupostos e causalidade 632 s
— pressupostos (sistema móvel e limites à mobilidade) 586 e 586 (n. 618) s
— princípio da igualdade e igualação (na fundamentação da responsabilidade) 874 ss
— questão da relevância negativa da causa virtual 326
— renúncia antecipada 464 s
— responsabilidade por facto de terceiro 306
— teoria «pura» da responsabilidade pela confiança 901 ss
— violação da promessa de casamento como afloramento 519 (n. 546), 835 ss
— v. abuso do direito
— v. confiança (doutrina geral da protecção das expectativas)
— v. dever de correspondência à confiança alheia
— v. imputação da confiança
— v. investimento de confiança
— v. justificação da confiança
— v. regra da conduta de boa fé
— v. ruptura das negociações
— v. tutela da aparência

Responsabilidade pessoal dos titulares de órgãos sociais
— perante terceiros 172 (n. 121) ss
— v. responsabilidade civil dos administradores

Responsabilidade por «actos» e por «palavras»
— 647 ss, 755

— v. responsabilidade por declarações
— v. responsabilidade por informações

Responsabilidade por declarações
— cotejo com a responsabilidade pela confiança em conduta futura 417 (n. 423) s, 608 s, 610 ss, 730 (n. 801) ss, 741 ss, 791 (n. 882)
— declaração e informação 160 (n. 117)
— declarações inexactas como acções de duplo efeito 607 ss
— declarações negociais (e acerca de factos jurídicos) e asserções sobre factos não jurídicos 748 s, 749 (n. 828)
— delimitação e papel da ligação especial 742 ss
— desvio da declaração (em relação à sua finalidade) por outrem 746 (n. 822)
— e *venire* 417 (n. 423) s, 741 s
— enquanto responsabilidade pela confiança 159 ss, 608 s
— função da indemnização e dano ressarcível 494 ss, 680 ss, 706 ss
— investimento e tese do dever (na fundamentação da responsabilidade) 590 s
— modalidades de declarações e aspectos do seu relevo 681 ss
— modelos de construção da responsabilidade 641 (n. 692), 643 (n. 694) s
— v. responsabilidade por «actos» e por «palavras»

Responsabilidade por informações
— casos críticos no plano dogmático 162 (n. 118), 163 ss

— e abuso do direito 164 (n. 121) ss
— e acordo de facto 823 s
— e âmbito da indemnização no seio da doutrina da confiança 685 s
— e autovinculação 790, 790 (n. 882) s, 793
— e enquadramento delitual 178 s
— e informação prestada «sem responsabilidade» 466 (n. 480)
— e promessa unilateral de prestação (doutrina de Stoll) 805 (n. 896) s
— e teoria da confiança 175 ss
— em geral 159 ss
— v. responsabilidade profissional

Responsabilidade por mensagens publicitárias
— amplitude dos beneficiários havendo intenção de criar expectativas 750 (n. 829) s
— e âmbito da indemnização no seio da doutrina da confiança 685 s, 796 (n. 885) ss
— e autovinculação 793, 793 (n. 885) ss
— e competência do direito delitual 202 ss, 797 (n. 885) s
— e *culpa in contrahendo* 205 ss, 203 (n. 158), 205 (n. 160) ss
— e «direito ao arrependimento» do contrato 197 (n. 154) ss
— e disposições de protecção 201 (n. 156)
— e negócio jurídico 207 ss, 208 (n. 163) ss, 793 (n. 885) ss
— e perturbação da relação de troca 202 (n. 158) s, 203 (n. 159) ss
— e responsabilidade do produtor 203 (n. 159) s, 211 (n. 163)

— e teoria da confiança 209 ss, 204 (n. 159) s, 793 (n. 885) ss
— em geral 192 ss
— função persuasiva e informativa da publicidade 193
— prospecto e publicidade 192 s
— protecção dos sujeitos através do direito comum 194 ss, 195 (n. 153) ss

Responsabilidade por prospecto
— amplitude havendo intenção de criar expectativas 750 (n. 829) s
— coordenadas dogmáticas 180 ss
— concepção delitual *vs.* doutrina da confiança 186 ss, 644 (n. 695) s
— culpa do lesado *vs.* falta de justificação da confiança 392 (n. 399) s, 594 s
— e âmbito da indemnização no seio da doutrina da confiança 685 s
— e *culpa in contrahendo* 187 ss
— em geral 180 ss
— prospecto e negócio 185 s, 186 (n. 136)

Responsabilidade profissional
— a profissão como critério material de construção de uma responsabilidade 334 ss, 334 (n. 330), 335 (n. 331), 336 (n. 333) s
— em geral 146 ss, 329 ss
— insuficiências enquanto categoria dogmática 332 ss
— o exercício da actividade profissional enquanto índice de confiança 337 (n. 333) s

Ruptura das negociações
— e teoria da confiança 502 ss, 836 s

— prejuízo indemnizável 519 ss, 519 (n. 547) ss
— tese da ilicitude 516 (n. 545) ss
— v. *culpa in contrahendo*

Sistema de fontes
— autovinculação e tutela da promessa não negocial 791, 805 (n. 893)
— e dever geral de correspondência à confiança alheia 398 s
— e protecção do investimento como função da responsabilidade pela confiança 676 ss, 699 s, 700 (n. 751)
— e regra da conduta de boa fé 458 s, 537, 792 (n. 883) s
— e responsabilidade pela ruptura das negociações 513
— fontes de obrigações e fontes de responsabilidade 791 s
— fontes do contrato e «normogénese» por virtude da prática contratual 567 s
— v. negócio jurídico unilateral (questão da tipicidade e da justificação do princípio do contrato)

Sistema móvel
— e pressupostos da responsabilidade pela confiança (sua relatividade) 586 e 586 (n. 618) s
— mobilidade na concretização da regra da conduta de boa fé 445 (n. 459) s
— na caracterização da responsabilidade delitual 289 (n. 268) ss
— no enriquecimento sem causa 587 (n. 618)

Suppressio
— v. «neutralização»

Teoria «pura» da responsabilidade pela confiança
— em conclusão 901 ss
— v. «quarta pista» (no direito da responsabilidade civil)

Teorias jurídicas
— 38 (n. 27) s, 89 (n. 71) s, 91 ss

Tipicidade dos negócios unilaterais
— v. negócio jurídico unilateral (questão da tipicidade e da justificação do princípio do contrato)

Trust
— v. negócios de confiança

Tutela da aparência
— aspectos gerais 44 ss
— autonomia em relação à violação de regras de conduta e conexão com declarações 94 s, 262 (n. 239), 429
— e disposições específicas de protecção 61 (n. 42) s, 682 (n. 741) s, 829 (n. 918) s
— e *venire* 613 s, 613 (n.656)
— perante a destrinça entre confiança em declarações ou em condutas futuras 613 s, 613 (n. 656)

Tu quoque
— articulação com o *venire* 411 (n. 419) ss
— e preclusão do exercício de direitos (pela administração fiscal) 456 (n. 468)
— em geral 411 (n. 419) ss

Venda de bens alheios ou onerados
— 645 (n. 695), 681 (n. 740) s, 831 s, 832 (n. 922) s, 835

Venda de bens de consumo
— Directiva comunitária e (relativa) independência de concepções negociais 212 (n. 163) s

Venda de coisas defeituosas
— distinção entre qualidades negocialmente pretendidas e qualidades meramente pressupostas 689 (n. 748)
— e *culpa in contrahendo* 493 (n. 525) s
— e doutrina da protecção das expectativas 689 s, 832 (n. 922) s
— entre o *dictum* e o *promissum* 685 (n. 744) s, 687 ss, 790 (n. 882)
— fundamento da protecção do comprador 687 (n. 747) ss, 689 (n. 749) ss
— garantia negocial das qualidades e o espaço para uma responsabilização não negocial do vendedor 689 (n. 749) ss
— regime especial da venda de bens de consumo e sua redução dogmática 685 (n. 749) s
— v. *warranty*

Venire contra factum proprium
— articulação com o *tu quoque* 411 (n. 419) ss
— ausência de uma proibição geral de contrariedade de condutas (inexistência de uma vinculação à continuidade ou congruência de comportamentos) 419 ss
— autonomia dogmática e suas condições 402 ss
— consequências indemnizatórias 423 ss, 709 s
— durante as negociações e na formação do contrato 526 s
— e confiança na estabilidade ou coerência de comportamento alheio 411 ss
— e declaração antecipada de não cumprimento por parte do devedor 407 e 407 (n. 417) ss
— e deveres de prevenção do perigo 261 (n. 238)
— e irrepetibilidade da prestação por enriquecimento sem causa 406
— e irrevogabilidade da proposta 405
— e ligação especial 750 s
— e negócio 415 ss
— e *promissory estoppel* 807 ss
— e responsabilidade por declarações 417 (n. 423) s, 610 ss, 730 (n. 801) ss, 741 s
— e ruptura das negociações 526 s
— e tutela da aparência 613, 613 (n. 656)
— e vício de forma do contrato 730, 730 (n. 801)
— fundamento de relevância do *venire* 408 ss
— imputação e confronto com teses «negocialistas» 809 (n. 896) s
— independência da violação de deveres 402 ss, 526 (n. 552) s, 527 (n. 553)
— preclusão do exercício por *venire* (enquanto *ultima ratio*) 422 ss
— proibição do *venire* como criptofundamentação de certas soluções jurídicas 404 ss
— v. *promissory estoppel*

Vício (de forma) do contrato
— no contrato de trabalho 726 (n. 795) s
— e celebração do contrato a título de reparação em espécie do

dano 724 ss, 734 (n. 804), 737 (n. 809)
— e *culpa in contrahendo* 722 ss
— e *dolus praeteritus* 721, 727
— e *venire* 730, 730 (n. 801)
— primado da indemnização (subsidiariedade da tutela «positiva») 733 ss
— problema e critérios da atendibilidade da confiança 732 s
— protecção do sujeito e doutrina das invalidades (sua insuficiência) 713 ss, 720 (n. 781)
— protecção do sujeito e enriquecimento sem causa (sua insuficiência) 716 s
— protecção do sujeito e responsabilidade aquiliana (sua insuficiência) 718 s
— tutela da confiança 729 ss

Warranty
— enquadramento dogmático 213 (n. 164) s
— v. venda de coisas defeituosas

ÍNDICE GERAL

PLANO DA OBRA 13

INTRODUÇÃO
O PROBLEMA E AS SUAS COORDENADAS

1. Prolegómenos sobre a confiança e o Direito 17
2. A responsabilidade pela confiança enquanto tema da dogmática jurídica; o rumo da investigação 24
3. O ressarcimento dos danos no quadro geral da tutela das expectativas: protecção "negativa" vs. protecção "positiva" da confiança 41
4. Recorte do âmbito da protecção indemnizatória da confiança; a tutela da aparência 44
5. (cont.) A protecção positiva da confiança "por imperativo ético-jurídico" (CANARIS) 61
6. Doutrina da confiança e negócio jurídico 66
7. Doutrina da confiança e responsabilidade civil; o sentido geral da crítica à teoria da confiança 75
8. Conclusão; a tutela indemnizatória das expectativas no contexto dos requisitos das teorias jurídicas 87

CAPÍTULO I
ERUPÇÕES DO PENSAMENTO DA CONFIANÇA NA RESPONSABILIDADE CIVIL: UMA SINOPSE

9. A *culpa in contrahendo* 99
10. O alargamento do âmbito subjectivo da culpa pré-contratual 115
11. (*cont.*) A responsabilidade de consultores, peritos e outros participantes no processo de formação do contrato por *culpa in contrahendo* 125

12. A responsabilidade por informações, modalidade geral da responsabilidade por declarações 159
13. A responsabilidade por prospecto 180
14. A responsabilidade por mensagens publicitárias 192
15. O abuso do direito: remissão; indicação da sequência 216

CAPÍTULO II

A CONFIANÇA PERANTE CONCEPÇÕES ALTERNATIVAS DE RESPONSABILIDADE POR VIOLAÇÃO DE DEVERES DE AGIR

16. A supressão da confiança e a homogeneização da responsabilidade por infracção de deveres de comportamento no sistema de PICKER 221
17. A "delitualização" da confiança; em especial, a proposta de VON BAR ... 233
18. O problema da ressarcibilidade aquiliana dos interesses primariamente patrimoniais 238
19. (cont.) Os deveres no tráfico para a protecção do património 251
20. Dogmática delitual e protecção da confiança 261
21. (cont.) Paradigma funcional do direito delitual e responsabilidade pela confiança 270
22. O perfil sistemático da imputação aquiliana de danos face ao direito positivo; ilações para um regime da responsabilidade pela confiança 287
23. O paradigma delitual perante outras questões de responsabilidade; orientações, por confronto, para uma disciplina da protecção da confiança; conclusão 307
24. A responsabilidade profissional 329
25. Protecção da confiança como responsabilidade por violação de deveres *ex negotii* ou *ex contractu*? Apreciação final e indicação do *iter* 339

CAPÍTULO III

ELEMENTOS PARA UMA RECONSTRUÇÃO CRÍTICA DA DOUTRINA DA CONFIANÇA NA RESPONSABILIDADE CIVIL

§ 1.º **Pressupostos Gerais da Autonomia Dogmática do Pensamento da Confiança** 345

26. Ordem jurídica, função de protecção das expectativas e responsabilidade pela confiança 345
27. Confiança, fundamento e elemento constitutivo essencial de uma situação de responsabilidade, e confiança enquanto *ratio* (estratégica) de normas jurídicas 351
28. A confiança como termo teleológico das normas jurídicas em especial: sentido e justificação 361
29. Confiança "típica", presunção de confiança e condições da autonomia dogmática da protecção das expectativas 369

§ 2.º **A Depuração da Responsabilidade pela Confiança da Infracção de Deveres de Comportamento** 381

30. As regras de agir, meio privilegiado de institucionalização de expectativas com carácter preventivo, e a sua inconciliabilidade com uma responsabilidade pela confiança dogmaticamente autónoma 381
31. (*cont.*) A confiança "normativa"; alguns corolários da emancipação da responsabilidade pela confiança com respeito à violação de *regulae agendi* . 389
32. O problema da admissibilidade de um dever de correspondência à confiança alheia: frustrabilidade da confiança enquanto corolário da autonomia privada *vs.* liberdade circunscrita, e privilegiada, de agir; a inutilidade metodológico-operativa de uma vinculação daquele tipo 395
33. A questão correlativa do entendimento do *venire* e da "neutralização" (*suppressio*); sua distinção da violação de deveres de comportamento (e da regra de agir segundo a boa fé); a indemnização como compensação pela defraudação das expectativas na coerência e continuidade do comportamento . . 402
34. Conclusão: em especial, a inexistência de uma adstrição geral de observância das expectativas alheias, o carácter objectivo da responsabilidade pela confiança e o correcto sentido da regra/excepção na dicotomia entre protecção positiva e negativa da confiança; aspectos complementares ... 428

§ 3.º **Regra da Conduta de Boa Fé e Responsabilidade pela Confiança** 431

35. A regra da conduta de boa fé 431
36. A responsabilidade pela confiança como realidade independente da violação dos deveres laterais de conduta decorrentes da boa fé 452
37. Boa fé e ordem envolvente do sistema de protecção da confiança propriamente dito; prevenção de expectativas infundadas e responsabilidade pela criação ou manutenção indevida da confiança de outrem 466

38. Em particular: regra da conduta de boa fé e responsabilidade por indução negligente de expectativas; dever de verdade e dever de esclarecimento . . 468
39. Relação de confiança e comportamento de boa fé 474

§ 4.º **Reordenações Dogmáticas como Corolário da Destrinça entre Responsabilidade por Violação da Regra da Boa Fé e Protecção da Confiança** 480

40. *Culpa in contrahendo* e responsabilidade pela confiança 480
41. A responsabilidade pela ruptura das negociações 502
42. Conclusão: a discriminação entre *culpa in contrahendo* e responsabilidade pela confiança, necessidade dogmática e condição de uma responsabilidade pré-contratual por *venire* 522
43. Cartas de conforto, tutela da confiança e responsabilidade pré-contratual 527
44. Os negócios de confiança 544
45. Responsabilidade pela confiança, regra da conduta de boa fé e o problema da racionalização da *praxis* das relações contratuais duradouras . . 559
46. As ligações correntes de negócios 574

CAPÍTULO IV

RECORTE E FUNDAMENTO DA RESPONSABILIDADE PELA CONFIANÇA

§ 1.º **O Modelo da Responsabilidade pela Confiança** 583

47. A autonomia em relação à violação de deveres de comportamento à luz dos pressupostos da protecção das expectativas: considerações preliminares 584
48. Paradoxos da concepção do dever enquanto simples formulação conclusiva e sintética dos pressupostos da protecção da confiança; a dificuldade "cronológica" na responsabilidade por declarações; o problema nas omissões 589
49. A incongruência do requisito da justificabilidade da confiança com o arquétipo da responsabilidade por violação de deveres 592
50. A incompatibilidade do investimento de confiança com o modelo da responsabilidade por infracção de regras de conduta 596
51. Investimento e estrutura "binária" da realidade protegida pela teoria da confiança; a responsabilidade pela confiança enquanto responsabilidade

pela frustração de uma intencionada coordenação de condutas por parte do confiante 602
52. Captação e frustração da confiança no tempo; as declarações inexactas como acções de duplo efeito 607
53. A dualidade da responsabilidade pela frustração de expectativas: confiança em conduta futura e em declarações; a impossibilidade conceptual-sistemática da conexão da responsabilidade pela confiança a uma conduta omissiva 610
54. Confiança: elemento do processo causal que conduz ao dano ou fundamento da responsabilidade (violação de deveres de comportamento *vs.* protecção de expectativas)?; a causalidade psíquica 618
55. (*cont.*) O comprometimento da responsabilidade por violação de deveres com o paradigma "físico-naturalístico" da causalidade; a causalidade no "jogo de linguagem" específico da responsabilidade pela confiança; a autonomia e não exclusão recíproca do quadro de referência de cada modelo de responsabilidade 626
56. Conclusão; a protecção da confiança perante a distinção entre responsabilidade por "actos" e por "palavras" e a não vinculação dessa distinção ao carácter primariamente patrimonial dos prejuízos 647
57. A necessidade de reformulação do pensamento da imputação como efeito do recorte da responsabilidade pela confiança e da sua autonomia com respeito à violação de deveres 655
58. A responsabilidade pela confiança, consequência possível da infracção de deveres: inadimplemento contratual, interesse positivo e dano de confiança 662

§ 2.º **Função da Responsabilidade pela Confiança e sua Relação com a Tutela "Positiva" das Expectativas** 673

59. O investimento de confiança e o interesse protegido pela indemnização 673
60. (*cont.*) O problema na responsabilidade pela confiança em declarações; uma renovada compreensão da garantia edilícia como corolário? 680
61. A articulação entre protecção "positiva" e "negativa" da confiança ... 690
62. A questão da invocabilidade do vício de forma do negócio, campo paradigmático de ensaio da presente concepção da responsabilidade pela confiança 710

§ 3.º **O Problema da Delimitação e o Quadrante Dogmático da Responsabilidade pela Confiança** 739

63. A circunscrição da protecção das expectativas: "fundamento" e "condições"; as "ligações especiais" na construção da responsabilidade pela confiança 739

64. Sobre a inserção sistemática da responsabilidade pela confiança no direito da responsabilidade civil: "contort", *continuum* ou novo "trilho"? Uma "quarta pista" ou a real heterogeneidade das "responsabilidades intermédias" 757

§ 4.º **Responsabilidade pela Confiança, Autovinculação e Acordo de Facto** 767
65. Razão de ordem; autovinculação *vs.* confiança? A proposta de KÖNDGEN 767
66. (*cont.*) Autodeterminação de consequências, negócio e sistema de fontes; a protecção da confiança como questão de "responsabilidade" ... 780
67. Autovinculação, *promissory estoppel* e teoria da confiança 795
68. Responsabilidade pela confiança e doutrina do acordo de facto 813

§ 5.º **Responsabilidade pela Confiança, Direito Positivo e Positividade do Direito** 827

69. Preliminares em ordem a uma fundamentação de *iure constituto* da responsabilidade pela confiança; alguns afloramentos na lei civil 827
70. "Lugar" e "modo" da protecção da confiança na cláusula do abuso do direito 839
71. (*cont.*) O problema da articulação entre boa fé e responsabilidade pela confiança no abuso do direito 850
72. A necessidade de uma justificação *praeter legem* da responsabilidade pela confiança; a boa fé enquanto simples ideia regulativa legal de carácter inconclusivo 865
73. Elementos para uma fundamentação da "validade jurídica" da protecção da confiança: a responsabilidade pela confiança no seio da justiça comutativa, como forma (compensatória) de *iustitia correctiva* 873
74. A responsabilidade pela confiança enquanto missão do Direito 888

EPÍLOGO

POR UMA TEORIA "PURA" DA RESPONSABILIDADE PELA CONFIANÇA

Siglas 907
Bibliografia 909
Índice Ideográfico 943
Índice Geral 969